Schriftenreihe der August Maria Berges Stiftung für Arbitrales Recht

Herausgegeben von Dr. Hubertus W. Labes

Band 5

PETER LANG
Frankfurt am Main · Berlin · Bern · Bruxelles · New York · Oxford · Wien

Torsten Lörcher

Neue Verfahren der internationalen Streiterledigung in Wirtschaftssachen

Verfahren vor dem Internationalen Seegerichtshof, WTO-Panelverfahren, ICSID- und WIPO-Schiedsverfahren

PETER LANG
Europäischer Verlag der Wissenschaften

Die Deutsche Bibliothek - CIP-Einheitsaufnahme

Lörcher, Torsten:

Neue Verfahren der internationalen Streiterledigung in Wirtschaftssachen : Verfahren vor dem Internationalen Seegerichtshof, WTO-Panelverfahren, ICSID- und WIPO-Schiedsverfahren / Torsten Lörcher. - Frankfurt am Main ; Berlin ; Bern ; Bruxelles ; New York ; Oxford ; Wien : Lang, 2001
(Schriftenreihe der August Maria Berges Stiftung für Arbitrales Recht ; Bd. 5)
Zugl.: Köln, Univ., Diss., 1999
ISBN 3-631-35891-1

D 38
ISSN 1435-4784
ISBN 3-631-35891-1

„Das Verfahrensrecht dient der Herbeiführung gesetzmäßiger und unter diesem Blickpunkt richtiger, aber darüber hinaus auch im Rahmen dieser Richtigkeit gerechter Entscheidungen.“

Bundesverfassungsgericht,
Beschluß vom 24. März 1976
BVerfGE 42, S. 64 (73)

Vorwort

Die vorliegende Arbeit wurde in der Zeit zwischen Frühjahr 1995 und Sommer 1998 während meiner Tätigkeit am Lehrstuhl für internationales Wirtschaftsrecht der Universität zu Köln bei Professor Dr. Karl-Heinz Böckstiegel erstellt und im Sommersemester 1999 von der juristischen Fakultät der Universität zu Köln als Dissertation angenommen. Sie ist auf dem Stand vom 30. Juni 1998. Neue Entwicklungen in Rechtsprechung und Literatur konnten aber im wesentlichen bis zum Herbst 1999 berücksichtigt werden.

Mein besonderer Dank gilt meinem Doktorvater Professor Dr. Karl-Heinz Böckstiegel für die langjährige Unterstützung und vielfältige Förderung während meiner Tätigkeit an seinem Lehrstuhl und der Arbeit an meiner Dissertation. Herrn Professor Dr. Hartmut Schiedermair danke ich für die Übernahme der Zweitkorrektur.

Diese Arbeit wäre ohne die Hilfe und Unterstützung zahlreicher Menschen nicht entstanden, die in vielfältiger Weise einen Beitrag geleistet haben. Namentlich Francis Gurry und Eric Wilbers von der WIPO, Werner Zdouc und Peter van den Bossche von der WTO und Nassib G. Ziadé vom ICSID sowie meinen Freunden und Kollegen von Lehrstuhl und Institut, allen voran Hubertus W. Labes und Walter Uebelhoer, danke ich für zahlreiche interessante und anregende Gespräche. Jan Paulsson verdanke ich darüber hinaus sehr interessante und lehrreiche Erfahrungen aus der Praxis der Schiedsgerichtsbarkeit, die ich während meiner Wahlstation im Arbitration Department von Freshfields in Paris sammeln konnte und die bei der Aktualisierung meiner Arbeit an zahlreichen Stellen Berücksichtigung gefunden haben.

Besonders bedanke ich mich auch bei der Studienstiftung des Deutschen Volkes, die mir nicht nur ein umfassendes Promotionsstipendium, sondern auch in erheblichem Umfang Reisekostenzuschüsse für Forschungsaufenthalte in Genf und Washington gewährt hat.

Die Möglichkeit der Veröffentlichung der Arbeit in der vorliegenden Form verdanke ich der August Maria Berges Stiftung für Arbitrales Recht, die bereit war, die Arbeit in ihre Schriftenreihe aufzunehmen und großzügigerweise die Druckkosten übernommen hat.

Während der ganzen letzten Jahre, in denen die Arbeit an diesem Buch sehr viel Zeit in Anspruch genommen hat, hat meine Freundin Andrea Schmitz mich mit viel Geduld unterstützt und motiviert, hat mir geholfen, so manche Schaffenskrise zu überwinden, und hat vor allem viel Nachsicht mit mir geübt. Dafür danke ich ihr von ganzem Herzen.

Schließlich gilt mein größter Dank meinen Eltern. Sie waren immer für mich da und haben mich in jeder erdenklichen Form unterstützt und gefördert. Als Dank hierfür widme ich ihnen diese Arbeit.

Köln, im Dezember 1999 — Torsten Lörcher

Inhaltsübersicht

Inhaltsverzeichnis

Abkürzungsverzeichnis

1966 Procedures	Decision of 5 April 1966 on Procedures under Article XXIII (GATT)
1979 Understanding	Understanding Regarding Notification, Consultation, Dispute Settlement and Surveillance of 28 November 1979 (GATT)
1982 Declaration	Ministerial Declaration of 29 November 1982 (GATT)
1984 Decision	Decision on Dispute Settlement of 30 November 1984 (GATT)
1989 Improvements	1989 Improvements to the GATT Dispute Settlement Rules and Procedures of 12 April 1989 (GATT)
a.A.	anderer Ansicht
a.E.	am Ende
a.F.	alte Fassung
AAA	American Arbitration Association
AAA IA Rules	AAA International Arbitration Rules
aaO.	am angegebenen Ort
Abs.	Absatz
ADR	Alternative Dispute Resolution
AIJA	Association Internationale des Jeunes Avocats
AJIL	American Journal of International Law
allg.	allgemein
Am. Rev. Int. Arb.	The American Review of International Arbitration
Am. U. J. Int. L. & Pol.	American University Journal of International Law and Policy
Ann. fr. dr. int.	Annuaire Français de Droit International
APEC	Asia Pacific Economic Cooperation
Arb. Int.	Arbitration International
Arb. J.	Arbitration Journal
Art.	Artikel
ASA	Association suisse de l'arbitrage
ASA Bull.	Association suisse de l'arbitrage Bulletin
AVR	Archiv des Völkerrechts
Bd.	Band
Berkeley J. Int. Law	Berkeley Journal of International Law
beschl. WIPO SchO	Regeln für das beschleunigte Schiedsgerichtsverfahren der WIPO
BGB	Bürgerliches Gesetzbuch
BGBl.	Bundesgesetzblatt
BGE	Entscheidungen des Schweizerischen Bundesgerichts
BGH	Bundesgerichtshof
BGHZ	Entscheidungen des Bundesgerichtshofs in Zivilsachen
BISD	Basic Instruments and Selected Documents (GATT)
BT-Drucks.	Bundestags-Drucksache
BYIL	British Yearbook of International Law

C.J.T.L.	Columbia Journal of Transnational Law
ca.	circa
Clunet	Journal de Droit International
CML Rev.	Common Market Law Review
Comp. L. Y. Int. Bus.	Comparative Law Yearbook of International Business
Cornell Int. L. J.	Cornell International Law Journal
CPC	Codice di Procedura Civile (Italien)
CTR	Iran-United States Claims Tribunal Report
CYIL	Canadian Yearbook of International Law
d.h.	das heißt
D. L. Rev.	Delhi Law Review
D.C.	District of Columbia
D.C.P.I.	Droit et Pratique du Commerce International
D.L.J.	Duke Law Journal
dass.	dasselbe
DB	Der Betrieb
ders.	derselbe
dies.	dieselbe/dieselben
DIS	Deutsche Institution für Schiedsgerichtsbarkeit
DRiG	Deutsches Richtergesetz
DRiZ	Deutsche Richterzeitung
DSB	Dispute Settlement Body
DSU	Draft Understanding on the Rules and Procedures Governing the Settlement of Disputes
DÜ	Übereinkommen zur Durchführung des Teiles XI des Seerechtsübereinkommens der Vereinten Nationen von 1982 vom 28. Juli 1994
DZWir	Deutsche Zeitschrift für Wirtschaftsrecht
EA	Europa-Archiv
EG	Europäische Gemeinschaft
EGBGB	Einführungsgesetz zum Bürgerlichen Gesetzbuch
EGV	EG-Vertrag
EMRK	Europäische Menschenrechtskonvention
EPL	Environmental Policy and Law
EU	Europäische Union
EuGH	Europäischer Gerichtshof
EuSchVÜ	Römisches EWG-Übereinkommen über das auf vertragliche Schuldverhältnisse anzuwendende Recht vom 19. Juni 1980
EuÜ	Europäisches Übereinkommen über die internationale Handelsschiedsgerichtsbarkeit vom 21. April 1961
EuZW	Zeitschrift für Europäisches Wirtschaftsrecht
EWG	Europäische Wirtschaftsgemeinschaft
f. / ff.	folgende / fortfolgende
FAO	Food and Agriculture Organization of the United Nations
Fn.	Fußnote
Ford. Int. L. J.	Fordham International Law Journal
FSIA	Foreign Sovereign Immunities Act (USA)

Ga J. Int. & Comp. L.	Georgia Journal of International and Comparative Law
GAFTA	Grain and Feed Trade Association (London)
GATS	General Agreement on Trade in Services (Allgemeines Übereinkommen über den Handel mit Dienstleistungen)
GATT	General Agreement on Tariffs and Trade
Genfer SchO	Schiedsordnung der Industrie- und Handelskammer Genf
ggf.	gegebenenfalls
grds.	grundsätzlich
GRUR	Gewerblicher Rechtsschutz und Urheberrecht
GRUR Int.	Gewerblicher Rechtsschutz und Urheberrecht international
GYIL	German Yearbook of International Law - Jahrbuch für Internationales Recht
Harv. Int. L. J.	Harvard International Law Journal
Harv. L. Rev.	Harvard Law Review
HGB	Handelsgesetzbuch
Hrsg.	Herausgeber
Hs.	Halbsatz
i.d.F.	in der Fassung
i.d.R.	in der Regel
i.e.S.	im engeren Sinne
i.R.d.	im Rahmen des/der
i.S.d.	im Sinne des/der
i.V.m.	in Verbindung mit
i.w.S.	im weiteren Sinne
IBA	International Bar Association
IBL	International Business Lawyer
IBRD	International Bank for Reconstruction and Development
ICC	International Chamber of Commerce
ICC Bull.	The ICC International Court of Arbitration Bulletin
ICCA	International Council for Commercial Arbitration
ICJ Reports	Entscheidungssammlung des Internationalen Gerichtshofs
ICQL	International and Comparative Law Quarterly
ICSID	International Centre for Settlement of Investment Disputes
ICSID Additional Facility Rules	ICSID Rules Governing the Additional Facility for the Administration of Proceedings by the Secretariat of the International Centre for Settlement of Investment Disputes
ICSID AdFR	ICSID Administrative and Financial Regulations
ICSID AR	ICSID Rules of Procedure for Arbitration Proceedings
ICSID Conciliation Rules	Rules of Procedure for Conciliation Proceedings
ICSID Institution Rules	ICSID Rules of Procedure for the Institution of Conciliation and Arbitration Proceedings
ICSID Rev. - FILJ	ICSID Review - Foreign Investment Law Journal
ICSID-Übk	Convention on the Settlement of Investment Disputes between States and Nationals of Other States of 18 March 1965
IFLR	International Financial Law Review
IGH	Internationaler Gerichtshof, Den Haag
IGH-Statut	Statut des IGH
IGH-VerfO	Verfahrensordnung des IGH vom 14. April 1978

ILM	International Legal Materials
IMB	Internationale Meeresbodenbehörde
IMCO	Inter-Governmental Maritime Consultative Organization (Internationale Seeschiffahrts-Organisation)
IMF	International Monetary Fund
Ind. J. Int. L.	Indian Journal of International Law
insb.	insbesondere
Int. Arb. Rep.	International Arbitration Report
Int. J. of Mar. & Coast. L.	The International Journal of Marine and Coastal Law
Int. Lawyer	International Lawyer
Int. Tax & Bus. L.	International Tax & Business Lawyer
IOC	Intern-Governmental Oceanographic Commission (Zwischenstaatliche Ozeanographische Kommission)
IPRax	Praxis des Internationalen Privat- und Verfahrensrechts
IPRG	Bundesgesetz über das Internationale Privatrecht (Schweiz)
ISGH	Internationaler Seegerichtshof, Hamburg
ISGH-Statut	Statut des ISGH (Anlage VI des SRÜ)
ISGH-VerfO	Verfahrensordnung des ISGH vom 28. Oktober 1997
ISGH-VerfO-E	Entwurf einer Verfahrensordnung des ISGH der Preparatory Commission for the International Seabed Authority and the International Tribunal for the Law of the Sea, Special Commission 4
ITO	International Trade Organisation
J. Ind. L. Inst	Journal of the Indian Law Institute
J. Int. Arb.	Journal of International Arbitration
J. Int. Econ. L	Journal of International Economic Law
J. Int. L. & P.	Journal of International Law and Practice
J. Pat. Trademark Off. Soc'y.	Journal of the Patent and Trademark Office Society
JA	Juristische Ausbildung
Jap.Ann.Int.L.	Japanese Annual of International Law
JPS	Jahrbuch für die Praxis der Schiedsgerichtsbarkeit
JWT	Journal of World Trade
JWTL	Journal of World Trade Law
JZ	Juristenzeitung
KMS	Kammer für Meeresbodenstreitigkeiten
KTS	Konkurs-, Treuhand- und Schiedsgerichtswesen
L. & Pol. Int. Bus.	Law & Policy in International Business
LCIA	London Court of International Arbitration
LIBOR	London Interbank Offered Rate
m.w.N.	mit weiteren Nachweisen
MDR	Monatsschrift für deutsches Recht
Mich. J. Int. L.	Michigan Journal of International Law
MIGA	Multilateral Investment Guarantee Agency
Mitt.	Mitteilungen der deutschen Patentanwälte
MTN	Multilateral Trade Negotiations

n.F.	neue Fassung
n.c.p.c.	Nouveau Code de Procédure Civile (Frankreich)
N.Y.U. J. Int. L & Pol.	New York University Journal of International Law and Politics
NAFTA	North American Free Trade Agreement
NAI	Nederlands Arbitrage Instituut
NJW	Neue Juristische Wochenschrift
Nw. J. Int. L. & Bus.	Northwestern Journal of International Law & Business
NYÜ	New Yorker Übereinkommen vom 10. Juni 1958 über die Anerkennung und Vollstreckung ausländischer Schiedssprüche
NZPO	Niederländische Zivilprozeßordnung
OR	Obligationenrecht (Schweiz)
Pace L. Rev.	Pace Law Review
PCIJ	Ständiger Internationaler Gerichtshof
PCIJ Series	Sammlung der Entscheidungen des Ständigen Internationalen Gerichtshofs
RdA	Revue de l'Arbitrage
RDAI	Revue de Droit et Affaires Internationales
RdC	Recueil des Cours
Reg.	Regulation
RGDIP	Revue Générale de Droit International Public
RHDI	Revue Hellénique de Droit International
Riv. dir. int. priv. & proc.	Rivista di diritto internazionale privato e processuale
RIW	Recht der Internationalen Wirtschaft
RIW/AWD	Recht der Internationalen Wirtschaft - Außenwirtschaftsdienst des Betriebs-Beraters
RPS	Recht und Praxis der Schiedsgerichtsbarkeit (Beilage zum Betriebs-Berater)
S.	Seite/Satz
s.	siehe
S. D. L. R.	San Diego Law Review
SchO	Schiedsordnung
schott. SG	schottisches Schiedsgerichtsgesetz
SCM Agreement	Agreement on Subsidies and Countervailing Measures (Übereinkommen über Subventionen und Ausgleichsmaßnahmen)
SDR	Special Drawing Rights
Sect.	Section
sog.	sogenannte(r)
SPS Agreement	Agreement on the Application of Sanitary and Phytosanitary Measures (Übereinkommen über die Anwendung von Gesundheits- und Pflanzengesundheitsmaßnahmen)
SRÜ	Seerechtsübereinkommen der Vereinten Nationen von 1982
StIGH	Ständiger Internationaler Gerichtshof
StIGH-Statut	Statut des Ständigen Internationalen Gerichtshofs

Stockholmer SchO	Schiedsordnung des Schiedsgerichtsinstituts der Stockholmer Handelskammer
Syracuse J. Int. L. & C.	Syracuse Journal of International Law and Commerce
T. Int. L. J.	Texas International Law Journal
TBT Agreement	Agreement on Technical Barriers to Trade (Übereinkommen über technische Handelshemmnisse)
TPRB	Trade Policy Review Body
TPRM	Trade Policy Review Mechanism
TRIMs	Trade-Related Aspects of Investment Measures
TRIPs	Trade-Related Intellectual Property Rights (Handelsbezogene Aspekte der Rechte des geistigen Eigentums)
u.	und
u.a.	unter anderem
UdSSR	Union der sozialistischen Sowjetrepubliken
UN	Vereinte Nationen
UN-Charta	Charta der Vereinten Nationen
UNCC	United Nations Compensation Commission
UNCITRAL	United Nations Commission on International Trade Law
UNCITRAL MG	UNCITRAL Modellgesetz
UNEP	United Nations Environmental Program
UNESCO	United Nations Organization for Education, Science and Culture
UNIDROIT	International Institute for the Unification of Private Law
USA	Vereinigte Staaten von Amerika
Vand. J. T. L.	Vanderbilt Journal of Transnational Law
VER	Voluntary Export Restraints
vgl.	vergleiche
Virg. J. I. L	Virginia Journal of International Law
VRÜ	Verfassung und Recht in Übersee
WAMR	World Arbitration and Mediation Report
WBÜ	Weltbankübereinkommen (ICSID-Übk)
Wiener SchO	Schiedsordnung des Internationalen Schiedsgerichts der Wirtschaftskammer Österreich, Wien
WIPO	World Intellectual Property Organization
WIPO Publ.	WIPO Publication
WIPO SchO	WIPO Schiedsordnung
WIPO-SchlVerfO	Regeln für das Schlichtungsverfahren der WIPO
World Comp.	World Competition
WTO	World Trade Organization
WTO RoC	Rules of Conduct for the Understanding on Rules and Procedures Governing the Settlement of Disputes (WT/DSB/RC/1 vom 11. Dezember 1996)
WTO-Focus	Newsletter of the World Trade Organization
WTO-Übereinkommen	Agreement Establishing the World Trade Organization
WTO-WP	World Trade Organization Working Procedures for Panels (Appendix 3 des DSU)

WTO-WP-AR	World Trade Organization Appellate Body Working Procedures for Appellate Review
WVK	Wiener Übereinkommmen über das Recht der Verträge vom 23. Mai 1969
Yale St. W. P. O.	Yale Studies in World Public Order
YCA	ICCA Yearbook Commercial Arbitration
z. B.	zum Beispiel
ZaöRV	Zeitschrift für ausländisches öffentliches Recht und Völkerrecht
ZIP	Zeitschrift für Wirtschaftsrecht
ZPO	Zivilprozeßordnung
ZSR	Zeitschrift für Schweizerisches Recht
Zü SchO	Internationale Schiedsordnung der Zürcher Handelskammer
ZVglRWiss	Zeitschrift für Vergleichende Rechtswissenschaft
ZZP	Zeitschrift für Zivilprozeß

Fassungen des Seerechtsübereinkommens

ISNT, Part I	Informal Single Negotiating Text, Part I - U.N. Doc. A/CONF.62/WP.8, 7. Mai 1975
ISNT, Part IV	Informal Single Negotiating Text, Part IV - U.N. Doc. A/CONF.62/WP.9, 21. Juli 1975
RSNT	Revised Single Negotiating Text/Revision 1 - U.N. Doc. A/CONF. 62/WP. 9/Rev. 1/Part IV, 6. Mai 1976
RSNT/Rev. 2	Revised Single Negotiating Text/Revision 2 - U.N. Doc. A/CONF. 62/WP. 9/Rev. 2/Part IV, 23. November 1976
ICNT	Informal Composite Negotiating Text - U. N. Doc. A/CONF. 62/WP.10, 15. Juli 1977
ICNT/Rev. 1	Informal Composite Negotiating Text/Revision 1 - U. N. Doc. A/CONF. 62/WP.10/Rev. 1, 28. April 1979
ICNT/Rev. 2	Informal Composite Negotiating Text/Revision 2 - U. N. Doc. A/CONF. 62/WP.10/Rev. 2, 11. April 1980

Literaturverzeichnis

Abbott, Frederick M., Protecting First World Assets in the Third World: Intellectual Property Negotiations in the GATT Multilateral Framework, in: Vand. J. T. L. 1989 (Vol. 22), S. 689

Adede, A. O., Settlement of Disputes Arising under the Law of the Sea Convention, in: AJIL 1975, S. 798

—, Law of the Sea: The Scope of the Third-Party, Compulsory Procedures for Settlement of Disputes, in: AJIL 1977, S. 305

—, Prolegomena to the Disputes Settlement Part of the Law of the Sea Convention, in: N.Y.U. J. Int. L & Pol. 1977, S. 253

—, Law of the Sea - The Integration of the System of Settlement of Disputes under the Draft Convention as a Whole, in: AJIL 1978, S. 84

—, The System for the Settlement of Disputes under the United Nations Convention on the Law of the Sea - A Drafting History and a Commentary, Dordrecht 1987 (zit.: Adede, System)

Aden, Menno, Internationale Handelsschiedsgerichtsbarkeit, Heidelberg 1988 (zit.: Aden, Handelsschiedsgerichtsbarkeit)

Adlerstein, Rosemarie, Zur Unabhängigkeit des Schiedsrichters, in: (Böckstiegel) Studien zum Recht der internationalen Schiedsgerichtsbarkeit, Köln, Berlin, Bonn, München 1979, S. 9 (zit.: Adlerstein, Unabhängigkeit)

Aguilar-Alvarez, Guillermo, The Challenge of Arbitrators, in: Arb. Int. 1990, S. 203

Ajibola, Bola, Recourse against the Arbitrator during the Arbitral Proceedings, in: (ICC, AAA, ICSID) 12th Joint Colloquium on International Arbitration: The Status of the Arbitrator, Paris 1995, (zit.: Ajibola, Recourse)

Albrechtskirchinger, Georg/Kretschmer, Friedrich, Schiedsgerichtsbarkeit und gewerblicher Rechtsschutz in der internationalen Diskussion, in: (Plantey/Böckstiegel/Bredow) Festschrift für Ottoarndt Glossner zum 70. Geburtstag, Heidelberg 1994, S. 11 (zit.: Albrechtskirchinger/Kretschmer, in: FS Glossner)

Aldrich, George H., The Jurispudence of the Iran-United States Claims Tribunal, Oxford 1996 (zit.: Aldrich, Jurispudence)

Allen, Jr., Ronald R., Overview: The Common Law Systems, in: (AIJA) Evidence in International Arbitration Proceedings, London 1994, S. 15 (zit.: Allen, Jr., in: (AIJA) Evidence in International Arbitration Proceedings, London 1994)

American Arbitration Association, Code of Ethics for Arbitrators in Commercial Disputes, in: YCA 1985, S. 131 (zit.: AAA Code of Ethics)

Anderson, D.H., British Accession to the UN Convention on the Law of the Sea, in: ICLQ 1997, S. 761

Arangio-Ruiz, Gaetano, The plea of domestic jurisdiction before the International Court of Justice: substance or procedure, in: (Lowe/Fitzmaurice) Fifty Years of the International Court of Justice, Essays in honour of Sir Robert Jennings, Cambridge 1996, S. 440 (zit.: Arangio-Ruiz, in: FS Jennings)

Arkin, Harry L., International Ad Hoc Arbitration: A Practical Alternative, in: IBL 1987, S. 5

Arndt, Karl, Nachlese zur Dissenting Opinion, in: Ius Privatum Gentium, Festschrift für Max Rheinstein zum 70. Geburtstag am 5. Juli 1969, Band 1, Tübingen 1969, S. 127 (Arndt, in: FS Rheinstein)

Arnold, Tom, Why ADR? Booby Traps in Arbitration Practice and How to Avoid Them, in: (WIPO/AAA) Worldwide Forum on the Arbitration of Intellectual Property Disputes, Genf 1994 (WIPO Publication No. 728 (E)), S. 293 (zit.: Arnold, ADR)

Association Internationale des Jeunes Avocats (Hrsg.), Evidence in International Arbitration Proceedings, London 1994 (zit.: AIJA (Hrsg.), Evidence in International Arbitration Proceedings)

Asouzu, Amazu A., African States and the Enforcement of Arbitral Awards, in: Arb. Int. 1999, S. 1

Augenblick, Mark/Ridgway, Delissa A., Dispute Resolution in World Financial Institutions, in: JWT 1993, Nr. 1, S. 73

Avenessian, Aida B., Iran-United States Claims Tribunal in Action, London, Dordrecht, Boston 1993 (zit.: Avanessian, Iran-United States Claims Tribunal)

Baker, James C./Yoder, Lois J., ICSID Arbitration and U.S. Multinational Corporation - An Alternative Dispute Resolution Method in International Business, in: J. Int. Arb. 1988, Nr. 4, S. 81

Baker, Stewart A./Davis, Mark D., The UNCITRAL Arbitration Rules in Practice: The Experience of the Iran-United States Claims Tribunal, Deventer 1992 (zit.: Baker/Davis, Experience)

Bar, Christian von, Internationales Privatrecht, Zweiter Band, Besonderer Teil, München 1991 (zit.: v. Bar, IPR II)

Baron, Gesa, Do the UNIDROIT Principles of International Commercial Contracts form a New Lex Mercatoria?, in: Arb. Int. 1999, S. 115

Barth, Dietrich, Das Allgemeine Abkommen über den internationalen Dienstleistungshandel (GATS), in: EuZW 1994, S. 455

—, Die Handelsregeln der neuen Welthandelsorganisation, in: NJW 1994, S. 2811

Bast, Joachim/Schmidt, Andrea, Das GATT-Streitschlichtungsverfahren, in: RIW 1991, S. 929

Baumbach, Adolf/Lauterbach, Wolfgang/Albers, Jan/Hartmann, Peter, Zivilprozeßordnung, 57. Auflage, München 1999 (zit.: Baumbach/Lauterbach - Bearbeiter, ZPO)

Baur, Fritz, Neuere Probleme der privaten Schiedsgerichtsbarkeit, Berlin, New York 1980 (zit.: Baur, Probleme)

Bedjaoui, Mohammed, La „Descente sur les Lieux“ dans la Pratique de la Cour International de Justice et de sa Devancière, in: (Hafner/Loibl/Rest/Sucharipa-Behrmann/Zemanek) Liber Amicorum Professor Ignaz Seidl-Hohenveldern, The Hague, Boston, London 1998, S. 1 (Bedjaoui, in: FS Seidl-Hohenveldern)

Beechey, John, International Arbitrations and the Award of Security for Costs in England, in: ASA Bull. 1994, S. 179

Behrens, Peter, Elemente eines Begriffs des Internationalen Wirtschaftsrechts, in: RabelsZ 1986, S. 483

—, Alternative Methods of Dispute Settlement in International Economic Relations, in: (Petersmann/Jaenicke) Adjudication of International Trade Disputes in International and National Economic Law, Fribourg 1992, S. 1 (zit.: Behrens, in: (Petersmann/Jaenicke) Adjudication)

Bellet, Pierre, Des arbitres neutres et non neutres, in: (Dominicé/Patry/Reymond) Études de Droit International en l'Honneur de Pierre Lalive, Basel, Frankfurt/Main 1993, S. 399 (zit.: Bellet, in: FS Lalive)

Bello, Judith H., The WTO Dispute Settlement Understanding: Less is More, in: AJIL 1996, S. 416

Bender, Dieter, Die Entwicklungsländer in der neuen Welthandelsorganisation, in: (Frenkel/Bender) GATT und neue Welthandelsordnung - Globale und regionale Auswirkungen, Wiesbaden 1996, S. 121 (zit.: Bender, in: (Frenkel/Bender) GATT und neue Welthandelsordnung)

Benedek, Wolfgang, Die Rechtsordnung des GATT aus völkerrechtlicher Sicht, Berlin, Heidelberg, New York 1990 (zit.: Benedek, Rechtsordnung)

Beneyto, José Maria, Direct Effect of the New Dispute Settlement System?, in: EuZW 1996, S. 295

Benkard, Georg, Patentgesetz, Gebrauchsmustergesetz, 9. Auflage, München 1993 (zit.: Benkard, PatG)

Benkö, Marietta, Schiedsverfahren und Vollstreckung von Schiedssprüchen in England, in: (Böckstiegel) Studien zum Recht der internationalen Schiedsgerichtsbarkeit, Köln, Berlin, Bonn, München 1979, S. 59 (zit.: Benkö, in: (Böckstiegel) Studien zum Recht der internationalen Schiedsgerichtsbarkeit)

Berber, Friedrich, Lehrbuch des Völkerrechts, Band 3, Streiterledigung, Kriegsverhütung, Integration, 2. Auflage, München 1977 (zit.: Berber, Völkerrecht, Band 3)

Berenbrok, Marius B./Nussbaum, Peter, Zum Inkrafttreten des Seerechtsübereinkommens der Vereinten Nationen - Der Internationale Seegerichtshof in Hamburg und der Tiefseebergbau, in: RIW 1994, S. 910

Berger, Klaus Peter, Die Regelung der gerichtlichen Anfechtbarkeit internationaler Schiedssprüche in europäischen Schiedsgerichtsgesetzen, in: RIW 1989, S. 850

—, The Modern Trend towards Exclusion of Recourse against Transnational Arbitral Awards: A European Perspective, in: Ford. Int. L. J. 1989, S. 605

—, Internationale Wirtschaftsschiedsgerichtsbarkeit, Berlin, New York 1992 (zit.: Berger, Wirtschaftsschiedsgerichtsbarkeit)

—, International Economic Arbitration, Deventer, Boston 1993 (zit.: Berger, Arbitration)

—, Anmerkung zu BGH Urt. v. 3.12.1992, in: DZWir 1993, S. 466

—, The International Arbitrators' Application of Precedents, in: J. Int. Arb. 1992, Nr. 4, S. 5

—, Lex mercatoria in der internationalen Wirtschaftsschiedsgerichtsbarkeit: Der Fall "Compania Valenciana", in: IPRax 1993, S. 281

—, Party Autonomy in International Economic Arbitration: A Reappraisal, in: Am. Rev. Int. Arb. 1993, Nr. 1, S. 1

—, Schiedsrichterbestellung in Mehrparteienschiedsverfahren - Der Fall "Dutco Construction" vor französischen Gerichten, in: RIW 1993, S. 702

—, „Sitz des Schiedsgerichts“ oder „Sitz des Schiedsverfahrens“, in: RIW 1993, S. 8

—, Formalisierte oder 'schleichende' Kodifizierung des transnationalen Wirtschaftsrechts - Zu den methodischen und praktischen Grundlagen der lex mercatoria, Berlin, New York 1996 (zit.: Berger, Kodifizierung)

—, Entstehungsgeschichte und Leitlinien des neuen deutschen Schiedsverfahrensrechts, in: (ders.) Das neue Recht der Schiedsgerichtsbarkeit, Köln 1998, S. 1 (zit.: Berger, in: (ders.) Das neue Recht der Schiedsgerichtsbarkeit)

—, Set-Off in International Economic Arbitration, in: Arb. Int. 1999, S. 53

Bernard, Thierry, The Administration of Evidence in Countries of Civil Law, in: (AIJA) Evidence in International Arbitration Proceedings, London 1994, S. 21 (zit.: Bernard, in: (AIJA) Evidence in International Arbitration Proceedings)

Bernardini, Piero, Le Prime Esperienze Arbitrali del Centro Internazionale per il Regolamento delle Controversie Relative ad Investimenti, in: Riv. dir. int. priv. & proc. 1981, S. 29

—, The Arbitration Clause of an International Contract, in: J. Int. Arb. 1992, Nr. 2, S. 45

Bernhardt, J. Peter A., Compulsory Dispute Settlement in the Law of the Sea Negotiations: A Reassessment, in: Virg. J. I. L 1978 (Vol. 19), S. 69

Bernhardt, Rudolf, Die Auslegung völkerrechtlicher Verträge insbesondere in der neueren Rechtsprechung internationaler Gerichte, Köln 1963 (zit.: Bernhardt, Auslegung)

—, Die Streitbeilegung im Rahmen der Neuordnung des Seerechts, in: ZaöRV 1978, S. 959

Bernini, Giorgio, Report on the Conduct of the Arbitral Proceedings, in: (ICC) The Arbitral Process and the Independence of Arbitrators, Paris 1991, S. 31 (zit.: Bernini, Conduct)

Bernini, Giorgio/van den Berg, Albert Jan, The enforcement of arbitral awards against a state: the problem of immunity from execution, in: (Lew) Contemporary Problems in International Arbitration, Dordrecht, Boston, Lancaster 1987, S. 359 (zit.: Bernini/van den Berg, in: Contemporary Problems)

Berranger, Thibaut de, L'Article 52 de la Convention de Washington du 18 Mars 1965 et les premiers Enseignement de sa Pratique, in: RdA 1988, S. 93
Birke, Wolfgang, Der Internationale Seegerichtshof, in: Nationale Folgerungen aus dem Inkrafttreten des UN-Seerechtsübereinkommens, Berichte des Bundesamtes für Seeschiffahrt und Hydrographie Nr. 5, Hamburg, Rostock 1995, S. 43
Bishop, Doak/Reed, Lucy, Practical Guidelines for Interviewing, Selecting and Challenging Party-Appointed Arbitrators in International Commercial Arbitrations, in: Arb. Int. 1998, S. 395
Black, Henry Campbell, Black's Law Dictionary, 6. Auflage, St. Paul, Minn. 1990 (zit.: Black's Law Dictionary)
Blankart, Franz, Das Ergebnis der Uruguay-Runde: Ein historischer Markstein, Schlußstein oder Startblock?, in: Außenwirtschaft 1994, S. 17
Blessing, Marc, The New International Arbitration Law in Switzerland - A Significant Step towards Liberalism, in: J. Int. Arb. 1988, Nr. 2, S. 9
—, Das neue Internationale Schiedsgerichtsrecht in der Schweiz - Ein Fortschritt oder ein Rückschritt? -, in: (Böckstiegel) Die Internationale Schiedsgerichtsbarkeit in der Schweiz (II) - Das neue Recht ab 1. Januar 1989, Köln, Berlin, Bonn, München 1989, S. 13 (zit.: Blessing, in: (Böckstiegel) Schweiz (II), S. 13)
—, The Major Western and Soviet Arbitration Rules, in: J. Int. Arb. 1989, Nr. 3, S. 7
—, Drafting Arbitration Clauses, in: (WIPO/AAA) Worldwide Forum on the Arbitration of Intellectual Property Disputes, Genf 1994 (WIPO Publication No. 728 (E)), S. 95 (zit.: Blessing, Drafting)
—, Globalization (and Harmonization?) of Arbitration in: J. Int. Arb. 1992, Nr. 1, S. 79
—, The Conduct of Arbitral Proceedings under the Rules of Arbitration Institutions; The WIPO Arbitration Rules in a Comparative Perspective (Articles 37 to 47 of the WIPO Rules in a Comparative Perspective), in: (WIPO/ASA) Conference on Rules for Institutional Arbitration and Mediation, Genf 1995 (WIPO Publication No. 741 (E)), S. 41 (zit.: Blessing, Conduct)
—, The Mediation Rules of WIPO and Others: A Ticket to Paradise or into a better Mousetrap, in: (WIPO/ASA) Conference on Rules for Institutional Arbitration and Mediation, Genf 1995 (WIPO Publication No. 741 (E)), S. 119 (Blessing, Mediation Rules)
Blumenwitz, Dieter, Einführung in das anglo-amerikanische Recht, 3. Auflage, München 1987 (zit.: Blumenwitz, Anglo-amerikanisches Recht)
Böckstiegel, Karl-Heinz, Der Staat als Vertragspartner ausländischer Privatunternehmen, Frankfurt am Main 1971 (zit.: Böckstiegel, Staat)
—, Die neue Schiedsgerichtsordnung der Internationalen Handelskammer, in: NJW 1977, S. 463
—, Die Bestimmung des anwendbaren Rechts in der Praxis internationaler Schiedsverfahren, in: (Sandrock) Festschrift für Günther Beitzke zum 70. Geburtstag, Berlin, New York 1979, S. 443 (zit.: Böckstiegel, in: FS Beitzke)
—, Schiedsgerichte und staatliche Gerichte, in: RIW 1979, S. 161
—, Die UNCITRAL-Verfahrensordnung für Wirtschaftsschiedsgerichtsbarkeit und das anwendbare nationale Recht, in: RIW 1982, S. 706
—, The Legal Rules Applicable in International Commercial Arbitration Involving States or State-Controlled Enterprises, in: 60 Years on a Look in the Future, ICC Court of Arbitration 60th Anniversary, Paris 1983, S. 117 (zit.: Böckstiegel, Rules)
—, Arbitration and State Enterprises - Survey on the National and International State of Law and Practice, Deventer, Antwerpen, Boston, Frankfurt, London 1984 (zit.: Böckstiegel, State Enterprises)
—, Erfahrungen als Schiedsrichter in Streitfällen des Großanlagenbaus und der Bauindustrie, in: (Böckstiegel) Vertragsgestaltung und Streiterledigung in der Bauindustrie und im Anlagenbau, Köln, Berlin, Bonn, München 1984, S. 311 (zit.: Böckstiegel, in: (ders.) Bauindustrie, S. 311)

—, Vertragsklauseln über nicht zu vertretende Risiken im internationalen Wirtschaftsverkehr, in: RIW 1984, S. 1
—, Zu den Thesen von einer „delokalisierten" internationalen Schiedsgerichtsbarkeit, in: (Jagenburg/Maier-Reimer/Verhoeven) Festschrift für Walter Oppenhoff zum 80. Geburtstag, München 1985, S. 1 (zit.: Böckstiegel, in: FS Oppenhoff)
—, ICC-Schiedsgerichtsbarkeit aus der Sicht eines Schiedsrichters, in: (Böckstiegel) Recht und Praxis der Schiedsgerichtsbarkeit der Internationalen Handelskammer, Köln, Berlin, Bonn, München 1986, S. 75 (zit. Böckstiegel, ICC-Schiedsgerichtsbarkeit)
—, Public Policy and Arbitrability, in: (Sanders), Comparative Arbitration Practice and Public Policy in Arbitration (ICCA Series No. 3), Deventer, Antwerpen, Boston, London, Frankfurt 1987, S. 177 (zit.: Böckstiegel, in: (Sanders) ICCA Series No. 3)
—, States in the international arbitral process, in: (Lew) Contemporary Problems in International Arbitration, Dordrecht, Boston, Lancaster 1987, S. 40 (zit.: Böckstiegel, in: (Lew) Contemporary Problems)
—, Zur Bedeutung des Iran-United States Claims Tribunal für die Entwicklung des internationalen Rechts, in: Festschrift der Rechtswissenschaftlichen Fakultät zur 600-Jahr-Feier der Universität zu Köln, Köln, Berlin, Bonn, München 1988, S. 605 (zit.: Böckstiegel, in: FS Universität zu Köln)
—, Erfahrungen als Schiedsrichter mit der UNCITRAL-Schiedsgerichtsordnung, in: JPS 1990, S. 15
—, Practices of Various Arbitral Tribunals, in: (van den Berg), I. Preventing delay and disruption of arbitration II. Effetcive proceedings in construction cases (ICCA Series No. 5), Deventer 1991, S. 317 (zit.: Böckstiegel, in: (van den Berg) ICCA Series No. 5, S. 317)
—, Schlichten statt Richten - Möglichkeiten und Wege außergerichtlicher Streitbeilegung, in: DRiZ 1996, S. 267
—, The Recognition of Party Autonomy in International Arbitration: Treaties, National Legislation, Courts, Address presented at the 13th Joint Colloquium of the ICC International Court of Arbitration, AAA and ICSID at New York, 15 November 1996 (zit.: Böckstiegel, Party Autonomy)
—, Einführung in Recht und Praxis der Schiedsgerichtsbarkeit, in: (Labes/Lörcher) Nationales und Internationales Schiedsverfahrensrecht, München 1998, S. XV (zit.: Böckstiegel, in: (Labes/Lörcher) Schiedsverfahrensrecht)
—, Practical Problems in Resolving Disputes in an International Construction and Infrastructure Project, in: IBL 1999, S. 196
Bodgandy, Armin von, The Non-Violation Procedure of Article XXIII:2 GATT - Its Operational Rationale, in: JWT 1992, Nr. 4, S. 95
—, Eine Ordnung für das GATT, in: RIW 1991, S. 55
Bösch, Axel, Einstweiliger Rechtsschutz in der internationalen Handelsschiedsgerichtsbarkeit, Frankfurt am Main, Bern, New York, Paris 1989 (zit.: Bösch, Einstweiliger Rechtsschutz)
Boisseson, Matthieu de, Comparative Introduction to the Systems of Producing Evidences in Common Law Countries and Countries of Roman Law Tradition, in: (ICC) Taking of Evidence in international arbitral proceedings, Paris 1989, S. 99 (zit.: Boisseson, in: (ICC) Taking of Evidence)
Bond, Stephen R., How to draft an Arbitration Clause (Revisited), in: ICC Bull. 1990, Nr. 2, S. 14
—, The International Arbitrator: From the Perspective of the ICC International Court of Arbitration, in: Nw. J. Int. L. & Bus. 1991 (Vol. 12), S. 1
—, Commentary on the Arbitral Decision; Fees and Costs, in: (WIPO/ASA) Conference on Rules for Institutional Arbitration and Mediation, Genf 1995 (WIPO Publication No. 741 (E)), S. 107 (zit.: Bond, Commentary)

Bonell, Michael Joachim, An International Restatement of Contract Law - The UNIDROIT Principles of International Commercial Contracts, Irvington, New York 1994 (zit.: Bonell, International Restatement of Contract Law)
Borges, Georg, Das Doppelexequatur von Schiedssprüchen: Die Anerkennung ausländischer Schiedssprüche und Exequaturentscheidungen, Berlin 1997 (zit.: Borges, Doppelexequatur)
Borris, Christian, Die internationale Handelsschiedsgerichtsbarkeit in den USA, Köln, Berlin, Bonn, München 1987 (zit.: Borris, Handelsschiedsgerichtsbarkeit)
—, Die UNCITRAL-Schiedsregeln in der Praxis des Iran-United States Claims Tribunal, in: JPS 1988, S. 3
—, Common Law and Civil Law: Fundamental Differences and their Impact on Arbitration, in: Arbitration 1994, S. 78
Bouchez, Leo J., The Prospects for International Arbitration: Disputes Between States and Private Enterprises, in: J. Int. Arb. 1991, Nr. 1, S. 81
Bourgeois, Jacques H.J./Berrod, Frédérique/Gippini Fournier, Eric (Hrsg.), The Uruguay Round Results - A European Lawyers' Perspective, Brüssel 1995 (zit.: Bourgeois/Berrod/Gippini Fournier (Hrsg.), Uruguay Round Results)
Boyle, Alan E., Dispute Settlement and the Law of the Sea Convention: Problems of Fragmentation and Jurisdiction, in: ICLQ 1997, S. 37
Bradley, A. Jane, Implementing the Results of GATT Panel Proceedings: An Area for Uruguay Round Consideration, in: (Petersmann/Hilf) The New GATT Round of Multilateral Trade Negotiations - Legal and Economic Problems, Deventer, Boston 1988, S. 345 (zit.: Bradley, in: (Petersmann/Hilf) The New GATT Round)
Brand, Roland A., Private Parties and GATT Dispute Resolution: Implications of the Panel Report on Section 337 of the US Tariff Act of 1930, in: JWT 1990, Nr. 3, S. 5
Branson, David J, IBA Rules of Ethics for International Arbitrators, in Arbitration 1987, S. 335
—, The Ken-Ren Case: It is an Ado Where More Aid is Less Help, in: Arb. Int. 1994, S. 313
Breidenbach, Stephan, Mediation - Struktur, Chancen und Risiken von Vermittlung im Konflikt, Köln 1995 (zit.: Breidenbach, Mediation)
Breidenbach, Stephan/Henssler, Martin (Hrsg.), Mediation für Juristen - Konfliktbehandlung ohne gerichtliche Entscheidung, Köln 1997 (zit.: Breidenbach/Henssler (Hrsg.), Mediation für Juristen)
Briner, Alfred E., Über die Schiedsgerichtsbarkeit im gewerblichen Rechtsschutz, in: (Blum) Beiträge zu Fragen des gewerblichen Rechtsschutzes, Festschrift zum 100jährigen Bestehen der Firma E. Blum, Patentanwälte Zürich, Bern 1978, 169 (zit.: A. Briner, in: FS Blum)
Briner, Robert, Die Anfechtung und Vollstreckung des Schiedsentscheides, in: (Böckstiegel) Die Internationale Schiedsgerichtsbarkeit in der Schweiz (II) - Das neue Recht ab 1. Januar 1989, Köln, Berlin, Bonn, München 1989, S. 99 (zit.: Briner, in: (Böckstiegel) Schweiz (II), S. 99)
—, Switzerland, in: YCA 1989, S. 1
—, The Arbitrability of Intellectual Property Disputes with Particular Emphasis on the Situation in Switzerland, in: (WIPO/AAA) Worldwide Forum on the Arbitration of Intellectual Property Disputes, Genf 1994 (WIPO Publication No. 728 (E)), S. 55 (zit.: Briner, Switzerland)
Brinkmann, Gisbert, Schiedsgerichtsbarkeit und Maßnahmen des einstweiligen Rechtsschutzes, Berlin 1977 (zit.: Brinkmann, Schiedsgerichtsbarkeit)
Broches, Aron, The Convention on the Settlement of Investment Disputes between States and Nationals of Other States: Applicable Law and Default Procedure, in: (Sanders) International Arbitration - Liber Amicorum For Martin Domke, Den Haag 1967, S. 12 (zit.: Broches, in: FS Domke)
—, The Convention on the Settlement of Investment Disputes between States and Nationals of Other States, in: RdC 1972-II, S. 330
—, The 'Additional Facility' of the International Centre for Settlement of Investment Disputes (ICSID), in: YCA 1979, S. 373

—, Bilateral Investment Protection Treaties and Arbitration of Investment Disputes, in: (Schultsz/van den Berg) The Art of Arbitration - Liber Amicorum Pieter Sanders 12 September 1912 - 1982, Deventer 1982, S. 63 (zit.: Broches, in: FS Sanders)
—, Recourse against the Award; Recognition and Enforcement of the Award, in: (Sanders), UNCITRAL'S Project for a Model Law on International Commercial Arbitration (ICCA Series No. 2), Deventer, Antwerpen, Boston, London, Frankfurt 1984, S. 201 (zit.: Broches, in: (Sanders) ICCA Series No. 2, S. 201)
—, The Experience of the International Centre for Settlement of Investment Disputes, in: (Rubin/Nelson) International Investment Disputes, Saint Paul, New York, Los Angeles, San Francisco 1985, S. 75 (zit.: Broches, Experience)
—, Awards Rendered Pursuant to the ICSID Convention: Binding Force, Finality, Recognition, Enforcement, Execution, in: ICSID Rev. - FILJ 1987, S. 287
—, Commentary on the UNCITRAL Model Law on International Commercial Arbitration, Deventer, Boston 1990 (zit.: Broches, UNCITRAL Model Law)
—, Observations on the Finality of ICSID Awards, in: ICSID Rev. - FILJ 1991, S. 321
—, Convention on the Settlement of Investment Disputes between States and Nationals of Other States of 1965 - Explanatory Notes and Survey of its Application, in: YCA 1993, S. 627
—, On the Finality of Awards: A Reply to Michael Reisman, in: ICSID Rev. - FILJ 1993, S. 92
Brower, Charles, Discovery and Production of Evidence in the United States: Theory and Practice, in: (ICC) Taking of Evidence in international arbitral proceedings, Paris 1989, S. 9 (zit.: Brower, in: (ICC), Taking of Evidence)
Brower, Charles N./Brueschke, Jason D., The Iran-United States Claims Tribunal, The Hague, Boston, London 1998 (zit.: Brower/Brueschke, Iran-United States Claims Tribunal)
Brower, Charles N./Goodman, Ronald E. M., Provisional Measures and the Protection of ICSID Jurisdictional Exclusivity Against Municipal Proceedings, in: ICSID Rev. - FILJ 1991, S. 431
Bucher, Andreas, Le nouvel arbitrage international en Suisse, Basel, Frankfurt/M. 1988 (zit.: A. Bucher, Suisse)
—, Das Kapitel 11 des IPR-Gesetzes über die internationale Schiedsgerichtsbarkeit, in: (Schwander) Beiträge zum neuen IPR des Sachen-, Schuld- und Gesellschaftsrechts, Festschrift für Prof. Rudolf Moser, S. 193 (zit.: A. Bucher, in: FS Moser)
Bucher, Eugen, Zur Unabhängigkeit des parteiernannten Schiedsrichters, in: (Merz/Schluep) Recht und Wirtschaft heute - Festgabe zum 65. Geburtstag von Max Kummer, Bern 1980, S. 599 (zit.: Bucher, in: FS Kummer)
—, Die Schweiz als traditioneller Sitzort internationaler Schiedsgerichte, in: (Böckstiegel) Die Internationale Schiedsgerichtsbarkeit in der Schweiz (II) - Das neue Recht ab 1. Januar 1989, Köln, Berlin, Bonn, München 1989, S. 119 (zit.: Bucher, in: (Böckstiegel) Schweiz (II), S. 119)
Buckley, Peter J./Mucchielli, Jean-Louis (Hrsg.), Multinational Firms and International Relocation, Cheltenham, Brookfield 1997 (zit.: Buckley/Mucchielli (Hrsg.), Multinational Firms)
Bühler, Michael, Das neue niederländische Gesetz für Schiedsgerichtsbarkeit, in: RIW 1987, S. 901
—, Staatsgerichtliche Aufhebungskontrolle am Schiedsort? Zur Reform Belgiens, in: IPRax 1987, S. 253
—, Grundsätze und Praxis des Kostenrechts im ICC-Schiedsverfahren, in: ZVglRWiss 87 (1988), S. 431
Bühler, Michael/Waitz von Eschen, Friedrich, Frankreich: Teilweise Aufhebung eines internationalen Schiedsspruchs mangels Begründung, in: IPRax 1990, S. 62
Bühring-Uhle, Christian, Arbitration and Mediation in International Business - Designing Procedures for Effective Conflict Management, The Hague, London, Boston 1996 (zit.: Bühring-Uhle, Arbitration and Mediation)

Bülow, Arthur/Böckstiegel, Karl-Heinz/Geimer, Reinhold/Schütze, Rolf A., Internationaler Rechtsverkehr in Zivil- und Handelssachen, Loseblatt, Stand: 1. September 1997, München (zit.: Bülow/Böckstiegel/Geimer/Schütze - Bearbeiter, Band)

Burdeau, Geneviève, Nouvelles Perspectives pour l'Arbitrage dans le Contentieux Économique intéressant les États, in: RdA 1995, S. 3

Cahier, Philippe, The strengths and weaknesses of international arbitration involving a state as a party, in: (Lew) Contemporary Problems in International Arbitration, Dordrecht, Boston, Lancaster 1987, S. 241 (zit.: Cahier, in: Contemporary Problems)

Calavros, Constantin, Das UNCITRAL-Modellgesetz über die internationale Handelsschiedsgerichtsbarkeit, Bielefeld 1988 (zit.: Calavros, UNCITRAL)

—, Grundsätzliches zum Rechtsverhältnis zwischen Schiedsrichtern und Parteien nach griechischem Recht, in: (Lindacher/Pfaff/Roth/Schlosser/Wieser) Festschrift für Walther J. Habscheid zum 65. Geburtstag am 6. April 1989, Bielfeld 1989, S. 65 (zit.: Calavros, in: FS Habscheid)

Calfisch, Lucius, Le Règlement Judiciaire et Arbitral des Différends dans le Nouveau Droit International de la Mer, in: (Diez/Monnier/Müller/Reimann/Wildhaber) Festschrift für Rudolf Bindschelder zum 65 Geburtstag, Bern 1980, S. 351 (zit.: Calfisch, in: FS Bindschelder)

Caminos, Hugo/Molitor, Michael R., Progressive Development of International Law and the Package Deal, in: AJIL 1985, S. 471

Canal-Forgues, Eric, L'institution de la Conciliation dans le Cadre du GATT - Contribution à l'Étude de la Structuration d'un Mécanisme de Règlement des Différends, Brüssel 1993 (zit.: Canal-Forgues, Conciliation dans le Cadre du GATT)

—, Le Système de Règlement des Différends de l'Organisation Mondial du Commerce (OMC), in: RGDIP 1994, S. 689

Canal-Forgues, Eric/Ostrihansky, Rudolf, New Developments in the GATT Dispute Settlement Procedures, in: JWT 1990, Nr. 2, S. 67

Carnegie, A. R., The Law of the Sea Tribunal, in: ICLQ 1979, S. 669

Caron, David D., Interim Measures of Protection: Theory and Practice in Light of the Iran-United States Claims Tribunal, in: ZaöRV 1986, S. 465

—, The Nature of the Iran-United States Claims Tribunal and the Evolving Structure of International Dispute Resolution in: AJIL 1990, S. 104

—, Reputation and Reality in the ICSID Annulment Process: Understanding the Distinction between Annulment and Appeal, in: ICSID Rev. - FILJ 1992, S. 21

Carreau, Dominique/Juillard, Patrick/Flory, Thiébaut, Droit International Économique, Paris 1978 (zit.: Carreau/Juillard/Flory, Droit International Économique)

Carter, James H., The Selection of Arbitrators, in: (WIPO/AAA) Worldwide Forum on the Arbitration of Intellectual Property Disputes, Genf 1994 (WIPO Publication No. 728 (E)), S. 147 (zit.: Carter, Selection)

Castel, J.-G., The Uruguay Round and the Improvements to the GATT Dispute Settlement Rules and Procedures, in: ICLQ 1989, S. 834

Charney, Jonathan I., U.S. Provisional Application of the 1994 Deep Seabed Agreement, in: Law of the Sea Forum: The 1994 Agreement on Implementation of the Seabed Provisions of the Convention on the Law of the Sea, in: AJIL 1994, S. 705

Chatterjee, S.K., The Convention Establishing the Multilateral Investment Guarantee Agency, in: ICLQ 1987, S. 76

Chayes, Abram, The Role of the Judge in Public Law Litigation, in: Harv. L. Rev. 1976 (Vol. 89), S. 1281

Cheng, Bin, General Principles of Law as applied by International Courts and Tribunals, Cambridge 1987 (zit.: Cheng, Principles)

Cherian, Joy, Investment Contracts and Arbitration - The World Bank Convention on the Settlement of Investment Disputes, Leiden 1975 (zit.: Cherian, Investment Contracts)

Chinkin, C. M., Third-Party Intervention before the International Court of Justice, in: AJIL 1986, S. 495
Chiu, Julie C., Consolidation of Arbitral Proceedings and International Commercial Arbitration, in: J. Int. Arb. 1990, Nr. 2, S. 53
Chukwumerije, Okezie, International Law and Article 42 of the ICSID Convention, in: J. Int. Arb. 1997, Nr. 3, S. 79
Coing, Helmut, Zur Entwicklung des Schiedsvertrages im Ius Commune, in: (Baumgärtel/Becker/Klingmüller/Wacke) Festschrift für Heinz Hübner zum 70. Geburtstag, Berlin, New York 1984, S. 35 (zit.: Coing, in: FS Hübner)
Collins, Laurence, Provisional and Protective Measures in International Litigation, in: RdC 1992-II, S. 9
Collins, Michael, Privacy and Confidentiality in Arbitration Proceedings, in: T. Int. L. J. 1995 (Vol. 30), S. 121
Commichau, Gerhard, Zur Frage des Beitritts der Bundesrepublik Deutschland zur UN-Seerechtskonvention und Wahl Hamburgs zum Sitz des Internationalen Seegerichts, in: (Plantey/Böckstiegel/Bredow) Festschrift für Ottoarndt Glossner zum 70. Geburtstag, Heidelberg 1994, S. 71 (zit.: Commichau, in: FS Glossner)
Cordray, Monique L., GATT v. WIPO, in: J. Pat. Trademark Off. Soc'y. 1994, S. 121
Cottier, Thomas, The Prospects for Intellectual Property in GATT, in: CML Rev. 1991, S. 383
—, (Hrsg.), GATT-Uruguay Round, Bern 1995 (zit.: Cottier (Hrsg.), GATT-Uruguay Round)
—, Die Durchsetzung der Prinzipien und Beschlüsse der WTO: Das Streitbeilegungsverfahren und seine Auswirkungen, in: (Forschungsinstitut für Wirtschaftsverfassung und Wettbewerb) Die Bedeutung der WTO für die europäische Wirtschaft, Köln, Berlin, Bonn, München 1997, S. 121
Coulson, Robert, MEDALOA: A Practical Technique for Resolving International Business Disputes, in: J. Int. Arb. 1994, Nr. 2, S. 111
Craig, W. Laurence, Uses and Abuses of Appeal from Awards, in: Arb. Int. 1988, S. 174
—, ICSID Arbitration: The Foreign Investor's Point of View, in: (Holgren/Stover) Private Investments Abroad - Problems and Solutions in International Business in 1993, New York, Oakland 1993, § 14 (Craig, in: Private Investments Abroad 1993, § 14)
—, The Final Chapter in the Pyramids Case: Discounting an ICSID Award for Annulment Risk, in: ICSID Rev. - FILJ 1993, S. 264
—, Some Trends and Developments in the Law and Practice of International Commercial Arbitration, in: T. Int. L. J. 1995 (Vol. 30), S. 1
Craig, W. Laurence/Park, William W./Paulsson, Jan, International Chamber of Commerce Arbitration, New York, London, Rome 1990 (zit.: Craig/Park/Paulsson, Arbitration)
Creifelds, Rechtswörterbuch, 12. Auflage, München 1994 (zit.: Creifelds, Rechtswörterbuch)
Cremades, Bernardo M., Multinational Companies and International Commercial Arbitration, in: (Horn) Legal Problems of Codes of Conduct for Multinational Enterprises, Antwerpen, Boston, London, Frankfurt 1980 (zit.: Cremades, in: (Horn) Codes of Conduct)
Croley, Steven P./Jackson, John H., WTO Dispute Procedures, Standard of Review, and Deference to National Governments, in: AJIL 1996, S. 193
Curtis, Christopher T., International Investment Disputes - res judicata effect of partially annulled ICSID award, in: AJIL 1989, S. 106
Curzon Price, Victoria, GATT's New Trade Policy Review Mechanism, in: The World Economy 1991, S. 227

Dahm, Georg/Delbrück, Jost/Wolfrum, Rüdiger, Völkerrecht, Band I/1, 2. Auflage, Berlin, New York 1989 (zit.: Dahm/Delbrück/Wolfrum, Völkerrecht Bd. I/1)

Däubler, Wolfgang/Wohlmuth, Karl (Hrsg.), Transnationale Konzerne und Weltwirtschaftsordnung, Baden-Baden 1978 (zit.: Däubler/Wohlmuth (Hrsg.), Transnationale Konzerne und Weltwirtschaftsordnung)

Dasser, Felix, Internationale Schiedsgerichte und lex mercatoria - Rechtsvergleichender Beitrag zur Diskussion über ein nicht-staatliches Handelsrecht, Zurich 1989 (zit.: Dasser, Lex mercatoria)

Daven, Angela/Jenisch, Uwe, Hamburg als Sitz des Internationalen Seegerichtshofs, in: EA 1982, S. 415

Davenport, Brian, The Ken-Ren Case: Much Ado About Nothing Very Much, in: Arb. Int. 1994, S. 303

Davey, William J., Dispute Settlement in GATT, in: Ford. Int. L. J. 1987 (Vol. 11), S. 51

—, Legal Developments in the WTO, in: Proceedings of the 90th Annual Meeting of the American Society of International Law, Washington 1990, S. 415 (zit.: Davey, in: 90th ASIL Proceedings, S. 415)

—, Issues of WTO Dispute Settlement, in: Proceedings of the 91th Annual Meeting of the American Society of International Law, Washington 1991, S. 279

David, René, L'Arbitrage dans le Commerce International, Paris 1982 (zit.: David, L'Arbitrage)

—, Arbitration in International Trade, Deventer, Antwerpen, Boston, London, Frankfurt/M. 1985 (zit.: David, Arbitration)

David, René/Jauffret-Spinosi, Camille, Les grands systèmes de droit contemporains, 9. Auflage, Paris 1988 (zit.: David/Jauffret-Spinosi, Systèmes)

Davidson, Fraser P., International Commercial Arbitration - Scotland and the UNCITRAL Model Law, Edinburgh 1991 (zit.: Davidson, Scotland)

Davis, Benjamin G., Pathological Clauses: Frédéric Eisemann's Still Vital Criteria, in: Arb. Int. 1991, S. 365

—, Fast-Track Arbitration: Different Perspectives - The Case viewed by a Counsel at the ICC Court's Secretariat, in: ICC Bull. 1992, Nr. 2, S. 4

De Witt Wijnen, Otto L. O., ADR, the civil law approach, in: Arbitration 1995, S. 38

Delaume, Georges R., Le Centre International pour le règlement des Différends relatifs aux Investissements (CIRDI), in: Clunet 1982, S. 775

—, Foreign Sovereign Immunity: Impact on Arbitration, in: Arb. J. 1983, Nr. 2, S. 34

—, ICSID Arbitration and the Courts, in: AJIL 1983, S. 784

—, ICSID Arbitration in Practice, in: Int. Tax & Bus. L. 1984 (Vol. 2), S. 58

—, ICSID Arbitration: Practical Considerations, in: J. Int. Arb. 1984, Nr. 2, S. 101

—, ICSID Arbitration Proceedings: Practical Aspects, in: Pace L. Rev. 1985, S. 563

—, ICSID and Bilateral Investment Treaties, in: News from ICSID 1985, Nr. 1, S. 12

—, ICSID and the Transnational Financial Community, in: ICSID Rev. FILJ 1986, S. 237

—, ICSID arbitration, in: (Lew) Contemporary Problems in International Arbitration, Dordrecht, Boston, Lancaster 1987, S. 23 (zit.: Delaume, in: (Lew) Contemporary Problems)

—, Sovereign immunity and transnational arbitration, in: Arb. Int. 1987, S. 28

—, Law and Practice of Transnational Contracts, New York 1988 (zit.: Delaume, Law and Practice)

—, The Proper Law of State Contracts and the *Lex Mercatoria*: A Reappraisal, in: ICSID Rev. FILJ 1988, S. 79

—, The Finality of Arbitration Involving States: Recent Developments, in: Arb. Int. 1989, S. 21

—, Enforcement of State Contract Awards: Jurisdictional Pitfalls and Remedies, in: ICSID Rev. FILJ 1993, S. 29

—, The Pyramids Stand - The Pharaohs Can Rest in Peace , in: ICSID Rev. - FILJ 1993, S. 231

—, Reflections on the Effectiveness of International Arbitral Awards, in: J. Int. Arb. 1995, Nr. 1, S. 5

Delvolvé, Jean-Louis, Multipartism: The Dutco Decision of the French Cour de cassation, in: Arb. Int. 1993, S. 197

Derains, Yves, France, in: YCA 1981, S. 1
—, Mesures Dilatoires en Matière d'Arbitrage et Moyens de s'y Opposer, in: (Böckstiegel/Glossner) Festschrift für Arthur Bülow zum 80. Geburtstag, Köln, Berlin, Bonn, München 1981, S. 31 (zit.: Derains, in: FS Bülow)
—, Possible Conflict of Laws Rules and the Rules Applicable to the Substance of the Dispute, in: (Sanders), UNCITRAL'S Project for a Model Law on International Commercial Arbitration (ICCA Series No. 2), Deventer, Antwerpen, Boston, London, Frankfurt 1984, S. 169 (zit.: Derains, in: (Sanders) ICCA Series No. 2, S. 169)
—, International Commercial Arbitration in Civil Law Countries, in: (Sanders) Arbitration in settlement of international commercial disputes involving the Far East and arbitration in combined transportation (ICCA Series No. 4), Deventer, Boston 1989, S. 229 (zit.: Derains, in: (Sanders) ICCA Series No. 4)
Derains, Yves/Schwartz Eric A., A Guide to the New ICC Rules of Arbitration, The Hague, London, Boston 1998 (zit.: Derains/Schwartz, Guide)
Dieryck, Christian, Procédure et Moyens de Preuve dans l'Arbitrage Commercial International, in: RdA 1988, S. 275
Dietl, Clara-Erika/Moss, Anneliese A./Lorenz, Egon, Wörterbuch für Recht, Wirtschaft und Politik mit erläuternden und rechtsvergleichenden Kommentaren, Teil I Englisch-Deutsch, 4. Auflage, München 1987 (zit.: Dietl/Moss/Lorenz, Wörterbuch für Recht, Wirtschaft und Politik, Teil I)
Dillon, Jr., Thomas J., The World Trade Organization: A New Legal Order for World Trade?, in: Mich. J. Int. L. 1995 (Vol. 16), S. 351
Dolzer, Rudolf, Formen der Streitbeilegung im multilateralen Wirtschaftsrecht, in: JPS 1988, S. 37
—, Dispute Settlement Mechanisms in the IMF, the World Bank and MIGA, in: (Petersmann/Jaenicke) Adjudication of International Trade Disputes in International and National Economic Law, Fribourg 1992, S. 139 (zit.: Dolzer, in: (Petersmann/Jaenicke) Adjudication)
Dolzer, Rudolf/Stevens, Margrete, Bilateral Investment Treaties, The Hague, Boston, London 1995 (zit.: Dolzer/Stevens, Bilateral Investment Treaties)
Domke, Martin, Government Immunity in Foreign Trade Arbitration: A Comparative Survey of Recent Practice, in: Hommage à Frédéric Eisemann - Liber Amicorum, Paris 1982, S. 45 (zit.: Domke, in: FS Eisemann)
Dore, Isaak I., Arbitration and Conciliation Under the UNCITRAL Rules: A Textual Analysis, Dordrecht, Boston, Lancaster 1986 (zit.: Dore, Analysis)
Drobnig, Ulrich, Internationale Schiedsgerichtsbarkeit und wirtschaftsrechtliche Eingriffsnormen, in: (Musielak/Schurig) Festschrift für Gerhard Kegel zum 75. Geburtstag, Stuttgart, Berlin, Köln, Mainz 1987, S. 95 (zit.: Drobnig, in: FS Kegel)
Dunning, John H., Multinational Enterprises and the Global Economy, Workingham 1993 (zit.: Dunning, Multinational Enterprises)
Dupuy, René-Jean/Vignes, Daniel (Hrsg.), A Handbook on the New Law of the Sea, Vol. 2, Dordrecht, Boston, Lancaster 1991 (zit.: Bearbeiter, in: (Dupuy/Vignes) Handbook, Vol. 2)

Ebenroth, Carsten Thomas, Visionen für das internationale Wirtschaftsrecht, in: RIW 1995, S. 1
Ebenroth, Carsten Thomas/Karl, Joachim, Multilaterale Investitions-Garantie-Agentur (MIGA), in: RIW 1989, S. 1
Eggers, Barbara, Die Entscheidung des WTO Appellate Body im Hormonfall - Doch ein Recht auf Vorsorge?, in: EuZW 1998, S. 147
Ehrenhaft, Peter D., A US View of the GATT, in: IBL 1986, S. 146
Eichmann, Erwin P., Procedural Aspects of GATT Dispute Settlement: Moving Towards Legalism, in: Int. Tax & Bus. L. 1990 (Vol.8:38), S. 38
Eisemann, Frédéric, L' "arbitre-partie", in: (Sanders) International Arbitration - Liber Amicorum For Martin Domke, Den Haag 1967, S. 78 (zit.: Eisemann, in: FS Domke)

—, La clause d'arbitrage pathologique, in: Arbitrage Commercial: Essais in memoriam Eugenio Minoli, Turin 1974, S. 129 (zit.: Eisemann, in: FS Minoli)
—, La Double Sanction Prévue par la Convention de la B.I.R.D. en Cas de Collusion ou d'Ententes Similaires entre un Arbitre et la Partie Qui l'a Désigné, in: Ann. fr. dr. int. 1977, S. 436
Eitel, Tono, The Law of the Sea Tribunal: Its Status and Scope of Jurisdiction after November 16, 1994 - Comment, in: ZaöRV 1995, S. 452
Elias, T. Olawale, Modern Sources of International Law, in: (Friedmann/Henkin/Lissitzyn) Transnational Law in a Changing Society, Essays in Honor of Philip C. Jessup, New York, London 1972, S. 34 (zit.: Elias, in: FS Jessup)
—, The International Court of Justice and some contemporary problems, The Hague, Boston, London, 1983 (zit.: Elias, Problems)
El-Kosheri, Ahmed Sadek, The *Klöckner* Case and the Finality of ICSID Arbitral Awards, in: (Hafner/Loibl/Rest/Sucharipa-Behrmann/Zemanek) Liber Amicorum Professor Ignaz Seidl-Hohenveldern, The Hague, Boston, London 1998, S. 103 (El-Kosheri, in: FS Seidl-Hohenveldern)
Elkind, Jerome B., Non-appearance before the International Court of Justice - Functional and Comparative Analysis, Dordrecht, Boston, Lancaster 1984 (zit.: Elkind, Non-Appearance)
Elombi, George, ICSID Awards and the Denial of Host State Laws, in: J. Int. Arb. 1994, Nr. 3, S. 61
Erbguth, Wilfried, UN-Seerechtsübereinkommen und bundesdeutsches Recht - Fazit und Ausblick, insbesondere fortbestehender Forschungsbedarf -, in: Nationale Folgerungen aus dem Inkrafttreten des UN-Seerechtsübereinkommens, Berichte des Bundesamtes für Seeschiffahrt und Hydrographie Nr. 5, Hamburg, Rostock 1995, S. 99 (zit.: Erbguth, in: Nationale Folgerungen)
Erler, Georg, Grundprobleme des internationalen Wirtschaftsrechts, Göttingen 1956 (zit.: Erler, Grundprobleme)
Ermacora, Felix, Das Problem der Rechtsetzung durch internationale Organisationen (insbesondere im Rahmen der UN), in: Berichte der deutschen Gesellschaft für Völkerrecht, Heft 10 (1971), S. 51
Errens, Martina, Auswirkungen des GATS-Abkommens auf den Beruf des Rechtsanwaltes, in: EuZW 1994, S. 460
Esser, Michael, Die Reform des GATT und des Streitschlichtungsverfahrens in den Verhandlungen der Uruguay-Runde, in: ZVglRWiss 91 (1992), S. 365
—, Conflict Resolution under the General Agreement on Tariffs and Trade: Experience and Reform, in: (Friedmann/Mestmäcker) Conflict Resolution in International Trade, Baden-Baden 1993, S. 125 (zit.: Esser, in: (Friedmann/Mestmäcker), Conflict Resolution)
Etter, Christian, Das Dienstleistungsabkommen der Uruguay-Runde und seine Bedeutung für die Schweiz, in: (Cottier) GATT-Uruguay Round, Bern 1995, S. 91 (zit.: Etter, in: (Cottier) GATT-Uruguay Round)
Ewig, Eugen, Internationaler Dienstleistungshandel und neue Tätigkeitsfelder für die Anwaltschaft, in: NJW 1995, S. 434

Feldman, Mark B., The Annulment Proceedings and the Finality of ICSID Awards, in: ICSID Rev. - FILJ 1987, S. 85
Feuerle, Peter, International Arbitration and Choice of Law under Article 42 of the Convention on the Settlement of Investment Disputes, in: Yale St. W. P. O. 1977, S. 89
Field Jr., Thomas G., Patent Arbitration: Past, Present and Future, in: IDEA - The Journal of Law and Technology 1984, S. 235
Fikentscher, Wolfgang, Wirtschaftsrecht, Band 1, München 1983 (zit.: Fikentscher, Wirtschaftsrecht I)
Firsching, Karl/Hoffmann, Bernd von, Internationales Privatrecht, 4. Auflage, München 1995 (zit.: Firsching/v. Hoffmann, IPR)

Firth, Thomas V., The Law Governing Contracts in Arbitration under the World Bank Convention, in: N.Y.U. J. Int. L & Pol. 1968, S. 253

Fischer, Peter, Das internationale Wirtschaftsrecht - Versuch einer Systematik, in: GYIL 1976, S. 143

—, Die schiedsgerichtliche Beilegung von privaten Investitionsstreitigkeiten im Lichte der Weltbank-Konvention vom 18. März 1965, in: VRÜ 1968, S. 262

Fitzmaurice, Sir Gerald, The Problem of the 'Non-Appearing' Defendant Government, in: BYIL 1980, S. 89

—, The Law and Procedure of the International Court of Justice, Volume 1, Cambridge 1986 (zit.: Fitzmaurice, Law and Procedure, Vol. 1)

—, The Law and Procedure of the International Court of Justice, Volume 2, Cambridge 1986 (zit.: Fitzmaurice, Law and Procedure, Vol. 2)

Flécheux, Georges, Note zu Cour d'Appel de Rennes, 26 Octobre 1984, in: RdA 1985, S. 449

Flory, Thiébaut, L'évolution des régimes juridiques du GATT depuis les Accords du Tokyo Round de 1979, in: Clunet 1986, S. 329

Fortier, Yves, The Occasionally Unwarranted Assumption of Confidentiality, in: Arb. Int. 1999, S. 131

Fouchard, Philippe, L'Arbitrage Commercial International, Paris 1965 (zit.: Fouchard, L'Arbitrage)

—, La Loi-type de la C.N.U.D.C.I. sur l'arbitrage commercial international, in: Clunet 1987, S. 861

—, La Portée Internationale de l'Annulation de la Sentence Arbitrale dans son Pays d'Origine, in: RdA 1997, S. 329

Franck, Thomas M., Judging the World Court, New York 1986 (zit.: Franck, World Court)

—, Fact-Finding in the I.C.J., in: (Lillich) Fact-Finding Before International Tribunals, Eleventh Sokol Colloquium, Ardsley-on-Hudson, New York 1991, S. 22 (zit.: Franck, in: (Lillich) Fact-Finding Before International Tribunals)

French, Gregory Alan, Der Tiefseebergbau, Köln, Berlin, Bonn, München 1990 (zit.: French, Tiefseebergbau)

Frenkel, Michael/Bender, Dieter (Hrsg.), GATT und neue Welthandelsordnung - Globale und regionale Auswirkungen, Wiesbaden 1996 (zit.: Frenkel/Bender (Hrsg.), GATT und neue Welthandelsordnung)

Friedland, Paul D., Provisional Measures and ICSID arbitration, in: Arb. Int. 1986, S. 335

—, ICSID and Court-Ordered Provisional Remedies: An Update, in: Arb. Int.1988, S. 161

Fritze, Ulrich, Zulässigkeit der privaten Schiedsgerichtsbarkeit für Streitigkeiten auf dem Gebiet des geistigen Eigentums, in: GRUR Int. 1992, S. 218

Fritzemeyer, Wolfgang, Die Intervention vor dem Internationalen Gerichtshof - Eine international verfahrensrechtliche Untersuchung auf rechtsvergleichender Grundlage, Baden-Baden 1984 (zit.: Fritzemeyer, Intervention)

Fröhlich, Friedrich Wilhelm, Multinationale Unternehmen - Entstehung, Organisation und Management, Baden-Baden 1974 (zit.: Fröhlich, Multinationale Unternehmen)

Funck-Brentano, Roland, Die „Amiable Composition", in: (Böckstiegel) Schiedsgerichtsbarkeit in Frankreich, Köln, Berlin, Bonn, München 1983, S. 89 (zit.: Funck-Brentano, in: (Böckstiegel) Frankreich)

Gabler, Thomas, Das Streitbeilegungssystem der WTO und seine Auswirkungen auf das Antidumping-Recht der Europäischen Gemeinschaft, Frankfurt am Main 1996 (zit.: Gabler, Streitbeilegungssystem der WTO)

Gaertner, Marianne P., The Dispute Settlement Provisions of the Convention on the Law of the Sea: Critique and Alternatives to the International Tribunal for the Law of the Sea, in: S. D. L. R. 1982 (Vol. 19), S. 577

Gaillard, Emmanuel, Anmerkung zu der Entscheidung der Cour d'Appel de Rennes vom 26.10.1984, in: Clunet 1985, S. 934

—, Anmerkung zu der Entscheidung der Cour de Cassation vom 18. November 1986, in: Clunet 1987, S. 127

—, L'interdiction de se contredire au détriment d'autrui comme principe général du droit du commerce international (le principe de l'estoppel dans quelques sentences arbitrales récentes), in: RdA 1985, S. 241

—, ICSID: Decision of the Ad Hoc Committee setting aside the Award Rendered on the Merits in the Arbitration between Amco Asia Corporation et al. and Indonesia: Introductory Note, in: ILM 1986, S. 1439

—, The UNCITRAL Model Law and Recent Statutes on International Arbitration in Europe and North America, in: ICSID Rev. - FILJ 1987, S. 424

—, Laws and Court Decisions in Civil Law Countries, in: (van den Berg), I. Preventing delay and disruption of arbitration II. Effective proceedings in construction cases (ICCA Series No. 5), Deventer 1991, S. 247 (zit.: Gaillard, in: (van den Berg) ICCA Series No. 5)

—, (Hrsg.), Transnational Rules in International Commercial Arbitration, ICC Publication No. 480, Paris 1993 (zit.: Gaillard (Hrsg.), Transnational Rules)

—, Centre International pour le Règlement des Différends Relatifs aux Investissements (C.I.R.D.I) - Chronique des Sentences Arbitrales, in: Clunet 1987, S. 135

—, Centre International pour le Règlement des Différends Relatifs aux Investissements (C.I.R.D.I) - Chronique des Sentences Arbitrales, in: Clunet 1988, S. 165

—, Centre International pour le Règlement des Différends Relatifs aux Investissements (C.I.R.D.I) - Chronique des Sentences Arbitrales, in: Clunet 1991, S. 165

—, Centre International pour le Règlement des Différends relatifs aux Investissements (C.I.R.D.I.) - Chronique des Sentences Arbitrales, in: Clunet 1992, S. 215

—, Centre International pour le Règlement des Différends Relatifs aux Investissements (C.I.R.D.I) - Chronique des Sentences Arbitrales, in: Clunet 1994, S. 217

—, The Enforcement of Awards Set Aside in the Country of Origin, in: ICSID Rev. – FILJ 1999, S. 16

Gamble, John King, The Law of the Sea Conference: Dispute Settlement in Perspective, in: Vand. J. T. L 1976, S. 323

Gaster, Jens-Lienhard, Der Meeresbodenbergbau unter der Hohen See, Köln, Bonn, Berlin, München 1987 (zit.: Gaster, Meeresbodenbergbau)

GATT, Guide to GATT Law and Practice - Analytical Index, 6. Auflage, Genf 1994 (zit.: GATT, Analytical Index)

Gemperle, Reinhold/Zeller, Willy/Wartenweiler, Roland, Die Ergebnisse der Uruguay-Runde - Vom GATT zur WTO, Zürich 1994 (zit.: Gemperle/Zeller/Wartenweiler, Ergebnisse)

Gentinetta, Jörg, Die lex fori internationaler Handelsschiedsgerichte, Bern, 1973 (zit.: Gentinetta, lex fori)

Giardina, Andrea, The International Centre for Settlement of Investment Disputes between States and Nationals of Other States, in: (Sarcevic) Essays on International Commercial Arbitration, London, Dordrecht, Boston 1989, S. 214 (zit.: Giardina, in: (Sarcevic) Essays on International Commercial Arbitration)

Girard, Pierre-Louis, De Punta del Este à Marrakech: le processus de négociation 1986-1993, in: (Cottier) GATT-Uruguay Round, Bern 1995, S. 1 (zit: Girard, in: (Cottier) GATT-Uruguay Round)

Glossner, Ottoarndt, Sociological aspects of international commercial arbitration, in: (Schultsz/van den Berg) The Art of Arbitration - Liber Amicorum Pieter Sanders 12 September 1912 - 1982, Deventer 1982, S. 143 (zit.: Glossner, in: FS Sanders)

Glossner, Ottoarndt/Bredow, Jens/Bühler, Michael, Das Schiedsgericht in der Praxis, 3. Auflage, Heidelberg 1990 (zit.: Glossner/Bredow/Bühler, Praxis)

Goldberg, Stephen B., The Dynamic of Mediation: Is Creative Genius the Key to Successful Mediation?, in: (WIPO) Conference on Mediation, Genf 1996 (WIPO Publication No. 750 (E)), S. 11 (zit.: Goldberg, Dynamic of Mediation)

Goldberg, Stephen B./Green, Eric D./Sander, Frank E. A., Dispute Resolution, Boston, Toronto 1985 (zit.: Goldberg/Green/Sander, Dispute Resolution)

Goldman, Berthold, La lex mercatoria dans les contrats et l'arbitrage internationaux: réalité et perspectives, in: Clunet 1979, S. 475

—, The applicable law: general principles of law - the *lex mercatoria*, in: (Lew) Contemporary Problems in International Arbitration, Dordrecht, Boston, Lancaster 1987, S. 113 (zit.: Goldman, in: Contemporary Problems)

—, Nouvelles réflexions sur la *Lex Mercatoria*, in: (Dominicé/Patry/Reymond) Études de Droit International en l'Honneur de Pierre Lalive, Basel, Frankfurt/Main 1993, S. 241 (zit.: Goldman, in: FS Lalive)

Golsong, Heribert, Das Problem der Rechtsetzung durch internationale Organisationen (insbesondere im Rahmen der UN), in: Berichte der deutschen Gesellschaft für Völkerrecht, Heft 10 (1971), S. 1

—, A Guide to Procedural Issues in International Arbitration, in: Int. Lawyer 1984 (Vol. 18), S. 633

—, Schwächung des Schiedsdispositifs bei Investitionsstreitigkeiten - Das ICSID Annullierungsverfahren und seine mögliche Fortentwicklung, in: (Lindacher/Pfaff/Roth/Schlosser/Wieser) Festschrift für Walther J. Habscheid zum 65. Geburtstag, Bielefeld 1989, S. 113 (zit.: Golsong, in: FS Habscheid)

Gopal Das, Bal, Intellectual Property Dispute, GATT, WIPO: Of Playing by the Game Rules and Rules of the Game, in: IDEA - The Journal of Law and Technology 1995, S. 149

Gotanda, John Y., Award Interest in International Arbitration, in: AJIL 1996, S. 40

Gottwald, Peter, Die sachliche Kontrolle internationaler Schiedssprüche durch staatliche Gerichte, in: (Habscheid/Schwab) Beiträge zum Internationalen Verfahrensrecht und zur Schiedsgerichtsbarkeit, Festschrift für Heinrich Nagel zum 75. Geburtstag, Münster 1987, S. 54 (zit.: Gottwald, in: FS Nagel)

Grantham, William, The Arbitrability of International Intellectual Property Disputes, in: Berkeley J. Int. Law 1996 (Vol. 14), S. 173

Granzow, Joachim H., Das UNCITRAL-Modellgesetz über die internationale Handelsschiedsgerichtsbarkeit von 1985, München 1988 (zit.: Granzow, UNCITRAL-Modellgesetz)

Grashoff, Dietrich, Das Vergleichsverfahren vor der Internationalen Handelskammer - Diskriminierung eines internationalen Streitschlichtungsmechanismus?, in: RIW 1994, S. 625

Gross, Leo (Hrsg.), The Future of the International Court of Justice, Vol. 1, Dobbs Ferry, New York 1976 (zit.: Gross, International Court of Justice, Vol. 1)

—, (Hrsg.), The Future of the International Court of Justice, Vol. 2, Dobbs Ferry, New York 1976 (zit.: Gross, International Court of Justice, Vol. 2)

Gurry, Francis, The WIPO Arbitration Center and its Services, in: (WIPO/AAA) Worldwide Forum on the Arbitration of Intellectual Property Disputes, Genf 1994 (WIPO Publication No. 728 (E)), S. 323 (Gurry, WIPO Arbitration Center)

—, Fees and Costs, in: (WIPO/ASA) Conference on Rules for Institutional Arbitration and Mediation, Genf 1995 (WIPO Publication No. 741 (E)), S. 91 (zit.: Gurry, Fees and Costs, S. 91)

—, The Commencement of Arbitral Proceedings, in: (WIPO/ASA) Conference on Rules for Institutional Arbitration and Mediation, Genf 1995 (WIPO Publication No. 741 (E)), S. 11 (zit.: Gurry, Commencement, S. 11)

—, Confidentiality in Mediation, in: (WIPO) Conference on Mediation, Genf 1996 (WIPO Publication No. 750 (E)), S. 37 (zit.: Gurry, Confidentiality in Mediation)

Guyomar, Geneviève, Commentaire du Règlement de la Cour Internationale de Justice - Interprétation et Pratique, Paris 1983 (zit.: Guyomar, Commentaire)
Haas, Ulrich, Die Anerkennung und Vollstreckung ausländischer und internationaler Schiedssprüche, Berlin 1991 (zit.: Haas, Anerkennung und Vollstreckung)
Häberli, Christian, Das GATT und die Entwicklungsländer, in: (Cottier) GATT-Uruguay Round, Bern 1995, S. 135 (zit.: Häberli, in: (Cottier) GATT-Uruguay Round)
Habscheid, Walther J., Das schweizerische Schiedskonkordat, der Entwurf zu einem Bundesgesetz über das Internationale Privatrecht und die internationale Schiedsgerichtsbarkeit, in: (Habscheid/Schwab) Beiträge zum Internationalen Verfahrensrecht und zur Schiedsgerichtsbarkeit, Festschrift für Heinrich Nagel zum 75. Geburtstag, Münster 1987, S. 70 (zit.: Habscheid, in: FS Nagel)
—, Teil-, Zwischen- und Vorabschiedssprüche im schweizerischen und deutschen Recht, ihre Anfechtbarkeit und die Rechtsfolgen ihrer Aufhebung (unter besonderer Berücksichtigung der Streitgenossenschaft), in: ZSR 1987, S. 669
—, Einstweiliger Rechtsschutz durch Schiedsgerichte nach dem schweizerischen Gesetz über das Internationale Privatrecht (IPRG), in: IPRax 1989, S. 134
—, Zum Problem der Mehrparteienschiedsgerichtsbarkeit, in: (Reymond/Bucher) Recueil de Travaux Suisse sur l'Arbitrage International, Zürich 1984, S. 173 (zit.: Habscheid, in: (Reymond/Bucher) Recueil de Travaux Suisses)
Hailbronner, Kay/Bierwagen, Rainer M., Das GATT - Die Magna Charta des Welthandels, in: JA 1988, S. 318
Haltern, Ulrich R., Internationales Recht zwischen Dynamik und Paralyse - Aspekte der Fortbildung des Völkerrechts am Beispiel des GATT, in: ZVglRWiss 91 (1992), S. 1
Hamacher, Peter, Die Maxime audiatur et altera pars im Völkerrecht - Ein Beitrag zum Internationalen Verfahrensrecht unter besonderer Berücksichtigung der Rechtsgutachten des (StIGH)IGH, Wien, New York 1986 (zit.: Hamacher, Die Maxime audiatur et altera pars)
Hanotiau, Bernard, Complex – Multicontract-Multiparty – Arbitrations, in: Arb. Int. 1998, S. 368
Hargrove, John Lawrence, Settlement of Disputes under the Law of Ocean use, with particular Reference to Environmental Protection, in: GA J. Int. & Comp. L. 1976, S. 181
Hart, Michael M., The Mercantilist's Lament: National Treatment and Modern Trade Negotiations, in: JWT 1987, Nr. 6, S. 37
Hauser, Wolfgang, Die rechtliche Gestaltung des Tiefseebergbaus nach der Seerechtskonvention, Frankfurt am Main 1982 (zit.: Hauser, Tiefseebergbau)
Hayashi, Moritaka, Registration of the First Group of Pioneer Investors by the Preparatory Commission for the International Sea-Bed Authority and for the International Tribunal for the Law of the Sea, in: Ocean Development and International Law 1989, S. 1
Hellwig, Hans-Jürgen, Nationale und internationale Schiedsgerichtsbarkeit, in: RIW 1984, S. 421
Herber, Rolf, Das Seerechtsübereinkommen der Vereinten Nationen - Ansatz zu einer Neuen Weltwirtschaftsordnung, in: RIW 1984, S. 337
Herdegen, Matthias, Einstweiliger Rechtsschutz durch Schiedsgerichte in rechtsvergleichender Betrachtung, in: RIW 1981, S. 304
—, Wirkungen von Schiedssprüchen in Streitigkeiten zwischen Privatpersonen und fremden Staaten, in: RIW 1989, S. 329
—, Internationales Wirtschaftsrecht, 2. Auflage, München 1997 (zit.: Herdegen, Internationales Wirtschaftsrecht)
Herrmann, Gerold, The UNCITRAL Model Law - its background, salient features and purposes, in: Arb. Int. 1985, S. 6
—, The role of the courts under the UNCITRAL Model Law script, in: (Lew) Contemporary Problems in International Arbitration, Dordrecht, Boston, Lancaster 1987, S. 164 (zit.: Herrmann, in: Contemporary Problems)

—, The Arbitral Decision, in: (WIPO/ASA) Conference on Rules for Institutional Arbitration and Mediation, Genf 1995 (WIPO Publication No. 741 (E)), S. 83 (zit.: Herrmann, Arbitral Decision)

Highet, Keith, Evidence, The Chamber and the ELSI Case, in: (Lillich) Fact-Finding Before International Tribunals, Eleventh Sokol Colloquium, Ardsley-on-Hudson, New York 1991, S. 33 (zit.: Highet, in: (Lillich) Fact-Finding Before International Tribunals)

Hilf, Meinhard, Settlement of Disputes in International Economic Organizations: Comparative Analysis and Proposals for Strengthening the GATT Dispute Settlement Procedures, in: (Petersmann/Hilf) The New GATT Round of Multilateral Trade Negotiations - Legal and Economic Problems, Deventer, Boston 1988, S. 285 (zit.: Hilf, in: (Petersmann/Hilf) The New GATT Round, S. 285)

—, EG-Außenkompetenzen in Grenzen - Das Gutachten des EuGH zur Welthandelsorganisation, in: EuZW 1995, S. 7

Hilpold, Peter, Die Uruguay-Runde - eine Bestandsaufnahme, in: ZVglRWiss 93 (1994), S. 419

Hirsch, Moshe, The Arbitration Mechanism of the International Center for the Settlement of Investment Disputes, Dordrecht/Boston/London 1993 (zit.: Hirsch, ICSID)

Hochstrasser, Daniel, Choice of Law and "Foreign" Mandatory Rules in International Arbitration, in: J. Int. Arb 1994, Nr. 1, S. 57

Hoellering, Michael F., The New International Arbitration Rules of the American Arbitration Association, in: (Holgren/Stover) Private Investments Abroad - Problems and Solutions in International Business in 1991, New York, Oakland 1991, § 12 (zit.: Hoellering, in: Private Investments Abroad 1991, § 12)

Hoffet, Franz, Rechtliche Beziehungen zwischen Schiedsrichtern und Parteien, Zürich 1991 (zit.: Hoffet, Rechtliche Beziehungen zwischen Schiedsrichtern und Parteien)

Hoffmann, Bernd von, Internationale Handelsschiedsgerichtsbarkeit, Frankfurt/M., Berlin 1970 (zit.: v. Hoffmann, Handelsschiedsgerichtsbarkeit)

—, UNCITRAL Rules für internationale Schiedsverfahren, in RIW/AWD 1976, S. 1

—, "Lex mercatoria" vor internationalen Schiedsgerichten, in: IPRax 1984, S. 106

—, Die Novellierung des deutschen Schiedsverfahrensrechts von 1986, in: IPRax 1986, S. 337

—, Grundsätzliches zur Anwendung der "lex mercatoria" durch internationale Schiedsgerichte, in: (Musielak/Schurig) Festschrift für Gerhard Kegel zum 75. Geburtstag, Stuttgart, Berlin, Köln, Mainz 1987, S. 215 (zit.: v. Hoffmann, in: FS Kegel)

—, International Construction Arbitration, in: (Sarcevic) Essays on International Commercial Arbitration, London, Dordrecht, Boston 1989, S. 223 (zit.: v. Hoffmann, in: (Sarcevic) Essays on International Commercial Arbitration)

—, Der internationale Schiedsrichtervertrag - eine kollisionsrechtliche Skizze, in: (Plantey/Böckstiegel/Bredow) Festschrift für Ottoarndt Glossner zum 70. Geburtstag, Heidelberg 1994, S. 143 (zit.: v. Hoffmann, in: FS Glossner)

Hoffmann, Gerhard, Die Grenzen rechtlicher Streiterledigung im Völkerrecht und in Internationalen Organisationen, in: Berichte der deutschen Gesellschaft für Völkerrecht, Heft 9, Karlsruhe 1969, S. 1

Holtzmann, Howard M., The Importance of Choosing the Right Place to Arbitrate an International Case, in: (Cameron) Private Investments Abroad - Problems and Solutions in International Business in 1977, New York 1977, S. 183 (zit.: Holtzmann, in: Private Investments Abroad)

—, Conduct of Arbitral Proceedings, in: (Sanders), UNCITRAL'S Project for a Model Law on International Commercial Arbitration (ICCA Series Nr. 2), Deventer, Antwerpen, Boston, London, Frankfurt 1984, S. 125 (zit. Holtzmann, in: (Sanders) ICCA Series No. 2)

—, Some Lessons of the Iran-United States Claims Tribunal, in: Private Investors Abroad - Problems and Solutions in International Business in 1987, New York, Oakland 1988, § 16 (zit.: Holtzmann, in: Private Investors Abroad 1987, § 16)

—, How to Prevent Delay and Disruption of Arbitration: Lessons of the 1990 ICCA Stockholm Congress, in: (van den Berg), I. Preventing delay and disruption of arbitration II. Effetcive proceedings in construction cases (ICCA Series No. 5), Deventer 1991, S. 21 (zit.: Holtzmann, in: (van den Berg) ICCA Series No. 5)
—, Report on the Conduct of the Arbitral Proceedings, in: (ICC) The Arbitral Process and the Independence of Arbitrators, Paris 1991, S. 39 (zit.: Holtzmann, Conduct)
—, Streamlining Arbitral Proceedings: Some Techniques of the Iran-United States Claims Tribunal, in: Arb. Int. 1995, S. 39
Holtzmann, Howard M./Neuhaus, Joseph E., A Guide to the UNCITRAL Model Law on International Commercial Arbitration - Legislative History and Commentary, Deventer, Boston 1989 (zit.: Holtzmann/Neuhaus, Guide)
Horlick, Gary N., The US-Canada FTA and GATT Dispute Settlement Procedures: The Litigant's View, in: JWT 1992, Nr. 2, S. 5
Horlick, Gary N./DeBusk, F. Amanda, Dispute Resolution under NAFTA – Building on the U.S. - Canada FTA, GATT and ICSID, in: J. Int. Arb. 1993, Nr. 1, S. 51
Horn, Norbert, Das Recht der internationalen Anleihen, Frankfurt/Main 1972 (zit.: Horn, Anleihen)
—, (Hrsg.), Legal Problems of Codes of Conduct for Multinational Enterprises, Deventer, Antwerpen, Boston, London, Frankfurt 1980 (zit.: Horn (Hrsg.), Codes of Conduct)
—, Uniformity and Diversity in the Law of International Commercial Contracts, in: (Horn/Schmitthoff) The Transnational Law of Commercial Transactions, Antwerpen, Boston, London, Frankfurt 1982, S. 3 (zit.: Horn, in: (Horn/Schmitthoff) Transnational Law)
—, Die Anpassung langfristiger Verträge im internationalen Wirtschaftsverkehr, Vertragsklauseln und Schiedspraxis, in: (Kötz/Marschall von Bieberstein) Die Anpassung langfristiger Verträge, Frankfurt am Main 1984, S. 9 (zit.: Horn, in: (Kötz/Marschall von Bieberstein) Anpassung)
—, Procedures of Contract Adaption and Renegotiation in International Commerce, in: (ders.) Adaption and Renegotiation of Contracts in International Trade and Finance, Antwerpen, Boston, London, Frankfurt 1985, S. 173 (zit.: Horn, in: (ders.) Adaption and Renegotiation)
Hudec, Robert E., The GATT Legal System and World Trade Diplomacy, New York, Washington, London 1975 (zit.: Hudec, GATT)
—, GATT Dispute Settlement After the Tokyo Round: An Unfinished Business, in: Cornell Int. L. J. 1980 (Vol. 13), S. 145
—, Dispute Settlement, in: (Schott) Completing the Uruguay Round - A Results-Oriented Approach to the GATT Trade Negotiations, Washington D.C. 1990, S. 180 (zit.: Hudec, in: (Schott) Completing the Uruguay Round)
—, The Judicialization of GATT Dispute Settlement, in: (Hart/Steger) In Whose Interest? Due Process and Transparency in International Trade, Ottawa 1992, S. 9 (zit.: Hudec, in: (Hart/Steger) In Whose Interest?, S. 9)
—, Enforcing International Trade Law - The Evolution of the Modern GATT Legal System, Salem, New Hampshire 1993 (zit.: Hudec, Enforcing)
Huleatt-James, Mark/Hunter, Robert, The Laws and Rules Applicable to Evidence in International Commercial Arbitrations, and Some Issues Relating to Their Determination and Application, in: Arbitration 1997, S. 270
Hunter, Martin, Ethics of the International Arbitrator, in: Arbitration 1987, S. 219
Hunter, Martin/Paulsson, Jan, A Code of Ethics for Arbitrators in International Commercial Arbitration, in: IBL 1985, S. 153
Hunter, Martin/Triebel, Volker, Awarding Interest in International Arbitration, in: J. Int. Arb. 1989, Nr. 1, S. 1
Hußlein-Stich, Gabriele, Das UNCITRAL-Modellgesetz über die internationale Handelsschiedsgerichtsbarkeit, Köln, Berlin, Bonn, München 1990 (zit.: Hußlein-Stich, MG)

Il Roh Suh, Voting Behavior of National Judges in International Courts, in: AJIL 1969, S. 224
Inderkum, Hans-Heinrich, Der Schiedsrichtervertrag, Freiburg 1989 (zit.: Inderkum, Schiedsrichtervertrag)
International Bank for Reconstruction and Development, Report of the Executive Directors on the Convention on the Settlement of Investment Disputes between States and Nationals of other States, in: ILM 1965, S. 524 (zit.: IBRD, Report of the Executive Directors)
International Bar Assocation, Supplementary Rules Governing the Presentation and Reception of Evidence in International Commercial Arbitration, in: YCA 1985, S. 152 (zit.: IBA Rules of Evidence)
—, Rules of Ethics for International Arbitrators; in: YCA 1987, S. 199 (zit.: IBA Rules of Ethics)
International Centre for Settlement of Investment Disputes, Regulations and Rules - In Effect on January 1, 1968, Washington 1968 (zit.: ICSID, Regulations and Rules (January 1, 1968))
—, Convention on the Settlement of Investment Disputes between States and Nationals of Other States, Analysis of Documents Concerning the Origin and Formulation of the Convention, Washington D.C. 1970 (zit.: ICSID, Analysis, Vol. I)
—, Convention on the Settlement of Investment Disputes between States and Nationals of Other States, Documents Concerning the Origin and the Formulation of the Convention, Vol. II, Part 1 (Documents 1 - 43), Washington D. C. 1968 (zit.: ICSID, Documents, Vol. II/1)
—, Convention on the Settlement of Investment Disputes between States and Nationals of Other States, Documents Concerning the Origin and the Formulation of the Convention, Vol. II, Part 2 (Documents 44 - 146), Washington D. C. 1968 (zit.: ICSID, Documents, Vol. II/2)
—, Model Clauses, Doc.ICSID/5/Rev. 2, Washington 1993 (zit: ICSID, Model Clauses)
—, Cases, Doc. ICSID/16/Rev. 4, Washington 1995 (zit.: ICSID Cases)
International Chamber of Commerce (Hrsg.), Multi-Party Arbitration, Paris 1991 (zit.: ICC (Hrsg.), Multi-Party Arbitration)
—, (Hrsg.), Taking of Evidence in International Arbitral Proceedings, Paris 1989 (zit.: ICC (Hrsg.), Taking of Evidence in International Arbitral Proceedings)
—, (Hrsg.), UNIDROIT Principles for International Commercial Contracts: A New Lex Mercatoria, Paris 1995 (zit.: ICC (Hrsg.), UNIDROIT Principles)
Ipsen, Hans Peter, EWG über See - Zur seerechtlichen Orientierung des Europäischen Gemeinschaftsrechts, in: (Ipsen/Necker) Recht über See, Festschrift Rolf Stödter zum 70. Geburtstag am 22. April 1979, S. 167 (zit.: H.P. Ipsen, in: FS Stödter)
Ipsen, Knut, Völkerrecht, 3. Auflage, München 1990 (zit.: Ipsen, Völkerrecht)
Ipsen, Knut/Haltern, Ulrich R., Reform des Welthandelssystems? - Perspektiven zum GATT und zur Uruguay-Runde, Frankfurt, Bern, New York, Paris 1991 (zit.: Ipsen/Haltern, Reform)
Ipsen, Knut/Haltern, Ulrich R., Rule of Law in den internationalen Wirtschaftsbeziehungen: Die Welthandelsorganisation, in: RIW 1994, S. 717

Jackson, John H., World Trade and the Law of GATT, Indianapolis, Kansas City, New York 1969 (zit.: Jackson, World Trade and the Law of GATT)
—, Governmental Disputes in International Trade Relations: A Proposal in the Context of GATT, in: JWTL 1979, S. 1
—, The Birth of the GATT-MTN System: A Constitutional Appraisal, in: L. & Pol. Int. Bus. 1980, S. 21
—, Dispute Settlement Techniques Between Nations Concerning Economic Relations - With Special Emphasis on GATT, in: (Carbonneau) Resolving Transnational Disputes Through International Arbitration, Charlottesville 1984, S. 39 (zit.: Jackson, in: (Carbonneau) Resolving Transnational Disputes)
—, Restructuring the GATT System, London 1990 (zit.: Jackson, Restructuring)

—, Managing the Trading System: The World Trade Organization and the Post-Uruguay Round GATT Agenda, in: (Kenen) Managing the World Economy: Fifty Years after Bretton Woods, Washington 1994, S. 131 (zit.: Jackson, in: (Kenen) Managing the World Economy)
—, Observations sur les Résultats du Cycle de l'Uruguay, in: RGDIP 1994, S. 675
—, The World Trade Organization, Dispute Settlement, and Codes of Conduct, in: (Collins/Bosworth) The New GATT - Implications for the United States, Washington D.C. 1994, S. 63 (zit.: Jackson, in: (Collins/Bosworth) The New GATT)
—, From GATT to the World Trade Organization: Implications for the World Trading System, in: (Cottier) GATT-Uruguay Round, Bern 1995, S. 29 (zit.: Jackson, in: (Cottier) GATT-Uruguay Round)
—, The WTO Dispute Settlement Understanding - Misunderstandings on the Nature of Legal Obligation, in: AJIL 1997, S. 60
Jäger, Thomas, Streitbeilegung und Überwachung als Mittel zur Durchführung des GATT, Basel, Frankfurt am Main 1992 (zit.: Jäger, Streitbeilegung und Überwachung)
Jaenicke, Günther, Die Dritte Seerechtskonferenz der Vereinten Nationen, in: ZaöRV 1978, S. 438
—, Solutions for Dispute Settlement Procedures elaborated by the Conference on the Law of the Sea, in: (Böckstiegel) Settlement of Space Law Disputes, Köln, Berlin, Bonn, München 1980, S. 113 (zit.: Jaenicke, Solutions)
—, Die Dritte Seerechtskonferenz der Vereinten Nationen - Die neue Seerechtskonvention, in: NJW 1983, S. 1936
—, Dispute Settlement under the Convention on the Law of the Sea, in: ZaöRV 1983, S. 813
Jagenburg, Walter, Schiedsgerichtsbarkeit zwischen Wunsch und Wirklichkeit, in: (Jagenburg/Maier-Reimer/Verhoeven) Festschrift für Walter Oppenhoff zum 80. Geburtstag, München 1985, S. 147 (zit.: Jagenburg, in: FS Oppenhoff)
James, Philip S., Introduction to English Law, 12. Auflage, London 1989 (zit.: James, English Law)
Jansen, Bernhard, Zur Rolle der Rechtsmittelinstanz in der Welthandelsorganisation (WTO) in: EuZW 1996, S. 513
Jarvin, Sigvard, The sources and limits of the arbitrator's powers, in: (Lew) Contemporary Problems in International Arbitration, Dordrecht, Boston, Lancaster 1987, S. 50 (zit.: Jarvin, in: Contemporary Problems)
Jenisch, Uwe, Seerechtskonvention - Folgen aus deutscher Sicht, in: Außenpolitik 1982, S. 243
—, Wie geht es mit der UN-Seerechtskonferenz weiter? - Chancen der Nachbesserung und der Ratifikation, in: Schriften des deutschen Vereins für Internationales Seerecht, Heft 65, Hamburg 1988 (zit.: Jenisch, Chancen)
—, Das UN-Seerechtsübereinkommen tritt in Kraft – Verfahrensstand und deutscher Beitritt, in: Schriften des deutschen Vereins für Internationales Seerecht, Heft 86, Hamburg 1994 (zit.: Jenisch, UN-Seerechtsübereinkommen)
—, Seerecht setzt Wirtschaftsrecht, in: Nationale Folgerungen aus dem Inkrafttreten des UN-Seerechtsübereinkommens, Berichte des Bundesamtes für Seeschiffahrt und Hydrographie Nr. 5, Hamburg, Rostock 1995, S. 31 (zit.: Jenisch, in: Nationale Folgerungen)
Jennings, Robert Y., Need for Environmental Court?, in: EPL 1992, S. 312
—, The International Court of Justice after Fifty Years, in: AJIL 1995, S. 493
Jeong-Ha, Sunju, Einstweilige Maßnahmen in der Schiedsgerichtsbarkeit, Köln, Berlin, Bonn, München 1991 (zit.: Jeong-Ha, Einstweilige Maßnahmen)
Jiménez de Aréchaga, Eduardo, The Amendments to the Rules of Procedure of the International Court of Justice, in: AJIL 1973, S. 1
Joergens, Konstantin J., True Appellate Procedures or only a Two-Stage Process? A Comparative View of the Appellate Body under the WTO Dispute Settlement Understanding, in: L. & Pol. Int. B. 1999 (Vol. 30), S. 193

Joerges, Christian, Vorüberlegungen zu einer Theorie des internationalen Wirtschaftsrechts, in: RabelsZ 1979, S. 6

Jolidon, Pierre, La sentence en équité dans le Concordat suisses sur l'arbitrage, in: (Reymond/Bucher) Recueil de Travaux Suisse sur l'Arbitrage International, Zürich 1984, S. 259 (zit.: Jolidon, in: (Reymond/Bucher) Recueil de Travaux Suisses)

Junker, Abbo, Discovery im deutsch-amerikanischen Rechtsverkehr, Heidelberg 1987 (zit.: Junker, Discovery)

Kahn, Philippe, La Vente Commerciale Internationale, Paris 1961 (zit.: Kahn, Vente)

—, Le Contrôle des Sentences Arbitrales Rendues par un Tribunal CIRDI, in: (Société Française pour le Droit International) La Juridiction Internationale Permanente, Colloque de Lyon 1986, Paris 1986, S. 363 (zit.: Kahn, Contrôle)

Kappus, Andreas, „Conflict avoidance" durch „lex mercatoria" und UN-Kaufrecht 1980, in: RIW 1990, S. 788

Karl, Wolfram, Vertrag und spätere Praxis im Völkerrecht, Berlin, Heidelberg, New York, Tokyo 1983 (zit.: Karl, Vertrag und spätere Praxis im Völkerrecht)

Kaufmann-Kohler, Gabrielle, Le Lieu de l'Arbitrage à l'Aune de la Mondalisation – Réflexions à Propos de deux Formes Récentes d'Arbitrage, in: RdA 1998, S. 517

Kearney, Richard D./Dalton, Robert E., The Treaty on Treaties, in: AJIL 1970, S. 495

Kegel, Gerhard, Internationales Privatrecht, 7. Auflage, München 1995 (zit.: Kegel, IPR)

Kerr, Michael, Arbitration and the Courts: the UNCITRAL Model Law, in: ICLQ 1985, S. 1

Kewenig, Wilhelm A., Common heritage of mankind - politischer Slogan oder völkerrechtlicher Schlüsselbegriff?, in: (v. Münch) Festschrift für Hans-Jürgen Schlochauer zum 75. Geburtstag am 28. März 1981, Berlin, New York 1981, S. 385 (zit.: Kewenig, in: FS Schlochauer)

Kiss, Alexandre-Charles, La Notion de la Patrimoine Commune de l'Humanité, in: RdC 1982-II, S. 99

Klein, Frédéric-Edouard, De l'autorité de la loi dans les rapports commerciaux internationaux, in: (Flume/Hahn/Kegel/Simmonds) Internationales Recht und Wirtschaftsordnung - Festschrift für F.A.Mann zum 70. Geburtstag, München 1977, S. 617 (zit.: Klein, in: FS Mann)

—, La nouvelle réglementation française de l'arbitrage international et les lois suisses, in: (Reymond/ Bucher) Recueil de Travaux Suisse sur l'Arbitrage International, Zürich 1984, S. 57 (zit.: Klein, in: (Reymond/Bucher) Recueil de Travaux Suisses)

Knoepfler, François, Commencement of Arbitration Proceedings and Constituting the Arbitral Tribunal - Commentary, in: (WIPO/ASA) Conference on Rules for Institutional Arbitration and Mediation, Genf 1995 (WIPO Publication No. 741 (E)), S. 33 (zit.: Knoepfler, Commentary, S. 33)

Knoepfler, François/Schweizer, Philippe, Les mesures provisoires et l'arbitrage, in: (Reymond/Bucher) Recueil de Travaux Suisses sur l'Arbitrage International, Zürich 1984, S. 221 (zit.: Knoepfler/Schweizer, in: (Reymond/Bucher) Recueil de Travaux Suisses)

Knoepfler, François/Schweizer, Philippe, Making of Awards and Termination of Proceedings, in: (Sarcevic) Essays on International Commercial Arbitration, London, Dordrecht, Boston 1989, S. 160 (zit.: Knoepfler/ Schweizer, in: (Sarcevic) Essays on International Commercial Arbitration)

Knof, Manfred, Tatsachenfeststellung in Streitigkeiten des internationalen Wirtschaftsverkehrs: Eine vergleichende Studie der Schiedspraxis der ICC- und UNCITRAL Arbitration Rules unter besonderer Berücksichtigung der Rechtsprechung des Iran-United States Claims Tribunal, Köln, Berlin, Bonn, München 1994 (zit.: Knof, Tatsachenfeststellung)

Koch, Joachim, Konsequenzen des Inkrafttretens des VN-Seerechtsübereinkommens für die Tiefseebergbauunternehmen, in: Nationale Folgerungen aus dem Inkrafttreten des UN-Seerechtsübereinkommens, Berichte des Bundesamtes für Seeschiffahrt und Hydrographie Nr. 5, Hamburg, Rostock 1995, S. 23 (zit.: Koch, in: Nationale Folgerungen)

Kohl, Berthold Johannes, Vorläufiger Rechtsschutz im internationalen Handelsschiedsverfahren, Frankfurt am Main, Bern, New York, Paris 1990 (zit.: Kohl, Vorläufiger Rechtsschutz)

Kohona, Palitha T.B., Dispute Resolution under the World Trade Organization - An Overview, in: JWT 1994, Nr. 2, S. 23

Kommission zur Neuordnung des Schiedsverfahrensrechts, Bericht mit einem Diskussionsentwurf zur Neufassung des Zehnten Buchs der ZPO, Bonn 1994 (zit.: Kommission zur Neuordnung des Schiedsverfahrensrechts, Bericht)

Komuro, Norio, The WTO Dispute Settlement Mechanism - Coverage and Procedures of the WTO Understanding, in: J. Int. Arb. 1995, Nr. 3, S. 81

Kornblum, Udo, „Ordre public transnational", „ordre public international" und „ordre public interne" im Recht der privaten Schiedsgerichtsbarkeit, in: (Habscheid/Schwab) Beiträge zum Internationalen Verfahrensrecht und zur Schiedsgerichtsbarkeit, Festschrift für Heinrich Nagel zum 75. Geburtstag, Münster 1987, S. 140 (zit.: Kornblum, in: FS Nagel)

—, Das „Gebot überparteilicher Rechtspflege" und der deutsche schiedsrechtliche ordre public, in: NJW 1987, S. 1105

—, Zur Übernahme des UNCITRAL-Modellgesetzes über die internationale Handelsschiedsgerichtsbarkeit in das deutsche Schiedsverfahrensrecht, in: JPS 1987, S. 34

—, Zur "Kompetenz-Kompetenz" privater Schiedsgerichte nach deutschem Recht, in: JPS 1989, S. 38

Koussoulis, Stelios, Fragen zur Mehrparteienschiedsgerichtsbarkeit, insbesondere zur Bestellung der Schiedsrichter, in: ZZP 1994, S. 195

Kramer, Stefan, Die Meistbegünstigung, in: RIW 1989, S. 473

Kröll, Stefan, Future Perspectives of Conflicts Mandatory Rules in International Contracts, in: (Böckstiegel) Perspectives of Air Law, Space Law, and International Business Law for the Next Century, Köln, Berlin, Bonn, München 1996, S. 87 (zit.: Kröll, in: (Böckstiegel) Perspectives)

—, Ergänzung und Anpassung von Verträgen durch Schiedsgerichte, Köln, Bonn, Berlin, München 1998 (zit.: Kröll, Ergänzung und Anpassung)

Kropholler, Jan, Internationales Privatrecht, 3. Auflage, Tübingen 1997 (zit.: Kropholler, IPR)

Kufuor, Kofi Oteng, From the GATT to the WTO - Developing Countries and the Reform of the Procedures for the Settlement of International Trade Disputes, in: JWT 1997, Nr. 5, S. 118

Kühn, Wolfgang, Vorläufiger Rechtsschutz und Schiedsgerichtsbarkeit, in: JPS 1987, S. 47

—, Die Anfechtung und Vollstreckung des Schiedsentscheides - Eine kritische Würdigung der neuen schweizerischen Regelung unter Berücksichtigung ihrer Auswirkungen im deutschen Vollstreckbarerklärungsverfahren -, in: (Böckstiegel) Die Internationale Schiedsgerichtsbarkeit in der Schweiz (II) - Das neue Recht ab 1. Januar 1989, Köln, Berlin, Bonn, München 1989, S. 163 (zit.: Kühn, in: (Böckstiegel) Schweiz (II), S. 163)

Kuijper, Pieter Jan, The New WTO Dispute Settlement System - The Impact on the European Community, in: JWT 1995, Nr. 6, S.49

—, Remedies and Retaliation in the WTO: Are They Likely to be Effective? The State Perspective and the Company Perspective, in: Proceedings of the 91th Annual Meeting of the American Society of International Law, Washington 1997, S. 282 (zit.: Kuijper, in: 91th ASIL Proceedings)

Kuner, Christopher, Die neuen WIPO-Schiedsregeln, in: RIW 1995, S. 965

Kuruvila, Pretty Elizabeth, Developing Countries and the GATT/WTO Dispute Settlement Mechanism, in: JWT 1997, Nr. 6, S. 171

Labes, Hubertus W., Dispute Resolution Methods - Germany, Comp. L. Y. Int. Bus., London, Dordrecht, Boston 1994, S. 181 (zit.: Labes, Dispute Resolution)

—, Schiedsgerichtsvereinbarungen in Rückversicherungsverträgen, Frankfurt/M 1996 (Labes, Schiedsgerichtsvereinbarungen)
—, Jurisdiction of the Law of the Sea Tribunal for (private) Arbitration Procedures, in: Beilegung von Seerechtsstreitigkeiten vor dem Internationalen Seegerichtshof und ihre Bedeutung für die Versicherungswirtschaft, Karlsruhe 2000, S. 27 (zit.: Labes, in: Beilegung von Seerechtsstreitigkeiten, S. 27)
Labes, Hubertus W./Lörcher, Torsten, Das neue deutsche Recht der Schiedsgerichtsbarkeit – Zur bevorstehenden Neufassung des 10. Buchs der ZPO (§§ 1025 ff.) –, in: MDR 1997, S. 420
Labes, Hubertus W./Lörcher, Torsten (Hrsg.), Nationales und Internationales Schiedsverfahrensrecht, München 1998 (zit.: Labes/Lörcher (Hrsg.), Schiedsverfahrensrecht)
Lacharrière, Guy Ladreit de, Case for a Tribunal to Assist in Settling Trade Disputes, in: The World Economy 1985, S. 339
Lachmann, Jens-Peter, Handbuch für die Schiedsgerichtspraxis, Köln 1998 (zit.: Lachmann, Handbuch)
Lachs, Manfred, A Few Thoughts on the Independence of Judges of the International Court of Justice, in: C.J.T.L. 1987, S. 593
Lagoni, Rainer, Multilaterale Vertragsschlußverfahren nach der III. Seerechtskonferenz, in: Vereinte Nationen 1983, S. 74
Lalive, Jean-Flavien, Quelques observations sur l'immunité d'exécution des États et l'arbitrage international, in: (Drinstein) International Law at a Time of Perplexity, Essays in Honour of Shabtai Rosenne, Dordrecht, Boston, London 1988, S. 369 (zit.: J.F. Lalive, in: FS Rosenne)
Lalive, Pierre, The First 'World Bank' Arbitration (Holiday Inns v. Morocco) - Some Legal Problems, in: BYIL 1980, S. 123
—, Ordre Public Transnational (ou réellement International) et Arbitrage International, in: RdA 1986, S. 329
—, Transnational (or Truly International) Public Policy and International Arbitration, in: (Sanders), Comparative Arbitration Practice and Public Policy in Arbitration (ICCA Series No. 3), Deventer, Antwerpen, Boston, London, Frankfurt 1987, S. 257 (zit.: Lalive, in: (Sanders) ICCA Series No. 3)
—, The New Swiss Law on International Arbitration, in: Arb. Int. 1988, S. 2
Lalive, Pierre/Gaillard, Emmanuel, Le nouveau droit de l'arbitrage international en Suisse, in: Clunet 1989, S. 905
Lalive, Pierre/Poudret, Jean-François/Reymond, Claude, Le Droit de l'Arbitrage Interne et International en Suisse, Lausanne 1989 (zit.: Lalive/Poudret/Reymond, Droit de l'Arbitrage)
Lamm, Carolyn B./Smutny, Abby Cohen, The International Centre for Settlement of Investment Disputes: Responses to Problems and Changing Requirements, in: Arbitration 1998, S. S22
Landau, Toby T., United Kingdom: Arbitration Act of 1996 [June 17, 1996]: Introductory Note, in: ILM 1997, S. 155
Lando, Ole, Conflict-of-Laws Rules for Arbitrators, in: (Bernstein/Drobnig/Kötz) Festschrift für Konrad Zweigert zum 70. Geburtstag, Tübingen 1981, S. 157 (zit.: Lando, in: FS Zweigert)
—, The *Lex Mercatoria* in International Commercial Arbitration, in: ICLQ 1985, S. 747
—, The Law Applicable to the Merits of the Dispute, in: (Sarcevic) Essays on International Commercial Arbitration, London, Dordrecht, Boston 1989, S. 129 (zit.: Lando, in: (Sarcevic) Essays on International Commercial Arbitration)
Laschet, Franz, Die Mehrparteienschiedsgerichtsbarkeit, in: (Böckstiegel/Glossner) Festschrift für Arthur Bülow zum 80. Geburtstag, Köln, Berlin, Bonn, München 1981, S. 85 (zit.: Laschet, in: FS Bülow)
—, Probleme des einstweiligen Rechtsschutzes, in: (Böckstiegel) Vertragsgestaltung und Streiterledigung in der Bauindustrie und im Anlagenbau, Köln, Berlin, Bonn, München 1984, S. 119 (zit.: Laschet, in: (Böckstiegel) Bauindustrie, S. 119)

—, Zur Anerkennung ausländischer Zwischenschiedssprüche, in: IPRax 1984, S. 72
Lastenouse, Pierre, Why Setting Aside and Arbitral Award is not Enough to Remove it from the International Scene, in: J. Int. Arb. 1999, Nr. 2, S. 25
Lauterpacht, Eli, The Decision of the International Tribunal on the Law of the Sea: The *M/V Saiga*, in: (Hafner/Loibl/Rest/Sucharipa-Behrmann/Zemanek) Liber Amicorum Professor Ignaz Seidl-Hohenveldern, The Hague, Boston, London 1998, S. 395 (Lauterpacht, in: FS Seidl-Hohenveldern)
Lauterpacht, Elihu, The World Bank Convention on the Settlement of Investment Disputes, in: Receuil d'Études de Droit International en Hommage à Paul Guggenheim, Genf 1962, S. 642 (zit.: Lauterpacht, in: FS Guggenheim)
Lauterpacht, H., The Function of Law in the International Community, Oxford 1933 (zit.: Lauterpacht, Function of Law)
Lehoux, Gregoire, La Troisième Conférence sur le droit de la mer et le règlement obligatoire des différends, in: CYIL 1980, S. 31
Leier, Klaus Peter, Fortentwicklung und weitere Bewährung: Zur derzeitigen Überprüfung des Streitbeilegungsverfahrens der WTO, in: EuZW 1999, S. 204
Levy, Laurent, Dissenting Opinions in International Arbitration in Switzerland, in: Arb. Int. 1989, S. 35
Lew, Julian D., Applicable Law in International Commercial Arbitration, Dobbs Ferry, New York 1978 (zit.: Lew, Applicable Law)
Lillich, Richard B. (Hrsg.), Fact-Finding Before International Tribunals, Eleventh Sokol Colloquium, Ardsley-on-Hudson, New York 1991 (zit.: Lillich (Hrsg.), Fact-Finding Before International Tribunals)
Lionnet, Klaus, Erfahrungen mit der internationalen Schiedsgerichtsbarkeit im Anlagenbau aus der Sicht der Partei, in: (Böckstiegel) Vertragsgestaltung und Streiterledigung in der Bauindustrie und im Anlagenbau, Köln, Berlin, Bonn, München 1984, S. 291 (zit.: Lionnet, in: (Böckstiegel) Bauindustrie, S. 291)
—, ICC-Schiedsgerichtsbarkeit aus der Sicht einer Partei, in: (Böckstiegel) Recht und Praxis der Schiedsgerichtsbarkeit der Internationalen Handelskammer, Köln, Berlin, Bonn, München 1986, S. 53 (zit. Lionnet, ICC-Schiedsgerichtsbarkeit)
—, Handbuch der internationalen und nationalen Schiedsgerichtsbarkeit, Stuttgart, München, Hannover, Berlin, Weimar, Dresden 1996 (zit.: Lionnet, Schiedsgerichtsbarkeit)
Livingstone, J.M., The Internationalization of Business, Houndsmill, London 1989 (zit.: Livingstone, Internationalization)
Lörcher, Gino, Kein Schiedsspruch ohne Unterschrift des Vorsitzenden?, in: BB 1988, S. 78
—, Wie zwingend sind in der internationalen Handelsschiedsgerichtsbarkeit zwingende Normen einer "dritten" Rechtsordnung, in: RPS 2. Folge 1993, S. 3
—, Improving Procedures for Oral and Written Witness Testimony, in: (van den Berg) Planning Efficient Arbitration Procedures - The Law Applicable in International Arbitration (ICCA Series No. 7), The Hague, London, Boston 1994, S. 145 (zit.: G. Lörcher, in: (van den Berg) ICCA Series No. 7)
—, Towards a Reform of the German Rules Governing Arbitration, in: Arb. Int. 1995, S. 391
—, Die Anpassung langfristiger Verträge an veränderte Umstände, in: DB 1996, S. 1269
—, Zur Stellung des Vorsitzenden im Schiedsgericht, RPS, 2. Halbjahr 1996, S. 1
—, The New German Arbitration Act, in: J. Int. Arb. 1998, Nr. 2, S. 85
—, Mediation: Rechtskraft über den Schiedsspruch mit vereinbartem Wortlaut, in: DB 1999, S. 789
Lörcher, Gino/Lörcher, Heike, Das Schiedsverfahren - national/international - nach neuem Recht, München, Berlin 1998 (zit.: G.Lörcher/H.Lörcher, Schiedsverfahren)
Lörcher, Heike, Das internationale Handelsschiedsverfahren in Frankreich, Köln, Berlin, Bonn, München 1997 (zit.: H. Lörcher, Frankreich)

Lörcher, Torsten, Project of an International Court for the Environment, in: (Böckstiegel) Perspectives of Air Law, Space Law, and International Business Law for the Next Century, Köln, Berlin, Bonn, München 1996, S. 279 (zit.: Lörcher, in: (Böckstiegel) Perspectives)

Long, Olivier, Law and its Limitations in the GATT Multilateral Trade System, Dordrecht, Boston, Lancaster 1985 (zit.: Long, Law)

Loquin, Eric, L'amiable composition en droit comparé et international, Paris 1980, (zit.: Loquin, L'amiable composition)

Lowe, Vaughan, The *M/V Saiga:* The First Case in the International Tribunal on the Law of the Sea, in: ICLQ 1999, S. 187

Lowe, Vaughan/Fitzmaurice, Malgosia (Hrsg.), Fifty years of the International Court of Justice, Essays in honour of Sir Robert Jennings, Cambridge 1996 (zit.: Lowe/Fitzmaurice (Hrsg.), FS Jennings)

Lowenfeld, Andreas F., Lex Mercatoria: An Arbitrator's View, in: Arb. Int. 1990, S. 133

—, Remedies along with Rights: Institutional Reform in the new GATT, in: AJIL 1994, S. 477

—, The Party-Appointed Arbitrator in International Controversies: Some Reflections, in: T. Int. L. J. 1995 (Vol. 30), S. 59

Lukas, Martin, The Role of Private Parties in the Enforcement of the Uruguay Round Agreements, in: JWT 1995, Nr. 5, S. 181

Luther, Martin, Das Drei-Mann-Schiedsgericht bei der Entscheidung von Streitigkeiten zwischen drei oder mehr Vertragspartnern, in: (Ficker/König/Kreuzer/Leser/Marschall von Bieberstein/Schlechtriem) Festschrift für Ernst von Caemmerer zum 70. Geburtstag, Tübingen 1978, S. 571 (zit.: Luther, in: FS v. Caemmerer)

Luzzatto, Riccardo, International Commercial Arbitration and the Municipal Law of States, in: RdC 1977-IV, S. 9

Maier, Hans Jakob, Handbuch der Schiedsgerichtsbarkeit, Herne, Berlin 1979 (zit.: Maier, Handbuch)

Maiwald, Beate, Das Iran-United States Claims Tribunal - Seine Rechtsgrundlagen und seine völkerrechtliche, prozeßrechtliche und wirtschaftsrechtliche Rechtsprechungspraxis, Köln 1987 (zit.: Maiwald, Iran-United States Claims Tribunal)

Malinverni, Georges, Le Règlement des Différends dans les Organisations Internationales Économique, Genf 1974 (zit.: Malinveri, Règlement des Différends)

Mangoldt, Hans von, Die Schiedsgerichtsbarkeit als Mittel internationaler Streitschlichtung, Berlin, Heidelberg, New York 1974 (zit.: v. Mangoldt, Schiedsgerichtsbarkeit)

—, Versäumnisverfahren in der internationalen (Schieds-)Gerichtsbarkeit und souveräne Gleichheit, in: (Bernhardt/Geck/Jaenicke/Steinberger) Völkerrecht als Rechtsordnung - Internationale Gerichtsbarkeit - Menschenrechte, Festschrift für Hermann Mosler, Berlin, Heidelberg, New York 1983, S. 503 (zit.: v. Mangoldt, in: FS Mosler)

Mani, V.S., International Adjudication – Procedural Aspects, The Hague, Boston, London 1980 (zit.: Mani, Adjudication)

Mann, F. A., State Contracts and State Responsibility, in: AJIL 1960, S. 572

—, Lex Facit Arbitrum, in: (Sanders) International Arbitration - Liber Amicorum For Martin Domke, Den Haag 1967, S. 157 (zit.: Mann, in: FS Domke)

—, State Contracts and International Arbitration, in: BYIL 1967, S. 1 (zit.: Mann, in: BYIL 1967, S. 1)

—, Private Arbitration and Public Policy, in: Civil Justice Quarterly 1985, S. 257

—, Compound Interest as an Item of Damage in International Law, in: (ders.) Further Studies in International Law, Oxford 1990, S. 377 (zit.: Mann, Compound Interest)

Mapp, Wayne, The Iran-United States Claims Tribunal - The first ten years 1981-1991, Manchester, New York 1993 (zit.: Mapp, Iran-United States Claims Tribunal)

Marchais, Bertrand P., ICSID and the Courts, in: News from ICSID 1986, Nr. 2, S. 4
—, ICSID Tribunals and Provisional Measures - Introductory Note to Decisions of the Tribunals of Antwerp and Geneva in MINE v. Guinea, in: ICSID Rev. - FILJ 1986, S. 372
—, Composition of ICSID Tribunals, in: News from ICSID 1987, Nr. 2, S. 5
—, Mesures provisoires et autonomie du système d'arbitrage C.I.R.D.I., in: D.C.P.I. 1988, S. 275
—, Setting up the Initial Procedural Framework in ICSID Arbitraton, in: News from ICSID 1988, Nr. 1, S. 5
Marffy-Mantuano, Annick de, The Procedural Framework of the Agreement Implementing the 1982 United Nations Convention on the Law of the Sea, in: AJIL 1995, S. 814
Markfort, Rainer, Mehrparteienschiedsgerichtsbarkeit im deutschen und ausländischen Recht, Köln, Berlin, Bonn, München 1994 (Markfort, Mehrparteien-Schiedsgerichtsbarkeit)
Marquardt, Michael, Das Streitbeilegungssystem im Rahmen des Tiefseebodenregimes nach der neuen Seerechtskonvention, Frankfurt am Main, Bern, New York, Paris 1987 (zit.: Marquardt, Streitbeilegungssystem)
Marriott, Arthur L., Evidence in International Arbitration, in: Arb. Int. 1989, S. 280
Martha, Rutsel Silvestre J., Representation of Parties in World Trade Disputes, in: JWT 1997, Nr. 2, S. 83
Massod, Arshed, Provisional Measures of Protection in Arbitration under the World Bank Convention, in: D. L. Rev. 1972, S. 138
—, Law Applicable in Arbitration of Investment Disputes under the World Bank Convention, in: J. Ind. L. Inst 1973, S. 311
Matray, Lambert, Les traits caractéristique de l'administration de la preuve dans certaines procédures de type romaniste, in: (ICC) Taking of Evidence in international arbitral proceedings, Paris 1989, S. 113 (zit.: Matray, in: (ICC), Taking of Evidence)
Matscher, Franz, Überlegungen über die Einführung der „Interpretationsintervention" im Verfahren vor dem Europäischen Gerichtshof für Menschenrechte, in: (Miehsler/Mock/Simma/Tammelo) Ius Humanitatis, Festschrift zum 90. Geburtstag von Alfred Verdross, Berlin 1980, S. 533 (zit.: Matscher, in: FS Verdross)
May, Bernhard, Der erfolgreiche GATT-Abschluß - ein Pyrrhussieg, in: EA 1994, S. 33
Mayer, Pierre, Mandatory rules of law in international arbitration, in: Arb. Int 1986, S. 274
McDonald, Kevin M., Warum die USA Section 301 Trade Act nicht aufheben müssen, in: RIW 1999, S. 356
Meessen, Karl, Zu den Grundlagen des internationalen Wirtschaftsrechts, in: AöR 1985, S. 398
Mehren, Arthur T. von, Arbitration Between States and Foreign Enterprises: The Significance of the Institute of International Law's Santiago de Compostela Resolution, in: ICSID Rev. - FILJ 1990, S. 54
Meier, Gert, WTO-Revisionsentscheidung zur EG-Bananenmarktordnung, in: EuZW 1997, S. 719
—, Bananas IV: der Bericht des WTO-Panels vom 12.4.1999, in: EuZW 1999, S. 428
Meier, Isaak, Grundlagen des einstweiligen Rechtsschutzes, Zürich 1983 (zit.: Meier, Grundlagen)
Melis, Werner, Praktische und prozedurale Probleme mit Mehrparteienschiedsgerichten bei komplexen Langzeitverträgen, in: (Nicklisch) Der komplexe Langzeitvertrag - Strukturen und Internationale Schiedsgerichtsbarkeit, Heidelberg 1987, 569 (zit.: Melis, Probleme)
—, Commentary on the Arbitral Decision; Fees and Costs, in: (WIPO/ASA) Conference on Rules for Institutional Arbitration and Mediation, Genf 1995 (WIPO Publication No. 741 (E)), S. 103 (zit.: Melis, Commentary)
Meng, Werner, Streitbeilegung im GATT, in: ZaöRV 1981, S. 69
Mengel, Hans-Joachim, Probleme der Zuständigkeit des International Centre for Settlement of Investment Disputes (ICSID), in: RIW 1986, S. 941
Mensah, Thomas A., The Jurisdiction of the International Tribunal on the Law of the Sea, in: RabelsZ 1999, S. 330

Merrills, J. G., International Dispute Settlement, 2. Auflage, Cambridge 1991 (zit.: Merrills, Settlement)

Mestral, A.L.C. de, Compulsory Dispute Settlement in the Third United Nations Convention on the Law of the Sea: A Canadian Perspective, in: (Burgenthal) Contemporary Issues in International Law: Essays in Honor of Louis B. Sohn, Kehl, Straßburg, Arlington 1984, S. 169 (zit.: Mestral, in: FS Sohn)

Mezger, Ernst, Verstoß gegen die öffentliche Ordnung bei Beurteilung ausländischer Schiedssprüche, in: NJW 1970, S. 368

Miller, John T., Jr., Intervention in Proceedings Before the International Court of Justice, in: (Gross) The Future of the International Court of Justice, Vol. 2, Dobbs Ferry 1976, S. 550 (zit.: Miller, Intervention)

Mirvahabi, Farin, Fishery Disputes Settlement and the Third United Nations Conference on the Law of the Sea, in: Revue de droit international des sciences diplomatiques et politiques 1979, S. 45

Mora, Miquel Montañà I, A GATT with Teeth: Law Wins Over Politics in the Resolution of International Trade Disputes, in: C.J.T.L 1993, S. 103

Morgan, W. G. O., Discovery in Arbitration, in: J. Int. Arb. 1986 Nr. 3, S. 9

Mosler, Hermann, Problems and Tasks of International Judicial and Arbitral Settlement of Disputes Fifty Years after the Founding of the World Court, in: (Mosler/Bernhardt) Judicial Settlement of International Disputes, International Court of Justice, Other Courts and Tribunals, Arbitration and Conciliation, Berlin, Heidelberg, New York 1974, S. 3 (zit.: Mosler, in: (Mosler/Bernhardt) Judicial Settlement, S. 3)

Mouri, Allahyar, The International Law of Expropriation as Reflected in the Work of the Iran-U.S. Claims Tribunal, Dordrecht, Boston, London 1994 (zit.: Mouri, International Law of Expropriation)

Müller, Eva, Fast-Track Arbitration, in: J. Int. Arb. 1998, Nr. 3, S. 5

Münch, Ingo von, Internationales Seerecht – Seerechtliche Abhandlungen 1958-1982 mit einer Einführung in das Internationale Seerecht, Heidelberg 1985 (zit.: v. Münch, Internationales Seerecht)

Münchener Kommentar zur Zivilprozeßordnung, Band 3, München 1992 (zit.: MüKoZPO - Bearbeiter)

Mustill, Michael John, The New *Lex Mercatoria*: The First Twenty-Five Years, in: Arb. Int. 1988, S. 86

—, Arbitration: History and Background, in: J. Int. Arb. 1989, Nr. 2, S. 43

Mustill, Michael J./Boyd, Stewart C., The Law and Practice of Commercial Arbitration in England, London, Edinburgh 1989 (zit.: Mustill/Boyd, Law and Practice)

Nagel, Heinrich, Gedanken über die Beschleunigung des Schiedsverfahrens, in: (Henrich/von Hoffmann) Festschrift für Karl Firsching zum 70. Geburtstag, München 1985, S. 191 (zit.: Nagel, in: FS Firsching)

Nassar, Nagla, Internationalization of State Contracts: ICSID, The Last Citadel, in: J. Int. Arb. 1997, Nr. 3, S. 186

Nathan, Kathigamarm V.S.K., ICSID and Dispute Resolution in International Civil Engineering Contracts, in: Arbitration 1988, S. 193

—, Submissions to the International Centre for Settlement of Investment Disputes in Breach of the Convention, in: J. Int. Arb. 1995, Nr. 1, S. 26

Nerz, Alexander, Vor- und Nachteile eines Schiedsverfahrens nach der Schiedsgerichtsordnung der Internationalen Handelskammer, in: RIW 1990, S. 350

Neuhold, Hanspeter, Die Einhaltung des Völkerrechts in einer außenpolitischen Kosten-Nutzen-Analyse, in: GYIL 1976, S. 317

Niblett, Bryan, The Arbitration of Intellectual Property Disputes, in: (WIPO/AAA) Worldwide Forum on the Arbitration of Intellectual Property Disputes, Genf 1994 (WIPO Publication No. 728 (E)), S. 197 (zit.: Niblett, Intellectual Property Disputes)

Nichols, Philip M., GATT Doctrine, in: Virginia Journal of International Law 1996 (Vol. 36), S. 379

Nickles, Peter J., Fast-Track Arbitration: Different Perspectives - Three Perspectives from the Parties' Counsel, in: ICC Bull. 1992, Nr. 2, S. 9

Nicklisch, Fritz, Instrumente der Internationalen Handelsschiedsgerichtsbarkeit zur Konfliktregelung bei Langzeitverträgen, in: RIW 1978, S. 633

—, Mehrparteienschiedsgerichtsbarkeit und Streitbeilegung bei Großprojekten, in: (Plantey/Böckstiegel/Bredow) Festschrift für Ottoarndt Glossner zum 70. Geburtstag, Heidelberg 1994, S. 221 (zit.: Nicklisch, in: FS Glossner)

Niggemann, Friedrich, The ICSID Klöckner v. Cameroon Award: The Dissenting Opinion, in: J. Int. Arb. 1984, S. 331

—, Zuständigkeitsprobleme der Weltbankschiedsgerichtsbarkeit im Licht der bisherigen Schiedsverfahren, in: IPRax 1985, S. 185

—, Die dritte Annullierung eines ICSID-Schiedsspruches - Die Entscheidung in Sachen Mine v. Guinea, in: IPRax 1991, S. 77

Nöcker, Thomas, Das Recht der Schiedsgerichtsbarkeit in Kanada, Heidelberg 1988 (zit.: Nöcker, Kanada)

Nogueira, Gustavo, The First WTO Appellate Body Review, United States - Standards for Reformulated and Conventional Gasoline, in: JWT 1996, Nr. 6, S. 5

Nordgren, Ingrid, The GATT Panels During the Uruguay Round - A Joker in the Negotiating Game, in: J. Int. Arb. 1991, Nr. 2, S. 87

Nordquist, Myron H./Rosenne, Shabtai/Sohn, Louis B. (Hrsg.), United Nations Convention on the Law of the Sea 1982 A Commentary, Vol. V (Art. 279 to 320, Annexes V, VI, VII, VIII and IX, Final Act, Annex I, Resolutions I, III and IV), Dordrecht, Boston, London 1989 (zit. Nordquist/Rosenne/Sohn (Hrsg.), UNCLOS)

Nsereko, Daniel D., The International Court, Impartiality and Judges ad hoc, in: Ind. J. Int. L. 1973, S. 207

Nuber, Juno, Die objektive Schiedsfähigkeit im Zusammenhang mit der Gültigkeit der Schiedsvereinbarung (anwendbares Recht) und mit der Vollstreckung (Ordre public), Zürich 1986 (zit.: Nuber, Objektive Schiedsfähigkeit)

Nurick, Lester/Schnably, Stephen J., The First ICSID Conciliation: Tesoro Petroleum Corporation v. Trinidad and Tobago, in: ICSID Rev. FILJ 1986, S. 340

Ochmann, Richard, Das schiedsrichterliche Verfahren unter Berücksichtigung der gewerblichen Schutzrechte und seine Vor- und Nachteile gegenüber dem staatlichen Gerichtsverfahren, in: GRUR 1993, S. 255

Oda, Shigeru, Intervention in the International Court of Justice - Articles 62 and 63 of the Statute, in: (Bernhardt/Geck/Jaenicke/Steinberger) Völkerrecht als Rechtsordnung - Internationale Gerichtsbarkeit - Menschenrechte, Festschrift für Hermann Mosler, Berlin, Heidelberg, New York 1983, S. 629 (zit.: Oda, in: FS Mosler)

—, Further Thoughts on the Chambers Procedure of the International Court of Justice, in: AJIL 1988, S. 556

—, Dispute Settlement Prospects in the Law of the Sea, in: ICLQ 1995, S. 863

Oellers-Frahm, Karin, Die einstweilige Anordnung in der internationalen Gerichtsbarkeit, Berlin, Heidelberg, New York 1975 (zit.: Oellers-Frahm, Einstweilige Anordnung)

—, Zur Vollstreckung von Entscheidungen internationaler Gerichte im Völkerrecht, in: ZaöRV 1976, S. 654

—, Die Verfahrensordnung des Internationalen Gerichtshofes vom 14. April 1978, in: AVR 1979/80, S. 309
—, Die Intervention nach Art. 62 des Statuts des Internationalen Gerichtshofs – Überlegungen anläßlich der Entscheidung des Internationalen Gerichtshofs vom 14. April über die Intervention Maltas, in: ZaöRV 1981, S. 579
—, Arbitration - A Promising Alternative of Dispute Settlement under the Law of the Sea Convention, in: ZaöRV 1995, S. 457
Ohlhoff, Stefan, Beteiligung von Verbänden und Unternehmen in WTO-Streitbeilegungsverfahren, in: EuZW 1999, S. 139
Okekeifere, Andrew I., Commercial Arbitration as the most Effective Dispute Resolution Method – Still a Fact or a Myth?, in: J. Int. Arb. 1998, Nr. 4, S. 81
Oppermann, Thomas/Beise, Marc, Die neue Welthandelsorganisation - ein stabiles Regelwerk für weltweiten Freihandel?, in: EA 1994, S. 195
O'Reilly, Michael, Costs in Arbitration Proceedings, London, New York, Hamburg, Hong Kong 1995 (zit.: O'Reilly, Costs)
Oppetit, Bruno, L'Arbitrage en Matière de Brevets d'Invention après la Loi du 13 juillet 1978, in: RdA 1979, S. 83
Ott, Regula, Die Beilegung von Investitionsstreitigkeiten durch Schiedsgerichte - Die Praxis von ICSID, Bern, Frankfurt am Main, New York 1983 (Ott, Investitionsstreitigkeiten)
Oxman, Bernhard H., The 1994 Agreement and the Convention, in: Law of the Sea Forum: The 1994 Agreement on Implementation of the Seabed Provisions of the Convention on the Law of the Sea, in: AJIL 1994, S. 687
—, The M/V "Saiga", in: AJIL 1998, S. 278

Pagenberg, Jochen, The Arbitrability of Intellectual Property Issues in Germany, in: (WIPO/AAA) Worldwide Forum on the Arbitration of Intellectual Property Disputes, Genf 1994 (WIPO Publication No. 728 (E)), S. 81 (zit.: Pagenberg, Germany)
Palmeter, David, The Need for Due Process in WTO Proceedings, in: JWT 1997, Nr. 1, S. 51
Palmeter, David/Mavroidis, Petros C., The WTO Legal System: Sources of Law, in: AJIL 1998, S. 398
Palmeter, David/Spak, Gregory J., Resolving Antidumping and Countervailing Duty Disputes: Defining GATT's Role in an Era of Increasing Conflict, in: L. & Pol. Int. Bus. 1993 (Vol. 24), S. 1145
Park, William W., The *Lex Loci Arbitri* and International Commercial Arbitration, in: ICLQ 1983, S. 21
Parra, Antonio R., The Screening Power of the ICSID Secretary-General, in: News from ICSID 1985, Nr. 2, S. 10
—, Revised Rules and Regulations, in: News from ICSID 1985, Nr. 1, S. 4
—, Provisions on the Settlement of Investment Disputes in Modern Investment Laws, Bilateral Investment Treaties and Multilateral Instruments on Investment, in: ICSID Rev. - FILJ 1997, S. 287
—, The Role of ICSID in the Settlement of Investment Disputes, in: News from ICSID 1999, Nr. 1, S. 5
Paulsson, Jan, Arbitre et Juge en Suède - Exposé général et réflexions sur la délocalisation des sentences arbitrales, in: RdA 1980, S. 441
—, Arbitration Unbound: Award Detached from the Law of its Country of Origin, in: ICLQ 1981, S. 358
—, Delocalisation of International Commercial Arbitration: When and Why it Matters, in: ICLQ 1983, S. 53
—, Arbitration Unbound in Belgium, in: Arb. Int. 1986, S. 68

—, Arbitrage international et voies de recours: La Cour suprême de Suède dans le sillage des solutions belge et helvétique, in: Clunet 1990, S. 589
—, La Lex Mercatoria dans l'Arbitrage C.C.I., in: RdA 1990, S. 55
—, ICSID's Achievements and Prospects, in: ICSID Rev. - FILJ 1991, S. 380
—, ICSID Arbitration: The Host State's Point of View, in: (Holgren/Stover) Private Investments Abroad - Problems and Solutions in International Business in 1993, New York, Oakland 1993, § 15 (zit.: Paulsson, in: Private Investments Abroad 1993, § 15)
—, The Conduct of Arbitral Proceedings under the Rules of Arbitration Institutions; The WIPO Arbitration Rules in a Comparative Perspective (Articles 48 to 58 and 73 to 76), in: (WIPO/ASA) Conference on Rules for Institutional Arbitration and Mediation, Genf 1995 (WIPO Publication No. 741 (E)), S. 73 (zit.: Paulsson, Conduct)
—, Ethics, Elitism, Eligibility, in: J. Int. Arb. 1997, Nr. 4, S. 13
—, The WIPO Expedited Arbitraton Rules: Fast-Track Arbitration, in: (WIPO/ASA) Conference on Rules for Institutional Arbitration and Mediation, Genf 1995 (WIPO Publication No. 741 (E)), S. 113 (zit.: Paulsson, Expedited Arbitration Rules)
Paulsson, Jan/Rawding, Nigel, The Trouble with Confidentiality, in: ICC Bull. 1994, Nr. 1, S. 48
Pearlman, Jessica C., Participation by Private Counsel in World Trade Organization Dispute Settlement Proceedings, in: L. & Pol. Int. B. 1999 (Vol. 30), S. 399
Perrot, Roger, L'Interprétation des Sentences Arbitrales, in: RdA 1969, S. 7
Pescatore, Pierre, The GATT Dispute Settlement Mechanism, Its Present Situation and its Prospects, in: J. Int. Arb. 1993, Nr. 1, S. 27
—, Opinion 1/94 on „Conclusion" of the WTO Agreement: Is there an Escape from a Programmed Disaster?, in: CML Rev. 1999, S. 387
Pescatore, Pierre/Davey, William J./Lowenfeld, Andreas F., Handbook of WTO/GATT Dispute Settlement, Loseblatt, 2 Bände, Release Number 6, Irvington-on-Hudson, NY, Den Haag 1995 (zit.: Pescatore/Davey/ Lowenfeld - Bearbeiter, Handbook, Band, Teil)
Peter, Chris Maina, Settlement of Investment Disputes, in: J. Int. Arb. 1988, Nr. 1, S. 67
Peter, Wolfgang, Arbitration and Renegotiation of International Investment Agreements, 2. Auflage, The Hague, Boston, London 1995 (zit.: Peter, Renegotiation)
Petersmann, Ernst-Ulrich, Protektionismus als Ordnungsproblem und Rechtsproblem, in: RabelsZ 1983, S. 478
—, International and European Foreign Trade Law: GATT Dispute Settlement Proceedings against the EEC, in: CML Rev. 1985, S. 441
—, Die EWG als GATT-Mitglied - Rechtskonflikte zwischen GATT-Recht und Europäischem Gemeinschaftsrecht, in: (Hilf/Petersmann) GATT und die Europäische Gemeinschaft, Baden-Baden 1986, S. 119 (zit.: Petersmann, in: (Hilf/Petersmann) GATT und die Europäische Gemeinschaft)
—, Strengthening GATT Procedures for Settling Trade Disputes, in: The World Economy 1988, S. 55
—, Strengthening the Domestic Legal Framework of the GATT Multilateral Trade System: Possibilities and Problems of Making GATT Rules Effective in Domestic Legal Systems, in: (Petersmann/Hilf) The New GATT Round of Multilateral Trade Negotiations - Legal and Economic Problems, Deventer, Boston 1988, S. 33 (zit.: Petersmann, in: (Petersmann/Hilf) The New GATT Round)
—, Strengthening the GATT Dispute Settlement System: On the Use of Arbitration in GATT, in: (Petersmann/Hilf) The New GATT Round of Multilateral Trade Negotiations - Legal and Economic Problems, Deventer, Boston 1988, S. 323 (zit.: Petersmann, in: (Petersmann/Hilf) The New GATT Round)
—, The Mid-Term Review Agreements of the Uruguay Round and the 1989 Improvements to the GATT Dispute Settlement Procedures, in: GYIL 1989, S. 280

—, The GATT Dispute Settlement System and the Uruguay Negotiations on its Reform, in: (Sarcevic/van Houtte) Legal Issues in International Trade, London, Dordrecht, Boston 1990, S. 53 (zit.: Petersmann, in: (Sarcevic/van Houtte) Legal Issues in International Trade)
—, GATT Dispute Settlement Proceedings in the Field of Antidumping Law, in: CML Rev. 1991, S. 69
—, Improvements to the Functioning of the GATT System including Dispute Settlement, in: (Oppermann/Molsberger) A New GATT for the Nineties and Europe 1992, Baden-Baden 1991, S. 109 (zit.: Petersmann, Improvements)
—, The Dispute Settlement System of the World Trade Organization and the Evolution of the GATT Dispute Settlement System since 1948, in: CML Rev. 1994, S. 1157
—, Why Do Governments Need the Uruguay Round Agreements, NAFTA and the EEA?, in: Außenwirtschaft 1994, S. 31
—, The GATT/WTO Dispute Settlement System - International Law, International Organizations and Dispute Settlement, London, The Hague, Boston 1997 (zit.: Petersmann, GATT/WTO Dispute Settlement)
Pfaff, Dieter, Grenzbewegungen der Schiedsfähigkeit - Patentnichtigkeit im Schiedsverfahren -, in: (Habscheid/Schwab) Beiträge zum Internationalen Verfahrensrecht und zur Schiedsgerichtsbarkeit, Festschrift für Heinrich Nagel zum 75. Geburtstag, Münster 1987, S. 278 (zit.: Pfaff, in: FS Nagel)
Phi, R. Phan van, A European View of the GATT, in: IBL 1986, S. 150
Pirrung, Jörg, Die Schiedsgerichtsbarkeit nach dem Weltbankübereinkommen für Investitionsstreitigkeiten, Berlin 1972 (zit.: Pirrung, Weltbankübereinkommen)
—, Die Schiedsverfahrensordnung der UNCITRAL, in: RIW 1977, S. 513
Pirrwitz, Björn, Annulment of Arbitral Awards Under Article 52 of the Washington Convention on the Settlement of Investment Disputes Between States and Nationals of Other States, in: T. Int. L. J. 1988 (Vol. 23), S. 73
Plank, Rosine, An Unofficial Description of How a GATT Panel Works and Does Not, in: J. Int. Arb. 1987, Nr. 4, S. 53
Plant, David W., Arbitrability of Intellectual Property Issues in the United States in: (WIPO/AAA) Worldwide Forum on the Arbitration of Intellectual Property Disputes, Genf 1994 (WIPO Publication No. 728 (E)), S. 29 (zit.: Plant, United States)
—, Some Aspects of Mediating Intellectual Property Disputes, in: (WIPO) Conference on Mediation, Genf 1996 (WIPO Publication No. 750 (E)), S. 17 (zit.: Plant, Mediating)
Platzöder, Renate, Der Internationale Seegerichtshof - Zum Stand der Vorbereitungen seiner Errichtung in Hamburg, in: Vereinte Nationen, 1990, Nr. 1, S. 15
—, Substantive Changes in a Multilateral Treaty Before its Entry into Force: The Case of the 1982 United Nations Convention on the Law of the Sea, in: EJIL 1993, S. 390
Platzöder, Renate/Grunenberg, Horst, Internationales Seerecht (Textsammlung), München 1990 (zit.: Platzöder/Grunenberg, Seerecht)
Platzöder, Renate/Wasum, Susanne, Der Internationale Seegerichtshof, in: Schriften der Stiftung Wissenschaft und Politik, Ebenhausen 1985 (unveröffentlichtes Manuskript) (zit.: Platzöder/Wasum, Seegerichtshof)
Polish Chamber of Foreign Trade (Hrsg.), International Arbitration in Multi Party Commercial Disputes, Warschau 1980 (zit.: Polish Chamber of Foreign Trade (Hrsg.), Multi Party Commercial Disputes)
Poudret, Jean-François, L'interprétation des sentences arbitrales (étude de droit suisse et de droit comparé), in: (Reymond/Bucher) Recueil de Travaux Suisses sur l'Arbitrage International, Zürich 1984, S. 269 (zit.: Poudret, in: (Reymond/Bucher) Recueil de Travaux Suisses)
—, Les Voies De Recours En Matière D'Arbitrage International En Suisse Selon Le Concordat Et La Nouvelle Loi Fédérale, in: RdA 1988, S. 595

Prütting, Hanns, Schlichten statt Richten?, in: JZ 1985, S. 261
—, Zur Rechtsstellung des Schiedsrichters - dargestellt am richterlichen Beratungsgeheimnis, in: (Gottwald/Prütting) Festschrift für Karl Heinz Schwab zum 70. Geburtstag, München 1990, S. 409 (zit.: Prütting, in: FS Schwab)

Raape, Leo, Internationales Privatrecht, 5. Auflage, Berlin, Frankfurt am Main 1961 (zit: Raape, IPR)
Raeschke-Kessler, Hilmar, Neuere Entwicklungen im Bereich der Internationalen Schiedsgerichtsbarkeit, in: NJW 1988, S. 3041
—, Binnenmarkt, Schiedsgerichtsbarkeit und ordre public, in: EuZW 1990, S. 145
Raeschke-Kessler, Hilmar/Berger, Klaus Peter/Lehne, Hans K., Recht und Praxis des Schiedsverfahrens, 2. Auflage, Köln 1995 (zit.: Raeschke-Kessler/Berger/Lehne, Recht und Praxis)
Raeschke-Kessler, Hilmar/Bühler, Michael, Aufsicht über den Schiedsrichter durch den ICC-Schiedsgerichtshof (Paris) und rechtliches Gehör der Parteien, in: ZIP 1987, S. 1157
Rambaud, Patrick, L'annulation des sentences Klöckner et Amco, in: Ann. fr. dr. int. 1986, S. 259
Ramos Mendez, Fransisco, Arbitrage International et Mesures Conservatoires, in: RdA 1985, S. 51
Rand, William/Hornick, Robert N./Friedland, Paul, ICSID's Emerging Jurisprudence: The Scope of ICSID's Jurisdiction, in: N.Y.U. J. Int. L & Pol.1986-87 (Vol. 19), S. 33
Ratner, Steven R., Anmerkung zu Land, Island and Maritime Frontier Dispute (El Salvador/ Honduras), Application to Intervene, in: AJIL 1991, S. 680
Rau, Alan Scott/Sherman, Edward F., Tradition and Innovation in International Arbitration Procedure, in: T. Int. L. J. 1995 (Vol. 30), S. 89
Rauh, Karlheinz, Die Schieds- und Schlichtungsordnung der UNCITRAL, Köln, Bonn, Berlin, München 1983 (zit.: Rauh, UNCITRAL)
Rayfuse, R./Lauterpacht, E., ICSID Reports I, Cambridge 1993 (zit.: Rayfuse/Lauterpacht, ICSID Reports I)
Rayfuse, R./Lauterpacht, E., ICSID Reports II, Cambridge 1994 (zit.: Rayfuse/Lauterpacht, ICSID Reports II)
Rayfuse, R./Lauterpacht, E., ICSID Reports III, Cambridge 1995 (zit.: Rayfuse/Lauterpacht, ICSID Reports III)
Real, Gustav K. L., Der Schiedsrichtervertrag - Inhalt und rechtliche Regelung im deutschen Recht mit rechtsvergleichenden Ausblicken, Köln, Berlin, Bonn, München 1983 (zit.: Real, Schiedsrichtervertrag)
Redfern, Alan, Arbitration: Myth and Reality, in: IBL 1976, S. 450
—, The Jurisdiction of an International Commercial Arbitrator, in: J. Int. Arb. 1986, S. 19
—, ICSID - Losing its Appeal?, in: Arb. Int. 1987, S. 98
—, International Commercial Arbitration: Winning the Battle, in: (Holgren) Proceedings of the 1989 Symposium on Private Investors Abroad - Problems and Solutions in International Business in 1989, New York, Oakland 1989, § 11 (zit.: Redfern, in: Private Investors Abroad 1989, § 11)
—, The Standards and Burden of Proof in International Arbitration, in: Arb. Int. 1994, S. 317
Redfern, Alan/Hunter, Martin, Law and Practice of International Commercial Arbitration, 2. Auflage, London 1991 (zit.: Redfern/Hunter, Arbitration)
Reinbothe, Jörg, Der Schutz des Urheberrechts und der Leistungsschutzrechte im Abkommensentwurf GATT/TRIPS, in: GRUR int. 1992, S. 707
Reiner, Andreas, Handbuch der ICC-Schiedsgerichtsbarkeit, Wien 1989 (zit.: Reiner, Handbuch)
—, Burden and General Standards of Proof, in: Arb. Int. 1994, S. 328
Reisman, W. Michael, The Breakdown of the Control Mechanism in ICSID Arbitration, in: D.L.J. 1989, S. 739
—, Repairing ICSID's Control System: Some Comments on Aron Broches' "Observations on the Finality of ICSID Awards", in: ICSID Rev. - FILJ 1992, S. 196

—, Systems of Control in International Adjudication and Arbitration - Breakdown and Repair, Durham, London 1992 (zit.: Reisman, Systems of Control)
Reithmann, Christoph/Martiny, Dieter, Internationales Vertragsrecht - Das internationale Privatrecht der Schuldverträge, 5. Auflage, München 1996 (zit.: Reithmann/Martiny, Internationales Vertragsrecht)
Rensmann, Thilo, Anational Arbitral Awards – Legal Phenomen or Academic Phantom, in: J. Int. Arb. 1998, Nr. 2, S. 37
Rest, Alfred, Need for an International Court for the Environment? - Underdeveloped Legal Protection for the Individual in Transnational Litigation, in: EPL 1994, S. 173
Reymond, Claude, Civil Law and Common Law Procedures: Which is the More Inquisitorial? A Civil Lawyer's Response, in: Arb. Int. 1989, S. 357
—, La nouvelle Loi Suisse et le Droit de l'Arbitrage International, Réflexions de droit comparé, in: RdA 1989, S. 385
—, The President of the Arbitral Tribunal, in: ICSID Rev. - FILJ 1994, S. 1
Rheinstein, Max, Einführung in die Rechtsvergleichung, 2. Auflage, München 1987 (zit.: Rheinstein, Rechtsvergleichung)
Richardson, Elliot L., Dispute Settlement Under the Convention on the Law of the Sea: A Flexible and Comprehensive Approach - Extension of the Rule of Law to Ocean Space, in: (Burgenthal) Contemporary Issues in International Law: Essays in Honor of Louis B. Sohn, Kehl, Straßburg, Arlington 1984, S. 149 (zit.: Richardson, in: FS Sohn)
Rieger, Thomas, Grundsätze der Unternehmensenteignung in der Rechtsprechung des Iran-United States Claims Tribunal, Köln, Berlin, Bonn, München 1997 (zit.: Rieger, Grundsätze)
Rivkin, David W, Keeping lawyers out of international arbitrations, in: IFLR Februar 1990, S. 11 ff.
Robine, Eric, What Companies Expect of International Commercial Arbitration, in: J. Int. Arb. 1992, Nr. 2, S. 31
Rodley, Nigel S., Some Aspects of the World Bank Convention on the Settlement of Investment Disputes, in: CYIL 1966, S. 43
Roessler, Frieder, The Agreement Establishing the World Trade Organization, in: (Bourgeois/Berrod/Fournier) The Uruguay Round Results - A European Lawyer's Perspective, Brüssel 1995, S. 67 (zit.: Roessler, Establishing)
Romain, Alfred, Wörterbuch der Rechts- und Wirtschaftssprache, Teil I, Englisch - Deutsch, 3. Auflage, München 1983 (zit.: Romain, Wörterbuch, Teil I, Englisch - Deutsch)
Rosenberg, Leo/Schwab, Karl Heinz/Gottwald, Peter, Zivilprozeßrecht, 15. Auflage, München 1993 (zit. Rosenberg/Schwab/Gottwald, ZPO)
Rosenne, Shabtai, The International Court of Justice - An Essay in Political and Legal Theory, Leyden 1957 (zit.: Rosenne, ICJ)
—, Settlement of Fisheries Disputes in the Exclusive Economic Zone, in: AJIL 1979, S. 89
—, Some Reflections on the 1978 Revised Rules of the International Court of Justice, in: C.J.T.L. 1981, S. 235
—, Procedure in the International Court - A Commentary on the 1978 Rules of the International Court of Justice, The Hague, Boston, London 1983 (zit.: Rosenne, Procedure)
—, The Law and Practice of the International Court, 2. Auflage, Dordrecht, Boston, Lancaster 1985 (zit.: Rosenne, Law and Practice)
—, Intervention in the International Court of Justice, Dordrecht, Boston, London 1993 (zit. Rosenne, Intervention)
—, Establishing the International Tribunal for the Law of the Sea, in: AJIL 1995, S. 806
—, The World Court. What it is and how it works, 5. Auflage, Dordrecht, Boston, London 1995 (zit. Rosenne, World Court)

—, The President of the International Court of Justice, in: (Lowe/Fitzmaurice) Fifty years of the International Court of Justice, Essays in honour of Sir Robert Jennings, Cambridge 1996, S. 406 (zit.: Rosenne, in: FS Jennings)
Roskin, Kenneth S., The sources and limits of the arbitrator's powers in England, in: (Lew) Contemporary Problems in International Arbitration, Dordrecht, Boston, Lancaster 1987, S. 86 (zit.: Roskin, in: (Lew) Contemporary Problems)
Rowat, Malcolm D., Multilateral Approaches to Improving the Investment Climate of Developing Countries: The Cases of ICSID and MIGA, in: Harv. Int. L. J. 1992 (Vol. 33), S. 103
Rubino-Sammartano, Mauro, International Arbitration Law, Deventer, Boston 1989 (zit.: Rubino-Sammartano, International Arbitration Law)
Ruda, J.M., Intervention before the International Court of Justice, in: (Lowe/Fitzmaurice) Fifty years of the International Court of Justice, Essays in honour of Sir Robert Jennings, Cambridge 1996, S. 487 (zit.: Ruda, in: FS Jennings)
Rüede, Thomas/Hadenfeldt, Reimer, Schweizerisches Schiedsgerichtsrecht, Zürich 1980 (zit.: Rüede/Hadenfeldt, Schiedsgerichtsrecht)

Salacuse, Jeswald W., BIT by BIT: The Growth of Bilateral Investment Treaties and Their Impact on Foreign Investment in Developing Countries, in: Int. Lawyer 1990, S. 655
Saleh, Samir, The recognition and enforcement of foreign arbitral awards in the States of the Arab Middle East, in: (Lew) Contemporary Problems in International Arbitration, Dordrecht, Boston, Lancaster 1987, S. 340 (zit.: Saleh, in: Contemporary Problems)
Samuel, Adam, The New Swiss Private International Law Act, in: ICLQ 1988, S. 681
—, A Critical Look at the Reform of Swiss Arbitration Law, in: Arb. Int. 1991, S. 17
Sanders, Pieter, Commentary on UNCITRAL Arbitration Rules, in: YCA 1977, S. 172
—, A Twenty Years' Review of the Convention on the Recognition and Enforcement of Foreign Arbitral Awards, in: Int. Lawyer 1979, S. 269
Sandifer, Durward, Evidence Before International Tribunals, Charlottesville 1975 (zit.: Sandifer, Evidence Before International Tribunals)
Sandrock, Otto, "Versteinerungsklauseln" in Rechtswahlvereinbarungen für internationale Handelsverträge, in: (Jayme/Kegel/Lutter) Ius Inter Nationes - Festschrift für Stefan Riesenfeld zum 75. Geburtstag, Heidelberg 1983, S. 211 (zit. Sandrock, in: FS Riesenfeld)
—, Die „Terms of Reference" und die Grenzen ihrer Präklusionswirkung - Ein Rechtsinstitut der Verfahrensordnung des Schiedsgerichtshofes der Internationalen Handelskammer in Paris und seine Geheimnisse, in: RIW 1987, S. 649
—, „Ex aequo et bono"- und „amiable composition"-Vereinbarungen: ihre Qualifikation, Anknüpfung und Wirkungen, in: JPS 1988, S. 120
—, Die Fortbildung des materiellen Rechts durch die Internationale Schiedsgerichtsbarkeit, in: (Böckstiegel) Rechtsfortbildung durch Internationale Schiedsgerichtsbarkeit, Köln, Berlin, Bonn, München 1989, S. 21 (zit.: Sandrock, in: (Böckstiegel) Rechtsfortbildung)
—, Zur Auslegung des Art. 13 Abs. 3 und 5 der Verfahrensordnung des Internationalen Schiedsgerichtshofes der Internationalen Handelskammer - Oder: Wie die sog. lex mercatoria zur Anwendung kommen kann, auch wenn eine Partei sich dieser Anwendung widersetzt, in: JPS 1990, S. 131
—, Welches Kollisionsrecht hat ein Internationales Schiedsgericht anzuwenden, in: RIW 1992, S. 785
Sandrock, Otto/Nöcker, Thomas, Einstweilige Maßnahmen internationaler Schiedsgerichte: bloße Papiertiger?, in: JPS 1987, S. 74
Sassoon, David M., International Investment and Dispute Settlement, in: (Friedmann/Mestmäcker) Conflict Resolution in International Trade, Baden-Baden 1993, S. 99 (zit.: Sassoon, in: (Friedmann/Mestmäcker) Conflict Resolution)

Schachter, Oscar, The Enforcement of International Judicial and Arbitral Decisions, in: AJIL 1960, S. 1
Schack, Haimo, Einführung in das US-amerikanische Zivilprozeßrecht, 2. Auflage, München 1995 (zit.: Schack, US-amerikanisches Zivilprozeßrecht)
—, Internationales Zivilverfahrensrecht, 2. Auflage, München 1996 (zit.: Schack, Zivilverfahrensrecht)
Schäfer, Erik, Die Schlichtungs- und Schiedsgerichtsordnungen der World Intellectual Property Organization (WIPO/OMPI), in: RPS 1. Halbjahr 1996, S. 10
Schatz, Sylvia, The Effect of the Annulment Decisions in *Amco v. Indonesia* and *Klöckner v. Cameroon* on the Future of the International Centre for the Settlement of Investment Disputes, in: Am. U. J. Int. L. & Pol. 1988 (Vol. 3), S. 481
Schede, Christian, The Strengthening of the Multilateral System - Article 23 of the WTO Dispute Settlement Understanding: Dismantling Unilateral Retaliation under Section 301 of the 1974 Trade Act?, in: World Comp. 1996 (Vol. 20), Nr. 1, S. 109
Scheuner, Ulrich, Decisions ex aequo et bono by International Courts and Arbitral Tribunals, in: (Sanders) International Arbitration - Liber Amicorum For Martin Domke, Den Haag 1967, S. 275 (zit.: Scheuner, in: FS Domke)
Schiffer, Karl Jan, Normen ausländischen "öffentlichen" Rechts in internationalen Handelsschiedsverfahren, Köln, Berlin, Bonn, München 1990 (zit.: Schiffer, Normen)
—, Zwingende Normen einer "dritten" Rechtsordnung in der internationalen Handelsschiedsgerichtsbarkeit, in: RPS 1. Halbjahr 1994, S. 22
Schlechtriem, Peter, Zu Überprüfbarkeit von ICSID-Schiedssprüchen: Die Aufhebungsentscheidung im Falle Klöckner/Kamerun, in: IPRax 1986, S. 69
Schlemmer-Schulte, Sabine, The World Bank, its Operations, and its Inspection Panel, in: RIW 1999, S. 175
Schlicher, John W., The Patent Arbitration Law: A New Procedure for Resolving Patent Infringement Disputes, in: Arb. J. 1985, Nr. 4, S. 7
Schlosser, Peter, Entwicklungstendenzen in Recht und Praxis der internationalen privaten Schiedsgerichtsbarkeit, Karlsruhe, Heidelberg 1976 (zit.: Schlosser, Entwicklungstendenzen)
—, Schiedsgerichtsbarkeit und Rechtsmittel zu den staatlichen Gerichten, in: ZZP 1979, S. 125
—, Einstweiliger Rechtsschutz durch staatliche Gerichte im Dienste der Schiedsgerichtsbarkeit, in: ZZP 1986, S. 241
—, Notwendige Reformen des deutschen Rechts der Schiedsgerichtsbarkeit - Eine Studie im Lichte der Rechtsvergleichung -, in: ZIP 1987, S. 492
—, Das Recht der internationalen privaten Schiedsgerichtsbarkeit, 2. Auflage, Tübingen 1989 (zit.: Schlosser, Schiedsgerichtsbarkeit)
—, Die Fortbildung des Prozeßrechts durch die Internationale Schiedsgerichtsbarkeit, in: (Böckstiegel) Rechtsfortbildung durch Internationale Schiedsgerichtsbarkeit, Köln, Berlin, Bonn, München 1989, S. 5 (zit.: Schlosser, in: (Böckstiegel) Rechtsfortbildung)
—, Arbitration Agreements and Multiparty Arbitration, in: RHDI 1989/90, S. 341
—, Ausländische Schiedssprüche und ordre public „international", in: IPRax 1991, S. 218
—, Bald neues Recht der Schiedsgerichtsbarkeit in Deutschland?, in: RIW 1994, S. 723
Schmidt, John T., Arbitration Under the Auspices of the International Centre for the Settlement of Investment Disputes (ICSID): Implications of the Decision on Jurisdiction in Alcoa Minerals of Jamaica, Inc. v. Government of Jamaica, in: Harv. Int. L. J. 1976 (Vol. 17), S. 90
Schmidt-Diemitz, Rolf, Internationale Schiedsgerichtsbarkeit – eine empirische Untersuchung, in: DB 1999, S. 369
Schmitthoff, Clive M., Das Neue Recht des Welthandels, in: RabelsZ 1964, S. 47

Schmitz, Stephan, Allgemeine Rechtsgrundsätze in der Rechtsprechung des Iran - United States Claims Tribunal, Frankfurt am Main, Berlin, Bern, New York, Paris, Wien 1992 (zit.: Schmitz, Rechtsgrundsätze)

Schneider, Michael, Commentary on the Conduct of Arbitral Proceedings Under the Rules of Arbitration Institutions; The WIPO Arbitration Rules in a Comparative Perspective, in: (WIPO/ASA) Conference on Rules for Institutional Arbitration and Mediation, Genf 1995 (WIPO Publication No. 741 (E)), S. 79 (zit.: Schneider, Commentary)

Schödermeier, Martin, Sonderprivatrecht für internationale Wirtschaftsverträge - Eine Untersuchung zu Klauseln in internationalen Bau- und Anlagenverträgen, Diss. Köln 1989 (zit.: Schödermeier, Sonderprivatrecht)

Schoenbaum, Thomas J., WTO Dispute Settlement: Praise and Suggestions for Reform, in: ICLQ 1998, S. 647

Schreuer, Christoph, Commentary on the ICSID Convention - Article 25, Part I, in: ICSID Rev. - FILJ 1996, S. 318

—, Commentary on the ICSID Convention - Article 25, Part II, in: ICSID Rev. - FILJ 1997, S. 60

—, Commentary on the ICSID Convention - Article 26, in: ICSID Rev. - FILJ 1997, S. 151

—, Commentary on the ICSID Convention - Article 27, in: ICSID Rev. - FILJ 1997, S. 205

—, Commentary on the ICSID Convention - Article 41, in: ICSID Rev. - FILJ 1997, S. 367

—, Commentary on the ICSID Convention - Article 42, in: ICSID Rev. - FILJ 1997, S. 398

—, Commentary on the ICSID Convention - Article 43, in: ICSID Rev. - FILJ 1997, S. 501

—, Commentary on the ICSID Convention - Article 44, in: ICSID Rev. - FILJ 1997, S. 523

—, Commentary on the ICSID Convention - Article 53, in: ICSID Rev. - FILJ 1999, S. 48

—, Commentary on the ICSID Convention - Article 54, in: ICSID Rev. - FILJ 1999, S. 71

—, Commentary on the ICSID Convention - Article 55, in: ICSID Rev. - FILJ 1999, S. 117

Schütze, Rolf A., Schiedsgericht und Schiedsverfahren, 3. Auflage, München 1999 (zit.: Schütze, Schiedsgericht)

—, Alternative Streitschlichtung – Zur Übertragbarkeit ausländischer Erfahrungen, in: ZvglRWiss 1998, S. 117

Schütze, Rolf A./Tscherning, Dieter/Wais, Walter, Handbuch des Schiedsverfahrens: Praxis der deutschen und internationalen Schiedsgerichtsbarkeit, 2. Auflage, Berlin, New York 1990 (zit.: Schütze/Tscherning/Wais, Handbuch)

Schumacher, Klaus, Fragen zum Anwendungsbereich des künftigen deutschen Schiedsverfahrensrechts, in: (Plantey/Böckstiegel/Bredow) Festschrift für Ottoarndt Glossner zum 70. Geburtstag, Heidelberg 1994, S. 341 (zit.: Schumacher, in: FS Glossner)

Schwab, Karl Heinz, Schiedsrichterbenennung und Schiedsrichtervertrag, in: (Lüke/Jauernig) Festschrift für Gerhard Schiedermair zum 70. Geburtstag, München 1976, S. 499 (zit.: Schwab, in: FS Schiedermair, S. 499)

—, Einstweiliger Rechtsschutz und Schiedsgerichtsbarkeit, in: (Grunsky/Stürner/Walter/Wolf) Festschrift für Fritz Baur, Tübingen 1981, S. 627 (zit.: Schwab, in: FS Baur)

—, ICC-Schiedsgerichtsbarkeit aus der Sicht des deutschen Rechts, in: (Böckstiegel) Recht und Praxis der Schiedsgerichtsbarkeit der Internationalen Handelskammer, Köln, Berlin, Bonn, München 1986, S. 53 (zit. Schwab, ICC-Schiedsgerichtsbarkeit)

—, Das UNCITRAL-model law und das deutsche Recht, in: (Habscheid/Schwab) Beiträge zum Internationalen Verfahrensrecht und zur Schiedsgerichtsbarkeit, Festschrift für Heinrich Nagel zum 75. Geburtstag, Münster 1987, S. 427 (zit.: Schwab, in: FS Nagel)

—, Mehrparteienschiedsgerichtsbarkeit und Streitgenossenschaft, in: (Lindacher/Pfaff/Roth/Schlosser/Wieser) Festschrift für Walther J. Habscheid zum 65. Geburtstag, Bielefeld 1989, S. 285 (zit.: Schwab, in: FS Habscheid)

—, Die Gleichheit der Parteien bei der Bildung des Schiedsgerichts, in: RPS 1. Folge 1992, S. 17

Schwab, Karl Heinz/Walter, Gerhard, Schiedsgerichtsbarkeit, 5. Auflage, München 1995 (zit.: Schwab/Walter, Schiedsgerichtsbarkeit)
Schwartz, Eric A., Multi-Party Arbitration and the ICC - In the Wake of Dutco, in: J. Int. Arb. 1993, Nr. 3, S. 5
—, The ICC Arbitral Process, Part IV: The Costs of ICC Arbitration, in: ICC Bull. 1993, S. 8
—, Commencement of Arbitration Proceedings and Constituting the Arbitral Tribunal - Commentary, in: (WIPO/ASA) Conference on Rules for Institutional Arbitration and Mediation, Genf 1995 (WIPO Publication No. 741 (E)), S. 35 (zit.: Schwartz, Commentary, S. 35)
—, A Comment on *Chromalloy* – Hilmarton à *l'américaine*, in: J. Int. Arb. 1997, Nr. 2, S. 125
Schwarz, David M., WTO Dispute Resolution Panels: Failing to Protect Against Conflicts of Interest, in: Am. U. J. Int. L. & Pol. 1995 (Vol. 10), S. 955
Schwarzenberger, Georg, The Principles and Standards of International Economic Law, in: RdC 1966-I, S. 1
—, The Arbitration Pattern and the Protection of Property Abroad, in: (Sanders) International Arbitration - Liber Amicorum For Martin Domke, Den Haag 1967, S. 313 (zit.: Schwarzenberger, in: FS Domke)
Schwebel, Stephen M., Ad Hoc Chambers of the International Court of Justice, in: AJIL 1987, S. 831
—, International Arbitration: Three Salient Problems, Cambridge 1987 (zit.: Schwebel, Salient Problems)
—, Three Cases of Fact-Finding by the International Court of Justice, in: (Lillich) Fact-Finding Before International Tribunals, Eleventh Sokol Colloquium, Ardsley-on-Hudson, New York 1991, S. 1 (zit.: Schwebel, in: (Lillich) Fact-Finding Before International Tribunals)
—, Chambers of the International Court of Justice Formed for Particular Cases, in: Justice in International Law: selected writings of Judge Stephen M. Schwebel, Cambridge 1994, S. 93 (zit.: Schwebel, Chambers)
Schweitzer, Michael/Rudolf, Walter (Hrsg.), Friedensvölkerrecht, 2. Auflage, Baden-Baden 1979 (zit.: Schweitzer/Rudolf (Hrsg.), Friedensvölkerrecht, 2. Auflage)
Schweyer, Anne Barbara, Patentnichtigkeit und Patentverletzung und deren Beurteilung durch internationale private Schiedsgerichte nach dem Recht der Schweiz, Deutschlands, Italiens und Frankreichs, München 1981 (zit.: Schweyer, Patentnichtigkeit)
—, Zuständigkeit internationaler Schiedsgerichte zur Entscheidung über Fragen der Nichtigkeit und Verletzung von Patenten, in: GRUR Int. 1983, S. 149
Seeberg-Elverfeldt, Niels-Jürgen, Die Streitbeilegung im Tiefseebergbaurecht - Die Probleme nach der Seerechtskonvention unter besonderer Berücksichtigung des Rechtsschutzes Privater, Baden-Baden 1986 (zit.: Seeberg-Elverfeldt, Tiefseebergbaurecht)
Seidel, Peter, Zuständigkeit und Verfahren des Internationalen Seegerichtshofes in Angelegenheiten der Schiffahrt, in: Schriften des deutschen Vereins für Internationales Seerecht, Heft 56, Hamburg 1986 (zit.: Seidel, Zuständigkeit)
Seidl-Hohenveldern, Ignaz, Investitionen in Entwicklungsländern und das Völkerrecht, Köln, Berlin, Bonn, München 1963 (zit.: Seidl-Hohenveldern, Investitionen)
—, International Economic Law, in: RdC 1986-III, S. 9
—, Die Aufhebung von ICSID-Schiedssprüchen, in: JPS 1989, S. 100
—, (Hrsg.), Lexikon des Rechts - Völkerrecht, 2. Auflage, Neuwied, Kriftel, Berlin 1992 (zit.: Bearbeiter, in: (Seidl-Hohenveldern) Lexikon des Völkerrechts)
—, Völkerrecht, 8. Auflage, Köln, Berlin, Bonn, München 1994 (zit.: Seidl-Hohenveldern, Völkerrecht)
Senti, Richard, GATT - System der Welthandelsordnung, Zürich 1986 (zit.: Senti, GATT)
—, GATT - WTO Die neue Welthandelsordnung nach der Uruguay Runde, Zürich 1994 (zit.: Senti, GATT - WTO)

Shaw, Malcolm N., International Law, 3. Auflage, Cambridge 1991 (zit.: Shaw, International Law)
—, The International Court of Justice: A Practical Perspective, in: ICLQ 1997, S. 831
Shaw, Margaret, The Selection of the Mediator, in: (WIPO) Conference on Mediation, Genf 1996 (WIPO Publication No. 750 (E)), S. 85 (zit.: Shaw, Selection of the Mediator)
Shell, G. Richard, Trade Legalism and International Relations Theory: An Analysis of the World Trade Organization, in: D.L.J. 1995, S. 829
Shenk, Maury D., United States - Standards for Reformulated and Conventional Gasoline, 35 ILM 603 (1996), World Trade Organization Appellate Body, April 29, 1996, in: AJIL 1996, S. 668
Shenton, D. W., International Bar Association IBA Supplementary Rules Governing the Presentation and Reception of Evidence in International Commercial Arbitration - Explanatory Note, in: YCA 1985, S. 145
Shihata, Ibrahim F. I., Towards a Greater Depoliticization of Investment Disputes: The Roles of ICSID and MIGA, in: ICSID Rev. - FILJ 1986, S. 1
—, Multilateral Investment Guarantee Agency and Foreign Investment, Dordrecht, Boston, Lancaster 1988 (zit.: Shihata, MIGA and Foreign Investment)
—, Remarks of the ICSID Secretary-General on the Experience of ICSID in the Selection of Arbitrators, in: News from ICSID 1989, Nr. 1, S. 4
—, The Institute of International Law's Resolution on Arbitration between States and Foreign Enterprises - A Comment, in: ICSID Rev. - FILJ 1990, S. 65
—, ICSID Arbitration: The Institution's Point of View, in: (Holgren/Stover) Private Investments Abroad - Problems and Solutions in International Business in 1993, New York, Oakland 1993, § 16 (zit.: Shihata, in: Private Investments Abroad 1993, § 16)
—, Legal Treatment of Foreign Investment - The World Bank Guidelines, Dordrecht, Boston, London 1993 (zit.: Shihata, World Bank Guidelines)
Shihata, Ibrahim F. I./Parra, Antonio R., Applicable Substantive Law in Disputes between States and Private Foreign Parties: The Case of Arbitration under the ICSID Convention, in: ICSID Rev. - FILJ 1994, S. 183
Silverman, Moses, Fast-Track Arbitration: Different Perspectives - Three Perspectives from the Parties' Counsel, in: ICC Bull. 1992, Nr. 2, S. 11
Simma, Bruno, Methodik und Bedeutung der Arbeit der Vereinten Nationen für die Fortentwicklung des Völkerrechts, in: (Kewenig) Die Vereinten Nationen im Wandel, Berlin 1975, S. 79 (zit.: Simma, Methodik)
—, (Hrsg.), Charta der Vereinten Nationen - Kommentar, München 1991 (zit.: Bearbeiter, in: (Simma) Charta)
Simms, Daniel Paul, Arbitrability of Intellectual Property Disputes in Germany, in: Arb. Int. 1999, S. 193
Sinclair, Ian, Some Procedural Aspects of Recent International Litigation, in: ICLQ 1981, S. 338
Singh, Gurdip, United Nations Convention on the Law of the Sea Dispute Settlement Mechanisms, Neu Delhi 1985 (zit.: Singh, UNCLOS Dispute Settlement)
Sittmann, Jörg, Das Streitbeilegungsverfahren der World Trade Organization (WTO), in: RIW 1997, S. 749
Slotboom, M.M., The *Hormones Case*: An Increased Risk of Illegality of Sanitary and Phytosanitary Measures, in: CML Rev. 1999, S. 471
Smit, Hans, Fast-Track Arbitration: Different Perspectives - A Chairman's Perspective, in: ICC Bull. 1992, Nr. 2, S. 15
Sohn, Louis B., Arbitration of International Disputes Ex aequo et bono, in: (Sanders) International Arbitration - Liber Amicorum For Martin Domke, Den Haag 1967, S. 330 (zit.: Sohn, in: FS Domke)

Sohn, Louis B., Toward a Tribunal for the Oceans, in: (Vignes/Momtaz), Le nouveau droit de la mer, 5-6 Revue iranienne des relations internationales, Tehran 1975-1976, S. 247 (zit.: Sohn, Tribunal)

—, U.S. Policy Toward the Settlement of Law of the Sea Disputes, in: Virg. J. I. L 1976, S. 9

—, Settlement of Disputes Relating to the Interpretation and Application of Treaties, in: RdC 1976-II, S. 195

—, Settlement of Disputes Relating to the Law of the Sea Convention, in: EPL 1977, S. 98

—, Settlement of International Disputes Relating to Deep Sea-Bed Mining, in: (Diez/Monnier/Müller/Reimann/Wildhaber) Festschrift für Rudolf Bindschelder zum 65. Geburtstag, Bern 1980, S. 443 (zit.: Sohn, in: FS Bindschelder)

—, International Law Implications of the 1994 Agreement, in: Law of the Sea Forum: The 1994 Agreement on Implementation of the Seabed Provisions of the Convention on the Law of the Sea, in: AJIL 1994, S. 696

—, The Importance of the Peaceful Settlement of Disputes - Provisions of the United Nations Convention on the Law of the Sea, in: (Nordquist/Moore) 1994 Rhodes Papers: Entry into Force of the Law of the Sea Convention, The Hague, Boston, London 1994, S. 265 (zit.: Sohn, Importance)

—, Settlement of Law of the Sea Disputes, in: Int. J. of Mar. & Coast. L. 1995 (Vol. 10), S. 205

Solomon, Dennis, Das vom Schiedsgericht in der Sache anzuwendende Recht nach dem Entwurf eines Gesetzes zur Neuregelung des Schiedsverfahrensrechts, in: RIW 1997, S. 981

Sonnauer, Heinz, Die Kontrolle der Schiedsgerichte durch die staatlichen Gerichte, Köln, Berlin, Bonn, München 1992 (zit.: Sonnauer, Kontrolle)

Sornarajah, M., The Myth of International Contract Law, in: JWT 1981, S. 187

—, International Commercial Arbitration: The Problem of State Contracts, Singapur 1990 (zit.: Sornarajah, Arbitration)

Staughton, Civil Law and Common Law Procedures: Which is the More Inquisitorial? A Common Lawyer's Response, in: Arb. Int. 1989, S. 351

Stein-Jonas, Zivilprozeßordnung, Band 7, Teilband 2, 21. Auflage, Tübingen 1994 (zit.: Stein-Jonas - Bearbeiter, ZPO 7/II)

Steinberger, Helmut, The International Court of Justice, in: (Mosler/Bernhardt) Judicial Settlement of International Disputes, International Court of Justice, Other Courts and Tribunals, Arbitration and Conciliation, Berlin, Heidelberg, New York 1974, S. 193 (zit.: Steinberger, in: (Mosler/Bernhardt) Judicial Settlement, S. 193)

Steinmetzler, Ulrich Antonius, Das neue GATT 1994 im Rahmen der WTO - eine internationale Wirtschaftsverfassung?, in: DZWir 1997, S. 494

Stern, Thomas, Die Multilaterale Investitions-Garantie-Agentur (MIGA), Köln 1990 (zit.: Stern, MIGA)

Stevenson, John R./Oxman, Bernard H., The Preparations for the Law of the Sea Conference, in: AJIL 1974, S. 1

Stewart, Terence P./Callahan Christopher J., The GATT Uruguay Round: A Negotiating History (1986-1992), Deventer, Boston 1993 (zit.: Stewart/Callahan, Uruguay Round)

Stiles, Kendall W., The New WTO Regime: The Victory of Pragmatism, in: J. Int. L. & P. 1995, Nr. 1, S. 3

Stoll, Jutta, Vereinbarungen zwischen Staat und ausländischem Investor: Rechtsnatur und Bestandsschutz, Berlin, Heidelberg, New York 1982 (zit.: Stoll, Vereinbarungen)

Stoll, Peter Tobias, Die WTO: Neue Welthandelsorganisation, neue Welthandelsordnung, in: ZaöRV 1994, S. 241

Straus, Michael, The Practice of the Iran-U. S. Claims Tribunal in Receiving Evidence from Parties and Experts, in: J. Int. Arb. 1986, Nr. 3, S. 57

Strieder, Joachim, Rechtliche Einordnung und Behandlung des Schiedsrichtervertrages, Köln, Berlin, Bonn, München 1984 (zit.: Strieder, Schiedsrichtervertrag)
Strohbach, Heinz, Handbuch der internationalen Handelsschiedsgerichtsbarkeit, Berlin 1990 (zit.: Strohbach, Handbuch)
Stumpf, Herbert/Steinberger, Christian, Bedeutung von internationalen Schiedsgerichten und ihre Vereinbarung in den verschiedenen Ländergruppen, in: RIW 1990, S. 174
Sturzenegger, Marc, ICSID Arbitration and Annulment for Failure to State Reasons - The Decision of the Ad Hoc Committee in Maritime International Nominees Establishment v. The Republic of Guinea, in: J. Int. Arb. 1992, Nr. 4, S. 173
Sutton, David St. J., Discovery and Production of Evidence in Arbitral Proceedings - the U.S. and England distinguished -, in: (ICC) Taking of Evidence in international arbitral proceedings, Paris 1989, S. 57 (zit.: Sutton, in: (ICC) Taking of Evidence)
Suy, Eric, Les Actes Juridiques Unilatéraux en Droit International Public, Paris 1962 (zit.: Suy, Les Actes Juridiques Unilatéraux)
Swacker, Frank Warren/Redden, Kenneth Robert/Wenger, Larry B., World Trade without Barriers - The World Trade Organization (WTO) and Dispute Resolution, Vol. I (zit.: Swakker/Redden/Wenger, World Trade)
Sztucki, Jerzy, Interim Measures in the Hague Court, Deventer, Antwerpen, Boston, London, Frankfurt 1983 (zit.: Sztucki, Interim Measures)
Szurski, Tadeusz, Arbitration Agreement and Competence of the Arbitral Tribunal, in: (Sanders), UNCITRAL'S Project for a Model Law on International Commercial Arbitration (ICCA Series No. 2), Deventer, Antwerpen, Boston, London, Frankfurt 1984, S. 53 (zit.: Szurski, in: (Sanders) ICCA Series No. 2)

Tanaka, Kotaro, The Character of World Law in the International Court of Justice, in: Jap.Ann.Int.L. 1971, S. 1
Temple Swing, John, Das amerikanische Tiefseebergbau-Gesetz und die Seerechtskonferenz, in: EA 1980, S. 475
Thirlway, H. W. A., The Indication of Provisional Measures by the International Court of Justice, in: (Bernhardt) Interim measures indicated by international courts, Berlin, Heidelberg, New York 1994, S. 1 (zit.: Thirlway, Provisional Measures)
—, Procedural Law and the International Court of Justice, in: (Lowe/Fitzmaurice) Fifty years of the International Court of Justice, Essays in honour of Sir Robert Jennings, Cambridge 1996, S. 389 (zit.: Thirlway, in: FS Jennings)
Thomas, Christopher, Litigation Process under the GATT Dispute Settlement System - Lessons for the World Trade Organization?, in: JWT 1996, Nr. 2, S. 53
Thomas, J.C., The Need for Due Process in the WTO Proceedings, in: JWT 1997, Nr. 1, S. 45
Thompson, Dennis, The Klöckner v. Cameroon Appeal - A note on jurisdiction, in: J. Int. Arb. 1986, Nr. 2, S. 93
Thümmel, Roderich C., Einstweiliger Rechtsschutz im Schiedsverfahren nach dem Entwurf zum Schiedsverfahrens-Neuregelungsgesetz, in: DZWir 1997, S. 133
Toope, Stephen J., Mixed International Arbitration - Studies in Arbitration Between States and Private Persons, Cambridge 1990 (zit.: Toope, Mixed International Arbitration)
Toriello, Pierluigi, The Additional Facility of the International Centre for Settlement of Investment Disputes, in: The Italian Yearbook of International Law 1978/79 (Vol. 4), S. 59
Treves, Tullio, The Law of the Sea Tribunal: Its Status and Scope of Jurisdiction after November 16, 1994, in: ZaöRV 1995, S. 421
—, Private Maritime Litigation and the International Tribunal on the Law of the Sea, in: RabelsZ 1999, S. 350

Triebel, Volker/Petzold, Eckart, Grenzen der lex mercatoria in der internationalen Schiedsgerichtsbarkeit, in: RIW 1988, S. 245
Tuchtfeldt, Egon, Von der Havanna-Charta zur WTO, in: (Fritz-Assmus/Tuchtfeldt), Die Ordnung des Welthandels, A. Ghanie Ghaussy zum 65. Geburtstag, Bern, Stuttgart, Wien 1997, S. 15 (zit.: Tuchtfeldt, in: FS Ghaussy)
Tupman, W. Michael, Case Studies in the Jurisdiction of the International Centre for Settlement of Investment Disputes, in: ICLQ 1986, S. 813
—, Challenge and Disqualification of Arbitrators in International Commercial Arbitration, in: ICLQ 1989, S. 26

Ulmer, Nicolas C., Winning the Opening Stages of an ICC Arbitration, in: J. Int. Arb. 1991, Nr. 2, S. 33
Ury, William/Brett, Jeanne M./Goldberg, Stephen, Getting Disputes Resolved: Designing Systems to Cut the Costs of Conflicts, Cambridge, Mass. 1993 (zit.: Ury/Brett/Goldberg, Getting Disputes Resolved)

Valencia-Ospina, Eduardo, The Use of Chambers of the International Court of Justice, in: (Lowe/Fitzmaurice) Fifty years of the International Court of Justice, Essays in honour of Sir Robert Jennings, Cambridge 1996, S. 503 (zit.: Valencia-Ospina, in: FS Jennings)
van Bael, Ivo, The GATT Dispute Settlement Procedure, in: JWT 1988, Nr. 4, S. 67
van den Berg, Albert Jan, The New York Arbitration Convention of 1958, Deventer, Antwerpen, Boston, London, Frankfurt 1981 (zit.: van den Berg, New York Convention)
—, The Netherlands, in: YCA 1987, S. 3
—, Recent Enforcement Problems under the New York and ICSID Conventions, in: Arb. Int. 1989, S. 2
—, The ICC Arbitration Rules and Appointment of Arbitrators in Cases Involving Multiple Defendants, in: (Plantey/Böckstiegel/Bredow) Festschrift für Ottoarndt Glossner zum 70. Geburtstag, Heidelberg 1994, S. 19 (zit.: van den Berg, in: FS Glossner)
—, Constituting the Arbitral Tribunal, in: (WIPO/ASA) Conference on Rules for Institutional Arbitration and Mediation, Genf 1995 (WIPO Publication No. 741 (E)), S. 17 (zit.: van den Berg, Constituting)
—, The WIPO Expedited Arbitration Rules: Fast-Track Arbitration, in: (WIPO/ASA) Conference on Rules for Institutional Arbitration and Mediation, Genf 1995 (WIPO Publication No. 741 (E)), S. 117 (zit.: van den Berg, Fast-Track Arbitration)
—, The New York Arbitration Convention and State Immunity, in: (Böckstiegel) Acts of State and Arbitration, Köln, Berlin, Bonn, München 1997, S. 41 (zit.: van den Berg, in: (Böckstiegel) Acts of State and Arbitration)
van den Berg, Albert Jan/van Delden, R./Snijders, Henk J., Netherlands Arbitration Law, Deventer, Boston 1993 (zit.: van den Berg/van Delden/Snijders, Netherlands)
van den Bossche, Peter, World Trade Organization Dispute Settlement in 1997 (Part I), in: J. Int. Econ. L. 1998, S. 161
van Hof, Jacomijn, Commentary on the UNCITRAL Arbitration Rules - The Application by the Iran-U.S. Claims Tribunal, Deventer, Boston 1991 (zit.: van Hof, Commentary)
van Houtte, Hans, Conduct of Arbitral Proceedings, in: (Sarcevic) Essays on International Commercial Arbitration, London, Dordrecht, Boston 1989, S. 113 (zit.: van Houtte, in: (Sarcevic) Essays on International Commercial Arbitration)
Vanderelst, Alain, Increasing the Appeal of Belgium as an International Arbitration Forum? - The Belgian Law of March 27, 1985 Concerning the Annulment of Arbitral Awards, in: J. Int. Arb. 1986, Nr. 2, S. 77

Verdross, Alfred/Simma, Bruno, Universelles Völkerrecht, Theorie und Praxis, Berlin 1984 (zit.: Verdross/Simma, Völkerrecht)

Vermulst, Edwin/Driessen, Bart, An Overview of the WTO Dispute Settlement System and its Relationship with the Uruguay Round Agreements - Nice on the Paper but Too much Stress for the System?, in: JWT 1995, Nr. 2, S. 131

Voss, Jürgen, Die Multilaterale Investitionsgarantie-Agentur, in: RIW 1987, S. 89

Walter, Gerhard, Anmerkung zu dem Beschluß des OLG Stuttgart vom 2. Juni 1981 - 5 W 33/80 -, in: KTS 1983, S. 664

Wang, Lei, Some Observations on the Dispute Settlement System in the World Trade Organization, in: JWT 1995, Nr. 2, S. 174

Wasum, Susanne, Der Internationale Seegerichtshof im System der obligatorischen Streitbeilegungsverfahren, München 1984 (zit.: Wasum, Seegerichtshof)

Watkiss, David K., Fast-Track Arbitration: Different Perspectives - Three Perspectives from the Parties' Counsel, in: ICC Bull. 1992, Nr. 2, S. 13

Weber, Albrecht/Moos, Fleming, Rechtswirkungen von WTO-Streitbeilegungsentscheidungen im Gemeinschaftsrecht, in: EuZW 1999, S. 229

Wedel, Henning von, Der geplante Seegerichtshof der Vereinten Nationen, in: RIW 1982, S. 634

Weigand, Frank-Bernd, Discovery in der internationalen Schiedsgerichsbarkeit, in: RIW 1992, S. 361

—, The UNCITRAL Model Law: New Draft Arbitration Acts in Germany and Sweden, in: Arb. Int. 1995, S. 397

Weinacht, Felix, Die Vollstreckung ausländischer Schiedssprüche nach ihrer Annullierung im Herkunftsstaat – Das New Yorker Übereinkommen im Wechselspiel mit nationalem Recht in Frankreich und den USA – Die Fälle *Hilmarton* und *Chromanolly*, in: ZvglRWiss 1999, S. 139

Weise, Paul-Frank, Lex mercatoria - Materielles Recht vor der internationalen Handelsschiedsgerichtsbarkeit, Frankfurt am Main, Bern, New York, Paris 1990 (zit.: Weise, Lex mercatoria)

Wellens, Karel, Economic Conflicts and Disputes Before the World Court (1922 - 1995), The Hague, London, Boston 1996 (zit.: Wellens, Economic Conflicts)

Wenger, Werner, Säumnis und Säumnisfolgen im internationalen Schiedsverfahren, in: (Reymond/Bucher) Recueil de Travaux Suisses sur l'Arbitrage International, Zürich 1984, S. 245 (zit.: Wenger, in: (Reymond/Bucher) Recueil de Travaux Suisses)

Westberg, John A., International Transactions and Claims Involving Government Parties - Case Law of the Iran-United States Claims Tribunal, Washington D.C. 1991 (zit.: Westberg, International Transactions and Claims)

Wetter, J. Gillis, The International Arbitral Process - Public and Private, Vol. I, Dobbs Ferry, New York 1979 (zit.: Wetter, International Arbitral Process, Vol. I)

—, Overview of the Issues of Multi-Party Arbitration, in: (ICC) Multi-Party Arbitration, Paris 1991, S. 7 (zit.: Wetter, in: (ICC) Multi-Party Arbitration, Paris)

Wetter, J. Gillis/Priem, Charl, Costs and their Allocation in International Commercial Arbitrations, in: Am. Rev. Int. Arb. 1991, Nr. 3, S. 249

White, Gillian, The use of experts by the International Court, in: (Lowe/Fitzmaurice) Fifty years of the International Court of Justice, Essays in honour of Sir Robert Jennings, Cambridge 1996, S. 528 (zit.: White, in: FS Jennings)

Wichard, Johannes Christian, Die Anwendung der UNIDROIT-Prinzipien für internationale Handelsverträge durch Schiedsgerichte und staatliche Gerichte, in: RabelsZ 1996, S. 269

Wilkinson, Vanessa L. D., The New Lex Mercatoria - Reality or Academic Fantasy?, in: J. Int. Arb. 1995, Nr. 2, S. 103

Winterfeld, Achim von, Noch einmal: Der deutsche ordre public in der internationalen Schiedsgerichtsbarkeit, in: NJW 1987, S. 3059

Wittenzellner, Ursula, Errichtung eines Schiedszentrums bei der WIPO - Alternative für die Beilegung von Streitigkeiten im Bereich des gewerblichen Rechtsschutzes?, in: Mitt. 1995, S. 147

Wolf, Christian, Die institutionelle Handelsschiedsgerichtsbarkeit, München 1992 (zit.: Wolf, Handelsschiedsgerichtsbarkeit)

Wolf, Martin, „Summarische Verfahren" im neuen Schiedsverfahrensrecht, in: DB 1999, S. 1101

Wolfrum, Rüdiger, The Principle of the Common Heritage of Mankind, in: ZaöRV 1983, S. 312

—, Die Internationalisierung staatsfreier Räume - Die Entwicklung einer internationalen Verwaltung für Antarktis, Weltraum, Hohe See und Meeresboden, Berlin, Heidelberg, New York, Tokyo 1984 (zit.: Wolfrum, Internationalisierung)

—, (Hrsg.), Handbuch der Vereinten Nationen, 2. Auflage, München 1991 (zit.: Bearbeiter, in: (Wolfrum) Handbuch)

—, Der Internationale Seegerichtshof in Hamburg, in: Vereinte Nationen 1996, S. 205

—, The Legislative History of Articles 20 and 21 of the Statute of the International Tribunal on the Law of the Sea, in: RabelsZ 1999, S. 342

World Intellectual Property Organization, The WIPO Arbitration Center and its Services, in: Objective Arbitrability, Antitrust Disputes, Intellectual Property Disputes, ASA Special Series No. 6, Zürich 1993, S. 191 (zit.: WIPO, in: ASA Special Series No. 6, S. 191)

—, Intellectual Property Reading Material, Genf 1995 (WIPO Publication No. 476 (E)) (zit.: WIPO, Intellectual Property)

—, The Services of the WIPO Arbitration Center, Genf 1995 (WIPO Publication No. 445 (E)) (zit.: WIPO, Services)

—, General Information, Genf 1997 (WIPO Publication No. 400 (E)) (zit.: WIPO, General Information)

World Trade Organization, The WTO Dispute Settlement Procedures, Genf 1995 (zit.: WTO, Dispute Settlement Procedures)

—, Dispute Settlement Body Annual Report 1996, WT/DSB/8, 28. Oktober 1996 (zit.: WTO, DSB Annual Report 1996)

Wühler, Norbert, Zur Bedeutung des Iran-United States Claims Tribunal für die Rechtsfortbildung, in: (Böckstiegel) Rechtsfortbildung durch Internationale Schiedsgerichtsbarkeit, Köln, Berlin, Bonn, München 1989, S. 93 (zit.: Wühler, in: (Böckstiegel) Rechtsfortbildung)

Young, Michael K., Dispute Resolution in the Uruguay Round: Lawyer Triumph over Diplomats, in: Int. Lawyer 1995, S. 389

Zhang, Shu, De l'OMPI au GATT - La protection internationale des droits de la propriété intellectuelle – évolution et actualité, Paris 1994 (zit.: Zhang, OMPI au GATT)

Ziadé, Nassib G., ICSID Conciliation, in: News from ICSID 1996, Nr. 2, S. 3

Ziegler, Andreas R., Erste Erfahrungen mit der Berufungsinstanz der WTO - Anmerkungen zum WTO-Streitschlichtungsverfahren "United States - Standards for Reformulated and Conventional Gasoline", in: Außenwirtschaft 1996, S. 417

Zöller, Richard, Zivilprozeßordnung, 19. Auflage, Köln 1995 (zit.: Zöller - Bearbeiter, ZPO)

Zweigert, Konrad/Kötz, Hein, Einführung in die Rechtsvergleichung auf dem Gebiete des Privatrechts, Band I: Grundlagen, 3. Auflage, Tübingen 1996 (zit.: Zweigert/Kötz, Rechtsvergleichung)

Entscheidungsregister

Internationaler Seegerichtshof

The M/V „Saiga" (Saint Vincent and the Grenadines v. Guinea), List of Cases No. 1, Judgment of 4 December 1997, ILM 1998, S. 362

The M/V „Saiga" (Saint Vincent and the Grenadines v. Guinea), List of Cases No. 2, Order on Request for Provisional Measures of 11 March 1998

Internationaler Gerichtshof

The Corfu Channel Case, Judgment of 15 December 1949, ICJ Reports 1949, S. 244

Case Concerning the Protection of French Nationals and Protected Persons in Egypt, Order made on March 29th, 1950, ICJ Reports 1950, S. 59

Haya de la Torre Case (Colombia/Peru), Judgment of June 13th, 1951, ICJ Reports 1951, S. 71

Fisheries Case (United Kingdom v. Norway), Judgment of December 18th, 1951, ICJ Reports 1951, S. 116

Anglo-Iranian Oil Co. Case, Request for the Indication of Interim Measures of Protection (United Kingdom/Iran), Order of July 5th, 1951, ICJ Reports 1951, S. 89

Effect of Awards of Compensation Made by the United Nations Administrative Tribunal, Advisory Opinion of July 13th, 1954, ICJ Reports 1954, S. 47

Nottebohm Case (Liechtenstein v. Guatemala), Judgment of April 6th, 1955, S. 4

South West Africa Cases (Ethiopia v. Union of South Africa; Liberia v. Union of South Africa),
Order of 20 May 1961, ICJ Reports 1961, S. 13,
Order of 29 November 1965, ICJ Reports 1965, S. 9

Case Concerning the Barcelona Traction, Light and Power Company, Limited (New Application: 1962) (Belgium v. Spain),
Preliminary Objections, Judgment of 24 July 1964, ICJ Reports 1964, S. 6,
Judgment of 5 February 1970, ICJ Reports 1970, S. 3

North Sea Continental Shelf Cases (Denmark / Federal Republic of Germany; Federal Republic of Germany / Netherlands), Order of 26 April 1968, ICJ Reports 1968, S. 9

Fisheries Jurisdiction Case (United Kingdom of Great Britain and Northern Ireland v. Iceland), Judgment on the Merits of 25 July 1974, ICJ Reports 1974, S. 3

Fisheries Jurisdiction Case (Federal Republic of Germany v. Iceland), Judgment on the Merits of 25 July 1974, ICJ Reports 1974, S. 175

Application for Review of Judgment No. 158 of the United Nations Administrative Tribunal, Advisory Opinion of 12 July 1973, ICJ Reports 1973, S. 166

Nuclear Test Case (Australia v. France),
Application by Fiji for Permission to Intervene, Order of 12 July 1973, S. 320,
Order of 20 December 1974, ICJ Reports 1974, S. 530,
Judgment of 20 December 1974, ICJ Reports 1974, S. 253

Nuclear Test Case (New Zealand v. France),
Application by Fiji for Permission to Intervene, Order of 20 December 1974, ICJ Reports S. 535,
Judgment of 20 December 1974, ICJ Reports S. 457

Aegean Sea Continental Shelf Case (Greece v. Turkey), Judgment on the Jurisdiction of the Court of 19 December 1978, ICJ Reports 1978, S. 3

Case Concerning the Continental Shelf (Tunisia v. Libyan Arab Jamahiriya), Application by Malta for Permission to Intervene, ICJ Reports 1981, S. 3

Case Concerning United States Diplomatic and Consular Staff in Tehran (United States v. Iran), Judgment of 24 May 1989, ICJ Reports 1980, S. 3

Case Concerning the Continental Shelf (Libyan Arab Jamahiriya v. Malta), Application by Italy for Permission to Intervene, Judgment of 21 March 1984, ICJ Reports 1984, S. 3

Case Concerning the Frontier Dispute (Burkina Faso/Mali),
Order on Requests for the Indication of Provisional Measures of 10 January 1986, ICJ Reports 1986, S. 3
Judgment of 22 December 1986, ICJ Reports 1986, S. 554

Case Concerning Military and Paramilitary Activities in and against Nicaragua (Nicaragua v. United States of America),
Judgment on the Jurisdiction of the Court and Admissibility of the Application of 26 November 1984, ICJ Reports 1984, S. 392,
Judgment on the Merits of 27 June 1986, ICJ Reports 1986, S. 14

Application for Revision and Interpretation of the Judgment of 24 February 1982 in the Case Concerning the Continental Shelf (Tunisia v. Libyan Arab Jamahiriya), Judgment of 10 December 1985, ICJ Reports 1985, S. 192

Case Concerning the Land, Island and Maritime Frontier Dispute (El Salvador/Honduras),
Judgment on the Application of Nicaragua to Intervene of 13 September 1990, ICJ Reports 1990, S. 92,
Judgment of 11 September 1992, ICJ Reports 1992, S. 351

Case Concerning Elettronica Sicula S.p.A. (ELSI) (United States of America v. Italy), Judgment of 20 July 1989, ICJ Reports 1989, S. 15

Case Concerning Passage Through the Great Belt (Finland v. Denmark), Order on the Request for the Indication of Provisional Measures of 29 July 1991, ICJ Reports 1991, S. 12

Case Concerning the Gabcíkovo-Nagymaros Project (Hungary/Slovakia) Judgment of September 25, 1997, ILM 1998, S. 168

Ständiger Internationaler Gerichtshof

Case of the S.S. "Wimbledon", Judgment on the Question of Intervention by Poland, PCIJ Series A, No. 1 (1923), S. 11

The "Société Commerciale de Belgique", Judgment of June 15th, 1939, PCIJ Series A/B, No. 78, S. 160

The Electricity Company of Sofia and Bulgaria,
(Request for the Indication of Interim Measures of Protection), Order made on December 15th, 1939, PICJ Series A/B, No. 79, S. 194,
Order made on February 26th, 1940, PCIJ Series A/B, No. 80, S. 4

WTO-Panelverfahren

United States - Standards for Reformulated and Conventional Gasoline, complaints by Venezuela (WT/DS2/R) and Brazil (WT/DS4/R)

Japan - Taxes on Alcoholic Beverages, complaints by the European Communities (WT/DS8/R), Canada (WT/DS10/R) and the United States (WT/DS11/R)

United States - Restrictions on Imports of Cotton and Man-Made Fibre Underwear, complaint by Costa Rica (WT/DS24/R)

European Communities - Regime for the Importation, Sale and Distribution of Bananas, complaints by Ecuador, Guatemala, Honduras, Mexico and the United States (WT/DS27/R)

India - Patent Protection for Pharmaceutical and Agricultural Chemical Products, complaint by the United States (WT/DS50/R)

European Communities - Measures Affecting Meat and Meat Products (Hormones), complaint by the United States (WT/DS26/R)

Japan - Measures Affecting Consumer Photographic Film and Paper, complaint by the United States (WT/DS44/R)

Entscheidung des WTO-Rechtsmittelgremiums

United States - Standards for Reformulated and Conventional Gasoline, complaints by Venezuela (WT/DS2/AB/R) and Brazil (WT/DS4/AB/R)

Japan - Taxes on Alcoholic Beverages, complaints by the European Communities (WT/DS/AB/R), Canada (WT/DS10/AB/R) and the United States (WT/DS11/AB/R)

Brazil - Measures Affecting Desiccated Coconut, complaint by the Philippines (WT/DS22/AB/R)

European Communities - Measures Affecting Meat and Meat Products (Hormones), complaint by the United States (WT/DS26/AB/R)

European Communities - Regime for the Importation, Sale and Distribution of Bananas, complaints by Ecuador, Guatemala, Honduras, Mexico and the United States (WT/DS27/AB/R)

India - Patent Protection for Pharmaceutical and Agricultural Chemical Products, complaint by the United States (WT/DS50/AB/R)

European Communities - Measures Affecting Meat and Meat Products (Hormones), complaint by Canada (WT/DS48/AB/R)

Schiedsverfahren nach Art. 21.3 DSU

Japan – Taxes on Alcoholic Beverages, complaints by the European Communities (WT/DS8), Canada (WT/DS10) and the United States (WT/DS11), Arbitrators Report

European Communities - Regime for the Importation, Sale and Distribution of Bananas, complaints by Ecuador, Guatemala, Honduras, Mexico and the United States (WT/DS27), Arbitrators Report

European Communities – Measures Affecting Meat and Meat Products, complaint by the United States (WT/DS26) and Canada (WT/DS46), Arbitrators Report

Panelverfahren nach Art. 21.5 DSU

European Communities - Regime for the Importation, Sale and Distribution of Bananas, complaints by Ecuador, Guatemala, Honduras, Mexico and the United States (WT/DS27/RW/ECU) – Recourse to Art. 21.5 by Ecuador

Schiedsverfahren nach Art. 22.6 DSU

European Communities - Regime for the Importation, Sale and Distribution of Bananas, complaints by Ecuador, Guatemala, Honduras, Mexico and the United States (WT/DS27/ARB) – Recourse by the European Communities under Art. 22.6 DSU

GATT-Panelverfahren

Uruguayan Recourse to Article XXIII, BISD 11S/56 und 11S/95

United Kingdom - Dollar Area Quotas, BISD 20S/230 und 20S/236

United States Tax Legislation (DISC), BISD 23S/98

European Community: Subsidies on Export of Wheat Flour

European Communities - Refunds on Exports of Sugar, BISD 26S/290 und BISD 27S/69

European Community, Canada, Australia - Trade Restrictions Applied for Non-Economic Reasons ("Falklands War" Embargo) Panel

European Community - Tariff Treatment on Imports of Citrus Products from Certain Countries in the Mediterranean Region, (unadopted)

Japan – Customs Duties, taxes and labelling practices on imported wines and alcoholic beverages, BISD 34S/83

United States - Taxes on Petroleum and Certain Imported Substances („Superfund Taxes"), BISD 34S/136

Japan - Trade in semi-conductors, BISD 35S/116

Republic of Korea - Restrictions on imports of beef, BISD 36S/234, BISD 36S/268

United States - Section 337 of the Tariff Act of 1930, BISD 36S/345

EEC-Member States' Import Regimes for Bananas Panel (not adopted)

ICSID-Schiedsverfahren

Holiday Inns S.A., Occidental Petroleum Corporation et al. v. Government of Morocco (Case No. ARB/72/1)

Alcoa Minerals of Jamaica, Inc. v. Government of Jamaica (Case No. ARB/74/2), Decision on Jurisdiction and Competence of July 6, 1975, YCA 1979, S. 206

Kaiser Bauxite Company v. Government of Jamaica (Case No. ARB/74/3), Decision on Jurisdiction and Competence of July 6, 1975, ICSID Reports I, S. 296

Reynolds Jamaica Mines Limited and Reynolds Metals Company v. Government of Jamaica (Case No. ARB/74/4)

Government of Gabon v. Société de Serete S.A. (Case No. ARB/76/1)

AGIP S.p.A. v. Government of the People's Republic of the Congo (Case No. ARB/77/1), Award of November 30, 1979, ICSID Reports I, S. 306

Guadalupe Gas Products Corporation v. Federal Military Government of Nigeria (Case No. ARB/78/1)

S.A.R.L. Benvenuti & Bonfant v. Government of the People's Republic of the Congo (Case No. ARB/77/2), Award of August 8, 1980, ICSID Reports I, S. 330

Amco Asia Corporation, Pan American Development Limited and P.T. Amco Indonesia v. Republic of Indonesia (Case No. ARB/81/1),
Jurisdictional Decision of September, 25 1983, ICSID Reports I, S. 389,
Award of November 20, 1984, ICSID Reports I, S. 413

Amco Asia Corporation, Pan American Development Limited and P.T. Amco Indonesia v. Republic of Indonesia (Case No. ARB/81/1), Resubmitted,
Decision on Jurisdiction of May 10, 1988, ICSID Reports I, S. 543
Award rendered on June 4, 1990, Decision on Supplemental Decisions and Rectification of the Award rendered on October 17, 1990, ICSID Reports I, S. 569

Klöckner Industrie-Anlagen GmbH, Klöckner Belge S.A. and Klöckner Handelmaatschappij B.V. v. United Republic of Cameroon and Société Camerounaise des Engrais (Case No. ARB/81/2), Award of October 21, 1983, 1984, S. 409, englische Übersetzung in: ICSID Reports II, S. 9

Société Ouest Africaine des Bétons Industriels v. State of Senegal (Case No. ARB/82/1),
Decision on Jurisdiction, 1 August 1984, ICSID Reports II, S. 175,
Award of February 25, 1988, ICSID Reports II, S. 190

Liberian Eastern Timber Corporation v. Government of the Republic of Liberia (Case No. ARB/83/2), Award of March 31, 1986 and Rectification of June 17, 1986, ICSID Reports II, S. 346

Atlantic Triton Company Limited v. People's Revolutionary Republic of Guinea (Case No. ARB/84/1), Award Signed by the Tribunal on April 21, 1986, Clunet 1988, S. 181, englische Übersetzung ICSID Reports III, S. 17

Colt Industries Operating Corporation, Firearms Division v. Government of the Republic of Korea (Case No. ARB/84/2)

Southern Pacific Properties (Middle East) Limited v. Arab Republic of Egypt (Case No. ARB/84/3),
Decision on Jurisdiction of November 27, 1985, ICSID Reports III, S. 112,
Decision on Jurisdiction and Dissenting Opinion of April 14, 1988, ICSID Reports III, S. 131
Award and Dissenting Opinion of May 20, 1992, ICSID Reports III, S. 189

Maritime International Nominees Establishment v. Government of the Republic of Guinea (Case No. ARB/84/4), International Arbitration Report 1988, Nr. 1, Sec. A, S. 2

Société d'Etudes de Travaux et de Gestion SETIMEG S.A. v. Republic of Gabon (Case No. ARB/87/1)

Mobil Oil Corporation, Mobil Petroleum Company, Inc. and Mobil New Zealand Limited v. New Zealand Government (Case No. ARB/87/2)

Asian Agricultural Products Limited v. Democratic Socialist Republic of Sri Lanka (Case No. ARB/87/3), Award of June 27, 1990, ILM 1991, S. 580

American Manufacturing & Trading Inc. v. Republic of Zaire (Case No. ARB/93/1), Award of February 21, 1997, ILM 1997, S. 1534

Philippe Gruslin v. Government of Malaysia (Case No. ARB/94/1)

Misima Minse Pty. Ltd. V. Independent State of Papua New Guinea (Case No. ARB/96/2)

Tanzania Electric Power Supply Ltd. v. Independent Power Tanzania Ltd. (Case No. ARB 98/8)

Wiederaufnahmeverfahren nach Art. 51 ICSID-Übk

American Manufacturing & Trading Inc. v. Republic of Zaire (Case No. ARB/93/1) – Revision Proceeding

Aufhebungsentscheidungen nach Art. 52 ICSID-Übk

Amco Asia Corporation, Pan American Development Limited and P.T. Amco Indonesia v. Republic of Indonesia (Case No. ARB/81/1), Decision annulling the Award signed by the *Ad-hoc*-Committee on May 16, 1986, ICSID Reports I, S. 509

Amco Asia Corporation, Pan American Development Limited and P.T. Amco Indonesia v. Republic of Indonesia (Case No. ARB/81/1), Decision rejecting the parties' application for annulment of the Award and annulling the Decision on Supplemental Decisions and Rectification rendered on December 17, 1992

Klöckner Industrie-Anlagen GmbH, Klöckner Belge S.A. and Klöckner Handelmaatschappij B.V. v. United Republic of Cameroon and Société Camerounaise des Engrais (Case No. ARB/81/2), *Ad-hoc*-Committee Decision of May 3, 1985, Clunet 1987, S. 163, englische Übersetzung in: ICSID Reports II, S. 95

Klöckner Industrie-Anlagen GmbH, Klöckner Belge S.A. and Klöckner Handelmaatschappij B.V. v. United Republic of Cameroon and Société Camerounaise des Engrais (Case No. ARB/81/2), Decision rejecting the parties application for annulment signed by the *Ad-hoc*-Committee on May 17, 1990

Maritime International Nominees Establishment v. Government of the Republic of Guinea (Case No. ARB/84/4), *Ad-hoc*-Committee Decision of December 22, 1989, ICSID Rev. - FILJ 1990, S. 95

ICSID-Vergleichsverfahren

Seditex Engineering Beratungsgesellschaft für die Textilindustrie m.b.H v. Government of the Democratic Republic of Madagascar (Case No. CONC/82/1)

Tresoro Petroleum Corporation v. Government of Trinidad and Tobago (Case No. (CONC/83/1)

Seditex Engineering Beratungsgesellschaft für die Textilindustrie m.b.H v. Government of Madagascar (Case No. CONC/94/1)

ICSID-Additional-Facility-Verfahren

Metaclad Corporation v. United Mexican States (Case ARB(AF)/97/1)

Robert Azinian and others v. United Mexican States (Case ARB(AF)/97/2)

Joseph C. Lemire v. Ukraine (Case ARB(AF)/98/1)

USA Waste Services, Inc. v. United Mexican States (Case ARB(AF)/98/2)

The Loewen Group, Inc. and Raymond L. Loewen v. United States of America (Case ARB(AF)/98/3)

Marvin Roy Feldman Karpa v. United Mexican States (Case ARB(AF)/99/1)

Europäischer Gerichtshof

International Fruit Company N.V. and others v. Produktschap voor groenten en fruit, E.C.R. 1972, S. 1219, Germany v. Council, in: EuZW 1994, S. 688

ICC Schiedsverfahren

Schiedsspruch Nr. 5953 (Primary Coal Inc. (U.S.A.) v. Compania Valenciana de Cementos Portland), RdA 1990, S. 701

Iran-United States Claims Tribunal

E-Systems, Inc. v. Government of the Islamic Republic of Iran (Award No. ITM 13-388-FT), 2 CTR (1983 I), S. 51

McCollough & Company Inc. v. The Ministry of Post, Telegraph and Telephone, The National Iranian Oil Company and Bank Markazi, 11 CTR (1986 II), S. 3

The Islamic Republic of Iran v. The United States of America (Decision No. Dec. 65-A19-FT), 16 CTR (1987 III), S. 285

World Farmers Trading Incorporated v. Government Trading Corporation, Bank Melli Iran, Bank Markazi Iran (Award No. 428-764-1), 22 CTR (1989 II), S. 204

Entscheidungen staatlicher Gerichte

Deutschland

Bundesverfassungsgericht
BVerfGE 55, S. 1
BVerfGE 9, S. 89

Reichsgericht
RGZ 159, S. 92

Bundesgerichtshof
BGHZ 10, S. 325
BGHZ 21, S. 365
BGHZ 38, S. 254
BGHZ 39, S. 173

BGHZ 48, S. 327
BGHZ 68, S. 356
BGHZ 96, S. 40
BGHZ 98, S. 70
BGH NJW 1978, S. 1114
BGH NJW 1986, S. 3077
BGH NJW 1990, S. 2199
BGH NJW-RR 1988, S. 1526
BGH NJW-RR 1993, S. 444
BGH RIW 1984, S. 644
BGH RIW 1988, S. 642
BGH RIW 1990, S. 493
BGH RIW 1991, S. 420
BGH WM 1977, S. 319
BGH WM 1986, S. 688
BGH ZIP 1988, S. 943
BGH ZZP 71, S. 427

Frankreich

Cour de Cassation
Société Atlantic Triton c/ République populaire révolutionaire de Guinée et société Soguipêche, RdA 1987, S. 315

Société SOABI et autre c/ Etat du Sénégal, RdA 1991, S. 637

Société Compania Valenciana de Cementos Portland c/ Société Primary Coal Inc., RdA 1992, S. 457

Sociétés BKMI et Siemens c/ Société Dutco, RdA 1992, S. 470

Cour d'Appel Paris
Société Benvenutti et Bonfant c/ Gouvernement de la République du Congo, RdA 1982, S. 208

Société B.K.M.I. Industrieanlagen et Siemens c/ Dutco Construction, RdA 1989, S. 723

Etat de Sénégal c/ Seutin, ès-qual. de liquidateur de la société de S.O.A.B.I., RdA 1990, S. 164

Compania Valenciana de Cementos Portland c/ Primary Coal, RdA 1990, S. 663

Cour d'Appel de Rennes
République populaire révolutionnaire de Guinée et Soguipêche c/ Atlantic Triton,
RdA 1985, S. 439

Tribunal de Grande Instance de Paris
Société Benvenutti et Bonfant c/ Gouvernement de la République du Congo,
RdA 1982, S. 205

Niederlande

Rechtsbank Antwerpen
Entscheidung v. 27. September 1985

Österreich

Österreichischer Oberster Gerichtshof
Urteil vom 18.11.1982, RIW 1983, S. 868

Schweiz

Schweizer Bundesgericht
BGE 108 I b, S. 85

Tribunal de première instance, Genève
ICSID Rev. FILJ 1986, S. 383

USA

United States District Court, Southern District, New York
In the matter of the application of Liberian Eastern Timber Corporation (LETCO) v. The Government of the Republic of Liberia, 12 December 1986, ICSID Reports II, S. 383

United States District Court, District of Columbia
In the matter of the application of Liberian Eastern Timber Corporation (LETCO) v. The Government of the Republic of Liberia, 16 April 1987, ICSID Reports II, S. 390

1. Teil:
Grundlagen der internationalen Streiterledigung in Wirtschaftssachen

Erstes Kapitel: Einführung

A. Neue Verfahren als Anlaß der Untersuchung

Die wohl größte wirtschaftspolitische und -rechtliche Herausforderung und zugleich Chance im ausgehenden 20. Jahrhundert ist der mit der zunehmenden Verflechtung der nationalen Wirtschaftsräume verbundene Strukturwandel und die damit einhergehende Internationalisierung und Globalisierung des Wirtschaftsverkehrs. Der grenzüberschreitende Austausch von Waren und Dienstleistungen, von Kapital und Arbeit wächst mittlerweile in zuvor ungeahntem Ausmaß. Maßgebende Faktoren für die rasante Geschwindigkeit dieser Entwicklung in den letzten Jahren sind neben dem Zusammenbruch des Ostblocks und der damit verbundenen Öffnung der Märkte in Mittel- und Osteuropa und außerdem der Märkte in Asien vor allem auch die Schaffung neuer Übereinkommen und Institutionen. An erster Stelle ist hier die Gründung der World Trade Organization (WTO) zu nennen, daneben aber auch beispielsweise die Erweiterung der Europäischen Union sowie das North American Free Trade Agreement (NAFTA) oder die Asia Pacific Economic Cooperation (APEC).

Eine der elementaren Voraussetzungen für das Funktionieren und das damit verbundene stetige weitere Wachstum des internationalen Wirtschaftsverkehrs ist ein möglichst hohes Maß an Rechtssicherheit für alle hieran Beteiligten. Neben der Schaffung materiellrechtlicher Regelungen bedarf es hierzu vor allem der Bereitstellung geeigneter internationaler Streiterledigungsmechanismen, mittels derer ein Behelf gegen Rechtsverletzungen zur Verfügung gestellt wird, um Konflikte durch eine verbindliche, durchsetzbare Entscheidung friedlich beizulegen.

Kennzeichnend für die Streiterledigung im internationalen Wirtschaftsverkehr – wie auch für den internationalen Wirtschaftsverkehr allgemein – ist, daß sie unter Beteiligung verschiedener Akteure stattfindet. Hier sind zum einen die Staaten zu nennen, die nicht nur Träger der weltwirtschaftlichen Ordnungspolitik sind[1], sondern auch selbst als Produzenten oder Konsumenten am internationalen Austauschprozeß beteiligt sind; ebenso müssen hier die von den Staaten geschaffenen internationalen Organisationen in die Betrachtung einbezogen werden. Daneben nehmen am internationalen Wirtschaftsverkehr aber auch natürliche und juristische Personen des privaten Rechts teil. Sie sind es in erster Linie, die unmittelbar Produktions- und Konsumentenentscheidungen treffen und damit die für den internationalen wirtschaftlichen Austausch erforderlichen Transaktionen vor-

---

1 Den Staaten kommt für die Ordnung der Weltwirtschaft eine besondere Bedeutung zu. Denn sie treffen nicht nur im Rahmen dieser Ordnung ökonomische Entscheidungen, sondern bestimmen zugleich selbst den Charakter dieser Ordnung. Sie besitzen die 'Kompetenz-Kompetenz', d.h. sie definieren die Rolle, welche den verschiedenen Akteuren – einschließlich ihrer selbst – im weltwirtschaftlichen Geschehen zukommen soll, Behrens, in: RabelsZ 1986, S. 483 (490).

nehmen.[2] Eine besondere Rolle im internationalen Wirtschaftsverkehr spielen dabei die multinationalen Unternehmen. Bei ihnen handelt es sich zwar ebenfalls um privatrechtlich organisierte Wirtschaftssubjekte, deren Glieder verschiedenen nationalen Rechtsordnungen unterworfen sind; aufgrund ihrer wirtschaftlichen Größe und der damit verbundenen Möglichkeit, ihre Aktivitäten grenzüberschreitend zu verlagern und so dem Einfluß eines Staates zu entziehen, haben sie jedoch gegenüber den Staaten ein hohes Maß an Autonomie erlangt.[3]

Die juristische Bewertung der internationalen Beilegung von Streitigkeiten in Wirtschaftssachen ist lange Zeit dadurch gekennzeichnet gewesen, daß die Streiterledigung zwischen Staaten und diejenige zwischen Privatpersonen als zwei getrennte und miteinander nicht vergleichbare Bereiche angesehen wurden. *Wetter* hat die Situation im Hinblick auf Schiedsverfahren dahingehend beschrieben, daß „commercial lawyers regard arbitrations between states as wholly irrelevant; and public international teachers, advocates and officials view commercial arbitration as an essentially alien process...".[4]

Gerade die zunehmende Internationalisierung wirtschaftlicher Abläufe und die hiermit verbundene Verflechtung der unterschiedlichen Bereiche des internationalen Wirtschaftsrechts werfen aber die Frage auf, ob die These einer strikten Trennung der Streiterledigung zwischen Staaten auf der einen und zwischen privaten Rechtssubjekten auf der anderen Seite im internationalen Wirtschaftsverkehr heute noch aufrechterhalten werden kann. Dies gilt nicht zuletzt deshalb, weil in zwischenstaatlichen Streiterledigungsverfahren heute häufig wirtschaftsrechtliche Fragestellungen im Vordergrund stehen und sich im Bereich der internationalen Streiterledigung zwischen Privatpersonen auch Fragen stellen, die üblicherweise in zwischenstaatlichen Streiterledigungsverfahren auftreten.[5] Ein Bei-

---

2 Der dieser Untersuchung zugrundeliegende Begriff des internationalen Wirtschaftsrechts ist zu verstehen als der Inbegriff der die Beziehungen des internationalen Wirtschaftsverkehrs regelnden Normen, also im Sinne des Rechts der internationalen Wirtschaft; in diesem Sinne auch Erler, Grundprobleme, S. 5 ff.; Fikentscher, Wirtschaftsrecht I, S. 1 ff.; Herdegen, Internationales Wirtschaftsrecht, S. 4; Behrens, in: RabelsZ 1986, S. 483 ff.; Fischer, in: GYIL 1976, S. 143 (145 ff.); Joerges, in: RabelsZ 1979, S. 6 ff. Dagegen begrenzen etwa Carreau/Juillard/Flory, Droit International Économique, S. 7 ff.; Schwarzenberger, in: RdC 1966-I, S. 1 ff.; Seidl-Hohenveldern, in: RdC 1986-III, S. 9 ff. den Begriff auf das internationale Recht der Wirtschaft, d.h. auf das Wirtschaftsvölkerrecht.

3 Vgl. zu der Rolle der multinationalen Unternehmen im internationalen Wirtschaftsverkehr Dunning, Multinational Enterprises, S. 1 ff.; Fröhlich, Multinationale Unternehmen, S. 17 ff.; Livingstone, Internationalization, S. 1 ff.; Behrens, in: RabelsZ 1986, S. 483 (491); Meessen, in: AöR 1985, S. 398 (398); vgl. ferner die Beiträge bei Däubler/Wohlmuth (Hrsg.), Transnationale Konzerne und Weltwirtschaftsordnung und Buckley/Mucchielli (Hrsg.), Multinational Firms; zu den rechtlichen Problemen eines Verhaltenskodexes für multinationale Unternehmen siehe die Beiträge in Horn (Hrsg.), Codes of Conduct.

4 Wetter, International Arbitral Process, Vol. I, S. xxiv; vgl. auch Reisman, Systems of Control, S. 11; Caron, in: ZaöRV 1986, S. 465 (472): „Although both public and private international arbitrations are concerned with legal resolution of disputes arising in an international context, these two processes have remained quite distinct".

5 Reisman, Systems of Control, S. 11: „Many essentially commercial matters are heard in public international tribunals, such as the International Court of Justice. Conversely, the type of inter-state matters that frequently appear on the docket of the International Court may also arise in

spiel für die „Annäherung“ beider Bereiche der internationalen Streiterledigung ist etwa das *Iran-United States Claims Tribunal* in Den Haag, das eine große Zahl sowohl völkerrechtlicher als auch privatrechtlicher Streitigkeiten entschieden hat.[6]

Im Rahmen der vorliegenden Arbeit werden vier „neue“ Verfahren der internationalen Streiterledigung in Wirtschaftssachen einander gegenübergestellt und miteinander verglichen, die in unterschiedlichen Bereichen des internationalen Wirtschaftsverkehrs zur Beilegung von Streitigkeiten eingerichtet worden sind. Ziel der Arbeit ist dabei festzustellen, ob und inwieweit die Verfahren aus den unterschiedlichen Bereichen der internationalen Streiterledigung in Wirtschaftssachen Gemeinsamkeiten aufweisen und ob allgemeine Grundprinzipien bestehen, die es rechtfertigen, die internationale Streiterledigung in Wirtschaftssachen einheitlich zu betrachten. Hierzu ist es auch erforderlich festzustellen, ob zwischen den Verfahren bestehende Unterschiede ihren Ursprung in der Beteiligung unterschiedlicher Akteure an dem Verfahren haben.

Um dieser Frage nachzugehen, werden die folgenden Verfahren untersucht, die alle gemeinsam haben, daß sie auf einem kontradiktorischen Verfahren beruhen und zu einem verbindlichen Ergebnis[7] führen, und die aufgrund ihrer Aktualität eine geeignete Grund-

---

international commercial tribunals“; zu den Streitigkeiten vor dem Internationalen Gerichtshof, in denen es um wirtschaftliche Fragen ging, Wellens, Economic Conflicts, S. 75 ff.

6 Das Iran-United States Claims Tribunal wurde im Frühjahr 1981 mit Sitz in Den Haag errichtet, um über sämtliche Streitigkeiten aus Anlaß der iranischen Revolution im Februar 1979 sowohl zwischen den Vertragsstaaten als auch zwischen den Angehörigen eines Vertragsstaates und dem jeweils anderen Staat zu entscheiden. Bei dem Tribunal sind ingesamt 3.949 Klagen eingereicht worden – es handelt sich damit um das größte Rechtsstreitverfahren der Geschichte, Böckstiegel, in: FS Universität zu Köln, S. 605 (606); vgl. allgemein zum Iran-United States Claims Tribunal auch Aldrich, Jurispudence; Avanessian, Iran-United States Claims Tribunal; Brower/Brueschke, Iran-United States Claims Tribunal; Maiwald, Iran-United States Claims Tribunal; Mapp, Iran-United States Claims Tribunal; Mouri, International Law of Expropriation; Rieger, Grundsätze; Schmitz, Rechtsgrundsätze; Westberg, International Transactions and Claims; Caron, in: AJIL 1990, S. 104 ff.; Wühler, in: (Böckstiegel) Rechtsfortbildung, S. 93 ff.

7 Die Untersuchung ist auf zu einem verbindlichen Ergebnis führende Verfahren beschränkt. Hinzuweisen ist daneben aber auch auf die sog. Alternativen Streibeilegungsverfahren (Alternative Dispute Resolution, ADR), die im nationalen Bereich und insbesondere auch im internationalen Wirtschaftsverkehr zunehmend Bedeutung erlangen, wobei der Ausgangspunkt dieser Entwicklung in den USA liegt, siehe hierzu Breidenbach, Mediation, S. 11 ff. und 30 ff.; Arnold, ADR, S. 293 ff.; allgemein zu ADR siehe etwa Bühring-Uhle, Arbitration and Mediation, S. 261 ff.; Goldberg/Green/Sander, Dispute Resolution; Ury/Brett/Goldberg, Getting Disputes Resolved; Behrens, in: (Petersmann/Jaenicke) Adjudication, S. 1 ff.; zu ADR in Deutschland siehe etwa Böckstiegel, in: DRiZ 1996, S. 267 ff.; Labes, Dispute Resolution, S. 181 ff.; Prütting, in: JZ 1985, S. 261 ff.; Schütze, in: ZVglRWiss 1998, S. 117 ff.Als Gründe für diese Entwicklung sind vorrangig die lange Verfahrensdauer und die hohen Kosten eines zu einem verbindlichen Ergebnis führenden Verfahrens vor Gerichten oder Schiedsgerichten zu nennen. Außerdem bieten sich nicht zu einem verbindlichen Ergebnis führende Verfahren insbesondere in solchen Fällen an, in denen zwischen den Parteien langfristige Vertragsbeziehungen bestehen, da letztere durch unverbindliche Streiterledigungsverfahren weniger belastet werden als durch ein Schieds- oder Gerichtsverfahren, vgl. nur Blessing, Mediation Rules, S. 119 (125). Bei den alternativen Streitbeilegungsverfahren sind naturgemäß zunächst Ver-

handlungen als das meist genutzte Mittel zur Beilegung von Streitigkeiten zu erwähnen (Ipsen, Völkerrecht, S. 959), die ohne Drittbeteiligung stattfinden, siehe hierzu etwa Merrills, Settlement, S. 1 ff. Die schwächste Form der Einbeziehung eines Dritten wird als gute Dienste (good office) bezeichnet. Hierunter versteht man die Bemühungen eines Dritten, die Beilegung einer Streitigkeit durch Verhandlungen zwischen den Parteien zu fördern, etwa durch die Herstellung von Kontakten zwischen den Streitparteien oder Bereitstellung von Möglichkeiten zur Durchführung der Verhandlungen; Shaw, International Law, S. 634 f.; Behrens, aaO., S. 1 (17 f.). Ein weiteres Verfahren mit einer beschränkten Mitwirkung eines Dritten ist das Untersuchungsverfahren („inquiry" oder „fact-finding"). Eines der Hindernisse für die friedliche Streitbeilegung zwischen Parteien ist häufig die unterschiedliche Beurteilung der dem Streit zugrunde liegenden Tatsachen. Können die Parteien sich insoweit nicht einigen, so haben sie die Möglichkeit, einen Dritten mit der unparteiischen Feststellung der Tatsachen zu beauftragen. Auf der Grundlage dieser Feststellungen kann dann versucht werden, den Streit einvernehmlich beizulegen, vgl. zum Untersuchungsverfahren Ipsen, aaO., S. 962 f.; Merrills, aaO., S. 43 ff.; Shaw, International Law, S. 635 ff.; Behrens, aaO., S. 1 (19 ff.). Sind die Parteien einer Streitigkeit der Auffassung, daß es zur Beilegung einer Streitigkeit der aktiven Beteiligung eines Dritten bedarf, wobei sie die Kontrolle über den Verfahrensablauf behalten und sich nicht einer verbindlichen Entscheidung eines Dritten unterwerfen wollen, so haben sie die Möglichkeit, sich zweier weiterer alternativer Streitbeilegungsverfahren zu bedienen, die im englischen Sprachgebrauch als Conciliation und Mediation bezeichnet werden. Teilweise werden diese beiden Verfahren danach abgegrenzt, ob die beteiligten Parteien Staaten (Mediation) oder Privatpersonen (Conciliation) sind, teilweise danach, ob am Ende des Verfahrens ein Vergleichsvorschlag des neutralen Dritten steht (Conciliation) oder nicht (Mediation), vgl. Behrens, in: (Petersmann/Jaenicke) Adjudication, S. 1 (23). Hier soll letztere Unterscheidung zugrunde gelegt werden, da sie auch in den untersuchten Verfahrensordnungen verwendet wird. Das Seerechtsübereinkommen (Art. 284 SRÜ) und das ICSID-Übereinkommen (Art. 28 ff. ICSID-Übk) sehen ein Conciliation-Verfahren vor, das mit einem – für die Parteien nicht verbindlichen – Vergleichsvorschlag endet (Art. 7 Anlage V SRÜ, Art. 34 (2) ICSID-Übk). Dagegen ist ein solcher Vorschlag als Abschluß eines Verfahrens nach der WIPO-Schlichtungsordnung nicht vorgesehen. In Anlehnung an die deutschen Übersetzungen dieser Verfahrensordnungen wird der Begriff Conciliation im Rahmen der vorliegenden Arbeit als Vergleichsverfahren, der der Mediation als Schlichtungsverfahren übersetzt (wobei in Deutschland synonym auch der – deutsch ausgesprochene – Begriff Mediation verwendet wird). Beide Verfahren verfügen über zahlreiche Gemeinsamkeiten, wobei kennzeichnend für das Schlichtungsverfahren ist, daß es nach weniger formellen Regeln abläuft. Der Schlichter beteiligt sich aktiv an den Verhandlungen zwischen den Parteien und soll durch geschickte Gesprächsführung darauf hinwirken, daß die zunächst maßgebenden Forderungen im Bewußtsein der Parteien zurück und die diesen zugrunde liegenden Interessen in den Vordergrund treten, um so zu einer sachgerechten Lösung zu gelangen (sehr anschaulich hierzu Goldberg, Dynamic of Mediation, S. 11 (13 ff.)). Siehe zum Schlichtungsverfahren Breidenbach, aaO., S. 114 ff. m.w.N.; Bühring-Uhle, aaO., S. 272 ff. m.w.N.; siehe auch die Beiträge in: Breidenbach/Henssler (Hrsg.), Mediation für Juristen und G. Lörcher, in: DB 1999, S. 789 ff. Demgegenüber ist das Vergleichsverfahren stärker formalisiert. Hier wird eine Person oder Kommission mit der Aufgabe betraut, die Streitigkeit zu untersuchen und zu versuchen, einen für die Parteien annehmbaren Vergleichsvorschlag zu formulieren, nachdem zumeist ein schriftliches und ein mündliches Verfahren durchgeführt worden sind. Zum Vergleichsverfahren siehe etwa Merrills, aaO., S. 59 ff.; Ipsen, aaO., S. 963 ff.; Craig/Park/Paulsson, Arbitration, S. 681 ff.; Tomuschat, in: (Simma) Charta, Art. 33, Rn. 28; Behrens, aaO., S. 24 ff.

lage für eine Bestandsaufnahme über die gegenwärtigen Auffassungen und Überzeugungen hinsichtlich der Streiterledigung in den unterschiedlichen Bereichen des internationalen Wirtschaftsverkehrs bilden:

Aus dem Bereich der zwischenstaatlichen Streiterledigung wird zunächst das Verfahren vor dem Internationalen Seegerichtshof in Hamburg untersucht. Dieser ist am 1. Oktober 1996 eingerichtet worden[8], um Streitigkeiten zwischen Vertragsstaaten über die Auslegung und Anwendung des am 16. November 1994 in Kraft getretenen Seerechtsübereinkommens der Vereinten Nationen vom 10. Dezember 1982 beizulegen.[9] Das Verfahren vor dem Internationalen Seegerichtshof betrifft also den Bereich des klassischen Völkerrechts, in dem zunehmend auch wirtschaftliche Fragen eine wesentliche Rolle spielen.[10]

Neben dem Verfahren vor dem Seegerichtshof selbst in Streitigkeiten über die Auslegung und Anwendung des Seerechtsübereinkommens wird auch das Verfahren vor der Kammer für Meeresbodenstreitigkeiten behandelt. Diese Kammer, deren Mitglieder aus der Mitte des Seegerichtshofs gewählt werden, ist zuständig für die Entscheidung von Streitigkeiten, die im Zusammenhang mit der Nutzung des Meeresbodens stehen. Hieran sind nicht nur Staaten beteiligt, sondern auch die Internationale Meeresbodenbehörde und ihre Organe, internationale Organisationen sowie juristische und natürliche Personen. Anders als beim Seegerichtshof ist die Zuständigkeit der Kammer dementsprechend nicht auf zwischenstaatliche Streitigkeiten beschränkt. Die Einbeziehung des Internationalen Seegerichtshofs und der Kammer für Meeresbodenstreitigkeiten in die Untersuchung ist nicht zuletzt deshalb von besonderem Interesse, weil es sich bei ihnen um ständige Spruchkörper handelt, während in den übrigen untersuchten Verfahren die Spruchkörper erst zur Entscheidung eines konkreten Einzelfalles konstituiert werden.

Als weiterer zwischenstaatlicher Streitbeilegungsmechanismus wird aus dem Bereich des Wirtschaftsvölkerrechts das Panelverfahren im Rahmen der World Trade Organization (WTO-Panelverfahren) untersucht. Gegenstand des Panelverfahrens sind Streitigkeiten zwischen Mitgliedstaaten der WTO über Rechte und Pflichten aus den in die Zuständigkeit der WTO fallenden Übereinkommen. Das WTO-Panelverfahren ist an das im Rahmen des GATT entwickelte Panelverfahren angelehnt; es weist allerdings erhebliche Unterschiede auf, die es rechtfertigen, das WTO-Panelverfahren – anders als das Verfahren im Rahmen des GATT – als verbindlichen Streiterledigungsmechanismus zu qualifizieren. Sowohl im Rahmen des GATT als auch im Rahmen der WTO ist Voraussetzung für die Verbindlichkeit des Berichts, den das Panel zum Abschluß des Verfahrens verfaßt und der Empfehlungen an die Parteien enthält, daß dieser vom GATT-Rat bzw. dem hierfür zuständigen *Dispute Settlement Body* (DSB) der WTO angenommen wird. Während aber im Rahmen des GATT die unterlegene Partei die Möglichkeit hatte, dem Bericht zu widersprechen und damit dessen Annahme zu blockieren, ist der Bericht eines WTO-Panels durch den DSB angenommen, wenn nicht alle Mitglieder des DSB – einschließlich der

8 Die Wahl der Richter erfolgte am 1. August 1996 und die erste öffentliche Sitzung am 18. Oktober 1996, vgl. Wolfrum, Vereinte Nationen 1996, S. 205 (205).

9 Die deutsche Übersetzung des Übereinkommens ist abgedruckt in: BGBl. 1994, Teil II, S. 1798 ff. Zum Inkrafttreten BGBl. 1995, Teil II, S. 602.

10 Siehe bereits Fn. 5.

obsiegenden Partei – beschließen, den Panelbericht nicht anzunehmen. Der Bericht eines WTO-Panels ist demzufolge „quasi-verbindlich".

Einen weiteren Untersuchungsgegenstand bildet das Schiedsverfahren im Rahmen des *International Centre for Settlement of Investment Disputes* (ICSID), das speziell auf die Beilegung von Investitionsstreitigkeiten zwischen Staaten und ausländischen Privatpersonen zugeschnitten ist. Das diesem Streitbeilegungsmechanismus zugrunde liegende *Übereinkommen zur Beilegung von Investitionsstreitigkeiten zwischen Staaten und Angehörigen anderer Staaten vom 18. März 1965* (ICSID-Übereinkommen)[11] ist am 14. Oktober 1966 – für die *Bundesrepublik* am 18.5.1969 – in Kraft getreten.[12] Auch wenn das ICSID-Verfahren damit im Vergleich zu den anderen untersuchten Verfahren verhältnismäßig „alt" ist, ist es nach wie vor von Interesse, da es aufgrund der beteiligten Verfahrensparteien eine besondere Rolle einnimmt. Als speziell für die Erledigung von Streitigkeiten zwischen Staaten und ausländischen Privatpersonen geschaffenes gemischtes Verfahren bildet es die Schnittstelle von zwischenstaatlicher und privater Streiterledigung[13] und ist deshalb im Hinblick auf die Frage, inwieweit Gemeinsamkeiten und Unterschiede zwischen der zwischenstaatlichen und der privaten Streiterledigung bestehen, von besonderem Interesse. So gesehen ist es nach wie vor ein „neues" Verfahren der internationalen Streiterledigung in Wirtschaftssachen.

Schließlich wird als Verfahren zur Beilegung privater Streitigkeiten im internationalen Wirtschaftsverkehr das Schiedsverfahren aufgrund der Schiedsordnung der Weltorganisation für geistiges Eigentum (*World Intellectual Property Organization*, WIPO) in die Untersuchung einbezogen. Die WIPO-Schiedsordnung ist auf die Beilegung von Streitigkeiten aus dem Bereich des gewerblichen Rechtsschutzes und sonstiger geistiger Eigentumsrechte[14] ausgerichtet und trägt den Besonderheiten derartiger Streitigkeiten etwa durch Vorschriften über die Beweisaufnahme und die Vertraulichkeit des Verfahrens Rechnung. Darüber hinaus regelt die WIPO-Schiedsordnung aber auch in besonders detaillierter Weise Verfahrensfragen, die sich allgemein in internationalen Schiedsverfahren stellen. Die WIPO-Schiedsordnung ist am 1. Oktober 1994 in Kraft getreten und berücksichtigt die modernen Entwicklungen der internationalen Wirtschaftsschiedsgerichtsbarkeit. Es bietet sich deshalb an, diese Verfahrensordnung in die Untersuchung neuer Verfahren der internationalen Streiterledigung in Wirtschaftssachen einzubeziehen.

---

11 Die deutsche Übersetzung ist abgedruckt in: BGBl. 1969, Teil II, S. 369 ff. Für Staaten, die nach Inkrafttreten des ICSID-Übk ihre Ratifikationsurkunde hinterlegen, tritt das Übereinkommen dreißig Tage nach dieser Hinterlegung in Kraft, Art. 68 (2) S. 2 ICSID-Übk.

12 BGBl. 1969, Teil II, S. 1191.

13 Vgl. Burdeau, in: RdA 1995, S. 3 (9); Merrills, Settlement, S. 102; zu den unterschiedlichen Bereichen der internationalen Schiedsgerichtsbarkeit, Mann, in: BYIL 1967, S. 1 ff. Zu den Bedenken von Staaten, sich einem solchen verbindlichen Streiterledigungsverfahren gegenüber ausländischen Privatpersonen zu unterwerfen, Dolzer, in: (Petersmann/Jaenicke) Adjudication, S. 139 (146); vgl. auch Rodley, in: CYIL 1966, S. 43 (43 ff.).

14 Zum Begriff siehe unten S. 176.

B. Gang und Methode der Untersuchung

Im Rahmen der vorliegenden Arbeit wird untersucht, inwieweit die behandelten kontradiktorischen und zu einem verbindlichen Ergebnis führenden Streiterledigungsverfahren Gemeinsamkeiten aufweisen. Dabei soll festgestellt werden, ob es aufgrund bestehender Gemeinsamkeiten gerechtfertigt ist, im Bereich des internationalen Wirtschaftsverkehrs die zwischenstaatliche, die gemischte und die private Streiterledigung einheitlich zu betrachten, und ob aus dieser einheitlichen Betrachtung verallgemeinernde Schlußfolgerungen für die Streiterledigung in internationalen Wirtschaftssachen insgesamt gezogen und gegebenenfalls für einzelne Verfahrensfragen gefundene Lösungen auch auf aus anderen Bereichen stammende Verfahren übertragen werden können; oder ob die Unterschiede zwischen diesen Verfahren – insbesondere aufgrund der Beteiligung unterschiedlicher Akteure – doch so groß sind, daß dies als ausgeschlossen erscheint.

Für die Zulässigkeit verallgemeinernder Schlußfolgerungen aus einer Gesamtbetrachtung spricht dabei bereits, daß in allen Verfahren als zentrale Grundsätze die Gleichheit der Parteien und die Gewährung rechtlichen Gehörs zu beachten sind.[15] Diese Grund-

15 Im Bereich der zwischenstaatlichen Streiterledigung folgt die Notwendigkeit der Gleichbehandlung der Parteien schon aus der Gleichheit der Staaten, die neben der Doktrin der staatlichen Souveränität die Grundlage des Völkerrechts bildet und in Art. 2 (1) UN-Charta normiert ist, vgl. hierzu Verdross/Simma, Völkerrecht, § 77; Randelzhofer, in: (Simma) Charta, Art. 2, Rn. 6 ff. Dementsprechend ist die Gleichheit der Parteien in zwischenstaatlichen Gerichtsverfahren eines der Prinzipien „...unanimously agreed upon by scholars as representing the essential characteristics of an international court", Mosler, in: (Mosler/Bernhardt) Judicial Settlement, S. 3 (9) und S. 13: „It is absolutely necessary to ensure the complete equality of the parties". Aber auch über den Bereich der zwischenstaatlichen Streiterledigung hinaus handelt es sich bei der Gleichheit der Parteien allgemein um die Grundlage jedes gerichtsförmigen Verfahrens, vgl. Cheng, Principles, S. 290: „there are two cardinal characteristics of a judicial process, the impartiality of the tribunal and its corollary, the juridical equality between the parties in the capacity as litigants". Vgl. zur privaten Schiedsgerichtsbarkeit auch Redfern/Hunter, Arbitration, S. 357: „[an arbitral tribunal] should not demonstrate any favouritism; and this is so whether or not a positive obligation of „equal treatment" is imposed by the relevant rules of arbitration or the lex arbitri". Der Anspruch auf rechtliches Gehör ist ein elementares Mittel, um die Gleichheit der Parteien im Verfahren zu gewährleisten, vgl. Cheng, aaO., S. 291 „the ... maxim audiatur et altera pars or audi alteram partem ... may be regarded as a general principle of law translating into practice the fundamental requirement of equality between the parties in judicial proceedings". Zur Wirkung der Maxime audiatur et altera pars als individualrechtsschützender Grundsatz des Völkerrechts siehe Hamacher, Die Maxime audiatur et altera pars, S. 131 ff. (insb. 217 ff.). Für die private Streiterledigung gilt, daß es sich bei dem Anspruch auf rechtliches Gehör um ein prozessuales „Urrecht" des Menschen handelt (BVerfGE 55, S. 1 (6)), als Rechtssubjekt ernstgenommen zu werden, d.h. vor einer Entscheidung, die seine Rechte betrifft, zu Wort zu kommen und auf das Verfahren und dessen Ergebnis Einfluß nehmen zu können (BVerfGE 9, S. 89 (95)). Dementsprechend ordnen etwa Art. 18 UNCITRAL MG und in Anlehnung hieran § 1042 (1) ZPO an, daß die Parteien gleich zu behandeln sind und jeder Partei rechtliches Gehör zu gewähren ist. Holtzmann/Neuhaus, Guide, S. 550 bezeichnen diese beiden Grundsätze als die Magna Charta der Schiedsgerichtsbarkeit; vgl. auch die Begründung der Bundesregierung zum SchiedsVfG, BT-Drucks. 13/5274 v. 12.07.96, zu § 1042 ZPO, S. 46: „[beide Maximen] qualifizieren das Schiedsverfahren als eine

sätze haben jedenfalls hinsichtlich des Ablaufs des Verfahrens Allgemeingültigkeit und zwar unabhängig davon, ob die Verfahren unter Beteiligung souveräner Rechtssubjekte stattfinden.

Während die Untersuchung sich vorrangig auf die beschriebenen Verfahren konzentriert, werden auch weitere Streiterledigungsverfahren des internationalen Wirtschaftsverkehrs einbezogen, um eine breitere Grundlage für die Beantwortung der Fragestellung zu erhalten. Im Bereich der klassischen völkerrechtlichen Streitbeilegung gilt dies zunächst für die anderen zur Beilegung von Streitigkeiten über die Anwendung und Auslegung des Seerechtsübereinkommens dort vorgesehenen Verfahren. Neben der allgemeinen und der besonderen Schiedsgerichtsbarkeit ist hier im Hinblick auf den Internationalen Seegerichtshof vor allem das Verfahren vor dem Internationalen Gerichtshof in *Den Haag* einzubeziehen. Bei beiden Gerichtshöfen handelt es sich um ständige Spruchkörper und die Vorschriften über das Verfahren vor dem Internationalen Seegerichtshof sind in wesentlichen Teilen an die für den Internationalen Gerichtshof geltenden Bestimmungen angelehnt.[16] Die Praxis des Internationalen Gerichtshofs[17], der ein Hauptorgan der Vereinten Nationen ist, kann daher einen wichtigen Anhaltspunkt für die Auslegung der Verfahrensvorschriften des Seegerichtshofs bieten. Daneben bietet sich bei der Untersuchung des WTO-Panelverfahrens ein Vergleich mit dem GATT-Panelverfahren an, da es sich bei dem erstgenannten um eine Fortentwicklung des Streiterledigungsverfahrens im Rahmen des GATT handelt.

Auch im Bereich der Schiedsgerichtsbarkeit zwischen Privaten werden immer rechtsvergleichende Blicke auf andere Schiedsgerichtsordnungen geworfen. Hier wird insbesondere die UNCITRAL-Schiedsordnung berücksichtigt. Diese ist deshalb von besonde-

---

dem Verfahren vor den staatlichen Gerichten gleichwertige Rechtsschutzmöglichkeit". Die Verletzung dieser Grundsätze stellt nach Art. 34 (1) (a) (ii) und (iv) sowie (2) (b) (ii) UNCITRAL MG bzw. § 1059 (2) Nr. 1 (b) und (d) sowie Nr 2 (b) ZPO einen Grund für die Aufhebung eines Schiedsspruchs durch die staatlichen Gerichte am Ort des Schiedsverfahrens dar und berechtigt nach Art. V (1) (b) und (d) sowie (2) (b) NYÜ zur Verweigerung der Anerkennung und Vollstreckung eines ausländischen Schiedsspruchs. Auch ein ICSID-Schiedsspruch kann bei der Verletzung einer dieser beiden Maximen nach Art. 52 (1) (d) ICSID-Übk annuliert werden (siehe hierzu unten S. 468 ff.).

16 Vgl. das Memorandum by the President of the Third United Nations Conference on the Law of the Sea, A/Conf.62/WP.9/Add. 1, para. 30 und Paragraph 2 der Explanatory Note zu den Final Draft Rules of the Tribunal der Preparatory Commission for the International Seabed Authority and for the International Tribunal for the Law of the Sea, Special Commission 4 vom 19. Januar 1994, LOS/PCN/SCN.4/WP.16/Add. 1 „It was always intended and understood that 'the general procedures for the functioning of the [T]ribunal and its powers are on the lines of the Statute of the International Court of Justice and other international judicial tribunals'".

17 Siehe zum IGH als allgemeine Darstellungen Fitzmaurice, Law and Procedure, Vol. 1 und Vol. 2; Guyomar, Commentaire; Gross, International Court of Justice, Vol. 1 und Vol. 2; Rosenne, World Court; ders., Law and Practice; ders., Procedure; Steinberger, in: Judicial Settlement, S. 193 ff.; siehe ferner etwa Elias, Problems; Elkind, Non-Appearance; Franck, World Court; Fritzemeyer, Intervention; Jennings, in: AJIL 1995, S. 493 ff.; Lachs, in: C.J.T.L. 1987, S. 593 ff; Oda, in: FS Mosler, S. 629 ff; Oellers-Frahm, in: AVR 1979/80, S. 309 ff.; Rosenne, Intervention; ders., in: C.J.T.L. 1981, S. 235 ff.; Thirlway, Provisional Measures, S. 1 ff.; siehe ferner die Beiträge in Lowe/Fitzmaurice (Hrsg.), FS Jennings.

rem Interesse, weil sie als Grundlage für die Erarbeitung der WIPO-Schiedsordnung diente.[18] Neben weiteren Schiedsgerichtsordnungen werden auch die zum 1. Januar 1998 in Kraft getretenen Schiedsgerichtsordnungen des London Court of International Arbitration (LCIA) und der Internationalen Handelskammer in Paris (ICC) sowie die seit dem 1. Juli 1998 geltende Schiedsgerichtsordnung der Deutschen Institution für Schiedsgerichtsbarkeit (DIS) einbezogen. Im übrigen kann die WIPO-Schiedsordnung auch nicht unabhängig von nationalen Schiedsverfahrensgesetzen betrachtet werden. Denn nach dem berühmten Satz von *Raape*[19] schwebt das Schiedsgericht „nicht über der Erde, es schwebt nicht in der Luft, es muß irgendwo landen, irgendwo [in einer nationalen Rechtsordnung] erden". Soweit es auf die nationalen Schiedsverfahrensgesetze ankommt, wird vorrangig das am 1. Januar 1998 in Kraft getretene neue deutsche Schiedsverfahrensrecht (§§ 1025 ff. ZPO) herangezogen; daneben werden aber auch andere nationale Schiedsverfahrensgesetze (etwa *Englands, Frankreichs* und der *Schweiz*) berücksichtigt ebenso wie das UNCITRAL Modellgesetz, auf dem das neue deutsche Schiedsverfahrensrecht basiert.

Bevor der Ablauf der Streiterledigungsverfahren im einzelnen geprüft wird, werden zunächst im zweiten Kapitel die Grundlagen der im Rahmen der vorliegenden Arbeit behandelten Verfahren dargestellt. Neben einer Einbettung in den jeweiligen Kontext, in dem die Verfahren stehen, gehört hierzu ein Überblick über ihre Enstehungsgeschichte und eine Darstellung der Voraussetzungen, unter denen die Zuständigkeit der jeweiligen Streiterledigungsverfahren begründet ist.

Im Anschluß hieran werden im dritten Kapitel die Einleitung des Verfahrens und die in Zusammenhang mit der Konstituierung der Spruchkörper stehenden Fragen untersucht. Das vierte Kapitel behandelt den Ablauf des eigentlichen Streiterledigungsverfahrens. Hierzu gehören die vorbereitenden Fragen und Maßnahmen, das schriftliche und das mündliche Verfahren, die Beweisaufnahme, die Beendigung des Verfahrens, seine Öffentlichkeit bzw. Vertraulichkeit und der für die Verfahren vorgesehene Zeitrahmen. Ferner werden die Fragen der Widerklage und Aufrechnung, des Vorbringens nach Schluß der mündlichen Verhandlung und der Säumnis einer Partei erörtert. Zum Abschluß des

18 Die UNCITRAL SchO ist auch deshalb von besonderem Interesse, da sie dem Verfahren vor dem Iran-United States Claims Tribunal (siehe hierzu oben S. 87, Fn. 6) zugrunde lag, wobei sie den besonderen Umständen des Tribunals angepaßt wurden (sog. Tribunal Rules, abgedruckt in CTR 2 (1983 I), S. 405 ff.). Da die Entscheidungen des Iran-United States Claims Tribunal in den Iran-United States Claims Tribunal Reports (CTR) vollständig veröffentlicht sind, bilden diese bei der Auslegung der Vorschriften der UNCITRAL SchO eine wichtige Hilfe. Zur Anwendung der UNCITRAL SchO durch das Iran-United States Claims Tribunal siehe etwa Baker/Davis, Experience; van Hof, Commentary; Borris, in: JPS 1988, S. 3 ff.; Caron, in: ZaöRV 1986, S. 465 ff.; Holtzmann, in: Arb. Int. 1995, S. 39 ff.; Straus, in: J. Int. Arb. 1986, Nr. 3, S. 57 ff. Ferner basieren zahlreiche Vorschriften der WIPO SchO auf den entsprechenden Bestimmungen der UNCITRAL SchO. Daher ist im Hinblick auf die Auslegung der WIPO SchO die Praxis des Iran-United States Claims Tribunal von besonderem Interesse, zumal dieses Lücken in der UNCITRAL SchO regelmäßig durch einen Rückgriff auf die allgemeine Praxis in der internationalen Schiedsgerichtsbarkeit geschlossen hat und nicht, wie angesichts des Sitzes des Tribunals nahegelegen hätte, durch einen Rückgriff auf niederländisches Recht, Caron, in: ZaöRV 1986, S. 465 (472).

19 Raape, IPR, S. 557.

vierten Kapitels wird auf die mit dem Ablauf des Verfahrens in Zusammenhang stehenden Fragen der Beteiligung Dritter und der Gewährung vorläufigen Rechtsschutzes eingegangen.

Im fünften Kapitel wird das Verfahrensrecht und das auf die Entscheidung der Streitigkeit anwendbare materielle Recht geprüft. Das sechste Kapitel ist dem Abschluß des Verfahrens gewidmet, wobei zwischen dem Abschluß mit und ohne verbindlicher Entscheidung unterschieden werden muß. In diesem Zusammenhang werden unter anderem die Arten der Entscheidungen, deren Zustandekommen, ihre Form und ihr Inhalt sowie ihre Wirkungen untersucht, außerdem Fragen der Berichtigung, Auslegung und Ergänzung der Entscheidung sowie der Wiederaufnahme des Verfahrens.

Im siebten Kapitel wird die Überprüfung der Entscheidung durch einen anderen Spruchkörper behandelt. Hierzu werden das WTO-Rechtsmittelverfahren, das ICSID-Aufhebungsverfahren sowie das Verfahren zur Aufhebung von WIPO-Schiedssprüchen untersucht. Das achte Kapitel schließlich befaßt sich mit der Frage, ob und in welcher Form die Möglichkeit besteht, in den einzelnen Verfahren eine Entscheidung gegen den Willen der unterlegenen Partei durchzusetzen.

Zweites Kapitel: Überblick über die neuen Verfahren der internationalen Streiterledigung in Wirtschaftssachen

A. Streiterledigung im Seevölkerrecht – Das Seerechtsübereinkommen der Vereinten Nationen vom 10. Dezember 1982

Am 24. September 1982 endete die Dritte Seerechtskonferenz der Vereinten Nationen, die sich seit 1973 bemüht hatte, eine umfassende Kodifikation des Meeresvölkerrechts zu schaffen.[1] Das im Rahmen dieser Konferenz erarbeitete Seerechtsübereinkommen der Vereinten Nationen (SRÜ)[2] wurde am 10. Dezember 1982 durch die Unterzeichnung der Schlußakte förmlich angenommen und zur Zeichnung aufgelegt.

Gleichwohl sollten bis zum Inkrafttreten des Übereinkommens am 16. November 1994, ein Jahr nachdem *Guyana* als 60. Staat das Übereinkommen ratifiziert hatte[3], noch fast 12 Jahre vergehen. Hauptursache dafür, daß das Übereinkommen anfangs nur geringe Akzeptanz fand und zunächst ausschließlich von Entwicklungs- und Schwellenländern ratifiziert wurde, war, daß die westlichen Industrienationen mit den Vorschriften des Übereinkommens über das rechtliche Regime für die Nutzung der Bodenschätze des internationalen Meeresbodens (Teil XI SRÜ) nicht einverstanden waren.[4] Erst als das Tiefseebergbau-Regime durch das Übereinkommen zur Durchführung des Teils XI des Seerechtsübereinkommens der Vereinten Nationen von 1982 vom 28. Juli 1994[5] erheblich modifiziert worden war[6], wurde die Zahl der notwendigen 60 Ratifikationen erreicht. Mittlerweile ist das Übereinkommen von 132 Staaten ratifiziert worden.[7]

Das Seerechtsübereinkommen steht am Ende einer über 25jährigen Entwicklung und bildet den Abschluß der „längsten, größten und ehrgeizigsten Konferenz seit dem Westfä-

---

1 Die Generalversammlung der Vereinten Nationen hatte die Konferenz beauftragt, eine konventionsrechtliche Nutzungsordnung für den gesamten Meeresraum zu schaffen, die sowohl die Ergebnisse der Ersten Seerechtskonferenz in Genf 1958 ablösen wie auch ein internationales Regime für den Meeresboden jenseits nationaler Jurisdiktionen beinhalten sollte (GA Res. 3067 (XXVIII) vom 16. November 1973), vgl. auch Wolfrum, Internationalisierung, S. 371; Jaenicke, in: ZaöRV 1978, S. 438 ff.

2 Der Text des Seerechtsübereinkommens ist abgedruckt in: BGBl. 1994, Teil II, S. 1799 ff. in deutscher, englischer und französischer Sprache; siehe auch die deutsche Übersetzung bei Platzöder/Grunenberg, Seerecht, S. 1 ff. Nach Art. 320 SRÜ ist das Übereinkommen in seinem arabischen, chinesischen, englischen, französischen, russischen und spanischen Wortlaut gleichermaßen verbindlich.

3 Vgl. Art. 308 (1) i.V.m. 306 (2) SRÜ.

4 Wasum, Seegerichtshof, S. 29; Anderson, in: ICLQ 1997, S. 761 (761 f.); Jaenicke, in: NJW 1983, S. 1936 (1936 f.); Jenisch, UN-Seerechtsübereinkommen, S. 4; siehe die Nachweise bei Platzöder, in: EJIL 1993, S. 390 (390 f.).

5 Der Text ist abgedruckt in: BGBl. 1994, Teil II, S. 2566 ff.

6 Siehe hierzu unten S. 102 ff.

7 Stand: 31. August 1999.

lischen Frieden von 1648"[8]. Es hat mit seinen 320 Artikeln und 9 Anhängen die globale Neuordnung aller Meeresnutzungen zum Gegenstand und bildet eines der umfangreichsten internationalen Vertragswerke.[9]

Es regelt nahezu alle Bereiche des Seevölkerrechts.[10] Hierzu gehört die Regelung aller Rechts- und Nutzungsverhältnisse für das Küstenmeer von 12 Seemeilen und die Meerengen, für die ausschließliche Wirtschaftszone von 200 Seemeilen und den Festlandsockel sowie für die Hohe See. Ferner regelt das Übereinkommen den Schutz der Meeresumwelt in allen Seegebieten und das Recht der Meeresforschung. Außerdem normiert es die Nutzung der Tiefsee durch Meeresbergbau und die obligatorische Beilegung von Rechtsstreitigkeiten. Die Bedeutung des Seerechtsübereinkommens erschließt sich, wenn man bedenkt, daß:

- 90% des Handels und des internationalen Luftverkehrs über See laufen,
- 90% der Welt-Fischbestände sich auf die 200-Seemeilen-Zonen konzentrieren,
- 1/3 der Weltvorräte von Öl und Gas off-shore liegen und
- die Metallvorkommen der Tiefsee (insbesondere Kupfer, Nickel, Kobalt und Mangan) ein Vielfaches der Lagerstätten an Land betragen.[11]

Rechtstechnisch handelt es sich bei dem Seerechtsübereinkommen um eine Mischung aus Kodifizierung des bestehenden und fortschreitender Entwicklung neuen Völkerrechts.[12] Es enthält in weiten Teilen das geltende Meeresvölkerrecht, indem es einerseits viele Regelungen aus den Genfer Seerechtskonventionen von 1958 übernimmt und andererseits zahlreiche Tatbestände, die heute als Völkergewohnheitsrecht anerkannt sind, fixiert. Hierzu zählen etwa die Meereszonen, die Verkehrsrechte auf dem Wasser und in der Luft und andere Meeresfreiheiten. Darüber hinaus enthält das Übereinkommen im wesentlichen in zwei Bereichen neues Vertragsrecht – zum einen hinsichtlich der Normierung des Tiefseebergbau-Rechts (Teil XI SRÜ), zum anderen hinsichtlich der obligatorischen Beilegung von Streitigkeiten (Teil XV SRÜ).[13]

---

8 v. Münch, Internationales Seerecht, S. 46; Lagoni, in: Vereinte Nationen 1983, S. 74 (74); vgl. auch Sohn, in: Int. J. of Mar. & Coast. L. 1995 (Vol. 10), S. 205 (205): „In the history of the human race this date may someday be considered as important as the day of 12 October, 1492, ... on which Christopher Columbus discovered America, adding another continent to mankind's treasures".

9 Seeberg-Elverfeldt, Tiefseebergbaurecht, S. 1; Commichau, in: FS Glossner, S. 71 (72); Jenisch, UN-Seerechtsübereinkommen, S. 2; Herber, in: RIW 1984, S. 337 (337) spricht von der „größten, langwierigsten und wirtschaftlich inhaltschwersten aller Konferenzen der Vereinten Nationen".

10 Einen Überblick über den Inhalt der Seerechtskonvention bieten etwa Jaenicke, in: NJW 1983, S. 1936 (1937 ff.); Herber, in: RIW 1984, S. 337 (338 ff.).

11 Vgl. hierzu Jenisch, in: Nationale Folgerungen, S. 31 (31).

12 Berenbrok/Nussbaum, in: RIW 1994, S. 910 (910).

13 Jenisch, UN-Seerechtsübereinkommen, S. 3, der darauf hinweist, daß diese umfassende Kodifizierung von Gewohnheits- und neuem Vertragsrecht für die 180 Staaten der Welt, von denen 150 Küstenstaaten sind, einen großen praktischen Fortschritt gegenüber dem jetzigen Zustand einer „Gemengelage" von partiellem Vertragsrecht und sektoralem Gewohnheitsrecht darstellt.

I. Entstehungsgeschichte der Bestimmungen des Seerechtsübereinkommens über die Streiterledigung

Die Dritte Seerechtskonferenz wurde durch die Generalversammlung der Vereinten Nationen einberufen und erhielt den Auftrag, *„to adopt a convention dealing with all matters relating to the law of the sea"*.[14] Auf den elf während der Konferenz abgehaltenen Sessionen waren jeweils zwischen 139 und 149 Staaten vertreten.[15] Die Konferenz verfügte über sieben Organe: Den Lenkungsausschuß, das Plenum, drei Sachausschüsse[16], einen Redaktions- und einen Beglaubigungsausschuß.[17]

---

14 GA Res. 3067 (XXVIII) vom 16. November 1973. Ausgangspunkt für die Dritte Seerechtskonferenz war zunächst der Wunsch nach einer Neuordnung der Meeresbodennutzung. Um Rechtsprinzipien für die Tiefseebodennutzung auszuarbeiten, setzte die Generalversammlung der Vereinten Nationen 1967 einen Meeresbodenausschuß ein (GA Res. 2340 (XXII) vom 18. Dezember 1967, GA Res. 2467 A-D (XXIII) vom 21. Dezember 1968). Als Ergebnis dieser Arbeitsgruppe verabschiedete die 25. UN-Vollversammlung die „Declaration of Principles Governing the Sea-Bed and the Ocean Floor and the Subsoil Thereof beyond the Limits of National Jurisdiction" (GA Res. 2749 (XXV) vom 17. Dezember 1970); vgl. auch Wasum, Seegerichtshof, S. 11 f.; Stevenson/Oxman, in: AJIL 1974, S. 1 (3 ff.) zu den Ergebnissen. Diese Deklaration erklärte den Meeresboden jenseits nationaler Jurisdiktion zum „gemeinsamen Erbe der Menschheit" (common heritage of mankind), welche „shall not be subject to appropriation by any means by states or persons" (zu der Common-Heritage-Doktrin eingehend Wolfrum, Internationalisierung, S. 2 ff.; ders., in: ZaöRV 1983, S. 312 ff.; Kewenig, in: FS Schlochauer, S. 385 ff.; Kiss, in: RdC 1982-II, S. 99 ff.). Während der Verhandlungen im Meeresbodenausschuß zeigte sich, daß namentlich angesichts der Probleme bei der Abgrenzung des internationalen Meeresbodenregimes im Verhältnis zu der Hohen See und den immer weiter seewärts greifenden küstenstaatlichen Jurisdiktionsansprüchen eine Beschränkung der geplanten Seerechtskonferenz allein auf das Regime des internationalen Meeresbodens nicht möglich sein würde, Wasum, Seegerichtshof, S. 12. Vor diesem Hintergrund erklärte die Generalversammlung der Vereinten Nationen die Vorbereitungsarbeiten des Meeresbodenausschusses für beendet und löste ihn formell auf. Gleichzeitig wurde mit derselben Resolution die erste Session der Dritten Seerechtskonferenz einberufen.

15 Siehe die Zusammenfassung des Konferenzverlaufs im Draft Final Act of the Third U.N. Conference on the Law of the Sea UN Doc. A/Conf. 62/121 vom 21. Oktober 1982, abgedruckt in: ILM 1982, S. 1245 ff.; vgl. auch Wolfrum, Internationalisierung, S. 371 ff.; zur Entwicklung der Vorschriften über das Streiterledigungsverfahren während des Konferenzverlaufs eingehend Marquardt, Streitbeilegungssystem, S. 4 ff.; Seeberg-Elverfeldt, Tiefseebergbaurecht, S. 13 ff.; Wasum, Seegerichtshof, S. 14 ff.; Adede, System, S. 3 ff; Lehoux, in: CYIL 1980, S. 31 (34 ff.); Mestral, in: FS Sohn, S. 169 (171 ff.); Sohn, Tribunal, S. 249 ff.

16 Das erste Komitee befaßte sich mit der Neuordnung des Tiefseebodens, das zweite mit den küstenstaatlichen Meereszonen und das dritte mit den Bereichen Meeresverschmutzung, Meeresforschung und Technologietransfer, Jaenicke, in: ZaöRV 1978, S. 438 (445).

17 Im Zuge der Verhandlungen verlagerten sich allerdings die Beratungen zunehmend in kleinere Arbeits- und Verhandlungsgruppen, die teilweise keinen oder nur einen halb-offiziellen Status hatten, Wolfrum, Internationalisierung, S. 372. Gerade die Verhandlungen über die Vorschriften über ein obligatorisches Streiterledigungssystem fanden häufig außerhalb der offiziellen Arbeitsgruppen statt, Mestral, in: FS Sohn, S. 169 (171).

Nachdem im Rahmen der Ersten Seerechtskonferenz die Errichtung eines umfassenden obligatorischen Streiterledigungsverfahrens fehlgeschlagen war[18], setzte sich im Verlauf der Dritten Seerechtskonferenz sehr früh die Auffassung durch, daß eine Neuordnung des Meeresvölkerrechts, die umfassend sämtliche Nutzungen der Meere und des Meeresbodens regeln sollte, auch der Absicherung durch Streitbeilegungsvorschriften mit institutionellen Vorkehrungen bedurfte.[19] Hintergrund dieser Überlegungen war, daß die materiell-rechtlichen Bestimmungen des Übereinkommens Gegenstand langwieriger und schwieriger Verhandlungen waren, in denen der Gedanke des „*glgl (give a little, get a little)*"[20] vorherrschte und die Rechte und Pflichten der Parteien genau ausbalanciert wurden. Angesichts des so geschaffenen empfindlichen Gleichgewichts wurde befürchtet, daß einseitige Auslegungen von Bestimmungen des Seerechtsübereinkommens durch Vertragsstaaten den Bestand des Übereinkommens nachhaltig beeinträchtigen oder gefährden könnten. Daher bestand während der Seerechtskonferenz zunächst weitgehend Einigkeit darüber, daß als Teil des „*package-deal*"[21], den das Übereinkommen darstellt, ein obligatorisches Streiterledigungssystem errichtet werden sollte, innerhalb dessen Streitigkeiten mit bindender Wirkung für die Parteien entschieden würden.

Auf diese Weise sollte eine objektive Auslegung und Anwendung des Übereinkommens sichergestellt und so das Gleichgewicht der Rechte und Pflichten der Vertragsstaaten gewährleistet werden. Außerdem sollte hierdurch im Bereich des Seevölkerrechts die Geltung des Rechts des Stärkeren verhindert und die Gleichheit der Staaten gefördert werden.[22] Deshalb wurde das obligatorische Streiterledigungssystem, in dem Streitigkeiten mit verbindlicher Wirkung entschieden würden, als eine der Säulen des durch das Seerechtsübereinkommen zu schaffenden neuen Seerechts angesehen.[23]

---

18 Von den vier auf der Konferenz erarbeiteten Verträgen (Genfer Übereinkommen über das Küstenmeer und die Anschlußzone vom 29. April 1958, Genfer Übereinkommen über die Fischerei und die Erhaltung der lebenden Schätze der Hohen See vom 29. April 1958, Genfer Übereinkommen über die Hohe See vom 29. April 1958 und das Genfer Übereinkommen über den Festlandsockel vom 29. April 1958, alle abgedruckt bei Platzöder/Grunenberg, Seerecht, S. 684 ff.) enthielt lediglich die Fischereikonvention für bestimmte Kategorien von Streitigkeiten ein obligatorisches Schlichtungsverfahren. Im übrigen konnten die Staaten sich in einem „Fakultativen Unterzeichnungsprotokoll über die obligatorische Beilegung von Streitigkeiten" der Gerichtsbarkeit des IGH unterwerfen, Wasum, Seegerichtshof, S. 15 m.w.N.

19 Seeberg-Elverfeldt, Tiefseebergbaurecht, S. 11; vgl. auch Mestral, in: FS Sohn, S. 169 (169 f.).

20 Vgl. Adede, System, S. 241.

21 Eingehend Caminos/Molitor, in: AJIL 1985, S. 471 (473 ff.); vgl. auch Wasum, Seegerichtshof, S. 32.

22 Siehe die Stellungnahme des Präsidenten der Seerechtskonferenz Amerasinghe im Rahmen der vierten Session in New York 1976 (wiedergegeben bei Adede, System, S. 89): „Dispute Settlement Procedures will be the pivot upon which the delicate equilibrium of the compromise must be balanced. Otherwise the compromise will disintegrate rapidly and permanently. I should hope that it is the will of all concerned that the prospective Convention should be fruitful and permanent. Effective dispute settlement would also be the guarantee that the substance and intention within the legislative language of the Convention will be interpreted both consistently and equitably".

23 Vgl. Adede, in: AJIL 1975, S. 798 (816); ders., System, S. 241; Merrills, Settlement, S. 157 f.; Ranjeva, in: (Dupuy/Vignes) Handbook, Vol. 2, S. 1358; Boyle, in: ICLQ 1997, S. 37 (38 f.).

Indes zeigte sich während der Seerechtskonferenz, daß aufgrund zahlreicher widerstreitender Interessen in grundlegenden Fragen keine Einigkeit über die angemessene Ausgestaltung des Streiterledigungssystems erzielt werden konnte.[24] Im Ergebnis konnte sich deshalb das ehrgeizige Ziel, ein umfassendes obligatorisches, zu einer verbindlichen Entscheidung führendes Streiterledigungssystem zu schaffen, nicht durchsetzen.[25] Vielmehr besteht in wesentlichen Bereichen keine Verpflichtung, sich einem Streiterledigungsverfahren zu unterwerfen, oder lediglich die Pflicht, an einem Vergleichsverfahren gemäß Art. 284 SRÜ teilzunehmen, das nicht zu einem die Parteien bindenden Ergebnis führt.[26]

Im Rahmen der ersten offiziellen Verhandlungen über die Streiterledigung während der zweiten Session in Caracas im Sommer 1974 wurde zunächst lediglich die Erarbeitung eines Streitbeilegungssystems für Tiefseebodenstreitigkeiten diskutiert.[27] Nach dem gegen Ende der dritten Session in Genf 1975 vorgelegten *Informal Single Negotiating Text, Part I* (ISNT Part I)[28] vom 7. Mai 1975 lag die Zuständigkeit für diese Streitigkeiten bei einem Spezialgericht, das organisatorisch ein Organ der Meeresbodenbehörde bilden sollte.[29]

Die ersten Schritte zur Erarbeitung eines allgemeinen Streiterledigungssytems für das neue Seerecht fanden dagegen nicht innerhalb der offiziellen Verhandlungen, sondern im Rahmen einer inoffiziellen Arbeitsgruppe (*Informal Working Group*) statt, die parallel zu der zweiten Session in Caracas tagte.[30] Die Arbeit dieser Arbeitsgruppe wurde fortgesetzt

---

24 Die Hauptprobleme, um die sich die Diskussionen über die Ausgestaltung der Streiterledigungsvorschriften drehten, sind aufgeführt bei Adede, System, S. 7 ff., der insoweit 14 Problemkategorien nennt und den Verlauf der Verhandlungen zu diesen Problempunkten während der Dritten Seerechtskonferenz nachzeichnet.

25 Jaenicke, Solutions, S. 113 (115 f.).

26 Siehe unten S. 114 ff.

27 Vgl. hierzu Marquardt, Streitbeilegungssystem, S. 4 f.; Seeberg-Elverfeldt, Tiefseebergbaurecht, S. 13 ff.;

28 U.N. Doc. A/CONF.62/WP.8, 7. Mai 1975; siehe hierzu Gamble, in: Vand. J. T. L 1976, S. 323 (333 ff.); Adede, in: AJIL 1978, S. 84 (84 f.).

29 Art. 24 ISNT Part I. Die das Streitbeilegungssystem betreffenden Vorschriften des ISNT Part I (Art. 32 - 34 und 57 - 63) wurden während der vierten Session überarbeitet und führten zu den Art. 33 - 40 und Anlage III des Revised Single Negotiating Text/Revision 1 vom 6. Mai 1976 (U.N. Doc. A/CONF. 62/WP. 8/Rev. 1/Part 1), vgl hierzu Marquardt, Streitbeilegungssystem, S. 5 f.

30 Die Arbeitsgruppe ging auf eine Initiative der USA zurück. Sie bestand aus 30 Staaten und legte am letzten Tag der Session in Caracas eine Liste von 11 Grundsätzen vor, die folgende Fragenkreise betrafen (eingehend Adede, System, S. 17 ff.; vgl. auch Wasum, Seegerichtshof, S. 16 f.):
1. Die grundlegende Verpflichtung zur friedlichen Streitbeilegung;
2. Das Recht der Streitparteien, über das Mittel zur Beilegung des Konflikts frei zu entscheiden;
3. Besondere Verfahrensvorschriften (z.B. wenn eine Partei ihr Wahlrecht nicht ausübt);
4. Verfahrensarten, die nicht mit einer für die Parteien bindenden Entscheidung enden;
5. Obligatorische Verfahren mit bindender Entscheidung von der jeweiligen von den Streitparteien gewählten Institution: Schiedsgericht, spezielles Schiedsgericht oder IGH;

von einer aus 60 Staaten bestehenden *Informal Working Group on Settlement of Disputes*, die parallel zu der dritten Session in Genf 1975 tagte und einen aus 17 Artikeln und mehreren Anhängen bestehenden Entwurf der Streiterledigungsvorschriften vorlegte.[31] Ein wesentliches Ergebnis dieser Arbeiten war, daß die Parteien einer Streitigkeit nach der sog. „Montreux-Formel" die Möglichkeit haben sollten, zwischen der Zuständigkeit eines Schiedsgerichts, eines speziellen Seegerichts oder des IGH zu wählen.[32]

Auf der Grundlage dieser Vorarbeiten präsentierte der Präsident der Dritten Seerechtskonferenz, *Amerasinghe* aus *Sri Lanka*, den *Informal Single Negotiating Text, Part IV* (ISNT).[33] Dieser Entwurf war Gegenstand der ersten offiziellen Aussprache über ein allgemeines Streitbeilegungssystem im Rahmen der Verhandlungen zum Seerechtsübereinkommen, die während der vierten Session in New York im Frühjahr 1976 stattfand.[34] Basierend auf dieser Diskussion legte *Amerasinghe* noch während jener New Yorker Session eine überarbeitete Fassung seines Entwurfs vor, den *Revised Single Negotiating Text/Revision 1* (RSNT).[35]

Nachdem im Rahmen der fünften Session in New York im September 1976 die Bestimmungen des RSNT über die allgemeine Streiterledigung Artikel für Artikel diskutiert worden waren, modifizierte der Präsident der Konferenz den Entwurf zum *Revised Single Negotiating Text/Revision 2* (RSNT Rev. 2).[36] Sowohl während der vierten als auch während der fünften Session bestanden das allgemeine Streitbeilegungssystem und die Streiterledigung im Rahmen des Tiefseebergbaus parallel nebeneinander, ohne daß es gelang, Klarheit über das Verhältnis zwischen diesen beiden Streiterledigungsmechanismen zu schaffen.[37]

Erst während der sechsten Session, die 1977 erneut in New York stattfand, ergaben sich zwei wesentliche Änderungen im Hinblick auf die Vorschriften über die Streiterledigung. Zum einen wurde der RSNT Rev. 2 in den allgemeinen Entwurf des Seerechtsüber-

---

6. Verhältnis zwischen dem generellen und funktionellen System;
7. Frage der Parteifähigkeit;
8. Frage ob die local remedies rule gelten soll;
9. Kompetenz zur Gutachtenerstattung;
10. Die bei der Entscheidung zu berücksichtigenden Rechtsquellen;
11. Ausnahmen und Vorbehalte.

31 Wasum, Seegerichtshof, S. 17 f.; Mestral, in: FS Sohn, S. 169 (172 ff.).

32 Adede, System, S. 53 f.; Mestral, in: FS Sohn, S. 169 (173).

33 U.N. Doc. A/CONF.62/WP.9, 21. Juli 1975; vgl. Adede, in: N.Y.U. J. Int. L & Pol. 1977, S. 253 (263 ff.); Hargrove, in: Ga J. Int. & Comp. L. 1976, S. 181 ff.

34 Einen Überblick über den Inhalt der Debatte geben: Adede, System, S. 82 ff.; ders., in: N.Y.U. J. Int. L & Pol. 1977, S. 253 (268 ff.); Mestral, in: FS Sohn, S. 169 (175).

35 U.N. Doc. A/CONF. 62/WP. 9/Rev. 1/Part IV, 6. Mai 1976; vgl. Adede, in: N.Y.U. J. Int. L & Pol. 1977, S. 253 (279 ff.); Sohn, in: RdC 1976-II, S. 195 (280 ff.).

36 U.N. Doc. A/CONF. 62/WP. 9/Rev. 2/Part IV, 23. November 1976; vgl. Adede, in: N.Y.U. J. Int. L & Pol. 1977, S. 253 (309 ff.); ders., in: AJIL 1977, S. 305 ff.

37 Marquardt, Streitbeilegungssystem, S. 7 m.w.N., der darauf hinweist, daß schon zu diesem Zeitpunkt kein Zweifel mehr daran bestand, daß eine für Tiefseebodenstreitigkeiten einzurichtende Spezialkammer in die Organisation des nach allgemeinen Normen zu schaffenden Seerechtstribunals zu integrieren sei.

einkommens, den *Informal Composite Negotiating Text* (ICNT)[38], als Teil XV inkorporiert. Zum anderen wurde die Materie der Beilegung von Meeresbodenstreitigkeiten in ein umfassendes Streitbeilegungssystem einbezogen.[39] Zwar blieb es dabei bei der Existenz zweier paralleler Streitbeilegungsmechanismen – einem generellen seerechtlichen Streitbeilegungsystem und einem speziellen für Tiefseebodenstreitigkeiten. Das letztere wurde jedoch von der Meeresbodenbehörde getrennt und in organisations- und verfahrenstechnischer Hinsicht in das allgemeine Streitbeilegungssystem integriert.[40]

Die Struktur der Vorschriften über die Streiterledigung des ICNT wurde auch in den folgenden Konventionsentwürfen beibehalten und fand im wesentlichen Eingang in die Endfassung des Seerechtsübereinkommens.[41] Zwar enthielt der nach dem ersten Teil der achten Session (Genf im Frühjahr 1979) vorgelegte *Informal Composite Negotiating Text/Revision 1* (ICNT/Rev. 1)[42] noch einmal nennenswerte Änderungen in Detailfragen. Diese wurden jedoch durch den nach der neunten Session in New York im April 1980 entworfenen *Informal Composite Negotiating Text/Revision 2* (ICNT/Rev. 2)[43] in weitgehendem Umfang wieder revidiert.[44]

Mit der zweiten Revision am ICNT waren die Arbeiten am System der Streibeilegung inhaltlich praktisch abgeschlossen. In den beiden letzten Konferenzentwürfen, der *Draft Convention on the Law of the Sea – Informal Text*[45] (August 1980) und der *Draft Convention on the Law of the Sea*[46] (August 1981) wurden nur noch vorwiegend redaktionelle Änderungen an den Vorschriften über die Streitbeilegung vorgenommen.[47] Auf der elften Session schließlich, die 1982 in New York stattfand, wurde die *Convention on the Law of the Sea* als *„package deal"* angenommen. In der Schlußsitzung am 20. April 1982 stimmten 130 Staaten, darunter fast alle Entwicklungsländer und 11 Industrieländer[48] für die Annahme der Konvention, *Israel*, *Türkei*, die *USA* und *Venezuela* stimmten dagegen,

---

38 U.N. Doc. A/CONF. 62/WP.10, 15. Juli 1977; vgl. Adede, in: AJIL 1978, S. 84 ff.; J. P. A. Bernhardt, in: Virg. J. I. L. 1978 (Vol. 19), S. 69 ff.; Bernhardt, in: ZaöRV 1978, S. 959 ff.

39 Vgl. Adede, System, S. 142 ff.; ders., in: N.Y.U. J. Int. L & Pol. 1977, S. 253 (329 f.); Seeberg-Elverfeldt, Tiefseebergbaurecht, S. 20 f.; Wasum, Seegerichtshof, S. 20.

40 Vgl. zur Entwicklung dieser Lösung Adede, in: N.Y.U. J. Int. L & Pol. 1977, S. 253 (323 f.; 329 f.); ders., in: AJIL 1978, S. 84 (84 f.); Marquardt, Streitbeilegungssystem, S. 8 f.

41 Marquardt, Streitbeilegungssystem, S. 10; Seeberg-Elverfeldt, Tiefseebergbaurecht, S. 22; Sohn, in: FS Bindschelder, S. 443 (446).

42 U.N. Doc. A/CONF. 62/WP.10/Rev. 1, 28. April 1979; vgl. Carnegie, in: ICLQ 1979, S. 669 ff.; Jaenicke, Solutions, S. 113 ff.

43 U.N. Doc. A/CONF. 62/WP.10/Rev. 2, 11. April 1980; vgl. Calfisch, in: FS Bindschelder, S. 351 (353 ff.).

44 Marquardt, Streitbeilegungssystem, S. 11.

45 U.N. Doc. A/CONF. 62/WP.10/Rev. 3, 22. September 1980; vgl. Lehoux, in: CYIL 1980, S. 31 (33 ff.).

46 U.N. Doc. A/CONF. 62/L. 78, 28. August 1981.

47 Seeberg-Elverfeldt, Tiefseebergbaurecht, S. 22.

48 Australien, Dänemark, Frankreich, Irland, Japan, Kanada, Niederlande, Österreich, Schweden, Schweiz.

während 17 Industrieländer, darunter die *Bundesrepublik Deutschland*[49], sich der Stimme enthielten.[50]

II. Der Tiefseebergbau – Übereinkommen zur Durchführung des Teiles XI des Seerechtsübereinkommens

Das Seerechtsübereinkommen sieht neben dem allgemeinen System zur Beilegung von Streitigkeiten über die Auslegung und Anwendung des Übereinkommens eine Kammer für Meeresbodenstreitigkeiten vor, die für die Entscheidung von Streitigkeiten über die Nutzung des Meeresbodens zuständig ist.[51]

Bei der Meeresbodennutzung geht es vorrangig um die Förderung der sogenannten Manganknollen. Diese enthalten neben Mangan die Metalle Kobalt, Nickel und Kupfer und lagern in nahezu unverschöpflichen Mengen in 4000 bis 6000 Metern Tiefe auf dem Meeresboden.[52] Da über 80% der terrestrischen Reserven an Manganerz in *Südafrika* und auf dem Gebiet der ehemaligen *UdSSR* liegen, erschien es aufgrund der politischen Situation vor und während der Dritten Seerechtskonferenz und wegen der wirtschaftlichen und strategischen Bedeutung dieser Metalle[53] als außerordentlich bedeutsam, die Frage des Tiefseebergbaus zu regeln. Auch wenn aufgrund der geänderten politischen Umstände und fallender Weltmarktpreise die Einschätzungen über die wirtschaftliche Bedeutung des Tiefseebergbaus in den nächsten Jahren zurückhaltender geworden sind[54], darf seine Bedeutung nicht unterschätzt werden – sie wird in dem Maße steigen, in dem die terrestrischen Reserven zur Neige gehen.[55]

Die Frage der Ausgestaltung der Nutzungsordnung des Meeresbodens bildete den schwierigsten und umstrittensten Verhandlungsgegenstand während der Seerechtskonferenz. Hintergrund dieser Schwierigkeiten war der Interessenkonflikt zwischen den westlichen Industrienationen, die für sich und ihre Staatsangehörigen einen ungehinderten Zugang zum Tiefseebergbau begehrten, und den Entwicklungsländern, die fürchteten, von einer Teilhabe am kosten- und technologieintensiven Tiefseebergbau ausgeschlossen zu werden.[56] Das Interesse der Entwicklungsländer war daher darauf gerichtet, ein Regime

---

49 Außerdem Belgien, Bulgarien, CSSR, DDR, Großbritannien, Italien, Luxemburg, Mongolei, Niederlande, Polen, Sowjetunion, Spanien, Thailand, Ungarn, Weißrußland.

50 Wasum, Seegerichtshof, S. 27 f.; Jenisch, Außenpolitik 1982, S. 243 ff.

51 Siehe zur KMS unten S. 126 ff.

52 French, Tiefseebergbau, S. 8 ff.; Hauser, Tiefseebergbau, S. 3 ff.; Seeberg-Elverfeldt, Tiefseebergbaurecht, S. 1 ff.; v. Münch, Internationales Seerecht, S. 23.

53 Eingehend Gaster, Meeresbodenbergbau, S. 74 ff. m.w.N.

54 Experten halten eine Ausbeutung der Meereslagerstätten in den nächsten 10 bis 20 Jahren nicht für wirtschaftlich sinnvoll, so daß bis 2010 nicht mit Tiefseebergbau zu rechnen ist; Jenisch, UN-Seerechtsübereinkommen, S. 6; ders., in: Nationale Folgerungen, S. 31 (37); Berenbrok/Nussbaum, in: RIW 1994, S. 910 (912); Koch, in: Nationale Folgerungen, S. 23 (25).

55 Seeberg-Elverfeldt, Tiefseebergbaurecht, S. 2, weist darauf hin, daß politisch motivierter Tiefseebergbau keineswegs auszuschließen ist.

56 Seeberg-Elverfeldt, Tiefseebergbaurecht, S. 2 ff.; vgl. auch v. Münch, Internationales Seerecht, S. 24 ff., insb. zum Zusammenhang mit der Diskussion über das Konzept der Neuen Weltwirt-

zu erarbeiten, das ihre Partizipation am Tiefseebergbau sicherstellte. Aufgrund ihres zahlenmäßigen Übergewichts während der Verhandlungen zum Seerechtsübereinkommen konnten die Entwicklungsländer ihre Zielsetzungen zunächst in erheblichem Umfang durchsetzen.[57]

Im Gegensatz zu der traditionell im Seevölkerrecht geltenden Nutzungsfreiheit[58] steht die Nutzung des Tiefseebodens, der nach Art. 136 SRÜ zum „gemeinsamen Erbe der Menschheit" gehört, unter einem Verbot mit Erlaubnisvorbehalt.[59] Für die Erteilung der Erlaubnis und zur Kontrolle aller sonstigen Tätigkeiten im „Gebiet"[60] ist die mit weitreichenden Befugnissen ausgestattete Internationale Meeresbodenbehörde (IMB)[61] mit Sitz in Jamaika zuständig.[62] Die Hauptorgane der Behörde sind eine Versammlung, ein Rat und ein Sekretariat.[63] Die im Zusammenhang mit dem Tiefseebergbau stehenden Aktivitäten der Behörde werden durch ein weiteres Organ – das „Unternehmen" – durchgeführt.[64] Dieses ist nach dem sog. „Parallelsystem"[65] an allen Aktivitäten privater und staatlicher Investoren zur Aufsuchung und Gewinnung von Rohstoffen im Gebiet zu beteiligen. Will ein Investor die Reservierung eines Tiefseebergbaufeldes beantragen, so muß er zwei wirtschaftlich gleichwertige Teilgebiete anbieten. Auf einem dieser beiden Teilgebiete erfolgt der Abbau durch den Investor, auf dem anderen durch das Unternehmen. Das Wahlrecht steht dabei der Behörde zu.[66] Diese Regelung hat zur Folge, daß die kostenintensive Prospektion allein Aufgabe des Investors ist.

Zahlreiche westliche Industrienationen weigerten sich wegen der „planwirtschaftlichen"[67] Ausgestaltung des Tiefseebergbauregimes[68], die eine wirtschaftlich sinnvolle

---

schaftsordnung. In der ursprünglichen Regelung des Seerechtsübereinkommens über den Tiefseebergbau manifestiert sich auch eine insoweit bestehende Kontroverse zwischen den jeweiligen Befürwortern der Markt- bzw. der Planwirtschaft, Jenisch, in: Nationale Folgerungen, S. 31 (36).

57 Siehe die Darstellungen des ursprünglichen Tiefseebergbauregimes bei French, Tiefseebergbau, S. 202 ff.; Gaster, Meeresbodenbergbau, S. 163 ff.; Hauser, Tiefseebergbau, S. 51 ff.; siehe auch Seeberg-Elverfeldt, Tiefseebergbaurecht, S. 4 ff.; Berenbrok/Nussbaum, in: RIW 1994, S. 910 ff.

58 Zur Herausbildung der Doktrin der Freiheit der Meere siehe Gaster, Meeresbodenbergbau, S. 115 m.w.N.

59 Art. 137 (2) SRÜ i.V.m. Art. 3 Anlage III.

60 Nach Art. 1 (1) Nr. 1 SRÜ bezeichnet „Gebiet" den Meeresboden und den Meeresuntergrund jenseits der Grenzen des Bereichs nationaler Hoheitsbefugnisse.

61 Zu den Aufgaben und Funktionen der IMB siehe Art. 156 ff. SRÜ; vgl. auch French, Tiefseebergbau, S. 207 ff.; Gaster, Meeresbodenbergbau, S. 181; Hauser, Tiefseebergbau, S. 51 ff.; Wolfrum, Internationalisierung, S. 511 ff.

62 Art. 151, 156 ff., Anlage III SRÜ.

63 Art. 158 (1), 159 ff. SRÜ.

64 Art. 158 (2), 170 ff. SRÜ, Anlage IV SRÜ.

65 Zum Parallelsystem French, Tiefseebergbau, S. 219 ff.

66 Siehe Art. 8 Anlage III SRÜ.

67 Jenisch, Chancen, S. 1; vgl. auch Commichau, in: FS Glossner, S. 71 (82).

68 Nach Art. 144 i.V.m. Art. 5 (3) Anlage 3 SRÜ sollte außerdem jeder Investor verpflichtet sein, die von ihm verwendete Technologie an das Unternehmen weiterzugeben. Ferner sah Art. 151 (4) SRÜ zum Schutz der terrestrischen Produzenten und zur Verhinderung des Verfalls der

Ausbeutung der Tiefseeressourcen praktisch ausschloß[69], das Seerechtsübereinkommen zu ratifizieren.[70] Weitere Gründe für die Weigerung lagen darin, daß die Entscheidungsfindung in den Organen der Behörde so gestaltet war, daß die Industrienationen angesichts des zahlenmäßigen Übergewichts der Entwicklungsländer jederzeit hätten überstimmt werden können.[71]

Vor diesem Hintergrund und angesichts der Tatsache, daß mehrere Industrieländer Anfang der achtziger Jahre nationale Tiefseebergbau-Gesetze erlassen hatten[72], fanden auf Initiative des Generalsekretärs der Vereinten Nationen zwischen 1990 und 1994 innerhalb

---

Weltmarktpreise die Festsetzung einer Produktionshöchstgrenze für die aus dem Tiefseebergbau zu gewinnenden Mineralien vor.

69 Berenbrok/Nussbaum, in: RIW 1994, S. 910 (911). Dies galt insbesondere vor dem Hintergrund, daß beträchtliche Gebühren erhoben werden sollten. Nach Art. 13 Anlage III SRÜ sollte eine Antragsgebühr von US$ 500.000, eine Jahresgebühr von US$ 1.000.000 und eine Produktionsabgabe von 5 - 12% bzw. ein Anteil am Nettoertrag entrichtet werden.

70 Vgl. v. Münch, Internationales Seerecht, S. 24 ff.; detailliert zur ablehnenden Position der Reagan-Administration Oxman, in: AJIL 1994, S. 687 ff.

71 Vgl. Commichau, in: FS Glossner, S. 71 (82). So sollte die Versammlung der Meeresbodenbehörde nach Art. 159 (8) SRÜ in Sachfragen mit 2/3-Mehrheit entscheiden, während nach Art. 161 (8) SRÜ im Rat eine 2/3 bzw. 3/4-Mehrheit erforderlich sein sollte. Außerdem sah Art. 155 SRÜ 15 Jahre nach Aufnahme der ersten Tiefseebergbauproduktion die Durchführung einer Konferenz zur Überprüfung des Teils XI des Seerechtsübereinkommens vor. Im Rahmen dieser Konferenz sollten bei Nichterreichbarkeit einer einstimmigen Entscheidung Änderungsbeschlüsse mit 3/4-Mehrheit mit verbindlicher Wirkung auch für die überstimmten Staaten gefaßt werden können. Auch diese Bestimmung war angesichts des zahlenmäßigen Übergewichts der Entwicklungsländer für die Industrienationen nicht akzeptabel; zu weiteren Kritikpunkten insb. aus US-amerikanischer Sicht Oxman, in: AJIL 1994, S. 687 (692 ff.).

72 Entsprechende Gesetze erließen die USA, Deutschland, Großbritannien, Frankreich, die Sowjetunion, Japan und Italien; vgl. eingehend Gaster, Meeresbodenbergbau, S. 237 ff.; French, Tiefseebergbau, S. 254 ff. Auch wenn der übereinstimmende Zweck dieser Gesetze darin bestand, nur eine vorübergehende Regelung bis zum Inkrafttreten des Seerechtsübereinkommens zu schaffen, riefen sie bei der Mehrzahl der Teilnehmer der Seerechtskonferenz heftige Kritik hervor; Gaster, aaO., S. 251 ff.; Temple Swing, in: EA 1980, S. 475 (477). In den folgenden Jahren wurden auf der Grundlage der nationalen Tiefseebergbaugesetze Genehmigungen erteilt, während parallel hierzu bei der Vorbereitungskommission Anträge auf Registrierung als Pionierinvestor gestellt wurden. Dabei ergaben sich zwischen den Genehmigungen bzw. Anträgen räumliche Überschneidungen, die im Rahmen mehrerer multilateraler Abkommen geregelt werden mußten (Übereinkommen über vorläufige Regelungen für polymetallische Knollen des Tiefseebodens vom 2. September 1982 (BGBl. 1982, Teil II, S. 984) zwischen der Bundesrepublik Deutschland, Frankreich, Großbritannien und den USA; Vorläufige Absprache über Fragen des Tiefseebodens vom 3. August 1984 (BGBl. 1984, Teil II, S. 747) zwischen Belgien, Bundesrepublik Deutschland, Frankreich, Großbritannien, Italien, Japan, Niederlande und den USA; Übereinkommen über die Lösung praktischer Schwierigkeiten bei Tiefseebergbaufeldern vom 14. August 1987 (BGBl. 1988, Teil II, S. 808)). Daneben fand zwischen fünf internationalen Konsortien ein Schiedsverfahren statt, in dem die räumlichen Überschneidungen ausgeräumt werden konnten, vgl. Gaster, aaO., S. 280 f.; Berenbrok/Nussbaum, in: RIW 1994, S. 910 (913 f.).

der Vereinten Nationen informelle Beratungen statt.[73] Diese hatten zum Ziel, das Tiefseebergbauregime in einer konsensfähigen Weise zu modifizieren und so das Inkrafttreten des Seerechtsübereinkommens zu ermöglichen. Im Zuge dieser Verhandlungen legten im August 1993 acht Staaten mit dem sog. „*boat paper*“[74] ein vollständiges Lösungsmodell vor, das nach weiteren Verhandlungsrunden als konsensfähige Kompromißlösung akzeptiert wurde und die Grundlage für das Übereinkommen zur Durchführung des Teils XI des Seerechtsübereinkommens[75] bildete.[76]

Das am 28. Juli 1994 von der Generalversammlung der UN angenommene Durchführungsübereinkommen[77] besteht aus zehn Artikeln, die sein Verhältnis zu dem Seerechtsübereinkommen regeln[78], und einem Anhang, der Teil XI des Übereinkommens in erheblichem Umfang modifiziert. Das DÜ ist am 28. Juli 1996, 30 Tage, nachdem der 40. Staat seinen Bindungswillen erklärt hat[79], in Kraft getreten.[80]

Rechtstechnisch handelt es sich bei dem Durchführungsübereinkommen nicht um einen Änderungsvertrag im eigentlichen Sinne[81], da im Zeitpunkt seines Abschlusses das

---

73 Vgl. eingehend Platzöder, in: EJIL 1993, S. 390 (390 ff.); Anderson, in: ICLQ 1997, S. 761 (762 f.); Berenbrok/Nussbaum, in: RIW 1994, S. 910 (910); Jenisch, UN-Seerechtsübereinkommen, S. 6 ff.; de Marffy-Mantuano, in: AJIL 1995, S. 814 (814 ff.).

74 Der Name „boat paper“ stammt daher, daß die mitwirkenden Staaten nicht genannt wurden, auf dem Deckblatt des Dokuments aber ein Boot abgebildet war, Sohn, in: AJIL 1994, S. 696 (697). Die acht Staaten waren Australien, Brasilien, Großbritannien, Indonesien, Italien, Jamaika, Nigeria und die USA.

75 Agreement to the Implementation of Part XI of the United Nations Convention on the Law of the Sea of 1982, abgedruckt in: BGBl. 1994, Teil II, S. 2566 ff.

76 Zur Entstehungsgeschichte Platzöder, in: EJIL 1993, S. 390 ff. (insb. 399 ff.); Sohn, in: AJIL 1994, S. 696 ff.; de Marffy-Mantuano, in: AJIL 1995, S. 814 ff.

77 GA Res. 48/263 vom 28. Juli 1994. Die Resolution wurde mit 121 Stimmen bei 7 Enthaltungen (Kolumbien, Nicaragua, Panama, Peru, Rußland, Thailand und Venezuela) ohne Gegenstimme angenommen.

78 Teil XI des Übereinkommens und das Durchführungsübereinkommen einschließlich seines Anhanges sollen „zusammen als eine Übereinkunft ausgelegt und angewendet“ werden, wobei im Zweifel das Durchführungsübereinkommen Vorrang hat, Art. 2 (1) DÜ. Nach Art. 4 (1) DÜ stellt jede Ratifikation des bzw. jeder Beitritt zum Seerechtsübereinkommen die Zustimmung dar, auch an das Durchführungsübereinkommen gebunden zu sein. Für die Staaten, die das Seerechtsübereinkommen bereits ratifiziert hatten oder ihm beigetreten waren, galt ein vereinfachtes Beitrittsverfahren. Gemäß Art. 5 (1) DÜ wurden diese Staaten durch das Durchführungsübereinkommen gebunden, wenn sie nicht inneralb von 12 Monaten dem Beitritt widersprachen; vgl. hierzu auch Sohn, in: AJIL 1994, S. 696 (698 f.).

79 Art. 6 DÜ.

80 BGBl. 1996, Teil II, S. 2511. Um sicherzustellen, daß Teil XI des SRÜ und das DÜ ab 16. November 1994 gemeinsam anwendbar sein würden, obwohl die erforderliche Zahl von 40 Staaten nicht erreicht würde, enthielt Art. 7 DÜ eine Sonderregelung. Danach sollte das DÜ bis äußerstenfalls zum 16. November 1998 für die Staaten vorläufig anwendbar sein, die ihren Bindungswillen erklärt hatten, vgl. hierzu Jenisch, UN-Seerechtsübereinkommen, S. 10; Sohn, in: AJIL 1994, S. 696 (699 u. 703 f.); Charney, in: AJIL 1994, S. 705 ff.

81 Im Verständnis der „Altratifikanten“ und zahlreicher Entwicklungsländer handelt es sich bei dem DÜ lediglich um eine Interpretationserklärung und um Erklärungen über die Anwendbar-

Seerechtsübereinkommen noch nicht in Kraft getreten war. Angesichts der Schwierigkeiten, die mit einer förmlichen Vertragsänderung verbunden gewesen wären, war der mit dem Durchführungsübereinkommen eingeschlagene pragmatische Weg die einzige praktikable Lösung, das Inkrafttreten des Seerechtsübereinkommens unter Beteiligung der Industrienationen zu erreichen.[82]

Inhaltlich wird Teil XI des Seerechtsübereinkommens durch den Anhang des Durchführungsübereinkommens im Sinne eines markwirtschaftlichen Systems modifiziert[83], das den Bedürfnissen der Industrieländer Rechnung trägt und damit der Ratifikation des Seerechtsübereinkommens den Weg geebnet hat. Außerdem werden die Bedenken der Industriestaaten gegen die Entscheidungsfindung innerhalb des Rates der Meeresbodenbehör-

---

keit einzelner Bestimmungen des Seerechtsübereinkommens, Jenisch, UN-Seerechtsübereinkommen, S. 10; Erbguth, in: Nationale Folgerungen, S. 99 (100).

82 Eingehend zu den verschiedenen diskutierten Möglichkeiten, das SRÜ durch das DÜ inhaltlich zu ändern, Platzöder, in: EJIL 1993, S. 390 (399 ff.); zur völkerrechtlichen Wirksamkeit der für das DÜ gewählten Lösung Sohn, in: AJIL 1994, S. 696 (700 ff.); Jenisch, UN-Seerechtsübereinkommen, S. 10 u. 16, spricht hinsichtlich der Ergebnisse der Verhandlungen zum DÜ von „phantasievolle[n] prozedurale[n] Verfahren, die ein Inkrafttreten des gesamten Seerechtssystems in seiner modifzierten Form ... möglich machen"; Berenbrok/Nussbaum, in: RIW 1994, S. 910 (914); vgl. aber auch Erbguth, in: Nationale Folgerungen, S. 99 (99 f.) zu den „Kopfschmerzen", die das DÜ aus völkerrechtlicher Sicht bereitet.

83 So wird den wirtschaftlichen Interessen der (potentiellen) Investoren dadurch Rechnung getragen, daß die Verpflichtung zum Zwangstechnologietransfer entfällt, Abschnitt 5 Anlage DÜ. Der Technologietransfer richtet sich nunmehr nach Art. 144 SRÜ, der allgemein die Verpflichtung zur Zusammenarbeit regelt und auf technische Hilfen und Trainingsangebote erweitert wird, und den in Abschnitt 5 (1) Anlage DÜ normierten Grundsätzen. Das Unternehmen hat die Möglichkeit, Technologien auf dem freien Markt oder im Rahmen von Joint-Venture-Vereinbarungen zu erwerben. Soweit nicht verfügbare Technologien in Frage stehen, kann die Meeresbodenbehörde zu einem Transfer unter kommerziellen Bedingungen auffordern, wobei das geistige Eigentum des Technologie-Gebers geschützt wird. Außerdem darf die Behörde keine Produktionshöchstgrenzen festsetzen. An die Stelle dieser Befugnis tritt ein allgemeiner Verweis auf die GATT-Regeln und ein Verbot, den Tiefseebergbau zu subventionieren, soweit dies mit den GATT-Regeln unvereinbar ist, Abschnitt 6 Anlage DÜ. Ferner wird das ursprünglich vorgesehene System gewinnunabhängiger Abgaben in erheblichem Umfang ermäßigt, wobei der Grundsatz der leistenden Zahlung mit den im Landbergbau üblichen Förderabgaben zugrundegelegt wird. Daneben wird die Antragsgebühr auf US$ 250.000 gesenkt und die Jahresgebühr, die nunmehr mit der Produktions- bzw. Gewinnabgabe verrechenbar ist, wird nicht ab Vertrags- sondern erst ab Produktionsbeginn fällig, Abschnitt 8 Anlage DÜ. Zwecks Kostenreduzierung ist auch die Größe und der Aufgabenumfang der Internationalen Meeresbodenbehörde reduziert worden. Die einzelnen Organe der Behörde werden danach schrittweise nach Maßgabe des Arbeitsanfalls konstituiert, Abschnitt 1 Anlage DÜ. Außerdem werden die ursprünglich vorgesehenen Privilegien des Unternehmens eingeschränkt, siehe hierzu Abschnitt 2 Anlage DÜ. So führt das Unternehmen nach Absatz 2 seine Tiefseebergbautätigkeiten im Rahmen gemeinschaftlicher Unternehmen (Joint-Ventures) durch, wobei nach Absatz 5 derjenige Investor, der der Behörde ein Feld als reserviertes Feld überlassen hat, das Recht hat, das erste Angebot über die Vereinbarung eines Joint-Ventures mit dem Unternehmen abzugeben, vgl. eingehend Oxman, in: AJIL 1994, S. 687 (689 ff.); Jenisch, in: Nationale Folgerungen, S. 31 (37).

de durch die Einführung von Staatengruppen (Kammern)[84] ausgeräumt, da sie hierdurch eine Sperrminorität erhalten, durch die ihr Einfluß und das Konsensprinzip innerhalb des Rates der Behörde gesichert wird.[85]

Auch wenn der Tiefseebergbau derzeit aufgrund der Weltmarktsituation nicht wirtschaftlich ist, bietet das durch das Durchführungsübereinkommen modifizierte Tiefseebergbauregime des Seerechtsübereinkommens für potentielle Investoren hinreichend sichere rechtliche und wirtschaftliche Rahmenbedingungen. Sie bilden damit eine geeignete Grundlage für die beträchtlichen Investitionen, die zur Aufsuchung und Ausbeutung von Meeresbodenvorräten erforderlich sind.[86]

III. Vorbereitungskommission für die Internationale Meeresbodenbehörde und den Internationalen Seegerichtshof

Gemeinsam mit der Annahme des Texts des Seerechtsübereinkommens zum Abschluß der elften Session der Dritten Seerechtskonferenz wurde die Resolution I über die Einsetzung der Vorbereitungskommission für die Internationale Meeresbodenbehörde und den Internationalen Seegerichtshof[87] gefaßt. Die Aufgabe der Kommission bestand darin, die Arbeit der Meeresbodenbehörde und des Seegerichtshofs vorzubereiten, so daß diese unverzüglich nach Inkrafttreten des Seerechtsübereinkommens ihre Arbeit aufnehmen konnten.[88] Der Vorbereitungskommission, die von 1983 bis 1994 jährlich zweimal tagte, ge-

---

84 Der aus 36 Mitglieder bestehende Rat wird in fünf Staatengruppen unterteilt, die für die Zwecke der Abstimmung als Kammern behandelt werden, Abschnitt 3 (9) a) Anlage DÜ. Je eine Kammer bilden gemäß Abschnitt 3 (15) a) - e) Anlage DÜ vier der größten Rohstoff-Verbraucherländer, vier der acht Vertragsstaaten mit den umfangreichsten Investitionen im Tiefseebergbau, vier der wichtigsten Bergbau-Produzenten, sechs Entwicklungsländer sowie schließlich 18 Mitglieder, die nach dem Grundsatz der gerechten geographischen Verteilung gewählt werden. In Substanzfragen entscheidet der Rat mit 2/3-Mehrheit, es sei denn, eine der Kammern lehnt den Beschluß ab (sog. chambered voting). Dabei gelten die beiden letztgenannten Kammern, in denen die Entwicklungsländer dominieren, bei Abstimmungen als eine Kammer.

85 Oxman, in: AJIL 1994, S. 687 (689 ff.); Berenbrok/Nussbaum, in: RIW 1994, S. 910 (914). Vgl. Abschnitt 3 (2) Anlage DÜ, demzufolge die Beschlußfassung innerhalb der Organe der Behörde grundsätzlich durch Konsens erfolgen soll. Im übrigen wird die Vorschrift des Art. 155 SRÜ, derzufolge im Rahmen der Überprüfungskonferenz das Tiefseebergbauregime mit 3/4-Mehrheit verbindlich für alle Mitgliedstaaten geändert werden kann, außer Kraft gesetzt, Abschnitt 4 Anlage DÜ. Statt dessen bleibt es bei dem normalen Änderungsverfahren nach den Art. 314 ff. SRÜ, d.h. Änderungen, die im übrigen dem chambered voting des Rates unterliegen, bedürfen für ihre Wirksamkeit der einzelstaatlichen Ratifikation.

86 Vgl. Berenbrok/Nussbaum, in: RIW 1994, S. 910 (915).

87 Resolution I – Establishment of the Preparatory Commission for the International Sea-bed Authority and for the International Tribunal for the Law of the Sea, abgedruckt bei Platzöder/Grunenberg, Seerecht, S. 490 ff.

88 Vgl. § 2 der Preambel zu Resolution I. Zur Arbeit der Vorbereitungskommission siehe Platzöder/Wasum, Seegerichtshof, S. 95 ff.; Platzöder, in: Vereinte Nationen, 1990, Nr. 1, S. 15 (16 ff.); Jenisch, Chancen, S. 10 ff.

hörten alle Staaten an, die das SRÜ gezeichnet hatten. Andere Staaten, wie etwa die Bundesrepublik, waren als Beobachter zugelassen.[89]

Für die Internationale Meeresbodenbehörde erarbeitete die Kommission die Geschäftsordnungen der Versammlung und des Rates und erstellte die für die Aufnahme der Tätigkeit erforderlichen Regeln, Vorschriften und Verfahren. Außerdem oblag ihr die Anwendung der Resolution II betreffend vorbereitende Investitionen für Pioniertätigkeiten im Zusammenhang mit polymetallischen Stoffen.[90] Für den Internationalen Seegerichshof erarbeitete die Kommission Entwürfe für das Sitzstaatabkommen, das Protokoll über Privilegien und Immunitäten, Prinzipien für die Zusammenarbeit des Seegerichtshofs mit der Behörde und insbesondere auch einen Entwurf der Verfahrensordnung des Internationalen Seegerichthofs (ISGH-VerfO-E).[91] Der Internationale Seegerichtshof hat auf der Grundlage dieses Entwurfs in Ausübung seiner Befugnis nach Art. 16 ISGH-Statut am 28. Oktober 1997 selbst eine Verfahrensordnung (ISGH-VerfO) erlassen.[92]

---

89 Art. 2 der Resolution I.

90 Resolution II – Governing Preparatory Investment in Pioneer Activities relating to Polymetallic Nodules, abgedruckt bei Platzöder/Grunenberg, Seerecht, S. 492 ff. Nach dieser Resolution konnten Frankreich, Indien, Japan und die UdSSR, staatliche oder nichtstaatliche Unternehmen aus diesen Staaten sowie Konsortien, die einem oder mehreren dieser Staaten sowie verschiedenen anderen Staaten (Belgien, Bundesrepublik Deutschland, Italien, Japan, Kanada, Niederlande, USA, Großbritannien) angehörten, als Pionierinvestoren registriert werden, wenn der betreffende Staat das Seerechtsübereinkommen gezeichnet und der jeweilige Investor vor dem 1. Januar 1983 mindestens US$ 30.000.000 in Pioniertätigkeiten zur Aufsuchung und Erforschung von Meeresbodenrohstoffen investiert hatte. Gleiches galt für Entwicklungsstaaten, die das SRÜ unterzeichnet hatten und deren Staatsangehörige, wenn der Staat bis zum 1. Januar 1985 in der genannten Höhe Investitionen vorgenommen hatte. Die Vorbereitungskommission hat sechs Pionierinvestoren für den Meeresbergbau zugelassen. Hierbei handelt es sich um Konsortien aus Japan, Frankreich, der ehemaligen UdSSR, Indien, China, den osteuropäischen Staaten (Bugarien, Kuba, Tschechien, Slowakei, Polen und Rußland) und Südkoreas, vgl. die Nachweise bei Koch, in: Nationale Folgerungen, S. 23 (24). Durch die Registrierung haben die Pionierinvestoren das ausschließliche Recht auf Vornahme von Aufsuchungsmaßnahmen in dem reservierten Gebiet. Innerhalb von 36 Monaten nach Inkraftreten des SRÜ konnten die Pionierinvestoren bei der IMB die Bestätigung eines Arbeitsplanes zur Erforschung und Ausbeutung beantragen, vgl. Art. 8 a) der Resolution II i.V.m. Abschnitt 1 (6) a) ii) Anlage DÜ. Zu Einzelheiten und insbesondere zu den Konsequenzen des Inkraftretens des Seerechtsübereinkommens für die Tiefseebergbauunternehmen siehe Hayashi, in: Ocean Development and International Law 1989, S. 1 ff.; Koch, aaO., S. 23 ff.; vgl. auch Platzöder, in: EJIL 1993, S. 390 (393 ff.); Jenisch, Chancen, S. 12 ff.; Sohn, Importance, S. 272 f.

91 LOS/PCN/SCN.4/WP.16/Add.1 vom 19. Januar 1994. Siehe hierzu Sohn, in: Int. J. of Mar. & Coast. L. 1995 (Vol. 10), S. 205 (216).

92 Doc. ITLOS/8.

Die Vorschriften über die allgemeine seerechtliche Streiterledigung finden sich in Teil XV des Übereinkommens[93], die Bestimmungen über die Streiterledigung im Bereich des Tiefseebergbaus in Teil XI, Abschnitt 5 SRÜ[94].

Teil XV SRÜ gliedert sich in drei Abschnitte. Der erste Abschnitt enthält allgemeine Bestimmungen. Zu Beginn normiert Art. 279 SRÜ die Pflicht der Vertragsstaaten zur Beilegung von Streitigkeiten durch friedliche Mittel[95] und verweist insoweit auf Art. 3 (2) sowie Art. 33 (1) UN-Charta, der eine Aufzählung friedlicher Streitbeilegungsmechanismen enthält. Dabei stellt Art. 280 SRÜ klar, daß die Vertragsstaaten das Recht haben, zwischen ihnen entstehende Streitigkeiten über die Auslegung oder Anwendung des Seerechtsübereinkommens durch friedliche Mittel eigener Wahl beizulegen. Andere Verfahren haben gemäß Art. 282 SRÜ sogar Vorrang gegenüber der seerechtlichen Streiterledigung. Haben Vertragsstaaten, die Parteien einer Streitigkeit über die Auslegung oder Anwendung der Seerechtskonvention sind, im Rahmen einer allgemeinen, regionalen oder zweiseitigen Übereinkunft oder auf andere Weise vereinbart, eine solche Streitigkeit auf Antrag einer der Streitparteien einem Verfahren zu unterwerfen, das zu einer verbindlichen Entscheidung führt, so bestimmt Art. 282 SRÜ, daß dieses Verfahren anstelle des seerechtlichen Streiterledigungsverfahrens Anwendung findet, soweit die Parteien nichts Abweichendes vereinbaren.[96] Führen diese Verfahren allerdings nicht zu einer Beilegung der Streitigkeit, so findet gemäß Art. 281 SRÜ das seerechtliche Streiterledigungsverfahren Anwendung, soweit die Parteien dies nicht ausgeschlossen haben.[97] Angesichts der Vielzahl verschiedener Alternativen bei der Wahl des Streiterledigungsverfahrens kommt Art. 283 SRÜ eine besondere Bedeutung zu.[98] Danach sind die Vertragsstaaten ver-

---

93 Art. 279 ff. SRÜ. Die Vorschriften werden ergänzt durch die Anlagen V bis VIII des Übereinkommens.

94 Art. 186 ff. SRÜ, ergänzt durch Anlage VI SRÜ (das ISGH-Statut), insb. Art. 35 ff. ISGH-Statut.

95 Vgl. Nordquist/Rosenne/Sohn (Hrsg.), UNCLOS, Nr. 279.1 ff. (S. 17 ff.); Lehoux, in: CYIL 1980, S. 31 (42).

96 Birke, in: Nationale Folgerungen, S. 43 (43) nennt als Beispiele neben der vorbehaltlosen Anerkennung der Zuständigkeit des IGH nach Art. 36 IGH-Statut oder nach Art. 1 des Europäischen Übereinkommens zur friedlichen Beilegung von Streitigkeiten vom 29. April 1957 die zahlreichen Spezialabkommen etwa im Bereich der Fischerei oder des Umweltschutzes. Zu beachten ist in diesem Zusammenhang auch Art. 295 SRÜ; danach ist Voraussetzung für die Unterwerfung einer Streitigkeit unter das seerechtliche Streiterledigungsverfahren, daß die innerstaatlichen Rechtsmittel entsprechend den Erfordernissen des Völkerrechts erschöpft sind, vgl. Richardson, in: FS Sohn, S. 149 (154), der darauf hinweist, daß diese Regel keine Anwendung findet „if local remedies are nonexistent, inadequate, slow, or likely to result in a denial of justice“; siehe auch Merrills, Settlement, S. 159 f.; Lehoux, in: CYIL 1980, S. 31 (61 f.); allgemein Arangio-Ruiz, in: FS Jennings, S. 440 ff.

97 Zu Art. 281 SRÜ Lehoux, in: CYIL 1980, S. 31 (42 f.).

98 Merrills, Settlement, S. 156 f.

pflichtet, bei Entstehen einer Streitigkeit umgehend in einen Meinungsaustausch darüber einzutreten, welches Streiterledigungsverfahren Anwendung finden soll.[99]

Der zweite Abschnitt des Teils XV SRÜ enthält Regeln für die in dem Übereinkommen vorgesehenen obligatorischen, zu einem bindenden Ergebnis führenden Verfahren. Nach Art. 286 SRÜ finden diese Bestimmungen vorbehaltlich des dritten Abschnitts Anwendung auf Streitigkeiten über die Auslegung und Anwendung des Seerechtsübereinkommens, die nicht im Rahmen der im ersten Abschnitt vorgesehenen Verfahren beigelegt worden sind. Von zentraler Bedeutung sind der weiter unten eingehend behandelte Art. 287 SRÜ über die Wahl des Verfahrens[100] und der die Zuständigkeit regelnde Art. 288 SRÜ. Die übrigen Bestimmungen des zweiten Abschnitts betreffen Verfahrensfragen, auf die später im Zusammenhang mit der Untersuchung des Streiterledigungsverfahrens vor dem Internationalen Seegerichtshof eingegangen wird.

Der dritte Abschnitt des Teils XV SRÜ schließlich regelt die Grenzen und Ausnahmen der Anwendbarkeit der im zweiten Abschnitt vorgesehenen obligatorischen, zu einem verbindlichen Ergebnis führenden Streiterledigungsverfahren. Art. 297 SRÜ normiert die zwingenden, Art. 298 SRÜ die fakultativen Ausnahmen, wobei die Parteien nach Art. 299 SRÜ in den Fällen der Art. 297 f. SRÜ die Möglichkeit haben, sich durch Parteivereinbarung der verbindlichen Entscheidung eines in dem Übereinkommen vorgesehenen Spruchkörpers zu unterwerfen.

Die Bestimmungen in Teil XI, Abschnitt 5 SRÜ enthalten Regeln für das Verfahren vor der Kammer für Meeresbodenstreitigkeiten. Nach Art. 186 SRÜ werden diese Vorschriften ergänzt durch die Bestimmungen in Teil XV SRÜ[101] und das ISGH-Statut. Die Art. 187 ff. SRÜ regeln die Zuständigkeit der Kammer. Dabei ist eine wesentliche Besonderheit, daß in bestimmten Verfahren vor der Kammer für Meeresbodenstreitigkeiten – anders als vor dem Internationalen Seegerichtshof – natürliche und juristische Personen Partei sein können. Art. 190 SRÜ regelt für diesen Fall die Teilnahme und das Auftreten der befürwortenden Vertragsstaaten.

Für die allgemeine obligatorische Streiterledigung, die zu einer bindenden Entscheidung führt, stellt das Seerechtsübereinkommen den Streitparteien vier verschiedene Spruchkörper zur Verfügung, zwischen denen die Parteien nach Art. 287 SRÜ wählen können: den Internationalen Seegerichtshof in Hamburg, den Internationalen Gerichtshof in Den Haag, das in Anlage VII SRÜ geregelte allgemeine Schiedsverfahren und das in Anlage VIII beschriebene besondere Schiedsverfahren. Daneben ist die Möglichkeit der Durchführung eines Vergleichsverfahrens vorgesehen, das hier als erstes behandelt werden soll.

---

99 Zu Art. 283 SRÜ Nordquist/Rosenne/Sohn (Hrsg.), UNCLOS, Nr. 283.1 ff. (S. 29 ff.); Ranjeva, in: (Dupuy/Vignes) Handbook, Vol. 2, S. 1344 f.

100 Siehe hierzu unten S. 119 ff.

101 Vgl. auch Art. 285 SRÜ.

1. Nicht zu einer verbindlichen Entscheidung führende Verfahren - Das Vergleichsverfahren, Art. 284 SRÜ

Das in Art. 284 i.V.m. Anlage V SRÜ[102] geregelte Vergleichsverfahren ist dadurch gekennzeichnet, daß die Vergleichskommission keine für die Parteien verbindliche Entscheidung erläßt, sondern lediglich einen Bericht verfaßt, der die Parteien nicht bindet.[103] Im Rahmen der Seerechtskonferenz bildete die Möglichkeit der Durchführung von Vergleichsverfahren den größten gemeinsamen Nenner zwischen den Konferenzteilnehmern, die für obligatorische Streiterledigungsverfahren eintraten, und denen, die eine Beilegung von Streitigkeiten durch eine verbindliche Entscheidung eines Spruchkörpers ablehnten. Zu den letzteren gehörten namentlich zahlreiche Küstenstaaten, die den Standpunkt vertraten, daß die Ausübung ihrer Hoheitsrechte keiner Kontrolle durch internationale Gerichte unterliegen sollte.[104]

Als Kompromiß zwischen diesen widerstreitenden Interessen wurde in der Seerechtskonvention die Unterscheidung zwischen freiwilligen und obligatorischen Vergleichsverfahren eingeführt.[105] Das obligatorische Vergleichsverfahren ist in bestimmten, im Seerechtsübereinkommen ausdrücklich vorgesehenen Fällen anwendbar.[106] Während die Durchführung eines freiwilligen Vergleichsverfahrens der Zustimmung beider Parteien bedarf[107], ist für das obligatorische Vergleichsverfahren kennzeichnend, daß es durch eine einseitige Notifikation an die andere Partei eingeleitet werden kann.[108] Zwar ist danach seine Durchführung zwingend; der Bericht der Vergleichskommission entfaltet aber auch hier gegenüber den Parteien keine Bindungswirkung.[109]

Der Ablauf des Vergleichsverfahrens ist in Anlage V SRÜ geregelt. Mangels abweichender Parteivereinbarung besteht die Kommission aus 5 Mitgliedern, wobei jede Partei zwei Mitglieder ernennt; diese ernennen ihrerseits den Vorsitzenden.[110] Können die parteiernannten Mitglieder sich nicht einigen, so wird der Vorsitzende durch den Generalse-

---

102 Zur Enstehungsgeschichte von Anlage V SRÜ siehe Adede, in: N.Y.U. J. Int. L & Pol. 1977, S. 253 (349 ff.); allgemein zum Vergleichsverfahren auch Singh, UNCLOS Dispute Settlement, S. 91 ff.

103 Dies wird auch durch Art. 7 (2) Anlage V SRÜ klargestellt. Siehe allgemein zu den nicht zu einem verbindlichen Ergebnis führenden Streiterledigungsverfahren oben S. 87, Fn. 7.

104 Adede, System, S. 242.

105 Ranjeva, in: (Dupuy/Vignes) Handbook, Vol. 2, S. 1345; Sohn, in: Int. J. of Mar. & Coast. L. 1995 (Vol. 10), S. 205 (214).

106 Die Durchführung eines obligatorischen Vergleichsverfahrens ist vorgesehen in Art. 297 (2) b), 297 (3) b) und 298 (1) a) i) SRÜ (vgl. hierzu Adede, System, S. 253 ff.; Ranjeva, in: (Dupuy/Vignes) Handbook, Vol. 2, S. 1347 ff; Adede, System, S. 253 ff.), nicht hingegen in den übrigen Fällen von Art. 297 und 298 SRÜ.

107 Vgl. Art. 284 (1), Art. 1 Anlage V SRÜ.

108 Vgl. Art. 11 Anlage V SRÜ.

109 Dies folgt schon aus dem Charakter des Vergleichsverfahrens als unverbindlichem Streitbeilegungsmechanismus und aus dem Verweis des Art. 14 auf Art. 7 (2) Anlage V SRÜ.

110 Zu Einzelheiten siehe Art. 3 Anlage V SRÜ, insb. zur abweichenden Bestellung in Mehrparteienverfahren Art. 3 g) und h) SRÜ.

kretär der Vereinten Nationen benannt. Das gleiche gilt, wenn eine Partei ihre Benennungspflicht nicht erfüllt.

Um die Konstituierung von Vergleichskommissionen zu erleichtern, kann jeder Vertragsstaat vier Personen ernennen, die wegen ihrer Unparteilichkeit, fachlichen Eignung und Ehrenhaftigkeit höchstes Ansehen genießen. Diese Personen, die nicht über eine juristische Qualifikationen verfügen müssen, werden in eine von dem Generalsekretär der Vereinten Nationen[111] geführte Liste aufgenommen.[112] Die Parteien sollen, der UN-Generalsekretär muß auf dieser Liste geführte Personen ernennen.

Hinsichtlich des Verfahrensablaufs enthält Art. 4 Anlage V SRÜ drei wesentliche Grundsätze: Die Kommission bestimmt ihr Verfahren selbst, sofern die Parteien nichts Abweichendes vereinbaren.[113] Sie kann mit Zustimmung der Parteien jeden Vertragsstaat[114] einladen, ihr seine Ansichten mündlich oder schriftlich darzulegen.[115] Schließlich werden Entscheidungen der Kommission über Verfahrensfragen, ihr Bericht und ihre Empfehlungen mit Stimmenmehrheit der Mitglieder angenommen.

Die Aufgabe der Kommission besteht nach Art. 6 Anlage V SRÜ darin, die Parteien zu hören, ihre Ansprüche und Einwendungen zu prüfen und den Parteien Vorschläge mit dem Ziel einer gütlichen Beilegung zu machen.[116] Auch wenn der innerhalb von 12 Monaten zu erstattende Kommissionsbericht die Parteien nicht wie ein Schiedsspruch bindet, so wird durch die Betonung, daß innerhalb des Verfahrens rechtliche und tatsächliche Fragen erörtert werden können, doch der rechtliche Charakter des Verfahrens hervorgehoben. Das gleiche gilt auch für Art. 7 Anlage V SRÜ[117]; danach enthält der Bericht mangels einer Einigung der Parteien[118] die Schlußfolgerungen der Kommission über die

111 Diese Liste sollte ursprünglich vom Kanzler des ISGH geführt werden, Adede, in: N.Y.U. J. Int. L & Pol. 1977, S. 253 (350), hiergegen wandten sich indes die Staaten, die der Errichtung des ISGH generell ablehnend gegenüberstanden, Ranjeva, in: (Dupuy/Vignes) Handbook, Vol. 2, S. 1352 f.

112 Art. 2 Anlage V SRÜ.

113 Siehe hierzu auch Art. 10 Anlage V SRÜ.

114 Zu der Frage, ob und inwieweit auch Nichtvertragsstaaten gehört werden können, Nordquist/Rosenne/Sohn (Hrsg.), UNCLOS, Nr. A.V.20 (S. 319 f.).

115 Zu Sinn und Zweck dieser Vorschrift Ranjeva, in: (Dupuy/Vignes) Handbook, Vol. 2, S. 1354 f.

116 Zu Art. 6 Anlage V SRÜ siehe Nordquist/Rosenne/Sohn (Hrsg.), UNCLOS, Nr. A.V.22 ff. (S. 320 ff.). Die Kosten des Verfahrens werden von den Parteien getragen, Art. 9 Anlage V SRÜ.

117 Die Art. 5 ff. Anlage V SRÜ sind aus den Art. 4 ff. Anhang WVK übernommen, vgl. Merrills, Settlement, S. 164 f.; Nordquist/Rosenne/Sohn (Hrsg.), UNCLOS, Nr. A.V.24 (S. 322). Zum Schlichtungsverfahren nach den Art. 1 ff. Anhang WVK siehe Kearney/Dalton, in: AJIL 1970, S. 495 (554 ff.).

118 Es ergeht also kein Bericht, wenn die Parteien zu einer Einigung gelangen. Art. 5 Anlage V SRÜ betont, daß die Kommission eine vergleichsweise Beilegung der Streitigkeit fördern soll. Hierzu soll sie den Parteien Maßnahmen aufzeigen, die eine gütliche Beilegung erleichtern könnten.

Tatsachen oder Rechtsfragen in Bezug auf die Streitigkeit sowie Empfehlungen, welche die Kommission für eine gütliche Beilegung für angebracht hält.[119]

Das beschriebene Verfahren gilt für alle Vergleichsverfahren. Für das obligatorische Verfahren bestimmt Art. 12 Anlage V SRÜ darüber hinaus, daß die Nichtbeantwortung der Notifikation über die Einleitung des Verfahrens durch eine Streitpartei oder ihre Weigerung, sich dem Verfahren zu unterwerfen, kein Hindernis für dessen Durchführung darstellt. Auch Art. 13 Anlage V SRÜ trägt dem Umstand Rechnung, daß die Durchführung des Verfahrens nicht freiwillig ist. Haben sich nicht beide Parteien dem Verfahren unterworfen, so besteht die Gefahr, daß eine Partei die Zuständigkeit der Vergleichskommission rügt und mit dieser Begründung ihre Mitwirkung am Verfahren verweigert. Um dies zu verhindern, wird der Vergleichskommission die Befugnis eingeräumt, über Unstimmigkeiten hinsichtlich der eigenen Zuständigkeit zu entscheiden (sog. Kompetenz-Kompetenz[120]).[121]

---

119 Erzielen die Parteien keine Einigung während des Verfahrens und nehmen sie die in dem Bericht enthaltenen Empfehlungen (durch schriftliche Notifikation an den UN-Generalsekretär) nicht nachträglich an, so endet das Verfahren mit der Ablehnung der Empfehlungen durch eine (oder beide) Partei(en) oder wenn die Parteien den Bericht nicht innerhalb von drei Monaten nach dessen Zustellung annehmen, vgl. Art. 8 Anlage V SRÜ.

120 Bei der Befugnis eines Spruchkörpers, über seine eigene Zuständigkeit zu entscheiden, handelt es sich um einen allgemeinen Rechtsgrundsatz, vgl. Cheng, Principles, S. 275 ff.; Redfern/Hunter, Arbitration, S. 276 ff.; Paulsson, in: RdA 1990, S. 55 (81); Redfern, in: J. Int. Arb. 1986, S. 19 (27 ff.); Schreuer, in: ICSID Rev. - FILJ 1997, S. 367 (369); Szurski, in: (Sanders) ICCA Series No. 2, S. 53 (74); Berger, Wirtschaftsschiedsgerichtsbarkeit, S. 246 ff. m.w.N. Dabei ist die Befugnis eines privaten Schiedsgerichts, über seine Zuständigkeit zu entscheiden, nach den meisten nationalen Rechtsordnungen lediglich vorläufiger Natur (zur Aufhebung eines ICSID-Schiedsspruchs nach Art. 52 ICSID-Übk wegen offensichtlicher Überschreitung der Befugnisse des Schiedsgerichts siehe unten S. 472 ff.). Die endgültige Entscheidung liegt bei dem staatlichen Richter, Lionnet, Schiedsgerichtsbarkeit, S. 70 ff.; Schlosser, Schiedsgerichtsbarkeit, Rn. 541, 546 ff. Seit Inkrafttreten des neuen 10. Buchs der ZPO gilt dies auch im deutschen Recht, vgl. § 1040 (3) ZPO; G.Lörcher/H.Lörcher, Schiedsverfahren, Rn. 62 f. Zuvor hatte der BGH in ständiger Rechtsprechung die Auffassung vertreten, daß ein Schiedsgericht dann endgültig über seine Kompetenz entscheiden könne, wenn die Parteien eine „Kompetenz-Kompetenz-Klausel", d.h. eine gesonderte Schiedsabrede hinsichtlich der Gültigkeit der Schiedsklausel getroffen hatten. In diesem Fall war nur die Wirksamkeit dieser Klausel vom staatlichen Gericht nach § 1041 (1) Nr. 1 ZPO a.F. überprüfbar; siehe etwa BGHZ 68, S. 356; BGH NJW-RR 1988, S. 1526 (1525 f.); zur Kritik an dieser Rechtsprechung Schwab/Walter, Schiedsgerichtsbarkeit, S. 53 ff. m.w.N.; Kornblum, in: JPS 1989, S. 38 ff.

121 Vgl. Nordquist/Rosenne/Sohn (Hrsg.), UNCLOS, Nr. A.V.35 (S. 327). Insoweit trifft die Vergleichskommission also eine für die Parteien verbindliche Entscheidung. Ranjeva, in: (Dupuy/Vignes) Handbook, Vol. 2, S. 1355 ist der Ansicht, daß die Kommission bei der Entscheidung über die eigene Zuständigkeit Zurückhaltung üben sollte, um die eigene Glaubwürdigkeit zu erhalten.

2. *Zu einer verbindlichen Entscheidung führende Streiterledigungsverfahren*

Bei den zu einer verbindlichen Entscheidung führenden Streiterledigungsverfahren ist zwischen der allgemeinen seerechtlichen Streiterledigung und derjenigen vor der Kammer für Meeresbodenstreitigkeiten zu unterscheiden. Im folgenden soll zunächst ein Überblick über die jeweiligen Zuständigkeitsvoraussetzungen gegeben werden. Außerdem sollen die wesentlichen Grundzüge der Streitbeilegungsmechanismen dargestellt werden, die nach Art. 287 SRÜ neben dem Internationalen Seegerichtshof für die Beilegung von Streitigkeiten über die Auslegung und Anwendung des Seerechtsübereinkommens zuständig sind.

a. *Allgemeine Streiterledigung*

Hinsichtlich der Zuständigkeit der im Rahmen der allgemeinen seerechtlichen Streiterledigung berufenen Spruchkörper ist zwischen der Zuständigkeit *ratione materiae*, *ratione personae* und – aufgrund der alternativen Zuständigkeit mehrerer Spruchkörper – der Zuständigkeit *ratione fori* zu unterscheiden.

(1) Zuständigkeit ratione materiae

(a) Grundsatz der umfassenden Zuständigkeit

Die Zuständigkeit *ratione materiae* ist grundsätzlich für alle Streitigkeiten über die Auslegung und Anwendung des Seerechtsübereinkommens und anderer internationaler Verträge, die im Zusammenhang mit dem Übereinkommen stehen, gegeben.[122] Es besteht also dem Grundsatz nach eine umfassende Zuständigkeit für alle seerechtlichen Streitigkeiten.[123]

(b) Ausnahmen

Zwar herrschte im Rahmen der Seerechtskonferenz Einigkeit darüber, daß die Vorschriften über die Streiterledigung in das Seerechtsübereinkommen inkorporiert werden sollten. Der Konsens in dieser Frage konnte allerdings nur um den Preis erreicht werden, daß in bestimmten besonders wichtigen Teilbereichen Ausnahmen von dem Grundsatz der obligatorischen, zu einem verbindlichen Ergebnis führenden Streiterledigung vorgesehen wurden.[124] Diese Ausnahmen sind teilweise automatisch (Art. 297 SRÜ), teilweise fakul-

---

122 Art. 288 (1) und (2) SRÜ, Art. 21 f. ISGH-Statut. Zu Art. 288 (2) SRÜ, Art. 21 f. ISGH-Statut siehe Nordquist/Rosenne/Sohn (Hrsg.), UNCLOS, Nr. 288.3 (S. 47 f.) und Nr. A.VI.156 ff. (S. 394 ff.); vgl. auch Commichau, in: FS Glossner, S. 71 (73); Wolfrum, in: RabelsZ 1999, S. 342 ff.

123 Bernhardt, in: ZaöRV 1978, S. 959 (967); Calfisch, in: FS Bindschelder, S. 351 (354 f.); Carnegie, in: ICLQ 1979, S. 669 (674 f.).

124 Siehe bereits oben im Hinblick auf das Vergleichsverfahren S. 111. Zur Entstehungsgeschichte der Art. 297 ff. SRÜ Adede, in: N.Y.U. J. Int. L & Pol. 1977, S. 253 (259 ff.; 270 ff.; 294 ff.; 314 ff.; 374 ff.; 385 f.); Sohn, Tribunal, S. 255 ff.

tativ (Art. 298 SRÜ). In beiden Fällen haben die Parteien nach Art. 299 SRÜ die Möglichkeit, eine Streitigkeit durch Vereinbarung einem der in der Seerechtskonvention vorgesehenen Streiterledigungsverfahren zu unterwerfen.

Insgesamt bilden die Vorschriften über die Zuständigkeit aufgrund der Verschachtelung von Regeln, Ausnahmen und Ausnahmen von Ausnahmen eine äußerst komplizierte und unübersichtliche Regelung. Dies wird noch dadurch verstärkt, daß die Bestimmungen einige kompromißbedingte Unklarheiten enthalten, die nicht zu einer besseren Verständlichkeit beitragen.[125]

(i) Zwingende Ausnahmen, Art. 297 SRÜ

Nach Art. 297 (1) SRÜ sind Streitigkeiten, die im Zusammenhang mit der Ausübung der im Seerechtsübereinkommen vorgesehenen souveränen Rechte oder Hoheitsbefugnisse durch einen Küstenstaat stehen, *ipso facto* von der Zuständigkeit ausgenommen.[126] Diese weitreichende Ausnahme wird allerdings ihrerseits durch drei Ausnahmen durchbrochen. Danach ist die Zuständigkeit auch in diesen Fällen gegeben, wenn behauptet wird,[127]

a. der Küstenstaat habe gegen Bestimmungen des Übereinkommens betreffend die Freiheiten und Rechte der Schiffahrt, des Überflugs und des Legens von unterseeischen Leitungen und Rohrleitungen oder anderer völkerrechtlich zulässiger Meeresnutzungen nach Art. 58 SRÜ verstoßen (Art. 297 (1) a) SRÜ);
b. ein Staat habe bei der Ausübung der erwähnten Freiheiten, Rechte oder Nutzungen gegen das Seerechtsübereinkommen oder gegen Gesetze oder sonstige Vorschriften des Küstenstaates verstoßen, die dieser im Einklang mit dem Übereinkommen und sonstigen mit der Seerechtskonvention nicht unvereinbaren Regeln des Völkerrechts erlassen habe (Art. 297 (1) b) SRÜ);
c. ein Küstenstaat habe gegen bestimmte auf ihn anwendbare Regeln und Normen zum Schutz und zur Bewahrung der Meeresumwelt verstoßen, die durch das Seerechtsübereinkommen oder durch eine zuständige internationale Organisation oder eine diplomatische Konferenz in Übereinstimmung mit dem Übereinkommen festgelegt worden sind.[128]

Aus Art. 297 (2) i.V.m. Art. 264 SRÜ ergibt sich grundsätzlich auch eine obligatorische Zuständigkeit für die Beilegung von Streitigkeiten über die Auslegung und Anwen-

---

125 Adede, in: N.Y.U. J. Int. L & Pol. 1977, S. 253 (386), der darauf hinweist, daß eine einfachere Regelung wohl nicht konsensfähig gewesen wäre; Calfisch, in: FS Bindschelder, S. 351 (364 f.); Gamble, in: Vand. J. T. L 1976, S. 323 (331); Seidel, Zuständigkeit, S. 6; kritisch zu Art. 297 f. SRÜ auch Boyle, in: ICLQ 1997, S. 37 (41), der vom „Salami-Slicing" der Streiterledigung spricht.

126 Siehe zu den küstenstaatlichen Sonderrechten v. Münch, Internationales Seerecht, S. 32 ff; Wasum, Seegerichtshof, S. 129 ff.

127 Vgl. zu Art. 297 SRÜ Merrills, Settlement, S. 160 ff.; Platzöder/Wasum, Seegerichtshof, S. 25 ff.; Ranjeva, in: (Dupuy/Vignes) Handbook, Vol. 2, S. 1360 ff.; Nordquist/Rosenne/Sohn (Hrsg.), UNCLOS, Nr. 291.1 (S. 87 ff.); Wasum, Seegerichtshof, S. 129 ff.; Lehoux, in: CYIL 1980, S. 31 (68 ff.); Jaenicke, Solutions, S. 113 (117 f.).

128 Zu der Frage, ob sich diese drei Fallgruppen allein auf Streitigkeiten aus der ausschließlichen Wirtschaftszone beziehen, Platzöder/Wasum, Seegerichtshof, S. 26 ff.

dung des Übereinkommens hinsichtlich der wissenschaftlichen Meeresforschung.[129] Indes schließt Art. 297 (2) a) SRÜ die obligatorische Zuständigkeit in Bezug hierauf in der ausschließlichen Wirtschaftszone und auf dem Festlandsockel aus, soweit die Befugnisse der Küstenstaaten zur Erteilung und Versagung der Erlaubnis (Art. 246 SRÜ) oder zur Aussetzung oder Einstellung eines Forschungsvorhabens (Art. 253 SRÜ) betroffen sind. In derartigen Fällen hat der Forschungsstaat gemäß Art. 296 (2) b) SRÜ lediglich die Möglichkeit, unter Berufung darauf, der Küstenstaat mißbrauche die ihm in Art. 246, 253 SRÜ eingeräumten Rechte, ein obligatorisches Vergleichsverfahren nach Art. 284 SRÜ einzuleiten.[130]

Schließlich besteht nach Art. 297 (3) SRÜ grundsätzlich eine Zuständigkeit für die Beilegung von Streitigkeiten über die Auslegung und Anwendung des Seerechtsübereinkommens hinsichtlich der Fischerei.[131] Dabei ist ein Küstenstaat allerdings nicht verpflichtet, sich einem solchen Verfahren zu unterwerfen, wenn seine souveränen Rechte oder deren Ausübung in Bezug auf die lebenden Ressourcen in der ausschließlichen Wirtschaftszone betroffen sind. Auch hier hat ein Staat, der am Fischfang interessiert ist, nur die Möglichkeit, gegen den Küstenstaat ein obligatorisches Vergleichsverfahren einzuleiten.[132]

Während der Seerechtskonferenz befürchteten einige an der Küste gelegene Entwicklungsländer, daß sie trotz dieser weit gefaßten Ausnahmetatbestände des Art. 297 SRÜ häufig von Schiffahrtsstaaten verklagt und in kostspielige Verfahren verwickelt werden könnten.[133] Um diese Befürchtungen auszuräumen, sieht Art. 294 SRÜ die Durchführung eines Vorverfahrens vor, wenn wegen einer in Art. 297 SRÜ genannten Streitigkeit ein obligatorisches, zu einer verbindlichen Entscheidung führendes Verfahren eingeleitet wird.[134] Im Rahmen des Vorverfahrens entscheidet der angerufene Spruchkörper auf Ersuchen einer Partei oder *ex officio*, ob der Klageantrag einen Mißbrauch des Verfahrens darstellt oder ob er *prima facie* unbegründet ist. Ist das Gericht der Auffassung, daß dies der Fall ist, so behandelt es den Fall nicht weiter und stellt das Verfahren ein.

(ii) Fakultative Ausnahmen, Art. 298 SRÜ

Neben diesen automatischen Ausnahmen kann jeder Vertragsstaat bei Unterzeichnung oder Ratifizierung des Übereinkommens, bei seinem Beitritt oder zu jedem späteren Zeit-

---

129 Hierzu allgemein Adede, System, S. 256 f.; v. Münch, Internationales Seerecht, S. 40 ff.; J. P. A. Bernhardt, in: Virg. J. I. L. 1978 (Vol. 19), S. 69 (84 ff.); Lehoux, in: CYIL 1980, S. 31 (71 ff.).

130 Siehe hierzu oben S. 111 ff.

131 Zur Beilegung von Fischereistreitigkeiten siehe Mirvahabi, in: Revue de droit international des sciences diplomatiques et politiques 1979, S. 45 ff.; Rosenne, in: AJIL 1979, S. 89 ff.

132 Art. 297 (3) b) SRÜ. Zu den Fällen, in denen die obligatorische Durchführung eines Vergleichsverfahrens ausgeschlossen ist, siehe Art. 297 (3) b) i) - iii) SRÜ.

133 Jaenicke, in: ZaöRV 1983, S. 813 (817).

134 Vgl. Nordquist/Rosenne/Sohn (Hrsg.), UNCLOS, Nr. 294.1 ff. (S. 76 ff.); Merrills, Settlement, S. 159 f.; Calfisch, in: FS Bindschelder, S. 351 (355 f.); Jaenicke, in: ZaöRV 1983, S. 813 (817 f.).

punkt schriftlich erklären, daß er sich hinsichtlich einer oder mehrerer der in Art. 298 SRÜ abschließend aufgezählten Kategorien von Streitigkeiten nicht der obligatorischen Durchführung eines Streiterledigungsverfahrens unterwirft.[135] Die Möglichkeit eines Vorbehalts sieht Art. 298 SRÜ vor für Streitigkeiten

a. über die Auslegung und Anwendung der Art. 15, 74 und 83 SRÜ. Ausgeschlossen werden können danach Streitigkeiten über die Abgrenzung des Küstenmeeres, der ausschließlichen Wirtschaftszone und des Festlandsockels zwischen Staaten mit gegenüberliegenden oder angrenzenden Küsten und Streitigkeiten über historische Buchten oder historische Rechtstitel;[136]
b. über militärische Handlungen und Streitigkeiten über Vollstreckungshandlungen in Ausübung souveräner Rechte oder Hoheitsbefugnisse, die nach Art. 297 (2) und (3) SRÜ von der Zuständigkeit ausgenommen sind;[137]
c. bei denen der UN-Sicherheitsrat die ihm durch die UN-Charta übertragenen Aufgaben wahrnimmt.[138]

Nach der Gegenseitigkeitsklausel des Art. 298 (3) SRÜ ist ein Vertragsstaat, der eine Erklärung nach Absatz (1) abgegeben hat, nicht berechtigt, eine Streitigkeit, die zu der Art der ausgenommenen Streitigkeit gehört, gegenüber einem anderen Vertragsstaat einem seerechtlichen Streiterledigungsverfahren zu unterwerfen, es sei denn, der andere Staat stimmt zu. Ein anderer Vertragsstaat kann also dem Vertragsstaat, der die Einleitung des Verfahrens beantragt, dessen Erklärung i.S.d. Art. 298 (1) SRÜ entgegenhalten, und so das Verfahren blockieren.[139]

(2) Zuständigkeit ratione personae

Nach Art. 291 (1) SRÜ stehen alle in Teil XV SRÜ aufgeführten Streiterledigungsverfahren den Vertragsstaaten des Übereinkommens offen.[140] Die Frage, ob und inwieweit auch

---

135 Zu Art. 298 SRÜ Merrills, Settlement, S. 161 f.; Wasum, Seegerichtshof, S. 200 ff.; Adede, in: N.Y.U. J. Int. L & Pol. 1977, S. 253 (317 ff.; 344 ff.); Calfisch, in: FS Bindschelder, S. 351 (359 ff.); Gamble, in: Vand. J. T. L 1976, S. 323 (331 f.); Lehoux, in: CYIL 1980, S. 31 (76 ff.). Art. 298 (2) SRÜ stellt klar, daß eine entsprechende Erklärung jederzeit zurückgenommen werden kann und ein Vertragsstaat, der eine ensprechende Erklärung abgegeben hat, sich jederzeit trotz einer Erklärung i.S.d. Art. 298 (1) SRÜ einem Streiterledigungsverfahren nach dem Seerechtsübereinkommen unterwerfen kann.

136 Art. 298 (1) a) i) SRÜ. Die Vorschrift regelt zugleich, unter welchen Voraussetzungen ein obligatorisches Vergleichsverfahren (siehe hierzu oben S. 111 ff.) durchzuführen ist.

137 Art. 298 (1) b) SRÜ. Erfaßt sind danach Vollstreckungshandlungen des Küstenstaates hinsichtlich der wissenschaftlichen Meeresforschung in der ausschließlichen Wirtschaftszone und auf dem Festlandsockel sowie hinsichtlich der Fischerei in der ausschließlichen Wirtschaftszone.

138 Art. 298 (1) c) SRÜ.

139 Platzöder/Wasum, Seegerichtshof, S. 31.

140 Vgl. für das Verfahren vor dem ISGH auch Art. 20 (1) ISGH-Statut; zur Zuständigkeit ratione personae siehe auch Boyle, in: ICLQ 1997, S. 37 (51 ff.).

andere Rechtsträger Zugang haben sollten, war in den Verhandlungen sehr umstritten.[141] Während schnell Einigkeit bestand, daß es notwendig sei, anderen Rechtsträgern Zugang zum Verfahren vor der Kammer für Meeresbodenstreitigkeiten zu gewähren[142], konnte sich der Vorschlag, diesen auch im Rahmen der allgemeinen Streiterledigung generell Zugang zu gewähren, nicht durchsetzen. Dementsprechend haben andere Rechtsträger als Vertragsstaaten gemäß Art. 291 (2) SRÜ nur insoweit Zugang, als dies im Seerechtsübereinkommen ausdrücklich vorgesehen ist.

Für den Internationalen Seegerichtshof bestimmt Art. 20 (2) ISGH-Statut in diesem Zusammenhang, daß der Gerichtshof anderen Rechtsträgern in allen Fällen offensteht, die in Teil XI ausdrücklich vorgesehen sind, und für Streitigkeiten, die aufgrund einer sonstigen Übereinkunft unterbreitet werden, die dem Gerichtshof die Zuständigkeit überträgt und die von allen Parteien der Streitigkeit angenommen ist.[143] Für die Beteiligung anderer Rechsträger am allgemeinen Schiedsverfahren normiert Art. 13 Anlage VII SRÜ, daß die Vorschriften der Anlage VII SRÜ sinngemäß Anwendung finden. Das gleiche gilt nach Art. 4 Anlage VIII SRÜ für das besondere Schiedsverfahren.[144]

Schließlich ist zu beachten, daß nach Art. 305 (1) (f) SRÜ i.V.m. Anlage IX SRÜ internationale Organisationen[145] das Seerechtsübereinkommen unterzeichnen und dadurch Vertragspartei des Übereinkommens werden können.[146] Art. 7 (2) Anlage IX SRÜ normiert die sinngemäße Anwendung des allgemeinen Streiterledigungsverfahrens auf jede Streitigkeit zwischen Vertragsparteien der Seerechtskonvention, von denen eine oder mehrere internationale Organisationen sind.[147]

---

141 Siehe hierzu Ranjeva, in: (Dupuy/Vignes) Handbook, Vol. 2, S. 1363 ff.; Nordquist/Rosenne/Sohn (Hrsg.), UNCLOS, Nr. 291.1 ff. (S. 60 ff.); Wasum, Seegerichtshof, S. 74 ff.; Lehoux, in: CYIL 1980, S. 31 (56 f.).

142 Siehe hierzu unten S. 127 ff.

143 Siehe auch Art. 22 ISGH-Statut. Zu Art. 20 (2) ISGH-Statut Treves, in: ZaöRV 1995, S. 421 (428); ders., in RabelsZ 1999, S. 350 (352 f.); Labes, in: Beilegung von Seerechtsstreitigkeiten, S. 27 ff.; zur Entstehungsgeschichte Wolfrum, in: RabelsZ 1999, S. 342 ff.

144 Auch für die allgemeine und die besondere Schiedsgerichtsbarkeit gilt danach gemäß Art. 13 Anlage VII SRÜ i.V.m. Art. 291 (2) SRÜ, daß die Frage, ob eine Streitigkeit, an der ein anderer Rechtsträger als ein Vertragsstaat beteiligt ist, i.R.e. Schiedsverfahrens entschieden werden kann, sich nach den materiellen Bestimmungen des Übereinkommens richtet, Nordquist/Rosenne/Sohn (Hrsg.), UNCLOS, Nr. A.VII.20 (S. 437).

145 Nach der Legaldefinition des Art. 1 Anlage IX SRÜ werden nur solche Organisationen erfaßt, denen die Mitgliedstaaten interne und externe Zuständigkeiten, einschließlich des Rechts, internationale Verträge abzuschließen, übertragen haben. Da diese Voraussetzungen nur von der EWG erfüllt wurden, wird diese Bestimmung auch als „EWG-Klausel" bezeichnet, Wasum, Seegerichtshof, S. 78; Jenisch, in: Außenpolitik 1982, S. 243 (253); siehe auch allgemein H.P. Ipsen, in: FS Stödter, S. 167 ff.

146 Nach Art. 4 (3) Anlage XI SRÜ übt eine internationale Organisation, die Vertragspartei des Übereinkommens ist, die Rechte aus und erfüllt die Pflichten, die sonst ihren Mitgliedstaaten, die Vertragsstaaten der Seerechtskonvention sind, zukommen würden und die sie auf die internationale Organisation übertragen haben.

147 In diesem Fall scheidet allerdings gemäß Art. 7 (1) Anlage IX SRÜ die Wahl des Internationalen Gerichtshofs als zuständiger Spruchkörper aus.

(3) Zuständigkeit ratione fori

(a) Möglichkeit der Wahl des zuständigen Spruchkörpers

Die Zuständigkeit *ratione fori* betrifft die Frage, welcher der im Seerechtsübereinkommen vorgesehenen Spruchkörper für die Entscheidung einer Streitigkeit zuständig ist. Nach Art. 287 SRÜ haben die Parteien die Möglichkeit, zwischen den folgenden vier Streiterledigungsverfahren zu wählen.

(i) Internationaler Seegerichtshof

Art. 287 SRÜ nennt an erster Stelle den Internationalen Seegerichtshof.[148] Die Errichtung dieses ständigen Spruchkörpers, die während der Verhandlungen der Dritten Seerechtskonferenz umstritten war[149], stellt eine der wesentlichen Neuerungen[150] des Seerechtsübereinkommens dar.

Die Bestimmungen über die Organisation und das Verfahren des Internationalen Seegerichtshofs sind in wesentlichen Teilen an die für den Internationalen Gerichtshof in *Den Haag* geltenden Bestimmungen angelehnt.[151] Nach Art. 1 (2) ISGH-Statut hat der Internationale Seegerichtshof seinen Sitz in der Freien und Hansestadt Hamburg.[152] Die Stadt setzte sich bei einer Abstimmung im August 1981[153] als Sitzort gegen Split und Lissabon

---

148 Siehe eingehend zum Internationalen Seegerichtshof Merrills, Settlement, S. 170 ff.; Wasum, Seegerichtshof, S. 49 ff.; Platzöder/Wasum, Seegerichtshof, S. 5 ff.; Ranjeva, in: (Dupuy/Vignes) Handbook, Vol. 2, S. 1366 f.; Singh, UNCLOS Dispute Settlement, S. 58 ff.; Berenbrok/Nussbaum, in: RIW 1994, S. 910 (915 f.); Birke, in: Nationale Folgerungen, S. 43 (43 ff.); Carnegie, in: ICLQ 1979, S. 669 (669 ff.); Platzöder, in: Vereinte Nationen, Nr. 1, S. 15 (15 ff.); Rosenne, in: AJIL 1995, S. 806 ff.; Treves, in: ZaöRV 1995, S. 421 (422 ff.); v. Wedel, in: RIW 1982, S. 634 (634 ff.).

149 Vgl. Ranjeva, in: (Dupuy/Vignes) Handbook, Vol. 2, S. 1366 f.

150 Ranjeva, in: (Dupuy/Vignes) Handbook, Vol. 2, S. 1367 spricht von der „main judicial innovation".

151 Vgl. das Memorandum by the President of the Third United Nations Conference on the Law of the Sea, A/Conf.62/WP.9/Add. 1, para. 30 und Paragraph 2 der Explanatory Note zu den Final Draft Rules of the Tribunal der Preparatory Commission for the International Seabed Authority and for the International Tribunal for the Law of the Sea, Special Commission 4 vom 19. Januar 1994, LOS/PCN/SCN.4/WP.16/Add. 1: „It was always intended and understood that the general procedures for the functioning of the [T]ribunal and its powers are on the lines of the Statute of the International Court of Justice and other international judicial tribunals".

152 Der Internationale Seegerichtshof wird nach Abschluß der Renovierungsarbeiten in der sog. Schröder-Villa residieren, die sich in einem ca. 28000m² großen parkähnlichen Gelände an der Elbchaussee mit Blick auf die Elbe befindet; zu Einzelheiten siehe Berenbrok/Nussbaum, in: RIW 1994, S. 910 (915); Platzöder, in: Vereinte Nationen, Nr. 1, S. 15 (18 f.); Jenisch, UN-Seerechtsübereinkommen, S. 17 f. Zu der Finanzierung siehe Birke, in: Nationale Folgerungen, S. 43 (49).

153 Vgl. UN Press Release SEA/145, 21. August 1981; die Entscheidung ist abgedruckt bei Platzöder/Grunenberg, Seerecht, S. 630.

durch.[154] Die positive Entscheidung über die Bewerbung[155] brachte nicht nur für Hamburg[156] sondern für Deutschland allgemein erhebliches Prestige, da sich mit dieser Abstimmung zum ersten Mal eine Konferenz der Vereinten Nationen für die Bundesrepublik als Sitz einer UN-Institution entschieden hat.[157]

Dem Internationalen Seegerichtshof gehören 21 Mitglieder an, die gemäß Art. 2 (1) ISGH-Statut wegen ihrer Unparteilichkeit und Ehrenhaftigkeit höchstes Ansehen genießen und anerkannte fachliche Eignung auf dem Gebiet des Seerechts besitzten. Nach Absatz 2 der Vorschrift müssen die Richter in ihrer Gesamtheit die hauptsächlichen Rechtssysteme der Welt repräsentieren, und es muß eine gerechte geographische Verteilung gewährleistet sein. Daneben stellt Art. 17 ISGH-Statut sicher, daß jeder Vertragsstaat, welcher Partei einer Streitigkeit vor dem Seegerichtshof ist, auf der Richterbank „repräsentiert" ist, indem die Möglichkeit der Ernennung von *Ad-hoc*-Richtern durch die Parteien vorgesehen ist. Der Seegerichtshof hat einen Präsidenten und einen Vize-Präsidenten, die für jeweils drei Jahre vom Gerichtshof gewählt werden. Ferner wählt er einen Kanzler[158] und ernennt sonstige Beamte. Der Präsident und der Kanzler sind residenzpflichtig, sie müssen also ihren Wohnsitz in Hamburg nehmen.[159]

Die Organisation des Internationalen Seegerichtshofs und das Verfahren vor ihm sind in den Art. 286 ff. SRÜ und im ISGH-Statut geregelt. Daneben kann der Seegerichtshof nach Art. 16 S. 2 ISGH-Statut seine Verfahrensordnung festlegen. Nachdem die Vorbereitungskommission einen Entwurf der Verfahrensordnung vorgelegt hatte, hat der Seegerichtshof am 28. Oktober 1997 selbst eine Verfahrensordnung verabschiedet.[160] Die genannten Vorschriften bilden die Grundlage für die Untersuchung des seerechtlichen Streiterledigungsverfahrens im Rahmen der vorliegenden Arbeit.

---

154 Vor der Abstimmung hatte die Bundesrepublik sich mit dem Vorschlag Ecuadors einverstanden erklärt, daß ein Staat, der zum Sitzstaat gewählt sei, den Sitz aufgeben müsse, falls der Staat der Konvention nicht beitrete, Daven/Jenisch, in: EA 1982, S. 415 (417); Birke, in: Nationale Folgerungen, S. 43 (46). Dies hätte zu erheblichen Problemen für die Bundesrepublik führen können, wenn das SRÜ ohne das Durchführungsübereinkommen in Kraft getreten wäre, vgl. v. Münch, Internationales Seerecht, S. 39 „Manganknollen gegen Richter"; siehe auch Platzöder, in: Vereinte Nationen, Nr. 1, S. 15 (18).

155 Zur Bewerbung Hamburgs bzw. der Bundesrepublik Eitel, in: ZaöRV 1995, S. 452 ff; v. Münch, Internationales Seerecht, S. 37 f.; Commichau, in: FS Glossner, S. 71 (79 f.).

156 Zur seerechtlichen Tradition Hamburgs Commichau, in: FS Glossner, S. 71 (75 ff.).

157 Jenisch, UN-Seerechtsübereinkommen, S. 18.

158 Der Seegerichtshof wählt den Kanzler in geheimer Abstimmung aus den von seinen Mitgliedern vorgeschlagenen Bewerbern für eine Amtsdauer von sieben Jahren, wobei die Wiederwahl zulässig ist (Art. 32 (1) ISGH-VerfO). Der Kanzler ist für die Erfüllung der administrativen Aufgaben zuständig. Hierzu gehört gemäß Art. 36 ISGH-VerfO unter anderem die Leitung des gesamten ein- und ausgehenden Schriftverkehrs, die Führung eines allgemeinen Registers unter Aufsicht des Präsidenten, die Verwahrung der Unterwerfungserklärungen unter die Zuständigkeit des Seegerichtshofs oder anderer Spruchkörper sowie Vorbehaltserklärungen nach Art. 297 f. SRÜ, die Übermittlung von Abschriften aller Schriftsätze und beigefügten Unterlagen sowie die Führung des Protokolls bei Sitzungen des Seegerichtshofs. Außerdem ist er für alle Verwaltungsgeschäfte, insbesondere für das Rechnungs- und Finanzwesen verantwortlich.

159 Vgl. Art. 12 ISGH-Statut.

160 Siehe oben S. 108, Fn. 92.

(ii) Internationaler Gerichtshof

Als zweite Möglichkeit können die Parteien den Internationalen Gerichtshof in *Den Haag*[161] wählen.[162] Der Internationale Gerichtshof, der ein Hauptorgan der Vereinten Nationen ist[163], besteht aus 15 Mitgliedern, die die Vertretung der hauptsächlichen Formen der Zivilisation und der hauptsächlich geltenden Rechssysteme der Welt gewährleisten sollen.[164] Sie werden von der Generalversammlung und von dem Sicherheitsrat der Vereinten Nationen in getrennten Wahlen für 9 Jahre gewählt.[165] Dabei wird auch in Verfahren vor dem Internationalen Gerichtshof durch das Institut des *Ad-hoc*-Richters sichergestellt, daß die Streitparteien auf der Richterbank „repräsentiert" sind.[166] Ferner haben auch in Verfahren vor dem Internationalen Gerichtshof die Parteien die Möglichkeit, die Streitigkeit durch Kammern entscheiden zu lassen.[167]

Die Zuständigkeit des Internationalen Gerichtshofs zur Entscheidung von Streitigkeiten über die Auslegung und Anwendung des Seerechtsübereinkommen hat ihre Grundlage in Art. 281 (1) b) SRÜ i.V.m. Art. 36 (1) IGH-Statut. Der Umfang seiner Entscheidungsbefugnisse richtet sich nach den Bestimmungen der Seerechtskonvention, namentlich Art. 294, 297 und 298 SRÜ. Im übrigen ist der Internationale Gerichtshof an die Bestimmungen der UN-Charta, des IGH-Statuts und der IGH-VerfO gebunden.[168]

(iii) Allgemeine Schiedsgerichtsbarkeit

Wollen die Parteien die Streitigkeit nicht einem ständigen Spruchkörper unterbreiten, so haben sie die Möglichkeit, sich einem allgemeinen Schiedsverfahren[169] gemäß Anlage VII SRÜ zu unterwerfen. Der allgemeinen Schiedsgerichtsbarkeit kommt dabei im Rahmen der seerechtlichen Streiterledigung deshalb besondere Bedeutung zu, weil es gemäß Art. 287 (5) SRÜ zur Anwendung kommt, wenn die Parteien einer Streitigkeit keine übereinstimmende Wahl eines anderen Streiterledigungsverfahrens getroffen haben.[170] Damit

---

161 Siehe zum IGH die allgemeinen Nachweise oben S. 92, Fn. 17.

162 Art. 287 (1) b) SRÜ.

163 Schröder, in: (Wolfrum) Handbuch, S. 321.

164 Vgl. Art. 9 IGH-Statut.

165 Zur Wahl siehe etwa Rosenne, World Court, S. 53 ff.

166 Art. 31 IGH-Statut.

167 Siehe zu den Ad-hoc-Kammern nach Art. 26 (2) IGH-Statut, Schwebel, Chambers; ders., in: AJIL 1987, S. 831 ff.

168 Wasum, Seegerichtshof, S. 47 f. weist darauf hin, daß es für die Begründung der Zuständigkeit des IGH – die voraussetzt, daß die Parteien die Zuständigkeit übereinstimmend anerkannt haben – nicht ausreicht, daß eine Partei eine allgemeine Unterwerfungserklärung nach Art. 36 (2) IGH-Statut und die andere eine Erklärung nach der Seerechtskonvention abgegeben hat, da beide einen unterschiedlichen Inhalt haben und auf unterschiedlichen Rechtsgrundlagen basieren.

169 Hierzu eingehend Oellers-Frahm, in: ZaöRV 1995, S. 457 (463 ff.); vgl. auch Merrills, Settlement, S. 166 ff.; Wasum, Seegerichtshof, S. 116 ff.; Singh, UNCLOS Dispute Settlement, S. 85 ff.; Sohn, in: Int. J. of Mar. & Coast. L. 1995 (Vol. 10), S. 205 (212 f.).

170 Siehe hierzu unten S. 125 f.

wird der allgemeinen Tendenz von Staaten Rechnung getragen, internationale Schiedsgerichte einem ständigen Spruchkörper, wie dem Internationalen Gerichtshof oder dem Internationalen Seegerichtshof, vorzuziehen, da sie bei einem Schiedsverfahren größere Einflußmöglichkeiten in Bezug auf Organisation, Verfahren und die anzuwendenden Entscheidungsgrundlagen haben.[171]

Die Bestimmungen über die Konstituierung des allgemeinen Schiedsgerichts sind denjenigen über die Konstituierung einer Vergleichskommission[172] nicht unähnlich. Auch hier erstellt und führt der Generalsekretär der Vereinten Nationen eine Liste der Schiedsrichter, für die jeder Vertragsstaat vier Personen benennen kann. Die benannten Personen müssen Erfahrungen in Meeresfragen besitzen und wegen ihrer Unparteilichkeit, fachlichen Eignung und Ehrenhaftigkeit höchstes Ansehen genießen.[173] Auffällig ist, daß auch hier – wie beim Vergleichsverfahren – keine juristischen Qualifikationen gefordert werden.[174]

In Verfahren mit zwei Streitparteien besteht das Schiedsgericht aus fünf Schiedsrichtern. Dabei bestellen die Parteien allerdings anders als beim Vergleichsverfahren nicht jeweils zwei, sondern lediglich ein Mitglied des Schiedsgerichts. Die übrigen drei Schiedsrichter werden von den Parteien einvernehmlich bestellt.[175] Einer dieser drei Schiedsrichter wird von den Parteien zum Präsidenten des Schiedsgerichts bestimmt. Benennt die beklagte Partei ihren Schiedsrichter nicht oder können die Parteien sich nicht über die Bestellung eines oder mehrerer der einvernehmlich zu bestellenden Mitglieder oder über die Person des Präsidenten einigen, so nimmt mangels abweichender Parteivereinbarung der Präsident des Seegerichtshofs[176] die Bestellung vor.[177]

---

171 Wasum, Seegerichtshof, S. 116 die ferner darauf hinweist, daß es scheine, als seien bestimmte Streitigkeiten, die mehr auf wirtschaftlichen und politischen Verteilungsproblemen denn auf Rechtsfragen beruhen, i.R.e. flexibleren Schiedsverfahrens besser zu bewältigen, als in einem Verfahren vor einem ständigen Spruchkörper.

172 Siehe hierzu oben S. 111 ff.

173 Art. 2 Anlage VII SRÜ.

174 Merrills, Settlement, S. 166 empfindet dies als „disquieting“; vgl. Adede, in: N.Y.U. J. Int. L & Pol. 1977, S. 253 (354): „The suggestion that such persons also be required to be especially competent in matters related to the Law of the Sea was not, however, generally accepted. It was observed in this connection that the problems of interpretation of the Convention did not require experts on the Law of the Sea per se, and that the tribunal could be tailored to suit a particular dispute including experts on various matters“.

175 Vgl. Art. 3 a) bis d) Anlage VII SRÜ. Nach Art. 3 d) Anlage VII SRÜ werden die Schiedsrichter vorzugsweise aus der vom UN-Generalsekretär geführten Liste ausgewählt und müssen Angehörige dritter Staaten sein, sofern die Parteien nichts anderes vereinbaren.

176 J. P. A. Bernhardt, in: Virg. J. I. L. 1978 (Vol. 19), S. 69 (76) ist der Auffassung, daß diese Aufgabe besser dem UN-Generalsekretär übertragen worden wäre. Zu den insoweit während der Verhandlungen gemachten Vorschlägen Adede, in: N.Y.U. J. Int. L & Pol. 1977, S. 253 (354 f.).

177 Art. 3 e) SRÜ. Der Präsident nimmt diese Aufgabe nicht wahr, wenn er Staatsangehöriger einer Streitpartei ist. Ist er aus diesem oder einem anderen Grund verhindert, so wird die Bestellung von dem dienstältesten verfügbaren Mitglied des Seegerichtshofs vorgenommen. Die ernennende Stelle muß, anders als die Parteien, Personen von der Liste i.S.d. Art. 2 Anlage VII SRÜ benennen. Diese sollen unterschiedlicher Staatsangehörigkeit sein, dürfen nicht im

Eine besondere Regelung enthält Art. 3 g) Anlage VII SRÜ für Mehrparteienverfahren.[178] Sind an einer Streitigkeit auf Kläger- und/oder Beklagtenseite mehrere Parteien beteiligt, die unterschiedliche Interessen haben und keine Streitgenossenschaft bilden, so bestellt jede von ihnen ein Mitglied des Schiedsgerichts. Dabei muß die Anzahl der parteiernannten Schiedsrichter immer um eins niedriger sein, als die Zahl der gemeinsam ernannten. Es wird also sichergestellt, daß innerhalb des Schiedsgerichts eine „neutrale Majorität"[179] besteht.

Mangels abweichender Vereinbarung bestimmt das Schiedsgericht sein Verfahren selbst. Dabei hat es aber den Parteien umfassend rechtliches Gehör zu gewähren.[180] Das Schiedsgericht entscheidet mit der Mehrheit seiner Mitglieder.[181] Bei Stimmengleichheit entscheidet die Stimme des Präsidenten. Die Parteien sind verpflichtet, die Arbeit des Schiedsgerichts zu unterstützen[182] und tragen grundsätzlich je zur Hälfte die Kosten des Verfahrens.

Das Schiedsgericht kann gemäß Art. 9 Anlage VII SRÜ auch im Falle der Säumnis einer Partei auf Antrag das Verfahren fortführen und eine Entscheidung fällen. Das Schiedsgericht muß sich vor seiner Entscheidung allerdings vergewissern, daß es zuständig und das Begehren in tatsächlicher und rechtlicher Hinsicht begründet ist.

Der Schiedsspruch ist endgültig und für die Parteien verbindlich. Er unterliegt keinem Rechtsmittel, es sei denn, die Parteien haben etwas anderes vereinbart.[183] Allerdings können Meinungsverschiedenheiten über die Auslegung und Art der Durchführung des Schiedsspruchs nach Art. 12 Anlage VII SRÜ von jeder Partei dem ursprünglichen Schiedsgericht – oder aufgrund einer entsprechenden Parteivereinbarung einem anderen nach Art. 287 SRÜ zuständigen Spruchkörper – vorgelegt werden.

(iv) Besondere Schiedsgerichtsbarkeit

Schließlich können die Parteien gemäß Art. 297 (1) d) SRÜ für bestimmte Arten von Streitigkeiten ein besonderes Schiedsgericht wählen.[184] Diese Möglichkeit besteht gemäß

Dienst einer Streitpartei stehen, nicht ihren Aufenthalt im Hoheitsgebiet haben und nicht Staatsangehörige einer Streitpartei sein. Durch diese Anforderungen soll die Neutralität dieser Mitglieder des Schiedsgerichts sichergestellt werden, Merrills, Settlement, S. 167.

178 Allgemein zur Beteiligung Dritter am Verfahren, unten S. 316 ff.

179 Zum (abweichenden) Begriff der „neutralen Majorität" i.R.d. ICSID-Schiedsgerichtsbarkeit, siehe unten S. 208 f.

180 Art. 5 Anlage VII SRÜ.

181 Art. 8 Anlage VII SRÜ.

182 Art. 6 SRÜ. Diese Pflicht steht allerdings unter dem Vorbehalt, daß sie nur in Übereinstimmung mit den Rechtsvorschriften des Vertragsstaats erfüllt werden muß, hierzu Merrills, Settlement, S. 167.

183 Art. 10 f. Anlage VII SRÜ.

184 Zur Entstehungsgeschichte der besonderen Schiedsgerichtsbarkeit Nordquist/Rosenne/Sohn (Hrsg.), UNCLOS, Nr. A.VIII.1 (S. 442 ff.); Ranjeva, in: (Dupuy/Vignes) Handbook, Vol. 2, S. 1367 f.; Wasum, Seegerichtshof, S. 121 ff.; siehe auch Merrills, Settlement, S. 168 f.; Singh, UNCLOS Dispute Settlement, S. 88 ff.

Art. 1 Anlage VIII SRÜ in Streitigkeiten über

1. Fischerei,
2. maritimen Umweltschutz,
3. wissenschaftliche Meeresforschung,
4. Navigation.

Der zentrale Unterschied zwischen der allgemeinen und der besonderen Schiedsgerichtsbarkeit liegt darin, daß bei letzterer die Sachkunde der Mitglieder des Schiedsgerichts in dem in Frage stehenden Bereich im Vordergrund steht.[185] Dies zeigt sich schon daran, daß die Mitglieder des Schiedsgerichts nicht als „Schiedsrichter" („arbitrators"), sondern als „Sachverständige" („experts") bezeichnet werden. Dementsprechend verlangt Art. 2 (3) Anlage VIII SRÜ nicht nur, daß die Mitglieder eines besonderen Schiedsgerichts wegen ihrer Unparteilichkeit und Ehrenhaftigkeit höchstes Ansehen genießen, sondern auch, daß deren rechtliche, wissenschaftliche oder technische Fachkenntnisse auf dem jeweiligen Gebiet feststehen sollen.[186]

Um dies zu gewährleisten, gibt es für jeden Bereich eine eigene, von unterschiedlichen Institutionen geführte Sachverständigenliste. Zuständig für die Führung der Liste sind für den Bereich

- der Fischerei die Ernährungs- und Landwirtschaftsorganisation der Vereinten Nationen (FAO),
- des maritimen Umweltschutzes das Umweltprogramm der Vereinten Nationen (UNEP),
- der wissenschaftlichen Meeresforschung die Zwischenstaatliche Ozeanographische Kommission (IOC) und für den Bereich
- der Schiffahrt die Internationale Seeschiffahrts-Organisation (IMCO).[187]

Die Vertragsstaaten können für jede dieser Listen je zwei Sachverständige benennen, die die genannten Voraussetzungen erfüllen. Das in Art. 3 Anlage VIII SRÜ geregelte Verfahren zur Bildung des besonderen Schiedsgerichts entspricht eher dem zur Bildung einer Vergleichskommission denn dem zur Bildung eines allgemeinen Schiedsgerichts. So ernennt jede Partei zwei Mitglieder des Spruchkörpers, die vorzugsweise aus der für die konkrete Streitigkeit relevanten Liste ausgewählt werden und von denen eines die Staatsangehörigkeit der Vertragsstaats haben darf. Der Präsident wird im gegenseitigen Einvernehmen benannt. Gelingt den Parteien die Benennung eines oder mehrerer Mitglieder des besonderen Schiedsgerichts nicht, so werden diese nicht vom Präsidenten des Seegerichtshofs, sondern mangels abweichender Parteivereinbarung vom UN-Generalsekretär benannt. Dieser ist an die für die konkrete Streitigkeit maßgebliche Sachverständigenliste gebunden und hat die Ersatzbenennung in Absprache mit den Streitparteien und der für die Führung der Liste zuständigen internationalen Organisation vorzunehmen.[188]

---

185 Vgl. auch Wasum, Seegerichtshof, S. 125 f.

186 Art. 2 (3) Anlage VIII SRÜ.

187 Vgl. Art. 2 (2) Anlage VIII SRÜ.

188 Vgl. Art. 3 a) - e) Anlage VIII SRÜ. Zur Ernennung der Mitglieder des besonderen Schiedsgerichts in Mehrparteienverfahren siehe Art. 3 g) Anlage VIII SRÜ. Danach gilt für den Fall, daß mehrere Parteien mit unterschiedlichen Interessen an dem Verfahren beteiligt sind, daß jede Partei ein Mitglied des Schiedsgerichts bestellt.

Hinsichtlich des Verfahrens und der Entscheidung des besonderen Schiedsgerichts verweist Art. 4 Anlage VIII SRÜ auf die Bestimmungen über das Verfahren im Rahmen der allgemeinen Schiedsgerichtsbarkeit.

Eine Besonderheit des besonderen Schiedsverfahrens findet sich dabei in Art. 5 Anlage VIII SRÜ. Danach kann die Zuständigkeit eines besonderen Schiedsgerichts durch Parteivereinbarung auf die Feststellung eines Sachverhalts beschränkt werden.[189] Mangels abweichender Parteivereinbarung ist die Feststellung des Sachverhalts durch das Schiedsgericht in diesem Fall für die Parteien endgültig. Wenn alle Parteien einverstanden sind, kann das Schiedsgericht darüber hinaus auch Empfehlungen zur Beilegung des Konflikts machen, die allerdings – wie der Bericht einer Vergleichskommission – nicht die Rechtskraft einer Entscheidung haben, für die Parteien also nicht verbindlich sind.

(b) Ausübung der Wahlmöglichkeit

Nach Art. 287 (1) SRÜ[190] kann jeder Staat bei seinem Beitritt zum Seerechtsübereinkommen oder zu jedem späteren Zeitpunkt dem Generalsekretär der Vereinten Nationen schriftlich mitteilen, welches bzw. welche der vier genannten Streiterledigungsverfahren er wählt.[191] Von den Vertragsstaaten des Seerechtsübereinkommens haben 13 Staaten die Zuständigkeit des Internationalen Seegerichtshofs gewählt.[192] Ein gewähltes Streiterledigungsverfahren ist auf eine konkrete Streitigkeit anwendbar, wenn es auch von der anderen Streitpartei gewählt worden ist. Haben die Parteien unterschiedliche Verfahren gewählt oder nicht von ihrem Wahlrecht Gebrauch gemacht, so findet subsidiär das allgemeine Schiedsverfahren Anwendung.[193]

---

189 Hierzu Nordquist/Rosenne/Sohn (Hrsg.), UNCLOS, Nr. A.VIII.8 (S. 450 f.); Wasum, Seegerichtshof, S. 127 führt aus, hierdurch sei es für einen Teilbereich des besonderen Völkerrechts gelungen, eine ständige internationale Untersuchungskommission einzurichten, die auf der Ebene des universellen Völkerrechts bisher am Grundsatz der staatlichen Souveränität gescheitert sei.

190 Zu dieser Vorschrift Adede, System, S. 260 f.; Nordquist/Rosenne/Sohn (Hrsg.), UNCLOS, Nr. 287.1 ff. (S. 41 ff.); Wasum, Seegerichtshof, S. 40 ff.; Carnegie, in: ICLQ 1979, S. 669 (675); Lehoux, in: CYIL 1980, S. 31 (50 ff.); Sohn, in: EPL 1977, S. 98 (98); Treves, in: ZaöRV 1995, S. 421 (429 f.).

191 Die Wahl kann jederzeit widerrufen werden, wobei der Widerruf erst drei Monate nach Hinterlegung der Widerrufserklärung beim Generalsekretär der UN wirksam wird (Art. 287 (6) SRÜ). Außerdem werden anhängige Verfahren durch einen Widerruf nicht berührt, Art. 287 (7) SRÜ. Zur Gefahr der Fragmentierung des internationalen Seerechts aufgrund der Zuständigkeit verschiedener Streiterledigungsverfahren Boyle, in: ICLQ 1997, S. 37 (40 ff.).

192 Hierbei handelt es sich um die Staaten Argentinien, Belgien, Chile, Deutschland, Finnland, Griechenland, Italien, Kap Verde, Oman, Österreich, Portugal, Tansania und Uruguay; zu weiteren Einzelheiten siehe die Informationen im Internet unter der Adresse http://www.un.org/Depts/los/los_sdm1.htm. Die meisten Staaten haben auf die Ausübung des Wahlrechts verzichtet mit der Folge, daß im Zweifel die Zuständigkeit des allgemeinen Schiedsverfahrens begründet wird, vgl. auch Rosenne, in: AJIL 1995, S. 806 (813).

193 Art. 287 (3) - (5) SRÜ. Die in der „Montreux-Formel" vorgesehene Regelung, daß mangels einer übereinstimmenden Wahl der Parteien einer Streitigkeit die Zuständigkeit des von dem beklagten Staat gewählten Spruchkörpers gegeben sein sollte, konnte sich nicht durchsetzen, da

Dabei haben die Parteien einer konkreten Streitigkeit aber immer die Möglichkeit, das Verfahren einem anderen als dem an sich zuständigen Spruchkörper zu unterwerfen. So können sie sich nach Art. 280 ff. SRÜ auf ein anderes Verfahren außerhalb der Konvention einigen; dieses Verfahren geht dann dem im Rahmen des Seerechtsübereinkommens vorgesehen Streiterledigungsverfahren vor. Außerdem können die Parteien für eine konkrete Streitigkeit die Zuständigkeit eines anderen in Art. 287 (1) SRÜ vorgesehenen Spruchkörpers vereinbaren.[194] So beantragten *Saint Vincent und die Grenadinen* im ersten Verfahren vor dem Internationalen Seegerichtshof über die *M/V Saiga* gegen *Guinea* zunächst die Durchführung eines allgemeinen Schiedsverfahrens, bevor die Parteien sich darauf einigten, die Streitigkeit dem Internationalen Seegerichtshof zu unterwerfen.[195]

Nach alledem kann nicht von einer obligatorischen Gerichtsbarkeit des Internationalen Seegerichtshofs gesprochen werden. Seine Zuständigkeit wird vielmehr nur begründet, wenn die Parteien ihn als Spruchkörper ausdrücklich wählen. Selbst wenn solche Erklärungen vorliegen, kann seine Zuständigkeit jederzeit wieder ausgeschlossen werden, indem die Parteien die Zuständigkeit eines anderen Streiterledigungsverfahrens vereinbaren.[196]

b. *Kammer für Meeresbodenstreitigkeiten*

(1) Allgemeines

Die Zuständigkeit des allgemeinen seerechtlichen Streiterledigungsverfahrens erstreckt sich nicht auf Streitigkeiten, die gemäß Teil XI Abschnitt 5 SRÜ (186 ff. SRÜ) in die Zuständigkeit der Kammer für Meeresbodenstreitigkeiten[197] fallen.[198] Wird eine Streitigkeit

---

befürchtet wurde, daß Staaten hierdurch geradezu genötigt würden, die Streitsituation so zu manipulieren, daß sie in die Beklagtenrolle gedrängt würden, vgl. Adede, in: N.Y.U. J. Int. L & Pol. 1977, S. 253 (258 f.); Wasum, Seegerichtshof, S. 40 f. Auch der im ISNT, Part IV vorgesehene Vorschlag, eine grundsätzliche obligatorische Zuständigkeit des Seegerichtshofs zu fingieren, traf auf heftigen Widerstand und konnte sich nicht durchsetzen, Adede, aaO., S. 253 (266 u. 272); Wasum, aaO., S. 42 f. Der ICNT sah dann zum ersten Mal die Auffangzuständigkeit des allgemeinen Schiedsverfahrens vor.

194 Dies folgt schon daraus, daß Art. 287 (4) und (5) SRÜ unter dem Vorbehalt einer abweichenden Parteivereinbarung stehen.

195 The M/V „Saiga" (Saint Vincent and the Grenadines v. Guinea), List of Cases No. 2, Order on Request for Provisional Measures of 11 March 1998. Die Entscheidung ist wiedergegeben im Internet unter der Adresse „http://www.un.org/Depts/los/ord1103.htm"; siehe auch Oxman, in: AJIL 1998, S. 278 (282); Lowe, in: ICLQ 1999, S. 187 (196 f.).

196 Carnegie, in: ICLQ 1979, S. 669 (674 f); Wasum, Seegerichtshof, S. 46.

197 Siehe allgemein zur Kammer für Meeresbodenstreitigkeiten Adede, System, S. 267 ff.; Marquardt, Streitbeilegungssystem, S. 13 ff.; Seeberg-Elverfeldt, Tiefseebergbaurecht, S. 29 ff.; Wasum, Seegerichtshof, S. 224 ff.; Wolfrum, Internationalisierung, S. 607 ff.; Richardson, in: FS Sohn, S. 149 (160 ff.); Treves, in: ZaöRV 1995, S. 421 (440 ff.); v. Wedel, in: RIW 1982, S. 634 (639); Berenbrok/Nussbaum, in: RIW 1994, S. 910 (916 f.).

198 Wie oben (S. 99 ff.) dargestellt, war zunächst geplant, die Kammer für Meeresbodenstreitigkeiten getrennt vom Seegerichtshof im Rahmen der Tiefseebergbaubehörde zu errichten. Erst im Verlauf der Dritten Seerechtskonferenz einigten sich die Vertragsstaaten darauf, die Kam-

von den Art. 186 ff. SRÜ erfaßt, so ist die Zuständigkeit der Kammer für Meeresbodenstreitigkeiten grundsätzlich[199] obligatorisch. Durch die Einrichtung dieser besonderen Kammer wird der speziellen Struktur der Rechtsstreitigkeiten Rechnung getragen, die im Bereich des Meeresbodenregimes denkbar sind. Bei der Ausgestaltung und Inanspruchnahme dieses Regimes kommen als Beteiligte nicht nur Staaten in Betracht, sondern darüber hinaus die Meersbodenbehörde und ihre Organe, juristische und natürliche Personen sowie internationale Organisationen. Mit der Vielzahl möglicher Rechtsbeziehungen zwischen den potentiell an dem Regime Beteiligten ist die Möglichkeit zahlreicher Rechtsstreitigkeiten verbunden. Für diese bedarf es eines besonderen Rechtsschutzsystems, das sich vom Internationalen Seegerichtshof, dessen Zuständigkeit auf zwischenstaatliche Streitigkeiten beschränkt ist, abhebt.[200]

Die Kammer für Meeresbodenstreitigkeiten besteht aus 11 Mitgliedern. Diese werden von der Mehrheit der Mitglieder des Seegerichtshofs aus deren Mitte gewählt.[201] Die Kammer ist gemäß Art. 35 (7) ISGH-Statut bei Anwesenheit von sieben Mitgliedern beschlußfähig. Allerdings kann in Streitigkeiten zwischen Vertragsstaaten über die Auslegung oder Anwendung des Teil XI des Seerechtsübereinkommens eine aus drei Mitgliedern bestehende *Ad-hoc*-Kammer eingerichtet werden.[202]

Nach Art. 40 (1) ISGH-Statut sind die den Seegerichtshof betreffenden Vorschriften des ISGH-Statuts auch auf die Kammer für Meeresbodenstreitigkeiten anwendbar. Daneben finden sich Sondervorschriften über das Verfahren vor der Kammer für Meeresbodenstreitigkeiten in Art. 38 (Anwendbares Recht) und Art. 39 (Vollstreckung der Entscheidungen der Kammer). Auch die Bestimmungen der ISGH-VerfO sind anwendbar, wobei die Art. 23 - 25 und 115 - 123 ISGH-VerfO allerdings Sondervorschriften enthalten.

(2) Zuständigkeit

Die Zuständigkeit der Kammer für Meeresbodenstreitigkeiten ist in Art. 187 SRÜ geregelt. Die Bestimmung enthält keine Gesamtverweisung, sondern eine enumerative Aufzählung der Zuständigkeiten.[203] Voraussetzung für die Zuständigkeit der Kammer ist zunächst, daß es sich um eine Streitigkeit handelt, die Tätigkeiten im Gebiet[204] betrifft. Art. 187 unterscheidet sechs verschiedene Kategorien von Streitigkeiten, an denen unterschiedliche Parteien teilnehmen können.[205]

---

mer organisatorisch in den Internationalen Seegerichtshof zu integrieren, wobei allerdings die getrennte Zuständigkeit beibehalten wurde.

199 Zu den Ausnahmen des Art. 188 SRÜ siehe im folgenden.

200 Wolfrum, Internationalisierung, S. 608; Bernhardt, in: ZaöRV 1978, S. 959 (974).

201 Art. 35 (1) ISGH-Statut.

202 Art. 36 (1) ISGH-Statut i.V.m. Art. 188 (1) (b), 187 (1) (a) SRÜ.

203 Die Zuständigkeiten der KMS sind mit denen des EuGH weitgehend vergleichbar, vgl. Seeberg-Elverfeldt, Tiefseebergbaurecht, S. 76; Wolfrum, Internationalisierung, S. 610 ff.

204 Der Begriff ist definiert in Art. 1 (1) Nr. 1 und 3 SRÜ.

205 Eine umfassende Darstellung der Zuständigkeit der KMS findet sich bei Marquardt, Streitbeilegungssystem, S. 61 ff.; Seeberg-Elverfeldt, Tiefseebergbaurecht, S. 75 ff.; siehe ferner Wa-

Erstens ist nach Art. 187 a) SRÜ die Zuständigkeit für Streitigkeiten zwischen Vertragsstaaten begründet, die die Auslegung oder Anwendung des Teils XI SRÜ sowie der Anhänge III und IV SRÜ betreffen.[206] Die Tatsache, daß nur Vertragsstaaten Partei sein können, wird vor dem Hintergrund der abstrakten Zielsetzung des Verfahrens verständlich, das keine Verletzung der klagenden Vertragspartei voraussetzt.[207] Eine in diese Kategorie fallende Streitigkeit kann nach Art. 188 (1) SRÜ auf Antrag aller Streitparteien entweder einer gemäß Art. 15 und 17 ISGH-Statut zu bildenden Kammer des Internationalen Seegerichtshofs oder einer *Ad-hoc*-Kammer der Kammer für Meeresbodenstreitigkeiten unterbreitet werden.

Als zweite Kategorie von Streitigkeiten nennnt Art. 187 b) SRÜ Streitigkeiten zwischen einem Vertragsstaat und der Behörde, in denen es um die Frage geht, ob die Internationale Meeresbodenbehörde oder ein Vertragsstaat[208] durch ein Tun oder Unterlassen Bestimmungen des Teils XI SRÜ, der Anlagen III und IV SRÜ oder Durchführungsbestimmungen der Internationalen Meeresbodenbehörde verletzt hat. Auch hierbei handelt es sich um ein abstraktes Verfahren, dessen Kläger nur Vertragsstaaten sein können.[209]

Drittens nennt Art. 187 c) SRÜ Streitigkeiten zwischen Parteien eines Vertrages.[210] Insoweit kommen als Parteien in Betracht: die Behörde oder das Unternehmen, Vertragsstaaten, Staatsunternehmen[211] sowie natürliche und juristische Personen. Gegenstand des Verfahrens können zum einen die Auslegung oder Anwendung des betreffenden Vertrages oder eines Arbeitsplans sein, zum anderen Handlungen oder Unterlassungen einer Streitpartei, die sich auf Tätigkeiten im Gebiet beziehen und die gegen die andere Streitpartei gerichtet sind oder deren berechtigte Interessen unmittelbar berühren. Insoweit kommen sowohl Klagen innerhalb des gleichen Genehmigungsvertrages als auch Klagen zwischen Parteien verschiedener Verträge in Betracht.[212]

---

sum, Seegerichtshof, S. 240 ff.; Wolfrum, Internationalisierung, S. 610 ff.; Treves, in: ZaöRV 1995, S. 421 (440 ff.).

206 Insoweit bestehen keine wesentlichen Unterschiede zu Streitigkeiten über die Auslegung oder Anwendung von anderen Bestimmungen des Seerechtsübereinkommens zwischen Vertragsstaaten, Treves, in: ZaöRV 1995, S. 421 (441).

207 Wolfrum, Internationalisierung, S. 610; Seeberg-Elverfeldt, Tiefseebergbaurecht, S. 82.

208 Unter den Voraussetzungen der Anlage IX SRÜ sind auch internationale Organisationen parteifähig.

209 Diese Kompetenz der Meeresbodenbehörde war sehr umstritten, da befürchtet wurde, daß die KMS hierüber die Befugnisse der Behörde zu weitgehend limitieren könnte; Wolfrum, Internationalisierung, S. 611. Aus diesem Grund wird die Entscheidungskompetenz der KMS durch Art. 189 SRÜ erheblich eingeschränkt (siehe hierzu im folgenden).

210 Die Tatsache, daß die Behörde und das Unternehmen nebeneinander genannt werden, zeigt, daß der Begriff des Vertrages hier verschiedene Vertragsverhältnisse umfaßt. Zum einen kann es sich um Genehmigungsverträge zwischen der Behörde und einem Vertragsstaat bzw. deren Unternehmen handeln (Art. 153 (3) i.V.m. Art. 3 Anlage III SRÜ), zum anderen um Joint-Venture-Verträge i.S.d. Art. 11 Anlage III SRÜ mit dem Unternehmen, Wolfrum, Internationalisierung, S. 614.

211 Zum Begriff des Staatsunternehmens Seeberg-Elverfeldt, Tiefseebergbaurecht, S. 66.

212 Wolfrum, Internationalisierung, S. 614 unter Hinweis darauf, daß nur bei dieser Auslegung Art. 190 SRÜ einen Sinn ergibt.

Die Besonderheit des Art. 187 c) SRÜ liegt in der Möglichkeit, daß eine natürliche oder juristische Person einen Staat vor einem internationalen Spruchkörper verklagen kann. *Wolfrum* weist zu Recht darauf hin, daß dies an sich konsequent ist, da in dieser Konstellation beide auf gleicher Ebene als Bergbautreibende auftreten.[213] Gleichwohl werden aber Staaten in gewissem Umfang durch Art. 190 (2) SRÜ vor derartigen Klagen geschützt.[214] Nach dieser Vorschrift kann ein beklagter Staat verlangen, daß der befürwortende Staat[215] anstelle der natürlichen oder juristischen Person an dem Verfahren teilnimmt. Kommt der befürwortende Staat dieser Aufforderung nicht nach, so kann sich der beklagte Staat durch eine juristische Person seiner Staatsangehörigkeit vertreten lassen.

Die Parteien haben auch die Möglichkeit, Streitigkeiten über die Auslegung oder Anwendung des betreffenden Vertrages einem bindenden Handelsschiedsverfahren zu unterwerfen, wobei mangels abweichender Parteivereinbarung die UNCITRAL Schiedsordnung Anwendung findet.[216]

Als vierte Art von Streitigkeiten, die in die Zuständigkeit der Kammer für Meeresbodenstreitigkeiten fällt, nennt Art. 187 d) SRÜ Streitigkeiten zwischen der Behörde und einem künftigen Vertragsnehmer, dessen Antrag auf Erteilung einer Genehmigung zum Tiefseebergbau abgelehnt wurde.[217] Die fünfte Kategorie von Streitigkeiten umfaßt nach Art. 187 e) SRÜ Schadensersatzklagen gegen die Behörde nach Maßgabe des Art. 22 Anlage III SRÜ.[218] Schließlich ist die Kammer für Meeresbodenstreitigkeiten nach Art. 187 f) SRÜ für jede sonstige Streitigkeit zuständig, für die ihre Zuständigkeit ausdrücklich vorgesehen ist.[219]

Die Zuständigkeit der Kammer für Meeresbodenstreitigkeiten wird durch Art. 189 SRÜ begrenzt. Zum einen ist sie nicht zuständig in Bezug auf die Ausübung der Ermessensbefugnisse durch die Behörde, insbesondere darf sie keinesfalls das Ermessen der Behörde durch ihr eigenes ersetzen. Insoweit kann aus dem Verbot der Überprüfung von Ermessensentscheidungen indes nicht gefolgert werden, daß auch die Beanstandung zumindest grober Ermessensfehler ausgeschlossen ist. Andernfalls ergäbe der Zusatz, daß die Kammer keinesfalls das Ermessen der Behörde durch ihr eigenes ersetzen kann, keinen Sinn. Außerdem zählt es zu den Aufgaben der Kammer festzustellen, ob seitens der Behörde ein Mißbrauch ihrer Befugnisse („*misuse of power*“) vorliegt.[220] Unter diesen

---

213 Wolfrum, Internationalisierung, S. 614 f.

214 Vgl. hierzu Marquardt, Streitbeilegungssystem, S. 213 f.; Seeberg-Elverfeldt, Tiefseebergbaurecht, S. 165 ff.; Jaenicke, Solutions, S. 113 (128 f.)

215 Bei diesem handelt es sich regelmäßig um den Staat, dessen Staatsangehörigkeit die betroffene juristische oder natürliche Person hat, vgl. Art. 153 (2) b) SRÜ. Zum befürwortenden Staat siehe etwa Hauser, Tiefseebergbau, S. 94 ff.; Seeberg-Elverfeldt, Tiefseebergbaurecht, S. 73 f.

216 Art. 188 (2) SRÜ. Dabei ist das Schiedsgericht nicht befugt, über Fragen der Auslegung des SRÜ zu entscheiden. Diese Frage ist vielmehr an die KMS zu verweisen.

217 Treves, in: ZaöRV 1995, S. 421 (442) weist darauf hin, daß diese Streitigkeit auch von Art. 187 b) SRÜ erfaßt wird, wenn der künftige Vertragsnehmer ein Staat ist.

218 Nach Art. 22 S. 2 Anlage III SRÜ ist die Behörde für jeden Schaden verantwortlich oder haftbar, der durch rechtswidrige Handlungen bei der Wahrnehmung ihrer Befugnisse und Aufgaben verursacht wird.

219 Siehe hierzu Treves, in: ZaöRV 1995, S. 421 (443 f.).

220 Art. 189 S. 3 i.V.m. Art. 187 b) ii) SRÜ.

Begriff lassen sich sowohl grobe Ermessensfehler als auch die Überschreitung des Ermessensspielraums subsumieren.[221]

Außerdem darf die Kammer sich nach Art.189 S. 2 SRÜ weder zu der Frage äußern, ob eine Durchführungsbestimmung der Behörde mit dem Seerechtsübereinkommen vereinbar ist, noch eine solche für ungültig erklären. Zwar ist damit eine Normenkontrollklage im eigentlichen Sinne ausgeschlossen, nicht jedoch eine inzidente Normenkontrolle. Kommt die Kammer zu dem Ergebnis, daß das von der Behörde gesetzte Sekundärrecht mit dem Primärrecht unvereinbar ist, so wendet sie ersteres im Einzelfall nicht an.[222]

Eine Normenkontrolle im eigentlichen Sinne kommt nur im Rahmen des Art. 191 SRÜ in Betracht. Danach ist die Kammer für Meeresbodenstreitigkeiten zuständig, auf Antrag der Versammlung oder des Rates Gutachten zu Rechtsfragen abzugeben, die sich aus dem Tätigkeitsbereich dieser Organe ergeben.[223]

B. Zwischenstaatliche Streiterledigung im Rahmen der World Trade Organization

In den ersten Jahren seit der Gründung der Welthandelsorganisation (World Trade Organization, WTO) am 1. Januar 1995[224] ist das Panelverfahren, das zur Beilegung von Streitigkeiten zwischen Mitgliedstaaten eingerichtet worden ist, in einem zuvor nicht erwarteten Umfang genutzt worden.[225] Einer der Gründe hierfür ist in der „Verrechtlichung“[226] zu sehen, die das Panelverfahren im Rahmen der WTO erfahren hat, und in der kaum zu überschätzenden wirtschaftlichen Bedeutung der internationalen Wirtschaftsbeziehungen, für die die WTO mit ihren 134 Mitgliedstaaten den institutionellen Rahmen bildet.[227] Die Bedeutung zeigt sich, wenn man bedenkt, daß nach Schätzungen der durch die *Uruguay*-Runde ausgelöste Liberalisierungsimpuls im Jahre 2005 jährlich weltweit ein zusätzliches Volkseinkommen von mindestens 109 bis 510 Milliarden Dollar und ein

---

221 Seeberg-Elverfeldt, Tiefseebergbaurecht, S. 94; Wolfrum, Internationalisierung, S. 612; Bernhardt, in: ZaöRV 1978, S. 959 (977); Treves, in: ZaöRV 1995, S. 421 (444); weitergehend Hauser, Tiefseebergbau, S. 84 f., der auch einfache Ermessensfehler hierunter subsumieren will.

222 Siehe hierzu unten S. 372 f.

223 Siehe auch Art. 130 ff. ISGH-VerfO. Zur Gutachtenerstattung nach Art. 191 SRÜ vgl. Marquardt, Streitbeilegungssystem, S. 222 ff.; Wasum, Seegerichtshof, S. 263 ff.

224 BGBl. 1995, Teil II, S. 456.

225 Bis zum 1. September 1999 ist in 179 Fällen die Durchführung von Konsultationen beantragt worden, die 138 verschiedene Verfahren betrafen. Zu diesem Zeitpunkt liefen 29 Panelverfahren, weitere 23 Verfahren waren bereits abgeschlossen, während 37 ruhten oder durch eine gütliche Beilegung der Streitigkeit beendet waren. Die übrigen Verfahren befanden sich noch in der Phase der Konsultationen.

226 Siehe hierzu unten S. 149 ff; allgemein zur Verrechtlichung des GATT-Panelverfahrens Hudec, in: (Hart/Steger) In Whose Interest?, S. 9 (11 ff.).

227 Stand: Februar 1999.

zusätzliches Handelsvolumen von mindestens 244 bis 668 Milliarden Dollar erzeugen soll.[228]

I. *Vom GATT zur WTO*

1. *Die Entstehung des GATT*

Der Begriff der World Trade Organization erinnert an die International Trade Organization (ITO). Diese sollte unmittelbar nach dem zweiten Weltkrieg errichtet werden, um – im Anschluß an die Reorganisation des internationalen Währungswesens durch die Gründung des internationalen Währungsfonds und der Weltbank – einen institutionellen Rahmen für die Gewährleistung multilateraler Lösungen von Handelsproblemen zu schaffen.[229] Hierzu wurde im März 1948 die „Havanna Charter for an International Trade Organization" von 54 Staaten unterzeichnet. Diese enthielt neben Bestimmungen über die allgemeine Zielsetzung der Organisation Regelungen über Beschäftigung, die wirtschaftliche Entwicklung und den Wiederaufbau, die Handelspolitik – dieser Abschnitt entspricht inhaltlich in den wesentlichen Teilen dem späteren GATT –, internationale Wettbewerbsfragen, zwischenstaatliche Rohprodukteabkommen und die Schaffung der ITO zur Verwirklichung und Durchsetzung der Charta. Die Havanna-Charta trat jedoch nie in Kraft, da sie am Widerstand des US-amerikanischen Kongresses scheiterte.[230]

Bereits vor der Konferenz in Havanna hatten in den Jahren 1946/47 zwischen 23 Staaten Verhandlungen über einen gegenseitigen Abbau von Zöllen und nichttarifären Handelshemmnissen stattgefunden. Das Ergebnis dieser Verhandlungen bildete das „Allgemeine Zoll- und Handelsabkommen" („General Agreement on Tariffs and Trade", GATT). Das GATT, das später in die noch zu schaffende ITO integriert werden sollte, trat aufgrund eines am 30. Oktober 1947 abgeschlossenen Protokolls über die vorläufige An-

---

228 Ebenroth, in: RIW 1995, S. 1 (3) unter Bezugnahme auf Zahlen des GATT-Sekretariats und unter Hinweis darauf, daß hierbei andere Wirkungsfaktoren wie die Effekte der Kommerzpsychologie im Wege einer Implementierung der Liberalisierungspakete der WTO, der verbesserten handelspolitischen Rechtssicherheit oder des neuen Vertragsrahmens im Bereich der geistigen Eigentumsrechte durch das TRIPs-Übereinkommen noch ausgeklammert sind.

229 Zur ITO und zu den Ursprüngen des GATT siehe Benedek, Rechtsordnung, S. 27 ff.; Herdegen, Internationales Wirtschaftsrecht, S. 107 ff.; Hudec, Enforcing, S. 3 ff.; Jackson, World Trade and the Law of GATT, S. 1 ff.; ders., Restructuring, S. 9 ff.; Senti, GATT - WTO, S. 7 ff.; Tuchtfeldt, in: FS Ghaussy, S. 15 ff.; Ipsen/Haltern, Reform, S. 5 ff.; dies., in: RIW 1994, S. 717 (718 ff.); Hailbronner/Bierwagen, in: JA 1988, S. 318 (318 ff.).

230 Vgl. Herdegen, Internationales Wirtschaftsrecht, S. 107 f. Die Havanna-Charta ging weitgehend auf die Initiative der amerikanischen Exekutive zurück, um schließlich von der amerikanischen Legislative zu Fall gebracht zu werden. Dabei war die Mehrheit der Abgeordneten gegen die ITO, weil sie den Liberalen zu protektionistisch und den Protektionisten zu liberal erschien. Angesichts dieser Umstände legte der amerikanische Präsident Truman die Charta dem Kongreß gar nicht vor und verzichtete auf eine Entscheidung über eine Ratifizierung, Senti, GATT - WTO, S. 11.

wendung am 1. Januar 1948 in Kraft.[231] Nachdem das Projekt einer ITO endgültig gescheitert war, wurde das „provisorische“ GATT zur dauerhaften Grundordnung des Welthandels[232] und entwickelte sich nach nahezu einhelliger Auffassung zumindest *de facto* zu einer internationalen Organisation.[233]

2. *Die Ziele des GATT*

Die Rechtsordnung des GATT war und ist auf eine progressive Liberalisierung des Welthandels gerichtet. Als Ziele nennt die Präambel des Abkommens die Erhöhung des Lebensstandards und die Erreichung der Vollbeschäftigung. Diese Ziele sollen durch einen wesentlichen Abbau der Zölle und anderer Handelsschranken sowie durch die Beseitigung der Diskriminierung im internationalen Handel erreicht werden.[234] Im Rahmen der Verhandlungen zwischen den GATT-Vertragsparteien hierüber gilt der Grundsatz der Gegenseitigkeit (Reziprozität), das heißt, alle Staaten, denen von anderen Vertragsparteien Zugeständnisse eingeräumt werden, sollen gleichwertige Gegenleistungen erbringen.[235]

Von zentraler Bedeutung für die Erreichung der Ziele des GATT ist der Grundsatz der Nichtdiskriminierung. Danach dürfen die einzelnen Vertragsstaaten hinsichtlich des Wa-

---

231 Eingehend Senti, GATT - WTO, S. 12 ff.

232 Herdegen, Internationales Wirtschaftsrecht, S. 108.

233 Für das GATT wurde die Form eines Vertrags gewählt, da die Handelsgesetze die amerikanische Regierung nur zum Abschluß von Handelsverträgen berechtigten, während die Entscheidung über den Beitritt zu einer internationalen Organisation der Legislative vorbehalten war. In den Jahren seines Bestehens hat das GATT sich indes institutionell zu einer internationalen Organisation weiterentwickelt, Benedek, Rechtsordnung, S. 252 m.w.N.; Jackson, Restructuring, S. 16; Hailbronner/Bierwagen, in: JA 1988, S. 318 (320); Hilpold, in: ZVglRWiss 93 (1994), S. 419 (430); Mora, in: C.J.T.L. 1993, S. 103 (107 f.). Diese Weiterentwicklung ist dabei das Ergebnis eines sekundär- und gewohnheitsrechtlichen Prozesses. Es besteht insofern eine Dichotomie des GATT als völkerrechtlicher Vertrag und als internationale Organisation, Benedek, aaO., S. 185 ff.; Ipsen/Haltern, Reform, S. 7 f. Zur praktischen Bedeutung der Frage, ob es sich bei dem GATT um eine internationale Organisation handelt, vgl. aus der Sicht des GATT die Äußerung des früheren Direktors der Legal Affairs Division des GATT-Sekretariats Roessler, Establishing, S. 69 „...the GATT has without any doubt evolved de facto into an international organization. Jurists may differ on the question of whether the GATT is also an international organization in a formal legal sense. The administrators of that institution are as fascinated by that issue as birds are by ornithology“.

234 Zu den Grundprinzipien des GATT siehe Benedek, Rechtsordnung, S. 37 ff.; Herdegen, Internationales Wirtschaftsrecht, S. 115 ff.; Ipsen/Haltern, Reform, S. 20 ff.; Jackson, World Trade and the Law of GATT, S. 193 ff.; Senti, GATT, S. 97 ff.; v. Bogdandy, in: RIW 1991, S. 55 (56 ff.), Brand, in: JWT 1990, Nr. 3, S. 5 (8 f.); Petersmann, in: RabelsZ 1983, S. 478 (484 ff.); Steinmetzler, in: DZWir 1997, S. 494 (494 ff.).

235 Hierzu Ipsen/Haltern, Reform, S. 17 f. u. 37 ff. Das Prinzip der Reziprozität ist aus wirtschaftspolitischer Sicht zumindest dann problematisch, wenn man mit den Verfechtern des Freihandels davon ausgeht, daß jede Liberalisierungsmaßnahme, etwa die Beseitigung einer Importbeschränkung, auch dem jeweiligen Land selbst gesamtwirtschaftlich nützt; Herdegen, Internationales Wirtschaftsrecht, S. 116; vgl. auch Petersmann, in: GYIL 1989, S. 280 (310 ff.); Ipsen/Haltern, aaO., S. 37 ff.; zu den Argumenten für die Beibehaltung des Prinzips der Reziprozität Senti, GATT, S. 64 f. m.w.N.

renverkehrs nicht unterschiedlich behandelt werden. Dies wird zunächst durch den in Art. I GATT normierten Grundsatz der Meistbegünstigung[236] sichergestellt. Danach ist jeder Vertragsstaat verpflichtet, die einem anderen Vertragsstaat eingeräumten Handelsvorteile (etwa in Bezug auf Zölle, Steuern oder Ein- und Ausfuhrabgaben) für alle gleichartigen Waren unverzüglich und bedingungslos jedem anderen Vertragsstaat gleichfalls einzuräumen. Ergänzt wird dieses Prinzip durch das Diskriminierungsverbot des Art. XIII GATT, wonach die Einfuhr oder Ausfuhr von Waren im Verkehr zwischen Vertragsparteien nur solchen mengenmäßigen Beschränkungen unterworfen werden darf, die auch für den Handelsverkehr mit dritten Ländern gelten.[237] Schließlich ist in diesem Zusammenhang auch die in Art. III GATT geregelte Inländergleichbehandlung bedeutsam, die besagt, daß ausländische Waren mit inländischen auf dem Gebiet der nationalen Abgaben und Rechtsvorschriften gleichgestellt werden müssen.[238]

Während diese Grundsätze der Schaffung gleicher Wettbewerbschancen bei dem Zugang zu den Märkten dienen, haben andere Leitprinzipien unmittelbar die globale Liberalisierung des Wirtschaftsverkehrs durch die Beseitigung oder den Abbau von Handelsschranken[239] zum Gegenstand.[240] Hierzu zählt, daß die Vertragsstaaten verpflichtet sind, zur Handelssteuerung nur – fortlaufend abzubauende – Zölle einzusetzen (*Tariffs-only*-Maxime). Dagegen sollen nichttarifäre Handelshemmnisse vermieden werden. Diese erlangen im Zuge der Absenkung von Zöllen zunehmend Bedeutung, da es naheliegt, daß Staaten versuchen, sich zum Schutz der inländischen Wirtschaft nichttarifärer Schutzmaßnahmen zu bedienen (sog. neuer Protektionismus[241]). Hierzu zählen etwa mengenmäßige Beschränkungen, Zollwertverfahren, Subventionen, Antidumping- und Antisubventionsabgaben, technische Standards oder auch Einfuhrlizensierungen.[242] Im Vergleich zu nichttarifären Handelshemmnissen haben Zölle und zollgleiche Abgaben den Vorteil, daß sie nicht nur transparent sind, sondern auch quantifiziert und multilateral gegen Erhöhungen gebunden werden können.[243]

---

236 Allgemein zum Prinzip der Meistbegünstigung Kramer, in: RIW 1989, S. 473 ff. m.w.N. Der in Art. I GATT normierte Grundsatz der Meistbegünstigung wird in weiteren Vorschriften des GATT konkretisiert, vgl. hierzu v. Bogdandy, in: RIW 1991, S. 55 (57); Ipsen/Haltern, Reform, S. 21 ff. Zu den Durchbrechungen des Prinzips der Meistbegünstigung Herdegen, Internationales Wirtschaftsrecht, S. 117; Senti, GATT, S. 110 ff.

237 Zu den Ausnahmen vom Verbot der Diskriminierung siehe Art. XIV GATT.

238 Zur Inländergleichbehandlung Hart, in: JWT 1987, Nr. 6, S. 37 (38 ff.); vgl. auch Ipsen/Haltern, Reform, S. 23 ff, die auf S. 21 darauf hinweisen, daß es sich bei der Meistbegünstigung und der Inländergleichbehandlung um zwei sich ergänzende Teilbereiche desselben Prinzips handelt, die jeweils ohne den anderen wirkungslos sind.

239 Zum Begriff des least-distortion-Prinzips – das im Deutschen nicht ganz zutreffend als Prinzip des Freihandels übersetzt wird – Ipsen/Haltern, Reform, S. 24 ff.

240 Herdegen, Internationales Wirtschaftsrecht, S. 117.

241 Hierzu Ipsen/Haltern, Reform, S. 37 ff.; Petersmann, in: RabelsZ 1983, S. 478 (478 ff.).

242 Schätzungen gehen von über 800 verschiedenen Arten nichttariffärer Handelshemmnisse aus, Ipsen/Haltern, Reform, S. 25.

243 Außerdem lassen sich die durch Zölle eintretenden wirtschaftlichen Wirkungen steuern (Optimalzolltheorie) und setzen im Regelfall (mit der Ausnahme der Prohibitivzölle) den Preis- und Marktwettbewerb nicht außer Kraft, Hailbronner/Bierwagen, in: JA 1988, S. 318 (321).

Das GATT untersagt nichttarifäre Handelshemmnisse nicht generell. Ein grundsätzliches Verbot[244] besteht nach Art. XI GATT nur für mengenmäßige Beschränkungen.[245] Daher ist im Zusammenhang mit nichttarifären Handelshemmnissen das Gebot der Inländergleichbehandlung von besonderem Gewicht. Die notwendige Erstreckung von Marktzugangsbarrieren – beispielsweise durch inländische Abgaben oder behindernde Rechtsvorschriften – auf inländische Produkte wirkt der Neigung entgegen, solche Handelshemmnisse zu protektionistischen Zwecken einzusetzen.[246]

Die dargestellten allgemeinen Grundregeln werden vielfach durch Ausnahmen durchbrochen.[247] Dies gilt etwa für Sonderregeln für höhere Zölle zur Abwehr von Dumping (Art. VI GATT) und Subventionen (Art. XVI GATT), wenn durch erhöhte Einfuhr von Waren ein ernsthafter Schaden droht (Art. XIX GATT), zur Wahrung nationaler Sicherheitsinteressen (Art. XXI GATT), für Zollunionen und Freihandelszonen (Art. XXIV GATT) sowie für Entwicklungsländer (Art. XXXVI ff. GATT).

Ausgehend von diesen Grundsätzen erfolgte die weitere Ausgestaltung der Welthandelsordnung in acht periodisch stattfindenden Handelsrunden (Genf 1947, Annecy 1949, Torquay 1950/51, Genf 1955/56, Genf 1961/1962 (*Dillon*-Runde), Genf 1964-1967 (*Kennedy*-Runde), Genf 1973-1979 (*Tokio*-Runde) und Genf 1986-1993 (sog. *Uruguay*-Runde)). Im Rahmen der einzelnen Handelsrunden wurden zahlreiche handelspolitische Vereinbarungen in Form von sog. „GATT-Codices" getroffen. Bei diesen handelt es sich um Abkommen, die rechtlich neben dem GATT stehen und jeweils ihren eigenen Kreis von Vertragsstaaten haben.[248] Während es in den ersten sechs Runden vor allem um die Aufnahme neuer GATT-Vertragspartner und den Abbau von Zöllen ging, war in der siebten Runde (*Tokio*-Runde) erstmals auch die Reduktion nichttarifärer Handelshemmnisse sowie die Neuregelung des Dumping, der Subventionen, des öffentlichen Beschaffungswesens und der Zollpräferenzen zugunsten der wirtschaftlich schwachen Länder Gegenstand der Verhandlungen.[249]

Die qualitative Ausweitung, die das GATT mit der *Tokio*-Runde erfahren hatte, fand ihre Fortsetzung in der *Uruguay*-Runde, die 1993 nach äußerst schwierigen und zähen Verhandlungen zu einem erfolgreichen Abschluß gebracht werden konnte.[250] Die *Uru-*

---

244 Zu den Ausnahmen siehe Art. XII GATT (Einfuhrbeschränkungen zum Schutz der Zahlungsbilanz) und Art. XI:2 GATT.

245 Petersmann, in: RabelsZ 1983, S. 478 (485).

246 Herdegen, Internationales Wirtschaftsrecht, S. 118 f.

247 Eingehend Ipsen/Haltern, Reform, S. 30 ff.; Benedek, Rechtsordnung, S. 63 ff. u. 160 ff.

248 Mora, in: C.J.T.L. 1993, S. 103 (107 f.): „The original GATT is just the foundation and point of departure for a system formed by more than one hundred protocols, agreements, understandings, procès verbaux, and other instruments". Der Abschluß solcher separater Abkommen und Vereinbarungen wurde vor allem durch die recht schwierigen Voraussetzungen für eine Vertragsänderung nach Art. XXX GATT gefördert, Herdegen, Internationales Wirtschaftsrecht, S. 110.

249 Einen Überblick über Gegenstände und Ergebnisse der einzelnen Runden gibt Senti, GATT - WTO, S. 15 ff. Zur Tokio-Runde siehe Hudec, Enforcing, S. 24 ff.; Flory, in: Clunet 1986, S. 329 (329 ff.); vgl. auch Jackson, Restructuring, S. 36.

250 Eigentlich sollte die Uruguay-Runde bereits 1990 beendet werden. Indes führte ein unauflösbarer Streit über Agrarfragen und insbesondere die EG-Agrarpolitik zum Scheitern der Ende

guay-Runde überragt in ihrer Bedeutung alle vorangegangenen sieben Handelsrunden. Sie hat zu einer grundsätzlichen institutionellen und materiellen Neuordnung und Erweiterung des Welthandelssystems geführt.[251] Ihr Ergebnis bildet ein komplexes Vertragswerk. So umfaßt allein die Schlußakte der Handelsrunde 424 Seiten – das Abkommen zur Schaffung der WTO, in das alle Einzelabkommen und konkreten Liberalisierungskonzessionen des GATT eingebracht wurden, umfaßt über 20.000 Seiten und wiegt 385 Pfund.[252]

II. Das WTO-Übereinkommen

Das Kernstück der Resultate der *Uruguay*-Runde ist das WTO-Übereinkommen. Dieses besteht aus 16 Artikeln nebst Anlagen und legt die Grundlagen für eine neue Welthandelsordnung fest. Ihr wesentliches Merkmal ist, daß alle im Rahmen der *Uruguay*-Runde ausgehandelten Konzessionen und Regelungen in den Anhängen des WTO-Übereinkommens normiert sind und damit einen integralen Bestandteil des Übereinkommens bilden.[253]

Die Welthandelsorganisation bildet die gemeinsame organisatorische Struktur für alle vom WTO-Übereinkommen erfaßten Abkommen. Diese werden folglich durch gemeinsame Organe verwaltet um sicherzustellen, daß der innere Zusammenhang zwischen allen Regelungsbereichen gewahrt bleibt. Auf diese Weise soll die Entwicklung korrigiert werden, die von *Jackson* als die „Balkanisierung"[254] des GATT bezeichnet worden ist. Mit diesem Schlagwort wurde der Zustand des GATT beschrieben, der sich daraus ergab, daß – wie bereits erwähnt – neben dem eigentlichen General Agreement on Tariffs and Trade (GATT) eine Reihe weiterer Übereinkommen und Rechtsakte bestanden. Diese gingen

---

1990 nach Brüssel einberufenen Ministerkonferenz, durch die die Uruguay-Runde abgeschlossen werden sollte. Eine Einigung zwischen den USA und der EG über die umstrittenen Agrarfragen konnte erst Ende 1992 erzielt werden; danach dauerte es aufgrund weiterer Schwierigkeiten und Probleme noch ein Jahr, bis die Uruguay-Runde am 16. Dezember 1993 förmlich abgeschlossen werden konnte, Stoll, in: ZaöRV 1994, S. 241 (250 f.).

251 Zur Uruguay-Runde eingehend Hilpold, in: ZVglRWiss 93 (1994), S. 419 ff.; vgl. auch Girard, in: (Cottier) GATT-Uruguay Round, S. 1 ff.; Ipsen/Haltern, Reform, S. 45 ff.; Jackson, Restructuring, S. 38 ff.; ders., in: RGDIP 1994, S. 675 ff.; Herdegen, Internationales Wirtschaftsrecht, S. 110; Oppermann/Beise, in: EA 1994, S. 195 (196 ff.); Blankart, in: Außenwirtschaft 1994, S. 17 ff.; May, in: EA 1994, S. 33 ff.; Petersmann, in: Außenwirtschaft 1994, S. 31 ff.; Stiles, in: J. Int. L. & P. 1995, Nr. 1, S. 3 (15 ff.); Stoll, in: ZaöRV 1994, S. 241 (242 ff.) m.w.N.

252 Jackson, in: (Kenen) Managing the World Economy, S. 131 (131).

253 Stoll, in: ZaöRV 1994, S. 241 (252 f.). Zu den einzelnen erfaßten Bereichen siehe unten S. 139 ff. Die Schaffung einer einheitlichen Verwaltung (und eines einheitlichen Streitbeilegungssystems) war eines der zentralen Ziele der Uruguay-Runde, Jansen, in: EuZW 1994, S. 333 (334); vgl. auch Jackson, in: (Cottier) GATT-Uruguay Round, S. 29 (35 f.).

254 Jackson, in: L. & Pol. Int. Bus. 1980, S. 21 (52); vgl. auch Benedek, Rechtsordnung, S. 104 ff.; Mora, in: C.J.T.L. 1993, S. 103 (124); Stoll, in: ZaöRV 1994, S. 241 (264 f.). Positiv beurteilt wird diese Entwicklung von Long, Law, S. 107 ff.

hauptsächlich auf die *Tokio*-Runde zurück[255] und unterschieden sich nach ihrem Mitgliederbestand, hatten verschiedene Organe, sahen teilweise Vorrechte für Entwicklungsländer vor oder enthielten unübersichtliche Änderungsbestimmungen.[256]

Insbesondere kam es auch zu einer Zersplitterung des Streiterledigungsverfahrens. Dies eröffnete der beschwerdeführenden Partei die Möglichkeit des *forum shopping*, das heißt, sie konnte willkürlich das ihr am günstigsten erscheinende Abkommen wählen, ohne daß die Partei, gegen die sich die Beschwerde richtete, die Möglichkeit hatte, sich zur Verteidigung auf ein anderes Abkommen zu berufen.[257] Diese Gefahr ist im Rahmen der WTO durch ein einheitliches Streiterledigungsverfahren weitgehend beseitigt, innerhalb dessen sich die beklagte Partei auch auf andere unter das WTO-Übereinkommen fallende Abkommen berufen kann.[258]

1. Die Welthandelsorganisation

Die Welthandelsorganisation mit Sitz in Genf ist eine internationale Organisation mit eigener Rechtspersönlichkeit.[259] Nach Art. II:1 WTO-Übereinkommen bildet sie den gemeinsamen institutionellen Rahmen für die Wahrnehmung der Handelsbeziehungen zwischen ihren Mitgliedern hinsichtlich der unter das WTO-Übereinkommen fallenden Abkommen.[260] Sie übernimmt damit eine Rolle, wie sie der nie zur Entstehung gelangten International Trade Organization (ITO) zugedacht war, und bildet neben der Weltbank und dem Internationalen Währungsfond die dritte institutionelle Säule des Weltwirtschaftssystems.[261]

Neben der Verwaltung der unter das WTO-Übereinkommen fallenden Abkommen[262] gehört es zu den Aufgaben der WTO, als Forum für Verhandlungen zwischen Mitgliedstaaten zu dienen.[263] Ferner verwaltet sie die Regeln und Verfahren zur Beilegung von

---

255 Vgl. Flory, in: Clunet 1986, S. 329 (331 ff.).

256 Stoll, in: ZaöRV 1994, S. 241 (264 f.).

257 Jackson, Restructuring, S. 46; Kuijper, in: JWT 1995, Nr. 6, S. 49 (52); Mora, in: C.J.T.L. 1993, S. 103 (125); Petersmann, in: CML Rev. 1991, S. 69 (101 ff.); Vermulst/Driessen, in: JWT 1995, Nr. 2, S. 131 (138).

258 Siehe hierzu Gabler, Streitbeilegungssystem der WTO, S. 39 ff.; vgl. auch Jansen, in: EuZW 1994, S. 333 (334); Kuijper, in: JWT 1995, Nr. 6, S. 49 (52).

259 Art. VIII WTO-Übereinkommen.

260 Siehe hierzu auch Roessler, Establishing, S. 71 f.

261 Jackson, in: (Kenen) Managing the World Economy, S. 131 (140). Nach Art. III:5 WTO-Überein-kommen arbeitet die WTO „im Interesse einer kohärenten Gestaltung der weltweiten wirtschaftspolitischen Entscheidungen" mit dem Internationalen Währungsfonds und der Weltbank zusammen.

262 Nach Art. III:1 WTO-Übereinkommen erleichtert die WTO die Durchführung, Verwaltung und Wirkungsweise des WTO-Übereinkommens und der multilateralen Handelsübereinkommen sowie die Verwirklichung ihrer Ziele. Außerdem bildet sie den Rahmen für die Durchführung, Verwaltung und Wirkungsweise der plurilateralen Handelsübereinkommen.

263 Art. III:2 WTO-Übereinkommen. Auf der Grundlage eines Beschlusses der Ministerkonferenz der WTO können dabei i.R.d. WTO auch weitergehende, über den Sachbereich der bisherigen Regelung hinausreichende Themen verhandelt werden. Dies ist insofern von Bedeutung, als die Frage nach der Behandlung neuer Themen zu Kontroversen über die Zuständigkeit des

Streitigkeiten (das *Dispute Settlement Understanding*, DSU) und die Überwachung der einzelstaatlichen Handelspolitik im Rahmen des *Trade Policy Review Mechanism* (TPRM)[264].[265]

Die Struktur der WTO ist in Art. VI WTO-Übereinkommen niedergelegt.[266] Oberstes Organ der WTO ist die Ministerkonferenz, die sich aus Vertretern aller Mitglieder zusammensetzt und sich mindestens einmal in zwei Jahren versammelt. Sie erfüllt sämtliche Funktionen der Organisation. Zwischen den Tagungen der Ministerkonferenz werden die Funktionen von dem Allgemeinen Rat wahrgenommen. Zu dessen Aufgaben gehört daneben unter anderem die Administrierung des Streitschlichtungsverfahrens und die Überwachung der Handelspolitik der Mitgliedstaaten, wobei er in diesen Fällen als *Dispute Settlement Body* (DSB) bzw. *Trade Policy Review Body* (TPRB) zusammentritt.[267] Ferner verfügt die Welthandelsorganisation gemäß Art. VI WTO-Übereinkommen über ein Sekretariat, das unter der Leitung des von der Ministerkonferenz ernannten Generaldirektors steht.

Die Organisation der WTO wird durch zahlreiche Unterorgane ergänzt. Hier sind an erster Stelle drei weitere Räte zu nennen, die dem Allgemeinen Rat unterstehen und je-

---

GATT und letztlich zu einer Teilung des Mandats geführt hatte, Stoll, in: ZaöRV 1994, S. 241 (258).

264 Der von dem Trade Policy Review Body verwaltete Trade Policy Review Mechanism (TPRM) ist ein im Rahmen der Uruguay-Runde eingefügtes neues Funktionselement der neuen Welthandelsordnung. Im Mandat der Uruguay-Runde war unter der Überschrift „Functioning of the GATT System“ die Aufgabe vorgesehen, „...to enhance the surveillance in the GATT to enable regular monitoring of trade policies and practices ... and their impact on the functioning of the multilateral trading system“ (Part I, E (i) Ministerial Declaration on the Uruguay Round vom 20.9.1986 (BISD 33S/19 (26)). Die Einführung des TPRM beruht auf der Erkenntnis, daß allein ein Streitschlichtungsmechanismus die Durchsetzung der unter das WTO-Übereinkommen fallenden Abkommen nicht ausreichend gewährleisten kann, weil dieser nur eingreift, wenn ein Staat einen vertragswidrigen Zustand geltend macht, Benedek, Rechtsordnung, S. 382. Ziel des neuen Mechanismus ist die Verbesserung der Funktionsfähigkeit und Wirkungsweise des multilateralen Handelssystems durch eine Erfassung, Erörterung und Diskussion der Handelspolitik der einzelnen Mitgliedstaaten im ganzen, Stoll, in: ZaöRV 1994, S. 241 (277). Die Zeiträume, in denen eine Überprüfung stattfindet, richten sich nach dem Anteil der einzelnen Staaten am Welthandel. So werden die vier größten Staaten bzw. Handelsblöcke alle zwei Jahre, die nächsten 16 alle vier Jahre und die übrigen Staaten alle sechs Jahre einer Überprüfung unterzogen. Zum TPRM Petersmann, Improvements, S. 109 (118); Stiles, in: J. Int. L. & P. 1995, Nr. 1, S. 3 (13 f. und 18); Stoll, aaO., S. 277 f.; Curzon Price, in: The World Economy 1991, S. 227 ff.

265 Art. III:3 u. 4 WTO-Übereinkommen.

266 Siehe zur Struktur der WTO auch Dillon jr., in: Mich. J. Int. L. 1995 (Vol. 16), S. 351 (362 ff.); Jansen, in: EuZW 1994, S. 333 (334 f.); Roessler, Establishing, S. 72 f.; Steinmetzler, in: DZWir 1997, S. 494 (497 f.); Stoll, in: ZaöRV 1994, S. 241 (258 ff.).

267 Stoll, in: ZaöRV 1994, S. 241 (260) weist insoweit auf die eigenartige Struktur des WTO-Übereinkommens hin. Zwar werden die Aufgaben des Rats hier institutionell eingekleidet, die damit eingeleitete Institutionalisierung wird jedoch nicht organschaftlich vollzogen. Dabei ergibt sich der Grad der Institutionalisierung und ihre Bedeutung daraus, daß sowohl der DSB als auch der TPRB mit einem eigenen Geschäftsordnungsrecht und dem Recht auf einen eigenen Vorsitzenden ausgestattet sind.

weils mit der Überwachung der drei zentralen Bereiche der WTO betraut sind – der Rat für den Handel mit Waren, der Rat für den Handel mit Dienstleistungen und der Rat für handelsbezogene Aspekte der Rechte des geistigen Eigentums. Diese Räte nehmen die ihnen in den jeweiligen Abkommen und die ihnen vom Allgemeinen Rat zugewiesenen Aufgaben wahr.[268] Ferner ist die Ministerkonferenz verpflichtet, einen Ausschuß für Handel und Entwicklung, einen für Zahlungsbilanzbeschränkungen sowie einen Ausschuß für Haushalt, Finanzen und Verwaltung einzusetzen. Des weiteren kann sie in den Fällen, in denen sie dies für zweckmäßig erachtet, zusätzliche Ausschüsse für weitere Aufgaben einsetzen.[269] Anders als der Allgemeine Rat haben die drei im WTO-Übereinkommen selbst vorgesehenen Räte ebenfalls die Möglichkeit, nachgeordnete Gremien einzusetzen. Darüber hinaus sind in den verschiedenen Übereinkommen eine Fülle von Neben- und Unterorganen vorgesehen.[270]

Neben der Frage des Haushalts und der Beiträge[271] regelt das WTO-Übereinkommen in Art. IX die Beschlußfassung innerhalb der Welthandelsorganisation.[272] Nach Art. IX:1 WTO-Übereinkommen setzt die WTO die im Rahmen des GATT übliche Praxis der Beschlußfassung durch Konsens fort.[273] Kann kein Konsens erzielt werden, so ist mit einfacher Mehrheit abzustimmen, wobei jeder Mitgliedstaat in der Ministerkonferenz und im Rat eine Stimme hat.[274]

Zu den Gründungsmitgliedern der WTO gehören nach Art. XI WTO-Übereinkommen die Staaten, die zum Zeitpunkt des Inkrafttretens des Übereinkommens Vertragsparteien des GATT 1947 waren, und die *Europäische Gemeinschaft*.[275] Anders als im Rahmen des

268 Art. IV:5 WTO-Übereinkommen.

269 Art. IV:7 WTO-Übereinkommen.

270 Siehe hierzu Stoll, in: ZaöRV 1994, S. 241 (262 insb. Fn. 97).

271 Art. VII WTO-Übereinkommen.

272 Eingehend zur Beschlußfassung Roessler, Establishing, S. 73 ff.

273 Zu der Bedeutung des Konsensprinzips i.R.d. GATT siehe unten S. 147 f.

274 Sonderregelungen für die Beschlußfassung hinsichtlich der Auslegung des WTO-Übereinkommens und der multilateralen Handelsabkommen enthält Art. IX:2 WTO-Übereinkommen. Die Befugnis zur Auslegung liegt ausschließlich bei der Ministerkonferenz und dem Allgemeinen Rat. Der Beschluß der Annahme einer Auslegung bedarf einer Dreiviertelmehrheit der Mitglieder. Eine ähnliche Regelung enthält Art. IX:3 und 4 WTO-Übereinkommen für sog. Waiver. Hierunter versteht man die Entscheidung, ein Mitglied der WTO von einer Verpflichtung aus dem WTO-Übereinkommen oder einem multilateralen Handelsübereinkommen zu entbinden.

275 Im Rahmen der Verhandlungen der Uruguay-Runde entstand innerhalb der EG heftiger Streit, ob der EG oder den Mitgliedstaaten die Kompetenz zum Abschluß des WTO-Übereinkommens zustand. Auf einen Antrag der Kommission auf Gutachtenerstattung durch den EuGH gemäß Art. 228 VI EGV hat dieser festgestellt, daß das WTO-Übereinkommen als gemischtes Abkommen geschlossen werden mußte, da die Zuständigkeiten in den Bereichen GATS und TRIPs geteilt seien. Er stellte weiter fest, daß zwischen Gemeinschaft und den Mitgliedstaaten eine zwingende Pflicht der Zusammenarbeit bestehe, um eine einheitliche völkerrechtliche Vertretung sicherzustellen (EuGH EuZW 1995, S. 210). Siehe hierzu Hilf, in: EuZW 1995, S. 7 (7 ff.); vgl. auch Jansen, in: EuZW 1994, S. 333 (336); Jackson, Restructuring, S. 33 f.

GATT, wo die *EG* lediglich *de facto* Vertragspartei[276] war, ist sie[277] also als Mitglied der WTO ausdrücklich genannt.[278]

2. *Unter das WTO-Übereinkommen fallende Abkommen*

Welche Abkommen unter das WTO-Übereinkommen fallen[279], ergibt sich aus dem Anhang des WTO-Übereinkommens.[280] Dort sind 16 multilaterale und 4 plurilaterale Abkommen[281] aufgeführt. Während erstere grundsätzlich für alle Mitgliedstaaten verbindlich sind, gelten die plurilateralen Abkommen nur für die Staaten, die diesen Abkommen gesondert beitreten.[282]

Zu den multilateralen Abkommen gehört zunächst der Komplex des den gesamten Warenhandel regelnden GATT mit seinen zahlreichen Seitenabkommen. Hier ist das wichtigste Ergebnis der *Uruguay*-Runde, daß im Warenhandel die Zölle im Durchschnitt der WTO-Mitgliedsländer um ein Drittel gesenkt werden. Besonders bemerkenswert ist darüber hinaus, daß der Textil- und Bekleidungshandel – der bisher dem Sonderregime des Welttextilabkommens mit seinen Quotenabkommen und Diskriminierungen zwischen Lieferländern unterlag – innerhalb von 10 Jahren stufenweise in das GATT-System integriert wird.[283] Außerdem wurde im Agrarhandel, dem schwierigsten Bereich der *Uruguay*-

---

276 Ipsen/Haltern, Reform, S. 34 f. „mehr geduldet als rechtlich anerkannt"; Meng, in: ZaöRV 1981, S. 69 (97) „gewohnheitsrechtliche Erweiterung der Parteifähigkeit"; vgl. auch Hailbronner/Bierwagen, in: JA 1988, S. 318 (326); Pescatore, in: CML Rev. 1999, S. 387 ff.

277 Soweit die EG im Rahmen der Beschlußfassung ihr Stimmrecht ausübt, verfügt sie über eine Anzahl von Stimmen, die der Anzahl ihrer Mitgliedstaaten entspricht – dabei stellt Fußnote 2 zu Art. IX WTO-Übereinkommen klar, daß die Anzahl der Stimmen der EG und ihrer Mitgliedstaaten die Anzahl der Mitgliedstaaten der EG nicht übersteigen darf, da die EG-Mitgliedstaaten ansonsten ein doppeltes Stimmrecht hätten.

278 Der Beitritt zur WTO ist in Art. XII WTO-Übereinkommen geregelt. Danach kann jeder Staat oder jedes gesonderte Zollgebiet – unter der Voraussetzung, daß dieser bzw. dieses in der Wahrnehmung seiner Außenhandelsbeziehungen und hinsichtlich der übrigen im WTO-Übereinkommen und in den multilateralen Handelsübereinkommen behandelten Angelegenheiten volle Handlungsfähigkeit besitzt – dem WTO-Übereinkommen beitreten. Die Bedingungen für den Beitritt werden zwischen dem Staat bzw. Zollgebiet und der WTO ausgehandelt. Bisher sind 54 Staaten der WTO beigetreten, Stand: Februar 1999.

279 Zu Einzelheiten der materiellen Ergebnisse der Uruguay-Runde in den einzelnen Bereichen siehe etwa Senti, GATT - WTO, S. 38 ff.; Stoll, in: ZaöRV 1994, S. 241 (279 ff.); Hilpold, in: ZVglRWiss 93 (1994), S. 419 (433); siehe auch die einzelnen Beiträge bei Frenkel/Bender (Hrsg.), GATT und neue Welthandelsordnung; Cottier (Hrsg.), GATT-Uruguay Round; Bourgeois/Berrod/Gippini Fournier (Hrsg.), Uruguay Round Results; sowie die Zusammenfassungen bei Barth, in: NJW 1994, S. 2811 (2811 f.); May, in: EA 1994, S. 33 (36 ff.).

280 Dieser ist gemäß Art. II:2 und 3 WTO-Übereinkommen selbst Bestandteil des Übereinkommens.

281 Bei diesen handelt es sich um das Abkommen über den Handel mit zivilen Luftfahrzeugen, das Abkommen über das öffentliche Beschaffungswesen, das internationale Milchabkommen und das internationale Rindfleischabkommen, vgl. hierzu Senti, GATT - WTO, S. 116 ff.

282 Vgl. Art. II:2 und 3 WTO-Übereinkommen.

283 Siehe hierzu Hilpold, in: ZVglRWiss 93 (1994), S. 419 (447 ff.)

Runde, mit dem Agrarübereinkommen ein Kompromiß gefunden, der die WTO-Mitglieder zur Senkung ihrer internen Agrarstützungsmaßnahmen, ihrer Einfuhrbeschränkungen und ihrer Exportsubventionen verpflichtet.[284] Aufgrund umfangreicher Reformen bestehender Einzelabkommen, wie z. B. des Antidumping-Codes[285], und der Schaffung neuer multilateraler Abkommen – wie etwa des Übereinkommens über handelsrelevante Investitionsmaßnahmen (Trade-Related Aspects of Investment Measures, TRIMs) – wird im Bereich des Warenhandels nunmehr vom „GATT 1994" gesprochen, während das ursprüngliche GATT-Regime als „GATT 1947" bezeichnet wird.[286]

Neben dem Warenhandel ist nunmehr auch der Handel mit Dienstleistungen in einem eigenen multilateralen Abkommen geregelt und damit in das WTO-System einbezogen.[287] Allerdings konnte dies nur um den Preis erreicht werden, daß besonders umstrittene Bereiche – wie Telekommunikation, Luft- und Seetransport sowie Finanzdienstleistungen[288] – ausgeklammert wurden.

Darüber hinaus wird durch das Übereinkommen über die handelsbezogenen Aspekte der Rechte des geistigen Eigentums (Trade Related Intellectual Property Rights, TRIPs) auch der Schutz geistiger Eigentumsrechte[289] in das WTO-System integriert. Angesichts des wachsenden Welthandels, des technischen Fortschritts und des internationalen Technologietransfers bedarf es wegen der zunehmenden Verletzungen geistiger Eigentumsrechte – wie Patentrechtsverletzungen, Marken- und Urheberrechtspiraterie – eines neuen multilateralen, durchsetzbaren Regelwerks zum Schutz des geistigen Eigentums, um die in diesem Bereich ständig zunehmenden Handelskonflikte zu vermeiden und zu lösen.[290] Das TRIPs-Übereinkommen enthält materielle Mindeststandards für den Schutz aller Formen geistiger Eigentumsrechte, d.h. für Patente, Urheberrechte, Marken, geographische Herkunftsangaben, Muster und Modelle, Halbleiter-Topographien und Betriebsgeheimnisse.[291] Angesichts der Verbindlichkeit der in das WTO-System integrierten Abkommen für alle WTO-Mitgliedstaaten dehnt das TRIPs-Abkommen den Schutz geistiger

---

284 Barth, in: NJW 1994, S. 2811 (2811); Hilpold, in: ZVglRWiss 93 (1994), S. 419 (440 ff.); vgl. auch Gemperle/Zeller/Wartenweiler, Ergebnisse, S. 57 ff.

285 Vgl. Senti, GATT - WTO, S. 86 ff.; Hilpold, in: ZVglRWiss 93 (1994), S. 419 (452 ff.)

286 Art. II:4 WTO-Übereinkommen.

287 Eingehend Senti, GATT - WTO, S. 102; Barth, in: EuZW 1994, S. 455 ff.; Etter, in: (Cottier) GATT-Uruguay Round, S. 91 ff.; Hilpold, in: ZVglRWiss 93 (1994), S. 419 (464 ff.); Stoll, in: ZaöRV 1994, S. 241 (320 ff.); vgl. auch Errens, in: EuZW 1994, S. 460 ff.; Ewig, in: NJW 1995, S. 434 ff.

288 Zu den insoweit geltenden Sondervorschriften Stoll, in: ZaöRV 1994, S. 241 (330 ff.).

289 Zum Begriff der geistigen Eigentumsrechte siehe unten S. 176.

290 Barth, in: NJW 1994, S. 2811 (2812); Senti, GATT - WTO, S. 110 ff.; Hilpold, in: ZVglRWiss 93 (1994), S. 419 (468 ff.); Stoll, in: ZaöRV 1994, S. 241 (310 ff.); Ipsen/Haltern, Reform, S. 99 ff.; Abbott, in: Vand. J. T. L. 1989 (Vol. 22), S. 689 ff.; Cottier, in: CML Rev. 1991, S. 383 ff.; Reinbothe, in: GRUR int. 1992, S. 707 ff.

291 Barth, in: NJW 1994, S. 2811 (2812); zu Einzelheiten Senti, GATT - WTO, S. 111 ff.; Stoll, in: ZaöRV 1994, S. 241 (316 ff.).

Eigentumsrechte auf zahlreiche Staaten aus, die bisher den insoweit relevanten internationalen Konventionen nicht beigetreten waren.[292]

III. Überblick über die Streiterledigung im Rahmen der WTO

Die Bestimmungen über die Streiterledigung im Rahmen der WTO sind in der „Vereinbarung über Regeln und Verfahren zur Beilegung von Streitigkeiten" (Understanding on Rules and Procedures Governing the Settlement of Disputes, DSU) normiert, das als Bestandteil des WTO-Übereinkommens für alle Mitgliedstaaten verbindlich ist.[293]

Der sachliche[294] Anwendungsbereich des DSU ergibt sich aus Art. 1.1 DSU. Er umfaßt alle Streitigkeiten zwischen Mitgliedstaaten[295], die in Zusammenhang mit einem oder

---

292 Grundsätzlich obliegt der Schutz der geistigen Eigentumsrechte der Weltorganisation für geistiges Eigentum (World Intellectual Property Organization, WIPO), deren Schiedsordnung – die auf private nicht dagegen auf zwischenstaatliche Streitigkeiten anwendbar ist und daher einen anderen Regelungsbereich betrifft – ebenfalls Gegenstand der vorliegenden Untersuchung ist. Die WIPO verwaltet seit ihrer Gründung vor fast 50 Jahren die internationale Zusammenarbeit zum Schutz geistigen Eigentums, bietet sich als natürliches Verhandlungsorgan zur Kooperationsvertiefung an und arbeitet gleichzeitig an der Harmonisierung von nationalen und regionalen Patentrechten (zu den Aufgaben der WIPO siehe unten S. 176 ff.). Die TRIPs-Vereinbarung stützt sich wesentlich auf die von der WIPO geleistete Normierungsarbeit im Bereich des Schutzes geistiger Eigentumsrechte. Gleichzeitig wurde in der Uruguay-Runde aber die Gelegenheit zu einer teilweise weitergehenden Absicherung des Schutzes geistigen Eigentums genutzt, und zwar sowohl in Bezug auf die sachliche Erfassungstiefe und -breite, als auch auf den zeitlichen Mindestschutz. Damit haben einige industriell hochentwickelte Verhandlungspartner ihr gestecktes Ziel erreicht, das sie bis dahin trotz wiederholter Bemühungen in der WIPO nicht realisieren konnten. Einen prononcierten Widerstand zeigte neben anderen Ländern der Dritten Welt lange Zeit insbesondere Indien mit seinen anfänglich noch recht rückständigen Schutzbestimmungen in diesem Bereich, Gemperle/Zeller/Wartenweiler, Ergebnisse, S. 34 f. Obwohl die WIPO der Schaffung des TRIPs-Abkommens sehr kritisch gegenüberstand, bedurfte es aufgrund der sachlichen Querverbindungen zwischen den TRIPs- und WIPO-Vereinbarungen einer Regelung für ein gegenseitiges Zusammenwirken. Diese ist nach eingehenden Verhandlungen durch das Agreement Between the World Intellectual Property Organization and the World Trade Organization vom 22. Dezember 1995 (abgedruckt in WIPO Publication No. 223) geschaffen worden. Vgl. hierzu auch Gopal Das, in: IDEA - The Journal of Law and Technology 1995, S. 149 ff.

293 Das DSU bildet den Anhang 2 des WTO-Übereinkommens und ist daher nach Art. II:2 WTO-Übereinkommen dessen Bestandteil. Zum verbindlichen Charakter des DSU auch Kohona, in: JWT 1994, Nr. 2, S. 23 (45).

294 Zum zeitlichen Anwendungsbereich siehe Art. 3.11 DSU. Danach ist das DSU auf Streitigkeiten anwendbar, in denen der Antrag auf Durchführung von Konsultationen an oder nach dem Tag des Inkrafttretens des WTO-Übereinkommens (1. Januar 1995) gestellt worden ist. Auf frühere Streitigkeiten finden die ursprünglich anwendbaren Vorschriften Anwendung. Zu Art. 3.11 DSU Kohona, in: JWT 1994, Nr. 2, S. 23 (31); vgl. auch Komuro, in: J. Int. Arb. 1995, Nr. 3, S. 81 (83 ff.).

295 Zu der Forderung, auch privaten Rechtssubjekten Zugang zur WTO-Streiterledigung zu gewähren, Lukas, in: JWT 1995, Nr. 5, S. 181 ff.; Ohlhoff, in: EuZW 1999, S. 139 ff.; Leier, in:

mehreren der in Anhang 1 DSU aufgeführten Übereinkommen stehen. Das DSU ist demzufolge auf alle Streitigkeiten anwendbar, die in Zusammenhang mit dem WTO-Übereinkommen, den multilateralen Handelsübereinkommen (GATT, GATS, TRIPs-Übereinkommen, DSU) und den plurilateralen Handelsübereinkommen[296] stehen.[297] Dies hat zur Folge, daß Streitigkeiten, die verschiedene Abkommen betreffen, von ein und demselben Panel behandelt werden können. Damit wird die im Rahmen des GATT noch bestehende Möglichkeit des *forum shopping* ausgeschlossen.[298]

1. Das WTO-Panelverfahren

Im Rahmen dieser Arbeit wird das WTO-Panelverfahren untersucht, welches im Dispute Settlement Understanding geregelt ist. Das Verfahren ist an das GATT-Panelverfahren angelehnt und weist zahlreiche Gemeinsamkeiten mit ihm auf. Gleichzeitig ist das Panelverfahren durch das DSU indes auch in entscheidenden Punkten modifiziert worden und hat insbesondere einen geänderten rechtlichen Charakter erhalten. Im folgenden soll zunächst ein kurzer Überblick über die Struktur des GATT-Panelverfahrens gegeben werden, um anschließend die wesentlichen Änderungen, die das Verfahren im Dispute Settlement Understanding erfahren hat, darzustellen.

a. Das Panelverfahren im Rahmen des GATT

Im Rahmen des GATT bildete das Panelverfahren den Kern des multilateralen Streitbeilegungssystems. Es wurde weit über 100 Mal in Anspruch genommen[299] und spielte eine zentrale Rolle bei der Entwicklung des Allgemeinen Abkommens von einem auf kurze Frist angelegten multilateralen Vertrag hin zu einem institutionalisierten Rahmenwerk zur Liberalisierung des Welthandels.[300] Das Streitbeilegungssystem des GATT hat seine nor-

---

EuZW 1999, S. 204 (210). Schoenbaum, in: ICLQ 1998, S. 647 (653 ff.), schlägt die Einrichtung eines Verfahrens für die Beilegung von Streitigkeiten zwischen privaten Rechtssubjekten im Rahmen der WTO vor.

296 Anhang 1 DSU stellt hinsichtlich der plurilateralen Handelsübereinkommen klar, daß die Anwendbarkeit des DSU auf diese der Annahme einer Entscheidung der Vertragsparteien des einzelnen Übereinkommens bedarf, in der die Bedingungen für die Anwendbarkeit des DSU dargelegt werden, einschließlich besonderer oder zusätzlicher Regeln oder Verfahren.

297 Nach Art. 1.2 DSU gelten die Bestimmungen des DSU vorbehaltlich besonderer oder zusätzlicher Regeln und Verfahren über die Streitbeilegung, die in den unter das DSU fallenden Übereinkommen laut Anhang 2 DSU enthalten sind. Diese Sondervorschriften gehen vor. Siehe zu Art. 1.2 DSU unten S. 374.

298 Kuijper, in: JWT 1995, Nr. 6, S. 49 (52); siehe schon oben S. 136.

299 Vgl. die Übersicht bei GATT, Analytical Index, S. 718 ff., wo 195 Verfahren aufgeführt sind; vgl. auch Hudec, Enforcing, S. 590 ff., der 207 Verfahren aufführt.

300 Petersmann, in: CML Rev. 1991, S. 69 (69 f.): „[the GATT dispute settlement procedures] over the past 40 years, have been used more frequently than any other multilateral procedures for the settlement of disputes among states"; vgl. auch ders. in: (Sarcevic/van Houtte) Legal Issues in International Trade, S. 53 (53): „...Its frequent use by a large number of GATT contracting parties has operated as a dynamic 'integrating motor' in the gradual evolution of the General Agreement from a multilateral short-term contract ... to a permanent worldwide trade

mative Grundlage in Art. XXII GATT, der Konsultationen zwischen den Parteien, und in Art. XXIII GATT, der das Panelverfahren regelt.

Nach Art. XXIII GATT kann auf Antrag einer Partei ein Streiterledigungsverfahren durchgeführt werden, wenn Zugeständnisse oder sonstige Vorteile, die sich unmittelbar oder mittelbar aufgrund des GATT für sie ergeben, zunichte gemacht oder geschmälert werden oder die Erreichung eines der Ziele des GATT dadurch behindert wird, daß

a) eine andere Vertragspartei ihre Verpflichtungen aus dem GATT nicht erfüllt, oder
b) eine andere Vertragspartei eine bestimmte Maßnahme trifft, unabhängig davon, ob diese gegen das GATT verstößt oder nicht, oder
c) eine andere Sachlage gegeben ist.

Voraussetzung für die Einleitung des Streiterledigungsverfahrens ist danach lediglich, daß eine Schädigung behauptet wird. Dabei können auch Maßnahmen, die keine Verletzung des GATT darstellen (sog. *non-violation complaints*)[301], Verfahrensgegenstand sein. Die Unterscheidung zwischen Vertragsverletzungen und Benachteiligungen ohne Vertragsverletzung ist dabei wichtig für die Beweislast.[302]

Nach Art. XXIII GATT stand die Streiterledigung den Vertragsparteien des GATT selbst zu. Nachdem Streitigkeiten anfänglich im Rahmen von aus GATT-Mitgliedern bestehenden Arbeitsgruppen (*Working-Party*-Verfahren)[303] behandelt wurden, hat sich in der Folgezeit das GATT-Panelverfahren durch ständige Übung herausgebildet.[304]

Dabei reichen seine Ursprünge zurück in das Jahr 1952, als die GATT-Vertragsparteien für alle anstehenden Streitfälle eine als *Panel on complaints* bezeichnete Arbeitsgruppe einrichteten. Hieraus entstand die Praxis, in jedem Verfahren eine Sachverständigengutachtergruppe – ein *Panel of experts* – mit der Untersuchung eines Falles zu

---

agreement and institutionalized legal framework...“; Brand, in: JWT 1990, Nr. 3, S. 5 (5): „Dispute resolution is in many ways the heart of the GATT system“.

301 Zu den non-violation complaints siehe eingehend Benedek, Rechtsordnung, S. 359 ff.; Petersmann, GATT/WTO Dispute Settlement, S. 150 ff.

302 Siehe hierzu unten S. 283 f.

303 Der Unterschied zwischen dem Arbeitsgruppen-Verfahren und einem Panelverfahren ist in Art. 6 (i) und (ii) Anhang 1979 Understanding beschrieben. Arbeitsgruppen bestanden aus fünf bis zwanzig Mitgliedern, die in ihrer Eigenschaft als Repräsentanten von GATT-Mitgliedern handelten, während die Mitglieder von Panels als unabhängige Fachleute handeln. In der Arbeitsgruppe waren ferner auch die Streitparteien selbst vertreten. Im Arbeitsgruppen-Verfahren stand – noch stärker als im Panelverfahren – die Suche nach einem Kompromiß im Vordergrund (vgl. Art. 6 (i) S. 7 und 8 Anhang 1979 Understanding „The report of the Working Party represents the views of all of its members and therefore records different views if necessary. Since the tendency is to strive for consensus, there is generally some measure of negotiation and compromise in the formulation of the Working Party's report“). Zum Arbeitsgruppenverfahren Hudec, GATT, S. 66 ff.; Meng, in: ZaöRV 1981, S. 69 (78 f.); zur Wahl zwischen Arbeitsgruppen- und Panelverfahren GATT, Analytical Index, S. 672 f. Das letzte Arbeitsgruppen-Verfahren wurde 1975 durchgeführt; es gelangte anschließend nicht mehr zur Anwendung, Canal-Forgues/Ostrihansky, in: JWT 1990, Nr. 2, S. 67 (72). Im DSU findet sich keine Bezugnahme mehr auf dieses Verfahren.

304 Einen Überblick über die Entwicklung des Panelverfahrens und seine Nutzung während der Zeit des Bestehens des GATT geben Hudec, Enforcing, S. 11 ff.; Davey, in: Ford. Int. L. J. 1987 (Vol. 11), S. 51 (61 ff.); Mora, in: C.J.T.L. 1993, S. 103 (115 ff.).

beauftragen.[305] Die Handhabung des GATT-Panelverfahrens, die sich in den folgenden Jahren entwickelte, wurde erst im Jahre 1979 im Anhang zu der Vereinbarung über Notifizierung, Konsultationen, Streitbeilegung und Überwachung (1979 Understanding)[306] in verbindlicher Form festgehalten. Hierauf aufbauend wurde das Panelverfahren durch Beschlüsse der GATT-Vertragsparteien in den Jahren 1982[307] und 1984[308] gestärkt. Schließlich wurde es während der damals laufenden *Uruguay*-Runde im Jahre 1989 durch die Entscheidung über die Verbesserung der GATT-Streitbeilegungsregeln und -verfahren (1989 Improvements)[309] erheblich modifiziert.[310]

Das Panelverfahren gliederte sich in drei Abschnitte[311]: Die Einsetzung des Panels durch den GATT-Rat, das eigentliche Panelverfahren vor dem Panel und anschließend die Annahme des Panelberichts wiederum durch den GATT-Rat. Das Verfahren bestand also aus einem politischen Rahmenprozeß hinsichtlich der Einleitung des Verfahrens und der Annahme des Berichts auf der einen Seite und dem Panelverfahren im eigentlichen Sinne auf der anderen. Nach Abschluß des Verfahrens trat die Durchsetzung der vom GATT-Rat angenommenen Empfehlungen als weiterer Verfahrensschritt hinzu.

---

305 Benedek, Rechtsordnung, S. 314 f.; Hudec, GATT, S. 74 ff.; Plank, in: J. Int. Arb. 1987, Nr. 4, S. 53 (54 ff.).

306 Understanding Regarding Notification, Consultation, Dispute Settlement and Surveillance of 28 November 1979, Agreed Description of the Customary Practice of the GATT in the Field of Dispute Settlement (Article XXII:2), BISD 26S/210 (215); GATT, Analytical Index, S. 586 ff. (588 ff.).

307 Ministerial Declaration of 29 November 1982, Decision on Dispute Settlement (1982 Declaration), BISD 29S/13; GATT, Analytical Index, S. 590 f.

308 Decision on Dispute Settlement of 30 November 1984 (1984 Decision), BISD 31S/9; GATT, Analytical Index, S. 591.

309 Decision on Improvements to the GATT Dispute Settlement Rules and Procedures of 12 April 1989, BISD 36S/61; GATT, Analytical Index, S. 592 ff.

310 Benedek, Rechtsordnung, S. 315; zu den 1989 Improvements siehe etwa Canal-Forgues/Ostrihansky, in: JWT 1990, Nr. 2, S. 67 ff.; Castel, in: ICLQ 1989, S. 834 ff.; Mora, in: C.J.T.L. 1993, S. 103 ff.; Petersmann, in: GYIL 1989, S. 280 ff. Die 1989 Improvements wurden während der fortdauernden Uruguay-Runde nur vorläufig angewandt. Zahlreiche dort erstmals vorgesehene Regelungen haben später Eingang in das DSU gefunden.

311 Zum GATT-Panelverfahren eingehend Petersmann, GATT/WTO Dispute Settlement, S. 66 ff.; ders., in: The World Economy 1988, S. 55 ff.; Canal-Forgues, Conciliation dans le Cadre du GATT, S. 13 ff.; Bast/Schmidt, in: RIW 1991, S. 929 ff; Canal-Forgues/Ostrihansky, in: JWT 1990, Nr. 2, S. 67 ff.; Jäger, Streitbeilegung und Überwachung, S. 217 ff.; Davey, in: Ford. Int. L. J. 1987 (Vol. 11), S. 51 ff.; Eichmann, in: Int. Tax & Bus. L. 1990 (Vol.8), S. 38 ff.; Meng, in: ZaöRV 1981, S. 69 ff.; Nichols, in: Virginia Journal of International Law 1996 (Vol. 36), S. 379 ff.; Pescatore, in: J. Int. Arb. 1993, Nr. 1, S. 27 ff.; Plank, in: J. Int. Arb. 1987, Nr. 4, S. 53 ff.

(1) Einsetzung des Panels

Voraussetzung für die Einsetzung des Panels war zunächst die Durchführung bilateraler Konsultationen.[312] Führten diese nicht zu einem befriedigenden Ergebnis, so konnte die beschwerdeführende Partei den GATT-Rat nach Art. XXIII:2 GATT anrufen und die Einsetzung eines Panels beantragen. Dabei bestand kein ausdrücklich normiertes „Recht auf ein Panel"[313], sondern lediglich ein „GATT-Prinzip des Rechts auf ein Panel" bzw. eine „*de facto* anerkannte Praxis".[314] In der Praxis des GATT hatte diese Frage allerdings eher geringe Auswirkungen, da sich keine Vertragspartei dauerhaft der Einsetzung eines Panels widersetzt hat[315]; es kam jedoch zu teilweise nicht unerheblichen Verzögerungen des Verfahrens.[316]

Die Panel bestanden aus drei oder fünf Mitgliedern, bei denen es sich zumeist um erfahrene GATT-Delegierte, ehemalige Sekretariatsmitarbeiter oder Wissenschaftler handelte, die unparteiisch und weisungsfrei zu handeln hatten.[317] Zuständig für die Auswahl der Panelmitglieder war der Vorsitzende des GATT-Rates, der die Benennung in Absprache mit den Parteien vornahm.[318]

(2) Das Verfahren vor dem Panel

Grundlage für die Tätigkeit des Panels war ein als *Terms of Reference* bezeichnetes Mandat. Dabei bildeten sich im Laufe der Jahre standardisierte *Terms of Reference* heraus, denenzufolge die Aufgabe des Panels darin bestand, die unterbreitete Angelegenheit zu untersuchen und solche Feststellungen zu treffen, die die GATT-Vertragsparteien darin un-

---

312 Art. XXIII:1 GATT. Zum Konsultationsverfahren i.R.d. GATT Benedek, Rechtsordnung, S. 311 ff.

313 Zwar normierte Art. F (a) 1989 Improvements die Verpflichtung des GATT-Rates, die Entscheidung, ein Panel einzusetzen, spätestens im Rahmen der Sitzung des GATT-Rates zu treffen, die auf die Sitzung folgte, anläßlich derer der Antrag erstmals auf die Tagesordnung gesetzt worden war, es sei denn, der Rat traf eine abweichende Entscheidung. Aufgrund der letztgenannten Möglichkeit wurde hierdurch allerdings kein wirkliches Recht auf ein Panel begründet; a.A. wohl Benedek, Rechtsordnung, S. 316 f.; Eichmann, in: Int. Tax & Bus. L. 1990 (Vol.8), S. 38 (68 f.).

314 Vgl. etwa Canal-Forgues/Ostrihansky, in: JWT 1990, Nr. 2, S. 67 (72); Castel, in: ICLQ 1989, S. 834 (836); Davey, in: Ford. Int. L. J. 1987 (Vol. 11), S. 51 (58); Petersmann, in: The World Economy 1988, S. 55 (72); siehe auch Lacharrière, in: The World Economy 1985, S. 339 (341).

315 van Bael, in: JWT 1988, Nr. 4, S. 67 (68); Canal-Forgues/Ostrihansky, in: JWT 1990, Nr. 2, S. 67 (72); Davey, in: Ford. Int. L. J. 1987 (Vol. 11), S. 51 (58).

316 Vgl. Benedek, Rechtsordnung, S. 332 f. m.w.N.

317 Benedek, Rechtsordnung, S. 317 f.; eingehend zur Konstituierung des Panels Plank, in: J. Int. Arb. 1987, Nr. 4, S. 53 (65).

318 Durch der 1984 Decision (Formation of panels Nr. 3) bzw. Art. F (c) (5) 1989 Improvements wurde die Regelung eingefügt, daß mangels einer Einigung über die Panelmitglieder die Ernennung durch den Generaldirektor des GATT erfolgen sollte.

terstützen, die in Art. XXIII:2 GATT vorgesehenen Empfehlungen oder Entscheidungen zu treffen.[319]

Der Ablauf des Panelverfahrens war weitgehend vereinheitlicht. So enthielt Art. 6 Anhang 1979 Understanding eine Beschreibung der gewohnheitsrechtlichen Elemente („*customary elements*") des Panelverfahrens. Auf der Grundlage einer weiteren Standardisierung des Verfahrensablaufs in den folgenden Jahren arbeitete die *legal division* des GATT-Sekretariats 1985 eine „Note on Suggested Working Procedures" aus, die allgemein angewandt und durch die 1989 Improvements bestätigt wurde.[320]

Das Panelverfahren bestand aus einem schriftlichen und einem mündlichen Teil, in denen die Parteien sich zu den Sach- und Rechtsfragen äußern konnten. Das Panel war nicht an das Vorbringen der Parteien gebunden, sondern konnte selbst von jeder geeignet erscheinenden Person oder Einrichtung Auskünfte oder Stellungnahmen einholen. Dritte Vertragsparteien konnten dem GATT-Rat ein eigenes Interesse an der Angelegenheit mitteilen und gegenüber dem Panel Stellungnahmen abgeben, die dieses in seinem Bericht zu berücksichtigen hatte. Zu den Aufgaben des Panels gehörte es, auf eine gütliche Einigung hinzuwirken und hierzu Konsultationen mit den Parteien durchzuführen. Kam eine solche Einigung nicht zustande, so verfaßte das Panel einen Bericht, der unter anderem Empfehlungen des Panels enthielt, wie der Konflikt nach seiner Ansicht gelöst werden sollte.

(3) Annahme des Panelberichts

Bei diesem Bericht handelte es sich nicht um eine für die Parteien verbindliche Entscheidung, sondern lediglich um ein Rechtsgutachten zu Händen des GATT-Rates.[321] Erst mit der Annahme durch den GATT-Rat entfaltete er für die Parteien[322] bindende Wirkung.

---

319 Art 6 (ii) Anhang 1979 Understanding „to examine the matter and to make such findings as will assist the Contracting Parties in making the recommendations or rulings provided for in paragraph 2 of Article XXIII". Vgl. auch F (b) 1989 Improvements „To examine, in the light of the relevant GATT provisions, the matter referred to the Contracting parties by (name of contracting party) in document L/... and to make such findings as will assist the Contracting Parties in making the recommendations or in giving the rulings provided for in Article XXIII:2". Zu den Standard Terms of Reference siehe Benedek, Rechtsordnung, S. 318; Canal-Forgues/Ostrihansky, in: JWT 1990, Nr. 2, S. 67 (73 f.); Meng, in: ZaöRV 1981, S. 69 (86 f.); Nichols, in: Virginia Journal of International Law 1996 (Vol. 36), S. 379 (407 ff.); Plank, in: J. Int. Arb. 1987, Nr. 4, S. 53 (64 f.); Pescatore, in: J. Int. Arb. 1993, Nr. 1, S. 27 (31 f.).

320 Siehe die Internal Working Procedures Customarily Adopted by Panels, in: GATT Doc. MTN/GNG/NG 13/W/4 (1987), S. 44 ff.; hierzu Benedek, Rechtsordnung, S. 319.

321 Vgl. Art. 6 (i) 1979 Understanding im Hinblick auf den Bericht von Working Parties „The reports ... are advisory opinions on the basis of which the Contracting Parties may take a final decision"; Benedek, Rechtsordnung, S. 320; van Bael, in: JWT 1988, Nr. 4, S. 67 (69).

322 Ein angenommener Panelbericht entfaltete nur gegenüber den Parteien des Panelverfahrens eine verbindliche Wirkung. Aus der multilateralen Dimension des Verfahrens und der Annahme des Panelberichts durch Konsens kann allerdings gefolgert werden, daß die rechtlichen Interpretationen und Schlußfolgerungen des Panels über den konkreten Streitfall hinaus von interpretativer Bedeutung waren, Benedek, Rechtsordnung, S. 320; vgl. auch Petersmann, in: The World Economy 1988, S. 55 (66).

Die Annahme eines Panelberichts erfolgte durch Konsens der GATT-Vertragsparteien. Dies bedeutete, daß über die Annahme nicht förmlich abgestimmt, sondern – mangels eines Widerspruchs einer Vertragspartei – lediglich festgestellt wurde, daß ein Konsens bestehe.[323] Kam ein Konsens aufgrund des Widerspruches einer oder mehrerer Vertragsparteien nicht zustande, so wäre es zwar gemäß Art. XXV:4 GATT grundsätzlich möglich gewesen, die Annahme des Panelberichts durch Mehrheitsentscheidung herbeizuführen. Indes wurde seitens der GATT-Vertragsparteien von dieser Möglichkeit in keinem Fall Gebrauch gemacht.[324] Folglich hatte die in einem Verfahren unterlegene Partei die Möglichkeit, durch einen Widerspruch die Annahme des Panelberichts zu blockieren. In der Praxis des GATT kam es aufgrund dieser Möglichkeit immer wieder zu nachhaltigen Verzögerungen bei der Annahme von Panelberichten oder zu deren endgültiger Nichtannahme.[325]

Der Hauptgrund für den Verzicht auf die Herbeiführung einer Mehrheitsentscheidung war, daß – zumindest in den früheren Jahren – unter den Vertragsparteien des GATT die Auffassung vorherrschte, die Beibehaltung des Konsensprinzips sei eine wesentliche Voraussetzung für das Funktionieren der GATT-Streiterledigung.[326] Zwar ist es schwerfälliger als das Mehrheitsprinzip und bietet der unterlegenen Partei die Möglichkeit, das Verfahren zu verzögern oder zu blockieren.[327] Indes wurde es als maßgeblicher Vorteil angesehen, daß ein per Konsens angenommener Panelbericht eine stabilere Grundlage für dessen Umsetzung durch den betroffenen Vertragsstaat bildet, als dies durch eine einfache Abstimmung zu erreichen wäre.[328] Außerdem bildete das Konsensprinzip den einzigen Kontrollmechanismus zur Verhinderung der Annahme von Panelberichten, wenn eine oder mehrere Vertragsparteien des GATT der Auffassung waren, der Bericht sei mit schweren Fehlern behaftet.[329]

---

323 Für die Schaffung eines Konsenses war es folglich nicht notwendig, daß alle GATT-Vertragsparteien dem Bericht zustimmten; es genügte vielmehr, wenn keine Partei der Annahme des Berichts widersprach; Komuro, in: J. Int. Arb. 1995, Nr. 3, S. 81 (105 f.) „Consensus is not defined in the GATT and has been developed for practical reasons, for example, to avoid voting. Consensus differs from unanimity in that it is not prevented by an absence or abstention, but is similar to unanimity in that both are subject to a veto by any Member present at the meeting"; vgl. auch Pescatore, in: J. Int. Arb. 1993, Nr. 1, S. 27 (35).

324 Benedek, Rechtsordnung, S. 321; Roessler, Establishing, S. 73.

325 Benedek, Rechtsordnung, S. 334; Komuro, in: J. Int. Arb. 1995, Nr. 3, S. 81 (105 ff.).

326 Zu den Argumenten für das Konsensprinzip, Petersmann, in: GYIL 1989, S. 280 (304 f.).

327 Benedek, Rechtsordnung, S. 234; Ipsen/Haltern, Reform, S. 16.

328 Benedek, Rechtsordnung, S. 234 weist in diesem Zusammenhang darauf hin, daß für die Durchsetzung des Völkerrechts die Verbindung zwischen den Ebenen der Normerzeugung und des Normvollzuges entscheidend ist. Das Konsensprinzip trage dabei dem Umstand Rechnung, daß die Staaten entsprechend der völkerrechtlichen Autonomie zugleich Normschöpfer und Normvollzieher seien. Je breiter der Konsens sei, desto eher könne mit einem rechtskonformen Verhalten der Staaten gerechnet werden.

329 Vgl. Hudec, Enforcing, S. 47 zum GATT-Panelverfahren United States Tax Legislation (DISC), BISD 23S/98; vgl. auch Petersmann, in: GYIL 1989, S. 280 (305): „Since the function of GATT dispute settlement is not only to settle a bilateral dispute but also to promote interpretations and clarifications of GATT rules adopted by all GATT contracting parties, the GATT Council might rightly refuse adopting panel reports which ... were considered by many

In Zusammenhang mit der Forderung nach einer „Verrechtlichung" des Panelverfahrens wurde indes zunehmend Kritik an der mit dem Konsensprinzip verbundenen Möglichkeit für die unterlegene Partei geäußert, die Annahme eines Panelberichts zu verhindern.

(4) Durchsetzung der Entscheidung

Kam eine Partei eines Panelverfahrens den in einem angenommenen Panelbericht enthaltenen Empfehlungen nicht nach, so konnte der GATT-Rat die andere Partei ermächtigen, die Erfüllung von Zugeständnissen oder sonstigen Verpflichtungen gegenüber der säumigen Partei auszusetzen[330]; die betroffene Partei hatte damit die Möglichkeit, der anderen Partei gewährte Konzessionen und Handelsvorteile zu suspendieren.

Da allerdings – aufgrund des Konsensprinzips – auch die Aussetzung von Zugeständnissen nicht gegen den Willen der betroffenen Partei erfolgen konnte[331], lag innerhalb des GATT bei der Durchsetzung von Panelberichten der Schwerpunkt auf einem als Überwachung bezeichneten Kontrollmechanismus.[332] Im Rahmen der Überwachung hatte die betroffene Partei schriftliche Statusberichte über den Fortschritt der zur Umsetzung der Empfehlungen unternommenen Maßnahmen vorzulegen. Diese wurden im Plenum des GATT-Rates solange diskutiert, bis die Angelegenheit einer endgültigen Lösung zugeführt war.[333] Durch die ständige Thematisierung im GATT-Rat wurde ein erheblicher Druck auf den betroffenen Vertragsstaat des GATT ausgeübt, der in den meisten Fällen – wenn auch teilweise mit beträchtlichen Verzögerungen – zum Erfolg führte.

Zusammenfassend handelte es sich aufgrund der Möglichkeit der unterlegenen Partei, die Annahme des Panelberichts durch den GATT-Rat zu verhindern, bei dem GATT-Panelverfahren nicht um ein zu einem verbindlichen Ergebnis führendes Streiterledigungsverfahren.

---

contracting parties to be inconsistent with GATT law and to set undesirable precedents for the future interpretation and application of GATT rules".

330 Art. XXIII:2 GATT. Die GATT-Partei, gegen die sich die Aussetzung der Erfüllung von Zugeständnissen oder sonstigen Verpflichtungen richtete, hatte in diesem Fall die Möglichkeit, ihren Rücktritt vom GATT zu erklären; vgl. allgemein zur Durchsetzung von Entscheidungen im Rahmen des GATT, Komuro, in: J. Int. Arb. 1995, Nr. 3, S. 81 (109 ff.).

331 Dementsprechend hat der GATT-Rat nur in einem Fall (im Jahre 1952) eine Vertragspartei ermächtigt, Zugeständnisse gegenüber einer anderen Vertragspartei auszusetzen. Der GATT-Rat ermächtigte die Niederlande auf deren Antrag, gegenüber den USA eine Quote für die Einfuhr von Weizenmehl festzulegen. Dies stellte eine Gegenmaßnahme für amerikanische Importbeschränkungen von Milchprodukten dar, die im Widerspruch zu Art. XI GATT standen, vgl. Plank, in: J. Int. Arb.1987, Nr. 4, S. 53 (92).

332 Allgemein zur Bedeutung der Überwachung innerhalb des GATT, Benedek, Rechtsordnung, S. 294 ff.; Jäger, Streitbeilegung und Überwachung, S. 85 ff.

333 Bast/Schmidt, in: RIW 1991, S. 929 (933).

b. Die Reform des Panelverfahrens im Rahmen der WTO

Die Reform des Panelverfahrens war eines der wesentlichen Ziele der *Uruguay*-Runde.[334] Den zentralen Kritikpunkt an dem Panelverfahren bildete das beschriebene Konsensprinzip, insbesondere bei der Annahme des Panelberichts, und die damit gegebene Blockademöglichkeit der unterlegenen Partei.[335] Ein weiterer – hiermit in direktem Zusammenhang stehender – Grund für das Interesse zahlreicher Teilnehmer an der *Uruguay*-Runde, das Panelverfahren zu reformieren, waren außerdem gesetzgeberische Aktivitäten der *USA*. Diese hatten im Jahre 1988 die Unzulänglichkeiten der GATT-Streiterledigung zum Anlaß genommen, Section 301 Trade Act zu ändern.[336] Hierdurch schufen sie sich eine weitreichende Grundlage für die Verhängung bilateraler Handelssanktionen außerhalb des GATT und stellten so den Ausschließlichkeitsanspruch des Art. XXIII GATT als Streitbeilegungs- und Durchsetzungsinstrument in Frage.[337] Da die *USA* zugleich eine Überprüfung des Section 301 Trade Act im Rahmen eines Panelverfahrens verhinderten, war die Funktionsfähigkeit des gesamten GATT-Streitbeilegungssystems gefährdet.[338]

Ziel der Verhandlungen über die Reform war daher einerseits eine Steigerung der Effizienz des Panelverfahrens und andererseits das Bestreben, den Ausschließlichkeitsanspruch des Instrumentariums des Art. XXIII GATT wiederherzustellen und für die Zukunft abzusichern.[339] Dabei standen sich zwei grundsätzlich unterschiedliche Verständnisse über die Aufgabe und Funktion der Streiterledigung innerhalb des GATT gegenüber, die mit den Schlagworten „Pragmatismus" gegenüber „Legalismus" beschrieben werden können.

Nach dem pragmatischen Verständnis war das Ziel des GATT-Streiterledigungsverfahrens weniger die rigorose Anwendung von Recht, sondern vielmehr der Ausgleich widerstreitender Interessen, um eine den Interessen aller beteiligten Staaten entsprechende Lösung zu finden.[340] Nach dieser Auffassung, der unter anderem die *EG* zu-

---

334 Vgl. Part D Ministerial Declaration on the Uruguay Round vom 20.9.1986 (BISD 33S/19 (25)); Kohona, in: JWT 1994, Nr. 2, S. 23 (24); Kufuor, in: JWT 1997, Nr. 5, S. 118 (118 f.).

335 Hudec, in: (Schott) Completing the Uruguay Round, S. 180 (181); Stoll, in: ZaöRV 1994, S. 241 (267); vgl. auch Komuro, in: J. Int. Arb. 1995, Nr. 3, S. 81 (102 ff.).

336 Zu Section 301 Trade Act, McDonald, in: RIW 1999, S. 356 ff.

337 Stoll, in: ZaöRV 1994, S. 241 (268 f.); eingehend Hudec, Enforcing, S. 226 ff.; Shell, in: D.L.J. 1995, S. 829 (842 ff.); Stiles, in: J. Int. L. & P. 1995, Nr. 1, S. 3 (25 ff.).

338 Hudec, in: (Schott) Completing the Uruguay Round, S. 180 (183); Mora, in: C.J.T.L. 1993, S. 103 (128).

339 Stoll, in: ZaöRV 1994, S. 241 (269).

340 In diesem Sinne etwa Malinveri, Règlement des Différends, S. 106; Benedek, Rechtsordnung, S. 364: „Das überragende Ziel ist die Aufrechterhaltung der guten Zusammenarbeit im Rahmen der Institution. Daher werden auch Gegenmaßnahmen auf Grund der Gefahr der Vergeltungseskalation als kontraproduktiv betrachtet. In der Streiterledigung geht wirtschaftliche Vernunft vor juristischer Strenge. Drittinteressen sind gebührend zu berücksichtigen. Aus diesen Gründen wird einerseits einer gütlichen Regelung der Vorzug vor einer Panel-Entscheidung über eine allfällige Verletzung von GATT-Verpflichtungen gegeben und auch in der Rechtsdurchsetzung der Rücknahme unzulässiger Maßnahmen erste Priorität vor anderen Formen des Interessenausgleichs eingeräumt"; Long, Law, S. 65 f.; Meng, in: ZaöRV 1981, S.

neigte[341], sollten der politische Rahmenprozeß gestärkt werden und auch im Rahmen des Panelverfahrens selbst neben der Entscheidung von Rechtsfragen immer auch die Vermittlung und gütliche Beilegung des Konflikts im Vordergrund stehen. Dagegen vertraten vor allem die *USA* die Auffassung, daß ein pragmatisch geprägtes Streiterledigungsverfahren Staaten mit größerer Verhandlungsmacht bevorzuge und deshalb – wie auch aus Gründen der Vorhersehbarkeit und Rechtssicherheit – eine Streitentscheidung unter Anwendung der geltenden Rechtsnormen vorzuziehen sei.[342] Dementsprechend forderten sie eine eher gerichtsförmige Ausgestaltung des Verfahrens. Hierzu gehörte neben der Normierung des „Rechts auf ein Panel" auch die Verbindlichkeit der Panel-Entscheidung.[343]

Während der *Uruguay*-Runde standen sich in dieser Frage beide Ansichten lange Zeit gegenüber, ohne daß eine Einigung erzielt werden konnte. So sahen noch die 1989 Improvements diesbezüglich keine neuen Regelungen vor, sondern lediglich eine Straffung des Panelverfahrens, insbesondere durch die Einführung von Fristen für die einzelnen Verfahrensabschnitte.[344]

Der wohl entscheidende Grund für ein Einlenken der *EG* und eine Annäherung an den amerikanischen Standpunkt war die bereits angesprochene Neufassung des Section 301 Trade Act im Jahre 1988[345] und die damit verbundene Gefährdung der Funktionsfähigkeit des GATT-Streiterledigungssystems.[346] Daneben zeigte sich aber auch allgemein eine

---

69 (98 f.); Phi, in: IBL 1986, S. 150 (150 ff.); vgl. auch Hilf, in: (Petersmann/Hilf) The New GATT Round, S. 285 (290 ff.); Brand, in: JWT 1990, Nr. 3, S. 5 (11 f.).

341 Zu den Gründen, weshalb die EG dem „pragmatic approach" zuneigte, Mora, in: C.J.T.L. 1993, S. 103 (131 ff.). Neben der EG tendierten auch Japan und Brasilien zu diesem Verständnis, Stiles, in: J. Int. L. & P. 1995, Nr. 1, S. 3 (20); Stoll, in: ZaöRV 1994, S. 241 (269).

342 In diesem Sinne Jackson, in: L. & Pol. Int. Bus. 1980, S. 21 (25 ff.); ders., in: JWTL 1979, S. 1 (6 f.); Castel, in: ICLQ 1989, S. 834 (841); Mora, in: C.J.T.L. 1993, S. 103 (129); Ehrenhaft, in: IBL 1986, S. 146 ff.; Young, in: Int. Lawyer 1995, S. 389 ff.; Davey, in: Ford. Int. L. J. 1987 (Vol. 11), S. 51 (53); aaO., S. 66 zur Abgrenzung von legalistic und antilegalistic view: „Put simply, the legalistic view is that the General Agreement is a code of conduct and embodies a balance of concessions. If a contracting party violates the code and tips the balance, it is appropriate to label that party as a violator and to put pressure on it to conform its conduct to the code, if necessary by threatening some form of retaliation. On the other hand, the antilegalistic position is that the General Agreement is not a code of conduct per se, but more of a commitment by the contracting parties to deal in good faith with each other in trade matters so as to work out a mutually acceptable solution to any disagreement".

343 Stoll, in: ZaöRV 1994, S. 241 (269).

344 Vgl. Stiles, in: J. Int. L. & P. 1995, Nr. 1, S. 3 (21 f.): „Although the acceptance and immediate implementation of what came to be known as the 'Improvements' was a boost for negotiating momentum, the reforms did not advance a legalist approach in any dramatic way. To a large extent, they simply reaffirmed the 1982, and thereby the 1979, reforms, which in turn represented the status quo from the 1970s..."; Mora, in: C.J.T.L. 1993, S. 103 (140 f.).

345 Mora, in: C.J.T.L. 1993, S. 103 (134 f.); Shell, in: D.L.J. 1995, S. 829 (845); Stoll, in: ZaöRV 1994, S. 241 (271).

346 Vgl. Hudec, in: (Schott) Completing the Uruguay Round, S. 180 (187) zu den Wirkungen der Neufassung des Section 301 Trade Act auf die Verhandlungen innerhalb der Uruguay-Runde: „Instead of debating rather abstractly how much GATT dispute settlement should be strengthened, negotiators were now asking how much strengthening it would take to persuade the

Änderung der Einstellung der *EG* gegenüber der GATT-Streiterledigung – sie ging in den achtziger Jahren dazu über, das Panelverfahren häufiger als zuvor zur Durchsetzung ihrer Handelsinteressen gegenüber anderen GATT-Vertragsparteien zu nutzen.[347]

Der Durchbruch bei den Verhandlungen gelang mit einer Einigung über die „Umkehrung des Konsensprinzips". Danach werden die Entscheidungen über die Einsetzung des Panels und die Annahme seines Berichts unter einer umgekehrten Fragestellung getroffen[348]: Nach dem DSU kann die Einrichtung des Panels – unter der Voraussetzung, daß zuvor Konsultationen im Sinne des Art. 4 DSU durchgeführt worden sind[349] – gemäß Art. 6.1 DSU nur durch eine Konsensentscheidung des Dispute Settlement Body abgelehnt werden. Wichtiger noch ist, daß der Bericht des Panels gemäß Art. 16.4 DSU angenommen ist, es sei denn der Dispute Settlement Body entscheidet durch Konsens, den Bericht nicht anzunehmen. Damit erfolgt die Annahme des Panelberichts „quasi-automatisch", da die in dem Panelverfahren obsiegende Partei die Nichtannahme des Berichts verhindern kann. Hierdurch ändert sich der Charakter des Panelverfahrens von einem zu keinem verbindlichen Ergebnis führenden Verfahren im Rahmen des GATT zu einem Verfahren innerhalb der WTO, das nicht nur obligatorisch ist, sondern darüber hinaus zu einem für die Parteien verbindlichen Ergebnis führt.[350]

Das DSU sieht weitere wesentliche Änderungen gegenüber dem GATT-Panelverfahren vor.[351] Zunächst findet das Panelverfahren, wie bereits dargestellt[352], auf

---

Congress to put these new unilateral remedies back on the shelf and return to primary reliance on GATT law".

347 Mora, in: C.J.T.L. 1993, S. 103 (134); Shell, in: D.L.J. 1995, S. 829 (847); vgl. auch Hudec, Enforcing, S. 207 und 357 ff.

348 Vgl. Stoll, in: ZaöRV 1994, S. 241 (271).

349 Der Zweck des Konsultationsverfahrens wird in Art. 4.5 DSU dahingehend beschrieben, daß vor der Inanspruchnahme weiterer Maßnahmen – wie der Einleitung eines Panelverfahrens – versucht werden soll, einen zufriedenstellenden Ausgleich in der in Frage stehenden Angelegenheit zu finden (Insoweit ist der Wortlaut des Antrags auf Durchführung von Konsultationen von erheblicher Bedeutung, da Gegenstand des Panelverfahrens nur sein kann, was zuvor Gegenstand der Konsultationen zwischen den Parteien gewesen ist, Thomas, in: JWT 1996, Nr. 2, S. 53 (60 f.)). Will ein WTO-Mitglied ein Panelverfahren einleiten, so ist es zunächst verpflichtet, an das hiervon betroffene Mitglied einen Antrag auf Konsultationen zu richten. Nimmt dieses nicht innerhalb von 10 Tagen Stellung oder eröffnet es nicht innerhalb von 30 Tagen die Konsultationen, so kann das antragstellende Mitglied die Einsetzung eines Panels beantragen. Das gleiche gilt, wenn die Streitigkeit nicht innerhalb von 60 Tagen nach Eingang des Antrags beigelegt ist oder wenn beide Parteien vorher zu der Auffassung gelangen, daß eine Beilegung nicht möglich ist, Art. 4.7 DSU. Grundsätzlich ist das Konsultationsverfahren vertraulich, Art. 4.6 DSU, allerdings ist ein Antrag auf Konsultationen dem DSB und den entsprechenden Räten und Ausschüssen vom antragstellenden Mitglied anzuzeigen. Zu den Voraussetzungen für eine Beteiligung Dritter siehe Art. 4.11 DSU.

350 Beneyto, in: EuZW 1996, S. 295 (296); Canal-Forgues, in: RGDIP 1994, S. 689 (703); Vermulst/Driessen, in: JWT 1995, Nr. 2, S. 131 (146); vgl. auch Jackson, in: RGDIP 1994, S. 675 (686); ders, in: (Collins/Bosworth) The New GATT, S. 63 (70); Mora, in: C.J.T.L. 1993, S. 103 (160); Petersmann, in: CML Rev. 1994, S. 1157 (1215).

351 Zum WTO-Panelverfahren Canal-Forgues, in: RGDIP 1994, S. 689 ff.; Croley/Jackson, in: AJIL 1996, S. 193 ff.; Kohona, in: JWT 1994, Nr. 2, S. 23 ff.; Kuijper, in: JWT 1995, Nr. 6,

alle unter das WTO-Übereinkommen fallenden Streitigkeiten Anwendung, mit der Folge, daß Streitigkeiten, die verschiedene Abkommen betreffen, von ein und demselben Panel behandelt werden und so die im Rahmen des GATT bestehende Möglichkeit des *forum shopping* ausgeschlossen wird.[353] Zur Administrierung der im DSU normierten Streiterledigungsverfahren tritt der Allgemeine Rat als *Dispute Settlement Body* (DSB) zusammen.[354] Die Funktionen des DSB sind in Art. 2.1 DSU beschrieben. Danach hat er die Befugnis, Panels einzusetzen, Berichte der Panels und des Rechtsmittelgremiums anzunehmen, die Umsetzung von Entscheidungen und Empfehlungen zu überwachen und die Aussetzung von Zugeständnissen und sonstigen Verpflichtungen aus den unter das DSU fallenden Übereinkommen zu genehmigen.

Der Ablauf des Verfahrens vor dem Panel entspricht dem GATT-Panelverfahren[355], wobei das DSU allerdings einen engeren Zeitrahmen für die Durchführung des Verfahrens vorsieht.[356] Eine wesentliche Neuerung ist die in Art. 15 DSU vorgesehene Zwischenprüfung („*interim review stage*"). Im Rahmen dieses Verfahrensschrittes haben die Parteien die Möglichkeit, Stellungnahmen zu einem vollständigen Entwurf des Panelberichts abzugeben und Änderungen oder Ergänzungen vorzuschlagen. Die Zwischenprüfung geht auf einen Vorschlag *Kanadas* zurück. Sie ist im Zusammenhang mit der Umkehrung des Konsensprinzips bei der Annahme des Panelberichts eingeführt worden, mit dem Ziel, die Akzeptanz des Berichts bei den Parteien zu erhöhen.[357]

Eine zentrale Neuerung[358] des WTO-Panelverfahrens – die ebenfalls Folge der Umkehrung des Konsensprinzips ist – liegt in der Einführung eines Rechtsmittelverfahrens (*Appellate Review*).[359] Innerhalb dieses Kontrollmechanismus unterliegen die in dem Panelbericht behandelten Rechtsfragen und -auslegungen einer Überprüfung.[360] Dem hierfür

---

S. 49 ff.; Komuro, in: J. Int. Arb. 1995, Nr. 3, S. 81 ff.; Petersmann, GATT/WTO Dispute Settlement, S. 177 ff.; ders., in: CML Rev. 1994, S. 1157 ff.; Stiles, in: J. Int. L. & P. 1995, Nr. 1, S. 3 ff.; Shell, in: D.L.J. 1995, S. 829 (848 ff.); Sittmann, in: RIW 1997, S. 749 ff.; Stoll, in: ZaöRV 1994, S. 241 (271 ff.); Vermulst/Driessen, in: JWT 1995, Nr. 2, S. 131 ff.

352 Siehe oben S. 141.

353 Zurückhaltender Vermulst/Driessen, in: JWT 1995, Nr. 2, S. 131 (138) „ While ... [forum shopping] is still possible, to a certain extent, under the new DSU ... the risk of forum shopping appears considerably decreased".

354 Art. IV:3 WTO-Übereinkommen.

355 Zu den Sondervorschriften für Entwicklungsländer in Art. 3.12 und Art. 24 DSU siehe unten S. 375.

356 Nach Art. 20 DSU darf mangels abweichender Vereinbarung der Parteien der Zeitraum zwischen der Einsetzung des Panels durch den DSB bis zur Annahme des Panelberichts 9 Monate, und wenn ein Rechtsmittelverfahren durchgeführt worden ist, 12 Monate nicht überschreiten. Zu Einzelheiten siehe unten S. 297 ff.

357 Vgl. Petersmann, Improvements, S. 109 (114); Davey, in: 90th ASIL Proceedings, S. 415 (416); Stiles, in: J. Int. L. & P. 1995, Nr. 1, S. 3 (27). Zu Einzelheiten siehe unten S. 424 ff.

358 Lowenfeld, in: AJIL 1994, S. 477 (483) „most drastic innovation"; Burdeau, in: RdA 1995, S. 3 (35) „innovation remarquable"; Jackson, in: RGDIP 1994, S. 675 (686) „entièrement nouveau"; Davey, in: 90th ASIL Proceedings, S. 415 (415 f.).

359 Siehe Art. 17 DSU. Zu Einzelheiten siehe unten S. 458 ff.

360 Art. 17.6 DSU; vgl. auch Jansen, in: EuZW 1996, S. 513; Die Bezeichnung des hierfür zuständigen Spruchkörpers als „Berufungsgremium" im Bundesgesetzblatt (BGBl. 1994, Teil II,

eingerichteten Rechtsmittelgremium gehören sieben Mitglieder an, die vom DSB ernannt werden und von denen jeweils drei eine Kammer zur Behandlung eines konkreten Falles bilden. Der Bericht des Rechtsmittelgremiums bedarf – wie ein Panelbericht – der Annahme durch den DSB, wobei allerdings auch hier das umgekehrte Konsensprinzip gilt, das heißt, der Bericht des Rechtsmittelgremiums ist angenommen, sofern der DSB nicht durch Konsens beschließt, den Bericht nicht anzunehmen.

Eine weitere wesentliche Änderung gegenüber dem GATT-Panelverfahren betrifft die Durchsetzung eines angenommenen Berichts eines Panels bzw. des Rechtsmittelgremiums.[361] Das DSU sieht insoweit ein dreistufiges Verfahren vor. Die erste Stufe ist die Überwachung der Umsetzung der Empfehlungen und Entscheidungen (Art. 21 DSU). Erfolgt die Umsetzung nicht innerhalb einer angemessenen Frist, so können die Parteien auf einer zweiten Stufe einvernehmlich eine Entschädigung festlegen, die von der Partei zu leisten ist, die nicht zur rechtzeitigen Umsetzung in der Lage war. Schließlich besteht auf der dritten Stufe die Möglichkeit, daß die andere Partei Zugeständnisse oder sonstige Pflichten aussetzt (Art. 22 DSU). Innerhalb des GATT lag – aufgrund des Konsensprinzips – der Schwerpunkt bei der Durchsetzung von Entscheidungen auf der Überwachung. Da nunmehr im Rahmen der WTO auch für die Entscheidung über die Aussetzung von Zugeständnissen oder sonstigen Pflichten das umgekehrte Konsensprinzip gilt[362], kommt dieser Möglichkeit neben der Überwachung eine zunehmend größere Bedeutung zu.[363]

Schließlich normiert der mit „Stärkung des multilateralen Systems" überschriebene Art. 23 DSU die Verpflichtung der WTO-Mitgliedstaaten, von unilateralen Handelssanktionen außerhalb des WTO-Streiterledigungssystems, wie etwa Section 301 Trade Act, Abstand zu nehmen.[364] Nach Art. 23.1 DSU sind die Mitgliedstaaten verpflichtet, eine Verletzung von Pflichten oder eine Minderung von Vorteilen aus den unter das DSU fallenden Abkommen ausschließlich nach den Regeln und Verfahren des DSU geltend zu machen. Art. 23.2 DSU konkretisiert diesen Grundsatz dahingehend, daß

- die Feststellung, ob eine Vertragsverletzung oder eine Vorteilsentwertung vorliegt, allein den im DSU vorgesehenen Streitschlichtungsverfahren vorbehalten ist,
- die Festsetzung eines angemessenen Zeitraums für die Umsetzung von Empfehlungen allein nach Art. 21 DSU erfolgt und schließlich
- die Festsetzung des Umfangs, in dem Zugeständnisse oder sonstige Pflichten ausgesetzt werden dürfen, allein nach den Regeln des Art. 22 DSU festgesetzt werden.

1749 ff.) und in Teilen der Literatur (Stoll, in: ZaöRV 1994, S. 241 (275); Gabler, Streitbeilegungssystem der WTO, S. 55 f.; Gemperle/Zeller/Wartenweiler, Ergebnisse, S. 73; Ziegler, in: Außenwirtschaft 1996, S. 417 ff.) gibt die Befugnisse nicht zutreffend wieder.

361 Siehe Art. 21 f. DSU. Zu Einzelheiten siehe unten S. 499 ff.

362 Art. 22.6 DSU.

363 Kuijper, in: JWT 1995, Nr. 6, S. 49 (54); Mora, in: C.J.T.L. 1993, S. 103 (156).

364 Zu Art. 23 DSU eingehend Schede, in: World Comp. 1996 (Vol. 20), Nr. 1, S. 109 ff.; vgl. auch Gabler, Streitbeilegungssystem der WTO, S. 43 f.; Stoll, in: ZaöRV 1994, S. 241 (276 f.); Kohona, in: JWT 1994, Nr. 2, S. 23 (43 f.); Canal-Forgues, in: RGDIP 1994, S. 689 (693); Shell, in: D.L.J. 1995, S. 829 (852 f.).

2. *Schiedsverfahren, Art. 25 DSU*

Als Alternative zum WTO-Panelverfahren eröffnet Art. 25 DSU die Möglichkeit, eine Streitigkeit durch ein Schiedsverfahren beizulegen[365]; dies gilt insbesondere für Streitigkeiten, die von beiden Streitparteien klar definierte Streitfragen betreffen.[366] Die Möglichkeit der Durchführung eines Schiedsverfahrens war erstmals in den 1989 Improvements ausdrücklich vorgesehen.[367]

Seine Durchführung bedarf der einvernehmlichen Zustimmung der Streitparteien, wobei diese sich mit der Unterwerfung unter das Schiedsverfahren verpflichten, den Schiedsspruch zu befolgen, ihn also als endgültige Streitentscheidung zu akzeptieren.[368] Das DSU enthält selbst keine Vorschriften über den Ablauf des Schiedsverfahrens, sondern bestimmt vielmehr in Art. 25.2 S. 2 DSU, daß die Parteien sich auf das zu befolgende Verfahren einigen müssen. Die Autonomie der Parteien bei der Ausgestaltung des Verfahrens wird dabei allerdings insoweit eingeschränkt, als dies notwendig ist, um das Schiedsverfahren in das System der WTO zu integrieren.[369]

So müssen die Streitparteien den übrigen WTO-Mitgliedern rechtzeitig vor Beginn der Schiedsgerichtsverhandlung die Einleitung des Schiedsverfahrens mitteilen, um Dritten die Möglichkeit zu eröffnen, an dem Schiedsverfahren teilzunehmen.[370] Dabei steht allerdings die Teilnahme Dritter am Schiedsverfahren – im Gegensatz zum Panelverfahren[371] – unter dem Vorbehalt der Zustimmung der Streitparteien.[372]

Schiedssprüche sind dem DSB sowie dem Rat bzw. Ausschuß des oder der betroffenen Übereinkommen anzuzeigen. Dort kann jedes WTO-Mitglied mit dem Schiedsspruch zusammenhängende Fragen aufwerfen. Diese Bestimmung wurde eingefügt um klarzustellen, daß der Schiedsspruch, der nach den Art. 21 f. DSU durchgesetzt werden kann, nicht in die Rechte und Pflichten Dritter eingreifen darf, oder in die Befugnis des DSB, bei der Auslegung von WTO-Bestimmungen von der Auffassung des Schiedsgerichts abzuweichen.[373]

---

365 Art. 25 DSU betrifft die Beilegung vollständiger Streitigkeiten durch ein Schiedsgericht. Hiervon sind Schiedsverfahren nach Art. 21.3 c) DSU (hierzu unten S. 501) und Art. 22.6 DSU (hierzu unten S. 504 f.) zu unterscheiden. Gleiches gilt auch für die „Independent Review Procedures“ in Art. 4 des WTO Agreement on Pre-Shipment Inspection, siehe hierzu Petersmann, GATT/WTO Dispute Settlement, S. 193 f.

366 Vgl. Art. 25.1 DSU.

367 Art. E 1989 Improvements; hierzu Canal-Forgues/Ostrihansky, in: JWT 1990, Nr. 2, S. 67 (80 f.); Castel, in: ICLQ 1989, S. 834 (845 f.); kritisch Benedek, Rechtsordnung, S. 329 ff.; Mora, in: C.J.T.L. 1993, S. 103 (139 f.).

368 Vgl. Art. 25.2 S. 1 und Art. 25.3 S. 2 DSU.

369 Zu den Problemen bei der Integration bilateraler Schiedsverfahren in das multilaterale Streiterledigungssystem der WTO Mora, in: C.J.T.L. 1993, S. 103 (139 f.).

370 Petersmann, GATT/WTO Dispute Settlement, S. 193.

371 Siehe hierzu unten S. 327 ff.

372 Burdeau, in: RdA 1995, S. 3 (34 f.) sieht die Möglichkeit, die Teilnahme Dritter an einer Streitigkeit zu verhindern, als Grund dafür an, weshalb WTO-Mitglieder geneigt sein können, die Zuständigkeit eines Schiedsgerichts zu vereinbaren.

373 Petersmann, GATT/WTO Dispute Settlement, S. 193.

In Anbetracht der Tatsache, daß im Rahmen des GATT so gut wie nie Schiedsverfahren zur Beilegung von Streitigkeiten durchgeführt worden sind[374], bleibt abzuwarten, inwieweit von der Möglichkeit des Art. 25 DSU Gebrauch gemacht werden wird, zumal die Teilnehmer der *Uruguay*-Runde es – nicht zuletzt wegen der fehlenden praktischen Erfahrung – für sachgerecht hielten, auf eine Regelung des Ablaufs des Schiedsverfahrens zu verzichten und dies den Parteien zu überlassen.[375] In der Praxis wird das Schiedsverfahren nach Art. 25 DSU wohl vorrangig dort Anwendung finden, wo sich eine Streitigkeit auf eher technische Fragen von geringerem politischem Gewicht bezieht.[376] *Burdeau* und *Canal-Forgues* weisen wohl zutreffend darauf hin, daß komplexere Streitigkeiten auch in Zukunft im Rahmen eines Panelverfahrens behandelt werden.[377] Dies wird allein schon deshalb gelten, weil die Parteien nicht bereit sein werden, auf die Möglichkeit der Überprüfung der Entscheidung im Rahmen des Rechtsmittelverfahrens zu verzichten.

C. Erledigung von Investitionsstreitigkeiten zwischen Staaten und ausländischen Privatpersonen, International Centre for Settlement of Investment Disputes (ICSID)

Neben dem internationalen Austausch von Waren und Dienstleistungen bilden die Auslandsinvestitionen eine weitere zentrale Säule des internationalen Wirtschaftsverkehrs. Dabei besteht sowohl auf Seiten von Industriestaaten wie auch von Entwicklungsländern ein erhebliches Interesse an deren Ausweitung und Förderung.[378] Das gleiche gilt auch für Wirtschaftsunternehmen, die in Auslandsinvestitionen die Möglichkeit der kostengünstigen Verlagerung von Produktionsstätten und der Erschließung neuer Märkte sehen.[379]

Dabei bergen Auslandsinvestitionen für die Beteiligten nicht unerhebliche Risiken. Auf der einen Seite befürchten insbesondere Entwicklungsländer – die zum Aufbau einer funktionsfähigen Volkswirtschaft auf ausländisches Kapital angewiesen sind – nicht im-

---

374 Vgl. Petersmann, in: (Petersmann/Hilf) The New GATT Round, S. 323 ff.; Mora, in: C.J.T.L. 1993, S. 103 (140); Canal-Forgues, in: RGDIP 1994, S. 689 (705).

375 Petersmann., GATT/WTO Dispute Settlement, S. 193.

376 Mora, in: C.J.T.L. 1993, S. 103 (139): „The purpose of the reforms seems to be to by-pass the more cumbersome traditional panel procedure in cases in which there is disagreement over a clear-cut non-political issue, the nature of which allows the use of a more adjudicative technique".

377 Burdeau, in: RdA 1995, S. 3 (34): „La rédaction employée comme la brièveté des dispositions montrent bien qu'il s'agit là d'un moyen secondaire de règlement par rapport à la procédure des groupes de travail, qui, sensiblement améliorée, devrait sortir renforcée par ce texte et devrait rester la méthode privilégiée de règlement des différends au sein de l'[WTO]"; kritisch zur Akzeptanz des Schiedsverfahrens Canal-Forgues, in: RGDIP 1994, S. 689 (705): „A la verité, il n'est pas sûr que cette procédure sommaire d'arbitrage à titre principal se relève en pratique très attractive pour les Membres de l'[WTO]. Son caractère court et général n'augure pas très bien de son utilisation".

378 Bülow/Böckstiegel/Geimer/Schütze - Böckstiegel, Band II, 720·1; Sassoon, in: (Friedmann/Mestmäcker) Conflict Resolution, S. 99 (100 f.).

379 Eingehend Hirsch, ICSID, S. 3 ff.; vgl. auch Bouchez in: J. Int. Arb. 1991, Nr. 1, S. 81.

mer unberechtigterweise, im Rahmen von Investitionsverträgen mit ausländischen Investoren übervorteilt zu werden.[380] Auf der anderen Seite birgt das Fehlen voraussehbarer und sicherer rechtlicher Rahmenbedingungen bei Investitionen namentlich in Entwicklungsländern erhebliche Gefahren für den ausländischen Investor.

Vor diesem Hintergrund besteht zunächst ein Interesse an materiellrechtlichen Regelungen über Auslandsinvestitionen, insbesondere über den Schutz gegenüber Hoheitsakten des Investitionsstaates. Da es trotz wiederholter Bemühungen nicht gelungen ist, eine entsprechende multilaterale Kodifikation zu schaffen, haben sich solche Schutzstandards im Laufe der letzten Jahre vor allem auf der Grundlage bilateraler Investitionsschutzabkommen[381] und regionaler Übereinkommen herausgebildet. Hierdurch ist ein voraussehbarer Rechtsrahmen für Investitionen geschaffen worden.[382]

Zu einem kalkulierbaren Rechtsrahmen gehört aber insbesondere auch, daß den beteiligten Parteien ein Verfahren zur Verfügung steht, mittels dessen die eigenen Rechte gegenüber der anderen Partei durchgesetzt werden können, falls diese ihre sich aus dem Investitionsvertrag oder aus Rechtsnormen ergebenden Verpflichtungen nicht erfüllt.[383] Als Forum für die Erledigung von Streitigkeiten kommen die staatlichen Gerichte der Parteien regelmäßig nicht in Betracht. Der Investitionsstaat wird vor dem Hintergrund seiner staatlichen Souveränität kaum bereit sein, sich den Gerichten des Heimatstaates des Investors zu unterwerfen, während der Investor Bedenken haben muß, ob die staatlichen Gerichte des Investitionslandes in Verfahren unter Beteiligung des eigenen Staates das notwendige Maß an Neutralität aufweisen. Einen Ausweg bietet die Vereinbarung der Zuständigkeit eines *Ad-hoc-* oder eines institutionalisierten Schiedsgerichts in Investitionsverträgen.[384] Diese Verfahren sind aber nicht speziell auf die Beilegung von Investitionsstreitigkeiten

---

380 Lesenswert Paulsson, in: Private Investments Abroad 1993, § 15-2 ff.; vgl. auch Pirrung, Weltbankübereinkommen, S. 13 ff.; Seidl-Hohenveldern, Investitionen, S. 16 f.; Rodley, in: CYIL 1966, S. 43.

381 Grundlegend zu bilateralen Investitionsschutzabkommen Dolzer/Stevens, Bilateral Investment Treaties m.w.N.; vgl. auch Ott, Beilegung, S. 85 ff.; Broches, in: FS Sanders, S. 63 ff.; Delaume, in: News from ICSID 1985, Nr. 1, S. 12 ff.; Peter, in: J. Int. Arb. 1988, Nr. 1, S. 67 (75 ff.); zu Regelungen über die Streiterledigung in bilateralen Investitionsschutzabkommen Parra, in: ICSID Rev. - FILJ 1997, S. 287 ff.

382 Shihata/Parra, in: ICSID Rev. - FILJ 1994, S. 183 (210 ff.). In diesem Zusammenhang sind auch die 1992 verabschiedeten World Bank Group Guidelines on the Treatment of Foreign Direct Investment (abgedruckt in: ICSID Rev. - FILJ 1992, S. 297 ff.) zu erwähnen, die Richtlinien für alle im Bereich der Auslandsinvestitionen relevanten Rechtsfragen bereitstellen und zur Entwicklung eines umfassenden internationalen Investitionsrechts beitragen sollen.

383 Bülow/Böckstiegel/Geimer/Schütze - Böckstiegel, Band II, 720·2.

384 Hirsch, ICSID, S. 9 ff. Böckstiegel, Rules, S. 117 (124 ff.). Häufig wird ein Schiedsverfahren bei der Internationalen Handelskammer (ICC) in Paris vereinbart. Dementsprechend waren früher in etwa einem Drittel der ICC-Schiedsverfahren Staaten beteiligt, Böckstiegel, in: (Lew) Contemporary Problems, S. 40; David, Arbitration, S. 35. An den 1995 eingeleiteten Verfahren sank diese Quote indes auf 14,1% der Fälle (1995 Statistical Report, in ICC Bull. 1996, Nr. 1, S. 3 (6)), im Jahre 1996 sogar auf 5,4% (1996 Statistical Report, in ICC Bull. 1997, Nr. 1, S. 6). Es bleibt abzuwarten, ob dies das Ergebnis einer allgemeinen Tendenz oder lediglich eine vorübergehende Erscheinung ist.

ausgerichtet und tragen nicht den Besonderheiten Rechnung, die sich ergeben, wenn sich in dem Verfahren eine staatliche und eine private Partei gegenüberstehen.[385]

I. Das ICSID-Übereinkommen

Vor diesem Hintergrund initiierte die Weltbank, die als Entwicklungshilfeinstitution („Bank für Wiederaufbau und Entwicklung")[386] ein besonderes Interesse an der Förderung von Auslandsinvestitionen gerade in Entwicklungsländern hat, Verhandlungen zur Ausarbeitung eines Übereinkommens zur Beilegung von Investitionsstreitigkeiten[387], um durch eine Verbesserung der Rechtssicherheit für Auslandsinvestitionen die Investitionsbereitschaft zu erhöhen.[388]

1. Allgemeines

Der erste Entwurf für das Übereinkommen wurde von den 20 Exekutivdirektoren der Weltbank erarbeitet.[389] Er wurde dem Weltbankdirektorium vorgelegt und bildete anschließend die Grundlage für vier regionale Konferenzen mit Experten fast aller Mitgliedsländer der Weltbank zum Jahreswechsel 1963/64 in *Addis Abeba*, *Santiago de Chile*, *Genf* und *Bangkok*. Der auf der Grundlage der dortigen Diskussionen erarbeitete Ent-

---

385 Hierzu Pirrung, Weltbankübereinkommen, S. 18 ff.

386 Zu den Aufgaben der Weltbank gehört nach Art. I (2) des Abkommens über die Internationale Bank für Wiederaufbau und Entwicklung vom 27.12.1945 (abgedruckt in BGBl. 1952, Teil II, S. 664 ff.), die private ausländische Investitionstätigkeit durch die Übernahme von Garantien oder durch Beteiligung an Darlehen und anderen von privaten Geldgebern durchgeführten Investitionen zu fördern. Zu den Aufgaben der Weltbank Schlemmer-Schulte, in: RIW 1999, S. 175 (176 ff.).

387 Hirsch, ICSID, S. 13 ff.

388 Augenblick/Ridgway, in: JWT 1993, Nr. 1, S. 73 (78); Craig, in: Private Investments Abroad 1993, § 14-3 ff.; Nathan, in: J. Int. Arb. 1995, Nr. 1, S. 27; Shihata, in: ICSID Rev. - FILJ 1986, S. 1 (3 ff.); kritisch Toope, Mixed International Arbitration, S. 219 ff. In diesem Zusammmenhang ist auch die Multilaterale Investitions-Garantie-Agentur (MIGA) zu nennen, die durch die Convention Establishing the Multilateral Investment Guarantee Agency vom 11. Oktober 1985 (abgedruckt in: BGBl. 1987, Teil II, S. 454 ff.) im Rahmen des Systems der Weltbank errichtet worden und am 12. April 1988 in Kraft getreten ist (BGBl. 1989, Teil II, S. 47). Aufgabe der MIGA ist die Versicherung ausländischer Direktinvestitionen gegen eine Vielzahl nichtkommerzieller Risiken, um so das als unzureichend empfunde Netz von Investitionsversicherungen zu erweitern. Sie bildet einen Bestandteil des durch die Weltbank, den IMF, das ICSID und die WTO geschaffenen Systems zur Förderung von Auslandsinvestitionen, Bülow/Böckstiegel/Geimer/Schütze - Böckstiegel, Band II, 720·5, Fn. 4; eingehend zur MIGA Stern, MIGA, S. 5 ff.; Chatterjee, in: ICLQ 1987, S. 76 ff.; Ebenroth/Karl, in: RIW 1989, S. 1 ff.; Voss, in: RIW 1987, S. 89 ff.; Rowat, in: Harv. Int. L. J. 1992 (Vol. 33), S. 103 (119 ff.).

389 Zur Enstehungsgeschichte Bülow/Böckstiegel/Geimer/Schütze - Böckstiegel, Band II, 720·3; Hirsch, ICSID, S. 18 f.; Ott, Beilegung, S. 8 ff.; Broches, in: RdC 1972-II, S. 330 (342 ff.); Pirrung, Weltbankübereinkommen, S. 22 ff.

wurf wurde Ende 1964 von einem aus 61 Mitgliedstaaten der Weltbank bestehenden Expertengremium beraten, bevor dann der hierauf basierende endgültige Text des Übereinkommens zur Beilegung von Investitionsstreitigkeiten zwischen Staaten und Angehörigen anderer Staaten (ICSID-Übk) am 18. März 1965 zur Unterzeichnung aufgelegt wurde.

Nicht zuletzt angesichts der hervorgehobenen Rolle der Weltbank weicht das Verfahren zur Aushandlung des Übereinkommens nicht unerheblich von dem üblichen Verfahren bei der Ausarbeitung internationaler Übereinkommen ab. *Böckstiegel* weist zutreffend darauf hin, daß die anschließenden schnellen und vielen Ratifizierungen zeigen, daß die Mitgliedstaaten dieses Aushandlungsverfahren aber mittrugen und daß aus diesem Grund sowie angesichts der zeitlich und sachlich sehr konzentrierten Vorarbeiten die von der Weltbank herausgegebenen Dokumente[390] über die Entstehungsgeschichte eine wichtige Quelle im Falle von Auslegungszweifeln hinsichtlich des Übereinkommens bilden.[391]

Das ICSID-Übereinkommen sieht selbst keine materiellrechtlichen Vorschriften über den Schutz von Auslandsinvestitionen vor, sondern enthält in Art. 42 lediglich eine Kollisionsnorm.[392] Der entscheidende Vorteil der ICSID-Schiedsgerichtsbarkeit gegenüber anderen Streiterledigungsverfahren liegt darin, daß es speziell auf die Beilegung von Investitionsstreitigkeiten zwischen Staaten und Angehörigen anderer Staaten – und damit nicht nur zwischen Völkerrechtssubjekten im engeren Sinne – zugeschnitten ist und den sich dabei ergebenden Besonderheiten Rechnung trägt.[393] Im übrigen begründet das ICSID-Übereinkommen eine „exklusive Zuständigkeit“[394] des ICSID. Dies ergibt sich aus Art. 26 und 27 ICSID-Übk. Nach Art. 26 ICSID-Übk gilt die Zustimmung der Parteien zum Schiedsverfahren im Rahmen des Übereinkommens mangels einer abweichenden Erklärung zugleich als Verzicht auf jeden anderen Rechtsbehelf[395], während Art. 27 ICSID-

---

390 Das ICSID hat die Entstehungsgeschichte des ICSID-Übk in drei Bänden festgehalten und ausgearbeitet. Der erste Band (ICSID, Analysis, Vol. I) enthält eine Analyse der Entstehungegeschichte, der zweite und dritte Band (ICSID, Documents, Vol. II/1 und II/2) Dokumente über die einzelnen Verhandlungen, Beratungen etc. Eine wichtige Auslegungshilfe bildet auch der von der Weltbank gemeinsam mit der Verabschiedung des ICSID-Übk am 18. März 1965 zur Erläuterung herausgegebene Report of the Executive Directors on the Convention on the Settlement of Investment Disputes between States and Nationals of other States, abgedruckt in: ILM 1965, S. 524 ff. (im folgenden zitiert als: IBRD, Report of the Executive Directors).

391 Bülow/Böckstiegel/Geimer/Schütze - Böckstiegel, Band II, 720·3; zweifelnd Pirrung, Weltbankübereinkommen, S. 23, der seine Bedenken darauf stützt, daß der Text des Übereinkommens nicht von den staatlichen Vertragspartnern selbst, sondern unmittelbar von der Weltbank formuliert worden sei.

392 Siehe hierzu unten S. 383 ff.

393 Paulsson, in: Private Investments Abroad 1993, § 15-8 ff.; Pirrung, Weltbankübereinkommen, S. 24 f.; siehe auch Schmidt, in: Harv. Int. L. J. 1976 (Vol. 17), S. 90 (103 ff.).

394 Bülow/Böckstiegel/Geimer/Schütze - Böckstiegel, Band II, 720·54, Fn. 17.

395 Zwar kann nach Art. 26 S. 2 ICSID-Übk jeder Vertragsstaat als Bedingung für seine Zustimmung zum Schiedsverfahren nach dem Übereinkommen die Erschöpfung innerstaatlicher Rechtsmittel verlangen. Von dieser Möglichkeit hat aber nur Israel vorübergehend Gebrauch gemacht, das bei Hinterlegung der Ratifikationsurkunde notifizierte, daß es die Erschöpfung innerstaatlicher Verwaltungs- oder Gerichtsverfahren als Bedingung im Rahmen des Übereinkommens verlange (BGBl. 1983, Teil II, S. 480). Israel hat diesen Vorbehalt allerdings im Jahre 1991 zurückgezogen, vgl. Hirsch, ICSID, S. 21, Fn. 12. Zu Art. 26 ICSID-Übk Pirrung,

Übk bestimmt, daß im Falle der Vereinbarung der Zuständigkeit eines ICSID-Schiedsgerichts der Heimatstaat eines Investors diesem keinen diplomatischen Schutz[396] gewähren oder einen völkerrechtlichen Anspruch geltend machen darf, es sei denn, der Investitionsstaat befolgt den von einem ICSID-Schiedsgericht erlassenen Schiedsspruch nicht.[397] Indem die Art. 26 und 27 ICSID-Übk die Zuständigkeit staatlicher Gerichte und die Gewährung diplomatischen Schutzes ausschließen[398], tragen sie zu einer Entpolitisierung von Investitionsstreitigkeiten bei und fördern so deren sachliche Entscheidung.[399]

Das ICSID-Übereinkommen ist am 14. Oktober 1966 – für die *Bundesrepublik* am 18.5.1969[400] – in Kraft getreten, dreißig Tage nachdem der 20. Staat seine Ratifikationsurkunde bei der Weltbank hinterlegt hat.[401] Es ist mittlerweile von 146 Staaten unterzeichnet worden und in 131 Staaten in Kraft getreten.[402] Damit ist es für die Beilegung von Investitionsstreitigkeiten zu einem multilateralen Rahmen von globaler Bedeutung geworden. Ein Grund hierfür ist sicherlich, daß die Streiterledigung nach dem ICSID-Übereinkommen eng mit der Weltbank verbunden ist und diese den Beitritt von Staaten zu dem Übereinkommen – das bezeichnenderweise auch Weltbankübereinkommen genannt wird – unterstützt.[403]

Weltbankübereinkommen, S. 43 ff.; Schlosser, Schiedsgerichtsbarkeit, Rn. 72; Toope, Mixed International Arbitration, S. 231 f.; Broches, in: YCA 1993, S. 627 (647 ff., Rn. 47 ff.); Burdeau, in: RdA 1995, S. 3 (17 f.); Delaume, in: Clunet 1982, S. 775 (810 ff.); Schreuer, in: ICSID Rev. - FILJ 1997, S. 151 ff. Die Bestimmung ist insbesondere relevant im Hinblick auf die Frage, inwieweit staatliche Gerichte befugt sind, im Rahmen eines ICSID-Schiedsverfahrens Maßnahmen des vorläufigen Rechtsschutzes zu ergreifen, siehe hierzu unten S. 355 ff.

396 Von diesem Verbot sind nach Art. 27 ICSID-Übk lediglich informelle diplomatische Schritte ausgenommen, die darauf gerichtet sind, die Beilegung der Streitigkeit zu erleichtern.

397 Durch die Einfügung des Art. 27 ICSID-Übk sollten die Bedenken der lateinamerikanischen Länder gegen die internationale Schiedsgerichtsbarkeit, die ihren Ausdruck in der Calvo-Doktrin findet (Nach der Calvo-Doktrin sind Fremde Inländern gleichzustellen und dürfen keinesfalls mehr Rechte als diese genießen, mit der Folge, daß ihnen ausschließlich innerstaatliche Rechtsmittel zur Verfügung stehen und sie deshalb den Verzicht auf die Gewährung diplomatischen Schutzes durch ihren Heimatstaat erklären müssen, sog. Calvo-Klausel, vgl. nur Verdross/Simma, Völkerrecht, § 1301), zerstreut und so die Akzeptanz der ICSID-Schiedsgerichtsbarkeit auch bei diesen Ländern erhöht werden, Nathan, in: Arbitration 1988, S. 193 (198 f.). Vgl. zu Art. 27 ICSID-Übk auch Ott, Beilegung, S. 43 ff.; Bülow/Böckstiegel/Geimer/Schütze - Böckstiegel, Band II, 720·54, Fn. 17; Broches, in: YCA 1993, S. 627 (651 f., Rn. 61 f.); Schreuer, in: ICSID Rev. - FILJ 1997, S. 205 ff.

398 Zur Frage, inwieweit es sich bei einem ICSID-Schiedsverfahren um ein „internationales“ Verfahren handelt, siehe Toope, Mixed International Arbitration, S. 233 ff.

399 Augenblick/Ridgway, in: JWT 1993, Nr. 1, S. 73 (78 f.)

400 Vgl. BGBl. 1969, Teil II, S. 369. Für Staaten, die nach Inkrafttreten des ICSID-Übk ihre Ratifikationsurkunde hinterlegen, tritt das Übereinkommen dreißig Tage nach dieser Hinterlegung in Kraft, Art. 68 (2) S. 2 ICSID-Übk.

401 Art. 68 ICSID-Übk.

402 Stand: 30. Juni 1999, vgl. ICSID 1999 Annual Report mit einer Liste der Vertragsstaaten auf S. 21 ff.

403 Burdeau, in: RdA 1995, S. 3 (11). Die hohe Zahl von Ratifikationen hängt auch damit zusammen, daß mit der Ratifizierung grundsätzlich noch keine Unterwerfung unter die ICSID-

Allerdings korrespondierte die Zahl der durchgeführten Schiedsverfahren lange Zeit nur bedingt mit der hohen Zahl von Ratifikationen. Seit dem Inkrafttreten des Übereinkommens sind 58 ICSID-Schiedsverfahren eingeleitet worden.[404] Ein Grund für die anfänglich sehr niedrige Verfahrenszahl ist sicherlich darin zu sehen, daß zunächst in einer Vielzahl von Investitionsverträgen eine ICSID-Schiedsklausel vereinbart werden muß, ehe es dann aufgrund einiger dieser Klauseln im Falle von Streitigkeiten zwischen den Parteien tatsächlich zur Durchführung eines Schiedsverfahrens kommt.[405] Im übrigen ist in den letzten Jahren ein erheblicher Anstieg eingeleiteter Verfahren festzustellen. Während zwischen 1966 und 1993 insgesamt 27 Verfahren eingeleitet wurden, beträgt die Zahl der seit Beginn 1994 eingeleiteten Verfahren bereits 29[406].

2. *Das Zentrum zur Beilegung von Investitionsstreitigkeiten*

Durch das ICSID-Übereinkommen ist nach seinem Art. 1 das *Centre for Settlement of Investment Disputes* (Zentrum zur Beilegung von Investitionsstreitigkeiten, ICSID) errichtet worden, dessen Zweck darin besteht, Einrichtungen zur Durchführung von Vergleichs- und Schiedsverfahren zur Beilegung von Investitionsstreitigkeiten zwischen Vertragsstaaten und Angehörigen anderer Vertragsstaaten zur Verfügung zu stellen. Das ICSID übt also selbst keine Spruchkörpertätigkeit aus, sondern ist lediglich administrierende Stelle.[407]

Das Zentrum, das volle internationale Rechtspersönlichkeit besitzt[408], hat seinen Sitz in Washington, D.C. in den Gebäuden der Weltbank.[409] Es besteht aus einem Verwaltungsrat und einem Sekretariat und führt je ein Vermittler- und ein Schiedsrichterverzeichnis.[410] Der Verwaltungsrat tagt mindestens einmal jährlich[411] und besteht aus einem

---

Schiedsgerichtsbarkeit für konkrete Verträge und Streitverfahren verbunden ist (siehe hierzu unten S. 166 ff.), Bülow/Böckstiegel/Geimer/Schütze - Böckstiegel, Band II, 720·2.

404 Stand: September 1999.

405 Bülow/Böckstiegel/Geimer/Schütze - Böckstiegel, Band II, 720·2; vgl. auch Augenblick/Ridgway, in: JWT 1993, Nr. 1, S. 73 (80), die darauf hinweisen, daß die niedrige Verfahrenszahl an sich schon einen Erfolg des ICSID darstellt, da die Gefahr der Durchführung eines ICSID-Schiedsverfahrens den Druck auf die Parteien erhöht, eine einvernehmliche Lösung der Streitigkeit zu finden.

406 Darüber hinaus sind sechs weitere Verfahren nach ICSID Additional Facility Rules eingeleitet worden (siehe hierzu unten S. 165 ff.). Eine Liste der abgeschlossenen und anhängigen ICSID-Verfahren findet sich im Internet unter der Adresse „http://www.worldbank.org/icsid/cases".

407 Zu den Aufgaben und zur Organisationsstruktur des ICSID Hirsch, ICSID, S. 19 ff.; Ott, Beilegung, S. 14 ff.; Fischer, in: VRÜ 1968, S. 262 (275 ff.); vgl. auch Parra, in: News from ICSID 1999, Nr. 1, S. 5 ff.

408 Art. 18 ICSID-Übk. Zur Immunität des ICSID, seiner Mitarbeiter und der Verfahrensbeteiligten sowie zu Steuer- und Zollbefreiungen Art. 19 ff. ICSID-Übk.

409 Vgl. Art. 2 ICSID-Übk. Die enge Verknüpfung zwischen Weltbank und ICSID zeigt sich auch daran, daß nach Art. 17 ICSID-Übk Fehlbeträge bei der Finanzierung des Zentrums von den Mitgliedstaaten der Weltbank getragen werden.

410 Art. 3 ICSID-Übk.

411 Art. 7 ICSID-Übk.

Vertreter jedes Vertragsstaates.[412] Vorsitzender ist *ex officio* der Präsident der Weltbank.[413] Die Aufgaben des Verwaltungsrates sind in Art. 6 ICSID-Übk umschrieben: Soweit das ICSID-Übereinkommen zum Erlaß von Vorschriften ermächtigt, ist er das Rechtsetzungsorgan des ICSID; dies gilt für die Verwaltungs- und Finanzordnung des Zentrums sowie die Verfahrensordnungen für Schieds- und Vergleichsverfahren. Ferner ist er für den Abschluß von Verträgen des Zentrums, den Haushaltsplan und die Genehmigung der jährlichen Tätigkeitsberichte zuständig sowie für sonstige zur Durchführung des ICSID-Übereinkommens für erforderlich gehaltene Maßnahmen.

Schließlich wählt nach Art. 10 ICSID-Übk der Verwaltungsrat auf Vorschlag seines Vorsitzenden den Generalsekretär und dessen Stellvertreter für eine Amtsdauer von höchstens sechs Jahren, wobei die Wiederwahl zulässig ist. Der Generalsekretär ist der gesetzliche Vertreter des Zentrums und ist für seine Leitung nach Maßgabe des Übereinkommens und der vom Verwaltungsrat beschlossenen Regelungen verantwortlich.[414]

Trotz der vergleichsweise geringen Verfahrenszahl hat das ICSID sich zu einer wichtigen Institution der internationalen Schiedsgerichtsbarkeit entwickelt.[415] Neben der Unterstützung und Förderung des ICSID durch die Weltbank und der großen Zahl von Mitgliedstaaten liegt einer der wesentlichen Gründe hierfür in der regen Aktivität des Zentrums und seiner effektiven Öffentlichkeitsarbeit, die sich vor allem in zahlreichen Veröffentlichungen – wie etwa die *Annual Reports* des ICSID, die zweimal jährlich erscheinenden *News from ICSID* und das ebenfalls halbjährlich erscheinende *ICSID Review - Foreign Investment Law Journal* – und der Durchführung von Veranstaltungen niederschlagen.[416]

II. Die Streiterledigung nach dem ICSID-Übereinkommen

Das ICSID-Übereinkommen sieht die Möglichkeit der Durchführung entweder eines Schiedsverfahrens oder eines Vergleichsverfahrens vor, soweit die vergleichsweise engen Zuständigkeitsvoraussetzungen des Art. 25 ICSID-Übk erfüllt sind. Danach muß es sich um eine unmittelbar mit einer Investition zusammenhängende Rechtsstreitigkeit zwischen einem Vertragsstaat einerseits und einem Angehörigen eines anderen Vertragsstaats andererseits handeln, und die Parteien müssen schriftlich die Zuständigkeit des Zentrums vereinbart haben.[417] Unter etwas weiter gefaßten Voraussetzungen haben die Parteien dane-

---

412 Art. 4 ICSID-Übk.

413 Art. 5 ICSID-Übk. Der Vorsitzende hat selbst kein Stimmrecht.

414 Art. 11 S. 1 ICSID-Übk. Nach S. 2 amtiert der Generalsekretär als Kanzler und ist befugt, die auf Grund des ICSID-Übereinkommens erlassenen Schiedssprüche zu beurkunden und Abschriften davon zu beglaubigen.

415 Bülow/Böckstiegel/Geimer/Schütze - Böckstiegel, Band II, 720·2 f.; zu der Tätigkeit des ICSID Lamm/Smutny, in: Arbitration 1998, S. S22 (S24).

416 Hier ist insbesondere das seit 1983 jährlich zu aktuellen Themen der Schiedsgerichtsbarkeit stattfindende Joint Colloquium on International Arbitration zu nennen, daß von ICSID gemeinsam mit der Internationalen Handelskammer, Paris (ICC) und der American Arbitration Association (AAA) durchgeführt wird.

417 Zu Einzelheiten siehe unten S. 166 ff.

ben die Möglichkeit, die Streitigkeit einem Schieds- oder Vergleichsverfahren nach den *Additional Facility Rules* zu unterwerfen.

1. Schiedsverfahren

Das Schiedsverfahren ist im ICSID-Übereinkommen selbst in den Art. 36 bis 55 nur in seinen wesentlichen Grundzügen geregelt. Die Bestimmungen werden durch zusätzliche Vorschriften ergänzt, die der Verwaltungsrat aufgrund der ihm in Art. 6 (1) ICSID-Übk eingeräumten Befugnis erlassen hat. Von zentraler Bedeutung sind insoweit die *Rules of Procedure for Arbitration Proceedings* (ICSID AR), die detaillierte Bestimmungen über den Ablauf des Schiedsverfahrens ab der Konstituierung des Schiedsgerichts bis zum Erlaß des Schiedsspruchs bzw. dessen Überprüfung enthalten. Die Einleitung des Schiedsverfahrens hat in den *Rules of Procedure for the Institution of Conciliation and Arbitration Proceedings* (ICSID Institution Rules) eine eingehende Regelung erfahren, während die *Administrative and Financial Regulations* (ICSID AdFR) Vorschriften über die Kosten des Schiedsverfahrens enthalten.[418] Die ursprüngliche Fassung dieser Regeln ist am 1. Januar 1968 in Kraft getreten und durch überarbeitete Regeln ersetzt worden, die am 26. September 1984 in Kraft getreten sind und bis heute gelten.[419]

Die das ICSID-Schiedsverfahren regelnden Bestimmungen entsprechen in weiten Teilen dem, was auch im Bereich der internationalen Wirtschaftsschiedsgerichtsbarkeit üblich ist; auffällig ist, daß zahlreiche Vorschriften eng an die das Verfahren vor dem Internationalen Gerichtshof regelnden Vorschriften angelehnt sind. Indes weisen das ICSID-Übereinkommen und die ergänzenden Vorschriften auch erhebliche Besonderheiten auf. Hier ist vor allem das Annullierungsverfahren nach Art. 52 ICSID-Übk zu nennen.

Wie dargestellt, ist die Zuständigkeit der ICSID-Schiedsgerichtsbarkeit „exklusiv", da die Vereinbarung seiner Zuständigkeit gemäß Art. 26 ICSID-Übk als Verzicht auf jeden anderen Rechtsbehelf gilt. Auch ein ergangener Schiedsspruch unterliegt keinen anderen als den im Übereinkommen selbst vorgesehenen Rechtsmitteln.[420] Aufgrund dieses Ausschlusses jeglicher Kontrolle eines ICSID-Schiedsspruchs durch staatliche Gerichte schien es den Verfassern des ICSID-Übereinkommens erforderlich, einen verfahrensinternen Überprüfungsmechanismus einzurichten, der im Annullierungsverfahren nach Art. 52 ICSID-Übk Niederschlag gefunden hat.[421] Soweit sich weitere Besonderheiten daraus ergeben[422], daß sich in dem Verfahren Staaten und Privatpersonen gegenüberstehen, wird

418 Daneben enthalten die ICSID AdFR detaillierte Bestimmungen über das Verfahren des Verwaltungsrates, das Sekretariat sowie den Einfluß und die Unterstützung des Sekretariats bei konkreten Schiedsverfahren.

419 Die Rules and Regulations sind veröffentlicht in den vom ICSID herausgegebenen ICSID Basic Documents (Doc. ICSID/15 (January 1985)), sowie in Bülow/Böckstiegel/Geimer/Schütze - Böckstiegel, Band II, 721.1 ff. und bei Labes/Lörcher (Hrsg.), Schiedsverfahrensrecht, Nr. 22.

420 Art. 53 (1) ICSID-Übk.

421 Siehe hierzu unten S. 468 ff.

422 Hierzu gehört etwa, daß mangels einer Rechtswahl durch die Parteien nach Art. 42 (1) ICSID-Übk neben dem Recht des Investitionsstaates auch die einschlägigen Regeln des Völkerrechts

auf diese im Rahmen der Untersuchung des ICSID-Streiterledigungsverfahrens eingegangen.

2. *Vergleichsverfahren*

Neben dem Schiedsverfahren sieht das ICSID-Übk auch die in der Praxis des ICSID erst dreimal in Anspruch genommene Möglichkeit[423] der Durchführung eines Vergleichsverfahrens vor.[424] Das Verfahren ist in den Art. 28 bis 35 ICSID-Übk geregelt, die ergänzt werden durch *Rules of Procedure for Conciliation Proceedings* (ICSID Conciliation Rules).[425] Außerdem finden auch hier die *Rules of Procedure for the Institution of Conciliation and Arbitration Proceedings* und die *Administrative and Financial Regulations* Anwendung.

Die Aufgabe der Vergleichskommission wird in Art. 34 ICSID-Übk dahingehend beschrieben, daß sie die zwischen den Parteien bestehenden Streitfragen klären und sich bemühen soll, eine für beide Seiten annehmbare Lösung herbeizuführen.[426] Zu diesem Zweck kann die Kommission in jedem Verfahrensstadium und wiederholt unverbindliche Empfehlungen für die Beilegung der Streitigkeit an die Parteien richten. Das Verfahren wird mit einem – ensprechend dem Charakter des Vergleichsverfahrens für die Parteien nicht verbindlichen – Bericht der Kommission abgeschlossen, in dem festgestellt wird, ob eine Einigung zwischen den Parteien erzielt werden konnte oder nicht.[427]

Das Verfahren zur Einleitung des Vergleichsverfahrens und zur Bildung der Vergleichskommission entspricht dem Verfahren zur Einleitung des Schiedsverfahrens, so

---

zur Anwendung gelangen (siehe hierzu unten S. 387 ff.); zu den Besonderheiten vgl. auch Hirsch, ICSID, S. 155.

423 Seditex Engineering Beratungsgesellschaft für die Textilindustrie m.b.H v. Government of the Democratic Republic of Madagascar (Case No. CONC/82/1) (ICSID Cases, S. 19), Tresoro Petroleum Corporation v. Government of Trinidad and Tobago (Case No. (CONC/83/1) (ICSID Cases, S. 21) (siehe hierzu Nurick/Schnably, in: ICSID Rev. - FILJ 1986, S. 340 ff.) und Seditex Engineering Beratungsgesellschaft für die Textilindustrie m.b.H v. Government of Madagascar (Case No. CONC/94/1) (ICSID Cases, S. 31 f.).

424 Zum Vergleichsverfahren eingehend Broches, in: YCA 1993, S. 627 (652 ff., Rn. 63 ff.); Nurick/Schnably, in: ICSID Rev. - FILJ 1986, S. 340 ff.; Ziadé, in: News from ICSID 1996, Nr. 2, S. 3 ff.; siehe auch Pirrung, Weltbankübereinkommen, S. 36 ff.; Fischer, in: VRÜ 1968, S. 262 (289 f.); Shihata, in: Private Investments Abroad 1993, § 16-12 f.

425 Die ICSID Conciliation Rules sind veröffentlicht in ICSID Basic Documents (Doc. ICSID/15 (January 1985), S. 91 ff.) sowie bei Labes/Lörcher (Hrsg.), Schiedsverfahrensrecht, Nr. 30.

426 Vgl. auch das Verständnis des alleinigen Schlichters im Verfahren Tesoro v. Trinidad, Lord Wilberforce, von seiner Rolle: „...to examine the contentions raised by the parties, to clarify the issues, and to endeavour to evaluate their respective merits and the likelihood of their being accepted, or rejected, in Arbitration or Court proceedings, in the hope that such evaluation may assist the parties in reaching an agreed settlement"; zitiert nach Nurick/Schnably, in: ICSID Rev. - FILJ 1986, S. 340 (348).

427 Ist eine Einigung erzielt worden, so werden in dem Bericht die Streitfragen aufgezählt und die Einigung festgestellt. Ist eine Partei nicht vor der Kommission erschienen oder hat sie ihre Mitarbeit verweigert, so wird dies gleichfalls in einem Bericht der Kommission festgehalten, vgl. Art. 34 (2) ICSID-Übk.

daß wegen der Einzelheiten auf die nachfolgende Darstellung verwiesen werden kann.[428] Das Verfahren wird durch einen schriftlichen Antrag an den Generalsekretär des ICSID eingeleitet, der diesen registriert.[429] Die Kommission besteht aus einer Person oder einer ungeraden Zahl von Mitgliedern. Mangels einer abweichenden Parteivereinbarung ernennt jede Partei ein Mitglied, der Vorsitzende wird im gegenseitigen Einvernehmen durch die Parteien ernannt.[430] Ist die Kommission nicht innerhalb von 90 Tagen nach der Absendung der Mitteilung der Registrierung vollständig gebildet, so nimmt der Vorsitzende des Verwaltungsrates des ICSID die erforderlichen Ersatzbenennungen vor.[431]

Jede Vergleichskommission entscheidet selbst über ihre Zuständigkeit.[432] Dies kann angesichts der engen Zuständigkeitsvoraussetzung des Art. 25 ICSID-Übk, die auch für das Vergleichsverfahren gelten, bedeutsam werden. Angesichts der Unverbindlichkeit des Ergebnisses des Vergleichsverfahrens hat diese Frage allerdings nicht das gleiche Gewicht wie im Rahmen eines ICSID-Schiedsverfahrens.

Der Ablauf des Verfahrens richtet sich nach den Art. 28 ff. ICSID-Übk und mangels abweichender Parteivereinbarung nach den ICSID Conciliation Rules, die detaillierte Verfahrensregeln über die Tätigkeit der Kommission und den Ablauf sowie den Abschluß des Verfahrens enthalten.[433] Soweit gleichwohl ungeregelte Verfahrensfragen auftreten, werden diese von der Vergleichskommission entschieden.[434]

Im Hinblick auf ein im Anschluß an das Vergleichsverfahren möglicherweise stattfindendes Schiedsverfahren ist die Regelung des Art. 35 ICSID-Übk von besonderer Bedeutung. Danach kann sich mangels abweichender Vereinbarung keine der Parteien auf von der anderen Partei während des Vergleichsverfahrens abgegebene Meinungsäußerungen, Erklärungen, Zugeständnisse oder Vergleichsangebote oder auf die Empfehlungen der Kommission berufen.[435] Durch diese Regelung soll verhindert werden, daß die Parteien während der Vergleichsverhandlungen nicht mit der notwendigen Offenheit verhandeln, aus Angst, dort getätigte Äußerungen könnten im Schiedsverfahren gegen sie verwandt werden.[436]

---

428 Siehe hierzu unten S. 195 ff. Nähere Regelungen enthalten die ICSID Conciliation Rules 1 bis 12.

429 Art. 28 ICSID-Übk. Zu den erforderlichen Angaben siehe Abs. 2, zur Screening Power des Generalsekretärs bei der Registrierung des Antrags nach Abs. 3, unten S. 197. Vgl. auch Broches, in: YCA 1993, S. 627 (652 f., Rn. 63 ff.).

430 Zu den Anforderungen an die Mitglieder der Vergleichskommission siehe Art. 31 ICSID-Übk.

431 Art. 29 f. ICSID-Übk. Demzufolge wird nach Art. 30 ICSID-Übk die Vergleichskommission auch dann konstituiert, wenn eine Partei ihre Mitwirkung in dieser Verfahrensphase verweigert und den von ihr zu ernennenden Vermittler nicht ernennt oder an der Ernennung des Vorsitzenden nicht mitwirkt, siehe hierzu Ziadé, in: News from ICSID 1996, Nr. 2, S. 3 (8).

432 Art. 32 ICSID-Übk; Broches, in: YCA 1993, S. 627 (655 f., Rn. 74 ff.); allgemein zur Kompetenz-Kompetenz oben S. 113, Fn. 120.

433 Zu Einzelheiten Ziadé, in: News from ICSID 1996, Nr. 2, S. 3 (4 ff.).

434 Art. 33 ICSID-Übk.

435 In diesem Zusammenhang ist auch Rule 1 (4) ICSID AR zu beachten, derzufolge keine Person zum Schiedsrichter ernannt werden kann, die bereits im Vorfeld als Mitglied einer Vergleichskommission mit dem Verfahren befaßt war.

436 Broches, in: YCA 1993, S. 627 (658, Rn. 84); Fischer, in: VRÜ 1968, S. 262 (290); siehe auch Ziadé, in: News from ICSID 1996, Nr. 2, S. 3 (3 f.).

3. „Additional Facility"-Verfahren

Hinzuweisen ist auch auf die *„Rules Governing the Additional Facility for the Administration of Proceedings by the Secretariat of the International Centre for Settlement of Investment Disputes"* (ICSID Additional Facility Rules)[437]. Diese wurden 1978 vom ICSID-Verwaltungsrat beschlossen, um dem Sekretariat des ICSID die Möglichkeit zu eröffnen, auch solche Verfahren zu administrieren, die nicht gemäß Art. 25 ICSID-Übk in die Zuständigkeit des ICSID fallen. Betroffen sind Verfahren, die entweder *ratione personae* bzw. *ratione materiae* nicht in die Zuständigkeit fallen oder in denen es um bloße Tatsachenfeststellungen geht („Fact-Finding Proceedings").[438]

Im Rahmen der Additional Facility ist die Durchführung eines Schiedsverfahrens, eines Vergleichsverfahrens und eines Verfahrens zur Tatsachenfeststellung vorgesehen.[439] Die Regeln über das Schiedsverfahren sind dabei, soweit möglich, an das ICSID-Übereinkommen und die ICSID Arbitration Rules angelehnt; ferner haben Bestimmungen aus der UNCITRAL- und der ICC-Schiedsordnung Eingang gefunden.[440]

Zu beachten ist, daß Verfahren, die im Rahmen der Additional Facility stattfinden, nicht von den Vorschriften des ICSID-Übk erfaßt sind[441], sondern lediglich vom Sekretariat des ICSID mitadministriert werden.[442] Sie stellen kein ICSID-Streiterledigungsverfahren im eigentlichen Sinne dar. Dies hat zur Folge, daß hier – anders als bei einem ICSID-Schiedsgericht – keine „ausschließliche Zuständigkeit" des Schiedsgerichts besteht[443], sondern ein Schiedsspruch vielmehr der Kontrolle staatlicher Gerichte unterliegt.[444]

Zwar sind die Zuständigkeitsvoraussetzungen für die Durchführung eines Verfahrens nach den ICSID Additional Facility Rules nicht ganz so eng wie die des Art. 25 ICSID-Übk; gleichwohl werden auch hier nur bestimmte Fallgruppen erfaßt. Während Tatsachenfeststellungsverfahren zwischen Staaten und ausländischen Privatpersonen ohne weitere Einschränkungen durchgeführt werden können, ist Voraussetzung für die Durch-

---

437 Die ICSID Additional Facility Rules sind veröffentlicht in Doc. ICSID/11 (June 1979); siehe auch Broches, in: YCA 1979, S. 373 ff.

438 Zur Streiterledigung nach den ICSID Additional Facility Rules, Toope, Mixed International Arbitration, S. 231; Ott, Beilegung, S. 63 ff.; Broches, in: YCA 1979, S. 373 ff.; ders., in: YCA 1993, S. 627 (633 f., Rn. 8); Toriello, in: The Italian Yearbook of International Law 1978/79 (Vol. 4), S. 59 ff.; Delaume, in: J. Int. Arb. 1984, Nr. 2, S. 101 (123 ff.); Lamm/Smutny, in: Arbitration 1998, S. 22 (S27 f.).

439 Die einzelnen Bestimmungen sind abgedruckt im Anhang zu den ICSID Additional Facility Rules in Doc. ICSID/11 (June 1979).

440 Broches, in: YCA 1979, S. 373 (378).

441 So auch ausdrücklich klarstellend Art. 3 der ICSID Additional Facility Rules. Die Kosten für ein Verfahren im Rahmen der Additional Facility fallen nicht dem ICSID zur Last, sondern müssen vollständig von den Parteien getragen werden, Broches, in: YCA 1993, S. 627 (633, Rn. 8).

442 Hirsch, ICSID, S. 22; Toope, Mixed International Arbitration, S. 231; Delaume, in: (Lew) Contemporary Problems, S. 23 (38).

443 Siehe hierzu oben S. 158 f.

444 Toope, Mixed International Arbitration, S. 231; Lamm/Smutny, in: Arbitration 1998, S. S22 (S27).

führung eines Schieds- oder Vergleichsverfahrens, daß entweder der an der Streitigkeit beteiligte Staat oder der Heimatstaat der privaten Partei Mitgliedstaat des Übereinkommens ist.[445]

Bis Ende 1996 hat die Additional Facility in der Praxis keine Rolle gespielt, da keine Streiterledigungsverfahren nach diesen Regeln eingeleitet worden sind. Aufgrund einer neueren Entwicklung ist jedoch zu erwarten, daß die Additional Facility – zumindest vorübergehend – eine größere Bedeutung erlangen wird. Dies ergibt sich daraus, daß das 11. Kapitel über Investitionen des *North American Free Trade Agreement* (NAFTA)[446] die Beilegung von Streitigkeiten zwischen einem Vertragsstaat des NAFTA (*USA*, *Kanada* und *Mexiko*) und Angehörigen eines anderen NAFTA-Staates entweder nach dem ICSID-Übereinkommen, nach den ICSID Additional Facility Rules oder nach der UNCITRAL-Schiedsordnung vorsieht.[447] Da bisher weder *Kanada* noch *Mexiko*, wohl aber die *USA* Vertragsstaat des ICSID-Übereinkommens sind, kann in Streitigkeiten unter Beteiligung der *USA* oder eines Angehörigen der *USA* ein Verfahren im Rahmen der Additional Facility durchgeführt werden.

Dementsprechend sind seit Anfang 1997 fünf Schiedsverfahren auf Grundlage der ICSID Additional Facility Rules eingeleitet worden.[448] Abgesehen von dieser besonderen Konstellation ist das Verfahren nach den ICSID Additional Facility Rules lediglich in einem weiteren Verfahren zur Anwendung gelangt[449], das 1998 auf der Grundlage eines bilateralen Investitionsschutzabkommens eingeleitet wurde.[450]

III. Überblick über die Zuständigkeitsvoraussetzungen, Art. 25 ICSID-Übereinkommen

Die Voraussetzungen, unter denen ein Schiedsverfahren auf der Grundlage des ICSID-Übereinkommens durchgeführt werden kann, sind in Art. 25 ICSID-Übk normiert. Danach muß es sich um eine unmittelbar mit einer Investition zusammenhängende Rechtsstreitigkeit zwischen einem Vertragsstaat einerseits und einem Angehörigen eines anderen

---

445 Art. 2 ICSID Additional Facility Rules.

446 Das NAFTA ist abgedruckt in: ILM 1993, S. 289 ff. und 605 ff., Kapitel 11 ist abgedruckt auf S. 639 ff.

447 Art. 1120 NAFTA. Zur Streiterledigung i.R.d. NAFTA Horlick/DeBusk, in: J. Int. Arb. 1993, Nr. 1, S. 51 ff.

448 Metaclad Corporation v. United Mexican States (Case ARB(AF)/97/1) (News from ICSID 1997, Nr. 1, S. 6); Robert Azinian and others v. United Mexican States (Case ARB(AF)/97/2) (News from ICSID 1997, Nr. 1, S. 6); USA Waste Services Inc. v. United Mexican States (Case ARB(AF)/98/2); The Loewen Group, Inc. and Raymond L. Loewen v. United States of America (Case ARB(AF)/98/3) (News from ICSID 1999, Nr. 1, S. 3 f.); Marvin Roy Feldman Karpa v. United Mexican States (Case ARB(AF)/99/1).

449 Joseph C. Lemin v. Ukraine (Case ARB(AF)/98/1).

450 Delaume, in: (Lew) Contemporary Problems, S. 23 (38) weist darauf hin, daß eine Unterwerfung unter die Streiterledigung im Rahmen der Additional Facility in mehreren bilateralen Investitionsschutzabkommen vorgesehen ist, vgl. auch Broches, in: YCA 1993, S. 627 (633 f., Rn. 8).

Vertragsstaats andererseits handeln, und die Parteien müssen schriftlich die Zuständigkeit des Zentrums vereinbart haben.

Die Zuständigkeit eines ICSID-Schiedsgerichts ist danach nicht nur hinsichtlich der Parteien und des Streitgegenstandes beschränkt. Selbst wenn eine mit einer Investition zusammenhängende Rechtsstreitigkeit zwischen einem Vertragsstaat und einem Angehörigen eines anderen Vertragsstaates besteht, ist weitere Voraussetzung, daß die Parteien eine entsprechende Zuständigkeitsvereinbarung getroffen haben. Die Unterzeichnung des ICSID-Übereinkommens begründet also für einen Vertragsstaat noch keine Unterwerfung unter die ICSID-Schiedsgerichtsbarkeit. Diese engen Zuständigkeitsvoraussetzungen werfen in der Praxis zahlreiche Fragen auf, über die an dieser Stelle lediglich ein Überblick gegeben werden soll.[451]

Die Entscheidung darüber, ob die Voraussetzungen des Art. 25 ICSID-Übk erfüllt sind, liegt beim Schiedsgericht selbst.[452] Bestreitet eine Partei die Zuständigkeit, so entscheidet das Schiedsgericht hierüber, wobei es diese Frage entweder als Vorfrage behandeln oder mit der Hauptsacheentscheidung verbinden kann.[453]

1. Zuständigkeit ratione personae

a. Vertragsstaat oder eine von diesem benannte Gebietskörperschaft oder staatliche Stelle

Bei einer der Verfahrensparteien muß es sich nach Art. 25 (1) ICSID-Übk um einen Vertragsstaat handeln[454], wobei in der bisherigen Praxis, von einer Ausnahme abgesehen, die

---

451 Siehe eingehend zu diesen Problemen etwa Hirsch, ICSID, S. 41 ff.; Schreuer, in: ICSID Rev. - FILJ 1996, S. 318 ff.; ders., in: ICSID Rev. - FILJ 1997, S. 60 ff.; Ott, Beilegung, S. 25 ff.; Peter, Renegotiation, S. 309 ff.; Pirrung, Weltbankübereinkommen, S. 42 ff.; Schlosser, Schiedsgerichtsbarkeit, Rn. 94 ff.; Toope, Mixed International Arbitration, S. 223 ff.; Broches, in: RdC 1972-II, S. 330 (351 ff.); ders., in: YCA 1993, S. 627 (641 ff., Rn. 27 ff.); Craig, in: Private Investments Abroad 1993, § 14-7 ff.; Delaume, in: Clunet 1982, S. 775 (778 ff.); Fischer, in: VRÜ 1968, S. 262 (280 ff.); Niggemann, in: IPRax 1985, S. 185 ff.; Tupman, in: ICLQ 1986, S. 813 ff.

452 Art. 41 ICSID-Übk; zur Kompetenz-Kompetenz oben S. 113, Fn. 120; eingehend zu Art. 41 ICSID-Übk Schreuer, in: ICSID Rev. - FILJ 1997, S. 367 (369 ff.). Bevor das Schiedsgericht entscheidet, hat der Generalsekretär des ICSID eine sog. „Screening Power". Nach Art. 36 (3) ICSID-Übk hat er den Antrag auf Einleitung des Verfahrens zu registrieren, sofern er nicht aufgrund der im Antrag enthaltenen Angaben feststellt, daß die Streitigkeit offensichtlich nicht in die Zuständigkeit des Zentrums fällt (zu Einzelheiten siehe unten S. 197). Im übrigen kann nach Abschluß des Schiedsverfahrens im Rahmen eines Aufhebungsverfahrens nach Art. 52 ICSID-Übk die Zuständigkeitsentscheidung überprüft werden, da Art. 52 (1) (d) ICSID-Übk als Aufhebungsgrund eine offensichtliche Überschreitung der Befugnisse des Schiedsgerichts nennt. Vgl. auch Hirsch, ICSID, S. 43 ff.

453 Art. 41 ICSID-Übk. Zu Einzelheiten siehe auch Rule 41 ICSID AR.

454 Vgl. eingehend Hirsch, ICSID, S. 62 ff.; Schreuer, in: ICSID Rev. - FILJ 1996, S. 318 (373 ff.).

staatlichen Parteien immer auf der Beklagtenseite standen.[455] Es ist nicht erforderlich, daß der Investitionsstaat – das gleiche gilt auch für den Heimatstaat des Investors – im Zeitpunkt der Vereinbarung der ICSID-Zuständigkeit bereits Vertragsstaat des Übereinkommens ist. Vielmehr genügt es, wenn diese Voraussetzung in dem Zeitpunkt erfüllt ist, in dem der Antrag auf Einleitung des Schiedsverfahrens gestellt wird.[456]

Der Vertragsstaat hat auch die Möglichkeit, eine Gebietskörperschaft oder eine staatliche Stelle zu benennen[457], die an seiner Stelle Partei des Schiedsverfahrens ist.[458] Die Begriffe Gebietskörperschaft und staatliche Stelle sind bewußt weit gefaßt, um den verschiedenen Ausgestaltungen nationaler Verfassungssysteme Rechnung zu tragen, und es den Vertragsstaaten zu überlassen, wie weit die Zuständigkeit des ICSID insoweit reichen soll.[459] Entscheidend für die Parteifähigkeit ist deshalb allein die Benennung durch den Vertragsstaat, nicht aber etwa die Parteifähigkeit nach innerstaatlichem Recht.[460]

Nach Art. 25 (4) ICSID-Übk kann ein Vertragsstaat bei der Ratifikation, der Annahme oder der Genehmigung des ICSID-Übereinkommens oder zu jedem späteren Zeitpunkt dem Zentrum mitteilen, welche Arten von Streitigkeiten er der Zuständigkeit des Zentrums zu unterwerfen beabsichtigt und welche nicht.[461]

---

455 Nur im Verfahren Government of Gabon v. Société de Serete S.A. (Case No. ARB/76/1) stand der beteiligte Staat auf der Klägerseite, vgl. ICSID Cases, S. 10.

456 Vgl. die Entscheidung des ICSID-Schiedsgerichts im Verfahren Holiday Inns S.A., Occidental Petroleum Corporation et al. v. Government of Morocco (Case No. ARB/72/1), wo im Zeitpunkt der Vereinbarung der ICSID-Zuständigkeit weder der Investitionsstaat noch der Heimatstaat des Investors (Schweiz) Vertragsstaat waren, wohl aber im Zeitpunkt der Einleitung des Schiedsverfahrens (der Inhalt der unveröffentlichten Entscheidung ist wiedergegeben bei Lalive, in: BYIL 1980, S. 123 (146)); Hirsch, ICSID, S. 72 f.; Toope, Mixed International Arbitration, S. 224; Broches, in: YCA 1993, S. 627 (642, Rn. 31); Rand/Hornick/Friedland, in: N.Y.U. J. Int. L & Pol. 1986-87 (Vol 19), S. 33 (35 ff.).

457 Zur Entstehungsgeschichte der Regelung Broches, in: ICSID Rev. - FILJ 1987, 287 (294 ff.). Nach Regulation 20 ICSID AdFR führt das Zentrum eine Liste der entsprechenden Erklärungen. Diese werden im Doc. ICSID/8 wiedergegeben und periodisch aktualisiert (die Liste (Stand November 1996) ist auch abgedruckt bei Schreuer, in: ICSID Rev. - FILJ 1996, S. 318 (386 f.)). Nach Art. 25 (3) ICSID-Übk bedarf die Zustimmung einer Gebietskörperschaft oder einer staatlichen Stelle zur Unterwerfung unter die ICSID-Schiedsgerichtsbarkeit der Genehmigung dieses Staates, sofern dieser nicht dem ICSID mitteilt, daß eine Genehmigung nicht erforderlich ist, vgl. hierzu Craig, in: Private Investments Abroad 1993, § 14-16 f.

458 Fischer, in: VRÜ 1968, S. 262 (284 f.).

459 Bülow/Böckstiegel/Geimer/Schütze - Böckstiegel, Band II, 720·53, Fn. 15; Delaume, in: ICSID Rev. FILJ 1986, S. 237 (240).

460 Das Abkommen enthält keine Verweisung auf das innerstaatliche Recht, sondern knüpft an die bloße Tatsache der Benennung an; demzufolge können Staaten, die Gebietskörperschaften oder staatliche Stellen benannt haben, nicht geltend machen, diese seien innerstaatlich nicht rechts-, partei- oder schiedsfähig, Pirrung, Weltbankübereinkommen, S. 65.

461 Zu Art. 25 (4) ICSID-Übk Broches, in: YCA 1993, S. 627 (646 f., Rn. 46); Delaume, in: Clunet 1982, S. 775 (806 f.); Shihata, in: Private Investments Abroad 1993, § 16-6, insb. Fn. 16 zu den Ausschlußerklärungen einzelner Mitgliedstaaten (siehe hierzu auch Doc. ICSID/8). Zum Verhältnis von Art. 25 (4) zu Art. 25 (1) S. 2 ICSID-Übk im Hinblick auf das ICSID-Schiedsverfahren Alcoa Minerals of Jamaica, Inc. v. Government of Jamaica (Case No. ARB/74/2), siehe unten S. 174, Fn. 489.

b. Angehöriger eines anderen Vertragsstaats

Bei der anderen Partei des Schiedsverfahrens muß es sich um einen Angehörigen eines anderen Vertragsstaates des ICSID-Übereinkommens handeln. Gemäß Art. 25 (2) (a) ICSID-Übk ist diese Voraussetzung bei einer natürlichen Person erfüllt, wenn sie sowohl im Zeitpunkt, in dem die Parteien sich der Zuständigkeit eines ICSID-Schiedsgerichts unterwerfen als auch im Zeitpunkt, in dem der Antrag auf Einleitung eines Schiedsverfahrens registriert wird, die Staatsangehörigkeit eines anderen Mitgliedstaates des ICSID-Übereinkommens als die des Investitionsstaates hat. Ausgenommen sind hingegen Personen, die zu einem der beiden Zeitpunkte auch die Staatsangehörigkeit des Investitionsstaates besessen haben.[462] Weniger strenge Voraussetzungen gelten für eine juristische Person. Hier genügt es, wenn sie im Zeitpunkt der Unterwerfung unter ein ICSID-Schiedsverfahren eine andere Staatsangehörigkeit als die des Investitionsstaates hat, Art. 25 (2) (b) 1. Hs. ICSID-Übk.[463]

In der Praxis kommt es häufig vor, daß ein Investitionsstaat von einem ausländischen Investor verlangt, seine Geschäfte durch inländische Tochtergesellschaften ausführen zu lassen.[464] Um zu verhindern, daß Streitigkeiten zwischen diesen inländischen Tochtergesellschaften und dem Investitionsstaat von vornherein nicht unter das ICSID-Übereinkommen fallen, bestimmt Art. 25 (2) (b) 2. Hs. ICSID-Übk, daß auch eine juristische Person, die im Zeitpunkt der Vereinbarung der ICSID-Zuständigkeit die Staatsangehörigkeit des Investitionsstaates hat, Partei in einem Verfahren gegen den Investitionsstaat sein kann, wenn die Parteien übereingekommen sind, diese juristische Person als Angehörigen eines anderen Vertragsstaates anzusehen. Die Vereinbarung muß nicht ausdrücklich erfolgen, sondern kann auch konkludent getroffen werden[465], wobei es einige ICSID-Schiedsgerichte als ausreichend für die Annahme einer konkludenten Vereinbarung angesehen haben, daß die Parteien in Kenntnis der Tatsache, daß die inländische Gesellschaft unter ausländischer Kontrolle stand, eine ICSID-Schiedsklausel vereinbarten.[466]

---

462 Vgl. Pirrung, Weltbankübereinkommen, S. 68 f.

463 Zur Bestimmung der Nationalität von juristischen Personen im Rahmen des ICSID-Übk Hirsch, ICSID, S. 80 ff. (zur Rechtsprechung von ICSID-Schiedsgerichten S. 86 ff.); vgl. auch Delaume, in: AJIL 1983, S. 784 (793 ff.); ders., in: Clunet 1982, S. 775 (786 ff.); Nathan, in: Arbitration 1988, S. 193 (195 f.).

464 Schlosser, Schiedsgerichtsbarkeit, Rn. 97; Broches, in: RdC 1972-II, S. 330 (358 f.).

465 Amco Asia Corporation, Pan American Development Limited and P.T. Amco Indonesia v. Republic of Indonesia (Case No. ARB/81/2), Jurisdictional Decision of September, 25 1983, ICSID Reports I, S. 389 (394 ff.); Société Ouest Africaine des Bétons Industriels v. State of Senegal (Case No. ARB/82/1), Decision on Jurisdiction, 1 August 1984, ICSID Reports II, S. 175 (180 ff.); zurückhaltender Holiday Inns S.A., Occidental Petroleum Corporation et al. v. Government of Morocco (Case No. ARB/72/1), wo das Schiedsgericht grundsätzlich eine ausdrückliche Vereinbarung forderte und nur unter besonderen Umstände eine stillschweigende Vereinbarung genügen ließ (vgl. Lalive, in: BYIL 1980, S. 123 (146)).

466 Klöckner Industrie-Anlagen GmbH, Klöckner Belge S.A. and Klöckner Handelmaatschappij B.V. v. United Republic of Cameroon and Société Camerounaise des Engrais (Case No. ARB/81/2), Schiedsspruch vom 21. Oktober 1983, Clunet 1984, S. 409 (411 ff.) = englische Übersetzung in ICSID Reports II, S. 9 (13 ff.); vgl. auch Liberian Eastern Timber Corporation v. Government of the Republic of Liberia (Case No. ARB/83/2), Award of March 31, 1986

Ferner muß die juristische Person unter ausländischer Kontrolle stehen.[467] Die Auslegung dieses Begriffs beschäftigte die Schiedsgerichte in den Verfahren *Amco v. Indonesia* und *SOABI v. Senegal*. Beide Schiedsgerichte gingen übereinstimmend davon aus, daß die Kontrolle von einem oder mehreren Angehörigen eines anderen Vertragsstaates[468] ausgeübt werden müsse, wobei es aber nicht erforderlich sei, daß die Nationalität des bzw. der kontrollierenden Personen in der Schiedsvereinbarung bezeichnet sei. Dagegen vertraten die Schiedsgerichte unterschiedliche Standpunkte in der Frage, ob es auf eine direkte oder indirekte Kontrolle ankomme:[469]

Im Verfahren *Amco v. Indonesia* lag die Kontrolle über die inländische Tochtergesellschaft *P.T. Amco* nach der Schiedsvereinbarung in den Händen von *Amco Asia*, einem US-amerikanischen Unternehmen. Dagegen machte *Indonesien* geltend, die Kontrolle liege tatsächlich in den Händen eines niederländischen Staatsbürgers, der in *Hongkong* lebe und seine Kontrolle durch ein dort registriertes Unternehmen ausübe. Das Schiedsgericht führte hierzu aus, daß es auf die Staatsangehörigkeit der ausländischen Person ankomme, die die inländische Tochtergesellschaft kontrolliere, nicht dagegen auf die Staatsangehörigkeit derjenigen Person, die ihrerseits die Kontrolle über die kontrollierende Person ausübe.[470]

---

and Rectification of June 17, 1986, ICSID Reports II, S. 346 (351 ff.); mit guten Gründen gegen diese sehr weite Auslegung Hirsch, ICSID, S. 99 f.; vgl. auch Toope, Mixed International Arbitration, S. 227 ff.

467 Nach Art. 25 (2) (b) ICSID-Übk müssen die Parteien übereingekommen sein, die juristische Person „wegen" ausländischer Kontrolle als Angehörigen eines anderen Vertragsstaates zu betrachten. Erforderlich ist also eine Kausalität zwischen ausländischer Kontrolle und der entsprechenden Vereinbarung. Das Schiedsgericht im Verfahren LETCO v. Liberia hat hierzu ausgeführt, daß der Beweis der entsprechenden Kausalität häufig zu unüberwindlichen Schwierigkeiten für die beweisbelastete Partei führen würde und ist deshalb von einer Kausalitätsvermutung ausgegangen, sofern die Umstände des Einzelfalles nicht das Gegenteil indizieren (Liberian Eastern Timber Corporation v. Government of the Republic of Liberia (Case No. ARB/83/2), Award of March 31, 1986 and Rectification of June 17, 1986, ICSID Reports II, S. 346 (352 ff.)).

468 Es wäre mit Sinn und Zweck des ICSID-Übk nicht vereinbar, wenn hier die Kontrolle durch einen Angehörigen eines Nichtvertragsstaates genügen würde, da der Nichtvertragsstaat nicht an Art. 27 ICSID-Übk gebunden wäre und daher seinem Staatsangehörigen diplomatischen Schutz gewähren könnte, Hirsch, ICSID, S. 101 f.

469 Vgl. Broches, in: YCA 1993, S. 627 (645 f., Rn. 42 ff.); Hirsch, ICSID, S. 103 f.

470 Amco Asia Corporation, Pan American Development Limited and P.T. Amco Indonesia v. Republic of Indonesia (Case No. ARB/81/1), Jurisdictional Decision of September, 25 1983, ICSID Reports I, S. 389 (396): „...for the purpose of the Convention, one should not take into account the legal nationality of the foreign juridical person which controls the local one, but the nationality of the juridical person or natural persons who control the controlling juridical person itself: in other words, to take care of a control at the second, and possibly third, forth, or xth degree. Such a reasoning is, in law, not in accord with the Convention. Indeed the concept of nationality is there a classical one, based on the law under which the juridical person has been incorporated, the place of incorporation and the place of social seat. An exception is brought to this concept in respect of juridical persons having the nationality, thus defined, of the Contracting state party to the dispute, where said juridical persons are under foreign control. But no exception to the classical concept is provided for when it comes to the nationality

Einen anderen Standpunkt vertrat das Schiedsgericht im Verfahren *SOABI v. Senegal*. Dort erhob die staatliche Partei die Einrede der Unzuständigkeit des Schiedsgerichts mit der Begründung, die Klägerin, eine inländische Gesellschaft, sei eine 100prozentige Tochtergesellschaft eines panamesischen Unternehmens und somit Angehörige eines Nichtvertragsstaates. Die panamesische Gesellschaft ihrerseits wurde durch einen belgischen Staatsangehörigen – Belgien ist Vertragsstaat des ICSID-Übereinkommens – kontrolliert. Das Schiedsgericht verwarf die Einrede der Unzuständigkeit. Es führte hierzu aus, Art. 25 (2) (b) 2. Hs. ICSID-Übk könne nicht so ausgelegt werden, daß die Nationalität der panamesischen Gesellschaft unwiderruflich die Staatsangehörigkeit des diese Gesellschaft Kontrollierenden festlege, denn dies sei mit dem Sinn und Zweck der Vorschrift nicht vereinbar. Die Parteien eines Investitionsvertrages sollten nach dieser Bestimmung vereinbaren können, daß ein ausländischer Investor auch dann Zugang zur ICSID-Schiedsgerichtsbarkeit habe, wenn die Investition durch eine inländische Tochtergesellschaft ausgeführt werde. Wie der Investitionsstaat ein Interesse an der Gründung einer inländischen Tochtergesellschaft haben könne, könne der Investor wünschen, die Investition über zwischengeschaltete Gesellschaften zu leiten, wobei er vollständige Kontrolle über die inländische Tochtergesellschaft behalte.[471]

2. *Zuständigkeit ratione materiae*

Die Zuständigkeit des ICSID ist auf unmittelbar mit einer *Investition* zusammenhängende *Rechts*streitigkeiten begrenzt. Den Begriff der Rechtsstreitigkeit haben die Direktoren der Weltbank in ihrem Bericht zum ICSID-Übereinkommen[472] dahingehend beschrieben, daß es sich um Streitigkeiten handelt, die das Bestehen oder den Umfang von Rechten und Pflichten betreffen oder Art und Ausmaß der Wiedergutmachungspflicht einer Rechtsverletzung zum Gegenstand haben.[473] Reine politische oder Interessenstreitigkeiten, denen keine Rechtsnormen zugrunde liegen, sind demnach von der ICSID-Zuständigkeit ausgeschlossen.[474]

Ferner muß es sich um eine mit einer „Investition" zusammenhängende Streitigkeit handeln, wobei das ICSID-Übereinkommen diesen Begriff nicht definiert. Zwar wurde im

---

of the foreign controller…"; vgl. zu dieser Entscheidung eingehend Mengel, in: RIW 1986, S. 941 ff.; Broches, in: YCA 1993, S. 627 (645, Rn. 43); Hirsch, ICSID, S. 103.

471 Société Ouest Africaine des Bétons Industriels v. State of Senegal (Case No. ARB/82/1), Decision on Jurisdiction, 1 August 1984, ICSID Reports II, S. 175 (182). Zu dieser Entscheidung Broches, in: YCA 1993, S. 627 (646, Rn. 44), der selbst Vorsitzender des ICSID-Schiedsgerichts in diesem Verfahren war; Hirsch, ICSID, S. 104 f. Zur vergleichbaren Situation im Verfahren Maritime International Nominees Establishment v. Government of the Republic of Guinea (Case No. ARB/84/4), International Arbitration Report 1988, Nr. 1, Sec. A, S. 2 ff., Delaume, in: AJIL 1983, S. 784 (794); ders., in: Int. Tax & Bus. L. 1984 (Vol. 2), S. 58 (64 f.); Sturzenegger, in: J. Int. Arb. 1992, Nr. 4, S. 173 (175).

472 Siehe hierzu oben S. 158, Fn. 390.

473 „[The dispute] must concern the existence or scope of a legal right or obligation, or the nature or extent of reparation to be made for breach of a legal obligation", IBRD, Report of the Executive Directors, Rn. 26, in: ILM 1965 S. 524 (528).

474 Fischer, in: VRÜ 1968, S. 262 (287).

Rahmen der Ausarbeitung des Übereinkommens mehrfach versucht, eine Definition zu finden. Die vorgeschlagenen Lösungen waren jedoch entweder so eng gefaßt, daß zahlreiche Vertragsgestaltungen, die unter das Abkommen fallen sollten, herausgefallen wären, oder sie waren so weit, daß sie ohne jeden konkreten Inhalt blieben.[475]

Einigkeit besteht dahingehend, daß der Begriff der Investition weit auszulegen ist[476] und auch solche Gestaltungen erfassen kann, die zur Zeit der Entstehung des ICSID-Übereinkommens noch nicht bekannt waren.[477] Dementsprechend kann er nicht mit dem Begriff der „Direktinvestition" gleichgesetzt werden – es werden auch andere Gestaltungen, wie Lizenz-, Know-how-, Transfer- und Anlagenbauverträge oder auch „joint ventures" aller Art erfaßt.[478]

Ein wichtiges Indiz für das Vorliegen einer Investitionsstreitigkeit ist die Vereinbarung der ICSID-Zuständigkeit durch die Parteien.[479] Zu weit geht dabei aber die vom früheren Senior Legal Adviser des ICSID, *Delaume*, vertretene Auffassung, die Parteien könnten bei jeder beliebigen Transaktion vereinbaren, daß es sich um eine Investition im Sinne des Art. 25 ICSID-Übk handele[480], da dies letztlich einen Verzicht auf dieses Zulässigkeitserfordernis bedeuten würde. Dies wäre mit dem Sinn und Zweck des ICSID-Übereinkommens nicht vereinbar. Die Direktoren der Weltbank haben in ihrem Bericht zum Übereinkommen klargestellt, daß die Zustimmung der Parteien zwar eine wesentliche Zuständigkeitsvoraussetzung sei, für sich alleine aber nicht ausreiche. In Übereinstimmung mit dem Zweck des Übereinkommens sei die Zuständigkeit des ICSID vielmehr weiter begrenzt durch die Natur der Streitigkeit und die Parteien.[481]

Neben den subjektiven Zulässigkeitsvoraussetzungen ist also auch der Investitionsbegriff der Disposition der Parteien entzogen. Ein anderes Verständnis wäre im übrigen mit den Interessen der übrigen Vertragsstaaten nicht vereinbar, die ICSID-Schiedssprüche nach Art. 54 ICSID-Übk als unmittelbar vollstreckbar anerkennen und damit auf einen

---

475 Pirrung, Weltbankübereinkommen, S. 56 m.w.N., der zugleich auf S. 59 ff. versucht, einen Investitionsbegriff zu erarbeiten; vgl. auch Delaume, in: J. Int. Arb. 1984, Nr. 2, S. 101 (117); Niggemann, in: IPRax 1985, S. 185 (186 f.); Tupman, in: ICLQ 1986, S. 813 (816). Zum Investitionsbegriff im Völkerrecht Nathan, in: J. Int. Arb. 1995, Nr. 1, S. 27 (29 ff.).

476 Zur weiten Auslegung des Investitionsbegriffs durch ICSID-Schiedsgerichte Nathan, in: J. Int. Arb. 1995, Nr. 1, S. 27 (31 ff.); vgl. auch Bülow/Böckstiegel/Geimer/Schütze - Böckstiegel, Band II, 720·51, Fn. 12; Schlosser, Schiedsgerichtsbarkeit, Rn. 98 unter Hinweis darauf, daß den Staaten und dem beteiligten Investor mit einer solchen weiten Auslegung des Begriffs nichts aufgedrängt wird, da der Abschluß des Schiedsvertrages immer noch hinzukommen muß.

477 Hirsch, ICSID, S. 59.

478 Schlosser, Schiedsgerichtsbarkeit, Rn. 98.

479 Craig, in: Private Investments Abroad 1993, § 14-14 f. Dies folgt auch daraus, daß den Parteien nach Möglichkeit nicht der Rechtsweg genommen werden sollte, auf den sie sich geeinigt haben, Niggemann, in: IPRax 1985, S. 185 (187).

480 Delaume, in: J. Int. Arb. 1984, Nr. 2, S. 101 (116 ff.).

481 IBRD, Report of the Executive Directors, Rn. 25, in: ILM 1965 S. 524 (528): „While consent of the parties is an essential prerequisite for the jurisdiction of the Centre, consent alone will not suffice to bring a dispute within its jurisdiction. In keeping with the purpose of the Convention, the jurisdiction is further limited by reference to the nature of the dispute and the parties hereto".

Teil ihrer Hoheitsrechte verzichten. Dieser Verzicht auf Hoheitsrechte ist aber auf *Investitions*streitigkeiten beschränkt. Deshalb ist die Zuständigkeit des ICSID zu verneinen, wenn vernünftigerweise nicht mehr von einer Investition gesprochen werden kann.[482]

3. *Schiedsvereinbarung*

Die Ratifikation des ICSID-Übereinkommens hat für den Investitionsstaat nicht zur Folge, daß er sich hierdurch hinsichtlich jeder Investitionsstreitigkeit mit einem Angehörigen eines anderen Vertragsstaates der ICSID-Schiedsgerichtsbarkeit unterwirft.[483] Vielmehr bedarf es hierzu grundsätzlich noch einer schriftlichen[484] Schiedsvereinbarung zwischen den Parteien.[485] In der Praxis wird die Zuständigkeit eines ICSID-Schiedsgerichts zumeist in Form einer Schiedsklausel in dem Investitionsvertrag oder durch einen separaten Schiedsvertrag vereinbart.

Daneben besteht aber auch die Möglichkeit, daß ein Vertragsstaat seine – generelle oder auf bestimmte Arten von Investitionsstreitigkeiten beschränkte – Unterwerfung unter die ICSID-Schiedsgerichtsbarkeit in seinen nationalen Investitionsgesetzen[486] oder in bi-

---

482 Niggemann, in: IPRax 1985, S. 185 (187), nennt als Beispiel, daß im Rahmen eines großen Bauprojektes Ausschreibungsbedingungen verwendet werden, aufgrund derer u.a. auch Betonstahl eingekauft wird. Fände sich in den Ausschreibungsbedingungen eine ICSID-Schiedsklausel, so könnte es hier nach der Gegenansicht in einem gewöhnlichen Warengeschäft zu einem ICSID-Schiedsverfahren kommen. In diesem Sinne auch Hirsch, ICSID, S. 59; vgl. auch Toope, Mixed International Arbitration, S. 229 ff.; sehr kritisch zur extensiven Auslegung des Investitionsbegriffs Nathan, in: J. Int. Arb. 1995, Nr. 1, S. 27 ff. Der Generalsekretär des ICSID hat wenigstens in einem Fall, in dem es um einen Warenkaufvertrag ging, die Registrierung eines Antrags auf Einleitung eines ICSID-Schiedsverfahrens abgelehnt, ICSID Annual Report 1985, S. 6 (zur „Screening Power“ des ICSID-Generalsekretärs siehe unten S. 197).

483 Bülow/Böckstiegel/Geimer/Schütze - Böckstiegel, Band II, 720·8; Burdeau, in: RdA 1995, S. 3 (11).

484 Die Zustimmung der Parteien – die auch nach der Entstehung der Streitigkeit erteilt werden kann – braucht sich nicht in einem einzelnen Schriftstück zu befinden, sondern kann durch den Austausch von auf Papier festgehaltenen Kommunikationsmitteln erfolgen, Bülow/Böckstiegel/Geimer/Schütze - Böckstiegel, Band II, 720·51, Fn. 13; Broches, in: YCA 1993, S. 627 (643, Rn. 35).

485 Art. 25 (1) ICSID-Übk. Zum Problem der „pathologischen“ Klausel im Hinblick auf ICSID-Schiedsverfahren Craig, in: Private Investments Abroad 1993, § 14-9; Shihata, in: Private Investments Abroad 1993, § 16-11 f.; siehe allgemein zu diesem Problem Eisemann, in: FS Minoli, S. 129 ff; Davis, in: Arb. Int. 1991, S. 365 ff.

486 Im ICSID-Schiedsverfahren S. P. P. v. Egypt begründete das Schiedsgericht seine Zuständigkeit damit, daß eine Bestimmung des ägyptischen Investitionsgesetzes von 1974 die Zustimmung Ägyptens zur ICSID-Schiedsgerichtsbarkeit begründe, während die Klägerin ihre Zustimmung vor der Einleitung des Schiedsverfahrens gegenüber dem ägyptischen Tourismusminister erklärt hatte, Southern Pacific Properties (Middle East) Limited v. Arab Republic of Egypt (Case No. ARB/84/3), Decision on Jurisdiction of November 27, 1985, ICSID Reports III, S. 112 (114 ff.); kritisch zu dieser Entscheidung Delaume, in: ICSID Rev. - FILJ 1993, S. 231 (237 ff.); dagegen Craig, in: ICSID Rev. - FILJ 1993, S. 264 (266 ff.); vgl. auch ders., in: Private Investments Abroad 1993, § 14-7 f., Fn. 15.

lateralen Investitionsverträgen[487] erklärt. Ist dies der Fall, so kann der Investor seine Zustimmung zur ICSID-Zuständigkeit ausdrücklich oder konkludent durch die Stellung eines Antrags auf Einleitung eines ICSID-Schiedsverfahrens erklären.[488] Die Zustimmung einer Partei zur Unterwerfung unter die Zuständigkeit eines ICSID-Schiedsgerichts wird erst unwiderruflich, wenn auch die andere Partei ihre Zustimmung erteilt hat[489] – bis dahin kann die Unterwerfung frei widerrufen werden.[490]

---

487 Im Schiedsverfahren AAPL v. Sri Lanka stützte das ICSID-Schiedsgericht seine Zuständigkeit für die Klage der Klägerin, einer Gesellschaft aus Hongkong, auf die Zustimmung Sri Lankas im bilateralen Investitionsschutzabkommen mit dem Vereinigten Königreich, Asian Agricultural Products Limited v. Democratic Socialist Republic of Sri Lanka (Case No. ARB/87/3), Award of June 27, 1990, ILM 1991, S. 580 (581); vgl. auch American Manufacturing & Trading Inc. v. Republic of Zaire (Case No. ARB/93/1), Award of February 21, 1997, ILM 1997, S. 1534 (1544 ff.).

488 Broches, in: YCA 1993, S. 627 (643 f., Rn. 35 ff.); Hirsch, ICSID, S. 48 u. 51 ff. insbesondere zu den unterschiedlichen Ausgestaltungsmöglichkeiten; hierzu auch Burdeau, in: RdA 1995, S. 3 (11 ff.); Craig, in: Private Investments Abroad 1993, § 14-10 ff.; Delaume, in: Clunet 1982, S. 775 (780 ff.).

489 Vgl. Art. 25 (1) S. 2 ICSID-Übk. Die Bedeutung dieser Regelung zeigte sich im ICSID-Schiedsverfahren Alcoa Minerals of Jamaica, Inc. v. Government of Jamaica (Case No. ARB/74/2), YCA 1979, S. 206, Decision on Jurisdiction and Competence of July 6, 1975 (der Inhalt der unveröffentlichten Entscheidung des Schiedsgerichts über seine Zuständigkeit ist wiedergegeben bei Schmidt, in: Harv. Int. L. J. 1976 (Vol. 17), S. 90 ff.), in dem es um einen Vertrag zwischen Alcoa, einem amerikanischen Unternehmen, und der Regierung Jamaicas ging, in dem das Unternehmen sich zur Errichtung einer Fabrik zur Herstellung von Aluminium verpflichtete, während der Investitionsstaat eine langfristige Lizenz zum Abbau von Bauxit erteilte und erhebliche Steuervorteile gewährte. Der Vertrag enthielt eine ICSID-Schiedsklausel. Nachdem Jamaica die Steuern für den Abbau von Bauxit im Widerspruch zum Investitionsvertrag signifikant erhöht hatte, leitete Alcoa ein ICSID-Schiedsverfahren ein. Jamaica verweigerte seine Teilnahme an dem Verfahren mit der Begründung, daß es vor der Einreichung des Antrags auf Einleitung des Schiedsverfahrens – aber nach der Unterzeichnung des Investitionsvertrages – alle Streitigkeiten in Zusammenhang mit natürlichen Ressourcen in Übereinstimmung mit Art. 25 (4) ICSID-Übk von der Zuständigkeit des Zentrums ausgenommen habe. Das Schiedsgericht folgte dieser Argumentation nicht, sondern entschied, daß ein Vertragsstaat seine Zustimmung zur ICSID-Schiedsgerichtsbarkeit nicht einseitig zurückziehen könne, wenn er sie einmal in einem Investitionsvertrag erteilt habe, vgl. Schmidt, aaO., S. 90 (102 f.); siehe auch Hirsch, ICSID, S. 50; Delaume, in: Clunet 1982, S. 775 (806 ff.); ders., in: AJIL 1983, S. 784 (793); Shihata, in: ICSID Rev. - FILJ 1986, S. 1 (7 f.).

490 Soweit sich die Zustimmung des Investitionsstaates zur Unterwerfung unter die ICSID-Schiedsgerichtsbarkeit in einem nationalen Investitionsgesetz oder einem bilateralen Investitionsschutzabkommen findet, sollte der Investor daher umgehend seine Zustimmung zur ICSID-Schiedsgerichtsbarkeit erklären, Broches, in: YCA 1993, S. 627 (644, Rn. 38).

D. Privatrechtliche Streiterledigung zum gewerblichen Rechtsschutz innerhalb der World Intellectual Property Organization (WIPO)

I. Allgemeines

Der in der Praxis bedeutsamste Mechanismus zur Beilegung von Streitigkeiten zwischen privaten Rechtssubjekten im internationalen Wirtschaftsverkehr ist die Schiedsgerichtsbarkeit. Ihre Bedeutung ist angesichts der stetigen Zunahme des Welthandels in den letzten Jahren sprunghaft gestiegen[491] – dies gilt unter anderem für Streitigkeiten über gewerbliche Schutz- und sonstige geistige Eigentumsrechte. Die Zunahme des Welthandels hat auch zu einer erheblichen Ausweitung des internationalen Technologieflusses geführt. Um der hiermit verbundenen gestiegenen Nachfrage nach Schutzrechten zu genügen, wurden internationale Lösungen geschaffen, mittels derer diese Rechte auf einfache Weise für eine große Zahl von Ländern erworben werden können. Dabei bereitet die Geltendmachung und Durchsetzung dieser Schutzrechte vor den staatlichen Gerichten mancher Jurisdiktionen allerdings nicht unerhebliche Probleme. Die insoweit bestehenden Mißstände sind der Grund dafür, daß Unternehmen auch in diesem Bereich zunehmend auf die Schiedsgerichtsbarkeit ausweichen[492] – nicht zuletzt, weil ausländische Schiedssprüche aufgrund des *New Yorker Übereinkommens vom 10. Juni 1958 über die Anerkennung und Vollstreckung ausländischer Schiedssprüche* (NYÜ) in der Regeln international besser durchsetzbar sind als die Urteile ausländischer staatlicher Gerichte.[493]

Aber auch weitere Vorteile[494] der Schiedsgerichtsbarkeit kommen gerade in Streitigkeiten über gewerbliche Schutz- und sonstige geistige Eigentumsrechte zum Tragen. Dies gilt etwa für die Vertraulichkeit des Schiedsverfahrens, da bereits die Tatsache, daß über

---

491 Böckstiegel, in: (Labes/Lörcher) Schiedsverfahrensrecht, S. XV (XVI); siehe auch Craig, in: T. Int. L. J. 1995 (Vol. 30), S. 1 (2 ff.). So enthalten heute 90% der internationalen Wirtschaftsverträge eine Schiedsvereinbarung, van den Berg/van Delden/Snijders, Netherlands, S. 122; Berger, in: DZWir 1993, S. 466 (469); auf der Grundlage einer statistischen Erhebung für Deutschland differenzend Schmidt-Diemitz, in: RIW 1999, S. 369 ff. Mit dieser Entwicklung geht eine dynamische Entwicklung des Rechts der Schiedsgerichtsbarkeit einher, die sich darin zeigt, daß in den letzten Jahren zahlreiche Staaten ihre nationalen Schiedsverfahrensgesetze reformiert und modernisiert haben, so daß diese nunmehr den Bedürfnissen der Parteien vermehrt Rechnung tragen. So haben etwa Frankreich 1981, Österreich 1983 und Italien 1994, Belgien 1985, die Niederlande 1986, Portugal 1986, Spanien 1988, Schweiz 1989, Schottland 1991, England 1997, Deutschland 1998 und Schweden 1999 Reformen verabschiedet, siehe hierzu eingehend Berger, Arbitration, S. 2 ff. m.w.N.

492 Albrechtskirchinger/Kretschmer, in: FS Glossner, S. 11 (11 f.); Ochmann, in: GRUR 1993, S. 255 (258).

493 Siehe hierzu unten S. 513 ff.

494 Allgemein zu den Vor- und Nachteilen der Schiedsgerichtsbarkeit Redfern/Hunter, Arbitration, S. 23 ff.; Schwab/Walter, Schiedsgerichtsbarkeit, S. 4 f. m.w.N.; van den Berg/van Delden/Snijders, Netherlands, S. 122 f.; Glossner/Bredow/Bühler, Praxis, Rn. 1 ff.; Lachmann, Handbuch, S. 11 ff.; Lionnet, Schiedsgerichtsbarkeit, S. 47 f.; H. Lörcher, Frankreich, S. 1 f.; Schütze, Schiedsgericht, Rn. 8 ff.; Böckstiegel, in: (Labes/Lörcher) Schiedsverfahrensrecht, S. XV (XIX ff.); Okekeifere, in: J. Int. Arb. 1998, Nr. 4, S. 81 ff.; siehe auch Schmidt-Diemitz, in: RIW 1999, S. 369 (370 ff.).

ein gewerbliches Schutzrecht gestritten wird, für Wettbewerber eine äußerst interessante Information sein kann.[495] Ferner sind gerade in Streitigkeiten aus diesem Bereich die weitgehenden Möglichkeiten der Einflußnahme auf die Verfahrensgestaltung durch die Parteien von besonderem Interesse[496] – dies gilt insbesondere für die Auswahl der Schiedsrichter.[497]

Schließlich ist es im Bereich des gewerblichen Rechtsschutzes von besonderem Gewicht, daß ein Schiedsverfahren das Verhältnis der Parteien zueinander in der Regel weniger belastet als ein Verfahren vor staatlichen Gerichten. Hieran ist den Parteien deshalb gelegen, weil die Streitigkeiten sich häufig auf einzelne Aspekte komplexer und langfristiger Technologieverträge beziehen und sie deshalb die Belastung des Vertragsverhältnisses durch die Streitigkeit möglichst gering halten möchten.[498]

Vor diesem Hintergrund setzte sich Anfang der 90er Jahre bei der *Weltorganisation für geistiges Eigentum* (World Intellectual Property Organization, WIPO) die Auffassung durch, daß es sinnvoll sei, auf Streitigkeiten im Bereich des gewerblichen Rechtsschutzes und sonstiger geistiger Eigentumsrechte spezialisierte Streiterledigungsverfahren bereitzustellen.[499] Das Interesse an der Bereitstellung entsprechender Streitbeilegungsmechanismen erklärt sich aus den Aufgaben und der Funktion der WIPO, die darin besteht, den Schutz des geistigen Eigentums durch Zusammenarbeit der Staaten zu fördern.[500] Der Begriff des geistigen Eigentums wird dabei weit definiert– er umfaßt alle Rechte, die sich aus der geistigen Tätigkeit auf gewerblichem, wissenschaftlichem, litarischem oder künstlerischen Gebiet ergeben und schließt den Schutz gegen unlauteren Wettbewerb ein.[501] Die WIPO wurde am 14. Juli 1967 in Stockholm gegründet und ist heute eine der

---

495 Albrechtskirchinger/Kretschmer, in: FS Glossner, S. 11 (12); Gurry, WIPO Arbitration Center, S. 325; Niblett, Intellectual Property Disputes, S. 197 (199); Wittenzellner, in: Mitt. 1995, S. 147.

496 Zur Parteiautonomie Berger, in: Am. Rev. Int. Arb. 1993, Nr. 1, S. 1 ff. m.w.N.

497 Niblett, Intellectual Property Disputes, S. 197 (198 f.). So kann etwa als Vorsitzender eine das einschlägige juristische Fachgebiet beherrschende und umfangreich erfahrene, juristisch besonders qualifizierte Persönlichkeit ausgewählt und bei der Behandlung einer schwierigen technischen Materie ein erfahrener Techniker als Beisitzer eines Dreier-Schiedsgerichts hinzugezogen werden, Ochmann, in: GRUR 1993, S. 255 (258); vgl. auch Gurry, WIPO Arbitration Center, S. 323 f.

498 Albrechtskirchinger/Kretschmer, in: FS Glossner, S. 11 (13); Pagenberg, Germany, S. 89

499 Gurry, WIPO Arbitration Center, S. 323; vgl. auch WAMR 1993, S. 272, wo eine Pressemitteilung der WIPO zitiert wird, derzufolge die Einrichtung des WIPO Arbitration Center „was motivated by the 'increasing complexity of technology and other issues involved in intellectual property disputes and the international character of many such disputes,' as well as the costs and delays of litigation. The aim of the Center will be 'to offer cost-effective, expeditious and specialist services within an international neutral framework'."; kritisch Wittenzellner, in: Mitt. 1995, S. 147 (148).

500 Allgemein zur WIPO Zhang, OMPI au GATT, S. 51 ff.; WIPO, Intellectual Property, S. 29 ff.; Bachmann/Philipp/Stoll, in: (Wolfrum) Handbuch, S. 1108 ff.; Cordray, in: J. Pat. Trademark Off. Soc'y. 1994, S. 121 (122 ff.).

501 Art. 2 (viii) des Übereinkommens vom 14. Juli 1967 zur Errichtung der Weltorganisation für geistiges Eigentum (BGBl. 1970, Teil II, S. 293) definiert als geistiges Eigentum „die Rechte betreffend

16 Sonderorganisationen der Vereinten Nationen.[502] Ihre Ursprünge reichen allerdings weit zurück bis zu der Gründung des *Pariser Verbandes zum Schutze gewerblichen Eigentums*[503] im Jahre 1883 bzw. des *Berner Verbandes zum Schutz von Werken der Kunst und der Literatur* 1886.[504]

Zur Wahrnehmung ihrer Aufgaben nimmt die Organisation nicht nur die Verwaltungsaufgaben des *Pariser* und des *Berner Verbandes* sowie der ihnen angegliederten Verbände wahr, sondern verwaltet auch noch weitere Übereinkommen zum Schutz des geistigen Eigentums.[505] Außerdem fördert sie das Zustandekommen von Verträgen in die-

---

- die Werke der Literatur, Kunst und Wissenschaft,
- die Leistungen der ausübenden Künstler, die Tonträger und Funksendungen,
- die Erfindungen auf allen Gebieten der menschlichen Tätigkeit,
- die wissenschaftlichen Entdeckungen,
- die gewerblichen Muster und Modelle,
- die Fabrik-, Handels- und Dienstleistungsmarken sowie Handelsnamen und Geschäftsbezeichnungen,
- den Schutz gegen unlauteren Wettbewerb

und alle anderen Rechte, die sich aus der geistigen Tätigkeit auf gewerblichem, wissenschaftlichem, literatischem oder künstlerischem Gebiet ergeben".

502 Übereinkommen vom 14. Juli 1967 zur Errichtung der Weltorganisation für geistiges Eigentum (BGBl. 1970, Teil II, S. 293) in Kraft seit dem 19. September 1970 (BGBl. 1970, Teil II, S. 1070); zur Entstehungsgeschichte WIPO, Intellectual Property, S. 31 ff.

503 Pariser Verbandsübereinkunft vom 20. März 1883 zum Schutz des gewerblichen Eigentums (RGBl. 1913, S. 147), in der Stockholmer Fassung vom 14. Juli 1967 (BGBl. 1970, Teil II, S. 293, 391).

504 Berner Übereinkunft vom 9. September 1886 zum Schutz von Werken der Literatur und Kunst (RGBl. 1887, S. 493), revidiert in Paris am 24. Juli 1971 (BGBl. 1973, Teil II, 1069).

505 Zu nennen ist hier etwa das Internationale Übereinkommen zum Schutz von Pflanzenzüchtungen vom 2. Dezember 1961 (BGBl. 1968, Teil II, S. 428) in Kraft für die Bundesrepublik seit dem 10. August 1968 (BGBl. 1968, Teil II, S. 861); Zusatzakte vom 10. November 1972 (BGBl. 1976, Teil II, S. 437) in Kraft für die Bundesrepublik seit dem 11. Februar 1977 (BGBl. 1977, Teil II, S. 468). Auch wenn der durch das Übereinkommen geschaffene Verband zum Schutz von Pflanzenzüchtungen eine unabhängige internationale Organisation mit eigener Rechtspersönlichkeit ist, so ist der Generaldirektor der WIPO gleichzeitig auch der Generalsekretär dieses Verbandes, außerdem ist das Büro des Verbandes in den Räumen der WIPO untergebracht und nutzt deren Verwaltungsdienste. Im Bereich des Urheberrechts verwaltet die WIPO (gemeinsam mit dem Internationalen Arbeitsamt – bei diesem handelt es sich um das Sekretariat der International Labour Organization – und der UNESCO) das Internationale Abkommen über den Schutz der ausübenden Künstler, der Hersteller von Tonträgern und der Sendeunternehmen vom 26. Oktober 1961 (BGBl. 1965, Teil II, S. 1243) in Kraft für die Bundesrepublik seit dem 21. Oktober 1966 (BGBl. 1966, Teil II, S. 1473). Ferner ist das Büro der WIPO zugleich das Sekretariat des Genfer Übereinkommens zum Schutz der Hersteller von Tonträgern gegen die unerlaubte Vervielfältigung ihrer Tonträger vom 29. Oktober 1971 (BGBl. 1973, Teil II, S. 1669) in Kraft für die Bundesrepublik seit dem 18. Mai 1974 (BGBl. 1974, Teil II, S. 336). Einen Überblick über die von der WIPO verwalteten Übereinkommen gibt auch Zhang, OMPI au GATT, S. 64 ff.

sem Bereich[506] und unterstützt Entwicklungsländer bei der Lösung von Problemen im Bereich des Schutzes geistigen Eigentums.[507]

Organisatorisch verfügt die WIPO über vier Organe. Dies sind zwei Versammlungen – eine Generalversammlung und eine Konferenz[508] –, ein Koordinierungsausschuß und ein Sekretariat, das als *Internationales Büro für geistiges Eigentum* oder schlicht *Internationales Büro* bezeichnet wird. Dieses in der Praxis wichtigste Organ nimmt die Aufgaben eines Sekretariats sowohl für die WIPO als auch für die einzelnen Verbände wahr. An der Spitze des Internationalen Büros steht der Generalsekretär der WIPO als gemeinsamer höchster Beamter der WIPO und der Verbände.[509]

Im Hinblick auf die Bereitstellung von Verfahren zur Beilegung privater Streitigkeiten setzte die WIPO 1992 eine Arbeitsgruppe unter der Leitung der Internationalen Büros ein, die die Schaffung eines auf Streitigkeiten im Bereich des Schutzes geistiger Eigentumsrechte spezialisierten Schiedsinstituts der WIPO prüfen und hierzu Vorschläge unterbreiten sollte. Die Arbeitsgruppe trat im Mai und November 1992 zusammen und schlug die Schaffung eines WIPO Arbitration Center vor[510], dessen Rolle im wesentlichen auf die Ausübung der Aufgaben als ernennende Stelle und die Bereitstellung der Verfahrensordnung beschränkt sein sollte.[511] Ferner empfahl die Arbeitsgruppe die Erarbeitung eines Schlichtungsverfahrens, eines Schlichtungsverfahrens mit nachgeordnetem Schiedsverfahren, eines Schiedsverfahrens und eines beschleunigten Schiedsverfahrens („Fast-Track-Arbitration").

Die ersten Entwürfe der Verfahrensordnungen wurden von einer aus vier Sachverständigen bestehenden *Expert Group*[512] erarbeitet und einer Vielzahl Personen und Insti-

---

506 Zu den Aufgaben der WIPO im einzelnen WIPO, Intellectual Property, S. 33 ff.

507 Siehe hierzu Bachmann/Philipp/Stoll, in: (Wolfrum) Handbuch, S. 1114 f.

508 Die Existenz zweier Versammlungen hat ihren Grund in zwei unterschiedlichen Arten der Mitgliedschaft zur WIPO. Insoweit stehen auf der einen Seite Mitglieder, die dem Pariser und/oder dem Berner Verband angehören und die die auf der Stockholmer Konferenz von 1967 vereinbarten organisatorischen Bestimmungen ihrer Verbände für sich verbindlich gemacht haben (Art. 14 (2) WIPO-Vertrag). Auf der anderen Seite können Staaten der WIPO beitreten, die Mitglied der Vereinten Nationen sind, einer Sonderorganisation angehören oder Vertragspartei des IGH-Statuts sind. Die Generalversammlung besteht aus den Mitgliedern, die wenigstens einem der Verbände angehören und hat vorrangig die Aufgabe, die verwaltungsmäßige Zusammenarbeit zwischen den Verbänden zu gewährleisten. Dagegen gehören der Konferenz auch die Mitglieder an, die nicht Verbandsmitglieder sind. Sie widmet sich vorrangig allgemeinen Fragen im Bereich des Schutzes geistigen Eigentums und stellt ein Drei-Jahres-Programm für juristisch-technische Hilfe auf, vgl. zu den Versammlungen Zhang, OMPI au GATT, S. 58 ff.; Bachmann/Philipp/ Stoll, in: (Wolfrum) Handbuch, S. 1110.

509 Allgemein zur Organisationsstruktur der WIPO Zhang, OMPI au GATT, S. 57 ff.; WIPO, Intellectual Property, S. 32 f.; WIPO, General Information, S. 1 ff.; vgl. auch WIPO Doc. WIPO/IP/SUV/93/3(a).

510 Zur Entstehungsgeschichte der WIPO SchO siehe WIPO Doc. ARB/AC/I/94/2; Kuner, in: RIW 1995, S. 965 (965); Schäfer, in: RPS 1. Halbjahr 1996, S. 10 (10 f.); Wittenzellner, in: Mitt. 1995, S. 147 (148).

511 WIPO Doc. ARB/WG/II/ S. 11 ff.; Schäfer, in: RPS 1. Halbjahr 1996, S. 10 (10 f.).

512 Dieser gehörten mit Marc Blessing, Gerold Herrmann, Jan Paulsson und Albert Jan van den Berg vier hervorragende Kenner der internationalen Schiedsgerichtsbarkeit an.

tutionen zur Kenntnis- und Stellungnahme zugeschickt. Auf der Grundlage dieser Stellungnahmen wurde ein endgültiger Entwurf ausgearbeitet, der vom Internationalen Büro im September 1993 der Generalversammlung der WIPO gemeinsam mit einem Maßnahmeplan zur Kenntnisnahme vorgelegt wurde.[513] Daraufhin erteilte die Generalversammlung ihre Zustimmung zur Errichtung des WIPO Arbitration Center innerhalb des Internationalen Büros.

Außerdem wurde ein aus sechs Mitgliedern bestehender[514] *WIPO Arbitration Council* ins Leben gerufen, der das WIPO Arbitration Center berät und Empfehlungen insbesondere im Hinblick auf die Ausgestaltung der einzelnen Verfahrensordnungen abgibt.[515] Daneben wurde eine aus 34 Mitgliedern bestehende *Consultative Commission* geschaffen[516], die das Arbitration Center unterstützt, wenn die WIPO-Schiedsordnung im Rahmen eines Schiedsverfahrens eine Entscheidung des WIPO Arbitration Center vorsieht. In Betracht kommen etwa Entscheidungen über die Ablehnung eines Schiedsrichters, dessen Entbindung von seinen Aufgaben, Ersatzbenennungen oder Fragen in Zusammenhang mit der Höhe des Schiedsrichterhonorars. Tritt eine solche Frage auf, so setzt das Center ein aus drei Mitgliedern bestehendes *Ad-hoc*-Komitee ein.[517] Beide Gremien, denen führende Experten aus dem Bereich des Schiedsgerichtsbarkeit angehören, haben eine lediglich beratende Funktion.[518]

Die von der WIPO zur Verfügung gestellten Verfahrensordnungen – d.h. die WIPO Schlichtungsordnung, die WIPO-Schiedsordnung und die WIPO-Schiedsordnung für das beschleunigte Schiedsverfahren – sind am 1. Oktober 1994 in Kraft getreten.

II. Das WIPO-Schiedsverfahren

1. Die WIPO-Schiedsordnung

Da die WIPO-Schiedsordnung speziell auf Streitigkeiten aus dem Bereich des gewerblichen Rechtsschutzes und sonstiger geistiger Eigentumsrechte zugeschnitten ist, tragen zahlreiche Vorschriften den typischen Bedürfnissen der an solchen Verfahren beteiligten Parteien Rechnung. Dies gilt etwa für besondere Bestimmungen über die Beweisaufnahme[519] oder zur Wahrung des Geheimnisschutzes und der Vertraulichkeit während und nach dem Verfahren.[520]

Darüber hinaus enthält die WIPO-Schiedsordnung aber auch umfassende und detaillierte Regelungen solcher Verfahrensfragen, die sich allgemein im Bereich der internationalen Schiedsgerichtsbarkeit stellen, um für die Verfahrensbeteiligten ein vorhersehbares

513 WIPO Doc. WO/GA/XIV/1, S. 1 ff.; WIPO Doc. WO/GA/XIV/4, S. 4 ff.
514 Zu den Mitgliedern siehe WIPO, Services, S. 11.
515 WIPO, Services, S. 11.
516 Zu den Mitgliedern siehe WIPO, Services, S. 12 ff.
517 WIPO, Services, S. 11 f.
518 Ihre Rolle ist daher nicht mit derjenigen des Schiedsgerichtshofs der ICC in Paris vergleichbar, Schäfer, in: RPS 1. Halbjahr 1996, S. 10 (11).
519 Art. 49, 51 WIPO SchO, siehe hierzu unten S. 273 f.
520 Art. 52 (hierzu unten S. 289 f.), 73 ff. WIPO SchO (hierzu unten S. 287 ff.).

Verfahren zu gewährleisten.[521] Dabei regelt die WIPO-Schiedsordnung auch solche Fragen wie die Schiedsrichterbenennung in Mehrparteienschiedsverfahren[522] oder die Folgen der unvollständigen Besetzung des Schiedsgerichts (*Truncated Tribunal*).[523] Auffällig ist dabei die Länge der WIPO-Schiedsordnung. Sie umfaßt insgesamt 78 Artikel, von denen die überwiegende Zahl allgemeine und nicht speziell auf den Bereich des gewerblichen Rechtsschutzes bezogene Regelungen enthält. Im Vergleich hierzu umfassen etwa die ICC SchO (1998) 35, die LCIA SchO (1998) 32, die AAA SchO (1997) 36 und die DIS SchO (1998) 44 Artikel. Auch die UNCITRAL SchO, die als Grundlage für zahlreiche Bestimmungen der WIPO-Schiedsordnung gedient hat, ist mit 41 Artikeln erheblich kürzer.

Aufgrund der sehr detaillierten Bestimmungen auch allgemeiner Verfahrensfragen ist die WIPO-Schiedsordnung – trotz ihres Charakters einer auf einen bestimmten Bereich von Streitigkeiten spezialisierten Schiedsgerichtsordnung – auch zur Anwendung auf solche Streitigkeiten geeignet, die nicht speziell Fragen des gewerblichen Rechtsschutzes oder sonstiger geistiger Eigentumsrechte betreffen. Dementsprechend ist die Anwendbarkeit der Schiedsordnung auch nicht – wie etwa bei der ICSID-Schiedsgerichtsbarkeit – auf Streitigkeiten, in denen es um Fragen geistigen Eigentums geht, beschränkt. Auf die Aufnahme einer den Anwendungsbereich der WIPO-Schiedsordnung beschränkenden Bestimmung ist vor allem deshalb verzichtet worden, weil eine solche Vorschrift Verzögerungstaktiken seitens einer Partei gefördert hätte. Diese hätte die Zuständigkeit eines WIPO-Schiedsgerichts mit der Begründung ablehnen können, daß es sich nicht um eine Streitigkeit handele, in der Fragen des geistigen Eigentums im Mittelpunkt stünden.[524]

Es obliegt daher den Parteien, selbst zu entscheiden, ob eine Streitigkeit einen hinreichenden Bezug zu Fragen des geistigen Eigentums hat, aufgrund dessen es sachgerecht ist, die Zuständigkeit eines WIPO-Schiedsgerichts zu vereinbaren. Ist eine solche Vereinbarung getroffen worden, so kann sich keine Partei darauf berufen, daß es in der Streitigkeit nicht um entsprechende Fragestellungen gehe.

2. *Das WIPO Arbitration Center*

Die von der WIPO bereitgestellten Streitbeilegungsverfahren werden durch das WIPO Arbitration Center administriert, das seine Tätigkeit im Oktober 1994 aufnahm und sich in den Räumen des Internationalen Büros der WIPO befindet. Es erfüllt in der Hauptsache zwei Funktionen. Zum einen dient es als „*resource center*" für die außergerichtliche Beilegung von Streitigkeiten im Bereich des gewerblichen Rechtsschutzes und sonstiger gei-

521 Schäfer, in: RPS 1. Halbjahr 1996, S. 10 (11).

522 Art. 18 WIPO SchO, siehe hierzu unten S. 333 ff.

523 Art. 35 WIPO SchO, siehe hierzu unten S. 422.

524 WIPO, in: ASA Special Series No. 6, S. 191 (193 f.); Gurry, WIPO Arbitration Center, S. 329: „While the Centre's services are designed for intellectual property disputes, it was considered that any formal jurisdictional limitation would only serve to invite argument over competence and attempts to excise artificially from the dispute certain elements that might be classified as contractual or otherwise, rather than as intellectual property".

stiger Eigentumsrechte, indem es Dienstleistungen für die außergerichtliche Beilegung derartiger Streitigkeiten zur Verfügung stellt.[525]

Zum anderen administriert es die von der WIPO bereitgestellten Streiterledigungsverfahren und erfüllt insoweit unterschiedliche Aufgaben.[526] Im Rahmen eines Schiedsverfahrens sorgt es zunächst für eine zügige Einleitung des Verfahrens und Konstituierung des Schiedsgerichts. Es entscheidet über die Ablehnung, Entbindung oder Ersetzung von Schiedsrichtern, hilft auf Wunsch der Parteien oder des Schiedsgerichts bei der Organisation und Durchführung des Verfahrens[527] und überwacht die Einhaltung bestimmter Fristen. Außerdem legt es das Schiedsrichterhonorar fest und fordert einen Vorschuß von den Parteien an.

Die Rolle des WIPO Arbitration Center ist also – anders als etwa die des ICC-Schiedsgerichtshofs[528] – im wesentlichen darauf beschränkt, einen zügigen und effizienten Verfahrensablauf zu gewährleisten. Das Schiedsgericht und die Parteien haben weitgehende Freiheit bei der Ausgestaltung des Verfahrensablaufs und unterliegen keiner strengen Kontrolle durch das Center[529] – dies zeigt sich etwa daran, daß das Center zwar die Einhaltung bestimmter Fristen (neun Monate bis zum Abschluß des Verfahrens und drei weitere Monate bis zum Erlaß des Schiedsspruchs, Art. 63 WIPO SchO) überwacht, deren Überschreitung aber abgesehen von einer Berichtspflicht des Schiedsgerichts keine weiteren Sanktionen auslöst.[530] Insbesondere verzichtet das WIPO Arbitration Center auf eine Kontrolle des Schiedsspruchs, wie dies etwa in Art. 27 ICC SchO (1998) vorgesehen ist.[531] Art. 65 (e) WIPO SchO sieht insoweit lediglich vor, daß das Schiedsgericht das

---

525 So gewährt es Unterstützung, soweit es um die Unterwerfung einer Streitigkeit unter ein von der WIPO bereitgestelltes Streiterledigungsverfahren geht, ernennt – gegen Zahlung einer Gebühr – einen Schiedsrichter oder Schlichter in einem ansonsten nicht von ihm administrierten Verfahren. Ferner veranstaltet das Center – neben Trainingsseminaren für Schiedsrichter und Mediatoren – Konferenzen zu verschiedenen Themen, die im Zusammenhang mit der Erledigung von Streitigkeiten über geistiges Eigentum durch außergerichtliche Verfahren stehen, und gibt Publikationen hierzu heraus, vgl. eingehend Gurry, WIPO Arbitration Center, S. 325 ff.; siehe auch WIPO, Services, S. 10; WIPO, in: ASA Special Series No. 6, S. 191 (198 ff.).

526 Vgl. WIPO, Services, S. 27 f.; Gurry, WIPO Arbitration Center, S. 327 ff.; Wittenzellner, in: Mitt. 1995, S. 147 (148 f.).

527 Etwa durch die Bereistellung von Räumlichkeiten sowie Sekretariats- oder Übersetzungsdiensten, WIPO, Services, S. 28; Kuner, in: RIW 1995, S. 965 (966).

528 Zur Rolle des ICC-Schiedsgerichtshofs Craig/Park/Paulsson, Arbitration, S. 27 ff.; Reiner, Handbuch, S. 25 ff.

529 Vgl. Gurry, WIPO Arbitration Center, S. 328: „Once the tribunal has been established to the satisfaction of the parties, and the question of the arbitrator's fees determined, the sphere of arbitrator competence and authority, exercised with particular regard to circumstances of the dispute and the parties to the dispute, should assume predominant importance".

530 Siehe unten S. 293 ff.

531 Nach Art. 27 ICC SchO muß das Schiedsgericht einen Entwurf des Schiedsspruchs dem ICC-Schiedsgerichtshof vorlegen. Dieser kann Änderungen in der Form vorschreiben und das Schiedsgericht unter Wahrung seiner Entscheidungsfreiheit auf Punkte hinweisen, die den sachlichen Inhalt des Schiedsspruchs betreffen. Ohne Genehmigung durch den ICC-Schiedsgerichtshof kann ein Schiedsspruch nicht ergehen. Vgl. hierzu Craig/Park/Paulsson,

Center in Bezug auf Formfragen zu Rate ziehen *kann*, um insbesondere die Vollstreckbarkeit des Schiedsspruchs zu gewährleisten.

Nach Art. 63 WIPO SchO soll ein WIPO-Schiedsverfahren innerhalb von zwölf Monaten nach Zustellung der Klageerwiderung oder Einsetzung des Schiedsgerichts durch den Erlaß eines Schiedsspruchs beendet werden. Wünschen die Parteien einer Streitigkeit eine schnellere und kostengünstigere Entscheidung durch ein Schiedsgericht, so haben sie die Möglichkeit, die *Regeln für das beschleunigte Schiedsgerichtsverfahren der WIPO* zu vereinbaren, die neben einer Verkürzung der Fristen für die einzelnen Verfahrensschritte eine Entscheidung durch einen Einzelschiedsrichter vorsehen.[532]

III. Überblick über die Zuständigkeitsvoraussetzungen

1. Schiedsvereinbarung

Grundlegende und unerläßliche Voraussetzung eines jeden Schiedsverfahrens ist das Vorliegen einer wirksamen Schiedsvereinbarung[533], das heißt, die Parteien müssen wirksam vereinbaren, die Streitigkeit der Entscheidung durch das an sich zuständige staatliche Gericht zu entziehen und statt dessen durch ein Schiedsgericht gemäß den Regeln für das Schiedsgerichtsverfahren der WIPO entscheiden zu lassen.[534] Liegt eine wirksame

---

Arbitration, S. 341 ff.; Derains/Schwartz, Guide, S. 289 ff.; Reiner, Handbuch, S. 257 ff.; Schwab, ICC-Schiedsgerichtsbarkeit, S. 60 f.; Böckstiegel, in: NJW 1977, S. 463 (464 f.).

532 Siehe hierzu unten S. 295 ff.

533 Die Schiedsvereinbarung zwischen den Parteien ist vom Schiedsrichtervertrag zu unterscheiden, der zwischen dem einzelnen Schiedsrichter und der Schiedsinstitution oder den Parteien gemeinschaftlich zustande kommt. Es handelt sich bei ihm um einen privatrechtlichen Vertrag, (BGH NJW 1986, S. 3077 (3077 f. m.w.N.); Baumbach/Lauterbach - Albers, ZPO, Anh. § 1035, Rn. 1 ff.; MüKoZPO - Maier, § 1028, Rn. 5; G.Lörcher/H.Lörcher, Schiedsverfahren, Rn. 116; Strieder, Schiedsrichtervertrag, S. 21 ff.; Prütting, in: FS Schwab, S. 409 (416); a.A. Schwab, in: FS Schiedermair, S. 499 (510 ff.); ders./Walter, Schiedsgerichtsbarkeit, S. 101 f., die von einem Prozeßvertrag, der auch den Normen des bürgerlichen Rechts untersteht, ausgehen; ähnlich Strohbach, Handbuch, Rn. 162 a.E.; Rüede/Hadenfeldt, Schiedsgerichtsrecht, S. 147; für eine prozeßrechtliche Qualifikation Real, Schiedsrichtervertrag, S. 74 ff.) und zwar bei Unentgeltlichkeit um einen Auftrag und bei Entgeltlichkeit um einen Geschäftsbesorgungsvertrag mit Dienstvertragscharakter (Baumbach/Lauterbach - Albers, aaO.), in dem der Schiedsrichter sich zur Ausübung des Schiedsrichteramtes verpflichtet. Nach Art. 77 WIPO SchO ist die Haftung des Schiedsrichters gegenüber den Parteien auf Vorsatz beschränkt; siehe im übrigen zur Haftungsimmunität des Schiedsrichters Berger, Wirtschaftsschiedsgerichtsbarkeit, S. 162 ff. Zu den kollisionrechtlichen Fragen des internationalen Schiedsrichtervertrages v. Hoffmann, in: FS Glossner, S. 143 ff.; vgl. auch allgemein zum Schiedsrichtervertrag, Calavros, in: FS Habscheid, S. 65 (76 f.); Lachmann, Handbuch, S. 320 ff.; Schütze, Schiedsgericht, Rn. 49 ff.; Hoffet, Rechtliche Beziehungen zwischen Schiedsrichtern und Parteien; Inderkum, Schiedsrichtervertrag.

534 Die WIPO stellt eine Reihe von Musterschiedsklauseln zur Verfügung, die die einzelnen Möglichkeiten der Unterwerfung unter die Zuständigkeit eines WIPO-Schiedsgerichts abdecken;

Schiedsvereinbarung vor, so sind die staatlichen Gerichte von einer Entscheidung der Streitigkeit ausgeschlossen, wenn zumindest eine Partei sich auf die Schiedsvereinbarung beruft.[535]

Die Schiedsvereinbarung ist ihrer Rechtsnatur nach ein materiell-rechtlicher Vertrag über prozessuale Beziehungen[536]; sie kann in Form einer selbständigen Vereinbarung oder einer Klausel in einem Vertrag geschlossen werden[537] und sich auf bereits bestehende oder zukünftige Streitigkeiten beziehen. In jedem Fall sind Schiedsvereinbarung und Hauptvertrag rechtlich unabhängig voneinander zu beurteilen, mit der Folge, daß die Unwirksamkeit des Hauptvertrages nicht automatisch die Unwirksamkeit der Schiedsvereinbarung zur Folge hat.[538]

Die materielle Wirksamkeit der Schiedsvereinbarung ist kollisionsrechtlich zu beurteilen. Dabei gilt in den meisten Rechtsordnungen[539] der Grundsatz des Art. V (1) (a) NYÜ, demzufolge primär das von den Parteien gewählte Recht[540] und subsidiär das am

---

diese sind abgedruckt in WIPO Publ. 445 (1996), S. 73 ff. und bei Labes/Lörcher (Hrsg.), Schiedsverfahrensrecht, Nr. 23.

535 Vgl. § 1032 ZPO, demzufolge das Gericht die Klage als unzulässig abzuweisen hat, sofern der Beklagte vor Beginn der mündlichen Verhandlung zur Hauptsache die Einrede der Schiedsgerichtsbarkeit erhebt, es sei denn, das Gericht stellt fest, daß die Schiedsvereinbarung nichtig, unwirksam oder undurchführbar ist; so auch Art. 8 (1) UNCITRAL MG; vgl. auch Art. 1022 (1) NZPO; Sect. 9 Arbitration Act 1996.

536 BGHZ 23, S. 198 (200); 40, S. 320 (322) (abweichend: BGH ZZP 1987, S. 452 (454)); Lachmann, Handbuch, S. 39; Schütze, Schiedsgericht, Rn. 92 f.; ders./Tscherning/Wais, Handbuch, Rn. 559; Labes/Lörcher, in: MDR 1997, S. 420 (421). Die schiedsgerichtliche Vereinbarung bildet dabei das vertragliche Element, das gerichtsverfahrensrechtliche Element findet sich in den Grenzen, die das Schiedsverfahrensrecht bestimmt (str.); zum Meinungsstand Labes, Schiedsgerichtsvereinbarungen, S. 53 f.; Schwab/Walter, Schiedsgerichtsbarkeit, S. 69 f.

537 § 1029 ZPO verwendet im ersten Fall den Begriff der Schiedsabrede, im letzteren den der Schiedsklausel.

538 Vgl. § 1040 (1) ZPO; Art. 178 (3) IPRG; Art. 16 (1) S. 3 UNCITRAL MG; eingehend Schwebel, Salient Problems, S. 1 ff. (60); Böckstiegel, in: (Labes/Lörcher) Schiedsverfahrensrecht, S. XV (XXIX); Berger, Wirtschaftsschiedsgerichtsbarkeit, S. 93; Calavros, UNCITRAL, S. 42; Craig/Park/Paulsson, Arbitration, S. 66 f.; G.Lörcher/H.Lörcher, Schiedsverfahren, Rn. 58; Strohbach, Handbuch, Rn. 130; Lionnet, Schiedsgerichtsbarkeit, S. 68; Schwab/Walter, Schiedsgerichtsbarkeit, S. 39, die allerdings zu Recht darauf hinweisen, daß dieselben Nichtigkeitsgründe bei Hauptvertrag und Schiedsvertrag gleichzeitig gegeben sein können. Zur Rechtslage in weiteren Staaten Hußlein-Stich, MG, S. 37 f.; Schlosser, Schiedsgerichtsbarkeit, Rn. 392 f.

539 Eine Ausnahme bildet insoweit Art. 178 (2) IPRG, der eine spezielle Kollisionsnorm bereitstellt, nach der die Schiedsvereinbarung gültig ist, wenn sie dem von den Parteien gewählten, dem auf die Streitsache, insbesondere dem auf den Hauptvertrag anwendbaren oder dem schweizerischen Recht entspricht, vgl. zu dieser Vorschrift Lalive/Poudret/Reymond, Droit de l'Arbitrage, Art. 178, Anm. 14 ff.; A. Bucher, Suisse, Rn.102 ff.

540 Dabei kommt eine ausdrückliche oder konkludente Rechtswahl in Betracht, wobei letztere im allgemeinen dahingeht, daß Schiedsvereinbarung und Hauptvertrag demselben Recht unterliegen sollen, Schütze/ Tscherning/Wais, Handbuch, Rn. 560.

Ort des Schiedsverfahrens geltende Recht auf die Schiedsvereinbarung anwendbar ist.[541] An ihren Inhalt werden keine hohen Anforderungen gestellt. Es reicht grundsätzlich aus, wenn die Parteien zum Ausdruck bringen, eine oder mehrere schiedsfähige[542] Streitigkeiten durch ein Schiedsgericht entscheiden lassen zu wollen.[543] Dabei genügt es indes nicht, wenn die Parteien generell künftige Streitigkeiten einem Schiedsgericht zuweisen, ohne eine Konkretisierung auf ein bestimmtes Rechtsverhältnis vorzunehmen. Vielmehr muß sich die Schiedsvereinbarung auf ein individualisiertes bzw. auf ein zumindest individualisierbares Rechtsverhältnis beziehen.[544]

Den Formerfordernissen an eine Schiedsvereinbarung wird zumindest immer dann genügt, wenn die Schiedsvereinbarung in einem von den Parteien unterzeichneten Schriftstück oder in zwischen ihnen gewechselten Schreiben, Fernkopien, Telegrammen oder anderen Formen der Nachrichtenübermittlung, die einen Nachweis der Vereinbarung sicherstellen, enthalten sind.[545] Dieses Formerfordernis erfüllt eine Warn- und Schutzfunktion für unerfahrene Vertragspartner[546], derer es bedarf, da die Entscheidung der Streitigkeit durch eine wirksame Schiedsvereinbarung dem gesetzlichen Richter entzogen wird.

Allerdings bedarf es dieses Schutzes im internationalen Handel nicht im gleichen Maße, zumal in der auf Schnelligkeit ausgerichteten Wirtschaftspraxis ein erhebliches Bedürfnis nach der Zulässigkeit einseitig-schriftlicher Vertragsbestätigungen besteht.[547] Dem trägt nunmehr im deutschen Recht § 1031 (2) ZPO Rechnung, demzufolge die Schriftform auch dann erfüllt ist, wenn die Schiedsvereinbarung in einem von der einen Partei der anderen Partei oder von einem Dritten beiden Parteien übermittelten Schriftstück enthalten ist[548] und der Inhalt des Schriftstücks im Fall eines nicht rechtzeitig erfolgten Wi-

---

541 BGHZ 40, S. 320 (322); Berger, Wirtschaftsschiedsgerichtsbarkeit, S. 114 f.; v. Hoffmann, Handelsschiedsgerichtsbarkeit, S. 64 f.; Labes, Schiedsgerichtsvereinbarungen, S. 57 f.; Reithmann/Martiny, Internationales Vertragsrecht, Rn. 2368 ff. m.w.N.; Schlosser, Schiedsgerichtsbarkeit, Rn. 230 u. 249 ff.; Schütze/Tscherning/Wais, Handbuch, Rn. 560; Schwab/Walter, Schiedsgerichtsbarkeit, S. 407; zum englischen Recht Mustill/Boyd, Law and Practice, S. 62.

542 Zur objektiven Schiedsfähigkeit siehe unten S. 185 ff.

543 Berger, Wirtschaftsschiedsgerichtsbarkeit, S. 93; Szurski, in: (Sanders) ICCA Series No. 2, S. 53 (63). Zum möglichen ergänzenden Inhalt der Schiedsvereinbarung siehe etwa Lionnet, Schiedsgerichtsbarkeit, S. 79 ff.; Schwab/Walter, Schiedsgerichtsbarkeit, S. 50 ff.

544 Labes, Schiedsgerichtsvereinbarungen, S. 57. Unzulässig ist etwa eine Vereinbarung über „Alle Streitigkeiten aus der Geschäftsverbindung“ oder „Alle Streitigkeiten aus künftigen Leistungen“, Glossner/Bredow/Bühler, Praxis, Rn. 78; dagegen dürfte eine Schiedsvereinbarung hinreichend bestimmt sein, die Streitigkeiten aus einer künftigen, wenn auch im einzelnen noch nicht konkretisierten Zusammenarbeit zu einem gemeinschaftlichen wirtschaftlichen Zweck der Entscheidung durch ein Schiedsgericht unterwirft, Schütze/Tscherning/Wais, Handbuch, Rn. 47.

545 § 1031 (1) ZPO (zu den besonderen Formerfordernissen für Schiedsvereinbarungen, an denen ein Verbraucher beteiligt ist, siehe § 1031 (5) ZPO); Art. 7 (2) UNCITRAL MG; Art. 178 (1) IPRG; Sect. 5 Arbitration Act 1996; vgl. auch Art. II (2) NYÜ.

546 Labes, Schiedsgerichtsvereinbarungen, S. 60.

547 Berger, Wirtschaftsschiedsgerichtsbarkeit, S. 105.

548 Nach § 1031 (3) ZPO ist dem Schriftformerfordernis im übrigen auch genügt, wenn ein den Formerfordernissen von § 1031 (1) oder (2) ZPO genügender Vertrag auf ein Schriftstück Be-

derspruchs nach der Verkehrssitte als Vertragsinhalt anzusehen ist.[549] Dagegen genügt eine bloß mündliche Schiedsvereinbarung nach dem neuen deutschen Schiedsrecht nicht.[550]

Grundsätzlich hat ein Formverstoß der Schiedsvereinbarung deren Ungültigkeit zur Folge, indes besteht insoweit die Möglichkeit der Heilung des Formmangels, da die Zuständigkeit des Schiedsgerichts auch durch rügelose Einlassung begründet werden kann.[551]

2. *Objektive Schiedsfähigkeit*

Voraussetzung für die Wirksamkeit der Schiedsvereinbarung ist weiterhin, daß der Streitgegenstand objektiv schiedsfähig ist[552], das heißt, die Streitigkeit muß tauglicher Gegenstand eines Schiedsverfahrens sein.[553] *Schlosser* bezeichnet die Frage nach der objektiven Schiedsfähigkeit des Streitgegenstandes allgemein als die wohl schwierigste im Zusammenhang mit der internationalen Schiedsgerichtsbarkeit.[554] Gerade soweit es aber um die objektive Schiedsfähigkeit gewerblicher Schutz- und sonstiger geistiger Eigentumsrechte geht, ist diese Frage in besonderem Maße problematisch.[555] Zwar lassen die verschiede-

---

zug nimmt, das eine Schiedklausel enthält und die Bezugnahme dergestalt ist, daß sie diese Klausel zu einem Bestandteil des Vertrages macht; siehe auch die entsprechende Regelung in Art. 7 (2) S. 3 UNCITRAL MG.

549 Vgl. auch § 1021 NZPO. Dagegen ist eine entsprechende Möglichkeit in Art. 7 (2) UNCITRAL MG und Art. II (2) NYÜ nicht vorgesehen – hier bedarf es einer schriftlichen Schiedsvereinbarung. Die Regelung des § 1031 (2) ZPO erfaßt vor allem den Fall des kaufmännischen Bestätigungsschreibens, dem nach deutschem, französischem, belgischem, luxemburgischem und niederländischem Recht rechtsgeschäftliche Bedeutung im Sinne der Annahme des Vertragsangebots beigemessen wird, Begründung der Bundesregierung zum SchiedsVfG, BT-Drucks. 13/5274 v. 12.07.96, zu § 1031, S. 36.

550 Nach § 1027 (2) ZPO a.F. konnten Vollkaufleute eine Schiedsvereinbarung auch formfrei, d.h. mündlich treffen. Maßgeblich für den Verzicht auf eine entsprechende Regelung in § 1031 ZPO n.F. war, daß nach Ansicht des Gesetzgebers kein echtes Bedürfnis für die Gültigkeit mündlicher Schiedsvereinbarungen besteht und Art. II (2) NYÜ mündlichen Schiedsvereinbarungen die Wirksamkeit versagt. Im übrigen wurde eine § 1027 (2) ZPO a.F. entsprechende Regelung für internationale Schiedsfälle als kaum praktikabel angesehen, da ausländischen Rechtsordnungen ein dem „Handelsgeschäft" i.S.v. §§ 343, 344 HGB vergleichbarer Begriff als Anknüpfungspunkt für Sonderregelungen fremd ist, Begründung der Bundesregierung zum SchiedsVfG, BT-Drucks. 13/5274 v. 12.07.96, zu § 1031, S. 36. Siehe allgemein zur Frage der Wirksamkeit mündlicher Schiedsvereinbarungen Berger, Wirtschaftsschiedsgerichtsbarkeit, S. 107 f.

551 So ausdrücklich § 1031 (6) ZPO; Art. 7 (2) S. 2 a.E. UNCITRAL MG.

552 Das Fehlen der objektiven Schiedsfähigkeit hat die Unwirksamkeit der Schiedsvereinbarung zur Folge, Böckstiegel, in: (Labes/Lörcher) Schiedsverfahrensrecht, S. XV (XXX); ders., in: (Sanders) ICCA Series No. 3, S. 177 (181); Briner, Switzerland, S. 55.

553 Eingehend zur objektiven Schiedsfähigkeit Nuber, Objektive Schiedsfähigkeit; Schlosser, Schiedsgerichtsbarkeit, Rn. 285 ff.

554 Schlosser, Schiedsgerichtsbarkeit, Rn. 285, zur kollisionsrechtlichen Problematik, aaO., Rn. 299 ff.

555 Siehe zu dieser Frage Grantham, in: Berkeley J. Int. Law 1996 (Vol. 14), S. 173 ff. mit einem Überblick über unterschiedliche nationale Regelungen.

nen nationalen Rechtsordnungen bei derartigen Streitigkeiten grundsätzlich die Schiedsgerichtsbarkeit neben der staatlichen Gerichtsbarkeit zu. Dabei werden die Grenzen der objektiven Schiedsfähigkeit jedoch sehr unterschiedlich gezogen. Dies gilt vor allem für die Frage, in welchem Ausmaß ein Schiedsgericht befugt ist, die Gültigkeit eines Schutzrechtes zu beurteilen, wenn dieses durch einen Hoheitsakt begründet worden ist. Gerade dies bildet indes häufig eine zentrale Frage des Schiedsverfahrens, da ein Patentverletzer oder Lizenznehmer, der vom Patentinhaber in Anspruch genommen wird, nicht selten einwendet, das Klagepatent sei – etwa wegen fehlender Neuheit – nichtig.[556]

In den *USA* besteht seit 1982 die gesetzlich vorgesehene Möglichkeit, ein Schiedsverfahren über Patentstreitigkeiten durchzuführen, das nicht nur Fragen der Patentverletzung, sondern auch der Rechtsbeständigkeit des Schutzrechts umfaßt, wobei der Schiedsspruch nur zwischen den Parteien und nicht etwa gegenüber Dritten wirkt.[557] In *England* ist die Frage der objektiven Schiedsfähigkeit gewerblicher Schutzrechte nicht geregelt; es wird indes davon ausgegangen, daß je nach Reichweite der Schiedsvereinbarung und der darin enthaltenen Befugnisse des Schiedsgerichts nicht nur über die Verletzung, sondern auch über den Bestand des Schutzrechts entschieden werden kann und daß die unterlegene Partei z.B. zum Verzicht gegenüber dem Patentamt verurteilt werden kann.[558] Auch in der *Schweiz* können alle Aspekte gewerblicher Schutzrechte Gegenstand von Schiedsverfahren sein, ohne daß insoweit Einschränkungen bestehen – ein Schiedsspruch kann dabei auch die Nichtigerklärung eines Patents und die Löschung der entsprechenden Eintragung in der Patentrolle anordnen.[559] Dagegen wird etwa in *Frankreich* und *Italien* die Schiedsfähigkeit der Patentnichtigkeitsfrage verneint.[560]

In Deutschland richtete sich gemäß § 1025 (1) ZPO a.F. die Antwort danach, ob die Parteien berechtigt waren, über den Gegenstand des Streits einen Vergleich zu schließen. Da die Befugnis zur Nichtigerklärung eines Patents oder zur Löschung einer Marke allein dem Patentamt und den Gerichten vorbehalten ist, ging die herrschende Meinung davon aus, daß diese Befugnisse einem Schiedsgericht nicht zustünden. Indes bestand die Möglichkeit, daß der Inhaber des entsprechenden Rechts in einem Vergleich auf dieses Recht verzichten oder die Löschung bewilligen konnte. Dementsprechend konnte ein Schiedsgericht auch eine Partei zur Abgabe von Erklärungen und Einwilligungen verurteilen, die die Grundlage für die Eintragung oder Löschung in dem Register bildeten.[561]

---

556 Albrechtskirchinger/Kretschmer, in: FS Glossner, S. 11 (13); Pfaff, in: FS Nagel, S. 278 (280 f.).

557 Plant, United States, S. 29 ff.; Field Jr., in: IDEA - The Journal of Law and Technology 1984, S. 235 ff.; Schlicher, in: Arb. J. 1985, Nr. 4, S. 7 ff.

558 Niblett, Intellectual Property Disputes, S. 197 (200 f.); Wittenzellner, in: Mitt. 1995, S. 147 (152).

559 Schweyer, Patentnichtigkeit, S. 111 f.; dies., in: GRUR Int. 1983, S. 149 (150); A. Briner, in: FS Blum, S. 169 ff.; R. Briner, Switzerland, S. 55 (70 ff.).

560 Zu Frankreich Oppetit, in: RdA 1979, S. 83 ff.; Schweyer, Patentnichtigkeit, S. 117 ff.; dies., in: GRUR Int. 1983, S. 149 (151 f.); zu Italien Schlosser, Schiedsgerichtsbarkeit, Rn. 317; Schweyer, Patentnichtigkeit, S. 122 ff.; dies., in: GRUR Int. 1983, S. 149 (152).

561 Benkard, PatG, § 81, Rn. 33; Schweyer, Patentnichtigkeit, S. 115 ff.; Pagenberg, Germany, S. 81 (86 f.); Albrechtskirchinger/Kretschmer, in: FS Glossner, S. 11 (14); Fritze, in: GRUR Int. 1992, S. 218 ff.; Ochmann, in: GRUR 1993, S. 255 (257); Simms, in. Arb. Int. 1999,

§ 1030 ZPO, der nunmehr die objektive Schiedsfähigkeit regelt, stellt in Anlehnung an Art. 177 (1) IPRG nicht mehr vorrangig auf die Vergleichsfähigkeit ab; objektiv schiedsfähig sind vielmehr vorrangig Streitigkeiten über vermögensrechtliche Ansprüche. Nur soweit es um nichtvermögensrechtliche Ansprüche geht, richtet sich die Schiedsfähigkeit weiterhin nach der Vergleichsfähigkeit des Streitgegenstandes. Dies bedeutet im Ergebnis eine Ausweitung der objektiv schiedsfähigen Streitgegenstände gegenüber der alten Rechtslage.[562]

Zwar hat die Bundesregierung in ihrer Begründung zum neuen 10. Buch der ZPO klargestellt, daß über die Nichtigkeit oder die Zurücknahme eines Patents auch weiterhin durch ein für und gegen jedermann wirkendes richterliches Gestaltungsurteil zu entscheiden ist[563]; dies ändert jedoch nichts daran, daß der Inhaber des entsprechenden Rechts nach wie vor in einem Vergleich auf dieses Recht verzichten oder die Löschung bewilligen kann. Dementsprechend hat sich durch die Neufassung des Begriffs der objektiven Schiedsfähigkeit an der bisherigen Rechtslage hinsichtlich der Schiedsfähigkeit von Patentrechtsstreitigkeiten nichts geändert. Ein Schiedsgericht kann zwar nicht über die Nichtigkeit oder Zurücknahme eines Patents entscheiden, es kann aber eine Partei in einem nur zwischen den Parteien wirkenden Schiedsspruch zur Abgabe von Erklärungen und Einwilligungen verurteilen, die die Grundlage für die Eintragung oder Löschung in dem Register bilden.

Die unterschiedlichen Regelungen in den einzelnen Rechtsordnungen haben zur Folge, daß in Fällen, in denen Streitigkeiten in mehreren Ländern und mit parallelen Schutzrechten von einem Schiedsgericht entschieden werden sollen, die Frage nach der objektiven Schiedsfähigkeit nicht einheitlich beantwortet werden kann. Das Schiedsgericht hat deshalb nicht nur die Grenzen der objektiven Schiedsfähigkeit des Streitgegenstandes nach dem am Ort des Schiedsverfahrens geltenden Recht zu beachten; es sollte darüber hinaus prüfen, ob der Streitgegenstand nach dem Recht der potentiellen Vollstreckungsstaaten objektiv schiedsfähig ist, da gemäß Art. V (2) (a) NYÜ die Anerkennung und Vollstreckung eines Schiedsspruchs verweigert werden kann, wenn die Sache nach dem Recht des Vollstreckungsstaates nicht schiedsfähig ist.

IV. Die WIPO Schlichtungsordnung

Die Parteien einer Streitigkeit haben auch die Möglichkeit, die Durchführung eines WIPO-Schlichtungsverfahrens zu vereinbaren, um eine zwischen ihnen bestehende Strei-

---

S. 193 (193 f.); Wittenzellner, in: Mitt. 1995, S. 147 (152); dagegen halten auch Patentstreitigkeiten generell für schiedsfähig Schlosser, Schiedsgerichtsbarkeit, Rn. 317; Schwab/Walter, Schiedsgerichtsbarkeit, S. 36; Pfaff, in: FS Nagel, S. 278 (286 ff.).

562 Vgl. die Begründung der Bundesregierung zum SchiedsVfG, BT-Drucks. 13/5274 v. 12.07.96, zu § 1030, S. 34 f.; Lionnet, Schiedsgerichtsbarkeit, S. 43; Labes/Lörcher, in: MDR 1997, S. 420 (421); G. Lörcher, in: J. Int. Arb. 1998, Nr. 2, S. 85 (88); Schlosser, in: RIW 1994, S. 723 (725); Simms, in: Arb. Int. 1999, S. 193 (194 ff.).

563 Begründung der Bundesregierung zum SchiedsVfG, BT-Drucks. 13/5274 v. 12.07.96, zu § 1030, S. 35.

tigkeit, die geistige Eigentumsrechte zum Gegenstand hat, beizulegen.[564] Dabei kann das Schlichtungsverfahren entweder isoliert durchgeführt werden, oder die Parteien können vereinbaren, daß im Falle des Scheiterns des Schlichtungsverfahrens anschließend ein WIPO-Schiedsverfahren durchgeführt wird.[565]

Das Verfahren richtet sich nach den Regeln für das Schlichtungsverfahren der WIPO (WIPO-SchlVerfO).[566] Es beginnt mit dem Eingang eines Antrags auf Durchführung eines solchen Verfahrens bei dem WIPO Arbitration Center.[567] Nach Art. 27 WIPO-SchlVerfO vereinbaren die Parteien insoweit mit der Unterwerfung unter das WIPO-Schlichtungsverfahren, daß bis zu dessen Beendigung die Verjährung in Bezug auf den Streitfall, der Gegenstand des Verfahrens ist, unterbrochen[568] wird, soweit das anwendbare Recht dies zuläßt.[569]

Haben die Parteien sich nicht auf einen Schlichter oder auf ein Verfahren zur Ernennung eines Schlichters geeinigt, so wird dieser nach Beratung mit den Parteien durch das WIPO Arbitration Center bestellt.[570] Seine Aufgabe besteht darin, die Beilegung der Streitfragen zwischen den Parteien in jeder von ihm für angemessen gehaltenen Art und Weise zu fördern.[571]

Die Durchführung des Schlichtungsverfahrens richtet sich vorrangig nach den Vereinbarungen der Parteien, mangels einer solchen wird sie von dem Schlichter in Übereinstimmung mit der WIPO-Schlichtungsverfahrensordnung festgelegt.[572] Sobald als möglich nach seiner Bestellung legt der Schlichter in Beratung mit den Parteien einen Zeitplan für die Einreichung einer Stellungnahme der Parteien an ihn fest. In dieser sind der

564 Zur Frage, welche Streitigkeiten über geistiges Eigentum geeignet sind, in einem Schlichtungsverfahren beigelegt zu werden, Plant, Mediating, S. 17 (19 f.).

565 Zu den unterschiedlichen Gestaltungsmöglichkeiten Blessing, Mediation Rules, S. 119 (122 f.)

566 Die WIPO-SchlVerfO sind abgedruckt in WIPO Publ. No. 446 (1996), S. 5 ff., sowie bei Labes/Lörcher (Hrsg.), Schiedsverfahrensrecht, Nr. 31.

567 Art. 3 WIPO-SchlVerfO.

568 Es erscheint fraglich, ob es sich hierbei um einen Übersetzungsfehler ins Deutsche handelt und der Begriff der suspension, der in der englischen Fassung verwandt wird, nicht zutreffender mit Hemmung der Verjährung zu übersetzen ist, da eine Hemmung der Verjährung als ausreichend erscheint, um die Interessen der Verfahrensparteien zu schützen.

569 Kuner, in: RIW 1995, S. 965 (965 f., Fn. 10 m.w.N.) weist darauf hin, daß etwa nach New Yorker Recht eine Vereinbarung der Parteien zur Verlängerung der Verjährungsfristen nur zulässig ist, wenn sie vor dem Zeitpunkt der Entstehung des Klageanspruchs abgeschlossen wurde; vgl. auch Blessing, Mediation Rules, S. 119 (122).

570 Art. 6 (a) WIPO-SchlVerfO. Die Annahme des Amtes durch den Schlichter, der gemäß Art. 7 WIPO-SchlVerfO neutral, unparteilich und unabhängig zu sein hat, gilt als Zusage, hinreichend Zeit zur Verfügung zu stellen, damit das Schlichtungsverfahren zügig durchgeführt werden kann, Art. 6 (b) WIPO-SchlVerfO. Zur Auswahl des Schlichters Shaw, Selection of the Mediator, S. 85 ff.

571 Art. 13 Hs. 1 WIPO-SchlVerfO, wobei Hs. 2 klarstellt, daß der Schlichter nicht die Befugnis hat, den Parteien eine Beilegung des Streitfalls aufzuerlegen. Vgl. allgemein zu den Aufgaben des Mediators Blessing, Mediation Rules, S. 119 (121 f.)

572 Art. 9 WIPO-SchlVerfO. Nach Art. 10 WIPO-SchlVerfO sind die Parteien dabei verpflichtet, gemäß den Grundsätzen von Treu und Glauben mit dem Schlichter zusammenzuarbeiten, damit das Schlichtungsverfahren so rasch wie möglich vorangeht.

Hintergrund der Streitigkeit und deren aktueller Stand, die Interessen und Argumente der Partei und sonstige zur Verdeutlichung der Streitigkeit sachdienliche Informationen darzustellen. Der Schlichter kann die Parteien jederzeit auffordern, zusätzliche Informationen oder Schriftstücke zur Verfügung zu stellen, die er für nützlich erachtet.[573] Grundsätzlich werden die Schriftsätze einer Partei auch der anderen zugänglich gemacht[574] – darüber hinaus hat allerdings jede Partei gemäß Art. 12 (c) WIPO-SchlVerfO die Möglichkeit, dem Schlichter ausschließlich für seine Überlegungen bestimmte schriftliche Informationen oder Unterlagen zur Verfügung stellen, welche sie als vertraulich betrachtet. Derartige Informationen oder Unterlagen darf der Schlichter der anderen Partei ohne schriftliche Zustimmung nicht offenlegen.

Im Gegensatz zu einem Schiedsverfahren – wo einseitige Besprechungen des Schiedsgerichts mit einer der Parteien in der Regel einen Ablehnungsgrund darstellen – ist es im Rahmen von Schlichtungsverfahren möglich, daß der Schlichter sich jeweils getrennt mit den Parteien trifft (sog. *caucus sessions*).[575] Art. 11 WIPO-SchlVerfO sieht diese Möglichkeit ausdrücklich vor und stellt klar, daß die in solchen Gesprächen seitens einer Partei gegebenen Informationen nicht ohne deren ausdrückliche Zustimmung der anderen Partei offengelegt werden dürfen. Da die Parteien dem Schlichter auf vertraulicher Basis weitergehende Informationen geben können, findet ein erheblich breiterer Informationsfluß statt, als dies in einem Schiedsverfahren der Fall ist, wo alle Informationen auch der Gegenseite mitgeteilt werden müssen. Aufgrund dieser umfassenderen Information wird der Schlichter in die Lage versetzt, eine den Interessen beider Parteien gerecht werdende Lösung zu fördern und eine Beilegung der Streitigkeit herbeizuführen.

Gelangt der Schlichter im Laufe des Verfahrens zu der Überzeugung, daß irgendwelche Streitfragen zwischen den Parteien für eine Beilegung im Schlichtungsverfahren nicht geeignet sind, so kann er den Parteien gemäß Art. 13 (b) WIPO-SchlVerfO geeignetere Verfahren zur Beilegung dieser Streitpunkte vorschlagen. Hierzu gehört etwa die Einholung eines Sachverständigengutachtens oder die Durchführung eines Schiedsverfahrens.[576] Mit der ausdrücklichen Zustimmung der Parteien kann in diesem Schiedsverfahren auch der Schlichter als Einzelschiedsrichter handeln, wobei es als vereinbart gilt, daß er dort die Informationen berücksichtigen kann, die er während des Schlichtungsverfah-

573 Art. 12 (a) (b) WIPO-SchlVerfO.

574 Schäfer, in: RPS 1. Halbjahr 1996, S. 10 (21).

575 Vgl. Blessing, Mediation Rules, S. 119 (121) „it may be said that – in stark contrast to the procedure in an arbitration – caucus sessions are one of the distinctive elements of an ADR procedure...“; Goldberg, Dynamic of Mediation, S. 11 (13) hält sie für den Kern eines erfolgreichen Schlichtungsverfahrens.

576 Art. 13 (b) (iii) WIPO-SchlVerfO sieht dabei eine besondere Kombination von Schlichtungsverfahren und last offer arbitration vor (vgl. hierzu etwa De Witt Wijnen, in: Arbitration 1995, S. 38 (40)), die nach Coulson auch als MEDALOA bezeichnet wird, vgl. Coulson, in: J. Int. Arb. 1994, Nr. 2, S. 111 ff.). Danach legt jede Partei zunächst ein letztes Vergleichsangebot vor. Wird die Streitigkeit anschließend nicht durch Schlichtung beigelegt, so wird auf der Grundlage dieser letzten Angebote ein Schiedsverfahren durchgeführt, in welchem die Aufgabe des Schiedsgerichts auf die Feststellung beschränkt ist, welches der letzten Angebote bindend sein soll.

rens erhalten hat.[577] Angesichts des unkontrollierten Informationsflusses von den Parteien hin zu dem Schlichter sollten die Parteien eine solche Entscheidung sorgfältig überlegen.[578] Im übrigen bestimmt Art. 20 WIPO-SchlVerfO, daß der Schlichter in keinem anhängigen oder künftigen Gerichts-, Schieds- oder sonstigen Verfahren, das eine Beziehung zu der Streitigkeit hat, in einer anderen Eigenschaft als derjenigen des Schlichters handeln darf, sofern nicht ein Gericht dies verlangt oder eine schriftliche Genehmigung der Parteien vorliegt.

Beendet ist das Schlichtungsverfahren, wenn die Parteien einen Vergleich unterzeichnen, der Schlichter weitere Bemühungen um eine Schlichtung für aussichtslos hält oder eine Partei das Scheitern der Schlichtung erklärt, nachdem sie an einem Treffen mit dem Schlichter und der Gegenseite teilgenommen hat.[579]

Voraussetzung für den Erfolg des Schlichtungsverfahrens und eine Beilegung der Streitigkeit durch einen einvernehmlichen Interessenausgleich ist, daß die Parteien in dem Verfahren alle insoweit relevanten Informationen offenlegen. Sie werden hierzu aber nur bereit sein und mit der erforderlichen Offenheit handeln, wenn sie sicher sind, daß diese Informationen nicht später – etwa in einem Schieds- oder Gerichtsverfahren nach dem Scheitern der Schlichtung – zu ihrem Nachteil verwendet werden können.[580] Aus diesem Grund enthält die WIPO-Schlichtungsverfahrensordnung detaillierte Bestimmungen über die Vertraulichkeit.[581]

So dürfen die Sitzungen der Parteien mit dem Schlichter nicht protokolliert werden.[582] Außerdem müssen mangels abweichender Parteivereinbarung nach Ende des Verfahrens sämtliche Beteiligte alle Schriftsätze, Schriftstücke oder alle anderen von einer Partei bereitgestellten Unterlagen zurückgeben, ohne daß Kopien zurückbehalten werden. Eigene Notizen über die Sitzungen mit dem Schlichter sind zu vernichten.[583] Alle am Schlichtungsverfahren Beteiligten[584] sind verpflichtet, die Vertraulichkeit des Schlichtungsverfahrens zu wahren und dürfen, sofern nichts anderes zwischen den Parteien und dem Schlichter vereinbart worden ist, einem Dritten gegenüber keine Informationen benutzen oder offenlegen, die das Schlichtungsverfahren betreffen oder die sie im Laufe des Schlichtungsverfahrens erhalten haben.[585] Außerdem ist es dem Schlichter und den Parteien mangels gegenteiliger Parteivereinbarung verwehrt, Vorschläge, Ansichten, Erklä-

577 Art. 13 (b) (iv) WIPO-SchlVerfO.

578 Schäfer, in: RPS 1. Halbjahr 1996, S. 10 (21); siehe auch Blessing, Mediation Rules, S. 119 (123).

579 Art. 18 WIPO-SchlVerfO. Der Schlichter hat gemäß Art. 19 (a) WIPO-SchlVerfO dem WIPO Arbitration Center das Ende und das Ergebnis des Schlichtungsverfahrens schriftlich mitzuteilen.

580 Vgl. hierzu anschaulich Goldberg, Dynamic of Mediation, S. 11 (13 ff.).

581 Eingehend zur Vertraulichkeit im Schlichtungsverfahren Gurry, Confidentiality in Mediation, S. 37 ff.

582 Art. 14 WIPO-SchlVerfO.

583 Art. 16 WIPO-SchlVerfO.

584 Dies gilt auch für das WIPO Arbitration Center, vgl. Art. 19 (b) (c) WIPO-SchlVerfO.

585 Art. 15 WIPO-SchlVerfO. Nach S. 2 muß jede am Verfahren beteiligte Person eine angemessene Erklärung über ihre Verpflichtung zur Vertraulichkeit unterzeichnen, bevor sie sich an dem Schlichtungsverfahren beteiligt.

rungen, Angebote oder Zugeständnisse, die während des Vergleichsverfahrens geäußert wurden, als Beweismittel oder auf sonstige Weise in einem Gerichts- oder Schiedsgerichtsverfahren einzuführen.[586]

Die Kosten des Schlichtungsverfahrens – die eine Verwaltungsgebühr des WIPO Arbitration Center[587], das Honorar und die Auslagen des Schlichters sowie Sachverständigenkosten umfassen – werden, sofern die Parteien nichts anderes vereinbart haben, von den Parteien zu gleichen Teilen getragen.[588] Zur Deckung der Kosten setzt das WIPO Arbitration Center einen Kostenvorschuß fest.[589]

Zusammenfassend kann festgehalten werden, daß durch die WIPO-Schlichtungsverfahrensordnung ein Rahmen geschaffen wird, der den Parteien weitestmöglichen Freiraum läßt, gemeinsam mit dem Schlichter die Möglichkeiten einer einvernehmlichen Beilegung der Streitigkeit zu erörtern und der der Notwendigkeit der Vertraulichkeit des Verfahrens Rechnung trägt.[590] Dabei bietet das Schlichtungsverfahren gerade angesichts der Tatsache, daß Streitigkeiten über geistiges Eigentum häufig im Rahmen komplexer Vertragsverhältnisse auftreten, ein geeignetes Verfahren zur Beilegung von Streitigkeiten, da die Geschäftsbeziehungen der Parteien weniger belastet werden, als dies in einem Verfahren vor einem staatlichen Gericht oder auch vor einem Schiedsgericht der Fall wäre.[591] Ob das Schlichtungsverfahren im Einzelfall zum Erfolg führt, hängt neben der grundsätzlichen Kompromißbereitschaft in besonderem Maße von der Person des Schlichters ab und davon, ob es ihm gelingt, das Vertrauen der Parteien zu erwerben und eine einvernehmliche Gesprächsatmosphäre zu schaffen, in der in angemessener Art und Weise nach einem Ausgleich der Parteiinteressen gesucht wird.

---

586 Art. 17 WIPO-SchlVerfO.

587 Art. 21 WIPO-SchlVerfO. Die Gebühr beträgt 0,10% des Streitwertes, höchstens US$ 10.000,00.

588 Art. 22 WIPO-SchlVerfO. Das Honorar des Schlichters berechnet sich nach Stunden bzw. Tagessätzen, die zwischen US$ 300,00 und 600,00 bzw. US$ 1.500,00 und 3.500,00 liegen.

589 Art. 23 WIPO-SchlVerfO. Wird der Vorschuß nicht geleistet, so gilt das Schlichtungsverfahren als beendet.

590 Blessing, Mediation Rules, S. 119 (120).

591 Plant, Mediating, S. 17 (17).

2. Teil: Die Verfahrensschritte: Vergleich und Bewertung

Drittes Kapitel: Einleitung des Verfahrens und Konstituierung des Spruchkörpers

A. Einleitung des Verfahrens

I. Antrag auf Verfahrenseinleitung

Allen Verfahren ist gemeinsam, daß ihre Einleitung einen schriftlichen[1] Antrag einer oder beider[2] Parteien voraussetzt[3], wobei zwischen dem Antrag auf Verfahrenseröffnung und der erst in einem zweiten Verfahrensschritt einzureichenden Klageschrift unterschieden[4] wird.[5]

1. Inhalt des Antrags

Inhaltliche Mindestanforderung sind die Bezeichnung der Parteien und des Streitgegenstandes. Darüber hinaus verlangen alle Verfahrensordnungen zur Ermöglichung einer zügigen Verfahrenseinleitung weitergehende Angaben. So verlangt Art. 24 (1) ISGH-Statut i.V.m. Art. 54 ISGH-VerfO für Verfahren vor dem Seegerichtshof Angaben zur Begrün-

---

1 Art. 6.2 DSU, Art. 36 (1) ICSID-Übk, Art. 4 (a) WIPO SchO, Art. 24 (1) ISGH-Statut. Nach Art. 54 (3) ISGH-VerfO ist die Klageschrift durch einen Bevollmächtigten oder einen diplomatischen Vertreter des Antragstellers zu unterschreiben; auch in Rule 1 (1) S. 3 ICSID Institution Rules wird eine Unterschrift ausdrücklich gefordert.

2 Vgl. Rule 1 (2) ICSID Institution Rules; Art. 55 (1) ISGH-VerfO.

3 Entsprechend den Regelungen für den IGH (Art. 40 IGH-Statut, Art. 38 IGH-VerfO; vgl. hierzu Rosenne, World Court, S. 115) wird ein Streitverfahren gemäß Art. 24 ISGH-Statut, Art. 54 ff. ISGH-VerfO durch Einreichung einer besonderen Übereinkunft oder durch eine Klageschrift eingeleitet.

4 Vgl. Art. 60 f. ISGH-VerfO, Art.12.6 DSU, Art. 31 ICSID AR, Art. 41 WIPO SchO. Demgegenüber werden bei einem „einstufigen Verfahren“ (vgl. etwa Art. 2 f. AAA IA Rules, Art. 6 f. Wiener SchO) der Antrag auf Verfahrenseröffnung und die Klageschrift gleichzeitig eingereicht, Gurry, Commencement, S. 11 (13 f.). Auch nach Art. 10 WIPO SchO ist es möglich, die Klageschrift bereits mit dem Antrag auf Verfahrenseinleitung einzureichen. In der Praxis wird häufig zunächst lediglich der Antrag auf Verfahrenseinleitung gestellt und die Klageschrift während der Konstituierung des Schiedsgerichts verfaßt, Blessing, Conduct, S. 41 (50, Fn. 17).

5 Nach Art. 11 WIPO SchO hat der Beklagte innerhalb von dreißig Tagen gegenüber der anderen Partei und dem WIPO Arbitration Center zu dem Antrag auf Verfahrenseinleitung Stellung zu nehmen und Angaben zu einer möglichen Widerklage oder Aufrechnung zu machen; er ist zu diesen Angaben aber nicht verpflichtet.

dung der Zuständigkeit, zur Natur des geltend gemachten Anspruches sowie eine kurze Darstellung der Tatsachen und Gründe, auf die der Anspruch gestützt wird.[6]

Auch Art. 9 f. WIPO SchO sowie die Art. 36 (2) ICSID-Übk ergänzenden Rules 1 ff. ICSID Institution Rules fordern im Antrag auf Einleitung die zur Verfahrenseröffnung notwendigen Informationen. Insbesondere sind gemäß Rule 2 ICSID Institution Rules detaillierte Angaben zu machen, anhand derer überprüft werden kann, ob die in Art. 25 ICSID-Übk normierten Zuständigkeitsvoraussetzungen erfüllt sind.[7]

Im Rahmen der WTO-Streiterledigung ist bei der Antragstellung anzugeben, ob Konsultationen stattgefunden haben; außerdem sind die angegriffene Maßnahme und die Rechtsgrundlagen für die Beschwerde[8] zu bezeichnen.[9] Darüber hinaus ist zu beachten, daß bereits im Antrag auf Verfahrenseinleitung ein Vorschlag für besondere *Terms of Reference* zu unterbreiten ist, wenn der Antragsteller von den *Standard Terms of Reference* des Art. 7.1 DSU abweichen will.

2. *Annahme des Antrags*

Nach Art. 24 ISGH-Statut ist der Antrag an den Kanzler des Internationalen Seegerichtshofs, nach Art. 36 ICSID-Übk an den Generalsekretär des ICSID und nach Art. 6 WIPO SchO an das WIPO Arbitration Center zu richten.[10] Im WTO-Panelverfahren bedarf der Antrag auf Verfahrenseinleitung der Annahme durch den Dispute Settlement Body (DSB). Dementsprechend ist der Antrag nach Art. 6.1 DSU auf Einrichtung eines Panels auf die Tagesordnung des DSB zu setzen. Der DSB muß diesem Antrag auf der nachfolgenden Sitzung entsprechen; es sei denn, er entscheidet *einstimmig* gegen eine Einsetzung.[11] Da der antragstellende Staat selbst im DSB vertreten ist, kann gegen seinen Willen eine Panel-Einsetzung nicht abgelehnt werden.

---

6 Für Klagen einer nichtstaatlichen Partei vor der Kammer für Meeresbodenstreitigkeiten schreibt Art. 117 ISGH-VerfO darüber hinaus vor, daß der befürwortende Vertragsstaat zu bezeichnen ist.

7 Bülow/Böckstiegel/Geimer/Schütze - Böckstiegel, Band II, 720·61, Fn. 20; Schlosser, Schiedsgerichtsbarkeit, Rn. 608.

8 Diese Angaben sind für das weitere Verfahren von zentraler Bedeutung, da sie die Rechtsgrundlagen der Beschwerde festlegen, ohne daß es möglich ist, später weitere Rechtsgrundlagen vorzutragen, vgl. im Hinblick auf die GATT-Streiterledigung Plank, in: J. Int. Arb.1987, Nr. 4, S. 53 (62 f.); Bast/Schmidt, in: RIW 1991, S. 929 (932). Diese Regelung ist insbesondere in Streitigkeiten über Antidumping- und Ausgleichszölle relevant geworden, Vermulst/Driessen, in: JWT 1995, Nr. 2, S. 131 (141); siehe auch die Nachweise in GATT, Analytical Index, S. 684 ff.

9 Vgl. Art. 6.2 DSU.

10 Zwar muß der Antrag nach Art. 6 WIPO SchO auch dem Beklagten zugesandt werden; aus Art. 7 WIPO SchO ergibt sich indes, daß der Antrag an das WIPO Arbitration Center für die Einleitung des Verfahrens entscheidend ist, da dessen Zugang für den Beginn des Schiedsverfahrens ausschlaggebend ist.

11 Nach dem Wortlaut des Art. 6.1 DSU kann diese Entscheidung erst auf der nachfolgenden Sitzung gefällt werden, vgl. auch Stoll, in: ZaöRV 1994, S. 241 (273).

a. Prüfung der Zuständigkeit durch die das Verfahren administrierende Stelle

Teilweise ist vorgesehen, daß der Adressat des Antrags auf Verfahrenseinleitung prüft, ob die Zuständigkeitsvoraussetzungen erfüllt sind. So hat der Generalsekretär des ICSID eine sog. *„Screening Power"*. Nach Art. 36 (3) ICSID-Übk hat er den Antrag auf Einleitung des Verfahrens zu registrieren, sofern er nicht aufgrund der im Antrag enthaltenen Angaben[12] feststellt, daß die Streitigkeit offensichtlich nicht in die Zuständigkeit des Zentrums fällt. Zweck dieser „Screening Power" ist, den Beklagten, namentlich einen beklagten Staat, vor der Registrierung schikanöser Klagen zu schützen, die unzweifelhaft nicht in die Zuständigkeit des Zentrums fallen.[13] Ferner soll verhindert werden, daß die Parteien unnötig Zeit und Geld in ein Verfahren vor einem offensichtlich unzuständigen Schiedsgericht investieren.[14] Vor dem Hintergrund, daß gegen die Entscheidung des Generalsekretärs kein Rechtsmittel eingelegt werden kann[15], wird die *„Screening Power"* restriktiv gehandhabt[16] und nur auf solche Fälle angewandt, die völlig unzweifelhaft außerhalb der Zuständigkeit des Zentrums liegen. Andernfalls wird der Antrag registriert und die Prüfung der Zuständigkeit dem Schiedsgericht überlassen, das hierüber im Rahmen seiner Kompetenz-Kompetenz[17] entscheidet.[18]

---

12 Der Generalsekretär übt seine „Screening Power" allein auf Grundlage des Vorbringens des Antragstellers aus, Schlosser, Schiedsgerichtsbarkeit, Rn. 613; Delaume, in: Pace L. Rev. 1985, S. 563 (569). Dabei unterstellt er die Richtigkeit des Vorbringens, Broches, in: YCA 1993, S. 627 (660, Rn. 90). Auch wenn dies nicht ausdrücklich vorgesehen ist, fordert der Generalsekretär den Antragsteller in der Praxis auf, weitere Angaben zu machen, wenn er die vorgelegten für nicht ausreichend erachtet, um den Antrag zu registrieren; vgl. Broches, aaO., Fn. 40; Nathan, in: J. Int. Arb. 1995, Nr. 1, S. 27 (34 f.); Parra, in: News from ICSID 1985, Nr. 2, S. 10 (12); zur „Screening Power" auch Schreuer, in: ICSID Rev. - FILJ 1997, S. 367 (372 ff.).

13 Delaume, in: Clunet 1982, S. 775 (818); zur Entstehungsgeschichte der Vorschrift Hirsch, ICSID, S. 43 f.; Parra, in: News from ICSID 1985, Nr. 2, S. 10 (11 f.).

14 Shihata, in: Private Investments Abroad 1993, § 16-14.

15 Im Expertenkomitee konnte sich der Vorschlag nicht durchsetzen, gegen die ablehnende Entscheidung des Generalsekretärs eine Berufung zum Verwaltungsrat oder einem Unterausschuß zuzulassen, ICSID, Documents, Vol. II/2, Doc. 73, S. 79 ff.

16 Parra, in: News from ICSID 1985, Nr. 2, S. 10 (13) führt die geringe Zahl von Fällen, in denen der Generalsekretär des ICSID die Registrierung eines Antrags abgelehnt hat, unter anderem auch darauf zurück, daß Parteien sich häufig mit dem Generalsekretär in Verbindung setzen und auf eine Antragstellung verzichten, wenn der Generalsekretär zu verstehen gibt, daß er eine Registrierung gemäß Art. 36 (3) ICSID-Übk ablehnen wird.

17 Siehe hierzu oben S. 113, Fn. 120.

18 Hirsch, ICSID, S. 44; Broches, in: YCA 1993, S. 627 (660, Rn. 91); Schreuer, in: ICSID Rev. - FILJ 1997, S. 367 (372 ff.); Shihata, in: Private Investments Abroad 1993, § 16-14, der im übrigen zutreffend darauf hinweist, daß der Generalsekretär seine ablehnende Entscheidung gemäß Art. 6 (1) (b) ICSID Institution Rules begründen muß. Beruht die Entscheidung nach dieser Begründung auf einem überwindbaren Mangel, so steht dem Antragsteller die Möglichkeit offen, diesen zu beseitigen und erneut einen Antrag auf Verfahrenseinleitung zu stellen.

Auch Art. 54 (5) ISGH-VerfO sieht vor der Registrierung des Antrags eine ähnliche Kontrolle vor.[19] Die Vorschrift ist Art. 38 (5) IGH-VerfO[20] nachgebildet und betrifft den Fall, daß die Zuständigkeit des Seegerichtshofs auf eine noch zu erteilende Zustimmung des Beklagten gegründet werden soll.[21] In dieser Situation wird der Antrag auf Verfahrenseinleitung zwar an den Beklagten weitergeleitet; er wird aber weder durch den Kanzler des Seegerichtshofs registriert noch werden weitere Schritte in dem Verfahren unternommen, bevor der beklagte Staat sich der Zuständigkeit des Seegerichtshofs unterworfen hat. Art. 54 (5) ISGH-VerfO trägt dem Interesse des beklagten Staates Rechnung, nicht durch eine Registrierung des gegen ihn gerichteten Antrags in seiner Souveränität verletzt zu werden[22] und erfüllt insoweit einen mit Art. 36 (3) ICSID-Übk vergleichbaren Zweck.

Da auch gegen eine ablehnende Entscheidung nach Art. 54 (5) ISGH-VerfO kein Rechtsmittel eingelegt werden kann, sollte dessen Anwendung auf Fälle beschränkt werden, in denen die Zuständigkeit unzweifelhaft (noch) nicht gegeben ist, also von der Zustimmung des beklagten Staates abhängt. Ist dagegen das Vorliegen der Zustimmung, etwa die Wirksamkeit einer Unterwerfungserklärung oder deren Reichweite, zweifelhaft, so ist der Antrag zu registrieren. Die beklagte Partei ist in diesem Fall auf die Möglichkeit zu verweisen, die fehlende Zuständigkeit im Verfahren vor dem Seegerichtshof als prozeßhindernde Einrede nach Art. 97 ISGH-VerfO geltend zu machen. Andernfalls hätten „unwillige“ Staaten die Möglichkeit, sich etwa durch ein Bestreiten der Wirksamkeit der Unterwerfungserklärung der Zuständigkeit des Seegerichtshofs zu entziehen.[23]

Eine Art. 36 (3) ICSID-Übk bzw. Art. 54 (5) ISGH-VerfO vergleichbare Kontrollfunktion ist in der WIPO-Schiedsordnung nicht vorgesehen. Gleichwohl erscheint es sachgerecht, auch dem WIPO Arbitration Center das Recht einzuräumen, von der Konstituierung eines Schiedsgerichts abzusehen, wenn eine Schiedsvereinbarung zwischen den Parteien offensichtlich nicht besteht.[24] Andernfalls müßte ein Schiedsgericht konsti-

---

19 Zu der hiervon zu unterscheidenden Durchführung eines Vorverfahrens nach Art. 294 SRÜ durch den Seegerichtshof selbst siehe oben S. 116.

20 Art. 38 (5) IGH-Statut ist im Rahmen der Neufassung der Verfahrensordnung vom 14. April 1978 eingefügt worden. Zuvor war jeder Antrag automatisch registriert worden. Dies hatte im Nuclear Test Case und dem Aegean Sea Continental Shelf Case zu Problemen geführt, als Frankreich bzw. die Türkei vergeblich beantragten, die Verfahren wegen fehlender Zuständigkeit des IGH aus dem allgemeinen Register streichen zu lassen, vgl. hierzu Rosenne, Procedure, S. 92 f; ders., in: C.J.T.L. 1981, S. 235 (240 ff.); Thirlway, in: FS Jennings, S. 389 (394 f.).

21 Eine Begründung der Zuständigkeit im Wege des forum prorogatum kommt in Betracht, wenn nicht beide Staaten das Verfahren vor dem ISGH nach Art. 287 SRÜ gewählt haben oder wenn der Streitfall entweder zwingend nach Art. 297 SRÜ oder fakultativ gemäß Art. 298 SRÜ nicht in die Zuständigkeit des ISGH fällt, und es deshalb einer Vereinbarung der Parteien nach Art. 299 SRÜ bedarf.

22 Thirlway, in: FS Jennings, S. 389 (394 f.) zu den sog. „phoney cases“; Oellers-Frahm, in: AVR 1979/80, S. 309 (313), weist im Hinblick auf Art. 38 (5) IGH-VerfO darauf hin, daß das Ausbleiben einer derartigen Unterwerfung nach einem bestimmten Zeitraum nicht als Verweigerung der Anerkennung der Zuständigkeit angesehen werde, sondern Ausdruck der Tatsache sei, daß die Staaten in der Frage der Unterwerfung absolute Freiheit geniessen und keinerlei Druck durch den Internationalen Gerichtshof ausgesetzt würden.

23 Vgl. Rosenne, Procedure, S. 93.

24 So auch der Direktor des WIPO Arbitration Center, Gurry, Commencement, S. 11 (12).

tuiert werden, dessen einzige Aufgabe darin bestünde, die eigene Unzuständigkeit festzustellen.[25] Auch hier gilt aber, daß in Zweifelsfällen das Schiedsgericht zu konstituieren und diesem die Entscheidung zu überlassen ist.

Im Rahmen des WTO-Panelverfahrens schließlich ist eine entsprechende Kontrollfunktion ebenfalls nicht ausdrücklich vorgesehen. Allerdings gilt insoweit, daß der Anspruch eines Mitgliedstaates auf Einrichtung eines Panels nur besteht, wenn die Voraussetzungen für dessen Einrichtung erfüllt sind; hierzu gehört vor allem, daß zuvor (erfolglose) Konsultationen durchgeführt worden sind.[26] Bevor der DSB die Einsetzung eines Panels beschließt, prüft er deshalb zunächst, ob diese Konsultationen stattgefunden haben und entspricht ansonsten dem Antrag nicht.

Im Ergebnis findet demnach bei allen Streiterledigungsverfahren eine Prüfung statt, ob die Voraussetzungen für die Verfahrenseinleitung erfüllt sind. Ist dies nicht der Fall, so wird das Verfahren nicht eingeleitet. Aufgrund der Befugnis des Seegerichtshofs sowie eines ICSID- und WIPO-Schiedsgerichts, selbst zu prüfen, ob die Voraussetzungen für die eigene Zuständigkeit erfüllt sind (Kompetenz-Kompetenz), handelt es sich bei diesen Verfahren hierbei lediglich um eine *prima-facie*-Prüfung, das heißt, in Zweifelsfällen ist das Verfahren einzuleiten und der Spruchkörper zu konstituieren. Demgegenüber liegt im Rahmen eines WTO-Panelverfahrens die Entscheidung über die Einsetzung eines Panels ausschließlich beim DSB.[27] Stimmt dieser der Einsetzung zu, so ist das Panel an diese Entscheidung gebunden und prüft nicht selbst nach, ob die Voraussetzungen für seine Einrichtung erfüllt sind; das Panel selbst hat also insoweit keine Kompetenz-Kompetenz.

b. Gebühren für die Verfahrenseinleitung

Voraussetzung für die Einleitung eines ICSID- oder WIPO-Schiedsverfahrens ist die Zahlung einer Einschreibegebühr.[28] Der Generalsekretär des ICSID übersendet der beklagten Partei den Antrag auf Verfahrenseinleitung erst nach Leistung einer nicht rück-

---

25 In einigen Schiedsordnungen ist diese Befugnis der das Verfahren administrierenden Stelle ausdrücklich vorgesehen. So bestimmt etwa Art. 10 Stockholmer SchO, daß der Antrag auf Einleitung eines Schiedsverfahrens abzuweisen ist, „...if it is obvious that the Institute lacks competence of the dispute“. Nach Art. 9 Genfer SchO, muß die das Verfahren administrierende Stelle die Einrichtung eines Schiedsgerichts betreiben, „...unless it is apparent from the outset that there is manifestly no agreement to arbitrate...“. Auch die ICC SchO sieht eine prima-facie-Entscheidung des Schiedsgerichtshofs über das Vorliegen einer wirksamen Schiedsvereinbarung vor, wenn der Beklagte keine Antwort gemäß Art. 5 ICC SchO einreicht oder eine der Parteien eine oder mehrere Einwendungen in Bezug auf das Bestehen, die Gültigkeit oder den Anwendungsbereich des Schiedsvereinbarung erhebt, Art. 6 (2) ICC SchO; vgl. hierzu Reiner, Handbuch, S. 53 ff.; Berger, Wirtschaftsschiedsgerichtsbarkeit, S. 268 f.; Parra, in: News from ICSID 1985, Nr. 2, S. 10 (10 f.); Gurry, Commencement, S. 11 (11 f.).

26 Vgl. Art. 4.7 DSU, 6.2 S. 2 DSU. Der Wortlaut des Antrags auf Durchführung von Konsultationen ist dabei von erheblicher Bedeutung, da Gegenstand des Panelverfahrens nur sein kann, was zuvor Gegenstand der Konsultationen zwischen den Parteien gewesen ist, Thomas, in: JWT 1996, Nr. 2, S. 53 (60 f.).

27 Vgl. Art. 2 (1) S. 2 DSU.

28 Zu den hiervon zu unterscheiden Kostenvorschüssen siehe unten S. 254 ff.

zahlbaren Registrierungsgebühr von US$ 300[29].[30] Gemäß Art. 67 WIPO SchO unternimmt auch das WIPO Arbitration Center weitere Schritte in dem Verfahren erst nach der Zahlung einer nicht rückzahlbaren Einschreibegebühr, die streitwertabhängig zwischen US$ 1.000 und US$ 3000 beträgt.[31]

II. Zeitpunkt der Verfahrenseinleitung

Der Zeitpunkt der Verfahrenseinleitung ist für die Wahrung von Fristen[32] und die Verjährungsunterbrechung[33] entscheidend und kann daher namentlich in Schiedsverfahren von erheblicher Bedeutung sein.[34] Der Zeitpunkt der Verfahrenseinleitung ist in allen Streiterledigungsverfahren festgelegt – nach Art. 7 WIPO SchO ist der Eingang des Antrags auf Verfahrenseinleitung beim WIPO Arbitration Center maßgeblich, nach Art. 36 (1) (b) ISGH-VerfO der Eingang beim Kanzler des Seegerichtshofs und gemäß Art. 6.1 DSU die Einsetzung des Panels durch den DSB. Rule 6 (2) ICSID Institution Rules stellt hingegen auf den Zeitpunkt der Registrierung des Antrags durch den Generalsekretär des ICSID ab.

---

29 Punkt 1. des ICSID Schedule of Fees vom 1. Juli 1991. Diese Gebühr ist vom Generalsekretär des Zentrums auf der Grundlage der Regulation 16 ICSID AdFR festgelegt.

30 Art. 5 (1) (b) ICSID Institution Rules.

31 Ist der Streitwert bei Einreichung des Antrags nicht angegeben oder richtet der Anspruch sich nicht auf Zahlung einer Geldsumme, so wird die Gebühr vorläufig auf US$ 1.000 festgelegt und später entsprechend geändert, vgl. Schedule of Fees, Anmerkung 1 u. 2 zur Registration Fee.

32 Neben gesetzlichen und vertraglichen Fristen sind hier auch in den Verfahrensordnungen vorgesehene Fristen relevant, vgl. z. B. Art. 15 (b) WIPO SchO, Rule 2 (1) (a) und (3) ICSID AR sowie Art. 8.7 DSU.

33 Im Hinblick auf die Verjährungsunterbrechung durch Antrag auf Einleitung eines WIPO-Schiedsverfahrens ist Art. 67 (d) WIPO SchO zu beachten. Danach gilt der Antrag auf Verfahrenseinleitung als zurückgenommen, wenn die gemäß Art. 67 (a) WIPO SchO für die Einleitung des Schiedsverfahrens zu zahlende Gebühr nicht innerhalb von 15 Tagen nach der zweiten Mahnung des WIPO Arbitration Center bezahlt wird. In diesem Fall entfällt die vorübergehende Unterbrechung der Verjährungsfrist rückwirkend, Kuner, in: RIW 1995, S. 965 (968).

34 Im Bereich der privaten Schiedsgerichtsbarkeit führt die Einleitung des Verfahrens zur Schiedshängigkeit. Diese kann nicht mit einer vom staatlichen Gericht von Amts wegen zu beachtenden Rechtshängigkeit gleichgesetzt werden; vielmehr kann nur die Einrede der Schiedsvereinbarung erhoben werden, BGH NJW 1958, S. 950; Lachmann, Handbuch, Rn. 260 f.; Schack, Zivilverfahrensrecht, Rn. 747; Schwab/Walter, Schiedsgerichtsbarkeit, S. 147; Schlosser, Schiedsgerichtsbarkeit, Rn. 615. Die Schiedshängigkeit entspricht indes den materiellrechtlichen Folgen der Rechtshängigkeit, siehe hierzu Schwab/Walter, Schiedsgerichtsbarkeit, S. 148. Zu beachten ist, daß die Einleitung eines dem Schiedsverfahren vorgeschalteten Schlichtungsverfahrens für sich noch nicht zur Schiedshängigkeit führt, BGH RIW 1993, S. 413 (414); kritisch Grashoff, in: RIW 1994, S. 625 ff. (allerdings führt die Einleitung eines WIPO-Schlichtungsverfahrens nach Art. 27 WIPO-SchlVerfO zur Unterbrechung der Verjährung). Schiedshängigkeit tritt auch dann noch nicht ein, wenn eine Partei einen Antrag auf Verfahrenseinleitung stellt, bevor die Parteien eine wirksame Schiedsvereinbarung getroffen haben. Hier tritt Schiedshängigkeit erst in dem Zeitpunkt ein, in dem die andere Partei einer schiedsrichterlichen Streiterledigung zustimmt, Schlosser, Schiedsgerichtsbarkeit, Rn. 626.

Diese Regelung erscheint im Hinblick auf die Wahrung von Fristen als nicht unproblematisch, da aufgrund der *„Screening Power“* des Generalsekretärs zwischen dem Eingang des Antrags beim Zentrum und dessen Registrierung ein vom Antragsteller nicht beeinflußbarer Zeitraum liegt.

B. Konstituierung des Spruchkörpers

Eine wesentliche, in allen Verfahren eingehend geregelte Frage ist die Konstituierung des für die Entscheidung zuständigen Spruchkörpers.[35] Dabei bestehen naturgemäß wesentliche Unterschiede zwischen der Konstituierung des Seegerichtshofs und der Kammer für Meeresbodenstreitigkeiten als ständige Spruchkörper auf der einen und eines zur Entscheidung eines Einzelfalles eingerichteten Panels oder Schiedsgerichts auf der anderen Seite.

Für alle Verfahren gilt, daß sie in der Praxis nur dann die notwendige Akzeptanz finden, wenn es jeweils gelingt, Spruchkörper zu bilden, die in der Lage sind, im konkreten Streitfall eine sachgerechte, angemessene Entscheidung zu treffen. In besonderem Maße gilt dies für den Seegerichtshof, dessen Akzeptanz und Erfolg davon abhängen wird, ob er bereits in den ersten Verfahren durch sach- und interessengerechte, überzeugend begründete Entscheidungen seine Kompetenz und Objektivität beweist.[36] Nur wenn ihm dies gelingt, werden Staaten bereit sein, die Zuständigkeit des Seegerichtshofs in seerechtlichen Streitigkeiten zu vereinbaren.[37] Aber auch für das WTO-Panelverfahren und die Schiedsgerichtsbarkeit gilt, daß die Bildung des Panels bzw. Schiedsgerichts eine wichtige Entscheidung für den Erfolg eines Verfahrens und seinen Ausgang ist.[38]

Die Zusammensetzung eines Panels oder Schiedsgerichts, das für die Entscheidung einer einzelnen Streitigkeit konstituiert wird, richtet sich vorrangig nach dem Willen der Streitparteien. Zwar können auch die Parteien einer Streitigkeit vor dem Internationalen Seegerichtshof bzw. der Kammer für Meeresbodenstreitigkeiten durch die Benennung eines *Ad-hoc*-Richters Einfluß auf deren Zusammensetzung nehmen – da es sich bei diesen indes um ständige Spruchkörper handelt, werden bei deren Konstituierung primär die Interessen aller Vertragsstaaten des Seerechtsübereinkommens berücksichtigt. Dementsprechend bestimmt Art. 2 (2) ISGH-Statut, daß bei der Zusammensetzung des Seegerichtshofs eine gerechte geographische Verteilung und eine Vertretung der hauptsächlichen

---

35 Art. 2 ff. ISGH-Statut, Art. 2 ff. ISGH-VerfO für den ISGH; Art. 35 ISGH-Statut, Art. 23 ff. ISGH-VerfO für die KMS; Art. 8 DSU; Art. 37 ff. ICSID-Übk, Rules 1 ff. ICSID AR; Art. 14 ff. WIPO SchO.

36 Jenisch, UN-Seerechtsübereinkommen, S. 18; Berenbrok/Nussbaum, in: RIW 1994, S. 910 (916); Platzöder/Wasum, Seegerichtshof, S. 24 „Seine allgemeine Anerkennung wird davon abhängen, daß die erste Versammlung der Vertragsstaaten kompetente Persönlichkeiten zu Mitgliedern des ISGH wählt, daß er in interessanten Fällen angerufen wird und Entscheidungen trifft, die die Zustimmung der Staaten findet“.

37 Ist dies nicht der Fall und fehlt es an einer übereinstimmenden Wahl eines anderen Streiterledigungsverfahrens, so liegt gemäß Art. 287 (5) SRÜ die Auffangzuständigkeit bei der allgemeinen Schiedsgerichtbarkeit (siehe oben S. 125).

38 Böckstiegel, ICC-Schiedsgerichtsbarkeit, S. 78; van den Berg, Constituting, S. 17.

Rechtssysteme der Welt[39] zu gewährleisten sind. Kein Staat darf mehr als einen Richter stellen (Art. 3 (1) ISGH-Statut) und jede der von der Generalversammlung der UN festgelegten geographischen Gruppen[40] muß mindestens durch drei Personen vertreten sein (Art. 3 (2) ISGH-Statut).[41] Auch bei der Wahl der Richter für die Kammer für Meeresbodenstreitigkeiten ist nach Art. 35 (2) S. 1 ISGH-Statut eine Vertretung der hauptsächlichen Rechtssysteme der Welt und eine gerechte geographische Verteilung zu gewährleisten, ohne daß hierfür ein bestimmter Schlüssel festgelegt worden ist.[42]

I. Anzahl der Mitglieder

Um die in Art. 2 (2) und 3 (2) ISGH-Statut normierten Voraussetzungen zu erfüllen, besteht der Seegerichtshof aus 21[43], die Kammer für Meeresbodenstreitigkeiten aus 11 Mit-

---

39 Zu den Begriffen „hauptsächliche Rechtssysteme der Welt" und „gerechte geographische Verteilung" Ranjeva, in: (Dupuy/Vignes), Handbook, Vol. 2, S. 1398; Seeberg-Elverfeldt, Tiefseebergbaurecht, S. 40 ff., der darauf hinweist, daß neben dem Kritierium der „gerechten geographischen Verteilung" der Aspekt der Vertretung der „hauptsächlichen Rechtssysteme der Welt" allenfalls eine untergeordnete Rolle spielt.

40 Folgende regionale Gruppen hat die Generalversammlung der UN festgelegt (GA Res. 1991 (XVIII) vom 17. Dezember 1963): Afrika, Asien, Westeuropa und andere, Osteuropa und Lateinamerika. Zu der Gruppe Westeuropa und andere zählen auch die USA, Australien, Neuseeland und Kanada.

41 Diese Regelung der Zusammensetzung des Seegerichtshofs und der Kammer trägt vornehmlich den Interessen der Entwicklungsländer Rechnung, die in größerer Zahl als beim Internationalen Gerichtshof (zur Wahl der Richter des IGH siehe Art. 8 f. IGH-Statut, zum Vetorecht der ständigen Mitglieder des UN-Sicherheitsrates Birke, in: Nationale Folgerungen, S. 43 (50); Merrills, Settlement, S. 123 f.) auf der Richterbank vertreten sind. Dies ist nicht zuletzt darauf zurückzuführen, daß der IGH nach Ansicht zahlreicher Entwicklungsländer aufgrund seiner Zusammensetzung die Interessen der Industriestaaten einseitig berücksichtigt habe und deshalb die Streiterledigung vor dem IGH mieden, Wasum, Seegerichtshof, S. 55; Hoffmann, in: Berichte der deutschen Gesellschaft für Völkerrecht, Heft 9, S. 1 (11 ff.); v. Wedel, in: RIW 1982, S. 634 (637). Das Verfahren zur Konstituierung des Seegerichtshofs und der Kammer für Meeresbodenstreitigkeiten ist geeignet, deren Akzeptanz bei den Entwicklungsländern zu steigern; demgegenüber besteht jedoch die Gefahr, daß die meisten Industrieländer es vorziehen werden, andere Streitbeilegungsmechanismen zu wählen, Wasum, Seegerichtshof, S. 278, die den ISGH als „Gerichtshof der Dritten Welt" bezeichnet; Berenbrok/Nussbaum, in: RIW 1994, S. 910 (915 f.); siehe auch Gaertner, in: S. D. L. R. 1982 (Vol. 19), S. 577 (586 ff.). Zu den Staaten, die nach Art. 287 SRÜ die Zuständigkeit des Seegerichtshofs gewählt haben siehe oben S. 125.

42 In der Vorbereitungskommission konnte sich der Vorschlag, daß je zwei Richter aus den fünf regionalen Gruppen kommen sollten und der verbleibende Sitz rotierend jeweils einer der Gruppen zustehen sollte, nicht durchsetzen, Platzöder/Wasum, Seegerichtshof, S. 21; Berenbrok/Nussbaum, in: RIW 1994, S. 910 (915).

43 Art. 2 (1) ISGH-Statut. Ursprünglich sollte der ISGH wie der IGH 15 Mitglieder haben; die Zahl wurde später auf 21 erhöht, um eine schnelle Erledigung der Streitigkeiten zu gewährleisten und die Einrichtung der KMS und der anderen ständigen und Ad-hoc-Kammern zu er-

gliedern[44]. Das Verfahren vor derart großen Spruchkörpern und die Entscheidungsfindung sind vergleichsweise schwerfällig und langwierig.[45] Aus diesem Grund werden die Vertragsstaaten des Seerechtsübereinkommens in vielen Fällen interessiert sein, die Streitigkeit durch einen kleineren Spruchkörper innerhalb des Seegerichtshofs entscheiden zu lassen.

Dementsprechend sieht Art. 15 ISGH-Statut die Möglichkeit vor, drei Arten von Sonderkammern einzurichten, die auf Antrag der Parteien[46] eine Streitigkeit behandeln und entscheiden. Nach Art. 15 (1) ISGH-Statut i.V.m. Art. 29 ISGH-VerfO kann der Seegerichtshof eine aus drei oder mehr Mitgliedern bestehende Kammer bilden, wenn er dies zur Behandlung bestimmter Arten von Streitigkeiten für erforderlich hält.[47] Daneben richtet er gemäß Art. 15 (3) ISGH-Statut i.V.m. Art. 28 ISGH-VerfO zur raschen Erledigung der Geschäfte eine Kammer aus fünf seiner gewählten Mitglieder ein, die Streitigkeiten im abgekürzten Verfahren behandelt und entscheidet.

Von besonderer praktischer Bedeutung ist die in Art. 15 (2) ISGH-Statut i.V.m. Art. 30 ISGH-VerfO eröffnete Möglichkeit, auf Antrag der Parteien eine *Ad-hoc*-Kammer zur Behandlung einer konkreten Streitigkeit einzurichten, deren Zusammensetzung vom Seegerichtshof mit Zustimmung der Parteien festgelegt wird.[48] Die Parteien haben folglich hier entscheidenden Einfluß auf die Zusammensetzung der Kammer. Aus der Sicht der Parteien wird dies häufig einen entscheidenden Vorteil der *Ad-hoc*-Kammern bilden.[49]

Während die *Ad-hoc*-Kammern der Kammer für Meeresbodenstreitigkeiten, die für die Entscheidung von Streitigkeiten zwischen Vertragsstaaten über die Auslegung oder Anwendung von Teil XI SRÜ eingerichtet werden können[50], nach Art. 36 ISGH-Statut aus drei Mitgliedern bestehen, ist die Größe der *Ad-hoc*-Kammern des Seegerichtshofs nicht festgelegt. Theoretisch könnte eine *Ad-hoc*-Kammer danach auch aus nur einem Richter bestehen. Da die Parteien aber die Möglichkeit haben, gemäß Art. 17 (3) und (4) ISGH-Statut einen *Ad-hoc*-Richter zu ernennen, wenn dem Spruchkörper kein eigener

---

möglichen. Außerdem dient die Erweiterung der Sicherstellung einer gerechten geographischen Verteilung, Nordquist/Rosenne/Sohn (Hrsg.), UNCLOS, Nr. A.VI.21 (S. 341).

44 Art. 35 (1) ISGH-Statut.

45 Jennings, in: AJIL 1995, S. 493 (497) zum IGH: „...a court of fifteen Judges (or sometimes sixteen or seventeen with Ad-hoc-Judges) is the maximum manageable number, if there is to be anything like a proper discussion ... It is, of course, a distinct advantage of the chamber system ... that, in a court of typically five members, the deliberations more readily and more quickly produce the sort of genuine argument in which a common view can grow ...".

46 Art. 15 (4) ISGH-Statut.

47 Der IGH hat von dieser in Art. 26 IGH-Statut vorgesehenen Möglichkeit Gebrauch gemacht und im Juli 1993 eine Kammer für Umweltstreitigkeiten eingerichtet, International Court of Justice, Press Communiqué, Nr. 93/20 vom 19. Juli 1993. Zum Projekt eines eigenständigen Umweltgerichtshofs siehe Jennings, in: EPL 1992, S. 312; Rest, in: EPL 1994, S. 173 ff.; Lörcher, in: (Böckstiegel) Perspectives, S. 279 ff.

48 Art. 15 (2) S. 2 ISGH-Statut. Zur Konstituierung der Ad-hoc-Kammern unten S. 216.

49 Eingehend zu den Vor- und Nachteilen der Ad-hoc-Kammern im Hinblick auf den IGH Schwebel, in: AJIL 1987, S. 831 ff.; ders., Chambers, S. 93 ff.; Oda, in: AJIL 1988, S. 556 ff.; Valencia-Ospina, in: FS Jennings, S. 503 (506 ff.) m.w.N. in Fn. 1.

50 Art. 36 (1) ISGH-Statut i.V.m. Art. 188 (1) (b), Art. 187 (a) SRÜ.

Staatsangehöriger angehört[51], wird auch eine *Ad-hoc*-Kammer des Seegerichtshofs in der Praxis immer mindestens aus drei Mitgliedern bestehen.[52]

Die Größe dieser Kammern ist mit der eines Panels oder Schiedsgerichts vergleichbar. Nach Art. 8.5 DSU besteht ein WTO-Panel aus drei Mitgliedern, es sei denn, die Parteien einigen sich auf fünf Mitglieder.[53] Ein ICSID-Schiedsgericht besteht aus einem oder einer anderen ungeraden Zahl von Schiedsrichtern[54], wobei auch hier in Ermangelung einer abweichenden Parteivereinbarung ein Schiedsgericht mit drei Mitgliedern vorgesehen ist.[55] Dagegen wird die Streitigkeit im Rahmen eines WIPO-Schiedsverfahrens bei Fehlen einer Parteivereinbarung im Regelfall von einem Einzelschiedsrichter entschieden. Etwas anderes gilt nur, wenn das WIPO Arbitration Center im Rahmen seines Ermessens unter Berücksichtigung aller Umstände des Falles entscheidet, daß ein aus drei Mitgliedern bestehendes Schiedsgericht angemessen ist.[56] Bei Fehlen einer Parteivereinbarung entscheidet hier also – anders als bei den anderen Verfahren – die administrierende Institution über die Größe des Schiedsgerichts.[57]

Die Benennung eines Einzelschiedsrichters ist nach der WIPO-Schiedsordnung und dem ICSID-Übk, die Einrichtung eines aus drei Mitgliedern bestehenden Spruchkörpers im Rahmen aller Streiterledigungsverfahren möglich und im Rahmen des DSU und des ICSID-Übk[58] auch die Regel. Alle Verfahrensordnungen lassen größere Spruchkörper durch Parteivereinbarung zu.

Die Entscheidung über die Größe des Spruchkörpers, namentlich eines Schiedsgerichts, hängt von den Umständen des Einzelfalles ab. Während ein Einzelschiedsrichter in

---

51 Siehe hierzu unten S. 206 f.

52 Schwebel, Chambers, S. 121 hält eine dergestalt zusammengesetzte Kammer für „neither probable nor prudent".

53 Diese Einigung muß innerhalb von 10 Tagen nach der Entscheidung des DSB über die Panel-Einrichtung erfolgen. Die Regelung entspricht der GATT-Praxis, die sich in den letzten Jahren herausgebildet hat und war bereits in Art. F (c) 4. 1989 Improvements vorgesehen.

54 Art. 37 (2) a ICSID-Übk.

55 Art. 37 (2) b ICSID-Übk.

56 Art. 14 (b) WIPO SchO. Diese Regelung ist mit Art. 8 (2) ICC SchO vergleichbar, demzufolge der ICC-Schiedsgerichtshof einen Einzelschiedsrichter ernennt, sofern er nicht angesichts der Bedeutung der Streitigkeit die Ernennung von drei Schiedsrichtern für gerechtfertigt hält. In der Praxis ernennt die ICC ein Dreier-Schiedsgericht in der Regel in Fällen mit einem Streitwert von über US$ 1.000.000, Aden, Handelsschiedsgerichtsbarkeit, S. 72; van den Berg, Constituting, S. 17 (18); vgl. auch Art. 10 Zü SchO, demzufolge mangels Parteivereinbarung grundsätzlich der Präsident der Zürcher Handelskammer entscheidet, ob eine Einzelschiedsrichter oder ein Dreierschiedsgericht zu bestellen ist. Übersteigt der Streitwert 1.000.000 Schweizer Franken, so ist aber ein Dreierschiedsgericht zu bestellen, wenn die Parteien nicht ausdrücklich einen Einzelschiedsrichter vereinbart haben.

57 Auch der Seegerichtshof legt gemäß Art. 15 (2) ISGH-Statut die Zusammensetzung und damit auch die Zahl der Mitglieder der Ad-hoc-Kammern fest; während das WIPO Arbitration Center aber eigenes Ermessen hat, kann der Seegerichtshof die Entscheidung nur mit Zustimmung der Parteien treffen.

58 Eine Abweichung von dieser Regel kann sich aufgrund des Erfordernisses einer „neutralen Majorität" nach Art. 39 ICSID-Übk ergeben, siehe hierzu unten S. 208 f.

Verfahren mit einem geringen Streitwert schon aus Kostengründen als ratsam erscheint[59], sprechen bei komplexen Verfahren in der Regel gute Gründe für die Einrichtung eines aus drei Mitgliedern bestehenden Schiedsgerichts, da dieses eine höhere Richtigkeitsgewähr bietet und ihm seitens der Parteien regelmäßig größeres Vertrauen entgegengebracht wird.[60] Dagegen ergeben sich bei einem aus fünf Mitgliedern bestehenden Spruchkörper Probleme im Hinblick auf die hiermit verbundenen Kosten und die Schwierigkeiten bei seiner Konstituierung und beim Ablauf des Verfahrens.[61]

Nach der WIPO-Schiedsordnung können die Parteien im Gegensatz zum DSU und zum ICSID-Übk[62] vereinbaren, daß dem Schiedsgericht ein gerade Anzahl von Schiedsrichtern angehören soll, soweit nicht das Recht am Schiedsort zwingend eine ungerade Zahl vorschreibt.[63] Letzteres ist etwa nach italienischem, belgischem und niederländischen und – für nationale Verfahren – auch nach französischem Recht der Fall.[64] Selbst wenn aber das Recht am Schiedsort eine gerade Zahl von Schiedsrichtern zuläßt, so ist angesichts der Gefahr einer Pattsituation bei der Abstimmung der Schiedsrichter von einer entsprechenden Parteivereinbarung abzuraten[65], da dies entweder zu einem Außerkrafttreten der Schiedsvereinbarung[66], zumindest aber zu einer vermeidbaren Verfahrensverzögerung führt.[67] Theoretisch möglich erscheint es auch, daß eine *Ad-hoc*-Kammer des Seegerichtshofs aus einer geraden Anzahl von Mitgliedern besteht. In der Praxis werden die Streitparteien dies aber vermeiden, wiederum um der Gefahr einer Patt-Situation zu begegnen.

---

59 Rauh, UNCITRAL, S. 17; Redfern/Hunter, Arbitration, S. 161 f.; Reiner, Handbuch, S. 75; Böckstiegel, in: (Labes/Lörcher) Schiedsverfahrensrecht, S. XV (XXXI f.).

60 Reiner, Handbuch, S. 76 f.

61 Berger, Wirtschaftsschiedsgerichtsbarkeit, S. 140; Reiner, Handbuch, S. 78; zu den Nachteilen, die sich i.R.d. GATT bei aus fünf Mitgliedern bestehenden Panels gezeigt haben, Pescatore, in: J. Int. Arb. 1993, Nr. 1, S. 27 (29); Plank, in: J. Int. Arb. 1987, Nr. 4, S. 53 (66); siehe auch Swacker/Redden/Wenger, World Trade, S. 380. In ICSID-Schiedsverfahren hat es bis auf zwei Ausnahmen nur Dreier-Schiedsgerichte gegeben; nur in den Verfahren Philippe Gruslin v. Government of Malaysia (Case No. ARB/94/1) und Misima Minse Pty. Ltd. v. Independent State of Papua New Guinea (Case No. ARB/96/2) haben die Parteien einen Einzelschiedsrichter vereinbart. Im Rahmen der WTO-Streiterledigung sind bisher ausschließlich aus drei Mitgliedern bestehende Panels eingerichtet worden (das letzte GATT Fünfer-Panel wurde 1981 konstituiert, Pescatore, aaO.). Schwebel, Chambers, S. 121 ist im Hinblick auf die Ad-hoc-Kammern des IGH der Auffassung, daß diese zumindest aus fünf Mitgliedern bestehen sollten, d.h. drei Mitgliedern des IGH und zwei Ad-hoc-Richtern.

62 Nach Art. 8.5 DSU haben die Parteien lediglich die Möglichkeit, anstatt eines Dreier- ein Fünfer-Panel zu vereinbaren, gemäß Art. 37 (2) (a) ICSID-Übk besteht das Schiedsgericht aus einem Einzelschiedsrichter oder einer ungeraden Anzahl von Schiedsrichtern.

63 van den Berg, Constituting, S. 17 (18).

64 Vgl. die Nachweise bei Schlosser, Schiedsgerichtsbarkeit, Rn. 475.

65 Berger, Wirtschaftsschiedsgerichtsbarkeit, S. 140; Rauh, UNCITRAL, S. 17.

66 § 1033 Nr. 2 ZPO a.F.

67 Zu den anderen Lösungsmöglichkeiten im Falle einer entsprechenden Patt-Situation Schlosser, Schiedsgerichtsbarkeit, Rn. 686.

II. Anforderungen an die Mitglieder

Alle Verfahrensordnungen stellen konkrete Anforderungen an die Mitglieder der Spruchkörper. Neben der Unabhängigkeit bzw. Unparteilichkeit[68] betreffen diese insbesondere deren Nationalität und Qualifikation.

1. Nationalität

Unterschiedliche Regelungen enthalten die Streiterledigungsverfahren hinsichtlich der Frage, ob Mitglieder eines Spruchkörper, die die gleiche Nationalität haben wie eine der Streitparteien, an dem Verfahren mitwirken dürfen.[69] Nach Art. 17 (1) ISGH-Statut behalten Mitglieder des Seegerichtshofs, die die Nationalität einer Streitpartei haben, das Recht auf Mitwirkung an dem Verfahren. Darüber hinaus ist für zwei Situationen die Ernennung eines *Ad-hoc*-Richters vorgesehen[70]: Gehört dem Gericht ein Richter an, der Staatsangehöriger einer der Parteien ist, so kann jede andere Partei[71] eine Person ihrer Wahl bestimmen, die als Mitglied des Seegerichtshofs am Verfahren mitwirkt.[72] Gehört dem Gerichtshof kein Mitglied an, das Staatsangehöriger einer Partei ist, so kann jede Partei eine entsprechende Person ihrer Wahl bestimmen.[73] Art. 17 ISGH-Statut stellt also sicher, daß jede Partei einer Streitigkeit auf der Richterbank „repräsentiert"[74] ist. [75]

---

68 Siehe hierzu unten S. 225 ff.

69 Zu beachten ist, daß der Präsident des Seegerichtshofs gemäß Art. 16 ISGH-VerfO die mit diesem Amt verbundenen Funktionen nicht ausübt, wenn er Staatsangehöriger einer der Streitparteien ist oder die gleiche Staatsangehörigkeit hat wie eine am Verfahren beteiligte nichtstaatliche Partei. Die gleiche Beschränkung gilt für den Vizepräsidenten sowie jeden anderen Richter, der den Präsidenten vertritt.

70 Nach Art. 19 (1) ISGH-VerfO muß eine Partei dem Seegerichtshof baldmöglichst mitteilen, wenn sie einen Ad-hoc-Richter benennen will. Gibt sie nicht gleichzeitig Namen und Staatsangehörigkeit des ausgewählten Richters an, so hat sie dem Gerichtshof spätestens zwei Monate vor Ablauf der für die Einreichung der Antragserwiderung festgesetzten Frist Namen und Staatsangehörigkeit der benannten Person unter Beifügung eines kurzen Lebenslaufs mitzuteilen.

71 Nach Art. 17 (5) ISGH-Statut gelten mehrere eine Streitgenossenschaft bildende Parteien als eine Partei, wobei in Zweifelsfällen das Gericht entscheidet, vgl. auch Art. 20 ISGH-VerfO; siehe hierzu unten S. 318.

72 Art. 17 (2) ISGH-Statut.

73 Art. 17 (3) ISGH-Statut.

74 Aus dem Wortlaut folgt, daß der von der Partei benannte Richter nicht unbedingt dessen Staatsangehörigkeit haben muß (so auch ausdrücklich Art. 19 (1) S. 3 ISGH-VerfO); er kann auch eine andere im Richterkollegium nicht vertretene Staatsangehörigkeit besitzen.

75 Das Recht, einen Ad-hoc-Richter zu bestimmen, besteht gemäß Art. 21 ISGH-VerfO auch, wenn zwar ein Staatsangehöriger der Partei Mitglied des Seegerichtshofs ist, er aber an der Teilnahme an dem Verfahren verhindert ist. Beabsichtigt eine Partei, von der Bestellung eines Ad-hoc-Richters unter der Bedingung abzusehen, daß die andere Partei ebenfalls davon absieht, so teilt sie dies gemäß Art. 19 (2) ISGH-VerfO dem Seegerichtshof mit. Dieser setzt die andere Partei davon in Kenntnis. Teilt die andere Partei daraufhin ihre Absicht mit, einen Ad-hoc-Richter zu bestellen oder bestellt sie ihn, so kann die Frist für die Partei, die zunächst von

Die entsprechende Regelung des IGH-Statuts[76] ist in der Literatur vor allem mit der Begründung kritisiert worden, daß niemand Richter seiner eigenen Sache sein dürfe (*nemo judex in sua causa*).[77] Außerdem führe die Regelung zu einer Vermischung von Elementen der Schiedsgerichtsbarkeit und der internationalen Gerichtsbarkeit.[78] Indes sprechen die besseren Gründe für das Mitwirkungsrecht von Richtern, die die Staatsangehörigkeit einer Streitpartei haben bzw. für die Institution des *Ad-hoc*-Richters. Hierdurch wird gewährleistet, daß dem Gerichtshof als Bindeglied zu der einzelnen Partei eine mit deren Rechtssystem und nationalen Besonderheiten vertraute Person angehört.[79] So kann der *Ad-hoc*-Richter auch nach Abschluß des mündlichen Verfahrens im Rahmen der Entscheidungsfindung des Seegerichtshofs die Position der Partei erläutern und dazu beitragen, daß das Gericht in der Lage ist, deren Standpunkt umfassend zu würdigen. Ferner kann er darauf hinwirken, daß die Entscheidung des Gerichts in einer für die Partei verständlichen und nachvollziehbaren Weise abgefaßt wird, um die Bereitschaft der Partei, sich der Entscheidung zu beugen, zu erhöhen.[80] Insgesamt wird durch die Mitwirkung von *Ad-hoc*-Richtern das Vertrauen in den Seegerichtshof und damit die Kooperationsbereitschaft der Staaten erhöht.

Dementsprechend hat sich die entsprechende Regelung in der Praxis des Internationalen Gerichtshofs bewährt, zumal dessen Neutralität aufgrund der Überzahl an neutralen Richtern gewährleistet ist.[81] Vor diesem Hintergrund ist eine entsprechende Bestimmung in das ISGH-Statut übernommen worden[82], wobei *Ad-hoc*-Richter auch in Verfahren vor nach Art. 15 ISGH-Statut errichteten Sonderkammern und vor der Kammer für Meeresbodenstreitigkeiten[83] ernannt werden können.[84]

Im Gegensatz zum Verfahren vor dem Internationalen Seegerichtshof ist gemäß Art. 8.3 DSU für das WTO-Panelverfahren mangels einer abweichenden Parteivereinbarung[85] ausgeschlossen, daß ein Staatsangehöriger einer der Streitparteien oder eines Dritten im

---

der Bestellung eines Ad-hoc-Richters abgesehen hat, vom Präsidenten um bis zu 30 Tage verlängert werden.

76 Art. 31 (2) und (3) IGH-Statut.

77 Vgl. Rosenne, World Court, S. 73 ff.; ders., ICJ, S. 146 ff., der dem Ad-hoc-Richter allerdings insgesamt positiv gegenübersteht; Nsereko, in: Ind. J. Int. L. 1973, S. 207 (226); Singh, UNCLOS Dispute Settlement, S. 62; Tanaka, in: Jap.Ann.Int.L. 1971, S. 1 (13 f.); sowie die Nachweise bei Il Roh Suh, in: AJIL 1969, S. 224 (225, Fn. 4).

78 Nsereko, in: Ind. J. Int. L. 1973, S. 207 (228); vgl. auch Marquardt, Streitbeilegungssystem, S. 207.

79 Merrills, Settlement, S. 125.

80 Rosenne, World Court, S. 74; Il Roh Suh, in: AJIL 1969, S. 224 (234).

81 Ipsen, Völkerrecht, S. 973.

82 Vgl. Wasum, Seegerichtshof, S. 62 f.

83 Eine Ausnahme bilden die in Art. 36 ISGH-Statut vorgesehenen Ad-hoc-Kammern der KMS, die sich aus drei Mitgliedern zusammensetzen. Nach Art. 36 (3) ISGH-Statut dürfen die Mitglieder der Ad-hoc-Kammer nicht Staatsangehörige einer der Streitparteien sein.

84 Art. 17 (4) ISGH-Statut; im Falle der Ernennung von Ad-hoc-Richtern müssen ihnen im Einvernehmen des Präsidenten mit den Parteien hauptamtliche Richter weichen, damit die festgelegte Zahl der Richter nicht überschritten wird.

85 Zu den Vorteilen, wenn dem Panel unabhängige Angehörige einer Streitpartei angehören, die mit dem jeweiligen nationalen Recht vertraut sind, Lowenfeld, in: AJIL 1994, S. 477 (483).

Sinne des Art. 10.2 DSU[86] als Mitglied eines WTO-Panels mitwirkt. Sind eine oder beide Parteien Mitglied einer Zollunion oder eines gemeinsamen Marktes, so sind ferner auch die Staatsangehörigen aller anderen Mitgliedstaaten der Zollunion bzw. des gemeinsamen Marktes von der Mitwirkung in dem Panel ausgeschlossen.[87]

Für das WIPO-Schiedsverfahren hat nach Art. 20 (a) WIPO SchO eine Vereinbarung der Parteien über die Nationalität der Schiedsrichter Vorrang.[88] Haben die Parteien keine entsprechende Vereinbarung getroffen, so hat ein Einzelschiedsrichter bzw. der Vorsitzende des Schiedsgerichts ein Angehöriger eines anderen Staates als derjenigen zu sein, denen die Parteien angehören, soweit dem keine besonderen Umstände, wie zum Beispiel die Notwendigkeit, eine Person mit besonderen Qualifikationen zu bestellen, entgegenstehen.[89]

Während im Rahmen eines WIPO-Schiedsverfahrens demnach die Mehrzahl der Mitglieder des Schiedsgerichts die gleiche Nationalität wie die Parteien haben kann, versucht das ICSID-Übk eine „neutrale Majorität"[90] innerhalb des Schiedsgerichts zu gewährleisten.[91] Nach Art. 39 ICSID-Übk muß die Mehrheit der Schiedsrichter anderen Staaten als dem Investitionsstaat bzw. dem Heimatstaat des Investors angehören.[92] Hierdurch soll verhindert werden, daß möglicherweise bestehende Spannungen zwischen dem Gaststaat und dem Investor bzw. dessen Heimatstaat über die parteiernannten Schiedsrichter in das Schiedsgericht hineingetragen werden und hierdurch die Verfahrensatmosphäre unnötig belastet wird.[93] Bei einem Dreier-Schiedsgericht hätte die Regelung des Art. 39 ICSID-Übk zur Folge, daß die Benennung eines Schiedsrichters eigener Nationalität seitens der zuerst handelnden Partei die andere daran hindern würde, ihrerseits einen Schiedsrichter ihrer Nationalität zu benennen.[94] Um dies zu verhindern, bestimmt Rule 1 (3) ICSID AR, daß die Benennung eines Schiedsrichters eigener Nationalität nur zulässig ist, wenn trotz eines entsprechenden Verhaltens der anderen Partei eine „neutrale Majorität" bestehen

---

86 Zu den Schwierigkeiten bei der Feststellung, bei welchen Staaten es sich um Dritte in diesem Sinne handelt, Plank, in: J. Int. Arb.1987, Nr. 4, S. 53 (67).

87 Fn. 6 zu Art. 8.3 DSU; hingegen besteht keine entsprechende Beschränkung für die Mitwirkung von Angehörigen eines anderen Mitgliedstaates einer Freihandelszone, kritisch Komuro, in: J. Int. Arb. 1995, Nr. 3, S. 81 (126).

88 Bei der Vereinbarung einer bestimmten Nationalität sollten die Parteien vorsichtig sein, da in bestimmten Fällen die Situation eintreten kann, daß eine nicht genügende Zahl qualifizierter Schiedsrichter dieser Nationalität zur Verfügung steht, van den Berg, Constituting, S. 17 (23).

89 Art. 20 (b) WIPO SchO.

90 Bülow/Böckstiegel/Geimer/Schütze - Böckstiegel, Band II, 720·64, Fn. 25.

91 Einen Überblick über die Nationalität der Schiedsrichter in ICSID-Schiedsverfahren gibt Marchais, in: News from ICSID 1987, Nr. 2, S. 5 (7); siehe auch Shihata, in: Private Investments Abroad 1993, § 16-16 f.

92 Eine weitere Regelung im Hinblick auf die Nationalität der Schiedsrichter enthält Art. 38 S. 2 ICSID-Übk: Die vom Vorsitzenden des Verwaltungsrates des ICSID nach Art. 38 ICSID-Übk ernannten Schiedsrichter (siehe hierzu unten S. 220 f.) dürfen weder Angehörige des Investitionsstaates noch des Heimatstaates des Investors sein.

93 Craig, in: Private Investments Abroad 1993, § 14-29.

94 Broches, in: YCA 1993, S. 627 (662, Rn. 98); Shihata, in: News from ICSID 1989, Nr. 1, S. 4 (5).

bleibt.[95] Bei einem Dreier-Schiedsgericht darf demzufolge grundsätzlich keine Partei einen Schiedsrichter eigener Nationalität benennen.[96] Allerdings ist Art. 39 ICSID-Übk nicht anwendbar, wenn alle Mitglieder des Schiedsgerichts einvernehmlich von den Parteien ernannt werden.[97] Dementsprechend hatten in mehreren ICSID-Verfahren Schiedsrichter die Staatsangehörigkeit des Gaststaates[98] bzw. des Heimatstaates des Investors[99]; in dem Verfahren *Mobil Oil v. New Zealand* war der Vorsitzende neuseeländischer Staatsangehöriger.[100]

Zusammenfassend ist festzuhalten, daß für die Streiterledigungsverfahren, die unter staatlicher Beteiligung stattfinden, grundsätzlich vorgesehen ist, daß innerhalb des Spruchkörpers eine „neutrale Majorität" besteht. Trotz des eingeräumten Rechts auf einen *Ad-hoc*-Richter gilt dies aufgrund der Größe dieser Spruchkörper auch für die Verfahren vor dem Seegerichtshof.[101] Durch eine solche Mehrheit soll die Gefahr reduziert werden, daß bei Streitigkeiten, die in einem politisierten oder angespannten Umfeld stattfinden, die beteiligten Staaten eine konstruktive Kooperation zwischen den Mitgliedern des Spruchkörpers behindern, indem sie Einfluß auf den eigenen Staatsangehörigen ausüben, oder daß die Mitglieder des Spruchkörpers sich auch ohne staatliche Einflußnahme als Vertreter ihres eigenen Landes fühlen. Sind die Parteien der Auffassung, daß eine solche Gefahr nicht besteht, so steht es ihnen frei, von dem Prinzip der „neutralen Majorität"

---

95 Dazu, daß ohne die Vorschrift der Rule 1 (3) ICSID AR eine unfaire Situation eintreten würde, siehe Anmerkung G zu Rule 1 ICSID AR i.d.F. vom 1. Januar 1968 (abgedruckt in: ICSID, Regulations and Rules (January 1, 1968), S. 76). Auch wenn diese Anmerkungen in den ICSID AR i.d.F. vom 26. September 1984 nicht mehr wiedergegeben sind, so geben sie doch Aufschluß über den Sinn und Zweck von Art. 39 ICSID-Übk i.V.m. Rule 1 (3) ICSID AR.

96 IBRD, Report of the Executive Directors, Rn. 36, in: ILM 1965 S. 524 (529); Shihata, in: Private Investments Abroad 1993, § 16-15, Fn. 54; Broches, Experience, S. 94; vgl. auch Delaume, in: Clunet 1982, S. 775 (820).

97 Art. 39 Hs. 2 ICSID-Übk.

98 In dem Verfahren Southern Pacific Properties (Middle East) Limited v. Arab Republic of Egypt (Case No. ARB/84/3) war der von Ägypten benannte Schiedsrichter nicht nur ägyptischer Staatsbürger sondern sogar Mitglied des ägyptischen Conseil d'Etat. Auf Aufforderung des Schiedsgerichts bestätigten beide Parteien zu Beginn dieses Verfahrens, daß jedes einzelne Mitglied des Schiedsgerichts im gegenseitigen Einvernehmen ernannt worden sei. Der Schiedsspruch erging als Mehrheitsentscheidung mit einer dissenting opinion des ägyptischen Schiedsrichters, Craig, in: Private Investments Abroad 1993, § 14-30 f., insb. Fn. 63.

99 In Société d'Etudes de Travaux et de Gestion SETIMEG S.A. v. Republic of Gabon (Case No. ARB/87/1) hatten die parteiernannten Schiedsrichter die Nationalität der jeweils ernennenden Partei, ICSID Cases, S. 27.

100 Mobil Oil Corporation, Mobil Petroleum Company, Inc. and Mobil New Zealand Limited v. New Zealand Government (Case No. ARB/87/2); die parteiernannten Schiedsrichter waren australischer Nationalität, ICSID Cases, S. 27.

101 An einer „neutralen Majorität" könnte es hingegen in einer aus drei Mitgliedern bestehenden Sonderkammer des ISGH fehlen, wenn die Parteien jeweils von ihrem Recht, einen Ad-hoc-Richter zu benennen, Gebrauch machen. Indes entscheidet eine nach Art. 15 (1) ISGH-Statut eingerichtete Sonderkammer nur, wenn die Parteien dies beantragen. Auch insoweit ist also ein Einvernehmen der Parteien notwendig. Zu den Ad-hoc-Kammern der KMS siehe oben S. 207, Fn. 83.

einvernehmlich abzuweichen.[102] Da WIPO-Schiedsverfahren in der Regel nicht unter staatlicher Beteiligung stattfinden, besteht keine Notwendigkeit für eine entsprechende Regelung. Dementsprechend steht es den Parteien frei, je einen Schiedsrichter zu benennen, der die gleiche Staatsangehörigkeit hat wie sie selbst. Lediglich ein Einzelschiedsrichter bzw. ein Vorsitzender des Schiedsgerichts muß mangels abweichender Parteivereinbarung grundsätzlich eine dritte Staatsangehörigkeit haben. Auch hiervon kann aber bei Vorliegen besonderer Umstände abgewichen werden.

2. *Qualifikation*

Alle Verfahrensordnungen enthalten Regeln über die erforderliche (fachliche) Qualifikation der Mitglieder der jeweiligen Spruchkörper. So fordert Art. 2 (1) ISGH-Statut, daß die Richter eine anerkannte fachliche[103] Eignung auf dem Gebiet des Seerechts[104] besitzen müssen. Dabei ist allerdings kein Überprüfungsmechanismus vorgesehen, ob ein Richter dieser Anforderung entspricht. Dementsprechend wird Art. 2 (1) ISGH-Statut lediglich deklaratorische Bedeutung beigemessen.[105] In extremen Fällen mangelnder juristischer Qualifikation wäre allenfalls ein Rückgriff auf Art. 9 ISGH-Statut denkbar, auch wenn diese Vorschrift nach ihrem Wortlaut nur den nachträglichen Wegfall der erforderlichen Voraussetzungen erfaßt.[106]

Für das WTO-Panelverfahren bestimmt Art. 8.1 DSU, daß die Panels aus qualifizierten Vertretern eines Mitgliedstaates der WTO und/oder Privatpersonen zusammengesetzt sein sollen. Die Vorschrift enthält eine beispielhafte Aufzählung, welche Personen als qualifiziert anzusehen sind. Danach kommen Staatenvertreter beim GATT bzw. der WTO, Mitglieder des Sekretariats und Personen in Frage, die sich in Lehre und Publikationen mit dem internationalen Handelsrecht oder der internationalen Handelspolitik befaßt haben oder als hochrangige Bedienstete eines Mitglieds im Bereich des Handels tätig waren.[107] Anders als im Rahmen des Seegerichtshofs wird eine juristische Qualifikation der

102 Indem sie sich auf eine aus drei Mitgliedern bestehende Sonderkammer des Seegerichtshofs einigen; Art. 8.3 DSU a.E.; Art. 39 Hs. 2 ICSID-Übk.

103 Erforderlich ist danach eine juristische Qualifikation. Für das Vergleichs- und das allgemeine Schiedsverfahren i.R.d. SRÜ wird hingegen eine juristische Qualifikation nicht verlangt. Nach Art. 2 (3) Anlage VIII SRÜ dürfen die Vertragsstaaten zwei Sachverständige für die Sachverständigenlisten der einzelnen Bereiche (siehe Art. 2 (1) Anlage VIII SRÜ) ernennen, die über rechtliche, wissenschaftliche oder technische Fachkenntnisse verfügen. Kritisch zu diesen Regelungen im Hinblick auf Auslegung und Anwendung des SRÜ Merrills, Settlement, S. 169.

104 Oda, in: ICLQ 1995, S. 863 (864) kritisiert, daß die Richter nur Spezialisten im Seerecht, nicht dagegen im allgemeinen Völkerrecht zu sein brauchen.

105 Nordquist/Rosenne/Sohn (Hrsg.), UNCLOS, Nr. A.VI.25 (S. 342); Seeberg-Elverfeldt, Tiefseebergbaurecht, S. 33; Wasum, Seegerichtshof, S. 51.

106 In der Praxis wird eine derartige Situation kaum eintreten, da die Vertragsstaaten ein eigenes Interesse daran haben, daß die Mitglieder des Seegerichtshofs gut qualifiziert sind, so in Bezug auf den IGH Rosenne, World Court, S. 54. Von der Art. 9 ISGH-Statut entsprechenden Vorschrift des IGH-Statuts (Art. 18) ist in der Praxis noch nie Gebrauch gemacht worden, Nordquist/Rosenne/Sohn (Hrsg.), UNCLOS, Nr. A.VI.62 (S. 354).

107 In der Praxis der WTO-Streiterledigung sind die Panel-Mitglieder zumeist Mitarbeiter der Regierungen von Mitgliedstaaten, van den Bossche, in: J. Int. Econ. L. 1998, S. 161 (163).

Panelmitglieder demnach nicht ausdrücklich verlangt. Vielmehr werden Kenntnisse und Erfahrung im Bereich des GATT bzw. der WTO in den Vordergrund gestellt. *Pescatore*[108] weist in diesem Zusammenhang darauf hin, daß die Qualität von Panelberichten aus den frühen Tagen des GATT häufig darunter gelitten habe, daß in GATT-Panels regelmäßig keine Juristen vertreten gewesen seien.[109] Erst mit der Einrichtung einer Rechtsabteilung beim GATT in den 80er Jahren sei zunehmend auf Juristen zurückgegriffen worden. Dies habe sich auch positiv auf die Qualität der Panel-Reports ausgewirkt.[110] Die Verrechtlichung, die die Streiterledigung innerhalb der WTO erfahren hat, bringt es mit sich, daß im Rahmen eines Panelverfahrens zunehmend komplizierte Rechtsfragen prozessualer oder materiellrechtlicher Natur in den Vordergrund treten, die im übrigen einer Überprüfung durch das Rechtsmittelgremium unterliegen. Um insoweit einer Überforderung eines Panels zu begegnen, sollte ihm regelmäßig zumindest ein Jurist angehören.[111]

Nach Art. 14 (1) S. 1 ICSID-Übk müssen Schiedsrichter[112] eine anerkannte Befähigung auf den Gebieten des Rechts, des Handels, der Industrie oder des Finanzwesens besitzen.[113] Gemäß Art. 14 (1) S. 2 ICSID-Übk ist für Personen, die für das Schiedsrichterverzeichnis benannt sind, darüber hinaus die Befähigung auf dem Gebiet des Rechts besonders wichtig. Zwar können die Parteien danach ein nur aus Nichtjuristen bestehendes Schiedsgericht konstituieren.[114] Ist es jedoch notwendig, daß der Vorsitzende des Verwaltungsrates im Wege der Ersatzbenennung einen Schiedsrichter benennt, so hat er darauf zu achten, daß der von ihm benannte Schiedsrichter über eine juristische Qualifikation

---

108 Pescatore, in: J. Int. Arb. 1993, Nr. 1, S. 27 (31).

109 Siehe auch Hudec, Enforcing, S. 73, demzufolge im Rahmen des GATT Panelmitglieder nicht wegen ihrer rechtlichen Kenntnisse ausgewählt wurden, sondern „for their practical wisdom about real-world phenomena.“ In der Praxis habe sich aber gezeigt, daß diese in ihren Entscheidungen noch vorsichtiger gewesen seien als Juristen und ihre Panel-Reports meistens sehr vage gehalten gewesen seien; vgl. auch Stiles, in: J. Int. L. & P. 1995, Nr. 1, S. 3 (8).

110 Daß die Akzeptanz eines Panel-Reports durch die Vertragsstaaten nicht allein von dessen Qualität abhängig ist, hat sich i.R.d. GATT im Panelverfahren United States - Section 337 of the Tariff Act of 1930 (BISD 36S/345) gezeigt. Diesem gehörten mit Andreas Lowenfeld und Pierre Pescatore zwei hochqualifizierte Mitglieder an, die einen sehr detaillierten und wohl begründeten Panel-Report erstatteten. Dennoch blockierten die USA wiederholt die Annahme des Berichts und machten die Einhaltung des letztlich angenommenen Berichts vom Ausgang der Uruguay-Runde abhängig, Mora, in: C.J.T.L.: 1993, S. 103 (148, insb. Fn. 212).

111 Pescatore, in: J. Int. Arb. 1993, Nr. 1, S. 27 (31).

112 Zwar bezieht Art. 14 (1) S. 1 ICSID-Übk selbst sich nur auf Personen, die für das Schiedsrichterverzeichnis benannt sind; indes folgt aus der Verweisung des Art. 40 (2) ICSID-Übk auf Art. 14 (1) ICSID-Übk, daß diese Anforderungen auch für zu Schiedsrichtern ernannte Personen gelten, die nicht im Schiedsrichterverzeichnis geführt sind.

113 Ähnlich wie das SRÜ sieht auch das ICSID-Übk eine Überprüfung des Vorliegens der geforderten Qualifikationen nicht vor; in Extremfällen kommt aber ein Antrag einer Partei nach Art. 57 ICSID-Übk in Betracht.

114 Zur Kritik hieran Hirsch, ICSID, S. 27. Auch für ein aus Nichtjuristen bestehendes Schiedsgericht gilt, daß es in der Lage sein muß, das Schiedsverfahren ordnungsgemäß durchzuführen und einen Art. 48 ICSID-Übk genügenden Schiedsspruch zu erlassen, um der Gefahr der Aufhebung des Schiedsspruches nach Art. 52 ICSID-Übk zu entgehen, Broches, in: YCA 1993, S. 627 (638, Rn. 21).

verfügt. Demzufolge gehört dem Schiedsgericht zumindest dann, wenn seine Konstituierung nicht einvernehmlich erfolgt, eine Person mit juristischen Kenntnissen an. Dies ist auch sinnvoll, um einen ordnungsgemäßen Ablauf eines möglicherweise kontroversen und spannungsgeladenen Schiedsverfahrens zu gewährleisten. In der Praxis bestand der weit überwiegende Teil der bisherigen ICSID-Schiedsgerichte aus hochqualifizierten und erfahrenen Juristen.[115]

In der WIPO-Schiedsordnung sind keine Anforderungen an die fachliche Qualifikation der Schiedsrichter normiert.[116] Zwar steht den Parteien die Möglichkeit offen, in der Schiedsvereinbarung derartige Anforderungen festzulegen; dabei sollten sie sich aber bewußt sein, daß hierdurch die Anfälligkeit des Schiedsverfahrens erhöht wird. Zum einen kann eine derartige Vereinbarung zu Verzögerungen bei der Konstituierung führen[117], zum anderen besteht die Gefahr, daß eine Partei später versucht, den Schiedsspruch mit der Begründung anzufechten, daß ein Schiedsrichter den vereinbarten Anforderungen nicht entsprochen habe.[118]

Zusammenfassend ist festzuhalten, daß nur für die Mitglieder des Seegerichtshofs ausdrücklich eine juristische Qualifikation gefordert wird; soweit in den anderen Streiterledigungsverfahren Qualifikationen verlangt werden, stehen juristische Kenntnisse neben anderen Fähigkeiten. Gleichwohl gilt auch für diese Verfahren, daß juristische Kenntnisse für Panelmitglieder bzw. Schiedsrichter vorteilhaft sind.[119] So bemerkt *Reiner*[120] treffend, daß es kostensparender und systemgerechter ist, für rein technische Fragen einen Sachverständigen zu bestellen, als den Sachverständigen zum Schiedsrichter zu erheben und dann für die auftretenden Rechtsfragen einen Juristen zum Sachverständigen bestellen zu müssen.

---

115 Baker/Yoder, in: J. Int. Arb. 1988, Nr. 4, S. 81 (87); Paulsson, in: Private Investments Abroad 1993, § 15-11 f.; Shihata, in: Private Investments Abroad 1993, § 16-17.

116 Um sicherzustellen, daß für WIPO-Schiedsverfahren gut qualifizierte Schiedsrichter zur Verfügung stehen, führt das WIPO Arbitration Center eine Liste mit Personen, die über die notwendige Erfahrung und Kenntisse in den Bereichen des gewerblichen Rechtsschutzes und der Schiedsgerichtsbarkeit verfügen; Gurry, WIPO Arbitration Center, S. 326; WIPO, Services, S. 38; zum Fragebogen, den potentielle WIPO-Schiedsrichter ausfüllen müssen, Carter, Selection, S. 158. Zu dem „idealen" Schiedsrichter vgl. G.Lörcher/H.Lörcher, Schiedsverfahren, Rn. 93: „Idealerweise zeichnet sich der Schiedsrichter durch Überblick, analytischen Scharfsinn, Klarheit der Gedankenführung und ruhige Bestimmtheit aus, aber auch durch Bereitschaft zum Dialog und zur Kollegialität im dynamischen Prozeß der Entscheidungsfindung; dazu sollte unbedingt Erfahrung und gesunder Menschenverstand kommen".

117 Carter, Selection, S. 159; vgl. auch G.Lörcher/H.Lörcher, Schiedsverfahren, Rn. 85 ff.

118 Berger, Arbitration, S. 207; Lalive, in: Arb. Int. 1988, S. 2 (11 f.).

119 Allgemein zur Wirtschaftsschiedsgerichtsbarkeit auch Bond, in: Nw. J. Int. L. & Bus. 1991 (Vol. 12), S. 1 (5); G.Lörcher/H.Lörcher, Schiedsverfahren, Rn. 88 f.

120 Reiner, Handbuch, S. 73.

III. Verfahren

Die Unterschiede zwischen den ständigen Spruchkörpern der Seerechtskonvention auf der einen und den WTO-Panels bzw. den ICSID- und WIPO-Schiedsgerichten auf der anderen Seite treten am deutlichsten bei der Untersuchung des Konstituierungsverfahrens zutage. Bei der Konstituierung des Seegerichtshofs und der Kammer für Meeresbodenstreitigkeiten muß den Interessen aller Vertragsstaaten des Seerechtsübereinkommens Rechnung getragen werden. Im Gegensatz hierzu werden bei der Bildung von Panels und Schiedsgerichten die besonderen Bedürfnisse und Interessen der an der konkreten Streitigkeit beteiligten Parteien berücksichtigt.

1. Seerechtsübereinkommen

a. Seegerichtshof

Wie oben dargestellt[121], wird den Interessen der Vertragsstaaten des Seerechtsübereinkommens dadurch Rechnung getragen, daß bei der Zusammensetzung des Gerichthofs und der Kammer für Meeresbodenstreitigkeiten eine Vertretung der hauptsächlichen Rechtssysteme der Welt und eine gerechte geographische Verteilung zu gewährleisten sind. Innerhalb des Seegerichtshofs darf kein Staat mehr als einen Richter stellen, und jede der von der Generalversammlung der UN festgelegten geographischen Gruppen muß mindestens durch drei Personen vertreten sein.

Die Benennung und Wahl der Mitglieder des Seegerichtshofs richtete sich bei der ersten Wahl[122] nach Art. 4 ISGH-Statut. Gemäß Art. 4 (1) ISGH-Statut darf jeder Vertragsstaat höchstens zwei Personen[123] für eine Liste benennen, aufgrund derer die Mitglieder des Gerichtshofs gewählt werden.[124] Die Kandidaten werden also, anders als bei der Wahl der Richter des Internationalen Gerichtshofs, direkt von den Mitgliedstaaten vorgeschlagen.[125] Die Wahl erfolgt im Rahmen einer Sitzung der Vertragsstaaten, an der mindestens

---

121 Siehe S. 201 f.

122 Gemäß Art. 4 (4) S. 2 Hs. 2 ISGH-Statut erfolgt die Wahl in den nachfolgenden Wahlen nach einem von den Vertragsstaaten vereinbarten Verfahren, die Bestimmungen über die Wahl können also durch Sekundärrecht geändert werden, Nordquist/Rosenne/Sohn (Hrsg.), UNCLOS, Nr. A.VI.34 (S. 346 f.).

123 Diese müssen den Anforderungen des Art. 2 ISGH-Statut genügen (siehe hierzu oben S. 206 ff.).

124 Nach Art. 4 (2) ISGH-Statut fordert bei der ersten Wahl der Generalsekretär der UN, bei jeder nachfolgenden Wahl der Kanzler des ISGH, die Vertragsstaaten schriftlich auf, innerhalb von zwei Monaten die Kandidaten für den Gerichtshof zu benennen. Eine alphabetische Liste der so benannten Personen wird den Vertragsstaaten vor dem siebten Tag des letzten Monats vor dem Tag der Wahl übermittelt.

125 Nach Art. 4 (1) IGH-Statut wird von den sog. „nationalen Gruppen“ beim Ständigen Internationalen Schiedsgerichtshof die Liste der Kandidaten erstellt, aus der dann die Richter des IGH gewählt werden, vgl. hierzu Rosenne, World Court, S. 62 ff.; Wasum, Seegerichtshof, S. 54 f.; Carnegie, in: ICLQ 1979, S. 669 (672).

zwei Drittel der Staaten teilnehmen müssen.[126] Gewählt ist, wer in geheimmer Abstimmung die meisten Stimmen erhält, mindestens aber die Hälfte der Stimmen aller Vertragsstaaten und zwei Drittel der anwesenden und wählenden Staaten.[127] Im Gegensatz zur Wahl der IGH-Richter[128] haben die Stimmen aller Vertragsstaaten gleiches Gewicht.[129]

Nach Art. 4 (3) ISGH-Statut sollte die Wahl der Richter des Seegerichtshofs ursprünglich innerhalb von sechs Monaten nach Inkrafttreten des Übereinkommens, also spätestens am 16. Mai 1995, stattfinden. Indes wäre aufgrund der geringen Zahl der Vertragsstaaten[130] zu diesem Zeitpunkt die angestrebte Universalität des Gerichtshofs nicht zu erreichen gewesen. Da der von Deutschland gemachte Vorschlag einer vorläufigen Beteiligung der Nichtvertragsstaaten sich nicht durchsetzen konnte[131], wurde im Rahmen eines *Ad-hoc*-Treffens der Vertragsstaaten beschlossen, die Wahl zu verschieben, wobei als Kompromißtermin der 1. August 1996 vereinbart wurde.[132]

Vor diesem Termin wurde nach intensiven Beratungen über die Verteilung der Sitze festgelegt, daß die regionalen Gruppen Afrika und Asien je fünf, Westeuropa und andere sowie Lateinamerika je vier und Osteuropa drei Mitglieder des Seegerichtshofs stellen sollten.[133] Insgesamt waren zur Wahl der 21 Richter des Seegerichtshofs unter Berück-

---

126 Art. 4 (4) S. 3 ISGH-Statut.

127 Art. 4 (4) S. 4 ISGH-Statut.

128 Die IGH-Richter müssen sowohl von der Vollversammlung als auch vom Sicherheitsrat in jeweils getrennten Wahlgängen mit absoluter Mehrheit gewählt werden; siehe Art. 7 ff. IGH-Statut; eingehend Rosenne, World Court, S. 63 ff. Dieses Verfahren hat ein Übergewicht der im Sicherheitsrat vertretenen Staaten zur Folge und ist daher auf heftige Kritik insbesondere der Entwicklungsländer gestoßen, vgl. Wasum, Seegerichtshof, S. 55.

129 Angesichts der für die Wahl erforderlichen Mehrheitsverhältnisse besteht die Gefahr einer Dominanz der Entwicklungsländer (siehe schon oben S. 202, Fn. 41). J. P. A. Bernhardt, in: Virg. J. I. L. 1978 (Vol. 19), S. 69 (72) zeigt diese Gefahr anhand eines hypothetischen Beispiels auf: Angenommen, die Seerechtskonvention hat 150 Vertragsstaaten, so ist ein Kandidat bei einer Beteiligung von 100 Staaten gewählt, wenn 67 Stimmen für ihn abgegeben werden; er ist nicht gewählt, wenn 34 Staaten gegen ihn stimmen. Theoretisch hat dies angesichts der gegenwärtigen Zusammensetzung der UN zur Folge, daß die westlichen Industriestaaten keine Sicherheit haben, auch nur einen von ihnen favorisierten Kandidaten wählen zu können, wenn die Entwicklungsländer diesen boykottieren; hierzu auch Wasum, Seegerichtshof, S. 56 f.; Marquardt, Streitbeilegungssystem, S. 205 f. im Hinblick auf die Kammer für Meeresbodenstreitigkeiten.

130 Am 15. Mai 1995 gehörten dem SRÜ 73 Vertragsstaaten an. Aus der westlichen Staatengruppe hatten zu diesem Zeitpunkt lediglich Australien, Deutschland, Italien, Island und Malta, aus der östlichen Staatengruppe Jugoslawien (Serbien und Montenegro), Bosnien und Mazedonien das Übereinkommen ratifiziert, vgl. Treves, in: ZaöRV 1995, S. 421 (422 f., Fn. 2).

131 Birke, in: Nationale Folgerungen, S. 43 (47 f.); Treves, in: ZaöRV 1995, S. 421 (423 f.).

132 UN Press Release SEA/1504 vom 27. November 1995; siehe auch Birke, in: Nationale Folgerungen, S. 43 (48); Rosenne, in: AJIL 1995, S. 806 (809 ff.); Sohn, in: Int. J. of Mar. & Coast. L. 1995 (Vol. 10), S. 205 (215).

133 Für Kandidaten, die keiner der etablierten Staatengruppen angehörten, wurden Sonderregelungen getroffen. So wurde etwa der libanesische Kandidat der asiatischen Staatengruppe zugerechnet; vgl. UN Press Release SEA/1519 vom 5. August 1997.

sichtigung der vereinbarten Sitzverteilung am 1. August 1996 acht Wahlgänge erforderlich.[134]

Die Amtsdauer[135] der Mitglieder des Seegerichtshofs beträgt grundsätzlich neun Jahre, sie sind wiederwählbar.[136] Unmittelbar nach der ersten Wahl sind vom UN-Generalsekretär durch das Los je sieben Richter bestimmt worden, deren Amtszeit nach drei[137] bzw. sechs[138] Jahren endet.[139] Ziel dieser Regelung, die sich auch beim Internationalen Gerichtshof[140] bewährt hat, ist die Wahrung der Kontinuität der Rechtsprechung des Seegerichtshofs.[141]

In zwei Fällen dauert die Amtszeit der Richter über den eigentlichen Endzeitpunkt hinaus fort.[142] Zum einen bleiben die Mitglieder des Gerichtshofs im Amt, bis ihre Sitze neu besetzt sind. Diese Regelung wird relevant, wenn die Neuwahlen verschoben werden oder in eine Sackgasse geraten oder aber der neugewählte Richter nicht in der Lage ist, sein Amt termingerecht anzutreten.[143] Zum anderen bleibt ein Richter – auch nachdem sein Nachfolger gewählt worden ist – bis zur Beendigung aller Verfahrensabschnitte einer Rechtssache im Amt, in der das mündliche Verfahren vor dem Zeitpunkt seiner Ersetzung eröffnet wurde.[144]

Die Richter des Seegerichtshofs wählen für jeweils drei Jahre den Präsidenten und Vizepräsidenten.[145] Der Präsident hat den Vorsitz in allen Sitzungen des Seegerichtshofs;

---

134 Dem Seegerichtshof gehören an: Aus der afrikanischen Staatengruppe Paul Bamela Engo (Kamerun), Mohamed Mouldi Marsit (Tunesien), Thomas A. Mensah (Ghana), Tafsir Malick Ndiaye (Senegal), Joseph Sinde Warioba (Tansania); aus der asiatischen Staatengruppe Joseph Akl (Libanon), Choon Ho Park (Südkorea), P. Chandrasekhara Rao (Indien), Soji Yamamoto (Japan), Lihai Zhao (China); aus der osteuropäischen Staatengruppe Anatoly Lazarevich Kolodkin (Russische Föderation), Budislav Vukas (Kroatien), Alexander Yankov (Bulgarien); aus der lateinamerikanischen Staatengruppe Hugo Caminos (Argentinien), Edward Arthur Laing (Belize), Vicente Marotta Rangel (Brasilien), L. Dolliver M. Nelson (Grenada); aus der Staatengruppe Westeuropa und andere David H. Anderson (Großbritannien), Gudmundur Eiriksson (Island), Tullio Treves (Italien) und Rüdiger Wolfrum (Deutschland).

135 Die Amtszeit beginnt jeweils am 1. Oktober nach der Wahl, Art. 2 (1) ISGH-VerfO.

136 Art. 5 (1) S. 1 ISGH-Statut.

137 Akl, Engo, Kolodkin, Marotta Rangel, Rao, Warioba, Wolfrum.

138 Caminos, Eiriksson, Laing, Ndiaye, Treves, Yankov, Zhao.

139 Art. 5 (1) Hs. 2 ISGH-Statut. Bei der Neuwahl derjenigen Richter, deren Amtszeit am 1. Oktober 1999 endete, durch die Mitgliedstaaten am 24. Mai 1999 wurden die Richter Akl, Engo, Kolodkin, Marotta Rangel, Rao, Wolfrum sowie als neues Mitglied José Luis Jesus (Cape Verde) für eine weitere neunjährige Amtszeit gewählt (vgl. ITLOS/Press22 vom 24. Mai 1999).

140 Siehe Art. 13 IGH-Statut. Im Gegensatz hierzu wurden alle Richter des StIGH gleichzeitig gewählt (1921 und 1930). Dies führte dazu, daß die Kontinuität der Rechtsprechung zwar während der neun Jahre, nicht dagegen nach Ablauf dieses Zeitraums gewährleistet war, Rosenne, World Court, S. 63.

141 Nordquist/Rosenne/Sohn (Hrsg.), UNCLOS, Nr. A.VI.38 (S. 348).

142 Art. 5 (3) ISGH-Statut.

143 Nordquist/Rosenne/Sohn (Hrsg.), UNCLOS, Nr. A.VI.40 (S. 348).

144 Art. 5 (3) ISGH-Statut i.V.m. Art. 17, 69 ISGH-VerfO; zur entsprechenden Regelung des Art. 13 IGH-Statut i.V.m. Art. 33 IGH-VerfO Rosenne, World Court, S. 117 ff.

145 Art. 12 ISGH-Statut i.V.m. Art. 10 ff. ISGH-VerfO.

ferner ist er für die Verteilung der Aufgaben und die Überwachung der Verwaltung zuständig.[146] Er wird vom Vizepräsidenten und bei dessen Verhinderung vom dienstältesten Richter[147] vertreten.

Die Mitglieder des Internationalen Seegerichtshofs wählen selbst jährlich auf Vorschlag des Präsidenten die Mitglieder der gemäß Art. 15 (3) ISGH-Statut einzurichtenden Kammer für das abgekürzte Verfahren, die aus fünf regulären und zwei Ersatzmitgliedern besteht und der *ex officio* der Präsident[148] und der Vizepräsident des Seegerichtshofs angehören.[149] Entscheidet sich der Seegerichtshof daneben für die Einrichtung einer Kammer zur Erledigung bestimmter Streitigkeiten[150], so werden deren Mitglieder ebenfalls auf Vorschlag des Präsidenten durch die Mitglieder des Seegerichtshofs gewählt, mit der Maßgabe, daß bei der Wahl besondere Kenntnisse, Sachverstand oder Erfahrungen berücksichtigt werden sollen.[151] Die Konstituierung einer *Ad-hoc*-Sonderkammer ist in Art. 15 (2) ISGH-Statut, Art. 30 ISGH-VerfO geregelt. Die Einrichtung soll innerhalb von zwei Monaten nach der Einleitung des Verfahrens beantragt werden.[152] Die Zusammensetzung der Kammer wird vom Gerichtshof mit Zustimmung der Parteien festgelegt.[153]

b. Kammer für Meeresbodenstreitigkeiten

Die Kammer für Meeresbodenstreitigkeiten besteht aus elf Mitgliedern, die von der Mehrheit der gewählten Mitglieder des Gerichtshofs aus deren Mitte[154] ausgewählt wer-

---

146 Art. 12 ISGH-VerfO; zu den Aufgaben des Präsidenten Nordquist/Rosenne/Sohn (Hrsg.), UNCLOS, Nr. A.VI.71 (S. 357); eingehend zum Präsidenten des IGH Rosenne, in: FS Jennings, S. 406 ff.

147 Wer dienstältester Richter ist, richtet sich nach Art. 4 ISGH-VerfO. Maßgeblich ist in erster Linie das Dienst- und in zweiter Linie das Lebensalter. Für Ad-hoc-Richter siehe Art. 8 (2) ISGH-VerfO.

148 Dieser ist ex officio Präsident der Kammer.

149 Art. 28 (1) ISGH-VerfO.

150 Art. 15 (1) ISGH-Statut, Art. 29 ISGH-VerfO. Gemäß Art. 29 (1) ISGH-VerfO bestimmt der Internationale Seegerichtshof, wenn er die Einrichtung einer Sonderkammer beschließt, die Art von Streitigkeiten, für die die Kammer eingerichtet wird, die Anzahl der Mitglieder (drei oder mehr Mitglieder, vgl. Art. 15 (1) ISGH-Statut), die Amtsdauer, den Zeitpunkt des Beginns und die Beschlußfähigkeit.

151 Art. 29 (2) ISGH-VerfO. Soweit nicht der Präsident oder der Vizepräsident des ISGH zu den Mitgliedern der jeweiligen Sonderkammer gehört, wählen die Mitglieder der Kammer in geheimer Wahl einen Präsidenten, siehe hierzu Art. 31 (2) u. (3) ISGH-VerfO; zur Vertretung des Präsidenten Art. 31 (4) ISGH-VerfO.

152 Art. 30 (1) ISGH-VerfO.

153 Art. 15 (2) ISGH-Statut, 30 (3) ISGH-VerfO; siehe schon oben S. 203.

154 Ursprünglich sollten die Mitglieder der KMS auf Vorschlag des Rates von der Versammlung der Mitglieder der Meeresbodenbehörde gewählt werden; später wurde das Vorschlagsrecht des Rates durch eine eigenständige Wahl der Versammlung ersetzt, Wolfrum, Internationalisierung, S. 608 f. Für dieses Verfahren wurde angeführt, daß die Versammlung als Hauptorgan für die Verwaltung des „common heritage of mankind" das einzig legitime Organ für die Wahl der Kammermitglieder sei, Wasum, Seegerichtshof, S. 70. Gleichwohl setzten sich die insbesondere von den Industrienationen geäußerten Bedenken gegen die Einflußnahme der Ent-

den.[155] Auch hier ist eine Vertretung der hauptsächlichen Rechtssysteme der Welt und eine gerechte geographische Verteilung zu gewährleisten.[156] Anders als für den Seegerichtshof ist keine zahlenmäßige Verteilung vorgesehen; jedoch kann die Versammlung der Behörde Empfehlungen allgemeiner Art im Hinblick auf diese Vertretung und Verteilung machen.[157] Die Mitglieder der Kammer werden alle drei Jahre gewählt; eine einmalige Wiederwahl ist möglich.[158] Wie die anderen Spruchkörper wählt auch die Kammer für Meeresbodenstreitigkeiten einen Präsidenten[159]; sie bringt Verfahren, die am Ende der Drei-Jahres-Frist noch anhängig sind, in ihrer ursprünglichen Zusammensetzung zu Ende.[160]

Innerhalb der Kammer für Meeresbodenstreitigkeiten wird auf Antrag einer Streitpartei[161] für Streitigkeiten zwischen Vertragsstaaten über die Auslegung oder Anwendung des Teils XI des Seerechtsübereinkommens eine aus drei Mitgliedern bestehende *Ad-hoc*-Kammer eingerichtet.[162] Die Zusammensetzung wird von der Kammer für Meeresbodenstreitigkeiten mit Zustimmung der Parteien festgelegt. Kann die Zustimmung einer oder beider Parteien nicht erlangt werden, so ernennt jede Streitpartei ein Mitglied; das dritte Mitglied wird von den Parteien einvernehmlich bestellt.[163] Mangels einer Einigung der Parteien sowie im Falle des Unterlassens der Ernennung seitens einer Partei, nimmt der Präsident der Kammer für Meeresbodenstreitigkeiten nach Konsultationen mit den Parteien die notwendige(n) Ersatzbestellung(en) vor.

---

wicklungsländer durch; hierzu insb. J. P. A. Bernhardt, in: Virg. J. I. L. 1978 (Vol. 19), S. 69 (72 f.); zur Enstehungsgeschichte auch Seeberg-Elverfeldt, Tiefseebergbaurecht, S. 43 f., Sohn, in: FS Bindschelder, S. 443 (446 f.).

155 Art. 35 (1) ISGH-Statut.

156 Zu der sich aus diesen zusätzlichen Anforderungen ergebenden Einschränkung der Auswahlmöglichkeiten bei der Wahl der Mitglieder der KMS Nordquist/Rosenne/Sohn (Hrsg.), UNCLOS, Nr. A.VI.179 (S. 406); Merrills, Settlement, S. 173: „Since the Tribunal may have as few as three members from a particular geographical group, the element of choice in the election will sometimes be quite limited".

157 Art. 35 (2) ISGH-Statut.

158 Art. 35 (3) ISGH-Statut; Seeberg-Elverfeldt, Tiefseebergbaurecht, S. 46 kritisiert die Dauer der Amtszeit als zu kurz, insbesondere im Hinblick auf die Kontinuität der Rechtsprechung der KMS.

159 Art. 35 (4) ISGH-Statut.

160 Art. 35 (5) ISGH-Statut.

161 Die Einrichtung der Ad-hoc-Kammern innerhalb der KMS stellt einen Kompromiß dar zwischen denen, die auch für Streitigkeiten über die Auslegung des Teils XI des Seerechtsübereinkommens die Möglichkeit eines Schiedsverfahrens eröffnen wollten, und denen, die eine ausschließliche Zuständigkeit der Kammer für Meeresbodenstreitigkeiten befürworteten, um die Einheitlichkeit der Auslegung des Teils XI zu wahren. Der Kompromiß liegt darin, daß die Kammer auf Antrag einer Partei eingerichtet wird und die Parteien Einfluß auf deren Zusammensetzung haben, vgl. Nordquist/Rosenne/Sohn (Hrsg.), UNCLOS, Nr. A.VI.192 (S. 410 f.); Merrills, Settlement, S. 173.

162 Art. 36 (1) ISGH-Statut i.V.m. Art. 188 (1) (b), 187 (1) (a) SRÜ.

163 Art. 36 (2) ISGH-Statut. Nach Art. 36 (3) ISGH-Statut dürfen die Mitglieder nicht im Dienste einer Partei stehen; insbesondere dürfen sie - abweichend von Art. 17 (1) ISGH-Statut (siehe oben S. 206) - nicht Staatsangehörige einer Streitpartei sein.

Wie ein ICSID- oder WIPO-Schiedsgericht wird ein WTO-Panel für die Entscheidung einer einzelnen konkreten Streitigkeit eingerichtet. Daher kommt den Bestimmungen über die Konstituierung des Spruchkörpers insofern entscheidende Bedeutung zu, als sie festlegen, in welchem Umfang die Parteien Einfluß auf die Auswahl der Mitglieder des Spruchkörpers haben.[164] Die Bestimmungen sollten einerseits den Parteien die Möglichkeit einräumen, möglichst weitgehenden Einfluß auf die Bildung des Spruchkörpers zu nehmen, und andererseits effektive Regelungen bereithalten, um eine Verzögerung oder Blockade der Konstituierung durch eine das Verfahren obstruierende Partei zu verhindern.[165]

Die zentrale Vorschrift im Hinblick auf die Konstituierung eines WTO-Panels ist Art. 8.6 DSU.[166] Danach schlägt das Sekretariat der WTO den Streitparteien Panelmitglieder vor. Hierfür kann es auf eine von ihm geführte Liste möglicher Panelmitglieder[167] zurückgreifen, die Angaben dazu enthält, in welchen WTO-relevanten Bereichen die aufgeführten Personen über Erfahrungen oder Fachkenntnisse verfügen. Die Mitgliedstaaten können für diese „indicative list of panelists" Staatenvertreter und Privatpersonen benennen, die über die in Art. 8.1 DSU geforderten Qualifikationen[168] verfügen.[169] Die Vorschläge des Sekretariats zur Zusammensetzung des Panels bedürfen der Zustimmung der Streitparteien, wobei diese ihre Zustimmung nur aus zwingenden Gründen („for compelling reasons") ablehnen dürfen, ohne daß dieser Begriff näher definiert ist.[170] In der Praxis des GATT und der WTO hat sich die Panel-Konstituierung als schwierige Aufgabe erwiesen, da die Streitparteien regelmäßig versucht haben, ein der eigenen Position gewogenes Panel zu bekommen bzw. die Einrichtung eines der anderen Partei geneigten Panels zu ver-

---

164 Eichmann, in: Int. Tax & Bus. L. 1990 (Vol.8), S. 38 (52 f.) im Hinblick auf das GATT; Böckstiegel, ICC-Schiedsgerichtsbarkeit, S. 78: „[Die Schiedsrichterbestellung ist die] wichtigste Entscheidung für eine ordnungsgemäße Abwicklung des Schiedsverfahrens und seines Ausgangs"; vgl. auch Redfern, in: Private Investors Abroad 1989, § 11-7 f.

165 Vgl. in Bezug auf die Schiedsgerichtsbarkeit Baker/Davis, Experience, S. 15; van den Berg, Constituting, S. 17

166 Art. 8.10 DSU enthält eine Sondervorschrift für Streitigkeiten zwischen einem Industrie- und einem Entwicklungsland; auf Antrag des letzteren muß mindestens ein Panelmitglied einem Entwicklungsland angehören, siehe hierzu Kohona, in: JWT 1994, Nr. 2, S. 23 (37). Diese Regelung entspricht der Praxis im Rahmen des GATT, wobei das einem Entwicklungsland angehörende Panelmitglied regelmäßig aus einer anderen geographischen Region stammte als die Streitpartei, Plank, in: J. Int. Arb.1987, Nr. 4, S. 53 (66).

167 Art. 8.4 DSU.

168 Siehe oben S. 210 f.

169 Die Liste umfaßt die am 30. November 1984 eingerichtete Liste von Privatpersonen („Roster of non-governmental panelists") und die sonstigen Listen, die unter den unter das DSU fallenden Übereinkommen eingerichtet worden sind. Die im Zeitpunkt des Inkrafttretens der WTO in diesen Listen geführten Personen sind in die „indicative list of panelists" übernommen worden, vgl. Art. 8.4 S. 2 DSU. Der „Roster of non-governmental panelists" wurde im Rahmen der 1984 Decision eingerichtet (Formation of panels, Nr. 1).

170 Kohona, in: JWT 1994, Nr. 2, S. 23 (36). Die Bedeutung ist auch im Rahmen der Uruguay-Runde nicht diskutiert worden, Komuro, in: J. Int. Arb. 1995, Nr. 3, S. 81 (126, Fn. 161).

hindern.[171] *Plank* bemerkt treffend, daß jede Streitpartei die Befürchtung, daß ein Mitglied des Panels zu ihrem Nachteil entscheiden könnte, als zwingenden Grund ansehen wird, die Zustimmung zu verweigern.[172]

Art. 8.7 DSU enthält eine Regelung, um die Obstruktion der Panelkonstituierung durch eine Partei zu verhindern: Wird eine Einigung über die Zusammensetzung des Panels nicht innerhalb von 20 Tagen nach Einsetzung des Panels erzielt, so bestimmt der Generaldirektor der WTO auf Verlangen einer Streitpartei innerhalb von 10 Tagen die Zusammensetzung des Panels. Er benennt die Panelmitglieder dabei in Absprache mit dem Vorsitzenden des DSB, dem Vorsitzenden des von der Streitigkeit betroffenen Rates oder Ausschusses und den Parteien. Auch in diesem Fall bleibt also ein Einfluß der Parteien auf die Zusammensetzung des Panels gewahrt.[173]

3. ICSID-Schiedsverfahren

Während das Verfahren zur Konstituierung der Spruchkörper des Seegerichtshofs sowie der WTO-Panels festgelegt ist, richtet sich die Konstituierung eines ICSID-Schiedsgerichts grundsätzlich nach dem von den Parteien vereinbarten Verfahren.[174] Die Ausgestaltungsfreiheit unterliegt dabei nur den folgenden Beschränkungen: Die Parteien dürfen kein aus einer geraden Anzahl von Mitgliedern bestehendes Schiedsgericht vereinbaren, Art. 37 (2) (a) ICSID-Übk. Des weiteren muß gemäß Art. 39 ICSID-Übk innerhalb des Schiedsgerichts eine „neutrale Majorität" bestehen; es sei denn, die Parteien bestimmen alle Mitglieder des Schiedsgerichts einvernehmlich.[175] Schließlich schreibt Art. 40 (2) ICSID-Übk vor, daß der von einer Partei ernannte Schiedsrichter den in Art. 14 (1) ICSID-Übk genannten Anforderungen[176] genügen muß.[177]

Die Parteien haben auch nach der Einleitung des Verfahrens noch die Möglichkeit, sich über die Anzahl der Schiedsrichter und das Verfahren zu deren Ernennung zu eini-

---

171 Sehr lesenswert ist die auf eigenen Erfahrungen beruhende Schilderung von Plank, in: J. Int. Arb.1987, Nr. 4, S. 53 (66 ff.); vgl. auch Eichmann, in: Int. Tax & Bus. L. 1990 (Vol.8:38), S. 38 (51 f.).

172 Plank, in: J. Int. Arb.1987, Nr. 4, S. 53 (71): „In practice, these reasons, if verbalized at all, turn out to be no more than a few mumbling noises to the effect of 'we think the individual would not be impartial' which means 'we don't believe the person will decide in our favor': a reason any party to a dispute would consider compelling enough to warrant rejection".

173 Die Möglichkeit einer Ersatzbenennung wurde erstmals in der 1984 Decision (Formation of panels, Nr. 3) eingeführt, wobei die wesentlichen Unterschiede dieser Regelung zu Art. 8.7 DSU darin bestanden, daß der Antrag erst nach Ablauf von 30 Tagen gestellt werden konnte und Panelists nur aus dem „Roster of non-governmental panelists" ernannt werden konnten. Dagegen entsprach die in F. (c) 5. 1989 Improvements enthaltene Vorschrift über die Ersatzbenennung von Panelists inhaltlich Art. 8.7 DSU.

174 Delaume, in: Clunet 1982, S. 775 (819); Shihata, in: Private Investments Abroad 1993, § 16-15.

175 Siehe hierzu oben S. 208 f.

176 Zur Qualifikation siehe oben S. 211 f., zur Unabhängigkeit siehe unten S. 228 ff.

177 Art. 40 (1) ICSID-Übk bestimmt ausdrücklich, daß die Parteien das Recht haben, eine nicht im Schiedsrichterverzeichnis (Art. 12 ICSID-Übk) geführte Person zu benennen; unklar insoweit Baker/Yoder, in: J. Int. Arb. 1988, Nr. 4, S. 81 (85 ff.).

gen.[178] Gelingt ihnen dies nicht innerhalb von 60 Tagen, so findet auf Verlangen einer der Parteien das in Art. 37 (2) (b) ICSID-Übk vorgeschriebene Verfahren Anwendung.[179] In diesem Fall besteht das Schiedsgericht aus drei Schiedsrichtern, wobei jede Partei einen Schiedsrichter ernennt und der vorsitzende Schiedsrichter im gegenseitigen Einvernehmen von den Parteien bestimmt wird. Nach Rule 3 ICSID AR benennt eine der Parteien in einer Mitteilung an die andere Partei den von ihr zu ernennenden Schiedsrichter und schlägt einen vorsitzenden Schiedsrichter vor. Hierauf teilt die andere Partei unverzüglich der ersten Partei mit, wen sie als parteiernannten Schiedsrichter benennt; außerdem stimmt sie entweder der Ernennung des vorgeschlagenen vorsitzenden Schiedsrichters zu oder schlägt eine andere Person vor. Auf einen neuen Vorschlag muß die erste Partei wiederum unverzüglich reagieren.

Gelingt es den Parteien nicht, das Schiedsgericht innerhalb von 90 Tagen oder binnen einer anderen von den Parteien vereinbarten Frist zu konstituieren[180], so ernennt der Vorsitzende des Verwaltungsrates des ICSID auf schriftlichen[181] Antrag einer Partei nach Konsultierung der Parteien[182] den oder die noch nicht ernannten Schiedsrichter, Art. 38 S. 1 ICSID-Übk.[183] In der Praxis handelt der Vorsitzende des Verwaltungsrates dabei aufgrund von Empfehlungen des Generalsekretärs des Zentrums.[184] Im Gegensatz zu den Parteien ist er bei der Ernennung der Schiedsrichter an die vom ICSID geführte Schiedsrichterliste gebunden.[185]

Letztere Beschränkung hat sich in der Praxis des Zentrums als nicht unproblematisch erwiesen, da zahlreiche Staaten von ihrem Recht, Personen für das Schiedsrichterverzeichnis zu benennen, keinen Gebrauch gemacht oder Personen benannt haben, die über keine Erfahrungen im Bereich der Schiedsgerichtsbarkeit und des internationalen Wirtschaftsrechts verfügen. Der vergleichsweise kleine Kreis der geeigneten Kandidaten reduziert sich weiter aufgrund zusätzlicher Faktoren, etwa wegen des Ausschlusses bestimmter

---

178 Rule 2 (1) ICSID AR.

179 Rule 2 (3) ICSID AR.

180 Art. 38 ICSID-Übk ist nicht nur auf die Fälle der Konstituierung des Schiedsgerichts nach Art. 37 (2) (b) ICSID-Übk anwendbar, sondern auch wenn die Parteien ein anderes Verfahren vereinbart haben.

181 Rule 4 (1) ICSID AR.

182 Siehe hierzu Delaume, in: Pace L. Rev. 1985, S. 563 (572), demzufolge die Parteien in den meisten Fällen mit dem Vorsitzenden des Verwaltungsrates kooperiert haben; Paulsson, in: Private Investments Abroad 1993, § 15-12 hält diese Regelung für eines der interessanten Merkmale der ICSID-Schiedsgerichtsbarkeit.

183 Nach Art. 38 S. 2 ICSID-Übk dürfen auch die nach S. 1 ernannten Schiedsrichter weder dem Investitionsstaat noch dem Heimatstaat des Investors angehören. Nach Rule 4 (4) ICSID AR soll, soweit möglich, die Benennung innerhalb von 30 Tagen nach Empfang des schriftlichen Antrags erfolgen.

184 Craig, in: Private Investments Abroad 1993, § 14-34; Shihata, in: Private Investments Abroad 1993, § 16-16.

185 Art. 40 (1) ICSID-Übk. Die Parteien haben aber die Möglichkeit, den Vorsitzenden des Verwaltungsrates ausdrücklich dazu zu ermächtigen, eine nicht in der Schiedsrichterliste geführte Person zu benennen. In einem Schiedsverfahren haben die Parteien eine entsprechende Ermächtigung erteilt, vgl. Delaume, in: Clunet 1982, S. 775 (820, Fn. 136).

Nationalitäten oder der Notwendigkeit bestimmter Sprachkenntnisse.[186] Da etwa in der Hälfte aller ICSID-Schiedsverfahren für die Ernennung zumindest eines Schiedsrichters auf das Verfahren nach Art. 38 ICSID-Übk zurückgegriffen werden mußte[187], kommt Art. 13 (2) ICSID-Übk besondere Bedeutung zu, der dem Vorsitzenden des Verwaltungsrats das Recht einräumt, bis zu zehn Personen für das Schiedsrichterverzeichnis selbst zu benennen. In zahlreichen Fällen hat der Vorsitzende des Verwaltungsrates auf diese Personen zurückgegriffen. [188]

Der Generalsekretär des Zentrums fordert die benannte Person auf zu erklären, ob sie das Schiedsrichteramt annimmt.[189] Mit der Annahme des Schiedsrichteramtes kommt auch der Schiedsrichtervertrag zustande.[190] Als Termin für die Konstituierung des Schiedsgerichts und die Eröffnung des Verfahrens gilt das Datum des Tages, an dem der Generalsekretär den Parteien mitteilt, daß alle Schiedsrichter ihre Ernennung angenommen haben.[191]

Angesichts des recht komplexen Ernennungsverfahrens empfiehlt das ICSID-Sekretariat regelmäßig jedem Schiedsgericht, in der ersten Sitzung mit den Parteien festzustellen, daß das Schiedsgericht ordnungsgemäß konstituiert worden ist und sich dies von den Parteien bestätigen zu lassen, um eine Aufhebung des Schiedsspruchs wegen nicht ordnungsgemäßer Bildung des Schiedsgerichts zu präkludieren.[192]

4. WIPO-Schiedsverfahren

Auch der WIPO-Schiedsordnung liegt als Grundprinzip der Vorrang der Parteivereinbarung zugrunde.[193] Die Parteien können die Anzahl der Schiedsrichter[194] und das Verfah-

---

186 Vgl. Craig, in: Private Investments Abroad 1993, § 14-34 f.; Delaume, in: Clunet 1982, S. 775 (820); Paulsson, in: Private Investments Abroad 1993, § 15-11; Shihata, in: Private Investments Abroad 1993, § 16-16.

187 Delaume, in: Pace L. Rev. 1985, S. 563 (572); Shihata, in: Private Investments Abroad 1993, § 16-16.

188 Nach Paulsson, in: Private Investments Abroad 1993, § 15-11, hat diese sog. Chairman's list „in fact saved the day"; ders., in: ICSID Rev. - FILJ 1991, S. 380 (394 f.); siehe auch Broches, Experience, S. 93 f.

189 Rule 5 ICSID AR. Die Partei(en) bzw. der Vorsitzende des Verwaltungsrats teilen dem Generalsekretär die Ernennung jeden Schiedsrichters und das jeweilige Ernennungsverfahren mit. Nimmt die ernannte Person die Ernennung nicht innerhalb von 15 Tagen an, teilt der Generalsekretär dies den Parteien und ggf. dem Vorsitzenden des Verwaltungsrates mit und fordert sie auf, eine andere Person zu benennen.

190 Siehe hierzu oben S. 182, Fn. 533.

191 Rule 6 (1) ICSID AR. Bis zur Konstituierung des Schiedsgerichts kann jede Partei gemäß Rule 7 ICSID AR jeden von ihr ernannten Schiedsrichter und können die Parteien durch gemeinsamen Beschluß jeden Schiedsrichter durch einen anderen ersetzen. Das Ersetzungsverfahren richtet sich dabei nach den Rules 1, 5 und 6 ICSID AR.

192 Broches, in: YCA 1993, S. 627 (663 f., Rn. 101).

193 Eine Ausnahme von diesem Grundsatz ist allein in Art. 18 (c) WIPO SchO für Mehrparteienschiedsverfahren vorgesehen; siehe hierzu unten S. 333 ff.

194 Art. 14 (a) WIPO SchO.

ren zu deren Ernennung vereinbaren.[195] Haben die Parteien von der Möglichkeit Gebrauch gemacht, ein von der WIPO-Schiedsordnung abweichendes Ernennungsverfahren zu vereinbaren, so muß das Schiedsgericht, soweit die Parteien keine andere Frist festgelegt haben, innerhalb von 45 Tagen nach Beginn des Schiedsverfahrens gebildet sein.[196]

Liegt keine Parteivereinbarung vor, so richtet sich das Verfahren zur Bildung des Schiedsgerichts nach den Art. 16 ff. WIPO SchO.[197] Die Ernennung eines Einzelschiedsrichters[198] erfolgt danach binnen 30 Tagen ab Beginn des Schiedsverfahrens einvernehmlich durch die Parteien[199], ohne daß ein bestimmtes Verfahren für die Herstellung des Einvernehmens festgelegt ist. Ist ein Dreierschiedsgericht von den Parteien vereinbart, so richtet sich dessen Bildung nach Art. 17 (b) WIPO SchO. Die klagende Partei benennt in ihrem Antrag auf Verfahrenseinleitung einen Schiedsrichter, die beklagte Partei benennt ihrerseits einen Schiedsrichter binnen 30 Tagen nach Zugang des Antrags.[200] Hat demgegenüber das WIPO Arbitration Center mangels Parteivereinbarung die Bildung eines Dreierschiedsgerichts bestimmt, so hat die klagende Partei binnen 15 Tagen und die beklagte Partei binnen 30 Tagen nach Zugang der entsprechenden Mitteilung jeweils einen Schiedsrichter zu benennen. In beiden Fällen ernennen die beiden Mitschiedsrichter innerhalb von 20 Tagen den Vorsitzenden des Schiedsgerichts.[201] Im Unterschied zur ICSID-Schiedsgerichtsbarkeit wird der Vorsitzende also nicht von den Parteien, sondern von den Schiedsrichtern benannt. In der Praxis werden die Schiedsrichter sich aber hinsichtlich der Wahl des vorsitzenden Schiedsrichters in den meisten Fällen mit den Parteien abstimmen. Zumindest wenn beide Schiedsrichter einig sind, so vorzugehen, erscheint dies zulässig.[202]

Die einzelnen Fristen für die Schiedsrichterbenennung sind knapp bemessen. Dies gilt insbesondere für die 20-tägige Frist, die den Mitschiedsrichtern zur Einigung auf einen

---

195 Art. 15 (a) WIPO SchO.

196 Art. 15 (b) WIPO SchO. Die 45-Tage-Frist ist nur anwendbar, wenn die Parteien ein von der WIPO SchO abweichendes Ernennungsverfahren vereinbart haben. Richtet sich die Schiedsrichterernennung hingegen nach den Art. 16 ff. WIPO SchO, so gelten die speziellen Fristenregelungen (Art. 16 (b), 17 (b), 17 (c), 18 (a), 18 (b) WIPO SchO); Art. 15 (b) WIPO SchO ist in diesem Fall nicht anwendbar; a.A. Schäfer, in: RPS 1. Halbjahr 1996, S. 10 (12).

197 van den Berg, Constituting, S. 17 empfiehlt für den Regelfall eine Vereinbarung der Parteien, daß ein Dreierschiedsgericht nach dem von der WIPO SchO vorgesehenen Verfahren gebildet werden soll.

198 Wie oben S. 204 dargestellt, besteht das Schiedsgericht gemäß Art. 14 (b) WIPO SchO mangels Parteivereinbarung aus einem Einzelschiedsrichter, es sei denn, die Schiedsstelle bestimmt im Rahmen ihres Ermessens, daß angesichts der Umstände des Streitfalls eine Zusammensetzung des Schiedsgerichts aus drei Mitgliedern angemessen ist.

199 Art. 16 WIPO SchO.

200 Die klagende Partei benennt ihren Schiedsrichter also, ohne daß sie weiß, wenn die beklagte Partei ernennen wird, vgl. van den Berg, Constituting, S. 17 (19).

201 Auch hierfür ist kein bestimmtes Verfahren vorgeschrieben; mögliche Vorgehensweisen beschreibt Carter, Selection, S. 153.

202 Vgl. Carter, Selection, S. 151; Jagenburg, in: FS Oppenhoff, S. 147 (156); Lionnet, in: (Böckstiegel) Bauindustrie, S. 291 (300); Lowenfeld, in: T. Int. L. J. 1995 (Vol. 30), S. 59 (63): „There seems to be an unwritten rule ... [that] it is expected that the candidates being considered be cleared with counsel".

Vorsitzenden zur Verfügung steht, zumal diese Frist nicht erst mit dem Zugang der entsprechenden Mitteilung, sondern bereits mit der Ernennung des zweiten Schiedsrichters zu laufen beginnt.[203] Andererseits ist ein enger Zeitrahmen geboten, um die zügige Konstituierung des Schiedsgerichts zu gewährleisten. Sollten die zeitlichen Vorgaben in einzelnen Fällen nicht einzuhalten sein, so eröffnet Art. 4 (g) WIPO SchO die Möglichkeit, daß das WIPO Arbitration Center auf Antrag einer Partei oder aus eigener Entscheidung eine Fristverlängerung gewährt.

Im übrigen führt der Ablauf der jeweiligen Frist[204] nicht zu einem ausschließlichen Ernennungsrecht des WIPO Arbitration Center. Vielmehr ist auch während des Ersatzbenennungsverfahrens noch die Ernennung eines parteiernannten Schiedsrichters oder die Einigung auf einen Einzelschiedsrichter bzw. den vorsitzenden Schiedsrichter möglich.[205] Dies folgt daraus, daß der Zweck der Ersatzbenennung nicht darin besteht, die Fristversäumnis durch eine Partei zu sanktionieren, sondern eine unverhältnismäßige Verzögerung oder eine Blockade des Schiedsverfahrens durch eine Partei zu verhindern. Auch nach Ablauf der eigentlichen Ernennungsfrist sollen die Parteien weiterhin die Möglichkeit haben, bei der Konstituierung des Schiedsgerichts mitzuwirken, da dies die Akzeptanz des Schiedsverfahrens bei den Parteien und damit dessen Erfolgsaussichten erhöht.

Das Ersatzbenennungsverfahren ist in Art. 19 WIPO SchO geregelt. Ist eine Partei ihrer Verpflichtung zur Ernennung eines Mitschiedsrichters nicht nachgekommen, so wird dieser direkt durch das WIPO Arbitration Center ernannt.[206] Im Gegensatz hierzu erfolgt die Ernennung eines Einzelschiedsrichters bzw. des Vorsitzenden des Schiedsgerichts grundsätzlich im Wege des Listenverfahrens nach Art. 19 (b) WIPO SchO. Bei diesem Verfahren sendet das WIPO Arbitration Center beiden Parteien eine Liste mit den Namen von mindestens drei Kandidaten in alphabetischer Reihenfolge und Angaben zu deren Qualifikation[207] zu. Jede Partei[208] kann unerwünschte Kandidaten von der Liste streichen und eine Rangfolge der verbliebenen Kandidaten erstellen. Die bearbeitete Liste muß dem Zentrum innerhalb von 20 Tagen zurückgesandt werden; andernfalls gelten alle Listenkandidaten als gebilligt. Unter Berücksichtigung der Wünsche und Einwendungen der

---

203 Schäfer, in: RPS 1. Halbjahr 1996, S. 10 (12).

204 Art. 15 (b), 16 (b), 17 (b), 17 (c), 18 (a), 18 (b) WIPO SchO.

205 So auch im Hinblick auf das UNCITRAL MG Holtzmann/Neuhaus, Guide, S. 361 f.; Berger, Arbitration, S. 213; zum Iran-United States Claims Tribunal siehe Baker/Davis, Experience, S. 26 ff.

206 Art. 19 (a) WIPO SchO. Das Listenverfahren gemäß Art. 19 (b) WIPO SchO findet keine Anwendung. Dessen Durchführung wäre zeitraubend und würde die säumige Partei unangemessen benachteiligen, indem es der Gegenpartei auch bei der Bestellung des eigentlich von der anderen Partei zu ernennenden Schiedsrichters ein Mitspracherecht einräumen würde, van den Berg, Constituting, S. 17 (19); im Hinblick auf Art. 7 (2) UNCITRAL SchO, Rauh, UNCITRAL, S. 25; Sanders, in YCA 1977, S. 172 (187 f.).

207 Haben sich die Parteien über irgendwelche besonderen Qualifikationen geeinigt, so hat die Liste nur die Namen von Kandidaten, die diesen Qualifikationen entsprechen, zu enthalten, Art. 19 (b) (i) S. 4 WIPO SchO.

208 Während also zunächst die Mitschiedsrichter sich gemäß Art. 17 (b) bzw. (c) WIPO SchO auf den vorsitzenden Schiedsrichter einigen sollen, wird im Falle des Scheiterns dieser Einigung die Liste den Parteien zugesandt; vgl. hierzu Carter, Selection, S. 154.

Parteien ernennt das WIPO Arbitration Center aufgrund der Liste baldmöglichst einen der vorgeschlagenen Kandidaten. Enthält die Liste keinen für beide Parteien akzeptablen Namen - ist also jeder Kandidat von wenigstens einer Partei gestrichen worden -, so hat das Center das Recht, den Einzelschiedsrichter bzw. den Vorsitzenden des Schiedsgerichts direkt zu ernennen. Das gleiche gilt, wenn keiner der Kandidaten, die für beide Parteien akzeptabel sind, das Amt annimmt oder wenn diese Kandidaten aus anderen Gründen von der Amtsausübung ausgeschlossen sind.[209]

Zwar ist das Listenverfahren zeitaufwendiger als eine direkte Benennung durch das WIPO Arbitration Center, gleichwohl weist es auch nicht unerhebliche Vorzüge auf.[210] So haben die Parteien insbesondere die Möglichkeit, bei der Auswahl des Schiedsrichters mitzuwirken und bereits im Vorfeld Einwände gegen einzelne Kandidaten zu erheben. Hierdurch wird verhindert, daß die das Verfahren administrierende Stelle einen Schiedsrichter ernennt, der für eine Partei nicht akzeptabel ist, und daß letztere deshalb einen Ablehnungsantrag gegen den so ernannten Schiedsrichter stellt.[211] Ferner wird die Gefahr ausgeschlossen, daß ein an sich geeigneter Kandidat von einer Partei lediglich deshalb abgelehnt wird, weil er von der anderen Partei vorgeschlagen worden ist. Schließlich wird durch die Beteiligung der Parteien an der Schiedsrichterbestellung deren Kooperations- und Vergleichsbereitschaft[212] erhöht.

Auch wenn sich das Listenverfahren in der Praxis vielfach bewährt hat[213], ist es in bestimmten Konstellationen nicht geeignet. Dies gilt etwa, wenn mit großer Wahrscheinlichkeit zu erwarten ist, daß eine Partei alle Kandidaten von der Liste streichen bzw. jeder vorgeschlagene Kandidat von zumindest einer Partei abgelehnt werden wird.[214] Die Anwendung des Listenverfahrens würde hier dazu führen, daß gerade die Kandidaten von der Mitwirkung an dem Schiedsverfahren ausgeschlossen wären, die wegen ihrer besonderen Eignung von der das Verfahren administrierenden Institution auf die Liste gesetzt worden sind. Diesen Überlegungen trägt Art. 19 (c) WIPO SchO Rechnung; danach kann das WIPO Arbitration Center den Einzel- bzw. den vorsitzenden Schiedsrichter direkt ernennen, wenn es das Listenverfahren in dem konkreten Verfahren für unangebracht hält.

---

209 van den Berg, Constituting, S. 17 (21) nennt als Beispiel hierfür, daß sich während des Listenverfahrens herausstellt, daß ein Kandidat wegen eines Interessenkonfliktes nicht für das Schiedsrichteramt geeignet ist.

210 Allgemein zum Listenverfahren Berger, Arbitration, S. 215 ff.; Redfern/Hunter, Arbitration, S. 210 f.

211 Berger, Arbitration, S. 215; Sanders, in: YCA 1977, S. 172 (186).

212 Vgl. Jagenburg, in: FS Oppenhoff, S. 147 (156); Hellwig, in: RIW 1984, S. 421 (427).

213 van den Berg, Constituting, S. 17 (21) etwa weist darauf hin, daß die Anwendung des Listenverfahrens durch die niederländische Schiedsinstitution (NAI) dazu führt, daß die Parteien in 80% der Fälle übereinstimmende Präferenzen äußern.

214 So hat sich das Listenverfahren etwa im Rahmen des Iran - United States Claims Tribunal wiederholt als nicht geeignet erwiesen, da die vorgeschlagenen Kandidaten von wenigstens einer der Parteien abgelehnt wurden, Baker/Davis, Experience, S. 28 ff.

IV. Ablehnung und Rücktritt eines Mitglieds des Spruchkörpers, Ersetzungsverfahren

Für einen reibungslosen, erfolgreichen Ablauf eines Streiterledigungsverfahrens ist es notwendig, daß die Mitglieder des Spruchkörpers in der Lage sind, innerhalb eines angemessenen Zeitraumes und unter Wahrung der Interessen der Parteien zu einer unparteiischen und gewissenhaft abgewogenen Entscheidung zu gelangen. Weist ein Mitglied des Spruchkörpers die hierfür erforderlichen Eigenschaften nicht auf, so muß die Möglichkeit bestehen, dieses Mitglied von der Mitwirkung an dem Verfahren auszuschließen. Als vorrangiger Ablehnungsgrund ist dabei die fehlende Unabhängigkeit bzw. Unparteilichkeit zu nennen. Daneben haben aber auch die Mitglieder der Spruchkörper die Möglichkeit, bei Vorliegen bestimmter Umstände von sich aus von ihrem Amt zurückzutreten. Sowohl im Falle einer erfolgreichen Ablehnung, als auch bei einem Rücktritt eines Mitgliedes des Gerichts, Panels oder Schiedsgerichts ist ein Ersetzungsverfahren erforderlich.

1. Ablehnung

a. Ablehnungsgründe

(1) Berechtigte Zweifel an der Unabhängigkeit und Unparteilichkeit

Alle Verfahrensordnungen verlangen die Unabhängigkeit[215], das ISGH-Statut sowie die WIPO-Schiedsordnung ferner auch ausdrücklich die Unparteilichkeit[216] der Mitglieder des Spruchkörpers.[217]

---

215 Nach Art. 2 (1) ISGH-Statut besteht der Seegerichtshof aus unabhängigen Mitgliedern; gemäß Art. 8.2 DSU soll die Auswahl der Panelmitglieder mit Blick auf die Sicherstellung ihrer Unabhängigkeit erfolgen. Art. 40 (2) i.V.m. 14 (1) ICSID-Übk verlangt, daß Schiedsrichter jede Gewähr dafür bieten müssen, daß sie ihr Amt unabhängig ausüben werden; nach Art. 22 (a) WIPO SchO hat jeder Schiedsrichter unabhängig zu sein.

216 Nach Art. 2 (1) ISGH-Statut werden die Richter des ISGH unter Personen ausgewählt, die u.a. wegen ihrer Unparteilichkeit höchstes Ansehen genießen; Art. 22 (a) WIPO SchO; siehe auch Art. II WTO RoC.

217 Im Hinblick auf die Begriffe Unparteilichkeit und Unabhängigkeit bestehen einige terminologische Unklarheiten. So wird teilweise eine strenge Trennung beider Begriffe gefordert, Hunter, in: Arbitration 1987, S. 219 (222); Redfern/Hunter, S. 222, wobei nach einer Abgrenzung die Unabhängigkeit in erster Linie das Verhältnis zwischen Schiedsrichter und Partei, die Unparteilichkeit dagegen das Verhältnis zwischen dem Schiedsrichter und der Sache betreffen soll, Hunter, aaO. Nach anderer Abgrenzung liegt Parteilichkeit vor, wenn eine der Parteien bevorzugt wird oder eine vorgefertigte Meinung in Bezug auf den Streit besteht; Abhängigkeit entsteht hingegen aus einer Beziehung eines Mitgliedes des Spruchkörpers zu einer Partei oder zu jemandem, der einer Partei nahesteht, Rule 3.1 IBA Rules of Ethics (vgl. hierzu Branson, in: Arbitration 1987, S. 335 (335)). Letztlich stehen beide Begriffe in einem so engen Verhältnis zueinander, daß eine eindeutige, randscharfe Abgrenzung nicht möglich ist, so auch Aguilar-Alvarez, in: Arb. Int. 1990, S. 203 (214). Zwischen ihnen bestehen weniger Unterschiede in der Sache als in der Art der Feststellung der Befangenheit bzw. der fehlenden Integrität, Bellet, in: FS Lalive, S. 399 (401); Lalive/Gaillard, Clunet 1989, S. 905 (933 f.). In der Praxis ist die objektive mittelbare oder unmittelbare Abhängigkeit wichtigstes Beweisanzeichen für

(a) Internationaler Seegerichtshof

Im Hinblick auf die Unabhängigkeit der Mitglieder des Seegerichtshofs enthält Art. 7 ISGH-Statut eine Auflistung der mit dem Richteramt unvereinbaren Tätigkeiten.[218] Danach darf ein Richter weder eine politische noch eine administrative Nebentätigkeit ausüben, noch darf er sich aktiv oder finanziell an einer kommerziellen Nutzung des Meeres oder des Meeresbodens beteiligen. Er darf auch nicht als Bevollmächtigter, Rechtsbeistand oder Anwalt in irgendeiner Sache tätig werden. Es soll also zum einen ausgeschlossen werden, daß ein Richter die Interessen des Staates vertritt, in dem er ein politisches Amt innehat oder in dessen Verwaltung er tätig ist und zum anderen, daß er in Verfahren vor dem Seegerichtshof und der Kammer für Meeresbodenstreitigkeiten eigene wirtschaftliche Interessen hat.

Eine weitere Regelung zur Wahrung der richterlichen Unabhängigkeit enthält Art. 8 (1) ISGH-Statut. Ein Mitglied des Seegerichtshofs ist von der Mitwirkung an einem Verfahren ausgeschlossen, wenn es an diesem zuvor auf der Seite einer Partei oder als Mitglied eines Spruchkörpers beteiligt gewesen ist.[219] Daneben ist in Art. 8 (2) bzw. (3) ISGH-Statut vorgesehen, daß ein Mitglied aus besonderen Gründen („...for some special reason...") ausgeschlossen sein kann. Als besondere Gründe sind hier beispielsweise verwandschaftliche Beziehungen zu einer Person, die am Verfahren mitwirkt, oder sonstige Verbindungen zu dem Fall in einer früheren Verfahrensphase denkbar.[220] Jedes Mitglied des Seegerichtshofs ist verpflichtet, noch vor Aufnahme der richterlichen Tätigkeit in öffentlicher Sitzung die feierliche Erklärung abzugeben, daß es seine Befugnisse unparteiisch und gewissenhaft ausüben wird.[221]

Da die Richter des Seegerichtshofs ihr Amt hauptberuflich ausüben, ist das in Art. 7 ISGH-Statut vorgesehene weitgehende Verbot anderer, insbesondere rechtsberatender, Tätigkeiten möglich.[222] Auf der anderen Seite muß aus diesem Grunde aber auch die per-

---

die subjektive Tatsache der Parteilichkeit, Berger, Wirtschaftsschiedsgerichtsbarkeit, S. 176 f.; Fouchard, in: Clunet 1987, S. 861 (883). So kann aus der Tatsache, daß das DSU und das ICSID-Übk allein auf die Unabhängigkeit abstellen, nicht gefolgert werden, daß sie auf die Unparteilichkeit der Panelmitglieder bzw. der Schiedsrichter verzichten; vielmehr setzen sie diese ebenfalls voraus, Holtzmann, Conduct, S. 39 zum ICSID-Übk.

218 Zu Art. 7 ISGH-Statut Nordquist/Rosenne/Sohn (Hrsg.), UNCLOS, Nr. A.VI.51 ff. (S. 351 ff.).

219 Seeberg-Elverfeldt, Tiefseebergbaurecht, S. 47 ist der Auffassung, daß Sinn und Zweck des Art. 8 (1) SRÜ es nahelegen, daß ein Ausschließungsgrund auch vorliege, wenn ein Richter zuvor als Zeuge oder Sachverständiger vernommen worden ist.

220 Nordquist/Rosenne/Sohn (Hrsg.), UNCLOS, Nr. A.VI.59 (S. 354); vgl. auch Seeberg-Elverfeldt, Tiefseebergbaurecht, S. 48.

221 Art. 11 ISGH-Statut; zum Wortlaut der Erklärung siehe Art. 5 (1) ISGH-VerfO.

222 Art. 7 ISGH-Statut eröffnet nach seinem Wortlaut also grundsätzlich die Möglichkeit, daß die Mitglieder des Seegerichtshofs einer weiteren (privatwirtschaftlichen) Tätigkeit neben ihrem Amt nachgehen, soweit diese nicht im Zusammenhang mit einer kommerziellen Nutzung des Meeres oder des Meeresbodens steht und der Richter nicht als Bevollmächtigter, Rechtsbeistand oder Anwalt tätig wird. Im Gegensatz hierzu ist Richtern des IGH gemäß Art. 16 (1) IGH-Statut jede andere berufliche Tätigkeit untersagt; zu Art. 16 IGH-Statut Rosenne, World Court, S. 70.

sönliche wirtschaftliche Unabhängigkeit der Mitglieder des Seegerichtshofs sichergestellt werden. Diese erhalten daher ein steuerfreies Jahresgehalt und eine Vergütung für jeden Tag, an dem sie ihre Tätigkeit ausüben.[223]

Ferner genießen sie nach Art. 10 ISGH-Statut bei der Ausübung ihres Amtes diplomatische Vorrechte und Immunitäten. Zur persönlichen Unabhängigkeit gehört auch, daß die Mitglieder des Gerichtshofs grundsätzlich unabsetzbar sind. Nach Art. 9 ISGH-Statut verliert ein Richter sein Amt nur, wenn er die erforderlichen Voraussetzungen[224] nicht mehr erfüllt, wobei dies eine einstimmige Entscheidung der Mitglieder des Seegerichtshofs voraussetzt.

(b) WTO-Panelverfahren

Da ein WTO-Panel, anders als der Internationale Seegerichtshof, für die Entscheidung eines einzelnen Falles eingerichtet wird, üben die Panelmitglieder – wie auch Schiedsrichter – diese Funktion neben ihrer eigentlichen Tätigkeit aus. Daher scheidet ein mit Art. 7 ISGH-Statut vergleichbares weitgehendes Tätigkeitsverbot aus. Es bedarf deshalb anderer Regelungen zur Sicherstellung der Unabhängigkeit.

Für das WTO-Panelverfahren bestimmt Art. 8.9 DSU, daß die Panelmitglieder in ihrer Eigenschaft als Privatperson und nicht als Vertreter einer Regierung oder einer Organisation handeln; die Mitgliedstaaten dürfen ihnen keine Weisungen erteilen und nicht versuchen, sie zu beeinflussen.[225] Der Wahrung der Unabhängigkeit der Panelmitglieder dient

---

223 Art. 18 (1), (8) ISGH-Statut. Nach Art. 18 (5) ISGH-Statut werden die Gehälter, Zulagen und Entschädigungen durch die Vertragsstaaten festgesetzt; hierzu auch Rosenne, in: AJIL 1995, S. 806 (811).

224 Als mögliche Fälle des Art. 9 ISGH-Statut nennt Seeberg-Elverfeldt, Tiefseebergbaurecht, S. 49 die Weigerung eines Richters, seine Ausschließung für einen bestimmten Fall anzuerkennen, die Ausübung einer mit dem Richteramt unvereinbaren Tätigkeit, schwere Strafrechtsverletzungen durch das Mitglied oder den Fall, daß ein Mitglied Weisungen seines Heimatstaates Folge leistet und dadurch seine Verpflichtung zur Unparteilichkeit verletzt.

225 Dieser Grundsatz ist in Paragraph 14 des 1979 Understanding zum ersten Mal ausdrücklich festgehalten worden und seither allgemein anerkannt, Komuro, in: J. Int. Arb. 1995, Nr. 3, S. 81 (127, Fn. 163). In der Praxis des GATT haben vereinzelt an dem Verfahren beteiligte oder interessierte Staaten auf Panelmitglieder direkten oder - über deren Heimatstaaten - indirekten Druck ausgeübt, um eine für sie günstige Entscheidung zu erreichen (Plank, in: J. Int. Arb.1987, Nr. 4, S. 53 (81), gleichwohl scheinen solche Vorkommnisse aber eher die Ausnahme gebildet zu haben, vgl. Jackson, Restructuring, S. 65). Die Gefahr einer Beeinflussung besteht in besonderem Maße bei Panelmitgliedern, die als Delegierte ihrer Heimatländer in das Geflecht diplomatischer Kontakte bei der WTO einbezogen sind, Swacker/Redden/Wenger, World Trade, S. 379; Jackson, in: JWTL 1979, S. 1 (6); Meng, in: ZaöRV 1981, S. 69 (91 f.). Vor dem Hintergrund der im Rahmen des GATT zunächst herrschenden Praxis, die Panels vorzugsweise mit Delegationsmitgliedern zu besetzen (vgl. Paragraph 6 (ii) und (iii) des Anhanges zum 1979 Understanding, der die bis zu diesem Zeitpunkt geltende GATT-Praxis beschreibt), bestimmte Paragraph F (c) 2. 1989 Improvements erstmals, daß Panels aus qualifizierten Staatenvertretern und/oder Privatpersonen zusammengesetzt werden sollten, ohne eine Präferenz für eine bestimmte Gruppe zu äußern. Diese Regelung ist in Art. 8.1 DSU übernommen worden.

auch Art. 8.3 DSU, demzufolge die Panelmitglieder mangels abweichender Parteivereinbarung nicht die Staatsangehörigkeit einer der Streitparteien oder eines Dritten im Sinne des Art. 10.2 DSU haben dürfen.[226]

Neben diesen Vorschriften des DSU finden sich insbesondere auch in den *Rules of Conduct for the Understanding on Rules and Procedures Governing the Settlement of Disputes* (WTO RoC)[227] Regelungen zur Unabhängigkeit der Panelmitglieder. Nach Art. II WTO RoC müssen Panelmitglieder[228] unabhängig und unparteilich sein, direkte und indirekte Interessenkonflikte vermeiden und die Vertraulichkeit des Streiterledigungsverfahrens wahren. Insbesondere dürfen sie keine Verpflichtungen eingehen oder Vorteile annehmen, die im Konflikt zu ihren Pflichten als Panelmitglied stehen oder die geeignet sind, Zweifel an der ordnungsgemäßen Erfüllung ihrer Aufgabe im Rahmen des Streiterledigungsverfahrens hervorzurufen.[229] Zur Wahrung der Integrität der WTO-Streiterledigung sind in Art. VI WTO RoC umfassende Offenlegungspflichten normiert.[230]

(c) ICSID- und WIPO-Schiedsverfahren

Gemäß Art. 40 (2) i.V.m. 14 (1) ICSID-Übk muß ein Schiedsrichter jede Gewähr dafür bieten, daß er sein Amt unabhängig ausüben wird; nach Art. 22 (a) WIPO SchO hat jeder Schiedsrichter unabhängig zu sein. Das Gebot der Unabhängigkeit bzw. Unparteilichkeit ist verletzt, wenn jemand als Schiedsrichter in eigener Sache tätig wird[231]; gleiches gilt grundsätzlich[232] auch, wenn eine Partei ein Übergewicht bei der Bestellung des Schiedsgerichts hat.[233]

---

226 Siehe hierzu oben S. 207 f.

227 WT/DSB/RC/1 vom 11. Dezember 1996.

228 Neben Panelmitgliedern finden die Rules of Conduct nach Art. IV WTO RoC ferner Anwendung auf Mitglieder des Rechtsmittelgremiums, Schiedsrichter (gemäß Art. 21.3 (c), 22.6, 22.7, 26.1 (c), 25 DSU, Art. 8.5 SCM Agreement, Art. XXI.2 und XXII.3 GATS, vgl. Anhang 1 a WTO RoC), Sachverständige (gemäß Art. 13.1, 13.2 DSU, Art. 4.5 SCM Agreement, Art. 11.2 SPS Agreement, Art. 14.2, 14.3 TBT Agreement, vgl. Anhang 1 b WTO RoC) und Mitglieder des WTO-Sekretariats.

229 Art. III (2) S. 3 WTO RoC. Zur Notwendigkeit einer Regelung über mögliche wirtschaftliche Interessenkonflikte angesichts der zunehmenden Zahl von „non-governmental-panelists“, Schwarz, in: Am. U. J. Int. L. & Pol. 1995 (Vol. 10), S. 955 (970 ff.).

230 Siehe hierzu unten S. 234 ff.

231 Rauh, UNCITRAL, S. 32 f.; Schlosser, Schiedsgerichtsbarkeit, Rn. 515 m.w.N.; Schwab/Walter, Schiedsgerichtsbarkeit, S. 83; Adlerstein, Unabhängigkeit, S. 31 ff. insb. zu der Frage, wann Identität zwischen Schiedsrichter und Partei vorliegt.

232 Zu Sect. 7 lit. b des englischen Arbitration Act 1950 Schlosser, Schiedsgerichtsbarkeit, Rn. 516; Adlerstein, Unabhängigkeit, S. 33 f.

233 Berger, Wirtschaftsschiedsgerichtsbarkeit, S. 165 ff.; Schlosser, Schiedsgerichtsbarkeit, Rn. 515; Schwab/Walter, Schiedsgerichtsbarkeit, S. 84 f.; Adlerstein, Unabhängigkeit, S. 31 ff.; Berger, aaO. und Schlosser, aaO., Rn. 518 weisen darauf hin, daß es der modernen Auffassung entspricht, im Falle des Übergewichts einer Partei bei der Benennung nicht von der Unwirksamkeit des Schiedsvertrages insgesamt auszugehen, sondern die gesetzlichen Regeln über die Ernennung des Schiedsgerichts anzuwenden; vgl. etwa auch 1034 (2) ZPO.

Problematisch sind (geschäftliche) Kontakte eines Schiedsrichters zu einer der Parteien des Schiedsverfahrens.[234] Angesichts der Vielzahl denkbarer Fallgestaltungen ist es dabei nicht möglich, eine allgemeingültige Abgrenzung von zulässigen und unzulässigen Kontakten vorzunehmen.[235] Es richtet sich vielmehr nach den Umständen des Einzelfalls, ob Kontakte zur Abhängigkeit bzw. Parteilichkeit des Schiedsrichters führen oder nicht. Direkte Kontakte zwischen einer Partei und einem Schiedsrichter, die während des Schiedsverfahrens andauern oder begonnen werden[236], sind dabei regelmäßig als Befangenheitsgrund anzusehen. Dies gilt in jedem Fall, wenn die Kontakte sich auf den Streitgegenstand beziehen, aber auch bei sonstigen beruflichen Bindungen und intensiveren Kontakten.[237] Ein in diesem Sinne unzulässiger Kontakt lag in dem ersten durchgeführten ICSID-Schiedsverfahren *Holiday Inns v. Morocco*[238] vor, als der von der Klägerseite benannte Schiedsrichter eine Stellung als Direktor eines der klagenden Unternehmen antrat.

Eine problematische Situation bestand auch in dem ICSID-Schiedsverfahren *Amco v. Indonesia.*[239] Dort beantragte Indonesien die Ablehnung des von *Amco* ernannten Schiedsrichters, weil dieser der alle drei klagenden Unternehmen kontrollierenden Person steuerlichen Rat gegeben hatte. Außerdem hatte zwischen der Kanzlei des Schiedsrichters und dem Anwalt der klagenden Partei eine langjährige Bürogemeinschaft und Gewinnbeteiligung bestanden. Die Gewinnbeteiligung war zwar vor dem Beginn des Schiedsverfahrens beendet worden, gleichwohl teilten beide Kanzleien bis 6 Monate nach Beginn des Verfahrens das Büro und hatten eine gemeinsame Buchhaltung. Trotz dieser weitreichenden Kontakte lehnten die beiden anderen Schiedsrichter in einer mit guten Gründen kritisierten[240] Entscheidung den Ablehnungsantrag ab und führten hierzu aus, der bloße Anschein der Parteilichkeit reiche nicht aus. Es genüge nicht, Tatsachen zu beweisen, die auf

---

234 Bei geschäftlichen oder rechtsberatenden Verbindungen zwischen einer Partei bzw. ihrem Anwalt und einem Schiedsrichter handelt es sich um den „Hauptkomplex schiedsrichterlicher Integritätsdefizite", Schlosser, Schiedsgerichtsbarkeit, Rn. 501.

235 Hunter/Paulsson, in: IBL 1985, S. 153 (155). Zur Bewältigung dieses Problems wurde im Rahmen der Beratungen über die UNCITRAL SchO eine Zweiteilung der Parteilichkeits- und Abhängigkeitsgründe vorgeschlagen. Danach sollte zwischen „absoluten" und „relativen" Gründen unterschieden werden, wobei zur ersten Gruppe ein direktes finanzielles oder persönliches Interesse am Verfahrensausgang oder eine enge familiäre Bindung zwischen Schiedsrichter und Partei zählen sollte. Anders als bei den „absoluten" sollte bei den „relativen" Gründen ein konkreter Nachweis der Befangenheit erforderlich sein; vgl. Baker/Davis, Experience, S. 48; Berger, Wirtschaftsschiedsgerichtsbarkeit, S. 177; Rauh, UNCITRAL, S. 35

236 Zu dem Problem, inwieweit auch nach Abschluß des Schiedsverfahrens liegende Kontakte zwischen einem Schiedsrichter und der (siegreichen) Partei die Besorgnis der Befangenheit begründen können, Schlosser, Schiedsgerichtsbarkeit, Rn. 514 m.w.N.

237 Reiner, Handbuch, S. 58 f.; Schlosser, Schiedsgerichtsbarkeit, Rn. 507 ff.

238 Holiday Inns S.A., Occidental Petroleum Corporation et al. v. Government of Morocco (Case No. ARB/72/1); siehe hierzu Eisemann, Ann. fr. dr. int. 1977, S. 436 (438 ff.); Shihata, in: News from ICSID 1989, Nr. 1, S. 4 (5 f.); Schlosser, Schiedsgerichtsbarkeit, Rn. 500; zur Frage des Rücktritts und der Ersatzbenennung in diesem Verfahren siehe unten S. 241 f.

239 Amco Asia Corporation, Pan American Development Limited and P.T. Amco Indonesia v. Republic of Indonesia (Case No. ARB/81/1).

240 Tupman, in: ICLQ 1989, S. 26 (50 f.), der seinerseits für die Kanzlei tätig war, die Indonesien in dem ICSID-Verfahren vertreten hat.

die mangelnde Unabhängigkeit hinwiesen, dieser Mangel müsse vielmehr offensichtlich („manifest") oder höchstwahrscheinlich („highly probable") sein.[241]

Einen Ablehnungsgrund stellen regelmäßig auch einseitige Besprechungen mit einer Partei dar.[242] Dementsprechend bestimmt Art. 45 WIPO SchO, daß keine Partei und keine in ihrem Namen handelnde Person einseitig mit einem Schiedsrichter in Bezug auf eine Sachfrage betreffend das Schiedsverfahren kommunizieren darf, es sei denn, die Schiedsordnung oder das Schiedsgericht gestatten dies – ausgenommen sind nur rein organisatorische Fragen.[243]

Vor Beginn des Schiedsverfahrens liegende Kontakte mit Bezug zum konkreten Streitfall[244] begründen ebenfalls regelmäßig die Befangenheit des Schiedsrichters. So etwa, wenn der Schiedsrichter in dem Fall bereits für eine Partei als Gutachter oder sonst beratend tätig gewesen ist[245] oder als Vertreter die Vertragsverhandlungen für die spätere Schiedspartei geführt hat.[246] Ein in der Praxis häufig auftretendes Problem sind die als *„beauty parade*"[247] bezeichneten Fälle, in denen eine Partei sich im Vorfeld des Schiedsverfahrens mit potentiellen Schiedsrichtern in Verbindung setzt um festzustellen, welche von ihnen im Falle ihrer Ernennung der Position der Partei gewogen wären.[248]

Der diesem Vorgehen innewohnenden Gefahr versucht Art. 21 WIPO SchO[249] zu begegnen: Keine Partei und keiner ihrer Vertreter darf im Vorfeld des Schiedsverfahrens

---

241 Die Entscheidung der beiden Schiedsrichter über den Ablehnungsantrag ist unveröffentlicht. Ihr Inhalt ist wiedergegeben bei Tupman, aaO., S. 44 f. Auf dieses Verfahren bezieht sich auch Broches, in: YCA 1993, S. 627 (707 f., Rn. 233)

242 Dies gilt insbesondere für die einseitige Bekanntgabe von Rechtsansichten, die für das Verfahren von Bedeutung sind, Rauh, UNCITRAL, S. 36; Glossner/Bredow/Bühler, Praxis, Rn. 221.

243 Problematisch im Hinblick auf die Unabhängigkeit bzw. Unparteilichkeit des Schiedsgerichts sind auch vom Schiedsgericht unterbreitete Vergleichsvorschläge. Um hier der Gefahr der Befangenheit zu begegnen, sollten solche Vergleichsvorschläge nur nach dem vorherigen Einverständnis aller Parteien gemacht werden, vgl. etwa Rule 8 der IBA Rules of Ethics, Art. 45 (1) ZÜ SchO; Berger, Wirtschaftsschiedsgerichtsbarkeit, S. 179 m.w.N. Das Schiedsgericht sollte aber immer prüfen, ob die Möglichkeit einer gütlichen Streitbeilegung besteht, Böckstiegel, ICC-Schiedsgerichtsbarkeit, S. 86. Dementsprechend sieht auch Art. 65 (a) WIPO SchO vor, daß ein WIPO-Schiedsgericht zu jedem ihm geeignet erscheinenden Zeitpunkt vorschlagen kann, daß die Parteien die Möglichkeit einer vergleichsweisen Streitbeilegung prüfen.

244 Ob vergangene Kontakte ohne direkten Bezug zu dem Schiedsverfahren zur Befangenheit des Schiedsrichters führen, richtet sich maßgeblich nach Art und Intensität des Kontaktes. Die Unparteilichkeit bzw. Unabhängigkeit des Schiedsrichters ist in den Fällen regelmäßig gefährdet, wenn die Möglichkeit nicht fern liegt, daß der Schiedsrichter an der Aufrechterhaltung oder Wiederholung der Verbindung interessiert sein könnte, Schlosser, Schiedsgerichtsbarkeit, Rn. 512. In diesem Zusammenhang zu nennen sind die Fälle der wiederholten Benennung eines Schiedsrichters durch die gleiche Partei, Reiner, Handbuch, S. 60 f.; Schlosser, aaO., Rn. 503 m.w.N.; siehe auch Ajibola, Recourse, S. 7 ff.

245 Ajibola, Recourse, S. 5; Adlerstein, Unabhängigkeit, S. 45 f.

246 Schlosser, Schiedsgerichtsbarkeit, Rn. 512.

247 van den Berg, Constituting, S. 17 (23); vgl. auch Kuner, in: RIW 1995, S. 965 (967).

248 Siehe hierzu Lowenfeld, in: T. Int. L. J. 1995 (Vol. 30), S. 59 (61 ff.); G.Lörcher/H.Lörcher, Schiedsverfahren, Rn. 105

249 Auch die IBA Rules of Ethics enthalten eine ähnliche Regelung. Nach Rule 5.1 darf ein potentieller Schiedsrichter gegenüber einer Partei, die sich im Vorfeld eines Schiedsverfahrens an

Kontakt zu einem potentiellen Schiedsrichter aufnehmen, außer um sich über dessen Qualifikationen, seine Verfügbarkeit oder seine Unabhängigkeit im Verhältnis zu den Streitparteien zu informieren.[250]

Grundsätzlich nicht beeinträchtigt wird die Unabhängigkeit des Schiedsrichters dagegen durch besondere Erfahrungen in dem für das Verfahren maßgeblichen Rechtsgebiet. Dies gilt namentlich für Veröffentlichungen des Schiedsrichters, auch wenn sie für das Verfahren relevante Rechtsfragen betreffen.[251] Eine andere Ansicht würde dazu führen, daß einerseits besonders qualifizierte Personen als Schiedsrichter ausgeschlossen[252] und erfahrene Schiedsrichter andererseits gehindert würden, durch ihre Publikationen zur Fortentwicklung des Rechts der internationalen Schiedsgerichtsbarkeit beizutragen.

Fraglich ist, ob an die parteiernannten Mitglieder eines ICSID- oder WIPO-Schiedsgerichts weniger strenge Anforderungen im Hinblick auf Unabhängigkeit und Unparteilichkeit zu stellen sind als an einen vorsitzenden Schiedsrichter. Während im angloamerikanischen Rechtskreis insoweit zwischen dem „neutral“ und dem parteiernannten „non-neutral“[253] Schiedsrichter unterschieden wird[254], nehmen die kontinentaleuropäischen Rechtsordnungen diese Unterscheidung zwischen einem parteiernannten und dem vorsitzenden Schiedsrichter nicht vor.[255] Letzteres Verständnis liegt grundsätzlich auch dem ICSID-Übereinkommen[256] und der WIPO-Schiedsordnung[257] zugrunde.

Gleichwohl ist weithin anerkannt, daß ein unbedenklicher, gradueller Unterschied zwischen dem parteiernannten Schiedsrichter und dem Vorsitzenden besteht.[258] Die Par-

---

ihn wendet, Fragen zu seiner Eignung und Verfügbarkeit beantworten, er darf mit ihr aber kein Gespräch über den Streitgegenstand führen.

250 Siehe hierzu Carter, Selection, S. 157 f.; van den Berg, Constituting, S. 17 (23) rät potentiellen Schiedsrichtern, eine Aktennotiz von einem solchen Gespräch anzufertigen, um später in der Lage zu sein, das Gespräch und seinen Inhalt gegenüber der anderen Partei und dem Schiedsgericht offenzulegen.

251 Schwab/Walter, Schiedsgerichtsbarkeit, S. 122; Berger, Wirtschaftsschiedsgerichtsbarkeit, S. 182, Fn. 313.

252 Reiner, Handbuch, S. 59.

253 Zur Abgrenzung von Unparteilichkeit auf der einen und Neutralität auf der anderen Seite Bernini, Conduct, S. 31. Kritisch zum Begriff des „non-neutral“ Schiedsrichters Lowenfeld, in: T. Int. L. J. 1995 (Vol. 30), S. 59 (69).

254 Der „non-neutral“ Schiedsrichter darf (soll) der ihn ernennenden Partei zugeneigt sein, (vgl. Canon VII A (1) AAA Code of Ethics: „Non-neutral arbitrators may be predisposed towards the party who appointed them, but in all other respects are obliged to act in good faith and with integrity and fairness.“), darf sich aber mit ihr nicht identifizieren, „Partisan he may be, but not dishonest“; vgl. die Nachweise bei Schlosser, Schiedsgerichtsbarkeit, Rn. 519 ff. zum amerikanischen Bundesrecht, dem Recht amerikanischer Bundestaaten und zum englischen Recht.

255 Siehe die Nachweise bei Schlosser, Schiedsgerichtsbarkeit, Rn. 521.

256 Art. 40 (2) i.V.m. 14 (1) ICSID-Übk.

257 Art. 22 WIPO SchO.

258 Berger, Wirtschaftsschiedsgerichtsbarkeit, S. 182; Craig/Park/Paulsson, Arbitration, S. 212; Bellet, in: FS Lalive, S. 399 (408); Bernini, Conduct, S. 32; Bishop/Reed, in: Arb. Int. 1998, S. 395 ff.; Hunter, in: Arbitration 1987, S. 219 (222 f.); Lowenfeld, in: T. Int. L. J. 1995 (Vol. 30), S. 59 (65); vgl. auch Paulsson, in: J. Int. Arb. 1997, Nr. 4, S. 13 (13 f.); kritisch Schlosser,

teien werden regelmäßig Personen als Schiedsrichter benennen, die ihr Vertrauen genießen und die mit der Sprache und dem rechtlichen, wirtschaftlichen und auch kulturellen Umfeld der benennenden Partei vertraut sind.[259] Damit das Schiedsgericht zu einer umfassenden, allen Umständen des Falles gerecht werdenden Entscheidung gelangt, ist es sinnvoll, wenn die beiden parteiernannten Schiedsrichter darauf achten, daß alle Argumente und Gesichtspunkte, die von "ihrer" Partei vorgebracht worden sind, berücksichtigt werden.[260] Die Funktion des parteiernannten Schiedsrichters entspricht insoweit dem *Ad-hoc*-Richter[261] im Rahmen der Streiterledigung vor dem Internationalen Seegerichtshof.[262] Dabei dürfen die parteiernannten Schiedsrichter sich nicht als "Vertreter" ihrer Partei ver-

---

Schiedsgerichtsbarkeit, Rn. 521, der den Glauben an die notwendige Neutralität parteiernannter Schiedsrichter für eine Illusion hält; es komme auf die Neutralität des Schiedsgerichts insgesamt, nicht aber auf die eines jeden Einzelschiedsrichters an. Er weist darauf hin, daß z. B. der deutsche Gesetzgeber dies mittelbar dadurch anerkannt habe, daß ein staatlicher Richter das Amt eines von einer Partei allein berufenen Schiedsrichters nicht annehmen dürfe (vgl. § 40 (1) S. 1 DRiG). Ders., in: ZIP 1987, S. 492 (493) bezeichnet die mit dem Vorsitzenden vergleichbare Unabhängigkeit der Parteischiedsrichter gar als „Lebenslüge der Schiedsgerichtsbarkeit".

259 Der parteiernannte Schiedsrichter hat insoweit die Funktion eines „Übersetzers" im eigentlichen und im übertragenen Sinne, Reiner, Handbuch, S. 70; lesenswert Lowenfeld, in: T. Int. L. J. 1995 (Vol. 30), S. 59 (65 ff.).

260 Bucher, in: FS Kummer, S. 599 (607 f.).

261 Vgl. auch Eisemann, Ann. fr. dr. int. 1977, S. 436 (440), demzufolge dem parteiernannten Schiedsrichter in der zwischenstaatlichen Streiterledigung der „arbitre national" entspricht. Zum Ad-hoc-Richter siehe oben S. 206 f. Die Bestimmungen über die Unabhängigkeit gelten auch für die Ad-hoc-Richter des Seegerichtshofs und der Kammer für Meeresbodenstreitigkeiten (Art. 17 (6) und 31 (6) ISGH-Statut verweisen auf Art. 2 und 8 ISGH-Statut; d.h. auf den Ad-hoc-Richter findet das Tätigkeitsverbot des Art. 7 ISGH-Statut keine Anwendung). Gleichwohl haben insbesondere die Ad-hoc-Richter in der Praxis des IGH die Neigung gezeigt, zugunsten der „eigenen" Partei zu entscheiden, vgl. zum Abstimmungsverhalten Rosenne, World Court, S. 74 f.; Elkind, Non-Appearance, S. 183 ff.; Il Roh Suh, in: AJIL 1969, S. 224 ff.; differenzierend Lachs, in: C.J.T.L. 1987, S. 593 ff. Zwar stellt dies ein Hindernis im Hinblick auf das Ziel einer einstimmigen Entscheidung dar, Nsereko, in: Ind. J. Int. L. 1973, S. 207 (226). Jedoch überwiegen die oben genannten Vorteile, zumal angesichts der Größe des ISGH die Neutralität des Spruchkörpers gewährleistet ist; so auch Ipsen, Völkerrecht, S. 973 im Hinblick auf den IGH.

262 Im Rahmen der WTO-Streiterledigung gibt es keine parteiernannten Panelmitglieder im eigentlichen Sinne. Nach Art. 8.6 DSU schlägt das WTO-Sekretariat den Parteien die Panelmitglieder vor; diesen Vorschlägen sollen die Parteien nur aus zwingenden Gründen widersprechen. In der Praxis versucht das WTO-Sekretariat, die Panelmitglieder in Übereinstiummung mit den Streitparteien zu benennen. Plank, in: J. Int. Arb.1987, Nr. 4, S. 53 (70) weist für das GATT-Verfahren darauf hin, daß es kaum eine Person gebe, die im Hinblick auf ein Verfahren neutral sei („...there probably is no such thing as a bona fide neutral unless the individual in question has never heard about the GATT or is comatose: hardly requisite qualities for getting to be selected as a panel member in the first place") und stillschweigendes Einvernehmen zwischen den Vertragsstaaten herrsche, daß jede Streitpartei der eigenen Position zugeneigte Panelmitglieder bekomme.

stehen und die Grenze zum parteiischen Schiedsrichter überschreiten.[263] Ein derartiges (Fehl-)Verhalten wird sich im Zweifel nachteilig für die ernennende Partei auswirken, da der Parteischiedsrichter innerhalb des Schiedsgerichts seine Glaubwürdigkeit und seinen Einfluß verlieren wird.[264]

(2) Sonstige Ablehnungsgründe

Abgesehen von den in Art. 8 ISGH-Statut genannten Gründen[265], die sich auf die Unabhängigkeit und Unparteilichkeit der Mitglieder des Seegerichtshofs beziehen, sind im ISGH-Statut weitere Ablehnungsgründe nicht ausdrücklich vorgesehen. In Betracht kommt insoweit allerdings das Vorliegen eines – nicht näher definierten – „besonderen Grundes" gemäß Art. 8 (2) und (3) ISGH-Statut. Auch die Art. 24 ff. WIPO SchO sehen die Möglichkeit der Ablehnung eines Schiedsrichters nur für den Fall vor, daß dieser Anlaß zu berechtigten Zweifeln an seiner Unabhängigkeit und Unparteilichkeit gibt. Daneben eröffnet indes Art. 32 WIPO SchO die Möglichkeit, daß das WIPO Arbitration Center von sich aus oder auf Antrag einer Partei einen Schiedsrichter von seiner Bestellung entbindet, wenn dieser es versäumt, seine Pflichten zu erfüllen oder aus rechtlichen oder tatsächlichen Gründen hierzu nicht mehr fähig ist.

Nach Art. 57 ICSID-Übk kann ein Schiedsrichter abgelehnt werden, wenn er offensichtlich nicht die in Art. 14 (1) ICSID-Übk geforderten Eigenschaften besitzt. Neben der Unabhängigkeit wird dort verlangt, daß die Schiedsrichter ein hohes sittliches Ansehen sowie eine anerkannte Befähigung auf den Gebieten des Rechts, des Handels, der Industrie oder des Finanzwesens bieten. In der Praxis erscheinen diese weiteren Anforderungen allerdings kaum geeignet, um als Grundlage für einen Ablehnungsantrag zu dienen. Für ein Mitglied eines WTO-Panels schließlich nennt Art.VIII (1) WTO RoC neben dem Fehlen der Unabhängigkeit bzw. Unparteilichkeit als besonderen Grund die Verletzung der in Art. 14 DSU normierten Vertraulichkeit des Panelverfahrens.

---

263 Eisemann, in: FS Domke, S. 78 (84).

264 Craig/Park/Paulsson, Arbitration, S. 212; Bucher, in: FS Kummer, S. 599 (608 f.): „Der Parteischiedsrichter wird seine Aufgabe verfehlen und Glaubwürdigkeit vor sich und den Kollegen einbüssen, wenn er perseveriert, d.h. die vorgetragenen Gesichtspunkte über Gebühr strapaziert und auch dann noch an ihnen festhält, wenn die Beratung sie entkräftet hat...". Besondere Probleme bereiten die Fälle, in denen beide Schiedsrichter ihre Rolle mißverstehen und sich als "Vertreter" einer Partei ansehen. Muß die Entscheidung mit der Mehrheit der Stimmen aller Mitglieder des Schiedsgerichts getroffen werden (so Art. 48 (1) ICSID-Übk), so gerät der Vorsitzende des Schiedsgerichts in eine schwierige Lage. Er muß sich dem parteiernannten Schiedsrichter anschließen, dessen Standpunkt einer sachgerechten Lösung am nächsten kommt, wenn er einen Kollaps des Schiedsverfahrens vermeiden will, Bellet, in: FS Lalive, S. 399 (409); Hunter, in: Arbitration 1987, S. 219 (222). Dieser Gefahr begegnet Art. 61 S. 2 WIPO SchO, demzufolge der Vorsitzende des Schiedsgerichts als Einzelschiedsrichter entscheidet, wenn sich innerhalb des Schiedsgerichts keine Mehrheit findet.

265 Siehe hierzu oben S. 226.

(3) Pflicht zur Offenlegung

Ein wichtiges Mittel um sicherzustellen, daß keine Ablehnungsgründe vorliegen, ist die Verpflichtung zur Offenlegung aller in diesem Zusammenhang relevanten Tatsachen (sog. *Disclosure*).[266] Eine entsprechende Verpflichtung ist in der WIPO-Schiedsordnung[267], den ICSID AR[268] und in den WTO RoC[269] vorgesehen. Durch eine umfassende Offenlegung aller relevanten Tatsachen[270] wird nicht nur die Transparenz des Streiterledigungsverfahrens für die Parteien und damit deren Vertrauen erhöht.[271] Auf diese Weise wird vor allem auch erreicht, daß die Parteien zu Beginn des Verfahrens[272] bzw. zu einem möglichst frühen Zeitpunkt während des Verfahrens[273] Kenntnis über Umstände erlangen,

---

266 Vgl. etwa Art. 7 (2) ICC SchO; Art. 9 UNCITRAL SchO; Art. 12 (1) UNCITRAL MG; Rule 4.1 der IBA Rules of Ethics; Bellet, in: FS Lalive, S. 399 (402); Alvarez, in: Arb. Int. 1990, S. 203 (217) „international custom or usage".

267 Art. 22 (b) und (c) WIPO SchO.

268 Rule 6 (2) ICSID AR verpflichtet jeden Schiedsrichter, eine Erklärung über seine vergangenen und bestehenden beruflichen, geschäftlichen oder sonstigen Beziehungen (soweit vorhanden) mit den Parteien abzugeben.

269 Art. VI WTO RoC.

270 Die Offenlegungspflicht umfaßt alle Umstände, die geeignet sind, berechtigte Zweifel an der Unparteilichkeit oder Unabhängigkeit des Schiedsrichters zu begründen (vgl. Art. 22 (b) WIPO SchO; Rule VI (2) WTO RoC, wonach die Panelmitglieder „...shall disclose any information that could reasonably be expected to be known to them at the time which, ..., is likely to affect or give rise to justifiable doubts as to their independence or impartiality"; Anhang 2 WTO RoC enthält eine exemplarische Liste der offenzulegenden Informationen). Maßgeblich für die Frage, welche Tatsachen berechtigte Zweifel begründen, ist nicht der eigene Standpunkt des Mitglieds des Spruchkörpers; es müssen vielmehr auch jene Fakten offengelegt werden, die er selbst zwar für unbedenklich hält, die aber von den Parteien für bedenklich gehalten werden könnten, Craig/Park/Paulsson, Arbitration, S. 224; Reiner, Handbuch, S. 65. Dabei muß aber ein angemessener Maßstab zugrunde gelegt werden, Dore, Analysis, S. 51; Bond, in: Nw. J. Int. L. & Bus. 1991 (Vol. 12), S. 1 (13). In Zweifelsfällen sollte sich der Schiedsrichter für eine Offenlegung entscheiden, Berger, Arbitration, S. 262; Glossner/Bredow/Bühler, Praxis, Rn. 248.

271 Reiner, Handbuch, S. 65.

272 Gemäß Art. 22 (b) WIPO SchO muß die Offenlegung vor Annahme des Schiedsrichteramtes erfolgen; Art. VI (4) (a) i.V.m. Anhang 3 WTO RoC fordert die Abgabe dieser Erklärung bevor die Benennung des Panelmitgliedes bestätigt wird. Nach Rule 6 (2) a.E. ICSID AR muß die entsprechende Erklärung vor dem Ende der ersten Sitzung (siehe hierzu Rule 13 ICSID AR) abgegeben werden.

273 Die Pflicht zur Offenlegung dauert während des gesamten Verfahrens an (Rule VI (5) WTO RoC und Art. 22 (c) WIPO SchO). Auch wenn sich dies aus dem Wortlaut der Rule 6 (2) ICSID AR nicht ergibt, gilt dies auch für die Schiedsrichter in einem ICSID-Schiedsverfahren, Shihata, in: News from ICSID 1989, Nr. 1, S. 4 (5 f.). Das Andauern der Offenlegungspflicht auch während des Verfahrens ist notwendig, da die Mitglieder des Spruchkörpers zu Beginn des Verfahrens im Zweifel noch nicht alle in das Verfahren involvierten Personen (Mitschiedsrichter, Parteivertreter, Sachverständige, Zeugen) kennen und ihm während des Verfahrens weitere offenlegungspflichtige Tatsachen bewußt werden bzw. neu entstehen können, Bellet, in: FS Lalive, S. 399 (403). Die Entscheidung des Schiedsrichters, ob er ihm während des Ver-

die aus ihrer Sicht Grund für eine Ablehnung eines Schiedsrichters bzw. Panelmitgliedes sein könnten. Ihnen wird so die Möglichkeit verschafft, auf derartigen Umständen beruhende Ablehnungsanträge möglichst frühzeitig zu stellen.

Gleichzeitig wird verhindert, daß eine Partei das Verfahren in einem späteren Stadium durch Ablehnungsanträge obstruiert, die sich auf vom Schiedsrichter zu Beginn oder während des Verfahrens bereits offengelegte und der Partei damit bekannte Umstände stützen. Insoweit folgt aus dem allgemeinen Rechtsgrundsatz des *venire contra factum proprium*[274], daß eine Partei die Ablehnung eines Schiedsrichters unverzüglich[275] beantragen muß, wenn sie der Auffassung ist, daß ein Ablehnungsgrund vorliegt – andernfalls ist sie mit diesem Ablehnungsgrund präkludiert.[276] Für das WIPO-Schiedsverfahren ergibt sich dies auch aus Art. 24 (b) WIPO SchO, demzufolge eine Partei einen Schiedsrichter, den sie bestellt hat oder dessen Bestellung sie zugestimmt hat, nur aus Gründen ablehnen kann, die ihr erst nach erfolgter Bestellung bekannt geworden sind.

Zwar kann die Offenlegung zu Verzögerungen bei der Konstituierung des Spruchkörpers führen; Verzögerungen in dieser Verfahrensphase wiegen aber weniger schwer, als zu einem späteren Zeitpunkt, da es dann aufgrund eines erfolgreichen Ablehnungsantrags notwendig werden kann, ganze Verfahrensabschnitte zu wiederholen.[277] Werden Umstände, wie etwa bestehende Kontakte zu einer Partei, von einem Schiedsrichter nicht offengelegt[278], so stellt dies ein wesentliches Indiz für das Vorliegen eines Ablehnungsgrundes dar.[279] Für das WTO-Panelverfahren stellt Art. VIII (2) WTO RoC insoweit allerdings klar, daß das Unterlassen der Offenlegung relevanter Tatsachen für sich alleine nicht ausreicht, ein Panelmitglied zu disqualifizieren; es müssen vielmehr noch weitere Anhaltspunkte für eine Pflichtverletzung vorliegen.

Eine vergleichbare Offenlegungspflicht ist für Mitglieder des Seegerichtshofs bzw. der Kammer für Meeresbodenstreitigkeiten nicht vorgesehen. Ist ein Mitglied der Auffassung, daß es von der Mitwirkung ausgeschlossen ist, so teilt es dies dem Präsidenten des

---

fahrens zur Kenntnis gelangte relevante Tatsachen offenlegt, verlangt einiges Fingerspitzengefühl. Dies gilt insbesondere, wenn sie keinen Ablehnungstatbestand begründen und die Wahrscheinlichkeit besteht, daß eine der Parteien gleichwohl einen entsprechenden Antrag stellen wird, um das Verfahren zu verzögern, Craig/Park/Paulsson, Arbitration, S. 227; Holtzmann, Conduct, S. 41 f.

274 Vgl. hierzu allgemein Cheng, Principles, S. 141 ff.; im Hinblick auf die Schiedsgerichtsbarkeit Gaillard, in: RdA 1985, S. 241 (245 ff.).

275 So ausdrücklich Rule 9 (1) ICSID AR.

276 Eingehend Berger, Arbitration, S. 266 ff. m.w.N.; Glossner/Bredow/Bühler, Praxis, Rn. 234.

277 Bellet, in: FS Lalive, S. 399 (402).

278 Zu einer möglichen Schadensersatzverpflichtung des Schiedsrichters aufgrund der Verletzung einer (vor-)vertraglichen Verpflichtung durch das Unterlassen der Offenlegung Berger, Arbitration, S. 264; Rauh, UNCITRAL, S. 45; Schütze/Tscherning/Wais, Handbuch, Rn. 315.

279 Teilweise wird die Auffassung vertreten, daß dies selbst dann gelte, wenn dieser Umstand im Falle seiner Offenlegung eine Ablehnung nicht gerechtfertig hätte (vgl. etwa Rule 4.2 der IBA Rules of Ethics, wonach „Failure to make such disclosure creates an appearance of bias, and may of itself be a ground for disqualification even though the non-disclosed facts or circumstances would not of themselves justifiy disqualification.“; hierzu auch Hunter/Paulsson, in: IBL 1985, S. 153 (156); Craig/Park/Paulsson, Arbitration, S. 225; Alvarez, in: Arb. Int. 1990, S. 203 (219 f.); Holtzmann, Conduct, S. 41.

Seegerichtshofs mit.[280] Daneben kann auch der Präsident einem Mitglied mitteilen, wenn er der Auffassung ist, daß dieses aus einem besonderen Grund an einem bestimmten Verfahren nicht teilnehmen sollte, Art. 8 (3) ISGH-Statut. Eine Pflicht der Mitglieder des Seegerichtshofs, den Parteien alle Umstände mitzuteilen, die aus deren Sicht einen Befangenheitsgrund darstellen könnten, besteht demzufolge im Gegensatz zu den anderen Streiterledigungsverfahren nicht.

b. Ablehnungsverfahren

(1) Seerechtsübereinkommen

Ist eine Partei der Auffassung, daß Tatsachen vorliegen, die gemäß Art. 8 ISGH-Statut der Teilnahme eines Mitgliedes des Seegerichtshofs an einer bestimmten Streitigkeit entgegenstehen und die dem Gerichtshof möglicherweise nicht bekannt sind, so unterrichtet sie den Präsidenten vertraulich und schriftlich von diesen Tatsachen.[281] In den Fällen des Art. 8 (1) ISGH-Statut, das heißt, wenn zweifelhaft ist, ob die Teilnahme eines Mitgliedes ausgeschlossen ist, weil es in einem früheren Verfahrensstadium bereits an der Sache beteiligt war, entscheidet der Gerichtshof über diese Frage mit der Mehrheit der übrigen anwesenden Mitglieder. Das gleiche gilt, wenn zwischen dem Präsidenten und einem Mitglied Meinungsverschiedenheiten darüber bestehen, ob besondere Umstände im Sinne des Art. 8 (2) bzw. (3) ISGH-Statut vorliegen, die einer Mitwirkung des Mitgliedes entgegenstehen. In allen Fällen erhält das betroffene Mitglied vor der Entscheidung Gelegenheit zur Stellungnahme.[282]

(2) WTO-Panelverfahren

Nach Art. VIII (1) WTO RoC ist jede Partei einer unter das WTO-Abkommen fallenden Streitigkeit, die Beweismaterial besitzt oder erlangt, das einen Ausschluß eines Panelmitgliedes rechtfertigen würde, verpflichtet, dies dem Vorsitzenden des DSB zum frühest möglichen Zeitpunkt vertraulich mitzuteilen.[283] Der Vorsitzende des DSB leitet das Be-

---

280 Ausdrücklich ist eine Mitteilung an den Präsidenten des ISGH in Art. 8 (2) ISGH-Statut für den Fall des Vorliegens besonderer Gründe vorgesehen. Gleiches gilt aber auch in den Fällen des Art. 8 (1) ISGH-Statut Nordquist/Rosenne/Sohn (Hrsg.), UNCLOS, Nr. A.VI.58 (S.353).

281 Art. 18 (2) ISGH-VerfO.

282 Art. 18 (1) ISGH-VerfO. Vom Ablehnungsverfahren i.S.d. Art. 8 ISGH-Statut ist das Amtsenthebungsverfahren gemäß Art. 9 ISGH-Statut i.V.m. Art. 7 ISGH-VerfO zu unterscheiden, im Rahmen dessen dem betroffenen Mitglied des Seegerichtshofs vom Präsidenten (ggf. dem Vizepräsidenten) schriftlich die Gründe und Beweise mitgeteilt werden, aufgrund derer er seines Amtes enthoben werden soll. In einer eigens einberufenen, nichtöffentlichen Sitzung des Gerichtshofs hat er Gelegenheit zur Stellungnahme und kann auf Fragen mündlich oder schriftlich antworten. In einer weiteren Sitzung, an der das betroffene Mitglied nicht teilnimmt, äußern die übrigen Mitglieder ihre Auffassung; auf Antrag erfolgt eine Abstimmung. Das Mitglied wird seines Amtes nur enthoben, wenn die anderen Richter dies einhellig beschließen.

283 Gelangt ein Mitgliedstaat der WTO, der nicht Partei der Streitigkeit ist, in den Besitz von derartigem Beweismaterial, so kann er dies den Streitparteien mitteilen, Art. VIII (1) S. 2 WTO

weismaterial zur Kenntnisnahme an das betroffene Panelmitglied weiter[284] und versucht zunächst, die Angelegenheit in einem Gespräch mit diesem zu klären.

Gelingt dies nicht – das heißt, ist der Vorsitzende des DSB nicht überzeugt, daß kein Ablehnungsgrund vorliegt und macht das Panelmitglied gleichzeitig nicht von der in Art. VIII (7) WTO RoC eingeräumten Möglichkeit Gebrauch, von seinem Amt zurückzutreten – so leitet der Vorsitzende des DSB das Beweismaterial und vom betroffenen Panelmitglied gegebene ergänzende Information an die Streitparteien weiter.[285]

Die Entscheidung, ob das Panelmitglied von der Mitwirkung an einer Streitigkeit auszuschließen ist, muß innerhalb von 15 Arbeitstagen, nachdem der Vorsitzende des DSB die Information erhalten hat, getroffen werden.[286] Zuständig für die Entscheidung ist ein hierfür einzurichtendes Gremium, dem neben dem Vorsitzenden des DSB und dem Generaldirektor der WTO so viele Vorsitzende der betroffenen Räte angehören, daß sich insgesamt eine ungerade Mitgliederzahl ergibt. Das Gremium entscheidet, nachdem es dem betroffenen Panelmitglied und den Parteien des Panelverfahrens ausreichend Gelegenheit zur Stellungnahme gegeben hat. Grundsätzlich ist das Gremium in seiner Entscheidung frei; es wird allerdings erwartet, daß es das Panelmitglied von der weiteren Mitwirkung an dem Verfahren ausschließt, wenn die Streitparteien übereinstimmend der Auffassung sind, daß ein Ausschlußgrund vorliegt.[287]

Wie das Seerechtsübereinkommen sehen auch die WTO RoC keinen Ablehnungsantrag im eigentlichen Sinne, sondern nur eine vertrauliche Information an die jeweils zuständige Stelle vor. Der weitere Verlauf beider Verfahren weist indes Unterschiede auf. Während die WTO RoC eine Anhörung der Parteien vorsehen und den Parteien sogar die Möglichkeit einräumen, durch ihr Einvernehmen einen Ausschluß des Panelmitgliedes herbeizuführen, werden die Parteien einer Streitigkeit vor dem Seegerichtshofs nicht an der Entscheidung beteiligt. Die unterschiedlichen Regelungen sind auch hier wieder vor dem Hintergrund zu sehen, daß die Mitglieder des Seegerichtshofs als ständigem Spruchkörper von den Mitgliedstaaten des Seerechtsübereinkommens gewählt worden sind, ohne daß die Streitparteien hierauf Einfluß gehabt hätten. Im Gegensatz hierzu wird ein WTO-Panel für die Entscheidung einer konkreten Streitigkeit konstituiert, wobei die Parteien maßgeblichen Einfluß auf die Auswahl der Panelmitglieder haben. Dementsprechend haben sie auch einen weitergehenden Einfluß auf deren Ablehnung.

(3) ICSID-Schiedsverfahren

Die Einleitung des Verfahrens zur Ablehnung eines ICSID-Schiedsrichters setzt den Antrag einer Partei voraus.[288] Dieser ist gemäß Rule 9 ICSID AR[289] zu begründen und un-

---

RoC. Nicht am Verfahren beteiligte Mitgliedstaaten sind danach nicht berechtigt, das Material an den Vorsitzenden des DSB weiterzuleiten – die Entscheidung, ob dieser in Kenntnis gesetzt wird, liegt allein bei den Verfahrensparteien.

284 Art. VIII (6) WTO RoC.

285 Art. VIII (7) WTO RoC.

286 Art. VIII (4) WTO RoC.

287 Art. VII (8) WTO RoC.

288 Insoweit ist die in BGBl. 1969, Teil II, S. 371 abgedruckte deutsche Übersetzung des Art. 57 ICSID-Übk unpräzise. Danach kann eine Partei ein Mitglied des Schiedsgerichts unter be-

verzüglich an den Generalsekretär des ICSID[290] zu richten, bevor das Schiedsgericht das Verfahren für beendet erklärt hat.[291] Der Generalsekretär informiert die andere Partei und leitet den Antrag an das Schiedsgericht und – wenn die Ablehnung eines Einzelschiedsrichters oder der Mehrzahl der Schiedsrichter beantragt ist – an den Vorsitzenden des Verwaltungsrates des ICSID weiter.

Dem betroffenen Schiedsrichter steht es frei, vor der Entscheidung über den Antrag gegenüber dem Schiedsgericht bzw. dem Vorsitzenden des Verwaltungsrats eine Stellungnahme abzugeben.[292] Darüber hinaus ist es zweckmäßig, den Parteien des Schiedsverfahrens Gelegenheit zur Stellungnahme zu geben.[293]

Im Rahmen eines Dreierschiedsgerichts entscheiden die übrigen Mitglieder in Abwesenheit des betroffenen Schiedsrichters. Ist der Antrag auf die Ablehnung eines Einzelschiedsrichters oder der Mehrheit der Mitglieder des Schiedsgerichts gerichtet, so wird die Entscheidung hingegen vom Vorsitzenden des Verwaltungsrates getroffen.[294] Das gleiche gilt, wenn hinsichtlich des Ablehnungsantrags Stimmgleichheit zwischen den übrigen Mitgliedern des Schiedsgerichts besteht.

Die Entscheidung ist von den übrigen Schiedsrichtern unverzüglich[295], vom Vorsitzenden des Verwaltungsrats innerhalb von 30 Tagen nach Erhalt des Antrags[296] zu treffen,

---

stimmten Umständen ablehnen. Im Gegensatz hierzu ergibt sich aus dem englischen Wortlaut, der neben dem französischen und dem spanischen Wortlaut verbindlich ist (siehe die abschließende Bestimmung des ICSID-Übk), daß die Partei die Ablehnung nur beantragen kann („A party may propose ... the disqualification ..."); das gleiche ergibt sich aus dem französischen Wortlaut („Une partie peut demander ... la récusation ...").

289 Rule 9 ICSID AR findet auch Anwendung, wenn eine Partei der Auffassung ist, daß ein Schiedsrichter nicht mehr in der Lage ist, sein Amt auszuüben, Art. 8 (1) ICSID AR.

290 Insoweit besteht eine Abweichung zum Wortlaut des Art. 57 ICSID-Übk, demzufolge der Antrag an das Schiedsgericht selbst zu richten ist („A party may propose to a ... Tribunal the disqualification of any of its members ..."). Auch wenn der Wortlaut des ICSID-Übk gegenüber den ICSID AR, die vom Verwaltungsrat des ICSID auf der Grundlage des Art. 6 (1) ICSID-Übk erlassen sind, vorrangig ist, erscheint es zweckmäßig, den Antrag an den Generalsekretär zu richten, zumal dieser den Antrag an das Schiedsgericht weiterleitet, Rule 9 (2) (a) ICSID AR. Gleichwohl kann es einer Partei aufgrund des Vorrangs des ICSID-Übk nicht zum Nachteil gereichen, wenn sie den Antrag an das Schiedsgericht selbst richtet.

291 Zur Beendigung des Verfahrens gemäß Rule 38 ICSID AR siehe unten S. 284.

292 Golsong, in: Int. Lawyer 1984 (Vol. 18), S. 633 (643).

293 Zwar ist dies nicht ausdrücklich vorgesehen, gleichwohl ist das Schiedsgericht in dem Verfahren, in dem bisher ein Ablehnungsantrag gestellt worden ist, entsprechend vorgegangen, Amco Asia Corporation, Pan American Development Limited and P.T. Amco Indonesia v. Republic of Indonesia (Case No. ARB/81/1) (siehe hierzu oben S. 229), Broches, in: YCA 1993, S. 627 (707 f., Rn. 233).

294 Vgl. Art. 58 ICSID-Übk, Rule 9 (4) ICSID AR.

295 Rule 9 (4) ICSID AR. Im Verfahren Amco Asia Corporation, Pan American Development Limited and P.T. Amco Indonesia v. Republic of Indonesia (Case No. ARB/81/1) dauerte das gesamte Ablehnungsverfahren vom schriftlichen Antrag bis zu Entscheidung (einschließlich einer zweitägigen mündlichen Verhandlung) nur 17 Tage, Broches, in: YCA 1993, S. 627 (707 f., Rn. 233).

296 Rule 9 (5) ICSID AR.

wobei das Schiedsverfahren bis zur Entscheidung über den Ablehnungsantrag ausgesetzt wird.[297]

(4) WIPO-Schiedsverfahren

Im Rahmen eines WIPO-Schiedsverfahrens hat eine Partei, die die Ablehnung eines Schiedsrichters begehrt, das WIPO Arbitration Center, das Schiedsgericht und die andere Partei hierüber schriftlich zu informieren und zwar innerhalb von 15 Tagen, nachdem ihr die Bestellung des Schiedsrichters mitgeteilt wurde oder nachdem ihr die Umstände bekannt geworden sind, die ihrer Ansicht nach Anlaß zu berechtigtem Zweifel in Bezug auf die Unparteilichkeit oder Unabhängigkeit dieses Schiedsrichters geben.[298]

Die andere Partei kann innerhalb von 15 Tagen nach Empfang des Ablehnungsantrags hierzu Stellung nehmen.[299] Stimmt die andere Partei dem Antrag zu, so wird der Schiedsrichter ersetzt. Das gleiche gilt, wenn der Schiedsrichter freiwillig zurücktritt.[300] Andernfalls entscheidet das WIPO Arbitration Center über den Ablehnungsantrag.[301] Hierzu wird ein aus drei Mitgliedern bestehendes *Ad-hoc*-Komitee gebildet, die aus dem Kreis der Mitglieder der *Consultative Commission*[302] ausgewählt werden.[303] Das Center ist nicht verpflichtet, die Gründe für die Ablehnungsentscheidung des *Ad-hoc*-Komitees mitzuteilen. Nach Art. 29 S. 2 WIPO SchO handelt es sich bei der Entscheidung über den Ablehnungsantrag um eine abschließende verfahrensinterne Entscheidung administrativer Natur. Mit dieser Regelung soll eine gerichtliche Kontrolle der Entscheidung über den Ablehnungsantrag ausgeschlossen werden, soweit dies nach dem auf das Schiedsverfahren anwendbaren Recht möglich ist.[304] Nach Art. 27 WIPO SchO steht es im Ermessen des Schiedsgerichts, ob das Schiedsverfahren während der Anhängigkeit des Ablehnungsantrags ausgesetzt oder fortgeführt wird.[305]

---

297 Rule 9 (6) ICSID AR.

298 Art. 25 WIPO SchO.

299 Art. 26 WIPO SchO. Diese Stellungnahme ist an die ablehnende Partei, das WIPO Arbitration Center und die Schiedsrichter zu senden.

300 In beiden Fällen impliziert die Ersetzung nicht die Begründetheit des Ablehnungsantrags, Art. 28 S. 2 WIPO SchO; van den Berg, Constituting, S. 17 (24) spricht von einem „face-saving device."

301 Art. 29 WIPO SchO.

302 Siehe zur Consultative Commission oben S. 179.

303 Vgl. WIPO, Services, S. 11 f.; van den Berg, Constituting, S. 17 (23). Ausnahmsweise kann auch eine nicht der Kommission angehörende Person mitwirken, wenn etwa kein Mitglied verfügbar ist, das Kenntnisse in einem für die Entscheidung maßgeblichen nationalen Recht hat.

304 Schreibt das auf das Schiedsverfahren anwendbare nationale Recht eine gerichtliche Kontrolle der Entscheidung zwingend vor, so gehen diese Bestimmungen gemäß Art. 3 (a) WIPO SchO vor. In diesem Sinne zwingend ist etwa Art. 13 (3) UNCITRAL MG, Fouchard, in: Clunet 1987, S. 861 (880); sowie § 1035 (2) NZPO, Berger, Arbitration, S. 279 m.w.N. Zwingenden Charakter hat auch § 1037 (3) ZPO. Hingegen sieht etwa Art. 180 (3) IPRG eine gerichtliche Ablehnungsentscheidung nur für den Fall vor, daß die Parteien das Ablehnungsverfahren nicht geregelt haben; eine gerichtliche Kontrolle einer Ablehnungsentscheidung ist hier demzufolge ausgeschlossen, Lalive/Poudret/Reymond, Droit de l'Arbitrage, Art. 180, Anm. 12.

305 Siehe hierzu Schäfer, in: RPS 1. Halbjahr 1996, S. 10 (13 f.)

Neben der Ablehnung eines Schiedsrichters wegen fehlender Unabhängigkeit oder Unparteilichkeit sehen die Art. 30 ff. WIPO SchO auch die Möglichkeit einer Entbindung des Schiedsrichters von seinem Amt durch die Parteien[306] vor. Voraussetzung hierfür ist lediglich eine entsprechende Einigung der Parteien – es bedarf keines besonderen Grundes. Voraussetzung ist allein, daß die Parteien die Schiedsstelle unverzüglich von der Entbindung in Kenntnis setzen.[307]

2. *Rücktritt*

Neben den Vorschriften über die Ablehnung räumen die Verfahrensordnungen den Mitgliedern der Spruchkörper die Möglichkeit ein, von ihrem Amt zurückzutreten. Dabei ist für die Mitglieder eines WTO-Panels ein Rücktrittsrecht nur für den Fall vorgesehen, daß ein Ablehnungsverfahren eingeleitet ist.[308] Darüber hinaus muß ein Panelmitglied aber auch die Möglichkeit haben, von seinem Amt zurückzutreten, wenn es nicht mehr in der Lage ist, seine Aufgabe zu erfüllen. Dementsprechend sind auch Mitglieder von GATT-Panels wiederholt zurückgetreten, wobei neben gesundheitlichen Gründen häufig die Versetzung des Panelmitgliedes auf einen anderen diplomatischen Posten ursächlich war.[309]

Gemäß Art. 8 (2) ISGH-Statut teilt ein Mitglied des Internationalen Seegerichtshofs dem Präsidenten mit, wenn es der Auffassung ist, aus einem besonderen Grund an der Entscheidung einer bestimmten Sache nicht mitwirken zu können.[310] Daneben kann ein Richter nach Art. 5 (4) ISGH-Statut zurücktreten. Hierzu genügt ein Rücktrittsschreiben an den Präsidenten des Seegerichtshofs.[311] Der Rücktritt ist also an keine besonderen Voraussetzungen gebunden.

Im Gegensatz dazu ist ein Rücktritt eines Schiedsrichters gemäß Art. 30 WIPO SchO nur möglich, wenn die Parteien oder das WIPO Arbitration Center zustimmen. Durch das Zustimmungserfordernis soll verhindert werden, daß ein (insb. parteiernannter) Schiedsrichter den Rücktritt dazu mißbraucht, den Abschluß des Verfahrens zu verzögern, da der Rücktritt eine Ersatzbenennung und gegebenenfalls eine Wiederholung einzelner Verfahrensabschnitte notwendig macht.[312] Wird die Zustimmung nicht erteilt, so bleibt der

---

306 Daneben kann auch der Schiedsrichter gemäß Art. 30 WIPO SchO selbst die Entbindung von seinem Amt beantragen. Außerdem kann nach Art. 32 WIPO SchO auch das WIPO Arbitration Center den Schiedsrichter von seinem Amt entbinden, wenn dieser aus rechtlichen oder tatsächlichen Gründen unfähig geworden ist, die Pflichten eines Schiedsrichters zu erfüllen, oder es versäumt, diese Pflichten zu erfüllen. In diesem Fall erhalten die Parteien Gelegenheit zur Stellungnahme; die Bestimmungen der Art. 26 bis 29 WIPO SchO sind entsprechend anzuwenden.

307 Art. 31 WIPO SchO.

308 Art. VIII (7) WTO RoC.

309 Plank, in: J. Int. Arb. 1987, Nr. 4, S. 53 (72); vgl. auch Nachweise GATT, Analytical Index, S. 677.

310 Das gleiche muß auch gelten, wenn das Mitglied der Auffassung ist, daß es gemäß Art. 8 (1) ISGH-Statut die Voraussetzungen für die Teilnahme an einer bestimmten Sache nicht erfüllt.

311 Vgl. auch Art. 6 ISGH-VerfO.

312 Nach Art. 34 WIPO SchO hat das Schiedsgericht im Falle einer Ersatzbestellung unter Berücksichtigung eventueller Bemerkungen der Parteien nach seinem freien Ermessen darüber zu

Schiedsrichter im Amt und hat weiter an dem Verfahren mitzuwirken. Versucht er, das Zustimmungserfordernis zu umgehen, indem er eine weitere Mitwirkung in dem Schiedsverfahren unterläßt, so haben die anderen Schiedsrichter unter den Voraussetzungen des Art. 35 WIPO SchO[313] die Möglichkeit, das Verfahren ohne Rücksicht auf die unterlassene Beteiligung fortzusetzen und einen Schiedsspruch zu erlassen.

Dies ist ein effektiver Mechanismus zur Verhinderung einer Obstruktion des Verfahrens durch den Rücktritt eines Schiedsrichters. Seine Anwendung muß dabei aber auf die Fälle beschränkt werden, in denen der Rücktritt unzweifelhaft zum Zwecke der Verzögerung des Schiedsverfahrens erfolgt. Ist dies nicht der Fall, so ist eine Verweigerung der Zustimmung durch das WIPO Arbitration Center nicht statthaft.

Gemäß Art. 56 (3) ICSID-Übk, Rule 8 (2) ICSID AR steht es grundsätzlich jedem Mitglied eines ICSID-Schiedsgerichts frei, den Rücktritt bei den anderen Schiedsrichtern und dem Zentrum einzureichen. Der Rücktritt eines parteiernannten Schiedsrichters bedarf dabei allerdings auch hier der Zustimmung der anderen Schiedsrichter. Wird diese nicht erteilt, so hat dies im Gegensatz zur WIPO-Schiedsordnung nicht die Unwirksamkeit des Rücktritts zur Folge; vielmehr geht das Recht zur Ernennung des Ersatzschiedsrichters von der Partei auf den Vorsitzenden des Verwaltungsrats über. Wird die Zustimmung erteilt, so erfolgt die Ersatzbenennung nach dem gleichen Verfahren, nach dem sein Vorgänger benannt worden ist.[314] Zwar kann demzufolge der Rücktritt eines Schiedsrichters nicht verhindert werden. Durch den Übergang des Ersatzbenennungsrechts auf den Vorsitzenden des Verwaltungsrats wird aber verhindert, daß die Partei erneut einen Schiedsrichter benennt, der das Verfahren ebenfalls obstruiert.

Im ICSID-Schiedsverfahren *Holiday Inns v. Morocco* verweigerten die übrigen Schiedsrichter ihre Zustimmung zum Rücktritt eines parteiernannten Schiedsrichters. Grund für den Rücktritt war, daß dieser eine Stellung als Direktor eines der Unternehmen, die ihn benannt hatten, angenommen hatte.[315] Der Schiedsrichter knüpfte seinen Rücktritt an die Bedingung, daß die klagende Partei das Recht behalte, seinen Nachfolger zu benennen. Die beiden anderen Schiedsrichter entschieden, die ihrer Ansicht nach unwirksame Bedingung zu ignorieren und dem Rücktritt nicht zuzustimmen. Dieses Vorgehen hatte zur Folge, daß der Nachfolger des zurückgetretenen Schiedsrichters vom Vorsitzenden des Verwaltungsrates des Zentrums ernannt wurde. *Eisemann*[316] kritisiert dieses Vorgehen der anderen Schiedsrichter mit guten Gründen. Zwar ist die Regelung des Art. 56

---

befinden, ob die gesamte oder ein Teil der bisher durchgeführten mündlichen Verhandlung wiederholt werden soll. Das Ermessen des Schiedsgerichts findet seine Grenze im Anspruch der Parteien auf Gleichbehandlung und auf rechtliches Gehör (vgl. auch Art. 38 (b) WIPO SchO); nur soweit dieses nicht verletzt wird, darf auf die Wiederholung der Verfahrensteile verzichtet werden.

313 Zu Einzelheiten siehe unten S. 422.

314 Art. 56 (1) ICSID-Übk, Rule 11 (1) ICSID AR.

315 Holiday Inns S.A., Occidental Petroleum Corporation et al. v. Government of Morocco (Case No. ARB/72/1); siehe hierzu Eisemann, Ann. fr. dr. int. 1977, S. 436 (438 ff.); Shihata, in: News from ICSID 1989, Nr. 1, S. 4 (5 f.), Ott, Beilegung, S. 192 ff.; Schlosser, Schiedsgerichtsbarkeit, Rn. 500.

316 Eisemann, Ann. fr. dr. int. 1977, S. 436 (440 ff., insb. S. 450 f.); ihm zustimmend Ott, Beilegung, S. 195 ff.

(3) ICSID-Übk zu eng, daß das Ernennungsrecht nur dann auf den Vorsitzenden des Verwaltungsrates übergeht, wenn die anderen Schiedsrichter dem Rücktritt nicht zustimmen. Gleichwohl hätten die Schiedsrichter im Verfahren *Holiday Inns v. Morocco* ihre Zustimmung zum Rücktritt nicht verweigern dürfen. Ohne das Rücktrittsangebot des Schiedsrichters hätten sie auf Antrag der Beklagten gemäß Art. 57 f. ICSID-Übk über die Ablehnung des dritten Schiedsrichters entscheiden müssen. Diesem Antrag hätte das Schiedsgericht zweifellos stattgegeben.[317] Der Nachfolger des ausgeschlossenen Schiedsrichters wäre dann gemäß Art. 58 S. 3 ICSID-Übk durch die Partei ernannt worden, die auch den Vorgänger ernannt hatte.

3. *Ersetzungsverfahren*

Ist ein Mitglied eines Spruchkörpers erfolgreich abgelehnt, entlassen oder seines Amtes enthoben worden oder zurückgetreten, so bedarf es eines Ersetzungsverfahrens. Nach Art. VIII (18) WTO RoC richtet sich die Ersetzung eines auf Antrag einer Partei abgelehnten Mitglieds eines WTO-Panels nach den Regeln des ursprünglichen Ernennungsverfahrens[318], wobei die jeweiligen Fristen des DSU halbiert werden. Das Panelmitglied wird also vom WTO-Sekretariat mit Zustimmung der Parteien ernannt; wird eine Einigung über die Person nicht innerhalb von 10 Tagen erzielt, so bestimmt der Generaldirektor der WTO auf Verlangen einer Streitpartei innerhalb von 5 Tagen das Ersatzpanelmitglied.

Wird ein Mitglied des Seegerichtshofs bzw. der Kammer für Meeresbodenstreitigkeiten von der Mitwirkung an einem bestimmten Verfahren ausgeschlossen, so findet ein Ersetzungsverfahren nicht statt. Etwas anderes gilt nur, wenn ein Richter, der die Nationalität einer Streitpartei hat, oder ein *Ad-hoc*-Richter nicht weiter am Verfahren teilnehmen kann.[319] In beiden Fällen kann die betroffene Partei einen *Ad-hoc*-Richter benennen.[320] Wird hingegen ein Sitz beim Gerichtshof wegen Rücktritts eines Mitglieds frei oder weil ein Richter gemäß Art. 9 ISGH-Statut seines Amtes enthoben worden ist, so wird er nach Maßgabe des Art. 6 ISGH-Statut ersetzt. Danach gelangt das für die erste Wahl vorgesehene Verfahren zur Anwendung[321]; abweichend von Art. 4 ISGH-Statut läßt der Kanzler (und nicht der Generalsekretär der UN) binnen eines Monats nach Freiwerden des Sitzes die Aufforderung zur Benennung von Kandidaten an die Vertragsstaaten ergehen; der Zeitpunkt der Wahl wird vom Präsidenten des Gerichtshofs nach Konsultation mit den Vertragsstaaten festgesetzt. Der nach diesem Verfahren benannte Richter übt sein Amt nicht für die volle neunjährige Amtszeit, sondern für den Rest der Amtszeit des ersetzten Richters aus.[322]

Die Ersatzbenennung eines ICSID-Schiedsrichters erfolgt unverzüglich und richtet sich nach dem gleichen Verfahren, nach dem sein Vorgänger ernannt worden ist.[323] Wie

---

317 So auch Tupman, in: ICLQ 1989, S. 26 (44).

318 Siehe hierzu oben S. 218 f.

319 Art. 19 (4) ISGH-VerfO.

320 Art. 21 (1) ISGH-VerfO.

321 Siehe hierzu oben S. 213 ff.

322 Art. 6 (2) ISGH-Statut.

323 Art. 56 (1) ICSID-Übk, Rule 11 (1) ICSID AR.

oben dargestellt, geht das Ernennungsrecht bei der Ersetzung eines parteiernannten Schiedsrichters allerdings auf den Vorsitzenden des Verwaltungsrats über, wenn der Schiedsrichter ohne die Zustimmung der anderen Mitglieder des Schiedsgerichts zurückgetreten ist[324], oder – auf Antrag der anderen Partei – wenn die eine Partei nicht innerhalb von 30 Tagen einen Ersatzschiedsrichter benennt.[325] Während des Ersetzungsverfahrens ruht das ICSID-Schiedsverfahren, Rule 10 (2) ICSID AR. Anschließend wird es gemäß Rule 12 ICSID AR an dem Punkt fortgesetzt, bis zu dem es vor der Unterbrechung gelangt war, wobei der Ersatzschiedsrichter aber die Wiederholung einer bereits durchgeführten mündlichen Verhandlung verlangen kann.

Auch die Ersatzbenennung eines WIPO-Schiedsrichters folgt gemäß Art. 33 (a) WIPO SchO grundsätzlich den Regeln, nach denen sein Vorgänger ernannt worden ist. Nach Art. 33 (b) WIPO SchO steht es aber im Ermessen des WIPO Arbitration Center, das Ersatzbenennungsrecht an sich zu ziehen, wenn ein parteiernannter Schiedsrichter aus Gründen abgelehnt wurde, die dieser Partei zum Zeitpunkt der Bestellung bekannt waren oder hätten bekannt sein müssen, oder wenn der Schiedsrichter gemäß Art. 32 WIPO SchO von seiner Bestellung entbunden worden ist.[326] Art. 33 (c) WIPO SchO ordnet ebenfalls das Ruhen des Verfahrens für die Dauer des Ersetzungsverfahrens an, soweit die Parteien keine abweichende Vereinbarung getroffen haben.[327] Nach Art. 34 WIPO SchO steht es im Ermessen des Schiedsgerichts, ob die gesamte mündliche Verhandlung oder Teile hiervon wiederholt werden, wobei es bei seiner Entscheidung die Ansichten der Parteien berücksichtigt.

V. Zusammenfassung

Bei allen Verfahrensordnungen setzt die Einleitung des Verfahrens, die für die Wahrung von Fristen und insbesondere in der Schiedsgerichtsbarkeit für die Verjährungsunterbrechung entscheidend ist, einen entsprechenden Antrag einer oder beider Parteien voraus. Sie hängt in den Fällen eines ICSID- und WIPO-Schiedsverfahrens von der Zahlung einer Gebühr an die administrierende Stelle ab.

Bevor dem Antrag entsprochen wird, erfolgt in allen Verfahren zunächst eine Überprüfung, ob die Zuständigkeitsvoraussetzungen erfüllt sind. Da der Seegerichtshof sowie ein ICSID- oder WIPO-Schiedsgericht die Befugnis haben, selbst über die eigene Zuständigkeit zu entscheiden (Kompetenz-Kompetenz), findet insoweit allerdings lediglich eine *prima-facie*-Prüfung durch den Kanzler des Seegerichtshofs bzw. durch die das jeweilige Schiedsverfahren administrierende Stelle statt. In Zweifelsfällen wird das Verfahren eingeleitet und entscheidet der Seegerichtshof bzw. das Schiedsgericht dann selbst über seine

324 Rule 11 (2) (a) ICSID AR.

325 Rule 11 (2) (b) ICSID AR.

326 Zu Art. 32 WIPO SchO siehe oben S. 240, Fn. 306.

327 Während es gemäß Art. 27 WIPO SchO im Ermessen des Schiedsgerichts steht, ob das Schiedsverfahren während der Anhängigkeit eines Ablehnungsantrags fortgesetzt wird, ruht es folglich in Ermangelung einer abweichenden Parteivereinbarung für die Dauer des Ersetzungsverfahrens.

Zuständigkeit. Im Gegensatz hierzu liegt im Rahmen des WTO-Panelverfahrens die Entscheidung über die Einsetzung eines Panels ausschließlich beim DSB. Stimmt dieser der Einsetzung zu, so ist das Panel an diese Entscheidung gebunden und prüft nicht selbst nach, ob die Voraussetzungen für seine Einrichtung erfüllt sind; es hat also insoweit selbst keine Kompetenz-Kompetenz.

Bei der Konstituierung der Spruchkörper bestehen naturgemäß wesentliche Unterschiede zwischen dem Internationalen Seegerichtshof und der Kammer für Meeresbodenstreitigkeiten als ständigen Spruchkörpern auf der einen und einem zur Entscheidung eines Einzelfalles eingerichteten Panel oder Schiedsgericht auf der anderen Seite. Dies ergibt sich daraus, daß bei der Konstituierung der ersteren die Interessen aller Vertragsstaaten des Seerechtsübereinkommens zu berücksichtigen sind und demzufolge die Parteien einer konkreten Streitigkeit geringen Einfluß auf die Zusammensetzung haben. Deren Interessen wird aber dadurch Rechnung getragen, daß jede Partei einen *Ad-hoc*-Richter ernennen kann, wenn dem Gerichtshof kein Mitglied angehört, der Staatsangehöriger dieser Partei ist. Außerdem können die Parteien nach 15 (2) ISGH-Statut für die Erledigung einer bestimmten Streitigkeit die Zuständigkeit einer *Ad-hoc*-Kammer vereinbaren. Deren Zusammensetzung wird vom Seegerichtshof mit Zustimmung der Parteien festgelegt. Diese *Ad-hoc*-Kammern sind aufgrund der erforderlichen Zustimmung der Parteien am ehesten mit einem für die Entscheidung eines Einzelfalls eingerichteten Spruchkörper vergleichbar.

Für letztere ist kennzeichnend, daß bei deren Konstituierung in weitestmöglichem Umfang den Interessen der Streitparteien Rechnung getragen wird; grundsätzlich sind es die Parteien, welche die Mitglieder des Schiedsgerichts bzw. Panels bestimmen. Dabei besteht allerdings die Gefahr, daß die Konstituierung sich verzögert oder sogar dauerhaft blockiert wird, wenn die Parteien sich nicht über die Zusammensetzung des Spruchkörpers einigen können oder eine das Verfahren obstruierende Partei ihre Mitwirkung verweigert. Für diesen Fall sehen alle Verfahrensordnungen unterschiedlich ausgestaltete Ersatzbenennungsverfahren vor, um eine Konstituierung des Spruchkörpers innerhalb einer angemessenen Frist zu gewährleisten.

Hinsichtlich der Anforderungen an die Mitglieder der Spruchkörper gilt zunächst, daß sie – selbst wenn dies teilweise nicht ausdrücklich verlangt wird – in der Regel über juristische Qualifikationen verfügen sollten. Für die unter staatlicher Beteiligung stattfindenden Streiterledigungsverfahren werden des weiteren besondere Anforderungen an die Nationalität der Mitglieder gestellt. In diesen Verfahren ist grundsätzlich vorgesehen, daß innerhalb des Spruchkörpers eine „neutrale Majorität" besteht, um dessen Unparteilichkeit zu gewährleisten. Für den Seegerichtshof bzw. die Kammer für Meeresbodenstreitigkeiten ergibt sich eine solche Mehrheit schon allein aus ihrer Größe mit 21 bzw. elf Mitgliedern. Demgegenüber besteht ein WTO-Panel bzw. ein ICSID-Schiedsgericht in der Regel aus drei Personen. Zur Wahrung der „neutralen Majorität" darf in diesen Verfahren grundsätzlich keine der Parteien einen eigenen Staatsangehörigen ernennen. Allerdings haben die Parteien die Möglichkeit, eine von dieser Regel abweichende Vereinbarung zu treffen. Da ein WIPO-Schiedsverfahren in der Regel nicht unter staatlicher Beteiligung stattfindet, bedarf es keiner entsprechenden Regelung; vielmehr kann jede Partei einen eigenen Staatsangehörigen ernennen. Nur ein Einzelschiedsrichter bzw. der Vorsitzende des

Schiedsgerichts hat hier mangels abweichender Parteivereinbarung eine dritte Staatsangehörigkeit zu haben, soweit keine besonderen Umstände vorliegen.

Die wichtigste Anforderung an die Mitglieder der Spruchkörper ist deren Unparteilichkeit bzw. Unabhängigkeit. Dies gilt für die Mitglieder des Seegerichtshofs und der Kammer für Meeresbodenstreitigkeiten – aufgrund des Einflusses der Parteien auf die Zusammensetzung eines Panels bzw. Schiedsgerichts ist dieses Erfordernis aber insbesondere für deren Mitglieder von besonderer Relevanz. Dementsprechend sind die Mitglieder eines WTO-Panels sowie eines ICSID- oder WIPO-Schiedsgerichts verpflichtet, vor Beginn und während des Verfahrens alle Umstände offenzulegen, die berechtigte Zweifel an ihrer Unabhängigkeit bzw. Unparteilichkeit aufkommen lassen könnten.

Existieren derartige berechtigte Zweifel, so besteht die Möglichkeit der Ablehnung des betroffenen Mitglieds. Die Entscheidung hierüber treffen entweder die anderen Mitglieder, die administrierende Stelle oder ein hierfür eingerichtetes Gremium. Wird dem Ablehnungsantrag stattgegeben oder tritt ein Mitglied eines Spruchkörpers von seinem Amt zurück, so findet ein Ersetzungsverfahren statt – für den Seegerichtshof und die Kammer für Meeresbodenstreitigkeiten gilt dies nur, wenn es sich um einen *Ad-hoc*-Richter handelt oder um einen Richter, der die gleiche Staatsangehörigkeit hat, wie eine der Streitparteien –, wobei die Ersatzbenennung grundsätzlich nach dem gleichen Verfahren erfolgt, nach dem auch sein Vorgänger ernannt worden ist.

Viertes Kapitel: Ablauf des streitigen Verfahrens

A. Allgemeine Verfahrensgestaltung

I. Vorbereitende Maßnahmen

Voraussetzung dafür, daß es gelingt, ein Streiterledigungsverfahren innerhalb eines angemessenen Zeitrahmens unter Wahrung der Rechte der Parteien abzuschließen und dabei zu einer sachgerechten, angemessenen Entscheidung zu gelangen, ist eine effiziente Gestaltung des Verfahrensablaufs. Um dies sicherzustellen, stehen am Anfang eines Streiterledigungsverfahrens vorbereitende Maßnahmen, die der Klärung allgemeiner, für den Ablauf und die Gestaltung des Verfahrens relevanter Fragen dienen. Hierzu gehört die Klärung der Frage der Vertretung der Parteien und die Festlegung von Verfahrenssprache und -ort. Daneben ist es zweckmäßig, in einer vorbereitenden Konferenz zwischen Spruchkörper und Parteien den konkreten Verfahrensablauf festzulegen und offene Fragen zu klären.

1. Vertretung der Parteien

In Verfahren vor dem Internationalen Seegerichtshof müssen sich die Parteien durch einen Prozeßbevollmächtigten vertreten lassen[1], von dem nach Einleitung des Verfahrens alle Prozeßhandlungen namens der Partei vorgenommen werden.[2] Letztere können sich daneben der Unterstützung von Beiständen und Anwälten bedienen.[3] Verfahrensparteien, die nicht Vertragsstaaten sind, sind verpflichtet, eine Zustellungsadresse am Sitz des Seegerichtshofs anzugeben.[4]

---

1 Art. 53 (1) ISGH-VerfO. An die Qualifikation von Prozeßbevollmächtigten – wie auch von Beratern oder Anwälten – werden keine besonderen Anforderungen gestellt. In der Praxis des IGH sind in der Regel hochrangige Mitglieder des diplomatischen Korps oder Mitarbeiter der Rechtsabteilung des Außenministeriums, vereinzelt aber auch Anwälte oder Professoren benannt worden, Rosenne, World Court, S. 119. Gemäß Art. 110 (2) (b) ISGH-VerfO können die Vertragsstaaten dem Gerichtshof jederzeit mitteilen, wer in Verfahren zur sofortigen Freigabe von Schiffen gemäß Art. 292 SRÜ (siehe hierzu unten S. 349 ff.) befugt ist, für den Staat zu handeln.

2 Art. 56 (1) ISGH-VerfO. Die Bevollmächtigten müssen über eine Zustellungsanschrift am Sitz des Seegerichtshofs (Hamburg) oder in der Hauptstadt des Landes, in dem sich der Sitz befindet (Berlin), verfügen, über die der gesamte die Streitigkeit betreffende Schriftverkehr geleitet wird.

3 Art. 53 (2) ISGH-VerfO. Der Gerichtshof kann gemäß Art. 73 (2) ISGH-VerfO nach Einholung der Ansichten der Parteien festlegen, wieviele der Beistände und Anwälte während des mündlichen Verfahrens im Namen einer Partei das Wort ergreifen können.

4 Art. 117 (e) ISGH-VerfO.

Im Rahmen eines ICSID-Schiedsverfahrens können die Parteien sich ebenfalls durch Bevollmächtigte, Beistände oder Anwälte vertreten oder beraten lassen, ohne daß hier eine strikte Unterscheidung zwischen Bevollmächtigten auf der einen und Beiständen und Anwälten auf der anderen Seite besteht.[5] Insbesondere sind die Parteien eines ICSID-Schiedsverfahrens nicht verpflichtet, sich durch einen Bevollmächtigten vertreten zu lassen. Sie teilen dem Generalsekretär des Zentrums die Namen der jeweiligen Personen mit und stellen klar, ob diese jeweils als Bevollmächtigte oder Berater fungieren. Grundsätzlich werden Schriftstücke und Mitteilungen an die Partei selbst geschickt. Wünscht eine Partei die Zusendung direkt an einen Parteivertreter oder -berater, so muß sie dies dem Generalsekretär des Zentrums mitteilen.[6]

Auch die WIPO-Schiedsordnung stellt es den Parteien frei, sich im Schiedsverfahren von Personen eigener Wahl vertreten zu lassen, ohne daß an diese besondere Anforderungen etwa im Hinblick auf ihre Qualifikation gestellt werden.[7] Zur Vermeidung von Verfahrensverzögerungen sind die Parteien lediglich verpflichtet, sicherzustellen, daß ihre Parteivertreter ausreichend Zeit für die Mitwirkung an dem Verfahren haben.[8] Daneben steht es jeder Partei frei, sich in dem Schiedsverfahren beraten bzw. unterstützen zu lassen.[9]

Die Vertretung der Parteien und deren Unterstützung durch Rechtsbeistände ist im DSU nicht geregelt. In der Praxis werden die Staaten, die eine ständige Vertretung bei der WTO in Genf unterhalten, zumeist durch ihre dortigen Repräsentanten vertreten; zumindest bei den großen Handelsmächten werden diese von Handels- und Rechtsexperten der jeweiligen Administration unterstützt. In jüngerer Zeit bedienen sich aber gerade kleinere Staaten der Unterstützung durch Anwaltskanzleien.[10]

---

5 Siehe Anmerkung C zur wortgleichen Fassung der Rule 18 ICSID AR i.d.F. vom 1. Januar 1968 (abgedruckt in: ICSID, Regulations and Rules (January 1, 1968), S. 91).

6 Vgl. Rule 7 (b) ICSID Institution Rules.

7 Art. 13 (a) WIPO SchO; der Name des Parteivertreters sowie die Anschrift sind dem Center, der anderen Partei und nach seiner Einrichtung auch dem Schiedsgericht mitzuteilen. Nach den meisten nationalen Schiedsgesetzen ist es in internationalen Schiedsverfahren zulässig, daß Rechtsbeistände vor dem Schiedsgericht auftreten, die nicht am Schiedsort zugelassen sind; Berger, Arbitration, S. 391; Reiner, Handbuch, S. 47; Rivkin, in: IFLR Februar 1990, S. 11 ff.

8 Art. 13 (b) WIPO SchO.

9 Art. 13 (c) WIPO SchO.

10 Vgl. Palmeter/Spak, in: L. & Pol. Int. Bus. 1993 (Vol. 24), S. 1145 (1163), denenzufolge in der Praxis des GATT Anwälte zwar als Berater, in der Regel aber nicht als Bevollmächtigte zugelassen worden sind. Eingehend zum Recht der Mitgliedstaaten – dies betrifft gerade kleinere Staaten – sich von Rechtsanwälten als Verfahrensbevollmächtigte vertreten zu lassen, vor dem Hintergrund, daß im Panelverfahren European Communities - Regime for the Importation, Sale and Distribution of Bananas, complaints by Ecuador, Guatemala, Honduras, Mexico and the United States (WT/DS27/R) Rechtsanwälte, die einen kleinen karibischen Staat (St. Lucia) vertraten, zu Unrecht auf Antrag der USA von einer mündlichen Verhandlung ausgeschlossen wurden, Martha, in: JWT 1997, Nr. 2, S. 83 ff.; Palmeter, in: JWT 1997, Nr. 1, S. 51 (53 f.); Ohlhoff, in: EuZW 1999, S. 139 (143); eingehend auch Pearlman, in: L. & Pol. Int. Bus. 1999 (Vol. 30), S. 399 ff. Vgl. ferner Petersmann, GATT/WTO Dispute Settlement,

2. *Verfahrenssprache*

Hinsichtlich der Verfahrenssprache stellen sowohl Art. 40 WIPO SchO als auch Rule 22 ICSID AR vorrangig auf eine Parteivereinbarung ab. Für ICSID-Schiedsverfahren gilt dieser Vorrang der Parteivereinbarung allerdings nur dann uneingeschränkt, wenn die Parteien eine der offiziellen Sprachen des Zentrums (Englisch, Französisch oder Spanisch)[11] vereinbaren. Die Vereinbarung einer anderen Sprache setzt voraus, daß das Schiedsgericht nach Rücksprache mit dem Generalsekretär des ICSID zustimmt. Mangels einer Einigung der Parteien oder bei Fehlen der erforderlichen Zustimmung des Schiedsgerichts kann jede Partei eines ICSID-Schiedsverfahrens eine der offiziellen Sprachen wählen. Wählen die Parteien zwei unterschiedliche offizielle Sprachen, so kann jedes Schriftstück in einer der Sprachen eingereicht werden, außerdem können beide Sprachen in der mündlichen Verhandlung gesprochen werden. Der Schiedsspruch wird in beiden Sprachen erlassen, wobei beide Fassungen gleichermaßen authentisch sind.

Zu bedenken ist insoweit, daß die Verwendung zweier Sprachen zu einer Verkomplizierung und damit auch zu einer Verteuerung des Verfahrens führt. Sind die Parteien und die Mitglieder des Spruchkörpers nicht beider Sprachen mächtig, so ist regelmäßig eine Übersetzung aller relevanten Dokumente und eine (Simultan-)Übersetzung der mündlichen Verhandlung notwendig. Neben diesen organisatorischen Schwierigkeiten erscheint es als besonders problematisch, daß beide Fassungen des Schiedsspruchs gleichermaßen authentisch sind. Dies kann zu Problemen bei der Auslegung der Entscheidung führen, wenn die Fassungen trotz aller Sorgfalt nicht vollständig übereinstimmen und jede Partei sich auf die für sie günstigere Fassung beruft.

Auch in Verfahren vor dem Internationalen Seegerichtshof kann die Durchführung eines mehrsprachigen Verfahrens mit den damit verbundenen Erschwerungen notwendig sein. Nach Art. 43 ISGH-VerfO sind die offiziellen Verfahrenssprachen des Seegerichtshofs Englisch und Französisch.[12] Die Parteien können ihre Schriftsätze in einer der beiden offiziellen Sprachen einreichen.[13] Verwendet eine Partei eine andere Sprache, so muß sie eine beglaubigte Übersetzung ins Englische oder Französische beifügen.[14] Die mündliche Verhandlung wird simultan in beide Sprachen übersetzt.[15] Urteile des Seegerichtshofs werden in beiden Sprachen erlassen, wobei festgelegt wird, welche der Sprachen bei Auslegungszweifeln verbindlich ist.

Nach Art. 40 WIPO SchO ist die Verfahrenssprache mangels abweichender Parteivereinbarung grundsätzlich diejenige der Schiedsvereinbarung. Das Schiedsgericht kann

---

S. XV; Cottier, Streitbeilegungsverfahren, S. 127 ff.; Horlick, in: JWT 1992, Nr. 2, S. 5 ff.; Hudec, in: (Hart/Steger) In Whose Interest?, S. 9 (11 ff.).

11 Bei diesen Sprachen handelt es sich um die offiziellen Sprachen des ICSID, vgl. Regulation 34 ICSID AdFR.

12 Hierzu auch Rosenne, in: AJIL 1995, S. 806 (811 f.).

13 Art. 64 (1) ISGH-VerfO; zu den Kosten- und Zeitproblemen, die sich in Verfahren vor dem IGH daraus ergeben, daß die Schriftsätze durch die Kanzlei des Gerichtshofs in die andere offizielle Sprache übersetzt werden müssen, Shaw, in: ICLQ 1997, S. 831 (856 f.).

14 Art. 64 (2) ISGH-VerfO. Die Kosten für die Übersetzung trägt die betroffene Partei, es sei denn, sie hat eine der übrigen offiziellen UN-Sprachen verwandt.

15 Art. 85 (1) ISGH-VerfO.

aber unter Berücksichtigung der Stellungnahmen der Parteien und sonstiger Umstände eine andere Sprache festlegen. Als sonstige Umstände kommen beispielsweise in Betracht, daß die gesamte Korrespondenz zwischen den Parteien in einer anderen Sprache geführt worden ist oder die nationalen Schiedsgesetze am Verfahrensort eine bestimmte Sprache vorschreiben.[16] Auch hier ist es grundsätzlich möglich, daß das Schiedsgericht die Verwendung mehrerer Sprachen zuläßt.[17] Werden Schriftsätze und Dokumente in einer anderen als der Verfahrenssprache eingereicht, so kann das Schiedsgericht eine teilweise oder vollständige Übersetzung in die Verfahrenssprache verlangen.[18]

Im Rahmen des WTO-Panelverfahrens sind die offiziellen Sprachen der WTO – Englisch, Spanisch und Französisch – zugelassen. In der Praxis werden die Verfahren in englischer Sprache durchgeführt. Die Panelberichte werden in allen WTO-Sprachen veröffentlicht, wobei auf dem Bericht vermerkt ist, welches die Originalsprache des Verfahrens war.

3. *Verfahrensort*

In der internationalen privaten Wirtschaftsschiedsgerichtsbarkeit ist die Wahl des Ortes des Schiedsverfahrens von großer praktischer Relevanz.[19] So ist nach der internatioanl vorherrschenden Sitztheorie[20] das am Ort des Schiedsverfahrens geltende Schiedsverfahrensrecht anwendbar. Ferner sind in der Regel die Gerichte am Schiedsort für die Unterstützung und die Kontrolle des Schiedsgerichts zuständig. Aus diesen Gründen wird allgemein darauf Wert gelegt, daß das dortige nationale Recht und die Gerichte „schiedsfreundlich" sind.[21]

Nach Art. 39 (a) WIPO SchO wird der Ort des Schiedsverfahrens in Ermangelung einer Parteivereinbarung[22] unter Berücksichtigung der Auffassung der Parteien und aller

16 Vgl. hierzu Blessing, Conduct, S. 41 (48). Stimmt die Sprache des Schiedsverfahrens nicht mit der am Ort des Schiedsverfahrens geltenden Gerichtssprache überein, kann im Rahmen eines Anfechtungsverfahrens vor den staatlichen Gerichten des Schiedsortes eine kosten- und zeitintensive Übersetzung aller relevanten Schriftstücke notwendig werden, Craig, in: Arb. Int. 1988, S. 174 (193).

17 Blessing, Conduct, S. 41 (49, Fn. 14).

18 Art. 40 (b) WIPO SchO.

19 Redfern/Hunter, Arbitration, S. 295 ff.; Reiner, Handbuch, S. 141 „von größter rechtlicher Bedeutung"; Schlosser, Schiedsgerichtsbarkeit, Rn. 655 ff.; Bernardini, in: J. Int. Arb. 1992, Nr. 2, S. 45 (51 ff.); Blessing, Conduct, S. 41 (47); Holtzmann, in: Private Investments Abroad 1977, S. 183 ff.; Aden, Handelsschiedsgerichtsbarkeit, S. 101; Berger, in: RIW 1993, S. 8 ff.

20 Zum anwendbaren nationalen Schiedsverfahrensrecht nach der Sitztheorie siehe unten S. 393.

21 Reiner, Handbuch, S. 144; Blessing, Conduct, S. 41 (47); ders., Drafting, S. 112 ff.; Craig, in: Private Investments Abroad 1993, § 14-24. Caron, in: ICSID Rev. - FILJ 1992, S. 21 (21 f.) ist der Auffassung, daß die Reputation von Staaten als schieds(un)freundlichem Schiedsort häufig von vagen Vorstellungen abhängt: „Vague statements circulate that a certain country is not a good choice as the place of arbitration... Herculean efforts are made to dispel such statements, but that often is not enough either to gain or maintain reputation".

22 Zur Frage, ob es zweckmäßig ist, daß die Parteien den Ort des Schiedsverfahrens vor Beginn der Streitigkeit festlegen, bejahend G.Lörcher/H.Lörcher, Schiedsverfahren, Rn. 174; Bernardini, in: J. Int. Arb. 1992, Nr. 2, S. 45 (51); Holtzmann, in: Private Investments Abroad 1977,

Umstände des Verfahrens vom WIPO Arbitration Center festgelegt.[23] Dabei müssen die Verhandlungen und sonstige Handlungen des Schiedsgerichts nicht zwingend am Ort des Schiedsverfahrens stattfinden; der Schiedsort ist also nicht mit dem Verhandlungsort gleichzusetzen.[24] Dementsprechend bestimmt Art. 39 (b) WIPO SchO, daß das Schiedsgericht nach Absprache mit den Parteien Verhandlungen an jedem Ort durchführen kann, den es für angemessen hält; außerdem können die Beratungen des Schiedsgerichts an jedem geeignet erscheinenden Ort stattfinden. Der Schiedsort hat demzufolge eher eine formale Bedeutung[25] und zwar als der Ort, an dem das Schiedsverfahren in eine nationale Rechtsordnung „erdet".[26] Nach Art. 34 (c) WIPO SchO gilt der Schiedsspruch als am Ort des Schiedsverfahrens erlassen – dies gilt selbst dann, wenn dort keine Beratungen oder Verhandlungen durchgeführt worden sind.[27]

Im Rahmen eines ICSID-Schiedsverfahrens hat der Schiedsort keine vergleichbare rechtliche Bedeutung.[28] Dieser Unterschied zur privaten Schiedsgerichtsbarkeit ist Folge der völkerrechtlichen Natur der ICSID-Streiterledigung. Die Wirksamkeit und Durchsetzbarkeit eines ICSID-Schiedsspruchs richtet sich allein nach dem ICSID-Übk – die nationalen Schiedsgesetze finden auf das Verfahren keine Anwendung, und die Intervention staatlicher Gerichte ist ausgeschlossen.[29] Gleichwohl ist der Schiedsort im ICSID-Übereinkommen festgelegt. Nach Art. 62 ICSID-Übk finden ICSID-Schiedsverfahren grundsätzlich am Sitz des Zentrums in Washington D.C. statt. Auf Beschluß der Parteien kann das Verfahren aber auch am Sitz des Ständigen Schiedsgerichtshofs in Den Haag oder bei einer anderen Institution stattfinden, mit der das Zentrum eine entsprechende

---

S. 183 (188); kritisch Rauh, UNCITRAL, S. 78; Schlosser, Schiedsgerichtsbarkeit, Rn. 657; v. Hoffmann, in: RIW/AWD 1976, S. 6; zum Problem der ungenauen Formulierung einer Schiedsklausel im Hinblick auf den Verfahrensort Davis, in: Arb. Int. 1991, S. 365 (368 f.).

23 In schwierigen Fällen wird das WIPO Arbitration Center die Bestimmung des Schiedsortes im Zweifel einem aus dem Kreis der Consultative Commission gebildeten Ad-hoc-Komitee (siehe hierzu oben S. 179) übertragen.

24 A. Bucher, Suisse, Rn. 42; Rauh, UNCITRAL, S. 79; Blessing, Conduct, S. 41 (48); Berger, in: RIW 1993, S. 8 (10); Bühler, in: RIW 1987, S. 901 (903); Reymond, in: RdA 1989, S. 385 (391); Schäfer, in: RPS 1. Halbjahr 1996, S. 10 (15).

25 Berger, Arbitration, S. 100; ders., in: RIW 1993, S. 8 (10); Blessing, in: (Böckstiegel) Schweiz (II), S. 13 (30); Bühler, in: RIW 1987, S. 901 (903); van Houtte, in: (Sarcevic) Essays on International Commercial Arbitration, S. 113 (116); Kaufmann-Kohler, in: RdA 1998, S. 517 ff.; vgl. auch Schlosser, Schiedsgerichtsbarkeit, Rn. 242.

26 Raape, IPR, S. 557: „Das Schiedsgericht schwebt nicht über der Erde, es schwebt nicht in der Luft, es muß irgendwo landen, irgendwo erden".

27 Vgl. auch Schäfer, in: RPS 1. Halbjahr 1996, S. 10 (15).

28 Broches, in: YCA 1993, S. 627 (711, Rn. 243); Craig, in: Private Investments Abroad 1993, § 14-24; Delaume, in: Pace L. Rev. 1985, S. 563 (574): „For the purposes of ICSID, the place of arbitration is legally immaterial and its determination is merely one of convenience"; so auch Shihata, in: ICSID Rev. - FILJ 1986, S. 1 (7, Fn. 31).

29 Art. 44 ICSID-Übk im Hinblick auf das anwendbare Verfahrensrecht und Art. 26 ICSID-Übk bezüglich des Ausschlusses der Intervention staatlicher Gerichte; Broches, in: YCA 1993, S. 627 (711, Rn. 243); Delaume, in: Pace L. Rev. 1985, S. 563 (565 f.).

Vereinbarung getroffen hat[30], oder an jedem anderen vom Schiedsgericht nach Konsultierung des Generalsekretärs gebilligten Ort.[31]

Gemäß Art. 1 (2) ISGH-Statut hat der Gerichtshof seinen Sitz in Hamburg; er kann aber an einem anderen Ort tagen, wenn er dies für wünschenswert hält[32], wobei er sich zuvor der Ansichten der Parteien vergewissern sollte.[33] WTO-Panelverfahren werden regelmäßig in den Räumlichkeiten der WTO in Genf durchgeführt.

4. Vorbeitende Beratung zwischen Spruchkörper und Parteien

Neben den genannten Fragen der Vertretung der Parteien, der Verfahrenssprache und des Verfahrensortes gibt es zahlreiche weitere den Verfahrensablauf betreffende Fragen, wie beispielsweise die Reihenfolge der Schriftsätze, Fristen für die Vornahme von Verfahrenshandlungen, die Frage nach dem Verzicht auf das schriftliche Verfahren oder die mündliche Verhandlung, deren Termininierung etc.[34] Um eine effiziente Gestaltung des Verfahrens sicherzustellen, sind diese Fragen nach Möglichkeit in Absprache mit den Parteien vom Spruchkörper zu klären. Daneben kann es auch zweckmäßig sein, daß der Spruchkörper gemeinsam mit den Parteien versucht, den Streitgegenstand zu präzisieren und festzustellen, welche Tatsachen unstreitig sind und inwieweit die Möglichkeit einer vergleichsweisen Streitbeilegung besteht.

Im Rahmen dieser dem vorbereitenden Verfahrensmanagement[35] dienenden Maßnahmen wird für das ICSID-Schiedsverfahren zwischen einer vorbereitenden prozessualen

---

30 Art. 63 (a) ICSID-Übk; zu diesen Institutionen gehören die Asian African Legal Consultative Committee's Regional Centres for Commercial Arbitration in Kairo und Kuala Lumpur, das Australian Commercial Disputes Center in Sydney, das Australian Centre for International Commercial Arbitration in Melbourne sowie das Singapore International Arbitration Centre, vgl. ICSID Annual Report 1998, S. 5.

31 Art. 63 (b) ICSID-Übk; in der Mehrzahl der Fälle haben die Verfahren außerhalb der USA stattgefunden, Delaume, in: AJIL 1983, S. 784 (788); Broches, in: YCA 1993, S. 627 (711, Rn. 244) nennt als bisherige Verfahrensorte Washington, Den Haag, Paris, Genf, Rom, Frankfurt, Wien, Kopenhagen und London.

32 Art. 1 (3) ISGH-Statut; Nordquist/Rosenne/Sohn (Hrsg.), UNCLOS, Nr. A.VI.15. (S. 339) weisen darauf hin, daß bisher kein internationales Gericht oder Tribunal seine Funktion an einem anderen Ort als seinem Sitz ausgeübt hat.

33 Art. 70 S. 2 ISGH-VerfO.

34 Vgl. etwa die exemplarische Aufzählung in Rule 20 (1) ICSID AR; zu weiteren Einzelheiten, die im Rahmen dieser vorbereitenden Konferenz festgelegt werden können, Berger, Wirtschaftsschiedsgerichtsbarkeit, S. 283 ff. Auch wenn dies nicht vorgesehen ist, so kann es sich als zweckmäßig erweisen, die Ergebnisse der vorbereitenden Konferenz schriftlich in Form eines Schiedsauftrages („Terms of Reference", „Acte de Mission") festzuhalten. Diese Terms of Reference haben ihren Ursprung im französischen Recht und sind gemäß Art. 18 ICC SchO in ICC-Schiedsverfahren vorgeschrieben; zu Einzelheiten Aden, Handelsschiedsgerichtsbarkeit, S. 102 ff.; Knof, Tatsachenfeststellung, S. 12 ff.; Reiner, Handbuch, S. 169 ff.; Böckstiegel, ICC-Schiedsgerichtsbarkeit, S. 80 f.; Sandrock, in: RIW 1987, S. 649 ff.

35 Allgemein zum vorbereitenden Verfahrensmanagement Craig/Park/Paulsson, Arbitration, S. 276 f.; Rau/Sherman, in: T. Int. L. J. 1995 (Vol. 30), S. 89 (99 f.); Berger, Arbitration, S. 308 f.; Redfern/Hunter, Arbitration, S. 237 ff.

Beratung („Preliminary Procedural Consultation“)[36] und einer vorbereitenden Konferenz („Pre-Hearing Conference“)[37] unterschieden. Zweck der vorbereitenden Beratung ist die Erörterung der für den Ablauf des Schiedsverfahrens relevanten prozessualen Fragen.[38] Hierzu setzt sich der vorsitzende Schiedsrichter so bald wie möglich nach der Konstituierung des Schiedsgerichts mit den Parteien in Verbindung. Hält er es für zweckmäßig, so kann er die Parteien auffordern, sich hierfür mit ihm zu treffen. Die vorbereitende Konferenz dient hingegen dem Austausch von Informationen und der Feststellung, welche Tatsachen zwischen den Parteien unstreitig sind.[39] Daneben kann im Rahmen der Konferenz auch über die Möglichkeit eines Vergleichs gesprochen werden.[40] Der Generalsekretär des ICSID kann die Durchführung einer vorbereitenden Konferenz verlangen, ansonsten steht die Entscheidung hierüber im Ermessen des Vorsitzenden des Schiedsgerichts. Wünschen die Parteien, die Möglichkeit einer vergleichsweisen Beilegung der Streitigkeit gemeinsam mit dem Schiedsgericht zu erörtern, so können auch sie zu diesem Zwecke die Durchführung einer vorbereitenden Konferenz verlangen.[41]

Auch in den anderen Streiterledigungsverfahren ist vorgesehen, daß der Spruchkörper sich – zumindest im Hinblick auf prozessuale Fragen – mit den Parteien abstimmt. So kann das Schiedsgericht nach Art. 47 WIPO SchO mit den Parteien eine vorbereitende Erörterung durchführen, um das anschließende Verfahren zu organisieren und einen Zeitplan aufzustellen, wobei diese Erörterung im allgemeinen nach dem Eingang der Klageerwiderung stattfindet.[42]

Gemäß Art. 45 ISGH-VerfO ermittelt der Präsident des Internationalen Seegerichtshofs in jedem Verfahren die Ansichten der Parteien über Verfahrensfragen. Zu diesem Zweck lädt er die Prozeßbevollmächtigten der Parteien zum frühestmöglichen Termin nach ihrer Bestellung, und gegebenenfalls auch später, zu einer Besprechung.

Nach Art.12.3 DSU nehmen im Rahmen des WTO-Panelverfahrens die Panelmitglieder vor der Festlegung des Zeitplans für die Verhandlung Rücksprache mit den Streitparteien. Ob und inwieweit im Rahmen der Abstimmung des Spruchkörpers mit den Parteien über prozessuale Fragen auch inhaltliche Aspekte erörtert werden, hängt von den Umständen des Einzelfalles, insbesondere von der Kooperationsbereitschaft der Parteien, ab.[43]

---

36 Rule 20 ICSID AR; hierzu Schreuer, in: ICSID Rev. - FILJ 1997, S. 523 (534).

37 Rule 21 ICSID AR. Die Möglichkeit der Durchführung einer vorbereitenden Konferenz ist erst im Zuge der Neufassung der ICSID AR vom 26. September 1984 eingefügt worden, vgl. Marchais, in: News from ICSID 1988, Nr. 1, S. 5 (9).

38 Vgl. hierzu auch Delaume, in: Pace L. Rev. 1985, S. 563 (573).

39 Rule 21 (1) ICSID AR.

40 Shihata, in: ICSID Rev. - FILJ 1986, S. 1 (10).

41 Rule 21 (2) ICSID AR.

42 Die Erörterung steht im Ermessen des Schiedsgerichts und kann auch als Telefon- oder Videokonferenz stattfinden, Blessing, Conduct, S. 41 (60).

43 In der Praxis des Iran-United States Claims Tribunal hat sich die Möglichkeit der Durchführung einer Pre-Hearing Conference nicht bewährt, Baker/Davis, Experience, S. 123; Borris, in: JPS 1988, S. 3 (11): „Es hat sich erwiesen, daß der von Pre-Hearing-Konferenzen erhoffte Klärungs- und Rationalisierungseffekt häufig ausblieb. Sie wurden daher nur in tatsächlich komplexen und schwierigen Fällen durchgeführt“.

5. *Kostenvorschuß*

Art. 70 WIPO SchO und Regulation 14 (3) ICSID AdFR enthalten detaillierte Regelungen über die von den Parteien zu entrichtenden Vorschüsse zur Deckung der im Rahmen des Schiedsverfahrens entstehenden Kosten.[44] Hierzu gehören etwa das Honorar der Schiedsrichter und deren Reisekosten, Kosten für Sachverständigengutachten und andere vom Schiedsgericht in Anspruch genommene Unterstützung sowie sonstige bei der Durchführung des Schiedsverfahrens entstehende Ausgaben.[45]

Im Rahmen eines ICSID-Schiedsverfahrens gehören zu den durch die Vorschüsse abgedeckten Kosten auch die Kosten, die dem ICSID selbst im Zusammenhang mit dem konkreten Verfahren entstehen.[46] Dagegen hat der Antragsteller im Rahmen eines WIPO-Schiedsverfahrens unabhängig von dem Kostenvorschuß eine Verwaltungsgebühr an das WIPO Arbitration Center zu zahlen.[47] Die Höhe des Kostenvorschusses wird durch das WIPO Arbitration Center festgelegt[48]; sie hängt von den Umständen des Einzelfalls ab[49] und kann – da die Höhe im voraus nicht exakt bestimmt werden kann – etwas über den tatsächlich erwarteten Kosten für das gesamte Verfahren liegen.[50] Wesentlicher Faktor für die Höhe des Vorschusses ist der Streitwert des Verfahrens, da das Schiedsrichterhonorar in einem WIPO-Schiedsverfahren streitwertabhängig ist.[51]

In einem ICSID-Schiedsverfahren wird der Vorschuß vom Generalsekretär des Zentrums nach Absprache mit dem vorsitzenden Schiedsrichter und – soweit möglich – mit den Parteien festgelegt. Dabei deckt der Vorschuß hier nicht die zu erwartenden Kosten des gesamten Verfahrens ab, sondern lediglich der nächsten drei bis sechs Monate. Anders als bei einem WIPO-Schiedsverfahren richtet sich das Schiedsrichterhonorar nicht

---

44 In Verfahren vor dem Internationalen Seegerichtshof bzw. in WTO-Panelverfahren ist die Zahlung eines Kostenvorschusses durch die Parteien nicht vorgesehen, da die Parteien in der Regel nicht verpflichtet sind, die Verfahrenskosten zu tragen. Zu den Verfahrens- und Parteikosten siehe unten S. 429 ff.

45 Vgl. Art. 71 WIPO SchO und Regulation 14 (2) ICSID AdFR.

46 Regulation 14 (2) (c) ICSID AdFR nennt beispielhaft Kosten für Mitarbeiter des Sekretariats des Zentrums, einschließlich eigens angestellter Personen, wie Dolmetscher, Übersetzer, Stenographen oder Sekretäre des Schiedsgerichts. Daneben kann das ICSID besondere Dienste, wie etwa die Übersetzung von Dokumenten, gesondert in Rechnung stellen und Vorauszahlung verlangen, Regulation 15 (1) ICSID AdFR.

47 Art. 68 (a) WIPO SchO. Die Verwaltungsgebühr ist streitwertabhängig und steht dem Internationalen Büro der WIPO zu. Das WIPO Arbitration Center teilt dem Antragsteller die Höhe der Verwaltungsgebühr sobald wie möglich nach Eingang des Schiedsantrags mit. Erhebt der Beklagte eine Widerklage, so ist auch er verpflichtet, eine Verwaltungsgebühr zu zahlen, Art. 68 (b) WIPO SchO. Versäumt eine Partei binnen einer Frist von 15 Tagen nach der zweiten schriftlichen Mahnung der Schiedsstelle, eine fällige Verwaltungsgebühr zu bezahlen, so gilt dies als Rücknahme ihrer Klage oder Widerklage, Art. 68 (e) WIPO SchO. Zu Einzelheiten siehe Gurry, Fees and Costs, S. 91 (93 f.).

48 Art.70 (a) S. 2 WIPO SchO.

49 Gurry, Fees and Costs, S. 91 (98).

50 Vgl. Berger, Arbitration, S. 387; Aden, Handelsschiedsgerichtsbarkeit, S. 258 im Hinblick auf Art. 41 (5) UNCITRAL SchO.

51 Art. 69 (b) WIPO SchO; siehe hierzu unten S. 430 f.

nach dem Streitwert, sondern nach der für das Verfahren aufgewendeten Zeit. Nach beiden Verfahrensordnungen können während des Verfahrens weitere Zahlungen verlangt werden, wenn die geleisteten Vorschüsse aufgebraucht sind.[52]

Grundsätzlich hat nach beiden Verfahrensordnungen jede Partei einen gleichen Anteil des Kostenvorschusses zu leisten.[53] Dies entspricht der üblichen Praxis in der internationalen Wirtschaftsschiedsgerichtsbarkeit[54] und hat seine Grundlage im Prinzip der Gleichbehandlung der Parteien und in deren Verpflichtung, an der Durchführung des Schiedsverfahrens mitzuwirken.[55] Indes kommt es in der Praxis immer wieder vor, daß insbesondere die beklagte Partei ihre Mitwirkung am Verfahren verweigert und den Vorschuß nicht entrichtet.[56] Beide Schiedsverfahrensordnungen enthalten Regelungen, die verhindern, daß ein solches Verhalten zu einer Blockade des Verfahrens führt.

Hat eine Partei eines ICSID-Schiedsverfahrens nicht innerhalb von 30 Tagen, nachdem sie hierzu aufgefordert worden ist, den auf sie entfallenden Anteil des Kostenvorschusses gezahlt, so teilt der Generalsekretär des ICSID dies beiden Parteien mit und gibt ihnen die Möglichkeit, den ausstehenden Betrag zu zahlen.[57] Damit wird der Partei, die den von ihr zu leistenden Vorschuß bereits gezahlt hat, die Möglichkeit eröffnet, auch den der anderen Partei zu entrichten.[58] Zahlt keine der Parteien den ausstehenden Betrag binnen 15 Tagen, so kann der Generalsekretär das Verfahren aussetzen. Dauert die Aussetzung länger als sechs Monate, so steht es in seinem Ermessen, das Verfahren nach vorheriger Mitteilung an die Parteien einzustellen.

Für das WIPO-Schiedsverfahren ist eine ähnliche Regelung vorgesehen. Auch hier teilt das WIPO Arbitration Center den Parteien mit, daß eine Partei nach Ablauf von 30 Tagen ihren Vorschuß nicht geleistet hat, und kann die andere Partei an deren Stelle den Vorschuß entrichten.[59] Daneben enthält Art. 70 (d) WIPO SchO eine Bestimmung, mittels derer eine weitere Obstruktionsmöglichkeit der beklagten Partei ausgeschlossen werden

52 Art. 70 (b) WIPO SchO; Art. 14 (3) (a) (ii) ICSID AdFR.

53 Art. 70 (a) S. 1 WIPO SchO; Art. 14 (3) (d) ICSID AR, wobei letztere Bestimmung klarstellt, daß diese Leistung des Vorschusses zu gleichen Teilen nicht die Entscheidung des Schiedsgerichts über die endgültige Kostentragung präjudiziert.

54 Vgl. etwa Art. 41 (1) UNCITRAL SchO; Art. 54 (1) Zü SchO; § 25 DIS SchO; Art. 23 (5) Wiener SchO; Derains, in: FS Bülow, S. 31 (38): „L'esprit de l'arbitrage exige que cette provision soit versée par moitié par les parties"; im Hinblick auf Ad-hoc-Schiedsgerichtsbarkeit Arkin, in: IBL 1987, S. 5 (10); hingegen bestimmt Art. 59 (1) NAI SchO, daß der Kläger den gesamten Kostenvorschuß zu leisten hat; hierzu Berger, Arbitration, S. 388.

55 Schwab/Walter, Schiedsgerichtsbarkeit, S. 64 und 111; Craig/Park/Paulsson, Arbitration, S. 245; Real, Schiedsrichtervertrag, S. 179; Reiner, Handbuch, S. 149; Rüede/Hadenfeldt, Schiedsgerichtsrecht, S. 221.

56 Craig/Park/Paulsson, Arbitration, S. 247; Derains, in: FS Bülow, S. 31 (39); Gurry, Fees and Costs, S. 91 (98 f.).

57 Regulation 14 (3) (d) ICSID AdFR.

58 Die Unabhängigkeit der Mitglieder des Schiedsgerichts wird durch diese einseitige Entrichtung des Vorschusses nicht beeinträchtigt, Berger, Arbitration, S. 388 f.; Arkin, in: IBL 1987, S. 5 (10).

59 Art. 70 (c) WIPO SchO. Zu den entsprechenden Regelung in anderen Schiedsordnungen Gurry, Fees and Costs, S. 91 (99, Fn. 19).

soll, die Folge der Streitwertabhängigkeit des Kostenvorschusses ist.[60] Diese besteht darin, daß die beklagte Partei mittels einer Widerklage die Zahlung eines Betrages begehrt, der weit über den von der klagenden Partei geltend gemachten Anspruch hinausgeht. Zweck dieser Widerklage ist dabei, den Kostenvorschuß derart in die Höhe zu treiben, daß die klagende Partei nicht in der Lage ist, ihn zu zahlen.[61] Um diese Obstruktionsmöglichkeit auszuschließen, bestimmt Art. 70 (d) WIPO SchO, daß es im Ermessen des WIPO Arbitration Center steht, getrennte Vorschüsse für Klage und Widerklage festzusetzen, wobei der Gesamtbetrag des für die Klage zu leistenden Vorschusses von dem Kläger und des für die Widerklage zu leistenden Vorschusses von dem Beklagten zu zahlen ist.[62] Leistet eine Partei den verlangten Vorschuß nicht binnen 15 Tagen nach der zweiten schriftlichen Mahnung der Schiedsstelle, so gilt dies gemäß Art. 70 (e) WIPO SchO als Rücknahme der entsprechenden Klage oder Widerklage. Dies gilt nicht nur für den Fall des Art. 70 (d) WIPO SchO, sondern auch, wenn eine Partei zwar den auf sie entfallenden Anteil am Kostenvorschuß gezahlt hat, indes nicht bereit ist, nach Maßgabe des Art. 70 (c) WIPO SchO auch den Vorschuß der anderen Partei zu entrichten.[63]

Gemäß Art. 70 (f) WIPO SchO ist das WIPO Arbitration Center verpflichtet, den Parteien gegenüber nach Erlaß des Schiedsspruchs Rechenschaft über die Verwendung der Vorschüsse abzulegen. Es zahlt die nicht verwendeten Vorschüsse zurück oder verlangt die Zahlung noch ausstehender Beträge. Die Vorschüsse werden in jedem Verfahren auf gesonderte Konten überwiesen, auf die während des Verfahrens Zinsen gezahlt wer-

---

60 Eine entsprechende Bestimmung ist für das ICSID-Schiedsverfahren nicht vorgesehen, da die Höhe des Vorschusses dort, anders bei einem WIPO-Schiedsverfahren, nicht streitwertabhängig ist; zu den Verfahrenskosten siehe unten S. 430 f.

61 Craig/Park/Paulsson, Arbitration, S. 247; Schlosser, Schiedsgerichtsbarkeit, Rn. 610; Derains, in: FS Bülow, S. 31 (39 f.); Gurry, Fees and Costs, S. 91 (99); Schwartz, in: ICC Bull. 1993, S. 8 (19).

62 Vgl. auch Gurry, Fees and Costs, S. 91 (94).

63 Im Entwurf der WIPO SchO vom 8. April 1993 (Draft WIPO Arbitration Rules vom 8. April 1993, WIPO Doc. ARB/WG/III/3) enthielt Art. 52 (c) S. 1 eine Art. 70 (c) WIPO SchO entsprechende Regelung. Art. 52 (c) S. 2 des Entwurfs bestimmte darüber hinaus, daß das Schiedsgericht die Beendigung des Verfahrens anordnen könne und die Schiedsvereinbarung als widerrufen gelte, wenn eine Zahlung im Sinne des S. 1 nicht erfolge (Die Bestimmung lautete: „If the required deposits are not paid in full within 30 days after the receipt of the request, the International Bureau shall so inform the parties in order that one of them may make the required payment. If such payment is not made, the Tribunal may order the termination of the arbitration and the arbitration agreement shall be considered to be revoked"). Dabei war in dem Entwurf eine Art. 70 (d) WIPO SchO entprechende Regelung nicht vorgesehen; ebenso fehlte eine mit Art. 70 (e) WIPO SchO vergleichbare Bestimmung. Im Zuge der Einfügung dieser beiden Absätze, insbesondere des Art. 70 (e) WIPO SchO, wurde Art. 52 (c) S. 2 des Entwurfs gestrichen. Dies spricht dafür, daß die Rechtsfolge des Art. 70 (e) WIPO SchO auf alle von Art. 70 (c) WIPO SchO geregelten Fälle Anwendung finden soll. Als systematisches Argument spricht auch die Stellung des Art. 70 (e) WIPO SchO als eigener Absatz für dessen Anwendung auf Art. 70 (c) WIPO SchO. Insbesondere ist im Hinblick auf Sinn und Zweck zu beachten, daß bei einer anderen Auslegung die Nichteinzahlung der zweiten Hälfte des Vorschusses ohne rechtliche Sanktion bliebe.

den, die später den Parteien zustehen.[64] Angesichts der langen Dauer internationaler Schiedsverfahren ist die Verzinsung der eingezahlten Vorschüsse für die Parteien von erheblichem Interesse.[65]

II. Schriftliches Verfahren

1. Allgemeines

Alle Verfahrensordnungen sehen einen zweistufigen Aufbau des Verfahrens, bestehend aus einem schriftlichen und einem mündlichen Teil, vor.[66] Bei deren Ausgestaltung und Verhältnis zueinander bestehen verschiedene Möglichkeiten, wobei sich im wesentlichen zwei Verfahrenskonzeptionen gegenüberstehen, die ihren Ursprung einerseits in der kontinentaleuropäischen und andererseits in der anglo-amerikanischen Prozeßrechtstradition haben.[67] Die maßgeblichen Unterschiede liegen in der Gewichtung der beiden Verfahrensabschnitte und der Rolle der Mitglieder der Spruchkörper.[68]

Im kontinentaleuropäischen Recht findet zunächst ein eingehendes schriftliches Verfahren mit dem Austausch eines oder mehrerer Schriftsätze samt den zugehörigen schriftlichen Beweismitteln statt. Auf der Grundlage dieses schriftlichen Verfahrens wird die mündliche Verhandlung durchgeführt, wobei den Mitgliedern des Spruchkörpers aufgrund der Akten die Streitlage bereits bekannt ist.[69] Im Gegensatz hierzu entspricht es dem anglo-amerikanischen Prozeßrechtsverständnis, daß kein ausführliches schriftliches Verfahren stattfindet[70] und die Mitglieder des Spruchkörpers zu Beginn der mündlichen Verhandlung nur in groben Zügen über die Natur der Streitigkeit unterrichtet sind. In der mündlichen Verhandlung legen die Parteien dem Spruchkörper dann „ihren“ Fall dar; auch schriftliche Beweismittel werden erst in dieser Phase des Verfahrens eingebracht.[71]

---

64 Gurry, Fees and Costs, S. 91 (99); Kuner, in: RIW 1995, S. 965 (969); vgl. auch allgemein zur Schiedsgerichtsbarkeit Redfern/Hunter, Arbitration, S. 254.

65 Berger, Arbitration, S. 390. Das Fehlen einer entsprechenden Regelung für an das ICSID gezahlte Vorschüsse wiegt weniger schwer, da diese jeweils nur die voraussichtlichen Verfahrenskosten für einen Zeitraum von drei bis sechs Monaten abdecken, Regulation 14 (3) (a) (i) ICSID AdFR.

66 So ausdrücklich Art. 44 (1) ISGH-VerfO.

67 Zur Einteilung der Rechtssysteme der Welt in Rechtskreise, David/Jauffret-Spinosi, Systèmes, S. 21 ff.; Rheinstein, Rechtsvergleichung, S. 77 ff.; Zweigert/Kötz, Rechtsvergleichung, S. 62 ff.

68 Zu den unterschiedlichen Ausgestaltungen des Zivilprozeßrechts im kontinentaleuropäischen und anglo-amerikanischen Recht: Craig/Park/Paulsson, Arbitration, S. 376 ff.; Boisseson, in: (ICC) Taking of Evidence, S. 99 ff.; Borris, in: Arbitration 1994, S. 78 ff.; Reymond, in: Arb. Int. 1989, S. 357 ff.; Staughton, in: Arb. Int. 1989, S. 351 ff.; Shenton, in: YCA 1985, S. 145 (147 ff.); Weigand, in: RIW 1992, S. 361 (362).

69 Schlosser, Schiedsgerichtsbarkeit, Rn. 642; Reiner, Handbuch, S. 208.

70 Zur Discovery nach englischem und US-amerikanischem Recht siehe unten S. 270 ff.

71 Dies kann auch durch Vorlesen der Schriftstücke während der mündlichen Verhandlung geschehen, Craig/Park/Paulsson, Arbitration, S. 388 unter Hinweis auf die Praxis der High Courts in England.

Dementsprechend unterschiedlich ist das Verständnis der Rolle der Mitglieder des Spruchkörpers. Nach anglo-amerikanischem Verständnis spielen diese eine eher passive Rolle; sie beobachten den vor ihnen ausgetragenen „Wettkampf" der Parteien und greifen in diesen grundsätzlich nicht ein.[72] Im Gegensatz hierzu ist die Rolle der Mitglieder des Spruchkörpers im kontinentaleuropäischen Prozeßrecht aktiver. Dies zeigt sich etwa bei der Zeugenvernehmung und der Bestellung von Sachverständigen, die vom Spruchkörper vorgenommen werden, während nach anglo-amerikanischem Verständnis auch diese Aufgaben den Parteien bzw. ihren Vertretern obliegen.

Ihrem internationalen Charakter entsprechend läßt sich keines der hier untersuchten Streiterledigungsverfahren allein der einen oder anderen Rechtstradition zuordnen. Vielmehr weisen alle Verfahrensordnungen Elemente auf, die aus dem einen und dem anderen der beiden Rechtskreise stammen.[73] Dies gilt etwa für Schiedsverfahren auf der Grundlage des ICSID-Übk, dessen Verfasser erklärtermaßen das Ziel verfolgt haben, die besten Merkmale aus beiden Verfahrenstraditionen in das Übereinkommen aufzunehmen[74], aber auch für Verfahren nach der WIPO-Schiedsordnung, die so gestaltet ist, daß sie gleichermaßen für ein „common law-" und ein „civil law-" Verfahren geeignet ist.[75] Das Verfahren vor dem Internationalen Seegerichtshof und das WTO-Panelverfahren stehen als völkerrechtliche Verfahren grundsätzlich außerhalb national geprägter Rechtstraditionen. Gleichwohl haben an der Entstehung dieser Verfahrensordnungen den unterschiedlichen Traditionen verhaftete Staaten bzw. Personen teilgenommen, mit der Folge, daß auch hier die unterschiedlichen Verfahrensverständnisse Eingang gefunden haben.

In den Verfahren vor dem Seegerichtshof und im Rahmen der ICSID- und der WIPO-Schiedsgerichtsbarkeit finden nacheinander zunächst das schriftliche und anschließend das mündliche Verfahren statt; das schriftliche Verfahren dient insoweit der Vorbereitung der mündlichen Verhandlung. Im Gegensatz hierzu sind im WTO-Panelverfahren das schriftliche und das mündliche Verfahren miteinander verschränkt. Nachdem beide Parteien einen Schriftsatz unterbreitet haben, erfolgt eine mündliche Verhandlung. Im An-

---

72 Vgl. Craig/Park/Paulsson, Arbitration, S. 406; Knof, Tatsachenfeststellung, S. 3; Borris, in: Arbitration 1994, S. 78 (78 f.); Rau/Sherman, in: T. Int. L. J. 1995 (Vol. 30), S. 89 (91 f.); Reiner, Handbuch, S. 208, der darauf hinweist, daß etwas überspitzt gesagt werde, ein solcherart organisiertes Verfahren sei erfolgreich gewesen, wenn sich der Richter während des Verfahrens nur zweimal zu Wort gemeldet habe: Einmal zu Beginn des Verfahrens, um die Teilnehmer zu begrüßen, und einmal am Ende des Verfahrens, um sie zu verabschieden. Gleichwohl ist in den USA die Tendenz erkennbar, daß Richter eine aktivere Rolle im Prozeß spielen, vgl. Chayes, in: Harv. L. Rev. 1976 (Vol. 89), S. 1281 (1283 f.); Rau/Sherman, aaO., Fn. 11; Schack, US-amerikanisches Zivilprozeßrecht, S. 60 f.

73 Schlosser, in: (Böckstiegel) Rechtsfortbildung, S. 5 (7): „...gilt es ... ein uraltes Vorurteil zu zerstreuen...: Common-law-Verfahren und kontinentaleuropäische Prozeduren seien jeweils ein in sich geschlossenes System; es sei unmöglich, Elemente aus dem einen in das andere zu übertragen, ohne daß es dabei zu Friktionen komme. Die Schiedsgerichtsbarkeit beweist gerade das Gegenteil, denn sie hat eine Reihe unterschiedlicher Mischformen hervorgebracht, die sehr gut funktionieren"; siehe auch Berger, Arbitration, S. 422 f.

74 Paulsson, in: Private Investments Abroad 1993, § 15-14.

75 Kuner, in: RIW 1995, S. 965 (967); vgl. allgemein zur privaten Wirtschaftsschiedsgerichtsbarkeit Rau/Sherman, in: T. Int. L. J. 1995 (Vol. 30), S. 89 (95).

schluß hieran reichen beide Parteien je einen weiteren Schriftsatz ein, bevor eine zweite mündliche Verhandlung stattfindet.

2. *Schriftsätze*

In allen Verfahren liegt ein Schwerpunkt auf der Durchführung eines eingehenden schriftlichen Verfahrens. Die Parteien entwickeln also nicht in der mündlichen Verhandlung „ihren“ Fall vor einem mit der Sache kaum vertrauten Spruchkörper und führen erst zu diesem Zeitpunkt Beweismittel in das Verfahren ein, sondern legen ihren Standpunkt umfassend im Rahmen des schriftlichen Verfahrens dar. Angesichts der Komplexität der in internationalen Wirtschaftsstreitigkeiten auftretenden Fragen erschiene ein anderes Vorgehen auch praktisch kaum durchführbar, zumal sonst die Dauer der mündlichen Verhandlung sehr in die Länge gezogen würde, was wegen der häufig sehr hohen Kosten unter verfahrensökonomischen Gesichtspunkten in der Regel nicht zweckmäßig erscheint.[76]

a. *Klagebegründender Schriftsatz und Klageerwiderung*

Die Spruchkörper legen den Ablauf des schriftlichen Verfahrens fest, wobei sie den Vereinbarungen und Auffassungen der Parteien Rechnung tragen.[77] Bei der Durchführung lassen sich zwei unterschiedliche Vorgehensweisen unterscheiden: Die Schriftsätze der Parteien können entweder parallel oder jeweils aufeinanderfolgend beim Spruchkörper eingereicht werden.

Während in einem WIPO-Schiedsverfahren Klageschrift und Klageerwiderung aufeinanderfolgend eingereicht werdend[78], richtet sich dies in Verfahren vor dem Internationalen Seegerichtshof und vor einem ICSID-Schiedsgericht danach, ob das Verfahren einseitig von einer Partei oder einvernehmlich von beiden Parteien eingeleitet worden ist.[79] Bei einer einseitigen Verfahrenseinleitung durch eine Partei mittels einer Klageschrift unterbreitet diese zunächst ihre Klagebegründung; auf diese reagiert die andere Partei mit einer Klageerwiderung. Haben die Parteien gemeinsam die Einleitung des Verfahrens be-

---

76 Craig/Park/Paulsson, Arbitration, S. 388 f.; Redfern/Hunter, Arbitration, S. 349. Gleichwohl ist zu beachten, daß Rule 29 ICSID AR nach ihrem Wortlaut die Möglichkeit eröffnet, daß die Parteien einvernehmlich auf die Durchführung des schriftlichen Verfahrens verzichten. In der Praxis ist eine solche Vereinbarung jedoch nicht empfehlenswert, da insbesondere bei komplexen Verfahren die Beschränkung auf das mündliche Verfahren ungeeignet ist; Paulsson, in: Private Investments Abroad 1993, § 15-14, der eine extensive mündliche Verhandlung als „entirely inappropriate in major international arbitrations“ bezeichnet. Auch in Verfahren vor dem IGH stehen Urkunden als Beweismittel im Vordergrund, Schröder, in: (Wolfrum) Handbuch, S. 326 f.

77 Art. 59 (1) i.V.m. 45 ISGH-VerfO; Art. 12.3 und 12.6 S. 2 DSU; Art. 44 S. 1 ICSID-Übk; Rule 20, 21, 30 (1) und (2) ICSID AR; 38, 47 WIPO SchO.

78 Art. 41 f. WIPO SchO.

79 Art. 60 f. ISGH-VerfO; Rule 31 ICSID AR.

antragt, so reicht hingegen mangels abweichender Parteivereinbarung[80] jede Partei eine Antragsbegründung (und eine Antragserwiderung[81]) innerhalb derselben Fristen ein.

Im GATT-Panelverfahren war das parallele Einreichen der Schriftsätze die Regel.[82] Dagegen sieht nunmehr Art. 12.6 S. 2 DSU für das WTO-Panelverfahren vor, daß die beschwerdeführende Partei ihren ersten Schriftsatz („written submission") vor dem ersten Schriftsatz der erwidernden Partei einreicht, sofern das Panel nicht bei der Festlegung des Zeitplans[83] und nach Rücksprache mit den Streitparteien entscheidet, daß die Parteien ihre ersten Schriftsätze gleichzeitig unterbreiten. Im weiteren Verlauf des Verfahrens werden alle weiteren Schriftsätze der Parteien gleichzeitig unterbreitet.[84]

Die parallele Einreichung der Schriftsätze hat ihren Ursprung in der zwischenstaatlichen Schiedsgerichtsbarkeit. Sie basiert auf dem Grundsatz der Gleichheit der Staaten und auf dem Gedanken, daß bei einer einvernehmlichen Unterwerfung unter ein Streiterledigungsverfahren nicht zwischen Kläger und Beklagtem unterschieden werden kann.[85] Nach *Rosenne*[86] hat sich diese Vorgehensweise in Verfahren vor dem Internationalen Gerichtshof häufig als wenig praktisch erwiesen. Ein Grund hierfür ist, daß die Parteien in ihren Schriftsätzen auf der einen Seite auf Gesichtspunkte eingehen, die sich als unstreitig erweisen, und andererseits entscheidungserhebliche Fragen nicht erörtern – die Parteien also gewissermaßen „aneinander vorbeireden". Etwas anderes kann gelten, wenn die Parteien den Standpunkt der jeweils anderen Partei aufgrund vorausgegangener Verhandlungen oder Vergleichsgespräche kennen und bereits herausgearbeitet worden ist, welche Punkte streitig sind. Hier kann die parallele Vorgehensweise zu einer Beschleunigung des Verfahrens beitragen.[87]

---

80 In Verfahren vor dem Internationalen Seegerichtshof können die Parteien im Rahmen der Übereinkunft, die Streitigkeit dem Seegerichtshof zu unterbreiten, oder zu einem späteren Zeitpunkt Zahl und Reihenfolge der Schriftsätze festlegen, soweit der Gerichtshof nicht nach Rücksprache mit den Parteien etwas anderes entscheidet, Art. 61 ISGH-VerfO. Nach Rule 31 (2) ICSID AR können die Parteien bei einer einvernehmlichen Einleitung des Verfahrens vereinbaren, daß eine Partei als Antragsteller behandelt wird, mit der Folge, daß diese zunächst ihre Klagebegründung einreicht.

81 Nach Art. 62 (2) ISGH-VerfO unterbreitet in Verfahren vor dem Seegerichtshof zusätzlich jede Partei innerhalb derselben Frist eine Antragserwiderung; in einem ICSID-Schiedsverfahren ist dies gemäß Rule 31 (2) ICSID AR nur dann der Fall, wenn die Parteien dies vereinbaren oder das Schiedsgericht es für notwendig erachtet.

82 Pescatore/Davey/Lowenfeld - Pescatore, Handbook, Band 1, Teil 2, S. 14; ders, in: J. Int. Arb. 1993, Nr. 1, S. 27 (32). Eine Art. 12.6 DSU entsprechende Bestimmung war erstmals in F. (f) 4 1989 Improvements enthalten.

83 Siehe Art. 12.3 DSU.

84 Art. 12.6 S. 4 DSU.

85 Rosenne, World Court, S. 123; häufig empfinden es Staaten auch als Eingriff in ihr staatliches Souveränitätsempfinden, in die Position des Beklagten gedrängt zu werden, Redfern/Hunter, Arbitration, S. 321.

86 Rosenne, aaO.

87 So auch Pescatore, in: J. Int. Arb. 1993, Nr. 1, S. 27 (32) im Hinblick auf das GATT-Panelverfahren.

Die Klageschrift muß neben der Darstellung des wesentlichen Sachverhalts und der Rechtsansichten der Parteien die Anträge[88] bzw. das Klagebegehren[89] enthalten; sie ist nach allen Verfahrensordnungen innerhalb einer bestimmten Frist einzureichen. Gemäß Art. 30 WIPO SchO beträgt diese Frist 30 Tage nach Zugang der Mitteilung über die Konstitutierung des Schiedsgerichts, soweit die Klageschrift nicht bereits dem Antrag auf Einleitung des Schiedsverfahrens beigefügt war.[90] In den anderen Verfahren wird die Frist von den Spruchkörpern festgesetzt[91], wobei im Rahmen des WTO-Panelverfahrens ein Zeitrahmen von drei bis sechs Wochen vorgesehen ist.[92] In allen Verfahrensordnungen kann der Spruchkörper[93] die Frist verlängern.[94]

In der Klageerwiderung hat die beklagte Partei den in der Klageschrift dargelegten Sachverhalt anzuerkennen oder zu bestreiten, gegebenenfalls weitere Ausführungen zum Sachverhalt zu machen, zu den Rechtsausführungen der anderen Partei Stellung zu nehmen, eigene Rechtsausführungen darzulegen und außerdem die eigenen Anträge zu stellen.[95] Daneben sind nach Art. 42 (c) WIPO SchO Widerklagen und Aufrechnungen mit Gegenforderungen vom Beklagten grundsätzlich in der Klageerwiderung zu erheben bzw. erklären.[96] Zu einem späteren Zeitpunkt werden sie durch das Schiedsgericht nur bei Vorliegen besonderer Umstände zugelassen.[97]

Die Klageerwiderung muß in einem WIPO-Schiedsverfahren innerhalb von 30 Tagen nach Empfang der Klageschrift oder innerhalb von 30 Tagen nach Empfang der Bekanntmachung der Einsetzung des Schiedsgerichts durch das WIPO Arbitration Center, je nachdem was später eintritt, dem Kläger und dem Schiedsgericht übermittelt werden.[98]

---

88 Art. 62 (1) ISGH-VerfO; Rule 31 (3) ICSID AR. Die Schriftsätze im Rahmen des WTO-Panelverfahrens enthalten neben einer Schilderung des Sachverhalts und der Argumente der Parteien keine besonderen Anträge (vgl. Art. 4 WTO-WP), da die Aufgabe des Panels, d.h. die von ihm zu untersuchende Frage, durch den DSB festgelegt worden ist.

89 Art. 41 (b) WIPO SchO.

90 Art. 41 (a) WIPO SchO.

91 Art. 59 (1) ISGH-VerfO; Rule 31 (1) (a) ICSID AR.

92 Art. 12 (a) (1) WTO-WP.

93 Nach Art. 59 (2) ISGH-VerfO ist hierzu ein Antrag erforderlich, während Art. 38 (c) WIPO SchO dem Schiedsgericht die Möglichkeit eröffnet, auch ohne Antrag einer Partei eine Fristverlängerung zu gewähren. Eine solche Regelung ist hier zweckmäßig, da das WIPO-Schiedsgericht, im Gegensatz etwa zum Seegerichtshof, die ursprüngliche Frist nicht selbst festlegt. Aber auch der Wortlaut von Rule 26 (3) ICSID AR legt nahe, daß das Schiedsgericht die Frist aus eigenem Antrieb verlängern kann.

94 Art. 59 (2) ISGH-VerfO; Art. 12 a.E. WTO-WP; Rule 26 (2) ICSID AR; Art. 38 (c) WIPO SchO. Zur Frage der Folgen einer Fristversäumnis siehe unten S. 306 ff.

95 Art. 62 (2) ISGH-VerfO; Rule 31 (3) S. 2 ICSID AR; Rule 42 (b) ICSID AR. Auch wenn für das WTO-Panelverfahren Art. 4 WTO-WP lediglich vorsieht, daß die Partei, gegen die sich das Panelverfahren richtet, in ihrem Schriftsatz den Sachverhalt und ihre Argumente darzulegen hat, wird sich der Inhalt ihres Schriftsatzes im wesentlichen an dem beschriebenen Inhalt orientieren.

96 Zu Aufrechnung und Widerklage siehe unten S. 299 ff.

97 Blessing, Conduct, S. 41 (52).

98 Art. 42 (a) WIPO SchO.

Bei einer umfangreichen Klageschrift können sich 30 Tage als zu kurz erweisen, so daß häufig die Verlängerung dieser Frist durch das Schiedsgericht notwendig ist.[99]

Noch kürzer ist die Frist für die beklagte Partei eines WTO-Panelverfahrens. Dieser stehen lediglich zwei bis drei Wochen zur Verfügung.[100] Allerdings sind hier der beklagten Partei aufgrund der gemäß Art. 4 DSU zwischen den Parteien durchgeführten Konsultationen die Argumente der beschwerdeführenden Partei und seit der Festlegung der *Terms of Reference* der genaue Streitgegenstand bekannt. Nach Art. 59 (1) ISGH-VerfO setzt der Internationale Seegerichtshof, nach Rule 31 (1) (b) ICSID AR ein ICSID-Schiedsgericht die Frist für die Einreichung der Klageerwiderung fest; sie können dabei die Umstände des Einzelfalles berücksichtigen.

Gemäß Art. 63 (1) ISGH-VerfO und Art. 41 (c) WIPO SchO[101] sind jedem Schriftsatz Kopien der Dokumente und Unterlagen beizufügen, auf die dieser gestützt wird. Insbesondere in großen und komplexen Verfahren kann die Zahl und der Umfang der relevanten Unterlagen und Dokumente kaum mehr überschaubar sein.[102] Als Erleichterung für derartige Fälle sieht Art. 41 (c) WIPO SchO vor, daß es ausreicht, wenn in der Klageschrift auf die Schriftstücke Bezug genommen wird und die Partei bereit ist, diese gegebenenfalls vorzulegen. Ähnlich bestimmt Art. 63 (2) ISGH-VerfO, daß es bei umfangreichen Dokumenten, von denen nur Auszüge von Bedeutung sind, ausreicht, wenn dem Schriftsatz lediglich diese Auszüge beigefügt werden. Ist das Dokument unveröffentlicht oder nicht ohne weiteres erhältlich, so ist ein Exemplar beim Kanzler des Seegerichtshofs zu hinterlegen.[103]

b. Weitere Schriftsätze

Häufig ist erst nach der Klageerwiderung klar, was genau Gegenstand des Verfahrens ist, welches die zwischen den Parteien streitigen Punkte sind.[104] Daher ist es für die Vorbereitung der mündlichen Verhandlung häufig zweckmäßig, den Parteien noch einmal Gelegenheit zur Stellungnahme in Schriftsätzen zu geben. In diesen sollen die Parteien auf das Vorbringen der anderen Partei eingehen und zu der Vorbereitung der mündlichen Verhandlung beitragen.[105]

---

99 Schneider, Commentary, S. 79 (81); vgl. auch Redfern/Hunter, Arbitration, S. 323: „It is unreasonable, in a massive arbitration for example, to stipulate that the respondent shall have only 30 days to file an answer and counterclaim, when the claimant has had months, perhaps years, in which to prepare his case"; Berger, Wirtschaftsschiedsgerichtsbarkeit, S. 289; Craig/Park/Paulsson, Arbitration, S. 180.

100 Art. 12 (a) (2) WTO-WP.

101 Das gleiche gilt gemäß Art. 42 (b) WIPO SchO für Widerklagen oder Aufrechnungen.

102 Vgl. nur Craig/Park/Paulsson, Arbitration, S. 178.

103 Zu Einzelheiten des schriftlichen Verfahrens vor dem Seegerichtshof siehe auch die Guidelines Concerning the Preparation and Presentation of Cases before the Tribunal, Doc. ITLOS/9 (abgedruckt im Textanhang).

104 Rosenne, World Court, S. 123 f.

105 So etwa Art. 62 (3) ISGH-VerfO; siehe auch Art. 62 (4) ISGH-VerfO; zu den entsprechenden Bestimmungen des IGH-Statuts (Art. 49) Rosenne, Procedure, S. 112 ff.; allgemein Craig/Park/Paulsson, Arbitration, S. 387; Böckstiegel, ICC-Schiedsgerichtsbarkeit, S. 83: „Norma-

Dementsprechend haben die Parteien in einem WTO-Panelverfahren Gelegenheit, innerhalb einer Frist von zwei bis drei Wochen ihren Standpunkt noch einmal in einem zweiten Schriftsatz darzulegen.[106] Diese Schriftsätze sind von beiden Parteien parallel einzureichen.[107] Angesichts der Tatsache, daß die beklagte Partei bereits in ihrem ersten Schriftsatz auf den ersten Schriftsatz der beschwerdeführenden Partei eingegangen ist, erscheint es, als könne die beklagte Partei nur den Inhalt ihres ersten Schriftsatzes wiederholen. Indes ist zu beachten, daß das DSU eine Verschränkung des schriftlichen und mündlichen Verfahrens vorsieht. Nachdem jede Partei ihren ersten Schriftsatz unterbreitet hat, findet bereits die erste mündliche Verhandlung statt. Im Anschluß hieran erfolgt vor der zweiten mündlichen Verhandlung eine weitere Runde von Schriftsätzen, in denen die Parteien zum Vorbringen der jeweils anderen Partei in der mündlichen Verhandlung Stellung nehmen können. Da das Panel in der ersten mündlichen Verhandlung die Streitigkeit mit den Parteien eingehend erörtert hat, erscheint es unter verfahrensökonomischen Gesichtspunkten sachgerecht, wenn beide Parteien hier ihren zweiten Schriftsatz parallel einreichen.

Vor dem Internationalen Seegerichtshof richtet sich der Ablauf des weiteren schriftlichen Verfahrens danach, ob das Verfahren einseitig oder von beiden Parteien einvernehmlich eingeleitet worden ist. Bei einer Einleitung durch einen einseitigen Antrag kann der Seegerichtshof die Einreichung einer Replik durch den Kläger und einer Duplik durch den Beklagten zulassen oder vorschreiben, wenn die Parteien in diesem Sinne übereingekommen sind oder wenn der Seegerichtshof *proprio motu* oder auf Antrag einer Partei entscheidet, daß diese Schriftsätze erforderlich sind.[108] Ist das Verfahren hingegen einvernehmlich durch einen Kompromiß eingeleitet worden und haben die Parteien keine Vereinbarung über Zahl und Reihenfolge der Schriftsätze getroffen, so bedarf die Einreichung einer Replik und einer Duplik der Genehmigung, die der Seegerichtshof nur erteilt, wenn er weitere Schriftsätze für erforderlich hält.[109] Der Grund für diesen Unterschied liegt darin, daß bei einer einseitigen Verfahrenseinleitung jede Partei zunächst lediglich einen Schriftsatz unterbreitet, während die Parteien bei der einvernehmlichen Einleitung parallel jeweils eine Antragsbegründung und eine Antragserwiderung einreichen und so bereits Gelegenheit erhalten, auf das Vorbringen der anderen Partei einzugehen.

Auch ein ICSID- und ein WIPO-Schiedsgericht können weitere Schriftsätze zulassen oder verlangen, wenn sie diese für die Vorbereitung der mündlichen Verhandlung für erforderlich erachten.[110] Bei der Entscheidung über die Zulassung ist einerseits die Gefahr

---

lerweise erscheint ein zweimaliger Austausch von Schriftsätzen zwischen den Parteien ausreichend aber auch notwendig vor der möglichst dann schon abschließenden mündlichen Verhandlung".

106 Art. 7 S. 3 i.V.m. 12 (c) WTO-WP.

107 Art. 12.6 S. 4 DSU.

108 Art. 60 (2) ISGH-VerfO.

109 Art. 56 (2) u. (3) ISGH-VerfO.

110 Art. 43 (b) WIPO SchO; Rule 31 (1) ICSID AR; zu beachten ist, daß nach der Formulierung dieser Vorschrift das Schiedsgericht an eine Vereinbarung der Parteien, weitere Schriftsätze zuzulassen, gebunden ist.

einer übermäßigen Verfahrenszögerung zu bedenken, andererseits kann durch eine umfassende schriftliche Vorbereitung die mündliche Verhandlung erheblich verkürzt werden.[111]

Insbesondere ist zu berücksichtigen, daß die Nichtzulassung weiterer Schriftsätze nicht den Anspruch auf rechtliches Gehör der Parteien und das Recht auf Gleichbehandlung verletzen darf, indem etwa einer Partei Stellungnahmen zu Widerklagen oder Aufrechnungshandlungen der Gegenpartei verwehrt werden.[112] Dementsprechend bestimmt Art. 43 (a) WIPO SchO, daß dem Kläger Gelegenheit zur Stellungnahme zu geben ist, sofern Widerklagen erhoben oder Aufrechnungen mit Gegenforderungen geltend gemacht werden, wobei diese Stellungnahme den Anforderungen an Inhalt und Frist einer Klageerwiderung gemäß Art. 42 (a) und (b) WIPO SchO entsprechen muß. Das gleiche muß aber beispielsweise auch bei einer Klageänderung oder -ergänzung gelten. Wird diese vom Spruchkörper zugelassen, so muß der Gegenpartei Gelegenheit zur Stellungnahme gegeben werden.

III. Mündliche Verhandlunng

1. Allgemeines

In allen Verfahrensordnungen ist nach Abschluß des schriftlichen Verfahrens grundsätzlich die Durchführung einer mündlichen Verhandlung vorgesehen, innerhalb derer der Sachverhalt erörtert wird, die Parteien ihren Standpunkt und ihre Argumente vorbringen können und gegebenenfalls Zeugen und Sachverständige gehört werden.[113] Dabei besteht allerdings sowohl in ICSID- als auch in WIPO-Schiedsverfahren die Möglichkeit, auf eine mündliche Verhandlung zu verzichten. So findet in einem WIPO-Schiedsverfahren eine mündliche Verhandlung statt, wenn die Parteien dies vereinbart haben oder – bei Fehlen einer Vereinbarung – eine Partei dies verlangt. Anderenfalls obliegt die Entscheidung über die Durchführung dem Schiedsgericht[114]; in einem ICSID-Schiedsverfahren findet nach Rule 29 ICSID AR eine mündliche Verhandlung nur dann nicht statt, wenn die Parteien eine entsprechende Vereinbarung getroffen haben.

Demzufolge ist nach beiden Verfahrensordnungen eine Vereinbarung der Parteien, auf die Durchführung einer mündlichen Verhandlung zu verzichten, für das Schiedsgericht bindend. Fraglich ist, ob dies auch dann gilt, wenn die Parteien in der Schiedsvereinbarung eine solche Vereinbarung getroffen haben, ohne vorherzusehen, daß aufgrund der Komplexität des Verfahrens eine umfassende Erörterung der Sach- und Rechtsfragen zwischen Parteien und Schiedsgericht unumgänglich sein würde. In einem solchen Fall gebietet es der Anspruch auf rechtliches Gehör, daß das Schiedsgericht entgegen der Par-

---

111 Berger, Wirtschaftsschiedsgerichtsbarkeit, S. 288; zu den Erfahrungen des Iran-United States Claims Tribunal siehe Holtzmann, in: Private Investors Abroad 1987, § 16-27: „Short hearings have been made possible by long papers"; Wühler, in: (Böckstiegel) Rechtsfortbildung, S. 93 (100).

112 Rauh, UNCITRAL, S. 85.

113 Art. 44 (1), 69 ff. ISGH-VerfO; Art. 5 WTO-WP; Rule 29, 32 ICSID AR; Art. 53 WIPO SchO.

114 Art. 53 (a) WIPO SchO.

teivereinbarung die Durchführung einer mündlichen Verhandlung anordnet.[115] Sonst bestünde die Gefahr, daß der Schiedsspruch aufgehoben bzw. bei einem WIPO-Schiedsspruch die Anerkennung und Vollstreckung verweigert würde.[116]

Im Hinblick auf ein WIPO-Schiedsverfahren ist des weiteren fraglich, ob das Schiedsgericht das Recht hat, den Antrag einer Partei auf Durchführung einer mündlichen Verhandlung abzulehnen, wenn dieser so spät gestellt wird, daß ihm nicht ohne eine nachhaltige Verfahrensverzögerung entsprochen werden kann.[117] Zumindest wenn die Partei den Grund für die verspätete Antragstellung nicht überzeugend darlegen kann und das Schiedsgericht der Überzeugung ist, daß der Antrag rein dilatorischen Zwecken dient, muß es die Möglichkeit haben, den Antrag abzulehnen.[118]

Für das WTO-Panelverfahren sehen Art. 5 und 7 WTO-WP die Durchführung zweier mündlicher Verhandlungen vor. Das Panel kann aber gemäß Art. 12.1 DSU nach Konsultation mit den Parteien von den WTO-WP abweichen, so daß auch hier grundsätzlich die Möglichkeit besteht, auf die Durchführung einer mündlichen Verhandlung zu verzichten. Zwar müssen die Parteien vor einer entsprechenden Entscheidung lediglich konsultiert werden, auch hier folgt aber aus dem Anspruch der Parteien auf rechtliches Gehör, daß regelmäßig zumindest eine mündliche Verhandlung durchgeführt werden muß, wenn eine Partei dies beantragt.

Nach Art. 44 (1) ISGH-VerfO besteht das Verfahren vor Spruchkörpern des Internationalen Seegerichtshofs aus einem schriftlichen und einem mündlichen Teil, ohne daß insoweit die Möglichkeit einer abweichenden Parteivereinbarung vorgesehen ist. Eine solche Möglichkeit könnte sich allerdings aus Art. 48 ISGH-VerfO ergeben. Danach können die Parteien eines Verfahrens einvernehmlich besondere Abweichungen oder Zusatzbestimmungen bezüglich des Verfahrens festlegen, die der jeweilige Spruchkörper des Seegerichtshofs anwenden kann, wenn er sie als den Umständen des Falles angemessen er-

---

115 UN Doc. A/40/17, para. 205; Berger, Arbitration, S. 421; Granzow, UNCITRAL-Modellgesetz, S. 156; Hußlein-Stich, MG, S. 124; van Houtte, in: (Sarcevic) Essays on International Commercial Arbitration, S. 113 (118); Nöcker, Kanada, S. 128 f.; David, Arbitration, S. 295.

116 Zur Aufhebung eines WIPO-Schiedsspruchs durch staatliche Gerichte siehe unten S. 486 ff.; zur Anerkennung und Vollstreckung siehe unten S. 511 ff. Zwar kann ein ICSID-Schiedsspruch nicht durch die staatlichen Gerichte aufgehoben werden und unterliegt auch im Rahmen seiner Vollstreckung keiner Kontrolle durch staatliche Gerichte, siehe unten 506 ff.; der Schiedsspruch kann aber wegen einer schwerwiegenden Abweichung von einer grundlegenden Verfahrensvorschrift gemäß Art. 52 (1) (d) ICSID-Übk durch ein Ad-hoc-Komitee aufgehoben werden, siehe hierzu unten S. 476 ff.

117 Um der Gefahr zu begegnen, daß der Schiedsspruch von einem staatlichen Gericht angefochten oder seine Anerkennung und Vollstreckung verweigert wird, kann das Schiedsgericht den Parteien eine Frist setzen, innerhalb derer der Antrag auf Durchführung einer mündlichen Verhandlung gestellt werden muß.

118 Berger, Arbitration, S. 421; Granzow, UNCITRAL-Modellgesetz, S. 156 f.; Holtzmann/Neuhaus, Guide, S. 673; zur Praxis des Iran-United States Claims Tribunal Baker/Davis, Experience, S. 119 f., insb. zum Verfahren World Farmers Trading Incorporated v. Government Trading Corporation, Bank Melli Iran, Bank Markazi Iran (Award No. 428-764-1), 22 CTR (1989 II), S. 204 (208 f.), in dem der Antrag elf Monate nach Ablauf einer vom Schiedsgericht hierfür gesetzten Frist gestellt wurde; hierzu auch van Hof, Commentary, S. 107.

achtet. Dagegen spricht indes, daß auch Art. 26 ISGH-Statut von der Durchführung einer mündlichen Verhandlung ausgeht. So bestimmt insbesondere Art. 26 (2) ISGH-Statut, daß die mündliche Verhandlung öffentlich ist. Zwar kann die Öffentlichkeit durch Beschluß des Gerichtshofs oder auf Antrag der Parteien ausgeschlossen werden[119]; der gänzliche Verzicht auf die mündliche Verhandlung ist aber nicht vorgesehen. Da Art. 48 ISGH-VerfO lediglich die Möglichkeit eröffnet, von den Bestimmungen der Verfahrensordnung des Seegerichtshof abzuweichen, nicht aber von den Bestimmungen des ISGH-Statuts[120], ist die Durchführung einer mündlichen Verhandlung vor den Spruchkörpern des Internationalen Seegerichtshofs obligatorisch.

2. *Ablauf*

Aufgrund des zuvor durchgeführten schriftlichen Verfahrens kennen die Mitglieder der Spruchkörper den Sachverhalt, die streitigen Punkte, die Rechtsansichten und die Klagebegehren bzw. Anträge der Parteien.[121] Sie gehen demzufolge nicht dem angloamerikanischen Verständnis entsprechend „unwissend" in die mündliche Verhandlung; die Parteien müssen den Fall vor dem Spruchkörper also nicht vollständig entwickeln.[122] Dementsprechend bestimmt etwa Art. 75 (1) ISGH-VerfO, daß die mündlichen Parteivorträge innerhalb der Grenzen, die für eine angemessene Darstellung ihres Vorbringens erforderlich sind, so knapp wie möglich sein sollen.[123] Sie sollen auf die streitigen Punkte gerichtet sein und nicht lediglich die in den Schriftsätzen angesprochenen Tatsachen und Rechtsausführungen wiederholen.[124]

Ferner entspricht die Rolle der Mitglieder der Spruchkörper eher dem kontinentaleuropäischen Verständnis – sie folgen nicht lediglich den Ausführungen der Parteien, sondern haben das Recht, selbst Fragen an diese zu richten und Einfluß auf den Ablauf der mündlichen Verhandlung zu nehmen.[125]

---

119 Art. 74 ISGH-VerfO.

120 Rosenne, World Court, S. 111 bezüglich der den IGH betreffenden Bestimmungen.

121 Zu den Beratungen der Mitglieder des Seegerichtshofs vor und während der mündlichen Verhandlung siehe Art. 2 ff. der Resolution on the International Judicial Practice adopted on 31 October 1997.

122 Siehe oben S. 258.

123 Zu Einzelheiten des mündlichen Verfahrens vor dem Seegerichtshof siehe auch die Guidelines Concerning the Preparation and Presentation of Cases before the Tribunal, Doc. ITLOS/9 (abgedruckt im Textanhang).

124 In diesem Zusammenhang ist auch Art. 76 (1) ISGH-VerfO zu beachten. Danach kann der Seegerichtshof vor oder während des Verfahrens den Parteien die Punkte und strittigen Fragen mitteilen, zu denen die Parteien Stellung nehmen sollen bzw. zu denen nach Ansicht des Gerichtshofs genügend vorgetragen worden ist. Auch in anderen Streiterledigungsverfahren hat der Spruchkörper die Möglichkeit, den Parteien mitzuteilen, daß er weitere Ausführungen der Parteien oder weitere Beweismittel nicht für notwendig erachtet, Staughton, in: Arb. Int. 1989, S. 351 (355 f.).

125 Art. 76 (2) und (3) ISGH-VerfO. Zu den Gründen, weshalb die Richter des IGH eher zurückhaltend sind, Fragen zu stellen, Rosenne, Procedure, S. 131; Schwebel, in: (Lillich) Fact-Finding Before International Tribunals, S. 1 (3). Siehe auch Art. 8 WTO-WP, demzufolge das Panel jederzeit entweder im Verlauf einer Sitzung oder schriftlich Fragen an die Parteien rich-

Für den Ablauf der mündlichen Verhandlung ist kein festes Schema vorgeschrieben; er wird für das einzelne Verfahren durch den Spruchkörper nach Konsultation mit den Parteien festgelegt.[126] Lediglich für das WTO-Panelverfahren ist der Ablauf in Art. 5 und 7 WTO-WP in groben Zügen beschrieben[127]: Zunächst trägt die beschwerdeführende, anschließend die beklagte Partei ihre Argumente vor. In der zweiten mündlichen Verhandlung werden die Argumente der Parteien dann in umgekehrter Reihenfolge präsentiert.[128]

In den anderen Streiterledigungsverfahren läuft das Verfahren in der Regel dergestalt ab, daß auch hier zunächst die klagende Partei ihre Argumente vorträgt, gefolgt von der anderen Partei. Anschließend kann beiden Parteien noch einmal Gelegenheit gegeben werden, zu den Ausführungen der jeweils anderen Partei Stellung zu nehmen.[129] Daneben werden im Rahmen der mündlichen Verhandlung in der Regel Sachverständige und Zeugen vernommen. Die maßgeblichen Kriterien für die Gestaltung der mündlichen Verhandlung sind der Anspruch der Parteien auf rechtliches Gehör und das Gebot der Gleichbehandlung. Es ist Aufgabe des Spruchkörpers, bei der Festlegung des Ablaufs darauf zu achten, daß diese unverzichtbaren Rechte beider Parteien nicht beeinträchtigt werden.[130]

Hinsichtlich der Protokollierung der mündlichen Verhandlung vor dem Internationalen Seegerichtshof bestimmt Art. 86 ISGH-VerfO, daß von jeder mündlichen Verhandlung durch den Kanzler ein Protokoll erstellt wird; dieses wird veröffentlicht, wenn die Sitzung öffentlich war.[131] Demgegenüber entscheidet in einem WIPO-Schiedsverfahren gemäß Art. 53 (d) WIPO SchO das Schiedsgericht, ob und in welcher Form eine Niederschrift der mündlichen Verhandlung gemacht werden soll, während in einem ICSID-

---

ten und sie um Erklärungen bitten kann; Pescatore, in: J. Int. Arb. 1993, Nr. 1, S. 27 (32) bezeichnet die Fragen der Panelmitglieder als ein wesentliches Element des GATT-Streiterledigungsverfahrens, während Plank, in: J. Int. Arb.1987, Nr. 4, S. 53 (78) zufolge die Panelmitglieder in der Regel in der mündlichen Verhandlung sehr zurückhaltend sind, um gegenüber den Parteien ihren eigenen Standpunkt so wenig wie möglich zu offenbaren; in diesem Sinne auch Eichmann, in: Int. Tax & Bus. L. 1990 (Vol.8), S. 38 (54).

126 Art. 73 (2) i.V.m. 45 ISGH-VerfO; Rule 19 f. ICSID AR; Art. 38, 47 WIPO SchO; zur vorbereitenden Konferenz, in der auch diese Fragen zumindest in ihren Grundzügen erörtert werden können, oben S. 252 f.

127 Auch hier kann das Panel nach Konsultationen mit den Parteien abweichen, Art. 12.1 DSU.

128 Siehe zum Ablauf im Hinblick auf das GATT-Panelverfahren Eichmann, in: Int. Tax & Bus. L. 1990 (Vol.8), S. 38 (54): „At each of the panel's substantive meetings with the parties, each party gives an opening statement... The panelists then ask questions of the parties ... The panelists' questions range from elaborations of the parties' legal arguments to requests for more factual information ... if the parties cannot answer the panel's questions, they may reserve their rights and submit subsequent written answers. The substantive meetings end with the disputing parties presenting oral rebuttals".

129 Vgl. Rosenne, World Court, S. 130 hinsichtlich des Verfahrens vor dem IGH; allgemein zur Schiedsgerichtsbarkeit Redfern/Hunter, Arbitration, S. 349; Glossner/Bredow/Bühler, Praxis, Rn. 356 ff. Eine Vereinbarung zwischen dem Schiedsgericht und den Parteien über den Ablauf der mündlichen Verhandlung bereitet in der Regel keine Schwierigkeiten, Craig/Park/Paulsson, Arbitration, S. 407.

130 So ausdrücklich Art. 38 (b) WIPO SchO.

131 Art. 86 (6) S. 2 ISGH-VerfO.

Schiedsverfahren die Protokollierung im Rahmen der vorbereitenden prozessualen Beratung des Schiedsgerichts mit den Parteien festgelegt wird.[132] Die Art und Weise der Protokollierung einer mündlichen Verhandlung vor einem WTO-Panel ist nicht geregelt. Insoweit bestimmt Art. 9 WTO-WP lediglich, daß die Parteien dem Panel eine schriftliche Fassung ihrer mündlichen Erklärung zur Verfügung zu stellen haben.

In Verfahren vor dem Internationalen Seegerichtshof verlesen die Prozeßbevollmächtigten gemäß Art. 75 (2) ISGH-VerfO nach Beendigung des letzten Vortrages ihrer Partei in der mündlichen Verhandlung die Schlußanträge. Diese Anträge enthalten keine Wiederholung der Rechtsausführungen, sondern stellen eine kurze Zusammenfassung des Streitgrundes und des Begehrens der jeweiligen Partei dar und bestimmen damit endgültig den Streitgegenstand, an den der Seegerichtshof bei seiner Entscheidung gebunden ist.[133]

IV. Beweisaufnahme

Häufig spielt in internationalen Wirtschaftsstreitigkeiten neben rechtlichen Fragen die Aufklärung der tatsächlichen Geschehnisse eine entscheidende Rolle[134], so daß die Beweisaufnahme im Rahmen des Verfahrens besondere Bedeutung hat.[135] Dabei gilt für die Beweisaufnahme in Verfahren aus diesem Bereich in besonderem Maße[136], daß in ihr vielfach Elemente sowohl des anglo-amerikanischen als auch des kontinentaleuropäischen Verfahrensrechts vereint werden.[137] Insbesondere im Bereich der internationalen Schieds-

---

132 Rule 20 (1) (g) ICSID AR. Rule 37 ICSID AR i.d.F. vom 1. Januar 1968 (abgedruckt in: ICSID, Regulations and Rules (January 1, 1968), S. 103), derzufolge der Generalsekretär des ICSID ein Protokoll der mündlichen Verhandlung führte, ist bei der Neufassung der Rules vom 26. September 1984 nicht übernommen worden.

133 Vgl. im Hinblick auf den IGH Schröder, in: (Wolfrum) Handbuch, S. 327; Fitzmaurice, Law and Procedure, Vol. 2, S. 578 ff.

134 Gerade in der internationalen Schiedsgerichtsbarkeit stehen Rechtsfragen im Verhältnis zu tatsächlichen Fragen zumeist sogar im Hintergrund, Marriott, in: Arb. Int. 1989, S. 280 (281); Glossner/Bredow/Bühler, Praxis, Rn. 372; zu den Schwierigkeiten, vor die internationale Gerichte im Hinblick auf die Beweisaufnahme gestellt sein können, Franck, in: (Lillich) Fact-Finding Before International Tribunals, S. 22 (22 ff.) im Hinblick auf den IGH.

135 Zur Beweisaufnahme Sandifer, Evidence Before International Tribunals, S. 1 ff; zur Beweisaufnahme in Verfahren vor dem Internationalen Gerichtshof, dem Iran-United States Claims Tribunal und den Internationalen Menschenrechtsgerichtshöfen die Beiträge in: Lillich (Hrsg.), Fact-Finding Before International Tribunals; zur Beweisaufnahme in der Schiedsgerichtsbarkeit siehe die Beiträge in: ICC (Hrsg.), Taking of Evidence in International Arbitral Proceedings; Association Internationale des Jeunes Avocats (Hrsg.), Evidence in International Arbitration Proceedings, mit Länderberichten. Zur zunehmenden Bedeutung der Beweisaufnahme im Rahmen der WTO-Streiterledigung Thomas, in: JWT 1997, Nr. 1, S. 45 (45 ff.).

136 Siehe hierzu schon oben S. 258.

137 Dies gilt namentlich in der internationalen Schiedsgerichtsbarkeit, Berger, Arbitration, S. 427; Boisseson, in: (ICC) Taking of Evidence, S. 99 (109); einen Ausgleich zwischen beiden Rechtsverständnissen suchen etwa auch die IBA Rules of Evidence, hierzu Shenton, in: YCA 1985, S. 145 ff. Für einen Überblick über die Beweisaufnahme in der Schiedsgerichtsbarkeit in Common Law Systems, Allen, Jr., in: (AIJA) Evidence in International Arbitration Procee-

gerichtsbarkeit geben die Vorschriften lediglich einen Rahmen vor, innerhalb dessen das Schiedsgericht die Beweisaufnahme den Umständen des jeweiligen Einzelfalls entsprechend flexibel gestalten kann.[138]

Alle Verfahrensordnungen sehen im Rahmen der Beweisaufnahme eine nicht lediglich passive Rolle des Spruchkörpers vor. Er ist nicht auf die von den Parteien angebotenen Beweise beschränkt, sondern hat vielmehr die Möglichkeit, von den Parteien die Vorlage von Beweismitteln zu verlangen und sich selbst Informationen zu beschaffen.[139] Dies gilt namentlich für das WTO-Panelverfahren, für das die Verfahrensvorschriften zwar keine Regelung über von den Parteien beizubringende Beweismittel enthalten, für das dafür aber das Recht des Panels, sich Informationen zu beschaffen, in Art. 13 DSU eingehend geregelt ist. Danach hat jedes Panel das Recht, von jeder Einzelperson oder jedem Gremium, die es für geeignet hält, und jedem WTO-Mitglied Informationen oder fachlichen Rat einzuholen.[140] Daneben können sie von jeder einschlägigen Stelle Informationen erbitten, Sachverständige befragen und in bestimmten Angelegenheiten einen schriftlichen Gutachterbericht von einer Sachverständigengutachtergruppe einholen.[141] Eine Besonderheit im Hinblick auf die Beschaffung relevanter Informationen enthält auch Art. 84 (1) ISGH-VerfO. Danach kann der Seegerichtshof jederzeit vor Beendigung des mündlichen Verfahrens eine internationale Organisation auffordern, in einer bei ihm anhängigen Rechtssache relevante Informationen zu erteilen.

Zur Vorbereitung der Beweisaufnahme sehen Art. 72 ISGH-VerfO und Rule 33 ICSID AR vor, daß die Parteien die Beweismittel mitteilen, die sie in das Verfahren einzuführen planen oder deren Beschaffung sie seitens des Spruchkörpers beantragen. Die Mitteilung soll genaue Informationen zu den Beweismitteln enthalten und in allgemeiner Form angeben, auf welche Fragen sich das Beweismittel bezieht.

---

dings, London 1994, S. 15 ff.; in Civil Law Countries, Bernard, in: (AIJA) Evidence in International Arbitration Proceedings, London 1994, S. 21 ff.

138 Rau/Sherman, in: T. Int. L. J. 1995 (Vol. 30), S. 89 (95 f.); insbesondere sind Schiedsgerichte nicht an die am Ort des Schiedsverfahrens geltenden Vorschriften über die Beweisaufnahme gebunden, Berger, Arbitration, S. 427.

139 Art. 77 ISGH-VerfO; Art. 48 (b) WIPO SchO; siehe auch Art. 43 ICSID-Übk, Rule 34 (2) ICSID AR, wobei Art. 43 ICSID-Übk klarstellt, daß die Parteien eine abweichende Vereinbarung treffen können, vgl. Broches, in: YCA 1993, S. 627 (675, Rn. 133).

140 Art. 13.1 DSU. Will ein Panel Informationen oder fachlichen Rat von einer Einzelperson oder einem Gremium, die unter der Hoheitsgewalt eines Mitgliedstaates stehen, einholen, so unterrichtet es die Behörden des betreffenden Staates. Vertrauliche Informationen, die erteilt werden, dürfen nicht ohne die förmliche Genehmigung durch die Einzelperson, das Gremium oder die Behörden des Mitgliedes, welche die Informationen erteilen, offengelegt werden.

141 Art. 13.2 DSU; zu der Frage, inwieweit ein Panel sich auch Informationen von privaten Rechtssubjekten verschaffen darf, die ein eigenes Interesse an der Streitigkeit haben, siehe die Nachweise oben S. 141, Fn. 295; zu den Sachverständigen und den Sachverständigengutachtergruppen unten S. 277 ff.

1. Beweismittel

a. Dokumentenbeweis

In allen untersuchten Verfahren sind die Parteien grundsätzlich verpflichtet, Dokumente gemeinsam mit den Schriftsätzen, in denen auf sie Bezug genommen wird, einzureichen.[142] Bei den von den Parteien vorgelegten Dokumenten handelt es sich dabei nicht ausschließlich um schriftliche Beweismittel im eigentlichen Sinne. Die Parteien können beispielsweise auch Auszüge aus Büchern oder sonstigen Veröffentlichungen vorlegen, auf die sie etwa ihre technischen oder rechtlichen Ausführungen stützen. Daneben können die Parteien auch Quellen zum anwendbaren materiellen Recht beibringen.[143] Um dem Spruchkörper den Überblick über die häufig sehr umfangreichen Dokumentensammlungen zu erleichtern, ist es zweckmäßig, wenn die Parteien ein Verzeichnis der dem Spruchkörper vorgelegten Dokumente beifügen.[144]

Ein wesentliches Element der Beweisaufnahme im anglo-amerikanischen Recht ist die Durchführung einer sog. *Discovery*. Hierunter versteht man im englischen[145] Zivilverfahrensrecht die Verpflichtung der Parteien, eine umfassende Liste der Dokumente zu erstellen, die im Zusammenhang mit dem Fall stehen[146] und sich in ihrem Machtbereich befinden.[147] Die Listen werden im Anschluß an die Antragsschriftsätze ausgetauscht, ohne daß es hierfür einer besonderen Anordnung bedarf. Ist eine Partei der Auffassung, daß die andere Partei im Rahmen dieser allgemeinen *Discovery* nicht alle relevanten Dokumente offengelegt hat, so kann sie hinsichtlich der fehlenden Dokumente die Durchführung einer

142 Rule 24 ICSID AR; Art. 41 (c), 42 (b) und (c), 43 (a) WIPO SchO, wobei die WIPO SchO insoweit von den entsprechenden Bestimmungen der UNCITRAL SchO (Art. 18 (2) S. 2, 19 (2) und (4)) abweicht, denenzufolge die Parteien ihren Schriftsätze die Schriftstücke oder Beweismittel beifügen können; Art. 63 ISGH-VerfO.

143 Dies ist insbesondere ratsam, wenn die Schiedsrichter eines internationalen Schiedsverfahrens mit diesem nicht vertraut sind, Craig/Park/Paulsson, Arbitration, S. 390.

144 Dies verlangt ausdrücklich Art. 41 (c) WIPO SchO; Ulmer, in: J. Int. Arb. 1991, Nr. 2, S. 33 (38).

145 Die weitergehende Discovery des amerikanischen Zivilprozeßrechts, bei der u.a. der anderen Partei schriftliche Fragenkataloge vorgelegt und deren Zeugen befragt werden können (vgl. hierzu Schack, US-amerikanisches Zivilprozeßrecht, S. 44 ff.; Junker, Discovery, S. 1 ff., insb. 97 ff. und 145 ff.; Brower, in: (ICC), Taking of Evidence, S. 7 ff.), sind dem Wesen des Schiedsverfahrens fremd und finden daher nur Anwendung, wenn die Parteien dies ausdrücklich vereinbaren, Brower, aaO., S. 7 und 16 ff. mit Nachweisen zur amerikanischen Rechtsprechung; Rau/Sherman, in: T. Int. L. J. 1995 (Vol. 30), S. 89 (103); siehe auch Schlosser, Schiedsgerichtsbarkeit, Rn. 640 m.w.N.; Weigand, in: RIW 1992, S. 361 (361); Borris, in: Arbitration 1994, S. 78 (82).

146 Die Discovery bezieht sich nur auf solches Beweismaterial, das für den konkreten Fall eine besondere Bedeutung hat. Eine sog. „wide ranging“ oder „fishing“ Discovery ist hingegen ebenso wenig zulässig wie Discovery gegenüber Dritten, Weigand, in: RIW 1992, S. 361 (363) m.w.N.

147 Erfaßt wird u.a. auch Korrespondenz mit Dritten oder interne Schriftstücke, Mustill/Boyd, Law and Practice, S. 324; Schlosser, Schiedsgerichtsbarkeit, Rn. 638; Weigand, in: RIW 1992, S. 361 (363); Sutton, in: (ICC) Taking of Evidence, S. 57 (61 ff.).

speziellen *Discovery* beantragen.[148] Der Zweck der *Discovery* besteht darin sicherzustellen, daß die Parteien dem Gericht alle Dokumente vorlegen, auch wenn sie für die vorlegende Partei nachteilig sind.[149] In der kontinentaleuropäischen Prozeßrechtstradition ist die Durchführung einer *Discovery* grundsätzlich ausgeschlossen, mit der Folge, daß es keine Möglichkeit gibt, die Herausgabe von seitens der Gegenseite nicht spezifiertem Beweismaterial zu verlangen.[150]

Fraglich ist, ob und in welchem Umfang in den einzelnen Streiterledigungsverfahren die Durchführung einer *Discovery* möglich ist. Für ICSID-Schiedsverfahren bestimmt Rule 34 (2) (a) ICSID AR lediglich, daß das Schiedsgericht die Parteien in jedem Verfahrensstadium zur Vorlage von Schriftstücken oder anderen Beweisen auffordern kann. Auch ein WIPO-Schiedsgericht kann gemäß Art. 48 (b) WIPO SchO die Parteien zu jeder Zeit während des Verfahrens auf Verlangen einer Partei oder auf eigene Veranlassung zur Vorlage von Schriftstücken oder anderen Beweisen auffordern, wenn es dies für notwendig oder angebracht hält.[151] In beiden Verfahrensordnungen ist die Durchführung einer allgemeinen *Discovery* demzufolge nicht vorgesehen. Das Schiedsgericht kann vielmehr lediglich, ähnlich einer speziellen *Discovery*[152], die Vorlage bestimmter Beweismittel verlangen. Diese müssen für die Entscheidung des Falles relevant und hinreichend konkretisiert sein.[153] Diese Regelungen entsprechen der allgemein zurüchhaltenden Praxis internationaler Schiedsgerichte bei der Anordnung einer *Discovery*.[154]

Ein Beispiel für eine *Discovery*-Anordnung durch ein ICSID-Schiedsgericht findet sich im Verfahren *AGIP v. Congo*, dessen Gegenstand die Verstaatlichung von Beteiligungen des italienischen Unternehmens *AGIP* durch die Volksrepublik *Kongo* war.[155] Im Zuge der Verstaatlichung im Jahre 1975 wurden die Räume des Investors besetzt und zahlreiche Dokumente beschlagnahmt. Da *AGIP* aus diesem Grund nicht in der Lage war, den Wert der Investition im Zeitpunkt der Verstaatlichung zu bemessen, entsprach das

---

148 Zur Unterscheidung zwischen allgemeiner und spezieller Discovery Mustill/Boyd, Law and Practice, S. 323; Weigand, in: RIW 1992, S. 361 (363); Morgan, in: J. Int. Arb. 1986 Nr. 3, S. 9 (11).

149 Morgan, in: J. Int. Arb. 1986 Nr. 3, S. 9 (11).

150 Reymond, in: Arb. Int. 1989, S. 357 (360), demzufolge die Discovery einen Eingriff in die Privatsphäre darstellt, der nur in Strafprozessen gerechtfertigt ist; vgl. auch Weigand, in: RIW 1992, S. 361 (362).

151 Daneben kann das Schiedsgericht gemäß Art. 48 (b) WIPO SchO anordnen, daß ihm, einem Sachverständigen oder der anderen Partei Sachen zu Test- und Prüfzwecken zugänglich gemacht werden, die sich in der Herrschaftssphäre einer Partei befinden.

152 Im Unterschied zur speziellen Discovery im englischen Recht hat das Schiedsgericht nicht die Möglichkeit, sich von einer Partei, die angeblich Dokumente zurückhält, unter Eid die Richtigkeit ihrer Dokumentenliste versichern zu lassen, Berger, Arbitration, S. 431, Fn. 381.

153 In diesem Sinne allgemein Berger, Arbitration, S. 430 f.; Rau/Sherman, in: T. Int. L. J. 1995 (Vol. 30), S. 89 (103); Sutton, in: (ICC) Taking of Evidence, S. 57 (62 u. 67); Weigand, in: RIW 1992, S. 361 (363).

154 Vgl. Berger, Arbitration, S. 431; Redfern/Hunter, Arbitration, S. 330 f.; Roskin, in: (Lew) Contemporary Problems, S. 86 (94); Rau/Sherman, in: T. Int. L. J. 1995 (Vol. 30), S. 89 (103); Sutton, in: (ICC) Taking of Evidence, S. 57 (62 u. 69).

155 AGIP S.p.A. v. Government of the People's Republic of the Congo (Case No. ARB/77/1), Award of November 30, 1979, ICSID Reports I, S. 306 ff.

Schiedsgericht dem gemäß Art. 47 ICSID-Übk gestellten Antrag[156] und empfahl, daß die Volksrepublik *Kongo* dem Schiedsgericht mitteilen solle, welche Dokumente sich in ihrem Besitz befänden und dem Investor alle Dokumente, die er verlange, zur Verfügung stellen solle.[157] Aus der Unterwerfung der Parteien unter das Schiedsverfahren folgt ihre Verpflichtung, mit dem Schiedsgericht zu kooperieren[158] und der Anordnung einer *Discovery* Folge zu leisten.

Gleichwohl hat die Volksrepublik *Kongo* sich nicht an die Empfehlungen des ICSID-Schiedsgerichts gebunden gefühlt.[159] Für derartige Fälle bestimmt Rule 34 (3) S. 2 ICSID AR, daß das ICSID-Schiedsgericht von einer Nichtbefolgung und den hierfür angegebenen Gründen in förmlicher Weise Kenntnis nimmt, ohne daß ihm Mittel zur Durchsetzung seiner Anordnung zur Verfügung stehen.[160] Gleiches gilt auch für die private Schiedsgerichtsbarkeit.[161] Indes kann das Schiedsgericht aus der Nichtbefolgung der Anordnung insbesondere im Rahmen der Beweiswürdigung nachteilige Schlüsse für die betroffene Partei ziehen.[162]

Auch der Internationale Seegerichtshof hat gemäß Art. 77 (1) ISGH-VerfO das Recht, die Parteien zu jedem Zeitpunkt des Verfahrens zur Beibringung von Beweismitteln aufzufordern, die er zur Aufklärung der Streitigkeit für notwendig erachtet. Hier besteht also ebenfalls die Möglichkeit, eine Partei zur Vorlage von - möglicherweise nachteiligen - Beweismitteln aufzufordern.[163] Leistet eine Partei der Aufforderung nicht Folge, so kann auch der Seegerichtshof dies im Rahmen der Beweiswürdigung berücksichtigen.[164]

---

156 Zu Empfehlung vorläufiger Maßnahmen gemäß Art. 47 ICSID-Übk siehe unten S. 352 ff.

157 Bernardini, in: Riv. dir. int. priv. & proc. 1981, S. 29 (35 f.); Delaume, in: Clunet 1982, S. 775 (825); Friedland, in: Arb. Int. 1986, S. 335 (347).

158 So ausdrücklich Rule 34 (3) S. 1 ICSID AR.

159 Cahier, in: Contemporary Problems, S. 241 (247).

160 Siehe auch Schreuer, in: ICSID Rev. - FILJ 1997, S. 501 (513 ff.).

161 Derains, in: (Sanders) ICCA Series No. 4, S. 229 (244). Die urspünglich nach englischem Recht bestehende Möglichkeit der Parteien, im Rahmen des Schiedsverfahrens bei einem staatlichen Gericht die Durchführung einer Discovery zu beantragen, wurde durch den Courts and Legal Services Act 1990 abgeschafft, vgl. Redfern/Hunter, Arbitration, S. 330 f., auch zum amerikanischen Recht. Dort ist die Nichtbefolgung einer Aufforderung zur Discovery durch ein Schiedsgericht grundsätzlich sanktionsbewehrt; in der Praxis machen die Schiedsgerichte von dieser Möglichkeit in der Regel aber keinen Gebrauch; hierzu auch Berger, Arbitration, S. 433 m.w.N.

162 Craig/Park/Paulsson, Arbitration, S. 410; Schwab/Walter, Schiedsgerichtsbarkeit, S. 162; Böckstiegel, ICC-Schiedsgerichtsbarkeit, S. 84; ders., in: JPS 1990, S. 15 (25); Borris, in: JPS 1988, S. 3 (16 f.); Lalive/Gaillard, in: Clunet 1989, S. 905 (940); Weigand, in: RIW 1992, S. 361 (363); Derains, in: (Sanders) ICCA Series No. 4, S. 229 (244). Dabei wird man aber nur in den seltensten Fällen so weit gehen können, die von der Gegenpartei aufgestellte Tatsachenbehauptung als bewiesen zu erachten, Blessing, in: (Böckstiegel) Schweiz (II), S. 13 (58).

163 Die Art. 77 (1) ISGH-VerfO entsprechende Vorschrift der IGH-VerfO (Art. 62 (1)) gelangte im Case Concerning Elettronica Sicula S.p.A. (ELSI) (United States of America v. Italy), Judgment of 20 July 1989, ICJ Reports 1989, S. 15 zur Anwendung. Dort kamen die USA einer auf Grundlage dieser Vorschrift ergangenen Aufforderung des IGH nach und legten einen Jahresabschluß von ELSI vor, der eine für die Position der USA nachteilige Information enthielt; siehe hierzu Highet, in: (Lillich) Fact-Finding Before International Tribunals, S. 33 (59

Im WTO-Panelverfahren hat das Panel nach Art. 8 WTO-WP das Recht, Fragen an die Parteien zu richten und sie um Erklärungen zu bitten. Eine Befugnis, die Parteien im Sinne einer *Discovery* zur Vorlage von Beweisen aufzufordern, hat das WTO-Panel hingegen nicht.[165] Selbst wenn dem Panel bekannt sein sollte, daß eine Partei in ihrem Herrschaftsbereich befindliche Beweismittel zurückhält, so folgt aus dem Fehlen einer Vorlageverpflichtung, daß dies im Rahmen der Beweiswürdigung nicht zum Nachteil dieser Partei ausgelegt werden darf; vielmehr ist in dieser Situation nach den Beweislastregeln zu entscheiden.

Mit Art. 49 und 51 enthält die WIPO-Schiedsordnung zwei Vorschriften, die den besonderen Bedürfnissen bei Streitigkeiten im Bereich des gewerblichen Rechtsschutzes Rechnung tragen sollen[166] und in keiner sonstigen Schiedsordnung vorgesehen sind. Art. 49 WIPO SchO regelt die Einbringung der Ergebnisse von Versuchen[167], die von einer Partei durchgeführt worden sind. Will eine Partei sich auf die Ergebnisse derartiger Versuche stützen, so hat sie dies dem Schiedsgericht und der anderen Partei mitzuteilen und dabei den Zweck des Versuchs, eine Zusammenfassung über den Versuch, die verwendete Methode, die Ergebnisse und die Schlußfolgerung genau anzugeben. Auf Antrag der anderen Partei kann das Schiedsgericht anordnen, daß der oder die Versuche in Anwesenheit der anderen Partei zu wiederholen sind und hierfür einen Zeitplan festlegen. Die Notwendigkeit dieser Bestimmung erscheint zweifelhaft. Bei den Ergebnissen der Versuche handelt es sich um gewöhnliche schriftliche Beweismittel, und ein Schiedsgericht könnte auch ohne Art. 49 WIPO SchO eine entsprechende Anordnung treffen, wenn es dies für notwendig erachtete.[168]

Ähnliches gilt auch für Art. 51 WIPO SchO, demzufolge das Schiedsgericht im Einverständnis mit den Parteien anordnen kann, daß diese gemeinsam eine technische Anleitung vorzulegen haben. In dieser sollen die wissenschaftlichen, technischen oder sonstigen Informationen des betreffenden Fachgebiets dargelegt werden, die für das volle Verständnis der Streitfragen erforderlich sind. Ferner sollen die Parteien gemeinsam Mo-

---

f.), der in dieser von ihm als „indirect 'discovery'" bezeichneten Möglichkeit einen wirkungsvollen Ersatz für die Möglichkeit einer Discovery im eigentlichen Sinne sieht; zurückhaltender Schwebel, in: (Lillich) Fact-Finding Before International Tribunals, S. 1 (2).

164 Fitzmaurice, Law and Procedure, Vol. 2, S. 576 f. im Hinblick auf das Verfahren vor dem IGH. Art. 49 IGH-Statut bestimmt, daß der IGH die Weigerung einer Partei, Urkunden vorzulegen, ausdrücklich feststellt. Auch wenn eine entsprechende Bestimmung für das Verfahren vor dem Internationalen Seegerichtshof fehlt, gilt dort Entsprechendes, da ansonsten die Nichtbefolgung einer Aufforderung nach Art. 77 (1) ISGH-VerfO keinerlei Folgen hätte.

165 In diesem Sinne auch Swacker/Redden/Wenger, World Trade, S. 393.

166 Paulsson, Conduct, S. 73 (73).

167 Art. 49 (b) WIPO SchO definiert Versuche im Sinne des Art. 49 (a) WIPO SchO als Tests oder andere Verfahren zur Bestätigung der Richtigkeit.

168 In diesem Sinne Schneider, Commentary, S. 79 (79); Schäfer, in: RPS 1. Halbjahr 1996, S. 10 (16, Fn. 109). Die Auslegung von Paulsson, Conduct, S. 73 (73), die Vorschrift beziehe sich auf Experimente, die eine Partei unter Aufsicht des Schiedsgerichts und der anderen Partei durchzuführen gedenke, und stelle daher ein formalisiertes Verfahren zur Einbringung von Versuchen als Beweismitteln dar, entspricht nicht dem auf bereits durchgeführte Experimente bezogenen Wortlaut der Bestimmung.

delle, Zeichnungen oder anderes Material vorlegen, welche das Schiedsgericht oder die Parteien zu Referenzzwecken während der mündlichen Verhandlung benötigen. Zweck dieser Regelung ist, einen einheitlichen technischen Kenntnisstand der Mitglieder des Schiedsgerichts und der Parteien im Hinblick auf die konkrete Streitigkeit sicherzustellen.[169] Es erscheint indes zweifelhaft, ob Art. 51 WIPO SchO große praktische Relevanz erlangen wird. Selbst wenn die Parteien ihr Einverständnis erteilen, ein solches Dokument zu erstellen, was nach der Entstehung der Streitigkeit zweifelhaft erscheint, so werden zumindest bei der Einigung über den Inhalt Schwierigkeiten auftreten, soweit technische Einzelheiten für die Entscheidung der Streitigkeit relevant sind. Außerdem wird die einvernehmliche Erstellung des Dokuments einen erheblichen Aufwand darstellen, so daß die Gefahr einer Verfahrensverzögerung besteht.

b. Zeugen

Grundsätzlich obliegt es den Parteien, Zeugen zu benennen, wobei die Identität des Zeugen und der Gegenstand seiner Aussage dem Spruchkörper innerhalb einer bestimmten Frist vor Beginn der mündlichen Verhandlung mitzuteilen sind.[170] Die Verfahrensordnungen wählen hinsichtlich der Vernehmung der Zeugen einen Mittelweg zwischen dem kontinentaleuropäischen Recht, nach dem Zeugen grundsätzlich durch den Richter vernommen werden, und dem anglo-amerikanischen, bei dem die Zeugenvernehmung Aufgabe der Parteien ist (*examination* und *cross-examination*) und das Gericht eine zurückhaltendere Rolle spielt.[171] Der anglo-amerikanischen Rechtstradition entsprechend werden die Zeugen von den Parteien unter Aufsicht des (Vorsitzenden des) Spruchkörpers vernommen; die Mitglieder des Spruchkörpers können aber auch selbst Fragen an Zeugen richten.[172] Bei der konkreten Ausgestaltung der Zeugenvernehmung hat der Spruchkörper, wie auch in sonstigen Verfahrensfragen, ein weites Ermessen. So kann etwa ein WIPO-Schiedsgericht das Erscheinen eines Zeugen als überflüssig oder unerheblich ablehnen oder begrenzen.[173]

Um der Gefahr einer Verfälschung einer Zeugenaussage zu begegnen, kann es zweckmäßig sein, daß Zeugen vor ihrer Vernehmung nicht in der Verhandlung anwesend sein dürfen.[174] In Verfahren vor dem Seegerichtshof und einem ICSID-Schiedsgericht

---

169 Paulsson, Conduct, S. 73 (74).

170 Nach Art. 72 ISGH-VerfO rechtzeitig vor Beginn des mündlichen Verfahrens; ähnlich Art. 54 (a) WIPO SchO; gemäß Rule 33 ICSID AR innerhalb der vom Schiedsgericht hierfür gesetzten Frist. Für das WTO-Panelverfahren enthält das DSU keine besonderen Vorschriften über die Vernehmung von Zeugen.

171 Allgemein im Hinblick auf die Schiedsgerichtsbarkeit Reiner, Handbuch, S. 210 f.; Redfern/Hunter, Arbitration, S. 350; Derains, in: (Sanders) ICCA Series No. 4, S. 229 (244); nach Rosenne, World Court, S. 130 f. weist das Verfahren vor dem IGH hinsichtlich der Vernehmung von Zeugen stärkere Parallelen zum anglo-amerikanischen Recht auf, wobei vor dem IGH die Vernehmung von Zeugen eher die Ausnahme darstellt.

172 Rule 35 (1) ICSID AR; Art. 54 (b) WIPO SchO; Art. 80 ISGH-VerfO.

173 Art. 54 (b) WIPO SchO.

174 Für das Verfahren vor dem Seegerichtshof schreibt dies Art. 80 S. 3 ISGH-VerfO zwingend vor, während Art. 54 (f) WIPO SchO dem Schiedsgericht auch in dieser Frage Ermessen ein-

sind sie vor ihrer Aussage verpflichtet, folgende Erklärung abzugeben: „Ich erkläre feierlich auf Ehre und Gewissen, daß ich die Wahrheit, die volle Wahrheit und nichts als die Wahrheit sagen werde." Ob ein WIPO-Schiedsgericht einem Zeugen einen Eid abnehmen kann, richtet sich nach dem am Ort des Schiedsverfahrens geltenden Recht[175]; in Deutschland etwa ist eine eidliche Vernehmung durch das Schiedsgericht ausgeschlossen.[176]

Nach Art. 54 (d) WIPO SchO können die Parteien von sich aus oder auf Aufforderung des Schiedsgerichts eine Zeugenaussage zunächst schriftlich dem Schiedsgericht unterbreiten. Diese kann als unterzeichnete Erklärug, als eidesstaatliche Versicherung oder in anderer Form vorgelegt werden. Ebenso eröffnet Rule 36 (a) ICSID AR die Möglichkeit, Zeugenaussagen in schriftlicher Form abzugeben. In der Praxis der internationalen Wirtschaftsschiedsgerichtsbarkeit wird von dieser Möglichkeit häufig Gebrauch gemacht.[177] Die Zulässigkeit einer schriftlichen Zeugenaussage kann dabei durch das Schiedsgericht davon abhängig gemacht werden, daß der Zeuge für eine mündliche Aussage zur Verfügung steht.[178]

Aufgrund der vorherigen schriftlichen Unterbreitung der Zeugenaussagen ist es möglich, nur noch die Zeugen zur mündlichen Verhandlung zu laden, deren persönliche Vernehmung das Schiedsgericht in Anbetracht der Aussage für erforderlich erachtet. Die Vernehmung erfolgt dann auf der Grundlage der schriftlichen Aussage und kann deshalb auf die wesentlichen Punkte konzentriert und dadurch zeitsparender durchgeführt werden.[179] Gerade in internationalen Verfahren, in denen Zeugen häufig von weither zu einer Aussage anreisen müssen, sind schriftliche Zeugenaussagen daher ein wichtiges Mittel zur ökonomischen Gestaltung des Verfahrens.

Für das Verfahren vor dem Internationalen Seegerichtshof ist die Möglichkeit schriftlicher Zeugenaussagen nicht ausdrücklich vorgesehen. Gleichwohl sprechen die genannten Gründe auch hier dafür, diese zuzulassen. Dementsprechend hat etwa der Internationale Gerichtshof im *Diplomatic Staff Case*[180] *affidavits*[181] ehemaliger Geiseln, die in der

---

räumt. Zumindest wenn die Gefahr besteht, daß eine Partei dadurch einen Vorteil erlangt, daß ein Zeuge vor seiner Aussage in der mündlichen Verhandlung anwesend ist, wird ein Schiedsgericht ihn aber von der mündlichen Verhandlung ausschließen, Redfern/Hunter, Arbitration, S. 350.

175 Vgl. hierzu die Nachweise bei Schlosser, Schiedsgerichtsbarkeit, Rn. 645; siehe auch Rauh, UNCITRAL, S. 94; Reiner, Handbuch, S. 212.

176 Dies folgt aus § 1050 S. 1 ZPO, demzufolge das Schiedsgericht das zuständige staatliche Gericht zwecks Unterstützung bei der Beweisaufnahme anrufen kann.

177 Berger, Arbitration, S. 440 spricht von einer Übung, die sich herausgebildet habe; ähnlich Paulsson, Conduct, S. 73 (75) „good international practice"; Craig/Park/Paulsson, Arbitration, S. 393 f.; Redfern/Hunter, Arbitration, S. 336; Reiner, Handbuch, S. 211; Marriott, in: Arb. Int. 1989, S. 280 (284); vgl. auch Schreuer, in: ICSID Rev. - FILJ 1997, S. 501 (516 f.).

178 Art. 54 (b) WIPO SchO; vgl. auch Craig/Park/Paulsson, Arbitration, S. 394; Redfern/Hunter, Arbitration, S. 336; Reiner, Handbuch, S. 211.

179 G. Lörcher, in: (van den Berg) ICCA Series No. 7, S. 145 (151); Paulsson, Conduct, S. 73 (75).

180 Case Concerning United States Diplomatic and Consular Staff in Tehran (United States v. Iran), Judgment of 24 May 1989, ICJ Reports 1980, S. 3 ff.

amerikanischen Botschaft festgehalten worden waren, zugelassen. Insoweit gilt auch in Verfahren vor dem Internationaler Gerichtshof, daß die Einreichung einer schriftlichen Zeugenaussage als konkludente Erklärung gilt, der Zeuge werde auf Aufforderung zur Vernehmung in der mündlichen Verhandlung erscheinen.[182]

In der Regel werden die Zeugen während der mündlichen Verhandlung in Anwesenheit aller Mitglieder des Spruchkörpers vernommen. Unter besonderen Umständen ist aber auch eine auswärtige Vernehmung möglich. Während nach Art. 78 (2) ISGH-VerfO die Entscheidung hierüber bei dem Seegerichtshof liegt, setzt eine auswärtige Zeugenvernehmung gemäß Rule 36 (b) ICSID AR die Zustimmung der Parteien voraus, denen ferner ausdrücklich ein Anwesenheitsrecht eingeräumt wird. Die Vernehmung muß grundsätzlich von einem Mitglied des Spruchkörpers durchgeführt werden, wobei dies bei einem Dreier-Schiedsgericht regelmäßig die Aufgabe des Vorsitzenden ist.[183] Mit Zustimmung der Parteien ist aber auch eine Vernehmung durch einen parteiernannten Schiedsrichter oder eine dritte Person zulässig.[184]

In der Schiedsgerichtsbarkeit stellt sich im Hinblick auf die Vernehmung von Geschäftsführern und Angestellten einer als Streitpartei auftretenden juristischen Person immer wieder das Problem, inwieweit eine Partei als Zeuge in eigener Sache auftreten kann.[185] Nach kontinentaleuropäischem Verständnis sind Zeugenaussagen der Parteien in der mündlichen Verhandlung grundsätzlich unzulässig.[186] Zur Begründung wird angeführt, daß eine Partei in der mündlichen Verhandlung regelmäßig nicht von dem abweichen wird, was sie bereits in den Schriftsätzen vorgetragen hat; außerdem würde sich eine Partei, die vor einem Gericht eine Falschaussage macht, strafbar machen. Demgegenüber steht einer Aussage von *„party-witnesses“* nach anglo-amerikanischem Rechtsverständnis nichts im Wege; einem bestehenden eigenen Interesse an der Entscheidung trägt das Gericht im Rahmen der Beweiswürdigung Rechnung.

---

181 Bei einem affidavit handelt es sich um eine eidesstaatliche Versicherung, die im angelsächsischen Verfahren als vollwertiges Beweismittel gilt, wenn keine der Parteien einen Antrag auf Kreuzverhör stellt, Schlosser, Schiedsgerichtsbarkeit, Rn. 652. Zur Frage der Zulässigkeit im anglo-amerikansichen und kontinentaleuropäischen Recht Borris, in: Arbitration 1994, S. 78 (81).

182 Rosenne, World Court, S. 130 f.

183 Berger, Arbitration, S. 442, Rauh, UNCITRAL, S. 95 weisen auf die Gefahr hin, daß parteiernannte Schiedsrichter in Versuchung geraten könnten, diesen ihnen übertragenen Abschnitt des Verfahrens zugunsten „ihrer“ Partei zu beeinflussen. Allgemein zur Rolle des Vorsitzenden des Schiedsgerichts im Verfahren, G. Lörcher, in: RPS, 2. Halbjahr 1996, S. 1 (4); Reymond, in: ICSID Rev. - FILJ 1994, S. 1 ff.

184 In diesem Sinne auch Anmerkung C zu Rule 35 ICSID AR i.d.F. vom 1. Januar 1968 (abgedruckt in: ICSID, Regulations and Rules (January 1, 1968), S. 102); Bucher, in: (Böckstiegel) Schweiz (II), S. 119 (129) weist darauf hin, daß durch die Zustimmung der Parteien eine spätere Anfechtung der Entscheidung wegen eines angeblichen diesbezüglichen Verfahrensmangels ausscheide.

185 Borris, in: JPS 1988, S. 3 (160); dies gilt in besonderem Maße für Mitarbeiter, die kontinuierlich mit dem streitigen Vertrag zu tun hatten, Böckstiegel, in: FS Universität zu Köln, S. 605 (614); Wühler, in: (Böckstiegel) Rechtsfortbildung, S. 93 (101).

186 Vgl. nur Borris, in: Arbitration 1994, S. 78 (81).

Es entspricht dem weniger formalistischen Ablauf eines Schiedsverfahrens, daß mangels abweichender Vereinbarung die Entscheidung, eine Partei als Zeugen zu vernehmen, im Ermessen des Schiedsgerichts steht.[187] Dementsprechend unterscheiden weder die WIPO-Schiedsordnung noch die ICSID Arbitration Rules zwischen der Vernehmung eines Zeugen und einer Partei. Ein sachgerechter Lösungsansatz hinsichtlich dieser Frage findet sich in der Praxis des *Iran-United States Claims Tribunal*.[188] Dort wurden Parteizeugen nicht formell als Zeugen präsentiert, nicht vereidigt und brauchten – anders als Zeugen – während der mündlichen Verhandlung den Sitzungssaal nicht zu verlassen.[189] Die Möglichkeit eines eigenen Interesses eines Parteizeugen am Ausgang des Verfahrens wurde vom Schiedsgericht im Rahmen der Beweiswürdigung berücksichtigt.[190]

Im Bereich der zwischenstaatlichen Streiterledigung besteht auch in Verfahren vor dem Internationalen Gerichtshof die Möglichkeit, daß Mitglieder der Regierung einer Streitpartei als Zeugen auftreten oder eidesstattliche Versicherungen abgeben. So haben etwa im *Nicaragua Case* der *nicaraguanische* Finanzminister und der stellvertretende Innenminister als Zeugen ausgesagt und der *amerikanische* Außenminister ein *affidavit* abgegeben. Im Hinblick auf die Beweiswürdigung hat der Internationale Gerichtshof ausgeführt, daß solche Aussagen – zumindest in Streitigkeiten im Zusammenhang mit militärischen Auseinandersetzungen – mit großer Zurückhaltung zu beurteilen seien. Etwas anderes gelte nur im Hinblick auf für die eigene Partei nachteilige Aussagen.[191]

c. *Sachverständige*

Im Rahmen der Beweisaufnahme spielen häufig auch Sachverständigengutachten eine wichtige Rolle, insbesondere in Verfahren, in denen über komplexe technische, wissenschaftliche oder wirtschaftliche Fragen zu entscheiden ist, ohne daß der Spruchkörper selbst über die notwendigen Spezialkenntnisse verfügt.[192] Während nach der kontinentaleuropäischen Rechtstradition Sachverständige vom Spruchkörper ernannt werden, ist dies

---

187 Knof, Tatsachenfeststellung, S. 54; Schlosser, Schiedsgerichtsbarkeit, Rn. 654.

188 Die iranischen Parteien waren der Auffassung, daß Personen, die ein eigenes Interesse am Ausgang des Verfahrens hatten, nicht als Zeugen gehört und ein Fall nicht auf der Grundlage dieser Aussagen entschieden werden könnte, Holtzmann, in: Private Investors Abroad 1987, § 16-22; dies entspricht dem kontinentaleuropäischen Rechtsverständnis, von dem das iranische Handelszivilrecht beeinflußt ist, Borris, in: JPS 1988, S. 3 (16).

189 Böckstiegel, in: FS Universität zu Köln, S. 605 (614); Borris, in: JPS 1988, S. 3 (16); Holtzmann, in: Private Investors Abroad 1987, § 16-22 f.; kritisch Straus, in: J. Int. Arb. 1986, Nr. 3, S. 57 (58 ff.).

190 Berger, Arbitration, S. 442; Holtzmann, in: Private Investors Abroad 1987, § 16-22; Straus, in: J. Int. Arb. 1986, Nr. 3, S. 57 (58 f.); Wühler, in: (Böckstiegel) Rechtsfortbildung, S. 93 (101).

191 Case Concerning Military and Paramilitary Activities in and against Nicaragua (Nicaragua v. United States of America), Judgment on the Merits of 27 June 1986, ICJ Reports 1986, S. 14 (41).

192 Berger, Arbitration, S. 435; Glossner, in: FS Sanders, S. 143 (150); Matray, in: (ICC), Taking of Evidence, S. 113 (126); zum Sachverständigen auch G.Lörcher/H.Lörcher, Schiedsverfahren, Rn. 249 ff.

nach anglo-amerikanischen Prozeßrechtsverständnis Aufgabe der Parteien.[193] Die untersuchten Verfahrensordnungen eröffnen grundsätzlich die Möglichkeit, beide Arten von Sachverständigen heranzuziehen.

Für das ICSID-Schiedsverfahren bestimmt Rule 34 (2) (a) ICSID AR[194], daß das Schiedsgericht die Parteien auffordern kann, Sachverständige beizubringen („to produce ...experts"); danach können die Parteien selbst Sachverständige benennen. Daneben ergibt sich aber aus der Kostenregelung in Regulation 14 (2) (b) ICSID AdFR, daß auch das Schiedsgericht die Möglichkeit hat, Sachverständige zu benennen, wenn es dies für notwendig erachtet.[195]

In einem WTO-Panelverfahren kann das Panel gemäß Art. 13.2 DSU bei Sachverständigen Gutachten zu bestimmten Aspekten der Streitigkeit einholen. Außerdem kann es bei einer von einer Streitpartei aufgeworfenen Sachfrage, die eine wissenschaftliche oder technische Angelegenheit betrifft, einen schriftlichen Gutachterbericht von einer Sachverständigengutachtergruppe einholen. Nach dem Wortlaut des DSU ist die Beauftragung von Sachverständigen demnach grundsätzlich Aufgabe des Panels. Gleichwohl ist es nicht ausgeschlossen, daß auch die Parteien Sachverständigengutachten, die sie im Rahmen der Vorbereitung des Verfahrens eingeholt haben, in das Verfahren einführen.

Eine Besonderheit des WTO-Panelverfahrens sind die erwähnten Sachverständigengutachtergruppen für wissenschaftliche oder technische Angelegenheiten, deren Einsetzung und Verfahrensordnung in Anhang 4 des DSU geregelt ist. Nach dessen Art. 1 untersteht eine solche Gruppe dem Panel, das Mandat und Einzelheiten des Arbeitsverfahrens festlegt und dem sie Bericht erstattet.[196] Die Mitglieder der Gruppe müssen persönlich und fachlich qualifiziert sein.[197] Ähnlich wie bei den Panelmitgliedern dürfen Staatsangehörige einer Streitpartei grundsätzlich nicht in der Gutachtergruppe mitwirken; eine Ausnahme wird nur gemacht, wenn nach Auffassung des Panels anderenfalls das erfor-

---

193 Vgl. Schlosser, Schiedsgerichtsbarkeit, Rn. 650; Boisseson, in: (ICC) Taking of Evidence, S. 99 (108); Marriott, in: Arb. Int. 1989, S. 280 (285). Als Hauptargument gegen parteiernannte Sachverständige wird regelmäßig die Gefahr einer drohenden „battle of experts" genannt, die letztlich durch einen vom Spruchkörper ernannten Sachverständigen entschieden werden muß; Reiner, Handbuch, S. 212; Straus, in: J. Int. Arb. 1986, Nr. 3, S. 57 (67); Reymond, in: Arb. Int. 1989, S. 357.

194 Die Bestimmung konkretisiert Art. 43 (a) ICSID-Übk, der lediglich von Schriftstücken und anderen Beweisen spricht.

195 Nach Regulation 14 (2) (b) i.V.m. (3) ICSID AdFR werden „experts summoned at the initiative of a ...Tribunal...and not of one of the parties" vom Zentrum aus den Kostenvorschüssen der Parteien bezahlt.

196 Im Rahmen des Übereinkommens über Subventionen und Ausgleichsmaßnahmen (SCM Agreement) wird gemäß Art. 24.3 eine ständige Sachverständigengutachtergruppe eingerichtet, die aus fünf in diesem Bereich besonders qualifizierten Mitgliedern besteht. Sie werden von dem Komitee für Subventionen und Ausgleichsmaßnahmen gewählt; pro Jahr wird ein Mitglied ersetzt. Nach Art. 4.5 SCM Agreement kann ein Panel in einer unter dieses Übereinkommen fallenden Streitigkeit einen Bericht der ständigen Gutachtergruppe anfordern, ob eine Maßnahme eine verbotene Subvention darstellt oder nicht. Der Bericht dieser ständigen Gruppe ist im Gegensatz zu den Berichten einer Gutachtergruppe im Sinne des Art. 13.2 S. 2 DSU für das Panel verbindlich.

197 Art. 2 Anhang 4 DSU.

derliche wissenschaftliche Fachwissen nicht zur Verfügung steht.[198] Wie die Panelmitglieder sind auch die Angehörigen der Sachverständigengutachtergruppe in ihrer persönlichen Eigenschaft tätig und keinen Weisungen von Regierungen oder Organisationen unterworfen; sie haben ferner das Recht, sich im Rahmen ihrer Tätigkeit Informationen zu beschaffen.[199] Nach Art. 6 Anhang 4 DSU legt die Gruppe den Streitparteien den Entwurf ihres Berichts vor. Sie kann die Stellungnahmen der Parteien im Abschlußbericht, der dem Panel und den Parteien übermittelt wird, berücksichtigen. Der Bericht ist für das Panel nicht verbindlich, sondern dient lediglich der Beratung.[200]

Im Rahmen eines WIPO-Schiedsverfahrens kann das Schiedsgericht nach Art. 55 (a) WIPO SchO einen oder mehrere Sachverständige ernennen, um über von dem Schiedsgericht bezeichnete Fragen ein Gutachten zu erstatten. Die Ernennung und die Erteilung des Auftrages erfolgen dabei nach Rücksprache mit den Parteien. Eine derartige Einbeziehung der Parteien bei der Sachverständigenernennung ist – in allen Streiterledigungsverfahren – sinnvoll, da sie das Vertrauen der Parteien fördert und damit die Wahrscheinlichkeit erhöht, daß die Parteien den Inhalt des Gutachtens später akzeptieren werden.[201] Den Parteien wird das fertiggestellte Gutachten durch das Schiedsgericht übermittelt. Sie haben Gelegenheit, schriftlich Stellung zu nehmen und können jedes Schriftstück prüfen, auf das sich der Sachverständige zur Erstellung seines Gutachtens gestützt hat.[202] Ferner können die Parteien gemäß Art. 55 (c) S. 1 WIPO SchO auf Verlangen einer Partei den Sachverständigen im Rahmen einer mündlichen Verhandlung befragen.

Daneben können die Parteien nach Art. 55 (c) S. 2 WIPO SchO auch selbst sog. *expert witnesses* ernennen[203], um eine Aussage zu den Streitfragen zu machen. Der in der deutschen Fassung gewählte Begriff des sachverständigen Zeugen ist insofern irreführend, als der *expert witness* mit einem sachverständigen Zeugen im Sinne von § 414 ZPO nicht

198 Art. 3 Anhang 4 DSU. Nach S. 2 sind Angehörige des öffentlichen Dienstes einer der Streitparteien in jedem Fall von der Mitwirkung ausgeschlossen.

199 Art. 4 Anhang 4 DSU. Hinsichtlich des Zugangs und der Behandlung vertraulicher Informationen seitens der Sachverständigengutachtergruppen siehe Art. 5.

200 Die Bestimmungen über die Sachverständigengutachtergruppen sind auf Betreiben der USA in das DSU aufgenommen worden, nach deren Ansicht das Panel im Verfahren United States - Restrictions on Imports of Tuna Products die Ansichten von Sachverständigen in Umweltfragen nicht hinreichend berücksichtigt hatte, Komuro, in: J. Int. Arb. 1995, Nr. 3, S. 81 (130).

201 Reiner, Handbuch, S. 213; Berger, Arbitration, S. 436; Böckstiegel, in: JPS 1990, S. 15 (30).

202 Art. 55 (b) WIPO SchO. Die Übermittlung an die Parteien und die Prüfung der zugrundeliegenden Schriftstücke stehen unter dem Vorbehalt des Art. 52 WIPO SchO, der die Offenlegung von Geschäftsgeheimnissen und anderen vertraulichen Informationen regelt; siehe hierzu unten S. 289 f.

203 Nach dem Wortlaut des Art. 55 (c) S. 2 WIPO SchO dürfen die Parteien von ihnen ernannte expert witnesses erst im Rahmen der mündlichen Anhörung des Sachverständigen stellen. Die Bestimmung basiert auf Art. 27 (4) S. 2 UNCITRAL SchO (Paulsson, Conduct, S. 73 (75)); bei dieser Vorschrift beruht es auf einem Redaktionsversehen, daß eine Klarstellung, daß die Parteien auch zu einem früheren Zeitpunkt expert witnesses stellen können, nicht eingefügt worden ist, vgl. Baker/Davis, Experience, S. 129 m.w.N. Auch im Rahmen eines WIPO-Schiedsverfahrens erscheint es sachgerecht, den Parteien über den zu engen Wortlaut des Art. 55 (c) S. 2 WIPO SchO hinaus das Recht zu geben, auch vor diesem Zeitpunkt einen expert witness zu stellen.

gleichgestellt werden kann. Während es sich bei letzterem um eine Person handelt, die vergangene Tatsachen oder Zustände auf Grund einer besonderen Sach- und Fachkunde wahrgenommen hat, daß heißt, um einen Zeugen, der seine Wahrnehmung aufgrund seiner Fachkunde machen konnte[204], handelt es sich bei einem *expert witness* um Sachverständige, die von einer Partei als Parteigutachter beauftragt und in den Prozeß eingeführt werden.[205] Im Ergebnis stellt die WIPO-Schiedsordnung somit bei der Benennung von Sachverständigen Elemente des kontinentaleuropäischen und des anglo-amerikanischen Rechtssystems nebeneinander, indem sie neben den vom Schiedsgericht ernannten auch parteiernannte Sachverständige zuläßt.

Für Verfahren vor den Spruchkörpern des Internationalen Seegerichtshofs ergibt sich aus Art. 78 ISGH-VerfO, daß die Parteien das Recht haben, selbst Sachverständige zu benennen.[206] Darüber hinaus kann der Seegerichtshof aber gemäß Art. 82 ISGH-VerfO auch selbst Gutachten einholen, wenn er dies für erforderlich hält.[207] Nach Anhörung der Parteien legt er durch Beschluß den Gegenstand des Gutachtens, die Zahl der Sachverständigen, das Benennungsverfahren und das vom Sachverständigen zu befolgende Verfahren fest.

Ferner eröffnet Art. 289 SRÜ die Möglichkeit, daß der Seegerichtshof[208] in Streitigkeiten über wissenschaftliche oder technische Angelegenheiten auf Antrag einer Partei[209] oder von Amts wegen mindestens zwei wissenschaftliche oder technische Sachverständige ernennen kann.[210] Die Ernennung der Sachverständigen, die vorzugsweise aus einer der Sachverständigenlisten für besondere Schiedsverfahren[211] ausgewählt werden sollen,

---

204 Rosenberg/Schwab/Gottwald, ZPO, S. 718.

205 Vgl. im Hinblick auf die parallele Vorschrift des Art. 27 (4) S. 2 UNCITRAL SchO Rauh, UNCITRAL, S. 95 („Zugeständnis an das angelsächsische System der Zeugen- und Sachverständigenvernehmung"); Berger, Arbitration, S. 435 Fn. 414; Schlosser, Schiedsgerichtsbarkeit, Rn. 650, Fn. 2 („Der Ausdruck 'sachverständiger Zeuge' in der deutschen Fassung ist eine mißglückte Übersetzung des Begriffes 'expert witness'); zum Begriff des expert witness siehe auch Benkö, in: (Böckstiegel) Studien zum Recht der internationalen Schiedsgerichtsbarkeit, Band 6, S. 59 (110 f.).

206 Nach Art. 72 ISGH-VerfO muß jede Partei dem Gerichtshof vor Beginn des mündlichen Verfahrens eine Liste der von ihr benannten Sachverständigen übermitteln. Gemäß Art. 78 (1) ISGH-VerfO kann sie diese Sachverständigen in der mündlichen Verhandlung vernehmen lassen und nach Maßgabe von Art. 78 (1) S. 2 und 3 ISGH-VerfO auch später weitere Sachverständige benennen.

207 Zur seltenen Inanspruchnahme der Möglichkeit durch den IGH, selbst Sachverständige zu benennen, White, in: FS Jennings, S. 528 ff.

208 Die Bestellung derartiger Sachverständiger ist dabei nicht nur auf das Verfahren vor dem Seegerichtshof beschränkt, sondern auch in den anderen SRÜ vorgesehenen obligatorischen Verfahren, die zu einer verbindlichen Entscheidung führen, möglich, vgl. Art. 289 SRÜ.

209 Nach Art. 15 (1) ISGH-VerfO muß dieser Antrag grundsätzlich vor Abschluß des schriftlichen Verfahrens gestellt werden. Der Seegerichtshof kann einen vor Beendigung des mündlichen Verfahrens gestellten Antrag in Betracht ziehen, wenn dies nach den Umständen des Falls angemessen erscheint.

210 Zur Entstehungsgeschichte der Vorschrift Nordquist/Rosenne/Sohn (Hrsg.), UNCLOS, Nr. 289.1 ff. (S. 49 ff.); Adede, in: AJIL 1975, S. 798 (807 ff.).

211 Art. 289 SRÜ verweist insoweit auf Art. 2 Anlage VIII.

erfolgt nach Konsultation[212] mit den Parteien. Diese „besonderen Sachverständigen" erfüllen eine weitergehende Funktion als die nach Art. 82 ISGH-VerfO ernannten Sachverständigen und sind mit den Beisitzern beim Internationalen Gerichtshof vergleichbar.[213] Sie nehmen am Verfahren und den Beratungen[214] teil und unterstützen den Seegerichtshof bzw. die jeweilige Kammer[215] in der Vorbereitung der Entscheidung. Ihre Aufgabe besteht darin sicherzustellen, daß die Entscheidung keine technischen Fehler enthält und im Hinblick auf den Streitgegenstand dem neuesten wissenschaftlichen Kenntnisstand entspricht.[216]

Sachverständige haben in ICSID-Schiedsverfahren und vor dem Seegerichtshof vor der Gutachtenerstattung eine feierliche Erklärung abzugeben, daß ihr Gutachten ihrer festen Überzeugung entspricht.[217] In allen Streiterledigungsverfahren können sowohl die vom Spruchkörper als auch die von den Parteien benannten Sachverständigen in der mündlichen Verhandlung vom Spruchkörper und von den Parteien befragt werden.[218]

d. Ortsbesichtigung, Inaugenscheinnahme

Die Verfahrensordnungen eröffnen dem Spruchkörper grundsätzlich[219] die Möglichkeit, entweder auf Antrag oder aus eigener Entscheidung eine Ortsbesichtigung bzw. Inaugen-

212 Nach Art. 10 (2) ISGH-VerfO werden die Sachverständigen vom Seegerichtshof auf Vorschlag des Präsidenten ausgewählt, der zuvor die Parteien konsultiert. Die Konsultationen mit den Parteien beziehen sich dabei nicht allein auf die Frage des Ob sondern auch auf die Frage, welche Personen als Sachverständige ernannt werden; Nordquist/Rosenne/Sohn (Hrsg.), UNCLOS, Nr. 289.5 (S. 51).

213 Art. 30 (2) IGH-Statut. Während die „besonderen" Sachverständigen gemäß Art. 289 SRÜ nur in wissenschaftlichen oder technischen Angelegenheiten ausgewählt werden können, ist in Art. 30 (2) IGH-Statut eine solche Beschränkung nicht vorgesehen.

214 42 (2) ISGH-VerfO. Sie haben kein Stimmrecht.

215 Vgl. Art. 15 (4) ISGH-VerfO.

216 Nordquist/Rosenne/Sohn (Hrsg.), UNCLOS, Nr. 289.7 (S. 51); Sohn, in: Virg. J. I. L 1976, S. 9 (16); die Bestimmung ist auf Betreiben der Staaten in die Seerechtskonvention aufgenommen, die in den Verhandlungen die besondere Schiedsgerichtsbarkeit als Streiterledigungsmechanismus bevorzugten, Lehoux, in: CYIL 1980, S. 31 (63).

217 Rule 36 (3) ICSID AR; Art. 79 (b) ISGH-VerfO, wobei vom Seegerichtshof ernannte Sachverständige eine solche Erklärung nur abgeben, wenn dieser dies für angemessen hält, Art. 82 (1) S. 2 ISGH-VerfO.

218 Art. 80 ISGH-VerfO; Rule 35 f. ICSID AR; Art. 55 (c) WIPO SchO verlangt einen entsprechenden Antrag einer der Parteien. Auch wenn im DSU nicht ausdrücklich geregelt, so entspricht es wohl doch der Praxis der WTO-Streiterledigung, daß die Parteien eines Panel-Verfahrens in der mündlichen Verhandlung Gelegenheit haben, Fragen an die Sachverständigen zu richten.

219 Nach Art. 43 ICSID-Übereinkommen kann die Möglichkeit der Inaugenscheinnahme vor Ort durch eine entsprechende Parteivereinbarung ausgeschlossen werden, Gleiches wird auch im Rahmen eines privaten WIPO-Schiedsverfahrens gelten, vgl. allgemein Berger, Arbitration, S. 443.

scheinnahme anzuordnen und sich zu diesem Zweck an Ort und Stelle zu begeben.[220] Auch hier ist dabei der Grundsatz der Parteiöffentlichkeit zu wahren.[221] Aus diesem Grund ist den Parteien eine entsprechende Absicht des Spruchkörpers und das Objekt der Inaugenscheinnahme rechtzeitig mitzuteilen und eine Möglichkeit zur Stellungnahme einzuräumen. Den Spruchkörpern stehen keine Zwangsmittel zur Durchsetzung zur Verfügung[222]; verwehrt eine Partei dem Schiedsgericht eine entsprechende Möglichkeit, so kann dies jedoch im Rahmen der Beweiswürdigung berücksichtigt werden.

2. *Ausgestaltung der Beweisaufnahme und Beweiswürdigung*

Soweit die Streitparteien nicht zulässigerweise etwas anderes vereinbaren, haben die Spruchkörper bei der Ausgestaltung der Beweisaufnahme in den Grenzen der Verfahrensordnungen ein weites Ermessen; dieses wird lediglich durch den Anspruch der Parteien auf rechtliches Gehör und auf Gleichbehandlung eingeschränkt.[223]

Nach Rule 34 (1) ICSID AR sowie Art. 48 (a) WIPO SchO entscheidet das Schiedsgericht über die Zulässigkeit eines von einer Partei angebotenen Beweismittels. Um eine Verletzung des Anspruchs auf rechtliches Gehör auszuschließen, sollte eine ablehnende Entscheidung in der Regel nur getroffen werden, wenn das Schiedsgericht überzeugt ist, daß der Beweisantrag nur zum Zwecke der Verfahrensverzögerung gestellt oder bereits genügender Beweis angetreten worden ist.[224] Ein WTO-Panel und die Spruchkörper des Seegerichtshofs haben aufgrund ihres Ermessens bei der Ausgestaltung des Verfahrens unter den genannten Voraussetzungen ebenfalls die Befugnis, einen von einer Partei angebotenen Beweis abzulehnen.[225]

---

220 Art. 43 (b) ICSID-Übereinkommen, Rule 37 ICSID AR; Art. 50 WIPO SchO; Art. 81 ISGH-VerfO; für das WTO-Panelverfahren ist diese Möglichkeit nicht ausdrücklich vorgesehen. Schiedsgerichte sind in der Regel zurückhaltend bei der Anordnung von Inaugenscheinnahmen vor Ort, da dem großen Aufwand und den hohen Kosten ein vergleichsweise geringer Nutzen entgegensteht, der häufig auch durch Zeichnungen, Photographien, Modelle oder Filme erzielt werden kann, Redfern/Hunter, Arbitration, S. 343. Aus den gleichen Gründen ist zu bezweifeln, daß ein Spruchkörper des Seegerichtshofs eine Inaugenscheinnahme an einem anderen Ort durchführen wird. Dies bestätigt die Praxis des IGH, der bisher erst in einem Verfahren (Case Concerning the Gabcíkovo-Nagymaros Project (Hungary/Slovakia), Judgment of September 25, 1997, ILM 1998, S. 168 (172)) eine Ortsbesichtigung durchgeführt hat. Dagegen hat er etwa in den South West Africa Cases (Ethiopia v. Union of South Africa; Liberia v. Union of South Africa), Order of 29 November 1965, ICJ Reports 1965, S. 9 (9 f.) einen entsprechenden Antrag abgelehnt; eine ablehnende Entscheidung erging auch im Case Concerning the Land, Island and Maritime Frontier Dispute (El Salvador/Honduras), Judgment of 11 September 1992, ICJ Reports 1992, S. 351 (361f.); eingehend zur Ortsbesichtigung durch den IGH Bedjaoui, in: FS Seidl-Hohenveldern, S. 1 ff.

221 So ausdrücklich Rule 37 S. 2 ICSID AR; hierzu Schreuer, in: ICSID Rev. - FILJ 1997, S. 501 (520 f.); allgemein Craig/Park/Paulsson, Arbitration, S. 414.

222 Schlosser, Schiedsgerichtsbarkeit, Rn. 651 zur privaten Schiedsgerichtsbarkeit.

223 Redfern, in: Arb. Int. 1994, S. 317 (321).

224 Berger, Arbitration, S. 443 f.; Rauh, UNCITRAL, S. 95; Schlosser, Schiedsgerichtsbarkeit, Rn. 835.

225 Allgemein im Hinblick auf internationale Gerichte Cheng, Principles, S. 307.

Auch bei der Beurteilung des Beweiswertes eines Beweismittels sind die Spruchkörper frei.[226] So stellt Art. 55 (d) WIPO SchO klar, daß die Bewertung eines Sachverständigengutachtens im Rahmen der Beweiswürdigung im Ermessen des Schiedsgerichts steht, soweit die Parteien nicht die Verbindlichkeit des Gutachtens in bestimmten Punkten vereinbart haben. Ebenso ist ein WTO-Panel nicht an den von einer Sachverständigengutachtergruppe vorgelegten Bericht gebunden; dieser dient gemäß Art. 6 S. 2 Anhang 4 DSU lediglich der Beratung.[227]

Grundsätzlich haben die Spruchkörper bei der Anwendung von Beweisregeln und Beweislastgrundsätzen ein weites Ermessen.[228] Selbst wenn keine der Verfahrensordnungen eine Art. 24 (1) UNCITRAL SchO entsprechende Regelung enthält, wonach jede Partei die Beweislast für die Tatsachen trägt, auf die sie ihre Klage oder Klagebeantwortung stützt, findet sich der Grundsatz *„actori incumbit probatio"* in nahezu allen nationalen Rechtsordnungen und im internationalen Recht und ist ein anerkannter allgemeiner Rechtsgrundsatz.[229]

Bei einem WTO-Panelverfahren ist hinsichtlich der Beweislastverteilung danach zu unterscheiden, ob die beschwerdeführende Partei eine Rechtsverletzung behauptet oder nicht. Verletzt eine Partei eine sich aus einem der unter das DSU fallenden Übereinkommen ergebende Pflicht, so wird die zugrundeliegende Maßnahme *prima facie* als Fall der Zunichtemachung oder Schmälerung von Vorteilen betrachtet. Die Verletzung eines unter das DSU fallenden Abkommens begründet damit eine widerlegbare Rechtsvermutung für die Behauptung des Beschwerdeführers, daß er einen Nachteil erlitten habe.[230] In diesem Fall obliegt es der anderen Partei zu beweisen, daß der beschwerdeführenden Partei durch

---

226 Rule 34 (1) ICSID AR, Art. 48 (a) WIPO SchO.

227 Eine Ausnahme bilden nur die Berichte der nach Art. 24.3 SCM eingerichteten ständigen Sachverständigengutachtergruppen, die gemäß Art. 4.5 SCM Agreement für das Panel verbindlich sind (siehe oben S. 278, Fn. 196).

228 Dazu, daß sich auch in der internationalen Schiedsgerichtsbarkeit die Beweisregel und Beweislastgrundsätze in materiellrechtlichen Fragen nicht nach der lex fori, sondern nach der lex causae richten, Berger, Arbitration, S. 444 ff. m.w.N.; Calavros, UNCITRAL, S. 106; Schlosser, Schiedsgerichtsbarkeit, Rn. 743.

229 Case Concerning Military and Paramilitary Activities in and against Nicaragua (Nicaragua v. United States of America), Judgment on the Jurisdiction of the Court and Admissibility of the Application of 26 November 1984, ICJ Reports 1984, S. 392 (437); Case Concerning the Frontier Dispute (Burkina Faso/Mali), Judgment of 22 December 1986, ICJ Reports 1986, S. 554 (587 f.); Cheng, Principles, S. 327 ff. m.w.N. („general principle of law"); Fitzmaurice, Law and Procedure, Vol. 2, S. 575 f.; Rosenne, World Court, S. 131; Asian Agricultural Products Limited v. Democratic Socialist Republic of Sri Lanka (Case No. ARB/87/3), Award of June 27, 1990, ILM 1991, S. 580 (603); Gaillard, in: Clunet 1992, S. 215 (231); Baker/Davis, Experience, S. 109; Redfern/Hunter, Arbitration, S. 328; Glossner/Bredow/Bühler, Praxis, Rn. 393; Dieryck, in: RdA 1988, S. 267 (275); Huleatt-James/Hunter, in: Arbitration 1997, S. 270 (272 ff.); Marriott, in: Arb. Int. 1989, S. 280 (282); Reiner, in: Arb. Int. 1994, S. 328 (333); zur Frage, ob dieses Prinzip Bestandteil des ordre public international ist, siehe (ablehnend) Lalive, in: RdA 1986, S. 329 (349 f.).

230 Art. 3.8 DSU.

die Verletzung kein Nachteil entstanden ist.[231] Macht die beschwerdeführende Partei hingegen die Zunichtemachung oder Schmälerung von Vorteilen aufgrund von Maßnahmen der anderen Partei geltend, die nicht gegen ein WTO-Übereinkommen verstoßen (sog. *non-violation complaints*[232]), so muß die beschwerdeführende Partei ihre Behauptung beweisen.[233]

V. Beendigung des Verfahrens

Ist ein WIPO- oder ICSID-Schiedsgericht der Auffassung, daß die Parteien hinreichend Möglichkeit gehabt haben, ihre Standpunkte vorzutragen und Beweise vorzulegen, so erklärt das Schiedsgericht die Verhandlung für geschlossen.[234] Danach ist das Einreichen von Schriftsätzen, Anträgen etc. grundsätzlich ausgeschlossen[235], es sei denn, das Schiedsgericht entscheidet von sich aus oder auf Antrag einer Partei, das Verfahren wieder zu eröffnen. Diese Entscheidung, die jederzeit vor Erlaß des Schiedsspruchs getroffen werden kann, steht im Ermessen des Schiedsgerichts; beide Verfahrensordnungen stellen aber klar, daß eine Wiedereröffnung nur unter besonderen Umständen erfolgen sollte.[236] Solche Umstände sind nach Rule 38 (2) ICSID AR gegeben, wenn neue, für den Ausgang des Verfahrens entscheidende Beweise auftauchen oder wenn bestimmte Punkte dringend weiterer Aufklärung bedürfen.[237] Durch die Erklärung der Beendigung der Verhandlung sollen dilatorische Taktiken der Parteien verhindert werden, die durch möglichst spät gestellte Anträge auf Durchführung einer mündlichen Verhandlung oder einer Beweisaufnahme versuchen, das Verfahren zur verzögern.[238]

Auch in Verfahren vor dem Internationalen Seegerichtshofs beendet der Präsident des jeweiligen Spruchkörpers gemäß Art. 88 (1) ISGH-VerfO die mündliche Verhandlung, nachdem die Bevollmächtigten, Beistände und Anwälte der Parteien ihr Vorbringen abge-

---

231 Diese Regel geht auf den Panel Report über Uruguayan Recourse to Article XXIII (BISD 11S/56 und 11S/95) aus dem Jahre 1962 zurück und galt seither als übliche GATT-Praxis, vgl. Art. 5 Anhang 1979 Understanding; siehe die Nachweise in GATT, Analytical Index, S. 608 ff.; Benedek, Rechtsordnung, S. 319; Komuro, in: J. Int. Arb. 1995, Nr. 3, S. 81 (140); Meng, in: ZaöRV 1981, S. 69 (86); Castel, in: ICLQ 1989, S. 835 (836); vgl. zur Beweislastverteilung im Rahmen des GATT auch Thomas, in: JWT 1996, Nr. 2, S. 53 (68 ff.).

232 Siehe hierzu unten S. 376 f.

233 Das Verfahren bei non-violation complaints richtet sich nach Art. 26 DSU, vgl. hierzu eingehend Petersmann, GATT/WTO Dispute Settlement, S. 150 ff.; siehe auch Komuro, in: J. Int. Arb. 1995, Nr. 3, S. 81 (140); Vermulst/Driessen, in: JWT 1995, Nr. 2, S. 131 (137).

234 Art. 57 (a) WIPO SchO; Rule 38 (1) ICSID AR.

235 Schäfer, in: RPS 1. Halbjahr 1996, S. 10 (17). Ferner ist nach Rule 9 (1) ICSID AR ein Antrag auf Ablehnung eines Schiedsrichters nur bis zur Beendigung des Verfahrens möglich.

236 Art. 57 (b) WIPO SchO; Anmerkung A zur wortgleichen Fassung der Rule 38 ICSID AR i.d.F. vom 1. Januar 1968 (abgedruckt in: ICSID, Regulations and Rules (January 1, 1968), S. 104).

237 Bei letzterer Konstellation dürfte es sich um den Hauptanwendungsfall der Vorschriften handeln, vgl. Rauh, UNCITRAL, S. 101.

238 Baker/Davis, Experience, S. 130; Schäfer, in: RPS 1. Halbjahr 1996, S. 10 (17); vgl. auch Craig/Park/Paulsson, Arbitration, S. 407 f.; Sanders, in: YCA 1977, S. 172 (207).

schlossen haben; im Anschluß hieran zieht sich der Seegerichtshof zur Beratung zurück.[239]

VI. Öffentlichkeit/Vertraulichkeit

Das Verfahren vor dem Internationalen Seegerichtshof ist, mit Ausnahme der Beratungen[240], öffentlich. Dies gilt namentlich auch für die mündliche Verhandlung, sofern nicht der Gerichtshof etwas anderes beschließt oder die Parteien den Ausschluß der Öffentlichkeit beantragen.[241]

Dagegen sind die Sitzungen eines WTO-Panels nicht öffentlich. An ihnen nehmen neben den Panelmitgliedern nur die Streitparteien und interessierte Parteien teil.[242] Die Beratungen des Panels und die ihm vorgelegten Unterlagen werden vertraulich behandelt[243], wobei dies die Parteien nicht daran hindert, Erklärungen über ihren eigenen Standpunkt in der Öffentlichkeit bekanntzumachen.[244] Die Vertraulichkeit des WTO-Panelverfahrens betrifft dabei weder die Tatsache der Existenz einer Streitigkeit noch den Inhalt der Entscheidung – diese Informationen werden durch die WTO regelmäßig veröffentlicht.[245]

---

239 Art. 88 (2) ISGH-VerfO. Rosenne, Procedure, S. 147 weist darauf hin, daß bei Verfahren vor dem IGH die förmliche Beendigung des mündlichen Verfahrens häufig nicht sofort nach dem letzten Schlußantrag erklärt, sondern auf einen späteren Zeitpunkt verschoben wird. Hierdurch soll Problemen ausgewichen werden, die sich ergeben können, wenn zum Ende der mündlichen Verhandlung oder kurz danach klärungsbedürftige Fragen auftreten.

240 Die Beratungen der Spruchkörper des Internationalen Seegerichtshofs sind nicht öffentlich und bleiben geheim. Art. 42 (1) S. 1 ISGH-VerfO; nach S. 2 kann der Seegerichtshof allerdings beschließen, seine Beratungen über andere als Rechtsfragen ganz oder teilweise zu veröffentlichen oder die Veröffentlichung zu gestatten.

241 Art. 26 (2) ISGH-Statut; der Ausschluß der Öffentlichkeit kann gemäß Art. 74 ISGH-VerfO auch nur einen Teil des Verfahrens betreffen, wenn es etwa um vertrauliche Informationen geht. Die Protokolle der öffentlichen mündlichen Verhandlungen werden vom Seegerichtshof veröffentlicht, Art. 86 (6) S. 2 ISGH-VerfO.

242 Art. 2 WTO-WP. Auch die Streitparteien und die interessierten Parteien nehmen nur teil, wenn sie hierzu aufgefordert werden. Demzufolge finden die Beratungen des Panels unter Ausschluß auch dieser Parteien statt. Zur Kritik an dieser Praxis Palmeter, in: JWT 1997, Nr. 1, S. 51 (54).

243 Art. 14, 18 DSU. Vgl. auch Plank, in: J. Int. Arb.1987, Nr. 4, S. 53 (73) hinsichtlich des GATT-Panelverfahrens: „The work of the Panel is so confidential that no official records are kept of its correspondence or working papers in the GATT registry".

244 Art. 18.2 DSU, Art. 3 WTO-WP.

245 Ein Überblick über den Stand der einzelnen Streiterledigungsverfahren findet sich im Internet unter der Hompage der WTO (http://www.wto.org/wto/dispute/bulletin.htm), von wo aus auch die Berichte heruntergeladen werden können. Daneben wird auch in der von der WTO herausgegebenen Zeitschrift WTO-Focus regelmäßig über den Stand der Streiterledigungsverfahren berichtet.

Im Hinblick auf die Schiedsgerichtsbarkeit wird regelmäßig als einer der wesentlichen Vorteile die (vermeintliche[246]) Vertraulichkeit des Verfahrens genannt.[247] Durch diese wird nicht nur erreicht, daß häufig ein einer friedlichen Lösung zuträglicheres Klima geschaffen wird, sondern insbesondere auch keine Interna nach außen gelangen.[248]

Dementsprechend bestimmen die das ICSID-Schiedsverfahren regelnden Vorschriften hinsichtlich der Vertraulichkeit, daß Dritte an mündlichen Verhandlungen nur mit Zustimmung der Parteien teilnehmen dürfen (Rule 37 (2) ICSID AR), die Schiedsrichter alle Informationen, die sie in Ausübung ihres Amtes erlangen, vertraulich behandeln müssen (Rule 6 (2) ICSID AR) und die Beratungen des Schiedsgerichts geheim sind (Rule 15 ICSID AR). Darüber hinaus darf das Zentrum gemäß Art. 48 (5) ICSID-Übk Schiedssprüche[249] nicht ohne die Zustimmung der Parteien veröffentlichen.[250] *Broches* weist darauf hin, daß bis zum Jahre 1993 von den 13 ergangenen ICSID-Schiedssprüchen und 5 Aufhebungsentscheidungen in nur 4 Fällen die Parteien das Centre zur Veröffentlichung ermächtigt haben.[251] Allerdings sind in 9 weiteren Verfahren die Schiedssprüche entweder von einer der Parteien oder im Rahmen von Verfahren vor staatlichen Gerichten veröffentlicht worden.[252]

Im Hinblick auf die WIPO-Schiedsgerichtsbarkeit ist zu beachten, daß es gerade in Schiedsverfahren aus dem Bereich des gewerblichen Rechtsschutzes häufig auch um Betriebs- und Geschäftsgeheimnisse der Parteien geht, mit der Folge, daß die Frage der Ver-

---

246 Eingehend zu den Problemen im Hinblick auf die Vertraulichkeit von Schiedsverfahren Paulsson/Rawding, in: ICC Bull. 1994, Nr. 1, S. 48 ff.

247 Vgl. nur Redfern/Hunter, Arbitration, S. 23; Schwab/Walter, Schiedsgerichtsbarkeit, S. 5; Redfern, in: IBL 1976, S. 450 (452); WIPO, in: ASA Special Series No. 6, S. 191 (202): „Confidentiality is one of the important reasons why parties choose to settle a dispute by a procedure other than court litigation".

248 Böckstiegel, in: (Labes/Lörcher) Schiedsverfahrensrecht, S. XV (XIX).

249 Die Existenz und der Stand der ICSID-Schiedsverfahren wird hingegen regelmäßig in der vom Zentrum herausgegebenen Broschüre ICSID Cases (Doc. ICSID/16/Rev. 4, Washington 1995) veröffentlicht. Aktualisierungen finden sich in den halbjährlich erscheinenden News from ICSID.

250 Allerdings gestattet nunmehr Rule 48 (4) ICSID AR in der Fassung vom 26. September 1984 dem ICSID, in seinen Veröffentlichungen in Auszügen die von dem Schiedsgericht angewandten Rechtsregeln wiederzugeben. Nach Art. 44 S. 1 ICSID-Übk ist Rule 48 (4) ICSID AR auf Streitigkeiten anwendbar, in denen die Zuständigkeit des ICSID am oder nach dem 26. September 1984 vereinbart worden ist.

251 Broches, in: YCA 1993, S. 627 (681, Rn. 155).

252 Art. 48 (5) ICSID-Übk hindert nur das ICSID nicht dagegen die Parteien selbst an der Veröffentlichung des Schiedsspruchs; Seidl-Hohenveldern, in: JPS 1989, S. 100 (115); vgl. auch Craig, in: Private Investments Abroad 1993, § 14-39 f. Insofern kommt allenfalls eine vertragliche Vereinbarung zwischen den Parteien in Betracht, Pirrung, Weltbankübereinkommen, S. 151. Alle im Zusammenhang mit ICSID-Schiedsverfahren veröffentlichten Entscheidungen werden in den von Rayfuse und Lauterpacht herausgegebenen ICSID Reports systematisch aufbereitet und widergegeben.

traulichkeit des Verfahrens von erheblicher Bedeutung ist.[253] Diesem Umstand Rechnung tragend ist ein eigener Abschnitt der WIPO-Schiedsordnung (Art. 73 ff.) der Frage der Vertraulichkeit des Verfahrens gegenüber Dritten gewidmet. Mit diesen Bestimmungen enthält die WIPO-Schiedsordnung die detaillierteste Regelung der Frage der Vertraulichkeit in einer Schiedsordnung.[254] Ferner enthält der im Anschluß zu erörternde Art. 52 WIPO SchO eine Regelung über die Offenlegung von Geschäftsgeheimnissen und anderen vertraulichen Informationen gegenüber der anderen Partei des Schiedsverfahrens.

Die Art. 73 ff. WIPO SchO regeln die Vertraulichkeit hinsichtlich der Durchführung des Schiedsverfahrens (Art. 73), die Vertraulichkeit von während des Schiedsverfahrens gemachten Offenlegungen (Art. 74) und des Schiedsspruchs (Art. 75) sowie die Wahrung der Vertraulichkeit durch die Schiedsstelle und den Schiedsrichter (Art. 76). Die Bestimmungen versuchen, einerseits die Vertraulichkeit so weit wie möglich zu gewährleisten und andererseits so weit wie nötig Ausnahmen von diesem Grundsatz zuzulassen.[255]

Die Parteien eines Schiedsverfahrens haben in der Praxis häufig ein Interesse daran, die Existenz der zugrundeliegenden Streitigkeit und die Durchführung des Schiedsverfahrens an sich geheimzuhalten. Daher ist es den Parteien nach Art. 73 (a) WIPO SchO grundsätzlich verwehrt, einseitig Informationen über die Durchführung eines Schiedsverfahrens gegenüber Dritten offenzulegen. Dies gilt nicht, soweit diese Informationen im Rahmen einer gerichtlichen Anfechtung oder einer Maßnahme zur Durchsetzung des Schiedsspruchs notwendigerweise gegeben werden müssen oder wenn ein Gesetz oder eine zuständige Behörde[256] dies verlangt.

Eine weitere Ausnahme von diesem Grundsatz enthält Art. 73 (b) WIPO SchO. Danach darf eine Partei einem Dritten gegenüber die Namen der Parteien des Schiedsverfahrens und das Klagebegehren offenlegen, wenn dies notwendig ist, um gegenüber diesem Dritten einer aufgrund Treu und Glauben oder der Fairneß bestehenden Verpflichtung zu genügen. *Paulsson* nennt hier als Beispiele eine entsprechende Verpflichtung etwa einer Aktiengesellschaft gegenüber ihren Aktionären oder eines Unternehmens, das Gegenstand von Übernahmeverhandlungen ist, gegenüber dem potentiellen Erwerber sowie eines

253 Schäfer, in: RPS 1. Halbjahr 1996, S. 10 (16); siehe auch oben S. 175. Allgemein zur Vertraulichkeit von Schiedsverfahren, Collins, in: T. Int. L. J. 1995 (Vol. 30), S. 121 ff; Fortier, in: Arb. Int. 1999, S. 131 ff.

254 Vgl. Paulsson, Conduct, S. 73 (75) („Nothing like it is to be found in other sets of arbitration rules"), der selbst maßgeblich an der Ausarbeitung der WIPO SchO beteiligt war. Die Bestimmungen entsprechen der von ihm und Rawding aufgestellten Forderung nach einer umfassenden Regelung der Frage der Vertraulichkeit in Schiedsordnungen, Paulsson/Rawding, in: ICC Bull. 1994, Nr. 1, S. 48 (48), die auch selbst detaillierte Regelungen vorschlagen (S. 55 ff.).

255 Zur Notwendigkeit, Ausnahmen vom Grundsatz der Vertraulichkeit zuzulassen, siehe Paulsson/Rawding, in: ICC Bull. 1994, Nr. 1, S. 48 (55 ff.); Paulsson, Conduct, S. 73 (75): „... an absolute statement that the more confidential arbitration is, the better it is would be wrong. There are circumstances when a party genuinely needs to disclose information about an arbitration and deserves to have the right to do so".

256 Im Falle der Offenlegung aufgrund gesetzlicher Verpflichtung oder auf Anordnung der zuständigen Behörde darf nicht mehr offengelegt werden, als gesetzlich verlangt wird, Art. 73 (a) (i) WIPO SchO. Ferner sind dem Schiedsgericht und/oder der anderen Partei Einzelheiten der Offenlegung und eine Begründung hierfür vorzulegen, Art. 73 (a) (ii) WIPO SchO.

Partners eines Joint-Ventures gegenüber den anderen Partnern, soweit es sich jeweils um Schiedsverfahren von erheblicher wirtschaftlicher Bedeutung handelt.[257] Problematisch an dieser Regelung erscheint, daß den an der Information interessierten Dritten in den genannten Fällen die bloße Auskunft über die Existenz des Verfahrens kaum genügen wird, da sie für eine adäquate Einschätzung der mit dem Schiedsverfahren verbundenen Risiken weitergehende Informationen über dessen Aussichten benötigen.[258]

Art. 74 WIPO SchO regelt die Vertraulichkeit von während des Schiedsverfahrens gemachten Offenlegungen. Erteilt eine Partei während eines Verfahrens nicht allgemein zugängliche Informationen[259], so besteht die Gefahr, daß die andere Partei sich dieser Informationen gegenüber Dritten bedient. Um dies zu verhindern, bestimmt Art. 74 (a) WIPO SchO, daß das gesamte im Rahmen eines Schiedsverfahrens beigebrachte Beweismaterial vertraulich zu behandeln ist und daß insbesondere nicht allgemein zugängliche Informationen zu keinem Zweck gegenüber einem Dritten verwendet oder offengelegt werden dürfen, wenn der Zugang der Partei zu dieser Information ausschließlich das Ergebnis ihrer Teilnahme an dem Schiedsverfahren ist. Etwas anderes gilt nur bei Zustimmung der Parteien des Verfahrens oder aufgrund einer entsprechenden Weisung eines zuständigen staatlichen Gerichts.[260]

Neben der Existenz des Verfahrens und den während des Verfahrens gemachten Offenlegungen ist gemäß Art. 75 WIPO SchO auch der Schiedsspruch vertraulich zu behandeln. Er darf einem Dritten nur offengelegt werden, wenn und insoweit

(i) die Parteien zustimmen oder

(ii) er als Ergebnis eines Verfahrens vor einem nationalen staatlichen Gericht oder einer anderen zuständigen Stelle allgemein zugänglich ist oder

(iii) er offengelegt werden muß, um eine gesetzliche Verpflichtung einer Partei zu erfüllen oder die gesetzlich anerkannten Rechte einer Partei gegenüber einem Dritten festzustellen oder zu schützen.

Neben den Parteien sind, soweit die Parteien nichts anderes vereinbart haben, insbesondere auch das WIPO Arbitration Center und die Schiedsrichter verpflichtet, die Vertraulichkeit zu wahren, außer in dem in Verbindung mit einem Gerichtsverfahren in Bezug auf den Schiedsspruch notwendigen Ausmaß oder wenn die Offenlegung aufgrund einer gesetzlichen Vorschrift geboten ist.[261]

---

257 Paulsson, Conduct, S. 73 (76).

258 In diesem Sinne auch Schneider, Commentary, S. 79 (82); vgl. auch Kuner, in: RIW 1995, S. 965 (970) der die Vorschrift für zu ungenau formuliert hält.

259 Zur Offenlegung von Geschäftsgeheimnissen und anderen vertraulichen Informationen siehe auch im folgenden die Sonderregelung des Art. 52 WIPO SchO.

260 Um zu verhindern, daß von einer Partei aufgerufene Zeugen, die nicht selbst Partei des Verfahrens sind, diese Informationen weitergeben, ordnet Art. 74 (b) WIPO SchO an, daß ein von einer Partei aufgerufener Zeuge nicht als Dritter behandelt wird, sondern vielmehr die aufrufende Partei für die Wahrung der Vertraulichkeit durch den Zeugen verantwortlich ist. Siehe hierzu Paulsson, Conduct, S. 73 (76).

261 Art. 76 (a) WIPO SchO. Nach Art. 76 (b) WIPO SchO darf das WIPO Arbitration Center das Schiedsverfahren betreffende Informationen in eine Statistik, die es über seine Tätigkeiten veröffentlicht, aufnehmen, wobei diese Informationen es nicht erlauben dürfen, die Parteien oder die Einzelheiten des Streitfalles zu identifizieren.

Neben diesen die Vertraulichkeit gegenüber Dritten regelnden Vorschriften befaßt Art. 52 WIPO SchO sich mit der Offenlegung von Geschäftsgeheimnissen und anderen vertraulichen Informationen gegenüber der anderen Partei des Schiedsverfahrens und dem Schiedsgericht. Die Bestimmung versucht, dem Umstand Rechnung zu tragen, daß eine Partei häufig ein berechtigtes Interesse daran hat, daß für das Schiedsverfahren relevante vertrauliche Informationen[262] nicht zur Kenntnis der anderen Partei gelangen.[263] Um dies zu verhindern, kann jede Partei beantragen, daß von ihr in das Verfahren eingeführte Informationen, auf deren Vertraulichkeit die Partei sich beruft, vom Schiedsgericht als vertraulich eingestuft werden. Der Antrag, der auch der anderen Partei mitzuteilen ist, muß eine Begründung enthalten, weshalb die Information vertraulich ist, ohne daß der Inhalt der Information offengelegt werden muß.[264]

Unter der Voraussetzung, daß das Schiedsgericht die Information als vertraulich im Sinne des Art. 52 (a) WIPO SchO einstuft und es aufgrund der Art der Information wahrscheinlich ist, daß das Fehlen besonderer Schutzmaßnahmen der Partei ernsthaft schaden könnte, wird die Information gemäß Art. 52 (c) WIPO SchO als vertraulich eingestuft. In diesem Fall hat das Schiedsgericht geeignete Schutzmaßnahmen anzuordnen, etwa eine Beschränkung der Offenbarungspflicht insgesamt oder eine Beschränkung des Personenkreises, dem die Information ganz oder teilweise offenzulegen ist.[265]

Art. 52 (d) WIPO SchO geht davon aus, daß eine Partei in Ausnahmefällen darüber hinaus auch ein berechtigtes Interesse daran haben kann, daß nicht nur dic andere Partei des Schiedsverfahrens, sondern auch die Mitglieder des Schiedsgerichts selbst keine Kenntnis vom Inhalt der vertraulichen Information erlangen. Hier ist beispielsweise an die Befürchtung einer Partei zu denken, daß der von der Gegenseite ernannte Schiedsrichter die Information an die andere Partei weitergeben könnte und sie deshalb die Vorlage von Informationen verweigert.[266] Unter derartigen besonderen Umständen kann das Schiedsgericht gemäß Art. 52 (d) WIPO SchO einen Berater zur Frage der Vertraulichkeit („*confidentiality advisor*") benennen, der anstelle des Schiedsgerichts die Entscheidung trifft, ob die Information als vertraulich einzustufen ist, und gegebenenfalls entscheidet, unter welchen Bedingungen und wem die vertrauliche Information ganz oder teilweise offenzulegen ist. Das Schiedsgericht kann den Berater zur Frage der Vertraulichkeit auch als Sachverständigen bestellen, der dann auf der Grundlage der vertraulichen Informationen

---

262 Art. 52 (a) WIPO SchO definiert als vertrauliche Information „jede Information, ungeachtet des Mediums, über das sie zum Ausdruck gebracht wird, die (i) sich im Besitz einer Partei befindet, (ii) der Öffentlichkeit nicht zugänglich ist, (iii) von kommerzieller, finanzieller oder industrieller Bedeutung ist, und (iv) von der Partei, in deren Besitz sie sich befindet, vertraulich behandelt wird".

263 Paulsson, Conduct, S. 73 (74).

264 Art. 52 (b) WIPO SchO.

265 Nach Art. 52 (c) WIPO SchO hat das Schiedsgericht von jeder Person, der die vertrauliche Information offengelegt werden soll, die Unterzeichnung einer angemessenen Erklärung über die Verpflichtung zur Vertraulichkeit zu verlangen.

266 Paulsson, Conduct, S. 73 (74), der als weitere Möglichkeit nennt, daß das Schiedsgericht die Entscheidung über die Vertraulichkeit der Information einer kompetenteren Person überlassen möchte.

ein Gutachten erstattet, ohne die zugrundeliegenden Informationen der anderen Partei und dem Schiedsgericht offenzulegen.[267]

Während es im Hinblick auf die Art. 73 ff. WIPO SchO fraglich ist, ob eine derart detaillierte Regelung der Vertraulichkeit gegenüber Dritten notwendig und praktikabel ist, erscheint die Regelung des Art. 52 WIPO SchO vor dem Hintergrund des Anspruchs der anderen Partei des Schiedsverfahrens auf rechtliches Gehör als problematisch. *Schäfer* weist zu Recht darauf hin, daß es für die andere Partei kaum möglich ist, zu entscheidungserheblichen Tatsachen vorzutragen, die sie nicht kennt, da sie als geheim eingestuft worden sind.[268] Noch größere Bedenken bestehen im Hinblick auf die Regelung des Art. 52 (d) und (e) WIPO SchO. Danach ist es möglich, daß ein Schiedsgericht aufgrund des Berichts des Beraters zur Frage der Vertraulichkeit entscheidet, ohne selbst die als vertraulich eingestufte entscheidungserhebliche Tatsache zu kennen.[269]

Ergeht ein Schiedsspruch gegen eine Partei, der auf der Grundlage des Art. 52 WIPO SchO entscheidungserhebliche Informationen vorenthalten worden sind, so besteht die Möglichkeit, daß der Schiedsspruch von den staatlichen Gerichten wegen Verletzung des Anspruchs auf rechtliches Gehör aufgehoben bzw. ihm die Vollstreckbarerklärung verweigert wird. Selbst wenn dies nicht der Fall wäre, müßte die vertrauliche Information im Rahmen des Verfahrens vor dem staatlichen Gericht im Zweifel offengelegt werden. Dies hätte aber aufgrund der Öffentlichkeit des Verfahrens vor staatlichen Gerichten zur Folge, daß nicht nur die andere Partei und das Schiedsgericht Kenntnis von der vertraulichen Information erlangten, sondern diese vielmehr allgemein zugänglich würde.

In der Praxis wird sich zeigen, ob und inwieweit Art. 52 WIPO SchO Bedeutung erlangt. Aufgrund der genannten Bedenken ist bei der Anwendung der Vorschrift auf jeden Fall Zurückhaltung geboten. Sie kommt nur in Betracht, wenn das Geheimhaltungsinteresse der einen Partei ganz eindeutig überwiegt und ein anderer Schutz dieser Interessen nicht möglich erscheint. Dabei ist in jedem Fall die Gefahr zu berücksichtigen, daß der mit Art. 52 WIPO SchO bezweckte Schutz der Vertraulichkeit der Information konterkariert wird, wenn die andere Partei aufgrund der unterlassenen Offenlegung vor den staatlichen Gerichten gegen den Schiedsspruch vorgeht und eine Verletzung des Anspruchs auf rechtliches Gehör geltend macht.

---

267 Art. 52 (e) WIPO SchO. Von dieser Möglichkeit wird das Schiedsgericht, das einen Berater zur Frage der Vertraulichkeit benannt hat, regelmäßig Gebrauch machen, wenn dieser zu dem Ergebnis gelangt, daß die Voraussetzungen für eine vertrauliche Behandlung der Information erfüllt sind.

268 Schäfer, in: RPS 1. Halbjahr 1996, S. 10 (17), spricht von einem „prekären Spannungsverhältnis“ zum Grundsatz des rechtlichen Gehörs.

269 Schneider, Commentary, S. 79 (81) fordert, daß der Berater zur Frage der Vertraulichkeit in gleichem Maße unabhängig und unparteilich sein müsse, wie die Mitglieder des Schiedsgerichts und er darüber hinaus auch den Bestimmungen über die Ablehnung eines Schiedsrichters unterliegen müsse. Vgl. auch Schäfer, in: RPS 1. Halbjahr 1996, S. 10 (17); Kuner, in: RIW 1995, S. 965 (970) weist darauf hin, daß die Geheimhaltung durch den confidentiality advisor zur Frage der Vertraulichkeit sogar noch weiter gefährdet sein kann.

VII. Zeitrahmen für das Verfahren

Von wesentlicher Bedeutung für den praktischen Nutzen eines Streiterledigungsverfahrens ist, daß es gelingt, dieses innerhalb eines angemessenen Zeitrahmens durch eine abschließende Entscheidung zu beenden. Dabei muß ein Ausgleich zwischen dem Grundsatz *„justice delayed is justice denied"*[270] und dem Anspruch der Parteien auf rechtliches Gehör gefunden werden – die Parteien müssen einerseits ausreichend Zeit zur Vornahme der einzelnen Verfahrenshandlungen haben, andererseits muß der hierfür gewährte Zeitrahmen sich innerhalb überschaubarer Grenzen halten. Art. 38 WIPO SchO bringt diese beiden widerstreitenden Ziele zum Ausdruck. Einerseits hat das Schiedsgericht nach Art. 38 (b) WIPO SchO in jedem Fall dafür Sorge zu tragen, daß die Parteien gleich behandelt werden und daß jede Partei eine angemessene Gelegenheit erhält, ihren Fall vorzubringen. Andererseits hat es gemäß Art. 38 (c) WIPO SchO dafür zu sorgen, daß das Schiedsverfahren mit gebührender Schnelligkeit vorangeht.[271]

1. Verfahren vor dem Internationalen Seegerichtshof

Die das Verfahren vor dem Internationalen Seegerichtshof regelnden Vorschriften geben keinen allgemeinen Zeitrahmen für die Beendigung des Verfahrens vor und stellen das Setzen von Fristen in das Ermessen des jeweiligen Spruchkörpers. So bestimmt etwa Art. 59 ISGH-VerfO im Hinblick auf die Einreichung von Schriftsätzen, daß die Fristen hierfür durch den Seegerichtshof festgelegt werden.[272] Dabei ordnet Art. 46 S. 2 ISGH-VerfO[273] allgemein an, daß die für die Vornahme von Prozeßhandlungen festgesetzten Fristen so kurz sein sollen, wie es der Charakter der Rechtssache erlaubt.[274] Nach Abschluß des schriftlichen Verfahrens legt der Seegerichtshof den Termin für den Beginn der mündlichen Verhandlung fest, der grundsätzlich innerhalb einer Frist von sechs Mo-

270 Vgl. die Stellungnahme des Mitglieds des Iran-United States Claims Tribunal, Holtzmann, in: „Dissent from Decisions Refusing to Set Times Promptly for Filing Statements of Defence", in: 1 CTR (1983), S. 178 (180), der hierzu ausführt: „That universal principle is recognized in international law"; vgl. etwa auch den IGH in Case Concerning the Barcelona Traction, Light and Power Company, Limited (New Application: 1962) (Belgium v. Spain), Judgment of 5 February 1970, ICJ Reports 1970, S. 3 (30 f.).

271 Siehe zu dem Spannungsverhältnis zwischen diesen beiden Zielen Berger, Arbitration, S. 399 f.; Craig/Park/Paulsson, Arbitration, S. 392; Bernini, Conduct, S. 35. Zu den Möglichkeiten der Beschleunigung des Schiedsverfahrens Holtzmann, in: Arb. Int. 1995, S. 39 ff.

272 Nach Art. 59 (1) S. 2 ISGH-VerfO sollen die Fristen sechs Monate nicht übersteigen.

273 In der Verfahrensordnung des IGH findet sich mit Art. 48 S. 2 IGH-VerfO eine entsprechende Vorschrift, die verhindern soll, daß das schriftliche Verfahren unnötig in die Länge gezogen wird, Rosenne, Procedure, S. 111, der auch darauf hinweist, daß es in der Praxis des IGH Schwierigkeiten bereitet, dieses Ziel zu verwirklichen.

274 Zu beachten ist, daß der Seegerichtshof gemäß Art. 59 (2) ISGH-VerfO eine Frist auf Antrag verlängern und außerdem auch eine nach Ablauf einer von ihm gesetzten Frist vorgenommene Prozeßhandlung als wirksam akzeptieren kann, wenn er der Überzeugung ist, daß der Antrag hinreichend gerechtfertigt ist. Vor einer solchen Entscheidung erhält die andere Partei Gelegenheit zur Stellungnahme.

naten liegen soll.[275] Die Festlegung des Zeitrahmens für das Verfahren steht also im Ermessen des Seegerichtshofs, wobei das Ziel der Verfahrensbeschleunigung vor allem in Art. 46 S. 2 ISGH-VerfO zum Ausdruck kommt.[276]

2. *ICSID-Schiedsverfahren*

Für ICSID-Schiedsverfahren ist ebenfalls kein allgemeiner Zeitrahmen vorgesehen, innerhalb dessen das Verfahren abgeschlossen werden muß.[277] Ein Unterschied zum Verfahren vor dem Internationalen Seegerichtshof ergibt sich allerdings daraus, daß dort die Streitigkeit einem ständigen Spruchkörper unterbreitet wird, während ein ICSID-Schiedsgericht für den Einzelfall einzurichten ist. Um den zügigen Beginn des Schiedsverfahrens zu gewährleisten, sind die Parteien bei der Konstituierung des Schiedsgerichts an Fristen gebunden – mangels abweichender Parteivereinbarung ist das Schiedsgericht binnen 90 Tagen zu konstituieren, nachdem der ICSID-Generalsekretär die Mitteilung über die Registrierung des Antrags auf Verfahrenseinleitung an die Parteien abgesandt hat.[278]

Nach seiner Konstituierung tritt das Schiedsgericht innerhalb von 60 Tagen zum ersten Mal zusammen.[279] Es bestimmt die Termine für das weitere Verfahren[280] und setzt

275 Art. 69 ISGH-VerfO; der Gerichtshof kann ggf. auch die Vertagung des Beginns oder der Fortsetzung des mündlichen Verfahrens bestimmen.

276 Dieser Gedanke liegt auch Art. 73 (2) ISGH-VerfO zugrunde, demzufolge der Seegerichtshof den Ablauf der mündlichen Verhandlung festlegt und dabei insbesondere die Anzahl von Beiständen und Anwälten, die im Namen jeder Partei das Wort ergreifen, begrenzen kann. Die entsprechende Bestimmung für das Verfahren vor dem IGH ist 1972 eingefügt worden (Art. 58 (2) IGH-VerfO), um die Verfahrenskosten zu senken und eine mögliche Ungleichbehandlung der Parteien zu verhindern, Jiménez de Aréchaga, in: AJIL 1973, S. 1 (7). Auch Art. 75 (1) ISGH-VerfO dient dem gleichen Zweck, demzufolge die Parteien ihren Vortrag in der mündlichen Verhandlung auf das Wesentliche konzentrieren sollen.

277 Laut Delaume, in: Pace L. Rev. 1985, S. 563 (575) beträgt die durchschnittliche Dauer eines ICSID-Schiedsverfahrens zweieinhalb Jahre; ders., in: Clunet 1982, S. 775 (815 f.). Diese Dauer wird allerdings erheblich überschritten, wenn im Anschluß an das erste Schiedsverfahren ein (erfolgreiches) Aufhebungsverfahren durchgeführt wird. So dauerte das Verfahren Klöckner Industrie-Anlagen GmbH, Klöckner Belge S.A. and Klöckner Handelmaatschappij B.V. v. United Republic of Cameroon and Société Camerounaise des Engrais (Case No. ARB/81/2) von der Einleitung des Verfahrens am 14. April 1981 bis zur ablehnenden Entscheidung über den zweiten Aufhebungsantrag am 17. Mai 1990 über 9 Jahre; das Verfahren Amco Asia Corporation, Pan American Development Limited and P.T. Amco Indonesia v. Republic of Indonesia (Case No. ARB/81/1) bis zur abschließenden zweiten Aufhebungsentscheidung sogar über 11 Jahre. Das ICSID-Schiedsverfahren Maritime International Nominees Establishment v. Government of the Republic of Guinea (Case No. ARB/84/4) lief fast 6 Jahre, bevor die Parteien es im Jahre 1990 durch einen Vergleich beendeten – allerdings hatte in diesem Verfahren MINE bereits 1978 ein AAA-Schiedsverfahren gegen Guinea eingeleitet; hierzu Sturzenegger, in: J. Int. Arb. 1992, Nr. 4, S. 173 (175 ff.).

278 Art. 38 ICSID-Übk. Ist das Schiedsgericht innerhalb dieser Frist nicht konstituiert, so ist der Vorsitzende des Verwaltungsrates zur Ersatzbenennung befugt, siehe oben S. 219 ff.

279 Rule 13 (1) ICSID AR.

gemäß Rule 26 (1) ICSID AR Fristen[281] für die Vollendung der verschiedenen Verfahrensabschnitte, wobei die Möglichkeit der Fristverlängerung besteht.[282] Daneben enthält Rule 46 ICSID AR eine vom Schiedsgericht zu beachtende Frist: der Schiedsspruch ist binnen 60 Tagen nach der Beendigung des Verfahrens[283] abzufassen und zu unterzeichnen, wobei das Schiedsgericht die Möglichkeit hat, diese Frist einmalig um 30 Tage zu verlängern.

3. *WIPO-Schiedsverfahren*

Auch die Parteien eines WIPO-Schiedsverfahrens sind bei der Konstituierung eines Schiedsgerichts an – je nach Art des Konstiuierungsverfahrens unterschiedliche[284] – Fristen gebunden. Ist die Bildung des Schiedsgericht innerhalb der jeweiligen Frist noch nicht abgeschlossen, so hat das WIPO Arbitration Center gemäß Art. 19 (a) WIPO SchO die Bestellung unverzüglich vorzunehmen. Für den Ablauf des eigentlichen Verfahrens sieht die WIPO-Schiedsordnung jeweils 30tägige Fristen für die Einreichung der Klageschrift[285] und der Klageerwiderung[286] vor. Im übrigen legt das Schiedsgericht die Fristen für die Vornahme von Verfahrenshandlungen fest.[287] Dabei hat es einerseits den Anspruch der Parteien auf rechtliches Gehör zu beachten und andererseits einen zügigen Ablauf des Verfahrens sicherzustellen.[288] Auch ein WIPO-Schiedsgericht hat unter außer-

280 Rule 13 (2) ICSID AR; die Festlegung erfolgt nach Rücksprache mit dem Generalsekretär des ICSID und nach Möglichkeit mit den Parteien.

281 Die Fristenberechnung richtet sich nach Regulation 29 ICSID AdFR.

282 Rule 26 (2) ICSID AR; nach Abs. 3 läßt das Schiedsgericht jede nach Ablauf einer Frist vorgenommene Handlung außer acht, es sei denn, das Schiedsgericht ist, nachdem es der anderen Partei Gelegenheit zur Stellungnahme gegeben hat, der Auffassung, daß besondere Umstände vorliegen, die eine Berücksichtigung rechtfertigen.

283 Zu Rule 38 ICSID AR siehe oben S. 284.

284 Zu den Fristen siehe oben S. 221 ff.

285 Art. 41 (a) WIPO SchO.

286 Nach Art. 42 (a) WIPO SchO beginnt die Frist entweder mit Empfang der Klageschrift oder mit Empfang der Bekanntmachung der Einsetzung des Schiedsgerichts – wenn die klagende Partei ihren Schriftsatz mit dem Antrag auf Einleitung des Verfahrens eingereicht hat –, je nachdem was später eintrifft. Dazu, daß diese Frist gerade in größeren Verfahren sehr knapp sein kann und daher häufig eine Verlängerung durch das Schiedsgericht notwendig sein wird, siehe oben S. 261 f.

287 Dies folgt aus Art. 38 (a) WIPO SchO, demzufolge das Schiedsgericht das Schiedsverfahren in der von ihm für angemessen gehaltenen Art und Weise führen kann. Zur Möglichkeit der Festlegung eines Zeitplans mit den Parteien, Art. 47 WIPO SchO.

288 Art. 38 (b) und (c) WIPO SchO. Vgl. in diesem Zusammenhang auch Art. 23 (a) WIPO SchO: Mit der Annahme der Bestellung verpflichtet sich ein Schiedsrichter, hinreichend Zeit zur Verfügung zu stellen, damit das Schiedsverfahren zügig durchgeführt und beendet werden kann; hierzu Blessing, Conduct, S. 41 (45); Schneider, Commentary, S. 79 (81), der die Bestimmungen, die einen zügigen Verfahrensablauf sicherstellen sollen, für „particularly useful" hält.

gewöhnlichen Umständen die Möglichkeit, in der Schiedsordnung festgelegte, von ihm selbst bestimmte oder durch die Parteien vereinbarte Fristen zu verlängern.[289]

Anders als bei den beiden zuvor untersuchten Verfahrensordnungen sieht die WIPO-Schiedsordnung einen allgemeinen Zeitrahmen für das Schiedsverfahren vor. Wo immer dies vernünftigerweise möglich ist, sollte das Schiedsverfahren gemäß Art. 63 (a) WIPO SchO innerhalb von 12 Monaten nach Zustellung der Klageerwiderung oder der Einsetzung des Schiedsgerichts (maßgeblich ist der spätere Zeitpunkt) mit einem Schiedsspruch beendet werden – dabei sollte das eigentliche Verfahren gemäß Art. 57 WIPO SchO innerhalb von 9 Monaten für abgeschlossen erklärt und innerhalb von 3 weiteren Monaten der endgültige Schiedsspruch erlassen werden.

Zu beachten ist, daß diese Frist, im Gegensatz zu anderen Schiedsverfahrensordnungen wie etwa der ICC SchO[290], nicht zwingend ist, und daß es bei Ablauf keiner Fristverlängerung durch das WIPO Arbitration Center bedarf. Vielmehr ist das Schiedsgericht gemäß Art. 63 (b) WIPO SchO verpflichtet, dem WIPO Arbitration Center und den Parteien einen „Bericht über den Stand des Schiedsgerichtsverfahrens" zu übersenden, wenn dieses nicht innerhalb von 9 Monaten im Sinne des Art. 57 WIPO SchO abgeschlossen wird. Es hat einen weiteren Bericht mit Ablauf jedes weiteren Zeitraums von 3 Monaten zu erstellen, während dessen das Schiedsverfahren nicht für abgeschlossen erklärt wird. Für den Fall, daß der Schiedsspruch nicht innerhalb von drei Monaten nach Abschluß des Verfahrens erlassen wird, bestimmt Art. 63 (c) WIPO SchO, daß das Schiedsgericht dem WIPO Arbitration Center und den Parteien eine schriftliche Erklärung für die Verzögerung zu übersenden hat. Mit Ablauf jedes weiteren Monats hat das Schiedsgericht erneut eine entsprechende schriftliche Erklärung abzugeben.

Durch diese Regelung werden die Mitglieder des Schiedsgerichts gegenüber den Parteien und dem WIPO Arbitration Center unter Erklärungszwang gesetzt, wenn das Verfahren über den vorgesehenen Zeitrahmen hinaus andauert. Es entspricht der zurückhaltenden Rolle des WIPO Arbitration Center während des Schiedsverfahrens, daß es nicht zuständig ist für eine Fristverlängerung, sondern sich bei Überschreiten der „Soll-" Frist

289 Art. 38 (c) S. 2 WIPO SchO. Gemäß S. 3 kann in dringenden Fällen – wenn etwa nicht alle Schiedsrichter vor Ablauf der Frist erreicht werden können – eine solche Verlängerung vom Vorsitzenden allein gewährt werden.

290 Nach Art. 24 (1) ICC SchO muß das Schiedsgericht den Schiedsspruch innerhalb von 6 Monaten erlassen, nachdem die Terms of Reference im Sinne des Art. 18 ICC SchO festgelegt worden sind; nach Abs. 2 kann diese Frist durch den Schiedsgerichtshof der ICC verlängert werden. Angesichts der Kürze der Frist wird von der Verlängerungsmöglichkeit häufig Gebrauch gemacht, Craig/Park/Paulsson, Arbitration, S. 317 ff. Auch einige nationale Schiedsverfahrensgesetze legen einen Zeitrahmen fest, innerhalb dessen das Verfahren abgeschlossen werden muß, vgl. Art. 1456 n.c.p.c. (6 Monate mit Möglichkeit der Fristverlängerung durch Parteivereinbarung oder richterliche Entscheidung); Art. 820 CPC (180 Tage mit Möglichkeit einer Fristverlängerung durch Parteivereinbarung). Andere Schiedsverfahrensordnungen beschränken sich darauf zu bestimmen, daß das Verfahren „zügig" (§ 33.1 DIS SchO) durchzuführen ist oder der Schiedsspruch „promptly" (Art. 27 (1) AAA IA Rules) bzw. „as soon as possible" (Art. 43 (1) NAI SchO) zu erlassen ist; vgl. auch den Überblick bei Herrmann, Arbitral Decision, S. 83 (87 f.).

lediglich einen Bericht vorlegen läßt und so mittelbaren Druck auf das Schiedsgericht ausübt, das Verfahren zügig zu beenden.[291]

4. Regeln für das beschleunigte Schiedsgerichtsverfahren der WIPO

In den letzten Jahren ist immer wieder Kritik des Inhalts an internationalen Schiedsverfahren laut geworden, diese seien zu schwerfällig, teuer und formalistisch und hätten damit einen der wesentlichen Vorteile gegenüber gerichtlichen Verfahren verloren.[292] Vor dem Hintergrund dieser Kritik haben die Parteien im Rahmen der WIPO-Schiedsgerichtsbarkeit die Möglichkeit, die Anwendbarkeit der Regeln für das beschleunigte Schiedsgerichtsverfahren der WIPO (beschl. WIPO SchO) zu vereinbaren.[293] Hierbei handelt es sich nicht um ein eigenständiges Regelwerk, sondern um eine Modifikation der normalen WIPO-Schiedsordnung, die den Zweck hat, das Schiedsverfahren in einem kürzeren Zeitrahmen abzuschließen und damit Zeit und auch Kosten[294] zu sparen.[295] Vereinbaren die Parteien die Anwendbarkeit der beschl. WIPO SchO, so ist das Verfahren im Regelfall innerhalb von 8 Monaten abzuschließen, während ein normales Verfahren nach der WIPO-Schiedsordnung (einschließlich Konstituierung des Schiedsgerichts) im Regelfall 15 Monate dauert.

Zur Beschleunigung des Verfahrens sieht die beschl. WIPO SchO zum einen zwingend eine Entscheidung durch einen Einzelschiedsrichter vor[296], zum anderen werden in allen Verfahrensphasen die jeweiligen Fristen verkürzt.[297] So hat die klagende Partei ihre Klagebegründung gemeinsam mit dem Antrag auf Einleitung des Schiedsverfahrens ein-

---

291 Schneider, Commentary, S. 79 (81).

292 Paulsson, Expedited Arbitration Rules, S. 113 (113): „Arbitration, they say, has become too cumbersome, too expensive and too legalistic: in sum, contaminated by the habits of court litigation"; Arnold, ADR, S. 306 ff.; Schäfer, in: RPS 1. Halbjahr 1996, S. 10 (19); Nickles, in: ICC Bull. 1992, Nr. 2, S. 9 (11); vgl. auch Nerz, in: RIW 1990, S. 350 (355) hinsichtlich der ICC-Schiedsgerichtsbarkeit: „auch die Schiedsgerichtsbarkeit der Internationalen Handelskammer [ist] weder billig noch schnell".

293 Zu den Erfahrungen mit fast-track-arbitration im Rahmen der ICC-Schiedsgerichtsbarkeit siehe die Beiträge von Davis, in: ICC Bull. 1992, Nr. 2, S. 4 ff. aus der Sicht des Schiedsgerichtshofs der ICC, Nickles, aaO., S. 9 ff.; Silverman, aaO, S. 11 ff. und Watkiss, aaO., S. 13 ff. aus der Sicht der Parteivertreter und Smit, aaO, S. 15 ff. aus der Sicht des Schiedsrichters; allgemein zu fast-track arbitration, Müller, in: J. Int. Arb. 1998, Nr. 3, S. 5 ff.

294 Paulsson, Expedited Arbitration Rules, S. 113 (115) nennt als Gründe für eine Kostenersparnis den „Zeitwert des Geldes", die Beschränkung auf einen Einzelschiedsrichter und im Hinblick auf die Anwaltshonorare insbesondere, daß das Phänomen „work expands to fill available time" durch die Vorgabe strikter Fristen umgekehrt werde; siehe zu letzterem Punkt auch Arnold, ADR, S. 309: „Parkinson's law, that a project will expand to take up the time available for it, is no respecter of titles like counsel, judge or arbitrator. It causes even the best intended homo sapiens sometimes to procrastinate no matter what their title".

295 WIPO, Services, S. 32; Schäfer, in: RPS 1. Halbjahr 1996, S. 10 (19); Kuner, in: RIW 1995, S. 965 (970 f.).

296 Art. 14 (a) beschl. WIPO SchO.

297 Vgl. auch Schäfer, in: RPS 1. Halbjahr 1996, S. 10 (19).

zureichen[298], der Beklagte seine Klageerwiderung innerhalb von 20 Tagen nach Zustellung der Klagebegründung bzw. binnen 10 Tagen nach dem Tag der Einsetzung des Schiedsgerichts, je nachdem was später erfolgt.[299] Bestellen die Parteien den Einzelschiedsrichter nicht binnen 15 Tagen, so erfolgt die Bestellung durch das WIPO Arbitration Center.[300] Ein Antrag auf Ablehnung eines Schiedsrichters muß binnen 7 Tagen gestellt werden.[301]

Findet eine mündliche Verhandlung statt, so ist sie innerhalb von 30 Tagen nach Eingang der Klageerwiderung bei dem Kläger anzuberaumen. Abgesehen von außergewöhnlichen Umständen darf ihre Dauer drei Tage nicht überschreiten.[302] Bedarf es eines Gutachtens, so ist im Auftrag an den Sachverständigen vorzusehen, daß er dieses innerhalb von 30 Tagen nach Auftragserteilung vorzulegen hat.[303] Im Anschluß an die mündliche Verhandlung haben die Parteien binnen einer von ihnen vereinbarten oder vom Schiedsrichter bestimmten kurzen Frist Gelegenheit, dem Schiedsgericht und der anderen Partei eine schriftliche Stellungnahme zu übermitteln.[304] Art. 63 (a) WIPO SchO wird dahingehend geändert, daß das Schiedsverfahren binnen drei Monaten abzuschließen ist, nachdem der Schiedsrichter ernannt worden ist bzw. ihm die Klageerwiderung vorliegt, und der Schiedsspruch innerhalb eines weiteren Monats zu erlassen ist. Zu beachten ist, daß Art. 38 (c) WIPO SchO im Rahmen der beschl. WIPO SchO nicht modifiziert wird. Demzufolge kann auch im Rahmen des beschleunigten Verfahrens das Schiedgericht in außergewöhnlichen Fällen eine Fristverlängerung gewähren.[305]

Während in vergleichsweise einfach gelagerten Fällen oder in häufig vorkommenden Streitigkeiten, die einer schnellen Entscheidung bedürfen, die Vereinbarung der beschleunigten WIPO-Schiedsordnung zweckmäßig sein kann[306], erscheint es zweifelhaft, ob dies auch gilt, soweit es in einem Verfahren um komplexe Streitfragen geht. In derartigen Fällen besteht eine erhebliche Gefahr, daß die knapp bemessenen Fristen es unmöglich machen, den Anspruch der Parteien auf rechtliches Gehör im erforderlichen Umfang zu gewähren.[307] Außerdem können sie zu einer Überforderung des Schiedsrichters führen

298 Dies ergibt sich aus der Streichung von Art. 9 (iv) und (v) sowie Art. 41 (a) WIPO SchO in der beschl. WIPO SchO und der Neufassung des Art. 10, der in der beschl. WIPO SchO lautet: „Dem Schiedsantrag ist die Klageschrift gemäß Art. 41 (b) und (c) beizufügen".

299 Art. 11 beschl. WIPO SchO. Nach Art. 4 (h) beschl. WIPO SchO kann das WIPO Arbitration Center die in Art. 11 genannte Frist in Beratung mit den Parteien kürzen.

300 Art. 14 (b) beschl. WIPO SchO.

301 Art. 25 beschl. WIPO SchO.

302 Art. 53 (b) beschl. WIPO SchO. Von den Parteien wird dabei erwartet, daß sie zu der mündlichen Verhandlung solche Zeugen und andere Dritte mitbringen, die für eine angemessene Information des Schiedsgerichts über den Streitfall notwendig sind.

303 Art. 55 (a) beschl. WIPO SchO.

304 Art. 53 (e) beschl. WIPO SchO.

305 In diesem Sinne van den Berg, Fast-Track Arbitration, S. 117 (118).

306 So auch Kuner, in: RIW 1995, S. 965 (971); Paulsson, Expedited Arbitration Rules, S. 113 (115).

307 Silverman, in: ICC Bull. 1992, Nr. 2, S. 11 (12): „The virtue of expedited arbitration is that it can enable parties to have a rapid resolution of their controversy without getting bogged down in procedural wranglings, discovery and lengthy hearings. Yet, this is exactly what makes expedited arbitration potentially dangerous. Most issues which contribute to the length of arbi-

und so das Risiko einer nicht genügend gründlich durchdachten Entscheidung erhöhen.[308] Bei komplexen Streitigkeiten erscheint die Vereinbarung eines beschleunigten Schiedsverfahrens daher nicht sachgerecht.

5. *WTO-Panelverfahren*

Ein Kennzeichen des Dispute Settlement Understanding sind die detaillierten Bestimmungen über die in einem WTO-Panelverfahren zu beachtenden Fristen.[309] Der für den Ablauf des eigentlichen Panelverfahrens[310] maßgebliche Zeitplan wird dabei gemäß Art. 12.3 DSU durch das Panel festgelegt, wobei die Festlegung nach Rücksprache mit den Parteien so bald wie möglich – nach Möglichkeit innerhalb einer Woche, nachdem die Zusammensetzung des Panels und sein Mandat vereinbart wurden – erfolgt. Als Grundlage dient der in Art. 12 WTO-WP vorgeschlagene Zeitplan[311], den das Panel befolgen soll.[312]

---

tration and other litigation are founded on concerns for the due process rights of one or more parties".

308 Vgl. Paulsson, Expedited Arbitration Rules, S. 113 (114): „Although it may well be that in 90% of all cases an experienced sole arbitrator studying an abbreviated file for 50 hours will reach a conclusion essentially consistent with that reached by a three-member tribunal after 1.000 hours of work, the fear of falling in the 10% zone of error is sufficient – especially in light of the large stakes involved in international cases..."; siehe auch van den Berg, Fast-Track Arbitration, S. 117 (118); Kuner, in: RIW 1995, S. 965 (971); Schäfer, in: RPS 1. Halbjahr 1996, S. 10 (19).

309 Vgl. Kuijper, in: JWT 1995, Nr. 6, S. 49 (51); Stoll, in: ZaöRV 1994, S. 241 (273 f.); Canal-Forgues, in: RGDIP 1994, S. 689 (700). Im Rahmen der GATT-Streiterledigung sah zum ersten Mal das 1979 Understanding Fristen für das Panelverfahren vor, vgl. Paragraph 20 des 1979 Understanding („...panels should aim to deliver their findings without undue delay...", wobei im Anhang hierzu vermerkt war „in most cases the proceedings of the panels have been completed with a reasonable period of time, extending from three to nine months"). Gleichwohl dauerten einige Panelverfahren mehrere Jahre, woran auch die 1982 Declaration und die 1984 Decision nichts Entscheidendes änderten, vgl. Vermulst/Driessen, in: JWT 1995, Nr. 2, S. 131 (140); Kohona, in: JWT 1994, Nr. 2, S. 23 (37); siehe auch Plank, in: J. Int. Arb.1987, Nr. 4, S. 53 (94 f.); Benedek, Rechtsordnung, S. 344. Erst mit Art. F. (f) 1989 Improvements wurden erstmals detaillierte Fristen für das Panelverfahren normiert; hierzu Mora, in: C.J.T.L.: 1993, S. 103 (137 f.).

310 Einen Überblick über alle im Rahmen des WTO-Panelverfahrens zu beachtenden Fristen findet sich bei Vermulst/Driessen, in: JWT 1995, Nr. 2, S. 131 (140 ff.).

311 Nach diesem Zeitplan soll die beschwerdeführende Partei ihren Schriftsatz innerhalb von 3 bis 6 Wochen einreichen, die beklagte Partei innerhalb weiterer 2 bis 3 Wochen. Nach weiteren 1 bis 2 Wochen findet die erste Sitzung der Parteien statt, anschließend haben die Parteien 2 bis 3 Wochen Zeit, ihre weiteren Schriftsätze einzureichen. Nach der während der nächsten 1 bis 2 Wochen stattfindenden zweiten Sitzung übermittelt das Panel den Parteien innerhalb von 2 bis 4 Wochen den beschreibenden Teil des Panelberichts. Hierzu müssen die Parteien vor Ablauf der nächsten zwei Wochen Stellung genommen haben. Im Anschluß daran hat das Panel 2 bis 4 Wochen Zeit, den Zwischenbericht einschließlich der Sachverhaltsfeststellungen und Schlußfolgerungen an die Parteien zu übermitteln. Die Frist für Anträge einer Partei, den Bericht ganz oder teilweise zu überprüfen, beträgt eine Woche. Wird ein solcher Antrag gestellt,

Nach Art. 12.8 DSU soll das Panelverfahren regelmäßig innerhalb von sechs Monaten, in dringenden Fällen – insbesondere bei verderblichen Gütern – innerhalb von drei Monaten, abgeschlossen werden, indem der Panelbericht den Streitparteien zugestellt wird.[313] Gelingt es dem Panel nicht, das Verfahren innerhalb des vorgesehenen Zeitraums abzuschließen, so teilt das Panel dem DSB schriftlich die Gründe für die Verzögerung und den Zeitraum mit, innerhalb dessen es seinen Bericht voraussichtlich zustellen wird. Dabei soll der Zeitraum zwischen der Einsetzung des Panels und der Verteilung des Berichts an die WTO-Mitglieder keinesfalls neun Monate überschreiten.[314] Dementsprechend sieht der Zeitplan in Art. 12 WTO-WP bis zur Übermittlung des Abschlußberichts an die Streitparteien einen Zeitrahmen von 20 bis 31 Wochen vor; innerhalb von drei weiteren Wochen soll der Abschlußbericht an die WTO-Mitglieder verteilt werden.

Der im DSU für das WTO-Panelverfahren vorgesehene Zeitrahmen von sechs bzw. maximal neun Monaten erscheint als recht knapp bemessen.[315] Dies gilt insbesondere für komplexe Streitigkeiten und Verfahren, in denen eine Partei versucht, das Panelverfahren zu obstruieren und in die Länge zu ziehen.[316] In der bisherigen Praxis der WTO-Streiterledigung ist es in den meisten Verfahren gelungen, den Panelbericht zumindest innerhalb von zehn bis zwölf Monaten nach der Einsetzung des Panels an die WTO-Mitglieder zu verteilen.[317] Auch wenn die vorgesehene Frist von höchstens 9 Monaten demnach häufiger überschritten wird, so bewegt sich die Verfahrensdauer in den meisten

---

so ist die Überprüfung innerhalb der nächsten 2 Wochen abzuschließen, wobei gegebenenfalls eine mündliche Verhandlung mit den Parteien durchgeführt wird. Innerhalb zweier weiterer Wochen ist der Abschlußbericht an die Streitparteien zu übermitteln; spätestens nach drei weiteren Wochen wird er an die WTO-Mitglieder verteilt.

312 Nach Art. 12.1 DSU soll das Panel die WTO-WP befolgen, sofern es nicht nach Rücksprache mit den Parteien etwas anderes beschließt. Im Hinblick auf den Zeitplan stellt Art. 12 WTO-WP klar, daß es sich hierbei um einen Vorschlag handelt und der Zeitplan wegen unvorhergesehener Entwicklungen geändert werden kann und, falls erforderlich, zusätzliche Sitzungen mit den Parteien einberufen werden können.

313 Führt ein Entwicklungsland eine Beschwerde gegen eine Industrienation, so folgt aus der Verweisung des Art. 3.12 DSU auf die 1966 Procedures, daß das Panel seinen Bericht innerhalb von 60 Tagen vorlegen muß (Art. 7 der 1966 Procedures). Ist das Panel allerdings der Auffassung, daß dieser Zeitrahmen für die Vorlage des Berichts nicht ausreicht, so kann er mit Einverständnis der beschwerdeführenden Partei verlängert werden. Daneben sind auch in anderen unter das DSU fallende Übereinkommen kürzere Fristen vorgesehen, etwa für unter das SCM Agreement fallende Panelverfahren (siehe 4.6 und 7.5 SCM Agreement) oder in Anti-Dumping-Fällen, zu Einzelheiten Vermulst/Driessen, in: JWT 1995, Nr. 2, S. 131 (142).

314 Art. 12.9 DSU. Zu beachten ist, daß die Frist gemäß Art. 12.8 DSU von dem Zeitpunkt an läuft, an dem die Zusammensetzung des Panels und sein Mandat vereinbart wurden. Dagegen stellt Art. 12.9 DSU für den 9-Monats-Zeitraum auf den Zeitpunkt der Einsetzung des Panels ab, vgl. auch Vermulst/Driessen, in: JWT 1995, Nr. 2, S. 131 (142).

315 Vgl. Vermulst/Driessen, in: JWT 1995, Nr. 2, S. 131 (140 und 153); siehe auch Palmeter, in: JWT 1997, Nr. 1, S. 51 (56 f.).

316 Kohona, in: JWT 1994, Nr. 2, S. 23 (38); Lowenfeld, in: AJIL 1994, S. 477 (482): „It seems possible to adhere to such a schedule if both parties, the panels and the secretariat are willing".

317 Vgl. insoweit den regelmäßig aktualisierten Überblick über den Stand der WTO-Panelverfahren im Internet unter der Adresse „http://www.wto.org/wto/dispute/bulletin.htm".

Fällen noch innerhalb eines angemessenen Rahmens. Dabei ist allerdings zu berücksichtigen, daß in der Praxis in der überwiegenden Zahl der Fälle im Anschluß an das eigentliche Panelverfahren eine Überprüfung des Berichts im Rahmen des Rechtsmittelverfahrens stattfindet.

VIII. Sonstige Verfahrensfragen

1. Widerklage und Aufrechnung

Haben sich die Parteien einem Streiterledigungsverfahren unterworfen, so ist fraglich, in welchem Umfang die andere Partei Angriffs- und Verteidigungsmittel vorbringen kann, welche andere als die von der klagenden Partei geltend gemachten Ansprüche betreffen. Dies gilt in besonderem Maße für die Frage der Möglichkeit einer Widerklage und Aufrechnung.

a. Widerklage

Für das WTO-Panelverfahren ist die Möglichkeit einer Widerklage ausgeschlossen. Dies folgt aus Art. 3.10 S. 2 DSU, demzufolge Beschwerden und Gegenbeschwerden in Bezug auf unterschiedliche Angelegenheiten nicht miteinander verknüpft werden sollen. Demgegenüber ist eine Widerklage in den übrigen Verfahrensordnungen nicht grundsätzlich ausgeschlossen. In Verfahren vor dem Seegerichtshof ist gemäß Art. 98 ISGH-VerfO Voraussetzung für die Zulässigkeit, daß ihr Gegenstand in die Zuständigkeit des Gerichtshofs fällt. Ferner muß sie in einem unmittelbaren Zusammenhang mit dem Gegenstand der Klage der anderen Partei stehen; hierüber entscheidet in Zweifelsfällen der Seegerichtshof. Die Widerklage ist in der Antragserwiderung zu erheben; sie bildet einen Teil der Anträge der Partei.

Eine ähnliche Regelung enthält Art. 46 ICSID-Übereinkommen i. V. m. Rule 40 ICSID AR.[318] Treffen die Parteien keine abweichende Vereinbarung, so entscheidet das Schiedsgericht auf Antrag über eine Widerklage, wenn sie in die Zuständigkeit des Zentrums fällt und in unmittelbarem Zusammenhang mit dem Streitgegenstand steht. Letztere Voraussetzung ist erfüllt, wenn der tatsächliche Zusammenhang zwischen Klage und Widerklage so eng ist, daß die Klärung beider Klagen notwendig ist, um die Streitigkeit endgültig beizulegen.[319] Auch hier ist die Widerklage grundsätzlich in der Antragserwiderung

318 Die Vorschriften finden dabei nicht nur auf die Widerklage, sondern auch auf sonstige Zwischen- und Zusatzanträge der Parteien Anwendung, wobei letztere in der Regel von der klagenden Partei gestellt werden, Anmerkung A zu Rule 40 ICSID AR i.d.F. vom 1. Januar 1968 (abgedruckt in: ICSID, Regulations and Rules (January 1, 1968), S. 105).

319 Anmerkung B zu Rule 40 ICSID AR i.d.F. vom 1. Januar 1968 (abgedruckt in: ICSID, Regulations and Rules (January 1, 1968), S. 105): „The test to satisfy this condition is whether the factual connection between the original and the ancillary claim is so close as to require the adjudication of the latter in order to achieve the final settlement of the dispute, the object being to dispose of all the grounds of dispute arising out of the same subject matter".

zu erheben; allerdings kann das Schiedsgericht nach Anhörung der anderen Partei eine spätere Erhebung zulassen, wenn die Partei die Verspätung hinreichend rechtfertigt.[320]

In einem WIPO-Schiedsverfahren bedarf eine Widerklage, die zu einem späteren Zeitpunkt als dem der Klagebeantwortung erhoben wird, ebenfalls der Zulassung durch das Schiedsgericht.[321] Bei seiner Entscheidung hat das Schiedsgericht einerseits die Gefahr, daß eine Widerklage zu einer mißbräuchlichen Verzögerung genutzt werden kann[322] und im Zweifel zu einer Verteuerung des Verfahrens führt, und andererseits das Interesse der Parteien, die Streitigkeit einer umfassenden Klärung zuzuführen, gegeneinander abzuwägen.[323] Voraussetzung für die Zulässigkeit einer Widerklage ist in jedem Fall, daß ihr Gegenstand unter die Schiedsvereinbarung fällt[324] – insoweit besteht allerdings die Möglichkeit rügeloser Einlassung.[325] Wie oben dargestellt[326], folgt für alle Verfahren aus dem Anspruch auf rechtliches Gehör, daß der anderen Partei Gelegenheit zur Stellungnahme zu der Widerklage gegeben werden muß.[327]

b. Aufrechnung

Grundsätzlich gelten für die Aufrechnung[328], die nur in Art. 43 (c) WIPO SchO ausdrücklich erwähnt ist, die gleichen Grundsätze wie für die Widerklage.[329] Für die private

---

320 Rule 40 (2) ICSID AR. In dem Verfahren B & B v. Congo, in: ILM 1982, S. 740 (763) hat das Schiedsgericht eine verspätet erhobene Widerklage nach Berücksichtigung der Einwendungen der anderen Partei als hinreichend gerechtfertigt angesehen (ohne Angabe von Gründen); zu Gründen für die Rechtfertigung einer Verspätung allgemein Baker/Davis, Experience, S. 90.

321 Art. 42 (c) WIPO SchO. Anders als Art. 19 (3) UNCITRAL SchO beschränkt Art. 42 (c) WIPO SchO die Zulässigkeit der Widerklage nicht auf solche Ansprüche, die auf denselben Vertrag gestützt werden, wie der dem Schiedsverfahren zugrundeliegene Anspruch; zu Art. 19 (3) UNCITRAL SchO Rauh, UNCITRAL, S. 97; Pirrung, in: RIW 1977, S. 513 (518). Nach Blessing, Conduct, S. 41 (51 f.) erschien den Verfassern der WIPO SchO diese Bestimmung als zu eng.

322 Berger, Arbitration, S. 463 f.

323 Redfern/Hunter, Arbitration, S. 319; Holtzmann, in: Private Investors Abroad 1987, § 16-20 f. unter Hinweis auf die zurückhaltende Praxis des Iran-United States Claims Tribunal bei der Zulassung später Widerklagen.

324 Redfern/Hunter, Arbitration, S. 319; Schwab, in: FS Nagel, S. 427 (436) im Hinblick auf das UNCITRAL MG; vgl. auch Schütze/Tscherning/Wais, Handbuch, Rn. 57; differenzierend im Hinblick auf die Zulässigkeit einer Widerklage, wenn durch diese nach der Ernennung des Schiedsgerichts ein neuer Streitgegenstand eingeführt wird, Schlosser, Schiedsgerichtsbarkeit, Rn. 671; Stein/Jonas - Schlosser, ZPO 7/II, § 1034, Rn. 27, demzufolge aber einem Recht auf Neubenennung des Schiedsgerichts regelmäßig die gegenseitige Treubindung der Parteien entgegensteht; kritisch Berger, Arbitration, S. 322.

325 Vgl. Art. 58 WIPO SchO; allgemein Aden, Handelsschiedsgerichtsbarkeit, S. 86; Berger, Arbitration, S. 463.

326 Siehe oben S. 264.

327 So auch ausdrücklich Rule 40 (3) ICSID AR; Art. 43 (a) WIPO SchO.

328 Grundlegend zur Aufrechnung in der Schiedsgerichtsbarkeit Berger, in: Arb. Int. 1999, S. 53 ff.

Schiedsgerichtsbarkeit ist dabei umstritten, ob eine Aufrechnung mit einer bestrittenen Forderung, die nicht unter die Schiedsvereinbarung fällt, zulässig ist. Teilweise wird die Auffassung vertreten, das Schiedsgericht sei aus Zweckmäßigkeitserwägungen berechtigt, über alle gegen die Klageforderung geltend gemachten Einwendungen und damit auch über eine Aufrechnungseinrede zu entscheiden, selbst wenn die zugrundeliegende Gegenforderung nicht unter die Schiedsvereinbarung falle.[330]

Dagegen ist einzuwenden, daß durch den Abschluß einer Schiedsvereinbarung verhindert werden soll, daß über eine dieser Schiedsvereinbarung unterliegende Forderung in einem Verfahren vor einem staatlichen Gericht oder einem anderen Schiedsgericht entschieden wird.[331] Im Umkehrschluß muß dann aber auch gelten, daß die Aufrechnung mit einer streitigen Forderung, die nicht unter die Schiedsvereinbarung fällt, ebenfalls ausgeschlossen ist.[332] Insoweit treten die Zweckmäßigkeitserwägungen hinter die Schutzfunktion der prozessualen Zuständigkeitszuweisung oder -vereinbarung zurück.[333]

Entsprechendes gilt auch für ein ICSID-Schiedsverfahren. Nach Art. 46 ICSID-Übereinkommen i. V. m. Rule 40 (1) ICSID AR darf das Schiedsgericht nur über solche Anträge entscheiden, die unter die Schiedsvereinbarung der Parteien und die Zuständigkeit des Zentrums fallen und die im unmittelbaren Zusammenhang mit dem Streitgegenstand stehen. Sind diese Voraussetzungen nicht erfüllt, so ist eine Aufrechnung ausgeschlossen.

2. *Klageänderung und -ergänzung*

Nach Art. 44 WIPO SchO können die Parteien mangels einer abweichenden Vereinbarung ihre Klage, Widerklage, Verteidigung oder Aufrechnung im Laufe des Schiedsverfahrens ändern oder ergänzen, es sei denn, das Schiedsgericht hält es für unangemessen, eine solche Änderung wegen ihrer Art oder der durch sie bewirkten Verzögerung zuzulas-

---

329 Habscheid, in: FS Nagel, S. 70 (80) bezeichnet die Aufrechnung im Prozeß als „verdeckte Widerklage"; zur Unterscheidung von Widerklage und Aufrechnung Baker/Davis, Experience, S. 89.

330 So etwa Baumbach/Lauterbach - Albers, ZPO, § 1029, Rn. 22; MüKoZPO - Maier, § 1025, Rn. 26; Schwab/Walter, Schiedsgerichtsbarkeit, S. 24; Rüede/Hadenfeldt, Schiedsgerichtsrecht, S. 253; Habscheid, in: FS Nagel, S. 70 (80); Nagel, in: FS Firsching, S. 194 f., der die Aufrechnung aber für ausgeschlossen hält, wenn für die Gegenforderung ein besonderer Schiedsvertrag getroffen worden ist.

331 BGHZ 38, S. 254 (257 f.); Glossner/Bredow/Bühler, Praxis, Rn. 129 ff.; Labes, Schiedsgerichtsvereinbarungen, S. 67.

332 In diesem Sinne Glossner/Bredow/Bühler, Praxis, Rn. 129 ff.; Hußlein-Stich, MG, S. 123 im Hinblick auf das UNCITRAL MG; Labes, Schiedsgerichtsvereinbarungen, S. 67; Stein-Jonas - Schlosser, ZPO 7/II, § 1025, Rn. 37; ders., Schiedsgerichtsbarkeit, Rn. 399; Schütze/Tscherning/Wais, Handbuch, Rn. 55; Zöller - Geimer, ZPO, § 1025, Rn. 54; Berger, in: Arb. Int. 1999, S. 53 (64 ff.) zum Problem der eng miteinander verbundenen Verträge, die nicht unter dieselbe Schiedsklausel fallen.

333 Begründen läßt sich dies mit einer teleologischen Auslegung der Schiedsvereinbarung, aus der sich ein vertraglicher Aufrechnungsausschluß ergibt, der die prozessuale Unzulässigkeit der Aufrechnung zur Folge hat, ohne daß es auf das anwendbare materielle Recht ankommt, Berger, Wirtschaftsschiedsgerichtsbarkeit, S. 326 ff.

sen. Unter diesem generalklauselartigen Merkmal kann das Schiedsgericht unter anderem prozeßökonomische Aspekte in seine Entscheidung einfließen lassen, etwa die Frage, inwieweit ein innerer Zusammenhang zwischen den klagebegründenden und -ändernden Tatsachen besteht. Des weiteren hat das Schiedsgericht die in Art. 38 (b) und (c) WIPO SchO normierten Grundsätze, daß heißt, das Ziel der zügigen Verfahrensabwicklung sowie den Grundsatz der Gleichbehandlung der Parteien und deren Anspruch auf rechtliches Gehör zu beachten. Wenn auch nicht ausdrücklich erwähnt[334], so muß gleichwohl weitere Voraussetzung für die Zulassung einer veränderten Klage, Widerklage etc. sein, daß sie von der Schiedsvereinbarung erfaßt ist.[335] Ist dies der Fall, so bedarf eine Klageänderung oder -ergänzung nicht der Zustimmung der anderen Partei[336]; gleichwohl sollte das Schiedsgericht ihr zur Wahrung des Anspruchs auf rechtliches Gehör in der Regel Gelegenheit zur Stellungnahme geben.

Im Rahmen eines ICSID-Schiedsverfahrens ist eine Klageergänzung gemäß Art. 46 ICSID-Übk i. V. m. Rule 40 ICSID AR unter den gleichen Voraussetzungen zulässig wie eine Widerklage.[337] Liegen die Voraussetzungen vor, so bedarf eine in der Replik vorgetragene Klageergänzung seitens der klagenden Partei weder der Zustimmung des Schiedsgerichts noch der der anderen Partei. Über jede später vorgetragene Klageergänzung entscheidet das Schiedsgericht, nachdem es die Einwände der anderen Partei angehört hat.[338]

Art. 46 ICSID-Übk und Rule 40 ICSID AR regeln lediglich die Zulässigkeit von unmittelbar mit dem Streitgegenstand zusammenhängenden Zwischenanträgen, Zusatzanträgen oder Anträgen nach Art der Widerklage.[339] Im Gegensatz zur Klageergänzung ist danach die Möglichkeit einer Klageänderung nicht ausdrücklich vorgesehen. Gleichwohl wird man diese grundsätzlich unter den gleichen Voraussetzungen für zulässig erachten müssen wie eine Klageergänzung. Dabei ist insbesondere das Erfordernis des unmittelba-

---

334 Art. 13 Draft WIPO Arbitration Rules vom 8. April 1993, WIPO Doc. ARB/WG/III/3, sah vor, daß in den Grenzen der Schiedsvereinbarung vor der Konstituierung des Schiedsgerichts eine Ergänzung oder Änderung unbegrenzt und nach der Konstituierung mit Zustimmung des Schiedsgerichts zulässig sein sollte („Claims or counter-claims within the scope of the arbitration agreement may be freely amended or added prior to the establishment of the Tribunal and thereafter with the consent of the Tribunal ...“).

335 Schlosser, Schiedsgerichtsbarkeit, Rn. 672; Schwab/Walter, Schiedsgerichtsbarkeit, S. 154; so auch ausdrücklich Art. 20 (2) UNCITRAL SchO; Holtzmann, in: (Sanders) ICCA Series No. 2, S. 125 (144) bezeichnet dies als „self-evident“ und räumt der Bestimmung nur klarstellenden Charakter ein.

336 Kuner, in: RIW 1995, S. 965 (967, Fn. 60). Etwas anderes gilt, wenn die veränderte Klage, Widerklage etc. nicht mehr von der Schiedsvereinbarung erfaßt wird. In diesem Fall kann in der Zustimmung eine konkludente Ausdehnung der Schiedsvereinbarung auf den geänderten Anspruch liegen, ähnlich Berger, Arbitration, S. 468.

337 Zu den einzelnen Zulässigkeitvoraussetzungen bereits oben S. 299.

338 Rule 40 (2) ICSID AR; Art. 40 (3) ICSID AR stellt klar, daß der jeweils anderen Partei bei einer Klageergänzung (oder einer Widerklageergänzung) Gelegenheit zu einer Stellungnahme gegeben werden muß.

339 Art. 46 ICSID-Übk, Rule 40 (1) ICSID AR „...any incidential or additional claims or counterclaims arising directly out of the subject-matter of the dispute“.

ren Zusammenhanges mit dem Streitgegenstand zu beachten[340]; ob dieser im konkreten Fall gegeben ist, hat das Schiedsgericht zu entscheiden.

In Verfahren vor dem Internationalen Seegerichtshof ist hinsichtlich der Zulässigkeit einer Klageänderung oder -ergänzung danach zu differenzieren, wie die Streitigkeit dem Seegerichtshof unterbreitet worden ist. Im Falle der Notifikation einer besonderen Übereinkunft richtet sich der Streitgegenstand, über den der Gerichtshof zu entscheiden hat, nach dieser Übereinkunft.[341] Eine einseitige Änderung dieses Streitgegenstands im Sinne einer Klageänderung oder -ergänzung durch eine der Parteien ist in diesem Fall nicht möglich.

Etwas anderes gilt, wenn das Verfahren durch eine von einer Partei eingereichte Klageschrift eingeleitet wird. In diesem Fall bestimmen die Schlußanträge der Parteien endgültig den Streitgegenstand, an den der Seegerichtshof gebunden ist.[342] Zwischen dem Schlußantrag der klagenden Partei und dem ursprünglich in der Klageschrift vorgetragenen Begehren können dabei Unterschiede und Abweichungen bestehen, die sich im Laufe des schriftlichen und mündlichen Verfahrens ergeben haben.[343] Derartige Modifikationen oder Ergänzungen des ursprünglichen Klagebegehrens dürfen indes nicht dazu führen, daß die Streitigkeit nicht mehr in den Zuständigkeitsrahmen des Seegerichtshofs fällt. Welche Grenzen der Seegerichtshof im übrigen festlegen wird, bleibt abzuwarten, insbesondere ob er sich der Praxis des Internationalen Gerichtshofs anschließen wird, Änderungen und Ergänzungen nur insoweit zuzulassen, als diese nicht zu einer Änderung der Natur der Streitigkeit führen.[344]

Im Rahmen eines WTO-Panelverfahrens wird der Untersuchungsgegenstand des Panels durch die *Terms of Reference* festgelegt.[345] Auch hier gilt, ähnlich wie bei einer Vereinbarung der Zuständigkeit des Seegerichtshofs durch eine besondere Übereinkunft, daß eine einseitige Änderung oder Ergänzung des Untersuchungsgegenstandes durch eine

340 Siehe hierzu oben S. 299.

341 Vgl. zum IGH Rosenne, ICJ, S. 410 f.; ders., World Court, S. 145; Art. 55 (2) ISGH-VerfO bestimmt, daß die Notifikation u.a. Angaben über den genauen Streitgegenstand enthalten soll, soweit sich diese nicht bereits aus der besonderen Übereinkunft ergeben.

342 Zum IGH Schröder, in: (Wolfrum) Handbuch, S. 327.

343 Rosenne, ICJ, S. 410 f.; ders., World Court, S. 145.

344 Hierzu Rosenne, Procedure, S. 132; ders, World Court, S. 145 f., der auch darauf hinweist, daß der IGH insbesondere darauf achtet, ob durch Änderungen oder Ergänzungen im Rahmen der Schlußanträge eine Situation entsteht, in der dritten Staaten die Möglichkeit zur Intervention gegeben werden muß.

345 So hat etwa das Rechtsmittelgremium im Verfahren India - Patent Protection for Pharmaceutical and Agricultural Chemical Products, complaint by the United States (WT/DS50/R), den Panelbericht insoweit aufgehoben, als dieser auf einen Verstoß Indiens gegen Art. 63 (1) und (2) TRIPs-Übereinkommen gestützt wurde, da diese Bestimmungen von den USA nicht in ihrem Antrag auf Verfahrenseinleitung genannt worden seien und daher von den Terms of Reference nicht erfaßt würden, India - Patent Protection for Pharmaceutical and Agricultural Chemical Products, complaint by the United States (WT/DS50/AB/R), Rn. 85 ff.; siehe zur Bedeutung der Terms of Reference auch Brazil - Measures Affecting Desiccated Coconut, complaint by the Philippines (WT/DS22/AB/R), S. 22; European Communities - Regime for the Importation, Sale and Distribution of Bananas, complaints by Ecuador, Guatemala, Honduras, Mexico and the United States (WT/DS27/AB/R), Rn. 145.

Partei nicht möglich ist.[346] Dies folgt auch daraus, daß das Panel sein Mandat nicht von den Parteien der konkreten Streitigkeit, sondern vom DSB erhält, den das Panel gemäß Art. 11 DSU bei der Wahrnehmung seiner Aufgaben unterstützt.

3. *Vorbringen nach Schluß der mündlichen Verhandlung, Wiedereröffnung der Verhandlung*

Fraglich ist, ob und unter welchen Voraussetzungen in den einzelnen Streiterledigungsverfahren auch nach Abschluß der mündlichen Verhandlung[347] noch weiteres Vorbringen der Parteien zugelassen wird. Dabei ist grundsätzlich danach zu unterscheiden, ob die Partei vor dem Ende der mündlichen Verhandlung vom Spruchkörper zu weiterem Vorbringen aufgefordert worden ist oder nicht.

Nach Art. 76 (4) 2. Alt. ISGH-VerfO können der Gerichtshof oder einzelne Mitglieder Fragen an die Parteien richten, die diese innerhalb einer bestimmten Frist beantworten müssen; ferner kann der Gerichtshof die Parteien jederzeit auffordern, Beweise zu erbringen oder Erläuterungen abzugeben.[348] Art. 87 ISGH-VerfO regelt den Fall, daß der Gerichtshof hierfür eine Frist setzt, die erst nach Abschluß der mündlichen Verhandlung endet. In dieser Situation ist die Antwort bzw. Erklärung der anderen Partei zur Stellungnahme zu übermitteln. Soweit erforderlich kann in diesem Zusammenhang die mündliche Verhandlung wiedereröffnet werden (Art. 87 S. 2 ISGH-VerfO).

Für das WTO-Panelverfahren bestimmt Art. 8 WTO-WP, daß ein Panel jederzeit Fragen an die Parteien richten und sie um Erklärungen bitten kann. Auch hier ist es demnach möglich, daß die Parteien nach der letzten mündlichen Verhandlung zu Fragen des Panels Stellung nehmen; diese Stellungnahmen sind auch der anderen Partei zur Verfügung zu stellen.[349]

Im Bereich der Schiedsgerichtsbarkeit kann das Schiedsgericht den Parteien die Möglichkeit einräumen, in *Post-Hearing Memorials* Stellung zu bestimmten Fragen zu

---

346 Dies entspricht auch der Praxis im Rahmen der GATT-Streiterledigung. Im Rahmen des Verfahrens Uruguayan Recourse to Art. XXIII stellte sich das Problem, daß die EG eine neue Regelung erließ, die Vorschriften ersetzte, auf die sich der Antrag Uruguays stützte und die sich außerdem auf den in Frage stehenden Streit auswirkten. Da die neu eingeführten Vorschriften nicht Gegenstand des ursprünglichen Antrags waren und außerdem Konsultationen der Vertragsparteien über die neuen Regelungen stattfanden, hielt es das Panel nicht für angebracht, dem Antrag Uruguays zu folgen und die Vereinbarkeit der neuen Bestimmungen mit den GATT-Vorschriften zu untersuchen, Uruguayan Recourse to Article XXIII, BISD 11S/95 (100 f.) Ein ähnliches Problem stellte sich auch im Section 337 Panel. Dort ergänzten die USA während des Panel-Verfahrens die in Frage stehende Sect. 337 des Tariff Act von 1930. Das Panel legte auch hier seinem Bericht nicht die geänderte Fassung des Gesetzes zu Grunde, sondern diejenige, die im Zeitpunkt der Einsetzung des Panels im Jahre 1987 gültig gewesen war, United States - Section 337 of the Tariff Act of 1930, BISD 36S/345 (383).

347 Abgesehen vom DSU sehen grundsätzlich alle Verfahrensordnungen vor, daß das Verfahren für abgeschlossen erklärt wird, Art. 88 ISGH-VerfO; Art. 57 (a) WIPO SchO; Rule 38 ICSID AR.

348 Art. 77 (1) ISGH-VerfO.

349 Art. 10 WTO-WP.

nehmen.[350] Von diesen kann unter anderem dann Gebrauch gemacht werden, wenn die Zeit in der mündlichen Verhandlung nicht für die umfassende Klärung aller Fragen ausgereicht hat und insbesondere dann, wenn eine Partei in der mündlichen Verhandlung zu zuvor noch nicht erörterten Gesichtspunkten Stellung genommen und die andere Partei deshalb keine angemessene Gelegenheit zur Erwiderung gehabt hat.[351] Soll – etwa aus Kosten- und Zeitgründen – keine weitere mündliche Verhandlung durchgeführt werden, so sind derartige schriftliche Stellungnahmen ein geeignetes Mittel, den Anspruch der Parteien auf rechtliches Gehör zu wahren.

Abgesehen von dieser Fallkonstellation ist weiterer Sachvortrag nach der letzten mündlichen Verhandlung bzw. der formellen Beendigung des Verfahrens nur unter besonderen Umständen zulässig. Nach Art. 57 (b) WIPO SchO kann das Schiedsgericht, wenn es dies wegen außerordentlicher Umstände für notwendig hält, von sich aus oder auf Ersuchen einer Partei die Verhandlung jederzeit vor Erlaß des Schiedsspruchs wieder eröffnen.[352] Zwar steht eine Entscheidung über die Wiedereröffnung im freien Ermessen des Schiedsgerichts, gleichwohl gibt es im wesentlichen zwei Fallgruppen, in denen eine Wiedereröffnung der Verhandlung in Betracht kommt, die für das ICSID-Schiedsverfahren in Rule 38 ICSID AR genannt werden. Das Schiedsverfahren kann wieder eröffnet werden, wenn entweder neue für das Verfahren entscheidende Beweismittel auftauchen oder die Klärung bestimmter Gesichtspunkte dringend erforderlich ist. Dabei betont Rule 38 ICSID AR den Ausnahmecharakter dieser Möglichkeit. Angesichts der Gefahr, daß eine Partei versucht, das Verfahren zu verzögern, indem sie nach Schluß der mündlichen Verhandlung neue Tatsachen vorträgt bzw. Beweismittel anbietet[353], spricht vieles dafür, die Möglichkeit der Wiedereröffnung der Verhandlung restriktiv zu handhaben.[354] Andererseits kann das Schiedsgericht im Rahmen der Kostenentscheidung die Kosten für dilatorisches Verhalten zu Lasten der jeweiligen Partei berücksichtigen und gegebenenfalls der anderen Partei einen Anspruch auf Zinsen für den Zeitraum der Verzögerung zusprechen. Daher sollte das Schiedsgericht zumindest bei berechtigten Zweifeln an einer ausschließlich dilatorischen Intention einem Antrag einer Partei auf Wiedereröffnung der Verhandlung grundsätzlich stattgeben.[355]

Abgesehen vom Fall des Art. 87 ISGH-VerfO ist für das Verfahren vor dem Seegerichtshof kein weiterer Vortrag der Parteien möglich. Dementsprechend ist, außer im Falle des Art. 87 S. 2 ISGH-VerfO, die Möglichkeit der Wiedereröffnung der mündlichen Verhandlung nicht ausdrücklich vorgesehen. Im *Nuclear Test Case* führte der Internationale Gerichtshof, für den die IGH-VerfO eine entsprechende Regelung enthält, aus, daß die mündliche Verhandlung wiedereröffnet werden könne, wenn der Gerichtshof dies aus Gründen der Gerechtigkeit für erforderlich erachte.[356] Dies könne etwa der Fall sein,

350 Vgl. Berger, Arbitration, S. 469

351 Redfern/Hunter, Arbitration, S. 353 f.

352 Die Regelung entspricht Art. 29 (2) UNCITRAL SchO; vgl. hierzu Rauh, UNCITRAL, S. 101; Baker/Davis, Experience, S. 130 f. zum Iran-United States Claims Tribunal.

353 Vgl. Derains, in: FS Bülow, S. 31 (45).

354 So Berger, Arbitration, S. 469.

355 In diesem Sinne auch Redfern/Hunter, Arbitration, S. 353 f.

356 Nuclear Test Case (Australia v. France), Judgment of 20 December 1974, ICJ Reports 1974, S. 253 (264 f.).

wenn er erst nach Abschluß des mündlichen Verfahrens Kenntnis von wesentlichen Fakten erhalte und der Anspruch auf rechtliches Gehör eine Wiedereröffnung erforderlich mache.[357] Diese Grundsätze lassen sich auch auf das Verfahren vor dem Internationalen Seegerichtshof übertragen – auch dort ist trotz des Fehlens einer ausdrücklichen Regelung die Möglichkeit der Wiedereröffnung der mündlichen Verhandlung zu bejahen, wenn dies erforderlich ist, um den Anspruch der Parteien auf rechtliches Gehör zu wahren.

Für das WTO-Panelverfahren muß Entsprechendes gelten. Tauchen nach der zweiten mündlichen Verhandlung neue für das Verfahren erhebliche Beweismittel auf oder erscheint dem Panel die Klärung bestimmter Gesichtspunkte dringend erforderlich, so muß es auch nach Abschluß der zweiten mündlichen Verhandlung den Parteien Gelegenheit zur Stellungnahme geben, wenn dies zur Wahrung des Anspruchs auf rechtliches Gehör erforderlich ist. Als rechtliche Grundlage für die Befugnis des Panels, weiteres Vorbringen zu fordern bzw. zuzulassen, kann Art. 12 a.E. WTO-WP herangezogen werden, demzufolge erforderlichenfalls zusätzliche Sitzungen mit den Parteien einberufen werden können.

4. *Säumnis einer Partei*

Der zügige und reibungslose Ablauf internationaler Streiterledigungsverfahren hängt davon ab, daß die Parteien sich an dem Verfahren beteiligen. Unterläßt eine Partei die erforderliche Mitwirkung, indem sie etwa am schriftlichen oder mündlichen Verfahren nicht teilnimmt oder nicht erscheint, so ist fraglich, welche Auswirkungen diese Säumnis der Partei hat. Art. 56 (a) WIPO SchO regelt insoweit den vergleichsweise selten auftretenden Fall, daß der Kläger es versäumt, seine Klageschrift fristgerecht einzureichen. Geschieht dies ohne Angabe eines hinreichenden Grundes, so erklärt das WIPO-Schiedsgericht das Verfahren für beendet.[358] Die Klage wird dabei nicht als unzulässig oder unbegründet abgewiesen[359], so daß der Kläger die Möglichkeit hat, erneut zu klagen. Im Zweifel hat in diesem Fall das Schiedsgericht seine Funktion eingebüßt, mit der Folge, daß es für eine neue Klage neu konstituiert werden muß.[360]

---

357 Die Entscheidung des IGH in diesem Verfahren, das Verfahren nicht wiederzueröffnen, wurde in der Dissenting Opinion der Richter Oneyama, Dillard, Jimenez de Arechega und Waldlock scharf kritisiert, ICJ Reports 1974, S. 457 (468).

358 Die Vorschrift ist an Art. 28 (1) S. 1 UNCITRAL SchO angelehnt, vgl. dazu Rauh, UNCITRAL, S. 98; siehe auch Art. 25 (a) UNCITRAL MG, zu dieser Vorschrift Holtzmann/Neuhaus, Guide, S. 698 ff.; Hußlein-Stich, MG, S. 127. Gemäß Art. 65 (c) WIPO SchO erfolgt die Beendigung des Verfahrens durch Beschluß, nachdem das Schiedsgericht die Parteien über seine Absicht informiert hat, Schäfer, in: RPS 1. Halbjahr 1996, S. 10 (15, Fn. 90).

359 So im Hinblick auf Art. 28 (1) S. 1 UNCITRAL SchO Dore, Analysis, S. 167; Hußlein-Stich, MG, S. 127; differenzierend Aden, Handelsschiedsgerichtsbarkeit, S. 245.

360 Aden, Handelsschiedsgerichtsbarkeit, S. 245; Berger, Arbitration, S. 471; Schlosser, Schiedsgerichtsbarkeit, Rn. 669.

a. *Fortführung des Verfahrens*

In der Praxis kommt es hingegen häufiger vor, daß die beklagte Partei[361] nicht erscheint oder sich nicht zur Sache äußert.[362] Als Grundprinzip gilt hier, daß eine Partei nicht kraft ihres eigenen Entschlusses den Fortgang des ordnungsgemäß eingeleiteten Verfahrens blockieren kann.[363] Anderenfalls könnte eine Partei sich dem Verfahren durch die Verweigerung der eigenen Mitwirkung entziehen, mit der Folge, daß die Partei letztlich durch ihre verbindliche Untwerfungserklärung nicht gebunden wäre.

Erscheint eine Partei in einem Verfahren vor dem Internationalen Seegerichtshof oder einem ICSID-Schiedsgericht nicht, so kann die andere Partei den Spruchkörper ersuchen, die ihm vorgelegten Fragen zu behandeln und einen Schiedsspruch zu erlassen.[364] Ein

361 Abgesehen von der Regelung des Art. 56 (a) WIPO SchO unterscheiden die Verfahrensordnungen nicht zwischen der Säumnis des Klägers und des Beklagten; vielmehr werden beide Fallkonstellationen nach den gleichen Regeln behandelt.

362 Namentlich in der zwischenstaatlichen Streiterledigung ziehen Staaten es immer wieder vor, säumig zu bleiben. So ist die beklagte Partei in den folgenden Verfahren vor dem IGH überhaupt nicht erschienen: Fisheries Jurisdiction Cases (ICJ Reports 1974, S. 3 ff. und S. 175 ff.); Nuclear Test Case (ICJ Reports 1974, S. 253 ff. und 457 ff.); Aegean Sea Continental Shelf Case (ICJ Reports 1978, S. 3 ff.); Diplomatic Staff Case (ICJ Reports 1980, S. 3 ff.); zu den einzelnen Fällen Elkind, Non-Appearance, S. 38 ff.; Elias, Problems, S. 33 ff.; vgl. auch Shaw, International Law, S. 673 f.; Sinclair, in: ICLQ 1981, S. 338 ff. Zu den Verfahren, in denen die beklagte Partei teilweise am Verfahren nicht mitwirkte, gehören u.a. Corfu Channel Case (ICJ Reports 1949, S. 244); Anglo Iranian Oil Company Case (ICJ Reports 1952, S. 89); Nottebohm Case (ICJ Reports 1955, S. 4 ff.) sowie der Nicaragua Case (ICJ Reports 1986, S. 14); Elkind, aaO. und Elias, aaO.; Fitzmaurice, in: BYIL 1980, S. 89 ff. Auch in Streitigkeiten zwischen Staaten und ausländischen Privatpersonen ist die staatliche Partei immer wieder säumig gewesen. In den zusammenhängenden ICSID-Schiedsverfahren Alcoa Minerals of Jamaica, Inc. v. Government of Jamaica (Case No. ARB/74/2), Decision on Jurisdiction and Competence of July 6, 1975; Kaiser Bauxite Company v. Government of Jamaica (Case No. ARB/74/3), und Reynolds Jamaica Mines Limited and Reynolds Metals Company v. Government of Jamaica (Case No. ARB/74/4) verweigerte Jamaica die Mitwirkung an dem Verfahren; siehe hierzu Schmidt, in: Harv. Int. L. J. 1976 (Vol. 17), S. 90 ff. (insb. 95 ff.); Broches, in: YCA 1993, S. 627 (676 f., Fn. 64). Im Verfahren Liberian Eastern Timber Corporation v. Government of the Republic of Liberia (Case No. ARB/83/2) benannte Liberia einen Schiedsrichter und eine Anwaltskanzlei als Vertreter, blieb jedoch im weiteren Verfahren säumig, Gaillard, in: Clunet 1988, S. 165 (167 ff.). Zu Fällen außerhalb der ICSID-Schiedsgerichtsbarkeit, in denen staatliche Parteien säumig geblieben sind, Delaume, Law and Practice, § 10.04 (S. 363 ff.); im Hinblick auf ICC-Schiedsverfahren mit staatlicher Beteiligung, Blessing, in: J. Int. Arb. 1992, Nr. 1, S. 79 (82 f.).

363 Vgl. Art. 28 S. 2 ISGH-Statut: „Abwesenheit oder Versäumnis einer Partei, sich zur Sache zu äußern, stellt kein Hindernis für das Verfahren dar"; siehe schon den StIGH im Verfahren The Electricity Company of Sofia and Bulgaria, Order made on February 26th, 1940, PCIJ Series A/B, No. 80, S. 4 (9): „ ... cannot thus by its own volition prevent the continuation of the proceedings instituted..."; vgl. auch Cheng, Principles, S. 296; Berger, Arbitration, S. 470 „generally accepted principle of law"; ähnlich auch im Hinblick auf Schiedsverfahren mit staatlicher Beteiligung Mann, in: BYIL 1967, S. 1 (24 f.).

364 Art. 28 S. 1 ISGH-Statut; Art. 45 (2) ICSID-Übk i.V.m. Rule 42 (1) ICSID AR.

ICSID-Schiedsgericht hat in diesem Fall vor Erlaß seines Schiedsspruches die säumige Partei von dem Ersuchen zu benachrichtigen und eine Frist zu gewähren, es sei denn, es ist überzeugt, daß die Partei nicht die Absicht hat, zu erscheinen oder ihre Sache zu vertreten.[365]

In einem WIPO-Schiedsverfahren hat das Schiedsgericht ebenfalls die Möglichkeit, das Verfahren im Falle der Säumnis einer Partei fortzusetzen, ohne daß insoweit ein entsprechender Antrag der anderen Partei erforderlich ist. Auch hier ist – als Ausfluß des Anspruchs auf rechtliches Gehör – der säumigen Partei Gelegenheit zur Stellungnahme zu geben.[366]

b. Folgen der Säumnis

Wird das Verfahren trotz Säumnis einer der Parteien fortgesetzt und eine Entscheidung erlassen, so handelt es sich bei dieser nicht um ein den nationalen Zivilprozeßrechten entsprechendes „Versäumnisurteil".[367]

Für das Verfahren vor dem Seegerichtshof folgt dies aus Art. 28 S. 3 ISGH-Statut.[368] Danach muß der Seegerichtshof sich, bevor er die Entscheidung fällt, nicht nur vergewissern, daß er zuständig ist. Er muß vielmehr auch prüfen, ob das Begehren in tatsächlicher und rechtlicher Hinsicht begründet ist. Der Seegerichtshof kann folglich das Vorbringen der anwesenden Partei nicht als zugestanden ansehen und ihrem Antrag bei Schlüssigkeit dieses Vorbringens entsprechen. Eine ähnliche Regelung enthält Art. 45 (1) ICSID-

365 Art. 45 (2) S. 2 ICSID-Übk i.V.m. Art. 42 (2) ICSID AR.

366 Dementsprechend bestimmen Art. 56 (b) und (c) WIPO SchO, daß der säumigen Partei Gelegenheit zu geben ist, einen triftigen Grund für ihre Säumnis vorzutragen. Vgl. auch Rauh, UNCITRAL, S. 99; Berger, Arbitration, S. 470. Nach David, Arbitration, S. 294 sollte ein Schiedsgericht der säumigen Partei auch dann Gelegenheit geben, zu erscheinen bzw. ihre Sache zu vertreten, wenn sie keine hinreichenden Gründe für die vorangegangene Säumnis vortragen kann.

367 Vgl. Rosenne, World Court, S. 95; Elias, Problems, S. 37 im Hinblick auf Art. 53 IGH-Statut; Bülow/Böckstiegel/Geimer/Schütze - Böckstiegel, Band II, 720·68, Fn. 34 im Hinblick auf ICSID-Schiedsverfahren. Einen Überblick über die unterschiedlichen nationalen Ausgestaltungen des Verfahrens bei Säumnis einer Streitpartei geben Elkind, Non-Appearance, S. 1 ff.; v. Mangoldt, in: FS Mosler, S. 503 (521).

368 Art. 28 ISGH-Statut ist eng an Art. 53 IGH-Statut angelehnt. (Art. 53 IGH-Statut lautet: „ (1) Erscheint eine der Parteien nicht vor dem Gerichtshof oder verzichtet sie darauf, sich zur Sache zu äußern, so kann die Partei den Gerichtshof ersuchen, im Sinne ihrer Anträge zu entscheiden. (2) Bevor der Gerichtshof diesem Ersuchen stattgibt, muß er sich nicht nur vergewissern, daß er nach Art. 36 und 37 zuständig ist, sondern auch, daß die Anträge tatsächlich und rechtlich begründet sind.") Der Wortlaut des Art. 28 ISGH-Statut wurde dabei aber im Lichte der Erfahrungen des IGH modifiziert, vgl. Nordquist/Rosenne/ Sohn (Hrsg.), UNCLOS, Nr. A.VI.145 ff. (S. 389 f.). So wurde insb. die Formulierung „...im Sinne ihrer Anträge zu entscheiden" („... to decide in favour of its claim") nicht übernommen, sondern durch die Formulierung „... seine Entscheidung zu fällen" („... make its decision") ersetzt, vgl. Adede, in: N.Y.U. J. Int. L & Pol. 1977, S. 253 (369 u. 356 f.).

Übk[369] für die ICSID-Schiedsgerichtsbarkeit; danach bedeutet das Nichterscheinen bzw. das Nichtvertreten der eigenen Sache nicht, daß die säumige Partei dem Vorbringen der anderen Partei zustimmt. In beiden Verfahren ist der Spruchkörper danach verpflichtet, den Prozeßstoff sowohl im Hinblick auf die Zulässigkeit[370] als auch auf die Begründetheit des Antrags kritisch zu überprüfen und auf dieser Grundlage seine Entscheidung zu treffen.[371]

Problematisch ist, welchen Maßstab der Spruchkörper bei seiner Prüfung zugrundelegen muß, inwieweit er einerseits dem Vorbringen der anwesenden Partei folgen kann und andererseits mögliche Argumente suchen muß, die für die säumige Partei sprechen. In der zwischenstaatlichen Streiterledigung ist insoweit der Grundsatz der Gleichheit der Staaten zu beachten, der auch im Falle der Säumnis einer Streitpartei keine Ungleichbehandlung duldet.[372] Daraus folgt, daß sich die Säumnis weder für die säumige Partei[373] noch für die anwesende Partei[374] nachteilig auswirken darf. Der Spruchkörper muß also versuchen, seine Entscheidungsfindung so auszugestalten, daß die Säumnis weder zu Vor- noch zu Nachteilen für die eine oder für die andere Partei führt.[375]

Vor diesem Hintergrund hat der Internationale Gerichtshof im *Corfu Channel Case* hinsichtlich Art. 53 IGH-Statut ausgeführt, daß er zwar verpflichtet sei, das Vorbringen der anwesenden Partei zu untersuchen; die Vorschrift verpflichte ihn aber nicht, die Richtigkeit des Vorbringens in jedem Detail zu überprüfen, da dies in einseitigen Verfahren unmöglich sein könne. Es sei ausreichend, wenn der Gerichtshof auf der Grundlage

---

369 Die Aufnahme einer Vorschrift in das ICSID-Übk, die, wie Art. 28 S. 3 ISGH-Statut, Art. 53 (2) IGH-Statut nachgebildet ist, hielten die Verfasser des Weltbankübereinkommens nicht für notwendig. Vielmehr erschien ihnen die Bestimmung des Art. 45 (1) ICSID-Übk, die in Rule 42 (3) S. 2 ICSID AR wiederholt wird, als ausreichend, Broches, in: FS Domke, S. 12 (18 f.). Eine Art. 53 (2) IGH-Statut entsprechende Vorschrift hat aber Eingang in die das ICSID-Übk ergänzenden ICSID AR gefunden (Rule 42 (4) S. 1).

370 Für das ICSID-Schiedsverfahren folgt dies aus der beschränkten Zuständigkeit des ICSID-Schiedsverfahrens für Streitigkeiten, die von Art. 25 ICSID-Übk erfaßt werden, Broches, in: FS Domke, S. 12 (19). Rule 42 (4) S. 1 ICSID AR hat daher insoweit nur eine klarstellende Funktion.

371 So Bülow/Böckstiegel/Geimer/Schütze - Böckstiegel, Band II, 720·68, Fn. 34 im Hinblick auf das ICSID-Schiedsverfahren.

372 v. Mangoldt, in: FS Mosler, S. 503 (523) m.w.N.

373 Ein Grund hierfür liegt darin, daß keine der Parteien zu einer aktiven Teilnahme an dem Verfahren verpflichtet ist, die Säumnis mithin keine Pflichtverletzung darstellt und der säumigen Partei daher aus ihrem Verhalten kein Nachteil enstehen kann, Rosenne, World Court, S. 96. Shaw, International Law, S. 674 nennt als weiteres Argument, daß nur bei Berücksichtigung des Standpunktes einer säumigen Partei die Chance besteht, daß diese sich später der Entscheidung beugt. Zu den Nachteilen der Säumnis für die säumige Partei Elkind, Non-Appearance, S. 90 ff. und die Zusammenfassung, S. 171 f.

374 Vgl. Elias, Problems, S. 60 dazu, daß es für eine Partei sinnvoll sein kann, nicht zu erscheinen, und es dem Spruchkörper zu überlassen, nach Argumenten zu suchen, die für sie sprechen. Ähnlich Sinclair, in: ICLQ 1981, S. 338 (352), der darauf hinweist, daß für die anwesende Partei eine schwierige Situation entsteht, weil sie versuchen muß, nach Argumenten zu suchen, die für die säumige Partei sprechen, und diese zu widerlegen.

375 Rosenne, World Court, S. 96; Sinclair, in: ICLQ 1981, S. 338 (356).

der von ihm angemessen erscheinenden Methoden zu der Überzeugung gelange, daß das Vorbringen begründet sei.[376] Angesichts der Anlehnung der entsprechenden Bestimmungen des ISGH-Statuts bzw. des ICSID-Übereinkommens[377] an Art. 53 ISGH-Statut läßt sich dieser Grundsatz als Ausdruck des sachgemäßen Ausgleichs der Interessen der beiden Parteien auf diese Verfahren übertragen.

Um zu einer Entscheidung zu gelangen, muß der Spruchkörper auch prüfen, welche tatsächlichen und rechtlichen Erwägungen für die säumige Partei sprechen, und hieran das Vorbringen der anwesenden Partei messen.[378] In diesem Zusammenhang kann er die anwesende Partei auffordern, schriftliche Stellungnahmen einzureichen, Beweise vorzulegen oder mündliche Erklärungen abzugeben.[379] Andererseits können aber auch Stellungnahmen der säumigen Partei, die außerhalb des Verfahrens gemacht worden sind, berücksichtigt werden.[380] Dabei ist allerdings darauf zu achten, daß der Anspruch der anwesenden Partei auf rechtliches Gehör und auf Gleichbehandlung gewahrt bleibt.

In der privaten Wirtschaftsschiedsgerichtsbarkeit gibt es ebenfalls keinen dem Zivilprozeßrecht nachgebildeten „Versäumnisschiedsspruch".[381] Zwar wird dies in der WIPO-Schiedsordnung nicht ausdrücklich erwähnt; gleichwohl gilt auch hier, daß die Säumnis der einen Partei nicht automatisch als Zugeständnis des Vorbringens der anderen Partei gewertet werden darf.[382] Dies folgt schon daraus, daß bei einem vollgültigen Schieds-

---

376 „While Art. 53 thus obliges the Court to consider the submissions of the party which appears, it does not compel the Court to examine their accuracy in all their details; for this might in certain unopposed cases prove impossible in practice. It is sufficient for the Court to convince itself by such methods as it considers suitable that the submissions are well founded", Corfu Channel Case, ICJ Reports 1949, S. 244 (248); siehe auch die Ausführungen im Case Concerning United States Diplomatic and Consular Staff in Tehran (United States v. Iran), Judgment of 24 May 1989, ICJ Reports 1980, S. 3 (9) und im Case Concerning Military and Paramilitary Activities in and against Nicaragua (Nicaragua v. United States of America), Judgment on the Merits of 27 June 1986, ICJ Reports 1986, S. 14 (25).

377 Vgl. Broches, in: FS Domke, S. 12 (19), demzufolge zwischen dem Verfahren vor dem IGH und einem ICSID-Schiedsgericht im Falle der Säumnis einer Partei kein Unterschied besteht („... the effect of both types of provisions is identical") und der sich dabei ausdrücklich auf die zitierte Passage aus dem Corfu Channel Case bezieht.

378 Shaw, International Law, S. 674.

379 Vgl. Rule 42 (4) S. 2 ICSID AR.

380 Siehe die Ausführungen des IGH im Case Concerning Military and Paramilitary Activities in and against Nicaragua (Nicaragua v. United States of America), Judgment on the Merits of 27 June 1986, ICJ Reports 1986, S. 14 (25 f.); vgl. auch Rosenne, World Court, S. 96; v. Mangoldt, in: FS Mosler, S. 503 (527 f.); zur Kritik an der insoweit problematischen Entscheidung des IGH im Nuclear Test Case (ICJ Reports 1974, S. 253 ff.), Sinclair, in: ICLQ 1981, S. 338 (347 f.).

381 Berger, Arbitration, S. 472 f. m.w.N.; Glossner/Bredow/Bühler, Praxis, Rn. 353; Lachmann, Handbuch, S. 178 f.; Redfern/Hunter, Arbitration, S. 352; Rauh, UNCITRAL, S. 98, im Hinblick auf Art. 28 UNCITRAL SchO, dem Art. 56 WIPO SchO nachgebildet ist, Paulsson, Conduct, S. 73 (75); vgl. auch Schlosser, Schiedsgerichtsbarkeit, Rn. 668; Schwab/Walter, Schiedsgerichtsbarkeit, S. 174 f.; Wenger, in: (Reymond/Bucher) Recueil de Travaux Suisses, S. 245 (246).

382 So ausdrücklich Art. 25 (b) UNCITRAL MG; vgl. hierzu Holtzmann/Neuhaus, Guide, S. 700; Hußlein-Stich, MG, S. 130; siehe auch § 1048 (3) ZPO. Eine Vereinbarung der Parteien, daß

spruch nicht die Möglichkeit besteht, einen Einspruch[383] oder einen hiermit vergleichbaren Rechtsbehelf einzulegen.[384] Das Schiedsgericht ist folglich – wie in den zuvor untersuchten Verfahren – verpflichtet, seine eigene Zuständigkeit zu prüfen; ferner muß es das Klagevorbringen nicht nur auf seine Schlüssigkeit, sondern darüber hinaus auf seine Richtigkeit hin untersuchen.[385] In diesem Zusammenhang wird, soweit möglich, auch der Vortrag der säumigen Partei berücksichtigt, wenn er sich aus den Darlegungen der nichtsäumigen Partei oder aus schriftlichen Einlassungen des Säumigen ergibt. In Zweifelsfällen verhandelt das Schiedsgericht einseitig und erhebt Beweis, um auf dieser Grundlage seine Entscheidung zu treffen.[386]

Vorschriften über das Verfahren für den Fall der Säumnis einer Partei in einem WTO-Panelverfahren[387] enthält das DSU, abgesehen von Art. 8.7[388], nicht. Art. 3.10 DSU bestimmt insoweit lediglich, daß sich beim Entstehen einer Streitigkeit alle Mitglieder in dem Bemühen, die Streitigkeit beizulegen, an diesem Verfahren beteiligen.

Im Rahmen der GATT-Streiterledigung war das Fehlen einer ausdrücklichen Regelung über die Säumnis einer Partei nicht problematisch. Zunächst hatte eine Partei die Möglichkeit, die Einrichtung des Panels zu verhindern. War ein Panel eingerichtet, so konnte dieses zwar im Falle der Säumnis einen Panelbericht verfassen; die säumige Partei konnte jedoch dessen Annahme im GATT-Rat blockieren. Gegen den Willen einer Partei konnte damit kein zu einem verbindlichen Ergebnis führendes Panelverfahren durchgeführt werden.

Dies gilt indes nicht mehr für das WTO-Panelverfahren. Aufgrund des nunmehr eingeführten Rechts auf ein Panel kann eine Partei dessen Einrichtung nicht mehr verhindern. Ferner führt das umgekehrte Konsensprinzip dazu, daß eine Partei auch nicht mehr

---

im Falle der Säumnis einer Partei der Vortrag der anderen als zugestanden gelten soll, ist nicht zulässig, Schwab/Walter, Schiedsgerichtsbarkeit, S. 174; Schütze/Tscherning/Wais, Handbuch, Rn. 409; Wenger, in: (Reymond/Bucher) Recueil de Travaux Suisses, S. 245 (250 f.); a.A. Aden, Handelsschiedsgerichtsbarkeit, S. 90; Schlosser, Schiedsgerichtsbarkeit, Rn. 668 („...theoretisch nicht ausgeschlossen...").

383 Zum Einspruch i.S.d. § 338 ZPO Rosenberg/Schwab/Gottwald, ZPO, S. 615 ff.; Baumbach/Lauterbach - Hartmann, ZPO, § 338.

384 Schütze/Tscherning/Wais, Handbuch, Rn. 409; Hußlein-Stich, MG, S. 130 weist ferner darauf hin, daß viele Länder einen „Versäumnisschiedsspruch" nicht anerkennen (m.w.N.).

385 Glossner/Bredow/Bühler, Praxis, Rn. 353; Redfern/Hunter, Arbitration, S. 352; Schütze/Tscherning/Wais, Handbuch, Rn. 409.

386 Redfern/Hunter, Arbitration, S. 352. Ist das Schiedsgericht ermessensfehlerfrei der Auffassung, daß dies nicht notwendig ist, so kann es aber auch ohne mündliche Verhandlung und Beweisaufnahme seine Entscheidung treffen, Schlosser, Schiedsgerichtsbarkeit, Rn. 668; Glossner/Bredow/Bühler, Praxis, Rn. 353.

387 Für das Konsultationsverfahren bestimmt Art. 4.3 S. 2 DSU, daß das antragstellende WTO-Mitglied unmittelbar die Einsetzung eines Panels beantragen kann, wenn das andere Mitglied nicht 10 Tage nach Eingang des Antrags Stellung nimmt oder die Konsultationen nicht innerhalb von dreißig Tagen oder einer vereinbarten Frist eröffnet.

388 Art. 8.7 DSU regelt die Ersatzbenennung der Panelmitglieder für den Fall, daß die Parteien keine Einigung über die Zusammensetzung des Panels erzielen (siehe hierzu oben S. 219). Hierunter fällt auch, daß sich eine der Streitparteien in der Phase der Konstituierung des Panels nicht am Verfahren beteiligt.

die Annahme des Panelberichts durch den DSB blockieren kann. Demzufolge kann nunmehr gegen den Willen einer säumigen Partei ein zu einem verbindlichen Ergebnis führendes Panelverfahren durchgeführt werden.

Angesichts des Fehlens einer ausdrücklichen Regelung ist insoweit auf die allgemeinen für das WTO-Panelverfahren geltenden Verfahrensgrundsätze zurückzugreifen. Auch für das Panelverfahren gilt, daß ein ordnungsgemäß eingeleitetes Verfahren nicht einseitig von einer Streitpartei blockiert werden kann – anderenfalls bliebe das Recht auf ein Panel wirkungslos. Im Hinblick auf die Entscheidungsfindung ist der objektive Charakter des Panelverfahrens zu berücksichtigen.[389] Die Aufgabe des Panels besteht in der Unterstützung des DSB bei der Wahrnehmung seiner Aufgaben.[390] Hierzu nimmt es eine objektive Beurteilung der vor ihm liegenden Angelegenheit vor, aufgrund derer der DSB seine Empfehlung abgibt bzw. seine Entscheidung trifft.[391] Als Grundlage für seine Entscheidungsfindung hat das Panel ein weitgehendes Recht, sich Informationen zu verschaffen und fachlichen Rat einzuholen.[392] Das Panel ist also nicht an das Vorbringen der Streitparteien gebunden, sondern erstellt seinen Bericht aufgrund aller ihm vorliegenden Infomationen. Dabei folgt auch für das WTO-Panelverfahren aus dem Grundsatz der Gleichheit der Staaten, daß im Falle der Nichtteilnahme einer Partei der Bericht nicht als „Versäumnisentscheidung" ergeht. Vielmehr gilt auch hier, daß das Panel den Verfahrensstoff einer kritischen Prüfung unterziehen muß und hierbei neben dem Vorbringen der anwesenden Partei auch sonstige Informationen heranzieht. Hierbei kann es gegebenenfalls Stellungnahmen der säumigen Partei berücksichtigen.

IX. Zusammenfassung

Nachdem das Verfahren eingeleitet – und gegebenenfalls das Panel oder Schiedsgericht konstituiert – worden ist, weist der Ablauf des eigentlichen Streiterledigungsverfahrens, an dessen Ende die Entscheidung durch den jeweiligen Spruchkörper steht, weitgehende Übereinstimmungen auf. Dies gilt sowohl für die Struktur des Verfahrens als auch für die Regelung einzelner Verfahrensaspekte.

Da Voraussetzung für das Gelingen eines Streiterledigungsverfahrens eine effiziente Gestaltung des Ablaufs ist, sehen alle Verfahrensordnungen vor, daß zu Beginn Fragen der Verfahrensgestaltung zwischen dem Spruchkörper und den Parteien erörtert werden. Hierzu gehört etwa die Frage der Vertretung der Parteien oder die – aufgrund der Internationalität der Verfahren besonders relevanten – Fragen der Verfahrenssprache(n) und des Verfahrensortes. Letzterer hat im Rahmen eines WIPO-Schiedsverfahrens zumindest formal eine besondere Bedeutung, da das Schiedsverfahren an diesem Ort „erdet", daß heißt, das dortige nationale Verfahrensrecht auf das Schiedsverfahren anwendbar ist. Demgegenüber finden die anderen untersuchten Streiterledigungsverfahren unabhängig von einer nationalen Rechtsordnung auf einer völkerrechtlichen Grundlage statt.

---

389 Vgl. auch Swacker/Redden/Wenger, World Trade, S. 386 f.

390 Art. 11 S. 1 DSU.

391 Art. 11 S. 2 DSU.

392 Art. 13 DSU, siehe hierzu oben S. 278 f.

Neben den genannten Punkten kann im Rahmen der vorbereitenden Erörterung, für die eine Sitzung des Spruchkörpers mit den Parteien anberaumt werden kann, insbesondere auch der Verfahrensablauf im engeren Sinn festgelegt werden. Hierzu gehört etwa die Reihenfolge der Schriftsätze, Fristen für die Vornahme von Verfahrenshandlungen, die Terminierung und der Ablauf der mündlichen Verhandlung etc. Außerdem kann es zweckmäßig sein, daß der Spruchkörper gemeinsam mit den Parteien versucht, den Streitgegenstand zu präzisieren und festzustellen, welche Tatsachen unstreitig sind; ferner kann erörtert werden, inwieweit gegebenenfalls die Möglichkeit einer vergleichsweisen Beilegung der Streitigkeit besteht.

Nach allen Verfahrensordnungen hat das eigentliche Verfahren – dessen Durchführung bei einem ICSID- bzw. WIPO-Schiedsverfahren von der Leistung detailliert geregelter Kostenvorschüsse durch beide Parteien abhängt – einen zweistufigen Aufbau; es gliedert sich in einen schriftlichen und einen mündlichen Teil, soweit die mündliche Verhandlung nicht dispositiv ist. Dabei gilt für die Ausgestaltung aller untersuchten Verfahren, daß in ihr Elemente des kontinentaleuropäischen und des anglo-amerikanischen Prozeßrechts miteinander verbunden sind. Der kontinentaleuropäischen Tradition entsprechend findet zunächst ein ausführliches schriftliches Verfahren statt, während der Ablauf der mündlichen Verhandlung verstärkt Elemente des anglo-amerikanischen Rechts aufweist. Angesichts der Komplexität der in internationalen Wirtschaftsstreitigkeiten auftretenden Fragen entspricht die Durchführung eines ausführlichen schriftlichen Verfahrens den Bedürfnissen der am Verfahren Beteiligten. Ein anderes Vorgehen ist unter verfahrensökonomischen Gesichtspunkten wenig sinnvoll – nicht zuletzt deshalb, weil die Durchführung langwieriger mündlicher Verhandlungen regelmäßig mit hohen Kosten verbunden ist.

Innerhalb des schriftlichen Verfahrens können die Schriftsätze entweder von beiden Parteien parallel oder aber nacheinander eingereicht werden. Die parallele Vorgehensweise hat ihren Ursprung in der zwischenstaatlichen Schiedsgerichtsbarkeit. Sie basiert auf dem Grundsatz der Gleichheit der Staaten und dem Gedanken, daß bei einer einvernehmlichen Unterwerfung unter ein Streiterledigungsverfahren nicht zwischen Kläger und Beklagtem unterschieden werden kann. Dementsprechend werden in einvernehmlich eingeleiteten Verfahren vor dem Seegerichtshof, aber auch vor einem ICSID-Schiedsgericht, die Schriftsätze grundsätzlich parallel eingereicht. Ist das Verfahren durch den Antrag nur einer Partei eingeleitet worden, so unterbreiten die Parteien ihre Schriftsätze hingegen nacheinander. Letzteres ist mangels abweichender Parteivereinbarung auch die in einem WIPO-Schiedsverfahren übliche Vorgehensweise.

Demgegenüber wählt das WTO-Panelverfahren einen Zwischenweg. Hier werden die ersten Schriftsätze nacheinander, die nachfolgenden hingegen parallel eingereicht. Diese Verfahrensweise steht in Zusammenhang mit einer weiteren Besonderheit des Panelverfahrens. Während bei den übrigen Verfahren die mündliche Verhandlung erst nach Abschluß des schriftlichen Verfahrens stattfindet, sind das schriftliche und das mündliche Verfahren vor einem WTO-Panel miteinander verschränkt. Nachdem die Parteien zunächst nacheinander ihre ersten Schriftsätze eingereicht haben, findet hier eine erste mündliche Verhandlung statt. Im Anschluß hieran folgt eine weitere Runde parallel einzureichender Schriftsätze, an die sich eine weitere mündliche Verhandlung anschließt.

Alle Verfahren sehen grundsätzlich die Durchführung einer mündlichen Verhandlung vor, in der der Spruchkörper die Streitigkeit mit den Parteien erörtert und diesen die Möglichkeit gibt, noch einmal ihre Standpunkte darzulegen und ihre Argumente vorzubringen. Außerdem können gegebenenfalls Zeugen und Sachverständige gehört werden. Der Ablauf der mündlichen Verhandlung ist in keiner der Verfahrensordnungen eingehend geregelt; er wird vielmehr in Absprache mit den Parteien durch den Spruchkörper festgelegt, der insoweit – wie während des gesamten Verfahrens – darauf zu achten hat, daß der Anspruch der Parteien auf rechtliches Gehör und auf Gleichbehandlung nicht beeinträchtigt wird.

In internationalen Wirtschaftsstreitigkeiten spielt neben rechtlichen Fragen die Aufklärung der tatsächlichen Geschehnisse eine entscheidende Rolle, so daß die Beweisaufnahme innerhalb des Verfahrens erhebliche Bedeutung hat. Bei der Ausgestaltung der Beweisaufnahme haben die Spruchkörper in den Grenzen des Anspruchs der Parteien auf rechtliches Gehör und auf Gleichbehandlung weites Ermessen. In diesem Verfahrensabschnitt vermischen sich Elemente des kontinentaleuropäischen und des angloamerikanischen Verfahrensrechts besonders stark. Dabei sehen alle Verfahrensordnungen eine nicht lediglich passive Rolle des Spruchkörpers vor. Er ist nicht auf die von den Parteien angebotenen Beweismittel beschränkt, sondern hat vielmehr die Möglichkeit, sich selbst Informationen zu beschaffen.

Dokumente, auf die sich die Parteien in ihren Schriftsätzen beziehen, müssen grundsätzlich gemeinsam mit diesen vorgelegt werden. Abgesehen von WTO-Panels haben die Spruchkörper ausdrücklich die Befugnis, eine Partei zur Vorlage von bestimmten Schriftstücken oder anderen Beweismitteln aufzufordern, auch wenn diese für die betroffene Partei nachteilig sind. Eine weitergehende Möglichkeit im Sinne einer *discovery* ist in keiner der Verfahrensordnungen vorgesehen. Leistet die Partei der Anordnung nicht Folge, so kann der Spruchkörper diese Anordnung zwar nicht mit Zwangsmitteln durchsetzen; er kann aber aus der Weigerung, der Anordnung Folge zu leisten, für die betroffene Partei nachteilige Schlüsse ziehen.

Hinsichtlich der Vernehmung von Zeugen wählen die Verfahren einen Mittelweg zwischen dem kontinentaleuropäischen Recht, demzufolge Zeugen grundsätzlich durch den Richter vernommen werden, und dem anglo-amerikanischen Recht, in dem die Zeugenvernehmung Aufgabe der Parteien ist. Die Vernehmung der Zeugen erfolgt durch die Parteien unter Aufsicht des Spruchkörpers; dessen Mitglieder können aber auch selbst Fragen an die Zeugen richten. Aus dem anglo-amerikanischen Recht stammt die grundsätzlich bestehende Möglichkeit, daß Zeugenaussagen zunächst nur schriftlich unterbreitet werden und der Spruchkörper auf dieser Grundlage entscheidet, ob der Zeuge persönlich erscheinen muß oder nicht. Außerdem sind auch Aussagen sogenannter *party-witnesses* zulässig; deren Parteinähe wird innerhalb der Beweiswürdigung berücksichtigt.

In allen Verfahrensordnungen können sowohl vom Spruchkörper als auch von den Parteien ernannte Sachverständige herangezogen werden. Geht es in einer Streitigkeit um komplexe und schwierige technische oder wissenschaftliche Fragen, deren Beantwortung besonderen Sachverstand erfordern, so kann der Internationale Seegerichtshof zusätzlich mindestens zwei wissenschaftliche oder technische Sachverständige ernennen, die am Verfahren und den Beratungen des Seegerichtshofs teilnehmen und ihn in der Vorbereitung der Entscheidung unterstützen. Hiermit vergleichbar kann ein WTO-Panel für wissenschaftliche oder technische Angelegenheiten eine Sachverständigengutachtergruppe einsetzen, die über die maßgeblichen Fragen einen für das Panel nicht verbindlichen Bericht verfaßt. Für das ICSID- und das WIPO-Schiedsverfahren fehlt eine entsprechende Regelung bezüglich solcher zusätzlichen Sachverständigen – allerdings haben die Parteien bei Streitigkeiten, in denen derartige Fragen im Vordergrund stehen, die Möglichkeit, Schiedsrichter mit besonderen technischen oder wissenschaftlichen Kenntnissen zu ernennen.

Das Verfahren vor dem Internationalen Seegerichtshof ist, abgesehen von den Beratungen, grundsätzlich öffentlich; demgegenüber sind die übrigen Verfahren in unterschiedlichem Maße vertraulich. Sowohl bei einem WTO-Panelverfahren als auch bei einem ICSID-Schiedsverfahren ist die Existenz der Streitigkeit an sich nicht vertraulich, sondern wird vielmehr von der WTO bzw. dem ICSID bekanntgegeben. Darüber hinaus werden WTO-Panelentscheidungen durch die WTO veröffentlicht. Im Rahmen eines ICSID- und eines WIPO-Schiedsverfahrens ist eine Veröffentlichung durch die administrierende Institution hingegen nur mit Zustimmung der Parteien möglich. Die WIPO-Schiedsordnung unternimmt im übrigen den problematischen Versuch, eine umfassende Regelung der Vertraulichkeit des Schiedsverfahrens zu schaffen.

In allen Verfahrensordnungen findet der Gedanke Ausdruck, daß die Streiterledigungsverfahren innerhalb eines angemessenen Zeitrahmens zum Abschluß zu bringen sind. Für das Verfahren vor dem Seegerichtshof und einem ICSID-Schiedsgericht sind insoweit lediglich Fristen für die Vornahme bestimmter Verfahrenshandlungen vorgesehen. Demgegenüber soll ein WTO-Panelverfahren innerhalb von längstens neun Monaten abgeschlossen sein, ein WIPO-Schiedsverfahren innerhalb von zwölf Monaten; vereinbaren die Parteien eines WIPO-Schiedsverfahrens die Anwendbarkeit der beschleunigten WIPO-Schiedsordnung, so beträgt der Zeitrahmen sogar lediglich vier Monate. Allerdings gilt für diese Fristen, daß an ihre Überschreitung keine Sanktion im Sinne einer Beendigung des Mandats des Panels bzw. Schiedsgerichts geknüpft ist.

Während die Möglichkeit einer Widerklage im Rahmen eines WTO-Panelverfahrens ausgeschlossen ist, ist sie in den anderen Verfahren grundsätzlich zulässig, soweit ihr Gegenstand in die Zuständigkeit des jeweiligen Spruchkörpers fällt. Mit der Widerklage soll die Möglichkeit geschaffen werden, daß eine Streitigkeit für beide Parteien umfassend beigelegt wird – sie soll nicht der anderen Partei die Möglichkeit eröffnen, einen vollständig neuen Streitgegenstand in das Verfahren einzuführen. Daher ist die Zulässigkeit einer Widerklage in Verfahren vor dem Seegerichtshof bzw. einem ICSID-Schiedsgericht an die weitere Voraussetzung geknüpft, daß sie in unmittelbarem Zusammenhang mit dem Gegenstand der Klage stehen muß. Hingegen ist in der WIPO-Schiedsordnung auf eine entsprechende Beschränkung verzichtet worden, soweit die Widerklage mit der Klagebeantwortung erhoben wird; zu einem späteren Zeitpunkt bedarf sie der Zustimmung durch das Schiedsgericht.

Im Rahmen eines WTO-Panelverfahrens ist auch die Möglichkeit einer Klageergänzung oder -änderung grundsätzlich ausgeschlossen. Dies ergibt sich daraus, daß das Panel durch den DSB eingesetzt wird und von diesem sein in den *Terms of Reference* festgelegtes Mandat erhält. Demnach ist zumindest eine einseitige Klageänderung oder Klageergänzung gegen den Willen der Partei, gegen die sich die Beschwerde richtet, ausgeschlossen. Das gleiche gilt für Verfahren vor dem Seegerichtshof, soweit eine Streitigkeit durch die Notifikation einer besonderen Übereinkunft der Parteien unterbreitet worden ist. Dagegen ist sie bei einer einseitigen Verfahrenseinleitung grundsätzlich zulässig – im Rahmen eines WIPO-Schiedsverfahren steht sie allerdings unter dem Vorbehalt der Zustimmung des Schiedsgerichts.

In allen Verfahren kann der Spruchkörper den Parteien nach Schluß der letzten mündlichen Verhandlung Gelegenheit zu weiteren Stellungnahmen geben, wobei er den Anspruch der anderen Partei auf rechtliches Gehör zu beachten hat. Ansonsten ist weiteres Vorbringen nach Schluß der letzten mündlichen Verhandlung ausgeschlossen, es sei denn, es liegen besondere Umstände – wie etwa das Auftauchen neuer Beweismittel – vor, die eine Wiedereröffnung der mündlichen Verhandlung erforderlich machen.

Schließlich gilt für alle Streiterledigungsverfahren, daß eine Partei nicht die Möglichkeit haben soll, das Verfahren durch ihre Säumnis zu blockieren; dieses wird deshalb auch ohne die säumige Partei fortgeführt. Dabei wird die Säumnis allerdings nicht als Zugeständnis des Vorbringens der anderen Partei gewertet. Der jeweilige Spruchkörper ist vielmehr nach allen Verfahrensordnungen verpflichtet, das Vorbringen der anwesenden Partei in tatsächlicher und rechtlicher Hinsicht auf seine Richtigkeit zu überprüfen.

B. Sonderprobleme

I. Beteiligung Dritter am Verfahren

Alle untersuchten Streiterledigungsverfahren sind grundsätzlich auf die Erledigung von Streitigkeiten zwischen zwei Parteien (Kläger und Beklagter bzw. Beschwerdeführer und Beschwerdegegner) ausgerichtet. Häufig lassen sich jedoch Streitigkeiten in Wirtschaftssachen aufgrund der Beteiligung mehrerer Parteien mit unterschiedlichen Interessen nicht auf ein Zwei-Parteien-Verhältnis reduzieren. In diesen Fällen ist Voraussetzung für eine umfassende und abschließende Streitbeilegung, daß die Interessen aller Beteiligten im Rahmen des Streiterledigungsverfahrens berücksichtigt werden und insbesondere die Entscheidung für alle Beteiligten Bindungswirkung entfaltet.

Es ist ein althergebrachter Rechtsgrundsatz, der im nationalen Verfahrensrecht ebenso anerkannt ist wie im internationalen, daß eine *res inter alios judicata tertiis nec nocet nec prodest*[393], eine Entscheidung also nur gegenüber den am Verfahren beteiligten Parteien Bindungswirkung entfaltet. Er liegt auch Art. 33 (2) ISGH-Statut zugrunde, demzufolge eine Entscheidung des Seegerichtshofs nur für die Parteien in bezug auf die Streitigkeit bindend ist, über die entschieden wurde. Voraussetzung für eine umfassende Beilegung der Streitigkeit ist demnach, daß ein an der Streitigkeit beteiligter Dritter Partei des jeweiligen Verfahrens ist und so an die Entscheidung gebunden wird.[394]

393 Fritzemeyer, Intervention, S. 24 m.w.N.

394 Daneben steht den Vertragsparteien völkerrechtlicher Verträge, die nicht Parteien einer Streitigkeit sind, gemäß Art. 32 ISGH-Statut (siehe unten S. 325 ff.) und Art. 10 DSU (siehe unten S. 330 ff.) unter bestimmten Umständen die Möglichkeit offen, sich am Verfahren zu beteiligen.

Damit hat die Beteiligung Dritter am Verfahren eine prozeßökonomische Funktion[395] und wirkt der Gefahr einander widersprechender Entscheidungen entgegen.[396] Daneben trägt die Teilnahme Dritter auch zu einer umfassenderen Information des Spruchkörpers bei, wenn der Dritte auf von den Parteien nicht vorgetragene Gesichtspunkte hinweist.[397] Diesen Vorteilen einer Beteiligung Dritter steht gegenüber, daß die hiermit verbundene Verfahrensverzögerung sich nachteilig auf das Verfahren auswirken kann.[398]

Hinsichtlich der Beteiligung Dritter lassen sich mehrere verschiedene Ausgestaltungen unterscheiden. So kommt es insbesondere im Bereich der internationalen Wirtschaftsschiedsgerichtsbarkeit[399] häufig vor, daß in einem Verfahren von Beginn an auf Kläger- oder Beklagtenseite mehrere Parteien stehen, wobei diese übereinstimmende oder voneinander abweichende Interessen haben können.[400] Daneben besteht die Möglichkeit einer Intervention in einem laufenden Verfahren, die etwa für das Verfahren vor dem Seegerichtshof eingehend in den Art. 31 und 32 ISGH-Statut geregelt ist[401], oder einer sonstigen Beteiligung Dritter, etwa im Sinne des Art. 10 DSU.[402]

Im folgenden ist zu untersuchen, ob, in welcher Form und unter welchen Voraussetzungen in den einzelnen Verfahren eine Beteiligung Dritter am Verfahren möglich ist und welche Auswirkungen die einzelnen Beteiligungsformen haben.

I. Verfahren vor dem Internationalen Seegerichtshof

a. Mehrparteienverfahren

In Verfahren vor dem Internationalen Seegerichtshof besteht die Möglichkeit, daß bereits bei der Einleitung des Verfahrens entweder auf Kläger- oder Beklagtenseite mehr als ein

395 Fritzemeyer, Intervention, S. 28; Mani, Adjudication, S. 248 f.; Oellers-Frahm, in: ZaöRV 1981, S. 579 (585 f.) spricht von einem „allgemeinen Rechtsgrundsatz aus einem Vergleich der repräsentativen Rechtsordnungen der Welt“; Oda, in: FS Mosler, S. 629 (641).

396 Berger, Arbitration, S. 294 f.; Nicklisch, in: FS Glossner, S. 221 (222); Oellers-Frahm, in: ZaöRV 1981, S. 579 (586).

397 Chiu, in: J. Int. Arb. 1990, Nr. 2, S. 53 (60); Matscher, in: FS Verdross, S. 533 (546); außerdem steht dem Schiedsgericht das gesamte Zeugen- und Beweismaterial zur Verfügung, Labes, Schiedsgerichtsvereinbarungen, S. 30.

398 Fritzemeyer, Intervention, S. 30; Miller, Intervention, S. 550 (560); Gerade in Mehrparteienverfahren haben die Parteien die Möglichkeit zur Verzögerung des Verfahrens, Nicklisch, in: FS Glossner, S. 221 (234); vgl. auch Melis, Probleme, S. 569 (574): „Die Verbindung von mehreren Verfahren, wo alle Parteien das Recht haben, gehört zu werden, Beweismittel anzubieten und Anträge zu stellen, kann das gesamte Verfahren so belasten und erschweren, daß mögliche Vorteile, wie etwa die Bestellung desselben Experten oder die gemeinsame Durchführung von Teilen des Beweisverfahrens aufgewogen werden. Das ist jedenfalls wahrscheinlich, wenn auch nur eine der Parteien sich nicht kooperativ verhält, weil alle dadurch bedingten Verzögerungen automatisch auch gegenüber allen wirksam werden.“

399 Siehe hierzu unten S. 332 ff.

400 Zu Mehrparteienverfahren i.R.d. WTO-Panelverfahrens, bei dem Parteimehrheit nahezu ausschließlich auf Seiten der Beschwerdeführer besteht, siehe unten S. 327 ff.

401 Siehe unten S. 320 ff.

402 Siehe unten S. 330 ff.

Staat steht; Gleiches gilt, wenn das Verfahren durch eine besondere Übereinkunft unterbreitet wird.[403] Daß diese Möglichkeit besteht, folgt aus Art. 17 (5) ISGH-Statut.

Grundsätzlich hat gemäß Art. 17 (2) und (3) ISGH-Statut jede Partei das Recht, einen *Ad-hoc*-Richter zu bestellen, wenn dem Seegerichtshof kein Mitglied angehört, das die Staatsangehörigkeit dieser Partei hat. Eine hiervon abweichende Sonderregelung enthält Art. 17 (5) ISGH-Statut für den Fall, daß mehr als zwei Parteien an dem Verfahren teilnehmen. Danach gelten mehrere Parteien im Hinblick auf die Bestellung eines *Ad-hoc*-Richters als eine Partei, wenn sie eine Streitgenossenschaft bilden. Ob dies der Fall ist, wird durch den Gerichtshof auf der Grundlage der Anträge im konkreten Verfahren festgestellt.[404] Sind die Anträge der Parteien gleich oder sehr ähnlich, so liegt regelmäßig eine Streitgenossenschaft im Sinne des Art. 17 (5) ISGH-Statut vor.[405] In diesem Fall setzt der Seegerichtshof eine Frist zur gemeinsamen Bestellung eines *Ad-hoc*-Richters[406], es sei denn, ein Staatsangehöriger eines der Streitgenossen ist Mitglied des Seegerichtshofs. Ist streitig, ob eine Streitgenossenschaft vorliegt, so entscheidet der Gerichtshof, soweit erforderlich, nach Anhörung der Parteien.[407]

Daneben eröffnet Art. 47 ISGH-VerfO[408] für den Fall, daß Staaten unabhängig voneinander Verfahren einleiten bzw. gegen mehrere Staaten Verfahren eingeleitet werden,

---

403 Zur Regelung des Art. 3 g) Anlage VII SRÜ für Mehrparteienverfahren in der Schiedsgerichtsbarkeit siehe oben S. 123.

404 Die Bestimmung ist Art. 31 (5) IGH-Statut nachgebildet; vgl. auch Art. 36 IGH-VerfO. In den South West Africa Cases (ICJ Reports 1961, S. 13) ordnete der IGH an, daß Äthopien und Liberia gemeinsam einen Ad-hoc-Richter benennen sollten. Auch in den North Sea Continental Shelf Cases (ICJ Reports 1968, S. 9) bestellten Dänemark und die Niederlande gemeinsam einen Ad-hoc-Richter. In den Fisheries Jurisdiction Cases beantragte die Bundesrepublik während der Phase der Zulässigkeitsprüfung die Ernennung eines Ad-hoc-Richter; dieser Antrag wurde mit der Begründung abgelehnt, daß dem IGH ein Mitglied mit englischer Staatsangehörigkeit angehöre. Später stellte die Bundesrepublik, obwohl beide Verfahren nicht gemäß Art. 47 IGH-VerfO verbunden worden waren, keinen Antrag auf Bestellung eines eigenen Ad-hoc-Richters, ICJ Reports 1974, S. 175 (178); vgl. auch Rosenne, Procedure, S. 88 f.

405 Diese Unterscheidung entspräche der Rechtsprechung des IGH in den South West Africa Cases (ICJ Reports 1961, S. 13), North Sea Continental Shelf Cases (ICJ Reports 1968, S. 9) und den Fisheries Jurisdiction Cases (ICJ Reports 1974, S. 3 und S. 175), hierzu auch Rosenne, Intervention, S. 118 m.w.N.

406 Vgl. Art. 20 (1) ISGH-VerfO.

407 Art. 17 (5) S. 2 ISGH-Statut i.V.m. Art. 20 (2) ISGH-VerfO.

408 Die Vorschrift ist an Art. 47 IGH-VerfO angelehnt, der im Rahmen der Neufassung der Verfahrensordnung im Jahre 1978 eingefügt worden ist. Schon vor der Einfügung des Art. 47 IGH-VerfO hat der IGH von der Möglichkeit Gebrauch gemacht, Verfahren miteinander zu verbinden. In den South West Africa Cases (ICJ Reports 1961, S. 13) wurden die Verfahren Äthopien gegen Südafrika und Liberia gegen Südafrika durch den IGH miteinander verbunden, mit der Folge, daß Äthopien und Liberia gemeinsame Schriftsätze unterbreiteten und eine Entscheidung erging. In den North Sea Continental Shelf Cases (ICJ Reports 1968, S. 9) wurden die Verfahren zwischen Dänemark und Deutschland und zwischen den Niederlanden und Deutschland, die beide durch eine besondere Übereinkunft unterbreitet worden waren, miteinander verbunden. Dagegen wandten sich die Parteien in den Fisheries Jurisdiction Cases (Fisheries Jurisdiction Case (United Kingdom of Great Britain and Northern Ireland v. Iceland), Judgment on the Merits of 25 July 1974, ICJ Reports 1974, S. 3 (6); Fisheries Jurisdiction

die Möglichkeit der Verfahrensverbindung. Der Seegerichtshof kann jederzeit bestimmen, daß die Verfahren in zwei oder mehr Rechtssachen miteinander verbunden werden. Er kann gleichfalls anordnen, daß schriftliches und mündliches Verfahren einschließlich der Benennung von Zeugen gemeinsam erfolgen.[409] Nähere Bestimmungen über die Ausgestaltung des Verfahrensablaufs bei der Verbindung mehrerer Verfahren enthält die ISGH-VerfO nicht; sie wird daher vom Seegerichtshof festgelegt und richtet sich nach den Umständen des Einzelfalls.

b. Beitritt zum Verfahren

Das ISGH-Statut sieht in Art. 31 und 32, die eng an die Art. 62 f. IGH-Statut[410] angelehnt sind und durch die Art. 99 ff. ISGH-VerfO ergänzt werden, zwei Formen des Beitritts vor.

Case (Federal Republic of Germany v. Iceland), Judgment on the Merits of 25 July 1974, ICJ Reports 1974, S. 175 (177)) zwischen Island einerseits und Großbritannien und Deutschland andererseits sich gegen eine förmliche Verbindung der Verfahren. Der IGH ordnete keine Verbindung an und führte in seinen Entscheidungen diesbezüglich aus, daß zwar die grundsätzlichen rechtlichen Fragen in beiden Verfahren identisch seien, daß aber Unterschiede zwischen den Positionen der Parteien bestanden hätten und die Verbindung nicht den Wünschen der Parteien entsprochen hätte. Die mündlichen Verhandlungen fanden in beiden Verfahren unmittelbar nacheinander statt. Auch in den Nuclear Test Cases wurde eine Verbindung der Verfahren durch den IGH abgelehnt, vgl. Rosenne, Procedure, S. 110.

409 Nach Art. 47 S. 2 Hs. 2 ISGH-VerfO hat der Seegerichtshof daneben auch die Möglichkeit, auch ohne eine förmliche Verbindung der Verfahren für jede dieser Prozeßhandlungen ein gemeinsames Vorgehen der Parteien anzuordnen.

410 In der Praxis des IGH (beim StIGH beantragte im Case of the S.S. "Wimbledon", Judgment on the Question of Intervention by Poland, PCIJ Series A, No. 1 (1923), S. 11, Polen den Beitritt zum Verfahren) haben Staaten wiederholt Anträge nach Art. 62 oder 63 IGH-Statut auf Beitritt zum Verfahren gestellt: Im Haya de la Torre Case, (ICJ Reports 1951, S. 71) erklärte Kuba seinen Beitritt zum Verfahren zwischen Kolumbien und Peru auf Grundlage von Art. 63 IGH-Statut. In den beiden Nuclear Test Cases zwischen Australien und Frankreich und Neuseeland und Frankreich, die parallel liefen, aber nicht miteinander verbunden waren, wurde der Antrag von Fidschi, nach Art. 62 IGH-Statut als Intervenient zugelassen zu werden, abgelehnt (siehe hierzu Nuclear Test Case (Australia v. France), Application by Fiji for Permission to Intervene, Order of 12 July 1973, ICJ Reports 1973, S. 320 ff.und Order of 20 December 1974, ICJ Reports 1974, S. 530 ff.). Im Case Concerning the Continental Shelf (Tunisia v. Libyan Arab Jamahiriya), Application by Malta for Permission to Intervene, ICJ Reports 1981, S. 3 (20) wurde der auf Art. 62 IGH-Statut gestützte Antrag Maltas ebenfalls abgelehnt. Im Verfahren Case Concerning Military and Paramilitary Activities in and against Nicaragua (Nicaragua v. United States of America), Judgment on the Jurisdiction of the Court and Admissibility of the Application of 26 November 1984, ICJ Reports 1984, S. 392 (395 f.) wurde El Salvador in der Phase der Prüfung der Zuständigkeit des Gerichtshofs und der Zulässigkeit der Klage das Recht auf Beitritt zum Verfahren nach Art. 63 IGH-Statut verwehrt. Im Case Concerning the Land, Island and Maritime Frontier Dispute (El Salvador/Honduras), Judgment on the Application of Nicaragua to Intervene of 13 September 1990, ICJ Reports 1990, S. 92 (137) schließlich gab die mit der Streitigkeit befaßte Kammer des IGH dem Antrag Nicaraguas auf Beitritt zum Verfahren nach Art. 62 IGH-Statut – wenn auch in beschränktem Umfang – statt. Siehe zu den einzelnen Fällen auch Rosenne, Intervention, S. 126.

Nach Art. 31 ISGH-Statut ist ein Vertragsstaat zu einem Interventionsantrag berechtigt, wenn er der Auffassung ist, ein rechtliches Interesse zu haben, das durch die Entscheidung einer Streitigkeit berührt werden könnte, während nach Art. 32 ISGH-Statut in einem Verfahren, in dem es um die Auslegung oder Anwendung des Seerechtsübereinkommens geht, jeder Vertragsstaat zum Beitritt berechtigt ist.[411] Gleiches gilt in den Fällen, in denen es um die Auslegung oder Anwendung einer anderen internationalen Übereinkunft geht, bezüglich derer dem Seegerichtshof die Zuständigkeit übertragen worden ist[412], für die Vertragsstaaten dieses Übereinkommens.

Als Sonderfall einer beitrittsähnlichen Teilnahme ist für das Verfahren vor der Kammer für Meeresbodenstreitigkeiten ferner Art. 190 (1) ISGH-Statut zu nennen. Ist eine natürliche oder juristische Person Partei einer in Art. 187 SRÜ genannten Streitigkeit, so ist nach dieser Vorschrift der befürwortende Staat berechtigt, an dem Verfahren durch Abgabe mündlicher und schriftlicher Erklärungen teilzunehmen.

(1) Art. 31 ISGH-Statut

Voraussetzung für einen Antrag auf Beitritt nach Art. 31 ISGH-Statut ist, daß die Hauptsache anhängig ist[413] und der Beitritt einen inhaltlichen Bezug zum Streitgegenstand des Hauptverfahrens[414] hat (Akzessorietät und Konnexität des Beitritts[415]).

Ferner setzt Art. 31 ISGH-Statut voraus, daß der Vertragsstaat der Auffassung ist, ein rechtliches Interesse zu haben, das durch die Entscheidung der Streitigkeit, der er beitreten möchte, berührt werden könnte.[416] Erforderlich ist also ein rechtliches Interesse; politische oder wirtschaftliche Interessen sind nicht ausreichend.[417] Ebensowenig kann ein Antrag auf Beitritt auf das Vorbringen des Staates gestützt werden, er habe – wie alle Staaten – ein generelles Interesse in allen völkerrechtlichen Fragen.

---

411 Art. 31 ISGH-Statut ist mit Antrag auf Beitritt („Request to intervene"), Art. 32 mit Recht auf Beitritt in Fällen der Auslegung oder Anwendung („Right to intervene in cases of interpretation or application") überschrieben.

412 Art. 32 (2) ISGH-Statut verweist insoweit auf Art. 21 f. ISGH-Statut, die regeln, unter welchen Voraussetzungen der Seegerichtshof für die Entscheidung von Streitigkeiten, die unter andere Übereinkommen und Verträge fallen, zuständig ist.

413 Nachdem der IGH in den Nuclear Tests Cases die Gegenstandslosigkeit der Hauptverfahren Australiens und Neuseelands gegen Frankreich festgestellt hatte (Nuclear Test Case (Australia v. France), Judgment of 20 December 1974, ICJ Reports 1974, S. 253 (272) u. Nuclear Test Case (New Zealand v. France), Judgment of 20 December 1974, ICJ Reports S. 457 (478)), entfiel hierdurch nachträglich diese Zulassungsvoraussetzung für das Interventionsbegehren Fidschis (Nuclear Test Case (Australia v. France), Application by Fiji for Permission to Intervene, Order of 20 December 1974, ICJ Reports 1974, S. 530 (531) u. Nuclear Test Case (New Zealand v. France), Application by Fiji for Permission to Intervene, Order of 20 December 1974, S. 535 (536)).

414 Vgl. den IGH im Haya de la Torre Case (Colombia/Peru), Judgment of June 13th, 1951, ICJ Reports 1951, S. 71 (76), daß das Interventionsbegehren „a réellement trait à ce qui est l'objet de l'instance en cours".

415 Fritzemeyer, Intervention, S. 83 ff.

416 Siehe zu den einzelnen Voraussetzungen auch Fritzemeyer, Intervention, S. 83 ff.

417 Fitzmaurice, Law and Procedure, Vol. 2, S. 552.

Der Begriff des rechtlichen Interesses ist einer präzisen allgemeinen Umschreibung kaum zugänglich; ob ein rechtliches Interesse betroffen ist, muß im jeweiligen Einzelfall durch Auslegung ermittelt werden.[418] Entscheidend ist dabei, ob der betroffene Vertragsstaat ein aktuellles und konkretes Interesse geltend machen kann, das nach den Bestimmungen des Völkerrechts geschützt ist.[419] Im *Land, Island and Maritime Frontier Dispute* hat der Internationale Gerichtshof ausgeführt, die interventionswillige Partei müsse überzeugend ihr rechtliches Interesse begründen und trage diesbezüglich die Beweislast. Im weiteren genüge es indes, wenn sie darlege, daß dieses Interesse berührt werden „könnte".[420] Letzterem entspricht auch die Formulierung des Art. 31 (1) ISGH-Statut, demzufolge der Vertragsstaat der Auffassung sein muß, ein rechtliches Interesse zu haben, das durch die Entscheidung berührt werden könnte.

Fraglich ist, ob eine weitere (ungeschriebene) Voraussetzung für die Zulässigkeit der Intervention ist, daß zwischen den Hauptparteien und der interventionswilligen Partei ein Jurisdiktionsband („*jurisdictional link*") im Sinne einer gemeinsamen Zuständigkeitsgrundlage besteht.[421] Diese liegt nur vor, wenn nicht nur zwischen den beiden Hauptparteien, sondern auch zwischen der die Intervention beantragenden Partei und jeder Hauptpartei die Zuständigkeit des Seegerichtshofs vereinbart worden ist bzw. wenn die Hauptpartei, mit der eine solche Vereinbarung nicht besteht, ihre Zustimmung zur Intervention ausdrücklich oder konkludent erteilt.

Der Internationale Gerichtshof hat diese Frage im Hinblick auf die entsprechende Problematik bei Art. 62 IGH-Statut im *Land, Island and Maritime Frontier Dispute* entschieden.[422] Ausgehend davon, daß seine Zuständigkeit nur auf die Zustimmung der Streitparteien gegründet werden kann, verwies die mit der Entscheidung der Streitigkeit

---

418 So der IGH im Case Concerning the Land, Island and Maritime Frontier Dispute (El Salvador/Honduras), Judgment on the Application of Nicaragua to Intervene of 13 September 1990, ICJ Reports 1990, S. 92 (117 f.): „What needs to be shown by a State seeking permission to intervene can only be judged in concreto and in relation to all the circumstances of a particular case"; vgl. auch Fitzmaurice, Law and Procedure, Vol. 2, S. 553; Mani, Adjudication, S. 255 ff.; Oellers-Frahm, in: ZaöRV 1981, S. 579 (581); zu den Schwierigkeiten der Vertragsstaaten hinsichtlich der Begründung eines rechtlichen Interesses in Verfahren vor dem IGH, Chinkin, in: AJIL 1986, S. 495 (510 ff.).

419 Fritzemeyer, Intervention, S. 114; vgl. auch Elias, Problems, S. 93: „a right which is a legally protected interest".

420 Case Concerning the Land, Island and Maritime Frontier Dispute (El Salvador/Honduras), Judgment on the Application of Nicaragua to Intervene of 13 September 1990, ICJ Reports 1990, S. 92 (117): „... that it is for a State seeking to intervene to demonstrate convincingly what it asserts, and thus to bear the burden of proof; and, second, that it has only to show that its interest "may" be affected, not that it will or must be affected"; hierzu Ratner, in: AJIL 1991, S. 680 ff.

421 Zu den Argumenten, die für und gegen ein Jurisdiktionsband als besondere Zulässigkeitsvoraussetzung sprechen, Fritzemeyer, Intervention, S. 92 ff.; vgl. auch Ruda, in: FS Jennings, S. 487 (488 ff.).

422 Case Concerning the Land, Island and Maritime Frontier Dispute (El Salvador/Honduras), Judgment on the Application of Nicaragua to Intervene of 13 September 1990, ICJ Reports 1990, S. 92 (132 f.); vgl. hierzu Rosenne, Intervention, S. 148 ff.; Jennings, in: AJIL 1995, S. 493 (499 f.); Ratner, in: AJIL 1991, S. 680 ff.

befaßte Kammer[423] des Internationalen Gerichtshofs darauf, daß die Intervention im IGH-Statut (Art. 62 f.) geregelt ist. Daher folge die Befugnis des Internationalen Gerichtshofs, eine Intervention zuzulassen, nicht, wie seine Zuständigkeit zur Entscheidung der unterbreiteten Streitigkeit, aus der Zustimmung der Parteien zur Unterbreitung der Streitigkeit. Sie folge vielmehr aus der durch den Beitritt zum IGH-Statut zum Ausdruck gebrachten Zustimmung der Staaten, daß der Internationale Gerichtshof die ihm im IGH-Statut übertragenen Befugnisse ausübe.[424] Er habe folglich die Befugnis, eine Intervention zuzulassen, wenn die in Art. 62 IGH-Statut normierten Voraussetzungen erfüllt seien, ohne daß es auf das Vorliegen eines Jurisdiktionsbandes ankomme. Die Kammer betonte aber zugleich, daß dem dritten Staat durch eine derartige Intervention nicht die Möglichkeit verschafft werde, einen neuen Streitgegenstand in das Verfahren einzuführen oder Streitpartei zu werden. Die Möglichkeit der Intervention nach Art. 62 IGH-Statut dürfe nicht dazu mißbraucht werden, das Konsenserfordernis hinsichtlich der Unterbreitung der Streitigkeit zu umgehen. Ohne ein besonderes Jurisdiktionsband könne ein Staat zwar intervenieren, aber nur als *„Non-Party"*. Zu den Rechten einer *Non-Party* im Verfahren führte der Internationale Gerichtshof weiter aus, diese habe nicht die Rechte einer Verfahrenspartei, unterliege aber auch nicht deren Pflichten.[425] Sie habe einen eingeschränkten Anspruch auf rechtliches Gehör, dessen Umfang sich aus Art. 85 IGH-VerfO ergebe.[426] Sie sei ferner als *Non-Party* nicht gemäß Art. 59 IGH-Statut wie eine Partei an die Entscheidung gebunden.[427]

Die Frage, ob eine Intervention bei Fehlen eines Jurisdiktionsbandes ausgeschlossen ist, wurde auch im Rahmen der Verhandlungen der dritten Seerechtskonferenz diskutiert. Während nach *Adede* Einigkeit bestand, daß ein Jurisdiktionsband vorliegen müsse[428], weisen *Nordquist/Rosenne/Sohn* zu Recht darauf hin, daß der Beitritt zum Seerechtsübereinkommen als Jurisdiktionsband angesehen werden kann, obwohl die Mitgliedschaft nicht automatisch die Unterwerfung unter die Zuständigkeit des Seegerichtshofs nach sich zieht.[429] Sollte der Seegerichtshof ein darüber hinausgehendes Jurisdiktionsband verlangen, so bleibt abzuwarten, ob er sich die vom Internationalen Gerichtshof aufgestellten Grundsätze zu eigen machen wird. Dafür spricht, daß sich zwischenstaatliche Streitigkei-

423 Deren Entscheidung gilt gemäß Art. 27 IGH-Statut als Urteil des Gerichtshofs.

424 Case Concerning the Land, Island and Maritime Frontier Dispute (El Salvador/Honduras), Judgment on the Application of Nicaragua to Intervene of 13 September 1990, ICJ Reports 1990, S. 92 (133).

425 aaO., S. 92 (136).

426 Nach Art. 85 (1) IGH-VerfO erhält der intervenierende Staat Abschriften der Schriftsätze und der beigefügten Unterlagen; er hat das Recht, innerhalb einer vom IGH festgesetzten Frist eine schriftliche Erklärung abzugeben. Nach Art. 85 (3) IGH-VerfO hat der intervenierende Staat ferner das Recht, während der mündlichen Verhandlung Stellung zum Gegenstand der Intervention zu nehmen. Art. 85 IGH-VerfO entspricht Art. 103 ISGH-VerfO.

427 Vgl. hierzu auch Rosenne, Intervention, S. 154 f.

428 Adede, in: N.Y.U. J. Int. L & Pol. 1977, S. 253 (371): „It was also understood that the right to "intervene" ought not to be used by a party that would otherwise have no right of access to the Tribunal".

429 Nordquist/Rosenne/Sohn (Hrsg.), UNCLOS, Nr. A.VI.155 (S. 392 f.).

ten häufig nicht auf die Interessen der beiden Verfahrensparteien reduzieren lassen.[430] Die Zulassung einer *Non-Party*-Intervention würde es dem Seegerichtshof ermöglichen, die Interessen auch solcher Staaten zu berücksichtigen, zu denen ein Jurisdiktionsband zwar nicht besteht, deren rechtliche Interessen aber gleichwohl betroffen sein können.[431] Insbesondere wäre es denkbar, daß der Seegerichtshof eine *Non-Party*-Intervention von Staaten zuläßt, die nicht Vertragsstaaten des Seerechtsübereinkommens sind.

Das Zulassungsverfahren richtet sich nach Art. 99 ff. ISGH-VerfO. Der Beitritt muß innerhalb von 30 Tagen, nachdem der betroffenen Partei die Klageerwiderung zugänglich gemacht worden ist[432], beantragt werden; nur unter besonderen Umständen kann ein später gestellter Antrag zugelassen werden.[433] Der Interventionsantrag wird unter anderem den beiden Streitparteien übermittelt, die aufgefordert werden, hierzu schriftliche Stellungnahmen abzugeben.[434] Widerspricht eine der Parteien der Intervention, so hört der Gerichtshof gemäß Art. 102 (2) ISGH-VerfO den interventionswilligen Staat und die beiden Parteien vor seiner Entscheidung an.

Die Entscheidung über den Antrag liegt nach Art. 31 (2) ISGH-Statut beim Seegerichtshof. Dies gilt auch, wenn keine der Verfahrensparteien dem Antrag widersprochen hat. Vielmehr muß der Seegerichtshof auch in diesem Fall feststellen, ob die Voraussetzungen für eine Intervention gegeben sind.[435] Auch wenn der Wortlaut des Art. 31 ISGH-Statut insoweit mißverständlich ist, steht dem Seegerichtshof ein Ermessen in dieser Entscheidung nicht zu, das heißt, eine Intervention ist ausgeschlossen, wenn die Zulassungsvoraussetzungen nicht erfüllt sind. Liegen dagegen die Interventionsvoraussetzungen vor, so hat der antragstellende Vertragsstaat einen Anspruch auf Zulassung.[436] Wird dem An-

---

430 Vgl. die Dissenting Opinion von Jennings im Verfahren Case Concerning the Continental Shelf (Libyan Arab Jamahiriya v. Malta), Application by Italy for Permission to Intervene, Judgment of 21 March 1984, ICJ Reports 1984, 148 (159), der von „enervating bilateralism" spricht; in diesem Sinne auch Chinkin, in: AJIL 1986, S. 495 (500).

431 Rosenne, World Court, S. 127 weist darauf hin, daß der IGH auch in den Verfahren Continental Shelf Case (Tunisia v. Libya) und Continental Shelf Case (Libya v. Malta) die von Malta bzw. Italien im Rahmen ihres Interventionsantrags artikulierten Interessen berücksichtigt hat.

432 Vgl. insoweit Art. 67 (1) ISGH-VerfO. Danach müssen Schriftsätze nebst Anlagen durch den Gerichtshof alsbald nach ihrer Einreichung jedem Staat und jeder nichtstaatlichen Partei, der ein Interventionsrecht zusteht, zugänglich gemacht werden, wenn dies beantragt worden ist.

433 Art. 99 (1) ISGH-VerfO.

434 Art. 101 (1) ISGH-VerfO.

435 Vgl. Fritzemeyer, Intervention, S. 129.

436 Vgl. das Urteil des IGH im Case Concerning the Continental Shelf (Tunisia v. Libyan Arab Jamahiriya), Application by Malta for Permission to Intervene, ICJ Reports 1981, S. 3 (12): „The Court observes that under paragraph 2 of Article 62 it is for the Court itself to decide upon any request for permission to intervene under that Article. The Court at the same time, emphasizes that it does not consider paragraph 2 to confer upon it any general discretion to accept or reject a request for permission to intervene for reasons simply of policy. On the contrary, in the view of the Court the task entrusted to it by that paragraph is to determine the admissibility or otherwise the request by reference to the relevant provisions of the Statute."; vgl. auch Fritzemeyer, Intervention, S. 130; Oellers-Frahm, in: ZaöRV 1981, S. 579 (581); Ruda, in: FS Jennings, S. 487 (488); a.A. Fitzmaurice, Law and Procedure, Vol. 2, S. 553.

trag eines Staats auf Beitritt zum Verfahren stattgegeben, so ist seine Intervention auf die Gesichtspunkte beschränkt, bezüglich derer die Intervention zugelassen worden ist.[437] Der Intervenient ist nicht berechtigt, selbst einen *Ad-hoc*-Richter zu bestellen.[438]

Nach dem Wortlaut des Art. 31 ISGH-Statut haben nur Vertragsstaaten[439] das Recht, einen Antrag auf Beitritt zum Verfahren zu stellen. Problematisch ist, ob nicht auch natürliche oder juristische Personen in Verfahren vor der Kammer für Meeresbodenstreitigkeiten dieses Recht haben, soweit sie in diesen Verfahren selbst parteifähig sind[440], wenn sie also in dem konkreten Verfahren selbst klagen oder verklagt werden könnten.

Seeberg-Elverfeldt[441] weist darauf hin, daß in Vorentwürfen zum Übereinkommen ein Interventionsrecht Privater ausdrücklich vorgesehen war. Im Zuge der Vereinheitlichung der Vorschriften über das Streiterledigungsverfahren sei diese Bestimmung entfallen, ohne daß ersichtlich sei, daß ein Ausschluß der Möglichkeit der Nebenintervention natürlicher oder juristischer Personen beabsichtigt gewesen wäre. Soweit das Verfahrensrecht internationaler Gerichte Privaten den Zugang eröffne, ermögliche es diesen immer auch die Möglichkeit der Nebenintervention.[442] Es müsse deshalb davon ausgegangen werden, daß sich die Verweisung des Art. 40 (1) ISGH-Statut[443] auch auf die Nebenintervention nach Art. 31 ISGH-Statut erstrecke, mit der Folge, daß eine Intervention Privater in Verfahren vor der Kammer für Meeresbodenstreitigkeiten grundsätzlich zulässig sei.

Der Argumentation *Seeberg-Elverfeldts* ist mit der Einschränkung zuzustimmen, daß eine Intervention einer natürlichen oder juristischen Person nicht gegen Art. 190 (2) SRÜ verstoßen darf. Richtet sich die Intervention in einem Verfahren auf Grundlage des Art. 187 (c) SRÜ gegen einen Vertragsstaat, so muß auch hier gelten, daß dieser nach Art. 190 (2) S. 1 SRÜ den befürwortenden Vertragsstaat ersuchen kann, im Namen der den Beitritt beantragenden Person im Verfahren aufzutreten. Problematisch ist, was geschieht, wenn der befürwortende Staat dieser Aufforderung nicht nachkommt. Zunächst wäre hier an die von Art. 190 (2) S. 2 SRÜ für diesen Fall vorgesehene Rechtsfolge zu denken, daß heißt, der Vertragsstaat könnte sich durch eine juristische Person seiner Staatszugehörigkeit vertreten lassen. Dies erscheint indes problematisch, soweit die Intervention in einem Verfahren zwischen der Behörde oder dem Unternehmen auf der einen und einem Vertragsstaat auf der anderen Seite oder zwischen zwei Vertragsstaaten beantragt wird, da in diesen Verfahren die Möglichkeit, daß Vertragsstaaten sich vertreten lassen, nicht vorge-

---

437 Case Concerning the Land, Island and Maritime Frontier Dispute (El Salvador/Honduras), Judgment on the Application of Nicaragua to Intervene of 13 September 1990, ICJ Reports 1990, S. 92 (116).

438 Vgl. Art. 103 (4) ISGH-VerfO.

439 Das Beitrittsrecht steht im Einklang mit Art. 7 Anlage IX SRÜ auch internationalen Organisationen zu.

440 Zur Parteifähigkeit natürlicher und juristischer Personen in den Verfahren vor der KMS, siehe oben S. 128 f.

441 Seeberg-Elverfeldt, Tiefseebergbaurecht, S. 168 ff.

442 Seeberg-Elverfeldt, aaO., S. 169; a.A. Wasum, Seegerichtshof, S. 80 f.

443 Nach Art. 40 (1) ISGH-Statut finden die das Verfahren vor dem Seegerichtshof regelnden Vorschriften des ISGH-Statuts auch auf das Verfahren vor der KMS Anwendung, soweit sie mit dem 4. Abschnitt des ISGH-Statut, der das Verfahren vor der Kammer betrifft, nicht unvereinbar sind.

sehen ist. Die Zulassung einer Intervention gegen einen Vertragsstaat würde in einem solchen Fall gegen den Regelungsgedanken des Art. 190 (2) SRÜ verstoßen, daß ein Vertragsstaat nicht gegen seinen Willen von einer Person in die Beklagtenrolle gedrängt werden können soll.

Daraus folgt, daß eine Intervention einer privaten Partei gegen einen Vertragsstaat in Verfahren nach Art. 187 (c) SRÜ nicht gegen dessen Willen erfolgen kann. Verweigert der Vertragsstaat seine Zustimmung zur Intervention, so besteht lediglich die Möglichkeit, daß der befürwortende Staat im Namen der natürlichen oder juristischen Person auftritt. Abgesehen von dieser Ausnahme können natürliche und juristische Personen nach Maßgabe des Art. 31 ISGH-Statut eine Intervention in Verfahren vor der Kammer für Meeresbodenstreitigkeiten beantragen, soweit sie in dem konkreten Verfahren selbst parteifähig sind.

(2) Art. 32 ISGH-Statut

Art. 32 ISGH-Statut[444] regelt den Beitritt zu einem Verfahren, in dem es um die Auslegung oder Anwendung des Seerechtsübereinkommens geht oder einer anderen internationalen Übereinkunft, bezüglich derer die Zuständigkeit des Seegerichtshofs nach Art. 21 f. ISGH-Statut begründet ist. Zweck der Intervention nach Art. 32 ISGH-Statut ist es, eine einheitliche Auslegung des Seerechtsübereinkommens bzw. der internationalen Übereinkunft zu gewährleisten. Es soll verhindert werden, daß das in Frage stehende Übereinkommen durch sich widersprechende Interpretationen im Rahmen verschiedener Entscheidungen, von denen jede einzelne nur die Streitparteien bindet[445], in eine Reihe ungleicher Rechtsbeziehungen aufgespalten wird.[446]

Nach Art. 32 (1) bzw. (2) ISGH-Statut unterrichtet der Kanzler des Seegerichtshofs alle Vertragsstaaten des Seerechtsübereinkommens bzw. alle Vertragsparteien der internationalen Übereinkunft, wenn es in einem Verfahren vor dem Seegerichtshof um Fragen der Auslegung oder Anwendung des Übereinkommens geht. Das Interventionsrecht aus Art. 32 (1) ISGH-Statut steht nur den Vertragsstaaten des Seerechtsübereinkommens zu. Abgesehen von internationalen Organisationen nach Maßgabe des Art. 7 Anlage IX SRÜ[447] ist eine Intervention anderer Rechtsträger als der Vertragsstaaten ausgeschlos-

444 Art. 32 ISGH-Statut ist an Art. 63 IGH-Statut angelehnt, wobei Art. 63 IGH-Statut seinem Wortlaut nach nur die Auslegung, Art. 32 ISGH-Statut hingegen die Auslegung und Anwendung betrifft. Zu den Fällen, in denen auf Grundlage des Art. 63 IGH-Statut eine Intervention beantragt worden ist (Haya de la Torre Case, Nicaragua Case) siehe oben S. 319 Fn. 410.

445 Vgl. 33 (2) ISGH-Statut.

446 Fritzemeyer, Intervention, S. 154 im Hinblick auf Art. 63 IGH-Statut.

447 Zweck des Art. 7 Anlage IX SRÜ ist es, daß alle internationale Organisationen, die Parteien des Seerechtsübereinkommens sind, im Hinblick auf die Streiterledigung mit den Vertragsstaaten gleichgestellt werden sollten. Im Rahmen der Verhandlungen wies der Vertreter Dänemarks im Namen der EG unwidersprochen darauf hin, daß Art. 32 ISGH-Statut auch auf internationale Organisationen Anwendung finde, vgl. die Nachweise bei Nordquist/Rosenne/Sohn (Hrsg.), UNCLOS, Nr. A.IX.10 (S. 462).

sen.[448] Geht es hingegen um die Auslegung und Anwendung einer internationalen Übereinkunft, so steht die Interventionsmöglichkeit gemäß Art. 32 (2) ISGH-Statut allen Vertragsparteien und somit auch anderen Rechtsträgern als Staaten offen, soweit diese Vertragsparteien der Übereinkunft sind.[449]

Nach Art. 32 (3) ISGH-Statut ist jede der in den Absätzen 1 und 2 bezeichneten Vertragsparteien berechtigt, dem Verfahren beizutreten. Während der Beitritt gemäß Art. 31 (1) ISGH-Statut *beantragt* werden muß, wird er in den Fällen des Art. 32 (3) ISGH-Statut *erklärt*. Ein weiterer Unterschied liegt darin, daß, anders als bei einer Intervention gemäß Art. 31 (1) ISGH-Statut, das Bestehen eines rechtlichen Interesses keine Tatbestandsvoraussetzung ist und daher vom Seegerichtshof nicht gesondert geprüft wird.[450] Ebenso hängt die Zulässigkeit der Intervention bzw. die Stellung des Intervenienten im Falle des Art. 32 ISGH-Statut nicht vom Bestehen eines Jurisdiktionsbandes ab.[451]

Die Interventionserklärung[452] muß innerhalb von 30 Tagen, nachdem der betroffenen Partei die Klageerwiderung zugänglich gemacht worden ist, abgegeben werden; unter besonderen Umständen kann auch hier eine spätere Erklärung berücksichtigt werden.[453] Die Streitparteien werden von der Interventionserklärung in Kenntnis gesetzt und können dieser widersprechen.[454] Über die Zulässigkeit der Erklärung entscheidet, gegebenenfalls nach Anhörung der Parteien und des Intervenienten, der Seegerichtshof.[455] Der Intervenient hat auch hier nicht das Recht, einen *Ad-hoc*-Richter zu bestellen.[456]

Macht ein Vertragsstaat des Seerechtsübereinkommens bzw. eine Vertragspartei eines sonstigen internationalen Übereinkommens von dem Interventionsrecht Gebrauch, so ist die in dem Urteil des Seegerichtshofs enthaltene Auslegung gemäß Art. 32 (3) ISGH-Statut für den Intervenienten bindend. Die Bindungswirkung kann sich dabei aber nicht auf die Auslegung und Anwendung aller Konventionsbestimmungen beziehen, sondern nur auf die, bezüglich derer die Intervention beantragt worden ist.[457]

---

448 So auch für den Fall des Art. 32 (1) ISGH-Statut, Seeberg-Elverfeldt, Tiefseebergbaurecht, S. 168; vgl. auch Nordquist/Rosenne/Sohn (Hrsg.), UNCLOS, Nr. A.VI.159 (S. 395).

449 Die Möglichkeit einer Intervention durch andere Rechtsträger als Staaten ergibt sich auch aus Art. 100 ISGH-VerfO. Vgl. auch Nordquist/Rosenne/Sohn (Hrsg.), UNCLOS, Nr. A.VI.159 (S. 395), mit Zweifeln, ob auch andere Rechtsträger als zwischenstaatliche Organisationen das Recht haben, zu intervenieren.

450 Vielmehr wird das Bestehen eines rechtlichen Interesses vermutet, vgl. Fritzemeyer, Intervention, S. 158 zum IGH.

451 Dem entspricht, daß vor dem IGH im Haya de la Torre Case (ICJ Reports 1951, S. 71) zwischen den beiden Hauptparteien und Kuba kein Jurisdiktionsband bestand; Fritzemeyer, Intervention, S. 159 f.; Oda, in: FS Mosler, S. 629 (644).

452 Zum Inhalt der Erklärung, Art. 100 (2) ISGH-VerfO.

453 vgl. Art. 100 (1) ISGH-VerfO.

454 Art. 101 f. ISGH-VerfO.

455 Art. 102 ISGH-VerfO.

456 Art. 104 (3) ISGH-VerfO.

457 Vgl. im Hinblick auf Art. 63 IGH-Statut auch Fritzemeyer, Intervention, S. 165.

2. *WTO-Panelverfahren*

Aufgrund der Interdependenz des internationalen Wirtschaftsverkehrs betreffen wirtschaftspolitische oder -rechtliche Maßnahmen einzelner Staaten häufig mehr als einen WTO-Mitgliedstaat bzw. dessen Angehörige. Daher sind die Verfahrensregeln über die Beteiligung Dritter im Rahmen der WTO-Streiterledigung von großer praktischer Bedeutung.[458] Das DSU unterscheidet für das WTO-Panelverfahren hinsichtlich der Beteiligung Dritter zwischen den Fällen, in denen mehr als ein Mitglied der WTO die Einsetzung eines Panels wegen derselben Angelegenheit beantragt (Verfahren für mehrere Beschwerdeführer, Art. 9 DSU), und der Beteiligung von WTO-Mitgliedern, die ein wesentliches Interesse an einer Angelegenheit haben, ohne selbst Partei des Panelverfahrens zu sein (*Third Parties*[459], Art. 10 DSU).[460]

a. *Verfahren für mehrere Beschwerdeführer, Art. 9 DSU*

Beantragt mehr als ein WTO-Mitglied die Einsetzung eines Panels wegen derselben Angelegenheit[461], so kann nach Art. 9.1 S. 1 DSU ein einziges Panel zur Prüfung dieser Be-

---

458 Dementsprechend wird von den entsprechenden Möglichkeiten, die in Art. 9 und 10 DSU vorgesehen sind, reger Gebrauch gemacht; siehe hierzu die Nachweise im folgenden (insb. Fn. 467 ff. und 481 ff.)

459 Die deutsche Fassung des Art. 10 DSU spricht insoweit von „Dritte[n]". Um Mißverständnisse zu vermeiden, werden „Dritte" im folgenden als „Third Party" bzw. „Third Parties" bezeichnet.

460 Art. 9 und 10 DSU entsprechende Bestimmungen waren bereits in Art. F (d) u. (e) der 1989 Improvements enthalten. Art. 9 DSU entspricht bis auf kleine redaktionelle Änderungen der Formulierung des Art. F (d) 1989 Improvements, Art. 10.1 u. 2 DSU entsprechen Art. F (e) (1) u. (2) 1989 Improvements; ein Unterschied besteht indes zwischen Art. 10.3 DSU und Art. F (e) (3) 1989 Improvements (siehe hierzu unten S. 330). Eine Art. 10.4 DSU entsprechende Regelung war in den 1989 Improvements nicht vorgesehen. Im 1979 Understanding befaßte lediglich Paragraph 15 S. 1 sich mit der Beteiligung Dritter am Verfahren: „Any contracting party having a substantial interest in the matter before a panel, and having notified this to the Council, should have an opportunity to be heard by the panel"; siehe auch Art. 6 (iv) S. 5 des Anhanges zum 1979 Understanding, in dem die allgemein anerkannten Grundsätze der GATT-Streiterledigung beschrieben werden („Agreed Description of the Customary Practice of the GATT in the Field of Dispute Settlement"): „Panels also have heard the views of any contracting party having a substantial interest in the matter, which is not directly party to the dispute, but which has expressed in the Council a desire to present its views".

461 In der GATT-Praxis sind in zwei Fällen von einem Beschwerdeführer Verfahren gegen mehrere Beschwerdegegner durchgeführt worden. Im Verfahren Uruguayan Recourse to Article XXIII (BISD 11S/56 und 11S/95) beantragte Uruguay die Einrichtung eines Panels gegen insgesamt 15 Industrieländer, vgl. hierzu Hudec, Enforcing, S. 445 ff. Im European Community, Canada, Australia: Trade Restrictions Applied for Non-Economic Reasons ("Falklands War" Embargo) Panel (vgl. hierzu Hudec, Enforcing, S. 502) beantragte Argentinien die Einrichtung eines Panels gegen die genannten Staaten wegen eines aufgrund des Falkland-Krieges erlassenen Handelsembargos.

schwerden eingesetzt werden.[462] Dabei stellt Art. 9.1 S. 2 DSU klar, daß entsprechend vorgegangen werden sollte, wann immer dies möglich ist.[463]

Bereits im ersten WTO-Panelverfahren, dem *Gasoline Panel*, kam Art. 9 DSU zur Anwendung. Am 10. April 1995 wurde durch den DSB auf Antrag *Venezuelas* ein Panelverfahren zur Überprüfung der US-amerikanischen Regeln über die Einfuhr von Benzin eingeleitet. Das Panel wurde am 28. April 1995 konstituiert.[464] Am 31. Mai 1995 entsprach der DSB dem Antrag *Brasiliens* auf Einrichtung eines Panels in derselben Angelegenheit. Zugleich entschied er mit Zustimmung aller Parteien, daß aus praktischen Gründen die Angelegenheit von dem auf Antrag *Venezuelas* eingerichteten Panel untersucht werden sollte. Als Datum für die Einsetzung des Panels wurde der 28. April 1995 beibehalten.[465] Hieran zeigt sich, daß die Anträge auf Einrichtung eines Panels von mehreren WTO-Mitgliedern nicht unbedingt gleichzeitig gestellt werden müssen, damit ein einziges Panel eingerichtet wird. Als äußerste Grenze für die Einrichtung eines einzigen Panels wird man hier ansehen müssen, daß der DSB dem späteren Antrag auf Einrichtung eines Panels entsprechen muß, bevor im bereits eingerichteten Panel die mündlichen Verhandlungen aufgenommen worden sind.

Eine große Zahl weiterer WTO-Panelverfahren[466] ist von mehreren Beschwerdeführern eingeleitet worden.[467] Die Ausgestaltung des Verfahrens für mehrere Beschwerdeführ-

---

462 Vgl. Kohona, in: JWT 1994, Nr. 2, S. 23 (37); Komuro, in: J. Int. Arb. 1995, Nr. 3, S. 81 (127); Canal-Forgues/Ostrihansky, in: JWT 1990, Nr. 2, S. 67 (75 f.) im Hinblick auf Art. F (d) 1989 Improvements.

463 Art. 9.1 S. 2 DSU: „A single Panel should be established to examine such complaints whenever feasible.“

464 United States - Standards for Reformulated and Conventional Gasoline, complaints by Venezuela and Brazil (WT/DS2/R u. WT/DS4/R). Es ging dabei um die Rechtfertigung von Einfuhrbeschränkungen für Benzin aus Umweltschutzgründen. Die in Frage stehenden Regeln ("Regulation of Fuels and Fuel Additives - Standards for Reformulated and Conventional Gasoline" vom 15. Dezember 1993) sahen für eingeführtes Benzin strengere Regeln über dessen chemische Zusammensetzung vor als für Benzin aus US-Raffinerien, wobei die USA dies mit den Schwierigkeiten rechtfertigten, die eine Kontrolle ausländischer Raffinerien für US-amerikanische Kontrolleure mit sich bringe. Vgl. hierzu Jansen, in: EuZW 1996, S. 513; Shenk, in: AJIL 1996, S. 668 ff.; Nogueira, in: JWT 1996, Nr. 6, S. 5 (6 ff.); Ziegler, in: Außenwirtschaft 1996, S. 417 (418 ff.).

465 Die ursprünglich vereinbarten Standard Terms of Reference für das Panel wurden folgendermaßen modifiziert: „To examine, in the light of the relevant provisions of the covered agreements cited by Venezuela in document WT/DS2/2 and by Brazil in document WT/DS4/2, the matters referred to the DSB by Venezuela and Brazil in those documents and to make such findings as will assist the DSB in making the recommendations or in giving the rulings provided for in those agreements“.

466 Auch i.R.d. GATT haben wiederholt Verfahren mit mehreren Beschwerdeführern stattgefunden, etwa das Verfahren United States - Taxes on Petroleum and Certain Imported Substances („Superfund Taxes“), BISD 34S/136 (siehe hierzu Hudec, Enforcing, S. 210 ff.; Nordgren, in: J. Int. Arb. 1991, Nr. 2, S. 87 (92)), die Verfahren European Communities - Refunds on Exports of Sugar, BISD 26S/290 und BISD 27S/69 (Hudec, aaO., S. 473 ff.) oder die Verfahren Republic of Korea - Restrictions on imports of beef, BISD 36S/234, BISD 36S/268 Benedek, Rechtsordnung, S. 362 f.; Hudec, aaO., S. 242 f. u. 554 ff. u. 562 f.). In der GATT-Praxis wurden hier zumeist mehrere Panels eingerichtet, die aber regelmäßig identisch besetzt waren,

rer richtet sich nach Art. 9.2 DSU. Zunächst stellt Art. 9.2 S. 1 DSU klar, daß durch die Einrichtung eines einzelnen Panels die Rechte der Streitparteien nicht beeinträchtigt werden dürfen. Bei der Ausgestaltung des Verfahrens und der Abfassung des Panelberichts hat das Panel also dafür Sorge zu tragen, daß jede Streitpartei ihren Standpunkt so darlegen kann, als wäre für jede Streitigkeit ein eigenes Panel eingerichtet worden. Dementsprechend legt das Panel auf Antrag einer Streitpartei getrennte Berichte über die einzelnen Streitigkeiten vor.[468] Ferner werden die schriftlichen Vorlagen jedes einzelnen Beschwerdeführers den anderen Beschwerdeführern zur Verfügung gestellt, und jeder Beschwerdeführer hat das Recht, anwesend zu sein, wenn einer der anderen Beschwerdeführer vor dem Panel seine Stellungnahme abgibt.[469]

Art. 9.3 DSU enthält Regelungen für den Fall, daß es nicht gelingt, ein einziges Panel für mehrere Beschwerden in derselben Angelegenheit einzurichten. In diesem Fall sind, soweit möglich, dieselben Einzelpersonen in den getrennten Panels tätig; außerdem wird der Zeitplan für die Panelverfahren über diese Streitigkeiten abgestimmt. Zweck dieser Regelung ist es, die Einheitlichkeit der Panelverfahren zu gewährleisten und widersprüchliche Ergebnisse der Panelberichte bezüglich derselben Angelegenheit weitestmöglich zu vermeiden.

---

teilweise wurde aber auch ein einzelnes Panel eingesetzt; vgl. zu Einzelheiten GATT, Analytical Index, S. 679; Nichols, in: Virginia Journal of International Law 1996 (Vol. 36), S. 379 (401 ff.).

467 Siehe hierzu die Übersicht über die WTO-Panelverfahren im Internet unter der Hompage der WTO (http://www.wto.org/wto/dispute/bulletin.htm). Im Verfahren Japan - Taxes on Alcoholic Beverages, complaints by the European Communities (WT/DS8/R), Canada (WT/DS10/R) and the United States (WT/DS11/R) etwa hatten die USA, Kanada und die EG unabhängig voneinander die Einrichtung eines Panels beantragt, um die unterschiedliche Besteuerung ausländischer und inländischer alkoholischer Getränke in Japan zu untersuchen. Am 27. September 1995 wurde daraufhin vom DSB ein einziges Panel zur Untersuchung der Beschwerden eingesetzt, vgl. WTO-Focus Nr. 5 (1995), S. 1 f. (Zum Zusammenhang dieses Panelverfahrens mit dem Verfahren Japan - Customs Duties, taxes and labelling practices on imported wines and alcoholic beverages (BISD 34S/83) i.R.d. GATT zwischen der EG und Japan siehe Hudec, Enforcing, S. 212 ff. u. 538 ff.; Nordgren, in: J. Int. Arb. 1991, Nr. 2, S. 87 (91 f.); Petersmann, in: CML Rev. 1991, S. 69 (97)). Demgegenüber wurde das Panel im Verfahren European Communities - Regime for the Importation, Sale and Distribution of Bananas, complaints by Ecuador, Guatemala, Honduras, Mexico and the United States (WT/DS27/R), in dem es um die Überprüfung der Vorschriften der EG über den Import, Verkauf und Vertrieb von Bananen ging, aufgrund eines Antrags der genannten Staaten eingerichtet, zu diesem Verfahren, vgl. WTO-Focus Nr. 11 (1996), S. 5; Meier, in: EuZW 1997, S. 719 ff.

468 Im Panelverfahren European Communities - Regime for the Importation, Sale and Distribution of Bananas, complaints by Ecuador, Guatemala, Honduras, Mexico and the United States (WT/DS27/R) hat die EG der Einrichtung eines einzelnen Panels für alle Beschwerden zugestimmt, sich aber das Recht vorbehalten, daß im Hinblick auf jeden Beschwerdeführer ein getrennter Panelbericht vorgelegt wurde, vgl. WTO-Focus Nr. 11 (1996), S. 5.

469 Art. 9.1 S. 3 DSU.

b. *Third Party - Verfahren, Art. 10 DSU*

Art. 10 DSU regelt die Beteiligung Dritter am Verfahren, die Vertragsstaaten der WTO[470] sind und ein wesentliches Interesse an einem Panelverfahren haben, ohne selbst Partei des Verfahrens zu sein. Die Notwendigkeit, den Interessen dieser Staaten Rechnung zu tragen, folgt aus dem Charakter der WTO als multilateraler Organisation zur Liberalisierung und Harmonisierung des internationalen Handels. Aus dem multilateralen Charakter und der Zielsetzung der WTO folgt das Recht eines jeden Mitgliedstaates zu verlangen, daß seinen Interessen bei der Beilegung einer Streitigkeit auch dann Rechnung getragen wird, wenn er nicht Partei des konkreten Verfahrens ist.[471]

Dementsprechend ist die in Art. 10.2 S. 1 DSU normierte Voraussetzung, daß ein wesentliches Interesse der *Third Party* an der Streitigkeit bestehen muß, anders zu verstehen als das Erfordernis eines rechtlichen Interesses im Rahmen des Art. 31 (1) ISGH-Statut. Die Frage, ob ein wesentliches Interesse besteht, wird nicht durch den DSB oder das Panel entschieden, sondern durch den das Interesse geltend machenden Staat selbst.[472] Das Panelverfahren entspricht insoweit eher dem Beitritt eines Dritten zum Verfahren nach Art. 32 ISGH-Statut, wo der Nachweis eines Interesses nicht verlangt wird, zumal es auch bei der WTO-Streiterledigung um Fragen der Auslegung und Anwendung der unter das WTO-Übereinkommen fallenden Abkommen geht. Zu beachten ist in diesem Zusammenhang, daß die Parteien des Verfahrens keine Möglichkeit haben, der Beteiligung einer oder mehrerer *Third Parties* zu widersprechen.[473]

Jede *Third Party* erhält gemäß Art. 10.3 DSU die Schriftsätze der Streitparteien für die erste Sitzung des Panels.[474] Die Stellung der *Third Parties* wird hierdurch im Vergleich zu den 1989 Improvements verbessert - diese sahen vor, daß ein Panel einer *Third Party* Zugang zu Schriftsätzen nur dann gewähren konnte, wenn die betreffende Partei zugestimmt hatte.[475] Ferner hat die *Third Party* das Recht, selbst dem Panel Schriftsätze

---

470 Im EEC-Member States' Import Regimes for Bananas Panel (dessen Bericht vom GATT-Rat nicht angenommen wurde) ging es um die Frage, ob Staaten, die keine Mitgliedstaaten des GATT waren, wohl aber die Aufnahme beantragt hatten, das Recht hätten, als Beobachter am Verfahren teilzunehmen. Nachdem entsprechende Anträge gestellt worden waren, stellte der Vorsitzende des GATT-Rates fest, daß das Recht auf Teilnahme am Panelverfahren auf Mitgliedstaaten beschränkt sei. Gleichwohl einigten die Parteien des Panelverfahrens (die EG auf der einen, Kolumbien, Costa Rica, Guatemala, Nicaragua, Venzuela auf der anderen Seite) sich darauf, bestimmten Nicht-Mitgliedstaaten (Kamerun, Elfenbeinküste, Jamaika, Madagaskar und Senegal) während der mündlichen Verhandlungen, an denen auch die Parteien teilnahmen, ein Anwesenheitsrecht zu gewähren. Dabei stellten sie aber klar, daß ihre Vereinbarung, mit der die Streitigkeit dem Panel unterbreitet würde, über den Rahmen des GATT-Streiterledigungsverfahrens hinausging und daher keine Präzedenzwirkung für andere Verfahren hätte, vgl. GATT, Analytical Index, S. 701.

471 Vgl. Canal-Forgues/Ostrihansky, in: JWT 1990, Nr. 2, S. 67 (76).

472 In diesem Sinne Kohona, in: JWT 1994, Nr. 2, S. 23 (37); Canal-Forgues/Ostrihansky, in: JWT 1990, Nr. 2, S. 67 (77).

473 Canal-Forgues/Ostrihansky, in: JWT 1990, Nr. 2, S. 67 (76), die darauf hinweisen, daß dies einen wesentlichen Unterschied zur Schiedsgerichtsbarkeit darstellt.

474 Art. 10.3 DSU.

475 Vgl. Art. F (e) (3) 1989 Improvements.

zu unterbreiten und von ihm gehört zu werden.[476] Gemäß Art. 6 WTO-WP wird jede *Third Party*, die ihr Interesse an der Streitigkeit angezeigt hat, schriftlich aufgefordert, ihre Auffassungen während einer hierfür bestimmten Sitzung, die im Rahmen der ersten mündlichen Verhandlung stattfindet, darzulegen.[477] Alle *Third Parties* haben das Recht, während dieser Sitzung anwesend zu sein – das Anwesenheitsrecht gilt dabei nur für diesen Abschnitt der mündlichen Verhandlung, nicht aber für deren gesamte Dauer.[478]

Die Rechte einer *Third Party* sind auch sonst gegenüber den Rechten der Parteien des Panelverfahrens eingeschränkt. So haben sie auch nicht das Recht, einen Antrag auf Einleitung eines Rechtsmittelverfahrens nach Art. 17 DSU zu stellen. Sie können indes im Rahmen des Rechtsmittelverfahrens dem Rechtsmittelgremium schriftliche Stellungnahmen unterbreiten und erhalten Gelegenheit, gehört zu werden.[479] Ihre Mitwirkungsrechte dort entsprechen im wesentlichen ihren Rechten im Rahmen des Panelverfahrens.

Ähnlich wie beim Verfahren für mehrere Beschwerdeführer nach Art. 9 DSU wird auch vom Beteiligungsrecht nach Art. 10 DSU im Rahmen der WTO-Streiterledigung[480] reger Gebrauch gemacht. So behielten sich beispielsweise im *Gasoline Panel*-Verfahren *Australien*, *Kanada*, die *EG* und *Norwegen* ihre Rechte als *Third Party* vor, wobei im Rahmen des Panelverfahrens aber nur die *EG* und *Norwegen* ihre Argumente vorbrachten.[481] Ihre Mitwirkung als *Third Party* vorbehalten haben sich verschiedene Staaten z. B. auch im *Meat treated with hormones Panel*[482] und im *Banana Panel*[483]. Auch wenn nicht

---

476 Art. 10.2 S. 1 DSU.

477 Die deutsche Übersetzung von Art. 6 S. 1 WTO-WP, BGBl. 1994, II, S. 1763: „...ihre Auffassungen auf einer hierzu bestimmten Sitzung während der ersten Sitzung des Panels in der Sache darzulegen." ist wenig glücklich. Der entprechende Abschnitt der englischen Fassung lautet: „...to present their views during a session of the first substantive meeting of the panel set aside for that purpose."

478 Dies ergibt sich aus dem Wortlaut der englischen Fassung des Art. 6 S. 2 WTO-WP („All such third parties may be present during the entirety of this session." Vgl. auch Eichmann, in: Int. Tax & Bus. L. 1990 (Vol.8), S. 38 (54 f.): „Once the third party has offered its statement and responded to the questions, it is ushered out of the Panel meeting".

479 Art. 17.4 DSU.

480 Im Rahmen der GATT-Streiterledigung wurden Third Parties zum ersten Mal im Jahre 1972 im United Kingdom - Dollar Area Quotas, BISD 20S/230 und 20S/236, am Verfahren beteiligt. Um die Frage nach der Beteiligung von Third Parties ging es u.a. auch im Verfahren European Community - Tariff Treatment on Imports of Citrus Products from Certain Countries in the Mediterranean Region (unadopted), vgl. GATT, Analytical Index, S. 700 f., und im Verfahren Japan - Trade in semi-conductors, BISD 35S/116, GATT, Analytical Index, aaO.

481 United States - Standards for Reformulated and Conventional Gasoline, complaints by Venezuela (WT/DS2/R) and Brazil (WT/DS4/R), Paragraph 1.6. Sowohl die EG, als auch Norwegen haben auch im Appellate Review Verfahren als Third Parties teilgenommen.

482 European Communities - Measures Affecting Meat and Meat Products (Hormones), complaint by the United States (WT/DS26/R), Australien, Kanada, Neuseeland und Norwegen, vgl. WTO-Focus Nr. 11 (1996), S. 2.

483 European Communities - Regime for the Importation, Sale and Distribution of Bananas, complaints by Ecuador, Guatemala, Honduras, Mexico and the United States (WT/DS27/R), Belize, Kamerun, Kolumbien, Costa Rica, Elfenbeinküste, Dominikanische Republik, Ghana, Gre-

alle Staaten, die sich ihre Rechte vorbehalten haben, als *Third Party* an dem Verfahren mitwirken, so zeigt sich doch ein gesteigertes Interesse, sich nach Maßgabe des Art. 10 DSU am Verfahren zu beteiligen.

Nach Art. 10.4 DSU steht einem Mitgliedstaat, der in einem Verfahren den Status einer *Third Party* hat, die Möglichkeit offen, die nach dem DSU üblichen Streitbeilegungsverfahren in Anspruch zu nehmen, wenn er der Auffassung ist, daß eine Maßnahme, die bereits Gegenstand eines Panelverfahrens ist, ihm zustehende Vorteile zunichte macht oder schmälert. Diese Streitigkeit wird nach Möglichkeit an das ursprüngliche Panel verwiesen, daß heißt, an das Panel, das sich bereits mit dem Streitgegenstand befaßt hat. Die Funktion dieser Vorschrift erscheint fraglich. Das in Art. 10.4 DSU normierte Recht eines Mitgliedstaates, die üblichen Streitbeilegungsverfahren in Anspruch zu nehmen, wenn er der Auffassung ist, daß eine Maßnahme, die bereits Gegenstand eines Panelverfahrens ist, Vorteile zunichte macht oder schmälert, steht grundsätzlich jedem Mitgliedsstaat der WTO offen. Ferner wird der DSB auch dann, wenn die antragstellende Partei nicht den Status einer *Third Party* in dem ursprünglichen Verfahren hat, versuchen, die Streitigkeit nach Möglichkeit an das ursprüngliche Panel zu verweisen. Demzufolge entstehen einer *Third Party* keine besonderen Rechte im Vergleich zu sonstigen Mitgliedstaaten der WTO, die nicht Streitparteien sind. Genau hierin scheint sich der Regelungsgehalt des Art. 10.4 DSU zu erschöpfen – abgesehen von den in Art. 10.1 bis 10.3 DSU aufgeführten Rechten hat eine *Third Party* keine weitergehenden Rechte in dem Verfahren. Insbesondere hat sie keinen Anspruch darauf, Partei eines Panelverfahrens zu werden, an dem sie als *Third Party* mitwirkt.

3. WIPO-Schiedsverfahren

Auch im Bereich der privaten Schiedsgerichtsbarkeit in Wirtschaftssachen führt die zunehmende Komplexität wirtschaftlicher Vorgänge dazu, daß häufig mehr als eine Partei auf Kläger- oder Beklagtenseite steht.[484] Ein typisches Beispiel für Mehrparteienverfahren ist der Bereich des Baus schlüsselfertiger Anlagen[485]; aber auch an Joint Ventures, Konsortien oder internationalen Finanzierungen sind häufig mehr als zwei Parteien betei-

---

nada, Indien, Jamaika, Japan, Nicaragua, die Philippinen, Senegal, Surinam, Thailand und Venezuela, vgl. WTO-Focus Nr. 11 (1996), S.5.

484 Wetter, in: (ICC) Multi-Party Arbitration, S. 7 (10) weist auf seine eigene Erfahrung aus der Praxis hin, derzufolge etwa die Hälfte aller Verträge, an deren Abfassung er beteiligt war, mehr als zwei Parteien haben; Schlosser, in: RHDI 1989/90, S. 341, demzufolge in der Praxis der ICC etwa 20% der Verfahren Mehrparteienschiedsverfahren sind; siehe allgemein auch Berger, in: RIW 1993, S. 702 (703); Koussoulis, in: ZZP 1994, S. 195 f.

485 Böckstiegel, in: (ders.) Bauindustrie, S. 311 (323); Nicklisch, in: FS Glossner, S. 221 (222): „Gerade bei ... Großprojekten, die aus einer großen Zahl netzartig verflochtener komplexer Langzeitverträge bestehen, bieten sich, jedenfalls bei erster Betrachtung, die Zusammenfassung mehrerer Einzelverfahren zu einem Mehrparteienverfahren geradezu an; denn bestimmte Projektstörungen wirken sich wegen der verknüpften Vertragsbeziehungen regelmäßig nicht nur in einem Vertrag, sondern in mehreren Verträgen aus."

ligt.[486] Die mit derartigen Mehrparteienverfahren[487] verbundenen Probleme haben Praxis und Literatur eingehend beschäftigt.[488] Zentrales Problem ist dabei die Gleichheit der Parteien bei der Bestellung der Schiedsrichter[489], wenn ein Dreier-Schiedsgericht für die Entscheidung der Streitigkeit zuständig ist.

a. Schiedsrichterbestellung in Mehrparteienschiedsverfahren im engeren Sinne, Art. 18 WIPO SchO

Die Schiedsrichterbestellung in Mehrparteienverfahren hat für das WIPO-Schiedsverfahren in Art. 18 WIPO SchO eine eingehende Regelung erfahren. Da die Bestellung eines Einzelschiedsrichters in einem Mehrparteienverfahren keine besonderen Probleme aufwirft[490], befaßt die Vorschrift sich ausschließlich mit der Bestellung eines Dreier-

---

486 Berger, Arbitration, S. 294; Delaume, Law and Practice, § 9.09 (S. 309 ff.); Markfort, Mehrparteien-Schiedsgerichtsbarkeit, S. 7 ff. Ebenfalls besonders bedeutsam sind Mehrparteienverfahren bei der Streiterledigung im Bereich des (Rück-)Versicherungsrechts, Labes, Schiedsgerichtsvereinbarungen, S. 29 ff.

487 Ein Mehrparteienschiedsverfahren im engeren Sinne liegt nur dann vor, wenn auf der Kläger- oder Beklagtenseite mehrere Personen stehen, wobei es um ursprüngliche oder nachträgliche Streitgenossenschaft geht. Demgegenüber liegt ein Mehrparteienschiedsverfahren im weiteren Sinne vor, wenn ein Dritter in das Verfahren freiwillig oder aufgrund einer Streitverkündung eintritt, wobei es sich aber nicht um echte Mehrparteienschiedsgerichtsbarkeit handelt, da der Nebenintervenient keine Hauptpartei, sondern nur Streithelfer einer anderen Partei ist, vgl. grundlegend Habscheid, in: (Reymond/Bucher) Recueil de Travaux Suisses, S. 173 ff.; Schwab, in: FS Habscheid, S. 285 ff.; Markfort, Mehrparteien-Schiedsgerichtsbarkeit, S. 17; Koussoulis, in: ZZP 1994, S. 195 (199 ff.). Zu Mehrparteienschiedsverfahren im weiteren Sinne siehe unten S. 337.

488 Siehe etwa die Beiträge in: Polish Chamber of Foreign Trade (Hrsg.), Multi Party Commercial Disputes und ICC (Hrsg.), Multi-Party Arbitration; aus der umfangreichen Literatur siehe z. B. Markfort, Mehrparteien-Schiedsgerichtsbarkeit, S. 1 ff.; Berger, Arbitration, S. 294 ff.; Labes, Schiedsgerichtsvereinbarungen, S. 27 ff.; Schlosser, Schiedsgerichtsbarkeit, Rn. 559 ff.; ders, in: RHDI 1989/90, S. 341 ff.; Habscheid, in: (Reymond/Bucher) Recueil de Travaux Suisses, S. 173 ff.; Koussoulis, in: ZZP 1994, S. 195 (199 ff.); Melis, Probleme, S. 569 ff.; Nicklisch, in: FS Glossner, S. 221 ff.; Laschet, in: FS Bülow, S. 85 ff.; Schwab, in: FS Habscheid, S. 285 ff.; Schwartz, in: J. Int. Arb. 1993, Nr. 3, S. 5 ff.

489 Ein weiteres wesentliches Problem kann darin bestehen, daß Voraussetzung für die Durchführung eines Mehrparteienschiedsverfahrens das Bestehen einer vertraglichen Grundlage ist. Eine entsprechende Vereinbarung kann entweder ausdrücklich durch eine „Multi-Party-Klausel" oder konkludent getroffen werden, Labes, Schiedsgerichtsvereinbarungen, S. 31 ff. m.w.N. Daneben besteht in einigen Staaten (z. B. Niederlande, USA und Honkong) die Möglichkeit einer gerichtlichen Anordnung der Verfahrensverbindung, vgl. zur Konsolidation nach § 1046 NZPO Berger, Arbitration, S. 299 ff.; siehe auch Schlosser, Schiedsgerichtsbarkeit, Rn. 562.

490 Das bei der Schiedsrichterbestellung in Mehrparteienverfahren bestehende Problem der Gleichheit der Parteien bei der Schiedsrichterbestellung (siehe hierzu im folgenden) stellt sich bei der Bestellung eines Einzelschiedsrichters nicht. Haben die Parteien keine abweichende Vereinbarung getroffen und können sie sich nicht auf eine Person einigen, so findet das Listenverfahren Anwendung, vgl. Art. 16 i.V.m. 19 WIPO SchO, siehe hierzu oben S. 221 ff.

Schiedsgerichts. Sie unterscheidet dabei drei Situationen: Art. 18 (c) WIPO SchO regelt den Fall, daß die Parteien eine Vereinbarung über das Bestellungsverfahren getroffen haben. Liegt eine solche Vereinbarung nicht vor, so regelt Art. 18 (a) WIPO SchO die Schiedsrichterbenennung, wenn mehrere Kläger, und Art. 18 (b) WIPO SchO, wenn mehrere Beklagte im Antrag auf Verfahrenseinleitung genannt sind.

Stehen auf Klägerseite mehrere Parteien, so benennen diese gemäß Art. 18 (a) WIPO SchO entweder in ihrem Antrag auf Verfahrenseinleitung gemeinsam einen Schiedsrichter oder, wenn die Anzahl der Schiedsrichter durch das WIPO Arbitration Center festgelegt wird, innerhalb von 15 Tagen nach Mitteilung durch das Center, daß ein Dreier-Schiedsgericht einzurichten ist. Kommen die Kläger dieser Aufforderung nicht nach, so wird der Schiedsrichter durch das WIPO Arbitration Center benannt. Insoweit finden die auch für ein Zweiparteienverfahren geltenden Vorschriften über die Ersatzbenennung Anwendung.[491]

Problematischer ist die Schiedsrichterbestellung, wenn mehrere Parteien auf der Beklagtenseite stehen, die unterschiedliche Interessen in dem Verfahren haben.[492] Diese Frage ist in Art. 18 (b) WIPO SchO geregelt. Die Bestimmung trägt der für die Schiedsrichterbestellung in Mehrparteienverfahren grundlegenden *Dutco*-Entscheidung[493] der französischen Cour de Cassation Rechnung.[494] Dieser Entscheidung lag ein ICC-Schiedsverfahren zwischen den Firmen *Dutco Consortium Construction Company Ltd.* auf der einen und *BKMI Industrieanlagen GmbH* und *Siemens* auf der andern Seite zu-

---

Die Gleichheit der Parteien bei der Bestellung des Schiedsrichters ist hier gewahrt; vgl. Schwartz, Commentary, S. 35 (37).

491 Vgl. van den Berg, Constituting, S. 17 (22). Art. 18 (a) WIPO SchO verweist auf Art. 17 (d) WIPO SchO, der seinerseits auf die Vorschriften über die Ersatzbenennung in Art. 19 WIPO SchO verweist.

492 Haben die beklagten Parteien objektiv übereinstimmende Interessen, etwa im Sinne einer notwendigen Streitgenossenschaft gemäß Art. 59 ZPO, und sind sie materiell-rechtlich in einer Weise verbunden, die ihr Zusammenwirken wegen des Streitgegenstandes erzwingt, so handelt es sich der Sache nach im Grunde um einen Zweiparteienprozeß. In diesem Fall verletzt die Pflicht von zwei Parteien, gemeinsam einen Schiedsrichter zu benennen, nicht den Gleichheitsgrundsatz im Verhältnis zur anderen Partei, vgl. Nicklisch, in: FS Glossner, S. 221 (228); Schwab/Walter, Schiedsgerichtsbarkeit, S. 90; Schwab, in: FS Habscheid, S. 285 (290 ff.); ders., in: RPS 1. Folge 1992, S. 17 (18), der als Fälle hierfür Verwaltungs- und Verfügungsgemeinschaften, z. B. Bruchteils- und Gesamthandsgemeinschaften nennt. Schwartz, in: J. Int. Arb. 1993, Nr. 3, S. 5 (15) weist zu Recht darauf hin, daß in diesem Fall der Anspruch auf Gleichbehandlung der klagenden Partei verletzt würde, wenn sie verpflichtet wäre, mehrere Schiedsverfahren durchzuführen, obwohl es sich der Sache nach um ein Zweiparteienschiedsverfahren handelt.

493 Sociétés BKMI et Siemens c. Société Dutco, RdA 1992, S. 470 ff. = RPS 1. Folge 1992, S. 27 (gekürzte Übersetzung). Die Entscheidung ist in der Literatur eingehend diskutiert worden, vgl. etwa Berger, in: RIW 1993, S. 702 ff.; Delvolvé, in: Arb. Int. 1993, S. 197 ff.; Hanotiau, in: Arb. Int. 1998, S. 368 (385 ff.); Nicklisch, in: FS Glossner, S. 221 (227 f.); Schwartz, in: J. Int. Arb. 1993, Nr. 3, S. 5 ff.; Schäfer, in: RPS 1. Halbjahr 1996, S. 10 (12); Schwab, in: RPS 1. Folge 1992, S. 17 ff.; van den Berg, in: FS Glossner, S. 19 (29 ff.).

494 van den Berg, Constituting, S. 17 (21).

grunde.[495] Mit einer einzigen Schiedsklage machte *Dutco*, getrennt nach unterschiedlichen Verbindlichkeiten, Schadensersatzansprüche gegen die beiden beklagten Unternehmen aus einem Konsortialvertrag über die Errichtung eines Zementwerkes in *Oman* geltend. Die Schiedsklausel sah die Einrichtung eines Dreier-Schiedsgerichts vor. Nachdem *Dutco* seinen Schiedsrichter benannt hatte, forderte die ICC die beiden beklagten Parteien auf, ihrerseits gemeinsam einen Schiedsrichter zu benennen. Dagegen erhoben die Beklagten Einwendungen und beriefen sich auf ihr Recht zur Ernennung je eines eigenen Schiedsrichters. Nachdem der Schiedsgerichtshof der ICC androhte, eine Ersatzbenennung vorzunehmen, wenn die Parteien sich nicht auf einen gemeinsamen Schiedsrichter einigen könnten, ernannten die Beklagten, unter Protest und unter dem Vorbehalt der Geltendmachung etwaiger Rechtsbehelfe, einen gemeinsamen Schiedsrichter. Nach Ernennung des Vorsitzenden durch den Schiedsgerichtshof stellte das Schiedsgericht in einem Zwischenschiedsspruch fest, daß es ordnungsgemäß gebildet worden sei.

Die daraufhin von den beklagten Parteien erhobene Aufhebungsklage wurde vom Cour d'Appel in Paris abgewiesen.[496] Die Cour de Cassation in Paris hob letztere Entscheidung auf. Kernaussage der Entscheidung der Cour de Cassation ist dabei, daß der Grundsatz der Gleichheit der Parteien bei der Bildung des Schiedsgerichts zum *ordre public* gehört, und daß auf dieses Recht nur nach Entstehung eines Rechtsstreits verzichtet werden kann.[497] Danach müssen folglich alle Parteien in gleichem Maße Einfluß auf die Konstituierung des Schiedsgerichts haben. Ist dies nicht gewährleistet, weil mehrere Parteien mit unterschiedlichen Interessen am Verfahren gemeinsam einen Schiedsrichter bestellen müssen, so stellt dies einen aufhebungsbewehrten Verstoß gegen den Grundsatz der Gleichheit der Parteien dar.[498]

Art. 18 (b) WIPO SchO[499] bestimmt zunächst für den Fall, daß in einem Antrag auf Einleitung des Schiedsverfahrens mehrere Beklagte genannt werden, daß diese innerhalb

---

495 Siehe auch die Sachverhaltsschilderungen bei den in Fn. 493 angegebenen Quellen.

496 Société B.K.M.I. Industrieanlagen et Siemens c/ Dutco Construction, RdA 1989, S. 723 ff. (726). Diese Entscheidung wurde damit begründet, daß alle drei Parteien in der Schiedsklausel ein Dreier-Schiedsgericht vereinbart hätten, wobei vorhersehbar gewesen sei, daß ein Rechtsstreit zwischen den drei Parteien entstehen könne. Hieraus folge, daß die Parteien die Möglichkeit der Bestellung eines einzigen, aus drei Schiedsrichtern bestehenden Schiedsgerichts für einen Streit zwischen allen drei Parteien anerkannt hätten, einschließlich der Besonderheiten bezüglich der Bestellung des Schiedsgerichts und der Gestaltung des Verfahrens, die eine solche Situation mit sich bringe.

497 Cour de Cassation, RdA 1992, S. 470 (472): „Attendu que le principe de l'égalité des parties dans la désignation des arbitres est d'ordre public; qu'on ne peut y renoncer qu'après la naissance du litige."

498 Vgl. Böckstiegel, in: (Labes/Lörcher) Schiedsverfahrensrecht, S. XV (XXXIV): „...kann das eingeschränkte Benennungsrecht einer einzelnen Partei, die sich in einem Mehrparteienverfahren mit einer weiteren oder gar mehreren Mit-Parteien auf einer Seite sieht, oder auch eine Ersatzbenennung zur Unzulässigkeit des gesamten Schiedsverfahrens führen".

499 Zu Art. 18 WIPO SchO siehe auch Kuner, in: RIW 1995, S. 965 (967); Schäfer, in: RPS 1. Halbjahr 1996, S. 10 (12). Handelt es sich in einem Verfahren dem Grunde nach um ein Mehrparteienverfahren, weil die auf Beklagtenseite stehenden Parteien etwa eine notwendige Streitgenossenschaft im Sinne des § 59 ZPO bilden, so findet Art. 18 (b) keine Anwendung, da

von 30 Tagen[500] gemeinsam einen Schiedsrichter benennen sollen. Problematisch ist, was geschieht, wenn die beklagten Parteien sich nicht auf einen Schiedsrichter einigen können. Würde in diesem Fall das WIPO Arbitration Center anstelle der beklagten Parteien eine Ersatzbenennung vornehmen, so würde der Grundsatz der Gleichbehandlung der Parteien verletzt. Daher enthält Art. 18 (b) WIPO SchO eine vom normalen Benennungsverfahren abweichende Regelung. Um dem Anspruch der Parteien auf Gleichbehandlung gerecht zu werden, bestimmt die Vorschrift, daß eine Schiedsrichterbenennung, die der oder die Kläger vorgenommen haben, unwirksam wird und sowohl der von der Kläger- als auch der von der Beklagtenseite zu benennende Schiedsrichter in diesem Fall durch das WIPO Arbitration Center benannt werden. Diese benennen ihrerseits den Vorsitzenden des Schiedsgerichts.

Es gibt verschiedene mögliche Lösungen, um eine Verletzung der Gleichheit der Parteien bei der Schiedsrichterbenennung im Mehrparteienschiedsverfahren auszuschließen. Denkbar ist etwa der (praktisch wohl kaum vorstellbare) nachträgliche Verzicht der Parteien auf Gleichbehandlung, die Einigung, einen Einzelschiedsrichter zu benennen, oder die Erweiterung der Schiedsrichterbank, so daß jede Partei einen eigenen Schiedsrichter benennt.[501] Eine weitere Möglichkeit, die Art. 18 (b) WIPO SchO[502] zugrunde liegt, besteht darin, in dieser Situation alle Schiedsrichter von der administrierenden Stelle ernennen zu lassen.[503]

Gegen die Ersatzbenennung *aller* parteiernannten Schiedsrichter für den Fall, daß die beklagten Parteien sich nicht auf einen Schiedsrichter einigen können, wird eingewandt, dies führe dazu, daß eine ordnungsgemäße Benennung eines Parteischiedsrichters unwirk-

---

in diesem Fall die Pflicht von zwei Parteien, gemeinsam einen Schiedsrichter zu benennen, nicht den Gleichheitsgrundsatz im Verhältnis zur anderen Partei verletzt, siehe oben Fn. 492.

500 Die 30-Tage-Frist läuft ab Zugang des Antrags auf Verfahrenseinleitung, wenn die Parteien die Einrichtung eines Dreier-Schiedsgerichts vereinbart haben, Art. 18 (b) WIPO SchO. Ist die Zahl der Schiedsrichter hingegen gemäß Art. 14 (b) WIPO SchO durch das WIPO Arbitration Center festgelegt worden, so läuft die Frist ab Zugang der entsprechenden Mitteilung, vgl. Art. 17 (c) WIPO SchO, der - auch wenn eine entsprechende Verweisung in Art. 18 (b) WIPO SchO fehlt - hier Anwendung findet.

501 Siehe zu den unterschiedlichen Möglichkeiten etwa Labes, Schiedsgerichtsvereinbarungen, S. 41 ff.; van den Berg, in: FS Glossner, S. 19 (37 f.).

502 Im deutschen Recht bestimmt § 1034 (2) S. 1 ZPO, daß eine Partei bei Gericht beantragen kann, den oder die Schiedsrichter abweichend von der erfolgten Ernennung oder der vereinbarten Ernennungsregelung zu bestellen, wenn die Schiedsvereinbarung einer Partei bei der Zusammensetzung des Schiedsgerichts ein Übergewicht gibt, das die andere Partei benachteiligt; vgl. hierzu Schlosser, in: RIW 1994, S. 723 (726); Böckstiegel, in: (Labes/Lörcher) Schiedsverfahrensrecht, S. XV (XXXV); Berger, in: (ders.) Das neue Recht der Schiedsgerichtsbarkeit, S. 1 (27); Labes/Lörcher, in: MDR 1997, S. 420 (421); Weigand, in: Arb. Int. 1995, S. 397 (400). Siehe auch Art. 10 ICC SchO (hierzu Derains/Schwartz, Guide, S. 165 ff.) und Art. 8 LCIA Rules.

503 Diese Lösung wird vorgeschlagen von van den Berg, in: FS Glossner, S. 19 (38); Berger, in: RIW 1993, S. 702 (705 ff.); Luther, in: FS v. Caemmerer, S. 571 (577 f.); vgl. auch Redfern/Hunter, Arbitration, S. 188 f.

sam werde.[504] Angesichts der besonderen Bedeutung der Gleichheit der Parteien bei der Konstituierung des Schiedsgerichts erscheint diese Lösung aber sachgerecht, zumal sie auf den Fall beschränkt ist, daß mehrere Beklagte mit unterschiedlichen Interessen gemeinsam einen Schiedsrichter benennen müssen. Stellen mehrere Kläger gemeinsam einen Antrag auf Verfahrenseinleitung, ohne einen Schiedsrichter ernannt zu haben bzw. zu ernennen, so finden die allgemeinen Vorschriften über die Ersatzbenennung Anwendung[505], ohne daß der oder die Beklagten ihr Recht auf Benennung eines Schiedsrichters verlieren. Diese unterschiedliche Behandlung von mehreren Klägern bzw. Beklagten begründet keinen Verstoß gegen den Grundsatz der Gleichheit der Parteien, da die Kläger die Möglichkeit gehabt hätten, getrennt voneinander ein Verfahren einzuleiten. Leiten sie das Verfahren gemeinsam ein, ohne sich auf einen Schiedsrichter geeinigt zu haben, so können sie sich hierauf nicht berufen.

Art. 18 (c) WIPO SchO will dem Umstand Rechnung tragen, daß die Parteien bei der Vereinbarung eines Verfahrens zur Bestellung des Schiedsgerichts häufig eine mögliche Mehrparteiensituation nicht bedenken. Um zu verhindern, daß in diesem Fall das Schiedsgericht in einer die Gleichheit der Parteien verletzenden Weise konstituiert wird, ordnet Art. 18 (c) WIPO SchO an, daß ein von den Parteien vereinbartes Bestellungsverfahren unwirksam ist, wenn ein Dreier-Schiedsgericht vereinbart ist und im Antrag auf Verfahrenseinleitung mehrere Kläger oder Beklagte benannt sind.[506] Vielmehr sind anstelle des vereinbarten Verfahrens die Art. 18 (b) und (c) WIPO SchO anzuwenden. Der in Art. 15 (a) WIPO SchO normierte Grundsatz des Vorrangs einer Parteivereinbarung über das Bestellungsverfahren wird somit für Mehrparteienverfahren zum Zwecke des Schutzes der Parteien durchbrochen. Wollen die Parteien das von ihnen vereinbarte Bestellungsverfahren auch in einem Mehrparteienverfahren anwenden, so können sie die Anwendbarkeit des Art. 18 WIPO SchO ausdrücklich ausschließen.[507]

b. Mehrparteienschiedsverfahren im weiteren Sinne

Abgesehen von Art. 18 enthält die WIPO-Schiedsordnung keine Regelungen über eine sonstige Beteiligung Dritter und den Ablauf eines Mehrparteienverfahrens.[508] *Blessing*[509] weist darauf hin, daß im Rahmen der Entwicklung der WIPO-Schiedsordnung auf die

504 Knoepfler, Commentary, S. 33: „It is altogether regrettable that a party who has properly [...] [appointed] its arbitrator may be caused, by a simple manoeuvre on the part of the defendant, to renounce an arbitrator who was assumedly competent, impartial and unanimously appreciated".

505 Art. 18 (a) i.V.m. 17 (d), 19 (a) WIPO SchO.

506 van den Berg, Constituting, S. 17 (22).

507 Vgl. Art. 18 (c) a.E. Es erscheint dabei fraglich, ob nicht aus dem Zweck des Art. 18 (c) WIPO SchO folgt, daß die Vorschrift dort keinen Vorrang vor einer Parteivereinbarung hat, wo die Parteien unzweifelhaft auch die Schiedsrichterbenennung in einem Mehrparteienverfahren abweichend von Art. 18 WIPO SchO regeln wollten, ohne die Anwendbarkeit der Vorschrift ausdrücklich auszuschließen.

508 Detaillierte Bestimmungen über Mehrparteienverfahren enthalten etwa Art. 41 NAI SchO und Art. 18 Genfer SchO; eingehend auch Hanotiau, in: Arb. Int. 1998, S. 369 ff.

509 Blessing, Conduct, S. 41 (52).

Aufnahme einer oder mehrerer Regeln, die sich speziell mit Mehrparteienverfahren befassen, verzichtet wurde. Als Begründung führt er an, die Situationen, die auftreten könnten, seien nach Ansicht der Verfasser der Schiedsordnung so unterschiedlich, daß es dem Schiedsgericht überlassen werden müsse, diese Fragen unter Berücksichtigung aller Umstände des Einzelfalls zu entscheiden.

Zu beachten ist, daß mangels besonderer Vereinbarung eine Beteiligung eines Dritten am Verfahren als Haupt- oder Nebenintervenient oder als Streitverkündungsgegner der Zustimmung beider Parteien und des Schiedsgerichts bedarf.[510] Hinsichtlich der Ausgestaltung des Mehrparteienverfahrens finden die in Art. 38 (a), (b) und (c) WIPO SchO normierten allgemeinen Grundsätze Anwendung. Die Verfahrensgestaltung liegt danach grundsätzlich im Ermessen des Schiedsgerichts, wobei es neben dem zügigen Verfahrensablauf[511] insbesondere die Gleichbehandlung der Parteien und deren Anspruch auf rechtliches Gehör sicherzustellen hat.[512]

4. ICSID-Schiedsverfahren

Weder das ICSID-Übk noch die ICSID AR enthalten Vorschriften über Mehrparteienverfahren. Angesichts der Tatsache, daß gerade im Bereich der Auslandsinvestitionen (Joint Ventures, Anlagenbau etc.) regelmäßig mehr als zwei Parteien an einem Projekt beteiligt sind, ist es auch hier bereits wiederholt zu Mehrparteienverfahren gekommen.[513]

---

510 Berger, Arbitration, S. 311; Labes, Schiedsgerichtsvereinbarungen, S. 28; Laschet, in: FS Bülow, S. 85 (92); Bucher, in: (Böckstiegel) Schweiz (II), S. 119 (136); van den Berg, in: YCA 1987, S. 3 (21) weist zutreffend darauf hin, daß die Schiedsrichter in der Regel der Beteiligung eines Dritten nicht widersprechen werden, wenn die Parteien ihre Zustimmung erteilt haben. Im Gegensatz hierzu hält Reiner, Handbuch, S. 167, Fn. 385 die Erforderlichkeit der Zustimmung des Schiedsgerichts nicht für zweckmäßig, sondern hält es für sachgerechter, den Schiedsrichtern unter besonderen Umständen (unzumutbar höherer Zeitaufwand oder Nichthonorierung des erhöhten Aufwandes) den Rücktritt vom Schiedsrichteramt aus wichtigem Grund zuzugestehen.

511 Art. 38 (c) WIPO SchO.

512 Art. 38 (b) WIPO SchO.

513 Holiday Inns S.A., Occidental Petroleum Corporation et al. v. Government of Morocco (Case No. ARB/72/1); Reynolds Jamaica Mines Limited and Reynolds Metals Company v. Government of Jamaica (Case No. ARB/74/4); Amco Asia Corporation, Pan American Development Limited and P.T. Amco Indonesia v. Republic of Indonesia (Case No. ARB/81/1); Klöckner Industrie-Anlagen GmbH, Klöckner Belge S.A. and Klöckner Handelmaatschappij B.V. v. United Republic of Cameroon and Société Camerounaise des Engrais (Case No. ARB/81/2); Mobil Oil Corporation, Mobil Petroleum Company, Inc. and Mobil New Zealand Limited v. New Zealand Government (Case No. ARB/87/2). Eine mit einem Mehrparteienverfahren vergleichbare Situation bestand auch in den Verfahren Alcoa Minerals of Jamaica, Inc. v. Government of Jamaica (Case No. ARB/74/2) (siehe hierzu Schmidt, in: Harv. Int. L. J. 1976 (Vol. 17), S. 90 ff.), Kaiser Bauxite Company v. Government of Jamaica (Case No. ARB/74/3) (abgedruckt in: Rayfuse/Lauterpacht, ICSID Reports I, S. 296 ff.) und Reynolds Jamaica Mines Limited and Reynolds Metals Company v. Government of Jamaica (Case No. ARB/74/4) (nicht veröffentlicht; siehe hierzu aber Delaume, in: Pace L. Rev. 1985, S. 563 (572 f.), vgl. auch News from ICSID 1984, Nr. 2, S. 13 f.). In diesen Verfahren ging es um übereinstim-

Dabei ist allerdings zu berücksichtigen, daß bei ICSID-Schiedsverfahren in allen bisherigen Verfahren der ausländische Investor bzw. die ausländischen Investoren den Staat, in dem die Investition getätigt worden ist, verklagt haben.[514] Das Problem der Gleichbehandlung von Beklagten im Hinblick auf die Schiedsrichterbestellung bei Mehrparteienverfahren hat sich im Rahmen von ICSID-Schiedsverfahren dementsprechend in der Praxis noch nicht gestellt.[515]

Darüber hinaus ist zu beachten, daß die Zuständigkeit eines ICSID-Schiedsgerichts gemäß Art. 25 ICSID-Übk nur für Investitionsstreitigkeiten zwischen Staaten und ausländischen Investoren begründet ist.[516] Kommt es zu einer Streitigkeit zwischen dem Investitionsstaat und mehreren ausländischen Parteien, die an einer Investition beteiligt sind, wobei zwischen den Investoren keine Interessenidentität besteht, so kann das Schiedsgericht zwar die Streitigkeiten zwischen den Investoren und dem Staat verbindlich entscheiden; im Hinblick auf eine mögliche Streitigkeit zwischen den Investoren kann es aber keine verbindliche Entscheidung herbeiführen.[517] Damit entfällt zumindest in dieser Konstellation einer der Hauptzwecke eines Mehrparteienverfahrens, die umfassende verbindliche Entscheidung einer Streitigkeit zwischen mehreren Parteien.

5. *Zusammenfassung*

Häufig sind in Streitigkeiten im internationalen Wirtschaftsverkehr mehr als zwei Parteien mit unterschiedlichen Interessen beteiligt. In diesen Fällen ist Voraussetzung für eine umfassende und abschließende Streitbeilegung, daß die Interessen aller Beteiligten im Rahmen des Streiterledigungsverfahrens berücksichtigt werden und die Entscheidung für alle Beteiligten Bindungswirkung entfaltet. Lediglich die Vorschriften über das ICSID-Schiedsverfahren enthalten keinerlei Regelung über die Beteiligung Dritter am Verfahren, obwohl auch hier wiederholt Verfahren mit mehr als zwei Parteien durchgeführt worden

---

mende Sachverhalte (Einführung von Steuern durch Jamaica entgegen bestehender Vereinbarungen mit den Investoren), für die indes getrennte Schiedsverfahren durchgeführt wurden. Alle drei Kläger benannten die gleiche Person als Schiedsrichter. Da Jamaica seine Mitwirkung an dem Verfahren verweigerte, wurden die beiden anderen Schiedsrichter vom Vorsitzenden des Verwaltungsrats ernannt. Dabei benannte er die gleichen Personen für alle drei Verfahren, um den Gleichlauf der Verfahren sicherzustellen. Nachdem die Schiedsgerichte sich für zuständig erklärt hatten, verglichen sich die Parteien. Auch wenn demnach getrennte Verfahren durchgeführt wurden, so wurde doch durch die Personenidenität der Schiedsgerichte eine weitgehende Übereinstimmung der Verfahren erreicht; vgl. Delaume, in: J. Int. Arb. 1984, Nr. 2, S. 101 (123).

514 Wird neben dem Investitionsstaat noch eine staatliche Stelle verklagt, wie etwa im Verfahren Hanover Trust v. Egypt (vgl. hierzu ICSID Cases, S. 29), so bilden diese eine Partei.

515 Wie oben dargestellt (oben S. 337), stellt sich das Problem der Gleichbehandlung der Parteien im Hinblick auf die Schiedsrichterbenennung nicht, wenn mehrere Parteien gemeinsam einen Antrag auf Verfahrenseinleitung stellen, ohne gemeinsam einen Schiedsrichter zu bestellen.

516 Lamm/Smutny, in: Arbitration 1998, S. S22 (S26): „The restricted jurisdiction of ICSID imposed by the Convention limits the potential for complex multiparty issues to arise in the ICSID context".

517 Vgl. auch Delaume, in: J. Int. Arb. 1984, Nr. 2, S. 101 (123).

sind. Die anderen untersuchten Verfahrensordnungen sehen hingegen unterschiedliche Formen der Beteiligung Dritter vor. Dabei enthalten sie keine umfassende Regelung aller in diesem Zusammenhang entstehenden Fragen, sondern regeln lediglich bestimmte Aspekte.

Die WIPO-Schiedsordnung beschränkt sich darauf, die vor dem Hintergrund der Gleichheit der Parteien besonders problematische Frage der Bestellung der Schiedsrichter in Mehrparteienverfahren zu regeln, wobei sich dieses Problem nur stellt, wenn auf der Beklagtenseite zwei oder mehr Parteien mit divergierenden Interessen stehen und diese sich nicht auf einen gemeinsamen Schiedsrichter einigen können. Um zu verhindern, daß in dieser Situation nur die klagende(n) Partei(en) „ihren" Schiedsrichter im Schiedsgericht hat bzw. haben, ordnet Art. 18 (b) WIPO SchO an, daß eine Schiedsrichterbenennung, die der oder die Kläger vorgenommen haben, unwirksam wird und daß sowohl der von der Kläger- als auch der von der Beklagtenseite zu benennende Schiedsrichter in diesem Fall durch das WIPO Arbitration Center benannt wird.

Obwohl auch ein ICSID-Schiedsgericht und ein WTO-Panel für die Entscheidung eines Einzelfalls unter Mitwirkung der Parteien eingerichtet werden, sind Sonderbestimmungen über die Benennung der Mitglieder des Spruchkörpers für den Fall, daß mehrere Parteien auf der Beklagtenseite stehen, nicht vorgesehen. In der Praxis stellt sich diese Frage in diesen Verfahren allerdings in der Regel auch nicht, da eine Parteienmehrheit dort regelmäßig nur auf der Klägerseite besteht. Im übrigen bestellt im WTO-Panelverfahren nicht jede Partei ein Mitglied des Panels, vielmehr werden hier alle Panelmitglieder einvernehmlich durch die Parteien ausgewählt bzw. durch den Generaldirektor der WTO bestimmt.

Beantragen im Rahmen eines WTO-Panelverfahrens mehrere Parteien die Einsetzung eines Panels wegen derselben Angelegenheit, so wird, wann immer dies möglich ist, gemäß Art. 9 DSU ein einziges Panel für die Untersuchung der Angelegenheit eingesetzt. Jedoch dürfen die Rechte der Parteien hierdurch nicht beeinträchtigt werden. Das Panel hat bei der Ausgestaltung des Verfahrens und der Abfassung des Panelberichts dafür Sorge zu tragen, daß jede Streitpartei ihren Standpunkt so darlegen kann, als wäre für jede Streitigkeit ein eigenes Panel eingerichtet worden. Gelingt es nicht, ein einziges Panel einzurichten, so werden in den verschiedenen Panels, soweit möglich, dieselben Einzelpersonen tätig. Außerdem wird der Ablauf der Verfahren koordiniert, um so die Einheitlichkeit der Panelverfahren zu gewährleisten und widersprüchliche Ergebnisse in den Panelberichten zu vermeiden.

Daneben sieht Art. 10 DSU eine – beschränkte – Beteiligung von WTO-Mitgliedern vor, die ein wesentliches Interesse an einer Angelegenheit haben, ohne selbst Partei des Panelverfahrens zu sein, sog. *Third Parties*. Die Vorschrift trägt dem Umstand Rechnung, daß aus dem multilateralen Charakter und der Zielsetzung der WTO (Liberalisierung und Harmonisierung des internationalen Handels) das Recht eines jeden Mitgliedstaates folgt, zu verlangen, daß seinen Interessen bei der Beilegung einer Streitigkeit auch dann Rechnung getragen wird, wenn er nicht Partei des konkreten Verfahrens ist. Dabei sind die Rechte der *Third Parties* im Vergleich zu den eigentlichen Parteien des Panelverfahrens eingeschränkt – sie nehmen etwa lediglich an dafür vorgesehenen Abschnitten der mündlichen Verhandlung teil und haben nicht das Recht, ein Rechtsmittelverfahren einzuleiten.

Auch in Verfahren vor dem Internationalen Seegerichtshof besteht die Möglichkeit, daß bereits bei der Einleitung des Verfahrens entweder auf der Kläger- oder der Beklagtenseite mehr als ein Staat steht. Art. 17 (5) ISGH-Statut sieht für diesen Fall vor, daß mehrere Parteien im Hinblick auf die Bestellung eines *Ad-hoc*-Richters als eine Partei gelten, wenn sie eine Streitgenossenschaft bilden. Ob dies der Fall ist, wird durch den Gerichtshof auf Grundlage der Anträge im konkreten Verfahren festgestellt. Daneben kann der Gerichtshof gemäß Art. 47 ISGH-VerfO mehrere unabhängig voneinander eingeleitete Verfahren ganz oder teilweise miteinander verbinden, wenn er dies für zweckmäßig erachtet.

Darüber hinaus besteht – vergleichbar mit Art. 10 DSU – die Möglichkeit, daß eine Partei dem Verfahren beitritt, wobei Art. 31 f. ISGH-Statut zwei unterschiedliche Arten des Beitritts unterscheiden. Nach Art. 31 ISGH-Statut kann ein Vertragsstaat eine Intervention *beantragen*, wenn er der Auffassung ist, ein rechtliches Interesse zu haben, das durch die Entscheidung einer Streitigkeit berührt werden könnte. Voraussetzung für die Zulässigkeit der Intervention ist unter anderem, daß zwischen der intervenierenden Partei und den Hauptparteien des Verfahrens ein Jurisdiktionsband besteht, wobei als solches der Beitritt bzw. die Mitgliedschaft zum Seerechtsübereinkommen anzusehen ist. Fehlt es indes an einem Jurisdiktionsband, so kommt eine – eingeschränkte – *Non-Party*-Intervention, wie sie etwa im Verfahren vor dem Internationalen Gerichtshof möglich ist, insbesondere dann in Betracht, wenn ein Nichtvertragsstaat ein rechtliches Interesse an einer Entscheidung hat. Die Intervention, über deren Zulassung der Seegerichtshof entscheidet, führt dazu, daß die Entscheidung des Seegerichtshofs für den intervenierenden Staat in dem Umfang Bindungswirkung entfaltet, in dem die Intervention zugelassen worden ist.

Art. 32 ISGH-Statut regelt demgegenüber den Beitritt zu einem Verfahren, in dem es um die Auslegung oder Anwendung des Seerechtsübereinkommens geht. Ihr Zweck besteht darin, eine einheitliche Auslegung des Seerechtsübereinkommens zu gewährleisten und zu verhindern, daß dieses durch sich widersprechende Interpretationen im Rahmen verschiedener Entscheidungen, durch die jeweils nur die Streitparteien gebunden werden, in eine Reihe ungleicher Rechsbeziehungen aufgespalten wird. Der Beitritt nach Art. 32 ISGH-Statut wird nicht beantragt, sondern *erklärt*, ohne daß hier der Nachweis eines rechtlichen Interesses der intervenierenden Partei erforderlich ist. Die Entscheidung des Seegerichtshofs entfaltet für den Intervenienten Bindungswirkung bezüglich der Auslegung der Vorschriften, hinsichtlich derer die Intervention erklärt worden ist.

Für alle Verfahren gilt, daß der Spruchkörper bei der Ausgestaltung des Mehrparteienverfahrens dafür Sorge zu tragen hat, daß nicht die Rechte der beteiligten Parteien verletzt werden und insbesondere ihr Anspruch auf Gleichbehandlung und auf Gewährung rechtlichen Gehörs gewahrt wird.

II. Gewährung vorläufigen Rechtsschutzes

Ein weiterer Fragenkreis, auf den im Zusammenhang mit dem Ablauf des Verfahrens eingegangen werden muß, ist, ob und unter welchen Voraussetzungen die Spruchkörper in den einzelnen Streiterledigungsverfahren zur Gewährung vorläufigen Rechtsschutzes befugt sind. Das Institut des vorläufigen Rechtsschutzes ist im Völkerrecht wie im innerstaatlichen Recht gleichermaßen bekannt.[518] Sein Zweck läßt sich dahingehend beschreiben, daß Rechte von Parteien bis zur endgültigen Entscheidung der Streitigkeit vorläufig gesichert werden sollen.[519] Hierzu können Maßnahmen erforderlich sein, durch die eine Vertiefung der Streitigkeit verhindert und der *status quo* gesichert oder aber eine vorübergehende Regelung geschaffen wird, soweit[520] dies zur Wahrung der Rechte der Parteien erforderlich ist.[521] Daneben können Maßnahmen des vorläufigen Rechsschutzes auch angeordnet werden, wenn dies zur Sicherstellung des ordnungsgemäßen Ablaufs des Verfahrens, etwa zur Sicherung von Beweismitteln, erforderlich ist.[522] Die Befugnis zur Anordnung vorläufiger Maßnahmen ist untrennbar mit der Kompetenz der Spruchkörper zur verbindlichen Streitentscheidung verbunden und folgt aus der Pflicht der Parteien, Maßnahmen zu unterlassen, die die Streitentscheidung präjudizieren, die Rechte der anderen Partei verletzen oder zu einer Verschlimmerung der Streitigkeit führen.[523]

---

518 Oellers-Frahm, Einstweilige Anordnung, S. 1 f.; siehe eingehend zum vorläufigen Rechtsschutz auch Collins, in: RdC 1992-II, S. 9 ff.

519 So der IGH im Anglo-Iranian Oil Co. Case, Request for the Indication of Interim Measures of Protection (United Kingdom/Iran), Order of July 5th, 1951, ICJ Reports 1951, S. 89 (93); Meier, Grundlagen, S. 7: „Der einstweilige Rechtsschutz ... ist provisorischer, umfassender oder beschränkter, richterlicher Schutz der Rechtspositionen von Kläger und/oder Beklagten zur Abwehr der Nachteile, die den Parteien aus der Dauer des Verfahrens bis zum definitiven Rechtsschutz ... entstehen können"; vgl. auch Sztucki, Interim Measures, S. 2 f.; Thirlway, Provisional Measures, S. 1 (5 ff.); Hußlein-Stich, MG, S. 101; Caron, in: ZaöRV 1986, S. 465 (473).

520 Elias, Problems, S. 70 f.: „...the measures should not be granted to cover anything beyond what is absolutely essential to ensure the effectiveness of the ultimate decision...".

521 Vgl. Berger, Arbitration, S. 339; Elias, Problems, S. 70 f.; Knoepfler/Schweizer, in: (Reymond/Bucher) Recueil de Travaux Suisses, S. 221 (223 f.); Oellers-Frahm, Einstweilige Anordnung, S. 11 definiert als einstweilige Maßnahmen jede das außerprozessuale Verhalten der Parteien im Hinblick auf die richterliche Entscheidung während der Dauer der Rechtshängigkeit regelnde Verfügung seitens des Gerichts; zum Inhalt vorläufiger Maßnahmen siehe auch Art. 2.1 der ICC Pre-Arbitral Referee Procedure.

522 Das Beweissicherungsverfahren ist ein Fall des einstweiligen Rechtsschutzes, Jeong-Ha, Einstweilige Maßnahmen, S. 9; Schlosser, Schiedsgerichtsbarkeit, Rn. 646; Nicklisch, in: RIW 1978, S. 633 (640): „Funktional handelt es sich [bei dem Beweissicherungsverfahren] um ein summarisches Verfahren im Sinne eines Sonderfalls des einstweiligen Rechtsschutzes..."; Knoepfler/Schweizer, in: (Reymond/Bucher) Recueil de Travaux Suisses, S. 221 (224).

523 Der StIGH hat im The Electricity Company of Sofia and Bulgaria (Request for the Indication of Interim Measures of Protection), Order made on December 15th, 1939, PICJ Series A/B, No. 79, S. 194 (199) ausgeführt, daß seine in Art. 41 StIGH-Statut normierte Befugnis zur Anordnung vorläufiger Maßnahmen Ausdruck des „principle universally accepted by international tribunals" sei, daß „parties to a case must abstain from any measure capable of exercising a prejudicial effect in regard to the execution of the decision to be given and, in general, not to allow any step of any kind to be taken which might aggravate or extend the dispute"; im Hinblick auf zwischenstaatliche Streiterledigung auch detailliert Oellers-Frahm, Einstweilige Anordnung, S. 122 ff. und S. 143 f.: „Die internationalen Gerichte ... können die Befugnis zum Erlaß einstweiliger Anordnungen im Wege der Implikation aus der ausdrücklichen Übertragung der Befugnis zur Entscheidung der Streitigkeit zwischen den Parteien herleiten, da es

Angesichts der Komplexität der Streitigkeiten in den verschiedenen Bereichen des internationalen Wirtschaftsrechts und der hierdurch bedingten langen Verfahrensdauer ist die Frage der Gewährung vorläufigen Rechtsschutzes von großer praktischer Bedeutung.[524] Sie ist daher in Art. 290 und Art. 292 SRÜ, Art. 47 ICSID-Übk und Art. 46 WIPO SchO ausdrücklich normiert.

Eine Ausnahme bildet insoweit allerdings die Streiterledigung im Rahmen der WTO. Dort ist die Möglichkeit der Gewährung vorläufigen Rechtsschutzes nicht vorgesehen. Das Fehlen dieser Kompetenz ist vor dem Hintergrund zu sehen, daß ein Panel eine Streitigkeit nicht selbst verbindlich entscheidet, sondern lediglich einen Bericht an den DSB erstattet. Erst mit der Annahme durch den DSB wird der Bericht verbindlich. Gleichwohl wird die Forderung, dem Panel die Befugnis zur Anordnung vorläufiger Maßnahmen einzuräumen, aufgestellt. Berücksichtigt man, daß aufgrund der Umkehrung des Konsensprinzips der Panelbericht „quasiautomatisch" angenommen wird, so sprechen in der Tat Gründe für eine entsprechende Befugnis des Panels. Andererseits ist gerade in WTO-Panelverfahren fraglich, ob die Möglichkeit besteht, effektiven vorläufigen Rechtsschutz zu gewähren – soweit etwa gesetzliche Bestimmungen der Partei, gegen die sich die Beschwerde richtet, in Frage stehen –, ohne zugleich die Hauptsache vorwegzunehmen.

I. Seerechtsübereinkommen

Art. 290 SRÜ[525] enthält eine detaillierte Regelung hinsichtlich der Anordnung vorläufiger Maßnahmen durch den Internationalen Seegerichtshof, die sicherstellen soll, daß effekti-

---

sich hierbei um eine effektive Entscheidung handeln soll, deren Wirkung nicht zwischenzeitlich durch Aktionen beeinträchtigt oder ausgeschlossen worden ist."; in diesem Sinne auch Fitzmaurice, Law and Procedure, Vol. 2, S. 542 f.; vgl. allgemein Cheng, Principles, S. 267 ff. Das Iran-United States Claims Tribunal hat seine Befugnis zur Anordnung einstweiligen Rechtsschutzes nicht nur aus Art. 26 UNCITRAL SchO abgeleitet, sondern auch aus den "inherent powers" eines internationalen Schiedsgerichts, E-Systems, Inc. v. Government of the Islamic Republic of Iran (Award No. ITM 13-388-FT), 2 CTR (1983 I), S. 51 (57); hierzu Böckstiegel, in: FS Universität zu Köln, S. 605 (615); Caron, in: ZaöRV 1986, S. 465 (475 ff.); Wühler, in: (Böckstiegel) Rechtsfortbildung, S. 93 (103); vgl. allgemein zur Schiedsgerichtsbarkeit auch Berger, Arbitration, S. 332, Fn. 823 m.w.N.: „This power can be deduced through a good-faith interpretation of the arbitration agreement which takes into account the parties' intention to agree to an effective dispute settlement mechanism".

524 Caron, in: ZaöRV 1986, S. 465 (473 f.), siehe auch S. 516: „[Interim measures] are the necessary price of the time-consuming procedural safeguards so deeply imbedded in modern litigation and arbitration"; vgl. auch Sztucki, Interim Measures, S. IX.

525 Art. 290 SRÜ i.V.m. Art. 25 ISGH-Statut, 89 ff. ISGH-VerfO. Art. 290 SRÜ weicht in wesentlichen Punkten von der entsprechenden Vorschrift des Art. 41 IGH-Statut ab. Art. 41 IGH-Statut lautet: „(1) Der Gerichtshof ist befugt, wenn er es nach den Umständen für erforderlich hält, diejenigen vorsorglichen Maßnahmen zu bezeichnen, die zur Sicherung der Rechte der Parteien getroffen werden müssen. (2) Vorbehaltlich der endgültigen Entscheidung werden diese Maßnahmen den Parteien und dem Sicherheitsrat umgehend angezeigt." Siehe zu Art. 41 IGH-Statut Elias, Problems, S. 67 ff.; Sztucki, Interim Measures, S. 23 ff.; Thirlway, Provisional Measures, S. 1 ff. In der Praxis des IGH ist die Regelung des Art. 41 IGH-Statut von großer Bedeutung; zu den Fällen, in denen entsprechende Anträge gestellt worden sind Rosenne,

ver vorläufiger Rechtsschutz gewährt werden kann, ohne daß hierdurch zu sehr in die Rechte der betroffenen Staaten eingegriffen wird.[526] Ferner findet sich in Art. 292 SRÜ eine Sonderregel über die sofortige Freigabe von Schiffen und Besatzungen.[527]

a. Vorläufige Maßnahmen, Art. 290 SRÜ

(1) Voraussetzungen für den Erlaß

Art. 290 (1) SRÜ ermächtigt die im Seerechtsübereinkommen zur Entscheidung von Streitigkeiten berufenen Spruchkörper, auf Antrag jeder Streitpartei eines schwebenden Verfahrens einstweilige Anordnungen zu erlassen, sofern die Abwehr unmittelbarer Gefahren für die Rechte der Streitparteien oder die Abwendung ernsthafter Schäden von der Meeresumwelt dies erfordern.[528] Voraussetzung für die Anordnung ist also zunächst, daß die Streitigkeit bei dem betreffenden Spruchkörper anhängig ist.[529] Darüber hinaus setzt Art. 290 (1) SRÜ[530] voraus, daß der Spruchkörper der Auffassung ist, *prima facie* zuständig zu sein.[531]

World Court, S. 97 f. Allgemein zu einstweiligen Anordnungen in der internationalen Gerichtsbarkeit Oellers-Frahm, Einstweilige Anordnung, S. 1 ff.

526 Vgl. Nordquist/Rosenne/Sohn (Hrsg.), UNCLOS, Nr. 290.6 (S. 57 f): „...article 290 became a rather complex provision, trying to ensure, on the one hand, that provisional measures will be available promptly when needed and, on the other hand, that this special power will be exercised with caution and will not interfere too much with the rights of the States concerned...".

527 Im Zusammenhang mit der Anordnung vorläufiger Maßnahmen ist für die Streiterledigung im Bereich der wissenschaftlichen Meeresforschung (Art. 238 ff. SRÜ) auch Art. 265 SRÜ zu erwähnen. Kommt es in diesem Bereich zu Streitigkeiten, so werden diese nach den allgemeinen Streiterledigungsvorschriften (Teil XV, Abschnitt 2 und 3 SRÜ) beigelegt. Bis zur Beilegung dieser Streitigkeit darf ein Staat oder eine wissenschaftliche Organisation, die zur Durchführung eines Vorhabens der wissenschaftlichen Meeresforschung befugt ist, nicht gestatten, daß Forschungstätigkeiten ohne ausdrückliche Zustimmung des betroffenen Küstenstaats begonnen oder fortgeführt werden. Eine weitere Sonderregelung für die Anordnung einstweiliger Maßnahmen findet sich ferner in Art. 83 (3) SRÜ bei Auseinandersetzungen über die Abgrenzung des Festlandsockels und Art. 74 (3) SRÜ bei Auseinandersetzungen über die Abgrenzung der ausschließlichen Wirtschaftszone. In diesen Fällen müssen sich die beteiligten Staaten nach besten Kräften und im Geist der Verständigung und Zusammenarbeit bemühen, vorläufige Vereinbarungen praktischer Art zu treffen und während dieser Übergangszeit die Erzielung der endgültigen Übereinkunft nicht zu gefährden oder zu verhindern.

528 Hierzu Nordquist/Rosenne/Sohn (Hrsg.), UNCLOS, Nr. 290.7 (S. 58); Mensah, in: RabelsZ 1999, S. 330 (333).

529 Vgl. hierzu im Hinblick auf die entsprechende Regelung für das Verfahren vor dem IGH Thirlway, Provisional Measures, S. 1 (16 f.).

530 Im Hinblick auf Art. 41 IGH-Statut war und ist die Frage, ob Voraussetzung für den Erlaß einstweiliger Anordnungen eine prima facie-Zuständigkeit ist, umstritten, vgl. hierzu Sztucki, Interim Measures, S. 221 ff.; Cheng, Principles, S. 273; Thirlway, Provisional Measures, S. 1 (17 ff.); Oellers-Frahm, Einstweilige Anordnung, S. 76 ff.

531 Im Rahmen der Verhandlungen der Seerechtskonferenz bereitete die Frage Probleme, ob es möglich sein sollte, vorläufige Maßnahmen ohne vorherige Prüfung der Zuständigkeit anzuordnen, vgl. Adede, in: N.Y.U. J. Int. L & Pol. 1977, S. 253 (328 f.): „As a general rule, how-

Grundsätzlich ist für den Erlaß vorläufiger Maßnahmen der Spruchkörper zuständig, bei dem auch die Zuständigkeit für die Entscheidung der Hauptsache liegt. Probleme ergeben sich, wenn die Parteien die Zuständigkeit eines Schiedsgerichts vereinbart haben und die Anordnung vorläufiger Maßnahmen in dem Verfahren notwendig wird, bevor die Konstituierung des Schiedsgerichts abgeschlossen ist. Gemäß Art. 290 (5) SRÜ kann in dieser Situation ein von den Parteien einvernehmlich bestimmter Gerichtshof bzw. Gericht bis zur Bildung des Schiedsgerichts vorläufige Maßnahmen anordnen, ändern oder widerrufen.[532] Kommt eine entsprechende Einigung nicht binnen zwei Wochen nach Beantragung vorläufiger Maßnahmen zustande[533], so steht diese Befugnis dem Seegerichtshof zu bzw. – für in ihre Zuständigkeit fallende Streitigkeiten – der Kammer für Meeresbodenstreitigkeiten.

Die Übertragung dieser subsidiären Zuständigkeit war im Rahmen der Verhandlungen zur Seerechtskonvention lange umstritten. Einige Staaten befürchteten, der Seegerichtshof könnte diese Befugnis dazu ausnützen, die an sich gegebene Zuständigkeit eines anderen Spruchkörpers durch den Erlaß verbindlicher vorläufiger Maßnahmen, die die Streitigkeit abschließend klären würden, auszuschließen.[534] Erst nachdem sich nach langen Diskussionen allgemein die Erkenntnis durchgesetzt hatte, daß eine solche Kompetenz eines ständigen Spruchkörpers unabdingbar war, wurde diese dem Seegerichtshof übertragen.[535] Den geäußerten Bedenken wurde dabei durch die Einfügung des Art. 290 (5) S. 2 SRÜ Rechnung getragen, wonach das an sich zuständige Gericht nach seiner Konstituierung

---

ever, it was the feeling that the mere submission of a dispute should not give the Law of the Sea Tribunal the right to prescribe provisional measures and that there would have to be an adequate basis for the tribunal to assert jurisdiction over the substantive dispute before it could prescribe interim measures." Wasum, Seegerichtshof, S. 97 weist darauf hin, daß das Erfordernis der prima facie festgestellten Zuständigkeit des angerufenen Gerichts in einer Reihe von Fällen, in denen eminente wirtschaftliche Interessen auf dem Spiel stehen (insbesondere in den Fällen der Art. 297 f. SRÜ), verhindert, daß der Gerichtshof Maßnahmen zur vorläufigen Sicherung vorschreiben kann.

532 Treves, in: ZaöRV 1995, S. 421 (430) ist der Auffassung, daß es sich um ein Redaktionsversehen handeln müsse, daß Art. 290 (5) SRÜ nicht nur die Möglichkeit der Anordnung, sondern auch der Änderung oder des Widerrufs vorläufiger Maßnahmen vorsehe, da es vor der Konstituierung des zuständigen Spruchkörpers noch keine vorläufigen Maßnahmen geben könne. Dem ist jedoch entgegenzuhalten, daß es durchaus möglich erscheint, daß der Seegerichtshof in der Phase vor der Konstituierung des Spruchkörpers von ihm selbst angeordnete vorläufige Maßnahmen ergänzt oder widerruft.

533 Problematisch erscheint in diesem Zusammenhang die Berechnung des Beginns dieser Zwei-Wochen-Frist. Da der zuständige Spruchkörper erst noch konstituiert werden muß, kann an diesen kein Antrag gestellt werden. Es erscheint daher sachgerecht, für die Fristberechnung auf eine Antragstellung beim Seegerichtshof abzustellen; in diesem Sinne Eitel, in: ZaöRV 1995, S. 452 (455).

534 Ranjeva, in: (Dupuy/Vignes) Handbook, Vol. 2, S. 1381; Adede, in: N.Y.U. J. Int. L & Pol. 1977, S. 253 (328).

535 Adede, System, S. 244.

die vom Seegerichtshof angeordneten Maßnahmen ändern, widerrufen oder bestätigen kann.[536]

Um zu gewährleisten, daß der Seegerichtshof seine Auffangzuständigkeit jederzeit ausüben kann[537], bestimmt Art. 25 (2) ISGH-Statut, daß vorläufige Maßnahmen auf Antrag einer Partei durch die Kammer für abgekürzte Verfahren angeordnet werden können, wenn der Gerichtshof nicht tagt oder nicht beschlußfähig ist. Ist der Seegerichtshof selbst wieder zur Entscheidung in der Lage, so kann er die angeordneten vorläufigen Maßnahme überprüfen und ändern.[538] Entsprechend der Regelung des Art. 290 (1) SRÜ haben sich die gemäß Art. 290 (5) SRÜ vorläufig zuständigen Spruchkörper vor Anordnung, Änderung oder Widerruf vorläufiger Maßnahmen zu vergewissern, daß das zu bildende Schiedsgericht *prima facie* zuständig sein wird und die Dringlichkeit der Lage solche Maßnahmen erfordert.

In der ersten Streitsache vor dem Seegerichtshof ging es um den Tanker *M/V Saiga*, der am 28. Oktober 1997 von der Küstenwache *Guineas* vor der Küste *Sierra Leones* wegen angeblichen Schmuggels aufgebracht wurde, wobei mindestens zwei Besatzungsmitglieder verletzt wurden. Nachdem *Saint Vincent und die Grenadinen* einen erfolgreichen Antrag auf sofortige Freigabe des Schiffes nach Art. 292 SRÜ gestellt hatten[539], leiteten sie ein allgemeines Schiedsverfahren gegen *Guinea* ein und beantragten auf der Grundlage von Art. 290 (5) SRÜ die Anordnung vorläufiger Maßnahmen durch den Seegerichtshof. Vor der Entscheidung über diesen Antrag einigten sich die Parteien der Streitigkeit allerdings darauf, diese auch in der Hauptsache nicht einem Schiedsgericht, sondern dem Internationalen Seegerichtshof zu unterwerfen. Dem Antrag auf Anordnung vorläufiger Maßnahmen entsprach der Seegerichtshof durch Beschluß vom 11. März 1998.[540]

(2) Verfahren und Entscheidung über den Antrag

Gemäß Art. 290 (3) SRÜ können vorläufige Maßnahmen nur auf Antrag einer Streitpartei angeordnet, geändert oder widerrufen werden. Die für den IGH vorgesehene Möglichkeit, daß das Verfahren zum Erlaß vorläufiger Maßnahmen *proprio motu* eingeleitet werden kann[541], wird durch das Seerechtsübereinkommen somit ausgeschlossen.[542] Nach Art. 89

---

536 Vgl. Nordquist/Rosenne/Sohn (Hrsg.), UNCLOS, Nr. 290.5 (S. 56); Lehoux, in: CYIL 1980, S. 31 (64).

537 In diesem Zusammenhang ist auch die Vorschrift des Art. 90 (4) ISGH-VerfO zu beachten, wonach der Präsident die Parteien auffordern kann, sich bis zum Zusammentreten des Seegerichtshofs oder der Kammer für abgekürzte Verfahren so zu verhalten, daß jede Verfügung, die der Gerichtshof aufgrund des Antrags auf vorsorgliche Maßnahmen erläßt, die gewünschte Wirkung hat.

538 Art. 25 (2) S. 3 ISGH-Statut; vgl. hierzu Nordquist/Rosenne/Sohn (Hrsg.), UNCLOS, Nr. A.VI.138 (S. 386).

539 Siehe hierzu unten S. 349 ff.

540 The M/V „Saiga" (Saint Vincent and the Grenadines v. Guinea), List of Cases No. 2, Order on Request for Provisional Measures of 11 March 1998. Die Entscheidung ist wiedergegeben im Internet unter der Adresse „http://www.un.org/Depts/los/ord1103.htm".

541 Diese Möglichkeit ist in Art. 41 IGH-Statut, Art. 75 IGH-VerfO zumindest theoretisch vorgesehen, Wasum, Seegerichtshof, S. 92; Marquardt, Streitbeilegungssystem, S. 233; siehe auch

(5) ISGH-VerfO ist der Seegerichtshof inhaltlich nicht an den gestellten Antrag gebunden, sondern kann vielmehr Maßnahmen anordnen, die ganz oder teilweise von den beantragten abweichen. Ferner kann er auch von der antragstellenden Partei zu treffende oder zu befolgende Maßnahmen anordnen. Ein Antrag kann jederzeit während des laufenden Verfahrens gestellt werden[543] und geht nach Art. 90 (1) ISGH-VerfO allen anderen Sachen vor; ausgenommen sind nur die vorrangig zu behandelnden Anträge auf sofortige Freigabe von Schiffen und Besatzungen gemäß Art. 292 SRÜ.[544]

Bei dem Verfahren zur Anordnung vorläufiger Maßnahmen handelt es sich angesichts der Dringlichkeit des Antragsgegenstandes – Sicherung der Rechte der Streitparteien, Verhinderung schwerer Schäden für die Meeresumwelt – um ein verkürztes Verfahren, in dem eine eingehende Prüfung der Streitigkeit nicht stattfindet.[545] Gleichwohl ist den Parteien gemäß Art. 290 (3) SRÜ vor der Entscheidung über den Antrag Gelegenheit zur Anhörung zu geben.[546]

Umstritten ist, ob an dem Verfahren über die Anordnung vorläufiger Maßnahmen auch die *Ad-hoc*-Richter teilnehmen. *Wasum*[547] ist der Auffassung, daß in dieser nicht ausdrücklich geregelten Frage die systematische Stellung und der Wortlaut des Art. 290 SRÜ es nahelegten, die Gewährleistung aller Verfahrensgarantien, folglich auch die Hinzuziehung von *Ad-hoc*-Richtern, zu sichern. Dagegen spreche indes, daß die für die Beiziehung erforderliche Zeitspanne den Zweck des Verfahrens eher beeinträchtigen als fördern würde.

Dem ist zuzustimmen, soweit die Anordnung, Änderung oder der Widerruf vorläufiger Maßnahmen in einem Verfahren beantragt werden, in dem die *Ad-hoc*-Richter noch nicht benannt worden sind bzw. in dem sie ihre richterliche Tätigkeit noch nicht aufgenommen haben. In diesem Fall würde eine Beiziehung in der Tat dem Sinn der Anordnung vorläufiger Maßnahmen zuwiderlaufen. Sind die *Ad-hoc*-Richter indes bereits ernannt, so erscheint es sachgerecht, sie an der Entscheidung des Spruchkörpers über die Anordnung vorläufiger Maßnahmen teilnehmen zu lassen.

Fitzmaurice, Law and Procedure, Vol. 2, S.543 f.; Oellers-Frahm, Einstweilige Anordnung, S. 14 ff.

542 Der Vorschlag, eine Anordnung proprio motu zuzulassen, soweit es um den Schutz der Meeresumwelt ging, konnte sich im Rahmen der Verhandlungen der dritten Seerechtskonferenz nicht durchsetzen (unzutreffend insoweit Ranjeva, in: (Dupuy/Vignes) Handbook, Vol. 2, S. 1379 f.). Zur Entstehungsgeschichte der Bestimmung Nordquist/Rosenne/Sohn (Hrsg.), UNCLOS, Nr. 290.5 (S. 55); vgl. auch Adede, in: AJIL 1978, S. 84 (94); Lehoux, in: CYIL 1980, S. 31 (64). Calfisch, in: FS Bindschelder, S. 351 (366) bezweifelt zu Recht, daß diese Bestimmung des Seerechtsübereinkommens das Recht des IGH ausschließen kann, vorläufige Maßnahmen proprio motu anzuordnen, wenn die Parteien einer Streitigkeit über die Auslegung und Anwendung des SRÜ nach Art. 287 SRÜ die Zuständigkeit des IGH vereinbart haben; in diesem Sinne auch Nordquist/Rosenne/Sohn (Hrsg.), aaO.

543 Art. 89 (1) ISGH-VerfO.

544 Siehe hierzu unten S. 349 ff.

545 Marquardt, Streitbeilegungssystem, S. 233; Wasum, Seegerichtshof, S. 93.

546 Hierzu bestimmt der Gerichtshof oder, wenn er nicht tagt, der Präsident den frühestmöglichen Termin für eine Anhörung der Parteien, Art. 90 (2) ISGH-VerfO.

547 Wasum, Seegerichtshof, S. 93.

Der Seegerichtshof entspricht einem Antrag auf Anordnung vorläufiger Maßnahmen, wenn er diese unter den gegebenen Umständen für erforderlich hält[548], um bis zur endgültigen Entscheidung die Rechte jeder Streitpartei zu sichern oder schwere Schäden für die Meeresumwelt zu verhindern. Daneben ist Voraussetzung für die Anordnung vorläufiger Maßnahmen, daß zwischen dem Schutzzweck des Antrags und dem Gegenstand des Hauptsacheverfahrens ein enger Zusammenhang besteht (Konnexität).[549]

Ferner darf die Hauptsache nicht offensichtlich unbegründet sein. Dies folgt daraus, daß vorläufige Maßnahmen dazu dienen, die Wahrung der Rechte der Parteien bis zur Hauptsacheentscheidung sicherzustellen. Ist die Hauptsache aber offensichtlich unbegründet, so ist die Anordnung vorläufiger Maßnahmen mangels Objekts gegenstandslos.[550] Schließlich folgt aus dem lediglich vorläufigen Charakter der Maßnahmen, daß sie nicht die Entscheidung in der Hauptsache präjudizieren dürfen.[551]

(3) Wirkung der Anordnung

Während die Bindungswirkung von durch den Internationalen Gerichtshof „bezeichneten" bzw. „empfohlenen" vorläufigen Maßnahmen umstritten ist[552], werden diese durch die Spruchkörper im Rahmen des Seerechtsübereinkommens „angeordnet".[553] Die Verbindlichkeit der vorläufigen Maßnahmen folgt ferner aus Art. 290 (6) SRÜ, demzufolge die Streitparteien umgehend die angeordneten vorläufigen Maßnahmen befolgen.[554] In ih-

548 Zur Frage der Erforderlichkeit bzw. Dringlichkeit des Antrags Oellers-Frahm, Einstweilige Anordnung, S. 48 ff. Der IGH hat hierzu im Case Concerning Passage Through the Great Belt (Finland v. Denmark), Order on the Request for the Indication of Provisional Measures of 29 July 1991, ICJ Reports 1991, S. 12 (17) ausgeführt: „...provisional measures under Article 41 of the Statute are indicated 'pending the final decision' of the Court on the merits of the case, and are therefore only justified if there is urgency in the sense that action prejudicial to the rights of either party is likely to be taken before such final decision is given"; vgl. auch Thirlway, Provisional Measures, S. 1 (25 ff.).

549 Vgl. Marquardt, Streitbeilegungssystem, S. 230; Oellers-Frahm, Einstweilige Anordnung, S. 82 ff.; Thirlway, Provisional Measures, S. 1 (17).

550 Oellers-Frahm, Einstweilige Anordnung, S. 90.

551 Vgl. den IGH im Case Concerning the Frontier Dispute (Burkina Faso/Mali), Order on Requests for the Indication of Provisional Measures of 10 January 1986, ICJ Reports 1986, S. 3 (11); Ranjeva, in: (Dupuy/Vignes) Handbook, Vol. 2, S. 1379; Fitzmaurice, Law and Procedure, Vol. 2, S. 546; Oellers-Frahm, Einstweilige Anordnung, S. 86 ff.; Thirlway, Provisional Measures, S. 1 (11 f.).

552 Es ist umstritten, ob die von internationalen Gerichten erlassenen einstweiligen Verfügungen für die Parteien bindend sind, oder ob sie eher nur den Charakter einer bloßen Empfehlung haben, deren Befolgung den Parteien mehr oder minder freigestellt ist, vgl. Oellers-Frahm, Einstweilige Anordnung, S. 107 ff.; Sztucki, Interim Measures, S. 260 ff.; Thirlway, Provisional Measures, S. 1 (28 ff.); Fitzmaurice, Law and Procedure, Vol. 2, S. 548 ff.

553 Während der IGH nach Art. 41 IGH-Statut „[has] the power to indicate ... provisional measures...", sind die nach dem SRÜ zuständigen Spruchkörper gemäß Art. 290 (1) SRÜ befugt „[to] prescribe any provisional measures."

554 Adede, in: AJIL 1978, S. 84 (93); Calfisch, in: FS Bindschelder, S. 351 (366); Jaenicke, Solutions, S. 113 (125 f.).

rer Verbindlichkeit stehen Anordnungen vorläufiger Maßnahmen damit Urteilen und Schiedssprüchen gleich.[555] Gemäß Art. 290 (2) SRÜ können vorläufige Maßnahmen geändert oder widerrufen werden, sobald die Umstände, die sie rechtfertigen, nicht mehr bestehen oder sich geändert haben.[556]

b. Sofortige Freigabe von Schiffen und Besatzungen, Art. 292 SRÜ

Eine Sonderregelung im Zusammenhang mit der Gewährung vorläufigen Rechtsschutzes enthält Art. 292 SRÜ. Die Bestimmung regelt die sofortige Freigabe von Schiffen und Besatzungen für den Fall, daß die Behörden eines Vertragsstaates ein die Flagge eines anderen Vertragsstaates führendes Schiff zurückhalten. Hintergrund der Regelung ist die durch das Seerechtsübereinkommen geschaffene Möglichkeit der Küstenstaaten, ihr Hoheitsgebiet mittels Erweiterung des Küstenmeeres[557] und der Errichtung einer Ausschließlichen Wirtschaftszone[558] zu Lasten der Hohen See auszuweiten. Hierdurch erhöht sich die Gefahr, daß Schiffe wegen Verstoßes gegen nationale Bestimmungen von den Küstenstaaten arrestiert und mit ihren Besatzungen festgehalten werden.[559] Zweck des Art. 292 SRÜ ist es, hierzu ein Gegengewicht zu bilden und die Freiheit der Schiffahrt zu wahren.[560]

Zu beachten ist, daß der Anwendungsbereich des Art. 292 SRÜ sich nicht auf alle Fälle des Festhaltens von Handelsschiffen, sondern nur auf die Fälle erstreckt, in denen der zurückhaltende Staat sich nicht an die Vorschriften des Seerechtsübereinkommens hinsichtlich der sofortigen Freigabe von Schiffen gegen Sicherheitsleistung gehalten hat. Derartige Bestimmungen finden sich in Art. 73 (2) SRÜ, der unter anderem die Freigabe von Schiffen bei Verstößen gegen Fischereivorschriften erfaßt, sowie in Art. 220 (7) und 226 (1) (b) SRÜ in Zusammenhang mit Verstößen gegen Umweltschutzbestimmungen.[561]

---

555 Marquardt, Streitbeilegungssystem, S. 234. Zur Frage der Durchsetzung von Urteilen des Seegerichtshofs unten S. 498 f. Um den öffentlichen Druck auf die Streitparteien zu erhöhen, daß diese den vorläufigen Maßnahmen Folge leisten, werden die Anordnungen nicht nur den Streitparteien, sondern auch anderen Vertragsstaaten des SRÜ mitgeteilt, wenn der Seegerichtshof dies für angebracht hält, Art. 290 (4) SRÜ, vgl. auch Nordquist/Rosenne/Sohn (Hrsg.), UNCLOS, Nr. 290.9 (S. 59).

556 Beantragt eine Partei die Änderung oder den Widerruf einer vorläufigen Maßnahme, so hat sie gemäß Art. 93 ISGH-VerfO darzulegen, inwieweit sich die Umstände, aufgrund derer die Anordnung erfolgt ist, geändert haben. Art. 92 ISGH-VerfO stellt klar, daß die Ablehnung eines Antrags auf Anordnung vorläufiger Maßnahmen eine Partei nicht daran hindert, aufgrund anderer Umstände erneut einen entsprechenden Antrag zu stellen.

557 Art. 2 ff. SRÜ. Durch die Ausdehnung des Küstenmeeres auf 12 Seemeilen fallen ca. 120 - 150 internationale Meerengen in den Hoheitsbereich der Anrainerstaaten, Wasum, Seegerichtshof, S. 197.

558 Art. 55 ff. SRÜ.

559 Berenbrok/Nussbaum, in: RIW 1994, S. 910 (917); v. Wedel, in: RIW 1982, S. 634 (637).

560 Calfisch, in: FS Bindschelder, S. 351 (367); Lehoux, in: CYIL 1980, S. 31 (65); die Vorschrift hat daher gerade für Schiffahrtsnationen einen besonderen Stellenwert, Sohn, Importance, S. 266 f.

561 Vgl. Treves, in: ZaöRV 1995, S. 421 (431).

Die Frage, ob der zurückhaltende Staat diese Bestimmungen über die sofortige Freigabe von Schiffen und deren Besatzungen nach Hinterlegung einer angemessenen Kaution eingehalten hat, kann gemäß Art. 292 (1) SRÜ einem von den Parteien einvernehmlich bestimmten Spruchkörper unterbreitet werden. Da Verzögerungen bei der Freigabe von Schiffen für den Schiffseigner sehr kostspielig sein können[562] und der festhaltende Staat die Freigabe blockieren könnte, indem er seine Mitwirkung bei der Bestimmung des zuständigen Gerichts oder Schiedsgerichts verweigert, bedarf es eines subsidiär zuständigen Spruchkörpers. Wird binnen 10 Tagen keine Einvernehmen erzielt, so kann die Frage daher entweder dem Spruchkörper, dessen Zuständigkeit der festhaltende Staat gemäß Art. 287 SRÜ zugestimmt hat[563], oder dem Internationalen Seegerichtshof unterbreitet werden.[564] Damit eröffnet Art. 292 SRÜ die Möglichkeit, die Streitigkeit auch gegen den Willen des festhaltenden Staates dem Seegerichtshof zu unterbreiten.[565]

Ein Antrag[566] auf sofortige Freigabe hat Vorrang gegenüber allen anderen Verfahren vor dem Seegerichtshof.[567] Nach Art. 292 (2) SRÜ kann der Antrag nur vom Flaggenstaat des Schiffes oder im Namen dieses Staates gestellt werden. Während der Verhandlungen der dritten Seerechtskonferenz wurde vorgeschlagen, die Vorschrift dahingehend zu fassen, daß nur der Vertragsstaat oder ein diplomatischer oder konsularischer Vertreter in dessen Namen den Antrag sollte stellen können. Hierfür sprachen sich insbesondere Küstenstaaten und solche Staaten aus, die generell gegen den Zugang von Privatpersonen zu den Spruchkörpern des Seerechtsübereinkommens waren. Indes wurde diese Einschränkung als zu restriktiv empfunden, zumal es dem Völkerrecht entspricht, das Staaten als innerstaatliche Fragestellung festlegen können, wer zur ihrer Vertretung befugt ist. Daher setzte sich diese restriktive Fassung der Vertretungsbefugnis bei den Verhandlungen nicht

---

562 Sohn, in: Int. J. of Mar. & Coast. L. 1995 (Vol. 10), S. 205 (208).

563 Diese Möglichkeit hilft nicht weiter, wenn der festhaltende Staat der Zuständigkeit eines Schiedsgerichts zugestimmt hat, da dieses zunächst konstituiert werden muß, bevor es eine Entscheidung gemäß Art. 292 SRÜ treffen kann, Sohn, in: Int. J. of Mar. & Coast. L. 1995 (Vol. 10), S. 205 (208); Ranjeva, in: (Dupuy/Vignes) Handbook, Vol. 2, S. 1383.

564 Auf die Fälle des Art. 292 SRÜ findet Art. 295 SRÜ, der die Ausschöpfung innerstaatlicher Rechtsmittel vorschreibt (siehe hierzu oben S. 109, Fn. 96), keine Anwendung, Seidel, Zuständigkeit, S. 21. Art. 292 SRÜ stellt insofern für Schiffahrtsnationen eine vorzugswürdige Alternative zu Verfahren vor nationalen Gerichten dar, insbesondere wenn diese keine hinreichenden Verfahrensgarantien bieten, Treves, in: ZaöRV 1995, S. 421 (432).

565 Carnegie, in: ICLQ 1979, S. 669 (677); vgl. auch Mensah, in: RabelsZ 1999, S. 330 (332 f.); zur Entstehungsgeschichte Nordquist/Rosenne/Sohn (Hrsg.), UNCLOS, Nr. 292.7 (S. 69 f.); Ranjeva, in: (Dupuy/Vignes) Handbook, Vol. 2, S. 1381 f.

566 Zum Inhalt des Antrages siehe 111 ISGH-VerfO.

567 Art. 292 (3) S. 1 Hs. 1 SRÜ, Art. 112 (1) ISGH-VerfO; vgl. hierzu die Entscheidung des Seegerichtshofs The M/V „Saiga" (Saint Vincent and the Grenadines v. Guinea), List of Cases No. 1, Judgment of 4 December 1997, ILM 1998, S. 362 (370, Rn. 48). Zur Zuständigkeit der Kammer für abgekürzte Verfahren siehe Art. 112 (2) ISGH-VerfO; hierzu Seidel, Zuständigkeit, S. 22 f.

durch.[568] Vielmehr kann auch eine Person einen Antrag auf sofortige Freigabe stellen, soweit diese mit einer Vollmacht des Flaggenstaates ausgestattet ist.[569]

In dem Verfahren nach Art. 292 SRÜ wird nur die Frage der Freigabe behandelt; der Spruchkörper legt gemäß Art. 113 (1) ISGH-VerfO die Höhe und näheren Bedingungen der Kaution oder einer ähnlichen Sicherheit für die Freigabe des Schiffes fest. Die Entscheidung des zuständigen innerstaatlichen Gerichts des festhaltenden Staates in der Sache selbst, deren Gegenstand das Schiff, sein Eigentümer oder seine Besatzung ist, wird durch die Entscheidung nicht präjudiziert oder berührt.[570] Die Höhe der Kaution steht grundsätzlich im Ermessen des Spruchkörpers. Ihre Höhe sollte aber nicht den Wert des Schiffes und seiner Ladung überschreiten. Dies ergibt sich aus dem Charakter von Art. 292 SRÜ, der eine Schutzvorschrift zugunsten der Freiheit der Schiffahrt ist. Vor diesem Hintergrund würde es nicht dem Sinn und Zweck der Bestimmung entsprechen, daß die Kaution den Betrag überschreitet, den der festhaltende Staat bei einer Festsetzung des Schiffes erlangen würde.[571] Mangels abweichender Parteivereinbarung ist die Kaution gemäß Art. 113 (3) ISGH-VerfO bei dem festhaltenden Staat zu hinterlegen.

Durch Art. 292 SRÜ ist das Seerechtsübereinkommen geeignet, die Freiheit der Schiffahrt zu gewährleisten, indem ein effektiver Mechanismus zur Verfügung gestellt wird, um eine Freigabe von Schiffen und deren Besatzung zu erreichen. Allerdings erscheint es angesichts des stark eingeschränkten Anwendungsbereichs der Vorschrift zweifelhaft, ob die Bestimmung in der Praxis größere Bedeutung erlangen wird.[572] Allerdings ging es in dem ersten Verfahren vor dem Internationalen Seegerichtshof überhaupt um die sofortige Freigabe eines Schiffes nach Art. 292 SRÜ. Dem gegen *Guinea* gerichteten Antrag von *Saint Vincent* und *Guinea* auf Freigabe des Schiffes *M/V Saiga* gab der

568 Zur Entstehungsgeschichte Nordquist/Rosenne/Sohn (Hrsg.), UNCLOS, Nr. 292.1 ff. (S. 67 ff.).

569 Vgl. Art. 110 (1) ISGH-VerfO.

570 Art. 292 (3) S. 1 SRÜ, vgl. auch Nordquist/Rosenne/Sohn (Hrsg.), UNCLOS, Nr. 292.4 (S. 68); v. Wedel, in: RIW 1982, S. 634 (637).

571 In diesem Sinne auch Berenbrok/Nussbaum, in: RIW 1994, S. 910 (917). Eine sinnvolle Begrenzung der Kautionssumme entsprach auch den Interessen der deutschen Delegation, Seidel, Zuständigkeit, S. 22.

572 Vgl. auch Seidel, Zuständigkeit, S. 21 f., der es für wünschenswert gehalten hätte, die Vorschrift auf alle Fälle des Festhaltens von Handelsschiffen zu erstrecken. Er weist in diesem Zusammenhang darauf hin, daß der Seegerichtshof gemäß Art. 288 (2) SRÜ auch Klagen über die Freigabe von Schiffen auf der Basis anderer bilateraler oder multilateraler Übereinkommen entscheiden kann, wenn darin die sofortige Freigabe vorgesehen und die Zuständigkeit des Seegerichtshofs vereinbart ist. Heftige Zweifel an Sinn und Zweck des Art. 292 SRÜ äußert der IGH-Richter Oda, in: ICLQ 1995, S. 863 (866 f.): „It seems to this author that the whole structure of provisions for the prompt release of vessels and their crews under Article 292 in the Convention does not make any sense and is in fact unworkable. The relevant provision was drafted at the UNCLOS III simply on the basis of wishful thinking, arising from a lack of understanding of the whole situation relating to the exercise of coastal jurisdiction in the exclusive economic zone.“ Eine überzeugende Begründung für diese Kritik bleibt er dabei allerdings schuldig.

Internationale Seegerichtshof gegen Sicherheitsleistung des geladenen Rohöls und weiterer US$ 400.000,00 am 4. Dezember 1997 mit 12 zu 9 Stimmen statt.[573]

2. *ICSID-Schiedsverfahren*

a. *Empfehlung vorläufiger Maßnahmen durch das Schiedsgericht*

Für das ICSID-Schiedsverfahren bestimmt Art. 47 ICSID-Übk i. V. m. Rule 39 ICSID AR, daß das Schiedsgericht in Ermangelung einer abweichenden Parteivereinbarung vorläufige Maßnahmen zur Sicherung der Rechte beider Parteien empfehlen kann, wenn die Umstände dies nach seiner Ansicht erfordern. Diese Regelung ist eng an Art. 41 IGH-Statut i. V. m. Art. 73 ff. IGH-VerfO[574] angelehnt. Ein Antrag auf Empfehlung vorläufiger Maßnahmen, der jederzeit während des Verfahrens gestellt werden kann[575], hat Priorität gegenüber anderen Aufgaben des Schiedsgerichts.[576] Im Gegensatz zu Art. 290 SRÜ kann das Schiedsgericht vorläufige Maßnahmen auch *proprio motu* empfehlen, ändern oder aufheben.[577]

Auch im Rahmen des Art. 47 ICSID-Übk ergeben sich weitere Voraussetzungen für die Empfehlung vorläufiger Maßnahmen aus deren Funktion der Sicherung der Rechte der Parteien des Verfahrens bis zur endgültigen Entscheidung. Dementsprechend muß das Schiedsgericht die Empfehlung vorläufiger Maßnahmen zur Sicherung der Rechte einer oder beider Parteien für erforderlich halten. Die vom Schiedsgericht empfohlenen Maßnahmen müssen nach Art, Umfang und Dauer zum Schutz des in Frage stehenden Rechts angemessen sein[578] und dürfen die Hauptsache nicht vorwegnehmen.[579] Außerdem gilt auch hier, daß zwischen dem Schutzzweck des Antrags und dem Gegenstand des Hauptsacheverfahrens Konnexität bestehen muß und die Hauptsache nicht offensichtlich unbegründet sein darf.[580] Gemäß Rule 39 (4) ICSID AR ist den Parteien in jedem Fall vor der Empfehlung vorläufiger Maßnahmen Gelegenheit zur Stellungnahme zu geben, um zu

573 The M/V „Saiga“ (Saint Vincent and the Grenadines v. Guinea), List of Cases No. 1, Judgment of 4 December 1997, ILM 1998, S. 362 ff.; siehe hierzu auch Lauterpacht, in: FS Seidl-Hohenveldern, S. 395 (397 ff.); Oxman, in: AJIL 1998, S. 278 ff.; Vowe, in: ICLQ 1999, S. 187 ff.

574 Siehe oben S. 343, Fn. 525.

575 Rule 39 (1) S. 1 ICSID AR. Zu den Anforderungen an den Inhalt des Antrags siehe S. 2.

576 Rule 39 (2) ICSID AR.

577 Rule 39 (3) ICSID AR, Massod, in: D. L. Rev. 1972, S. 138 (143). Diese Bestimmung entspricht Art. 75 (1) IGH-VerfO. Zur hiervon abweichenden Regelung des Art. 290 (3) ISGH-Statut siehe oben S. 346.

578 Vgl. Cheng, Principles, S. 273.

579 Anmerkung D zu Rule 39 ICSID AR i.d.F. vom 1. Januar 1968 (abgedruckt in: ICSID, Regulations and Rules (January 1, 1968), S. 105): „The measures recommended must be "provisional" in character and be appropriate in nature, extent and duration to the risk of existing for the rights to be preserved“.

580 Caron, in: ZaöRV 1986, S. 465 (491); vgl. auch Ramos Mendez, in: RdA 1985, S. 51 (58 f.)

vermeiden, daß das Schiedsgericht vorläufige Maßnahmen empfiehlt, die für die betroffene Partei überraschend oder unfair sind.[581]

Während nach Art. 290 (1) SRÜ die Spruchkörper des SRÜ vorläufige Maßnahmen „anordnen“ [582], werden diese, wie bei Art. 41 IGH-Statut, durch das ICSID-Schiedsgericht lediglich „empfohlen“.[583] Die in früheren Entwürfen des ICSID-Übk vorgesehene Befugnis zur „Anordnung“ vorläufiger Maßnahmen konnte sich in den Verhandlungen nicht durchsetzen[584], so daß die vom Schiedsgericht empfohlenen vorläufigen Maßnahmen nicht verbindlich sind.[585] Gleichwohl ist ihre Wirkung nicht zu unterschätzen, da die Parteien im Zweifel bemüht sein werden, den Empfehlungen des Schiedsgerichts freiwillig Folge zu leisten. Dies gilt umso mehr, als das Schiedsgericht im Rahmen seiner Entschei-

---

581 Anmerkung E zu Rule 39 ICSID AR i.d.F. vom 1. Januar 1968 (abgedruckt in: ICSID, Regulations and Rules (January 1, 1968), S. 105).

582 Zu den Voraussetzungen für eine Anordnung nach Art. 290 SRÜ siehe oben S. 348.

583 Vgl. die englische („recommend“) und die französische („recommander“) Originalfassung.

584 Die Befugnis zur „Anordnung“ war im ersten von der Weltbank vorgelegten Vorschlag vorgesehen (Article VI, Sect. 6 Working Paper in the form of a Draft Convention prepared by the General Counsel and transmitted to the Executive Director (R 62-1 SD, 5 June 1962), in: ICSID, Documents, Vol. II/1, Doc. 6, S. 41 f.). Auch im vorläufigen Entwurf (Article IV, Sect. 10 Preliminary Draft Convention: Working Paper for the Consultative Meetings of Legal Experts (COM/AF/WH/EU/AS/1, 15 October 1963), in: ICSID, Documents, Vol. II/1, Doc. 24, S. 215) und im ersten Entwurf wurde diese Formulierung beibehalten (Art. 50 Draft Convention: Working Paper for the Legal Committee (Z 12, 11 September 1964), in: ICSID, Documents, Vol. II/1, Doc. 43, S. 632). Nachdem im Verlauf der Diskussion zahlreiche unterschiedliche Vorschläge zur Fassung der Vorschrift gemacht worden waren (siehe zu den einzelnen Vorschlägen ICSID, Documents, Vol. II/1, Doc. 25 (Summary Record of Proceedings, Addis Ababa Consultative Meetings of Legal Experts, 16 - 20 December 1963, Z 7, 30 April 1964), S. 268; Doc. 27 (Summary Record of Proceedings, Santiago Consultative Meetings of Legal Experts, 3 - 7 February 1964, Z 8, 12 June 1964), S. 337 f.; Doc. 31 (Summary Record of Proceedings, Bangkok Consultative Meetings of Legal Experts, 27 April - 1 May 1964, Z 10, 20 July 1964), S. 515 f.; ICSID, Documents, Vol. II/2, Doc. 84 (Summary Proceedings of the Legal Committee Meeting, December 8, morning, SID/LC/SR/16, 30 December 1964), S. 812 ff.), konnte sich diese Formulierung aber nicht durchsetzen; die Befugnis des Schiedsgerichts wurde auf die Möglichkeit der „Empfehlung“ vorläufiger Maßnahmen beschränkt. Zur Entstehungsgeschichte des Art. 47 ICSID-Übk siehe insb. Massod, in: D. L. Rev. 1972, S. 138 (139 ff.); Brower/Goodman, in: ICSID Rev. - FILJ 1991, S. 431 (440 ff.); zu den einzelnen Fassungen der Vorschrift siehe auch ICSID, Analysis, Vol. I, S. 206 ff.

585 Caron, in: ZaöRV 1986, S. 465 (478, Fn. 36) : „...the interim measures "recommended" [by an ICSID Tribunal] are only morally binding.“ Im Verfahren AGIP S.p.A. v. Government of the People's Republic of the Congo (Case No. ARB/77/1) beispielsweise hat die Volksrepublik Kongo sich nicht an die Empfehlungen des Schiedsgerichts gebunden gefühlt, Cahier, in: Contemporary Problems, S. 241 (247); Art. 50 (2) Draft Convention: Working Paper for the Legal Committee (Z 12, 11 September 1964), in: ICSID, Documents, Vol. II/1, Doc. 43, S. 632 sah vor, daß „The Tribunal may fix a penalty for failure to comply with such provisional measures.“ Die Einfügung dieses Absatzes wurde vom Legal Committee aber nahezu einstimmig abgelehnt, ICSID, Documents, Vol. II/2, Doc. 84 (Summary Proceedings of the Legal Committee Meeting, December 8, morning, SID/LC/SR/16, 30 December 1964), S. 815.

dung berücksichtigen kann, daß eine Partei seinen Empfehlungen nicht Folge geleistet hat.[586]

b. Empfehlung vorläufiger Maßnahmen vor der Entscheidung über die Zuständigkeit

In der Praxis spielen vorläufige Maßnahmen zur Beweissicherung oder zum Schutz der Rechte einer Partei eine erhebliche Rolle.[587] Um die Schaffung vollendeter Tatsachen durch eine Partei zu verhindern, kann es notwendig sein, daß das Schiedsgericht die vorläufigen Maßnahmen zu einem möglichst frühen Zeitpunkt empfiehlt. Daher ist die Frage, ob ein ICSID-Schiedsgericht befugt ist, vorläufige Maßnahmen zu empfehlen, bevor es seine Zuständigkeit festgestellt hat, wenn diese von einer Partei bestritten wird, von erheblicher praktischer Bedeutung; weder das ICSID-Übereinkommen noch die ICSID Arbitration Rules enthalten jedoch Regelungen hierzu.

Eine solche Befugnis birgt die Gefahr, daß eine Partei ihr Verhalten nach den von dem Schiedsgericht empfohlenen vorläufigen Maßnahmen richtet, daß aber das Schiedsgericht später seine eigene Zuständigkeit verneint. Muß andererseits das Schiedsgericht vor der Empfehlung vorläufiger Maßnahmen erst über seine Zuständigkeit entscheiden, so kann dies dem Zweck der Empfehlung vorläufiger Maßnahmen zuwiderlaufen oder ihn vereiteln.[588] Um dem Spannungsverhältnis zwischen diesen widerstreitenden Interessen Rechnung zu tragen, bestimmt Art. 290 (1) SRÜ, wie oben dargestellt[589], daß die Spruchkörper des Seerechtsübereinkommens zur Anordnung vorläufiger Maßnahmen befugt sind, wenn sie der Auffassung sind, *prima facie* zuständig zu sein. Die Parteien werden demzufolge davor geschützt, daß ein offensichtlich unzuständiger Spruchkörper vorläufige Maßnahmen erläßt.

Der entsprechende Schutz der Parteien wird auch im Rahmen der Weltbankschiedsgerichtsbarkeit gewährleistet. Nach Art. 36 (3) ICSID-Übk hat der Generalsekretär des ICSID eine *„screening power“*.[590] Stellt er aufgrund der im Antrag auf Verfahrenseinlei-

---

586 Anmerkung B zu Rule 39 ICSID AR i.d.F. vom 1. Januar 1968 (abgedruckt in: ICSID, Regulations and Rules (January 1, 1968), S. 105); Massod, in: D. L. Rev. 1972, S. 138 (145 f.); siehe hierzu ICSID, Documents, Vol. II/1, Doc. 31, S. 515 f.; ICSID, Documents, Vol. II/2, Doc. 84, S. 815, wo Broches darauf hinwies, daß auch die Nichtaufnahme der Formulierung („the Tribunal shall take into account in its award the consequence of a failure to comply with the provisional measures“) in die Vorschrift einer entsprechenden Befugnis des Schiedsgerichts nicht entgegenstehe; ders., in: YCA 1993, S. 627 (677, Rn. 140).

587 Bülow/Böckstiegel/Geimer/Schütze - Böckstiegel, Band II, 720·70, Fn. 38. Zu Einzelheiten Broches, in: YCA 1993, S. 627 (678 ff., Rn. 142 ff.).

588 Massod, in: D. L. Rev. 1972, S. 138 (144); siehe auch Caron, in: ZaöRV 1986, S. 465 (487 f.); Baker/Davis, Experience, S. 139 mit Nachweisen zur Rechtsprechung des Iran-United States Claims Tribunal, die ausführen, daß „Arbitration is based on the consent of the parties, and the aribtrators' jurisdiction is bounded by the scope of the arbitration agreement. Thus there must be some certainty about a tribunal's jurisdiction before it can order interim measures. On the other hand, if a full determination of the jurisdictional issues in a case must be made before protection is granted, the protection can hardly be termed "interim"“.

589 S. 344.

590 Siehe hierzu oben S. 197.

tung enthaltenen Angaben fest, daß die Streitigkeit offensichtlich nicht in die Zuständigkeit des Zentrums fällt[591], so registriert er den Antrag nicht und das Schiedsverfahren wird nicht eingeleitet.

Das Schiedsgericht ist an diese Entscheidung des Generalsekretärs nicht gebunden[592] und kann daher vor der Empfehlung vorläufiger Maßnahmen seinerseits noch einmal prüfen, ob es nicht offensichtlich unzuständig ist.[593] In jedem Fall werden die Parteien aber bereits durch diese *„screening power"* vor Empfehlungen vorläufiger Maßnahmen durch ein offensichtlich unzuständiges Schiedsgericht geschützt.[594] Daher ist die Befugnis eines ICSID-Schiedsgerichts zur Empfehlung vorläufiger Maßnahmen bereits vor der endgültigen Entscheidung über seine Zuständigkeit zu bejahen.[595] Beispielsweise hat etwa das Schiedsgericht in *Holiday Inns v. Morocco* von dieser Möglichkeit Gebrauch gemacht.[596]

c. *Anordnung vorläufiger Maßnahmen durch staatliche Gerichte*

Ein weiteres Problem, das Rechtsprechung und Literatur wiederholt beschäftigt hat, ist, ob und inwieweit im Rahmen eines ICSID-Schiedsverfahrens neben dem Schiedsgericht staatliche Gerichte zur Anordnung vorläufiger Maßnahmen befugt sind. Entscheidend für diese Frage ist, ob Art. 26 S. 1 ICSID-Übk – der bestimmt, daß die Zustimmung der Parteien zu einem ICSID-Schiedsverfahren, sofern nicht etwas anderes erklärt wird, zugleich als Verzicht auf jeden anderen Rechtsbehelf gilt[597] – auch die Anordnung vorläufiger

591 Diese Formulierung entspricht dem Maßstab, den der IGH zur Zeit der Verhandlungen über das ICSID-Übk zugrunde gelegt hat, um vor der endgültigen Entscheidung über die Zuständigkeit vorläufige Maßnahmen zu empfehlen; Brower/Goodman, in: ICSID Rev. - FILJ 1991, S. 431 (452).

592 Delaume, in: Pace L. Rev. 1985, S. 563 (585).

593 Vgl. die Ausführungen des Schiedsgerichts im Verfahren Holiday Inns S.A., Occidental Petroleum Corporation et al. v. Government of Morocco (Case No. ARB/72/1): „The registration of the Request by the Secretary-General shows and only shows that the Request was not in his view manifestly outside the jurisdiction of the Centre" und daß eine solche Registrierung natürlich nicht „preclude a finding by the Tribunal that the dispute is outside the jurisdiction of the Centre."; (Wiedergabe des Wortlauts der (unveröffentlichten) Entscheidung des Schiedsgerichts bei Lalive, in: BYIL 1980, S. 123 (144, Fn. 2)).

594 Diesen Aspekt übersieht Cahier, in: Contemporary Problems, S. 241 (246 f.).

595 Dem entspricht auch eine im Rahmen der Verhandlungen über das Weltbankübereinkommen abgegebene Stellungnahme des Vorsitzenden Broches. Er stellte unwidersprochen fest, daß es angebracht erscheine, dem Schiedsgericht die Kompetenz zu verleihen, die Parteien anzuweisen, Maßnahmen, die eine Erfüllung des späteren Schiedsspruchs unmöglich machten, zu unterlassen, wenn das Schiedsverfahren ordnungsgemäß eingeleitet sei (Summary Record of Proceedings, Bangkok Consultative Meetings of Legal Experts, 27 April - 1 May 1964, Z 10, 20 July 1964, in: ICSID, Documents, Vol. II/1, Doc. 31, S. 515.). Ein ICSID-Schiedsverfahren ist aber bereits dann ordnungsgemäß eingeleitet, wenn der Generalsekretär den Antrag auf Verfahrenseinleitung registriert hat, Broches, in: RdC 1972-II, S. 330 (368).

596 Delaume, in: Pace L. Rev. 1985, S. 563 (584 f.).

597 Zu Art. 26 ICSID-Übk siehe oben S. 158 f.

Maßnahmen betrifft, oder ob diese keinen Rechtsbehelf („remedy") im Sinne des Art. 26 S. 1 ICSID-Übk darstellen.

Die im Rahmen der Neufassung der ICSID AR am 26. September 1984 eingefügte Rule 39 (5) ICSID AR bestimmt nunmehr, daß die Parteien befugt sind, die Anordnung vorläufiger Maßnahmen bei staatlichen Gerichten zu beantragen, wenn sie dies vereinbart haben. Fehlt eine entsprechende Vereinbarung, so ist nach dieser Formulierung die Anordnung durch staatliche Gerichte ausgeschlossen. Da gemäß Art. 44 ICSID-Übk die ICSID AR in der Fassung Anwendung finden, die zum Zeitpunkt der Zustimmung der Parteien zum Schiedsverfahren galten[598], ist Rule 39 (5) ICSID AR nicht anwendbar, wenn die Parteien die Vereinbarung der ICSID-Schiedsgerichtsbarkeit vor dem 26. September 1984 getroffen haben. In Anbetracht der Langfristigkeit zahlreicher Verträgen gerade im Bereich der Auslandsinvestitionen ist nicht auszuschließen, daß nach wie vor Streitigkeiten entstehen können, für die die ICSID-Zuständigkeit vor dem 26. September 1984 vereinbart worden ist. Daher ist die Frage, ob staatliche Gerichte zur Anordnung vorläufiger Maßnahmen befugt sind, nach wie vor erheblich.[599]

Nach einer in Rechtsprechung[600] und Literatur[601] vertretenen Ansicht stellt die Empfehlung vorläufiger Maßnahmen einen Rechtsbehelf im Sinne des Art. 26 S. 1 ICSID-Übk dar, mit der Folge, daß das ICSID-Schiedsgericht die ausschließliche Kompetenz zur

---

598 Siehe hierzu unten S. 382.

599 Vgl. auch Schreuer, in: ICSID Rev. - FILJ 1997, S. 151 (192).

600 So hinsichtlich des Verfahrens Atlantic Triton Company Limited v. People's Revolutionary Republic of Guinea (Case No. ARB/84/1) die Cour d'Appel de Rennes (République populaire révolutionnaire de Guinée et Soguipêche c/ Atlantic Triton), in: RdA 1985, S. 439 (447): „...une telle perspective le but étant clair l'esprit de la Convention révélé par le Règlement d'arbitrage implique que le tribunal arbitral ait une compétence générale et exclusive pour trancher non seulement le fond, mais encore toutes mesures provisoires: que les termes employés tel que remedy et recours (article 26 de la convention) ont une portée générale exclusive de toute ambiguïté;..."; (zu Einzelheiten des Verfahrens Atlantic Triton v. Guinea siehe Rayfuse/Lauterpacht, ICSID Reports III, S. 13 ff.); vgl. hinsichtlich des Verfahrens Maritime International Nominees Establishment v. Government of the Republic of Guinea (Case No. ARB/84/4) die Rechtsbank Antwerpen, Entscheidung v. 27. September 1985, in: ILM 1985, S. 1639 ff.; zur diesbezüglichen Rechtsprechung der schweizer Gerichte in diesem Verfahren, Brower/Goodman, in: ICSID Rev. - FILJ 1991, S. 431 (436 ff.); Friedland, in: Arb. Int. 1986, S. 335 (353 f.). Im gleichen Verfahren empfahl das Schiedsgericht auf einen entsprechenden Antrag von Guinea hin, daß MINE alle Verfahren vor nationalen Gerichten zurückziehen oder beenden und auch keine weiteren Verfahren in diesem Zusammenhang einleiten solle und ging dabei davon aus, daß es selbst die ausschließliche Zuständigkeit zur Empfehlung vorläufiger Maßnahmen habe, MINE v. Guinea, vgl. Friedland, aaO. (345 f.); Brower/Goodman, aaO. (445). Das Schiedsgericht im Verfahren Holiday Inns S.A., Occidental Petroleum Corporation et al. v. Government of Morocco (Case No. ARB/72/1) wich dieser Frage in seiner Entscheidung aus; vgl. Brower/Goodman, aaO. (444); Friedland, aaO. (341 f.); Lalive, in: BYIL 1980, S. 123 (136); Marchais, in: D.C.P.I. 1988, S. 275 (287 ff.).

601 Brower/Goodman, in: ICSID Rev. - FILJ 1991, S. 431 (461); Delaume, in: AJIL 1983, S. 784 ff.; Friedland, in: Arb. Int. 1986, S. 335 (339 ff.); ders., in: Arb. Int. 1988, S. 161 ff.; Marchais, in: D.C.P.I. 1988, S. 275 (291 ff.); Schreuer, in: ICSID Rev. - FILJ 1997, S. 151 (183 ff.); Shihata, in: ICSID Rev. - FILJ 1986, S. 1 (8); Toope, Mixed International Arbitration, S. 237 f.; Hirsch, ICSID, S. 159 f.

Empfehlung vorläufiger Maßnahmen hat. Für diese Ansicht wird angeführt, es sei notwendig, ICSID-Schiedsverfahren autonom von nationalen Verfahren zu gestalten.[602] Eines der Hauptziele der ICSID-Schiedsgerichtsbarkeit bestehe darin, das empfindliche Gleichgewicht zwischen den Interessen des Investors und des Investitionsstaats zu wahren.[603] Dieses werde durch die Befugnis staatlicher Gerichte zur Anordnung vorläufiger Maßnahmen gestört.[604]

Nach der ebenfalls in Rechtsprechung[605] und Literatur[606] vertretenen Gegenansicht stellen vorläufige Maßnahmen keinen Rechtsbehelf im Sinne des Art. 26 S. 1 ICSID-Übk dar, so daß die staatlichen Gerichte zur Anordnung befugt seien. Diese Ansicht stützt sich darauf, daß aus dem Wortlaut und der Entstehungsgeschichte des Weltbankübereinkommens nicht ersichtlich sei, daß ICSID-Schiedsgerichte die ausschließliche Zuständigkeit

---

602 Marchais, in: ICSID Rev. - FILJ 1986, S. 372 (377).

603 Delaume, in: AJIL 1983, S. 784 (791); Marchais, in: D.C.P.I. 1988, S. 275 (299).

604 Cour d'Appel de Rennes (République populaire révolutionnaire de Guinée et Soguipêche c/ Atlantic Triton), RdA 1985, S. 439 (447 f.).

605 Vgl. hinsichtlich des Verfahrens Atlantic Triton Company Limited v. People's Revolutionary Republic of Guinea (Case No. ARB/84/1) die Entscheidung der französischen Cour de Cassation (Société Atlantic Triton c/ République populaire révolutionaire de Guinée et société Soguipêche), in: RdA 1987, S. 315 ff. unter Aufhebung der Entscheidung der Cour d'Appel de Rennes (siehe oben Fn. 600); kritisch Marchais, in: D.C.P.I. 1988, S. 275 (291). In dem zugrundeliegenden Schiedsverfahren Atlantic Triton v. Guinea lehnte das ICSID-Schiedsgericht einen Antrag Guineas, das Schiedsgericht solle MINE allgemein empfehlen, von Maßnahmen vor staatlichen Gerichten Abstand zu nehmen, ab (der Inhalt der unveröffentlichten Entscheidung über diesen Antrag ist wiedergegeben bei Friedland, in: Arb. Int. 1986, S. 335 (344 f.)). In seinem Schiedsspruch hatte das Schiedsgericht darüber zu entscheiden, ob Atlantic Triton durch die Beantragung vorläufiger Maßnahmen bei staatlichen Gerichten seine vertraglichen Verpflichtungen verletzt hatte und Guinea deshalb Schadensersatz und Zinsen wegen Vertragsverletzung („faute contractuelle") verlangen konnte. Das Schiedsgericht führte hierzu aus, daß aus Art. 26 und 47 ICSID-Übk und Rule 39 ICSID AR folge, daß das Schiedsgericht vorläufige Maßnahmen empfehlen könne, hieraus folge aber nicht gleichermaßen offensichtlich, daß diese Befugnis ausschließlich sei und jeden Rückgriff auf staatliche Gerichte verbiete, welche traditionell und so gut wie allgemein anerkannt die ausschließliche Befugnis zur Anordnung solcher Maßnahmen hätten; vgl. die Wiedergabe der Entscheidung bei Gaillard, in: Clunet 1988, S. 165 (185); Marchais, in: D.C.P.I. 1988, S. 275 (290). Im Ergebnis lehnte das Schiedsgericht eine Vertragsverletzung durch Atlantic Triton und damit einen Anspruch Guineas ab, wobei die Ausführungen des Schiedsgerichts es nahelegen, daß es der Auffassung war, daß neben einem ICSID-Schiedsgericht auch staatliche Gerichte zur Anordnung vorläufiger Maßnahmen befugt seien, Marchais, in: D.C.P.I. 1988, S. 275 (290); vgl. auch Gaillard, in: Clunet 1988, S. 165 (187).

606 Flécheux, in: RdA 1985, S. 449 ff.; van den Berg, in: Arb. Int. 1989, S. 2 (17 f.); Gaillard, in: Clunet 1985, S. 934 (941); ders, in: Clunet 1987, S. 127 ff.; ders., in: Clunet 1988, S. 165 (187 f.), der insoweit allerdings zwischen vorläufigen Maßnahmen zur Sicherung der Durchsetzung der in Frage stehenden Ansprüche und sonstigen vorläufigen Maßnahmen, etwa solchen, die den Ablauf des Verfahrens (Vorlage von Beweismitteln, Anordnung von Discovery etc.) regeln, unterscheidet. Nur soweit es um die Sicherung der in Frage stehenden Ansprüche gehe, seien staatliche Gerichte zur Anordnung vorläufiger Maßnahmen befugt, ders., in: Clunet 1988, S. 165 (188).

zur Empfehlung vorläufiger Maßnahmen haben sollten.[607] Durch den Ausschluß einer entsprechenden Befugnis der staatlichen Gerichte würden die Parteien eines ICSID-Schiedsverfahrens einer wichtigen Möglichkeit zur Wahrung ihrer Rechte beraubt, wobei sich dieses Problem insbesondere vor der Konstituierung des Schiedsgerichts stelle.[608] Ferner wird darauf hingewiesen, daß nach den meisten nationalen Schiedsgerichtsgesetzen neben dem Schiedsgericht auch die staatlichen Gerichte zur Anordnung vorläufiger Maßnahmen befugt sind. Gleiches gelte für die meisten Schiedsverfahrensordnungen. Außerdem seien ICSID-Schiedsverfahren, wie sich aus Art. 54 (3) ICSID-Übk ergebe, nicht völlig unabhängig von staatlichen Gerichten; letztere seien befugt, ICSID-Schiedsgerichte zu unterstützen.[609]

Während die erste Ansicht sich auf den autonomen Charakter der ICSID-Schiedsgerichtsbarkeit als Mechanismus zur Beilegung von Streitigkeiten zwischen Staaten und ausländischen Investoren stützt, stellt die Gegenansicht praktische Erwägungen in den Vordergrund – wie in einem privaten Schiedsverfahren sollen auch die Parteien eines ICSID-Schiedsverfahrens nicht auf die Anordnung vorläufiger Maßnahmen durch staatliche Gerichte verzichten müssen.

Legt man den Wortlaut zugrunde, so spricht dieser eher für die erste Ansicht. In der englischen Originalfassung verwendet Art. 26 S. 1 ICSID-Übk den sehr weiten Begriff *„remedy"*[610]. Hierunter fallen auch sog. *„provisional remedies"* im Sinne von vorläufigen Sicherungsentscheidungen bzw. einstweiligen Verfügungen.[611] Dagegen kann das von der Gegenansicht vorgebrachte Argument, daß auch im Bereich der privaten Schiedsgerichtsbarkeit staatliche Gerichte zur Anordnung vorläufiger Maßnahmen befugt seien und dies daher auch für das ICSID-Schiedsverfahren gelten müsse, nicht überzeugen. Diese Gleichstellung mit der privaten Schiedsgerichtsbarkeit berücksichtigt nicht den autonomen Charakter der ICSID-Schiedsgerichtsbarkeit, wonach die Verfahren auf einer völkerrechtlichen Grundlage zwischen einem Staat und einer Privatperson stattfinden und andere *„remedies"* gemäß Art. 26 S. 1 ICSID-Übk gerade ausgeschlossen sind.

Das gewichtigste Argument der zweiten Ansicht ist, daß insbesondere vor der Konstituierung des Schiedsgerichts ein Bedürfnis der Parteien eines ICSID-Schiedsverfahrens bestehen kann, sich für die Anordnung vorläufiger Maßnahmen an staatliche Gerichte wenden zu können, um ihre Rechte zu wahren. Gerade zur Sicherung der in Frage stehenden Ansprüche könnte ein solches zwingendes Bedürfnis bestehen, da das Schiedsgericht vorläufige Maßnahmen im Gegensatz zu einem staatlichen Gericht nur empfehlen kann. Da insoweit auch ein Zusammenhang mit der Vollstreckung der Entscheidung besteht,

---

607 Gaillard, in: Clunet 1985, S. 934 (941).

608 Flécheux, in: RdA 1985, S. 449 (453); zur Vermeidung dieses Problems schlägt Hirsch, ICSID, S. 159 f. vor, daß bis zur Konstituierung des Schiedsgerichts der Generalsekretär des ICSID die Befugnis zur Empfehlung vorläufiger Maßnahmen haben solle.

609 van den Berg, in: Arb. Int. 1989, S. 2 (17).

610 Der Begriff „remedy" kann u.a. übersetzt werden als „Abhilfe", „Rechtsbehelf", „Rechtsschutz" oder „Rechtsverwirklichung", vgl. Romain, Wörterbuch, Teil I, Englisch - Deutsch, S. 641. Der Begriff ist damit weiter als der deutsche Begriff „Rechtsbehelf". Hierunter versteht man jedes von der Rechtsordnung zugelassene Gesuch, mit dem eine behördliche, insb. gerichtliche Entscheidung angefochten werden kann, vgl. Creifelds, Rechtswörterbuch, S. 949.

611 Dietl/Moss/Lorenz, Wörterbuch für Recht, Wirtschaft und Politik, Teil I, S. 684.

könnte dieses Verständnis auf Art. 54 (3) ICSID-Übk gestützt werden, demzufolge die Vollstreckung des Schiedsspruchs sich nach den nationalen Vorschriften richtet.

Demgegenüber ist indes zu bedenken, daß mit dem ICSID-Übereinkommen ein autonomer Mechanismus zur Beilegung von Investitionsstreitigkeiten zwischen Investor und Investitionsstaat geschaffen werden sollte. Zur Wahrung dieses autonomen Charakters sollen durch die Art. 26 f. ICSID-Übk[612] äußere Einflüsse ausgeschlossen werden, durch die das empfindliche Gleichgewicht zwischen den Parteien der Investitionsstreitigkeit gestört werden könnte. Dies gilt für die gesamte Dauer des Schiedsverfahrens. Erst nach Abschluß des Verfahrens im Rahmen der Vollstreckung des Schiedsspruches spielen die staatlichen Gerichte gemäß Art. 54 (3) ICSID-Übk eine Rolle. Dabei ist jegliche Kontrolle des Schiedsspruchs durch die staatlichen Gerichte ausgeschlossen.[613] Die Zulassung der Anordnung vorläufiger Maßnahmen durch staatliche Gerichte würde das durch den autonomen Charakter der Weltbankschiedsgerichtsbarkeit geschaffene Gleichgewicht zwischen den Parteien der Investitionsstreitigkeit stören und daher dem Sinn und Zweck des Weltbankübereinkommens widersprechen.

Nach Auffassung des Verfassers spricht neben dem Wortlaut auch der Sinn und Zweck des ICSID-Übereinkommens dafür, daß nur das Schiedsgericht vorläufige Maßnahmen empfehlen kann. Im Ergebnis stellen vorläufige Maßnahmen daher einen Rechtsbehelf im Sinne des Art. 26 S. 1 ICSID-Übk dar. Ihre Anordnung durch staatliche Gerichte ist ausgeschlossen. Allerdings haben die Parteien die Möglichkeit, eine abweichende Vereinbarung zu treffen.[614] Die neu eingefügte Rule 39 (5) ICSID AR, derzufolge mangels abweichender Parteivereinbarung die ausschließliche Zuständigkeit für die Anordnung vorläufiger Maßnahmen beim ICSID-Schiedsgericht liegt, hat dementsprechend lediglich klarstellenden Charakter.[615]

3. *WIPO-Schiedsverfahren*

a. *Zuständigkeit für die Gewährung vorläufigen Rechtsschutzes*

Nach Art. 46 WIPO SchO kann ein WIPO-Schiedsgericht auf Verlangen einer Partei vorläufige Anordnungen erlassen oder andere vorläufige Maßnahmen ergreifen, die es für notwendig erachtet. Dies gilt allerdings gemäß Art. 3 (a) WIPO SchO nur, wenn und soweit nicht das auf das Schiedsverfahren anwendbare Recht die Anordnung vorläufiger Maßnahmen durch das Schiedsgericht ausschließt. Während in Deutschland vor Inkrafttreten des neuen 10. Buchs der ZPO nach herrschender Meinung ausschließlich die staatlichen Gerichte zur Anordnung vorläufiger Maßnahmen befugt waren[616], bestimmt nun-

612 Zu Art. 27 ICSID-Übk, demzufolge die Gewährung diplomatischen Schutzes durch den Heimatstaat des Investors ausgeschlossen ist, siehe oben S. 158 f.

613 Zur Vollstreckung von ICSID-Schiedssprüchen siehe unten S. 506 ff.

614 Wollen die Parteien eine diesbezügliche Vereinbarung treffen, so sehen die ICSID Model Clauses mit Klausel Nr. 14 eine entsprechende Möglichkeit vor.

615 So auch Parra, in: News from ICSID 1985, Nr. 1, S. 4 (6).

616 BGH ZZP 71, S. 427 (436); Baumbach/Lauterbach - Albers, ZPO, § 1041, Rn. 1; Schwab/Walter, Schiedsgerichtsbarkeit, S. 59 f. m.w.N.; Schütze/Tscherning/Wais, Handbuch, Rn. 44 m.w.N.; Schwab, in: FS Baur, S. 627 ff.; ders., in: FS Nagel, S. 434. Dies wurde damit

mehr § 1041 (1) ZPO[617] in Anlehnung an Art. 17 UNCITRAL MG, daß ein Schiedsgericht mangels einer abweichenden Parteivereinbarung vorläufige oder sichernde Maßnahmen anordnen kann, die es in Bezug auf den Streitgegenstand für erforderlich hält. Eine vergleichbare Regel enthalten beispielsweise auch Art. 183 IPRG und Art. 1051 NZPO.[618]

Auch wenn eine Zuständigkeit der Schiedsgerichte gegeben ist, folgt gleichwohl aus dem Gebot der Gewährung effektiven Rechtsschutzes, daß hierdurch die Befugnis der staatlichen Gerichte zum Erlaß einstweiliger Maßnahmen nicht gänzlich ausgeschlossen werden kann.[619] Damit ist fraglich, ob nach der Konstituierung des Schiedsgerichts[620] eine parallele Kompetenz von Schiedsgericht und staatlichen Gerichten besteht[621] oder ob die staatlichen Gerichte lediglich eine subsidiäre Zuständigkeit haben.[622]

Für eine subsidiäre Kompetenz des staatlichen Gerichts spricht die größere Sachnähe des Schiedsgerichts und die andernfalls bestehende Gefahr einander widersprechender Entscheidungen. Andererseits ist zu bedenken, daß durch eine lediglich subsidiäre Kompetenz Verzögerungen des Schiedsverfahrens begünstigt werden. Ist nach der Konstituierung des Schiedsgerichts dieses ausschließlich zuständig, so bleibt dem Antragsteller der umfassendere Rechtsschutz, der durch die staatlichen Gerichte gewährt werden kann, versagt. Dies kann zur Folge haben, daß der Antragsteller die Konstituierung des Schiedsge-

---

begründet, daß gemäß §§ 1039, 1040, 1042 ZPO a.F. nur endgültige Schiedssprüche für vollstreckbar erklärt werden konnten und das Schiedsgericht nicht die Möglichkeit zur Abnahme eidesstaatlicher Versicherungen habe, obwohl dieses Mittel der Glaubhaftmachung in Verfahren des einstweiligen Rechtsschutzes unentbehrlich sei. Dagegen wurde aber von einer im Laufe der Zeit an Einfluß gewinnenden Gegenansicht eingewandt, daß das Schiedsgericht am ehesten in der Lage sei zu beurteilen, welche einstweiligen Maßnahmen erforderlich seien, und daß es sich auf andere Mittel der Glaubhaftmachung als der eidesstaatlichen Versicherung stützen könne, vgl. etwa Brinkmann, Schiedsgerichtsbarkeit, S. 22 ff.; Reiner, Handbuch, S. 218 ff.; Kühn, in: JPS 1987, S. 47 ff.; Herdegen, in: RIW 1981, S. 304; Schlosser, in: ZZP 1986, S. 241 ff.; umfassend zum Meinungsstand Bösch, Einstweiliger Rechtsschutz, S. 41 ff.; Jeong-Ha, Einstweilige Maßnahmen.

617 Siehe zu § 1041 ZPO Thümmel, in: DZWir 1997, S. 133 ff.; Wolf, in: DB 1999, S. 1101 ff.

618 Einen Überblick über das nationale Recht zahlreicher Staaten im Hinblick auf die Frage, ob ein Schiedsgericht vorläufige Maßnahmen erlassen kann oder nicht, gibt Laschet, in: (Böckstiegel) Bauindustrie, S. 119 (122 ff.).

619 Berger, Arbitration, S. 350 f. m.w.N.; Glossner/Bredow/Bühler, Praxis, Rn. 122; Habscheid, in: IPRax 1989, S. 134 (136). Vgl. auch Art. 46 (d) WIPO SchO, demzufolge ein von einer Partei an ein staatliches Gericht gerichteter Antrag auf vorläufige Maßnahmen nicht als mit der Schiedsvereinbarung unvereinbar oder als Verzicht auf diese Vereinbarung gilt.

620 Vor der Konstituierung des Schiedsgerichts liegt die Zuständigkeit bei den staatlichen Gerichten.

621 Hußlein-Stich, MG, S. 100; Lalive/Poudret/Reymond, Droit de l'Arbitrage, Art. 183, Anm. 15; Blessing, Conduct, S. 41 (56); ders., in: J. Int. Arb. 1988, Nr. 2, S. 9 (49 f.); Habscheid, in: IPRax 1989, S. 134 (136); Lalive/Gaillard, in: Clunet 1989, S. 905 (939); Reymond, in: RdA 1989, S. 385 (405); Samuel, in: Arb. Int. 1991, S. 17 (39 f.).

622 Für eine lediglich subsidiäre Zuständigkeit staatlicher Gerichte sprechen sich aus Berger, Arbitration, S. 348 m.w.N.; Bösch, Einstweiliger Rechtsschutz, S. 159 ff.; A. Bucher, Suisse, Rn. 208; Calavros, UNCITRAL, S. 102; Kohl, Vorläufiger Rechtsschutz, S. 31 ff.; Herdegen, in: RIW 1981, S. 304 (304 f.); Nicklisch, in: RIW 1978, S. 633 (639).

richts bewußt verzögert, um diesen umfassenderen staatlichen Rechtsschutz nicht zu verlieren.[623] Ferner spricht die fehlende Vollstreckbarkeit von durch das Schiedsgericht angeordneten vorläufigen Maßnahmen[624] gegen eine vorrangige Zuständigkeit des Schiedsgerichts, da das Verfahren vor dem staatlichen Gericht im Einzelfall[625] schneller zum Ziel führt als der Weg über das Schiedsgericht.

Da im übrigen die Annahme einer subsidiären Zuständigkeit der staatlichen Gerichte zu Streitigkeiten über das Vorliegen ihrer Voraussetzungen führen und damit den auf Schnelligkeit angewiesenen einstweiligen Rechtsschutz beeinträchtigen kann[626], sprechen die besseren Gründe dafür, daß mangels abweichender Parteivereinbarung sowohl die staatlichen Gerichte als auch das Schiedsgericht parallel zur Anordnung vorläufiger Maßnahmen zuständig sind.[627]

b. *Voraussetzungen*

Abgesehen davon, daß das Schiedsgericht vorläufige Anordnungen oder Maßnahmen nicht *proprio motu* erlassen kann[628], sind in Art. 46 WIPO SchO keine weiteren Erlaßvoraussetzungen normiert. Aus den oben[629] genannten Gründen gilt aber auch für das WIPO-Schiedsverfahren, daß das Schiedsgericht vorläufige Maßnahmen nur erlassen kann, wenn es *prima facie* zuständig ist.[630]

Im übrigen folgen auch für ein WIPO-Schiedsverfahren die übrigen Voraussetzungen aus der Funktion der vorläufigen Maßnahmen, die Rechte der Parteien bis zur endgültigen

623 Hußlein-Stich, MG, S. 100.

624 Siehe hierzu unten S. 364 ff.

625 Blessing, Conduct, S. 41 (56): „Both solutions [Antrag an das staatliche Gericht oder das Schiedsgericht] have their own advantages and disadvantages. There is no generally valid answer as to a certain preference to be given to either solution. This entirely depends on the individual circumstances“.

626 Begründung der Bundesregierung zum SchiedsVfG, BT-Drucks. 13/5274 v. 12.07.96, zu § 1033, S. 38 f.

627 Auf diesem Verständnis basiert auch § 1041 ZPO, vgl. die Begründung der Bundesregierung zum SchiedsVfG, BT-Drucks. 13/5274 v. 12.07.96, zu § 1041, S. 45: „Der Ansicht, daß originärer einstweiliger Rechtsschutz durch die staatlichen Gerichte nur dann zu gewähren sei, wenn vorläufiger Rechtsschutz durch das Schiedsgericht mangels dessen Konstituierung oder aus sonstigen Gründen nicht erlangt werden könne..., folgt der Entwurf ... nicht. Auch das [UNCITRAL MG] geht nicht von einer generellen Subsidiarität des gerichtlichen gegenüber dem schiedsgerichtlichen einstweiligen Rechtsschutz aus...“.

628 Dies folgt aus der Formulierung des Art. 46 (a) WIPO SchO, der ein „Verlangen einer Partei“ voraussetzt. Diese Regelung entspricht Art. 290 (3) SRÜ (oben S. 346); siehe demgegenüber die abweichende Regelung in Rule 39 (3) ICSID AR (oben S. 352).

629 S. 354, vgl. auch oben S. 344.

630 Berger, Arbitration, S. 335. Zur Praxis des Iran-United States Claims Tribunal, das vorläufige Maßnahmen nur angeordnet hat, wenn es prima facie zuständig war, Böckstiegel, in: FS Universität zu Köln, S. 605 (615); Caron, in: ZaöRV 1986, S. 465 (489 f.); Baker/Davis, Experience, S. 139 jeweils mit Nachweisen zur Rechtsprechung des Iran-United States Claims Tribunal; vgl. auch Borris, in: JPS 1988, S. 3 (17); Wühler, in: (Böckstiegel) Rechtsfortbildung, S. 93 (103).

Entscheidung der Streitigkeit zu sichern. Wie dargestellt[631] ergibt sich hieraus, daß das Schiedsgericht die Empfehlung vorläufiger Maßnahmen für notwendig halten muß, um die Rechte einer oder beider Parteien zu sichern. Ferner muß zwischen dem Schutzzweck des Antrags und dem Gegenstand des Hauptsacheverfahrens Konnexität bestehen, die Hauptsache darf nicht offensichtlich unbegründet sein[632] und die Anordnung des Schiedsgerichts darf die Hauptsache nicht vorwegnehmen.[633]

Anders als Art. 290 (3) SRÜ und Rule 39 (4) ICSID AR verlangt Art. 46 WIPO SchO nicht, daß die Parteien vor Erlaß der vorläufigen Anordnung gehört werden müssen. Das Schiedsgericht kann demzufolge unter besonderen Umständen vorläufige Anordnungen auch *ex parte* erlassen.[634] In diesem Fall ist der betroffenen Partei anschließend rechtliches Gehör zu gewähren, woraufhin das Schiedsgericht seine Anordnung überprüfen und gegebenenfalls ändern oder ergänzen kann.

c. *Gegenstand*

Das Schiedsgericht kann solche vorläufigen Anordnungen erlassen oder andere vorläufigen Maßnahmen treffen, die es zur Wahrung der Rechte der Parteien für notwendig erachtet. In Art. 46 (a) WIPO SchO sind aufgeführt einstweilige Verfügungen zur Erhaltung von Gütern, die Gegenstand des Streits sind, wie z. B. ihre Hinterlegung bei einem Dritten, oder der Verkauf von verderblichen Gütern. Diese Aufzählung ist nicht abschließend.[635] Neben der Wahrung des *status quo* sowie der Beweissicherung sind weitere Maßnahmen denkbar, etwa solche, durch die ein bestehender Zustand geändert oder eine neue Sachlage geschaffen wird, bespielsweise die Anordnung der Fortführung bestimmter Tätigkeiten (etwa im Bereich des Anlagenbaus), das Verbot der Ausübung bestimmter Tätigkeiten (etwa durch einstweilige Verfügung im Bereich des unlauteren Wettbewerbs oder bei einer behaupteten Verletzung gewerblicher Schutzrechte) oder der Schutz finanzieller Interessen (durch die Bereitstellung von Bankgarantien oder die Ausstellung einer

---

631 Oben S. 352.

632 Je stärker die Maßnahme in die Rechte der Gegenpartei eingreift, desto wahrscheinlicher muß die Begründetheit in der Hauptsache sein, Berger, Arbitration, S. 337.

633 Vgl. nur Böckstiegel, in: FS Universität zu Köln, S. 605 (615); Caron, in: ZaöRV 1986, S. 465 (487).

634 Blessing, Conduct, S. 41 (54): „In fact, it is my view to say that, in case of urgency, an arbitral tribunal must be able to issue such an order for interim measures "ex parte".“; Kuner, in: RIW 1995, S. 965 (967); Caron, in: ZaöRV 1986, S. 465 (484) zu Art. 26 UNCITRAL SchO; Herdegen, in: RIW 1981, S. 304 (304); zweifelnd Ramos Mendez, in: RdA 1985, S. 51 (57); a.A. Baur, Probleme, S. 24.

635 Zu Art. 26 UNCITRAL SchO Rauh, UNCITRAL, S. 140; Sanders, in: YCA 1977, S. 172 (196): „These are merely examples, many others could be given of where an interim measure might be appropriate“; Caron, in: ZaöRV 1986, S. 465 (499 f.) mit Nachweisen zur Praxis des Iran-United States Claims Tribunal. Bei Art. 17 UNCITRAL MG wurde eine vorgeschlagene Beschränkung auf „measures for conserving or maintaining the value of goods forming the subject matter in dispute“ nicht in die Bestimmung aufgenommen, Holtzmann/Neuhaus, Guide, S. 530 f.

Vertragserfüllungsgarantie).[636] Welche Maßnahmen im Einzelfall angeordnet werden, steht im Ermessen des Schiedsgerichts; dieses hat dabei darauf zu achten, daß die vorläufigen Maßnahmen nach Art, Umfang und Dauer zum Schutz des drohenden Schadens oder Nachteils angemessen sind.[637]

Wenn auch nicht, wie etwa in Art. 17 UNICTRAL-MG[638], ausdrücklich geregelt, so gilt dennoch auch für Art. 46 WIPO SchO, daß das Schiedsgericht nur solche Maßnahmen anordnen kann, die lediglich *inter partes* wirken.[639] Dies folgt daraus, daß die Befugnis des Schiedsgerichts zur Streitentscheidung und damit verbunden zur Anordnung vorläufiger Maßnahmen auf einer Vereinbarung zwischen den Streitparteien beruht, durch die Dritte nicht gebunden werden können.[640]

Gemäß Art. 46 (a) S. 2 WIPO SchO kann das Schiedsgericht die Ergreifung von Maßnahmen von einer von der antragstellenden Partei zu leistenden angemessenen Sicherheit abhängig machen. Die Sicherheit ist dabei nicht auf die Kosten der Entscheidung beschränkt, sondern kann auch den möglichen Schaden der Gegenpartei umfassen.[641] Letzteres bedeutet eine Klarstellung im Vergleich zu Art. 17 UNCITRAL MG und Art. 26 (2) S. 2 UNCITRAL SchO, nach deren Wortlaut das Schiedsgericht lediglich berechtigt ist, Sicherheit für die Kosten *dieser Maßnahmen* zu verlangen.[642]

Außerdem kann das Schiedsgericht gemäß Art. 46 (b) WIPO SchO auf Antrag einer Partei die andere Partei anweisen, Sicherheiten für die Klage- und Widerklageansprüche sowie die Verfahrenskosten bereitzustellen, wenn es dies aufgrund außergewöhnlicher Umstände für erforderlich erachtet; die Form der Sicherheitsleistung wird dabei durch das Schiedsgericht festgelegt. *Blessing*[643] weist darauf hin, daß eine Anordnung von Sicherheitsleistungen in der Praxis der Schiedsgerichtsbarkeit unüblich und unter gewöhnlichen Umständen auch nicht angebracht ist.[644] Dies gilt insbesondere vor dem Hintergrund, daß

---

636 Blessing, Conduct, S. 41 (57); zu Einzelheiten siehe auch Berger, Arbitration, S. 340 ff. m.w.N.; Schlosser, Schiedsgerichtsbarkeit, Rn. 407 ff.

637 Zu den hierfür maßgeblichen Kriterien Blessing, Conduct, S. 41 (57).

638 Vgl. hierzu Holtzmann/Neuhaus, Guide, S. 532; Hußlein-Stich, MG, S. 101; Herrmann, in: Arb. Int. 1985, S. 6 (19).

639 Blessing, Conduct, S. 41 (58); vgl. allgemein Kohl, Vorläufiger Rechtsschutz, S. 34.

640 UN Doc. A/CN.9/264, Art. 18, Para. 3; Caron, in: ZaöRV 1986, S. 465 (498); etwas anderes kann sich nur aus dem Schiedsgerichtsgesetz am Schiedsverfahrensort ergeben, Holtzmann/Neuhaus, Guide, S. 532.

641 Blessing, Conduct, S. 41 (55) mit Nachweisen zu den Regelungen in anderen Schiedsverfahrensordnungen; Kuner, in: RIW 1995, S. 965 (967).

642 Art. 17 UNCITRAL MG läßt den möglichen Schaden der Gegenpartei unerwähnt, da die Frage des Bestehens und des Umfangs des Schadensersatzanspruchs dem nationalen Recht des das MG übernehmenden Staates überlassen bleiben sollte, UN Doc. A/40/17, Rn. 165 f.; siehe auch Ramos Mendez, in: RdA 1985, S. 51 (60); Gleiches gilt entgegen dem engen Wortlaut auch für Art. 26 (2) S. 2 UNCITRAL SchO; vgl. zu Einzelheiten Broches, UNCITRAL Model Law, Art. 17, Rn. 9 f.

643 Blessing, Conduct, S. 41 (59).

644 Zum Für und Wider hinsichtlich der Anordnung von derartigen Sicherheitsleistungen (bezogen auf die Anordnung durch staatliche englische Gerichte vor dem Inkrafttreten des Arbitration Act 1996) Davenport, in: Arb. Int. 1994, S. 303 ff.; Branson in: Arb. Int. 1994, S. 313 ff.; Beechey, in: ASA Bull. 1994, S. 179 ff.

solche Sicherheitsleistungen dazu mißbraucht werden können, einer wirtschaftlich weniger leistungsfähigen Partei die Verfahrensführung zu erschweren oder sogar unmöglich zu machen, selbst wenn diese obsiegen würde.[645] Gleichwohl kann die Anordnung von Sicherheitsleistungen für Klageansprüche und Verfahrenskosten „unter besonderen Umständen"[646] angebracht sein, so daß die Aufnahme dieser - restriktiv zu handhabenden - Vorschrift in die WIPO-Schiedsordnung sinnvoll erscheint.[647]

d. Vollstreckbarkeit

Nach Art. 46 (c) WIPO SchO kann das Schiedsgericht die Maßnahmen des einstweiligen Rechtsschutzes in Form eines vorläufigen Schiedsspruchs erlassen. Um die Flexibilität der Entscheidung zu wahren[648], ist das Schiedsgericht nicht auf die Form eines solchen vorläufigen oder Zwischenschiedsspruchs festgelegt, sondern kann die Maßnahme auch als einfache prozessuale Anordnung treffen.[649]

Selbst wenn das Schiedsgericht eine einstweilige Anordnung in Form eines vorläufigen Schiedsspruchs erläßt, ist dieser nach den meisten nationalen Schiedsgerichtsgesetzen[650] im Gegensatz zu Teil- und Endschiedssprüchen nicht vollstreckbar[651], da über die

---

645 Schäfer, in: RPS 1. Halbjahr 1996, S. 10 (17, Fn. 125).

646 Art. 46 (b) WIPO SchO.

647 Blessing, Conduct, S. 41 (59): „...special circumstances may justify a different approach, and in respect of those exceptional circumstances it was important to retain [this] clause"; Schäfer, in: RPS 1. Halbjahr 1996, S. 10 (17) m.w.N.

648 Während das Schiedsgericht durch einen vorläufigen Schiedsspruch gebunden ist, der nur durch einen erneuten formellen Schiedsspruch aufgehoben werden kann, kann das Schiedsgericht eine einfache prozessuale Anordnung jederzeit wieder ändern, Berger, Arbitration, S. 343.

649 In der Regel wird das Schiedsgericht eine vorläufige Maßnahme als prozessuale Anordnung und nicht als vorläufigen oder als Zwischenschiedsspruch erlassen, Briner, in: YCA 1989, S. 1 (23). Der Grund hierfür liegt nicht zuletzt darin, daß die Parteien der Anordnung vorläufiger Maßnahmen durch das Schiedsgericht in der Regel freiwillig Folge leisten, Blessing, in: (Böckstiegel) Schweiz (II), S. 13 (56); v. Hoffmann, in: IPRax 1986, S. 337 (337); Nicklisch, in: RIW 1978, S. 633 (639); A. Bucher, Suisse, Rn. 207; siehe auch Böckstiegel, in: RIW 1979, S. 161 (165).

650 So etwa § 1041 ZPO; Die Vollziehbarkeit muß nach § 1041 (2) S. 1 ZPO durch ein staatliches Gericht angeordnet werden, wobei diesem Ermessen zusteht, vgl. die Begründung der Bundesregierung zum SchiedsVfG, BT-Drucks. 13/5274 v. 12.07.96, zu § 1041, S. 45; Labes/Lörcher, in: MDR 1997, S. 420 (422). Vgl. auch Art. 183 IPRG; hierzu Lalive/Poudret/Reymond, Droit de l'Arbitrage, Art. 183, Anm. 2; A. Bucher, Suisse, Rn. 207; Blessing, in: (Böckstiegel) Schweiz (II), S. 13 (56); Art. 17 UNCITRAL MG überläßt die Frage der Vollstreckbarkeit von Anordnungen vorläufiger Maßnahmen dem nationalen Recht des rezipierenden Staates, Holtzmann/Neuhaus, Guide, S. 531; Hußlein-Stich, MG, S. 102 f.

651 Etwas anderes kann nur gelten, wenn die Ermächtigung des Schiedsgerichts zum Erlaß von Interimsregelungen auf einer entsprechenden Vereinbarung der Parteien auf der Ebene des materiellen Rechts beruht, so daß etwa ein Anspruch auf Sicherheitsleistung oder ähnliches vom Schiedsgericht zugesprochen werden kann. Auch wenn ein solcher Schiedsspruch lediglich eine Interimsregelung enthält, so ist er doch endgültig und daher vollstreckbar, Schwab/Walter, Schiedsgerichtsbarkeit, S. 60 f.; Begründung der Bundesregierung zum

zugrundeliegende materiellrechtliche oder prozessuale Streitfrage nicht endgültig entschieden wird.[652] Eine abweichende Regelung enthalten Art. 17 (2) schott. SG[653] und Art. 1051 (3) NZPO[654]. Nach diesen Vorschriften werden einstweilige Anordnungen eines Schiedsgerichts wie vollstreckbare Schiedssprüche behandelt. Dabei ist allerdings zu beachten, daß diese Bestimmungen nur für interne Verfahren von Bedeutung sein können, ansonsten aber keinen Ausweg aus dem „Vollstreckungsdilemma"[655] bieten.

Dies ergibt sich daraus, daß ein solcher Schiedsspruch nach den Vorschriften des New Yorker Übereinkommens nicht vollstreckbar ist.[656] Er trifft nur eine vorläufige Anordnung, ohne den Streit auch nur teilweise zu entscheiden oder die endgültige Entscheidung durch das Schiedsgericht zu beeinflussen. Nach der Systematik des New Yorker Übereinkommens sollen aber nur solche Schiedssprüche unter das Übereinkommen fallen, die eine innerhalb des anhängigen Schiedsverfahrens nicht mehr revidierbare endgültige Entscheidung der Streitigkeit bewirken.[657]

Auch wenn die Vorschriften über die Vollstreckung des Schiedsspruches von Art. 17 (2) schott. SG bzw. Art. 1051 (3) NZPO für anwendbar erklärt werden, ist ein solcher

---

SchiedsVfG, BT-Drucks. 13/5274 v. 12.07.96, zu § 1041, S. 44 f. („Anordnungen, die der Sache nach Maßnahmen des einstweiligen Rechtsschutzes sind, können ... in Form von (vollstreckungsfähigen) Teilschiedssprüchen ergehen. Dies ist aber nur insoweit möglich, als die Maßnahmen sich als Verpflichtungen aus dem Vertrag selbst ergeben."). Sehr weit geht die Auffassung von Schlosser, Schiedsgerichtsbarkeit, Rn. 775 ff.; ders, in: ZZP 1986, S. 241 (249 ff.), nach dem Rechtsgedanken des § 140 BGB müßten schiedsrichterliche Maßnahmen des einstweiligen Rechtsschutzes in materielle Interimsregelungen umgedeutet werden, wenn sie nur auf diese Art und Weise rechtswirksam werden könnten, denn derartiges hätten die Parteien sicherlich vereinbart, wenn sie die Fragwürdigkeit rein prozessual zu verstehender interimistischer Maßnahmen der Schiedsrichter gekannt hätten. Zur Kritik Berger, Arbitration, S. 343. Schwab/Walter, aaO. setzen voraus, daß eine solche Befugnis des Schiedsgerichts sich eindeutig aus der Parteivereinbarung ergeben muß, stehen also dem Gedanken der Umdeutung des Parteiwillens ablehnend gegenüber.

652 Schwab/Walter, Schiedsgerichtsbarkeit, S. 172; Lalive/Poudret/Reymond, Droit de l'Arbitrage, Art. 183, Anm. 8; Knoepfler/Schweizer, in: (Sarcevic) Essays on International Commercial Arbitration, S. 160 (160 f.); Broches, in: (Sanders) ICCA Series No. 2, S. 201 (208 f.); Habscheid, in: ZSR 1987, S. 669 (673).

653 Schottland hat die Regelung des Art. 17 UNCITRAL MG durch einen Absatz (2) ergänzt, der lautet: „(2) An order under paragraph (1) of this Article shall take form of an award and articles 31, 35 and 36 shall apply accordingly"; vgl. hierzu Davidson, Scotland, S. 93. Der entsprechende Vorschlag von Sandrock/Nöcker, in: JPS 1987, S. 74 (92 f.), Art. 35 UNCITRAL MG, der die Anerkennung und Vollstreckung regelt, um einen Absatz zu ergänzen, der lautet: „(3) Eine einstweilige Maßnahme, die aufgrund von Art. 17 erlassen worden ist, gilt als ein Schiedsspruch im Sinne von Abs. 1 dieses Artikels", hat sich bei der Neufassung des 10. Buches der ZPO nicht durchgesetzt.

654 Zu Art. 1051 NZPO siehe van den Berg/van Delden/Snijders, Netherlands, S. 80 f.

655 Berger, Wirtschaftsschiedsgerichtsbarkeit, S. 241 f.; a.A. Sandrock/Nöcker, in: JPS 1987, S. 74 (93).

656 Zur Anerkennung und Vollstreckung ausländischer Schiedssprüche siehe unten S. 513 ff.

657 Laschet, in: (Böckstiegel) Bauindustrie, S. 119 (141); Schwab, in: FS Baur, S. 627 (644 f.); v. Hoffmann, in: (Sarcevic) Essays on International Commercial Arbitration, S. 223 (236); Berger, Arbitration, S. 345 m.w.N.

Schiedsspruch seinem Wesen nach vorläufiger Natur, da immer noch die Möglichkeit einer anderweitigen Entscheidung besteht. Er ist somit nicht verbindlich im Sinne des Art. V (1) (e) NYÜ.[658] Die Fiktion des schottischen und niederländischen Rechts, die Anordnung vorläufiger Maßnahmen einem (Teil-)Schiedsspruch gleichzustellen, kann an diesem Ergebnis nichts ändern.

Eine andere Lösung des Problems der fehlenden Vollstreckbarkeit ist im deutschen und schweizerischen Recht vorgesehen. Nach § 1041 (2) ZPO kann ein staatliches Gericht auf Antrag einer Partei eine von einem Schiedsgericht gemäß § 1041 (1) ZPO angeordnete vorläufige oder sichernde Maßnahme für vollziehbar erklären. Die Entscheidung hierüber steht grundsätzlich[659] im Ermessen des Gerichts. § 1041 (2) S. 2 ZPO gibt dem staatlichen Gericht die Möglichkeit, die vom Schiedsgericht angeordnete Maßnahme abweichend zu fassen, soweit dies im Hinblick auf die Typologie des deutschen Zwangsvollstreckungsrechts zur Durchführung der Zwangsvollstreckung - z. B. im Hinblick auf den Bestimmtheitsgrundsatz - erforderlich ist.[660] Eine vergleichbare Regelung enthält Art. 183 (2) IPRG[661]; danach kann das Schiedsgericht den staatlichen Richter um Mitwirkung ersuchen, wenn eine Partei sich einer vom Schiedsgericht angeordneten Maßnahme nicht freiwillig unterzieht. Auch nach schweizerischem Recht trifft das Gericht die nach seinem Prozeßrecht zulässigen Anordnungen; es muß sich dabei im Rahmen der vom Schiedsgericht angeordneten Maßnahmen halten.[662]

4. *Zusammenfassung*

Angesichts der Dauer internationaler Streiterledigungsverfahren ist es von erheblicher praktischer Bedeutung, ob und unter welchen Voraussetzungen in den jeweiligen Verfahren die Gewährung vorläufigen Rechtsschutzes möglich ist, um die Rechte von Parteien bis zur endgültigen Entscheidung der Streitigkeit zu sichern. Grundsätzlich gilt, daß die Befugnis zur Anordnung vorläufiger Maßnahmen untrennbar mit der Kompetenz des Spruchkörpers zur verbindlichen Streitentscheidung verbunden ist und aus der Pflicht der Parteien folgt, Maßnahmen zu unterlassen, die die Streitentscheidung präjudizieren, die Rechte der anderen Partei verletzen oder zu einer Verschlimmerung der Streitigkeit führen. Eine Ausnahme bildet insoweit allerdings das WTO-Panelverfahren, in dem die

---

658 Schwab/Walter, Schiedsgerichtsbarkeit, S. 60; Schwab, in: FS Baur, S. 627 (644 f.); Berger, Arbitration, S. 344 ff.; Sandrock/Nöcker, in: JPS 1987, S. 74 (89 f.); vgl. auch Blessing, Conduct, S. 41 (58); Jeong-Ha, Einstweilige Maßnahmen, S. 98 ff.

659 Eine Vollziehbarerklärung durch staatliche Gerichte ist gemäß § 1041 (2) S. 1 ZPO nur für den Fall ausgeschlossen, daß eine entsprechende Maßnahme des einstweiligen Rechtsschutzes bereits bei einem staatlichen Gericht beantragt worden ist. Zweck dieser Einschränkung ist, eine doppelte Befassung der staatlichen Gerichte und voneinander abweichende Enscheidungen der Gerichte zu vermeiden, Begründung der Bundesregierung zum SchiedsVfG, BT-Drucks. 13/5274 v. 12.07.96, zu § 1041, S. 45.

660 Begründung der Bundesregierung zum SchiedsVfG, BT-Drucks. 13/5274 v. 12.07.96, zu § 1041, S. 45.

661 Vgl. hierzu A. Bucher, Suisse, Rn. 203 ff.; Lalive/Poudret/Reymond, Droit de l'Arbitrage, Art. 183, Anm. 8; Reymond, in: RdA 1989, S. 385 (404 f.).

662 A. Bucher, Suisse, Rn. 209; Lalive/Poudret/Reymond, Droit de l'Arbitrage, Art. 183, Anm. 10.

Möglichkeit der Anordnung vorläufiger Maßnahmen – *de lege lata* – nicht vorgesehen ist. Der Grund hierfür ist wohl vor allem darin zu sehen, daß das Panel keine verbindliche Entscheidung erläßt, sondern lediglich einen Bericht an den DSB erstattet.

Das Seerechtsübereinkommen sieht in Art. 292 SRÜ eine Sonderbestimmung für die sofortige Freigabe von Schiffen und Besatzungen für bestimmte Fälle vor, in denen die Behörden eines Vertragsstaates ein die Flagge eines anderen Vertragsstaates führendes Schiff zurückhalten. Daneben ist die allgemeine Kompetenz für die Anordnung vorläufiger Maßnahmen in Art. 290 SRÜ geregelt; die entsprechende Vorschrift für das ICSID-Schiedsverfahren findet sich in Art. 47 ICSID-Übk, für das WIPO-Schiedsverfahren in Art. 46 WIPO SchO. Für alle Verfahrensordnungen gilt, daß die Anordnung vorläufiger Maßnahmen nur zulässig ist, wenn der Spruchkörper *prima facie* zuständig ist, er die Anordnung bzw. Empfehlung vorläufiger Maßnahmen für notwendig hält, um die Rechte einer oder beider Parteien zu sichern, wenn dabei zwischen dem Schutzzweck des Antrags und dem Gegenstand des Hauptsacheverfahrens Konnexität besteht, ferner die Hauptsache nicht offensichtlich unbegründet ist und wenn die Anordnung der vorläufigen Maßnahme die Hauptsache nicht vorwegnimmt.

Art. 290 (1) SRÜ ermächtigt den Internationalen Seegerichtshof – gegebenenfalls als subsidiär zuständigen Spruchkörper (vgl. Art. 290 (5) SRÜ) –, auf Antrag jeder Streitpartei eines schwebenden Verfahrens einstweilige Anordnungen zu erlassen, sofern die Abwehr unmittelbarer Gefahren für die Rechte der Streitparteien oder die Abwendung ernsthafter Schäden von der Meeresumwelt dies erfordern. Er ist dabei inhaltlich nicht an den Antrag der Partei gebunden, sondern kann vielmehr Maßnahmen anordnen, die ganz oder teilweise von den beantragten abweichen; ferner kann er auch von der antragstellenden Partei zu treffende oder zu befolgende Maßnahmen anordnen.

Im Gegensatz zu dem Internationalen Seegerichtshof kann ein ICSID-Schiedsgericht vorläufige Maßnahmen nicht anordnen sondern lediglich „empfehlen". Diese Empfehlung hat für die Parteien keinen rechtsverbindlichen Charakter; das Schiedsgericht kann deren Nichtbefolgung allerdings im Rahmen seiner Entscheidung entsprechend berücksichtigen. Ein weiterer Unterschied zum Internationalen Seegerichtshof besteht darin, daß das Schiedsgericht auch *proprio motu* vorläufige Maßnahmen empfehlen kann. Aus dem autonomen Charakter des ICSID-Schiedsverfahrens und dem dadurch geschaffenen empfindlichen Gleichgewicht zwischen Investitionsstaat und Investor ist entgegen einer in Rechtsprechung und Literatur verbreiteten Ansicht herzuleiten, daß die Anordnung vorläufiger Maßnahmen durch staatliche Gerichte ausgeschlossen ist.

Im Gegensatz hierzu folgt für das private WIPO-Schiedsverfahren aus Art. 46 (d) WIPO SchO, daß die Parteien die Anordnung vorläufiger Maßnahmen durch die staatlichen Gerichte beantragen können. Neben dem staatlichen Gericht kann grundsätzlich auch ein WIPO-Schiedsgericht auf Verlangen einer Partei vorläufige Anordnungen erlassen, die es für notwendig erachtet. Dies gilt allerdings gemäß Art. 3 (a) WIPO SchO nur, wenn und soweit nicht das auf das Schiedsverfahren anwendbare Recht die Anordnung vorläufiger Maßnahmen durch das Schiedsgericht ausschließt. Für das deutsche Recht sieht nunmehr – im Gegensatz zu der vor Inkrafttreten des neuen Zehnten Buchs der ZPO geltenden Rechtslage – § 1041 (1) ZPO in Anlehnung an Art. 17 UNCITRAL MG vor, daß ein Schiedsgericht mangels einer abweichenden Parteivereinbarung unter den oben genannten Voraussetzungen vorläufige oder sichernde Maßnahmen anordnen kann, die es in Bezug auf den Streitgegenstand für erforderlich hält. Da es sich bei der Anordnung vorläufiger Maßnahmen in der Regel nicht um eine endgültige Entscheidung zumindest eines Teils der Streitigkeit handelt, hat die Anordnung grundsätzlich keinen vollstreckungsfähigen Inhalt. Dem trägt im deutschen Recht Art. 1041 (2) ZPO Rechnung, demzufolge ein staatliches Gericht auf Antrag einer Partei eine von einem Schiedsgericht gemäß § 1041 (1) ZPO angeordnete vorläufige oder sichernde Maßnahme für vollziehbar erklären kann.

Fünftes Kapitel: Anwendbares Recht

Bei der Untersuchung des anwendbaren Rechts ist zwischen dem auf das Verfahren und dem auf den Gegenstand der Streitigkeit anwendbaren materiellen Recht zu unterscheiden.[1] Dabei ist im Hinblick auf das Verfahrensrecht neben der Frage, welche Vorschriften Anwendung finden, insbesondere von Interesse, ob und inwieweit der Spruchkörper und die Parteien Einfluß auf die Ausgestaltung des Verfahrens haben.

Auch im Hinblick auf das von dem Spruchkörper in der Entscheidung der Sache anzuwendende Recht ist zu untersuchen, ob und unter welchen Voraussetzungen die Parteien die Möglichkeit haben, hierauf Einfluß zu nehmen. Insoweit stellt sich die Frage nach der Zulässigkeit einer Rechtswahl bzw. nach dem mangels Rechtswahl anzuwendenden Recht. Diese Frage kann namentlich in der Schiedsgerichtsbarkeit von entscheidender Bedeutung für den Ausgang des Verfahrens sein.

Böckstiegel betont dabei aber, daß diese Frage häufig überbewertet wird, da es in Schiedsverfahren häufig um die Auslegung von Verträgen und Handelsbräuche geht, ohne daß es auf das zugrundeliegende Recht ankommt.[2] Dies gilt insbesondere, wenn die Parteien eine detaillierte vertragliche Vereinbarung getroffen haben.[3]

A. Seerechtsübereinkommen

I. Verfahrensrecht

Bestimmungen über das Verfahren vor den Spruchkörpern des Seegerichthofs finden sich in der Seerechtskonvention (Art. 289 ff.), dem ISGH-Statut (insb. Art. 24 ff.) und der ISGH-Verfahrensordnung (insb. Art. 44 ff.). Diese Bestimmungen regeln das Verfahren umfassend. Sollten sich in einem Verfahren gleichwohl ungeregelte Fragen ergeben, so folgt aus der in Art. 16 ISGH-Statut normierten Befugnis des Seegerichthofs, Regeln für die Wahrnehmung seiner Aufgaben zu erlassen und insbesondere seine eigene Verfahrensordnung festzulegen, daß diese Regelungslücken durch den Seegerichtshof geschlossen werden.

Daneben haben aber auch die Streitparteien Einfluß auf die Ausgestaltung des Verfahrens. So bestimmt Art. 53 ISGH-VerfO, daß der Präsident des Seegerichtshofs in jeder anhängigen Rechtssache die Ansichten der Parteien über Verfahrensfragen ermittelt, um

1 Im Bereich der Schiedsgerichtsbarkeit ist weiterhin zwischen dem auf die Schiedsvereinbarung (siehe oben S. 182 ff.) und dem auf den Schiedsrichtervertrag (siehe oben S. 182, Fn. 533) anwendbaren Recht zu differenzieren.

2 Böckstiegel, Rules, S. 117 (149) (einschränkend für Streitigkeiten zwischen Staaten und Privatpersonen); Redfern/Hunter, Arbitration, S. 70 f.; Delaume, Law and Practice, § 1.01 (S. 4).

3 Delaume, Law and Practice, § 1.01 (S. 4); Hirsch, ICSID, S. 116.

auf dieser Grundlage die den Verfahrensablauf regelnden Verfügungen zu erlassen.[4] Außerdem können die Streitparteien gemäß Art. 48 ISGH-VerfO gemeinsam Änderungen oder Ergänzungen zu den Vorschriften der ISGH-Verfahrensordnung über das Verfahren vor dem Seegerichtshof[5] vorschlagen. Der zuständige Spruchkörper des Seegerichtshofs wendet diese Vorschläge an, wenn er sie nach den Umständen des Falles für angemessen erachtet.[6] Aus dieser Formulierung folgt, daß es dem Seegerichtshof frei steht, ob er Vereinbarungen der Parteien über den Verfahrensablauf berücksichtigt.[7]

II. Materielles Recht

1. Internationaler Seegerichtshof

Nach Art. 293 (1) SRÜ wenden die nach den Art. 286 ff. SRÜ zur verbindlichen Streitentscheidung berufenen Spruchkörper das Seerechtsübereinkommen und sonstige mit dem Übereinkommen nicht unvereinbare Regeln des Völkerrechts an.[8]

Art. 293 SRÜ statuiert einen Vorrang des Seerechtsübereinkommens.[9] Nur wenn das Übereinkommen eine Regelungslücke aufweist, kann auf die sonstigen Regeln des Völkerrechts zurückgegriffen werden[10], wobei allerdings Voraussetzung für deren Anwendbarkeit ist, daß sie mit dem Seerechtsübereinkommen nicht unvereinbar sind.[11]

---

4 Vgl. Art. 59 (1) ISGH-VerfO.

5 Art. 48 ISGH-VerfO verweist insoweit auf Teil III, d.h. auf die Art. 44 ff. ISGH-VerfO.

6 In Verfahren vor dem IGH treffen die Parteien häufig Vereinbarungen über prozessuale Fragen. Auch dort gilt, daß diese Vereinbarungen für den IGH nicht bindend sind und zwar unabhängig davon, ob sie ungeregelte Fragen betreffen oder die Abweichung von einer bestehenden Regelung vorsehen, Rosenne, Law and Practice, S. 541; in der Praxis befolgt der IGH allerdings von den Parteien getroffene Vereinbarungen, Shaw, in: ICLQ 1997, S. 831 (854 f.). Rosenne, World Court, S. 111 weist insoweit allerdings darauf hin, daß weder der Gerichtshof noch die Parteien von den Vorschriften des IGH-Statuts abweichen dürfen. Die Möglichkeit einer (unverbindlichen) abweichenden Parteivereinbarung besteht also nur im Hinblick auf die Vorschriften der IGH-VerfO.

7 Dagegen genießt im Rahmen des allgemeinen und des besonderen Schiedsverfahrens in Verfahrensfragen eine Parteivereinbarung Vorrang, vgl. Art. 5 Hs. 1 Anlage VII SRÜ (i.V.m. Art. 4 Anlage VIII SRÜ). Nach dieser Vorschrift bestimmt das Schiedsgericht sein Verfahren lediglich, „sofern die Streitparteien nichts anderes vereinbaren".

8 Für den Seegerichtshof vgl. auch Art. 23 ISGH-Statut. Zur Enstehungsgeschichte des Art. 293 SRÜ Nordquist/Rosenne/Sohn (Hrsg.), UNCLOS, Nr. 293. 1 ff. (S. 72 ff.).

9 Nach Art. 318 SRÜ sind auch die Anlagen Bestandteil des Übereinkommens; durch die Bezugnahme auf das Übereinkommen in Art. 293 SRÜ werden auch sie umfaßt.

10 Seeberg-Elverfeldt, Tiefseebergbaurecht, S. 171; Jaenicke, in: ZaöRV 1983, S. 813 (822); ders., Solutions, S. 113 (125); Oellers-Frahm, in: ZaöRV 1995, S. 457 (475).

11 Ranjeva, in: (Dupuy/Vignes) Handbook, Vol. 2, S. 1376 f.

Während der dritten Seerechtskonferenz bestand bereits zu einem frühen Zeitpunkt Einigkeit über den Vorrang der Vorschriften des Übereinkommens.[12] Neben dem Bedürfnis nach Vorhersehbarkeit des anwendbaren Rechts[13] war hierfür insbesondere maßgeblich, daß die Aufgabe der nach dem Seerechtsübereinkommen zuständigen Spruchkörper ja gerade die Entscheidung von Streitigkeiten über Auslegung und Anwendung des Übereinkommens ist.[14] Im übrigen legten insbesondere Entwicklungsländer Wert darauf, daß das „neue" Seerecht gegenüber dem „alten" von den Industriestaaten geprägten Völkerrecht Vorrang haben sollte.[15]

Art. 293 (1) SRÜ weicht damit erheblich von Art. 38 (1) IGH-Statut ab, demzufolge der IGH bei seiner Entscheidung internationale Übereinkünfte, internationales Gewohnheitsrecht und die von den Kulturvölkern anerkannten allgemeinen Rechtsgrundsätze anwendet. Als Hilfsmittel bei der Feststellung von Rechtsnormen dienen dabei gemäß Art. 38 (1) (d) IGH-Statut richterliche Entscheidungen und die Lehrmeinungen der fähigsten Völkerrechtler der verschiedenen Nationen. Art. 38 (1) (a) - (c) IGH-Statut enthält nach allgemeiner Auffassung den abschließenden Katalog der formellen Völkerrechtsquellen.[16]

Im Rahmen der Verhandlungen zum Seerechtsübereinkommen wurde die Aufnahme dieses Kataloges mit der Begründung abgelehnt, Art. 38 (1) IGH-Statut zähle die herkömmlichen Völkerrechtsquellen auf, die der „westlichen Völkerrechtslehre" zuzuordnen seien und der Anerkennung neuer Völkerrechtsquellen entgegenstünden[17], wobei als neue Völkerrechtsquellen insbesondere Deklarationen und Resolutionen der UN-Vollversammlung genannt wurden. Diese lassen sich keiner der in Art. 38 (1) IGH-Statut genannten Kategorien zuordnen und sind danach keine formellen Völkerrechtsquellen im Sinne dieser Vorschrift.[18]

Indem Art. 293 (1) SRÜ von sonstigen mit dem Übereinkommen nicht unvereinbaren Regeln des Völkerrechts spricht, wird die Möglichkeit zur Berücksichtigung „neuer"

---

12 Nordquist/Rosenne/Sohn (Hrsg.), UNCLOS, Nr. 293.3 (S. 73): „...there was, from the beginning, an agreement on the priority of the Law of the Sea Convention among the sources to be applied by the courts and tribunals having jurisdiction under the Convention...".

13 Seeberg-Elverfeldt, Tiefseebergbaurecht, S. 171.

14 Jaenicke, in: ZaöRV 1983, S. 813 (822); Oellers-Frahm, in: ZaöRV 1995, S. 457 (475).

15 Merrills, Settlement, S. 160: „Bearing in mind the widely held view that the reluctance of 'new' States to use the ICJ stems from a distrust of traditional international law, it is not difficult to see why the 'new' law of the sea, reflecting as it does the influence of those states in many of its elements, should have been given such priority in the Convention".

16 Vgl. nur Platzöder/Wasum, Seegerichtshof, S. 48.

17 Vgl. Gamble, in: Vand. J. T. L 1976, S. 323 (328) ; Platzöder/Wasum, Seegerichtshof, S. 49.

18 Zu der Frage, ob Deklarationen und Resolutionen der UN-Vollversammlung als Quellen des Völkerrechts anzuerkennen sind, vgl. die Berichte von Golsong und Ermacora, in: Berichte der Deutschen Gesellschaft für Völkerrecht, Heft 10 (1971), S. 1 ff. und S. 51 ff., beide mit zahlreichen weiteren Nachweisen. Die am weitesten gehende Position wurde von Elias, in: FS Jessup, S. 34 ff. vertreten, der die Generalversammlung als universell wirkende Rechtsquellen betrachtet, denen sogar die Staaten, die in der Generalversammlung der Beschlußfassung widersprochen haben, kraft demokratischen Mehrheitsprinzips unterworfen seien; zur Kritik siehe Simma, Methodik, S. 93 f., der dies als völkerrechtliche Holzhammermethode bezeichnet. Zum Streitstand Mössner, in: (Seidl-Hohenveldern) Lexikon des Völkerrechts, S. 253 ff. m.w.N

Völkerrechtsquellen, wie Deklarationen und Resolutionen der UN-Vollversammlung eröffnet.[19] Während der Verhandlungen setzte sich ferner die Auffassung durch, daß es einer ausdrücklichen Erwähnung der allgemeinen Rechtsgrundsätze[20] nicht bedürfe, da diese einen Teil des Völkerrechts bildeten.[21]

2. *Kammer für Meeresbodenstreitigkeiten*

Die Kammer für Meeresbodenstreitigkeiten wendet gemäß Art. 293 SRÜ i.V.m. Art. 38 ISGH-Statut neben der Seerechtskonvention und den sonstigen mit dem Übereinkommen nicht unvereinbaren Regeln des Völkerrechts ferner

a) die in Übereinstimmung mit der Seerechtskonvention erlassenen Durchführungsbestimmungen (Regeln, Vorschriften und Verfahren) der Internationalen Meeresbodenbehörde[22] und
b) in den einen Vertrag betreffenden Fragen die Bestimmungen dieses Vertrages über Tätigkeiten im Gebiet an.[23]

Im Hinblick auf die von der Internationalen Meeresbodenbehörde erlassenen Durchführungsbestimmungen ist die Kompetenz der Kammer dabei allerdings insofern eingeschränkt, als sie diese Bestimmungen gemäß Art. 189 S. 2 SRÜ nicht für ungültig erklären darf. Dieses Verbot schließt jedoch nicht die Möglichkeit einer inzidenten Normenkontrolle aus.

Die dem Seegerichtshof in Art. 189 S. 3 SRÜ eingeräumten Befugnisse festzustellen, ob die Anwendung einer Durchführungsbestimmung der Internationalen Meeresbodenbehörde im Einzelfall den vertraglichen Verpflichtungen der Streitparteien oder ihren Verpflichtungen aus diesem Übereinkommmen widerspricht (Alt. 1) bzw. den Erlaß von Durchführungsbestimmungen an den Kritierien der Zuständigkeitsüberschreitung und des

---

19 Wasum, Seegerichtshof, S. 112.

20 Zum Inhalt der allgemeinen Rechtsgrundsätze siehe Scheuner, in: FS Domke, S. 275 (281 f.) m.w.N.: „Founded upon common ideas of justice and law as practised by all or by the majority of nations in foro domestico, the general principles of law originate not so much from a conception of natural law but from the existence of such basic ideas of justice and such legal conceptions as are commonly accepted in the municipal order of all or most peoples and, therefore, belong to a common heritage of all civilizations and ethical or religious creeds. To the general principles of law belong further those general legal institutions and conceptions which form an essential part of every kind of legal order. In applying the general principles, the international judge or arbitrator completes and develops the international law and assumes a creative role, but he does not transgress the border of existing law. He only includes in the rules of law the moral and legal standards which form a real 'ius gentium', a 'commmon law of mankind' and he helps international law, thereby, to grow and to develop into a mature legal order"; grundlegend zu den General Principles of Law Cheng, Principles, S. 1 ff.

21 Vgl. Jaenicke, in: ZaöRV 1983, S. 813 (822); ders, Solutions, S. 113 (125), der hierzu ausführt: „Irrespective of whether this argument is correct or not, it is generally agreed that, where there is no applicable conventional or customary rule, it is implicit in the function of an international court or tribunal to develop the necessary rules for its decision from the general principles of law".

22 Art. 38 (a) ISGH-Statut.

23 Art. 38 (b) ISGH-Statut.

Mißbrauchs von Befugnissen durch die Internationale Meeresbodenbehörde zu messen (Alt. 2), setzt die Möglichkeit einer inzidenten Normenkontrolle vielmehr gerade voraus.[24] Kommt die Meeresbodenbehörde hierbei zu dem Ergebnis, daß ein Widerspruch zwischen Primär- und Sekundärrecht vorliegt, so wendet sie letzteres im konkreten Einzelfall nicht an.[25]

Sollte es zu Tiefseebergbauaktivitäten kommen, so dürften als Entscheidungsgrundlage die in Art. 38 (b) ISGH-Statut genannten Bestimmungen eines die Tätigkeit im Tiefseebergbaugebiet betreffenden Vertrages von zentraler Bedeutung sein.[26] Dabei ist aber zu beachten, daß die Vertragsbestimmungen nicht im Widerspruch zu den in Art. 293 SRÜ und Art. 38 (a) ISGH-Statut genannten Rechtsquellen stehen dürfen.[27]

B. WTO-Panelverfahren

I. Verfahrensrecht

Die Vorschriften des DSU finden auf alle Streitigkeiten Anwendung, die aufgrund der in Anhang 1 des DSU[28] genannten Übereinkommen vorgebracht werden, insbesondere auch auf Streitigkeiten zwischen Mitgliedern hinsichtlich ihrer Rechte und Pflichten nach den

---

24 Seeberg-Elverfeldt, Tiefseebergbaurecht, S. 95 ff.; vgl. auch Wolfrum, Internationalisierung, S. 612; Hauser, Tiefseebergbau, S. 83 f.; Bernhardt, in: ZaöRV 1978, S. 959 (976); v. Wedel, in: RIW 1982, S. 634 (637); siehe auch Sohn, in: EPL 1977, S. 98 (99); a.A. Adede, in: AJIL 1978, S. 84 (89 f.). Seeberg-Elverfeld, aaO., S. 98 ff. weist im übrigen darauf hin, daß sich das Verbot der Normenkontrolle nicht auf solche Durchführungsbestimmungen bezieht, die der Rat der Internationalen Meeresbodenbehörde nach Art. 162 (2) (o) (ii) S. 1 SRÜ bis zur Genehmigung durch die Versammlung der Internationalen Meeresbodenbehörde vorläufig anwendet.

25 Treves, in: ZaöRV 1995, S. 421 (444): „So, while it will be possible to read through the lines of the judgments of [the] Chamber that certain rules, regulations and procedures are not in conformity with the Convention, as the judgment will state that their application would be in conflict with the parties' obligations under the Convention, this will be no part of the dispositif, as the binding force of the judgement will remain limited to the specific relationship between the parties to the dispute".

26 Wasum, Seegerichtshof, S. 113.

27 Seeberg-Elverfeldt, Tiefseebergbaurecht, S. 172.

28 Neben dem WTO-Übereinkommen sind in Anhang 1 des DSU neben dem DSU als multilaterale Handelsübereinkommen die Multilateral Agreements on Trade in Goods, das General Agreement on Trade in Services sowie das Agreement on Trade-Related Aspects of Intellectual Property Rights und als plurilaterale Handelsübereinkommen das Agreement on Trade in Civil Aircraft, Agreement on Government Procurement, International Dairy Agreement und das International Bovine Meat Agreement genannt. In Anhang 1 a.E. des DSU ist dabei klargestellt, daß die Anwendbarkeit des DSU auf plurilaterale Handelsübereinkommen der Annahme einer Entscheidung der Vertragsparteien des einzelnen Übereinkommens, in der die Bedingungen für die Anwendbarkeit des DSU auf das jeweilige Übereinkommen dargelegt werden, einschließlich besonderer oder zusätzlicher Regeln oder Verfahren, die in den Anhang 2 des DSU einbezogen werden sollen und dem DSB angezeigt werden, bedarf.

Bestimmungen des WTO-Übereinkommens und des DSU.[29]

Eine der Hauptaufgaben der Uruguay-Runde war, der Tendenz des GATT zu einer „Balkanisierung“ entgegenzuwirken. Diese ergab sich aus dem Nebeneinanderbestehen des GATT mit weiteren Übereinkommen und Rechtsakten, die einen unterschiedlichen Mitgliederbestand hatten und unterschiedliche Organe und Bestimmungen über Vorrechte für Entwicklungsländer und insbesondere über die Streitschlichtung enthielten.[30] Auch wenn das WTO-Übereinkommen dem Ziel einer einheitlichen Rechtsordnung nähergekommen ist[31], so enthalten dennoch zahlreiche unter das DSU fallende Übereinkommen besondere oder zusätzliche Vorschriften für die Streiterledigung.

Das Verhältnis der allgemeinen Streiterledigungsvorschriften des DSU zu diesen in Anhang 2 des DSU[32] aufgeführten Sondervorschriften und das Verhältnis der Sondervorschriften zueinander ist in Art. 1.2 DSU geregelt. Danach haben die in Anhang 2 genannten Sondervorschriften gegenüber den Vorschriften des DSU Vorrang.[33]

Probleme können bei Streitigkeiten entstehen, die mehrere der in Anhang 2 aufgeführten Übereinkommen betreffen, wenn zwischen den besonderen Verfahrensregeln dieser Übereinkommen ein Widerspruch besteht. Können die Streitparteien sich in einem solchen Fall nicht innerhalb von 20 Tagen nach Einsetzung des Panels über die anzuwendenden Verfahrensvorschriften einigen, so entscheidet auf Antrag einer Streitpartei der Vorsitzende des DSB nach Rücksprache mit den Parteien innerhalb von 10 Tagen, welche Verfahrensvorschriften Anwendung finden.[34] Als Grundregel für die Entscheidung des Vorsitzenden des DSB legt Art. 1.2 S. 4 DSU den Vorrang der Sondervorschriften gegenüber dem DSU fest. Die Vorschriften des DSU sollen nur angewendet werden, wenn dies zur Vermeidung von Konflikten notwendig ist. Demnach finden lediglich bei einem unauflösbaren Widerspruch zwischen verschiedenen Sondervorschriften subsidiär die Vorschriften des DSU Anwendung.

Neben diesen außerhalb des DSU stehenden Sondervorschriften, bei denen abzuwarten bleibt, ob sie in der Praxis eine bedeutsame Rolle spielen werden[35], enthält auch das

---

29 Art. 1.1 DSU.

30 Siehe hierzu oben S. 135.

31 Vgl. Stoll, in: ZaöRV 1994, S. 241 (265 f.). Dies gilt grundsätzlich für das GATT 1994 und die Multilateralen Handelsübereinkommen, nicht hingegen für die vier plurilateralen Handelsübereinkommen, bei denen es sich um GATT-Kodizes handelt, die in revidierter Form nach dem herkömmlichen Prinzip der freigestellten Mitgliedschaft fortgeführt werden.

32 Die in Anhang 2 DSU aufgeführten Vorschriften sind abgedruckt in: WTO, Dispute Settlement Procedures, S. 45 ff. Einen Überblick über den Inhalt der Sondervorschriften geben Vermulst/Driessen, in: JWT 1995, Nr. 2, S. 131 (156 ff.). Neben den dort genannten Vorschriften sind als Sondervorschriften für die Streiterledigung in den plurilateralen Handelsübereinkommen (vgl. Anhang 2 a.E. des DSU) ferner zu beachten Art. XXIII Agreement on Government Procurement, Art. 8.5 ff. Agreement on Trade in Civil Aircraft und Art. IV (5) und (6) International Dairy Agreement, abgedruckt in: WTO, Dispute Settlement Procedures, S. 89 ff.

33 Art. 1.2 S. 1 und 2 DSU.

34 Art. 1.2 S. 3 DSU.

35 Vermulst/Driessen, in: JWT 1995, Nr. 2, S. 131 (139): „...the bulk of dispute settlement proceedings is likely to be governed by the general rules only“.

DSU selbst für bestimmte Konstellationen besondere Verfahrensregeln.[36] So findet sich in Art. 3.12 DSU eine Sondervorschrift für Beschwerden eines Entwicklungslandes[37] gegen ein Industrieland.[38] Das Entwicklungsland hat hier das Recht, sich anstelle der Art. 4 bis 6 und 12 DSU auf die entsprechenden Bestimmungen der 1966 Procedures[39] zu berufen.[40] Neben Sonderregeln für die Streitbeilegung im Vorfeld enthalten die 1966 Procedures auch abweichende Vorschriften für die Einleitung und den Ablauf des Panelverfahrens. Hier ist insbesondere Art. 7 der 1966 Procedures[41] zu nennen, demzufolge das Panel seinen Bericht innerhalb von 60 Tagen vorlegen soll, wobei diese Frist mit Zustimmung des beschwerdeführenden Entwicklungslandes verlängert werden kann. Für Verfahren unter Beteiligung von am wenigsten entwickelten Staaten bestimmt Art. 24.1 S. 1 DSU allgemein, daß in allen Phasen während der Ermittlung der Gründe für eine Streitigkeit und des Streitbeilegungsverfahrens ein Gebot der Rücksichtnahme auf die spezielle Lage der am wenigsten entwickelten Länder besteht.[42]

---

36 Einen Überblick über alle Sondervorschriften innerhalb des DSU geben Vermulst/Driessen, in: JWT 1995, Nr. 2, S. 131 (155 f.).

37 Während der Verhandlungen der Uruguay-Runde wurde trotz entsprechender Anregungen durch Entwicklungsländer kein ernsthafter Versuch unternommen, den Begriff Entwicklungsland bzw. am wenigsten entwickeltes Land zu definieren. Daher richtet sich dies auch in Zukunft nach einer von den UN vorgenommenen Klassifizierung, Kohona, in: JWT 1994, Nr. 2, S. 23 (33). Siehe allgemein zu der Bedeutung der Ergebnisse der Uruguay-Runde für die Entwicklungsländer Häberli, in: (Cottier) GATT-Uruguay Round, S. 135 ff.; zur erheblich gewachsenen Rolle der Entwicklungsländer im Rahmen der WTO-Streiterledigung Kufuor, in: JWT 1997, Nr. 5, S. 118 ff.; Kuruvila, in: JWT 1997, Nr. 6, S. 171 ff.

38 Obwohl i.R.d. GATT Entwicklungsländer nicht sehr häufig Verfahren angestrengt haben (nicht zuletzt aufgrund geringerer Erfolgsaussichten, vgl. Hudec, Enforcing, S. 353 f.; Meng, in: ZaöRV 1981, S. 69 (82 f.)), wurde wiederholt der Wunsch von Entwicklungsländern nach einer besonderen Unterstützung im Verfahren und in der Implementierung der Panelempfehlungen geäußert, Benedek, Rechtsordnung, S. 325 ff. Zum Sonderstatus der Entwicklungsländer im GATT Ipsen/Haltern, Reform, S. 30 ff. In der Uruguay-Runde bestand Einigkeit, daß die Sondervorschriften für die Entwicklungsländer weiter Anwendung finden sollten, Petersmann, in: GYIL 1989, S. 280 (288).

39 Decision on Procedures under Article XXIII of 5 April 1966, abgedruckt in: BISD 14S/18; siehe auch WTO, Dispute Settlement Procedures, S. 75. In der Praxis haben die 1966 Procedures nur geringe Bedeutung erlangt, Benedek, Rechtsordnung, S. 327; Kohona, in: JWT 1994, Nr. 2, S. 23 (32); Meng, in: ZaöRV 1981, S. 69 (83).

40 Zu Art. 3.12, Kohona, in: JWT 1994, Nr. 2, S. 23 (31 f.).

41 Decision on Procedures under Article XXIII of 5 April 1966, abgedruckt in: BISD 14S/18; siehe auch WTO, Dispute Settlement Procedures, S. 75.

42 So sollen die Mitgliedstaaten gegenüber am wenigsten entwickelten Staaten Zurückhaltung bei einem Antrag auf Entschädigung oder auf Aussetzung von Zugeständnissen oder anderen Pflichten üben, Art. 24.1 S. 2 DSU. Außerdem bietet der Generalsekretär der WTO oder der Vorsitzende des DSB gemäß Art. 24.2 DSU vor Einsetzung des Panels auf Antrag seine guten Dienste, einen Vergleich und seine Vermittlung an, um den Parteien bei der Beilegung der Streitigkeit zu helfen, wenn die Konsultationen zwischen den Parteien zu keinem zufriedenstellenden Ergebnis geführt haben. Zu Art. 24 DSU Kohona, in: JWT 1994, Nr. 2, S. 23 (32 f.); vgl. auch Canal-Forgues, in: RGDIP 1994, S. 689 (700); Komuro, in: J. Int. Arb. 1995, Nr.

Besondere Verfahrensregeln stellt auch Art. 26 DSU für sog. *non-violation complaints* im Sinne des Art. XXIII (1) (b) oder (c) GATT 1994 auf.[43] Wird eine solche Beschwerde von einer Partei zulässigerweise[44] vorgebracht, so finden grundsätzlich die Vorschriften des DSU, modifiziert durch die in Art. 26 DSU vorgesehenen Sonderregeln, Anwendung.

Soweit die Beschwerde unter Art. XXIII (1) (b) GATT 1994 fällt, hat die beschwerdeführende Partei eine ausführliche Begründung für ihre Beschwerde vorzulegen.[45] Ferner trifft die beschwerdeführende Partei die Beweislast, daß durch die Maßnahme der anderen Partei ihr zustehende Zugeständnisse oder Vorteile zunichte gemacht oder geschmälert werden.[46] Ein wesentlicher Unterschied besteht auch im Hinblick auf die Umsetzung der Entscheidung. In *violation complaints* ist das Ziel des Streiterledigungsverfahren, die den Gegenstand des Panelverfahrens bildende Maßnahme mit den unter das DSU fallenden Übereinkommen in Einklang zu bringen.[47] Bei einem *non-violation com-*

3, S. 81 (148); allgemein zu den Entwicklungsländern in der WTO Bender, in: (Frenkel/Bender) GATT und neue Welthandelsordnung, S. 121 ff.

43 Nach Art. XXIII (1) GATT 1994 setzte eine Beschwerde voraus, daß Zugeständnisse oder sonstige Vorteile, die sich mittelbar oder unmittelbar aufgrund dieses Abkommens für sie ergeben, zunichte gemacht oder geschmälert werden oder die Erreichung eines der Ziele dieses Abkommens dadurch behindert werden,
(a) daß eine Vertragspartei ihre Verpflichtungen aus diesem Abkommen nicht erfüllt, oder
(b) daß eine andere Vertragspartei eine bestimmte Maßnahme trifft, auch wenn diese nicht gegen das Abkommen verstößt, oder
(c) daß irgendeine andere Sachlage gegeben ist.
Zu den non-violation complaints siehe Benedek, Rechtsordnung, S. 359 ff. m.w.N.; v. Bogdandy, in: JWT 1992, Nr. 4, S. 95 ff.; Jackson, in: RGDIP 1994, S. 675 (686 f.); Komuro, in: J. Int. Arb. 1995, Nr. 3, S. 81 (139 ff.); Vermulst/Driessen, in: JWT 1995, Nr. 2, S. 131 (136 f.); siehe auch die Nachweise in GATT, Analytical Index, S. 610 ff. Sehr kritisch über die Einbeziehung der von ihm als „legal fantasy" bezeichneten non-violation complaints in das DSU Pescatore, in: J. Int. Arb. 1993, Nr. 1, S. 27 (41).

44 Voraussetzung hierfür ist, daß das Vorbringen einer non-violation complaint nicht durch das unter das DSU fallende Übereinkommen, um das es in der Streitigkeit geht, ausgeschlossen ist. Ein solcher Ausschluß findet sich in Art. 64 (2) TRIPs-Übereinkommen; danach findet Art. XXIII (1) (b) und (c) während eines Zeitraums von fünf Jahren ab Inkrafttreten des WTO-Übereinkommens keine Anwendung auf die Streitbeilegung im Rahmen dieses Übereinkommens. Dagegen sind non-violation complaints zugelassen in Art. XXIII (3) GATS-Übereinkommen; gleiches gilt auch für Art.19 Agreement of Agriculture, Art. 8 Agreement on TRIMs, Art. 8 Agreement on Rules of Origin, Art. 6 Agreement on Import Licensing Procedures, Art. 7 f. Agreement on Preshipment Inspection und Art. 14 Agreement on Safeguards; vgl. Komuro, in: J. Int. Arb. 1995, Nr. 3, S. 81 (139 f.).

45 Art. 26 (1) (a) DSU.

46 Vgl. Komuro, in: J. Int. Arb. 1995, Nr. 3, S. 81 (140); Vermulst/Driessen, in: JWT 1995, Nr. 2, S. 131 (137). Verletzt hingegen eine Partei eine sich aus einem der unter das DSU fallenden Übereinkommen ergebende Pflicht, so wird die zugrundeliegende Maßnahme im Gegensatz hierzu prima facie als Fall der Zunichtemachung oder Schmälerung von Vorteilen betrachtet; siehe hierzu schon oben S. 283 f.

47 Art. 22 (1) S. 2 DSU.

plaint ist dies ausgeschlossen[48]; hier ist das Ziel vielmehr die Herbeiführung eines für alle Seiten zufriedenstellenden Ausgleichs.[49]

Fällt eine Beschwerde unter Art. XXIII (1) (c) GATT 1994[50], so ist auch hier eine ausführliche Begründung vorzulegen.[51] Ansonsten finden - bis zur Verteilung des Panelberichts an die Mitglieder - die Vorschriften des DSU auf das Panelverfahren Anwendung.[52] Das Verfahren für die Prüfung der Annahme des Panelberichts und die Überwachung und Umsetzung richtet sich hingegen nach den 1989 Improvements. Die wichtigste Konsequenz dieser Regelung ist, daß der Panelbericht nur durch eine Konsensentscheidung angenommen werden kann. Die Partei, gegen die sich die Beschwerde richtet, kann die Annahme des Panelberichts folglich verhindern.[53]

Soweit die vorgenannten Sondervorschriften keine abweichende Regelung vorsehen, richtet sich das Panelverfahren gemäß Art. 12.1 DSU nach dem in Anhang 3 des DSU vorgesehenen Arbeitsverfahren. Das Panel hat dabei die Möglichkeit, den Verfahrensablauf abweichend zu gestalten. Zwar hat es dabei Rücksprache mit den Parteien zu nehmen, es ist an deren Ansichten jedoch nicht gebunden.

In den Grenzen der Vorschriften des DSU und der erwähnten besonderen Verfahrensvorschriften ist die Ausgestaltung des Verfahrens, ähnlich wie im Rahmen des Verfahrens vor dem Internationalen Seegerichtshof, Aufgabe des Panels. Es kann dabei den Vereinbarungen der Parteien in Verfahrensfragen entsprechen, ist an diese aber nicht gebunden.

II. Materielles Recht

Bezüglich des im Panelverfahren anwendbaren materiellen Rechts bestimmt Art. 7.2 DSU, daß ein Panel sich bei seiner Entscheidung auf die Bestimmungen aller unter das DSU fallenden Übereinkommen stützt, auf die sich die Streitparteien beziehen.[54] Die Parteien legen also durch ihre Inbezugnahme die der Panelentscheidung zugrundezule-

---

48 Art. 26 (1) (b) S. 1 DSU.

49 Art. 26 (1) (b) S. 2 DSU. Darüber hinaus enthält Art. 26 (1) (c) DSU Sondervorschriften für das in Art. 21 (3) DSU vorgesehene Schiedsverfahren, und gemäß Art. 26 (1) (d) DSU kann ungeachtet des Art. 22 (1) DSU eine Entschädigung Teil eines für alle Seiten zufriedenstellenden Ausgleichs als endgültige Streitbeilegung sein.

50 Die Vorschrift des Art. XXIII (1) (c) GATT 1994 hat einen ausgeprägten Ausnahmecharakter und findet nur Anwendung, wenn die beschwerdeführende Partei darlegt, daß Art. XXIII (1) (a) und (b) keine Anwendung finden, Art. 26 (2) S. 1 a.E. DSU; vgl. auch Vermulst/Driessen, in: JWT 1995, Nr. 2, S. 131 (138); zu Art. 26 (2) DSU auch Komuro, in: J. Int. Arb. 1995, Nr. 3, S. 81 (146 f.).

51 Art. 26 (2) (a) DSU.

52 Werden in einem Panelverfahren nur bestimmte Fragen von Art. XXIII (1) (c) GATT 1994 erfaßt, so übermittelt das Panel dem DSB hierüber zwei gesonderte Berichte, Art. 26 (2) (b) DSU.

53 Komuro, in: J. Int. Arb. 1995, Nr. 3, S. 81 (146 f.); Vermulst/Driessen, in: JWT 1995, Nr. 2, S. 131 (138).

54 Zu den Rechtsquellen des WTO-Systems Palmeter/Mavroidis, in: AJIL 1999, S. 398 ff. Zu der Frage, inwieweit Panels und das Rechtsmittelgremium die Befugnis zur Entscheidung auch sonstiger völkerrechtlicher Fragen haben, Schoenbaum, in: ICLQ 1998, S. 647 (652 f.).

genden Übereinkommen fest. Hingegen entscheidet das Panel selbst darüber, welche Bestimmungen dieser Übereinkommen es für einschlägig erachtet, und ist insoweit an das Vorbringen der Parteien nicht gebunden.[55]

Vor der Prüfung, ob eine Maßnahme Vorschriften eines Übereinkommens verletzt, hat das Panel zunächst die Anwendbarkeit der Übereinkommen, auf die die Parteien sich beziehen, festzustellen.[56] Bei der anschließenden Prüfung, ob eine Verletzung vorliegt, ergeben sich besondere Probleme daraus, daß zahlreiche materiellrechtliche Vorschriften[57] der einzelnen Abkommen Ergebnisse langwieriger und schwieriger Verhandlungen sind und daher als Kompromiß sehr unpräzise gefaßt sind.

Plank[58] hat die hiermit für das Panel verbundenen Probleme sehr plastisch formuliert: „Consider the centuries of controversy and debate over how to apply the injunctions: 'Thou shalt not kill' and 'Thou shalt not covet thy neighbor's wife.' How more difficult the interpretation of the commandments would have been had Moses returned from Mount Sinai with something looking like: 'Thou shalt seek to avoid to kill' and 'Thou shalt not take more than an equitable share of thy neighbor's wife taking into account shares during a previous representative period and not precluding shares for new participants'."[59]

Vor diesem Hintergrund kommt im Hinblick auf den Ausschluß eines *non liquet*[60] in der WTO-Streiterledigung der Auslegung der materiellrechtlichen Vorschriften durch das

---

55 Dies folgt auch aus der Formulierung der Standard Terms of Reference in Art. 7.1 DSU: „Sie prüfen im Licht der einschlägigen Bestimmungen in (Bezeichnung des/der unter die Vereinbarung fallenden Übereinkommen/s, auf das/die sich die Streitparteien beziehen)...", bzw. in der englischen Fassung: „To examine, in the light of the relevant provisions in (name of the covered agreement(s) cited by the parties to the dispute) ..."; in diesem Sinne auch Pescatore/Davey/Lowenfeld - Pescatore, Handbook, Band 1, Teil 2, S. 34 f.; a.A. Swacker/Redden/Wenger, World Trade, S. 376.

56 Art. 11 S. 2 DSU.

57 Im Hinblick auf das Streiterledigungsverfahren ist durch das DSU hingegen eine detaillierte und umfassende Kodifizierung geschaffen worden. Pescatore/Davey/Lowenfeld - Pescatore, Handbook, Band 1, Teil 2, S. 29 bezeichnet dies als eine „major contribution to the strengthening of the multilateral trade system and also a new hope for an accelerated growth of international trade".

58 Plank, in: J. Int. Arb.1987, Nr. 4, S. 53 (81).

59 Diese Probleme für ein Panel werden im Rahmen der WTO-Streiterledigung noch dadurch vergrößert, daß es bei der Auslegung von unter das DSU fallenden Übereinkommen zu beachten hat, daß die Feststellungen und Empfehlungen eines Panels und des Rechtsmittelgremiums die in diesen Übereinkommen enthaltenen Rechte und Pflichten weder ergänzen noch schmälern dürfen, Art. 19.2 i.V.m. Art. 3.2 S. 3 DSU.

60 Von einem non liquet in der internationalen Streiterledigung spricht man, wenn auf Grund des Fehlens oder der Unklarheit des anwendbaren Rechts keine rechtlich begründete Entscheidung möglich ist, Karl, Vertrag und spätere Praxis im Völkerrecht, S. 34; Lauterpacht, Function of Law, S. 63 ff. u. 127 ff.; vgl. auch Scheuner, in: FS Domke, S. 275 (277 f.); Hoffmann, in: Berichte der deutschen Gesellschaft für Völkerrecht, Heft 9, S. 1 (28 ff.). Während man sich bei den Beratungen über das IGH-Statut einig war, daß der Streit in diesem Fall nicht unentschieden an die Parteien zurückgegeben werden dürfe, sondern auf allgemeine Rechtsgrundsätze zurückzugreifen sei, war im Rahmen des GATT die Möglichkeit eines non liquet im Panelver-

Panel besondere Bedeutung zu. Neben sonstigen Beschlüssen der WTO-Mitglieder[61] sind hier auf der Ebene des WTO-Sekundärrechts[62] insbesondere angenommene GATT-[63] und WTO-Panelentscheidungen von Bedeutung.

Auch wenn die Entscheidungen nur zwischen den Parteien wirken und daher keine weitere Bindungswirkung entfalten, werden sie in der Praxis häufig zum Zwecke der

---

fahren grundsätzlich zu bejahen, da das GATT eine offene Ordnung mit beschränktem Anwendungsbereich darstellte und ein Rückgriff auf allgemeine Rechtsgrundsätze oder eine Entscheidung ex aequo et bono nicht möglich war, Benedek, Rechtsordnung, S. 361. Auch wenn die GATT-Panels in der Praxis ein non liquet zu vermeiden versucht haben, lehnte etwa im Verfahren European Community: Subsidies on Export of Wheat Flour das Panel, das über Exportsubventionen der EG zu entscheiden hatte, eine Entscheidung über die Beschwerde ab, weil es sich außerstande sah, das equitable share-Konzept des Subventionskodex anzuwenden; siehe hierzu Shell, in: D.L.J. 1995, S. 829 (869 ff.). Problematisch an einer derartigen Selbstbeschränkung eines Panels ist, daß dies im GATT einer Rechtsverweigerung nahekommen kann, Benedek, aaO., S. 361. Mora, in: C.J.T.L. 1993, S. 103 (163) ist der Auffassung, die Verrechtlichung des Panelverfahrens i.R.d. DSU stehe einem non liquet entgegen. Gegen die Möglichkeit eines non liquet spricht insbesondere, daß gemäß Art. 3.2 S. 2 DSU das Streitbeilegungsverfahren dazu dient, die geltenden Bestimmungen der unter das DSU fallenden Übereinkommen im Einklang mit den herkömmlichen Regeln der Auslegung des Völkerrechts zu klären (vgl. hierzu das Rechtsmittelgremium in United States - Standards for Reformulated and Conventional Gasoline, complaints by Venezuela (WT/DS2/AB/R) and Brazil (WT/DS4/AB/R) unter III.B. zu Art. 31: „...the General Agreement is not to be read in clinical isolation from public international law"; vgl. auch zu den „allgemeinen Prinzipien des GATT-Rechts", auf die die Panels zunehmend rekurrieren Weber/Moos, in: EuZW 1999, S. 229 (233)). Zu den völkerrechtlichen Auslegungsregeln zählen aber auch die in Art. 38 (c) IGH-Statut genannten allgemeinen Rechtsgrundsätze; Bernhardt, Auslegung, S. 156 ff.; Ipsen, Völkerrecht, S. 209 f.; Seidl-Hohenveldern, Völkerrecht, Rn. 534. Diese werden im Rahmen der Auslegung gerade zur Vermeidung eines non liquet herangezogen; zur Funktion der allgemeinen Rechtsgrundsätze Bernhardt, Auslegung, aaO., Cheng, Principles, S. 1 ff.; Ipsen, aaO., S. 207 ff.; Seidl-Hohenveldern, aaO.; siehe auch oben S. 372, Fn. 20. Aus dem Hinweis auf die herkömmlichen völkerrechtlichen Auslegungsregeln in Art. 3.2 S. 2 DSU folgt demzufolge, daß in der WTO-Streiterledigung ein non liquet nunmehr ausgeschlossen ist.

61 Nach Art. 3.9 DSU läßt das DSU die Rechte der Mitglieder der WTO unberührt, eine verbindliche Auslegung von Bestimmungen eines unter das DSU fallenden Übereinkommens durch Beschlußfassung im Rahmen des WTO-Übereinkommens oder eines unter die Vereinbarung fallenden plurilateralen Handelsübereinkommens zu erwirken.

62 Während zum Primärrecht das von den Mitgliedstaaten der WTO geschaffene Recht zählt, handelt es sich bei dem Sekundärrecht um abgeleitetes Recht und ist das Ergebnis des Wirkens der Organe. Es kann in Form von Verträgen (z. B. Beitrittsvereinbarungen gemäß Art. XII WTO-Übereinkommen) und von Beschlüssen der Organe der WTO geschaffen werden; vgl. zu Einzelheiten im Hinblick auf das GATT Benedek, Rechtsordnung, S. 94 ff.; Haltern, in: ZVglRWiss 91 (1992), S. 1 (22 f.).

63 Daß insoweit auch auf die GATT-Panelentscheidungen zurückgegriffen werden kann, folgt aus Art. XIV (1) WTO-Übereinkommen, demzufolge die WTO sich, sofern nichts anderes vorgesehen ist, von den Beschlüssen, Verfahren und üblichen Praktiken der Vertragsparteien des GATT 1947 sowie der im Rahmen des GATT eingesetzten Organe leiten läßt; vgl. auch Pescatore/Davey/Lowenfeld - Pescatore, Handbook, Band 1, Teil 2, S. 30.

Auslegung von Vorschriften herangezogen.[64] Insbesondere in den 80er Jahren wurden in diesem Zusammenhang aufgrund der zunehmenden Häufigkeit von Panelverfahren und der höheren Qualität der Panelentscheidungen einheitliche Grundregeln geschaffen, die eine wirksame Streitentscheidung durch die Panels ermöglichten[65]; inwieweit Panels vorherigen Entscheidungen folgten, hing dabei im Rahmen des GATT letztlich ausschließlich von deren Qualität ab.[66] Durch die Schaffung des Rechtsmittelverfahrens wird sich innerhalb der WTO die Tendenz, vorangegangene Entscheidungen zu berücksichtigen, noch verstärken.[67] Panels werden es in der Regel vermeiden, von den durch das Rechtsmittelgremium aufgestellten Grundsätzen abzuweichen, um eine Aufhebung der eigenen Entscheidung zu vermeiden.[68]

Im übrigen sind für die Auslegung der unter das DSU fallenden Vorschriften gemäß Art. 3.2 S. 2 DSU die herkömmlichen Regeln der Auslegung des Völkerrechts maßgeblich.[69] In diesem Zusammenhang wird auch auf das Völkergewohnheitsrecht und die allgemeinen Rechtsgrundsätze zurückgegriffen.[70]

Problematisch im Hinblick auf das von dem Panel anzuwendende materielle Recht ist auch, welche Vorschriften Anwendung finden, wenn die Parteien sich auf mehrere vom

---

64 Palmeter/Mavroidis, in: AJIL 1998, S. 398 (400): „Other than the texts of the WTO Agreements themselves, no source of law is as important in WTO dispute settlement as the reported decisions or prior dispute settlement panels"; vgl. auch Jackson, in: (Carbonneau) Resolving Transnational Disputes, S. 39 (52): „It is striking to what degree the GATT panels, the advocates before the panels, and the GATT Contracting Parties in deliberation on particular disputes as well as on general policies refer to precedent within the GATT"; vgl. auch ders., in: (Collins/Bosworth) The New GATT, S. 63 (70); siehe auch Petersmann, in: (Petersmann/Hilf) The New GATT Round, S. 323 (335): „...even though GATT Panels and the GATT Contracting Parties remain free to deviate from GATT interpretations applied in previously adopted panel reports, they have hardly ever done so"; Thomas, in: JWT 1996, Nr. 2, S. 53 (65 f.); dementsprechend hat das Rechtsmittelgremium ausgeführt, daß angenommene Panelberichte „...are often considered by subsequent panels. They create legitimate expectations among WTO Members, and, therefore should be taken into account when they are relevant to any dispute. However, they are not binding, except with respect to resolving the particular dispute between the parties to that dispute" (Japan – Taxes on Alcoholic Beverages, WT/DS10/AB/R, Rn. 15).

65 Siehe hierzu Hudec, Enforcing, S. 265 ff. m.w.N. Zur Frage, ob die Annahme eines Panelberichts eine verbindliche Auslegung durch die Vertragsparteien i.S.d. Art. XXV GATT darstellte, Jackson, Restructuring, S. 68 f.

66 Hudec, Enforcing, S. 265: „...the 'authority' of earlier panel rulings depends simply and solely on how much sense they make".

67 Mora, in: C.J.T.L. 1993, S. 103 (163).

68 Nicht zuletzt aus diesem Grund ist die Qualität der Entscheidungen des Rechtsmittelgremiums von zentraler Bedeutung für die Akzeptanz des WTO-Streiterledigungsverfahrens durch die Mitgliedstaaten und damit für dessen Erfolg.

69 Zur Auslegung völkerrechtlicher Verträge Bernhardt, Auslegung, S. 1 ff.; Ipsen, Völkerrecht, S. 120 ff.; Seidl-Hohenveldern, Völkerrecht, Rn. 332 ff. Zur Auslegung von Übereinkommen im Rahmen des GATT Nichols, in: Virginia Journal of International Law 1996 (Vol. 36), S. 379 (422 ff.); im Hinblick auf die WTO Palmeter/Mavroidis, in: AJIL 1998, S. 398 (406 ff.).

70 Siehe hierzu schon oben S. 378, Fn. 60.

DSU erfaßte Übereinkommen beziehen und ein Widerspruch zwischen den jeweils einschlägigen Vorschriften besteht. Eine ursprünglich für diese Situation vorgesehene Kollisionsnorm wurde im Rahmen der Verhandlungen verworfen, da die Auffassung vorherrschte, daß die bestehenden Bestimmungen ausreichend seien, um möglicherweise bestehende Konflikte zu lösen.[71] Soweit sich ein Vorrang bestimmter Vorschriften nicht aus den Übereinkommen selbst ergibt, ist auch diese Frage im Wege der Auslegung zu entscheiden.

C. ICSID-Schiedsverfahren

I. Verfahrensrecht

Das auf ICSID-Schiedsverfahren anwendbare Verfahrensrecht ist in Art. 44 ICSID-Übk festgelegt. Danach richtet sich jedes Schiedsverfahren nach den Art. 41 - 47 ICSID-Übk und, soweit die Parteien nichts anderes vereinbaren, nach den ICSID AR. Im übrigen werden gemäß Art. 44 S. 2 ICSID-Übk ungeregelte Verfahrensfragen vom Schiedsgericht entschieden.

Vorrangig finden auf das Schiedsverfahren also die Vorschriften des ICSID-Übereinkommens Anwendung. Der Verweis in Art. 44 ICSID-Übk auf die Art. 41 ff. (IV. Kapitel, III. Abschnitt) ist dabei zu eng formuliert[72], da auch in anderen Teilen des Übereinkommens wichtige das Schiedsverfahren regelnde Bestimmungen enthalten sind.[73] Dabei haben nur einige wenige Bestimmungen zwingenden Charakter.[74]

Nicht dispositive Bestimmungen finden sich in Art. 14 (1) bzw. Art. 40 (2) ICSID-Übk über persönliche Anforderungen an die Schiedsrichter, in Art. 37 (2) (a) ICSID-Übk, der eine ungerade Schiedsrichterzahl vorschreibt, und in Art. 39 ICSID-Übk, demzufolge innerhalb des Schiedsgerichts grundsätzlich eine „neutrale Majorität" bestehen muß. Abgesehen von diesen Bestimmungen räumt das ICSID-Übereinkommen Vereinbarungen der Parteien in weitem Umfang Vorrang ein.[75]

---

71 Kohona, in: JWT 1994, Nr. 2, S. 23 (45).

72 In diesem Sinne Hirsch, ICSID, S. 112; Schreuer, in: ICSID Rev. - FILJ 1997, S. 523 (527).

73 Hierzu gehören neben den Art. 41 ff. ICSID-Übk die meisten Bestimmungen des IV. Kapitels, namentlich die Bestimmungen über die Einleitung des Schiedsverfahrens und die „screening power" des Generalsekretärs des ICSID (Art. 36 ICSID-Übk), die Bildung des Schiedsgerichts (Art. 37 ff. ICSID-Übk), den Schiedsspruch (Art. 48 ICSID-Übk), die Berichtigung, Auslegung und die Wiederaufnahme sowie über die Aufhebung des Schiedsspruchs (Art. 49 ff. ICSID-Übk), die Ablehnung und Ersetzung von Schiedsrichtern (Art. 56 ff. ICSID-Übk), die Verfahrenskosten (Art. 59 ff. ICSID-Übk) und den Verfahrensort (Art. 62 f. ICSID-Übk).

74 Shihata, in: ICSID Rev. - FILJ 1986, S. 1 (6, Fn. 30).

75 Vgl. Rule 20 (2) ICSID AR, wonach das Schiedsgericht bei der Leitung des Schiedsverfahrens alle Vereinbarungen zwischen den Parteien über Verfahrensfragen anwendet, soweit in dem ICSID-Übk oder den ICSID AdFR nichts anderes bestimmt ist; siehe auch Delaume, in: Clunet 1982, S. 775 (810): „Le consentement des parties reste le trait caractéristique du recours au [ICSID]"; IBRD, Report of the Executive Directors, Rn. 39, in: ILM 1965 S. 524 (530); vgl. auch Schreuer, in: ICSID Rev. - FILJ 1997, S. 523 (527 ff.).

Auch soweit das ICSID-Übereinkommen keine zwingenden Vorschriften enthält, unterliegt die Freiheit der Parteien, Vereinbarungen über Verfahrensfragen zu treffen, aber Einschränkungen.[76] So dürfen sie keine Vereinbarung treffen, durch die der Anspruch auf rechtliches Gehör einer Partei verletzt wird. Hierzu müssen sie die Möglichkeit haben, die Argumente der Gegenpartei zu kennen und hierzu Stellung zu nehmen. Ferner müssen etwa die Mitglieder des Schiedsgerichts die Entscheidung aufgrund ihrer eigenen Meinung treffen und nicht auf Grundlage der Auffassung anderer Personen.[77]

Diese für jedes Verfahren grundlegenden Regeln sind einer abweichenden Parteivereinbarung nicht zugänglich. Ein anderes Verständnis wäre auch mit dem Ziel des ICSID-Übereinkommens, ein faires Verfahren zwischen Investor und Investitionsstaat zu gewährleisten, nicht vereinbar.[78] Dementsprechend nennt Art. 52 (1) (d) ICSID-Übk als Aufhebungsgrund eine schwerwiegende Abweichung von einer grundlegenden Verfahrensvorschrift. Zu diesen gehören aber neben den Verfahrensnormen des Übereinkommens und der ICSID AR eben auch die allgemeinen Grundsätze des internationalen Schiedsverfahrens.[79] Innerhalb der genannten Grenzen können die Parteien jederzeit, das heißt, auch während des Schiedsverfahrens[80] eine Vereinbarung über Verfahrensfragen treffen. Eine Gelegenheit hierfür bietet die vorbereitende prozessuale Beratung („Preliminary Procedural Consultation") gemäß Rule 20 ICSID AR.[81]

Ist eine Verfahrensfrage weder in dem ICSID-Übk noch durch eine Parteivereinbarung geregelt, so finden gemäß Art. 44 ICSID-Übk die ICSID AR Anwendung und zwar in der im Zeitpunkt der Vereinbarung der ICSID-Zuständigkeit geltenden Fassung, Art. 44 S. 1 ICSID-Übk.[82] Ergibt sich eine Verfahrensfrage, die weder im ICSID-Übk noch in den ICSID AR oder durch Parteivereinbarung geregelt ist, so wird sie gemäß Art. 44 S. 2 ICSID-Übk durch das Schiedsgericht entschieden.

Das Verfahrensrecht am Ort des Schiedsverfahrens (*lex loci arbitri*)[83] ist für das anwendbare Verfahrensrecht nicht relevant.[84] Dies ist die Konsequenz des autonomen, von jeder nationalen Rechtsordnung losgelösten Charakters der ICSID-Schiedsgerichtsbar-

---

76 Schreuer, in: ICSID Rev. - FILJ 1997, S. 523 (531)

77 Vgl. hierzu David, Arbitration, S. 291.

78 Hirsch, ICSID, S. 114 f.

79 Bülow/Böckstiegel/Geimer/Schütze - Böckstiegel, Band II, 720·75, Fn. 46.

80 Delaume, in: Clunet 1982, S. 775 (810).

81 Shihata, in: ICSID Rev. - FILJ 1986, S. 1 (6 f.); zu Rule 20 ICSID AR Delaume, in: Clunet 1982, S. 775 (821 f.); siehe hierzu oben S. 252 ff.

82 Mangels abweichender Parteivereinbarung (vgl. Broches, in: YCA 1993, S. 627 (675, Rn. 135); Schreuer, in: ICSID Rev. - FILJ 1997, S. 523 (540 ff.)) ist danach maßgeblich, ob die Parteien die ICSID-Zuständigkeit nach dem 26. September 1984, dem Tag des Inkrafttretens der Neufassung der ICSID AR, oder zuvor vereinbart haben. Zur Neufassung der ICSID AR Parra, in: News from ICSID 1985, Nr. 1, S. 4 ff. Zur abweichenden Regelung in Art. 2 WIPO SchO siehe unten S. 392.

83 Zur Bedeutung der lex loci arbitri in der privaten Schiedsgerichtsbarkeit, siehe unten S. 392.

84 Bülow/Böckstiegel/Geimer/Schütze - Böckstiegel, Band II, 720·68, Fn. 33; vgl. auch Liberian Eastern Timber Corporation v. Government of the Republic of Liberia (Case No. ARB/83/2), Award of March 31, 1986 and Rectification of June 17, 1986, ICSID Reports II, S. 346 (357 f.).

keit[85], durch den sichergestellt werden soll, daß diese ein geeignetes neutrales internationales Forum zur Beilegung von Investitionsstreitigkeiten bietet.[86]

II. Materielles Recht

Das ICSID-Übereinkommen beschränkt sich darauf, eine Verfahrensordnung zur Beilegung von Streitigkeiten zwischen Staaten und ausländischen Investoren bereitzustellen. Es enthält selbst keine materiellrechtlichen Regeln über das Recht der Auslandsinvestitionen. Auf die Aufnahme entsprechender Regeln wurde verzichtet, da es namentlich aufgrund der divergierenden Interessen von kapitalimportierenden und -exportierenden Staaten nicht gelang, eine Einigung über den Inhalt derartiger Vorschriften zu erzielen.[87] Das ICSID-Übk enthält daher mit Art. 42 lediglich eine Vorschrift, die das anwendbare Recht festlegt.

Als Grundsatz gilt dabei nach Art. 42 (1) S. 1 ICSID-Übk, daß bei der Bestimmung des anwendbaren Rechts das Prinzip der Parteiautonomie Vorrang hat.[88] Die Geltung dieses Grundsatzes bei der Bestimmung des anwendbaren Rechts in Fällen mit Auslandsberührung ist einhellig anerkannt.[89] Er wurde zunächst in der Literatur entwickelt und von staatlichen Gerichten übernommen; er liegt nunmehr zahlreichen nationalen Gesetzen[90]

---

85 Broches, in: RdC 1972-II, S. 330 (385); Delaume, in: Arb. J. 1983, Nr. 2, S. 34 (35): „The ICSID Convention provides self-contained arbitration machinery operating in total independence from domestic laws, including the laws prevailing at the seat of arbitration or those in force in the country of the recognizing forum"; ders., in: Int. Tax & Bus. L. 1984 (Vol. 2), S. 58 (67); David, L'Arbitrage, S. 431: „complètement detaché de tout ordre juridique national"; Redfern, in: Arb. Int. 1987, S. 98 (99): „truly 'delocalised' or 'denationalised'".

86 Hirsch, ICSID, S. 116; Delaume, in: AJIL 1983, S. 784 (784 f.): „By submitting to ICSID arbitration, the parties therefore have the assurance that they make full advantage of procedural rules specifically adopted to their needs and, equally important, that the administration of these rules will be exempt from the scrutiny or control of domestic courts in states that are parties to the Convention".

87 Dolzer, in: JPS 1988, S. 37 (51); vgl. auch Schwarzenberger, in: FS Domke, S. 313 (320): „[Die Verfasser des ICSID-Übk] thought it wiser to limit themselves to the more formal task of providing new procedural opportunities...".

88 Delaume, in: ICSID Rev. - FILJ 1993, S. 231 (241); Schreuer, in: ICSID Rev. - FILJ 1997, S. 398 (409).

89 Lew, Applicable Law, S. 69 ff.: „The doctrine of party autonomy has attained an even greater acceptance in the international and transnational arena than on the national plain ... Autonomy has been adopted in all the international conventions dealing with contracts or arbitration and there are few who today still question its validity"; v. Bar, IPR II, Rn. 412: „Sein [der Grundsatz der Parteiautonomie] Weg durch die internationale Rechtsgeschichte war mühsam aber schließlich doch so erfolgreich, daß er heute als eines der weltweit verbreitetsten Anknüpfungsprinzipien des Internationalen Privatrechts überhaupt gelten darf"; Berger, Arbitration, S. 490; Redfern/Hunter, Arbitration, S. 97 ff.; Toope, Mixed International Arbitration, S. 47; Böckstiegel, Party Autonomy, S. 1 ff.; G. Lörcher, in: RPS 2. Folge 1993, S. 3 (4) jeweils m.w.N.

90 Vgl. die Nachweise bei Toope, Mixed International Arbitration, S. 47.

und internationalen Übereinkommen[91] zugrunde. Fehlt eine Parteivereinbarung, so finden gemäß Art. 42 (1) S. 2 ICSID-Übk das Recht des Investitionsstaats sowie die einschlägigen Regeln des Völkerrechts Anwendung. Im Rahmen der Verhandlungen über das ICSID-Übereinkommen[92] war dabei insbesondere die Rolle des internationalen Rechts umstritten. Ferner kann das Schiedsgericht gemäß Art. 42 (3) ICSID-Übk mit Einwilligung der Parteien *ex aequo et bono* entscheiden.

1. Rechtswahl der Parteien

Nach Art. 42 (1) S. 1 ICSID-Übk entscheidet das Schiedsgericht die Streitigkeit gemäß den von den Parteien vereinbarten Rechtsvorschriften („The Tribunal shall decide a dispute in accordance with such rules of law as may be agreed by the parties."). Den Parteien wird durch diese Formulierung („rules of law") eine sehr weitgehende Rechtswahlfreiheit eingeräumt.[93] Sie sind insbesondere nicht auf die Wahl einer bestimmten Rechtsordnung festgelegt[94], sondern können eine Kombination von Elementen verschiedener Rechtsordnungen[95], völkerrechtliche Regeln, allgemeine Rechtsgrundsätze, noch nicht in Kraft be-

---

91 Siehe nur etwa das EuSchVÜ von 1980, das auch den Art. 27 ff. EGBGB zugrundeliegt; siehe ferner die Nachweise bei Redfern/Hunter, Arbitration, S. 98 f.

92 Zur Entstehungsgeschichte des Art. 42 ICSID-Übk Broches, in: FS Domke, S. 12 (13 ff.); Masood, in: J. Ind. L. Inst 1973, S. 311 (312 ff.); ICSID, Analysis, Vol. I, S. 190 ff. m.w.N.

93 Craig, in: Private Investments Abroad 1993, § 14-21 weist darauf hin, daß eine Rechtswahl durch die Parteien sinnvoll ist, um zu verhindern, daß im Verfahren viel Zeit darauf verwandt wird, über die Frage des anwendbaren Rechts zu diskutieren. Auch wenn sich in der Praxis nicht in allen Verträgen eine Vereinbarung über das anwendbare Recht findet, Toope, Mixed International Arbitration, S. 239; Broches, in: RdC 1972-II, S. 330 (380), so gilt dies mittlerweile doch für die Mehrzahl (ca. 2/3) der einem ICSID-Schiedsverfahren zugrundeliegenden Verträge. Dabei wurde nur in einem ICSID-Verfahren (Colt Industries Operating Corporation, Firearms Division v. Government of the Republic of Korea (Case No. ARB/84/2)) das Recht des Heimatstaates des Investors vereinbart, Shihata/Parra, in: ICSID Rev. - FILJ 1994, S. 183 (198 f.). Häufig treffen die Parteien komplizierte Rechtswahlvereinbarungen, vgl. Shihata/ Parra, aaO., S. 199; zu den unterschiedlichen Möglichkeiten auch Böckstiegel, Staat, S. 86 ff. m.w.N.; ders., Rules, S. 117 (155 ff.); Schreuer, in: ICSID Rev. - FILJ 1997, S. 398 (411 ff.).

94 Vereinbaren die Parteien die Anwendbarkeit einer bestimmten nationalen Rechtsordnung, so ist diese regelmäßig als Sach- und nicht als Gesamtnormverweisung zu verstehen, d.h., das Kollisionsrecht des Staates, dessen Recht vereinbart worden ist, findet keine Anwendung, Hirsch, ICSID, S. 130 ff. m.w.N.

95 Giardina, in: (Sarcevic) Essays on International Commercial Arbitration, S. 214 (216 f.); Masood, in: J. Ind. L. Inst 1973, S. 311 (316); Rodley, in: CYIL 1966, S. 43 (59); Die Parteien können für einzelne Teile des Vertrages verschiedene Rechtsordnungen für anwendbar erklären, vorausgesetzt die Rechtsspaltung ist sachgerecht und durchführbar, Berger, Arbitration, S. 492; Kropholler, IPR, S. 411. Dabei ist zu beachten, daß die Bezugnahme auf staatliches Recht nicht immer notwendigerweise eine Rechtswahl für dieses Recht oder Rechtssystem als solches bedeuten muß, sie kann vielmehr als eine Rezeption von Vorschriften dieses Rechts oder Rechtssystems in den Vertrag interpretiert werden mit der Wirkung, daß diese Vorschriften dann den Charakter vertraglicher Regelungen erhalten. Durch die Inkorporierung in den Vertrag werden die Normen „versteinert", d.h. anders als bei einer Rechtswahlklausel bleiben

findliche Rechtsvorschriften[96] oder die *lex mercatoria*[97] als anwendbares Recht vereinbaren.[98]

Vereinbaren die Parteien die Anwendbarkeit des Rechts des Investitionsstaates, so besteht für den Investor das Risiko, daß der Staat sein eigenes Recht zum Nachteil des Investors ändert und so ein Ungleichgewicht zwischen den Parteien der Investitionsvereinbarung entsteht.[99] Um dieser Gefahr entgegenzuwirken, können die Parteien eine Versteinerungsklausel (*stabilization clause*) in ihre Vereinbarung aufnehmen.[100] Diese kann entweder vorsehen, daß das Recht des Investitionsstaates im Zeitpunkt des Abschlusses oder des Inkrafttretens der Vereinbarung „eingefroren" wird oder, daß nachfolgende Änderungen des Rechts des Investitionsstaates auf das Vertragsverhältnis keine Anwendung finden.[101]

Im ICSID-Schiedsverfahren *AGIP v. Congo* nationalisierte der Investitionsstaat auf der Grundlage eines neu erlassenen Gesetzes ein Tochterunternehmen des Investors, obwohl vereinbart worden war, daß dessen rechtlicher Status nicht verändert werden dürfe und zukünftige Änderungen des Gesellschaftsrechts auf das Unternehmen keine Anwendung finden sollten. Das Schiedsgericht entschied, daß das Verhalten des Investitionsstaats mit der Versteinerungsklausel unvereinbar sei und gewährte *AGIP* Schadenser-

---

spätere Änderungen der einbezogenen Vorschriften außer Betracht, Böckstiegel, in: FS Beitzke, S. 443 (450 f.).

96 Broches, in: YCA 1993, S. 627 (667, Rn. 113); Hirsch, ICSID, S. 119.

97 Feuerle, in: Yale St. W. P. O. 1977, S. 89 (103); zu den mit der lex mercatoria verbundenen Problemen siehe unten S. 396 ff.

98 Zur Reichweite der Parteiautonomie auch Hirsch, ICSID, S. 118 ff.; Schreuer, in: ICSID Rev. - FILJ 1997, S. 398 (418 ff.); Broches, in: RdC 1972-II, S. 330 (389) „unlimited autonomy"; Nassar, in: J. Int. Arb. 1997, Nr. 3, S. 186 (197); Shihata/Parra, in: ICSID Rev. - FILJ 1994, S. 183 (188 f.). Die Parteien haben damit bei der Wahl des anwendbaren Rechts das, was das Institute of International Law in Art. 6 seiner Resolution on Arbitration between States, State Enterprises or State Entities, and Foreign Enterprises vom 12. September 1989 (abgedruckt in: ICSID Rev. - FILJ 1990, S. 139 ff.) als „full autonomy" im Hinblick auf die Wahl des anwendbaren materiellen Rechts bezeichnet hat.

99 Craig, in: Private Investments Abroad 1993, § 14-20.

100 Zur Zulässigkeit solcher Versteinerungsklauseln Sandrock, in: FS Riesenfeld, S. 211 ff., demzufolge Versteinerungsklauseln ihre dogmatische Rechtfertigung in der kollisionsrechtlichen Parteiautonomie finden und eine Gefährdung oder Verletzung öffentlicher oder privater Interessen, die der Zulässigkeit solcher Klauseln entgegenstünde, bei Versteinerungsklauseln nicht zu befürchten ist. Siehe auch Hirsch, ICSID, S. 141 ff. m.w.N.; Kropholler, IPR, S. 412 f.; Peter, Renegotiation, S. 214 ff.; Delaume, Law and Practice, § 2.07 (S. 44 ff.); Schreuer, in: ICSID Rev. - FILJ 1997, S. 398 (444 ff.). Zu der teilweise von Autoren aus Entwicklungsländern vertretenen Auffassung, zumindest soweit es um die natürlichen Resourcen des Landes gehe, stehe der Grundsatz der „permanenten Souveränität über die natürlichen Ressourcen" einer Versteinerungsklausel entgegen, Sornarajah, Arbitration, S. 252 f.; ders, in: JWT 1981, S. 187 (208 ff.); zu den Gegenargumenten Hirsch, aaO., S. 143 ff.

101 Delaume, Law and Practice, § 2.07 (S. 45); zu der Möglichkeit, gesetzliche Normen durch die Inkorporierung in den Vertrag zu versteinern, siehe oben S. 384, Fn. 94

satz.[102] Auch in der Aufhebungsentscheidung in *MINE v. Guinea*[103] und im Schiedsspruch in *LETCO v. Liberia*[104] wurde die Wirksamkeit von Stabilisierungsklauseln bejaht.

Broches[105] ist der Auffassung, eine Rechtswahl durch die Parteien, die im übrigen jederzeit möglich ist[106], müsse ausdrücklich erfolgen. Dagegen spricht, daß die Ablehnung der Möglichkeit einer konkludenten Rechtswahl dazu führen kann, daß der zwar nicht ausdrücklich erklärte, aber gleichwohl vorhandene Wille der Parteien durch das Schiedsgericht nicht berücksichtigt und somit dem Grundsatz der Parteiautonomie nicht Rechnung getragen wird. Andererseits besteht die Gefahr, daß das Schiedsgericht aufgrund bestimmter Umstände eine konkludente Rechtswahl annimmt, obwohl diese tatsächlich gar nicht vorliegt. Vor diesem Hintergrund scheint es sachgerecht, daß das Schiedsgericht eine konkludente Rechtswahl nur dann berücksichtigt, wenn diese mit hinreichender Sicherheit festgestellt werden kann.[107] Dementsprechend folgerte im ICSID-

---

102 AGIP S.p.A. v. Government of the People's Republic of the Congo (Case No. ARB/77/1), Award of November 30, 1979, ICSID Reports I, S. 306 (324); hierzu Hirsch, ICSID, S. 147 f.; Broches, in: YCA 1993, S. 627 (671 ff., Rn. 127 ff.); Nassar, in: J. Int. Arb. 1997, Nr. 3, S. 186 (198).

103 Maritime International Nominees Establishment v. Government of the Republic of Guinea (Case No. ARB/84/4), Ad-hoc-Committee Decision of December 22, 1989, ICSID Rev. - FILJ 1990, S. 95 (112): „...the agreement can be said to have 'frozen' the applicable law at that date".

104 Liberian Eastern Timber Corporation v. Government of the Republic of Liberia (Case No. ARB/83/2), Award of March 31, 1986 and Rectification of June 17, 1986, ICSID Reports II, S. 346 (368): „[A stabilization clause] is commonly found in long-term development contracts and ... is meant to avoid the arbitrary actions of the contracting government. This clause must be respected, especially in this type of agreement. Otherwise the contracting state may easily avoid its contractual obligations by legislation".

105 Broches, in: YCA 1993, S. 627 (667, Rn. 114).

106 Shihata/Parra, in: ICSID Rev. - FILJ 1994, S. 183 (201); Delaume, Law and Practice, § 2.05.(2) (S. 41 f.); Nassar, in: J. Int. Arb. 1997, Nr. 3, S. 186 (196). Im ICSID-Schiedsverfahren S.A.R.L. Benvenuti & Bonfant v. Government of the People's Republic of the Congo (Case No. ARB/77/2), Award of August 8, 1980, ICSID Reports I, S. 330 (349) vereinbarten die Parteien während des Verfahrens, das Schiedsgericht gemäß Art. 42 (3) ICSID-Übk zu einer Entscheidung ex aequo et bono zu ermächtigen.

107 Hirsch, ICSID, S. 121; Masood, in: J. Ind. L. Inst 1973, S. 311 (318); Chukwumerije, in: J. Int. Arb. 1997, Nr. 3, S. 79 (92 ff.); Shihata/Parra, in: ICSID Rev. - FILJ 1994, S. 183 (190): „In the context of the ICSID Convention, this cautious approach would appear to be particularly appropriate. It may otherwise be too readily assumed that parties intend to displace the delicate arrangements that the Convention makes for absence of a choice of law"; vgl. auch allgemein Lew, Applicable Law, S. 209: „...an implied choice of law will be recognised and respected. However this can only be to the extent where the implication through the facts and circumstances give a very clear indication of the parties' intention... the burden of proving an implied choice of law is a particularly heavy one and falls on the party alleging its existence. Only if that burden has been proved to the satisfaction of the arbitrators, will they apply the law 'impliedly chosen'. So, where an arbitrator feels such an implied intention does exist and has been manifested he will no doubt give it effect". Indizien für eine stillschweigende Rechtswahl können sein: die Bezugnahme auf Vorschriften einer bestimmten Rechtsordnung, die Benutzung von AGB oder Formularen, die auf einer Rechtsordnung aufbauen, die Verein-

Schiedsverfahren *AAPL v. Sri Lanka*[108] die Mehrheit des Schiedsgerichts[109] mangels einer ausdrücklichen Rechtswahl aus dem Verhalten und Vorbringen der Parteien während des Verfahrens, daß diese konkludent die Anwendbarkeit des bilateralen Investitionsschutzabkommens zwischen *Sri Lanka* und dem *Vereinigten Königreich* vereinbart hatten.

Auch wenn die Parteien eine sehr weitgehende Befugnis zur Festlegung des anwendbaren Rechts haben, so gilt die Parteiautonomie insoweit nicht schrankenlos. So ist eine Rechtswahlvereinbarung als unzulässig zu erachten, wenn sie gegen zwingende Regeln des Völkerrechts oder gegen den internationalen *ordre public* verstößt.[110]

2. *Fehlen einer Rechtswahl*

In Ermangelung einer Rechtswahl wendet das Schiedsgericht gemäß Art. 42 (1) S. 2 ICSID-Übk das Recht des Investitionsstaates - einschließlich seines Internationalen Privatrechts - sowie die einschlägigen Regeln des Völkerrechts an. Demgegenüber wenden Schiedsgerichte in der privaten internationalen Schiedsgerichtsbarkeit bei fehlender Rechtswahl in der Regel das von ihnen für anwendbar erachtete Kollisionsrecht[111] oder materielle Recht[112] an.

Da sich bei den Verhandlungen über das ICSID-Übk der Vorschlag, daß das Schiedsgericht das anwendbare Recht selbst festlegen sollte[113], gegen den Widerstand insbeson-

barung eines einheitlichen Gerichtsstandes oder Schiedsgerichts, von dem die Anwendung seines eigenen Rechts zu erwarten ist, die Einigung auf einen gemeinsamen Erfüllungsort, eine bisherige Übung zwischen den Parteien, die ähnliche Verträge früher einem bestimmten Recht unterstellt haben; ferner - meist im Zusammenhang mit anderen Kriterien (wie gewöhnlicher Aufenthalt oder Niederlassung) - der Ort des Vertragsschlusses, die Vertragssprache oder die Währung, Kropholler, IPR, S. 409; zu Einzelheiten v. Bar, IPR II, Rn. 468; Firsching/v. Hoffmann, IPR, S. 359 ff.; Kegel, IPR, S. 487 f.; Reithmann/Martiny, Internationales Vertragsrecht, Rn. 72 ff.

108 Asian Agricultural Products Limited v. Democratic Socialist Republic of Sri Lanka (Case No. ARB/87/3), Award of June 27, 1990, ILM 1991, S. 580 (586 f.): „Effectively, in the present case, both Parties acted in a manner that demonstrates their mutual agreement to consider the provisions of the Sri Lanka/U.K. Bilateral Investment Treaty as being the primary source of the applicable legal rules".

109 Der dritte Schiedsrichter war hingegen der Auffassung, daß keine Rechtswahl vorliege und das anwendbare Recht daher nach Art. 42 (1) S. 2 ICSID-Übk zu bestimmen sei, AAPL v. Sri Lanka, Dissenting Opinion of Samuel K.B. Asante, in: ILM 1981, S. 628 (629 f.).

110 Hirsch, ICSID, S. 125 ff.; Pirrung, Weltbankübereinkommen, S. 156; Stoll, Vereinbarungen, S. 142 f.; Broches, in: FS Domke, S. 12 (17); Feuerle, in: Yale St. W. P. O. 1977, S. 89 (104 ff.).

111 Art. 28 (2) UNCITRAL MG; Art. 33 (1) S. 2 UNCITRAL SchO.

112 Art. 17 (1) S. 2 ICC SchO; Art. 59 (a) S. 3 WIPO SchO (siehe hierzu unten S. 400 ff.); Art. 28 (1) S. 2 AAA SchO.

113 Vgl. Art. IV, Sect. 4 (1) Preliminary Draft Convention: Working Paper for the Consultative Meetings of Legal Experts (COM/AF/WH/EU/AS/1, 15 October 1963), in: ICSID, Documents, Vol. II/1, Doc. 24, S. 214 und Art. 45 Draft Convention: Working Paper for the Legal Committee (Z 12, 11 September 1964), in: ICSID, Documents, Vol. II/1, Doc. 43, S. 630: „the Tri-

dere der Entwicklungsländer nicht durchsetzen konnte[114], erklärt Art. 42 (1) S. 1 ICSID-Übk zunächst das Recht des Investitionsstaates einschließlich seines Kollisionsrechts für anwendbar. In der Praxis werden die unterschiedlichen Lösungsansätze aber nur selten zu voneinander abweichenden Ergebnissen führen. Geht es in der Streitigkeit um einen typischen Investitionvertrag, etwa über den Abbau von Rohstoffen, so wird das von einem Schiedsgericht für anwendbar erachtete Kollisionsrecht regelmäßig auf das Recht des Investitionsstaates verweisen bzw. das Schiedsgericht selbst das materielle Recht des Investitionsstaates für anwendbar erachten.[115] Aufgrund des Verweises auf das Kollisionsrecht des Investitionsstaates in Art. 42 (1) S. 2 ICSID-Übk ist es aber auch möglich, daß in einem ICSID-Schiedsverfahren das Recht eines anderen Staates zur Anwendung gelangt, wenn die Investition etwa in Form eines Warenkredits erfolgt und das Kollisionsrecht des Investitionsstaates auf das Recht eines anderen Staates verweist.[116] Ein Vorteil der Regelung des Art. 42 (1) S. 2 ICSID-Übk ist, daß auch bei Fehlen einer Rechtswahl das anwendbare Recht leicht zu bestimmen und daher für die Streitparteien vorhersehbar ist.[117]

Neben dem Recht des Investitionsstaats hat das Schiedsgericht nach Art. 42 (1) S. 2 ICSID-Übk auch die einschlägigen Regeln des Völkerrechts anzuwenden und zwar auch dann, wenn der Investitionsstaat das Völkerrecht nicht in sein nationales Recht inkorporiert hat.[118] Die Aufnahme einer entsprechenden Bestimmung in das ICSID-Übk war bei den Verhandlungen heftig umstritten.[119] Auf der einen Seite sprachen sich zahlreiche kapitalimportierende Staaten gegen eine solche Vorschrift aus und begründeten dies unter anderem damit, daß völkerrechtliche Regeln nur auf zwischenstaatliche Streitigkeiten anwendbar seien. Auf der anderen Seite wollten die kapitalexportierenden Staaten die Anwendbarkeit völkerrechtlicher Regeln festlegen, um Investoren davor zu schützen, daß der Investitionsstaat nach Abschluß der Investitionsvereinbarung sein nationales Recht zum Nachteil des Investors verändert. Als Kompromißvorschlag wurde Art. 42 (1) S. 2 ICSID-Übk in seiner vorliegenden Fassung angenommen. Der Vorsitzende der Verhandlungen *Broches* hob dabei hervor, daß die Regeln des Völkerrechts nicht alternativ zum Recht des Investitionsstaates, sondern nur gemeinsam mit diesem zur Anwendung gelangen sollten und versicherte, daß das Recht des Investitionsstaates bei der Entscheidung der Streitigkeit von zentraler Bedeutung sein werde.[120]

---

bunal shall decide the dispute submitted to it in accordance with [such rules of law] as it shall determine to be applicable".

114 Broches, in: YCA 1993, S. 627 (667 f., Rn. 115).

115 Broches, in: RdC 1972-II, S. 330 (390); Ott, Investitionsstreitigkeiten, S. 51.

116 ICSID, Documents, Vol. II/1, Doc. 31 (Summary Record of Proceedings, Bangkok Consultative Meetings of Legal Experts, 27 April - 1 May 1964, Z 10, 20 July 1964), S. 514; vgl. auch Broches, in: YCA 1993, S. 627 (667 f., Rn. 115); Shihata/Parra, in: ICSID Rev. - FILJ 1994, S. 183 (191); Masood, in: J. Ind. L. Inst 1973, S. 311 (320).

117 Hirsch, ICSID, S. 133; Masood, in: J. Ind. L. Inst 1973, S. 311 (319);

118 Shihata/Parra, in: ICSID Rev. - FILJ 1994, S. 183 (192).

119 Hierzu eingehend Broches, in: FS Domke, S. 12 (15 f.); Masood, in: J. Ind. L. Inst 1973, S. 311 (312 ff.).

120 ICSID, Documents, Vol. II/2, Doc. 81 (Summary Proceedings of the Legal Committee Meeting, December 7, Morning (SID/LC/SR/14, December 30, 1964)), S. 800, wo Broches folgendermaßen zitiert wird: „It was quite clear that the laws of the host country would be of primary

Zum Begriff der „einschlägigen Regeln des Völkerrechts", der in der englischen Fassung „such rules of international law as may be applicable" und in der französischen Fassung „les principes de droit international en la matière" lautet, führt der *Report of the Executive Directors* aus, der Begriff des „Völkerrechts" sei in diesem Zusammenhang im Sinne des Art. 38 (1) IGH-Statut zu verstehen, wobei aber zu berücksichtigen sei, daß Art. 38 (1) IGH-Statut sich auf zwischenstaatliche Streitigkeiten beziehe.[121] Letztere Einschränkung kommt auch in der Formulierung des Art. 42 (1) S. 2 ICSID-Übk zum Ausdruck, der auf die „einschlägigen" Regeln des Völkerrechts verweist („as may be applicable", „en la matière"). Aufgrund des Fehlens allgemeingültiger Rechtssätze im Bereich der Auslandsinvestitionen zur Zeit der Verhandlungen über das ICSID-Übereinkommen[122] waren nur allgemeine Rechsgrundsätze wie z. B. *pacta sunt servanda* oder Treu und Glauben relevant.[123]

Im Zuge der wachsenden Zahl von bilateralen Investitionsschutzabkommen[124] haben sich indes gewisse allgemeingültige rechtliche Standards herauskristallisiert.[125] Der hierin zum Ausdruck kommende Konsens legt es nahe, daß diese dazu beitragen, völkerrechtliche Regeln im Bereich des Rechts der Auslandsinvestitionen zu entwickeln.[126] In diesem Zusammenhang sind auch die 1992 verabschiedeten *World Bank Group Guidelines on the*

---

importance and that international law itself would in the first place refer to them. The principles of international law which might be brought into play would be such as pacta sunt servanda. He further wished to point out that the earlier draft of the Convention referred to 'national or international law'. The present draft uses the word 'and' so as to avoid the impression that international law would always apply or that it was necessarily a question of alternatives".

121 IBRD, Report of the Executive Directors, Rn. 40, in: ILM 1965 S. 524 (530): „The term 'international law' as used in this context should be understood in the sense given to it by Article 38 (1) of the Statute of the International Court of Justice, allowance being made to the fact that Article 38 was designed to apply to inter-State disputes".

122 Pirrung, Weltbankübereinkommen, S. 15 ff.; Masood, in: J. Ind. L. Inst 1973, S. 311 (321).

123 ICSID, Documents, Vol. II/2, Doc. 81 (Summary Proceedings of the Legal Committee Meeting, December 7, Morning (SID/LC/SR/14, December 30, 1964)), S. 800 (Stellungnahme Broches); Doc. 132 (Memorandum of the Meeting of the Committee of the Whole, February 23, 1965, morning, not an approved record (SID/65-5 (February 25, 1965)), S. 984 f. (Stellungnahme Broches); Firth, in: N.Y.U. J. Int. L & Pol. 1968, S. 253 (275); siehe auch Rodley, in: CYIL 1966, S. 43 (62); Toope, Mixed International Arbitration, S. 240 f.; Schreuer, in: ICSID Rev. - FILJ 1997, S. 398 (469 ff.).

124 Grundlegend zu bilateralen Investitionsschutzabkommen Dolzer/Stevens, Bilateral Investment Treaties m.w.N.; vgl. auch Ott, Beilegung, S. 85 ff.; Broches, in: FS Sanders, S. 63 ff.; Delaume, in: News from ICSID 1985, Nr. 1, S. 12 ff.; Peter, in: J. Int. Arb. 1988, Nr. 1, S. 67 (75 ff.); zu Regelungen über die Streiterledigung in bilateralen Investitionsschutzabkommen Parra, in: ICSID Rev. - FILJ 1997, S. 287 ff.

125 Shihata/Parra, in: ICSID Rev. - FILJ 1994, S. 183 (210 f.): „Among the general standards established by such investment treaties are those calling upon host States to accord foreign investments 'fair and equitable treatment' and 'full protection and security' and not to expropriate such investments 'except for a public purpose' and against 'fair', 'just' oder 'prompt, adequate and effective' compensation. The treaties also call for the relaxation or elimination of controls on the admission of foreign investments and on the transfer of profits and other sums related to such investments"; Shihata, MIGA and Foreign Investment, S. 217 ff.

126 Salacuse, in: Int. Lawyer 1990, S. 655 ff.

Treatment of Foreign Direct Investment[127] von Bedeutung, deren Ziel es ist, zur Entwicklung eines umfassenden internationalen Investitionsrechts beizutragen, indem sie Richtlinien für alle im Bereich der Auslandsinvestitionen relevanten Rechtsfragen bereitstellen.[128]

Die einschlägigen Regeln des Völkerrechts können herangezogen werden, um Lücken im anwendbaren nationalen Recht zu schließen.[129] Dies kann insofern von Bedeutung werden, als das Schiedsgericht gemäß Art. 42 (2) ICSID-Übk die Entscheidung einer Streitigkeit nicht mit der Begründung ablehnen kann, daß das Recht zu dem streitigen Punkt schweigt oder unklar ist.[130] Problematisch erscheint die Frage, welches Recht bei einem Widerspruch zwischen dem Recht des Investitionsstaates und den einschlägigen Regeln des Völkerrechts Vorrang hat. *Böckstiegel* weist darauf hin, daß diese Frage etwa bei Verstaatlichungen und diesbezüglichen Entschädigungen von erheblicher Bedeutung sein kann.[131] Durch die Anwendbarkeit der einschlägigen Regeln des Völkerrechts soll der Investor davor geschützt werden, daß der Investitionsstaat sein Recht in mißbräuchlicher Weise zum Nachteil des Investors ändert. Die einschlägigen Regeln des Völkerrechts bilden damit ein Gegengewicht dazu, daß bei Fehlen einer Rechtswahl das Recht des Investitionsstaates Anwendung findet. Art. 42 (2) ICSID-Übk versucht auf diese Weise, das empfindliche Gleichgewicht zwischen den Parteien einer Investitionsvereinbarung zu wahren.[132] Vor diesem Hintergrund haben die Regeln der Völkerrechts neben ihrer ergänzenden insbesondere auch eine kontrollierende und gegebenenfalls korrigierende Funktion; insoweit sind sie gegenüber dem nationalen Recht vorrangig.[133]

---

127 Abgedruckt in: ICSID Rev. - FILJ 1992, S. 297 ff.

128 Zu den Guidelines Shihata, World Bank Guidelines, S. 1 ff.; ders./Parra, in: ICSID Rev. - FILJ 1994, S. 183 (211 f.).

129 Amco Asia Corporation, Pan American Development Limited and P.T. Amco Indonesia v. Republic of Indonesia (Case No. ARB/81/1), Decision annulling the Award signed by the Ad-hoc-Committee on May 16, 1986, ICSID Reports I, S. 509 (515); Klöckner Industrie-Anlagen GmbH, Klöckner Belge S.A. and Klöckner Handelmaatschappij B.V. v. United Republic of Cameroon and Société Camerounaise des Engrais (Case No. ARB/81/2), Ad-hoc-Committee Decision of May 3, 1985, Clunet 1987, S. 163 (166 f.) = englische Übersetzung in: ICSID Reports II, S. 95; Chukwumerije, in: J. Int. Arb. 1997, Nr. 3, S. 79 (95 ff.); Shihata/Parra, in: ICSID Rev. - FILJ 1994, S. 183 (192); vgl. auch die Stellungnahmen der Vertreter von Costa Rica und der Elfenbeinküste, in: ICSID, Documents, Vol. II/2, Doc. 81 (Summary Proceedings of the Legal Committee Meeting, December 7, Morning (SID/LC/SR/14, December 30, 1964)), S. 803, die die Funktion der einschlägigen Regeln des Völkerrechts allerdings auf diese Funktion beschränken wollten.

130 Siehe zu Art. 42 (2) ICSID-Übk Shihata/Parra, in: ICSID Rev. - FILJ 1994, S. 183 (195 f.).

131 Bülow/Böckstiegel/Geimer/Schütze - Böckstiegel, Band II, 720·67, Fn. 30.

132 Shihata/Parra, in: ICSID Rev. - FILJ 1994, S. 183 (193).

133 Amco Asia Corporation, Pan American Development Limited and P.T. Amco Indonesia v. Republic of Indonesia (Case No. ARB/81/1), Decision annulling the Award signed by the Ad-hoc-Committee on May 16, 1986, ICSID Reports I, S. 509 (515): „... Article 42 (1) of the Convention authorizes an ICSID tribunal to apply rules of international law ... to fill up lacunae in the applicable domestic law and to ensure precedence to international law norms where the rules of the applicable domestic law are in collision with such norms"; Hirsch, ICSID, S. 140 f.; Lew, Applicable Law, S. 349; Bülow/Böckstiegel/Geimer/Schütze - Böckstiegel, Band

Das Schiedsgericht wendet demzufolge zunächst das Recht des Investitionsstaates an. Das auf dieser Grundlage erlangte Ergebnis wird anschließend auf seine Vereinbarkeit mit den einschlägigen Regeln des Völkerrechts überprüft.[134] Begründen danach Vorschriften des Rechts des Investitionsstaates oder deren Anwendung einen Verstoß gegen das Völkerrecht, so wendet das Schiedsgericht diese Vorschriften nicht an.[135]

Fraglich ist, ob das ICSID-Schiedsgericht die einschlägigen Regeln des Völkerrechts auch dann als Kontrollmaßstab heranzuziehen hat, wenn aufgrund einer Parteivereinbarung gemäß Art. 42 (1) S. 1 ICSID-Übk das Recht des Investitionsstaates anwendbar ist, ohne daß die Parteien die Anwendbarkeit der einschlägigen Regeln des Völkerrechts vereinbart haben. Keine Probleme ergeben sich, wenn das Völkerrecht in das Recht des Investitionsstaats inkorporiert ist.[136] Während in diesen Fällen das nationale Recht am Maßstab des Völkerrechts zu messen ist, erscheint in den Fällen, in denen eine solche Inbezugnahme fehlt, die Zulässigkeit der Überprüfung des Rechts des Investitionsstaates am Völkerrecht durch das Schiedsgericht als äußerst zweifelhaft. Die Anwendbarkeit der einschlägigen Regeln des Völkerrechts ist nur für den Fall des Fehlens einer Parteivereinbarung vorgesehen; es ergibt sich auch nicht aus der Entstehungsgeschichte, daß diese Regeln bei Vorliegen einer Rechtswahl eine entsprechende Kontrollfunktion haben sollen. Aufgrund des Vorrangs des Parteiwillens muß daher gelten, daß im Falle einer Rechtswahl durch die Parteien in dieser Fallkonstellation kein Raum für die Anwendung der einschlägigen Regeln des Völkerrechts besteht.[137]

II, 720·67, Fn. 30; Broches, in: RdC 1972-II, S. 330 (390); ders., in: FS Domke, S. 12 (16 f.); Chukwumerije, in: J. Int. Arb. 1997, Nr. 3, S. 79 (95 ff.); Schmidt, in: Harv. Int. L. J. 1976 (Vol. 17), S. 90 (106); Shihata/Parra, in: ICSID Rev. - FILJ 1994, S. 183 (192); a.A. Elombi, in: J. Int. Arb. 1994, Nr. 3, S. 61 ff., der einen Vorrang der einschlägigen Regeln des Völkerrechts ablehnt; kritisch auch Schwarzenberger, in: FS Domke, S. 313 (317 ff.).

134 Klöckner Industrie-Anlagen GmbH, Klöckner Belge S.A. and Klöckner Handelmaatschappij B.V. v. United Republic of Cameroon and Société Camerounaise des Engrais (Case No. ARB/81/2), Ad-hoc-Committee Decision of May 3, 1985, Clunet 1987, S. 163 (166 f.) = englische Übersetzung in: ICSID Reports II, S. 95: „[Art. 42 (1) S. 2 ICSID-Übk gibt den Regeln des Völkerrechts] un double rôle, soit complémentaire ... soit correctif, au cas où ce droit étatique ne serait pas en tout points conform aux principes du droit international. Quoi qu'il on soit et dans les deux cas, les arbitres peuvent recourir aux principes du droit international qu'après avoir recherché et établi le contenu du droit de l'État partie au différend ... et après avoir appliquée les règles pertinentes du droit étatique".

135 Hirsch, ICSID, S. 140; Broches, in: YCA 1993, S. 627 (668, Rn. 117); Bülow/Böckstiegel/Geimer/Schütze - Böckstiegel, Band II, 720·67, Fn. 30: „...wird man ein Ergebnis nach nationalem Recht nur insoweit anwenden können, wie es nicht dem Völkerrecht widerspricht".

136 Toope, Mixed International Arbitration, S. 238 f.; Broches, in: RdC 1972-II, S. 330 (389); Delaume, in: ICSID Rev. - FILJ 1993, S. 231 (245).

137 In diesem Sinne Toope, Mixed International Arbitration, S. 238 f.; Masood, in: J. Ind. L. Inst 1973, S. 311 (319); eingehend Chukwumerije, in: J. Int. Arb. 1997, Nr. 3, S. 79 (85 ff.); a.A. Schreuer, in: ICSID Rev. - FILJ 1997, S. 398 (438 ff.); Lauterpacht, in: FS Guggenheim, S. 642 (658 ff.); vermittelnd Broches, in: YCA 1993, S. 627 (669, Rn. 120 f.).

D. WIPO-Schiedsverfahren

I. Verfahrensrecht

Nach Art. 2 WIPO SchO gilt die WIPO-Schiedsordnung bei Vereinbarung eines WIPO-Schiedsgerichtsverfahrens als Teil der Schiedsabrede zwischen den Parteien. Insoweit ist nicht erforderlich, daß die Parteien vom Inhalt der Bestimmungen im einzelnen Kenntnis haben.[138] Anders als bei Art. 44 S. 1 ICSID AR findet die WIPO-Schiedsordnung in der am Tag des Beginns des Schiedsgerichtsverfahrens geltenden Fassung Anwendung.[139]

Während ICSID-Schiedsverfahren, wie dargestellt, unabhängig von nationalen Verfahrensvorschriften stattfinden, müssen private Schiedsverfahren grundsätzlich[140] an eine nationale Rechtsordnung angebunden sein, in einem nationalen Schiedsverfahrensgesetz „erden".[141] Für das WIPO-Schiedsverfahren wird dies in Art. 3 WIPO SchO klargestellt. Hinsichtlich der Frage, welches staatliche Recht Anwendung findet, verweist Art. 3 (b) WIPO SchO auf Art. 59 (b) WIPO SchO. Danach ist grundsätzlich das am Ort des Verfahrens[142] anwendbare Schiedsverfahrensrecht maßgeblich. Die Anknüpfung an den Ort des Schiedsverfahrens entspricht der zahlreichen nationalen Schiedsgerichtsgesetzen[143] zugrundeliegenden Sitztheorie[144], die seit der Reform des 10. Buchs der ZPO nunmehr auch in Deutschland gilt.[145]

---

138 RGZ 159, S. 92 (95); BGH WM 1986, S. 688 (689); Berger, Arbitration, S. 485; Raeschke-Kessler, in: NJW 1988, S. 3041 (3047); vgl. auch Rosenberg/Schwab/Gottwald, ZPO, S. 1098.

139 Art. 2 WIPO SchO stellt damit eine umstrittene Frage klar. Während der BGH WM 1986, S. 688 (689) der Auffassung ist, daß die Regel, die Art. 2 WIPO SchO zugrundeliegt, allgemein dem Parteiwillen entspricht (so auch Berger, Arbitration, S. 489; grds. auch Schlosser, Schiedsgerichtsbarkeit, Rn. 631), geht Raeschke-Kessler, in: NJW 1988, S. 3041 (3047) davon aus, daß die zum Zeitpunkt des Erlasses des Schiedsspruchs geltende Fassung der Verfahrensordnung maßgeblich ist, während Aden, Handelsschiedsgerichtsbarkeit, S. 90 sich grundsätzlich für die Geltung der bei Vertragsschluß geltenden Fassung ausspricht, es sei denn die Schiedsordnung enthält eine Art. 2 WIPO SchO entsprechende Regelung.

140 Zum Problem von „anationalen", „denationalisierten" oder „delokalisierten" Schiedssprüchen, bei dem es darum geht, ob eine völlige Parteiautonomie in kollisonsrechtlicher Hinsicht anzuerkennen ist, oder ob eine Verankerung von nicht auf zwischenstaatlicher Ebene geschlossenen Verträgen notwendig ist, siehe Redfern/Hunter, Arbitration, S. 81 ff.; Schlosser, Schiedsgerichtsbarkeit, Rn. 188 ff.; Böckstiegel, in: FS Oppenhoff, S. 1 ff.; Craig, in: T. Int. L. J. 1995 (Vol. 30), S. 1 (16 ff.); Park, in: ICLQ 1983, S. 21 ff.; Paulsson, in: ICLQ 1983, S. 53 ff.; ders., in: ICLQ 1981, S. 358 ff.; Rensmann, in: J. Int. Arb. 1998, Nr. 2, S. 37 ff.; vgl. auch Herdegen, in: RIW 1989, S. 329 (332 f.); van den Berg, in: Arb. Int. 1989, S. 2 (5 ff.).

141 Raape, IPR, S. 557: „Das Schiedsgericht schwebt nicht über der Erde, es schwebt nicht in der Luft, es muß irgendwo landen, irgendwo erden".

142 Zum Verfahrensort gemäß Art. 39 WIPO SchO siehe oben S. 250.

143 Vgl. etwa Art. 176 (1) IPRG, § 1073 (1) NZPO; insb. auch Art. 1 (2) UNCITRAL MG; siehe auch Craig, in: T. Int. L. J. 1995 (Vol. 30), S. 1 (36 ff.).

144 Die Sitztheorie ist heute weitestgehend anerkannt, vgl. Redfern/Hunter, Arbitration, S. 81: „well established in theory and practice of international arbitration" m.w.N.; A. Bucher, in: FS Moser, S. 193 (194): „heute unbestritten"; Berger, Wirtschaftsschiedsgerichtsbarkeit, S. 74: „Festschreibung eines den Bedürfnissen der modernen Schiedspraxis entsprechenden Grund-

Nach Art. 3 (a) WIPO SchO richtet sich das Schiedsverfahren nach den Regeln der WIPO-Schiedsordnung, es sei denn, eine dieser Regeln verstößt gegen eine zwingende Bestimmung[146] des am Verfahrensort geltenden Schiedsgerichtsgesetzes. Regelt danach die WIPO-Schiedsordnung eine für ein Schiedsverfahren relevante Frage abweichend von einer am Verfahrensort geltenden dispositiven gesetzlichen Bestimmung, so geht die Bestimmung der WIPO-Schiedsordnung vor.

Fraglich ist, ob die Bestimmungen des am Verfahrensort geltenden Schiedsgerichtsgesetzes auch dann Anwendung finden, wenn es eine Verfahrensfrage regelt, bezüglich derer die WIPO-Schiedsordnung keine Regelung enthält. Dem steht Art. 38 (a) WIPO SchO entgegen. Danach kann das Schiedsgericht das Verfahren vorbehaltlich des Art. 3 WIPO SchO in der Art und Weise führen, die es für angemessen hält. Demzufolge sind nur die zwingenden Verfahrensvorschriften des nationalen Schiedsgerichtsgesetzes anwendbar, während die dispositiven Bestimmungen des anwendbaren Schiedsgerichtsgesetzes keine Anwendung finden. Ist eine Verfahrensfrage nicht geregelt, so steht deren Entscheidung im Ermessen des Schiedsgerichts.[147] Durch die Vereinbarung eines WIPO-Schiedsverfahrens werden mithin alle Vorschriften des nationalen Schiedsgerichtsgesetzes ausgeschlossen, die nicht zwingenden Charakters sind.

Wie dargestellt, ist nach Art. 59 (b) WIPO SchO grundsätzlich das am Verfahrensort geltende Schiedsverfahrensrecht anwendbar. Indes haben die Parteien die Möglichkeit, ausdrücklich die Anwendbarkeit eines anderen Schiedsrechts zu vereinbaren, wenn eine solche Vereinbarung nach dem Recht am Ort des Schiedsgerichtsverfahrens zulässig ist. Gilt dort die Sitztheorie, so können die Parteien zwar grundsätzlich ein anderes Verfahrensrecht vereinbaren; hierdurch können sie aber nicht die Anwendbarkeit der am Verfahrensort geltenden zwingenden Vorschriften ausschließen.[148] Es besteht lediglich die Möglichkeit, innerhalb der durch die zwingenden Normen gesteckten Grenzen eine materiellrechtliche Verweisung auf ein fremdes Schiedsverfahrensrecht auszusprechen. Die

---

satzes"; Sandrock, in: RIW 1992, S. 785 (786); kritisch Schlosser, Schiedsgerichtsbarkeit, Rn. 207.

145 Nach § 1025 (1) ZPO sind die Vorschriften des 10. Buchs der ZPO anzuwenden, wenn der Ort des Schiedsverfahrens in Deutschland liegt. Vor der Reform der §§ 1025 ff. ZPO herrschte die verfahrensrechtliche Theorie. Nach dieser war ein internationales Schiedsgericht mit Sitz in Deutschland nicht an das deutsche Schiedsverfahrensrecht gebunden; maßgeblich war vielmehr, welches nationale Verfahrensrecht auf das Schiedsverfahren anzuwenden war oder aber tatsächlich angewandt wurde (sog. kollisionsrechtliche Verweisung), vgl. BGHZ 21, S. 365 (367 f.); BGHZ 96, S. 40 (41); BGH RIW 1988, S. 642 (642); Glossner/Bredow/Bühler, Praxis, Rn. 492; Schütze/Tscherning/Wais, Handbuch, Rn. 616 m.w.N.; Schlosser, Schiedsgerichtsbarkeit, Rn. 783; Baumbach/Lauterbach - Albers, ZPO, § 1025, Rn. 1; Zöller - Geimer, ZPO, § 1044, Rn. 4; Böckstiegel, in: FS Oppenhoff, S. 1 (4); siehe auch Bühler, in: IPRax 1987, S. 253 (254); G. Lörcher, in: Arb. Int. 1995, S. 391 (393 f.); kritisch zur verfahrensrechtlichen Theorie etwa Sandrock, in: RIW 1992, S. 785 (786), der diese als Auffassung bezeichnet hat, „die im internationalen Konzert isoliert dasteht und die daher aufgegeben werden sollte".

146 Zum Begriff der zwingenden Norm Böckstiegel, in: RIW 1982, S. 706 (710 f.).

147 Böckstiegel, in: RIW 1982, S. 706 (708) im Hinblick auf die UNCITRAL SchO; vgl. auch Rauh, UNCITRAL, S. 82; Schlosser, Schiedsgerichtsbarkeit, Rn. 631.

148 Vgl. etwa § 1042 (3) ZPO.

Bestimmungen dieses fremden Rechts werden durch die Verweisung „vertraglicht".[149] Eine solche Vereinbarung kann erhebliche praktische und rechtliche Probleme verursachen; daher wird von einer solchen Möglichkeit in der Praxis selten Gebrauch gemacht.[150] Wünschen die Parteien die Anwendung eines bestimmten nationalen Schiedsgerichtsgesetzes, so erscheint es als der zweckmäßigere Weg, gemäß Art. 39 (a) WIPO SchO einen in dessen Geltungsbereich liegenden Schiedsort zu vereinbaren.[151]

Ziel der Schiedsordnung der WIPO ist, eine umfassende, lückenlose Regelung für das Schiedsverfahren bereitzustellen, wobei zahlreiche Vorschriften dispositiven Charakters sind, das heißt, die Bestimmungen eröffnen den Parteien die Möglichkeit, eine abweichende Vereinbarung zu treffen. Fraglich ist, ob die Parteien darüber hinaus auch befugt sind, durch Vereinbarung von solchen Bestimmungen der WIPO-Schiedsordnung abzuweichen, die diese Möglichkeit nicht ausdrücklich vorsehen. Hiergegen spricht zunächst, daß es dann keinen Sinn ergäbe, weshalb die Verfasser der WIPO-Schiedsordnung die Möglichkeit einer abweichenden Parteivereinbarung in bestimmten Vorschriften ausdrücklich vorgesehen haben, in anderen hingegen nicht. Ferner ist eine Art. 1 (1) a.E. UNCITRAL SchO entsprechende Regelung, daß Streitigkeiten nach der UNCITRAL SchO geregelt werden, „vorbehaltlich solcher Änderungen, welche die Parteien schriftlich vereinbaren", nicht in die WIPO-Schiedsordnung aufgenommen worden. Zwar fehlt in der WIPO-Schiedsordnung auf der anderen Seite eine Art. 3 (c) ZüSchO entsprechende Bestimmung, wonach sich das Verfahren nach „der Schiedsvereinbarung und anderen Vereinbarungen der Parteien, die mit dem Gesetz und der [ZüSchO] nicht im Widerspruch stehen", richtet. Gleichwohl erscheinen Vereinbarungen der Parteien eines WIPO-Schiedsverfahrens hinsichtlich des Verfahrens nur insoweit als zulässig, als sie nicht im Widerspruch zu nicht abdingbaren Bestimmungen der Schiedsordnung stehen. Von Vorschriften, die nicht unter dem Vorbehalt einer Parteivereinbarung stehen, können die Parteien dementsprechend zumindest nicht gegen den Willen der Mitglieder des Schiedsgerichts bzw. des WIPO Arbitration Center abweichen[152]; in der Praxis werden allerdings

---

149 Berger, Arbitration, S. 479; Herrmann, Arbitral Decision, S. 83 (85); Klein, in: (Reymond/Bucher) Recueil de Travaux Suisses, S. 57 (59).

150 Herrmann, Arbitral Decision, S. 83 (85): „Such other choice, even where permitted, is in fact rarely made, especially because of the considerable practical and legal difficulties resulting therefrom.", der weiter ausführt, daß „[t]he rule in paragraph (b) itself is thus of limited practical effect; it basically states what the legal situation is anyway, except that it introduces a potentially stricter requirement by recognizing a contrary agreement by the parties only if made expressly."

151 Dem kommt auch die Möglichkeit entgegen, Teile des Verfahrens an anderen Orten durchzuführen, Art. 39 (b) WIPO SchO.

152 Vgl. allgemein Berger, Arbitration, S. 485 f.; Schütze/Tscherning/Wais, Handbuch, Rn. 581. Auch der Internationale Schiedsgerichtshof der ICC ist sehr zurückhaltend, Vereinbarungen der Parteien, durch die diese von nicht dispositiven Bestimmungen der ICC SchO abweichen wollen, zu akzeptieren; Blessing, Conduct, S. 41 (45), der zugleich im Hinblick auf die WIPO SchO die Auffassung äußert, es sei im Falle derartiger Parteivereinbarungen Aufgabe des WIPO Arbitration Center darüber zu entscheiden, ob es sich gleichwohl noch um ein von ihm administriertes Schiedsverfahren handele. Dies scheint sachgerecht, solange das Schiedsgericht noch nicht konstituiert ist. Nach diesem Zeitpunkt sollte die diesbezügliche Entscheidungsbefugnis aber beim Schiedsgericht liegen, da andernfalls für die Schiedsrichter und die

auch insoweit Vereinbarungen der Parteien – zumindest wenn sie nicht unzweckmäßig sind – regelmäßig berücksichtigt werden.

II. Materielles Recht

1. Rechtswahl der Parteien

Im Hinblick auf das anwendbare materielle Recht bestimmt Art. 59 (a) S. 1 WIPO SchO, daß das Schiedsgericht über die Streitsache gemäß dem Recht oder den Rechtsgrundsätzen („law or rules of law") zu entscheiden hat, die von den Parteien ausgewählt worden sind.[153] Auch bei der WIPO-Schiedsgerichtsbarkeit gilt also primär der Grundsatz des Vorrangs der Parteivereinbarung. Wie bei Art. 42 ICSID-Übk wird den Parteien durch die Formulierung des Art. 59 (a) S. 1 WIPO SchO eine sehr weitgehende und jederzeit zulässige[154] Rechtswahlfreiheit eingeräumt. Sie sind auch hier nicht auf die Wahl eines nationalen Rechts beschränkt[155], sondern können die Anwendbarkeit von Rechtsgrundsätzen („rules of law") vereinbaren. Wie oben dargestellt[156], ergibt sich aus dieser Formulierung, daß die Parteien beispielsweise eine Kombination von Elementen verschiedener Rechtsordnungen, allgemeine Rechtsgrundsätze oder noch nicht in Kraft befindliche Rechtsvorschriften als anwendbares Recht wählen können. Daneben eröffnet die Formulierung „rules of law" den Parteien ferner „unstreitig"[157] die Möglichkeit, die Anwendbarkeit der *lex mercatoria* zu vereinbaren.[158]

Parteien Rechtsunsicherheit entstehen kann, vgl. Schneider, Commentary, S. 79 (81). Ist das Schiedsgericht der Auffassung, daß die Parteien von einer Verfahrensvorschrift nicht abweichen dürfen, so wenden sie in dieser Frage die entsprechende Bestimmung der WIPO SchO an.

153 Die überwiegende Zahl internationaler Wirtschaftsverträge enthält eine Rechtswahlklausel, vgl. Berger, Arbitration, S. 490 m.w.N

154 Vgl. Redfern/Hunter, Arbitration, S. 99 f.; Delaume, Law and Practice, § 9.11 (S. 319); Lew, Applicable Law, S. 140 f. Zu Art. 42 (1) ICSID-Übk siehe oben S. 386, Fn. 106. Die Freiheit der Parteien findet ihre Grenze in den Rechten Dritter; diese können etwa dann beeinträchtigt sein, wenn ein Dritter dem Verfahren beigetreten ist, weil sein Vertrag mit einer der Parteien demselben Recht unterlag wie der Vertrag zwischen den ursprünglichen Parteien des Verfahrens, Berger, Arbitration, S. 494; Kropholler, IPR, S. 414.

155 Art. 59 (a) S. 2 WIPO SchO stellt klar, daß jede Bestimmung des Rechts eines Staates, vorbehaltlich einer ausdrücklichen gegenteiligen Regelung, dahingehend auszulegen ist, daß sie sich unmittelbar auf das materielle Recht dieses Staates und nicht auf seine Kollisionsnormen bezieht.

156 Oben S. 384.

157 Lionnet, Schiedsgerichtsbarkeit, S. 171; vgl. auch Berger, Wirtschaftsschiedsgerichtsbarkeit, S. 385: „international ganz h.M".

158 Berger, Kodifizierung, S. 76; Redfern/Hunter, Arbitration, S. 117 ff.; Delaume, Law and Practice, § 9.11. (S. 321 f.); Gaillard, in: ICSID Rev. FILJ 1987, S. 424 (432 ff.); Goldman, in: Contemporary Problems, S. 113 (117); Lando, in: (Sarcevic) Essays on International Commercial Arbitration, S. 129 (154). Diese Formulierung („regelen des rechts", „règles du droit", „rules of law") findet sich auch in zahlreichen nationalen Gesetzen, so etwa in Art. 1496 n.c.p.c., Art. 1054 (1) u. (2) NZPO, Art. 187 (1) IPRG; siehe auch Art. 28 (1) UNCITRAL

Die Anhänger der *lex mercatoria*[159] verstehen unter diesem Begriff die Gesamtheit der transnationalen, materiellen Grundsätze des internationalen Wirtschaftsverkehrs, die sich aus internationalen Standardverträgen, handelsrechtlichen Konventionen und Richtlinien, Gewohnheitsrecht, allgemein anerkannten Rechtsgrundsätzen und Handelsbräuchen entwickelt haben und ständig weiterentwickeln.[160] Die *lex mercatoria* soll dabei weder dem nationalen Recht noch dem Völkerrecht zuzuordnen sein, sondern nach der am weitesten gehenden Auffassung ein autonomes Rechtssystem mit einer pluralistischen Rechtsquellenstruktur bilden. Eine andere, zurückhaltendere Ansicht sieht die *lex mercatoria* zwar nicht als eigene Rechtsordnung, jedoch als eine Gruppe von Rechtsnormen, die von allen Rechtsordnungen anerkannt werden und ausreichend erscheinen, den Rechtsstreit anstelle einer nationalen Rechtsordnung zu entscheiden.[161]

Über die Existenz, Funktion und Bedeutung der *lex mercatoria* herrscht seit Jahren ein erbitterter Streit, wobei die beiden Ansichten einander anscheinend unversöhnlich gegenüberstehen.[162] Die Befürworter der *lex mercatoria* begründen deren Notwendigkeit

---

MG; a.A. Schäfer, in: RPS 1. Halbjahr 1996, S. 10 (18, Fn. 126): „Law or Rules of Law bezieht sich m. E. auf etwas banales - geschriebenes und ungeschriebenes Recht (Richterrecht). Es soll wohl eher terminologischen Unterschieden zwischen common law und civil law Rechnung getragen werden".

159 Fouchard, L'Arbitrage, S. 423 ff.; Kahn, Vente, S. 365 ff.; Cremades, in: (Horn) Codes of Conduct, S. 83 (85); Goldman, in: Clunet 1979, S. 475 ff.; ders., in: Contemporary Problems, S. 113 ff.; ders., in: FS Lalive, S. 241 ff.; v. Hoffmann, in: IPRax 1984, S. 106 ff.; Horn, in: (Horn/Schmitthoff) Transnational Law, S. 3 (15 ff.); Lalive, in: (Sanders) ICCA Series No. 3, S. 257 (271); Lando, in: (Sarcevic) Essays on International Commercial Arbitration, S. 129 (143 ff.); Lando, in: ICLQ 1985, S. 747 ff.; Schmitthoff, in: RabelsZ 1964, S. 47 ff.; Berger, Arbitration, S. 525 ff.; ders., Kodifizierung, S. 1 ff., jeweils m.w.N; siehe auch die zahlreichen Nachweise bei Sandrock, in: (Böckstiegel) Rechtsfortbildung, S. 21 (75 f., Fn. 152), der der lex mercatoria selbst ablehnend gegenübersteht. Zur Entwicklung der lex mercatoria siehe Dasser, Lex mercatoria, S. 31 ff.; Weise, Lex mercatoria, S. 8 ff.

160 Zu den einzelnen Rechtsquellen der lex mercatoria siehe Berger, Wirtschaftsschiedsgerichtsbarkeit, S. 362 f.; ders., Arbitration, S. 526 ff.; Dasser, Lex mercatoria, S. 75 ff.; Labes, Schiedsgerichtsvereinbarungen, S. 87 f.; H. Lörcher, Frankreich, S. 18; Weise, Lex mercatoria, S. 117 ff. Eine Auflistung von 20 Grundsätzen der lex mercatoria findet sich bei Mustill, in: Arb. Int. 1988, S. 86 (110 ff.); eine umfangreichere Liste von Grundsätzen, Regeln und Instituten der lex mercatoria hat Berger, Kodifizierung, S. 217 ff. zusammengestellt. Zur Bedeutung der UNIDROIT Principles of International Commercial Contracts für die lex mercatoria, siehe die Beiträge in: ICC (Hrsg.), UNIDROIT Principles; Bonell, International Restatement of Contract Law, S. 1 ff.; Baron, in: Arb. Int. 1999, S. 115 ff.; zur Anwendung der UNIDROIT Principles durch Schiedsgerichte Wichard, in: RabelsZ 1996, S. 269 ff.

161 Siehe hierzu Craig/Park/Paulsson, Arbitration, S. 603 ff.; Lionnet, Schiedsgerichtsbarkeit, S. 170. Die einzelnen Konzepte der unterschiedlichen Befürworter der lex mercatoria sind dargestellt bei Weise, Lex mercatoria, S. 85 ff. Die Gegner einer eigenständigen lex mercatoria verstehen unter diesem Begriff lediglich Handelsbräuche, die den berechtigten Erwartungen der Parteien im internationalen Handel entsprechen.

162 Vgl. hierzu Schödermeier, Sonderprivatrecht, S. 104 f.: „Eine rechtstheoretische Auseinandersetzung mit der 'lex mercatoria' erscheint wenig sinnvoll, da eine Stellungnahme zu ihrer Existenz von der Frage abhängt, ob man die institutionalistisch-soziologische Rechtslehre bejaht oder verneint. Schließt man sich dieser rechtsphilosophischen Sichtweise an, kann man konse-

damit, daß die nationalen Rechtssysteme aufgrund der zunehmenden weltweiten Verflechtung der Wirtschaft und der damit verbundenen Internationalisierung von Vertragsbeziehungen nicht mehr geeignet sind, sachgerechte Lösungen für internationale Streitigkeiten bereitzustellen.[163] Ihr Ziel ist es daher, durch die rechtsvergleichende Ermittlung und Anwendung von allgemeinen Rechtsgrundsätzen – die insoweit von zentraler Bedeutung sind[164] – und von Regeln und Standards des internationalen Wirtschaftsrechts eine ökonomisch vernünftige Lösung grenzüberschreitender Wirtschaftsverträge und -streitigkeiten zu erreichen und zugleich die im internationalen Wirtschaftsrecht bestehenden kollisions- und materiellrechtlichen Rechtsanwendungsprobleme zu vermeiden.[165]

Als zentraler Einwand gegen die *lex mercatoria* wird vorgebracht, daß es an einem hinreichenden Bestand konkreter Rechtssätze fehle, auf den das Schiedsgericht ohne große, zeitaufwendige Rechtsfindungsprobleme zurückgreifen könne.[166] Bei der *lex mercatoria* handele es sich lediglich um ein Bündel allgemeiner Rechtssätze ohne klare Konturen,

---

quenterweise auch der 'lex mercatoria' die Existenz nicht verweigern; im umgekehrten Fall entfällt mit ihrer Ablehnung auch die Denkfigur des 'tiers ordre'. Ein rechtsphilosophischer Standpunkt zu Begründung und Wirkungsweise von Rechtsnormen beruht jedoch direkt auf der Grundeinstellung des argumentierenden Menschen selbst - in diesem Bereich erscheint eine streng logische Ablehnung oder Zustimmung nicht mehr möglich. Dieser fundamentale Unterschied in den Grundeinstellungen mag auch die Erklärung dafür sein, daß Befürworter und Gegner der 'lex mercatoria' bisher weitestgehend einen 'dialogue des sourds' geführt haben".

163 Kappus, in: RIW 1990, S. 788 (790); Craig/Park/Paulsson, Arbitration, S. 606: „The proponents of lex mercatoria certainly have important and legitimate objectives: to discern rules for international commerce that conform to parties' expectations, and to avoid the trap created when otherwise applicable national law appears uncertain, peculiar, dramatically amended since the date of the contract, or otherwise unpredictable and unjust in its application to foreigners".

164 Gentinetta, lex fori, S. 148: „...lex mercatoria nicht anders denkbar als auf der Basis allgemeiner Rechtsgrundsätze"; Horn, Anleihen, S. 519; Schmitz, Rechtsgrundsätze, S. 96; Berger, Wirtschaftsschiedsgerichtsbarkeit, S. 366: „Kernbestand der lex mercatoria"; ders., Kodifizierung, S. 48: „Die allgemeinen Rechtsgrundsätze erfüllen...im Gesamtkonzept der lex mercatoria eine überragend wichtige Funktion... Einmal ermittelt, spielen sie innerhalb des Systems des transnationalen Wirtschaftsrechts eine ähnlich bedeutende Rolle wie im nationalen Recht. Dort bilden die allgemeinen Rechtsgrundsätze 'das materiale Bausystem, quasi die Statik, einer jeden Rechtsordnung'. Sie legen damit die Grundmaximen fest, die für alle Elemente der Rechtsanwendung, insbesondere für die wertende teleologische Fortbildung des Rechts von grundlegender Bedeutung sind".

165 Berger, Kodifizierung, S. 2.

166 Die Existenz einer eigenständigen lex mercatoria verneinen neben zahlreichen anderen Lionnet, Schiedsgerichtsbarkeit, S. 169 ff.; Schlosser, Schiedsgerichtsbarkeit, Rn. 197; Schödermeier, Sonderprivatrecht, S. 102 ff.; Delaume, in: ICSID Rev. FILJ 1988, S. 79 (85 ff.); Klein, in: FS Mann, S. 617 (628 ff.); Sandrock, in: (Böckstiegel) Rechtsfortbildung, S. 21 (77 ff.) m.w.N.; Triebel/Petzold, in: RIW 1988, S. 245 ff.; Wilkinson, in: J. Int. Arb. 1995, Nr. 2, S. 103 ff.; kritisch Böckstiegel, in: FS Beitzke, S. 443 (457): „Als wissenschaftliche Alternative ist diese These von einer neuen 'lex mercatoria' außerordentlich interessant; als Praktiker in der internationalen Schiedsgerichtsbarkeit muß man allerdings sagen, daß man der These weiterhin mit einer gewissen Skepsis gegenüberstehen muß".

deren Ermittlung im Gegensatz zu echten Rechtsnormen völlig unsicher sei[167] (gerade die hiermit verbundene Flexibilität und Anpassungsfähigkeit wird indes auch als Vorteil der *lex mercatoria* angesehen[168]). Als weitere Argumente gegen die *lex mercatoria* werden unter anderem vorgetragen, daß es an einer methodischen Grundlage, an der für Gesetze notwendigen Publizität sowie der für nationales Recht erforderlichen Legitimation durch ein gesetzgeberisches Verfahren fehle, und die Annahme einer *lex mercatoria* außerdem zur Umgehung von Normen mit *ordre public*-Gehalt führe.[169]

Unabhängig davon, ob die *lex mercatoria* als eigenständiges Rechtssystem anzuerkennen ist oder nicht, besteht dahingehend Einigkeit, daß die Parteien sie als anwendbares Recht vereinbaren können. Die Anhänger der *lex mercatoria* sehen in einer solchen Vereinbarung eine Rechtswahl. Die Gegenauffassung sieht hingegen in einer solchen Wahl die Vereinbarung einer Billigkeitsentscheidung.[170] Diese ist im Rahmen eines WIPO-Schiedsverfahrens gemäß Art. 59 (a) S. 5 WIPO SchO zulässig[171], wobei allerdings Voraussetzung für eine Entscheidung *ex aequo et bono* eine ausdrückliche Ermächtigung des Schiedsgerichts durch die Parteien ist.

Während nach beiden Ansichten also eine ausdrückliche Wahl der *lex mercatoria* möglich ist, führen die Auffassungen hinsichtlich der Möglichkeit einer konkludenten Rechtswahl[172] zu unterschiedlichen Ergebnissen. Eine konkludente Wahl der *lex mercatoria* durch die Parteien ist ausgeschlossen, wenn man deren Anwendung als Billigkeitsentscheidung ansieht, da es hierfür einer ausdrücklichen Ermächtigung bedarf. Kennzeichnend für die Billigkeitsentscheidung ist, daß der Schiedsrichter seine Entscheidung auf der Grundlage seiner Vorstellungen über das im Einzelfall gerechte und faire Ergebnis trifft, ohne zuvor die Allgemeingültigkeit des von ihm angewandten Lösungsansatzes verifizieren zu müssen. Dabei werden der Freiheit des Schiedsrichters nur durch den Parteiwillen und den internationalen *ordre public* Grenzen gesetzt.[173]

---

167 Sandrock, in: (Böckstiegel) Rechtsfortbildung, S. 21 (77); Lionnet, Schiedsgerichtsbarkeit, S. 171 unter Hinweis darauf, daß der Begriff der Rechtsnorm mit der Idee der Rechtssicherheit verbunden sei und diese der lex mercatoria völlig fehle.

168 Labes, Schiedsgerichtsvereinbarungen, S. 91; Berger, in: IPRax 1993, S. 281 (283 f.) m.w.N.

169 Mit den einzelnen Argumenten gegen die lex mercatoria setzt sich detailliert und mit umfassenden Nachweisen Berger, Kodifizierung, S. 38 ff. auseinander. Zur Kritik siehe etwa auch Sandrock, in: (Böckstiegel) Rechtsfortbildung, S. 21 (77).

170 Böckstiegel, in: FS Beitzke, S. 443 (458); Gottwald, in: FS Nagel, S. 54 (65); v. Hoffmann, in: FS Kegel, S. 215 (229); Sandrock, in: (Böckstiegel) Rechtsfortbildung, S. 21 (79); Triebel/Petzold, in: RIW 1988, S. 245 (247 ff.).

171 Zur Entscheidung ex aequo et bono siehe unten S. 402 ff.

172 Aus Art. 59 (a) S. 5 WIPO SchO folgt im Umkehrsschluß, daß eine Rechtswahl durch die Parteien nicht ausdrücklich erfolgen muß, sondern auch konkludent vorgenommen werden kann.

173 Berger, Kodifizierung, S. 53; Jolidon, in: (Reymond/Bucher) Recueil de Travaux Suisses, S. 259 (266): „Ce jugement en équité ne veut pas devenir une règle. Il crée 'non pas une règle générale, mais une solution individuelle' trouvée non pas en fonction de normes précises préétablies, ou de normes générales et abstraites qu'il aurait à établir s'il avait à faire acte de législateur, mais grâce peut-être á 'cette sorte d'instinct que l'on appelle la conscience morale',...".

Bei der Anwendung der *lex mercatoria* entscheidet ein Schiedsgericht aber nicht ausschließlich anhand von Billigkeitserwägungen, sondern vielmehr unter Rückgriff auf die den jeweiligen Rechtsprinzipien der *lex mercatoria* zugrundeliegenden teleologischen Wertungen.[174] Wie ein staatlicher Richter bei der Anwendung staatlichen Rechts, kann der Schiedsrichter innerhalb der durch das Recht gesetzten Grenzen Billigkeitserwägungen anstellen und bei seiner Entscheidung berücksichtigen. Die Anwendung der *lex mercatoria* ist mithin keine reine Billigkeits-, sondern eine Rechtsentscheidung, mit der Folge, daß die Parteien auch konkludent deren Anwendbarkeit vereinbaren können.[175] Voraussetzung hierfür ist, daß der entsprechende Wille der Parteien mit hinreichender Sicherheit festgestellt werden kann.[176] Insbesondere setzt die konkludente Vereinbarung der *lex mercatoria* voraus, daß die Parteien zu erkennen geben, das Schiedsgericht solle sich an kein nationales Recht gebunden fühlen.[177]

Bei seiner Entscheidung hat das Schiedsgericht in jedem Fall die Bestimmungen des einschlägigen Vertrages sowie die anwendbaren Handelsbräuche zu berücksichtigen[178]; dies gilt nicht nur bei Vorliegen einer Rechtswahl, sondern auch bei einer objektiven Anknüpfung durch das Schiedsgericht. Zu beachten ist, daß die Handelsbräuche nicht mit der *lex mercatoria* gleichgestellt werden können, da letztere transnationales Recht sind, der Handelsbrauch hingegen gerade kein Recht ist.[179] Dem Handelsbrauch gehen die Bestimmungen der einschlägigen Verträge und, bei Anwendbarkeit eines nationalen Rechts[180], dessen zwingende Bestimmungen vor.[181]

---

174 Lowenfeld, in: Arb. Int. 1990, S. 133 (141); Mustill, in: Arb. Int. 1988, S. 86 (103). Wie oben (Fn. 164) dargestellt, sind die allgemeinen Rechtsgrundsätze von zentraler Bedeutung für die lex mercatoria. Diesbezüglich führt Schmitz, Rechtsgrundsätze, S. 52 f.: aus: „Bei den allgemeinen Rechtsgrundsätzen handelt es sich zwar um wenig konkretisierte, aber dennoch um Rechtsnormen, unter die der Richter subsumieren muß. Erst am Ende dieser Rechtsfindung steht dann das Ergebnis. Billigkeitserwägungen haben hier nur insoweit Raum, als sie das Ergebnis der rechtlichen Untersuchung begleiten und den Richter darin unterstützen, eine gerechte Fallentscheidung zu treffen. Wenn das Schiedsgericht sich somit bei der Anwendung allgemeiner Rechtsgrundsätze teilweise auf Überlegungen stützt, die der Billigkeit sehr nahe stehen, so geschieht dies deshalb, weil die anwendbaren Rechtsgrundsätze auf diese Weise konkretisiert sein wollen. Der Vorwurf der Billigkeitsentscheidung kann ... somit nicht gemacht werden".

175 Berger, Kodifizierung, S. 54 f.; Dasser, Lex mercatoria, S. 142; Labes, Schiedsgerichtsvereinbarungen, S. 88; Lando, in: ICLQ 1985, S. 747 ff.; Weise, Lex mercatoria, S. 137.

176 Dieses Erfordernis gilt allgemein für die konkludente Rechtswahl (siehe oben S. 386, insb. Fn. 107).

177 Berger, Arbitration, S. 563.

178 Art. 59 (a) S. 4 WIPO SchO, der in seiner englischen Originalfassung lautet: „In all cases, the Tribunal shall decide having due regard to the terms of any relevant contract and taking into account applicable trade usages"; der Begriff „trade usages", der in der deutschen Fassung mit „Geschäftsgepflogenheiten" übersetzt ist, wäre präziser mit dem Wort „Handelsbräuche" wiedergegeben.

179 Hußlein-Stich, MG, S. 155; vgl. auch Böckstiegel, in: FS Beitzke, S. 443 (457 f.).

180 Vgl. hierzu Hußlein-Stich, MG, S. 154.

181 Berger, Arbitration, S. 577; Calavros, UNCITRAL, S. 134; Hußlein-Stich, MG, S. 153 f.: „Das anwendbare Recht entscheidet darüber, ob die Vertragsbestimmungen und Handelsbräuche zu

Die WIPO-Schiedsordnung enthält keine Bestimmung, die die Anwendbarkeit zwingender Vorschriften staatlichen Rechts regelt.[182] Gerade im Bereich des gewerblichen Rechtsschutzes ist aber die Frage von großer Relevanz, inwieweit das Schiedsgericht solche Vorschriften berücksichtigen muß. Dies gilt insbesondere im Hinblick auf zwingende Normen einer Rechtsordnung, deren Anwendbarkeit nicht von den Parteien vereinbart worden ist.[183] *Schäfer* ist darin zuzustimmen, daß dies eher von Vorteil ist, da angesichts der Vielzahl denkbarer Fallkonstellationen nicht die Möglichkeit besteht, eine immer befriedigende und wirksame Rechtsanwendungsregel aufzustellen.[184]

2. *Fehlen einer Rechtswahl*

Haben die Parteien keine Rechtswahl getroffen, so wendet das Schiedsgericht gemäß Art. 59 (a) S. 3 WIPO SchO das Recht oder die Rechtsgrundsätze („law or rules of law") an, die es für angemessen erachtet.[185] Andere, in nationalen Schiedsgerichtsgesetzen und Schiedsordnungen vorgesehene Lösungsmöglichkeiten sehen vor, daß das Schiedsgericht jenes Recht anzuwenden hat, das von den Kollisionsnormen, die es im betreffenden Fall für anwendbar erachtet, bezeichnet wird[186] oder jenes Recht, mit dem der Gegenstand des Verfahrens die engsten Verbindungen aufweist.[187] Im Gegensatz zu diesen Regelungen ist ein WIPO-Schiedsgericht an keine kollisionsrechtlichen Bestimmungen gebunden[188], sondern hat weitgehende Freiheit bei der Festlegung des anwendbaren Rechts. Das Art. 59 (a) S. 3 WIPO SchO zugrundeliegende Konzept, das auch als („*voie directe*") bezeichnet wird, ist insofern nicht unproblematisch, als das Schiedsgericht bei der Bestimmung des anwendbaren Rechts zwar sehr flexibel ist, dies jedoch zu Lasten der Vorhersehbarkeit und Berechenbarkeit der Rechtswahlentscheidung durch das Schiedsgericht für die Parteien geht.[189] Gleichwohl ist der Unterschied zwischen den verschiedenen Lösungen

---

beachten sind. Dies ergibt sich aus der allgemeinen Rechtsquellenlehre, wonach bei einem Konflikt zwischen einer zwingenden gesetzlichen und einer vertraglichen Bestimmung der gesetzlichen der Vorrang gebührt. Gleiches gilt für das Verhältnis von Gesetz zu Handelsbräuchen"; a.A. Schwab/Walter, Schiedsgerichtsbarkeit, S. 483; Schlosser, Schiedsgerichtsbarkeit, Rn. 737.

182 Art. 3 (a) WIPO SchO betrifft nur die auf das Schiedsverfahren anwendbaren zwingenden Verfahrensvorschriften, nicht aber die zwingenden Vorschriften des staatlichen Rechts, die auf die Sachentscheidung anzuwenden sind.

183 Vgl. allgemein zu dieser Frage Hochstrasser, in: J. Int. Arb 1994, Nr. 1, S. 57 ff.; G. Lörcher, in: RPS 2. Folge 1993, S. 3 ff.; Mayer, in: Arb. Int 1986, S. 274 ff.; Schiffer, Normen, S. 37 ff.; ders., in: RPS 1. Halbjahr 1994, S. 22 (22 f.); vgl. auch Raeschke-Kessler/Berger/Lehne, Recht und Praxis, Rn. 413 ff.; Albrechtskirchinger/Kretschmer, in: FS Glossner, S. 11 ff.; Kröll, in: (Böckstiegel) Perspectives, S. 87 ff.

184 Schäfer, in: RPS 1. Halbjahr 1996, S. 10 (18).

185 Eine entsprechende Regelung findet sich auch in Art. 17 (1) S. 2 ICC SchO; Art. 28 (1) S. 2 AAA SchO; Art. 46 S. 2 NAI SchO; vgl. auch Art. 1054 (2) S. 2 NZPO.

186 So Art. 28 (2) UNCITRAL MG; Art. 33 (1) S. 2 UNCITRAL SchO.

187 So § 1051 (2) ZPO (siehe hierzu Solomon, in: RIW 1997, S. 981 ff.); Art. 187 (1) IPRG.

188 Vgl. auch Sandrock, in: JPS 1990, S. 131 (134) im Hinblick auf Art. 1496 (1) n.c.p.c.

189 Vgl. Berger, Wirtschaftsschiedsgerichtsbarkeit, S. 354 f.: „Das Fehlen einer [lex fori] des Schiedsgerichts und damit eines im voraus bestimmbaren Satzes staatlicher Kollisionsnormen,

nicht überzubewerten, da auch diese Form der Festlegung des anwendbaren Rechts der Begründungspflicht unterliegt und das Schiedsgericht zur Begründung auf kollisonsrechtliche Erwägungen zurückgreifen muß.[190]

Nach Art. 59 (a) S. 3 WIPO SchO kann das Schiedsgericht nicht nur das Recht, sondern auch die Rechtsgrundsätze anwenden, die es für angemessen erachtet. In Ermangelung einer ausdrücklichen oder konkludenten Rechtswahl ist das Schiedsgericht nach dieser Formulierung frei, auch die *lex mercatoria* anzuwenden, wenn es dies für angemessen erachtet.[191] Gemäß Art. 2 WIPO SchO gelten die Bestimmungen der WIPO-Schiedsordnung als Teil der Schiedsabrede der Parteien. Damit hat die Anwendung der *lex mercatoria* auch bei Fehlen einer Rechtswahl ihre Grundlage in einer Parteivereinbarung.

Dabei sollte sich aber das Schiedsgericht, bevor es seine Entscheidung auf die *lex mercatoria* stützt, vergewissern, daß kein entgegenstehender Parteiwille besteht. Enthält ein Vertrag keine Rechtswahlklausel, so kann dies daran liegen, daß die Parteien sich nicht auf das auf ihren Vertrag anwendbare Recht einigen konnten.[192] Gleichwohl werden sie in einer solchen Situation in der Regel von der Anwendbarkeit eines nationalen Rechts ausgehen und sich, um den Vertrag nicht an der Frage des anwendbaren Rechts scheitern zu lassen, mit dem Risiko abfinden, daß das Schiedsgericht ein anderes Recht als das eigene anwendet. Aus dem Fehlen einer Parteivereinbarung kann in einer solchen Situation also nicht gefolgert werden, daß die Parteien auf die Anwendung jeden nationalen Rechts verzichten und sich der *lex mercatoria* unterwerfen wollten.[193] Vielmehr bedarf es, wie

---

die Trennung zwischen Rechts- und Billigkeitsentscheidung und die grundsätzliche Unüberprüfbarkeit der schiedsrichterlichen Rechtsanwendung durch eine höhere Instanz sprechen für eine Begrenzung der schiedsrichterlichen Rechtswahlfreiheit“; unter Hinweis auf rechtspraktische Erwägungen spricht er sich für eine gegenüber dem staatlichen Kollisionsrecht ausgeweitete Rechtswahlfreiheit des Schiedsgerichts aus und bevorzugt daher die in Art. 187 (1) IPRG gewählte Lösung.

190 Reiner, Handbuch, S. 243, der die Frage nach der Vorzugswürdigkeit der einzelnen Lösungen als „akademische Frage“ bezeichnet; A. Bucher, Suisse, Rn.242; siehe auch Herrmann, Arbitral Decision, S. 83 (84): „...the divergence should not be overestimated since the reasons that lead the arbitrator to select the appropriate substantive law tend to be similar to the connecting factors used in conflict-of-laws rules“.

191 Eine entsprechende Regelung findet sich in Art. 1496 n.c.p.c., Art. 1054 (2) NZPO; Art. 187 (1) IPRG, das in seiner französischen Fassung den Begriff „règles de droit“ verwendet; Art. 46 S. 2 NAI SchO. Hingegen hat das Schiedsgericht nach Art. 28 (2) UNCITRAL MG bei Fehlen einer Rechtswahl Recht anzuwenden, ebenso § 1051 (2) ZPO („Haben die Parteien die anzuwendenden Rechtsvorschriften nicht bestimmt, so hat das Schiedsgericht das Recht des Staates anzuwenden, mit dem der Gegenstand des Verfahrens die engsten Verbindungen aufweist.“); Art. 33 (1) S. 2 UNCITRAL SchO.

192 Kropholler, IPR, S. 409 weist darauf hin, daß die Nichterwähnung des anwendbaren Rechts häufig den Vorteil hat, daß das Prestige der Partei gewahrt bleibt, deren Recht durch eine ausdrückliche Rechtswahl indirekt von der Anwendung ausgeschlossen worden wäre.

193 Robine, in: J. Int. Arb. 1992, Nr. 2, S. 31 (36); siehe auch Berger, Kodifizierung, S. 78 ff. Vgl. auch im Hinblick auf die Resolution on Transnational Rules Adopted at the 65th International Law Association Conference in Cairo on April 26, 1992 den Diskussionsbeitrag von Böckstiegel, in: Gaillard (Hrsg.), Transnational Rules, S. 49, demzufolge allein aus der Tatsache, daß

Berger zutreffend geltend macht, besonderer Anhaltspunkte dafür, daß die Anwendung transnationalen Rechts durch das Schiedsgericht angemessen ist. Hierzu ist es zunächst erforderlich, daß die Parteien in vollem Bewußtsein der Notwendigkeit, sich hinsichtlich des anzuwendenden Rechts zu entscheiden, eine „anknüpfungslose Sphäre" geschaffen haben. Neben diesem subjektiven Element kann auf das Vorliegen gewisser objektiver Indizien abgestellt werden, wie etwa die besondere Natur der betreffenden Rechtsprobleme, die einer Lösung durch nationales Recht nicht zugänglich sind oder ein auf die Ablehnung von nationalem Recht gerichtetes Verhalten der Parteien, das erkennbar über das bloße, in langwierigen Verhandlungen zu Tage getretene „Sich-Nicht-Einigen-Können" hinausgeht. Im übrigen kommt eine Anknüpfung an die *lex mercatoria* regelmäßig dann nicht in Betracht, wenn der Vertrag eng mit einer bestimmten Rechtsordnung verknüpft ist. [194]

Beabsichtigt ein Schiedsgericht, eine Streitigkeit auf Grundlage der *lex mercatoria* zu entscheiden, so sollte es sich in jedem Fall zuvor mit den Parteien ins Benehmen setzen und den (möglicherweise entgegenstehenden) Willen der Parteien bei seiner Entscheidung berücksichtigen. Dies gilt insbesondere vor dem Hintergrund, daß nicht ausgeschlossen werden kann, daß staatliche Gerichte einen Schiedsspruch aufheben bzw. die Anerkennung und Vollstreckung verweigern, wenn ein Schiedsgericht ohne oder gegen den Willen der Parteien nach den Grundsätzen der *lex mercatoria* entschieden hat.[195]

E. Entscheidung ex aequo et bono

Art. 293 (2) SRÜ[196], Art. 42 (3) ICSID-Übk und Art. 59 (1) S. 5 WIPO SchO[197,198] eröffnen die Möglichkeit einer Entscheidung *ex aequo et bono*[199], das heißt, einer Entschei-

---

ein Vertrag mit mehreren Rechtsordnungen verknüpft ist, nicht gefolgert werden kann, daß automatisch transnationales Recht gilt.

194 Berger, Kodifizierung, S. 81 m.w.N.; ders., in: IPRax 1993, S. 281 (286 f.).

195 Im ICC-Schiedsverfahren Primary Coal v. Compania Valenciana (RdA 1990, S. 701 ff.) hat das Schiedsgericht aufgrund des Fehlens einer Rechtswahl gegen den Willen der Beklagten die lex mercatoria zugrunde gelegt. Die Cour d'Appel Paris (RdA 1990, S. 663 ff.) und die Cour de Cassation (RdA 1992, S. 457 ff.) haben diese Entscheidung aufrecht erhalten, zur Kritik siehe Sandrock, in: JPS 1990, S. 131 ff; Berger, in: IPRax 1993, S. 281 ff. Auch der österreichische Oberste Gerichtshof in Wien (RIW 1983, S. 868 ff. mit Anmerkung Seidl-Hohenveldern) hat einen Schiedsspruch, in dem die lex mercatoria ohne eine entsprechende Parteivereinbarung angewandt worden war, bestätigt.

196 Zur Entstehungsgeschichte, während der insbesondere die Formulierung der Vorschrift umstritten war, Nordquist/Rosenne/Sohn (Hrsg.), UNCLOS, Nr. 293.4 (S. 73 f.); Ranjeva, in: (Dupuy/Vignes) Handbook, Vol. 2, S. 1377 f.; Adede, in: N.Y.U. J. Int. L & Pol. 1977, S. 253 (309 u. 313).

197 In der englischen Fassung lautet Art. 59 (1) S. 5 WIPO SchO: „The Tribunal may decide as amiable compositeur or ex aequo et bono only if the parties have expressly authorized it to do so." Hingegen ist in der deutschen Fassung („Das Schiedsgericht kann nur dann nach Billigkeit ("ex aequo et bono") entscheiden, ...") der amiable compositeur nicht erwähnt. Dies erscheint indes unschädlich, da in der Praxis beide Begriffe synonym gebraucht werden, Hußlein-Stich, MG, S. 148 (unter Hinweis darauf, daß die Verfasser des UNCITRAL MG im fran-

dung nach billigem Ermessen, wenn die Parteien dies (ausdrücklich[200]) vereinbaren.[201] Im Rahmen eines WTO-Panelverfahrens ist diese Entscheidungsmöglichkeit hingegen nicht vorgesehen. *Benedek* weist hinsichtlich des GATT zutreffend darauf hin, daß das Mandat eines Panels in der Regel auf die Bestimmungen des GATT – bzw. im Rahmen der WTO-Streiterledigung auf die Bestimmungen der unter das DSU fallenden Übereinkommen – beschränkt ist und deshalb keine Möglichkeit besteht, statt dessen *ex aequo et bono* zu entscheiden.[202]

In der zwischenstaatlichen Streiterledigung kann die Möglichkeit, *ex aequo et bono* zu entscheiden, für solche Streitigkeiten bedeutsam sein, in denen es weniger um rein rechtlich zu bewertende Fragen geht als vielmehr um einen Interessenausgleich zwischen den Parteien oder eine Anpassung der bestehenden rechtlichen Situation an veränderte Umstände.[203] Ähnliches gilt auch im Bereich des internationalen Wirtschaftsrechts. Dort kommt eine Entscheidung *ex aequo et bono* insbesondere dann in Betracht, wenn es um eine den Umständen des Einzelfalls angepaßte Entscheidung geht, etwa bei der Anpas-

---

zösischen Text des Modellgesetzes neben „amiable compositeur" „ex aequo et bono" in Klammern gesetzt haben und umgekehrt im englischen Text); Lalive/Poudret/Reymond, Droit de l'Arbitrage, Art. 187, Anm. 21; Loquin, L'amiable composition, S. 46; Nöcker, Kanada, S. 141; Derains, in: (Sanders) ICCA Series No. 2, S. 169 (193 f.); a.A. Coing, in: FS Hübner, S. 35 (40), der die historisch begründete Differenzierung zwischen diesen beiden Begriffen beibehalten will.

198 Auch wenn nicht ausdrücklich erwähnt, steht die Bestimmung des Art. 59 (a) S. 5 WIPO SchO unter dem Vorbehalt des Art. 3 (a) WIPO SchO (siehe oben S. 393), d.h. die Parteien können nicht von den am Ort des Schiedsverfahrens geltenden zwingenden Bestimmungen abweichen. Zur Frage der Zulässigkeit der Vereinbarung einer Entscheidung ex aequo et bono in verschiedenen Rechtsordnungen Sandrock, in: JPS 1988, S. 120 (121 f.) m.w.N.; zur Reichweite der Entscheidung ex aequo et bono in verschiedenen Rechtsordnungen Reiner, Handbuch, S. 245.

199 Statt des lateinischen Ausdrucks „ex aequo et bono", der hier als Oberbegriff für „Billigkeit" und „équité" verwandt wird, ist im deutschen Sprachraum eher von „Billigkeit" und im französischen eher von „équité" die Rede, Sandrock, in: JPS 1988, S. 120 (120, Fn. 2) m.w.N.

200 Art. 59 (1) S. 5 WIPO SchO verlangt eine ausdrückliche Ermächtigung des Schiedsgerichts durch die Parteien. Zur Zulässigkeit einer konkludenten Ermächtigung zur Entscheidung ex aequo et bono Sandrock, in: JPS 1988, S. 120 (122 f.). Geht ein Spruchkörper vom Vorliegen einer konkludenten Ermächtigung zu einer Entscheidung ex aequo et bono durch die Parteien aus, so wird er dies den Parteien im Zweifel mitteilen und sich seiner Entscheidungsbefugnis vergewissern, Berger, Arbitration, S. 565.

201 Vgl. allgemein zu völkerrechtlichen Streitigkeiten Merrills, Settlement, S. 92. Trifft ein privates Schiedsgericht eine Billigkeitsentscheidung, ohne hierzu ermächtigt zu sein, so ist der Schiedsspruch aufhebbar.

202 Benedek, Rechtsordnung, S. 361.

203 Shihata/Parra, in: ICSID Rev. - FILJ 1994, S. 183 (197): „... ex aequo et bono decision-making power is widely reserved for disputes that are political or non-legal in the sense that they concern not points of law but demands for adjustments of interests or changes in the existing law"; Scheuner, in: FS Domke, S. 275 (280), der zugleich darauf hinweist, daß in der Zeit zwischen den Weltkriegen die Funktion der Entscheidung ex aequo et bono darin gesehen wurde, Lücken im Völkerrecht zu schließen.

sung von Langzeitverträgen an eine veränderte Situation.[204] Angesichts ihrer Langfristigkeit gilt dies in besonderem Maße für Investitionsvereinbarungen zwischen Staaten und ausländischen Investoren.[205]

Dabei ist die praktische Bedeutung von *ex aequo et bono*-Entscheidungen eher gering. So haben in der Praxis des StIGH und des IGH bisher in keinem Verfahren die Parteien eine Billigkeitsentscheidung vereinbart.[206] Vor diesem Hintergrund erscheint es zweifelhaft, daß die Verfahrensparteien den Internationalen Seegerichtshof ermächtigen werden, *ex aequo et bono* zu entscheiden.[207] Legt man im Bereich der privaten Schiedsgerichtsbarkeit die Erfahrungen des Schiedsgerichtshofs der ICC zugrunde, so gilt auch hier ähnliches. Im Jahre 1989 haben die Parteien bei insgesamt 215 ICC-Schiedsverfahren nur in 8 Fällen eine Ermächtigung zur Entscheidung *ex aequo et bono* erteilt, im Jahre 1987 waren es 9 Fälle bei 235 Verfahren.[208] Im Rahmen der ICSID-Schiedsgerichtsbarkeit

---

204 Aden, Handelsschiedsgerichtsbarkeit, S. 108 f.; Berger, Arbitration, S. 566; David, Arbitration, S. 336; Horn, in: (Kötz/Marschall von Bieberstein) Anpassung, S. 9 (58); Sandrock, in: JPS 1988, S. 120 (133 f.). In der Literatur ist die Frage der Anpassung langfristiger Verträge eingehend behandelt worden, siehe etwa Kröll, Ergänzung und Anpassung; Böckstiegel, in: RIW 1984, S. 1 ff.; ders., in: IBL 1999, S. 196 (197); Horn, aaO., S. 9 ff.; Horn, in: (ders.) Adaption and Renegotiation, S. 173 (179 ff.); zur deutschen Rechtsprechung G. Lörcher, in: DB 1996, S. 1269 ff. Als weitere Zwecke für eine entsprechende Vereinbarung nennt Sandrock, aaO., S. 120 (128 ff.) die Befreiung des Schiedsgerichts von der Bindung an die sonst für das Schiedsverfahren maßgeblichen prozessualen Regeln, von der Bindung an die materiellrechtlichen Vorschriften der lex causae sowie von der Bindung an die vertraglichen Vereinbarungen der Parteien.

205 Broches, in: RdC 1972-II, S. 330 (393 u. 394 f.). Gegen die Befugnis zur Entscheidung ex aequo et bono wird eingewandt, daß das Recht als objektiver Gerechtigkeitsmaßstab durch das subjektive Gerechtigkeitsempfinden der Mitglieder des Spruchkörpers ersetzt wird, vgl. Mann, in: FS Domke, S. 157 (176): „...it is infinitely more dangerous to allow discretion to arbitrators than to compel parties to accept the law, its relative certainty, its authority and, above all, its non-discriminatory character. The law is rarely an instrument of oppression...“; der aber an anderer Stelle (ders, in: AJIL 1960, S. 572 (588)) selbst einräumt, daß bei Auslandsinvestitionen der Investitionsstaat seine rechtlichen Verpflichtungen durch Gesetzgebung verändern kann. Zur Kritik an der Befugnis zur Entscheidung ex aequo et bono im Hinblick auf Art. 293 (2) SRÜ, Wasum, Seegerichtshof, S. 113: „Durch die Zulassung von Billigkeitsentscheidungen kann der [See]Gerichtshof - freilich systemwidrig - die Rolle einer Vergleichskommission übernehmen, was zwar für die Durchsetzung des Völkerrechts völlig ungeeignet ist und den Urteilsspruch unberechbar macht, u. U. aber eher zu einer faktischen Beilegung des Interessenkonflikts führt“.

206 Rosenne, World Court, S. 149; zu den Gründen hierfür und zu den Fällen, in denen Schiedsgerichten eine entsprechende Ermächtigung erteilt worden ist, siehe Scheuner, in: FS Domke, S. 275 (275 f.).

207 So auch Seeberg-Elverfeldt, Tiefseebergbaurecht, S. 171, Fn. 59 im Hinblick auf die KMS.

208 Bond, in: ICC Bull. 1990, Nr. 2, S. 14 (19); allgemein Redfern/Hunter, Arbitration, S. 38: „In practice, such powers are rarely conferred and then only within narrow limits“; vgl. auch Reiner, Handbuch, S. 246 f., demzufolge angesichts der zunehmenden Freiheit des Schiedsrichters in der Ermittlung des anwendbaren Rechts und angesichts des Ausschlusses oder zumindest der Einschränkung der Anfechtungsmöglichkeiten wegen angeblich falscher Rechtsanwen-

wurde in zwei Verfahren (*B & B v. Congo*[209] und *Atlantic Triton v. Guinea*[210]) eine Billigkeitsentscheidung vereinbart.[211]

Erteilen die Parteien einer Streitigkeit die Ermächtigung zu einer Entscheidung *ex aequo et bono*, so kann der Spruchkörper die Entscheidung auf seine Gerechtigkeitsvorstellungen stützen. Er ist bei dieser Entscheidung nicht an bestimmte rechtliche Regeln gebunden und kann auch im Widerspruch zu Rechtsvorschriften entscheiden[212]; die Entscheidung kann also auch *contra legem*[213] ergehen.[214] Dies bedeutet nicht, daß der Spruchkörper daran gehindert ist, seine Entscheidung auf Rechtsvorschriften oder Rechtsgrundsätze zu stützen, wenn deren Anwendung nach seiner Auffassung „billig" ist. In der Praxis neigen Spruchkörper auch bei Vorliegen einer Ermächtigung zur Entscheidung *ex aequo et bono* dazu, ihre Entscheidung auf ihrer Ansicht nach angemessene Rechtsvorschriften oder etwa allgemeine Rechtsgrundsätze zu stützen.[215]

Auch bei Vorliegen einer Ermächtigung zu einer Billigkeitsentscheidung durch die Parteien ist die Freiheit des Spruchkörpers nicht unbegrenzt. Zunächst muß sich der Spruchkörper innerhalb des Rahmens der von den Parteien erteilten Ermächtigung halten, etwa wenn diese eine Billigkeitsentscheidung nur für bestimmte Fragen vereinbart haben, z.B. für die Höhe eines festzustellenden Schadensersatzanspruches.[216] Grundsätzlich gilt darüber hinaus, daß der Spruchkörper an die vertraglichen Vereinbarungen der Parteien gebunden ist. Gerade im Bereich der Schiedsgerichtsbarkeit ist in diesem Zusammenhang fraglich, ob und inwieweit das Schiedsgericht befugt ist, von vertraglichen Bestimmungen

---

dung die praktische Bedeutung der Entscheidung nach billigem Ermessen zweifellos zurückgegangen ist und wohl auch in Zukunft noch weiter zurückgehen wird.

209 S.A.R.L. Benvenuti & Bonfant v. Government of the People's Republic of the Congo (Case No. ARB/77/2), Award of August 8, 1980, ICSID Reports I, S. 330. In diesem Verfahren trafen die Parteien diese Vereinbarung während des Verfahrens. Das Schiedsgericht stützte seine Entscheidung dort vornehmlich auf die Bestimmungen des Investitionsvertrages und untersuchte die Erfüllung der vertraglichen Verpflichtungen durch die Parteien. Nachdem es die Verletzung mehrerer Verpflichtungen durch die Regierung der Volksrepublik Congo festgestellt hatte, gewährte es B & B Schadensersatz in der Höhe, die es für angemessen hielt.

210 Atlantic Triton Company Limited v. People's Revolutionary Republic of Guinea (Case No. ARB/84/1), Award Signed by the Tribunal on April 21, 1986, Clunet 1988, S. 181, englische Übersetzung ICSID Reports III, S. 17. In diesem Verfahren bestimmte das Schiedsgericht aufgrund der Ermächtigung zur Entscheidung ex aequo et bono die Höhe des Schadensersatzes aufgrund von Billigkeitserwägungen; hierzu auch Hirsch, ICSID, S. 153.

211 Peter, Renegotiation, S. 268 weist darauf hin, daß die Zahl der Anwendungsfälle im Bereich der Investitionsstreitigkeiten wohl abnehmen wird, da die Investitionsstaaten eine vorrangige Anwendung ihres eigenen Rechts gegenüber einer Billigkeitsentscheidung bevorzugen.

212 Lalive/Poudret/Reymond, Droit de l'Arbitrage, Art. 187, Anm. 23; Loquin, L'amiable composition, S. 244 f.; Lalive/Gaillard, in: Clunet 1989, S. 905 (948); Zum „quasi-legislativen" Charakter einer Entscheidung ex aequo et bono siehe Lehoux, in: CYIL 1980, S. 31 (50).

213 Zur Unterscheidung zwischen Entscheidungen intra legem, praeter legem und contra legem siehe Sohn, in: FS Domke, S. 330 (332 f.); v. Mangoldt, Schiedsgerichtsbarkeit, S. 138 ff.

214 Broches, in: RdC 1972-II, S. 330 (394); Sohn, in: FS Domke, S. 330 (332 f.).

215 David, Arbitration, S. 335; Hirsch, ICSID, S. 151; vgl. auch Hußlein-Stich, MG, S. 149.

216 Broches, in: YCA 1993, S. 627 (666, Rn. 111); Shihata/Parra, in: ICSID Rev. - FILJ 1994, S. 183 (197).

abzuweichen oder eine Vertragsanpassung vorzunehmen. Maßgeblich ist insoweit der Parteiwille.[217] Angesichts der grundlegenden Bedeutung des Grundsatzes *pacta sunt servanda* ist im Zweifel davon auszugehen, daß eine solche Befugnis nicht besteht, sondern das Schiedsgericht an die Vertragsbestimmungen gebunden ist.[218] Fehlt eine ausdrückliche Ermächtigung, so müssen daher besondere Umstände vorliegen, aus denen sich ein gegenteiliger Parteiwille ergibt. Diese können etwa bei komplexen Langzeitverträgen[219] gegeben sein oder bei Verträgen, deren Abschluß oder Durchführung mit einem hohen Risiko belastet ist. Bei derartigen Verträgen ist im Zweifel davon auszugehen, daß die Parteien das Schiedsgericht dazu ermächtigen wollten, das ursprüngliche Gleichgewicht zwischen den vertraglichen Leistungspflichten der Parteien wieder herzustellen.[220]

Im übrigen gilt für alle Verfahren, daß die Entscheidung des Spruchkörpers nicht willkürlich sein darf, sondern auf objektiv nachvollziehbaren Erwägungen, was billig und gerecht ist, beruhen muß.[221] Insbesondere ein privates WIPO-Schiedsgericht[222] hat bei einer Entscheidung *ex aequo et bono* den internationalen *ordre public* zu beachten.[223] Maßgeblich ist insoweit der internationale *ordre public* des Staates, in dem der Ort des Schiedsverfahrens liegt. Darüber hinaus sollte aber auch auf den *ordre public* der voraussichtlichen Vollstreckungsstaaten geachtet werden.[224]

---

217 Schlosser, Schiedsgerichtsbarkeit, Rn. 751; Sandrock, in: JPS 1988, S. 120 (131 ff.).

218 Sandrock, aaO., S. 120 (132); Jarvin, in: Contemporary Problems, S. 50 (71); a.A. Hirsch, ICSID, S. 153, demzufolge die Parteien durch die Vereinbarung einer Entscheidung ex aequo et bono im Zweifel immer das Schiedsgericht ermächtigen, vertragliche Bestimmungen abzuändern, wenn es diese für unbillig hält.

219 Bei komplexen Langzeitverträgen ist es sehr schwierig, vertragliche Vereinbarungen zu treffen, die sich während der gesamten Vertragsdauer als für beide Parteien interessengerecht erweisen. Dies gilt selbst dann, wenn beide Parteien sich bemühen, alle möglichen zukünftigen Entwicklungen bei Vertragsschluß zu berücksichtigen, Broches, in: RdC 1972-II, S. 330 (394).

220 Funck-Brentano, in: (Böckstiegel) Frankreich, S. 89 (96), der zugleich darauf hinweist, daß dies dann nicht gilt, wenn der Vertrag spekulativen Charakter hatte.

221 Scheuner, in: FS Domke, S. 275 (283): „A clause giving the judge power to decide ex aequo et bono does not confer on him unlimited freedom for his findings. If to a certain extent he may set aside the existing legal rules, still he is bound by the general principles of justice and by generally accepted standards of international relations. The term „ex aequo et bono“ refers to certain moral and even legal standards, to a higher sphere of justice; it confers on the judge no „blanque cheque“, no unfettered descretionary power. A decision ex aequo et bono is still a judicial or arbitral decision, pronounced with binding force, and as such it must, by definition, be guided by general principles and standards“; Cherian, Investment Contracts, S. 87 f.; Hirsch, ICSID, S. 151 f.; Sohn, in: FS Domke, S. 330 (331) m.w.N.

222 Gleiches gilt aber für ICSID-Schiedsgerichte, vgl. Hirsch, ICSID, S. 152.

223 Lew, Applicable Law, S. 508; Rauh, UNCITRAL, S. 139; Jarvin, in: Contemporary Problems, S. 50 (71).

224 Jarvin, in: Contemporary Problems, S. 50 (71); vgl. Böckstiegel, ICC-Schiedsgerichtsbarkeit, S. 86 f., demzufolge es zwar nicht eine rechtliche Verpflichtung, wohl aber ein nobile officium der Schiedsrichter ist, bei der Vorbereitung des Schiedsspruchs und bei dessen Gestaltung eventuelle zwingende Normen in einem absehbaren Vollstreckungsstaat zu berücksichtigen, um die Durchsetzung des Schiedsspruchs nicht zu gefährden.

F. Zusammenfassung

Für alle untersuchten Streiterledigungsverfahren gilt, daß die jeweiligen Verfahrensordnungen das auf das Verfahren anwendbare Recht selbst detailliert regeln. Für das WTO-Panelverfahren enthalten dabei zahlreiche der unter das DSU fallenden Übereinkommen nach wie vor besondere oder zusätzliche Vorschriften über die Streiterledigung – es ist also nicht vollständig gelungen, die „Balkanisierung des GATT" (-Verfahrensrechts) im Bereich der Streiterledigung zu beseitigen.

Innerhalb der durch die jeweilige Verfahrensordnung gesteckten Grenzen wird der Wille der Parteien bei der Ausgestaltung des Verfahrens in unterschiedlichem Maße berücksichtigt. In Verfahren vor dem Seegerichtshof und einem WTO-Panel liegt die Ausgestaltung in den Händen des Spruchkörpers. Zwar werden die Ansichten der Parteien hinsichtlich der Verfahrensgestaltung ermittelt; der Seegerichtshof bzw. das Panel ist an diese indes nicht gebunden. Dies gilt auch für Vereinbarungen der Parteien über den Verfahrensablauf – diese werden nur berücksichtigt, wenn der Spruchkörper dies für sachgerecht erachtet. Dagegen haben die Parteien eines ICSID- oder eines WIPO-Schiedsverfahrens in weitgehendem Umfang die Möglichkeit, die Ausgestaltung und den Ablauf des Verfahrens mit für das Schiedsgericht verbindlicher Wirkung einvernehmlich festzulegen. Hiervon ausgenommen sind lediglich Bestimmungen mit zwingendem Charakter, die der Parteidisposition entzogen sind.

Wie bei dem Verfahren vor dem Seegerichtshof und einem WTO-Panel handelt es sich auch bei der ICSID-Schiedsgerichtsbarkeit um einen auf einer völkerrechtlichen Grundlage basierenden Streiterledigungsmechanismus, der – abgesehen von der Unterstützung bei der Vollstreckung des Schiedsspruchs – unabhängig von jeder nationalen Rechtsordnung und von staatlichen Gerichten abläuft. Demgegenüber unterliegt ein WIPO-Schiedsverfahren dem am Ort des Schiedsverfahrens geltenden staatlichen Recht (der *lex loci arbitri*) mit der Folge, daß neben der WIPO-Schiedsordnung auch die dort geltenden zwingenden Vorschriften über das Schiedsverfahren anwendbar sind und durch das Schiedsgericht berücksichtigt werden müssen.

Hinsichtlich des anwendbaren materiellen Rechts bestehen grundlegende Unterschiede zwischen dem Verfahren vor dem Seegerichtshof und einem WTO-Panel auf der einen Seite und einem ICSID- und einem WIPO-Schiedsverfahren auf der anderen. Die beiden erstgenannten Verfahren sind im Zusammenhang mit der Schaffung des Seerechtsübereinkommens bzw. der World Trade Organization eingerichtet worden und haben die Funktion, Streitigkeiten über materiellrechtliche Vorschriften dieser völkerrechtlichen Übereinkommen beizulegen. Es besteht insoweit also ein unmittelbarer Zusammenhang zwischen dem Streiterledigungsverfahren und dem anzuwendenden Recht. Dementsprechend wendet der Internationale Seegerichtshof nach Art. 293 (1) SRÜ vorrangig das Seerechtsübereinkommen und ergänzend sonstige mit dem Übereinkommen nicht unvereinbare Regeln des Völkerrechts an (die Kammer für Meeresbodenstreitigkeiten muß darüber hinaus gemäß Art. 38 ISGH-Statut die in Übereinstimmung mit der Seerechtskonvention erlassenenen Durchführungsbestimmungen – Regeln, Vorschriften und Verfahren – der Internationalen Meeresbodenbehörde und in den einen Vertrag betreffenden Fragen die Bestimmungen dieses Vertrages über Tätigkeiten im Gebiet berücksichtigen). Hiermit vergleichbar wendet ein WTO-Panel nach Art. 7.2 DSU die Bestimmungen derjenigen unter das DSU fallenden Übereinkommen an, auf die sich die Streitparteien beziehen.

Hingegen regeln das ICSID-Übereinkommen mit seinen ergänzenden Vorschriften und die WIPO-Schiedsordnung das Schiedsverfahren unabhängig von dem materiellen Recht, das innerhalb des Verfahrens als Entscheidungsgrundlage zur Anwendung kommt. Beide Verfahrensordnungen beschränken sich vielmehr in Art. 42 ICSID-Übk bzw. 59 WIPO SchO auf die Bereitstellung einer Kollisionsnorm. Bei der Bestimmung des anwendbaren Rechts aufgrund dieser Kollisionsnormen ist vorrangig der Parteiwille zu berücksichtigen, wobei den Parteien eine sehr weitgehende Rechtswahlfreiheit eingeräumt wird. Sie sind insbesondere nicht auf die Wahl einer bestimmten nationalen Rechtsordnung festgelegt, sondern können etwa eine Kombination von Elementen verschiedener Rechtsordnungen, nicht in Kraft befindliche Rechtsvorschriften, allgemeine Rechtsgrundsätze oder auch die *lex mercatoria* als anwendbares Recht vereinbaren.

Liegt eine Vereinbarung der Parteien über das anwendbare Recht nicht vor – wobei auch eine konkludente Vereinbarung ausreicht, wenn diese mit hinreichender Sicherheit feststeht –, so hat dies in einem ICSID-Schiedsverfahren zur Folge, daß gemäß Art. 42 (1) S. 2 ICSID-Übk das Recht des Investitionsstaates einschließlich seines Internationalen Privatrechts zur Anwendung gelangt. Hierdurch wird den Interessen des Investitionsstaates Rechnung getragen. Um das Gleichgewicht zu den Interessen des Investors zu wahren und diesen davor zu schützen, daß der Investitionsstaat ihn – etwa durch eine nachträgliche Änderung seines Rechts – übervorteilt, sind daneben auch ergänzend die einschlägigen Regeln des Völkerrechts anzuwenden. Diese haben gegenüber dem Recht des Investitionsstaates neben einer ergänzenden insbesondere eine kontrollierende und gegebenenfalls korrigierende Funktion. Das Schiedsgericht wendet zunächst das Recht des Investitionsstaates an. Das auf dieser Grundlage gefundene Ergebnis wird anschließend auf seine Vereinbarkeit mit den einschlägigen Bestimmungen des Völkerrechts überprüft. Begründen danach Vorschriften des Rechts des Investitionsstaates oder deren Anwendung einen Verstoß gegen das Völkerrecht, so wendet das Schiedsgericht diese Vorschriften nicht an.

Im Unterschied zu dieser Regelung wendet ein Schiedsgericht nach Art. 59 (a) S. 3 WIPO SchO das Recht oder die Rechtsgrundsätze („*law or rules of law*") an, die es für angemessen erachtet. Diese auch als „*voie directe*" bezeichnete Lösung verweist also nicht – wie Art. 42 (1) S. 2 ICSID-Übk – auf kollisionsrechtliche Bestimmungen einer nationalen Rechtsordnung, sondern direkt auf das auf die Sache anzuwendende materielle Recht. Damit wird dem Schiedsgericht weitgehende Freiheit bei der Festlegung des anwendbaren Rechts eingeräumt; diese wird allerdings dadurch beschränkt, daß das Schiedsgericht seine Entscheidung begründen und hierfür auf kollisionsrechtliche Erwägungen zurückgreifen muß. Aus der Formulierung des Art. 59 (a) S. 3 WIPO SchO („das Recht *oder die Rechtsgrundsätze*") folgt, daß das Schiedsgericht bei Fehlen einer Rechtswahl nicht darauf beschränkt ist, das Recht eines Staates anzuwenden. Vielmehr kann es auch bei Fehlen einer Rechtswahl die *lex mercatoria* anwenden, da es sich um eine Rechtsentscheidung handelt. Aus den genannten Gründen bedarf es dabei aber besonderer Anhaltspunkte, daß die Anwendung transnationalen Rechts durch das Schiedsgericht angemessen ist und insbesondere nicht im Widerspruch zum Willen der Streitparteien steht. Für das WIPO-Schiedsverfahren normiert Art. 59 (a) S. 4 WIPO SchO ferner ausdrücklich, daß das Schiedsgericht seine Entscheidung unter gebührender Berücksichtigung der Bedingungen eines einschlägigen Vertrages sowie der anwendbaren Handelsbräuche zu treffen hat.

Schließlich eröffnen Art. 293 (2) SRÜ, Art. 42 (3) ICSID-Übk und Art. 59 (1) S. 5 WIPO SchO die Möglichkeit, daß die Parteien den Gerichtshof bzw. das Schiedsgericht zu einer Entscheidung *ex aequo et bono* ermächtigen. In diesem Fall kann der Spruchkörper die Entscheidung auf seine Gerechtigkeitsvorstellungen stützen. Er ist dabei nicht an bestimmte rechtliche Regeln gebunden und kann auch im Widerspruch zu Rechtsvorschriften entscheiden. Dies bedeutet nicht, daß der Spruchkörper daran gehindert ist, seine Entscheidung auf Rechtsvorschriften oder Rechtsgrundsätze zu stützen, wenn deren Anwendung nach seiner Auffassung „billig" ist.

Sechstes Kapitel: Abschluß des Verfahrens

A. Ohne verbindliche Entscheidung durch den Spruchkörper

In der Praxis werden Streiterledigungsverfahren häufig beendet, ohne daß es zum Erlaß einer verbindlichen Entscheidung kommt. Zu nennen ist hier neben einer möglichen Klagerücknahme insbesondere der Fall der einvernehmlichen Streitbeilegung durch die Parteien. Eine solche Streitbeilegung erfolgt häufig sowohl im Bereich der zwischenstaatlichen Streiterledigung[1] als auch in der Schiedsgerichtsbarkeit. So wurde im Rahmen der ICSID-Schiedsgerichtsbarkeit in 21 von insgesamt 35 bisher abgeschlossenen Verfahren[2] eine gütliche Einigung zwischen den Parteien erzielt.[3] Auch in der privaten Schiedsgerichtsbarkeit sollen bis zu 60% aller Streitigkeiten durch einen Vergleich beigelegt werden.[4] Ein wesentlicher Grund hierfür ist, daß die Parteien häufig ein Interesse an der Fortsetzung der Geschäftsbeziehungen mit der anderen Partei haben und deshalb eine grundsätzliche Bereitschaft für eine gütliche Beilegung der Streitigkeit besteht.

I. Internationaler Seegerichtshof

Für die Streiterledigung vor dem Internationalen Seegerichtshof sehen Art. 105 f. ISGH-VerfO[5] zwei Arten des Abschlusses des Verfahrens ohne verbindliche Entscheidung vor. Nach Art. 105 (1) ISGH-VerfO wird das Verfahren eingestellt, wenn die Parteien den Seegerichtshof in Kenntnis setzen, daß sie übereingekommen sind, dieses nicht fortzuführen. In diesem Fall erläßt der Seegerichtshof eine Verfügung, durch die die Einstellung des Verfahrens festgestellt und die Löschung der Sache im Register angeordnet wird. Beruht die Nichtfortführung des Verfahrens auf einer gütlichen Einigung der Parteien, so kann diese Tatsache nach Art. 105 (2) ISGH-VerfO auf Wunsch der Parteien in der Verfügung festgehalten werden. Ferner besteht die Möglichkeit, in der Verfügung den Inhalt der Übereinkunft der Parteien anzugeben.[6]

---

1 Vgl. Rosenne, World Court, S. 150 im Hinblick auf den IGH; siehe zur Praxis der WTO unten S. 414.

2 Stand: September 1999.

3 Siehe hierzu die Nachweise in ICSID Cases und die Ergänzungen in News from ICSID. Eine Liste der abgeschlossenen und anhängigen ICSID-Verfahren findet sich ferner im Internet unter der Adresse „http://www.worldbank.org/icsid/cases".

4 Raeschke-Kessler/Berger/Lehne, Recht und Praxis, Rn. 89.

5 Diese Bestimmungen entsprechen Art. 88 f. IGH-Statut, siehe hierzu Rosenne, Law and Practice, S. 535 ff.; ders., Procedure, S. 185 ff.

6 Dieses Festhalten des Inhalts der gütlichen Einigung kann nicht mit einer verbindlichen Entscheidung eines Spruchkörpers des Seegerichtshofs gleichgesetzt werden, insbesondere handelt es sich hierbei nicht um ein „Urteil mit vereinbartem Wortlaut", wie dies im Bereich der

Art. 106 ISGH-VerfO regelt daneben den Fall, daß der Kläger dem Seegerichtshof schriftlich anzeigt, daß er ein durch eine Klageschrift eingeleitetes Verfahren nicht fortführen will. Hat der Beklagte bis zum Eingang der Anzeige noch keine Prozeßhandlung vorgenommen, so erläßt der Seegerichtshof eine Art. 105 (1) ISGH-VerfO entsprechende Verfügung, durch die das Verfahren eingestellt wird.[7] Hat der Beklagte bereits eine Prozeßhandlung vorgenommen, wobei der Internationale Gerichtshof die Ernennung eines Prozeßbevollmächtigten als ausreichend angesehen hat[8], so hat er das Recht, innerhalb einer vom Seegerichtshof zu setzenden Frist Widerspruch zu erheben. Macht er von diesem Recht keinen Gebrauch, so wird das Verfahren eingestellt und die Löschung der Sache im Register angeordnet. Im Falle eines Widerspruches wird das Verfahren hingegen fortgesetzt.[9] Das Widerspruchsrecht bildet ein Schutzrecht zugunsten des Beklagten, durch das ihm die Möglichkeit der Verfahrensfortführung eröffnet wird, um die vom Kläger vor den Seegerichtshof gebrachte Streitigkeit endgültig und rechtsverbindlich zu klären und beizulegen.[10]

II. ICSID-Schiedsverfahren

Ähnlich wie Art. 105 ISGH-VerfO eröffnet Rule 43 ICSID AR die Möglichkeit, das Verfahren vor Erlaß eines Schiedsspruchs auf Antrag der Parteien einvernehmlich zu beenden. In diesem Fall wird die Einstellung des Verfahrens in einer Verfügung des Schiedsgerichts festgestellt.[11] Ist das Schiedsgericht noch nicht konstituiert, so wird die Einstellung des Verfahrens vom Generalsekretär des Zentrums angeordnet. Hierdurch wird vermieden, daß ein Schiedsgericht nur zu dem Zweck konstituiert werden muß, die Beendigung des Verfahrens festzustellen. Die Parteien können gemäß Rule 43 (2) ICSID AR beantragen, daß das Schiedsgericht einen zwischen ihnen getroffenen Vergleich in ei-

---

Schiedsgerichtsbarkeit möglich ist; vgl. Nordquist/Rosenne/Sohn (Hrsg.), UNCLOS, Nr. 296.5 (S. 84).

7 Art. 106 (1) ISGH-VerfO.

8 Case Concerning the Protection of French Nationals and Protected Persons in Egypt, Order made on March 29th, 1950, ICJ Reports 1950, S. 59 (60). Rosenne, Law and Practice, S. 536, Fn. 3 ist der Auffassung, daß die Ernennung eines Ad-hoc-Richters nicht als Prozeßhandlung in diesem Sinne anzusehen ist, da es sich hierbei um ein unabhängiges Recht handele, das nicht direkt in Zusammenhang mit einer Prozeßhandlung stehe.

9 Art. 106 (2) ISGH-VerfO.

10 Vgl. den IGH im Case Concerning the Barcelona Traction, Light and Power Company, Limited (New Application: 1962) (Belgium v. Spain), Preliminary Objections, Judgment of 24 July 1964, ICJ Reports 1964, S. 6 (20); Rosenne, Law and Practice, S. 538; siehe auch Suy, Les Actes Juridiques Unilatéraux, S. 175 ff. Im Hinblick auf die entsprechende Regelung der Rule 44 S. 3 ICSID AR siehe Anmerkung B zu Rule 44 ICSID AR i.d.F. vom 1. Januar 1968 (abgedruckt in: ICSID, Regulations and Rules (January 1, 1968), S. 110): „...it is generally considered that once an arbitration proceeding has been instituted, each party acquires by a litis contestatio an interest in endeavoring to secure from the Tribunal a positive pronouncement in its favor".

11 Zu den auf der Grundlage von Art. 43 (1) ICSID AR eingestellten ICSID-Schiedsverfahren siehe die Nachweise in ICSID Cases und die Ergänzungen in News from ICSID.

nen Schiedsspruch aufnimmt, wenn sie die Vergleichsvereinbarung vollständig und unterschrieben beim Generalsekretär des Zentrums eingereicht haben. Ein solcher Schiedsspruch wird auch als Schiedsspruch mit vereinbartem Wortlaut („award on agreed terms") bezeichnet. Ob das Schiedsgericht[12] dem Antrag entspricht, steht in seinem Ermessen. In der Praxis wird es diesen aber nur in Ausnahmefällen ablehnen, etwa wenn der Inhalt des Vergleichs gegen den internationalen *ordre public* verstößt.[13] Ein solcher Schiedsspruch entfaltet die gleichen Wirkungen wie ein normaler ICSID-Schiedsspruch und kann insbesondere nach Art. 53 f. ICSID-Übk[14] vollstreckt werden.[15] Angesichts der auf bestimmte Streitigkeiten beschränkten Zuständigkeit von ICSID-Schiedsgerichten und der weitgehenden Vollstreckbarkeit von ICSID-Schiedssprüchen ist Voraussetzung für den Erlaß eines solchen Schiedsspruches, daß das ICSID-Schiedsgericht gemäß Art. 25 ICSID-Übk[16] zuständig ist.[17]

Die Regelung der Rule 44 ICSID AR entspricht im wesentlichen Art. 106 ISGH-VerfO. Auch hier hat der Beklagte die Möglichkeit, einem Antrag des Klägers auf Einstellung des Verfahrens innerhalb einer vom Schiedsgericht bzw. vom Generalsekretär des Zentrums gesetzten Frist zu widersprechen.[18] Abweichend von Art. 106 ISGH-VerfO hängt bei Rule 44 ICSID AR das Widerspruchsrecht des Beklagten nicht davon ab, ob er bereits eine Prozeßhandlung vorgenommen hat. Auch vorher kann er der Einstellung widersprechen. Lediglich vor der Registrierung des Antrags auf Verfahrenseinleitung besteht gemäß Rule 8 ICSID Institution Rules die Möglichkeit einer einseitigen Einstellung des Verfahrens durch den Kläger.

Daneben eröffnet Rule 45 ICSID AR die Möglichkeit der Einstellung des Verfahrens, wenn während sechs Monaten keine der Parteien eine Prozeßhandlung vorgenommen hat. Die Parteien haben die Möglichkeit, mit Zustimmung des Schiedsgerichts bzw. des ICSID-Generalsekretärs eine andere Frist zu vereinbaren. Mit Fristablauf gilt das Verfahren als kraft Parteivereinbarung eingestellt. Bevor das Schiedsgericht oder der Generalsekretär die Einstellung in einer schriftlichen Verfügung festhält, ergeht eine Mitteilung an die Parteien, um diesen die Möglichkeit zur Verlängerung der Sechs-Monats-Frist zu geben, wenn sie sich etwa in Vergleichsverhandlungen befinden.[19] Eine ähnliche Regelung enthält auch Regulation 13 (3) (d) ICSID AdFR. Zahlen die Parteien nicht die nach Regulation 13 (3) (d) ICSID AdFR zu leistenden Vorschüsse, so kann der ICSID-

---

12 Der Generalsekretär des ICSID hat nicht die Befugnis, einen solchen Schiedsspruch zu erlassen.

13 Bisher ist lediglich im Verfahren Guadalupe Gas Products Corporation v. Federal Military Government of Nigeria (Case No. ARB/78/1) Rule 43 (2) ICSID AR zur Anwendung gelangt (ICSID Cases, S. 13).

14 Siehe hierzu unten S. 506 ff.

15 Anmerkung C zu Rule 43 ICSID AR i.d.F. vom 1. Januar 1968 (abgedruckt in: ICSID, Regulations and Rules (January 1, 1968), S. 109).

16 Zu Art. 25 ICSID-Übk siehe oben S. 166 ff.

17 Vgl. insoweit auch Rule 41 (2) und (5) ICSID AR.

18 Zu den Fällen, in denen Rule 44 ICSID AR anzuwenden ist, siehe die Nachweise in ICSID Cases und die Ergänzungen in News from ICSID.

19 Anmerkung A zu Rule 45 ICSID AR i.d.F. vom 1. Januar 1968 (abgedruckt in: ICSID, Regulations and Rules (January 1, 1968), S. 110).

Generalsekretär das Schiedsgericht veranlassen, das Verfahren auszusetzen, bevor die bereits geleisteten Vorschüsse aufgebraucht sind. Ist das Verfahren aus diesem Grunde länger als 6 Monate ausgesetzt, so kann der Generalsekretär die Einstellung des Schiedsverfahrens veranlassen, wobei er aber zuvor die Parteien zu informieren und sich nach Möglichkeit mit ihnen zu beraten hat.

III. WTO-Panelverfahren

Nach Art. 11.3 DSU hat sich ein WTO-Panel regelmäßig mit den Streitparteien zu beraten und ihnen ausreichend Gelegenheit zu geben, eine für alle Seiten zufriedenstellende Lösung finden. Zu den Aufgaben eines Panels gehört also neben der rechtlichen Beurteilung der Streitigkeit ausdrücklich auch die Förderung einer gütlichen Beilegung.[20] Gelingt es, die zwischen den Parteien streitige Angelegenheit zu bereinigen, so verfaßt das Panel einen kurzen Bericht, der eine Beschreibung des Falles enthält und die Feststellung, daß eine Lösung gefunden wurde.[21] Um dem multilateralen Charakter der WTO Rechnung zu tragen und zu verhindern, daß durch eine gütliche Einigung in die Rechte dritter WTO-Mitglieder eingegriffen wird, ordnet Art. 3.5 DSU an, daß eine derartige Lösung mit den jeweils anwendbaren Übereinkommen vereinbar sein muß. Darüber hinaus dürfen durch die Lösung Vorteile, die sich für ein Mitglied aus diesen Übereinkommen ergeben, weder geschmälert oder zunichte gemacht, noch die Erreichung der Ziele dieser Übereinkommen behindert werden. Die Wahrung der Rechte dritter WTO-Mitglieder bezweckt auch Art. 3.6 DSU, demzufolge einvernehmliche Lösungen dem DSB und den entsprechenden Räten und Ausschüssen mitgeteilt werden. In diesen Gremien kann jedes Mitglied jeden mit dieser Lösung in Zusammenhang stehenden Punkt zur Sprache bringen.

Ähnlich wie in der Praxis des GATT[22] gelingt auch im Rahmen der WTO häufig bereits vor der Konstituierung eines Panels eine einvernehmliche Streitbeilegung – bei 179 eingeleiteten Verfahren ist in insgesamt 27 Fällen die Streitigkeit gütlich beigelegt worden bzw. letztlich kein Antrag auf Einrichtung eines Panels gestellt worden.[23]

Einen weiteren Fall des Abschlusses des Verfahrens ohne verbindliche Entscheidung regelt Art. 12.12 DSU. Das Panel kann seine Arbeit jederzeit auf Antrag der beschwerdeführenden Partei für höchstens zwölf Monate aussetzen. Wird die Arbeit des Panels für einen längeren Zeitraum ausgesetzt, so erlischt die Genehmigung für die Einsetzung des

---

20 Vgl. Komuro, in: J. Int. Arb. 1995, Nr. 3, S. 81 (128): „The panel's tasks are not limited to the adjudicative field, but also reach into the area of conciliation".

21 Art. 12.7 S. 3 DSU.

22 Das GATT hatte sich mit insgesamt etwa 200 Streitfällen zu befassen. Insgesamt 27 Prozent der Klagen wurden im Verlauf der Verhandlungen zurückgezogen, 31 Prozent endeten mit einem Rechtsvergleich zwischen den Vertragsparteien und 42 Prozent führten zu einem Entscheid, Senti, GATT - WTO, S. 33. Vgl. auch Benedek, Rechtsordnung, S. 320; Plank, in: J. Int. Arb.1987, Nr. 4, S. 53 (83 f.); Pescatore, in: J. Int. Arb. 1993, Nr. 1, S. 27 (33 f.); siehe auch GATT, Analytical Index, S. 692 f.

23 Stand: September 1999; siehe die Übersicht über die Streiterledigungsverfahren unter: http://www.wto.org/wto/dispute/bulletin.htm.

Panels.[24] Dies hat die Beendigung des Verfahrens zur Folge. Auf der Grundlage dieser Vorschrift sind bisher zwei Panelverfahren beendet worden.[25]

IV. WIPO-Schiedsverfahren

Nach Art. 65 (a) WIPO SchO kann ein WIPO-Schiedsgericht zu jedem ihm geeignet erscheinenden Zeitpunkt vorschlagen, daß die Parteien die Möglichkeit einer vergleichsweisen Streitbeilegung prüfen.[26] Diese Bestimmung trägt dem Grundsatz Rechnung, daß über der Aufgabe der Schiedsrichter, Recht zu sprechen, eine allgemeine Befriedungsfunktion steht, zu der gehört, die Möglichkeit einer gütlichen Beilegung des Rechtsstreits zu prüfen, wann immer dafür eine Aussicht erkennbar ist.[27] Dabei hat ein Schiedsgericht aber immer auch zu bedenken, daß ein von ihm unterbreiteter Vergleichsvorschlag unter Umständen seine Unparteilichkeit bzw. Unabhängigkeit in Frage stellen kann. Dementsprechend ist die Formulierung des Art. 65 (a) WIPO SchO sehr zurückhaltend.[28] Das Schiedsgericht schlägt den Parteien lediglich vor, daß diese die Möglichkeit eines Vergleichs prüfen, ohne selbst eine aktive Rolle zu übernehmen. Möchte eine WIPO-Schiedsgericht selbst einen Vergleichsvorschlag unterbreiten, so sollte es zuvor die Zustimmung beider Parteien einzuholen.[29]

Wie Rule 43 (2) ICSID AR eröffnet Art. 65 (b) WIPO SchO den Parteien die Möglichkeit, einen vor Erlaß des Schiedsspruchs getroffenen Vergleich durch das Schiedsgericht in Form eines einvernehmlichen Schiedsspruchs protokollieren zu lassen. Voraussetzung hierfür ist, daß beide Parteien dies verlangen, wobei es ausreicht, wenn eine Partei den Antrag stellt und die andere Partei zustimmt.[30] Das Schiedsgericht ist gemäß Art. 65 (b) WIPO SchO verpflichtet, den Vergleich auf Verlangen der Parteien als Schiedsspruch mit vereinbartem Wortlaut zu protokollieren.[31] Etwas anderes gilt nur, wenn der Vergleich der Parteien offensichtlich gegen den *ordre public* verstößt.[32] In diesem Fall

---

24 Art. 12.12 S. 3 DSU; siehe hierzu Mora, in: C.J.T.L.: 1993, S. 103 (152 f.).

25 Stand: September 1999; siehe die Übersicht über die Streiterledigungsverfahren unter: http://www.wto.org/wto/dispute/bulletin.htm.

26 Die englische Fassung der Vorschrift lautet: „The Tribunal may suggest that the parties explore settlement at such times as the Tribunal may deem appropriate." Die deutsche Übersetzung dieser Bestimmung („Das Schiedsgericht kann vorschlagen, daß die Parteien versuchen, zu einem Zeitpunkt einen Vergleich zu schließen, den das Schiedsgericht als geeignet erachtet.") erscheint mißverständlich.

27 Böckstiegel, ICC-Schiedsgerichtsbarkeit, S. 86.

28 Herrmann, Arbitral Decision, S. 83 (88).

29 Siehe oben S. 230, Fn. 243.

30 Vgl. Berger, Wirtschaftsschiedsgerichtsbarkeit, S. 406; im Hinblick auf Art. 30 UNCITRAL MG Hußlein-Stich, MG, S. 165; UN Doc. A/40/17, Para. 250.

31 Im Gegensatz hierzu räumen Schiedsgerichtsgesetze und andere Schiedsverfahrensordnungen dem Schiedsgericht insoweit Ermessen ein; vgl. etwa Art. 30 (1) UNCITRAL MG; Art. 1069 (1) S. 2 NZPO; Rule 43 (2) ICSID AR (siehe hierzu oben S. 412 f.); Art. 34 (1) UNCITRAL SchO; Art. 54 (1) S. 2 NAI SchO.

32 Eine entsprechende Regelung findet sich etwa in § 1053 (1) S. 2 ZPO; danach hält das Schiedsgericht auf Antrag der Parteien einen zwischen den Parteien getroffenen Vergleich in

muß das Schiedsgericht die Möglichkeit haben, die Protokollierung zu verweigern.[33] Abgesehen davon, daß das Schiedsgericht nach Art. 65 (b) S. 2 WIPO SchO nicht verpflichtet ist, den Schiedsspruch mit vereinbartem Wortlaut zu begründen, finden auf ihn die allgemeinen Regelungen über Schiedssprüche Anwendung.[34] Er kann insbesondere nach den Regeln des New Yorker Übereinkommens wie ein gewöhnlicher Schiedsspruch vollstreckt werden.[35] Unabhängig davon, ob die Parteien eine Protokollierung des Vergleichs beantragen, ist das Schiedsverfahren durch die Einigung der Parteien erledigt, und das Schiedsgericht beendet das Verfahren durch einen Einstellungsbeschluß.[36]

Wird die Fortsetzung des Verfahrens vor Erlaß des Schiedsspruchs aus einem anderen Grund als dem eines Vergleichs überflüssig oder unmöglich, so kann das Schiedsgericht nach Art. 65 (c) WIPO SchO das Verfahren beenden. Zuvor hat es die Parteien über seine Absicht zu informieren. Widerspricht keine der Parteien innerhalb einer vom Schiedsgericht festzulegenden Frist mit berechtigten Gründen einer Einstellung, so ist das Schiedsgericht zur Beendigung des Verfahrens berechtigt. Diese Vorschrift findet etwa Anwendung, wenn der Kläger das Verfahren durch Klagerücknahme einseitig beenden will, ohne einen Anspruchsverzicht zu erklären.[37] Widerspricht der Beklagte, so ist zwischen den berechtigten Interessen des Klägers, aus guten Gründen von dem Verfahren Abstand nehmen zu wollen, und dem ebenso legitimen Interesse des Beklagten, nicht mit neuen Verfahren über denselben Streitgegenstand überzogen und belästigt zu werden, abzuwägen.[38] Insoweit kommt es auf die Umstände des Einzelfalls an, ohne daß sich ein bestimmter Zeitpunkt festlegen läßt, ab dem das Interesse des Beklagten an einer Fortführung des Verfahrens überwiegt.[39] Neben der Klagerücknahme umfaßt Art. 65 (c) WIPO SchO bei-

---

Form eines Schiedsspruchs mit vereinbartem Wortlaut fest, sofern der Inhalt des Vergleichs nicht gegen die öffentliche Ordnung (ordre public) verstößt. Dabei muß diese letztgenannte Möglichkeit aber auf eklatante, offensichtliche Verstöße beschränkt sein, Berger, Arbitration, S. 585.

33 Granzow, UNCITRAL-Modellgesetz, S. 178 f.; Hußlein-Stich, MG, S. 165 weist darauf hin, daß ansonsten die Gefahr bestünde, daß einige Schiedsrichter zurücktreten, weil sie den Schiedsspruch nicht unterzeichnen wollen.

34 Gemäß Art. 65 (d) S. 1 WIPO SchO ist er insbesondere nach Maßgabe des Art. 62 (d) WIPO SchO zu unterschreiben.

35 Im deutschen Recht hat ein Schiedsspruch mit vereinbartem Wortlaut nach § 1053 (2) S. 2 ZPO dieselbe Wirkung wie jeder andere Schiedsspruch zur Sache. Vgl. auch allgemein Craig/Park/Paulsson, Arbitration, S. 320; Rauh, UNCITRAL, S. 141 f.; Redfern/Hunter, Arbitration, S. 382; van den Berg, in: YCA 1987, S. 3 (26); Sanders, in: YCA 1977, S. 172 (212).

36 Art. 65 (b) S. 1 WIPO SchO; ebenso § 1053 (1) S. 1 ZPO. Hiermit enden auch die Schiedsrichterverträge und das Mandat der Schiedsrichter, Redfern/Hunter, Arbitration, S. 382.

37 Im Falle eines Anspruchsverzichts hat der Beklagte kein Interesse mehr an einer Entscheidung, Schwab/Walter, Schiedsgerichtsbarkeit, S. 155. Nach Schlosser, Schiedsgerichtsbarkeit, Rn. 673 steht es in diesem Fall im Ermessen des Schiedsgerichts, einen Schiedsspruch zu erlassen, in dem der Anspruchsverzicht festgestellt wird.

38 Berger, Wirtschaftsschiedsgerichtsbarkeit, S. 443 f.; Hußlein-Stich, MG, S. 167; Nöcker, Kanada, S. 151.

39 Nöcker, Kanada, S. 151. Bei dem Versuch, einen bestimmten Zeitpunkt festzulegen, werden etwa genannt, die Anzeige der Verteidigungsbereitschaft durch den Beklagten, Stein-Jonas -

spielsweise den Fall des Fehlens einer Sachurteilsvoraussetzung, die Untätigkeit des Klägers[40] oder beider Parteien[41] und die unterbliebene Kostenhinterlegung.[42]

B. Mit verbindlicher Entscheidung

Wird das Verfahren mit einer verbindlichen Entscheidung abgeschlossen, so ist hinsichtlich des WTO-Panelverfahrens eine Besonderheit zu beachten. Während in den übrigen Verfahren die Entscheidung des Spruchkörpers an sich für die Parteien verbindlich ist, besteht die Aufgabe eines Panels nach Art. 11.2 DSU darin, den Dispute Settlement Body (DSB) bei der Wahrnehmung seiner Aufgaben zu unterstützen. Hierzu nimmt es eine objektive Beurteilung der ihm vorliegenden Angelegenheit vor und trifft andere Feststellungen, die dem DSB helfen, die in den unter die Vereinbarung fallenden Übereinkommen vorgesehenen Empfehlungen abzugeben oder Entscheidungen zu treffen. Ein Panelbericht stellt demzufolge ein Rechtsgutachten zu Händen des DSB dar, das sowohl Feststellungen zu den faktischen als auch den rechtlichen Fragen enthält.[43] Der Bericht selbst ist für die Parteien nicht verbindlich. Zur Herbeiführung der Verbindlichkeit bedarf es vielmehr seiner Annahme durch den DSB.[44] Da, abgesehen von der möglichen Durchführung eines Rechtsmittelverfahrens, Voraussetzung für die Nichtannahme des Panelberichts ist, daß der DSB die Annahme per Konsensentscheidung ablehnt, ist die Entscheidung des Panels aber zumindest „quasi-verbindlich". Im folgenden werden Zustandekommen, Inhalt und Form des Panelberichts aufgrund dieser „Quasiverbindlichkeit" gemeinsam mit den verbindlichen Entscheidungen der anderen Streiterledigungsverfahren dargestellt; im Rahmen der Untersuchung der Wirkungen der Entscheidung wird dann auf die Annahme durch den DSB eingegangen.[45]

Darüber hinaus weist das WTO-Panelverfahren mit der Zwischenprüfung („Interim Review Stage") nach Art. 15 DSU, bei der den Parteien Gelegenheit gegeben wird, zu dem Panelbericht Stellung zu nehmen und Änderungen vorzuschlagen, bevor dieser dem DSB zugeleitet wird, eine Besonderheit auf, die im Zusammenhang mit dem Abschluß des Verfahrens zu behandeln ist.[46]

Schlosser, ZPO 7/II, § 1034, Rn. 29, die Abgabe der Klageerwiderung, Hußlein-Stich, MG, S. 168, oder die Einlassung zur Hauptsache, Berger, Wirtschaftsschiedsgerichtsbarkeit, S. 444.

40 Vgl. Art. 56 (a) WIPO SchO.

41 Herrmann, Arbitral Decision, S. 83 (89).

42 Vgl. Rauh, UNCITRAL, S. 142 im Hinblick auf Art. 34 (2) UNCITRAL SchO.

43 Benedek, Rechtsordnung, S. 320; Pescatore, in: J. Int. Arb. 1993, Nr. 1, S. 27 (35).

44 Siehe hierzu Art. 17.4 DSU.

45 Siehe unten S. 439 f.

46 Siehe unten S. 424 ff.

Die Entscheidung des Spruchkörpers, durch die das Verfahren abschließend und verbindlich[47] entschieden wird, ist von Anordnungen und Verfügungen zu unterscheiden, die der Verfahrensgestaltung dienen und die nicht den formalen Anforderungen an ein Urteil oder einen Schiedsspruch genügen müssen.[48] Gegenstand derartiger Verfügungen kann etwa das Setzen oder die Verlängerung von Fristen für die Vornahme von Verfahrenshandlungen, die Ladung von Zeugen usw. sein.[49]

Nach Art. 62 (a) WIPO SchO kann ein WIPO-Schiedsgericht vorläufige Schiedssprüche, Zwischen- oder Teilschiedssprüche oder endgültige Schiedssprüche erlassen. Gerade in der privaten Schiedsgerichtsbarkeit ist die Abgrenzung der einzelnen Entscheidungsarten im Hinblick auf deren Anfechtbarkeit vor staatlichen Gerichten von nicht unerheblicher praktischer Bedeutung. Ein endgültiger Schiedsspruch, der über den Streitgegenstand im Ganzen entscheidet und damit zu einer Erledigung der Streitigkeit führt, kann vor den staatlichen Gerichten am Ort des Schiedsverfahrens angefochten werden. Gleiches gilt auch für einen Teilschiedsspruch. Dieser entscheidet zwar nicht über den gesamten Streitgegenstand, wohl aber über einen abgrenzbaren Teil und führt diesbezüglich zu einer Teilerledigung.[50] Auch der Teilschiedsspruch, der alle für einen endgültigen Schiedsspruch notwendigen Erfordernisse im Hinblick auf Begründung, Unterzeichung, Zustellung usw. erfüllen muß[51], ist daher der Rechtskraft fähig und isoliert anfechtbar.[52]

Einen Zwischenschiedsspruch kann das Schiedsgericht erlassen, wenn es vorab über einzelne Angriffs- oder Verteidigungsmittel oder einzelne Verfahrensfragen entscheiden will, etwa über das Bestehen einer Verjährungseinrede, die Vorabentscheidung über den Anspruchsgrund, die Zulässigkeit einer Widerklage oder Aufrechnung. Auch eine positive Zuständigkeitsentscheidung kann in Form eines Zwischenschiedsspruchs ergehen.[53] Ein Zwischenschiedsspruch enthält – wie ein vorläufiger Schiedsspruch im Zusammenhang mit dem Erlaß einstweiliger Anordnungen[54] – keine abschließende Entscheidung, da er

47 Mit Ausnahme des WTO-Panelverfahrens.

48 Vgl. im Hinblick auf das Verfahren vor dem IGH Rosenne, Law and Practice, S. 630; im Hinblick auf die Schiedsgerichtsbarkeit Raeschke-Kessler/Berger/Lehne, Recht und Praxis, Rn. 455.

49 Siehe hierzu Rosenne, Law and Practice, S. 630 f.

50 Zu den Fällen, in denen einen Teilschiedsspruch in Betracht kommt, Glossner/Bredow/Bühler, Praxis, Rn. 457; Maier, Handbuch, Rn. 403; Stein-Jonas - Schlosser, ZPO 7/II, § 1034, Rn. 42.

51 Glossner/Bredow/Bühler, Praxis, Rn. 457.

52 BGHZ 10, S. 325 (325); Berger, Arbitration, S. 589; Lalive/Poudret/Reymond, Droit de l'Arbitrage, Art. 188, Anm. 4; Schlosser, Schiedsgerichtsbarkeit, Rn. 770; Schwab/Walter, Schiedsgerichtsbarkeit, S. 171; Strohbach, Handbuch, Rn. 263; Habscheid, in: ZSR 1987, S. 669 (672).

53 Dagegen führt eine negative Zuständigkeitsentscheidung zum Abschluß des Verfahrens, da durch diese das Verfahren beendet wird.

54 Siehe oben S. 364. Zur Möglichkeit eines Vorbehaltsschiedsspruchs Schütze, Schiedsgericht, Rn. 208.

nicht über einen abgrenzbaren Teil des Streitgegenstandes endgültig entscheidet.[55] Er hat daher weder einen anerkennungs- noch einen vollstreckungsfähigen Inhalt und ist somit anders als ein Teilschiedsspruch nicht selbständig anfechtbar.[56] Etwas anderes kann nur für einen Zwischenschiedsspruch gelten, in dem das Schiedsgericht positiv über seine Zuständigkeit entscheidet. In diesem Fall wird der Schiedsspruch beispielsweise nach Art. 16 (3) S. 2 UNCITRAL MG, § 1040 (3) S. 1 ZPO sowie Art. 190 (3) i.V.m. 186 (3) IPRG im Interesse schnellstmöglicher Rechtsklarheit als isoliert anfechtbarer Teilentscheid fingiert.[57]

II. Zustandekommen der Entscheidung

1. Beratung und Abstimmung

Die Beratungen der Spruchkörper des Seegerichtshofs sind nicht öffentlich und bleiben geheim.[58] An ihnen nehmen nur die Richter und *Ad-hoc*-Richter teil sowie, wenn der Seegerichtshof dies für notwendig erachtet, die gemäß Art. 289 SRÜ i.V.m. Art. 15 ISGH-VerfO ernannten Sachverständigen in wissenschaftlichen oder technischen Angelegenheiten. Daneben sind der Kanzler oder sein Stellvertreter sowie nach Bedarf andere Bedienstete der Kanzlei anwesend, während andere Personen, außer mit Genehmigung des Seegerichtshofs, nicht zugegen sein dürfen.[59] Der Vertraulichkeit der rechtlichen Beratungen entsprechend, geben die Protokolle hierüber keine Einzelheiten der Aussprache oder einzelne Meinungsäußerungen wieder, sondern enthalten lediglich Angaben über

55 Der Unterschied zwischen einem vorläufigen und einem Zwischenschiedsspruch auf der einen und einer einfachen prozessualen Anordnung oder Verfügung des Schiedsgerichts auf der anderen Seite besteht darin, daß erstere das Schiedsgericht binden. Die Parteien erlangen hierdurch eine bestimmte Rechtsstellung, die ihnen nicht ohne weiteres genommen werden kann, Glossner/Bredow/Bühler, Praxis, Rn. 464; Schwab/Walter, Schiedsgerichtsbarkeit, S. 173; Habscheid, in: ZSR 1987, S. 669 (676 f.); so kann das Schiedsgericht etwa eine prozessuale Vorfrage, über die es durch Zwischenschiedsspruch entschieden hat, im Schiedsspruch nicht mehr anders beurteilen, Schütze, Schiedsgericht, Rn. 206. Zur Zweckmäßigkeit des Erlasses von Teil-, Zwischen- und vorläufigen Schiedssprüchen Reiner, Handbuch, S. 248 ff., der allerdings von der isolierten Anfechtbarkeit von Zwischenschiedssprüchen ausgeht.

56 BGH NJW-RR 1993, S. 444 (445); Glossner/Bredow/Bühler, Praxis, Rn. 464; Schwab/Walter, Schiedsgerichtsbarkeit, S. 172; Stein-Jonas - Schlosser, ZPO 7/II, § 1034, Rn. 42; Habscheid, in: ZSR 1987, S. 669 (677); Laschet, in: IPRax 1984, S. 72 (75). Ein Zwischenschiedsspruch kann lediglich zusammen mit dem endgültigen Schiedsspruch, als dessen Bestandteil er dann gilt, angefochten werden, Raeschke-Kessler/Berger/Lehne, Recht und Praxis, Rn. 450.

57 Vgl. hierzu etwa Berger, Wirtschaftsschiedsgerichtsbarkeit, S. 410 f. Dabei ist die ausdrückliche Erwähnung der Anfechtbarkeit in diesen Fällen ein weiteres Indiz für die grundsätzliche Unanfechtbarkeit von Zwischenschiedssprüchen, Habscheid, in: ZSR 1987, S. 669 (675).

58 Art. 42 (1) S. 1 ISGH-VerfO; nach S. 2 kann er aber beschließen, seine Beratungen über andere als Rechtsfragen ganz oder teilweise zu veröffentlichen oder die Veröffentlichung zu gestatten; siehe hierzu im Hinblick auf die entsprechende Bestimmung der IGH-VerfO Rosenne, Procedure, S. 52.

59 Art. 43 (2) ISGH-VerfO.

den Beratungsgegenstand und das Abstimmungsergebnis; jeder Richter hat aber das Recht zu verlangen, daß eine von ihm abgegebene Erklärung in das Protokoll aufgenommen wird.[60]

Die Größe des Seegerichtshofs mit 21, aber auch der KMS mit 11 Mitgliedern macht eine gewisse Formalisierung des Entscheidungsfindungsverfahrens erforderlich. Dieses ist in Art. 5 ff. der *Resolution on the Internal Judicial Practice of the Tribunal* vom 31. Oktober 1997 geregelt.[61] Danach haben die Mitglieder des Seegerichtshofs nach Abschluß der mündlichen Verhandlung 4 Arbeitstage Zeit, um sich mit den Argumenten der Parteien auseinanderzusetzen. Im Anschluß daran wird im Rahmen einer ersten Beratung festgelegt, welche Fragen entscheidungserheblich sind und die Ansichten der einzelnen Mitglieder des Seegerichtshofs zu diesen einzelnen Fragen und hinsichtlich der zu treffenden Gesamtentscheidung gehört, um dann Punkt für Punkt diskutiert zu werden. Anschließend kann der Präsident des Seegerichtshofs versuchen festzustellen, ob eine Mehrheit hinsichtlich der einzelnen Fragen und deren Begründung besteht. Alternativ dazu kann der Seegerichtshof auch entscheiden, daß zunächst jedes Mitglied den anderen Richtern schriftlich mitteilt, welche Entscheidung er in den einzelnen Fragen und hinsichtlich der Gesamtentscheidung vorschlägt. Aufgrund dieser schriftlichen Stellungnahmen werden die Beratungen anschließend fortgesetzt.[62]

Sobald als möglich während der Beratungen wird ein *Drafting Committee* eingesetzt, dem fünf Mitglieder angehören, die die Ansicht der Mehrheit, so wie sie sich zu diesem Zeitpunkt darstellt, vertreten. Dieses Komitee bereitet innerhalb von drei Wochen nach seiner Einsetzung einen ersten Urteilsentwurf vor, der nach Möglichkeit nicht nur die Ansicht der Mehrheit darstellt, wie sie sich in diesem Zeitpunkt darstellt, sondern darüber hinaus geeignet ist, auch die Zustimmung weiterer Mitglieder des Seegerichtshofs zu finden. Nach der Verteilung des Entwurfs an die übrigen Mitglieder haben diese drei Wochen Zeit, schriftlich Stellung zu nehmen. Auf der Grundlage dieser Stellungnahmen erarbeitet das Komitee einen zweiten Entwurf, der erneut an die Mitglieder des Seegerichtshofs versandt wird.[63]

Anschließend beraten die Mitglieder des Seegerichtshofs in einer ersten Lesung über den Entwurf. Wünscht ein Mitglied des Seegerichtshofs Änderungen oder plant es, ein Sondervotum abzugeben, so teilt es dies und die Gründe dafür zu diesem Zeitpunkt mit. Auf dieser Grundlage erstellt das *Drafting Committee* einen weiteren Entwurf, der den Wünschen der Mitglieder und den beabsichtigten Sondervoten nach Möglichkeit Rechnung trägt. Der so geänderte Entwurf bildet dann den Gegenstand einer zweiten Lesung, während derer erneut weitere Vorschläge gemacht werden können.[64] Insgesamt wird im Rahmen der Entscheidungsfindung versucht, die Auffassungen möglichst vieler Mitglieder des Seegerichtshofs zu berücksichtigen und so eine breite Basis für das Urteil zu schaffen.

---

60 Art. 42 (3) ISGH-VerfO.

61 ITLOS/10. Zur ähnlichen Praxis des IGH Rosenne, World Court, S. 132 ff.

62 Art. 5 Resolution on the Internal Judicial Practice of the Tribunal.

63 Art. 6 f. Resolution on the Internal Judicial Practice of the Tribunal.

64 Art. 8 Resolution on the Internal Judicial Practice of the Tribunal.

Nach Abschluß der zweiten Lesung findet die abschließende Abstimmung statt[65], bei der die Mitglieder in der umgekehrten Reihenfolge ihrer Senorität abstimmen.[66] Sie erfolgt mit einfacher Stimmenmehrheit, wobei bei Stimmengleichheit die Stimme des Präsidenten oder des ihn vertretenden Mitglieds des Gerichthofs den Ausschlag gibt.[67]

Auch im WTO-Panelverfahren sind die Beratungen des Panels gemäß Art. 14 DSU vertraulich; insbesondere sind die Streitparteien bei der Erstellung des Berichts nicht anwesend. Die Beratungen finden in der Praxis zumeist in einer informellen Atmosphäre statt.[68] Dabei sind die Panels in der Regel bemüht, eine einstimmige Entscheidung zu erreichen und hierfür bereit, nach einer Kompromißlösung zu suchen.[69] Gelingt dies nicht, so ergeht die Entscheidung mit Stimmenmehrheit. Im Bericht wird darauf hingewiesen, ob eine bestimmte Entscheidung einstimmig ergangen ist oder nicht; es wird aber bei Mehrheitsentscheidungen nicht mitgeteilt, welches Panelmitglied wie abgestimmt hat.[70] Dies folgt aus Art. 14.3 DSU, wonach die von einzelnen Panelmitgliedern im Panelbericht geäußerten Auffassungen anonym sind.

Auch im Rahmen eines ICSID- oder WIPO-Schiedsverfahrens berät das Schiedsgericht in Abwesenheit der Parteien.[71] Dies folgt schon aus dem Beratungsgeheimnis[72] und ist ausdrücklich in Art. 15 (1) ICSID AR normiert. Das Schiedsgericht ist nicht verpflichtet, zu den Beratungen an einem Ort zusammenzutreffen, diese können vielmehr auch telefonisch oder schriftlich erfolgen.[73]

---

65 Voraussetzung ist die Beschlußfähigkeit des Spruchkörpers. Nach Art. 13 (1) ISGH-Statut ist der Seegerichtshof beschlußfähig, wenn 11 gewählte Mitglieder anwesend sind, die Kammer für Meeresbodenstreitigkeiten bei Anwesenheit von 7 gewählten Mitgliedern, Art. 35 (7) ISGH-Statut.

66 Art. 9 Resolution on the Internal Judicial Practice of the Tribunal.

67 Art. 29 ISGH-Statut.

68 Pescatore, in: J. Int. Arb. 1993, Nr. 1, S. 27 (33): „The panel's own deliberations ... are conducted in a most informal way. It is, I think, a surprise to every newcomer to GATT panels, to see how simply and humanly all this is conducted".

69 Vgl. hierzu Plank, in: J. Int. Arb.1987, Nr. 4, S. 53 (83).

70 Siehe die Schilderung bei Plank, aaO.

71 Art. 62 (e) WIPO SchO bestimmt in diesem Zusammenhang, daß ein Schiedsgericht das WIPO Arbitration Center in Bezug auf Formfragen zu Rate ziehen kann, um insbesondere die Vollstreckbarkeit des Schiedsspruchs zu gewährleisten. Ansonsten wird der Schiedsspruch nicht – wie dies z. B. in Art. 27 ICC SchO vorgesehen ist – vom WIPO Arbitration Center geprüft, Kuner, in: RIW 1995, S. 965 (968).

72 Berger, Arbitration, S. 594; Lalive/Poudret/Reymond, Droit de l'Arbitrage, Art. 189, Anm. 11.

73 Art. 16 (2) ICSID AR; Bülow/Böckstiegel/Geimer/Schütze - Böckstiegel, Band II, 720·70, Fn. 40; siehe allgemein für die Schiedsgerichtsbarkeit Berger, Arbitration, S. 595 f.; Schwab/Walter, Schiedsgerichtsbarkeit, S. 176; einschränkend Schlosser, Schiedsgerichtsbarkeit, Rn. 679 mit der Begründung, eine dahingehende Mehrheitsentscheidung erwecke immer den Verdacht, daß der überstimmte Schiedsrichter ausgeschaltet werden sollte und ein Schiedsrichter grundsätzlich einen Anspruch auf mündliche Beratung habe. Eine Ausnahme solle nur gelten, wenn keine andere Möglichkeit verbleibt, in vertretbarer Zeit das Verhandlungsergebnis zu retten.

Grundlegende Voraussetzung für eine Entscheidung des Schiedsgerichts im Wege der Abstimmung ist, daß alle Schiedsrichter an den Beratungen teilgenommen haben.[74] Problematisch ist, ob dies auch gilt, wenn ein Schiedsrichter sich weigert, an den Beratungen mitzuwirken und dies offensichtlich in der Absicht geschieht, das Verfahren zu obstruieren (sog. „*Truncated Tribunal*"). Eine Regelung dieser Frage enthält Art. 35 WIPO SchO.[75] Versäumt ein Schiedsrichter es trotz ordnungsgemäßer Benachrichtigung, an der Arbeit des Schiedsgerichts teilzunehmen, so können die übrigen Schiedsrichter das Verfahren ohne Rücksicht auf die unterlassene Beteiligung fortsetzen und einen Schiedsspruch erlassen, es sei denn, eine Partei hat gemäß Art. 32 WIPO SchO beantragt, den betreffenden Schiedsrichter von seinem Amt zu entbinden.

Wird ein solcher Antrag nicht gestellt, so steht die Fortsetzung des Verfahrens im Ermessen der übrigen Schiedsrichter. Bei ihrer Entscheidung haben sie den Stand des Schiedsgerichtsverfahrens, den gegebenenfalls von dem dritten Schiedsrichter für seine Nichtbeteiligung gegebenen Grund sowie alle anderen Fragen in Betracht zu ziehen, die sie gemäß den Umständen des Falls für angemessen halten.[76] Ist das Verfahren bereits bis zur abschließenden Beratung des Schiedsgerichts fortgeschritten, so wird es regelmäßig angemessen sein, das Verfahren fortzuführen, wenn der Schiedsrichter das Verfahren offensichtlich blockieren will. Dies gilt namentlich vor dem Hintergrund, daß bei Ernennung eines Ersatzschiedsrichters im Zweifel die mündliche Verhandlung oder Teile hiervon wiederholt werden müssen.

Auch ohne ausdrückliche Regelung gelten diese Grundsätze im Rahmen eines ICSID-Schiedsverfahrens, wie auch allgemein im Rahmen der internationalen Schiedsgerichtsbarkeit.[77] Voraussetzung für die Fortsetzung des Verfahrens ist dabei immer, daß der be-

---

74 Art. 16 (1) S. 1 a.E. ICSID AR: „provided that all of them are consulted."; Redfern/Hunter, Arbitration, S. 370; Berger, Arbitration, S. 596; Lalive/Poudret/Reymond, Droit de l'Arbitrage, Art. 31 Konkordat, Anm. 1; A. Bucher, Suisse, Rn. 324, der ausführt, dies folge aus dem Recht der Parteien, gehört zu werden; David, Arbitration, S. 315; Knoepfler/Schweizer, in: (Sarcevic) Essays on International Commercial Arbitration, S. 160 (162).

75 Eine vergleichbare Regelung findet sich in Art. 12 LCIA Rules, Art. 12 ICC SchO (hierzu Derains/Schwartz, Guide, S. 193 ff.) und Art. 11 AAA IA Rules. Art. 35 WIPO SchO ist an letztere Bestimmung angelehnt, van den Berg, Constituting, S. 17 (24). Für das deutsche Recht bestimmt § 1052 (2) ZPO für den Fall, daß ein Schiedsrichter die Teilnahme an einer Abstimmung verweigert, daß die übrigen Schiedsrichter ohne ihn entscheiden, sofern die Parteien nichts anderes vereinbart haben. Die Absicht, ohne den verweigernden Schiedsrichter über den Schiedsspruch abzustimmen, ist dabei zuvor den Parteien mitzuteilen.

76 Art. 35 (a) S. 2 WIPO SchO. Entscheiden die übrigen Schiedsrichter sich gegen eine Fortsetzung des Verfahrens, so hat gemäß Art. 35 (b) WIPO SchO das WIPO Arbitration Center das Amt für vakant zu erklären, wenn ihrer Ansicht nach in ausreichender Weise nachgewiesen worden ist, daß der Schiedsrichter es versäumt hat, an der Arbeit des Schiedsgerichts teilzunehmen. Mangels abweichender Parteivereinbarung richtet sich die Ersatzbenennung nach Art. 33 WIPO SchO, d.h., es steht im Ermessen des WIPO Arbitration Center, selbst den Ersatzschiedsrichter zu ernennen.

77 Vgl. für die völkerrechtliche Schiedsgerichtsbarkeit Schwebel, Salient Problems, S. 144 ff. (zusammenfassend die Schlußfolgerung auf S. 296); eine entsprechende Praxis hat sich auch beim Iran-United States Claims Tribunal herausgebildet, Böckstiegel, in: (van den Berg) ICCA Series No. 5, S. 317 (317 f.); ders., in: JPS 1990, S. 15 (21 f.) jeweils mit Nachweisen zu des-

troffene Schiedsrichter die Möglichkeit gehabt hat, an den Beratungen teilzunehmen. Ist dies der Fall, so werden ausländische Vollstreckungsgerichte im Rahmen der privaten Schiedsgerichtsbarkeit einem Schiedsspruch, bei dem einer der Schiedsrichter seine Mitwirkung verweigert hat, regelmäßig die Anerkennung nicht versagen.[78]

Wenn die Parteien nichts Abweichendes vereinbaren, entscheidet gemäß Art. 48 (1) ICSID AR[79] das Schiedsgericht mit Stimmenmehrheit aller seiner Mitglieder, mit der Folge, daß Enthaltungen wie Gegenstimmen zählen.[80] Stehen sich in einem Dreierschiedsgericht drei unterschiedliche Meinungen gegenüber, so muß so lange weiter beraten werden, bis sich jedenfalls eine Mehrheit von zwei Stimmen für eine Entscheidung findet.[81] Kann hingegen in einem WIPO-Schiedsverfahren keine Stimmenmehrheit erreicht werden, so trifft nach Art. 61 WIPO SchO[82] der Vorsitzende eines Dreierschiedsgerichts mangels abweichender Parteivereinbarung die Entscheidung, als wäre er ein Einzelschiedsrichter. Durch diese Lösung wird der Gefahr entgegengewirkt, daß der vorsitzende Schiedsrichter gezwungen wird, einen Kompromiß mit dem „weniger unvernünftigen" parteiernannten Schiedsrichters zu finden. Andererseits wird die Position des Vorsitzenden zu Lasten der beiden parteiernannten Schiedsrichter gestärkt, da dieser weitgehend unabhängig von seinen Mitschiedsrichtern entscheiden kann.[83]

In der Praxis sind die Schiedsgerichte bestrebt, zu einer Konsensentscheidung zu gelangen.[84] Auch wenn dies häufig einen Kompromiß voraussetzt, der zur Folge hat, daß

---

sen Rechtsprechung; Berger, Arbitration, S. 596 f.; Redfern/Hunter, Arbitration, S. 234 f.; Schlosser, Schiedsgerichtsbarkeit, Rn. 681; v. Mehren, in: ICSID Rev. - FILJ 1990, S. 54 (59), der insoweit auf eine funktionale Auslegung der Schiedsvereinbarung abstellt; kritisch Shihata, in: ICSID Rev. - FILJ 1990, S. 65 (67), der es vorzieht, eine Ersatzbenennung vorzunehmen, bevor das Verfahren fortgesetzt wird.

78 Redfern/Hunter, Arbitration, S. 235; Gaillard, in: (van den Berg) ICCA Series No. 5, S. 247 (248 f.); Hoellering, in: Private Investments Abroad 1991, § 12-6; Holtzmann, in: (van den Berg) ICCA Series No. 5, S. 21 (28 f.).

79 Dieser Regelung entsprechen § 1052 (1) ZPO, Art. 48 (1) NAI SchO, Art. 26 (1) AAA IA Rules, § 33.3 DIS SchO; weitere Nachweise bei Herrmann, Arbitral Decision, S. 83 (86).

80 Rule 16 (1) S. 2 ICSID AR.

81 Bülow/Böckstiegel/Geimer/Schütze - Böckstiegel, Band II, 720·70, Fn. 39. Redfern/Hunter, Arbitration, S. 371 weisen darauf hin, daß für eine Partei ein Schiedsspruch, für den der von ihr ernannte Schiedsrichter und der Vorsitzende gestimmt haben, häufig günstiger ist, als ein einstimmig ergangener Schiedsspruch.

82 Eine entsprechende Regelung findet sich etwa in Art. 189 (2) S. 1 IPRG, Art. 25 (1) S. 2 ICC SchO oder Art. 26 (3) S. 2 LCIA SchO; weitere Nachweise bei Herrmann, Arbitral Decision, S. 83 (86).

83 G.Lörcher/H.Lörcher, Schiedsverfahren, Rn. 260 f.; Böckstiegel, in: (Labes/Lörcher) Schiedsverfahrensrecht, S. XV (XL); vgl. auch Dolzer, in: (Petersmann/Jaenicke) Adjudication, S. 139 (147 f.).

84 Craig/Park/Paulsson, Arbitration, S. 329; vgl. auch van den Berg/van Delden/Snijders, Netherlands, S. 93 f.; Reisman, Systems of Control, S. 68: „Compromise is a curiously unstable phenomenon in arbitration. There are structural pressures both for and against it and structural costs when a compromise is struck for all or part of a decision. The option in three-party arbitration of selection of party appointed arbitrators introduces and implicitly endorses

das Schiedsgericht dem Antrag der obsiegenden Partei nicht in vollem Umfang stattgibt[85], so ist eine solche Entscheidung für diese Partei gleichwohl nicht unbedingt nachteiliger als eine zu ihren Gunsten ergangene Mehrheitsentscheidung. Zunächst wird ein einstimmiger Schiedsspruch von der anderen Partei eher freiwillig befolgt werden, als eine Mehrheitsentscheidung. Darüber hinaus ist eine solche Entscheidung günstig im Hinblick auf die Anerkennung und Vollstreckung des Schiedsspruchs.[86]

2. *Zwischenprüfung („interim review stage") nach Art. 15 DSU im WTO-Panelverfahren*

Eine der Besonderheiten des WTO-Panelverfahrens ist, daß das Panel gemäß Art. 15 DSU den Parteien den Entwurf seines Berichts vorlegt und ihnen Gelegenheit zur Stellungnahme gibt, bevor es den Bericht an den DSB übersendet. Diese Zwischenprüfung („*interim review stage*") erfolgt in zwei Stufen. Zunächst legt das Panel, nachdem es die schriftlichen und mündlichen Stellungnahmen der Parteien erörtert hat, den Streitparteien die beschreibenden Teile des Berichtsentwurfs vor, das heißt, den Sachverhalt und das Vorbringen der Parteien. Wie bereits im Rahmen des GATT-Panelverfahrens erhalten die Parteien innerhalb einer vom Panel gesetzten Frist[87] Gelegenheit, hierzu schriftlich Stellung zu nehmen und Präzisierungen und Ergänzungen vorzuschlagen oder Richtigstellungen vorzunehmen.[88]

Unter Berücksichtigung der eingegangenen Stellungnahmen erhalten die Parteien den eigentlichen Zwischenbericht. Dieser enthält neben den beschreibenden Teilen auch die Feststellungen und Schlußfolgerungen des Panels. Dieser zweite Schritt stellt eine der Neuerungen des WTO-Streiterledigungsverfahrens dar, die als ein Ausgleich für die „quasi-automatische" Annahme des Panelberichts eingeführt wurde.[89] Innerhalb einer vom Panel zu setzenden Frist[90] kann jede Partei schriftlich beantragen, daß das Panel bestimmte Aspekte seines Berichts noch einmal überprüft und gegebenenfalls modifiziert. Auf Antrag wird außerdem eine weitere mündliche Verhandlung über die in den schriftlichen Stellungnahmen vorgebrachten Gesichtspunkte durchgeführt.

---

certain intracameral dynamics for compromise, while the requirement of a thoroughly motivated judgment restrains it".

85 Vgl. Craig, in: Private Investments Abroad 1993, § 14-48; Redfern/Hunter, Arbitration, S. 371; Reiner, Handbuch, S. 255 bezeichnet dies als eine Art Kuhhandel.

86 Craig/Park/Paulsson, Arbitration, S. 329 f.; Berger, Arbitration, S. 600.

87 Nach Art. 15.3 S. 2 DSU hat die Zwischenprüfung innerhalb des von Art. 12.8 DSU gesetzten Zeitrahmens zu erfolgen; das Panel muß dies bei seiner Fristsetzung berücksichtigen. Art. 12 (f) WTO-WP sieht eine Frist von 2 Wochen vor.

88 Vgl. zu der insoweit entsprechenden Zwischenprüfung im GATT Plank, in: J. Int. Arb.1987, Nr. 4, S. 53 (83); siehe auch Petersmann, Improvements, S. 109 (114).

89 Stewart/Callahan, Uruguay Round, S. 98; Stiles, in: J. Int. L. & P. 1995, Nr. 1, S. 3 (27); das Zwischenprüfungsverfahren geht auf einen Vorschlag Kanadas zurück.

90 Als Frist für Anträge der Parteien, einen Teil oder Teile des Berichts prüfen zu lassen, sieht Art. 12 (h) WTO-WP eine Woche vor.

Das Zwischenprüfungsverfahren ist gemäß Art. 15.2 DSU auf die Prüfung konkreter Aspekte des Berichts beschränkt („...to review precise aspects of the interim report...").[91] Das *Alcoholic Beverages Panel* und das *Textile Products Panel* haben in diesem Zusammenhang klargestellt, daß das Zwischenprüfungsverfahren nicht dazu dient, neue rechtliche Argumente oder Beweismittel in das Verfahren einzuführen oder in eine allgemeine Diskussion mit dem Panel über den Bericht einzutreten.[92]

Der Zwischenbericht wird als Abschlußbericht des Panels umgehend an die übrigen WTO-Mitglieder verteilt, wenn die Parteien innerhalb der vorgesehenen Frist keine schriftliche Stellungnahme vorgelegt haben.[93] Andernfalls geht das Panel bei der Erstellung des endgültigen Panelberichts auf das Vorbringen der Parteien ein und modifiziert gegebenenfalls seinen Bericht unter Berücksichtigung der vorgebrachten Argumente.

Die Durchführung eines Zwischenprüfungsverfahrens kann sich insofern vorteilhaft auswirken, als das Panel die Möglichkeit erhält, durch Änderungen, Ergänzungen oder Klarstellungen die Qualität des Berichts zu verbessern und dessen Akzeptanz bei den Parteien zu fördern.[94] Daneben eröffnet die Zwischenprüfung den Parteien die Möglichkeit, in Kenntnis des Standpunktes des Panels zu einer vergleichsweisen Beilegung der Streitigkeit zu gelangen.[95] Andererseits kann auch nicht ausgeschlossen werden, daß der gegenteilige Effekt eintritt und die Mitglieder des Panels eindeutige Ergebnisse aufgrund

---

91 Gleichwohl versucht die unterliegende Partei in der Regel, im Rahmen des Zwischenprüfungsverfahrens noch einmal rechtliche Fragen aufzuwerfen, Davey, in: 91th ASIL Proceedings, S. 279 (281).

92 Das Japan - Taxes on Alcoholic Beverages, complaints by the European Communities (WT/DS8/R), Canada (WT/DS10/R) and the United States (WT/DS11/R), unter V., Nr. 2 hat hierzu ausgeführt: „In approaching the interim review stage, the Panel drew guidance from Article 15.2 DSU which states that 'a party may submit a written request for the panel to review precise aspects of the interim report prior to circulation of the final report to the Members'. Whilst the Panel was willing to approach the interim review stage with the broadest possible interpretation of Article 15.2 DSU, it was of the view that the purpose of the review meeting is not to provide the parties with an opportunity to introduce new legal issues and evidence, or to enter into a debate with the Panel. In the view of the Panel, the purpose of the interim review stage is to consider specific and particular aspects of the interim report. Consequently, the Panel addressed the entire range of such arguments presented by the parties which it considered to be sufficiently specific and detailed"; hierzu auch Nogueira, in: JWT 1996, Nr. 6, S. 5 (9 f.); vgl. auch die nahezu wortgleiche Formulierung des United States - Restrictions on Imports of Cotton and Man-Made Fibre Underwear, complaint by Costa Rica (WT/DS24/R) unter VI., Nr. 6.2.

93 Art. 15.2 S. 4 DSU.

94 Lowenfeld, in: AJIL 1994, S. 477 (482); Nogueira, in: JWT 1996, Nr. 6, S. 5 (10); Petersmann, GATT/WTO Dispute Settlement, S. 185 zu dem Hintergrund der Entstehung des Art. 15 DSU: „...the drafters hoped that the 'interim review' would ensure the consideration of all relevant arguments in the final report, enhance the legal quality of the panel reasoning and, similar to the 'appellate review' reduce the risk of unpredictable panel findings and their quasi-automatic adoption". Kritisch hinsichtlich des Zwecks des Zwischenprüfungsverfahrens Gabler, Streitbeilegungssystem der WTO, S. 52 f.

95 Canal-Forgues, in: RGDIP 1994, S. 689 (701).

des Widerstands einer Partei zurückhaltender formulieren und der Bericht an Klarheit einbüßt.[96]

3. *Unterschrift*

Ein WTO-Panelbericht wird von den Panelmitgliedern nicht unterschrieben[97], Urteile des Seegerichtshofs nicht von allen Mitgliedern, sondern nach Art. 125 (3) ISGH-VerfO lediglich vom Präsidenten sowie dem Kanzler. Und während Art. 48 (2) ICSID-Übk bestimmt, daß der Schiedsspruch lediglich von den Mitgliedern des Schiedgerichts zu unterzeichnen ist, die für ihn gestimmt haben, ist ein WIPO-Schiedsspruch gemäß Art. 62 (d) WIPO SchO grundsätzlich von allen Schiedsrichtern zu unterzeichnen.

Durch die Unterschrift bringt der Schiedsrichter nicht zum Ausdruck, daß er mit dem Inhalt des Schiedsspruchs einverstanden ist; es wird lediglich die Übereinstimmung der schriftlich niedergelegten Fassung mit dem Beratungsergebnis bezeugt.[98] Gleichwohl verweigern in der Praxis insbesondere überstimmte (Partei-)Schiedsrichter immer wieder ihre Unterschrift. Vor diesem Hintergrund bestimmt Art. 62 (d) S. 2 WIPO SchO, daß im Falle der Weigerung eines Schiedsrichters die Unterschrift der Mehrheit der Schiedsrichter bzw. bei einer Alleinentscheidung des vorsitzenden Schiedsrichters dessen Unterschrift genügt, wobei im Schiedsspruch der Grund für das Fehlen der Unterschrift(en) anzugeben ist.[99]

4. *Mitteilung an die Parteien*

Urteile des Seegerichtshofs werden in öffentlicher Sitzung verlesen.[100] Die Parteien erhalten eine Ausfertigung des Urteils.[101] Im WTO-Panelverfahren kennen die Streitparteien aufgrund des ihnen nach Art. 15.2 DSU vorgelegten Zwischenberichts regelmäßig bereits die wesentlichen Feststellungen und Schlußfolgerungen bzw. Empfehlungen des Panels. Nachdem das Panel den Zwischenbericht noch einmal unter Berücksichtigung der Anmerkungen und Anregungen der Parteien überarbeitet hat, wird er an alle Mitglieder der

---

96 Lowenfeld, in: AJIL 1994, S. 477 (482).

97 Vgl. Pescatore, in: J. Int. Arb. 1993, Nr. 1, S. 27 (33).

98 Schlosser, Schiedsgerichtsbarkeit, Rn. 689; vgl. auch Berger, Wirtschaftsschiedsgerichtsbarkeit, S. 417 f., der ausführt, die Unterschrift mache deutlich, daß die Schiedsrichter ihre Entscheidung nicht lediglich als Entwurf, sondern als Schiedsspruch betrachten.

99 Verweigert der vorsitzende Schiedsrichter seine Unterschrift, so genügen die Unterschriften der beiden parteiernannten Schiedsrichter. Dies ist nunmehr auch für das deutsche Recht durch § 1054 (1) S. 2 ZPO klargestellt; zum diesbezüglichen Streit im Hinblick auf § 1039 a.F. ZPO, G. Lörcher, in: BB 1988, S. 78 (78 f.).

100 Art. 30 (4) ISGH-Statut, Art. 124 (2) ISGH-VerfO.

101 Art. 125 (3) ISGH-VerfO; ferner verbleibt eine Ausfertigung im Archiv des Seegerichtshofs. Daneben erhalten eine Kopie die Vertragsstaaten des Seerechtsübereinkommens, der Generalsekretär der Vereinten Nationen, der Generalsekretär der Internationalen Meeresbodenbehörde und, wenn ein Verfahren auf der Grundlage einer Übereinkunft im Sinne von Art. 20 (2), Art. 21 oder Art. 22 ISGH-Statut durchgeführt worden ist, die Parteien dieser Übereinkunft.

WTO, einschließlich der Streitparteien, verteilt[102], damit diese den Panelbericht dahingehend prüfen können, ob sie Einwände gegen ihn haben.

Dagegen werden ICSID- oder WIPO-Schiedssprüche ausschließlich an die Streitparteien übermittelt[103]; weitere Ausfertigungen des Schiedsspruchs erhalten daneben lediglich das ICSID[104] und das WIPO Arbitration Center sowie der oder die Schiedsrichter.[105] In der Praxis erfolgt die Zustellung per eingeschriebenem Brief oder per Kurierdienst.[106] Für das WIPO-Schiedsverfahren folgt dies aus Art. 62 (f) WIPO SchO, der eine förmliche Übermittlung verlangt.

III. Form und Inhalt

1. Schriftlichkeit

Für alle Verfahren gilt, daß das Urteil, der Bericht oder der Schiedsspruch schriftlich zu erlassen ist.[107]

2. Inhalt

Während der Inhalt der Entscheidung für Verfahren vor dem Seegerichtshof und vor einem ICSID-Schiedsgericht in Art. 125 ISGH-VerfO sowie Rule 47 ICSID AR eingehend geregelt ist, bestimmt Art. 62 WIPO SchO lediglich die inhaltlichen Mindestanforderungen. Danach ist im Schiedsspruch der Tag, an dem er erlassen wurde, sowie der Verfahrensort anzugeben.[108] Ferner ist er grundsätzlich zu begründen und zu unterschreiben. Ähnlich knapp wird der Inhalt eines Panelberichts in Art. 12.7 DSU festgelegt, demzufolge das Panel die Sachverhaltsfeststellungen, die Anwendbarkeit der einschlägigen Bestimmungen und die wesentliche Begründung der Feststellungen und Empfehlungen darzulegen hat. Auch ein WTO-Panelbericht bzw. ein WIPO-Schiedsspruch[109] enthält aber ferner die folgenden Elemente: die Namen der Parteien[110] und der Mitglieder des Panels

102 Art. 16.1 DSU.

103 Rule 48 (b) ICSID AR; Art. 62 (f) WIPO SchO.

104 Rule 48 (a) ICSID AR.

105 So ausdrücklich Art. 62 (f) S. 2 WIPO SchO. Zur Vertraulichkeit des Schiedsspruchs siehe oben S. 288.

106 Berger, Arbitration, S. 604 f.

107 So ausdrücklich Art. 62 (b) WIPO SchO und Art. 48 (2) ICSID AR.

108 Art. 62 (b) WIPO SchO.

109 Allgemein für Schiedssprüche Craig/Park/Paulsson, Arbitration, S. 326 f.; Berger, Arbitration, S. 607 f.

110 Nach Art. 125 ISGH-VerfO und Rule 47 ICSID AR sind ferner die Namen der Prozeßbevollmächtigten, Beistände und Anwälte der Parteien zu nennen.

bzw. Schiedsgerichts[111], eine Schilderung des zugrundeliegenden Sachverhalts[112], die Anträge der Parteien und naturgemäß die Entscheidung des Spruchkörpers zur Sache[113].

a. *Begründung*

Für alle Verfahrensordnungen gilt, daß die Begründung der Entscheidung eine wesentliche Aufgabe des jeweiligen Spruchkörpers ist.[114] Dementsprechend verpflichtet etwa Art. 48 (3) ICSID-Übk ein ICSID-Schiedsgericht, alle ihm vorgelegten Fragen zu behandeln und zu begründen. Ein ICSID-Schiedsspruch kann wegen fehlender Begründung aufgehoben werden.[115] Zweck des Begründungserfordernisses ist sicherzustellen, daß die Parteien wissen und verstehen, aus welchen Gründen sie – ganz oder teilweise – gewonnen oder verloren haben. Außerdem sollen sie nachvollziehen können, ob alle von ihnen vorgetragenen relevanten Gesichtspunkte berücksichtigt worden sind, ihnen also umfassend rechtliches Gehör gewährt worden ist. Deshalb sollte die Begründung zu allen von den Parteien vorgebrachten tatsächlichen und rechtlichen Angriffs- und Verteidigungsmitteln Stellung nehmen und deutlich machen, daß ihr Anliegen sorgfältig und erschöpfend geprüft worden ist.[116] Sie kann dabei allerdings knapp und auf das Wichtigste beschränkt

---

111 Rule 47 ICSID AR verlangt ferner die Feststellung, daß das Schiedsgericht auf der Grundlage des ICSID-Übk konstituiert worden ist, eine Beschreibung des Konstituierungsverfahrens und die Nennung der ernennenden Stelle der einzelnen Schiedsrichter.

112 Während Art. 125 ISGH-VerfO und Rule 47 ICSID AR ferner eine Schilderung des Verfahrensgangs verlangen, werden in einem WTO-Panelbericht in einem einleitenden Teil der Hintergrund des Panelverfahrens sowie die Terms of Reference und die Konstituierung des Panels geschildert, Plank, in: J. Int. Arb.1987, Nr. 4, S. 53 (82) im Hinblick auf das GATT.

113 In einem WTO-Panelverfahren sind dies die „conclusions", in denen das Panel seine Empfehlungen an den DSB ausspricht. In Verfahren vor dem Internationalen Seegerichtshof sind nach Art. 125 ISGH-VerfO ferner die Zahl und die Namen der Richter und Ad-hoc-Richter, die bei der Entscheidung die Mehrheit und die Namen derer, die die Minderheit gebildet haben, anzugeben.

114 Im anglo-amerikanischen Rechtskreis besteht eine gewisse Tradition, Schiedssprüche nicht zu begründen. Nach englischem Recht konnte ein Schiedsspruch bis 1979 aufgehoben werden, wenn er mit einem offensichtlichen rechtlichen oder tatsächlichen Fehler behaftet war – ohne Begründung war er mangels Offensichtlichkeit eines Fehlers dagegen nicht anfechtbar, vgl. Mustill/Boyd, Law and Practice, S. 373 ff.; Redfern/Hunter, Arbitration, S. 389 f.; Reiner, Handbuch, S. 256, Borris, Handelsschiedsgerichtsbarkeit, Rn. 251; ders., in: Arbitration 1994, S. 78 (82). Praktisch alle westlichen Schiedsordnungen verlangen aber grundsätzlich eine Begründung des Schiedsspruchs, Blessing, in: J. Int. Arb. 1989, Nr. 3, S. 7 (26 u. Nachweise ab S. 66 ff.), auch wenn es sich um Verfahrensordnungen aus dem anglo-amerikanischen Rechtskreis handelt, Herrmann, Arbitral Decision, S. 83 (87).

115 Art. 52 (1) (e) ICSID-Übk; siehe hierzu unten S. 478 ff.

116 An die Begründung privater Schiedssprüche werden dabei allerdings zumindest in Deutschland weniger strenge Anforderungen gestellt als an die Entscheidungen staatlicher Gerichte. Zu den Mindestanforderungen hat der Bundesgerichtshof (BGHZ 96, S. 40 (47)) ausgeführt, daß die Begründung nicht offenbar widersinnig sein oder im Widerspruch zur Entscheidung stehen dürfe; sie dürfe sich nicht auf inhaltsleere Wendungen beschränken und müsse zu den wesentlichen Verteidigungsmitteln Stellung nehmen. Vgl. auch Bühler/Waitz von Eschen, in: IPRax

sein und braucht ausführliche Auseinandersetzungen mit unbedeutenden Einzelheiten des Parteivortrags nicht zu enthalten.[117] Entscheidend ist, daß die Begründung so überzeugend ist, daß auch die unterlegene Partei die Entscheidung akzeptiert, da dies eine wesentliche Voraussetzung dafür ist, daß sie diese freiwillig erfüllt.[118]

Nach Art. 62 (c) WIPO SchO kann auf eine Begründung des Schiedsspruchs verzichtet werden, wenn die Parteien dies vereinbart haben und sie nach dem anzuwendenden Recht nicht vorgeschrieben ist. Während beispielsweise Art. 31 (2) UNCITRAL MG, Art. 189 (1) IPRG[119] und § 1054 (2) ZPO eine entsprechende Vereinbarung zulassen, gehört die Begründung etwa nach niederländischem Recht zum aufhebungsbewehrten, zwingenden Bestandteil des Schiedsspruchs.[120]

b. *Kostenentscheidung*

Für WTO-Panelverfahren ist eine Kostenentscheidung nicht vorgesehen.[121] Vielmehr werden die Kosten für die Panelmitglieder, einschließlich Reisekosten und Tagegelder, nach Art. 8.11 DSU vom Haushalt der WTO getragen; gleiches gilt für sonstige Dienstleistungen der WTO im Hinblick auf das Verfahren. Die eigenen Kosten trägt jede Partei selbst.[122]

Auch in Verfahren vor den Spruchkörpern des Seegerichtshofs muß eine Kostenentscheidung nicht zwingend ergehen.[123] Hingegen ist sie notwendiger Bestandteil eines ICSID-[124] und eines WIPO-Schiedsspruchs.[125] Hier ist eine Kostenentscheidung durch

---

1990, S. 62 (63 f.) zur deutschen und französischen Rechtsprechung; Schlosser, Schiedsgerichtsbarkeit, Rn. 853.

117 Pirrung, Weltbankübereinkommen, S. 146 im Hinblick auf Art. 48 (3) ICSID-Übk.

118 Vgl. im Hinblick auf die Schiedsgerichtsbarkeit Reiner, Handbuch, S. 257; Glossner/Bredow/Bühler, Praxis, Rn. 435; Knoepfler/Schweizer, in: (Sarcevic) Essays on International Commercial Arbitration, S. 160 (166).

119 Vgl. Lalive/Poudret/Reymond, Droit de l'Arbitrage, Art. 189, Anm. 13.

120 Art. 1057 (4) (e) i.V.m. 1065 (1) (d) 2. Alt NZPO, van den Berg, in: YCA 1987, S. 3 (23), wobei nach Art. 1057 (4) (e) NZPO die Begründungspflicht nicht für Vergleichsschiedssprüche und Qualitätsarbitragen gilt. Da diese die praktisch häufigsten Fälle des unbegründeten Schiedsspruchs sind, sind die praktischen Auswirkungen dieses Unterschiedes gering, Berger, Wirtschaftsschiedsgerichtsbarkeit, S. 424.

121 Siehe im Hinblick auf das GATT Benedek, Rechtsordnung, S. 358; Plank, in: J. Int. Arb.1987, Nr. 4, S. 53 (70).

122 Benedek, aaO.

123 So zählt Art. 125 (1) (k) ISGH-VerfO zu den Bestandteilen eines Urteils die Entscheidung über die Kosten, „sofern eine solche ergeht" („the decision, if any, in regard to costs"); siehe hierzu im folgenden zu Art. 19 ISGH-Statut (Verfahrenskosten) und Art. 34 ISGH-Statut (Parteikosten).

124 Zur Frage der „cost-effectiveness" von ICSID-Schiedsverfahren Paulsson, in: ICSID Rev. - FILJ 1991, S. 380 (395 ff.); ein Kostenvergleich verschiedener Konstellationen findet sich bei Lachmann, Handbuch, S. 404 ff.

125 Art. 61 (2) S. 2 ICSID-Übk: „Bestandteil des Schiedsspruchs"; nach Art. 71 (a) WIPO SchO hat das Schiedsgericht in seinem Schiedsspruch die Kosten festzusetzen. Vgl. auch § 1057 (1) ZPO, demzufolge das Schiedsgericht, sofern die Parteien nichts anderes vereinbart haben, in

das Schiedsgericht unabdingbar, da neben dem Schiedsverfahren kein eigenes Kostenfestsetzungsverfahren existiert und die Parteien ohne Kostenentscheidung keine Möglichkeit haben, einen diesbezüglichen Vollstreckungstitel zu erhalten.[126] Deshalb handelt es sich bei einem Schiedsspruch ohne Kostenentscheidung lediglich um einen zwar vollstreckbaren, indes ergänzungsbedürftigen Teilschiedsspruch.[127] Hinsichtlich der Frage, wer die Kosten zu tragen hat, ist zwischen Verfahrens- und Parteikosten zu differenzieren.[128]

(1) Verfahrenskosten

Als ständiger Spruchkörper bedarf der Internationale Seegerichtshof im Gegensatz zu Spruchkörpern, die für die Entscheidung eines Einzelfalls konstituiert werden, einer laufenden Finanzierung. Gemäß Art. 19 (1) ISGH-Statut wird diese durch die Vertragsstaaten des Seerechtsübereinkommens und die Meeresbodenbehörde[129] getragen. Ist ein Vertragsstaat oder die Behörde Partei in einem Verfahren, so entstehen ihr über den allgemeinen Finanzierungsbeitrag hinaus keine weiteren Verfahrenskosten. Demgegenüber sind andere Rechtsträger, die Partei einer beim Seegerichtshof anhängigen Sache sind, verpflichtet, einen Beitrag zu den Kosten dieses Verfahrens[130] zu leisten, wobei die Höhe des Beitrags durch den Gerichtshof festgelegt wird, Art. 19 (2) ISGH-Statut.

Anders als der Seegerichtshof als ständiger Spruchkörper wird ein Schiedsgericht für die Entscheidung der bestimmten Streitigkeit zwischen den Parteien eingerichtet, mit der Folge, daß die Parteien verpflichtet sind, selbst die Verfahrenskosten zu tragen.[131] Zu den Verfahrenskosten gehört insbesondere das Schiedsrichterhonorar. Dieses kann entweder nach der tatsächlich aufgewendeten Zeit oder nach dem zugrundeliegenden Streitwert be-

---

einem Schiedsspruch über die Kosten zu entscheiden hat; zu § 1057 ZPO G.Lörcher/H.Lörcher, Schiedsverfahren, Rn. 279 ff.

126 Glossner/Bredow/Bühler, Praxis, Rn. 479 f.; Schütze/Tscherning/Wais, Handbuch, Rn. 529; Schwab/Walter, Schiedsgerichtsbarkeit, S. 309; Bühler, in: ZVglRWiss 87 (1988), S. 431 (452 f.).

127 BGH WM 1977, S. 319 (320); Raeschke-Kessler/Berger/Lehne, Recht und Praxis, Rn. 468; Schwab/Walter, Schiedsgerichtsbarkeit, S. 309.

128 Bühler, in: ZVglRWiss 87 (1988), S. 431 (432); siehe allgemein zu den Kosten eines Schiedsverfahrens O'Reilly, Costs, S. 1 ff.

129 Da alle Vertragsstaaten des Seerechtsübereinkommens Mitglieder der Behörde sind, finanzieren sie auf diesem Weg auch indirekt den Seegerichtshof, zumindest solange die Behörde sich nicht durch Gebühren für den Meeresbergbau selbst finanzieren kann, Nordquist/Rosenne/Sohn (Hrsg.), UNCLOS, Nr. A.VI.108 (S. 372).

130 Zwar spricht Art. 19 (2) ISGH-Statut von den Kosten des Gerichtshofs, dies ist jedoch dahingehend zu verstehen, daß es sich um einen Beitrag zu den Kosten des konkreten Verfahrens handelt, Nordquist/Rosenne/Sohn (Hrsg.), UNCLOS, Nr. A.VI.108 (S. 372).

131 Dementsprechend sieht Art. 7 Anlage VII SRÜ für das allgemeine seerechtliche Schiedsverfahren vor, daß die Verfahrenskosten von den Parteien getragen werden. Dabei werden die Kosten grundsätzlich von beiden Parteien zu gleichen Teilen getragen, sofern das Schiedsgericht nicht wegen der besonderen Umstände des Einzelfalls etwas anderes beschließt. Diese Bestimmung findet aufgrund des Verweises in Art. 4 Anlage VIII SRÜ auch auf das besondere seerechtliche Schiedsverfahren Anwendung.

rechnet werden.[132] So erhalten etwa ICSID-Schiedsrichter ein Zeithonorar in Höhe von 600,00 Special Drawing Rights (SDR)[133], das heißt, ca. 800 US-Dollar[134] für jeden Sitzungstag und jeden anderen (8 Stunden-)Arbeitstag, den sie für das Verfahren aufwenden.[135] Im Gegensatz hierzu richtet sich das Honorar eines WIPO-Schiedsrichters nach dem Streitwert. Es wird gemäß Art. 69 (a) WIPO SchO nach Beratung mit den Schiedsrichtern und den Parteien von dem WIPO Arbitration Center innerhalb der in der Gebührentabelle der WIPO[136] vorgesehenen Grenzen festgelegt.[137]

Des weiteren zählen zu den Verfahrenskosten die den Schiedsrichtern entstandenen sachgemäßen Reise-, Kommunikations- und sonstigen Kosten, die Kosten für Sachverständigengutachten und für andere Unterstützung, die das Schiedsgericht in Anspruch genommen hat. Ferner die für die Durchführung des Schiedsverfahrens notwendigen Ausgaben, beispielsweise Kosten für Sitzungen und mündliche Verhandlungen.[138]

In Bezug auf die Entscheidung über die Verfahrenskosten bestimmt Art. 71 (c) WIPO SchO, daß das Schiedsgericht diese (sowie die Vorschüsse und die Verwaltungsgebühr der Schiedsstelle) mangels abweichender Parteivereinbarung unter Berücksichtigung aller Umstände und des Ergebnisses des Schiedsgerichtsverfahrens zwischen den Parteien aufzuteilen hat. Aus der ausdrücklichen Bezugnahme auf das Ergebnis des Schiedsverfahrens folgt dabei, daß in der Regel die unterlegene Partei die Verfahrenskosten trägt[139] - bei einem teilweisen Obsiegen einer Partei wird häufig eine verhältnismäßige Aufteilung der Verfahrenskosten stattfinden. Von dieser Grundregel kann das Schiedsgericht aber abweichen, wenn besondere Umstände es nahelegen, auch die obsiegende Partei mit einem Teil

---

132 Zu den Vor- und Nachteilen beider Methoden der Honorarberechnung Craig/Park/Paulsson, Arbitration, S. 353 ff.; Redfern/Hunter, Arbitration, S. 250 ff.; Gurry, Fees and Costs, S. 91 (96 f.); Melis, Commentary, S. 103 (104 f.); Bond, Commentary, S. 107 (107).

133 Reg. 14 (1) (a) und (b) ICSID AdFR i.V.m. Nr. 2 ICSID Schedule of Fees vom 1. Juli 1991.

134 Am 18. Mai 1998 betrug der Wert von einem SDR US$ 1.3379. Der SDR-Kurs wird regelmäßig in der Financial Times unter Währungen notiert.

135 Diese Honorarhöhe ist teilweise als zu niedrig kritisiert worden; vgl. hierzu Paulsson, in: Private Investments Abroad 1993, § 15-16.

136 Die Regelung der WIPO SchO ähnelt insoweit der ICC SchO, vgl. die Gegenüberstellung bei Kuner, in: RIW 1995, S. 965 (969).

137 Maßgeblich für die Honorarhöhe sind nach Art. 69 (b) WIPO SchO die geschätzte von den Schiedsrichtern für die Durchführung des Schiedsgerichtsverfahrens benötigte Zeit, der Schwierigkeitsgrad der Streitsache, die Dringlichkeit des Falls sowie alle anderen relevanten Umstände des Streitfalls; vgl. auch Gurry, Fees and Costs, S. 91 (96 f.). Nach Art. 69 (b) WIPO SchO können die Parteien mit den Schiedsrichtern aber auch eine abweichende Vereinbarung treffen; kritisch zu dieser Möglichkeit Bond, Commentary, S. 107 (107).

138 Vgl. insoweit die nicht abschließende Aufzählung (Gurry, Fees and Costs, S. 91 (100) „non-exhaustive list") in Art. 71 WIPO SchO; siehe auch allgemein O'Reilly, Costs, S. 19 ff. Zur Abrechnung der Kosten eines ICSID-Schiedsrichters im Zusammenhang mit der Durchführung einer mündlichen Verhandlung oder Beratung, Redfern/Hunter, Arbitration, S. 253 f.

139 Nach Bühler, in: ZVglRWiss 87 (1988), S. 431 (447) verteilen ICC-Schiedsgerichte die Verfahrenskosten in der Regel gemäß dem Verhältnis des Obsiegens und Unterliegens der Parteien; vgl. auch O'Reilly, Costs, S. 29 ff.; Berger, Wirtschaftsschiedsgerichtsbarkeit, S. 430 m.w.N.; siehe auch Art. 61 (2) NAI SchO; Art. 56 (1) Zü SchO.

der Kosten zu belasten. Dies kommt etwa in Betracht, wenn diese das Verfahren bewußt verzögert oder die Kosten absichtlich in die Höhe getrieben hat.[140]

Anders als die WIPO-Schiedsordnung enthalten weder das ICSID-Übk noch die ICSID AR Richtlinien für die Aufteilung der Verfahrenskosten; Art. 61 (2) ICSID-Übk stellt diese Entscheidung vielmehr in das Ermessen des Schiedsgerichts. In der Praxis zeigen die ICSID-Schiedssprüche insoweit keine einheitliche Linie.[141] Während etwa in *Amco v. Indonesia*[142] die Kosten zu gleichen Teilen zwischen den Parteien aufgeteilt wurden, verurteilte das Schiedsgericht in *LETCO v. Liberia*[143] die staatliche Partei zur Zahlung der gesamten Verfahrenskosten und der Parteikosten von *LETCO.* In *AAPL v. Sri Lanka*[144] wiederum, wo der klagenden Partei lediglich 6% des geltend gemachten Anspruchs zugesprochen wurden, wurde diese zur Zahlung von 40% der Verfahrenskosten verurteilt.

(2) Parteikosten

Von den Verfahrenskosten sind die Kosten zu unterscheiden, die die einzelne Partei für ihre Rechtsverfolgung oder Rechtsverteidigung im Verfahren aufbringen muß[145], etwa die Anwaltskosten oder die Kosten im Rahmen der Beweiserhebung.[146] Für die Aufteilung dieser Kosten, die gerade in internationalen Verfahren von erheblichem Umfang sein können[147], gilt bei ICSID- und bei WIPO-Schiedsverfahren, daß die Entscheidung hierüber wie bei den Verfahrenskosten im Ermessen des Schiedsgerichts steht, wenn die Par-

---

140 Gurry, Fees and Costs, S. 91 (101); siehe auch Wetter/Priem, in: Am. Rev. Int. Arb. 1991, Nr. 3, S. 249 ff; Schwartz, in: ICC Bull. 1993, S. 8 (21 ff.).

141 Bülow/Böckstiegel/Geimer/Schütze - Böckstiegel, Band II, 720·84, Fn. 58 führt dies darauf zurück, daß auch in den innerstaatlichen Rechtsordnungen gerichtliche und schiedsgerichtliche Kostenentscheidungen sehr verschiedenen Grundsätzen unterliegen und die ICSID-Schiedsrichter hiervon beeinflußt sind. Vgl. auch Broches, in: YCA 1993, S. 627 (710, Rn. 239): „The published arbitral awards and decisions of Ad-hoc-Committees show a wide and interesting variety in the allocation of costs".

142 Amco Asia Corporation, Pan American Development Limited and P.T. Amco Indonesia v. Republic of Indonesia (Case No. ARB/81/1), Award of November 20, 1984, ICSID Reports I, S. 413 (508)

143 Liberian Eastern Timber Corporation v. Government of the Republic of Liberia (Case No. ARB/83/2), Award of March 31, 1986 and Rectification of June 17, 1986, ICSID Reports II, S. 346 (378). Das Schiedsgericht stützte seine Entscheidung auf „Liberia's procedural bad faith" und führte aus: „Not only did Liberia fail to partake in these arbitral proceedings, contrary to its contractual agreement, but it has also undertaken judicial proceedings in order to nullify the results of this arbitration".

144 Asian Agricultural Products Limited v. Democratic Socialist Republic of Sri Lanka (Case No. ARB/87/3), Award of June 27, 1990, ILM 1991, S. 580 (626).

145 Redfern/Hunter, Arbitration, S. 407; Bühler, in: ZVglRWiss 87 (1988), S. 431 (438).

146 Vgl. etwa Art. 72 WIPO SchO und Rule 34 (4) ICSID AR; daneben kommen ferner beispielsweise Dolmetsch- und Übersetzerkosten oder Reisekosten der Parteien in Betracht.

147 Den größten Betrag stellen dabei regelmäßig die Anwaltskosten dar, Shihata, in: Private Investments Abroad 1993, § 16-18; Paulsson, in: Private Investments Abroad 1993, § 15-15; ders., in: ICSID Rev. - FILJ 1991, S. 380 (397).

teien nichts anderes vereinbart haben.[148] Ein WIPO-Schiedsgericht hat auch hier bei der Ausübung seines Ermessens neben den Umständen des Falls insbesondere das Ergebnis des Verfahrens zu berücksichtigen.[149]

Will das Schiedsgericht eine Partei zur (teilweisen) Erstattung der Kosten der anderen Partei verpflichten, so hat es zunächst zu prüfen, ob deren Kosten angemessen waren.[150] Dementsprechend ordnet Rule 28 (2) ICSID AR an, daß jede Partei dem Schiedsgericht unmittelbar nach Beendigung des Verfahrens mitzuteilen hat, welche Kosten ihr entstanden sind. Soweit das Schiedsgericht dies für notwendig erachtet, kann es die Parteien vor Erlaß des Schiedsspruchs auffordern, weitere Informationen zur Verfügung zu stellen. Auch wenn für Verfahrens- und Parteikosten die gleichen Grundsätze gelten, sind für beide Kostenarten unterschiedliche Entscheidungen möglich. So zeigen Schiedsgerichte in der Praxis immer wieder eine gewisse Zurückhaltung, die unterlegene Partei neben der Zahlung der Verfahrenskosten auch noch zur Übernahme der Verteidigungskosten zu verpflichten.[151]

Für Verfahren vor dem Internationalen Seegerichtshof bestimmt Art. 34 ISGH-Statut, daß grundsätzlich jede Partei ihre eigenen Kosten trägt. Dies entspricht der gängigen Praxis der völkerrechtlichen Streiterledigung[152] und ist Ausdruck des Prinzips der staatlichen Gleichheit.[153] Art. 34 ISGH-Statut eröffnet aber auch die Möglichkeit, eine abweichende Kostenentscheidung zu treffen. Es erscheint nicht ausgeschlossen, daß die Spruchkörper des Seegerichtshofs von der völkerrechtlichen Praxis abweichen und von dieser Möglichkeit Gebrauch machen werden. Dies gilt namentlich für die Kammer für Meeresbodenstreitigkeiten, die unter anderem mit der Entscheidung vertraglicher Streitigkeiten aus dem Bereich des Tiefseebergbaus befaßt ist. Insbesondere dort ist es denkbar, daß eine

148 Art. 61 (2) ICSID-Übk.

149 Art. 72 WIPO SchO.

150 Rule 28 (2) ICSID AR: „...costs reasonably incurred or borne...“; Art. 72 WIPO SchO; vgl. auch Berger, Wirtschaftsschiedsgerichtsbarkeit, S. 431; Craig/Park/Paulsson, Arbitration, S. 338 f.; Reiner, Handbuch, S. 282 f.; Bühler, in: ZVglRWiss 87 (1988), S. 431 (439); Gurry, Fees and Costs, S. 91 (102).

151 Redfern/Hunter, Arbitration, S. 407 f.; Reiner, Handbuch, S. 283; Craig, in: Private Investments Abroad 1993, § 14-47; etwas anderes gilt, wenn die unterlegene Partei die Kosten der anderen Partei bewußt in die Höhe getrieben hat, etwa durch eine Verzögerung des Verfahrens, Craig/Park/Paulsson, Arbitration, S. 338; vgl. auch den Schiedsspruch in Liberian Eastern Timber Corporation v. Government of the Republic of Liberia (Case No. ARB/83/2), Award of March 31, 1986 and Rectification of June 17, 1986, ICSID Reports II, S. 346 (378) (siehe schon oben Fn. 143).

152 Redfern/Hunter, Arbitration, S. 407.

153 Dementsprechend ist es noch in keinem Verfahren vor dem Internationalen Gerichtshof zu einer von diesem Grundsatz abweichenden Kostenentscheidung gekommen, obwohl diese Möglichkeit besteht, Rosenne, World Court, S. 151; eine Diskussion über die Kostenfrage in internationalen Streiterledigungsverfahren findet sich in der Entscheidung des IGH im Verfahren Application for Review of Judgment No. 158 of the United Nations Administrative Tribunal, Advisory Opinion of 12 July 1973, ICJ Reports 1973, S. 166 (199 ff. u. 211 f.).

Partei, die vertragliche Verpflichtungen verletzt hat, von der Kammer zur (anteiligen) Zahlung der Verteidigungskosten der anderen Partei verpflichtet wird.[154]

c. *Zinsen*

Insbesondere in internationalen Schiedsverfahren, in denen es häufig um hohe Streitwerte geht[155] und die sich häufig über mehrere Jahre hinziehen, ist die Frage nach Zinsansprüchen von erheblicher wirtschaftlicher Bedeutung.[156] Das gleiche wird auch für Verfahren vor den Spruchkörpern des Seegerichtshofs, insbesondere der Kammer für Meeresbodenstreitigkeiten, gelten, soweit es dort um Geldansprüche geht.

Im Gegensatz zu den meisten Verfahrensordnungen regelt die WIPO-Schiedsordnung die Zuerkennung von Zinsen durch das Schiedsgericht.[157] Nach Art. 60 (b) WIPO SchO kann das Schiedsgericht entscheiden, daß eine Partei Zinsen und Zinseszinsen auf den Betrag zahlen muß, der zu ihren Lasten zuerkannt wurde. Dabei ist das Schiedsgericht nicht an die gesetzlichen Zinssätze gebunden, sondern kann diese in der von ihm für angemessen gehaltenen Höhe festlegen. Ferner steht es ihm frei, die Dauer festzulegen, während der die Zinsen zu zahlen sind. Die Bestimmung räumt dem Schiedsgericht sehr weitgehende Befugnisse ein.[158] Dies gilt vor allem hinsichtlich der Möglichkeit, mangels abweichender Parteivereinbarung von dem im anwendbaren Recht festgelegten gesetzlichen Zinssatz abzuweichen[159], soweit dies nicht gegen zwingende Vorschriften des Rechts am Ort des Schiedsverfahrens verstößt.[160]

Dagegen enthalten weder das ICSID-Übk noch die ICSID AR eine Regelung über die Zuerkennung von Zinsen, so daß sich die Frage, ob und in welcher Höhe Zinsen zugesprochen werden, mangels Parteivereinbarung nach dem gemäß Art. 42 (1) ICSID-Übk

---

154 Nordquist/Rosenne/Sohn (Hrsg.), UNCLOS, Nr. A.VI.168 (S. 399). Die Möglichkeit einer abweichenden Kostenentscheidung besteht auch dann, wenn eine Partei das Verfahren rechtsmißbräuchlich eingeleitet oder die Verfahrenskosten mutwillig in die Höhe getrieben hat, vgl. Rosenne, Procedure, S. 200 im Hinblick auf Art. 97 IGH-Statut.

155 In ICSID-Schiedsverfahren wurden den obsiegenden Parteien Ansprüche in der Größenordnung zwischen US$ 500.000 und US$ 30.000.000 zugesprochen, wobei die in den Verfahren geltend gemachten Ansprüche zwischen US$ 10.000.000 und US$ 150.000.000 lagen, Shihata, in: Private Investments Abroad 1993, § 16-18 f. In über 50% der 1995 eingeleiteten 427 ICC-Schiedsverfahren lag der Streitwert über US$ 1.000.000, davon in mehr als 13 % über US$ 10.000.000, ICC Bull. 1996, Nr. 1, S. 4.

156 Hunter/Triebel, in: J. Int. Arb. 1989, Nr. 1, S. 1 (1); Berger, Arbitration, S. 622.

157 Eine entsprechende Regelung fand sich, soweit ersichtlich, lediglich in Art. 16 (5) LCIA SchO a.F. (eine entsprechende Regelung findet sich jetzt in Art. 26.6 LCIA SchO) – an dieser Bestimmung orientiert sich auch Art. 60 WIPO SchO, Herrmann, Arbitral Decision, S. 83 (86).

158 Kritisch zu diesem „Freibrief" Schäfer, in: RPS 1. Halbjahr 1996, S. 10 (19), der hofft, daß Schiedsrichter hier eher auf das gemäß Art. 59 WIPO SchO anwendbare Recht zurückgreifen und nur, wo imperative Billigkeitserwägungen dies fordern, von ihrem Ermessen Gebrauch machen werden.

159 Das Schiedsgericht ist an eine solche Vereinbarung der Parteien oder an die Vereinbarung eines Zinssatzes und Zinslaufs gebunden, Herrmann, Arbitral Decision, S. 83 (86).

160 Art. 3 WIPO SchO. Zum Verbot von Zinszahlungen in islamischen Ländern Redfern/Hunter, Arbitration, S. 402; Saleh, in: Contemporary Problems, S. 340 (349).

anwendbaren Recht richtet.[161] Liegt keine Vereinbarung vor, so ist grundsätzlich der gesetzliche Zinssatz maßgeblich. Probleme ergeben sich dabei allerdings daraus, daß der gesetzliche Zinssatz in vielen Rechtsordnungen bei wirtschaftlicher Betrachtungsweise[162] unangemessen niedrig ist.[163] Sieht man insoweit den Zinsanspruch im internationalen Wirtschaftsverkehr aber als Schadensersatz wegen der zeitweiligen Vorenthaltung der eingeklagten Geldsumme an, so besteht auch in diesen Fällen die Möglichkeit, Zinsen in einer angemessenen Höhe zuzusprechen.[164] Dementsprechend hat etwa auch das Schieds-

---

161 Vgl. Amco Asia Corporation, Pan American Development Limited and P.T. Amco Indonesia v. Republic of Indonesia (Case No. ARB/81/1), Award of November 20, 1984, ICSID Reports I, S. 413 (506); Amco Asia Corporation, Pan American Development Limited and P.T. Amco Indonesia v. Republic of Indonesia, Resubmitted (Case No. ARB/81/1), Award rendered on June 4, 1990, Decision on Supplemental Decisions and Rectification of the Award rendered on October 17, 1990, ICSID Reports I, S. 569 (628); AGIP S.p.A. v. Government of the People's Republic of the Congo (Case No. ARB/77/1), Award of November 30, 1979, ICSID Reports I, S. 306 (327); Southern Pacific Properties (Middle East) Limited v. Arab Republic of Egypt (Case No. ARB/84/3), Award and Dissenting Opinion of May 20, 1992, ICSID Reports III, S. 189 (242). Zu dem gemäß Art. 42 (1) ICSID-Übk anwendbaren Recht siehe oben S. 383 ff.

162 Es kann wohl von einem Erfahrungssatz des internationalen Handels ausgegangen werden, daß bei Kaufleuten prima facie davon auszugehen ist, daß sie um die Nichtleistung des Schuldners auszugleichen, einen Kredit zu den an ihrem Sitz üblichen Kosten aufnehmen müssen, ohne daß sie Beweis darüber führen müssen, daß der Kredit gerade wegen der Klageforderung aufgenommen werden mußte; vgl. Art. 7.4.9 der UNIDROIT Principles of International Commercial Contracts, Berger, Arbitration, S. 626 f., ders., Kodifizierung, S. 240 f. mit umfassenden Nachweisen („Liegt keine Vereinbarung der Parteien über die Zahlung von Verzugszinsen vor, so hat der Schuldner einer Geldforderung dem Gläubiger Verzugszinsen in Höhe der von Kreditinstituten am Zahlungsort für kurzfristige Kredite in der Zahlungswährung an erstklassige Schuldner geforderten Kreditzinsen zu zahlen").

163 So liegt der gesetzliche Zinssatz in Deutschland bei 4% (§ 246 BGB), bei beiderseitigem Handelsgeschäft bei 5% (§ 352 (1) HGB), in der Schweiz bei 5% (Art. 73 (1) OR), wobei unter Kaufleuten die Berechnung höherer Verzugszinsen zulässig ist (Art. 104 (3) OR). Im ägyptischen Recht liegt er etwa bei 4% bzw. 5% (Art. 226 Ägyptisches Zivilgesetzbuch), in Indonesien bei 6% (vgl. Amco Asia Corporation, Pan American Development Limited and P.T. Amco Indonesia v. Republic of Indonesia (Case No. ARB/81/1), Award of November 20, 1984, ICSID Reports I, S. 413 (506)).

164 Mann, Compound Interest, S. 377 (382 ff.); Berger, Kodifizierung, S. 240 f m.w.N. Dies entspricht auch der Rechtsprechung des Iran-United States Claims Tribunal, vgl. The Islamic Republic of Iran v. The United States of America (Decision No. Dec. 65-A19-FT), 16 CTR (1987 III), S. 285 (289 f.): „In most cases, the relief sought in claims filed with the Tribunal includes a claim of interest on the principal amount awarded. Such claims for interest are part of the compensation sought and do not constitute a separate cause of action requiring their own independent jurisdictional grant … Chamber Three [in McCollough & Company Inc. v. The Ministry of Post, Telegraph and Telephone (CTR 11 (1986 II), S. 3 (26 ff.)] observed that interest is awarded as an element of compensation in most legal systems. Indeed, it is customary for arbitral tribunals to award interest as part of an award for damages, notwithstanding the absence of any express reference to interest in the compromis."; siehe auch die Concurring and Dissenting Opinion von Judge Brower in McCollough & Company Inc. v. The Ministry of Post, Telegraph and Telephone, aaO., S. 35 (42): „Conceptually, interest is an item of damage. Its award is intended as compensation for the temporary withholding of money, and its measu-

gericht im ICSID-Schiedsverfahren *AAPL v. Sri Lanka* entschieden, daß beim Ersatz entstandener Schäden die Zinsen zum Schadensersatzanspruch selbst gehören.[165]

Von Interesse ist in diesem Zusammenhang auch das ICSID-Schiedsverfahren *S.P.P. v. Egypt*[166], in dem es um einen Vertrag zwischen *S.P.P.* und *Ägypten* über die Errichtung einer Hotelanlage in der Nähe der Pyramiden von Gizeh ging. Nachdem im Juli 1977 mit dem Bau begonnen worden war, regte sich auf nationaler und internationaler Ebene Widerstand gegen das Projekt, nicht zuletzt wegen seiner Nähe zu den zum Weltkulturerbe gehörenden Pyramiden. Als Folge zog die ägyptische Regierung im Mai 1978 seine Genehmigung des Projekts zurück, woraufhin *S.P.P.* zunächst ein ICC- und später ein ICSID-Schiedsverfahren einleitete und Schadensersatz verlangte.[167] Im Hinblick auf die hier interessierenden Zinsen entschied das ICSID-Schiedsgericht zunächst, daß *S.P.P.* Anspruch auf Verzinsung seines Schadensersatzanspruchs habe und zwar in Höhe des in *Ägypten* vorgesehenen gesetzlichen Zinssatzes von 5%. Im weiteren führte es aber aus, daß dieser Zinssatz den von *S.P.P.* tatsächlich erlittenen Verlust, der durch die inflationsbedingte Abwertung des U.S. Dollar seit Entstehen der Streitigkeit im Jahre 1978 entstanden sei, nicht ausgleiche. Anders als der gesetzliche berücksichtige ein im Wirtschaftsverkehr üblicher Zinssatz den inflationsbedingten Wertverlust und gleiche diesen neben der „eigentlichen" Verzinsung aus. Es sei daher notwendig, den Wertverlust des U.S. Dollar auszugleichen und *S.P.P.* die gleiche Kaufkraft zu verschaffen, die das in das Projekt investierte Geld 1978 gehabt habe. Diese Korrektur sei unter Gerechtigkeitsgesichtspunkten notwendig; andernfalls würde der Kläger durch die Abwertung des U.S. Dollars schwer benachteiligt. Das Schiedsgericht verpflichtete daher den Beklagten, an den Kläger Zinsen in Höhe von 5% zu zahlen und ihm darüber hinaus den durch die zeitweilige Vorenthaltung des ihm zustehenden Geldbetrages enstandenen Schaden zu ersetzen.[168]

---

re is the cost of such deprivation."; zur Rechtsprechung des Iran-United States Claims Tribunal siehe Aldrich, Jurispudence, S. 474 ff.; Toope, Mixed International Arbitration, S. 378 ff,; vgl. in diesem Zusammenhang auch Gotanda, in: AJIL 1996, S. 40 ff.

165 Asian Agricultural Products Limited v. Democratic Socialist Republic of Sri Lanka (Case No. ARB/87/3), Award of June 27, 1990, ILM 1991, S. 580 (626): „The survey of literature reveals that ... the case law elaborated by international arbitral tribunals strongly suggests that in assessing the liability due for losses incurred the interest becomes an integral part of the compensation itself ...".

166 Southern Pacific Properties (Middle East) Limited v. Arab Republic of Egypt (Case No. ARB/84/3), Award and Dissenting Opinion of May 20, 1992, ICSID Reports III, S. 189 ff.; siehe hierzu Delaume, in: ICSID Rev. - FILJ 1993, S. 231 ff; Gaillard, in: Clunet 1994, S. 217 (242 ff.).

167 Zu weiteren Einzelheiten des Sachverhalts, Delaume, aaO.; Redfern/Hunter, Arbitration, S. 439 ff.

168 Southern Pacific Properties (Middle East) Limited v. Arab Republic of Egypt (Case No. ARB/84/3), Award and Dissenting Opinion of May 20, 1992, ICSID Reports III, S. 189 (242 ff.).

3. Minderheitsvoten

Nach Art. 30 (3) ISGH-Statut kann jedes einzelne Mitglied des Seegerichtshofs einer Entscheidung, die nicht die übereinstimmende Meinung der Mitglieder zum Ausdruck bringt, seinen eigenen Standpunkt in einem Minderheitsvotum beifügen. Für das ICSID-Schiedsverfahren findet sich eine entsprechende Bestimmung in Art. 48 (4) ICSID-Übk.[169] Dabei ist grundsätzlich zwischen zwei Arten von Minderheitsvoten zu unterscheiden. Hält ein Mitglied das von der Mehrheit gefundene Ergebnis für falsch, so stellt es seine abweichende Meinung in einer *dissenting opinion* dar. Stimmt das Mitglied hingegen zwar dem Mehrheitsergebnis zu, hält jedoch die Begründung für falsch oder ergänzungsbedürftig, so kann es dies im Rahmen einer *concurring opinion* bzw. *separate opinion*[170] zum Ausdruck bringen.[171] Als wesentlicher Zweck der Sondervoten im Bereich der zwischenstaatlichen Streiterledigung wird die Klärung und Weiterentwicklung des Völkerrechts genannt.[172] In der Praxis machen jedoch häufig die Mitglieder des Spruchkörpers von Sondervoten Gebrauch, die von einem (in der Streitigkeit unterlegenen) Staat ernannt worden sind.[173]

Im Gegensatz zu diesen Verfahren mit staatlicher Beteiligung sind im WTO-Panelverfahren Sondervoten nicht zulässig. Gelangen die Panelmitglieder insgesamt oder

---

169 Siehe auch Rule 47 (3) ICSID AR.

170 In Anlehnung an Art. 57 IGH-Statut verwendet Art. 30 (3) ISGH-Statut den Begriff „separate opinion" im Sinne eines Oberbegriffs für beide Formen von Minderheitsvoten, vgl. demgegenüber Art. 125 (2) ISGH-VerfO („Any judge may attach a separate or dissenting opinion to the judgement"); Nordquist/Rosenne/Sohn (Hrsg.), UNCLOS, Nr. A.VI.151 (S. 391); zweifelnd Wasum, Seegerichtshof, S. 102 f.

171 Zur Schwierigkeit der Abgrenzung „dissenting opinions" und „concurring opinions", Rosenne, Law and Practice, S. 596; Jennings, in: AJIL 1995, S. 493 (498).

172 Zur Funktion eingehend Rosenne, World Court, S. 137 f.; ders., Law and Practice, S. 597 ff.; im Hinblick auf „concurring opinions" in der zwischenstaatlichen Streiterledigung auch Redfern/Hunter, Arbitration, S. 398; kritisch Jennings, in: AJIL 1995, S. 493 (498 f.); Wasum, Seegerichtshof, S. 103.

173 So haben etwa in ICSID-Schiedsverfahren vier Schiedsrichter eine „dissenting opinion" beigefügt, davon in drei Fällen (Société Ouest Africaine des Bétons Industriels v. State of Senegal (Case No. ARB/82/1), Award of February 25, 1988, ICSID Reports II, S. 190 (277 ff.); Asian Agricultural Products Limited v. Democratic Socialist Republic of Sri Lanka (Case No. ARB/87/3), Award of June 27, 1990, ILM 1991, S. 580 (628 ff.); Southern Pacific Properties (Middle East) Limited v. Arab Republic of Egypt (Case No. ARB/84/3), Award and Dissenting Opinion of May 20, 1992, ICSID Reports III, S. 189 (249 ff.)) der vom Investitionsstaat ernannte. Dagegen hat in Klöckner Industrie-Anlagen GmbH, Klöckner Belge S.A. and Klöckner Handelmaatschappij B.V. v. United Republic of Cameroon and Société Camerounaise des Engrais (Case No. ARB/81/2), Award of October 21, 1983, ICSID Reports II, S. 9 (77 ff.) der vom Investor ernannte Schiedsrichter seine abweichende Meinung zum Ausdruck gebracht. Siehe auch v. Mangoldt, Schiedsgerichtsbarkeit, S. 129 im Hinblick auf die zwischenstaatliche Schiedsgerichtsbarkeit, daß typischerweise der parteistaatsangehörige Richter eine gewisse Affinität zu der Auffassung „seiner" Partei besitzen und deshalb bei der Ausübung seines Amtes dazu tendieren wird, der Auffassung „seiner" Partei besonderes Gewicht beizumessen. Zum Abstimmungsverhalten von Schiedsrichtern mit der Nationalität einer Streitpartei und von Ad-hoc-Richtern beim StIGH und IGH siehe Il Roh Suh, in: AJIL 1969, S. 224 (228).

in einzelnen Punkten nicht zu einer einstimmigen Entscheidung, so können die unterschiedlichen im Panel vertretenen Standpunkte im Bericht dargelegt werden[174]; indes bleiben gemäß Art. 14.3 DSU die von den einzelnen Panelmitgliedern im Panelbericht geäußerten Auffassungen anonym.[175]

In der WIPO-Schiedsordnung fehlt – wie in nahezu allen privaten Schiedsverfahrensordnungen[176] – eine Regelung über die Zulässigkeit von Sondervoten[177]. Gleichwohl werden auch in der privaten Schiedsgerichtsbarkeit gelegentlich *„dissenting opinions"* geäußert, wenn auch seltener als bei Streitigkeiten mit staatlicher Beteiligung. Dabei gilt auch hier, daß diese Möglichkeit immer wieder von dem durch die unterlegene Partei ernannten Schiedsrichter genutzt wird, um sich gegenüber „seiner" Partei zu rechtfertigen.[178] Daneben kommt aber auch in Betracht, daß ein Schiedsrichter die Abfassung einer *„dissenting opinion"* für notwendig erachtet, um seinen Ruf zu wahren, weil er die Mehrheitsentscheidung für untragbar hält.[179]

Nationale Schiedsgesetze stehen der Äußerung von *„dissenting opinions"* nicht entgegen.[180] Insbesondere begründen diese keine Verletzung des Beratungsgeheimnisses[181], soweit der Schiedsrichter lediglich seine abweichende Rechtsauffassung darlegt, ohne Einzelheiten aus den Beratungen des Schiedsgerichts offenzulegen.[182] Selbst wenn man aber eine Verletzung des Beratungsgeheimnis annähme, würde dies nicht zur Ungültigkeit

174 Vgl. Plank, in: J. Int. Arb.1987, Nr. 4, S. 53 (83); siehe hierzu auch GATT, Analytical Index, S. 702.

175 Gleiches gilt gemäß Art 17.11 DSU auch für Entscheidungen des Rechtsmittelgremiums.

176 Eine Ausnahme bildet insoweit Art. 48 (4) S. 2 NAI SchO, der ausdrücklich vorsieht, daß in einem internationalen Schiedsverfahren die Minderheit ihr Minderheitsvotum den anderen Schiedsrichtern und den Parteien in einem separaten Schriftstück mitteilen kann.

177 Vgl. Redfern/Hunter, Arbitration, S. 399; Blessing, in: J. Int. Arb. 1989, Nr. 3, S. 7 (26).

178 Auch hier liegt der Grund hierfür häufig darin, daß der parteiernannte Schiedsrichter Solidarität zu „seiner" Partei empfindet und seine „dissenting opinion" zu der Klarstellung nutzt, daß das Unterliegen seiner Partei nicht sein „Verschulden" war, Schlosser, Schiedsgerichtsbarkeit, Rn. 691.

179 Berger, Wirtschaftsschiedsgerichtsbarkeit, S. 425; Craig/Park/Paulsson, Arbitration, S. 335, die der Äußerung von „dissenting opinions" sehr zurückhaltend gegenüberstehen („The view of the present authors is that while dissenting opinions may exceptionally be justified, they generally are to be discouraged"), sehen dies als den Grund an, der die Äußerung einer abweichenden Meinung rechtfertigt.

180 Siehe den ICC Final Report on Dissenting and Separate Opinions, in ICC Bull. 1991, Nr. 1, S. 32 ff.; Redfern/Hunter, Arbitration, S. 399; Schlosser, Schiedsgerichtsbarkeit, Rn. 691; Arndt, in: FS Rheinstein, S. 127 (146); Levy, in: Arb. Int. 1989, S. 35 (36 ff.).

181 Levy, in: Arb. Int. 1989, S. 35 (37) weist darauf hin, daß in einigen Rechtsordnungen das Beratungsgeheimnis und die Zulässigkeit von Sondervoten nebeneinander vorgesehen sind.

182 Das Beratungsgeheimnis darf durch eine „dissenting opinion" nicht verletzt werden, Lalive/Poudret/ Reymond, Droit de l'Arbitrage, Art. 189, Anm. 17. Etwas anderes kann nur gelten, wenn prozessuale Rechte der unterlegenen Partei durch das Schiedsgericht in schwerwiegender Weise verletzt worden sind und die unterlegene Partei hiervon keine Kenntnis hat, vgl. Art. 9 S. 2 IBA Rules of Ethics; Hunter/Paulsson, in: Arbitration 1985, S. 153 (159); Redfern/Hunter, Arbitration, S. 401.

des Schiedsspruchs führen.[183] Die abweichende Auffassung ist nicht Bestandteil des Schiedsspruchs[184]; Voraussetzung für die Beifügung des Sondervotums zu dem Schiedsspruch ist daher, daß die anderen Schiedsrichter zustimmen.[185] Wird diese Zustimmung nicht erteilt, so steht es dem dissentierenden Richter frei, den Parteien sein Votum unabhängig vom Schiedsspruch zu übermitteln.[186]

IV. Wirkung der Entscheidung

1. WTO-Panelverfahren

a. Unverbindlicher Charakter des Panelberichts

Wie bereits angesprochen[187], handelt es sich bei dem Bericht eines WTO-Panels um ein Rechtsgutachten zu Händen des DSB; der Bericht selbst ist für die Parteien nicht verbindlich.

b. Annahme des Panelberichts durch den DSB

Damit ein Panelbericht verbindlich wird, ist vielmehr erforderlich, daß er durch den DSB angenommen wird. Das Annahmeverfahren ist in Art. 16 DSU geregelt. Zunächst wird der Bericht an die WTO-Mitglieder verteilt, damit diese ihn prüfen können. Gemäß Art. 16.1 DSU kann die Annahme frühestens 20 Tage nach der Verteilung erfolgen. Hat ein Mitglied Einwände gegen den Panelbericht, so sind diese schriftlich darzulegen[188]. Art. 16.3 DSU stellt klar, daß auch die Parteien des Panelverfahrens das Recht haben, an der Erörterung des Panelberichts teilzunehmen und ihre Ansichten zu Protokoll zu geben.

---

183 ICC Final Report on Dissenting and Separate Opinions, in ICC Bull. 1991, Nr. 1, S. 32 ff.; Redfern/Hunter, Arbitration, S. 399. Im übrigen würden Schadensersatzansprüche gegen den Schiedsrichter wohl immer daran scheitern, daß durch die Äußerung einer abweichenden Meinung niemand geschädigt sein kann; Schlosser, Schiedsgerichtsbarkeit, Rn. 691.

184 Vgl. Art. 48 (4) S. 3 NAI SchO; ICC Final Report on Dissenting and Separate Opinions, in ICC Bull. 1991, Nr. 1, S. 32 (33 f.); Craig/Park/Paulsson, Arbitration, S. 335; Redfern/Hunter, Arbitration, S. 398; Lalive/Poudret/Reymond, Droit de l'Arbitrage, Art. 189, Anm. 17; van den Berg, in: YCA 1987, S. 3 (23);

185 Berger, Arbitration, S. 611 unter Hinweis auf die Verfahrensgestaltungsfreiheit des Schiedsgerichts; A. Bucher, Suisse, Rn. 326; Lalive/Poudret/Reymond, Droit de l'Arbitrage, Art. 189, Anm. 17.

186 ICC Final Report on Dissenting and Separate Opinions, in ICC Bull. 1991, Nr. 1, S. 32 (36); Redfern/Hunter, Arbitration, S. 398; Hunter/Paulsson, in: IBL 1985, S. 153 (159).

187 Oben S. 417.

188 Art. 16.2 DSU; diese Stellungnahmen müssen so rechtzeitig eingereicht werden, daß sie mindestens 10 Tage vor der Sitzung des DSB, auf welcher der Panelbericht erörtert wird, verteilt werden kann.

Gemäß Art. 16.4 DSU wird der Panelbericht innerhalb von 60 Tagen nach seiner Verteilung an die Mitglieder angenommen[189], es sei denn, der DSB entscheidet durch Konsens[190], den Panelbericht nicht anzunehmen oder eine der Streitparteien teilt dem DSB förmlich mit, daß sie ein Rechtsmittelverfahren einleiten wird – in diesem Verfahren kann das Rechtsmittelgremium den Panelbericht bestätigen, abändern oder aufheben.[191] Der Bericht des Rechtsmittelgremiums wird seinerseits vom DSB angenommen, wenn dieser nicht innerhalb von 30 Tagen nach Verteilung des Berichts an die Mitglieder durch Konsens beschließt, den Bericht nicht anzunehmen.[192]

Während es in der Praxis der GATT-Streiterledigung erforderlich war, daß ein Panelbericht durch Konsensentscheidung aller Mitglieder des GATT-Rats angenommen wurde, ist nunmehr ein Panelbericht bzw. ein Bericht des Rechtsmittelgremiums im Rahmen der WTO angenommen, wenn die Mitglieder des DSB dies nicht durch eine Konsensentscheidung ablehnen. Letzteres wird in der Praxis wohl kaum vorkommen, da eine Konsensentscheidung nicht gegen den Willen der durch den Panelbericht begünstigten Partei ergehen kann. Die demzufolge „quasi-automatische“[193] Annahme des Panelberichts ist eine der zentralen Neuerungen des WTO-Panelverfahrens, die letztlich zur Folge hat, daß dem Grunde nach bereits der Panelbericht bzw. der Bericht des Rechtsmittelgremiums als endgültige und verbindliche Entscheidung der Streitigkeit anzusehen ist.[194]

2. *Bindungswirkung gegenüber den Parteien*

Nach Art. 296 (1) SRÜ und Art. 33 (1) ISGH-Statut ist jede Entscheidung des Seegerichtshofs oder eines seiner Spruchkörper für die Parteien der Streitigkeit bindend und muß von ihnen befolgt werden. Art. 296 (2) SRÜ und Art. 33 (2) ISGH-Statut stellen hinsichtlich des Umfangs der Bindungswirkung klar, daß diese nur gegenüber den Streitparteien und nur in Bezug auf die Streitigkeit eintritt. Gegenüber den Parteien entfaltet die Entscheidung also formelle und materielle (*res iudicata*[195]) Rechtskraft.[196]

---

189 Soweit erforderlich, wird zur Einhaltung dieser Frist eigens eine Sitzung des DSB anberaumt, vgl. die Fußnote zu Art. 16.4 DSU.

190 Zum Konsensbegriff im Rahmen der GATT- und WTO-Streiterledigung siehe oben S. 147.

191 Art. 17.13 DSU. Zum Rechtsmittelverfahren siehe unten S. 458 ff.

192 Art. 17.14 DSU.

193 Petersmann, in: CML Rev. 1994, S. 1157 (1215); Canal-Forgues, in: RGDIP 1994, S. 689 (703); Vermulst/Driessen, in: JWT 1995, Nr. 2, S. 131 (146); vgl. auch Jackson, in: RGDIP 1994, S. 675 (686); ders, in: (Collins/Bosworth) The New GATT, S. 63 (70).

194 Mora, in: C.J.T.L. 1993, S. 103 (160); zweifelnd an der Verbindlichkeit des angenommenen Panelberichts Bello, in: AJIL 1996, S. 416 (416 f.); mit überzeugenden Argumenten dagegen Jackson, in: AJIL 1997, S. 60 (61 ff.).

195 Den Begriff res iudicata hat der StIGH im Verfahren The "Société Commerciale de Belgique", Judgment of June 15th, 1939, PCIJ Series A/B, No. 78, S. 160 (175 f.) dahingehend beschrieben, daß die Entscheidung endgültig und verbindlich sei („definitive and obligatory“) und ihrem Inhalt entsprechend zu erfüllen sei („to execute them ... as they stand“); vgl. auch den IGH im Case Concerning the Barcelona Traction, Light and Power Company, Limited (New Application: 1962) (Belgium v. Spain), Preliminary Objections, Judgment of 24 July 1964, ICJ Reports 1964, S. 6 (20), demzufolge dieser Begriff bedeutet, daß die Angelegenheit „is finally

Gleiches gilt auch für ICSID- und WIPO-Schiedssprüche sowie für angenommene Panelberichte im Rahmen der WTO. Für das ICSID-Schiedsverfahren ergibt sich dies aus Art. 53 (1) ICSID-Übk, demzufolge der Schiedsspruch für die Parteien bindend und von ihnen genau zu befolgen ist[197], für das WIPO-Schiedsverfahren aus Art. 64 WIPO SchO. Danach ist der Schiedsspruch für die Parteien wirksam und bindend[198], und die Parteien verpflichten sich, den Schiedsspruch ohne Verzögerung auszuführen.[199] Mit der Annahme durch den DSB werden auch WTO-Panelberichte für die Parteien verbindlich[200], letztere sind verpflichtet, diese umgehend zu beachten.[201]

Urteile des Internationalen Seegerichtshofs werden nach Art. 124 (2) ISGH-VerfO am Tag ihrer Verkündung verbindlich, ein WTO-Panelbericht mit seiner Annahme durch den DSB. Für ICSID-Schiedsverfahren ist gemäß Art. 48 (2) ICSID AR das Datum der Absendung des Schiedsspruchs durch das ICSID maßgeblich, nach Art. 64 (b) i.V.m. Art. 62 (f) WIPO SchO der Tag, an dem den Parteien durch das WIPO Arbitration Center eine Urschrift förmlich übermittelt worden ist.[202]

---

disposed of for good". Zu den Unterschieden zwischen dem Begriff der materiellen Rechtskraft und dem weiteren der res iudicata siehe Schlosser, Schiedsgerichtsbarkeit, Rn. 711.

196 Wasum, Seegerichtshof, S. 103.

197 Ist anstelle des Investitionsstaates eine von diesem benannte Gebietskörperschaft oder staatliche Stelle mit Zustimmung dieses Staates Partei eines ICSID-Schiedsverfahrens, so ist der Investitionsstaat verpflichtet, dafür Sorge zu tragen, daß die Gebietskörperschaft oder staatliche Stelle den Schiedsspruch erfüllt, vgl. Broches, in: ICSID Rev. - FILJ 1987, 287 (294 ff.). Art. 53 (1) ICSID-Übk stellt klar, daß ein ICSID-Schiedsspruch (zum Begriff siehe Art. 53 (2) ICSID-Übk) keiner Berufung und keinen anderen Rechtsmitteln unterliegt als denen, die im ICSID-Übk selbst vorgesehenen sind; zu Art. 53 ICSID-Übk Schreuer, in: ICSID-Rev. – FILJ 1999, S. 48 ff. Hierzu gehören das Auslegungsverfahren nach Art. 50 ICSID-Übk, das Wiederaufnahmeverfahren nach Art. 51 ICSID-Übk und das Aufhebungsverfahren nach Art. 52 ICSID-Übk, Bülow/Böckstiegel/Geimer/Schütze - Böckstiegel, Band II, 720·78, Fn. 49; Broches, in: YCA 1993, S. 627 (700, Rn. 217).

198 Art. 64 (b) WIPO SchO.

199 Art. 64 (a) WIPO SchO. Daneben verzichten die Parteien auf ihr Recht, ein Rechtsmittel gegen den Schiedsspruch bei einem staatlichen Gericht oder einer anderen Rechtsinstanz einzulegen, soweit ein solcher Verzicht im Rahmen des anwendbaren Rechts wirksam erfolgen kann, vgl. hierzu unten S. 486 f.

200 Jackson, Restructuring, S. 68; Pescatore, in: J. Int. Arb. 1993, Nr. 1, S. 27 (38); Mora, in: C.J.T.L. 1993, S. 103 (162); Benedek, Rechtsordnung, S. 320.

201 Die Verpflichtung zur Beachtung eines Panelberichts zeigt sich insbesondere im Rahmen der zur Durchsetzung der Empfehlungen des Panels bzw. Rechtsmittelgremiums zur Verfügung stehenden Maßnahmen (siehe hierzu unten S. 499 ff).Vgl. daneben auch Art. 21.1 DSU, demzufolge die umgehende Beachtung von Empfehlungen und Entscheidungen des DSB für die wirksame Beilegung von Streitigkeiten zum Wohl aller Mitglieder wesentlich ist, und Art. 21.6 DSB, nach dem der DSB die Umsetzung von angenommenen Empfehlungen und Entscheidungen überwacht.

202 Zur Bedeutung der Rechtskraft eines formwirksamen Vollendentscheids in der Schiedsgerichtsbarkeit im Hinblick auf die Beendigung des Verfahrens, das Erlöschen der Schiedsvereinbarung und des Schiedsrichtervertrags, Berger, Arbitration, S. 614 f. m.w.N.

Für alle Verfahren gilt, daß die Entscheidungen ihre Bindungswirkung nur gegenüber den Parteien des Verfahrens entfalten[203], sie können Dritte nicht rechtlich[204] verpflichten.[205] Dementsprechend haben die Entscheidungen, anders als Gerichtsentscheidungen im anglo-amerikanischen Rechtskreis[206], auch keine zwingende Präzedenzwirkung.[207] Gleichwohl werden Entscheidungen in der Praxis der internationalen Streiterledigung - in unterschiedlichem Umfang - als Präzedenzfall herangezogen.

Für den Internationalen Seegerichtshof ergibt sich eine vergleichsweise starke Präzedenzwirkung eigener Entscheidungen aus seinem Charakter als ständigem Spruchkörper. So zeigt sich etwa in der Praxis des IGH, daß dieser sich immer wieder auf von ihm selbst oder von dem StIGH getroffene Entscheidungen bezieht[208], ohne sich dabei aber an diese

---

203 Art. 296 (2) SRÜ, Art. 33 (2) ISGH-Statut („nur für die Parteien ... bindend"); Art. 53 (1) („für die Partei bindend"); Art. 64 (b) WIPO SchO („für die Parteien wirksam und bindend"); im Hinblick auf die WTO Mora, in: C.J.T.L. 1993, S. 103 (162).

204 Redfern/Hunter, Arbitration, S. 397 weisen darauf hin, daß eine Entscheidung indirekten Einfluß auf die Position eines nicht am Verfahren beteiligten Dritten haben kann. Zur Frage der Bindung von Bürgen und Garanten an einen Schiedsspruch zwischen Hauptschuldner und Gläubiger, Schlosser, Schiedsgerichtsbarkeit, Rn. 716.

205 Dazu, daß vom DSB angenommene Panelberichte nur die Parteien binden und keine allgemein verbindliche Auslegung von unter das DSU fallenden Vorschriften darstellen, eingehend das Rechtsmittelgremium in Japan - Taxes on Alcoholic Beverages, complaints by the European Communities (WT/DS/AB/R), Canada (WT/DS10/AB/R) and the United States (WT/DS11/AB/R) unter E. Hinzuweisen ist in diesem Zusammenhang auf die Diskussion, inwieweit vom DSB angenommene Berichte eines WTO-Panels unmittelbare Wirkung auf der Ebene des nationalen Rechts entfalten. Der EuGH hat ein Recht des Gemeinschaftsbürgers, sich unmittelbar auf die Regeln des GATT zu berufen, bisher abgelehnt und dies mit der „Flexibilität" der GATT-Bestimmungen sowie dem unverbindlichen Charakter des Streiterledigungsverfahrens begründet (International Fruit Company N.V. and others v. Produktschap voor groenten en fruit, E.C.R. 1972, S. 1219 (1228 ff.); Germany v. Council, in: EuZW 1994, S. 688 (693 f.)); siehe allgemein zur Frage der unmittelbaren Wirkung von GATT-Panelentscheidungen Petersmann, in: (Petersmann/Hilf) The New GATT Round, S. 33 ff.; ders., in: (Hilf/Petersmann) GATT und die Europäische Gemeinschaft, S. 119 (141 ff.) jeweils m.w.N.; Bast/Schmidt, in: RIW 1991, S. 929 (933); Pescatore, in: J. Int. Arb. 1993, Nr. 1, S. 27 (37 f.). Zur Frage, ob sich dies durch die Modifikationen des Streiterledigungsverfahrens geändert hat Kuijper, in: JWT 1995, Nr. 6, S. 49 (62 ff.); Beneyto, in: EuZW 1996, S. 295 ff.; Cottier, Streitbeilegungsverfahren, S. 131 ff.; Weber/Moos, in: EuZW 1999, S. 229 ff. m.w.N.

206 Hat ein Gericht für einen bestimmten Sachverhalt einen Rechtsgrundsatz entwickelt, so haben gleichrangige oder niedrigere Gerichte nach der stare decisis-Doktrin diesen Grundsatz in allen späteren Verfahren anzuwenden, wenn der Sachverhalt im wesentlichen übereinstimmt und zwar unabhängig davon, ob die Parteien oder der Streitgegenstand mit dem vorangegangenen Verfahren identisch sind. Die stare decisis-Doktrin gilt nur für die Grundsätze, die die Entscheidung tragen („ratio decidendi"), nicht dagegen für obiter dicta. Vgl. Black's Law Dictionary, S. 1406; James, English Law, S. 16 ff.; Blumenwitz, Anglo-amerikanisches Recht, S. 22 ff.

207 Jackson, in: (Collins/Bosworth) The New GATT, S. 63 (70).

208 Der frühere Präsident des IGH Winiarski hat hierzu anläßlich des 40. Jahrestages der Einrichtung des StIGH im Jahre 1961 ausgeführt, daß der IGH sich immer der Notwendigkeit bewußt gewesen sei, Kontinuität in der Behandlung von Fällen und der Arbeitsweise zu wahren. Ohne

Entscheidungen zwingend gebunden zu fühlen.[209] In der Praxis ist der IGH in der Regel sehr zurückhaltend, ausdrücklich von einer früheren Entscheidung abzuweichen, sondern stellt insoweit meist auf unterschiedliche Sachverhaltsgestaltungen ab, die eine abweichende Entscheidung rechtfertigen.[210] Unter der Voraussetzung, daß die Vertragsstaaten des Seerechtsübereinkommens bei Streitigkeiten häufig den Seegerichtshof als zuständiges Streiterledigungsorgan wählen, wird dessen Entscheidungen im Hinblick auf die Auslegung des Seerechtsübereinkommens besonderes Gewicht zukommen. Dabei bleibt abzuwarten, ob und inwieweit auch die anderen gemäß Art. 287 SRÜ zuständigen Spruchkörper entsprechende Entscheidungen des Seegerichtshofs in ihren Entscheidungen als Präzedenzfall berücksichtigen werden.[211]

In der GATT-Praxis haben die Panels über die Jahre zunehmend auf vorangegangene Panelentscheidungen Bezug genommen[212] und diese häufig der eigenen Entscheidung zugrundegelegt[213], ohne hierzu verpflichtet gewesen zu sein. Diese Praxis setzt sich auch bei den WTO-Panels fort. Daneben haben aber im Rahmen der WTO-Streiterledigung die Berichte des Rechtsmittelgremiums eine sehr viel stärkere Präzedenzwirkung als Panelberichte. Das Rechtsmittelgremium ist befugt, auf Antrag einer Partei die rechtlichen Feststellungen und die Schlußfolgerungen des Panels zu überprüfen und diese zu bestätigen, abzuändern oder aufzuheben.[214] Auch wenn die Entscheidung einer Rechtsfrage oder die Auslegung von Vorschriften der unter das WTO-Übereinkommen fallenden Übereinkommen durch das Rechtsmittelgremium für ein Panel nicht rechtlich verbindlich ist, so wird ein Panel von einer solchen Entscheidung in der Praxis kaum abweichen, wenn es nicht eine Abänderung oder Aufhebung seiner eigenen Entscheidung riskieren will. Zwar steht es dem Rechtsmittelgremium frei, von einer früheren Entscheidung abzuweichen, in der Praxis wird dies aber eher die Ausnahme bilden. Dementsprechend entfalten die Berichte des Rechtsmittelgremiums für die Panels zwar keine rechtliche wohl aber aus den genannten Gründen eine starke faktische Präzedenzwirkung.[215]

---

an die stare decisis-Doktrin gebunden zu sein, lasse der IGH sich von den Entscheidungen des StIGH leiten und dies habe zu einer „remarkable unity of precedent, an important factor in the development of international law" geführt, Winiarski, in: Yearbook of the International Court of Justice 1961-62, S. 1 (2).

209 Vgl. Fitzmaurice, Law and Procedure, Vol. 2, S. 583; Rosenne, Law and Practice, S. 612 weist darauf hin, daß der IGH es immer vermieden hat zum Ausdruck zu bringen, daß er verpflichtet sei, vorangegangenen Entscheidungen zu folgen.

210 Rosenne, Law and Practice, S. 613 mit Nachweisen zur Rechtsprechung.

211 Vgl. hierzu Gaertner, in: S. D. L. R. 1982 (Vol. 19), S. 577 (593); siehe auch Adede, in: N.Y.U. J. Int. L & Pol. 1977, S. 253 (258).

212 Siehe bereits oben S. 380.

213 Mora, in: C.J.T.L.: 1993, S. 103 (162); Croley/Jackson, in: AJIL 1996, S. 193 (210), wobei die Panels gerade im Hinblick auf die Auslegung von GATT-Vorschriften selten von der Auslegung früherer Panels abgewichen sind, Petersmann, in: (Petersmann/Hilf) The New GATT Round, S. 323 (335). In der Praxis ist dies aber gleichwohl immer wieder vorgekommen, Hudec, Enforcing, S. 263 ff.; GATT, Analytical Index, S. 702 ff. mit umfassenden Nachweisen.

214 Vgl. Art. 17 DSU.

215 Jackson, in: RGDIP 1994, S. 675 (686): „On aboutira ainsi à la conséquence que les rapports produits en appel seront virtuellement adoptés dans pratiquement tous les cas, en acquérant ainsi - de facto - une sorte d'autorité de chose jugée en droit international du commerce"; ähn-

Die Präzedenzwirkung der Rechtsprechung des Internationalen Seegerichtshofs und des Rechtsmittelgremiums im Rahmen der WTO beruhen darauf, daß es sich in beiden Fällen um Entscheidungen ständiger Spruchkörper handelt[216], die im übrigen über Streitigkeiten im Rahmen bestimmter völkerrechtlicher Übereinkommen entscheiden.

Die genannten Voraussetzungen sind weder bei ICSID- noch bei WIPO-Schiedssprüchen erfüllt. Diese werden vielmehr von einem für die Entscheidung eines Einzelfalles konstituierten Schiedsgericht erlassen. Schon aus diesem Grund kann hier nicht von einer faktischen Präzedenzwirkung im oben genannten Sinne gesprochen werden. Zwar nehmen Schiedsgerichte – nicht zuletzt aufgrund der zunehmenden Zahl veröffentlichter Schiedssprüche – immer wieder auf die Entscheidungen anderer Schiedsgerichte Bezug.[217] Dies dient insoweit aber lediglich als Argumentationshilfe im Rahmen der Entscheidungsfindung des Schiedsgerichts. Ein Schiedsgericht mag seinen Schiedsspruch auf die Entscheidung eines anderen Schiedsgerichts stützen, weil es dessen Argumentation für überzeugend hält[218]; von einer Bindungswirkung kann jedoch nicht gesprochen werden.[219]

C. Berichtigung, Auslegung und Ergänzung der Entscheidung

Treten nach Beendigung des Verfahrens Schwierigkeiten hinsichtlich des Inhalts der Entscheidung auf, so stellt sich die Frage, ob und inwieweit der Spruchkörper zu einer Berichtigung, Ergänzung oder Auslegung der Entscheidung berechtigt ist.

I. Berichtigung

Für den Fall, daß ein Schiedsspruch offensichtliche Unrichtigkeiten, wie Rechen-, Schreib-, Druck- oder ähnliche Fehler enthält, sehen Art. 49 ICSID-Übk und Art. 66

---

lich Weber/Moos, in: EuZW 1999, S. 229 (233 f.) „gewisse Autorität unterhalb einer Rechtsbindung".

216 Zwar entscheiden in einem konkreten Rechtsmittelverfahren nach Art. 17 DSU nur jeweils drei Mitglieder des Rechtsmittelgremiums. Im Rahmen der Entscheidungsfindung findet aber ein intensiver Meinungsaustausch mit den übrigen vier Mitgliedern des Rechtsmittelgremiums statt (siehe hierzu unten S. 461), um die Einheitlichkeit der Rechtsprechung sicherzustellen.

217 Vgl. eingehend Berger, in: J. Int. Arb. 1992, Nr. 4, S. 5 (19 ff.); ders., Arbitration, S. 522, jeweils mit weiteren Nachweisen; Cremades, in: (Horn) Codes of Conduct, S. 83 (87); vgl. auch Rubino-Sammartano, International Arbitration Law, S. 47 ff.

218 Rubino-Sammartano, aaO., S. 48: „One could say that arbitral precedents have a persuasive value, if this is construed as a simple possibility of persuading the arbitrator, instead of an indirectly compulsory directive"; vgl. auch Lando, in: FS Zweigert, S. 157 (159).

219 Craig, in: Private Investments Abroad 1993, § 14-40: „... This author is a bit skeptical about the value of arbitral precedent and views with a certain detachment, not to say amusement, the arduous efforts of academics and others to analyze and construe arbitral findings with the same zeal as those who deciphered the Rosetta stone".

WIPO SchO die Möglichkeit der Berichtigung des Schiedsspruchs vor.[220] Dabei geht es um die Korrektur von objektiv verifizierbaren Fehlern, die sich ohne weiteres aus dem Zusammenhang des Schiedsspruchs ergeben.[221] Die Berichtigung kann von einer Partei binnen 45 Tagen nach Erlaß (ICSID) bzw. 30 Tagen nach Zugang (WIPO) des Schiedsspruchs beantragt werden.[222] Hält das Schiedsgericht den Antrag für berechtigt, so nimmt es die Berichtigungen vor.[223] Während die Berichtigung eines ICSID-Schiedsspruchs nur auf Antrag einer Partei erfolgen kann, eröffnet Art. 66 (b) WIPO SchO dem Schiedsgericht die Möglichkeit, den Schiedsspruch binnen 30 Tagen nach Erlaß aus eigener Initiative zu korrigieren. Die Berichtigung ist in einem separaten von den Schiedsrichtern zu unterschreibenden Dokument festzuhalten.[224] Sie ist kein selbständiger Schiedsspruch, sondern Bestandteil des ursprünglichen Schiedsspruchs.[225]

Da es um die Korrektur objektiv verifizierbarer Fehler geht und daher kein Konflikt zu der Bindungswirkung der Entscheidung besteht, ist – auch wenn dies nicht ausdrücklich vorgesehen ist – eine Berichtigung von WTO-Panelberichten und Urteilen des Seegerichtshofs zulässig. Dies folgt daraus, daß der wahre Wille des entscheidenden Spruchkörpers gegenüber den Zufälligkeiten des äußeren Ausdrucks zur Geltung gelangen

---

220 Die Befugnis zur Spruchberichtigung ist nahezu einhellig anerkannt, vgl. Schlosser, Schiedsgerichtsbarkeit, Rn. 723; Redfern/Hunter, Arbitration, S. 373 ff.; vgl. auch Poudret, in: (Reymond/Bucher) Recueil de Travaux Suisses, S. 269 (273 f.); Schwab/Walter, Schiedsgerichtsbarkeit, S. 196.

221 Berger, Wirtschaftsschiedsgerichtsbarkeit, S. 447; vgl. auch Glossner/Bredow/Bühler, Praxis, Rn. 448.

222 Antrag und Verfahren für die Berichtigung eines Schiedsspruchs sind eingehend in Rule 49 (1) ICSID AR geregelt. Nach Abs. 1, der auch den Inhalt des Antrags regelt, ist dieser unter Zahlung einer Registrierungsgebühr von US$ 300 an den Generalsekretär des ICSID zu richten. Dieser registriert den Antrag, es sei denn, der Berichtigungsantrag ist später als 45 Tagen nach Erlaß des Schiedsspruchs bei dem Generalsekretär eingegangen. Hingegen sieht Art. 66 WIPO SchO vor, daß die Berichtigung durch Mitteilung an das Schiedsgericht mit einer Kopie an die Schiedsstelle und die andere Partei beantragt werden kann.

223 Nach Art. 66 (a) WIPO SchO ist die Berichtigung innerhalb von dreißig Tagen vorzunehmen, während ein ICSID-Schiedgericht sich nicht an eine bestimmte Frist halten muß. Für die Berichtigung eines ICSID-Schiedsspruchs sieht Rule 49 (3) ICSID AR vor, daß der vorsitzende Schiedsrichter sich mit den Mitschiedsrichtern berät, ob ein Treffen des Schiedsgerichts notwendig ist, um über den Antrag zu entscheiden und um das weitere Verfahren festzulegen und den Parteien eine Frist für die Abgabe von Stellungnahmen zu setzen. Im Hinblick auf diese Verfahrensregeln ist allerdings zu beachten, daß Rule 49 ICSID AR nicht nur das Verfahren für Berichtigung sondern auch für die Ergänzung des Schiedsspruchs regelt, und daß die Bestimmung des Abs. 3 sich wohl eher auf letzteren Fall bezieht. Liegt ein objektiv verifizierbarer Fehler vor, so wird das Schiedsgericht den Schiedsspruch berichtigen, ohne daß hierzu ein Treffen des Schiedsgerichts und eine Beratung über das weitere Verfahren notwendig ist.

224 Art. 66 (a) S. 3 unter Verweis auf Art. 62 (d) WIPO SchO. Weitergehend verlangt Rule 49 (4) ICSID AR, daß die Berichtigungsentscheidung den Anforderungen an einen Schiedsspruch entsprechen muß, dies folgt aus dem Verweis auf die Art. 46 bis 48 ICSID AR.

225 Art. 49 (2) S. 2 ICSID-Übk, Art. 66 (a) S. 3 WIPO SchO.

soll.[226] So ist anerkannt, daß der IGH ohne eine entsprechende Ermächtigung Berichtigungen vornehmen kann und zwar sowohl auf Antrag einer Partei als auch aus eigener Initiative[227], ohne dabei an eine Frist gebunden zu sein.[228]

II. Ergänzung

Daneben hat jede Partei eines ICSID- und eines WIPO-Schiedsverfahrens die Möglichkeit, den Erlaß eines Ergänzungsschiedsspruchs zu beantragen, während für das WTO-Panelverfahren und das Verfahren vor dem Internationalen Seegerichtshof eine derartige Möglichkeit nicht vorgesehen ist. Voraussetzung für die Ergänzung des Schiedsspruchs ist, daß ein im Schiedsverfahren geltend gemachter Anspruch im Schiedsspruch nicht behandelt worden ist.[229] In diesem Fall handelt es sich bei dem ursprünglichen Schiedsspruch nicht um einen End-, sondern lediglich um einen Teilschiedsspruch, da nicht der gesamte Streitgegenstand behandelt wurde.[230] Praktisch relevant wird die Möglichkeit, einen Ergänzungsschiedsspruch zu erlassen, insbesondere bei der Entscheidung zu Nebenansprüchen, wie Zinsen, Gebühren und Auslagen.[231] Dagegen liegt kein Fall eines Ergänzungsschiedsspruchs vor, wenn das Schiedsgericht es lediglich versäumt hat, sich mit den Anspruchsbegründungen auseinanderzusetzen.[232]

Vor der Entscheidung[233] hat das Schiedsgericht den Parteien Gelegenheit zur Stellungnahme zu geben.[234] Ferner muß es, wenn erforderlich, noch einmal in die Beweisaufnahme eintreten und eine mündliche Verhandlung anberaumen.[235]

---

226 Vgl. Schlosser, Schiedsgerichtsbarkeit, Rn. 723; Berger, Wirtschaftsschiedsgerichtsbarkeit, S. 449, unter Berufung auf eine Zusammenschau nationaler Prozeß- und Schiedsgesetze; siehe hierzu auch Poudret, in: (Reymond/Bucher) Recueil de Travaux Suisses, S. 269 (274 f.).

227 Vgl. nur Rosenne, Law and Practice, S. 623, Fn. 1: „...it of course is accepted that the Court is entitled always to correct clerical errors which appear in its judgments...“; ders., Procedure, S. 206.

228 Im Fisheries Case (United Kingdom v. Norway), Judgment of December 18th, 1951, ICJ Reports 1951, S. 116 hat der IGH fünf Jahre nach Erlaß seines Urteils Berichtigungen vorgenommen, siehe Yearbook of the International Court of Justice 1956-7, S. 125 f.; vgl. auch Rosenne, Law and Practice, S. 623 Fn. 1.

229 Art. 66 (c) WIPO SchO; Art. 49 (2) ICSID-Übk i.V.m. Rule 49 ICSID AR. Wie bei der Berichtigung ist auch der Antrag auf Erlaß eines Ergänzungsschiedsspruchs binnen 45 Tagen nach Erlaß (ICSID) bzw. 30 Tagen nach Zugang (WIPO) des Schiedsspruchs zu stellen. Zum Antrag nach Rule 49 ICSID AR siehe oben Fn. 222.

230 Hußlein-Stich, MG, S. 171 m.w.N.; Schütze/Tscherning/Wais, Handbuch, Rn. 528.

231 Strohbach, Handbuch, Rn. 304; Berger, Wirtschaftsschiedsgerichtsbarkeit, S. 453.

232 Knoepfler/Schweizer, in: (Sarcevic) Essays on International Commercial Arbitration, S. 160 (175); Schlosser, Schiedsgerichtsbarkeit, Rn. 186 weist darauf hin, daß diese Abgrenzung häufig nicht unproblematisch ist; Berger, Wirtschaftsschiedsgerichtsbarkeit, S. 454; Rauh, UNCITRAL, S. 143. Hat das Schiedsgericht es versäumt, sich mit allen Anspruchsbegründungen auseinanderzusetzen, so kommt allenfalls eine zur Anfechtung des Schiedsspruchs berechtigende Verletzung des Anspruchs auf rechtliches Gehör in Betracht.

233 Nach Art. 66 (c) S. 3 WIPO SchO hat das Schiedsgericht, soweit möglich, innerhalb von 60 Tagen nach Eingang des Antrags den Ergänzungsschiedsspruch zu erlassen, wenn es den An-

Kommt es zwischen den Parteien nach der Entscheidung des Spruchkörpers zu Meinungsverschiedenheiten oder Streitigkeiten über deren Sinn oder Tragweite, so ist fraglich, ob und inwieweit im Rahmen der einzelnen Streiterledigungsverfahren die Möglichkeit der Auslegung der Entscheidung besteht.

Art. 33 (3) ISGH-Statut[236] und Art. 50 ICSID-Übk[237] sehen insoweit vor, daß jede Partei einen entsprechenden Antrag auf Auslegung stellen kann[238], ohne daß hierfür eine Zeitgrenze vorgesehen ist.[239] Soweit möglich wird die Auslegungsfrage dem Spruchkörper vorgelegt, der ursprünglich über die Streitigkeit entschieden hat. Besteht diese Möglichkeit nicht, weil die Entscheidung von einer (*Ad-hoc-*)Kammer des Seegerichtshofs oder einem ICSID-Schiedsgericht getroffen worden ist und die ursprünglichen Mitglieder nicht mehr zur Verfügung stehen, so wird die Kammer[240] bzw. das Schiedsgericht[241] nach dem gleichen Verfahren konstituiert wie der ursprünglich mit der Streitigkeit befaßte Spruchkörper.

Gegenstand der Auslegung ist die Klarstellung von Sinn und Tragweite der Entscheidung. Sie darf nicht dazu mißbraucht werden, die Bindungswirkung der ursprünglichen Entscheidung zu unterlaufen, indem etwa eine Partei versucht, unter dem Deckmantel der

---

trag für berechtigt hält. Im Vergleich zur Berichtigung ist diese Frist doppelt so lang. Dem Schiedsgericht wird dieser Zeitraum eingeräumt, damit es ggf. noch einmal in eine Beweisaufnahme eintreten und eine mündliche Verhandlung anberaumen kann, Hußlein-Stich, MG, S. 171 zur entsprechenden Regelung des Art. 33 (3) S. 3 UNCITRAL MG; vgl. auch Knoepfler/Schweizer, in: (Sarcevic) Essays on International Commercial Arbitration, S. 160 (175 f.).

234 Art. 66 (c) WIPO SchO. Nach Rule 49 (3) ICSID AR berät der vorsitzende Schiedsrichter sich mit den Mitschiedsrichtern darüber, ob ein Treffen des Schiedsgerichts notwendig ist, um über den Antrag zu entscheiden und um das weitere Verfahren festzulegen und den Parteien eine Frist für die Abgabe von Stellungnahmen zu setzen.

235 Dies stellt eine Abweichung von Art. 66 (c) WIPO SchO zu Art. 37 UNCITRAL SchO dar. Nach der letztgenannten Vorschrift ist der Erlaß eines Ergänzungsschiedsspruchs nur möglich, wenn die Auslassung ohne weitere mündliche Verhandlung oder Beweisaufnahme behoben werden kann.

236 I.V.m. Art. 126, 129 ISGH-VerfO.

237 I.V.m. Rule 50 ff. ICSID AR.

238 Zum Inhalt des Antrags für ICSID-Schiedsverfahren siehe Rule 50 ICSID AR. Auch hier ist der Antrag - wie bei der Berichtigung - an den Generalsekretär des ICSID zu richten, der diesen gegen Zahlung einer Gebühr von US$ 300 registriert.

239 Vgl. Broches, in: ICSID Rev. - FILJ 1991, S. 321 (323).

240 Art. 129 (2) ISGH-VerfO. Um zu verhindern, daß eine Partei die Konstituierung der neuen Kammer blockiert, indem sie die erforderliche Zustimmung (vgl. Art. 15 (2) ISGH-Statut, Art. 30 (3) ISGH-VerfO) nicht erteilt, bestimmt Art. 129 (2) S. 2 ISGH-VerfO, daß in diesem Fall die Kammer unabhängig von der Zustimmung der Parteien durch den Seegerichtshof konstituiert wird.

241 Art. 50 (2) S. 1 ICSID-Übk i.V.m. Rule 51 (2) und (3) ICSID AR. Die Entscheidung wird dabei nur dann dem ursprünglichen Schiedsgericht vorgelegt, wenn alle Mitglieder zur Verfügung stehen.

Auslegung eine materielle Korrektur der Entscheidung zu ihren Gunsten zu erreichen.[242] Nicht zuletzt um dieser Gefahr zu begegnen, ist der anderen Partei rechtliches Gehör zu gewähren, das heißt, die Möglichkeit zur schriftlichen Stellungnahme zu geben und gegebenenfalls eine mündliche Verhandlung durchzuführen.[243]

In der WIPO-Schiedsordnung ist die Möglichkeit der Auslegung des Schiedsspruchs durch das Schiedsgericht nicht normiert.[244] Ein Auslegungsverfahren kann daher nur auf der Grundlage einer entsprechenden Parteivereinbarung durchgeführt werden – anders als in den vorgenannten Verfahren ist ein einseitiger Antrag einer Partei nicht ausreichend.[245] Liegt eine Auslegungsvereinbarung vor, so ist die Frage auch hier nach Möglichkeit dem ursprünglichen Schiedsgericht vorzulegen.[246] Wie im Rahmen des Verfahrens vor dem Seegerichtshof bzw. einem ICSID-Schiedsgericht ist den Parteien zur Wahrung des Anspruchs auf rechtliches Gehör Gelegenheit zur Stellungnahme zu geben, bevor das Schiedsgericht eine Auslegungsentscheidung erläßt.

Für das WTO-Panelverfahren ist eine direkte Möglichkeit zur Auslegung des Panelberichts im DSU nicht vorgesehen. Allerdings können nach Art. 21.5 DSU Meinungsverschiedenheiten über die Frage, ob Maßnahmen zur Umsetzung der Empfehlungen und Entscheidungen ergriffen wurden, im Rahmen eines Panelverfahrens geklärt werden, wobei nach Möglichkeit das ursprüngliche Panel mit der Frage zu befassen ist.[247] Soweit diese Meinungsverschiedenheiten ihren Ursprung in Streitigkeiten über Sinn und Tragweite der Empfehlungen des Panels haben, besteht die Möglichkeit, daß das Panel seinen ursprünglichen Bericht auslegt.

---

242 Rosenne, World Court, S. 151; Shaw, International Law, S. 672; Broches, in: ICSID Rev. - FILJ 1991, S. 321 (323); vgl. auch Perrot, in: RdA 1969, S. 7 (8).

243 Vgl. Art. 126 ISGH-VerfO; Rule 53 ICSID AR, derzufolge die Vorschriften der ICSID AR auf das Auslegungsverfahren entsprechend Anwendung finden.

244 Herrmann, Arbitral Decision, S. 83 (89). Dagegen kann etwa nach Art. 35 UNCITRAL SchO jede Partei innerhalb von dreißig Tagen nach Erhalt des Schiedsspruchs das Schiedsgericht um Auslegung ersuchen. Auch § 1058 (1) Nr. 2 ZPO sieht die Möglichkeit der Auslegung der Entscheidung ausdrücklich vor. Ein rechtsvergleichender Überblick über die Regelungen in den einzelnen Schiedsgesetzen findet sich bei Poudret, in: (Reymond/Bucher) Recueil de Travaux Suisses, S. 269 ff. Kritisch zur Auslegung Berger, Wirtschaftsschiedsgerichtsbarkeit, S. 450 ff.; vgl. auch Hußlein-Stich, MG, S. 170, die darauf hinweist, daß die unterlegene Partei Auslegungsanträge dazu nutzen kann, das Verfahren zu verzögern. Dagegen hält Poudret, aaO. (269), die Möglichkeit einer Auslegung des Schiedsspruchs namentlich in internationalen Schiedsverfahren in besonderem Maße für notwendig. Nach Perrot, in: RdA 1969, S. 7 (10 und 14 f.) kann sich diese Notwendigkeit insbesondere im Rahmen der Vollstreckung des Schiedsspruchs ergeben.

245 Redfern/Hunter, Arbitration, S. 374; vgl. auch Art. 33 (1) (b) UNCITRAL MG, der eine Parteivereinbarung voraussetzt; vgl. hierzu Hußlein-Stich, MG, S. 170.

246 Die Parteien des Schiedsvertrages sind einander nach Treu und Glauben verpflichtet, die ursprünglichen Schiedsrichter zu ernennen; dem hat auch eine ernennende Stelle Rechnung zu tragen, Schlosser, Schiedsgerichtsbarkeit, Rn. 715.

247 Für die Entscheidung des Panels i.S.d. Art. 21.5 DSU ist ein enger Zeitrahmen vorgesehen. Es hat seinen Bericht grundsätzlich innerhalb von 90 Tagen vorzulegen.

D. Wiederaufnahme

Art. 51 ICSID-Übk[248] sieht unter bestimmten Umständen die Möglichkeit der Wiederaufnahme des Schiedsverfahrens vor.[249] Gleiches gilt auch für das Verfahren vor dem Internationalen Seegerichtshof, wobei die Wiederaufnahme weder im Seerechtsübereinkommen noch im ISGH-Statut, sondern lediglich in Art. 127 ff. ISGH-VerfO geregelt ist.[250] Die Vorschriften sowohl für das Verfahren vor dem Seegerichtshof als auch vor einem ICSID-Schiedsgericht sind eng an die für den IGH geltenden Bestimmungen[251] angelehnt. Voraussetzung für eine Wiederaufnahme ist, daß einer Partei eine Tatsache bekannt wird, die geeignet ist, das Urteil bzw. den Schiedsspruch entscheidend zu beeinflussen, sofern die Tatsache dem Spruchkörper und der antragstellenden Partei vor Erlaß der Entscheidung unbekannt war und die Unkenntnis der antragstellenden Partei nicht auf Fahrlässigkeit beruhte.[252]

In ICSID-Schiedsverfahren ist der Antrag[253] binnen 90 Tagen nach Bekanntwerden eines solchen Tatsache und in jedem Fall binnen drei Jahren nach Erlaß des Schiedsspruchs zu stellen[254], in Verfahren vor dem Seegerichtshof binnen 6 Monaten nach Bekanntwerden und in jedem Fall innerhalb von 10 Jahren.[255] Wie bei der Auslegung gilt auch hier, daß die Entscheidung über die Wiederaufnahme dem Spruchkörper vorgelegt wird, der ursprünglich über die Streitigkeit entschieden hat. Aus dem Anspruch auf rechtliches Gehör folgt, daß insbesondere der anderen Partei vor der Entscheidung über die Wiederaufnahme Gelegenheit zur Stellungnahme zu geben ist.[256] Hält der Spruchkörper den Antrag für zulässig, so wird das Verfahren zur Hauptsache wieder aufgenommen.[257]

---

248 I.V.m. Rule 50 ff. ICSID AR.

249 Zur Wiederaufnahme nach Art. 51 ICSID-Übk Pirrung, Weltbankübereinkommen, S. 170 ff.

250 Die Möglichkeit, ein Wiederaufnahmeverfahren in die Verfahrensordnung aufzunehmen, folgt aus der Befugnis des Seegerichtshofs, seine eigenen Regeln zur Wahrnehmung seiner Aufgaben und insbesondere seine eigene Verfahrensordnung festzulegen, Art. 16 ISGH-Statut. Vgl. auch die Erläuterung der Preparatory Commission for the International Seabed Authority and for the International Tribunal for the Law of the Sea in der Fußnote zu Art. 115 ISGH-VerfO-E: „There are no specific provisions in the Statute of the Tribunal relating to the revision of judgments. Nevertheless, the Preparatory Commission considers the inclusion of such provisions in the Rules of the Tribunal to be appropriate." (LOS/PCN/SCN.4/WP.16/Add. 1, 19. Januar 1994, S. 65); v. Wedel, in: RIW 1982, S. 634 (639): „...eine Wiederaufnahme...kann in der Verfahrensordnung des Gerichtshofs ohne weiteres vorgesehen werden".

251 Art. 61 IGH-Statut, Art. 99 f. IGH-VerfO.

252 Art. 127 (1) ISGH-VerfO; Art. 51 (1) ICSID-Übk.

253 Zum Inhalt des Antrags Rule 50 (1) ICSID AR.

254 Art. 51 (2) ICSID-Übk.

255 Art. 127 (1) S. 2 ISGH-VerfO.

256 Art. 128 (2) und (3) ISGH-VerfO.

257 Vgl. Rule 53 ICSID AR; Art. 128 (5) ISGH-VerfO, demzufolge der Seegerichtshof nach Einholung der Ansichten der Parteien Fristen für das weitere von ihm für erforderlich gehaltene Verfahren zur Hauptsache festsetzt. Betrifft der Wiederaufnahmegrund nur einen von mehreren Ansprüchen oder einen betragsmäßig abtrennbaren Teil eines Anspruchs, so ist das Verfahren nur wiederaufzunehmen, soweit der mögliche Einfluß der neuen Tatsachen reicht. Im übrigen bleibt die Entscheidung unberührt, Pirrung, Weltbankübereinkommen, S. 171.

Um zu verhindern, daß eine Partei das Wiederaufnahmeverfahren lediglich zu Verzögerungszwecken einsetzt, sehen beide Verfahrensordnungen vor, daß die Vollstreckbarkeit der Entscheidung durch die Wiederaufnahme grundsätzlich nicht beeinträchtigt wird. Für das Verfahren vor dem Seegerichtshof ergibt sich dies aus Art. 128 (4) ISGH-VerfO, demzufolge die Wiederaufnahme des Verfahrens von der Vollstreckung des Urteils abhängig gemacht werden kann, wenn der Seegerichtshof dies für angemessen hält. Nach Art. 51 (4) ICSID-Übk i.V.m. Rule 54 ICSID AR bleibt der Schiedsspruch vollstreckbar, soweit das Schiedsgericht nicht beschließt, die Vollstreckung des Schiedsspruchs bis zur Entscheidung über den Wiederaufnahmeantrag auszusetzen; ersucht eine Partei allerdings das Schiedsgericht um eine Aufschiebung der Vollstreckung, so wird diese bis zu der Entscheidung des Schiedsgerichts über diesen Antrag vorläufig ausgesetzt.[258]

Auch wenn es sich bei der Wiederaufnahme nicht um ein „echtes Rechtsmittel" handelt, da dasselbe Entscheidungsorgan lediglich über außerordentliche Gründe entscheidet, die zu einer anderen Tatsachengrundlage der Entscheidung führen[259], wird durch die Wiederaufnahme des Verfahrens die Bindungswirkung der ursprünglichen Entscheidung durchbrochen. Deshalb ist die Wiederaufnahme, die in der Praxis des ICSID erst in einem Verfahren[260] beantragt worden ist[261], zurückhaltend zu handhaben.[262] Unproblematisch ist sie, wenn sie nicht auf Antrag einer Partei erfolgt, sondern aufgrund einer Vereinbarung aller Verfahrensparteien; in diesem Fall ist eine Wiederaufnahme auch nach Ablauf der Ausschlußfristen möglich.

Die WIPO-Schiedsordnung sieht die Möglichkeit einer Wiederaufnahme des Verfahrens nach Erlaß des Schiedsspruchs auf Antrag einer Partei nicht vor. Dies folgt im Umkehrschluß aus Art. 57 (b) WIPO SchO. Nach dieser Vorschrift kann das Schiedsgericht, wenn es dies aufgrund außergewöhnlicher Umstände für notwendig hält, jederzeit vor Erlaß des Schiedsspruchs (nicht aber danach) auf eigene Veranlassung oder auf Antrag

258 Art. 51 (4) S. 2 ICSID-Übk; beantragt eine Partei die Aussetzung der Vollstreckung im Antrag auf Wiederaufnahme, so setzt der Generalsekretär des ICSID die Parteien über die vorläufige Aussetzung der Vollstreckung in Kenntnis. Entscheidet das Schiedsgericht auf Antrag einer Partei nicht innerhalb von 30 Tagen nach seiner Konstituierung, daß die Vollstreckung vorläufig ausgesetzt bleibt, so endet die Aussetzung automatisch, Rule 54 (2) ICSID AR.

259 Der IGH hat hierzu im Hinblick auf die Wiederaufnahme eines Verfahrens vor dem U.N. Administrative Tribunal ausgeführt, daß der Grundsatz, daß eine Entscheidung endgültig und verbindlich sei, „cannot...be considered as excluding the Tribunal from itself revising a judgement in special circumstances when new facts of decisive importance have been discovered...Such a strictly limited revision by the Tribunal itself cannot be considered as an 'appeal'", Effect of Awards of Compensation Made by the United Nations Administrative Tribunal, Advisory Opinion of July 13th, 1954, ICJ Reports 1954, S. 47 (55); vgl. auch Pirrung, Weltbankübereinkommen, S. 170; Broches, in: ICSID Rev. - FILJ 1991, S. 321 (323).

260 American Manufacturing & Trading, Inc. v. Democratic Republic of Congo (Case No. ARB/93/1) – Revision Proceeding, Antrag vom 29. Januar 1999.

261 Bei dem IGH ist erst in einem Fall (Application for Revision and Interpretation of the Judgment of 24 February 1982 in the Case Concerning the Continental Shelf (Tunisia v. Libyan Arab Jamahiriya), Judgment of 10 December 1985, ICJ Reports 1985, S. 192) ein Antrag auf Wiederaufnahme gestellt worden; siehe hierzu Shaw, International Law, S. 673.

262 Vgl. zum IGH Rosenne, World Court, S. 152: „The cases on interpretation and revision indicate that such an attack on the finality of the res judicata will not be easily entertained".

einer Partei entscheiden, daß das von ihm für abgeschlossen erklärte Verfahren[263] wieder aufzunehmen ist.[264] Ebenso ist für das WTO-Panelverfahren eine Wiederaufnahme nicht vorgesehen. Aufgrund der mit einer Wiederaufnahme verbundenen Durchbrechung der Bindungswirkung der Entscheidung gilt für beide Verfahren, daß wegen des Fehlens einer ausdrücklich normierten Befugnis zur Wiederaufnahme des Verfahrens diese Möglichkeit grundsätzlich nicht besteht. Etwas anderes gilt nur, wenn die am Verfahren beteiligten Parteien eine Wiederaufnahme einvernehmlich vereinbaren.

E. Zusammenfassung

Häufig werden Streiterledigungsverfahren beendet, ohne daß zuvor eine verbindliche Entscheidung des Spruchkörpers ergangen ist. Diese Möglichkeit besteht uneingeschränkt in allen Verfahrensordnungen, wenn die Parteien das Verfahren aufgrund einer gütlichen Einigung einvernehmlich beenden. Um dem multilateralen Charakter der WTO Rechnung zu tragen und sicherzustellen, daß eine gütliche Einigung nicht in die Rechte dritter WTO-Mitglieder eingreift, wird der Inhalt der Einigung allerdings unter anderem dem DSB mitgeteilt. In einem ICSID- bzw. einem WIPO-Schiedsverfahren besteht die Möglichkeit, einen zwischen den Parteien geschlossenen Vergleich durch das Schiedsgericht in Form eines sogenannten Schiedsspruchs mit vereinbartem Wortlaut zu protokollieren; dieser Schiedsspruch ist vollstreckungsfähig. In Verfahren vor dem Seegerichtshof kann ein zwischen den Parteien geschlossener Vergleich ebenfalls durch den Seegerichtshof protokolliert werden.

Eine einseitige Beendigung eines WTO-Panelverfahrens gegen den Willen der Partei, gegen die sich die Beschwerde richtet, ist ausgeschlossen. Dies folgt schon daraus, daß das Panel nicht durch die Parteien, sondern durch den DSB eingesetzt worden ist und zu dessen Händen ein Gutachten erstattet. Ähnliches gilt auch für das ICSID-Schiedsverfahren. Sobald der Antrag auf Verfahrenseinleitung registriert ist, kann die beklagte Partei der einseitigen Beendigung des Verfahrens durch den Kläger widersprechen, mit der Folge, daß das Verfahren fortgesetzt werden muß. In Verfahren vor dem Seegerichtshof steht der beklagten Partei ein entsprechendes Widerspruchsrecht erst zu, wenn sie bereits eine Prozeßhandlung vorgenommen hat. Hingegen kommt es in einem WIPO-Schiedsverfahren bei einem Widerspruch des Beklagten gegen die Beendigung des Verfahrens darauf an, ob in dem konkreten Fall das Interesse des Klägers, von dem Verfahren Abstand zu nehmen, oder das Interesse des Beklagten, die Streitigkeit endgültig beizulegen, überwiegt.

Schließlich sehen – abgesehen von den Vorschriften über das Verfahren vor dem Seegerichtshof – die Verfahrensordnungen vor, daß bei einem Stillstand des Verfahrens über einen längeren Zeitraum (Ruhen eines ICSID-Schiedsverfahrens für mehr als 6 Monate; Aussetzung eines WTO-Panelverfahrens für mehr als 12 Monate) oder bei Überflüs-

263 Siehe hierzu oben S. 284 f.

264 Zur Frage der Wiederaufnahmeklage vor staatlichen Gerichten, Berger, Wirtschaftsschiedsgerichtsbarkeit, S. 491 ff.

sigkeit bzw. Unmöglichkeit der weiteren Durchführung des Schiedsverfahrens (WIPO-Schiedsordnung) das Verfahren endet.

Soweit das Verfahren mit einer verbindlichen Entscheidung durch den Spruchkörper beendet wird, sind hinsichtlich des WTO-Panelverfahrens Besonderheiten zu beachten. Zunächst ist der Bericht des Panels an sich für die Parteien noch nicht verbindlich, da es sich hierbei um ein an den DSB gerichtetes Gutachten zu faktischen und rechtlichen Fragen handelt. Zur Herbeiführung der Verbindlichkeit bedarf es erst der Annahme des Berichts durch den DSB. Da – abgesehen von der möglichen Durchführung eines Rechtsmittelverfahrens – Voraussetzung für die Nichtannahme des Panelberichts ist, daß der DSB die Annahme per Konsensentscheidung ablehnt (Umkehrung des Konsensprinzips), ist der Bericht des Panels für die Parteien aber zumindest „quasi-verbindlich", so daß es gerechtfertigt ist, das Panelverfahren als zu einem verbindlichen Ergebnis führendes Verfahren anzusehen.

Eine weitere Besonderheit des WTO-Panelverfahrens gegenüber den übrigen Streiterledigungsverfahren ist die Durchführung eines Zwischenprüfungsverfahrens („*interim review stage*") nach Art. 15 DSU. Vor Abschluß des Verfahrens erhalten die Parteien den vollständigen Panelbericht und können beantragen, daß bestimmte Aspekte des Berichts noch einmal durch das Panel überprüft und gegebenenfalls modifiziert werden. Das Zwischenprüfungsverfahren ist als Ausgleich im Zusammenhang mit der Umkehrung des Konsensprinzips bei der Annahme des Berichts eingeführt worden. Es soll dem Panel die Möglichkeit eröffnen, durch Änderungen, Ergänzungen oder Klarstellungen die Qualität des Berichts zu verbessern und insbesondere dessen Akzeptanz bei den Parteien zu fördern.

Bei dem Internationalen Seegerichtshof bzw. der Kammer für Meeresbodenstreitigkeiten ist wegen ihrer Größe das interne Verfahren, um zu einer Entscheidung zu gelangen, in der *Resolution on the Internal Judicial Practice of the Tribunal* vom 31. Oktober 1997 geregelt. Demgegenüber ist das Verfahren zur Entscheidungsfindung in den übrigen Streiterledigungsverfahren nicht in vergleichbarer Weise formalisiert, sondern richtet sich nach den Umständen des Einzelfalles. Für alle untersuchten Verfahren gilt, daß die Beratungen der Spruchkörper geheim sind.

Ein besonderes Problem, das in einem Schiedsverfahren auftreten kann, in welchem die Parteien jeweils „ihren" Schiedsrichter ernennen, ist das sog. *Truncated Tribunal.* In der Praxis kommt es immer wieder vor, daß ein – in aller Regel parteiernannter – Schiedsrichter seine Mitarbeit innerhalb des Schiedsgerichts verweigert, um das Verfahren zu obstruieren, da er erkennt, daß „seine" Partei im Begriff ist zu unterliegen. Unter engen Voraussetzungen – vor allem muß der betroffene Schiedsrichter die Möglichkeit gehabt haben, an der Arbeit des Schiedsgerichts teilzunehmen, und es muß mit hinreichender Sicherheit feststehen, daß eine Obstruktion des Verfahrens bezweckt ist – können die übrigen Schiedsrichter ihre Tätigkeit auch ohne den dritten Schiedsrichter fortsetzen und einen Schiedsspruch erlassen.

Die Entscheidungen eines WTO-Panels ergehen durch Mehrheitsentscheidung, es müssen also bei einem Dreier-Spruchkörper mindestens zwei Mitglieder für die Entscheidung stimmen. Das gleiche gilt mangels abweichender Parteivereinbarung auch für ein ICSID-Schiedsgericht. Auch in einem WIPO-Schiedsverfahren ergeht – wenn die Parteien nichts anderes vereinbart haben – grundsätzlich eine Mehrheitsentscheidung. Kommt eine solche zwischen den Schiedsrichtern indes nicht zustande, so entscheidet der Vorsitzende des Schiedsgerichts allein (sog. „*casting vote*"). Durch diese Lösung wird der Gefahr entgegengewirkt, daß der vorsitzende Schiedsrichter gezwungen wird, einen Kompromiß mit dem „weniger unvernünftigen" parteiernannten Schiedsrichter zu finden. Andererseits wird die Position des Vorsitzenden zu Lasten der beiden parteiernannten Schiedsrichter gestärkt, da dieser weitgehend unabhängig von seinen Mitschiedsrichtern entscheiden kann.

Auch in Verfahren vor dem Internationalen Seegerichtshof erfolgt eine Entscheidung grundsätzlich mit einfacher Mehrheit; allerdings gibt hier bei Stimmgleichheit die Stimme des Präsidenten des Seegerichtshofs bzw. seines Vertreters den Ausschlag. Wird eine Streitigkeit durch eine aus wenigen Mitgliedern bestehende Sonderkammer entschieden, so ist die Stellung des Präsidenten bei der Abstimmung mit der eines Vorsitzenden eines WIPO-Schiedsgerichts vergleichbar. Für alle untersuchten Verfahren gilt, daß die Mitglieder der Spruchkörper in aller Regel bestrebt sind, eine möglichst breite Basis für die Entscheidung zu schaffen und – insbesondere bei einem aus drei Mitgliedern bestehenden Panel oder Schiedsgericht – eine einstimmige Entscheidung herbeizuführen.

Eine umfassende Auflistung des Inhalts eines Urteils, Panelberichts oder Schiedsspruchs findet sich in Art. 125 ISGH-VerfO bzw. Rule 47 ICSID AR. Neben der Entscheidung des Spruchkörpers zur Sache ist als ein zentrales Element die Begründung vorgeschrieben – nach Art. 62 (c) WIPO SchO können die Parteien eines WIPO-Schiedsverfahrens allerdings auf die Begründung verzichten.

In einem ICSID- wie auch in einem WIPO-Schiedsverfahren ist ein wesentlicher Bestandteil des Schiedsspruchs die Kostenentscheidung. Die Entscheidung, wer die Verfahrens- und Parteikosten zu tragen hat, steht grundsätzlich im Ermessen des Schiedsgerichts, wobei ein maßgeblicher Aspekt für diese Entscheidung der Ausgang des Verfahrens in der Hauptsache ist. Demgegenüber trifft ein WTO-Panel keine Kostenentscheidung, da die Kosten des Verfahrens selbst durch die WTO und die Parteikosten jeweils durch die betroffene Partei getragen werden. In Verfahren vor dem Seegerichtshof ergeht keine Entscheidung über die Verfahrenskosten, wenn an dem Verfahren ausschließlich Vertragsstaaten oder die Meeresbodenbehörde beteiligt sind, da diese zu der allgemeinen Finanzierung des Seegerichtshofs beitragen. Sind hingegen andere Rechtsträger an dem Verfahren beteiligt, so entscheidet der Gerichtshof, in welcher Höhe diese Partei einen Beitrag zu den Kosten des Verfahrens leistet. Daneben hat der Seegerichtshof nach Art. 34 ISGH-Statut in allen Verfahren die Möglichkeit, eine von dem allgemeinen völkerrechtlichen Grundsatz, daß jede Partei ihre eigenen Kosten zu tragen hat, abweichende Entscheidung zu treffen.

Vor allem in Schiedsverfahren ist fraglich, ob und in welcher Höhe das Schiedsgericht Zinsen zusprechen kann. Ein WIPO-Schiedsgericht hat in dieser Frage weites Ermessen. Nach Art. 60 (b) WIPO SchO kann es – in den Grenzen des am Ort des Schiedsverfahrens geltenden Rechts – entscheiden, daß eine Partei Zinsen und Zinseszinsen auf den Betrag zahlen muß, der zu ihren Lasten zuerkannt wurde. Dabei ist das Schiedsgericht nicht an die gesetzlichen Zinssätze gebunden, sondern kann diese in der von ihm für angemessen gehaltenen Höhe festlegen. Dagegen richtet sich die Gewährung von Zinsen in einem ICSID-Schiedsverfahren nach dem gemäß Art. 42 (1) ICSID-Übk anwendbaren Recht. Problematisch ist hier, daß der jeweils geltende gesetzliche Zinssatz bei wirtschaftlicher Betrachtungsweise in der Regel unangemessen niedrig ist. Betrachtet man indes zutreffenderweise den Zinsanspruch im internationalen Wirtschaftsverkehr als Schadensersatzsanspruch wegen der zeitweiligen Vorenthaltung der eingeklagten Geldsumme, so besteht auch im Rahmen eines ICSID-Schiedsverfahrens die Möglichkeit, Zinsen in angemessener Höhe zuzusprechen.

In Verfahren vor dem Internationalen Seegerichtshof und in einem ICSID-Schiedsverfahren – nicht dagegen im Rahmen des WTO-Streiterledigungsverfahrens – besteht die Möglichkeit, daß einzelne Mitglieder des Gerichtshofs bzw. Schiedsgerichts ihre von der Mehrheit abweichende Meinung in einer *dissenting opinion* oder *separate opinion* darlegen. Diese Minderheitsvoten sollen der Klärung und Fortentwicklung des Völkerrechts dienen; in der Praxis werden sie indes teilweise dazu mißbraucht, sich gegenüber der „eigenen“ Partei zu rechtfertigen. Für das WIPO-Schiedsverfahren gilt, daß ein Schiedsrichter nicht daran gehindert werden kann, seine von der Mehrheit abweichende Auffassung schriftlich kundzutun. Dieses Minderheitsvotum ist hier indes kein Bestandteil des Schiedsspruchs, mit der Folge, daß es diesem nur mit Zustimmung der beiden anderen Schiedsrichter beigefügt werden kann.

Ein Urteil, ein Panelbericht – nach seiner Annahme durch den DSB und vorbehaltlich der Durchführung eines Rechtsmittelverfahrens – sowie ein ICSID- und ein WIPO-Schiedsspruch entfalten gegenüber den Parteien in Bezug auf den Streitgegenstand, über den entschieden worden ist, Bindungswirkung. Eine darüber hinausgehende Bindungswirkung gegenüber Dritten, auch im Sinne einer zwingenden Präzedenzwirkung, besteht hingegen nicht. Gleichwohl ist vor allem in der zwischenstaatlichen Streiterledigung die Tendenz erkennbar, auf bereits ergangene Entscheidungen Bezug zu nehmen und sie der eigenen Entscheidung zugrunde zu legen. Ob und in welchem Umfang dies geschieht hängt aber letztlich ausschließlich von der Überzeugungskraft dieser Entscheidungen ab. Neben den Urteilen des Seegerichtshofs, an die dieser sich regelmäßig selbst zumindest faktisch gebunden fühlen wird, geht im Rahmen der WTO-Streiterledigung allerdings von den Entscheidungen des WTO-Rechtsmittelgremiums eine zumindest faktisch starke Bindungswirkung für jedes WTO-Panel aus. Ein Panel wird von einer Entscheidung des Rechtsmittelgremiums in der Praxis kaum abweichen, wenn es nicht die Aufhebung oder Abänderung seines eigenen Berichts riskieren will.

In allen untersuchten Verfahren besteht die Möglichkeit, objektiv verifizierbare Fehler zu berichtigen. Daneben sehen das ICSID-Übereinkommen und die WIPO-Schiedsordnung auf Antrag einer Partei die Möglichkeit einer Ergänzung des Schiedsspruchs vor, wenn das Schiedsgericht über einen eigenständigen Teil des Streitgegenstandes nicht entschieden hat. Ebenfalls im ICSID-Übereinkommen sowie für das Verfahren vor dem Seegerichtshof ist die Möglichkeit vorgesehen, daß eine Partei bei Unklarheiten über Sinn oder Tragweite des Schiedsspruchs bzw. Urteils einen Antrag auf Auslegung der Entscheidung stellen kann. Für das WTO-Panelverfahren ergibt sich eine hiermit vergleichbare Möglichkeit aus Art. 21.5 DSU. Mangels einer entsprechenden Vorschrift in der WIPO-Schiedsordnung besteht die Möglichkeit der Auslegung des Schiedsspruchs demgegenüber nur auf der Grundlage einer entsprechenden Vereinbarung der Parteien.

Die Möglichkeit einer Wiederaufnahme des Verfahrens schließlich ist nur für das Verfahren vor dem Seegerichtshof und vor einem ICSID-Schiedsgericht vorgesehen. Voraussetzung für eine Wiederaufnahme ist in beiden Verfahren, daß einer Partei eine

Tatsache bekannt wird, die geeignet ist, das Urteil bzw. den Schiedsspruch entscheidend zu beeinflussen, sofern die Tatsache dem Spruchkörper und der antragstellenden Partei vor Erlaß der Entscheidung unbekannt war und die Unkenntnis der antragstellenden Partei nicht auf Fahrlässigkeit beruhte. Demgegenüber ist eine Wiederaufnahme weder für das WTO-Panelverfahren noch für das WIPO-Schiedsverfahren vorgesehen; als Folge der mit einer Wiederaufnahme verbundenen Durchbrechung der Bindungswirkung der Entscheidung gilt für beide Verfahren, daß eine solche Möglichkeit wegen des Fehlens einer ausdrücklich normierten Befugnis grundsätzlich nicht besteht. Etwas anderes kann sich nur aus einer entsprechenden Vereinbarung der Verfahrensparteien ergeben.

Siebtes Kapitel: Überprüfung der Entscheidung durch einen anderen Spruchkörper

A. Einleitung

Zweck verbindlicher Streiterledigungsverfahren ist, die Streitigkeit durch eine abschließende, die Parteien bindende Entscheidung des Spruchkörpers zu beenden. Dabei ist Voraussetzung für die tatsächliche Beendigung der Streitigkeit, daß die Parteien die Entscheidung als endgültig akzeptieren und befolgen.[1] Dieses Interesse an einer abschließenden Beilegung der Streitigkeit und die damit verbundene Rechtsklarheit und -sicherheit steht in einem Spannungsverhältnis zu der Notwendigkeit sicherzustellen, daß die Entscheidung auf einem ordnungsgemäßen Verfahren beruht und zu einem sachgerechten Ergebnis geführt hat. Um einen Ausgleich zwischen diesen widerstreitenden Interessen zu schaffen, sehen die einzelnen Streiterledigungsverfahren in unterschiedlicher Art und Intensität Kontrollmechanismen vor. Diese Kontrollmechanismen sind im übrigen nicht zuletzt auch deshalb notwendig, um zu verhindern, daß die Spruchkörper die ihnen eingeräumte Befugnis – die auf die Entscheidung der Streitigkeit begrenzt ist – überschreiten.[2]

Von den untersuchten Verfahren unterliegen lediglich die Entscheidungen des Seegerichtshofs und seiner Kammern keiner Überprüfung durch einen anderen Spruchkörper.[3] Eine Kontrolle der Entscheidung erfolgt hier lediglich im Rahmen interner Mechanismen innerhalb des Seegerichtshofs. Einen wesentlichen Kontrollmechanismus stellen insoweit Größe und Zusammensetzung des Internationalen Seegerichtshofs dar. Die große Zahl der an einer Entscheidung beteiligten Mitglieder und deren verschiedenen juristischen und kulturellen Traditionen und Rechtsverständnisse führen dazu, daß bereits im Rahmen der Entscheidungsfindung eine nachhaltigere interne Kontrolle stattfindet, als dies bei den kleineren Spruchkörpern in den anderen Streiterledigungsverfahren der Fall ist.[4]

In den übrigen Verfahren findet – auf Antrag einer Partei – eine Kontrolle der Entscheidung durch einen anderen Spruchkörper statt, wobei hinsichtlich Art und Umfang

---

1 Redfern/Hunter, Arbitration, S. 416; v. Mangoldt, Schiedsgerichtsbarkeit, S. 70.

2 Feldman, in: ICSID Rev. - FILJ 1987, S. 85 (86 f.); ders., in: D.L.J. 1989, S. 739 (741): „In social and legal arrangements in which a limited power is delegated, control systems are essential; without them, the putative restrictions disappear and the limited power may become absolute"; vgl. auch ders., Systems of Control, S. 3.

3 Der Vorschlag, dem Internationalen Seegerichtshof die Befugnis eines „Court of Appeal" einzuräumen, konnte sich nicht durchsetzen, vgl. Adede, in: N.Y.U. J. Int. L & Pol. 1977, S. 253 (273 f.) m.w.N.

4 Als weitere interne Kontrollmechanismen nennt Reisman, Systems of Control, S. 11 ff. im Hinblick auf den IGH eine restriktive Handhabung der eigenen Zuständigkeit und eine Selbstbindung an die in eigenen Entscheidungen aufgestellten Grundsätze. Reisman kommt dabei zu dem Ergebnis, daß der IGH diese internen und informellen Kontrollmechanismen in seinen Entscheidungen zunehmend außer acht läßt und spricht insoweit von der „Atrophy of Informal Mechanisms".

der Überprüfung erhebliche Unterschiede bestehen. Im Hinblick auf den Gegenstand der Überprüfung lassen sich grundsätzlich zwei verschiedene Formen unterscheiden. Zum einen kann die Überprüfung darauf beschränkt werden, ob die prozessualen Rechte der Parteien gewahrt worden sind und die Entscheidung aufgrund eines ordnungsgemäßen Verfahrens ergangen ist. Zum anderen besteht die Möglichkeit, darüber hinaus auch die inhaltliche Richtigkeit der Entscheidung zu überprüfen.[5] Im folgenden soll untersucht werden, auf welche Weise und in welchem Umfang in den einzelnen untersuchten Verfahren eine Kontrolle der Entscheidung stattfindet.

B. Verfahrensinterne Rechtsmittel

I. Das WTO-Rechtsmittelverfahren

Im Rahmen der WTO-Streiterledigung besteht die Möglichkeit, einen Panelbericht durch das ständige Rechtsmittelgremium („*standing appellate review body*") überprüfen zu lassen. Gegenstand des Rechtsmittelverfahrens sind nach Art. 17.6 DSU die in dem Panelbericht behandelten Rechtsfragen und die Rechtsauslegung durch das Panel. Es handelt sich bei diesem Rechtsmittelverfahren eher um ein Revisions- als um ein Berufungsverfahren[6], da es sich nicht um eine neue Tatsacheninstanz handelt, sondern nur eine Rechtsverletzung geltend gemacht werden kann.[7]

Das Rechtsmittelverfahren stellt eine der wesentlichen Neuerungen des WTO-Panelverfahrens gegenüber der GATT-Streiterledigung dar.[8] Der Grund für seine Einführung liegt in der Änderung der Modalitäten für die Annahme des Panelberichts. Im Rahmen des GATT stellte die Möglichkeit der Vertragsparteien, die Annahme eines Panelberichts zu blockieren, einen wichtigen Kontrollmechanismus dar, durch den die Annahme inhaltlich fehlerhafter Berichte verhindert werden konnte.[9] Angesichts der Einführung ei-

5 Im anglo-amerikanischen Recht wird insoweit zwischen Annulment und Appeal unterschieden, wobei letzterer Begriff eine Überprüfung der Entscheidung in tatsächlicher Hinsicht im Sinne einer Berufung wie auch eine Überprüfung auf rechtliche Fehler im Sinne einer Revision umfaßt, vgl. Caron, in: ICSID Rev. - FILJ 1992, S. 21 (23 ff.).

6 Jansen, in: EuZW 1996, S. 513; Die Bezeichnung des hierfür zuständigen Spruchkörpers als „Berufungsgremium" im Bundesgesetzblatt (BGBl. 1994, Teil II, 1749 ff.) und in Teilen der Literatur (Stoll, in: ZaöRV 1994, S. 241 (275); Gabler, Streitbeilegungssystem der WTO, S. 55 f.; Gemperle/Zeller/Wartenweiler, Ergebnisse, S. 73; Ziegler, in: Außenwirtschaft 1996, S. 417 ff.) gibt die Befugnisse nicht zutreffend wieder.

7 Nach Art. 17.6 DSU ist das Rechtsmittelverfahren auf die in dem Panelbericht behandelten Rechtsfragen und auf die Rechtsauslegung durch das Panel beschränkt.

8 Lowenfeld, in: AJIL 1994, S. 477 (483) „most drastic innovation"; Burdeau, in: RdA 1995, S. 3 (35) „innovation remarquable"; Jackson, in: RGDIP 1994, S. 675 (686) „entièrement nouveau".

9 Insbesondere Petersmann, Improvements, S. 109 (115 ff.) stand der Einführung des Rechtsmittelverfahrens kritisch gegenüber und sprach sich für die Beibehaltung des Konsensprinzips als Kontrollmechanismus aus. Das Erfordernis der Annahme des Panelberichts durch Konsens aller Vertragsparteien des GATT habe, abgesehen von Verzögerungen, kaum ernsthafte Probleme verursacht. So seien nur in vier von 80 Fällen Panelberichte nicht angenommen worden.

ner „quasi-automatischen“ Annahme des Panelberichts gemäß Art. 16.4 DSU war es notwendig, im Rahmen der WTO-Streiterledigung als Gegengewicht einen anderen Kontrollmechanismus zu schaffen.[10] Daneben dient das Rechtsmittelverfahren dazu, die Einheitlichkeit der Anwendung und Auslegung der relevanten Rechtsvorschriften sicherzustellen und damit die Vorhersehbarkeit des Streiterledigungsverfahrens zu erhöhen.[11] Insgesamt soll so durch das Rechtsmittelverfahren die Akzeptanz des Streiterledigungsverfahrens durch die Mitgliedstaaten der WTO erhöht werden. Diese sollen davon abgehalten werden, die Umsetzung der Panelempfehlungen mit der Begründung zu verweigern, das Streiterledigungsverfahren sei unfair, fehlerhaft oder unvollständig gewesen, da nicht alle vorgebrachten Argumente berücksichtigt worden seien.

Die Grundlagen des Verfahrens vor dem Rechtsmittelgremium sind in Art. 17 DSU geregelt. Darüber hinaus hat das Rechtsmittelgremium auf der Grundlage des Art. 17.9 DSU die „Working Procedures for Appellate Review“ (WTO-WP-AR) erlassen, die weitere detaillierte Regeln über das Verfahren enthalten.[12]

1. Das ständige Rechtsmittelgremium

Zuständig für die Überprüfung der Panelentscheidungen ist das ständige Rechtsmittelgremium. Dieses besteht aus sieben Mitgliedern, die vom DSB ernannt werden und von denen jeweils drei eine Kammer zur Behandlung eines konkreten Falles bilden.

Gemäß Art. 17.3 DSU handelt es sich bei den Mitgliedern um anerkannte und angesehene Fachleute mit ausgewiesenen Sachkenntnissen auf den Gebieten Recht, internationaler Handel und allgemein den Gegenständen der unter das DSU fallenden Überein-

---

Im übrigen könne die unterlegene Partei nur durch eine einvernehmliche Verabschiedung des Panelberichts dazu bewegt werden, die von dem Panel empfohlenen Maßnahmen tatsächlich durchzuführen. Außerdem sei zu befürchten, daß die Rechtsmittelinstanz zu einer Schwächung des Panelverfahrens führen werde, da ein Anreiz für eine automatische Durchführung des Rechtsmittelverfahrens bestehe und das Panelverfahren hierdurch unnötig verlängert werde. Insbesondere werde auch die Stärke des GATT-Systems, die in einer Kombination der vertragsorientierten, juristischen Panelberichte mit anschließender politischer Verabschiedung durch den GATT-Rat begründet sei, geschwächt. Zu dieser Kritik Esser, in: ZVglRWiss 91 (1992), S. 365 (370 f.). Kuijper, in: JWT 1995, Nr. 6, S. 49 (52) weist darauf hin, daß rechtliche Fehler in mehreren Panelberichten die USA und die EG veranlaßt haben, die Idee eines Rechtsmittelverfahrens zu unterstützen.

10 Nogueira, in: JWT 1996, Nr. 6, S. 5 (5 f.); Joergens, in: L. & Pol. Int. B. 1999 (Vol. 30), S. 193 (194 f.); Leier, in: EuZW 1999, S. 204 (205). Als Gegengewicht gegen die hiermit verbundene Verrechtlichung des WTO-Streiterledigungsverfahrens wurde neben dem Rechtsmittelverfahren ferner das Zwischenprüfungsverfahren (siehe hierzu oben S. 424 ff.) eingeführt; vgl. Petersmann, GATT/WTO Dispute Settlement, S. 186; Lowenfeld, in: AJIL 1994, S. 477 (483).

11 Kohona, in: JWT 1994, Nr. 2, S. 23 (40); Nogueira, in: JWT 1996, Nr. 6, S. 5 (14): „The Appellate Body's main task may be defined as ensuring the predictability and transparency of dispute settlement procedures by means of improving the coherence of panel reports“.

12 Siehe hierzu auch Nogueira, in: JWT 1996, Nr. 6, S. 5 (15 ff.).

kommen. Sie sollen weitgehend die Mitgliedschaft in der WTO widerspiegeln.[13] Dementsprechend gehören dem ersten Rechtsmittelgremium je ein Mitglied aus *Ägypten*, *Deutschland*, *Japan*, *Neuseeland*, *Uruguay* und den *USA* sowie von den *Philippinen* an.[14]

Die Mitglieder müssen von einer Regierung unabhängig sein und dürfen sich nicht an der Erörterung von Streitigkeiten beteiligen, soweit dies zu einem mittelbaren oder unmittelbaren Interessenkonflikt führen würde. Zur Wahrung der Unabhängigkeit bestimmt Rule 2 WTO-WP-AR darüber hinaus, daß sie während ihrer Amtszeit keine Tätigkeit ausüben dürfen, die mit ihren Aufgaben in Konflikt steht, und daß sie bei der Ausübung ihres Amtes von niemandem Anweisungen einholen oder entgegennehmen dürfen.[15]

Eine Art. 8.3 DSU entsprechende Vorschrift, nach der Staatsangehörige von Streitparteien oder Dritten im Sinne des Art. 10.2 DSU grundsätzlich als Panelmitglieder ausgeschlossen sind, enhält Art. 17 DSU nicht. Auch im Zuge der Ausarbeitung der WTO-WP-AR ist auf die Aufnahme einer entsprechenden Vorschrift verzichtet worden. Bei der Übersendung der Verfahrensordnung an den DSB hat der Vorsitzende des Rechtsmittelgremiums[16], *Lacarte-Muró*, in seinem Begleitschreiben an den Vorsitzenden des DSB[17] begründet, warum eine solche Bestimmung nicht aufgenommen worden ist. Zum einen waren die Mitglieder des Gremiums der Ansicht, daß angesichts der besonderen Qualifikationen der Mitglieder eine solche Bestimmung unnötig gewesen sei. Außerdem hätte eine entsprechende Vorschrift bei Streitigkeiten mit mehreren Parteien zur Folge haben können, daß es unmöglich gewesen wäre, eine Dreier-Kammer zu konstituieren.[18] Um gleichwohl der Besorgnis möglicher Interessenkonflikte entgegenzuwirken und die Unabhängigkeit bzw. Unparteilichkeit der Mitglieder des Rechtsmittelgremiums sicherzustellen, enthalten Rule 9 WTO-WP-AR und die WTO RoC eingehende Regeln.[19]

Die Amtszeit, die erstmals im Dezember 1995 begann, beträgt vier Jahre; eine einmalige Wiederwahl ist möglich. Um zu verhindern, daß die Mitglieder des Rechtsmittelgre-

---

13 Nach Shell, in: D.L.J. 1995, S. 829 (850) sollte durch diese Bestimmung die Akzeptanz des WTO-Streiterledigungsverfahrens bei den Entwicklungsländern gesteigert werden. Dieser weist auch darauf hin, daß theoretisch die Möglichkeit besteht, daß etwa die USA nicht in dem Rechtsmittelgremium vertreten sein wird. In der Praxis wird es aber wohl darauf hinauslaufen, daß zumindest die USA, die EG und Japan immer jeweils ein Mitglied stellen.

14 Die Mitglieder sind in der Reihenfolge ihrer Nationalität Said El-Naggar, Claus-Dieter Ehlermann, Professor Mitsuo Matsushita, Christopher Beeby, Julio Lacarte-Muró, James Bacchus und Justice Florentino Feliciano, vgl. WTO-Focus Nr. 6 (1995), S. 1.

15 Rule 2 (3) WTO-WP-AR. Der Sicherung der Unabhängigkeit dient auch das Verbot von ex parte-Kommunikationen in Rule 19 WTO-WP-AR.

16 Nach Rule 5 WTO-WP-AR wählen die Mitglieder des Rechtsmittelgremiums aus ihrer Mitte einen Vorsitzenden. Dieser hat eine einjährige Amtszeit und ist nicht sofort wiederwählbar. Zu Einzelheiten siehe Rule 5 WTO-WP-AR.

17 Schreiben vom 7. Februar 1996, abgedruckt in: ILM 1996, S. 498 ff.

18 Vgl. auch Petersmann, GATT/WTO Dispute Settlement, S. 189, demzufolge eine Art. 10.2 DSU entsprechende Vorschrift für das Rechtsmittelgremium „would have meant that the appellate body members from the major trading countries would not have served on many appellate cases".

19 Die Kritik von Vermulst/Driessen, in: JWT 1995, Nr. 2, S. 131 (145), die das Fehlen einer Art. 8.3 DSU entsprechenden Vorschrift als eine „obvious deficiency" bezeichnen, erscheint vor dem Hintergrund gerade dieser eingehenden Regelungen als überzogen.

miums nach Ablauf ihrer Amtszeit vollständig ausgetauscht würden, bestimmt Art. 17.2 DSU, daß die Amtszeit von drei durch Los bestimmten Mitgliedern nach zwei Jahren endet. Gleichzeitig mit der Auslosung[20] vereinbarten die Mitgliedstaaten, daß diese drei Mitglieder ab Dezember 1997 eine abschließende vierjährige Amtszeit beginnen sollten.[21]

Nach Art. 17.3 DSU müssen alle Mitglieder des Rechtsmittelgremiums jederzeit und kurzfristig verfügbar und darüber hinaus über Tätigkeiten im Bereich der Streitbeilegung sowie andere entsprechende Tätigkeiten der WTO auf dem Laufenden sein. Letzteres ist insbesondere deshalb von Bedeutung, weil nicht alle sieben Mitglieder einen Fall entscheiden, sondern lediglich eine Dreier-Kammer.[22] Gemäß Rule 4 (1) WTO-WP-AR[23] soll aber gleichwohl zur Gewährleistung der Einheitlichkeit der Rechtsprechung der Sachverstand aller Mitglieder des Rechtsmittelgremiums berücksichtigt werden.[24] Hierzu treffen die Mitglieder sich regelmäßig und diskutieren über Fragen im Zusammenhang mit der Streiterledigung. Ferner erhalten auch die nicht einer Kammer angehörenden Mitglieder die in einem Rechtsmittelverfahren eingereichten Schriftsätze. Vor der Entscheidung einer Kammer findet ein Meinungsaustausch mit den nicht beteiligten Mitgliedern des Rechtsmittelgremiums statt.[25]

In Anbetracht dieser weitgehenden Mitwirkung aller Mitglieder betont Rule 4 (4) WTO-WP-AR, daß die Entscheidung einer Streitigkeit ausschließlich von den Mitgliedern der Kammer getroffen wird. Dementsprechend nehmen die übrigen Mitglieder nicht an der abschließenden Beratung und der Abstimmung der Kammer teil. Die beschriebene Partizipation der übrigen Mitglieder des Rechtsmittelgremiums im Rahmen der Entscheidungsfindung der Kammer stellt eine der Besonderheiten des Rechtsmittelverfahrens dar, die sich in dieser Form in keinem anderen internationalen Streiterledigungsverfahren findet.

Hinsichtlich der Zusammensetzung der Kammern des Rechtsmittelgremiums bestimmt Art. 17.1 DSU lediglich, daß die Mitglieder turnusmäßig wechseln („...shall serve in rotation") und der Wechsel in den WTO-WP-AR festgelegt wird. Nach Rule 6 (2) WTO-WP-AR werden die eine Kammer bildenden Mitglieder auf der Grundlage eines Rotationsprinzips ausgewählt, wobei das Prinzip der zufälligen Auswahl und deren Unvorhersehbarkeit zu beachten ist. Außerdem sollen alle Mitglieder die Möglichkeit haben, in Kammern mitzuwirken. Das Verfahren ist, abgesehen von diesen Grundsätzen, nicht

20 Ausgelost wurden Claus-Dieter Ehlermann, Julio Lacarte-Muró und Florentino Feliciano.

21 van den Bossche, in: J. Int. Econ. L. 1998, S. 161 (166).

22 Art. 17.1 DSU.

23 Rule 4 (1) WTO-WP-AR lautet: „To ensure consistency and coherence in decision-making, and to draw on the individual and collective expertise of the Members, the Members shall convene on a regular basis to discuss matters of policy, practice and procedure".

24 Vgl. auch das Begleitschreiben des Vorsitzenden des Rechtsmittelgremiums, Julio Lacarte-Muró, an den Vorsitzenden des DSB im Rahmen der Übersendung der WTO-WP-AR, abgedruckt in: ILM 1996, S. 498 (499): „...it is also important to ensure consistency and coherence in our decision-making, which is to the advantage of every WTO Member and the overall multilateral trading system we all share. We feel this can best be done by drawing, within the parameters of Article 17 of the DSU, on the individual and collective expertise of all the members of the Appellate Body. In order to attain these objectives...".

25 Art 4 (2) und (3) WTO-WP-AR.

näher beschrieben. Die Festlegung der Kammerzusammensetzung erfolgt durch die Mitglieder des Rechtsmittelgremiums selbst, ohne daß das Verfahren im einzelnen nachvollziehbar ist.[26] In der Praxis läuft es wohl so ab, daß die Mitglieder des Rechtsmittelgremiums regelmäßig die Zusammensetzung einer gewissen Zahl von Kammern im voraus per Los bestimmen und schriftlich festhalten.[27] Die Zusammensetzung jeder zukünftigen Kammer wird in einem numerierten und verschlossenen Umschlag in einem Tresor im Gebäude der WTO deponiert. Im Falle der Einleitung eines neuen Rechtsmittelverfahrens wird der nächste Umschlag geöffnet und die nächste Kammer entsprechend konstituiert.

Durch dieses Verfahren soll verhindert werden, daß die Parteien eines Panelverfahrens voraussehen können, wer der Kammer in einer konkreten Streitigkeit angehören wird, oder daß sie gar auf die Zusammensetzung des Rechtsmittelgremiums Einfluß nehmen können. Hierdurch soll die Unabhängigkeit und Unparteilichkeit der Mitglieder des Rechtsmittelgremiums und die Objektivität des Rechtsmittelverfahrens gesichert werden. Auch wenn das beschriebene Verfahren zur Sicherstellung dieser Ziele grundsätzlich geeignet ist, erscheint die fehlende Transparenz des Auswahlverfahrens als nicht unproblematisch. Gerade aus diesem Grund könnte die Gefahr bestehen, daß namentlich die großen Handelsmächte versuchen, „hinter den Kulissen" Druck auszuüben, um die Einrichtung einer ihrem Standpunkt geneigten Kammer zu erreichen. Bereits der bloße Anschein einer solchen Beeinflussung könnte dem Ansehen des Rechtsmittelgremiums und damit dem WTO-Streiterledigungsverfahren insgesamt erheblichen Schaden zufügen. Um dieser Gefahr zu begegnen, sollte ein Mechanismus vorgesehen werden, aufgrund dessen die Zufälligkeit der Auswahl zumindest nachträglich nachvollzogen werden kann.

2. Ablauf des Rechtsmittelverfahrens

Das Rechtsmittelverfahren ist gemäß Art. 16.4 DSU innerhalb von 60 Tagen nach der Verteilung des Panelberichts an die Mitglieder durch eine förmliche Anzeige gegenüber dem DSB einzuleiten. Nach Rule 20 (1) WTO-WP-AR ist gleichzeitig ein entsprechender Antrag an das Rechtsmittelgremium zu richten.[28] Aus dem Wortlaut des Art. 16.4 DSU („*a party to the dispute*") folgt, daß nicht nur die unterlegene, sondern auch die obsiegen-

26 Nach Rule 6 (3) WTO-WP-AR wirkt ein ausgewähltes Mitglied in der Kammer mit, soweit es nicht gemäß Rule 9, 10, 12 oder 14 WTO-WP-AR von der Mitwirkung ausgeschlossen ist.

27 Das Blatt, auf dem die Zusammensetzung festgehalten wird, enthält dabei nicht die Namen der Mitglieder, sondern lediglich drei Nummern, die den einzelnen Mitgliedern des Rechtsmittelgremiums zugeordnet werden können.

28 Zum Inhalt dieser Mitteilung siehe Rule 20 (2) WTO-WP-AR. Sie muß unter anderem Angaben darüber enthalten, gegen welche in dem Panelbericht behandelten Rechtsfragen und welche Rechtsauslegung durch das Panel das Rechtsmittel sich richtet. Rule 18 WTO-WP-AR enthält detaillierte Vorschriften über die Zustellung von Schriftstücken an das Rechtsmittelgremium und andere Verfahrensbeteiligte. Gemäß Rule 25 WTO-WP-AR übersendet der Generaldirektor der WTO nach der Einleitung des Rechtsmittelverfahrens die gesamten das Panelverfahren betreffenden Unterlagen an das Rechtsmittelgremium.

de Partei das Rechtsmittelverfahren einleiten kann, wenn es die im Panelbericht behandelten Rechtsfragen oder die Rechtsauslegung durch das Panel für fehlerhaft hält.[29]

Jede Partei des Panelverfahrens kann innerhalb von 15 Tagen dem Antrag auf Einleitung des Rechtsmittelverfahrens beitreten.[30] Dabei besteht die Möglichkeit, entweder dem Vorbringen der antragstellenden Partei zu folgen oder sich gegen andere in dem Panelbericht behandelte Rechtsfragen oder Rechtsauslegungen durch das Panel zu wenden. Die Beitrittsmöglichkeit besteht auch für die gegnerische Partei.[31] Hierdurch wird die Möglichkeit geschaffen, alle Beschwerden in einem Rechtsmittelverfahren zusammenzufassen. Für den Fall, daß eine Partei eines Panelverfahrens es vorzieht, nicht einem anderen Rechtsmittelverfahren beizutreten, stellt Rule 23 (4) WTO-WP-AR klar, daß jede Partei auch die Möglichkeit hat, nach Maßgabe des Art. 16.4 DSU ein eigenes, selbständiges Verfahren einzuleiten.

Will eine Partei des Panelverfahrens einen Rechtsfehler des Panels geltend machen, so muß sie einem Rechtsmittelverfahren beitreten oder selbst einen Antrag auf Verfahrenseinleitung stellen. Im ersten Rechtsmittelverfahren hinsichtlich des Berichts *Gasoline Panels*[32] hatten die *USA* die Verfahrenseinleitung beantragt und dies auf Rechtsfehler des Panels bei der Anwendung des Art. XX GATT 1994 gestützt. In ihren erwidernden Schriftsätzen machten *Venezuela* und *Brasilien*, die selbst keinen Antrag auf Verfahrenseinleitung gestellt hatten, geltend, die dem Verfahren zugrundeliegende Richtlinie hätte auch anhand des *TBT Agreements* geprüft werden müssen. Die *USA* wandten hiergegen ein, diese Frage sei nicht zu prüfen, da alleine die *USA* das Rechtsmittelverfahren eingeleitet und ihren Antrag nicht auf diese Frage gestützt habe. Das Rechtsmittelgremium schloß sich dieser Auffassung an und führte aus, daß *Venezuela* und *Brasilien* selbst das

---

29 So haben etwa in dem Rechtsmittelverfahren Japan - Taxes on Alcoholic Beverages, complaints by the European Communities (WT/DS/AB/R), Canada (WT/DS10/AB/R) and the United States (WT/DS11/AB/R) die USA einen Antrag auf Einleitung des Rechtsmittelverfahrens gestellt, obwohl sie insgesamt den Schlußfolgerungen des Panels zustimmten (vgl. Japan - Taxes on Alcoholic Beverages, Appellate Report (unter B.2.)). Offengelassen von Jansen, in: EuZW 1996, S. 513.

30 Rule 23 WTO-WP-AR.

31 So hat beispielsweise im Verfahren Japan - Taxes on Alcoholic Beverages, complaints by the European Communities (WT/DS8), Canada (WT/DS10) and the United States (WT/DS11) Japan als Partei des Verfahrens, gegen die die Beschwerde gerichtet war, einen Antrag auf Einleitung des Rechtsmittelverfahrens gestellt und die USA sind diesem als einer der Beschwerdeführer nach Rule 23 (1) WTO-WP-AR beigetreten (vgl. den Bericht des Rechtsmittelgremiums Japan - Taxes on Alcoholic Beverages, complaints by the European Communities (WT/DS/AB/R), Canada (WT/DS10/AB/R) and the United States (WT/DS11/AB/R) unter A.). Siehe zum „Right to Appeal" auch Nogueira, in: JWT 1996, Nr. 6, S. 5 (17 ff.).

32 Zum Sachverhalt siehe oben S. 328. Das Panel war zu dem Ergebnis gelangt, daß die amerikanische "Regulation of Fuels and Fuel Additives - Standards for Reformulated and Conventional Gasoline" vom 15. Dezember 1993 gegen Art. III:4 GATT 1994 verstieß. Im Hinblick auf eine Rechtfertigung nach Art. XX (g) GATT 1994 vertrat das Panel die Auffassung, es sei allein zu prüfen, ob die Unterscheidung zwischen eingeführtem und einheimischem Benzin aus Umweltschutzgründen erforderlich sei. Das Panel konnte hierfür keinen ausreichenden Grund feststellen. Die USA stützten ihren Antrag auf Durchführung des Rechtsmittelverfahrens ausschließlich auf diesen Aspekt des Panelberichts.

Rechtsmittelverfahren hätten einleiten müssen, um die von ihnen vorgebrachte Frage zum Gegenstand des Rechtsmittelverfahrens zu machen.[33]

Hinsichtlich des Verfahrensablaufs bestimmt Art. 17 DSU, daß das Verfahren vor dem Rechtsmittelgremium vertraulich ist und die in dem Bericht des Rechtsmittelgremiums geäußerten Auffassungen einzelner Mitglieder der Kammer anonym sind. Im übrigen verweist das DSU auf die WTO-WP-AR. Diese enthalten detaillierte Verfahrensregeln; bleibt gleichwohl eine Verfahrensfrage ungeregelt, so kann die Kammer diese Frage nach eigenem Ermessen regeln.[34] Auch das Rechtsmittelverfahren besteht aus einem schriftlichen und einem mündlichen Teil. Die das Rechtsmittel einlegende Partei hat innnerhalb von 10 Tagen nach der Einlegung ihren Schriftsatz, der eine genaue Begründung ihres Antrags und ihr Antragsziel enthalten muß, einzureichen.[35] Jede andere Partei des Panelverfahrens kann innerhalb von 25 Tagen nach Einlegung des Rechtsmittels einen Schriftsatz einreichen, in dem sie hierzu Stellung nimmt.[36] Nach Möglichkeit findet innerhalb von 30 Tagen nach Verfahrenseinleitung eine mündliche Verhandlung vor der Kammer statt.[37] Die Kammer kann die Parteien oder Dritte jederzeit, insbesondere auch während der mündlichen Verhandlung, auffordern, weitere Schrifsätze einzureichen, wenn sie dies für erforderlich hält.[38]

Berechtigt zur Einlegung des Rechtsmittels sind ausschließlich die Streitparteien.[39] Mitglieder der WTO, die an einem Panelverfahren als Dritte im Sinne des Art. 10.2 DSU teilgenommen haben, haben aber das Recht, dem Rechtsmittelgremium Schriftsätze einzureichen[40] und in der mündlichen Verhandlung Gelegenheit, ihren Standpunkt vorzutragen.[41] Für das Rechtsmittelverfahren ist ein enger Zeitrahmen vorgesehen. Nach Art. 17.5 DSU sollen zwischen seiner Einleitung und der Verteilung des Berichts des Rechtsmittelgremiums an die Mitglieder des DSB nicht mehr als 60 Tage vergehen. Ist die Kammer der Auffassung, daß dieser Zeitraum nicht ausreicht, so hat sie dies gegenüber dem DSB schriftlich zu begründen; keinesfalls darf das Verfahren länger als 90 Tage dauern.[42]

---

33 United States - Standards for Reformulated and Conventional Gasoline, complaints by Venezuela (WT/DS2/AB/R) and Brazil (WT/DS4/AB/R) unter II.B.

34 Rule 16 (1) WTO-WP-AR, wobei die Vorschrift klarstellt, daß eine solche Regelung in anderen Verfahren keine Präzedenzwirkung entfaltet und das Ermessen dadurch begrenzt wird, daß die Regelung der Verfahrensfrage weder das DSU oder die vom diesem erfaßten Übereinkommen, noch die WTO-WP-AR verletzen darf.

35 Zu den Einzelheiten siehe Rule 21 WTO-WP-AR. Der Schriftsatz wie auch die Erwiderungen anderer Parteien hierauf sind dem Rechtsmittelgremium und darüber hinaus den anderen Parteien des Verfahrens und Dritten im Sinne des Art. 10.2 DSU zuzustellen.

36 Zu den Einzelheiten siehe Rule 22 WTO-WP-AR.

37 Rule 27 WTO-WP-AR.

38 Rule 28 WTO-WP-AR.

39 Art. 17.4 DSU.

40 Nach Rule 24 WTO-WP-AR müssen auch diese Schriftsätze innerhalb von 25 Tagen nach Antrag auf Einleitung des Rechtsmittelverfahrens eingereicht werden.

41 Rule 27 (3) WTO-WP-AR.

42 Zu den Fristen für die einzelnen Verfahrensschritte siehe die Übersicht in Anhang I zu den WTO-WP-AR. Für Streitigkeiten im Rahmen des SCM Agreements sieht Art. 4.9 SCM Agreement einen noch engeren Zeitrahmen vor. Dort ist der Bericht des Rechtsmittelgremiums innerhalb von 30 Tagen, längestens 60 Tagen, an die Mitglieder des DSB zu verteilen. Dazu,

Nach Art. 17.6 DSU ist das Rechtsmittel auf die in dem Panelbericht behandelten Rechtsfragen und auf die Rechtsauslegung durch das Panel beschränkt. Das Rechtsmittelgremium ist folglich keine zweite Tatsacheninstanz. Vielmehr überprüft es lediglich, ob die Vorschriften der unter das DSU fallenden Übereinkommen richtig angewandt und zutreffend ausgelegt worden sind.[43] Das Rechtsmittelgremium ist also an die tatsächlichen Feststellungen des Panels gebunden und kann nicht selbst etwa in eine neue Beweiserhebung eintreten. Dabei kann die Abgrenzung, was eine tatsächliche und was eine Rechtsfrage ist, in der Praxis große Schwierigkeiten bereiten.[44] Es ist notwendig, daß das Rechtsmittelgremium hier präzise Abgrenzungskriterien entwickelt.[45]

Das Rechtsmittelgremium kann die rechtlichen Feststellungen und Schlußfolgerungen des Panels bestätigen, abändern oder aufheben.[46] Hält es den Panelbericht für rechtlich fehlerhaft, so hat es die Möglichkeit, selbst die Vereinbarkeit einer Maßnahme mit solchen Vorschriften zu prüfen, auf die das Panel in seinem Bericht nicht eingegangen ist. Da das Rechtsmittelverfahren keine neue Tatsacheninstanz ist, ist dies aber nur möglich, wenn die tatsächlichen Feststellungen des Panels eine hinreichende Grundlage für diese Prüfung bilden. Dementsprechend prüfte das Rechtsmittelgremium etwa im *Gasoline-*

---

daß diese Fristen – gerade bei einer häufigen Inanspruchnahme des Rechtsmittelgremiums – als recht kurz erscheinen, Nogueira, in: JWT 1996, Nr. 6, S. 5 (19 f.); Palmeter, in: JWT 1997, Nr. 1, S. 51 (56 f.).

43 Vermulst/Driessen, in: JWT 1995, Nr. 2, S. 131 (145).

44 Lowenfeld, in: AJIL 1994, S. 477 (483 f.); Joergens, in: L. & Pol. Int. B. 1999 (Vol. 30), S. 193 (221); Kohona, in: JWT 1994, Nr. 2, S. 23 (40): „The issue of what constitutes a question of fact and what constitutes a question of law has long engaged the attention of jurists. In domestic law, jurisdictions treat this issue differently. For example, the civil-law approach to this distinction is not the same as under the common law. In addition to the differences of approach between jurisdictions which could give rise to difficult legal complications, the situations under the multilateral trade agreements, which could result in errors of law by Panels, could be the source of interesting arguments. The manner in which this provision will be given effect, is likely to keep lawyers busy".

45 Petersmann, GATT/WTO Dispute Settlement, S. 190. Hierzu hat das Rechtsmittelgremium im Hormon-Streit ausgeführt: „Findings of fact, as distinguished from legal interpretations or legal conclusions, by a panel are, in prinicple not subject to review by the Appellate Body. The determination of whether or not a certain event did occur in time and space is typically a question of fact; for example, the question of whether or not Codex has adopted an international standard, guideline or recommendation on MAG [growth hormone] is a factual question. Determination of credibility and weight properly to be ascribed to (that is, the appreciation of) a given piece of evidence is part and parcel of the fact finding process and is, in principle, left to the discretion of a panel as a trier of the facts. The consistency or inconsistency of a given fact or set of facts with the requirements of a given treaty provision is, however, a legal characterization. It is a legal question.", European Communities - Measures Affecting Meat and Meat Products (Hormones), complaint by the United States (WT/DS26/AB/R), Rn. 132.

46 Art. 17.13 DSU. Zu der Frage, inwieweit dem Rechtsmittelgremium auch in prozessualen Fragen eine Prüfungskompetenz zusteht, Joergens, in: L. & Pol. Int. B. 1999 (Vol. 30), S. 193 (223 f.).

Panel-Verfahren die weiteren Vorschriften des Art. XX (g) GATT 1994 auf der Grundlage der tatsächlichen Feststellungen des Panels, nachdem es zu dem Ergebnis gelangt war, das Panel habe fälschlicherweise eine Tatbestandsvoraussetzung des Art. XX (g) GATT 1994 verneint und die weiteren Tatbestandsvoraussetzungen der Vorschrift deshalb nicht geprüft.[47]

Hält das Rechtsmittelgremium die rechtlichen Feststellungen des Panels und dessen Schlußfolgerungen für fehlerhaft und reichen die tatsächlichen Feststellungen des Panels nicht aus, damit das Rechtsmittelgremium selbst die Vereinbarkeit einer Maßnahme mit den unter das DSU fallenden Übereinkommen prüfen kann, so hebt es die Entscheidung des Panels auf. Es ist nicht vorgesehen, daß das Rechtsmittelgremium das Verfahren zwecks weiterer Sachverhaltsaufklärung an das Panel zurückverweisen kann.[48] Die Aufhebung des Panelberichts hat demnach zur Folge, daß das Verfahren endet, ohne daß ein Bericht eines Panels vorliegt. Soll die Sache nach der Aufhebung der Streitigkeit wieder einem – möglicherweise dem gleichen – Panel vorgelegt werden, so bedarf es deshalb eines entsprechenden Beschlusses des DSB. Vor diesem Hintergrund wird zu Recht die Forderung erhoben, dem Rechtsmittelgremium die Befugnis zur Rückverweisung der Streitigkeit an das Panel einzuräumen.[49]

Um zu vermeiden, daß es hierdurch zu unnötigen Verzögerungen des Panelverfahrens kommt, erscheint es sachgerecht, in das DSU die Befugnis des Rechtsmittelgremiums aufzunehmen, die Streitigkeit an das gleiche oder ein anderes Panel zurückzuverweisen, wenn das Rechtsmittelgremium die rechtlichen Feststellungen des Panels und dessen Schlußfolgerungen für fehlerhaft hält und die tatsächlichen Feststellungen des Panels nicht ausreichen, damit es selbst die Vereinbarkeit einer Maßnahme mit den unter das DSU fallenden Übereinkommen prüfen kann.

---

47 United States - Standards for Reformulated and Conventional Gasoline, complaints by Venezuela (WT/DS2/AB/R) and Brazil (WT/DS4/AB/R); das Rechtsmittelgremium war der Auffassung, das Panel habe die US-amerikanischen Vorschriften auf einer zu engen Grundlage geprüft. Es prüfte, ob die in Frage stehenden Regeln überhaupt den mit ihnen verfolgten Zweck - die Reinhaltung der Luft - erreichen konnten. Nachdem es dies bejaht hatte, prüfte es im weiteren, ob die Regeln für eingeführtes Benzin eine ungerechtfertigte Benachteiligung gegenüber dem einheimischen Benzin enthielten. Im Ergebnis bejahte es eine ungerechtfertige Benachteiligung, so daß im Endergebnis die Schlußfolgerungen des Panels - wenn auch in der Begründung modifiziert - aufrecht erhalten blieben; United States - Standards for Reformulated and Conventional Gasoline, unter B.

48 Angesichts des engen Zeitrahmens für das Rechtsmittelverfahren wäre dies praktisch wohl auch nicht durchführbar, vgl. Lowenfeld, in: AJIL 1994, S. 477 (484). Petersmann, GATT/WTO Dispute Settlement, S. 190 läßt die Frage offen, ob das Rechtsmittelgremium gleichwohl das Recht hat, den Bericht an das Panel zurückzuverweisen, obwohl eine ausdrückliche Ermächtigungsnorm hierfür fehlt.

49 Joergens, in: L. & Pol. Int. B. 1999 (Vol. 30), S. 193 (229) der darauf hinweist, daß dies die Einrichtung ständiger Panels erforderlich machen könne.

4. Annahme der Entscheidung des Rechtsmittelgremiums

Der Bericht des Rechtsmittelgremiums wird gemäß Art. 17.14 DSU vom DSB angenommen und von den Streitparteien bedingungslos übernommen, sofern der DSB nicht innerhalb von dreißig Tagen nach Verteilung des Berichts an die Mitglieder durch Konsens beschließt, den Bericht des Rechtsmittelgremiums nicht anzunehmen. Aufgrund der „quasi-automatischen" Annahme des Berichts des Rechtsmittelgremiums bildet dieser die endgültige und verbindliche Entscheidung der Streitigkeit.[50]

5. Zusammenfassung

Die Möglichkeit der Überprüfung der in einem Panelbericht behandelten Rechtsfragen und der Rechtsauslegung durch das Panel im Rahmen eines Rechtsmittelverfahrens ist eine der wesentlichen Neuerungen der WTO-Streiterledigung. Als Ausgleich für die Umkehrung des Konsensprinzips eingeführt, ist es ein wesentliches Element der Verrechtlichung der WTO-Streiterledigung. Dabei haben sich die Befürchtungen, daß das an sich als Ausnahme vorgesehene Rechtsmittelverfahren die Regel wird[51], bewahrheitet – das Rechtsmittelgremium ist bisher in der überwiegenden Zahl der mit einem Bericht abgeschlossenen Panelverfahren angerufen worden. Aus der Sicht der unterlegenen Staaten ist dies verständlich, da sie hoffen, eine für sie günstige Änderung der Panelempfehlungen zu erreichen oder zumindest die Annahme des Berichts zu verzögern.[52]

Als Nachteil dieser Entwicklung erscheint neben der Verlängerung der Verfahrensdauer und der drohenden Überlastung des Rechtsmittelgremiums, daß mit ihr eine Schwächung des eigentlichen Panelverfahrens einhergeht – dies gilt zumindest hinsichtlich der rechtlichen Wertungen des Panels, da diese in jedem Verfahren durch das Rechtsmittelgremium überprüft werden. Auf der anderen Seite wird durch die regelmäßige Inanspruchnahme dem Rechtsmittelgremium die Möglichkeit eröffnet, die Einheitlichkeit der Entscheidungen im Rahmen der WTO-Streiterledigung sicherzustellen und das Recht im Rahmen der WTO fortzuentwickeln. Angesichts der Tatsache, daß es sich bei den Entscheidungen des Rechtsmittelgremiums faktisch um die endgültige und verbindliche Entscheidung der zwischen den Vertragsstaaten bestehenden Streitigkeiten handelt, hängt der Erfolg des WTO-Streiterledigungssystems – und damit zumindest in gewissem Maße auch der Erfolg der Welthandelsorganisation insgesamt – davon ab, daß es den Mitgliedern des Gremiums gelingt, sachgerechte, überzeugende und für die unterlegene Partei auch politisch tragbare Entscheidungen[53] zu treffen.[54] Auch wenn es für eine endgültige Bewertung

---

50 Vgl. Petersmann, GATT/WTO Dispute Settlement, S. 188; Jackson, in: (Kenen) Managing the World Economy, S. 131 (141): „...the appellate report will come into force as a matter of international law in virtually every case".

51 Mora, in: C.J.T.L.: 1993, S. 103 (151); Nogueira, in: JWT 1996, Nr. 6, S. 5 (17 ff.), Wang, in: JWT 1995, Nr. 2, S. 174 (177 f.).

52 Petersmann, GATT/WTO Dispute Settlement, S. 188.

53 Vgl. Eggers, in: EuZW 1998, S. 147 (150) hinsichtlich der Verfahren European Communities - Measures Affecting Meat and Meat Products (Hormones), complaint by USA (WT/DS26/AB/R) und complaint by Canada (WT/DS48/AB/R): „Der Appellate Body ist seiner Rolle, den im alten GATT-System durch den GATT-Council verkörperten politischen Filter zu ersetzen,

des Erfolgs des WTO-Streiterledigungssystems noch zu früh erscheint[55], so ist doch festzuhalten, daß hinsichtlich der Entscheidungen des Rechtsmittelgremiums bisher die positiven Stimmen überwiegen.[56]

II. Das Aufhebungsverfahren nach Art. 52 ICSID-Übk

Das Aufhebungsverfahren nach Art. 52 ICSID-Übk i. V. m. Rule 50 ff. ICSID AR stellt einen Rechtsbehelf dar, der in der internationalen Wirtschaftsschiedsgerichtsbarkeit in dieser Form anderweitig nicht bekannt ist.[57] Hintergrund dieser Besonderheit ist, daß ein ICSID-Schiedsspruch aufgrund des autonomen Charakters dieses Streiterledigungsverfahrens jeglicher Kontrolle durch staatliche Gerichte entzogen ist[58], ohne daß die Verfasser des ICSID-Übereinkommens gänzlich auf eine Kontrolle verzichten wollten.[59]

Als verfahrensinternes Rechtsmittel ist Art. 52 ICSID-Übk am ehesten mit dem WTO-Rechtsmittelverfahren zu vergleichen. Dabei ist aber im Gegensatz zu Art. 17.6 DSU in Art. 52 ICSID-Übk eine inhaltliche Kontrolle des Schiedsspruchs nicht vorgesehen. Vielmehr kann eine Partei beim ICSID-Generalsekretär[60] die Aufhebung eines Schiedsspruchs nur mit der Begründung beantragen,

- das Schiedsgericht sei nicht ordnungsgemäß gebildet worden,
- es habe offensichtlich seine Befugnisse überschritten,
- ein Schiedsrichter sei bestochen worden,
- es liege eine schwerwiegende Abweichung von einer grundlegenden Verfahrensvorschrift vor oder

---

und einen Schutz gegen falsche Panel Berichte zu bieten, voll gerecht geworden: Es hat das Panel laut und deutlich zurückgepfiffen, wo dieses in die souveränen Rechte der WTO-Mitglieder … eingegriffen hatte".

54 Lowenfeld, in: AJIL 1994, S. 477 (485): „…The whole concept may well stand or fall on the skill and prestige of the first generation of members of the Appellate Body".

55 Zu insoweit offenen Fragen siehe auch Petersmann, GATT/WTO Dispute Settlement, S. 190 f.

56 Nogueira, in: JWT 1996, Nr. 6, S. 5 (27 f.): „… high marks can be given to the Appellate Body in discharging its first task …"; Eggers, in: EuZW 1998, S. 147 (150 f.); Meier, in: EuZW 1997, S. 719 (722) spricht hinsichtlich des Verfahrens European Communities - Regime for the Importation, Sale and Distribution of Bananas, complaints by Ecuador, Guatemala, Honduras, Mexico and the United States (WT/DS27/AB/R) von dem „…aus der Sicht des freien Welthandels als Testfall für ein schnelles und reibungsloses Funktionieren des WTO-Streitschlichtungsabkommens, vor dem die Instanzen der EG-Gerichtsbarkeit nur vor Neid erblassen können"; Joergens, in: L. & Pol. Int. B. 1999 (Vol. 30), S. 193 (193 f.).

57 Bülow/Böckstiegel/Geimer/Schütze - Böckstiegel, Band II, 720·8; de Berranger, in: RdA 1988, S. 93 (94).

58 Vgl. Art. 26 ICSID-Übk; siehe hierzu oben S. 158 f.

59 Seidl-Hohenveldern, in: JPS 1989, S. 100 (101); El-Kosheri, in: FS Seidl-Hohenveldern, S. 103 (104).

60 Zu Einzelheiten des Antrags siehe Rule 50 ICSID AR. Nach Rule 50 (3) (b) lehnt der Generalsekretär die Registrierung des Antrags ab, wenn der Antrag nicht fristgerecht gestellt worden ist, d.h., innerhalb von 120 Tagen nach Erlaß des Schiedsspruchs bzw. innerhalb von 120 Tagen und spätestens drei Jahre nach Entdeckung der Bestechung eines Schiedsrichters.

- es fehle die Begründung des Schiedsspruchs.

Zuständig für die Entscheidung über die Aufhebung des Schiedsspruchs ist ein hierfür eigens eingerichtetes Aufhebungskomitee. Anders als bei der Konstituierung des ICSID-Schiedsgerichts haben die Parteien formal keinen Einfluß auf die Zusammensetzung des Aufhebungskomitees.[61] Dessen drei Mitglieder werden vom Vorsitzenden des Verwaltungsrates des ICSID aus dem Kreis der im Schiedsrichterverzeichnis geführten Personen benannt.[62] Sie dürfen weder Vermittler oder Schiedsrichter in der Streitigkeit gewesen sein noch die Staatsangehörigkeit einer der Streitparteien besitzen. Die für das Schiedsverfahren geltenden Vorschriften finden auf das Aufhebungsverfahren entsprechend Anwendung, das heißt, auch hier findet ein vollständiges schriftliches und ein mündliches Verfahren statt.[63] Das Aufhebungskomitee kann die Vollstreckung des Schiedsspruchs gemäß Art. 52 (5) ICSID-Übk i. V. m. Rule 54 ICSID AR bis zu der Entscheidung über den Aufhebungsantrag aussetzen, wenn es dies für erforderlich hält.

Gegenstand eines Aufhebungsantrags können nur endgültige Schiedssprüche sein, durch die über die Streitigkeit abschließend entschieden wird, nicht dagegen prozessuale Verfügungen[64] oder Zwischenschiedssprüche.[65] Wohl erscheint aber ein Antrag gerichtet

61 Zur Kritik an der fehlenden Einflußmöglichkeit der Parteien siehe Kahn, Contrôle, S. 363 (369); vgl. auch de Berranger, in: RdA 1988, S. 93 (99); Gaillard, in: Clunet 1987, S. 135 (185). Die Parteien sollten in jedem Fall die Gelegenheit nutzen, ihre Meinung über mögliche Mitglieder des Aufhebungskomitees zu äußern, Craig, in: Private Investments Abroad 1993, § 14-36.

62 Art. 52 (3) ICSID-Übk.

63 Art. 52 (4) ICSID-Übk, Rule 53 ICSID AR; Paulsson, in: ICSID Rev. - FILJ 1991, S. 380 (393) kritisiert, daß dies zu einer erheblichen Länge des Aufhebungsverfahrens führt. Das Aufhebungskomitee in der ersten Aufhebungsentscheidung in Amco Asia Corporation, Pan American Development Limited and P.T. Amco Indonesia v. Republic of Indonesia (Case No. ARB/81/1), Decision annulling the Award signed by the Ad-hoc-Committee on May 16, 1986, ICSID Reports I, S. 509 (514) war der Auffassung, daß Art. 48 (3) ICSID-Übk, demzufolge das Schiedsgericht alle ihm vorgelegten Fragen zu behandeln hat, auch für die Aufhebungsentscheidung gilt. Diese Auffassung trägt indes nicht der gegenüber einem Schiedsspruch abweichenden Funktion der Aufhebungsentscheidung Rechnung. Gelangt das Aufhebungskomitee zu der Auffassung, daß ein Aufhebungsgrund vorliegt und hebt den Schiedsspruch deshalb auf, so besteht keine Notwendigkeit mehr, das Vorliegen weiterer Aufhebungsgründe zu prüfen, Broches, in: YCA 1993, S. 627 (698, Rn. 212).

64 Im Verfahren Holiday Inns S.A., Occidental Petroleum Corporation et al. v. Government of Morocco (Case No. ARB/72/1) beantragte die Klägerin die Aufhebung einer prozessualen Verfügung. Der Generalsekretär des Zentrums lehnte diesen Antrag mit der Begründung ab, ein Aufhebungsantrag könne nur gegen einen Schiedsspruch nicht aber gegen eine prozessuale Verfügung eingelegt werden, vgl. ICSID, Twelfth Annual Report 1977/78, S. 5.

65 Im Verfahren Southern Pacific Properties (Middle East) Limited v. Arab Republic of Egypt (Case No. ARB/84/3), Decision on Jurisdiction and Dissenting Opinion of April 14, 1988, ICSID Reports III, S. 131 beantragte Ägypten die Aufhebung des Schiedsspruchs vom 14. April 1988, in dem das Schiedsgericht seine Zuständigkeit bejaht hatte. Auch hier lehnte der Generalsekretär des ICSID den Antrag mit der Begründung ab, bei einer solchen Entscheidung handele es sich nicht um einen Schiedsspruch im Sinne des Art. 52 ICSID-Übk, siehe News from ICSID 1989, Nr. 1, S. 2; vgl. auch Delaume, in: ICSID Rev. - FILJ 1993, S. 231 (238 f.).

auf die Aufhebung eines Teilschiedsspruchs, der über einen abgrenzbaren Teil der Streitigkeit abschließend entscheidet, möglich.[66]

Das erste Mal kam das Aufhebungsverfahren 18 Jahre nach Inkrafttreten des ICSID-Übereinkommens in den Verfahren *Klöckner v. Cameroon*[67] und *Amco v. Indonesia*[68] zur Anwendung. In beiden Verfahren gaben die Komitees dem Antrag statt und hoben die Schiedssprüche auf. Die Entscheidungen sind in der Literatur eingehend diskutiert und, von wenigen Stimmen abgesehen[69], wegen der extensiven Auslegung der Aufhebungsgründe, die letztlich zu einer inhaltlichen Kontrolle der Schiedssprüche geführt hat, nachhaltig kritisiert worden.[70]

In der Entscheidung des Aufhebungskomitees im Verfahren *MINE v. Guinea*[71] ist das Bemühen erkennbar, dieser für Reputation und Funktionsfähigkeit des ICSID nicht ungefährlichen Tendenz[72] mit einer restriktiveren Auslegung der in Art. 52 ICSID-Übk ge-

---

66 In diesem Sinne auch Caron, in: ICSID Rev. - FILJ 1992, S. 21 (37 Fn. 45).

67 Klöckner Industrie-Anlagen GmbH, Klöckner Belge S.A. and Klöckner Handelmaatschappij B.V. v. United Republic of Cameroon and Société Camerounaise des Engrais (Case No. ARB/81/2), Ad-hoc-Committee Decision of May 3, 1985, Clunet 1987, S. 163 = englische Übersetzung in: ICSID Reports II, S. 95.

68 Amco Asia Corporation, Pan American Development Limited and P.T. Amco Indonesia v. Republic of Indonesia (Case No. ARB/81/1), Decision annulling the Award signed by the Ad-hoc-Committee on May 16, 1986, ICSID Reports I, S. 509.

69 Schatz, in: Am. U. J. Int. L. & Pol. 1988 (Vol. 3), S. 481 ff.; Schlechtriem, in: IPRax 1986, S. 69 (72); El-Kosheri, in: FS Seidl-Hohenveldern, S. 103 (106 ff.).

70 Vgl. etwa de Berranger, in: RdA 1988, S. 93 ff.; Bülow/Böckstiegel/Geimer/Schütze - Böckstiegel, Band II, 720·74, Fn. 43; Broches, in: ICSID Rev. - FILJ 1991, S. 321 ff.; ders., in: ICSID Rev. - FILJ 1993, S. 92 ff.; Caron, in: ICSID Rev. - FILJ 1992, S. 21 (27 ff.); Craig, in: Arb. Int. 1988, S. 174 (209 ff.); Delaume, in: Arb. Int. 1989, S. 21 (30 ff.); ders., in: J. Int. Arb. 1995, Nr. 1, S. 5 (16); Dolzer, in: (Petersmann/Jaenicke) Adjudication, S. 139 (148 ff.); Feldman, in: ICSID Rev. - FILJ 1987, S. 85 ff.; Gaillard, in: ILM 1986, S. 1439 (1439 f.); Golsong, in: FS Habscheid, S. 113 ff.; Hirsch, ICSID, S. 35 ff.; Paulsson, in: ICSID Rev. - FILJ 1991, S. 380 (389); Pirrwitz, in: T. Int. L. J. 1988 (Vol. 23), S. 73 ff.; Redfern, in: Arb. Int. 1987, S. 98 ff.; Reisman, Systems of Control, S. 46 ff.; ders., in: D.L.J. 1989, S. 739 ff.; ders., in: ICSID Rev. - FILJ 1992, S. 196 ff.; Toope, Mixed International Arbitration, S. 256 ff. Sogar der Generalsekretär des ICSID wies in seinem Bericht an den Verwaltungsrat darauf hin, wenn mit einem Schiedsspruch unzufriedene Parteien „made it a practice to seek annulment, the effectiveness of the ICSID machinery might become questionable and both investors and contracting States might be deterred from making use of ICSID arbitration“, Report of the Secretary General to the Administrative Council at its Twentieth Annual Meeting, Annex A, 2 (2. Oktober 1986), abgedruckt in: Int. Arb. Rep. 1987, S. 126 (127).

71 Maritime International Nominees Establishment v. Government of the Republic of Guinea (Case No. ARB/84/4), Ad-hoc-Committee Decision of December 22, 1989, ICSID Rev. - FILJ 1990, S. 95.

72 Vgl. Bülow/Böckstiegel/Geimer/Schütze - Böckstiegel, Band II, 720·74, Fn. 43: „...[hat die bisherige Anwendung des Art. 52 ICSID-Übk] in der Praxis doch zu erheblichen Bedenken dagegen und gegen das ICSID-System insgesamt geführt, weil in zwei Aufhebungsentscheidungen des jeweiligen Ad-hoc-Ausschusses eine Tendenz zum Ausdruck kam, sich faktisch wie eine zweite Instanz zu verstehen ... Die von den Parteien mit der Schiedsgerichtsbarkeit angestrebte schnelle endgültige Entscheidung rückt in der Tat in weite Ferne, wenn nach ei-

nannten Gründe entgegenzuwirken. Im selben Licht ist auch zu sehen, daß die Anträge auf erneute Aufhebung der Entscheidungen in *Klöckner v. Cameroon* und *Amco v. Indonesia*[73], die nach der Aufhebung des jeweils ersten Schiedsspruchs von einem neuen Schiedsgericht erlassen worden waren, in beiden Verfahren abgelehnt worden sind.[74] Im folgenden werden die einzelnen Aufhebungsgründe und deren Handhabung in der Praxis sowie die Frage untersucht, welche Folgen das Vorliegen eines Aufhebungsgrundes hat.

I. Aufhebungsgründe

a. Nicht ordnungsgemäße Bildung des Schiedsgerichts, Art. 51 (1) (a) ICSID-Übk

Als ersten Aufhebungsgrund nennt Art. 52 (1) (a) ICSID-Übk die nicht ordnungsgemäße Bildung des Schiedsgerichts. Dieser Aufhebungsgrund ist bisher in keinem Verfahren geltend gemacht worden[75], und es erscheint wenig wahrscheinlich, daß er in der zukünftigen Praxis große Bedeutung erlangen wird. Grund hierfür ist, daß eine Partei die Verletzung einer Bestimmung des ICSID-Übereinkommens oder der ICSID Arbitration Rules unter anderem im Hinblick auf die Bildung des Schiedsgerichts unverzüglich rügen muß. Unterläßt sie dies, so bewirkt die rügelose Einlassung gemäß Rule 27 ICSID AR, daß sie sich hierauf nicht mehr berufen kann.[76] Eine Berufung auf Art. 51 (1) (a) ICSID-Übk kommt danach nur in Betracht, wenn entweder die Partei sich im Ablehnungsverfahren erfolglos auf diese Verletzung berufen hat oder die der mangelhaften Ernennung zugrundeliegenden Tatsachen der antragstellenden Partei erst nach Abschluß des Verfahrens bekannt geworden sind.[77]

---

nem langen Schiedsverfahren das dann ergehende Schiedsurteil in einem Ad-hoc-Verfahren nach Art. 52 aufgehoben, dann erneut durch ein anderes Schiedsgericht der Fall entschieden wird, mit einem Urteil, das dann seinerseits wiederum in einem zweiten Ad-hoc-Verfahren nach Art. 52 angefochten wird".

73 Amco Asia Corporation, Pan American Development Limited and P.T. Amco Indonesia v. Republic of Indonesia (Case No. ARB/81/1), Resubmitted, Award rendered on June 4, 1990, Decision on Supplemental Decisions and Rectification of the Award rendered on October 17, 1990, ICSID Reports I, S. 569. Die Entscheidung des Schiedsgerichts in Klöckner v. Cameroon (Resubmitted) ist nicht veröffentlicht.

74 Sowohl die Aufhebungsentscheidung Amco Asia Corporation, Pan American Development Limited and P.T. Amco Indonesia v. Republic of Indonesia (Case No. ARB/81/1), Decision rejecting the parties' application for annulment of the Award and annulling the Decision on Supplemental Decisions and Rectification rendered on December 17, 1992 wie auch die Aufhebungsentscheidung Klöckner Industrie-Anlagen GmbH, Klöckner Belge S.A. and Klöckner Handelmaatschappij B.V. v. United Republic of Cameroon and Société Camerounaise des Engrais (Case No. ARB/81/2), Decision rejecting the parties' application for annulment signed by the Ad-hoc-Committee on May 17, 1990 sind nicht veröffentlicht.

75 Vgl. Broches, in: YCA 1993, S. 627 (689, Rn. 179).

76 Im übrigen ist es, wie bereits angesprochen (S. 221), empfehlenswert, daß das Schiedsgericht sich zu Beginn des Verfahrens von den Parteien bestätigen läßt, daß es aufgrund eines ordnungsgemäßen Verfahrens konstituiert worden ist.

77 Pirrung, Weltbankübereinkommen, S. 175.

b. *Offensichtliche Überschreitung der Befugnisse des Schiedsgerichts, Art. 51 (1) (b) ICSID-Übk*

In allen drei veröffentlichten Aufhebungsverfahren ist der Antrag darauf gestützt worden, das Schiedsgericht habe seine Befugnisse offensichtlich überschritten. Einmal wurde geltend gemacht, das Schiedsgericht habe unzulässigerweise seine Zuständigkeit bejaht; in allen Verfahren berief die antragstellende Partei sich darauf, das Schiedsgericht habe seiner Entscheidung nicht das gemäß Art. 42 (1) ICSID-Übk anzuwendende Recht zugrunde gelegt.

Die fehlende Zuständigkeit als Aufhebungsgrund machte *Klöckner* in dem Aufhebungsantrag gegen den Schiedsspruch in *Klöckner v. Cameroon* geltend. Die Parteien der Streitigkeit hatten 1971 eine Grundsatzvereinbarung über die Errichtung und den Betrieb einer Düngemittelfabrik in *Kamerun* getroffen und auf dieser Grundlage mehrere Verträge über die Lieferung einer schlüsselfertigen Düngemittellfabrik, über die Gründung einer gemeinsamen Gesellschaft zur Herstellung und zum Vertrieb von Düngemitteln und über die Übernahme des technischen und wirtschaftlichen Managements dieses Unternehmens durch *Klöckner* geschlossen. Abgesehen von dem Managementvertrag, der ein ICC-Schiedsverfahren vorsah, enthielten alle Verträge eine ICSID-Schiedsklausel.[78]

Klöckner machte geltend, das Schiedsgericht habe, indem es trotz der ICC-Schiedsklausel seine Entscheidung auf eine Verletzung des Managementvertrages gestützt habe, seine Befugnisse offensichtlich überschritten. Das Aufhebungskomitee folgte dieser Argumentation nicht, sondern führte aus, es sei zwar möglich, die Bejahung der eigenen Zuständigkeit durch das Schiedsgericht als nicht sehr überzeugend anzusehen oder für unzureichend zu halten. Da aber die Begründung haltbar und nicht willkürlich erscheine, stelle sie keine offensichtliche Überschreitung der Zuständigkeit dar.[79] Im übrigen gelte in Zweifelsfällen eine Vermutung zugunsten der Wirksamkeit des Schiedsspruchs.[80,81]

---

78 Die zwischen 1974 und 1978 gebaute Düngemittelfabrik erwies sich als wirtschaftlicher Fehlschlag. Der Betrieb wurde 1981 eingestellt, Klöckner verlangte von der Betriebsgesellschaft und Kamerun als Bürge die Zahlung der noch zu etwa 80% ausstehenden Gegenleistung zuzüglich Zinsen. Widerklagend verlangte die Beklagte Schadensersatz mit der Begründung, die Anlage sei mangelhaft gewesen; außerdem habe Klöckner seine Verpflichtung zum ordentlichen Management und zur Aufklärung über die wirtschaftlichen Chancen des Projekts verletzt. Das Schiedsgericht wies sowohl Klage als auch Widerklage ab (Klöckner Industrie-Anlagen GmbH, Klöckner Belge S.A. and Klöckner Handelmaatschappij B.V. v. United Republic of Cameroon and Société Camerounaise des Engrais (Case No. ARB/81/2), Award of October 21, 1983, Clunet 1984, S. 409 = ICSID Reports II, S. 9).

79 Kritisch hierzu Reisman, Systems of Control, S. 62, der dies als den fragwürdigsten Teil der Entscheidung bezeichnet; siehe auch Thompson, in: J. Int. Arb. 1986, Nr. 2, S. 93 (97 ff.).

80 Klöckner Industrie-Anlagen GmbH, Klöckner Belge S.A. and Klöckner Handelmaatschappij B.V. v. United Republic of Cameroon and Société Camerounaise des Engrais (Case No. ARB/81/2), Ad-hoc-Committee Decision of May 3, 1985, Clunet 1987, S. 163 (165) = englische Übersetzung in: ICSID Reports II, S. 95.

81 Mit guten Gründen kritisch im Hinblick auf diesen Grundsatz Gaillard, in: Clunet 1987, S. 135 (188): „...on n'insistera jamais assez sur la vanité de la notion de favor validitatis, tant dans la théorie générale du droit que dans le droit de l'arbitrage. Dans un procès, ce qui est faveur à l'un est défaveur à l'autre"; auch Pirrwitz, in: T. Int. L. J. 1988 (Vol. 23), S. 73 (97)

Die Aufhebungskomitees gingen in allen drei veröffentlichten Entscheidungen davon aus, daß bei der Nichtanwendung des gemäß Art. 42 (1) ICSID-Übk berufenen Rechts eine offensichtliche Überschreitung der Befugnisse durch das Schiedsgericht vorliegen könne.[82] In *Klöckner v. Cameroon* führte dies zur Aufhebung des Schiedsspruchs. In dem Verfahren war mangels Parteivereinbarung das am Ort der Fabrik im östlichen Teil *Kamerun's* geltende französische Recht anwendbar.[83] Das Schiedsgericht stützte seine Entscheidung auf zwei Rechtsprinzipien, und zwar zum einen auf die Verpflichtung zu vollständiger Offenlegung von Informationen bei Projekten dieser Größe, und zum anderen auf die Einrede des nichterfüllten Vertrages („*exceptio non adimpleti contractus*").[84] *Klöckner* berief sich in seinem Aufhebungsantrag darauf, das Schiedsgericht habe nicht das französische Recht angewandt, sondern seiner Entscheidung allgemeine Rechtsgrundsätze, die es für universell anwendbar gehalten habe, zugrundegelegt.

Das Aufhebungskomitee folgte dem Antrag und hob den Schiedsspruch auf. Zunächst betonte es, daß ein Fehler bei der Rechtsanwendung nicht zur Aufhebung des Schiedsspruchs führen könne, da sonst ein allgemeines Rechtsmittel gegen ICSID-Schiedssprüche geschaffen werde. Es sei daher erforderlich, zwischen Nichtanwendung des anwendbaren Rechts und fehlerhafter Anwendung zu unterscheiden.[85] Das Komitee untersuchte dementsprechend, ob das Schiedsgericht das anwendbare kamerunische bzw. französische Recht ermittelt und seiner Entscheidung zugrundegelegt hatte. Es gelangte dabei zu der Auffassung, das Schiedsgericht habe die Regeln des anwendbaren Rechts zu den streitigen Punkten lediglich „vermutet" oder allgemeine Billigkeitserwägungen zugrundegelegt.[86] Gegen die Begründung des Aufhebungskomitees ist eingewandt worden, das Gebot, in der Begründung des Schiedsspruchs die Regeln des anwendbaren und an-

---

weist darauf hin, daß dieses Prinzip keine Grundlage im ICSID-Übk finde und wegen seiner Inhaltslosigkeit kein hilfreiches Auslegungskriterium sei.

82 Vor dem Hintergrund der Enstehungsgeschichte erscheint dieses Verständnis des Art. 52 (1) (b) ICSID-Übk nicht unproblematisch, vgl. eingehend Feldman, in: ICSID Rev. - FILJ 1987, S. 85 (99 ff.).

83 Vgl. Art. 42 (1) ICSID-Übk.

84 Klöckner Industrie-Anlagen GmbH, Klöckner Belge S.A. and Klöckner Handelmaatschappij B.V. v. United Republic of Cameroon and Société Camerounaise des Engrais (Case No. ARB/81/2), Award of October 21, 1983, in Clunet 1984, S. 409 (428) = ICSID Reports II, S. 9 (59).

85 Klöckner Industrie-Anlagen GmbH, Klöckner Belge S.A. and Klöckner Handelmaatschappij B.V. v. United Republic of Cameroon and Société Camerounaise des Engrais (Case No. ARB/81/2), Ad-hoc-Committee Decision of May 3, 1985, Clunet 1987, S. 163 (165 f.) = englische Übersetzung in: ICSID Reports II, S. 95.

86 Klöckner Industrie-Anlagen GmbH, Klöckner Belge S.A. and Klöckner Handelmaatschappij B.V. v. United Republic of Cameroon and Société Camerounaise des Engrais (Case No. ARB/81/2), Ad-hoc-Committee Decision of May 3, 1985, aaO., Rn. 66 ff. Im einzelnen wurde dabei bemängelt, für die angenommene Verletzung einer Aufklärungspflicht und die Einrede des nichterfüllten Vertrages sowie ihre Wirkungen im einzelnen seien keine präzisen Angaben zum französischen Recht gemacht worden, sondern lediglich allgemeine, angeblich international geltende Rechtsgrundsätze zitiert worden.

gewendeten Sachrechts genau zu bezeichnen, habe in diesem Fall praktisch doch eine Kontrolle der materiellrechtlichen Richtigkeit der Entscheidung bewirkt.[87]

Auch im ersten Aufhebungsverfahren zwischen *Amco v. Indonesia*[88] machte *Indonesien* in seinem Aufhebungsantrag geltend, das Schiedsgericht habe seine Befugnisse offensichtlich überschritten, indem es die maßgeblichen Vorschriften des indonesischen Rechts nicht angewandt habe.[89] Nach einer eingehenden Untersuchung gelangte das Aufhebungskomitee zu dem Ergebnis, das Schiedsgericht habe zentrale Vorschriften des indonesischen Rechts nicht angewandt und bejahte daher eine offensichtliche Befugnisüberschreitung.[90] Obwohl unstreitig war, daß das Schiedsgericht indonesisches Recht ange-

---

87 Schlechtriem, in: IPRax 1986, S. 69 (72). Redfern, in: Arb. Int. 1987, S. 98 (108) weist im übrigen darauf hin, es erscheine zweifelhaft, ob dieser Fehler so schwerwiegend war, daß eine Aufhebung zwingend gewesen sei. Zur Frage, ob das Vorliegen eines Grundes in jedem Fall zur Aufhebung des Schiedsspruchs führen muß, siehe unten S. 482 ff.

88 Amco Asia Corporation, Pan American Development Limited and P.T. Amco Indonesia v. Republic of Indonesia (Case No. ARB/81/1), Decision annulling the Award signed by the Ad-hoc-Committee on May 16, 1986, ICSID Reports I, S. 509.

89 Der Streitigkeit lag eine Vereinbarung zugrunde über den Bau und das Management eines Hotels in Jakarta durch Amco in Zusammenarbeit mit einem privaten indonesischen Joint-Venture. Amco verpflichtete sich, US$ 4,5 Millionen zu investieren, davon mindestens US$ 3 Millionen Eigenkapital. Nach Abschluß des Baus des Hotels erhob das indonesische Joint-Venture-Unternehmen zahlreiche Beschwerden und Mängelrügen. Zur gleichen Zeit machte Indonesien geltend, Amco habe nicht seiner Verpflichtung entsprechend US$ 3 Millionen Eigenkapital investiert. In der Folgezeit wurde das Hotel durch Polizei und Militär besetzt und das Management abgelöst. Kurz darauf stellte die für die Überwachung der Einhaltung der indonesischen Investitionsgesetze zuständige Regierungsbehörde (das Indonesian Capital Investment Board) fest, Amco habe seine Verpflichtungen aus dem Investitionsvertrag nicht erfüllt und widerrief daher die ursprünglich erteilte Lizenz. Nachdem Amco ergebnislos versucht hatte, eine Aufhebung dieser Entscheidung vor indonesischen Gerichten zu erreichen, leitete es auf der Grundlage der im Vertrag enthaltenen Schiedsklausel ein ICSID-Schiedsverfahren ein und machte Schadensersatz in Höhe von US$ 12.94 Millionen zuzüglich Zinsen geltend. Das Schiedsgericht kam zu dem Ergebnis, daß Amco US$ 2.472.490 investiert habe und die Voraussetzungen für einen Widerruf daher nicht erfüllt seien. Es gewährte Amco Schadensersatz in Höhe von US$ 3.2 Millionen zuzüglich 6% Zinsen (Amco Asia Corporation, Pan American Development Limited and P.T. Amco Indonesia v. Republic of Indonesia (Case No. ARB/81/1), Award of November 20, 1984, ICSID Reports I, S. 413 ff.) und blieb damit deutlich unter dem von Amco geforderten Betrag. Indonesien beantragte die Aufhebung des Schiedsspruchs und stützte diesen Antrag unter anderem darauf, das Schiedsgericht habe das indonesische Recht bei der Berechnung des investierten Kapitals nicht angewandt und hierdurch seine Befugnisse im Sinne des Art. 52 (1) (b) ICSID-Übk offensichtlich überschritten. Zum Sachverhalt siehe auch Pirrwitz, in: T. Int. L. J. 1988 (Vol. 23), S. 73 (90 ff.); Redfern, in: Arb. Int. 1987, S. 98 (111); Reisman, in: D.L.J. 1989, S. 739 (771).

90 Amco Asia Corporation, Pan American Development Limited and P.T. Amco Indonesia v. Republic of Indonesia (Case No. ARB/81/1), Decision annulling the Award signed by the Ad-hoc-Committee on May 16, 1986, ICSID Reports I, S. 509 (533 ff., Rn. 90 ff.). Es stützte sich darauf, daß nach den maßgeblichen Vorschriften des indonesischen Rechts nur durch die zuständige Behörde anerkannte und registrierte Beträge Investitionen im Sinne des indonesischen Investitionsgesetzes seien. Diese Beträge hätten US$ 983.992 betragen. Die Tatsache, daß das Schiedsgericht zu dem Ergebnis gelangt sei, das investierte Eigenkapital habe

wandt und sich nicht etwa auf allgemeine Rechtsgrundsätze oder Billigkeitserwägungen gestützt hatte, wurde der Schiedsspruch wegen der Nichtanwendung der maßgeblichen Vorschriften des indonesischen Rechts aufgehoben. Das Aufhebungskomitee in *Amco v. Indonesia* ging damit weiter als das Komitee in *Klöckner v. Cameroon.* Im Ergebnis überprüfte es die Entscheidung des Schiedsgerichts auf ihre inhaltliche Richtigkeit und hob den Schiedsspruch wegen eines inhaltlichen Fehlers auf.[91] Nach diesem Verständnis des Art. 52 (1) (b) ICSID-Übk ist ein Fehler bei der Rechtsanwendung gleichzustellen mit der Nichtanwendung des anwendbaren Rechts und berechtigt daher zur Aufhebung des Schiedsspruchs. Im Ergebnis hat dies eine umfassende inhaltliche Kontrolle des Schiedsspruchs durch das Aufhebungskomitee zur Folge.

Nicht zuletzt angesichts der nachhaltigen Kritik an den ersten Entscheidungen war das Aufhebungskomitee in *MINE v. Guinea*[92] ersichtlich bemüht, die in Art. 52 (1) ICSID-Übk aufgeführten Aufhebungsgründe restriktiver zu handhaben. Gegenstand der Streitigkeit *MINE v. Guinea* war die Verletzung eines Vertrages über die Verfrachtung von Bauxitladungen nach Europa und Nordamerika.[93] In seiner Entscheidung stützte das Schiedsgericht seine Entscheidung anstelle des anwendbaren Art. 1134 des „Union Code Civil" auf den inhaltsgleichen Art. 1134 des französischen Code Civil.[94] Nachdem das Schiedsgericht zu Lasten von *Guinea* entschieden hatte, beantragte der Staat die Aufhebung des Schiedsspruchs und machte unter anderem geltend, das Schiedsgericht habe seine Befugnisse offensichtlich überschritten, indem es hinsichtlich der Haftungsbegründung kein Recht, geschweige denn das richtige Recht angewandt habe.

Das Aufhebungskomitee, dem unter anderem der „Vater" des ICSID-Übereinkommens und der erste Generalsekretär des Zentrums, *Broches*, angehörte, lehnte den Antrag im wesentlichen ab. Zunächst stellte das Komitee dar, auf welcher Grundlage die Anwendung des „falschen" Rechts zur Aufhebung nach Art. 52 (1) (b) ICSID-Übk führen könne. Die Nichtanwendung von Recht oder die Anwendung eines anderen als dem zwischen den Parteien vereinbarten Recht stelle eine Abweichung von den für das Schiedsgericht verbindlichen *Terms of Reference* dar. Sei diese Abweichung offensichtlich, so könne der Schiedsspruch aufgehoben werden. Das Komitee betonte, die Nichtbeachtung des anwendbaren Rechts sei von der fehlerhaften Rechtsanwendung zu unterscheiden. Eine fehlerhafte Anwendung des anwendbaren Rechts stelle, auch wenn sie offensichtlich sei,

---

US$ 2.472.490 betragen, zeige, daß es die maßgeblichen Vorschriften des indonesischen Rechts eindeutig nicht angewandt habe.

91 Gaillard, in: Clunet 1987, S. 135 (189); Feldman, in: ICSID Rev. - FILJ 1987, S. 85 (102); Pirrwitz, in: T. Int. L. J. 1988 (Vol. 23), S. 73 (108 f.).

92 Maritime International Nominees Establishment v. Government of the Republic of Guinea (Case No. ARB/84/4), Ad-hoc-Committee Decision of December 22, 1989, ICSID Rev. - FILJ 1990, S. 95

93 Zu Einzelheiten des Sachverhalts siehe Reisman, Systems of Control, S. 79 f.; Niggemann, in: IPRax 1991, S. 77 ff.

94 Maritime International Nominees Establishment v. Government of the Republic of Guinea (Case No. ARB/84/4), International Arbitration Report 1988, Nr. 1, Sec. A, S. 2 ff. Die Parteien hatten vereinbart, daß das Recht Guineas ergänzend zu dem zwischen den Parteien geschlossenen Vertrag zur Anwendung kommen sollte, soweit der Vertrag selber eine Auslegungsschwierigkeit ohne Lösung lasse.

keinen Aufhebungsgrund dar.[95] Das Aufhebungskomitee stellte sich damit gegen die sehr weite Auslegung des Art. 52 (1) (b) durch das Aufhebungskomitee in *Amco v. Indonesia.* Im vorliegenden Fall lehnte das Komitee die Aufhebung des Schiedsspruchs ab, da die angewandte und die anzuwendende Vorschrift identisch seien.

Die Aufhebungsentscheidungen zeigen, daß eine Abgrenzung der fehlerhaften Rechtsanwendung von der zur Aufhebung berechtigenden Nichtanwendung des maßgeblichen Rechts äußerst problematisch ist[96] und die Gefahr besteht, daß die inhaltliche Richtigkeit der Entscheidung überprüft wird. Diese Gefahr hat sich in *Amco v. Indonesia* verwirklicht. Um ihr zu begegnen, ist es notwendig, Art. 52 (1) (b) ICSID-Übk restriktiv auszulegen. Dies entspricht auch dem Wortlaut der Vorschrift, der eine offensichtliche („*manifest*“) Überschreitung der Befugnisse verlangt.[97]

c. *Bestechung eines Mitglieds des Schiedsgerichts, Art. 52 (1) (c) ICSID-Übk*

Der Aufhebungsgrund der Bestechung eines Mitglieds des Schiedsgerichts, der die passive Bestechung, also die Annahme oder Erklärung der Bereitschaft zu zukünftiger Annahme von Vorteilen, die eine Partei in Aussicht gestellt hat, umfaßt[98], ist in der Praxis bisher noch nicht relevant geworden.[99]

d. *Schwerwiegende Abweichung von einer grundlegenden Verfahrensvorschrift, Art. 52 (1) (d) ICSID-Übk*

Als weiteren Aufhebungsgrund nennt Art. 52 (1) (d) ICSID-Übk eine schwerwiegende Abweichung von einer grundlegenden Verfahrensvorschrift. In den ersten drei Aufhebungsverfahren[100] sind die Aufhebungsanträge – erfolglos – auf diesen Grund gestützt

95 Maritime International Nominees Establishment v. Government of the Republic of Guinea (Case No. ARB/84/4), Ad-hoc-Committee Decision of December 22, 1989, ICSID Rev. - FILJ 1990, S. 95 (104).

96 Vgl. Seidl-Hohenveldern, in: JPS 1989, S. 100 (104), die Grenze zwischen der Nichtanwendung und der fehlerhaften Anwendung sei genauso schwer zu ziehen, wie zwischen Aufhebung und Berufung; siehe auch Pirrwitz, in: T. Int. L. J. 1988 (Vol. 23), S. 73 (105).

97 Dementsprechend hat das Komitee in MINE v. Guinea darauf hingewiesen, daß dieses Tatbestandsmerkmal den Beurteilungsspielraum des Komitees, ob das Schiedsgericht seine Befugnisse überschritten habe, einschränke, Maritime International Nominees Establishment v. Government of the Republic of Guinea (Case No. ARB/84/4), Ad-hoc-Committee Decision of December 22, 1989, ICSID Rev. - FILJ 1990, S. 95 (102): „Article 52 (1) (b) does not provide a sanction for every excess of its power by a tribunal but requires that the excess be manifest which necessarily limits an ad hoc Committee's freedom of appreciation as to whether the tribunal has exceeded its power“. Im Gegensatz hierzu waren die ersten beiden Aufhebungskomitees wohl der Auffassung, die Verletzung des Art. 42 (1) ICSID-Übk impliziere die Offensichtlichkeit der Zuständigkeitsüberschreitung, vgl. Niggemann, in: IPRax 1991, S. 77 (81); Pirrwitz, in: T. Int. L. J. 1988 (Vol. 23), S. 73 (104).

98 Pirrung, Weltbankübereinkommen, S. 175.

99 Broches, in: YCA 1993, S. 627 (692, Rn. 189).

100 Klöckner begehrte die Aufhebung der Entscheidung Klöckner v. Cameroon wegen einer schwerwiegenden Abweichung von einer grundlegenden Verfahrensvorschrift mit der Begrün-

worden. In der Aufhebungsentscheidung in *MINE v. Guinea* hat das Aufhebungskomitee die Bedeutung der Worte „schwerwiegend" („*serious*") und „grundlegend" („*fundamental*") betont und dazu ausgeführt, eine Abweichung von einer grundlegenden Verfahrensvorschrift sei schwerwiegend, wenn sie wesentlich sei und der Partei den Vorteil oder Schutz, den die Vorschrift bezwecke, entziehe.[101] Außerdem müsse die schwerwiegende Abweichung eine grundlegende Verfahrensvorschrift betreffen. Als Beispiel für eine solche Vorschrift nannte das Komitee Art. 18 UNCITRAL MG, demzufolge die Parteien gleichzubehandeln sind und jeder Partei Gelegenheit zur umfassenden Darlegung ihres Standpunktes, das heißt, rechtliches Gehör, zu gewähren ist. Es stellte fest, daß nicht jede Vorschrift des ICSID-Übk und der ICSID AR grundlegend im Sinne des Art. 52 (1) (d) ICSID-Übk sei.[102]

---

dung, zwischen den Schiedsrichtern habe keine Beratung stattgefunden und das Schiedsgericht sei offensichtlich nicht unparteiisch gewesen. Das Komitee stellte fest, daß die Beratungspflicht eine grundlegende Verfahrensvorschrift sei (Klöckner Industrie-Anlagen GmbH, Klöckner Belge S.A. and Klöckner Handelmaatschappij B.V. v. United Republic of Cameroon and Société Camerounaise des Engrais (Case No. ARB/81/2), Ad-hoc-Committee Decision of May 3, 1985, Clunet 1987, S. 163 (168) = englische Übersetzung in: ICSID Reports II, S. 95) und die fehlende Unparteilichkeit eines Schiedsrichters eine schwerwiegende Abweichung von einer grundlegenden Verfahrensvorschrift begründe (aaO., S. 130, Rn. 95). Es hielt jedoch die von Klöckner vorgetragenen Gründe für nicht ausreichend. In Amco v. Indonesia begehrte der Investitionsstaat die Aufhebung des Schiedsspruchs nach Art. 52 (1) (d) ICSID-Übk, weil das Schiedsgericht nicht gemäß Art. 48 (3) ICSID-Übk alle ihm vorgelegten Fragen behandelt habe und dies eine Ungleichbehandlung der Parteien begründe. Das Aufhebungskomitee war insoweit der Auffassung, daß das Vorbringen Indonesiens, wenn überhaupt, einen Fall des Art. 52 (1) (e) ICSID-Übk darstelle. Dessen Voraussetzungen seien aber nicht erfüllt, da das Schiedsgericht die Nichtbeachtung des Vorbringens begründet habe (Amco Asia Corporation, Pan American Development Limited and P.T. Amco Indonesia v. Republic of Indonesia (Case No. ARB/81/1), Decision annulling the Award signed by the Ad-hoc-Committee on May 16, 1986, ICSID Reports I, S. 509 (517 f., Rn. 30 ff. u. 541, Rn. 121 ff.).

101 Maritime International Nominees Establishment v. Government of the Republic of Guinea (Case No. ARB/84/4), Ad-hoc-Committee Decision of December 22, 1989, ICSID Rev. - FILJ 1990, S. 95 (104): „The Committee considers that this establishes both quantitative and qualitative criteria: the departure must be substantial and be such as to deprive a party of the benefit or protection which the rule was intended to provide".

102 Maritime International Nominees Establishment v. Government of the Republic of Guinea (Case No. ARB/84/4), Ad-hoc-Committee Decision of December 22, 1989, ICSID Rev. - FILJ 1990, S. 95 (104). Im Hinblick auf die Methode der Schadensberechnung war der Aufhebungsantrag darauf gestützt worden, das Schiedsgericht habe seiner Entscheidung eine im Verfahren nicht erörterte Methode zur Schadensberechnung zugrunde gelegt, ohne den Parteien Gelegenheit zur Stellungnahme hierzu zu geben. Das Schiedsgericht hob den die Schadensberechnung betreffenden Teil des Schiedsspruchs wegen fehlender Begründung gemäß Art. 52 (1) (e) ICSID-Übk auf und ging auf die Frage, ob dies auch eine schwerwiegende Abweichung von einer grundlegenden Verfahrensvorschrift darstelle, nicht mehr ein, aaO. (123 f. und 126).

Trotz der hohen Anforderungen an eine Aufhebung gemäß Art. 52 (1) (d) ICSID-Übk[103] ist ein (ergänzender) Schiedsspruch auf Grund dieser Vorschrift aufgehoben worden. In *Amco v. Indonesia* beantragte *Amco*, nachdem im Anschluß an die Aufhebung des ersten Schiedsspruchs ein neuer Schiedsspruch erlassen worden war[104], eine ergänzende Entscheidung zu dem neuen Schiedsspruch gemäß Art. 49 (2) ICSID-Übk. *Amco* war der Ansicht, das Schiedsgericht habe nicht alle Fragen behandelt, außerdem enthalte der Schiedsspruch Schreib-, Rechen- oder ähnliche Fehler. Dagegen wandte *Indonesien* ein, das Schiedsgericht sei unzuständig, und behielt sich für den Fall einer positiven Zuständigkeitsentscheidung vor, zur Begründetheit des Antrags von *Amco* Stellung zu nehmen. Das Schiedsgericht legte, ohne dies zu begründen und unter Verstoß gegen Art. 49 (2) ICSID-Übk und Rule 49 (4) ICSID AR vom 1. Januar 1968[105], weder eine Frist fest, noch berücksichtigte es die Einwände *Indonesiens*. Es lehnte eine Ergänzung der Entscheidung ab, entsprach aber dem Antrag auf Berichtigung eines Schreib- oder ähnlichen Fehlers in seiner Entscheidung vom 17. Oktober 1990.[106] Mit der Begründung, die Berichtigung sei in Wirklichkeit eine Modifikation des Schiedsspruchs, beantragte *Indonesien* die Aufhebung. Das Aufhebungskomitee erachtete Rule 49 (4) ICSID AR als grundlegende Verfahrensvorschrift. Indem das Schiedsgericht über den Antrag *Amcos* entschieden habe, ohne *Indonesien* Gelegenheit zur Stellungnahme zu geben, habe es den Anspruch auf Gleichbehandlung verletzt. Das Aufhebungskomitee bewertete den Verstoß auch als schwerwiegend und hob die ergänzende Entscheidung daher auf.[107]

e. Fehlen der Begründung des Schiedsspruchs, Art. 52 (1) (e) ICSID-Übk

Als letzten Aufhebungsgrund nennt Art. 52 (1) (e) ICSID-Übk das Fehlen der Begründung des Schiedsspruchs. Hierauf stützte sich auch der Aufhebungsantrag in *Klöckner v. Cameroon*. *Klöckner* machte geltend, der Aufhebungsantrag sei nicht hinreichend begründet. Das Aufhebungskomitee, setzte sich – obwohl es den Schiedsspruch bereits we-

---

103 Vgl. Caron, in: ICSID Rev. - FILJ 1992, S. 21 (42): „Although somewhat vague, this ground has not and likely will not be in practice a source of many annulments because the twin hurdles of 'serious' and 'fundamental' are quite substantial".

104 Amco Asia Corporation, Pan American Development Limited and P.T. Amco Indonesia v. Republic of Indonesia (Case No. ARB/81/1), Resubmitted, Award rendered on June 4, 1990, Decision on Supplemental Decisions and Rectification of the Award rendered on October 17, 1990, ICSID Reports I, S. 569 ff.

105 Art. 49 (2) ICSID-Übk sieht für diesen Fall vor, daß die andere Partei zu benachrichtigen ist, ferner bestimmten die auf das Verfahren anwendbaren ICSID AR vom 1. Januar 1968 in Rule 49 (4), daß das Schiedsgericht den Parteien eine Frist für Stellungnahmen zu diesem Antrag setzen und das weitere Verfahren festlegen mußte (Die Bestimmung entspricht Rule 49 (3) ICSID AR in der Fassung vom 26. September 1984).

106 Amco Asia Corporation, Pan American Development Limited and P.T. Amco Indonesia v. Republic of Indonesia (Case No. ARB/81/1), Resubmitted, Award rendered on June 4, 1990, Decision on Supplemental Decisions and Rectification of the Award rendered on October 17, 1990, ICSID Reports I, S. 569 (638 ff.).

107 Der Inhalt der unveröffentlichten Entscheidung des Aufhebungskomitees ist wiedergegeben bei Broches, in: YCA 1993, S. 627 (693 f., Rn. 194 ff.).

gen offensichtlicher Überschreitung der Befugnisse nach Art. 52 (1) (b) ICSID-Übk aufgehoben hatte – mit der Frage auseinander, ob die Unzulänglichkeit der Begründung mit deren Fehlen gleichgesetzt werden könne. Es kam zu dem Ergebnis, Art. 52 (1) (e) ICSID-Übk verlange eine Begründung, die den Schiedsspruch trage. Es genüge einerseits nicht, daß lediglich eine augenscheinlich schlüssige („*apparemment pertinent*") Begründung gegeben werde, andererseits könne nicht gefordert werden, daß die Begründung völlig schlüssig sei, da dies eine Überprüfung der inhaltlichen Richtigkeit der Entscheidung bedeute. Als Mittelweg sei zu fordern, daß die Begründung hinreichend schlüssig („*suffisamment pertinent*") sein müsse.[108] Diesem Verständnis des Art. 52 (1) (e) ICSID-Übk schloß sich auch das Aufhebungskomitee im Verfahren *Amco v. Indonesia* an.[109]

Diese Auslegung des Art. 52 (1) (e) ICSID-Übk traf in der Literatur auf fast einhellige Kritik.[110] Diese stützte sich in der Hauptsache darauf, daß hierdurch die Grenze zu einer inhaltlichen Überprüfung des Schiedsspruchs überschritten werde. In diesem Sinne stellte auch das Aufhebungskomitee in *MINE v. Guinea* fest, die Prüfung der Angemessenheit der Begründung sei kein geeigneter Maßstab, da er nahezu zwangsläufig ein Aufhebungskomitee dazu veranlasse, den Schiedsspruch inhaltlich zu überprüfen. Dabei könne ein Komitee in Versuchung geraten, den Schiedsspruch aufzuheben, weil sich bei der Überprüfung der Angemessenheit der Begründung ein offensichtlicher Fehler bei der Rechts-

108 Klöckner Industrie-Anlagen GmbH, Klöckner Belge S.A. and Klöckner Handelmaatschappij B.V. v. United Republic of Cameroon and Société Camerounaise des Engrais (Case No. ARB/81/2), Ad-hoc-Committee Decision of May 3, 1985, Clunet 1987, S. 163 (171) (= englische Übersetzung in: ICSID Reports II, S. 95) „La question peut se poser en ces termes: pour écarter toute annulation selon l'article 52.1.e), suffit-il de constater la présence de motifs 'apparemment pertinents', ou faut-il qu'il y ait des motifs 'pertinents'? Dans la première hypothèse, le contrôle de l'instance d'annulation sera réduit, dans la seconde, il sera plus étendu. De l'avis du Comité, on ne saurait se contenter d'exiger simplement la présence de motifs 'apparemment pertinents', sous peine de vider de sa substance le contrôle de légalité qui a été voulu par l'article 52 de la Convention. D'autre part, interpréter cette disposition comme exigeant (indirectement) la présence de 'motifs pertinents' risquerait de conduire l'instance d'annulation vers un contrôle proche de celui d'une instance d'appel, et elle risquerait d'être entraînée à substituer sa propre appréciation de la pertinence des motifs à celle du Tribunal arbitral. Une voie moyenne et raisonnable consiste à se contenter de la presence de motifs 'suffisamment pertinents', c'est-à-dire raisonnablement capables de justifier le résultat auquel est parvenu le Tribunal arbitral. En d'autres termes, il y aurait 'defaut de motifs' en l'absence d'expression de motifs 'suffisamment pertinents', c'est-à-dire raisonnablement soutenables et susceptibles de fonder la décision".

109 Amco Asia Corporation, Pan American Development Limited and P.T. Amco Indonesia v. Republic of Indonesia (Case No. ARB/81/1), Decision annulling the Award signed by the Ad-hoc-Committee on May 16, 1986, ICSID Reports I, S. 509 (520, Rn. 43).

110 Bülow/Böckstiegel/Geimer/Schütze - Böckstiegel, Band II, 720·75, Fn. 47; Broches, in: ICSID Rev. - FILJ 1991, S. 321 (365 f.); Caron, in: ICSID Rev. - FILJ 1992, S. 21 (44); Feldman, in: ICSID Rev. - FILJ 1987, S. 85 (109); Gaillard, in: Clunet 1987, S. 135 (190); de Berranger, in: RdA 1988, S. 93 (111): „[l']interpretation de l'article 52 § 1.e constitue un glissement d'un contrôle de forme (existence de motif) vers un contrôle de fond (pertinence de motifs). Ainsi, en interprétant largement des griefs, les Comités s'engagent sur la pente dangereuse de l'appel, prenant le risque de ruiner l'esprit du système de contrôle interne de la Convention: soustraire les sentences CIRDI à la rigeur possible des jurisdictions étatiques".

anwendung zeige, obwohl dies keinen Aufhebungsgrund darstelle.[111] Das *MINE*-Aufhebungskomitee vertrat daher die Auffassung, der Begründungspflicht sei Genüge getan, wenn der Leser in Lage sei, der Argumentation des Schiedsgerichts zu folgen. Es sei ausreichend, wenn der Schiedsspruch es ermögliche nachzuvollziehen, wie das Schiedsgericht von Punkt A zu Punkt B und letztlich zu seinem Ergebnis gelangt sei, auch wenn ihm in rechtlicher oder tatsächlicher Hinsicht Fehler unterlaufen seien. Diese Minimalanforderungen seien insbesondere nicht erfüllt, wenn die Begründung widersprüchlich oder irrelevant („frivolous[112]") sei.[113]

Diese Auslegung des Art. 52 (1) (e) ICSID-Übk beschränkt die Überprüfungsbefugnis des Aufhebungskomitees in angemessener Weise. Zwar mag auch bei diesem restriktiveren Verständnis der Vorschrift die Gefahr bestehen, daß ein Aufhebungskomitee die genannten Anforderungen an die Begründung so weit auslegt, daß es zu einer inhaltlichen Überprüfung des Schiedsspruchs gelangt.[114] Andererseits läßt sich diese Gefahr nicht gänzlich ausschließen, ohne Art. 52 (1) (e) ICSID-Übk jeglicher Bedeutung zu berauben. Im Ergebnis ist der Auslegung des Art. 52 (1) (e) ICSID-Übk durch das *MINE*-Aufhebungskomitee daher zuzustimmen.

Ein weiteres Problem liegt in der Frage, ob ein Schiedsspruch auch dann wegen fehlender Begründung aufgehoben werden kann, wenn das Schiedsgericht nicht alle ihm von den Parteien vorgelegten Fragen behandelt hat, wozu es nach Art. 48 (3) ICSID-Übk verpflichtet ist. Das Aufhebungskomitee in *Klöckner v. Cameroon*[115] hielt Art. 52 (1) (e) ICSID-Übk bei einem Verstoß gegen Art. 48 (3) ICSID-Übk für anwendbar, soweit dieser Verstoß nicht von Art. 49 (2) ICSID-Übk erfaßt werde. Die Komitees in *Amco v. Indonesia*[116] und *MINE v. Guinea*[117] schlossen sich dieser Auffassung an. Das letztgenannte Komitee führte im Hinblick auf das Verhältnis zu Art. 49 (2) ICSID-Übk aus, diese Vorschrift finde Anwendung, wenn das Schiedsgericht nicht über alle ihm vorgelegten Fragen entschieden habe und es daher einer Ergänzung der bisherigen Entscheidung bedürfe. Hingegen sei Art. 49 (2) ICSID-Übk nicht anwendbar, wenn die Nichtbehandlung nicht

---

111 Maritime International Nominees Establishment v. Government of the Republic of Guinea (Case No. ARB/84/4), Ad-hoc-Committee Decision of December 22, 1989, ICSID Rev. - FILJ 1990, S. 95 (105).

112 Zu dem Begriff siehe Caron, in: ICSID Rev. - FILJ 1992, S. 21 (44), der einen „frivolous reason" beschreibt als „manfest error in the content of a particular reason".

113 Maritime International Nominees Establishment v. Government of the Republic of Guinea (Case No. ARB/84/4), Ad-hoc-Committee Decision of December 22, 1989, aaO.

114 Caron, in: ICSID Rev. - FILJ 1992, S. 21 (44); Paulsson, in: ICSID Rev. - FILJ 1991, S. 380 (390).

115 Klöckner Industrie-Anlagen GmbH, Klöckner Belge S.A. and Klöckner Handelmaatschappij B.V. v. United Republic of Cameroon and Société Camerounaise des Engrais (Case No. ARB/81/2), Ad-hoc-Committee Decision of May 3, 1985, Clunet 1987, S. 163 (172 ff.) = englische Übersetzung in: ICSID Reports II, S. 95.

116 Amco Asia Corporation, Pan American Development Limited and P.T. Amco Indonesia v. Republic of Indonesia (Case No. ARB/81/1), Decision annulling the Award signed by the Ad-hoc-Committee on May 16, 1986, ICSID Reports I, S. 509 (517 f., Rn. 32).

117 Maritime International Nominees Establishment v. Government of the Republic of Guinea (Case No. ARB/84/4), Ad-hoc-Committee Decision of December 22, 1989, ICSID Rev. - FILJ 1990, S. 95 (106).

durch eine bloße Ergänzung der Entscheidung geheilt werden könne, sondern die bereits getroffene Entscheidung des Schiedsgerichts unter Berücksichtigung der nicht behandelten Frage neu entschieden werden müsse.[118]

In der Literatur ist dieses Verständnis von Art. 52 (1) (e) ICSID-Übk kritisiert worden.[119] Die Vorschrift sei enger gefaßt als Art. 48 (3) ICSID-Übk. Sie sehe die Aufhebung des Schiedsspruchs lediglich bei Fehlen der Begründung vor, nicht hingegen bereits dann, wenn das Schiedsgericht nicht alle ihm vorgelegten Fragen behandelt habe. Für diese Auffassung spricht neben dem Wortlaut auch die Entstehungsgeschichte des Art. 52 (1) (e) ICSID-Übk.[120] Im Rahmen der Abstimmung über das ICSID-Übereinkommen entschied das Expertenkomitee mit 32 gegen 0 Stimmen, daß das Schiedsgericht über alle ihm vorgelegten Fragen entscheiden solle. Anschließend wurde die Frage, ob eine Verletzung dieser Verpflichtung einen Aufhebungsgrund darstelle, mit 6 gegen 8 Stimmen verneint.[121]

Broches bezeichnet die Auffassung, Art. 52 (1) (e) ICSID-Übk sei in diesen Fällen nicht anwendbar, als „*formalistic approach*". Er wendet ein, dies führe zu dem abwegigen Ergebnis, daß ein Schiedsgericht unter den ihm vorgelegten Fragen diejenigen, auf die es seine Begründung stützen wolle, auswählen und so tun könne, als seien die anderen Fragen nie gestellt worden.[122] Dieser Einwand erscheint indes vor dem Hintergrund des Art. 52 (1) (d) ICSID-Übk nicht überzeugend. Art. 48 (3) ICSID-Übk ist eine zentrale Vorschrift im Hinblick auf die Gewährung rechtlichen Gehörs und gehört daher zu den grundlegenden Verfahrensvorschriften. Behandelt das Schiedsgericht von einer Partei vorgebrachte Fragen nicht, obwohl diese für die Entscheidung des Schiedsgerichts wesentlich sind, so handelt es sich auch um eine schwerwiegende Abweichung von dieser grundlegenden Verfahrensvorschrift. Die Nichtbehandlung von durch die Parteien vorgebrachten Fragen durch das Schiedsgericht wird daher eher durch Art. 52 (1) (d) ICSID-Übk erfaßt als durch Art. 52 (1) (e) ICSID-Übk.[123] Die Anwendung des Buchstaben (d) ist

---

118 Siehe auch Gaillard, in: Clunet 1991, S. 165 (172).

119 Delaume, in: Arb. Int. 1989, S. 21 (31 f.); Feldman, in: ICSID Rev. - FILJ 1987, S. 85 (105 ff.); Niggemann, in: IPRax 1991, S. 77 (82); Pirrwitz, in: T. Int. L. J. 1988 (Vol. 23), S. 73 (111 f.); Redfern, in: Arb. Int. 1987, S. 98 (109 ff.); Reisman, in: D.L.J. 1989, S. 739 (789 ff.); ders., in: ICSID Rev. - FILJ 1992, S. 196 (203 f.).

120 a.A. Seidl-Hohenveldern, in: JPS 1989, S. 100 (105 f.) ebenfalls unter Hinweis auf die Entstehungsgeschichte, die unterschiedlich verstanden werden könne.

121 ICSID, Documents, Vol. II/2, Doc. 102 (Summary Proceedings of the Legal Committee Meeting, December 9, Morning (SID/LC/SR/18, January 4, 1965)), S. 845.

122 Broches, in: ICSID Rev. - FILJ 1991, S. 321 (367); ders., in: ICSID Rev. - FILJ 1993, S. 92 (96).

123 In diesem Sinne Niggemann, in: IPRax 1991, S. 77 (82) unter Hinweis darauf, daß die Subsumtion unter Art. 52 (1) (e) ICSID-Übk das Aufhebungskomitee noch näher an eine Berufungsinstanz heranrücke. Die Möglichkeit, die genannten Fälle unter Art. 52 (1) (d) ICSID-Übk zu subsumieren, erwähnen auch die Aufhebungskomitees in Klöckner Industrie-Anlagen GmbH, Klöckner Belge S.A. and Klöckner Handelmaatschappij B.V. v. United Republic of Cameroon and Société Camerounaise des Engrais (Case No. ARB/81/2), Ad-hoc-Committee Decision of May 3, 1985, Clunet 1987, S. 163 (168) = englische Übersetzung in: ICSID Reports II, S. 95; Amco Asia Corporation, Pan American Development Limited and P.T. Amco Indonesia v. Republic of Indonesia (Case No. ARB/81/1), Decision annulling the Award

zudem sachgerecht, weil er die Aufhebbarkeit auf „schwerwiegende“ Abweichungen beschränkt.[124]

2. *Folgen des Vorliegens eines Aufhebungsgrundes*

Gemäß Art. 52 (3) ICSID-Übk ist das Schiedsgericht befugt, den Schiedsspruch aus einem der in Art. 52 (1) ICSID-Übk genannten Gründe ganz oder teilweise aufzuheben. In diesem Zusammenhang ist umstritten, ob das Aufhebungskomitee bei Vorliegen eines Aufhebungsgrundes zur Aufhebung verpflichtet ist oder ob ihm insoweit Ermessen zusteht.

Nach einer Analyse der unterschiedlichen Auslegungsmöglichkeiten war das Komitee in *Klöckner v. Cameroon* der Ansicht, der Schiedsspruch müsse bei Vorliegen eines Grundes aufgehoben werden, ohne daß dem Komitee Ermessen zustehe.[125] Dies gelte selbst dann, wenn dem Antragsteller aus dem Fehler kein Nachteil erwachse oder der Fehler den Schiedsspruch nicht wesentlich beeinträchtige.[126] Gegen diese Auffassung wandte sich das Komitee in *MINE v. Guinea.* Aus der Formulierung, ein Aufhebungskomitee habe „die Kompetenz“, einen Schiedsspruch aufzuheben, ergebe sich keine Verpflichtung zur automatischen Aufhebung. Eine solche Verpflichtung werde durch Art. 52 (3) ICSID-Übk auch nicht impliziert. Das Komitee bejahte ein Ermessen in dieser Frage, wobei dieses nicht unbegrenzt sei. So könne das Schiedsgericht etwa die Aufhebung ablehnen, wenn diese angesichts der geringen Schwere des Verfahrensverstoßes nicht erforderlich sei – das Ermessen dürfe indes nicht dazu führen, daß Ziel und Zweck des Aufhebungsverfahrens beeinträchtigt würden.[127]

---

signed by the Ad-hoc-Committee on May 16, 1986, ICSID Reports I, S. 509 (517 f., Rn. 32); vgl. auch Broches, in: ICSID Rev. - FILJ 1993, S. 92 (96).

124 Hierdurch wird auch den Bedenken von Redfern, in: Arb. Int. 1987, S. 98 (109 ff.) Rechnung getragen, der darauf hinweist, daß in der Praxis in Schiedssprüchen häufig nicht auf alle von den Parteien aufgeworfenen Fragen eingegangen wird, da sie letztendlich nicht relevant sind.

125 Klöckner Industrie-Anlagen GmbH, Klöckner Belge S.A. and Klöckner Handelmaatschappij B.V. v. United Republic of Cameroon and Société Camerounaise des Engrais (Case No. ARB/81/2), Ad-hoc-Committee Decision of May 3, 1985, Clunet 1987, S. 163 (168) = englische Übersetzung in: ICSID Reports II, S. 95; es schränkte dies nur im Hinblick auf nicht näher definierte außergewöhnliche Umstände ein („Sous réserve de circonstances exceptionelles [...] le Comité incline à considérer que la contestation de l'existence d'un des motifs d'annulation de l'article 52.1 doit entraîner en principe l'annulation totale ou partielle de la sentence, sans que l'instance d'annulation ait le pouvoir de faire prévaloir des considérations d'opportunité, les parties à la Convention de Washington et les parties à un arbitrage du système du CIRDI ayant un droit absolu au respect des dispositions de la Convention et notamment de la disposition de l'article 52“).

126 Seidl-Hohenveldern, in: JPS 1989, S. 100 (112 f.), der selbst der Gegenansicht zuneigt.

127 Maritime International Nominees Establishment v. Government of the Republic of Guinea (Case No. ARB/84/4), Ad-hoc-Committee Decision of December 22, 1989, ICSID Rev. - FILJ 1990, S. 95 (103).

Reisman[128] wendet sich gegen den formalen Standpunkt des Aufhebungskomitees in *Klöckner v. Cameroon*, den er als „*Hair-Trigger-*"Mechanismus bezeichnet, und befürwortet einen „*Material-Violation-Approach*". Nach diesem prüft das Aufhebungskomitee zunächst, ob ein Aufhebungsgrund vorliegt. Ist dies der Fall, so prüft es des weiteren, ob das Schiedsgericht den Fall gleichwohl sachlich richtig entschieden hat. *Reisman* weist darauf hin, daß das Komitee sich dabei nicht die Rolle eines Berufungsgerichts anmaße, da Voraussetzung für die Prüfung, ob eine materielle Rechtsverletzung vorliege, zunächst die Feststellung sei, daß dem Schiedsgericht ein technischer Fehler unterlaufen sei. Nur wenn dies der Fall sei, prüfe das Komitee sodann, ob dieser technische Fehler Auswirkungen auf den materiellen Tenor des Schiedsspruchs gehabt habe. Das Schiedsgericht setze folglich nicht seine eigene Beurteilung an die Stelle derjenigen des Schiedsgerichts, sondern verhindere lediglich die Aufhebung eines Schiedsspruchs aus technischen Gründen, den es für sachlich richtig halte.

Der Auffassung *Reismans* ist zuzustimmen.[129] Sie entspricht dem Sinn und Zweck des Aufhebungsverfahrens und wird dem Ausnahmecharakter gerecht, den die Aufhebung eines ICSID-Schiedsspruchs angesichts seiner grundsätzlichen Verbindlichkeit haben muß. Da im Falle der Aufhebung des Schiedsspruchs ein erneutes Schiedsverfahren zur verbindlichen Beilegung der Streitigkeit durchzuführen ist, an das sich möglicherweise ein weiteres Aufhebungsverfahren anschließt, entspricht die Auffassung des Aufhebungskomitees in *Klöckner v. Cameroon* auch nicht den Interessen der Parteien. Diese haben kein legitimes Interesse, wegen eines jeden Verstoßes gegen technische Regeln das langwierige und kostspielige Aufhebungsverfahren in Gang zu setzen. Gesichert bleiben muß dagegen die Möglichkeit, sich gegen eine Verletzung ihrer Interessen durch den Tenor des Schiedsspruchs zu wehren. Daneben ist es zur Wahrung der Integrität und Funktionsfähigkeit des ICSID-Streiterledigungssystems erforderlich, daß die durch Art. 52 (1) ICSID-Übk geschützten grundlegenden Verfahrensprinzipien eingehalten werden.

Wird ein Schiedsspruch aufgehoben, so ist die Streitigkeit gemäß Art. 52 (6) ICSID-Übk auf Antrag einer der Parteien einem neuen Schiedsgericht zu unterbreiten. Art. 52 (1) ICSID-Übk eröffnet dabei die Möglichkeit, einen Schiedsspruch lediglich zum Teil aufzuheben. In diesem Fall ist fraglich, inwieweit das neu konstituierte Schiedsgericht an den ersten Schiedsspruch gebunden ist. Für Verfahren, die auf einer nach dem 26. September 1984 abgeschlossenen Schiedsvereinbarung beruhen[130], stellt Rule 55 (3) ICSID AR klar, daß bei einer teilweisen Aufhebung das neu konstituierte Schiedsgericht nicht über die Teile des Schiedsspruchs entscheidet, die nicht aufgehoben worden sind. Das neue Schiedsgericht ist insoweit also an die Entscheidung des ersten Schiedsgerichts gebunden. Diese Bestimmung hat aber lediglich klarstellende Funktion, das heißt, auch in Verfahren, in denen die Parteien ihre Zustimmung zur ICSID-Schiedsgerichtsbarkeit vor diesem

---

128 Reisman, Systems of Control, S. 57, 70 f., 81 f., 91 f.; ders., in: ICSID Rev. - FILJ 1992, S. 196 (204 f.).

129 In diesem Sinne auch Caron, in: ICSID Rev. - FILJ 1992, S. 21 (45 f.); Seidl-Hohenveldern, in: JPS 1989, S. 100 (114); Rambaud, in: Ann. fr. dr. int. 1986, S. 259 (267); a.A. Bülow/Böckstiegel/Geimer/Schütze - Böckstiegel, Band II, 720·77, Fn. 48; differenzierend Sturzenegger, in: J. Int. Arb. 1992, Nr. 4, S. 173 (184 ff.).

130 Vgl. Art. 44 ICSID-Übk.

Datum erklärt haben, entscheidet das neue Schiedsgericht nur über die Teile des Schiedsspruchs, die aufgehoben worden sind.[131] Andernfalls würde das Vorliegen eines nur einen abgrenzbaren Teil eines Schiedsspruchs betreffenden Fehlers dazu führen, daß das neue Schiedsgericht die Streitigkeit vollständig neu entscheiden könnte. Dies wäre aber mit dem Grundsatz der Verbindlichkeit eines ICSID-Schiedsspruchs unvereinbar.

3. *Zusammenfassung*

Die Auslegung des Art. 52 (1) ICSID-Übk in den beiden Aufhebungsentscheidungen *Klöckner v. Cameroon* vom 3. Mai 1985 und *Amco v. Indonesia* vom 16. Mai 1986 hat berechtigte Kritik hervorgerufen. Die extensive Auslegung der Aufhebungsgründe Art. 52 (1) (b) („Offensichtliche Überschreitung der Befugnisse des Schiedsgerichts") und Art. 52 (1) (e) ICSID-Übk („Fehlen der Begründung des Schiedsspruchs") und der vom *Klöckner*-Komitee angewandte „*Hair-Trigger*-"Mechanismus beinhalten die Gefahr, daß eine Streitigkeit sich in einem endlosen Kreislauf von Schiedssprüchen und Aufhebungsentscheidungen verliert.

Eine wesentliche Ursache hierfür ist die Komplexität internationaler Investitionsverträge. Diese führt dazu, daß ein Aufhebungskomitee, dem der interne Entscheidungsfindungsprozeß im Schiedsgericht nicht bekannt ist, die zu überprüfende Entscheidung eines Schiedsgerichts für inhaltlich fehlerhaft hält und selbst anders entschieden hätte. Durch die weite Auslegung der Art. 52 (1) (b) und (e) ICSID-Übk haben sich die Komitees in den genannten Verfahren die Möglichkeit verschafft, eine Entscheidung wegen inhaltlicher Fehler aufzuheben und dadurch die eigene Aufgabe in die eines Berufungs- oder Revisionsgremiums umgedeutet.

Das Aufhebungskomitee kann im Gegensatz zum WTO-Rechtsmittelgremium selbst keine abschließende Entscheidung treffen, sondern hat nur die Möglichkeit, den Schiedsspruch aufzuheben; das steht im Widerspruch zu einem wesentlichen Zweck verbindlicher Streiterledigungsverfahren, nämlich der Beendigung der Streitigkeit und der Schaffung von Rechtssicherheit und -klarheit. Zwar erscheint im Interesse der Parteien und zur Wahrung der Integrität des ICSID-Streiterledigungssystems[132] eine Überprüfung erforderlich, ob die grundlegenden verfahrensmäßigen Rechte der Parteien gewahrt worden sind. Eine Aufhebung muß aber auf schwerwiegende Fälle einer offensichtlichen Verletzung begrenzt werden.[133] Die restriktive Auslegung des Art. 52 ICSID-Übk durch das Aufhe-

---

131 Vgl. Broches, in: ICSID Rev. - FILJ 1991, S. 321 (333 f.); eingehend Amco Asia Corporation, Pan American Development Limited and P.T. Amco Indonesia v. Republic of Indonesia (Case No. ARB/81/1), Resubmitted, Decision on Jurisdiction of May 10, 1988, ICSID Reports I, S. 543 ff.; kritisch Reisman, Systems of Control, S. 74 ff.; vgl. auch Curtis, in: AJIL 1989, S. 106 ff.

132 Vor dem Hintergrund dieser Funktion scheint es auch nicht möglich, daß die Parteien im voraus auf die Durchführung eines Aufhebungsverfahrens verzichten, Broches, in: ICSID Rev. - FILJ 1991, S. 321 (373 f.); Delaume, in: J. Int. Arb. 1995, Nr. 1, S. 5 (16); ders., in: Arb. Int. 1989, S. 21 (33 f.); wohl auch Reisman, Systems of Control, S. 104; Reisman, in: ICSID Rev. - FILJ 1992, S. 196 (208); a.A. Dolzer, in: (Petersmann/Jaenicke) Adjudication, S. 139 (151).

133 Zur Funktion der Aufhebungskomitees sehr plastisch Paulsson, in: ICSID Rev. - FILJ 1991, S. 380 (392): „They are there as a backstop, a garde-fou. They are like inspectors sent out to

bungskomitee in *MINE v. Guinea* trägt dieser Überlegung Rechnung und ist daher sachgerecht.

Auch wenn der Inhalt der beiden zeitlich nachfolgenden Aufhebungsentscheidungen *Klöckner v. Cameroon (Resubmitted)* und *Amco v. Indonesia (Resubmitted)*, in denen der Aufhebungsantrag (im wesentlichen) abgewiesen wurde, nicht veröffentlicht wurde, erscheint es plausibel, daß auch hier die Komitees Art. 52 ICSID-Übk restriktiv ausgelegt haben, da *Sucharitkul* der Vorsitzende der Aufhebungskomitees in diesen beiden Verfahren und in *MINE v. Guinea* war. Seither ist in einem weiteren Verfahren ein Aufhebungsantrag gestellt worden (*S. P. P. v. Egypt*, Aufhebungsantrag vom 27. Mai 1992[134]). Aufgrund eines Vergleichs zwischen den Parteien wurde über diesen Antrag jedoch nicht entschieden.[135] In der Folgezeit ist eine Vielzahl der abgeschlossenen Verfahren nach Rule 43 oder 44 ICSID AR ohne verbindliche Entscheidung des Schiedsgerichts beendet worden, so daß eine abschließende Beurteilung nicht möglich ist. Angesichts der gesammelten Erfahrungen mit dem Aufhebungsverfahren erscheint es aber wahrscheinlich, daß auch zukünftige Komitees Art. 52 ICSID-Übk restriktiv auslegen werden, so daß die „Krise des ICSID“[136] überwunden scheint.[137]

---

ensure that the security system of a building is working – not to give their opinion of its landscaping, architecture, and interior decoration. It should not take a hundred pages to explain whether there has been a manifest excess of power, let alone to examine whether or not there has been a failure to state reasons. An award that falls foul of Article 52 (1) must be so egregiously illegitimate that its deficiency could be stated in a few pages“.

134 Southern Pacific Properties (Middle East) Limited v. Arab Republic of Egypt (Case No. ARB/84/3), vgl. ICSID Cases, S. 23 f.

135 Craig, in: ICSID Rev. - FILJ 1993, S. 264 (285 ff.) weist darauf hin, daß S. P. P. angesichts des Risikos der Aufhebung des Schiedsspruchs durch das bereits konstituierte Aufhebungskomitee einer vergleichsweisen Beendigung der Streitigkeit zustimmte und insoweit eine Zahlung Ägyptens von US$ 17.5 Millionen akzeptierte, obwohl dem Unternehmen in dem ICSID-Schiedsspruch US$ 27.6 Millionen zugesprochen worden waren. Dies zeigt die Notwendigkeit, Art. 52 ICSID-Übk restriktiv auszulegen, um ICSID-Schiedssprüche nicht für die obsiegende Partei zu entwerten.

136 Von dieser spricht etwa Reisman, in: D.L.J. 1989, S. 739 ff.; ders., Systems of Control, S. 46 ff.; ders., in: ICSID Rev. - FILJ 1992, S. 196 ff. Siehe dagegen Broches, in: ICSID Rev. - FILJ 1993, S. 92 (103); ähnlich Paulsson, in: ICSID Rev. - FILJ 1991, S. 380 (391), demzufolge die ersten zwei Aufhebungsentscheidungen mit jugendlichen Unbedachtheiten („youthful indiscretions“) vergleichbar sind.

137 Augenblick/Ridgway, in: JWT 1993, Nr. 1, S. 73 (79); Caron, in: ICSID Rev. - FILJ 1992, S. 21 (48 ff.); Delaume, in: J. Int. Arb. 1995, Nr. 1, S. 5 (16); Paulsson, in: ICSID Rev. - FILJ 1991, S. 380 (391). Auch Reisman, in: ICSID Rev. - FILJ 1992, S. 196 (211) ist der Auffassung, daß die Krise überwunden ist („...things seem back on track...“).

C. Die Anfechtung von privaten Schiedssprüchen vor staatlichen Gerichten

I. Allgemein

Anders als im Rahmen der WTO- und der ICSID-Streiterledigung ist in der WIPO-Schiedsordnung, wie in der privaten Wirtschaftsschiedsgerichtsbarkeit generell[138], keine verfahrensinterne Überprüfung der Entscheidung durch einen anderen Spruchkörper vorgesehen. Die Zuständigkeit für die Überprüfung und gegebenenfalls die Aufhebung von Schiedssprüchen liegt hier vielmehr bei den staatlichen Gerichten, wobei nach der Sitztheorie die Schiedsgerichte am Ort des Schiedsverfahrens zuständig sind.[139]

Art und Intensität der Kontrolle internationaler[140] Schiedssprüche richten sich nach dem jeweiligen nationalen Recht und weisen erhebliche Unterschiede auf.[141] Eine Extremlösung stellt insoweit das belgische Recht dar, das eine Kontrolle von Schiedssprüchen ausschließt, wenn keine der Parteien eine Beziehung zu Belgien hat[142], während nach schweizer Recht die Parteien die Anfechtung eines Schiedsspruchs durch ausdrückliche, schriftliche Vereinbarung ganz oder teilweise ausschließen können, wenn keine der Parteien ihren Wohnsitz, gewöhnlichen Aufenthalt oder eine Niederlassung in der

---

138 Eine Ausnahme gilt insbesondere für den Bereich der Warenschiedsgerichtsbarkeit. So ist etwa für die Schiedsgerichtsbarkeit im Rahmen der Grain and Feed Trade Association (GAFTA) in London eine verfahrensinterne Berufung vorgesehen, innerhalb deren sogar auch neue Beweismittel vorgebracht werden können, Craig, in: Arb. Int. 1988, S. 174 (187); vgl. auch Berger, Arbitration, S. 655 f. Ähnliches gilt für die Schiedsgerichtsbarkeit auf der Grundlage der Bedingungen der Bremer Baumwollbörse.

139 Zur Zuständigkeit der Gerichte am Ort des Schiedsverfahrens nach der Sitztheorie siehe oben S. 392.

140 Einige Rechtsordnungen sehen unterschiedliche Regelungen für nationale und internationale Schiedsverfahren vor, so etwa das französische und das schweizer Recht. Auch das UNCITRAL MG ist gemäß seinem Art. 1 nur auf die internationale Handelsschiedsgerichtsbarkeit anwendbar. Der deutsche Gesetzgeber hat bei der Übernahme des UNCITRAL MG indes auf diese Unterscheidung verzichtet, so daß die §§ 1025 ff. ZPO gleichermaßen auf nationale wie internationale Schiedsverfahren anwendbar sind, vgl. G. Lörcher, in: Arb. Int. 1995, S. 391 (392 f.); Labes/Lörcher, in: MDR 1997, S. 420 (420); Schumacher, in: FS Glossner, S. 341 (345 f.). Ähnlich hat der englische Gesetzgeber darauf verzichtet, abweichende Regeln für nationale Schiedsverfahren aufzustellen. Die Sections 85-87 Arbitration Act 1996, die Sonderregeln für nationale Schiedsverfahren enthielten, sind nicht in Kraft getreten, vgl. Landau, in: ILM 1997, S. 155 (161).

141 Zu Einzelheiten für die jeweiligen (europäischen) Rechtsordnungen Berger, in: Ford. Int. L. J. 1989, S. 605 (619 ff.); ders., in: RIW 1989, S. 850 (852 ff.).

142 Art. 1717 (4) der belgischen Zivilprozeßordnung. Diese Bestimmung ist durch das Reformgesetz vom 27. März 1985 eingeführt worden (abgedruckt in: ILM 1986, S. 726). Nach dieser Bestimmung ist eine Anfechtung kraft Gesetzes ausgeschlossen, wenn die Parteien weder natürliche Personen belgischer Staatsangehörigkeit noch juristische Personen mit belgischem Gründungsstatut oder einer Niederlassung in Belgien sind. Zu dieser Bestimmung Bühler, in: IPRax 1987, S. 253 ff.; Paulsson, in: Arb. Int. 1986, S. 68 ff.; Vanderelst, in: J. Int. Arb. 1986, Nr. 2, S. 77 ff.

Schweiz hat.[143] Aus dem Erfordernis der Ausdrücklichkeit der Vereinbarung folgt, daß Art. 64 (a) WIPO SchO, demzufolge die Parteien durch die Vereinbarung eines WIPO-Schiedsverfahrens auf ihr Recht verzichten, ein Rechsmittel bei einem staatlichen Gericht einzulegen, nicht ausreicht.[144]

Gegen einen Ausschluß der Kontrolle von Schiedssprüchen durch die staatlichen Gerichte am Ort des Schiedsverfahrens ist einzuwenden, daß die Schiedsgerichtsbarkeit auf den Richter als „Garant schiedsrichterlicher Integrität"[145] angewiesen ist und eine Kontrolle der fundamentalen und rechtsstaatlich gebotenen Verfahrensgrundsätze durch die Gerichte am Ort des Schiedsverfahrens notwendig ist.[146] Ein Grund hierfür ist, daß andernfalls die Kontrolle auf die Gerichte des Vollstreckungsstaates verlagert wird und dies in Fällen, in denen ein mit schweren Mängeln behafteter Schiedsspruch ergangen ist, zur Folge hat, daß die unterlegene Partei nicht die Möglichkeit hat, den Schiedsspruch aufhe-

---

143 Art. 192 IPRG. Zu Einzelheiten A. Bucher, Suisse, Rn. 398 ff; Lalive/Poudret/Reymond, Droit de l'Arbitrage, Art. 192, Anm. 1 ff.; Briner, in: (Böckstiegel) Schweiz (II), S. 99 (101 ff.); Kühn, in: (Böckstiegel) Schweiz (II), S. 163 (179 ff.).

144 So im Hinblick auf die entsprechende Vorschrift des Art. 24 (2) ICC SchO a.F. – der sich nunmehr wortgleich in Art. 28 (6) ICC SchO n.F. findet – Lalive/Poudret/Reymond, Droit de l'Arbitrage, Art. 192, Anm. 2; A. Bucher, Suisse, Rn. 401; Briner, in: (Böckstiegel) Schweiz (II), S. 99 (102); Paulsson, in: Clunet 1990, S. 589 (596); Poudret, in: RdA 1988, S. 595 (615); Samuel, in: ICLQ 1988, S. 681 (691); hingegen etwa haben die englischen Gerichte Art. 24 (2) ICC SchO a.F. als „exclusion agreement" im Sinne von Sect. 3 (1) Arbitration Act 1979 bezüglich eines „appeal on a point of law" angesehen, vgl. Lionnet, ICC-Schiedsgerichtsbarkeit, S. 201; Schlosser, Schiedsgerichtsbarkeit, Rn. 755.

145 Schlosser, in: ZIP 1987, S. 492 (492): „Manche Schiedsrichter nehmen es mit dem rechtlichen Gehör erst dann wirklich genau, wenn ihnen klar ist, daß sonst die Aufhebung des Schiedsspruchs droht"; vgl. auch Sonnauer, Kontrolle, S. 6 f.; Haas, Anerkennung und Vollstreckung, S. 290.

146 Kerr, ICLQ 1985, S. 1 (15 f.): „No one having the power to make legally binding decisions in the country should be altogether outside and immune from this system. No one below the highest tribunals should have unreviewable legal powers over others. Speaking from experience, I believe this to be necessary in relation to arbitrations in England and abroad as in all other contexts", der insoweit von dem „bulwark against corruption, arbitrariness, bias, improper conduct and - where necessary - sheer incompetence in relation to acts and decisions with binding legal effect for others" spricht; Redfern/Hunter, Arbitration, S. 429: „It is generally accepted, however, that a state should insist upon the observance of a minimum standard of objectivity and justice in quasi-judicial proceedings held within its territory, whether they are the proceedings of a jockey club or of an arbitral tribunal"; insoweit differenzierend zwischen nationalen und internationalen Schiedsverfahren Craig, in: Arb. Int. 1988, S. 174 (192): „There can be little doubt that this is a desirable standard for civilised nations, but national courts should also be reminded that often their citizens have more interests at stake in the meeting of the local jockey club than in the proceedings of an international arbitral tribunal"; auch Berger, in: RIW 1989, S. 850 (856) bezeichnet die schweizerische und belgische Lösung des völligen Kontrollverzichts als „sehr problematisch"; vgl. ferner Delaume, in: J. Int. Arb. 1995, Nr. 1, S. 5 (18).

ben zu lassen, sondern sich vielmehr in all den Staaten gegen die Vollstreckung wehren muß, in denen die obsiegende Partei einen entsprechenden Antrag stellt.[147]

Andererseits sollte die Kontrollbefugnis der staatlichen Gerichte dergestalt begrenzt sein, daß die Schiedsgerichte nicht zu einer bloßen „zusätzlichen Gerichtsinstanz"[148] verkümmern. Aus diesem Grund sollte die Überprüfung von Schiedssprüchen darauf beschränkt werden sicherzustellen, daß die prozessualen Rechte der Parteien gewahrt worden sind; eine Kontrolle der inhaltlichen Richtigkeit der Entscheidung sollte weitgehend ausgeschlossen sein.[149] Dieses restriktive Verständnis der Rolle staatlicher Gerichte entspricht der internationalen Entwicklungstendenz.

Eine umfassende Darstellung und Analyse der unterschiedlichen nationalen Regelungen hinsichtlich der Aufhebung von Schiedssprüchen würde weit über den Rahmen dieser Untersuchung hinausgehen. Daher soll im folgenden lediglich ein Überblick gegeben werden, um angemessene Anhaltspunkte im Vergleich mit Art. 17 DSU und Art. 52 ICSID-Übk zu erlangen. Als Grundlage für diesen Überblick soll dabei § 1059 ZPO herangezogen werden, zumal durch diese Vorschrift die Regelung des Art. 34 UNCITRAL MG, die mittlerweile den nationalen Schiedsgesetzen in 30 Staaten[150] zugrunde liegt, im wesentlichen übernommen worden ist.[151]

147 Lionnet, ICC-Schiedsgerichtsbarkeit, S. 202 f.; Schlosser, Schiedsgerichtsbarkeit, Rn. 755; Paulsson, in: Arb. Int. 1986, S. 68 (71).

148 Berger, Wirtschaftsschiedsgerichtsbarkeit, S. 462; Redfern/Hunter, Arbitration, S. 435; Gottwald, in: FS Nagel, S. 54 (55): „...kann das schiedsgerichtliche Verfahren zum kostenträchtigen Vorverfahren vor dem staatlichen Prozeß herabsinken.".

149 Hußlein-Stich, MG, S. 175 f.; Sonnauer, Kontrolle, S. 7: „Soviel schiedsgerichtliche Autonomie wie nur möglich und nur soviel staatliche Kontrolle wie unbedingt erforderlich" Seidl-Hohenveldern, in: JPS 1989, S. 100 (101): „...besteht heute allgemein die Tendenz, die Gründe für die Aufhebung solcher Schiedssprüche durch das kontrollierende nationale Gericht auf ein Mindestmaß herabzudrücken..."; vgl. auch Redfern/Hunter, Arbitration, S. 422 f. Dagegen spricht sich Mann, in: Civil Justice Quarterly 1985, S. 257 (257) für eine weitgehende inhaltliche Kontrolle von Schiedssprüchen durch staatliche Gerichte aus, mit der Begründung, es komme den Parteien vorrangig auf die Vorhersehbarkeit der Entscheidung an; zu den Gegenargumenten siehe Craig, in: Arb. Int. 1988, S. 174 (184 ff.).

150 Nach Auskunft des UNCITRAL Sekretariats liegt das UNCITRAL Modellgesetz den Schiedsgerichtsgesetzen folgender Staaten zugrunde: Ägypten, Australien, Bahrain, Bermudas, Bulgarien, Bundesrepublik Deutschland, Finnland, Guatemala, Hongkong, Indien, Iran, Kanada (Bundesstaat und sämtliche Provinzen und Territorien), Kenia, Littauen, Malta, Mexiko, Neuseeland, Nigeria, Oman, Peru, Russische Föderation, Schottland, Singapur, Sri Lanka, Tunesien, Ukraine, Ungarn, Zimbabwe und Zypern sowie innerhalb der Vereingten Staaten von Amerika die Bundesstaaten Conneticut, Kalifornien, Oregon und Texas.

151 Begründung der Bundesregierung zum Schiedsverfahrens-Neuregelungsgesetz, BT-Drucksache 13/5274 vom 12. Juli 1996, S. 58.

II. § 1059 ZPO

1. Aufhebungsantrag

Nach § 1059 (3) ZPO muß der Aufhebungsantrag mangels abweichender Parteivereinbarung innerhalb einer Frist von drei Monaten nach Empfang des Schiedsspruchs bei dem zuständigen Gericht[152] eingereicht werden. Ist ein Antrag nach § 1058 ZPO auf Berichtigung, Ergänzung oder Auslegung des Schiedsspruchs gestellt worden, so verlängert sich die Frist um höchstens einen Monat nach Empfang der Entscheidung über diesen Antrag. Ein Aufhebungsantrag ist in jedem Fall ausgeschlossen, wenn der Schiedsspruch von einem deutschen Gericht bereits für vollstreckbar erklärt worden ist, da die Voraussetzungen, unter denen die Anerkennung und Vollstreckung eines Schiedsspruchs verweigert werden kann, mit den Voraussetzungen für eine Aufhebung eines Schiedsspruchs übereinstimmen. Das Verfahren für die Aufhebung des Schiedsspruchs richtet sich nach den §§ 1062 ff. ZPO.[153]

2. Aufhebungsgründe

§ 1059 (2) ZPO, der eine abschließende Aufzählung der Aufhebungsgründe enthält, unterscheidet zwischen einredeweise geltend zu machenden Aufhebungsgründen (§ 1059 (2) Nr. 1 ZPO) und solchen, die von Amts wegen zu berücksichtigen sind (§ 1059 (2) Nr. 2 ZPO).

a. Fehlende subjektive Schiedsfähigkeit, Ungültigkeit der Schiedsvereinbarung und Kompetenzüberschreitung des Schiedsgerichts

Gemäß § 1059 (2) Nr. 1 (a) ZPO kann der Schiedsspruch aufgehoben werden, wenn einer der Parteien die subjektive Schiedsfähigkeit fehlt oder die Schiedsvereinbarung ungültig ist. Maßgeblich für die subjektive Schiedsfähigkeit ist das Personalstatut, das nach dem Kollisionsrecht des Forums bestimmt wird[154], während die Gültigkeit der Schiedsverein-

---

152 Nach § 1062 (1) Nr. 4 ZPO ist das Oberlandesgericht zuständig, das in der Schiedsvereinbarung bezeichnet ist oder, wenn eine solche Bezeichnung fehlt, in dessen Bezirk der Ort des schiedsrichterlichen Verfahrens liegt.

153 Mit dem Antrag auf Vollstreckbarerklärung ist der Schiedsspruch oder eine beglaubigte Abschrift vorzulegen (§ 1064 (1) ZPO). Nach § 1064 (2) ZPO ist der Beschluß, durch den ein Schiedsspruch für vollstreckbar erklärt wird, für vorläufig vollstreckbar zu erklären. Gegen den Beschluß des Oberlandesgerichts ist die Rechtsbeschwerde zum Bundesgerichtshof möglich, wenn gegen diesen, wäre er durch Endurteil ergangen, die Revision gegeben wäre. Zu weiteren Einzelheiten hinsichtlich des Verfahrens siehe § 1063 ZPO.

154 van den Berg, New York Convention, S. 277; Schlosser, Schiedsgerichtsbarkeit, Rn. 325; Schwab/Walter, Schiedsgerichtsbarkeit, S. 419; zu Einzelheiten siehe Hußlein-Stich, MG, S. 178 f. § 1059 (2) Nr. 1 (a) ZPO stellt dies durch den Verweis auf das Recht, das für die Person „persönlich maßgebend ist", klar. Maßgebliches Anknüpfungskriterium ist im deutschem Recht gemäß Art. 7 (1) S. 1 EGBGB die Staatsangehörigkeit.

barung sich nach dem von den Parteien vereinbarten Recht, subsidiär nach deutschem Recht, richtet.

Darüber hinaus kann ein Schiedsspruch gemäß 1059 (2) Nr. 1 (c) ZPO aufgehoben werden, wenn er eine Streitigkeit betrifft, die in der Schiedsabrede nicht erwähnt ist oder nicht unter die Bestimmungen der Schiedsklausel fällt, oder wenn er Entscheidungen enthält, die die Grenzen der Schiedsvereinbarung überschreiten.[155] Voraussetzung dafür, daß eine Aufhebungsklage auf die Ungültigkeit der Schiedsvereinbarung oder eine Kompetenzüberschreitung des Schiedsgerichts gestützt werden kann, ist, daß insoweit keine Präklusion nach § 1040 (2) ZPO eingetreten ist.[156]

b. Verletzung des rechtlichen Gehörs und von Verfahrensvorschriften

Ferner besteht nach § 1059 (2) Nr. 1 (b) ZPO die Möglichkeit der Aufhebung, wenn der Anspruch auf rechtliches Gehör der Partei, die die Aufhebung begehrt, verletzt worden ist, weil sie von der Bestellung eines Schiedsrichters oder von dem schiedsrichterlichen Verfahren nicht gehörig in Kenntnis gesetzt worden ist, oder sie aus einem anderen Grund ihre Angriffs- oder Verteidigungsmittel nicht hat geltend machen können.

Als weiteren Aufhebungsgrund nennt § 1059 (2) Nr. 1 (d) ZPO, daß die Bildung des Schiedsgerichts oder das schiedsrichterliche Verfahren einer Bestimmung des 10. Buchs der ZPO oder einer zulässigen Vereinbarung nicht entsprochen hat[157] und anzunehmen ist, daß sich dies auf den Schiedsspruch ausgewirkt hat. Die Vorschrift stellt somit klar[158], daß ein Verstoß gegen eine Verfahrensvorschrift dann nicht zur Aufhebung des Schiedsspruchs führt, wenn auch bei ordnungsgemäßer Durchführung des Verfahrens der Schiedsspruch mit demselben Inhalt erlassen worden wäre.[159] Voraussetzung dafür, daß

155 Für den Fall, daß der Teil des Schiedsspruchs, der sich auf Streitpunkte bezieht, die dem schiedsrichterlichen Verfahren unterworfen waren, von dem Teil, der Streitpunkte betrifft, die ihm nicht unterworfen waren, getrennt werden kann, bestimmt § 1059 (2) Nr. 1 (c) Hs. 2 ZPO, daß nur der [letztgenannte] Teil des Schiedsspruchs aufgehoben werden kann.

156 Nach § 1040 (2) ZPO ist die Einrede der Unzuständigkeit des Schiedsgerichts spätestens mit der Klagebeantwortung vorzubringen. Die Einrede, das Schiedsgericht überschreite seine Befugnisse, ist zu erheben, sobald die Angelegenheit, von der behauptet wird, sie liege außerhalb der Befugnisse, im schiedsrichterlichen Verfahren zur Erörterung kommt. Dabei kann das Schiedsgericht in beiden Fällen eine spätere Rüge zulassen, wenn die Partei die Verspätung genügend entschuldigt. Die in § 1059 (2) Nr. 1 (a) und (c) ZPO genannten Aufhebungsgründe kommen daher letztlich nur zum Tragen, wenn eine Partei im Verfahren erfolglos die fehlende Zuständigkeit gerügt oder nicht am Schiedsverfahren mitgewirkt hat, Herrmann, in: Contemporary Problems, S. 164 (172) zur den entsprechenden Regelungen in Art. 34 (2) (a) (i) und (iii) UNCITRAL MG.

157 Die Bestimmung ist sprachlich straffer gefaßt als der entsprechende § 34 (2) (a) (iv) UNCITRAL MG, ohne daß hiermit inhaltliche Unterschiede verbunden wären.

158 Vgl. die Begründung der Bundesregierung zum Schiedsverfahrens-Neuregelungsgesetz, BT-Drucksache 13/5274 vom 12. Juli 1996, S. 59.

159 Vgl. zur gegenteiligen Auffassung im Hinblick auf Art. 34 (2) (a) (iv) UNCITRAL MG, dem eine entsprechende Einschränkung fehlt, Hußlein-Stich, MG, S. 184, die ihre Ansicht damit begründet, eine Sachprüfung sei im Aufhebungsverfahren grundsätzlich ausgeschlossen; vgl. auch Granzow, UNCITRAL-Modellgesetz, S. 199 f. Aus den (oben S. 482 ff.) zu Art. 52

eine Aufhebungsklage auf § 1059 (2) Nr. 1 (d) ZPO gestützt werden kann, ist im übrigen, daß eine entsprechende Rüge während des schiedsrichterlichen Verfahrens rechtzeitig, aber vergeblich, erhoben worden ist (vgl. § 1027 ZPO).

c. Fehlen der objektiven Schiedsfähigkeit

Nach § 1059 (2) Nr. 2 (a) ZPO kann der Schiedsspruch aufgehoben werden, wenn der Gegenstand des Streits nach deutschem Recht nicht objektiv schiedsfähig war.[160] Da diese Frage wichtige öffentliche Belange tangiert und über einen nicht schiedsfähigen Streitgegenstand nur das staatliche Gericht entscheiden kann, ist dieser Aufhebungsgrund von Amts wegen zu berücksichtigen.[161]

Fraglich ist das Verhältnis der in § 1059 (2) Nr. 1 (a) ZPO enthaltenen Kollisonsregel, nach der die objektive Schiedsfähigkeit sich nach deutschem Recht richtet, zu der für die Gültigkeit des Schiedsvertrages allgemein geltenden Kollisionsregel des § 1059 (2) Nr. 1 (a) ZPO, derzufolge sich die Gültigkeit des Schiedsvertrages vorrangig nach dem von den Parteien vereinbarten Recht und nur subsidiär nach deutschem Recht richtet. Unterstellen die Parteien eines Schiedsverfahrens den Schiedsvertrag einem anderen Recht, so könnte die objektive Schiedsfähigkeit nicht nur nach deutschem Recht, sondern zusätzlich nach dem von den Parteien gewählten Recht zu beurteilen sein.[162]

Gegen diese Lösung wendet *Calvaros* ein, aus der Tatsache, daß die objektive Schiedsfähigkeit der Parteidisposition entzogen sei, folge, daß die objektive Schiedsfähigkeit gegenüber dem allgemeinen Schiedsvertragsstatut gesondert anzuknüpfen und ausschließlich nach der *lex fori* zu beurteilen sei.[163] Dieser Auffassung ist nicht zuletzt unter praktischen Gesichtspunkten zuzustimmen – für sie spricht unter anderem der Gesichtspunkt der besseren Vorhersehbarkeit und Sicherheit für die Parteien, da die objektive Schiedsfähigkeit nicht nach dem Recht zweier Staaten, sondern lediglich nach der *lex fori* beurteilt werden muß.[164]

ICSID-Übk genannten Gründen kann diese Ansicht nicht überzeugen. Dies gilt insbesondere vor dem Hintergrund, daß nach dem Wortlaut der Vorschrift jede Verletzung einer Verfahrensvorschrift zur Aufhebung führen müßte. Die unterlegene Partei würde geradezu eingeladen, nach kleinsten Verfahrensfehlern zu suchen, um eine Aufhebung zu erreichen. Das Ziel der Verbindlichkeit des Schiedsspruchs würde damit unterlaufen.

160 Zur Frage der objektiven Schiedsfähigkeit siehe oben S. 185 ff.

161 Der entsprechende Art. 34 (2) (b) (i) UNCITRAL MG stellt insoweit auf das Recht des Staates ab, vor dessen Gerichten die Aufhebung begehrt wird.

162 In diesem Sinne Nöcker, Kanada, S. 162 ff. im Hinblick auf die entsprechende Bestimmung des Art. 34 (2) (b) (i) UNCITRAL MG, der diese Vorschrift als besondere order-public-Norm ansieht.

163 Calavros, UNCITRAL, S. 156.

164 Eingehend Hußlein-Stich, MG, S. 181 ff. m.w.N.; in diesem Sinne auch die Begründung der Bundesregierung zum Schiedsverfahrens-Neuregelungsgesetz, BT-Drucksache 13/5274 vom 12. Juli 1996, S. 59.

d. *Verstoß gegen den ordre public*

Als letzten, ebenfalls von Amts wegen zu berücksichtigenden Aufhebungsgrund nennt § 1059 (2) Nr. 2 (b) ZPO, daß die Anerkennung und Vollstreckung des Schiedsspruchs zu einem Ergebnis führt, das dem *ordre public* widerspricht. Ein solcher *ordre-public*-Verstoß liegt nach deutschem Verständnis vor, wenn der Schiedsspruch eine Norm verletzt, die die Grundlagen des staatlichen oder wirtschaftlichen Lebens regelt oder mit deutschen Gerechtigkeitsvorstellungen in einem untragbaren Widerspruch steht.[165] Hingegen ist der *ordre-public*-Begriff im romanischen Rechtskreis weiter[166] – so wird etwa in Frankreich die Verletzung jeder zwingenden Norm als Verstoß gegen den *ordre public* beurteilt. Dieser *ordre public interne* findet dabei allerdings nur auf Inlandsfälle Anwendung, während bei Fällen mit Auslandsbezug, die die Interessen des internationalen Handels berühren[167], ein engerer *ordre public international* Anwendung findet.[168]

Die Rechtsprechung und wesentliche Teile der Literatur in Deutschland sprechen sich dafür aus, auch im deutschen Recht zwischen einem *ordre public interne* und einem restriktiveren *ordre public international* für Sachverhalte mit Auslandsberührung zu differenzieren.[169] Hiergegen wird indes eingewandt, eine Differenzierung zwischen einem weiter gefaßten *ordre public interne* und einem enger gefaßten *ordre public international* gebe es im deutschen Recht prinzipiell nicht, da der deutsche *ordre-public*-Begriff ohnehin eng sei und sich lediglich auf die Ahndung von Verstößen gegen Grundrechte und Grundprinzipien des deutschen Rechts beschränke.[170] Daher sei der *ordre-public*-Begriff im Hinblick auf die Kontrolle internationaler Schiedssprüche grundsätzlich derselbe wie bezüglich der Kontrolle nationaler Schiedssprüche. Auch nach dieser Ansicht ist allerdings hinsichtlich der Kontrollintensität danach zu differenzieren, ob und inwieweit der in Frage stehende Sachverhalt einen Inlandsbezug aufweist.[171]

---

165 BGH RIW 1991, S. 420 (420 f.); Schlosser, Schiedsgerichtsbarkeit, Rn. 868; Schwab/Walter, Schiedsgerichtsbarkeit, S. 278 m.w.N.; vgl. zum verfahrensrechtlichen ordre public BGHZ 39, S. 173 (177); BGHZ 48, S. 327 (333 f.); BGH NJW 1978, S. 1114 (1115): „Ein Versagungsgrund für die Anerkennung ist vielmehr nur dann gegeben, wenn das Urteil des ausländischen Gerichts aufgrund eines Verfahrens ergangen ist, das von den Grundprinzipien des deutschen Verfahrensrechts in einem solchen Maße abweicht, daß nach der deutschen Rechtsordnung das Urteil nicht als in einem geordneten, rechtsstaatlichen Verfahren ergangen angesehen werden kann".

166 Schlosser, in: IPRax 1991, S. 218.

167 Schlosser, Entwicklungstendenzen, S. 44 ff.

168 Zu Einzelheiten H. Lörcher, Frankreich, S. 87 ff.

169 BGHZ 48, S. 327 (331); BGHZ 98, S. 70 (73 f.); BGH NJW 1990, S. 2199 (2200); Baur, Probleme, S. 15 ff.; Berger, Wirtschaftsschiedsgerichtsbarkeit, S. 473 (Fn. 105); Schlosser, Schiedsgerichtsbarkeit, Rn. 868; ders., in: IPRax 1991, S. 218 (220); Mezger, in: NJW 1970, S. 368 (368 ff.); Raeschke-Kessler, in: EuZW 1990, S. 145 (147); ders./Bühler, in ZIP 1987, S. 1157 (1165); v. Winterfeld, in: NJW 1987, S. 3059 ff.

170 Schwab/Walter, Schiedsgerichtsbarkeit, S. 278 f.; Kornblum, in: FS Nagel, S. 140 ff.; ders., in: JPS 1987, S. 34 (42 ff.); ders., in: NJW 1987, S. 1105 ff.

171 Schwab/Walter, Schiedsgerichtsbarkeit, S. 279: „Freilich kann bei der Prüfung der Frage, ob ein ausländischer Schiedsspruch die Grundlagen des staatlichen oder wirtschaftlichen Lebens berührt, die Besonderheit des internationalen Rechtsverhältnisses mitberücksichtigt werden".

Schlosser weist darauf hin, daß es „trotz der fast schon plakativen Herausstellung" des Unterschiedes zwischen *ordre public international* und *ordre public interne* durch den BGH noch keinen einzigen Fall gibt, in dem sich dieser oder ein anderes deutsches Gericht darauf festgelegt hätte, daß eine bestimmte Verfahrensgestaltung bei ausländischen Schiedsverfahren akzeptabel, bei inländischen aber verwerfbar sei.[172] Der deutsche Gesetzgeber hat bei der Neufassung des 10. Buchs der ZPO darauf verzichtet, zwischen beiden Varianten des *ordre public* zu differenzieren. Auch wenn dies angesichts der für „die ausländischen Praktiker wichtige[n] Signalwirkung einer derartigen Differenzierung"[173] bedauerlich sein mag, werden die praktischen Auswirkungen des Fehlens dieser Unterscheidung wohl letztlich gering bleiben.

Da Verfahrensfehler weitgehend von § 1059 (2) Nr. 1 ZPO abgedeckt werden, bezieht die *ordre-public*-Kontrolle sich vornehmlich[174] auf inhaltliche Fehler; daneben hat sie aber auch bei gravierenden verfahrensrechtlichen Fehlern, wie der Erschleichung des Schiedsspruchs durch Betrug, Korruption oder ähnliche Fälle, eine eigenständige Bedeutung, zumal in diesen Fällen eine Prüfung von Amts wegen geboten erscheint.[175]

3. Folgen der Aufhebung

Neben den Möglichkeiten, den Aufhebungsantrag abzuweisen oder den Schiedsspruch bei Vorliegen eines der in § 1059 (2) ZPO genannten Gründe aufzuheben, kann das Gericht nach § 1059 (4) ZPO in geeigneten Fällen *unter Aufhebung des Schiedsspruchs* die Sache an das Schiedsgericht zurückverweisen. Eine Rückverweisung kann dabei nur auf Antrag einer Partei erfolgen; liegt ein solcher vor, so steht die Entscheidung hierüber im Ermessen des staatlichen Gerichts. Verweist das Gericht die Sache an das Schiedsgericht zurück, so hat dieses unter Berücksichtigung der Gründe, die für die Aufhebung des Schiedsspruchs maßgebend waren, einen erneuten Schiedsspruch zu erlassen.

Die Regelung des § 1059 (4) ZPO weicht insoweit von der entsprechenden Bestimmung des Art. 34 (4) UNCITRAL MG ab, als dort für einen von dem Gericht zu bestimmenden Zeitraum *das Aufhebungsverfahren ausgesetzt* werden kann, um dem Schiedsgericht Gelegenheit zu geben, das schiedsrichterliche Verfahren wiederaufzunehmen oder andere Maßnahmen zu treffen, die nach Auffassung des Schiedsgerichts die Gründe für die Aufhebung beseitigen. Die Kommission zur Reform des 10. Buchs der ZPO hat die von Art. 34 (4) UNCITRAL MG abweichende Regelung des § 1059 (4) ZPO mit der Begründung vorgeschlagen, daß für den neuen Schiedsspruch Aufhebungsgründe in aller

---

172 Schlosser, in: IPRax 1991, S. 218 (220); vgl. auch Schwab/Walter, Schiedsgerichtsbarkeit, S. 278 f.

173 Berger, Wirtschaftsschiedsgerichtsbarkeit, S. 473 (Fn. 105).

174 Zu weitgehend im Hinblick auf Art. 34 (2) UNCITRAL MG Calavros, UNCITRAL, S. 160 f., nach dessen Ansicht der ordre public ausschließlich der Inhaltskontrolle dient; siehe hierzu Hußlein-Stich, MG, S. 186.

175 So hinsichtlich Art. 34 (2) UNCITRAL MG Broches, UNCITRAL Model Law, Art. 34, Rn. 52; Holtzmann/Neuhaus, Guide, S. 914; Hußlein-Stich, MG, S. 186 unter Hinweis auf den Willen der Verfasser des UNCITRAL MG; siehe hierzu UN Doc. A/40/17, Para. 297; Nöcker, Kanada, S. 164; Schlosser, Schiedsgerichtsbarkeit, Rn. 873; allg. Berger, in: Ford. Int. L. J. 1989, S. 605 (640 f.).

Regel nicht mehr vorliegen werden und es daher naheliegt, das Aufhebungsverfahren schon vor der erneuten Entscheidung des Schiedsgerichts abzuschließen.[176] Im Ergebnis verschaffen beide Regelungen dem Schiedsgericht, dessen Mandat durch die Rückverweisung wiederauflebt[177], die Möglichkeit, Verfahrensmängel oder inhaltliche Fehler zu korrigieren und eine ordnungsgemäße Entscheidung zu treffen, ohne daß es notwendig ist, ein vollständig neues Verfahren durchzuführen.[178] Sie sind daher zu begrüßen.[179]

Hebt das staatliche Gericht den Schiedsspruch auf, ohne von der Möglichkeit der Rückverweisung Gebrauch zu machen, so erlangte nach bisher vorherrschender Meinung in Deutschland[180] die staatliche Gerichsbarkeit ihre Entscheidungskompetenz zurück.[181] Dagegen wurde zu Recht eingewandt, gerade bei internationalen Schiedsverfahren komme durch den Abschluß der Schiedsvereinbarung zum Ausdruck, daß der Instanzenzug der staatlichen Gerichtsbarkeit ausgeschlossen sein solle. Daher sei der Parteiwille im Zweifel eher auf die Fortsetzung des Schiedsverfahrens gerichtet.[182] Der deutsche Gesetzgeber hat dieser Kritik mit der Einfügung des § 1059 (5) ZPO, der im UNCITRAL MG keine Entsprechung findet, Rechnung getragen; danach hat die Aufhebung des Schiedsspruchs im Zweifel zur Folge, daß wegen des Streitgegenstandes die Schiedsvereinbarung wiederauflebt.[183]

D. Zusammenfassung

Die untersuchten Verfahren regeln die Frage der Überprüfung der Entscheidung durch einen anderen Spruchkörper auf unterschiedliche Weise. Für die Entscheidungen des Internationalen Seegerichtshofs und seiner Kammern – einschließlich der Kammer für Meeresbodenstreitigkeiten – ist eine derartige Überprüfung nicht vorgesehen. Eine Kontrolle der Entscheidung erfolgt hier lediglich im Rahmen interner Mechanismen während des

---

176 Kommission zur Neuordnung des Schiedsverfahrensrechts, Bericht, S. 200 f.; vgl. auch die Begründung der Bundesregierung zum Schiedsverfahrens-Neuregelungsgesetz, BT-Drucksache 13/5274 vom 12. Juli 1996, S. 60.

177 Calavros, UNCITRAL, S. 165; Dore, Analysis, S. 129; Nöcker, Kanada, S. 166.

178 Hußlein-Stich, MG, S. 188 f.

179 Kritisch Berger, Wirtschaftsschiedsgerichtsbarkeit, S. 502.

180 Nach den meisten ausländischen Rechtsordnungen muß hingegen zumindest in internationalen Fällen nach Aufhebung eines Schiedsspruchs ein neues Schiedsverfahren durchgeführt werden, Schlosser, Schiedsgerichtsbarkeit, Rn. 248 und 441.

181 Schütze/Tscherning/Wais, Handbuch, Rn. 548; Schwab/Walter, Schiedsgerichtsbarkeit, S. 235.

182 Stein-Jonas - Schlosser, ZPO 7/II, § 1041, Rn. 7; Zöller - Geimer, ZPO, § 1041, Rn. 30; Berger, Wirtschaftsschiedsgerichtsbarkeit, S. 500 ff.; Reiner, Handbuch, S. 111; Wolf, Handelsschiedsgerichtsbarkeit, S. 134; Bühler, in: IPRax 1987, S. 253 (256, Fn. 52); ders./Waitz von Eschen, in: IPRax 1990, S. 62 (64); Schlosser, in: ZZP 1979, S. 125 (149 ff.).

183 Das Wiederaufleben der Entscheidungskompetenz des Schiedsgerichts entbindet die Parteien allerdings nicht von einer Neubildung des Schiedsgerichts, dessen Amt gemäß § 1056 (3) ZPO mit der Beendigung des schiedsrichterlichen Verfahrens erloschen ist, Begründung der Bundesregierung zum Schiedsverfahrens-Neuregelungsgesetz, BT-Drucksache 13/5274 vom 12. Juli 1996, S. 60.

Verfahrens. In den übrigen Verfahren findet hingegen auf Antrag einer Partei eine Kontrolle der Entscheidung durch einen anderen Spruchkörper statt. Dabei bestehen hinsichtlich Art und Umfang der Überprüfung erhebliche Unterschiede.

Als Gegengewicht zur Umkehrung des Konsensprinzips bei der Annahme von Panelberichten ist in der WTO-Streiterledigung eine weitgehende Kontrolle vorgesehen. Die Berichte unterliegen einer verfahrensinternen Überprüfung durch das siebenköpfige ständige Rechtsmittelgremium, das für die Überprüfung eines konkreten Panelberichts jeweils eine aus drei – mit der Streitigkeit zuvor nicht befaßten und unparteilichen bzw. unabhängigen – Mitgliedern bestehende Kammer bildet. Zwar handelt es sich bei dem Rechtsmittelverfahren nicht um eine zweite Tatsacheninstanz; das Rechtsmittelgremium überprüft den Panelbericht aber hinsichtlich der dort behandelten Rechtsfragen und der Rechtsauslegung durch das Panel. Es findet also eine inhaltliche Kontrolle des Panelberichts statt. Das Rechtsmittelgremium kann die rechtlichen Feststellungen und Schlußfolgerungen des Panels bestätigen oder aufheben – es ist aber nicht auf diese beiden Möglichkeiten beschränkt, sondern hat daneben ferner die Möglichkeit, den Panelbericht hinsichtlich der behandelten Rechtsfragen und der Rechtsauslegung *abzuändern*. Es kann also selbst auf der Grundlage des Panelberichts einen Bericht mit eigenen rechtlichen Feststellungen und Schlußfolgerungen erlassen; aufgrund der Umkehrung des Konsensprinzips bei der Annahme durch den DSB hat dieser die Wirkung einer endgültigen und verbindlichen Entscheidung der Streitigkeit.

Auch ein ICSID-Schiedsspruch unterliegt einer verfahrensinternen Überprüfung, da er aufgrund des autonomen Charakters der ICSID-Schiedsgerichtsbarkeit einer Kontrolle durch staatliche Gerichte entzogen ist und da die Verfasser des ICSID-Übereinkommens nicht gänzlich auf eine Kontrolle des Schiedsspruchs verzichten wollten. Im Gegensatz zur WTO-Streiterledigung besteht dabei kein ständiger Spruchkörper; vielmehr wird für die Entscheidung über die Aufhebung eines Schiedsspruchs ein eigenes aus drei – ebenfalls mit der Streitigkeit zuvor nicht befaßten und unparteilichen bzw. unabhängigen – Mitgliedern bestehendes Aufhebungskomitee eingerichtet. Dieses Komitee prüft, ob einer der in Art. 52 ICSID-Übk abschließend aufgezählten Aufhebungsgründe vorliegt. Ein wesentlicher Unterschied zur WTO-Streiterledigung liegt dabei darin, daß eine inhaltliche Kontrolle des Schiedsspruchs im Rahmen des Aufhebungsverfahrens grundsätzlich nicht vorgesehen ist.

Zwar hat in den ersten beiden durchgeführten ICSID-Aufhebungsverfahren eine extensive Auslegung zweier Aufhebungsgründe („offensichtliche Überschreitung der Befugnisse durch das Schiedsgericht“ und „Fehlen der Begründung des Schiedsspruchs“) faktisch zu einer inhaltlichen Kontrolle der Schiedssprüche geführt. Dieses Verständnis der Aufhebungsgründe ist indes in der Literatur zu Recht als die Funktionsfähigkeit des ICSID-Streiterledigungssystems gefährdend kritisiert worden. Diese Kritik ist nicht zuletzt deshalb berechtigt, weil das Aufhebungskomitee nicht die Möglichkeit hat, eine eigene Entscheidung zu treffen oder zumindest die Sache an das ursprüngliche Schiedsgericht zurückzuverweisen. Vielmehr muß es bei Vorliegen eines entscheidungserheblichen Fehlers den Schiedsspruch aufheben; anschließend wird ein vollständig neues Schiedsverfahren durchgeführt, an das sich – wie in der Praxis geschehen – ein erneutes Aufhebungsverfahren anschließen kann.

Die Folgen dieser extensiven Auslegung der Aufhebungsgründe stehen damit im Widerspruch zu einem wesentlichen Zweck verbindlicher Streiterledigungsverfahren – der endgültigen Beilegung der zugrundeliegenden Streitigkeit und der damit verbundenen Schaffung von Rechtssicherheit und -klarheit. Vor diesem Hintergrund haben die Aufhebungskomitees in den nachfolgenden Verfahren die Aufhebungsgründe restriktiver ausgelegt und die Kontrolle in Übereinstimmung mit dem Sinn und Zweck des Art. 52 ICSID-Übk darauf beschränkt sicherzustellen, daß die grundlegenden verfahrensmäßigen Rechte der Parteien gewahrt worden sind.

Ein WIPO-Schiedsspruch unterliegt im Gegensatz zu den anderen Verfahren keiner verfahrensinternen Überprüfung; für eine Kontrolle und möglicherweise die Aufhebung des Schiedsspruchs sind hier vielmehr nach der Sitztheorie die staatlichen Gerichte am Ort des Schiedsverfahrens zuständig. Auch wenn hinsichtlich der Art und Intensität der Kontrolle beträchtliche Unterschiede bestehen, so ist international gleichwohl die Tendenz erkennbar, die Kontrollbefugnisse der staatlichen Gerichte zu beschränken. Dieser Tendenz entspricht im deutschen Recht § 1059 ZPO, der auf Art. 34 UNCITRAL MG basiert. Die Vorschrift beschränkt sich vorrangig darauf sicherzustellen, daß die prozessualen Rechte der Parteien gewahrt worden sind; eine inhaltliche Überprüfung des Schiedsspruchs findet nur dahingehend statt, ob sein Inhalt gegen den *ordre public* verstößt. Liegt ein Aufhebungsgrund vor, so darf das staatliche Gericht zwar nicht in der Sache selbst entscheiden. In geeigneten Fällen kann es aber auf Antrag einer Partei die Sache unter Aufhebung des Schiedsspruchs an das ursprüngliche Schiedsgericht zurückverweisen. Dieses hat anschließend unter Berücksichtigung der Gründe, die für die Aufhebung des Schiedsspruchs maßgeblich waren, einen erneuten Schiedsspruch zu erlassen.

Achtes Kapitel: Durchsetzung der Entscheidung

Voraussetzung für die abschließende Beendigung einer Streitigkeit ist, daß insbesondere die unterlegene Partei die für sie verbindliche Entscheidung akzeptiert und erfüllt. In den meisten Fällen wird eine Entscheidung von den Parteien dabei freiwillig befolgt.[1] Neben moralischem Druck[2] ist hier insbesondere eine Art „Kosten-Nutzen-Analyse“ ausschlaggebend.[3] Im Völkerrecht ist bei einer derartigen Abwägung zwischen den Vor- und Nachteilen einer Rechtsverletzung durch die Nichterfüllung der Entscheidung vor allem das Eigeninteresse der Staaten an der Einhaltung des Völkerrechts von besonderem Gewicht.[4] In der privaten Streiterledigung, aber auch bei Streitigkeiten mit staatlicher Beteiligung, sind daneben vorrangig wirtschaftliche Erwägungen maßgeblich. So kann die Weigerung, einer nachteiligen Entscheidung Folge zu leisten, einen wirtschaftlichen Kontakt mit der anderen Partei gefährden oder zerstören; außerdem kann die Vertrauenswürdigkeit der unterlegenen Partei auch gegenüber anderen Partnern im Wirtschaftsverkehr beeinträchtigt werden.[5]

---

1 Schachter, in: AJIL 1960, S. 1 (1 f.); Merrills, Settlement, S. 106 weist darauf hin, daß bei Streitigkeiten vor dem IGH das Hauptproblem in der Vereinbarung der Zuständigkeit liegt; haben die Parteien sich der Zuständigkeit unterworfen, so stellt sich das Problem der Vollstreckbarkeit in der Regel nicht, da die unterlegene Partei das Urteil freiwillig befolgt. Vgl. auch Delaume, in: J. Int. Arb. 1995, Nr. 1, S. 5 (5) im Hinblick auf die Schiedsgerichtsbarkeit: „...in the overwhelming majority, awards are voluntarily complied with“; Glossner/Bredow/Bühler, Praxis, Rn. 488; Lionnet, Schiedsgerichtsbarkeit, S. 195. Die Zahl freiwillig erfüllter Schiedssprüche dürfte bei ungefähr 90% liegen, Stumpf/Steinberger, in: RIW 1990, S. 174 (175); ein Grund für die freiwillige Erfüllung privater Schiedssprüche ist dabei wohl auch, daß effektive Durchsetzungsmechanismen zur Verfügung stehen, van den Berg, in: Arb. Int. 1989, S. 2 (2).

2 Oellers-Frahm, in: ZaöRV 1976, S. 654 (655).

3 Benedek, Rechtsordnung, S. 283; Neuhold, in: GYIL 1976, S. 317 ff.; Petersmann, in: CML Rev. 1985, S. 441 (465); zum Grundsatz der Effektivität im Völkerrecht Verdross/Simma, Völkerrecht, § 68 ff.

4 Das Völkerrecht erfüllt mit der Verhinderung völliger Anarchie in den zwischenstaatlichen Beziehungen eine wichtige Ordnungsfunktion. Daher schadet eine Verletzung des Völkerrechts durch die Nichtbefolgung eines verbindlichen Urteils als Störung dieser Ordnung allen Völkerrechtssubjekten, einschließlich des Staates, der sich der Verletzung schuldig macht. Dies folgt daraus, daß auch der Verletzer einer Völkerrechtsregel in anderen Fällen an der Aufrechterhaltung der Völkerrechtsordnung, zu deren Erschütterung er durch sein Verhalten beigetragen hat, interessiert ist, Seidl-Hohenveldern, Völkerrecht, Rn. 20. Die Befolgung des Völkerrechts erklärt sich danach vor allem aus dem (kollektiven) Eigeninteresse der Rechtsgenossen und nicht aus der Ausstattung der Rechtsordnung mit einer Zwangsgewalt, Benedek, Rechtsordnung, S. 283.

5 Vgl. Delaume, in: J. Int. Arb. 1995, Nr. 1, S. 5 (5 f.).

Ist eine Partei gleichwohl nicht bereit, eine Entscheidung zu erfüllen, so stellt sich die Frage nach den Möglichkeiten einer Durchsetzung der Entscheidung gegen deren Willen. Für die Durchsetzung gegen natürliche oder juristische Personen ist ein Rückgriff auf den im innerstaatlichen Recht bestehenden Vollstreckungsapparat möglich. Hingegen wird die Durchsetzung von Entscheidungen gegen einen unterlegenen Staat dadurch erschwert, daß mangels eines Über-/Unterordnungsverhältnisses im Völkerrecht ein solcher Apparat nicht zur Verfügung steht. Dies hat zur Folge, daß eine zwangsweise Durchsetzung einer Entscheidung gegen den Willen des unterlegenen Staates kaum möglich ist.[6]

Vor diesem Hintergrund soll in diesem Kapitel zum Abschluß untersucht werden, ob die einzelnen Streiterledigungsverfahren die Möglichkeit eröffnen, eine Entscheidung gegen den Willen der unterlegenen Partei durchzusetzen und, wenn ja, wie dieser Durchsetzungsmechanismus ausgestaltet ist.

A. Vollstreckung der Entscheidungen des Internationalen Seegerichtshofs und der Kammer für Meeresbodenstreitigkeiten

Mit der Unterwerfung unter die Zuständigkeit des Internationalen Seegerichtshofs verpflichten sich die Staaten zugleich, seine Urteile als endgültig zu akzeptieren und zu befolgen.[7] Ein Mechanismus zur zwangsweisen Durchsetzung der Entscheidung gegen den Willen der unterlegenen Partei ist indes nicht vorgesehen. Insbesondere ist die Bestimmung des Art. 94 (2) UN-Charta nicht anwendbar.[8] Nach dieser Vorschrift kann eine Partei sich an den Sicherheitsrat der Vereinten Nationen wenden, wenn eine Streitpartei ihren Verpflichtungen aus einem Urteil des Internationalen Gerichtshofs nicht nachkommt. Der Sicherheitsrat kann, wenn er es für erforderlich hält, Empfehlungen abgeben oder Maßnahmen beschließen, um dem Urteil Wirksamkeit zu verschaffen.[9] Die Vor-

---

6 Seidl-Hohenveldern, Völkerrecht, Rn. 13; Wasum, Seegerichtshof, S. 104; Oellers-Frahm, in: ZaöRV 1976, S. 654 (654 f.);

7 Art. 296 (1) SRÜ; Art. 33 (1) ISGH-Statut. Für Verfahren im Rahmen der allgemeinen Schiedsgerichtsbarkeit ergibt sich diese Verpflichtung auch aus Art. 11 Anlage VII SRÜ, im Rahmen der besonderen Schiedsgerichtsbarkeit aus Art. 4 Anlage VIII i.V.m. Art. 11 Anlage VII SRÜ. Für die Urteile des IGH ergibt sich die Verpflichtung neben Art. 296 (1) SRÜ auch aus Art. 94 (1) UN-Charta.

8 Siehe zu dieser Vorschrift Mosler, in: (Simma) Charta, Art. 94, Rn. 1 ff.; im Vergleich zu Art. 13 (4) Völkerbundsatzung Oellers-Frahm, in: ZaöRV 1976, S. 654 (661 ff.).

9 Von der Möglichkeit der Anrufung des Sicherheitsrates ist bisher nur einmal Gebrauch gemacht worden. Nicaragua beantragte unter Berufung auf Art. 94 (2) UN-Charta, die USA „dringend zur vollen und umgehenden Befolgung des Urteils des IGH vom 27.06.1986 im Fall Case Concerning Military and Paramilitary Activities in and against Nicaragua (Nicaragua v. United States of America), ICJ Reports 1986, S. 14 im Einklang mit den entsprechenden Bestimmungen der Satzung“ aufzufordern. Die Annahme des Beschlusses wurde durch das negative Votum der USA als ständigem Mitglied des Sicherheitsrates verhindert (elf Ja-Stimmen, eine Nein-Stimme und drei Enthaltungen). Hieran zeigt sich, daß die Möglichkeit der Anrufung des Sicherheitsrats in der Regel praktisch uneffektiv ist, da die Empfehlungen oder Maßnahmen dem Vetorecht der ständigen Mitglieder des Sicherheitsrats unterliegen, Schröder, in: (Wolfrum) Handbuch, S. 328; Simma/Brunner, in: (Simma) Charta, Art. 27, Rn. 78; Oellers-

schrift ist auf Urteile des Internationalen Gerichtshofs beschränkt und folglich auf Urteile des Internationalen Seegerichtshofs nicht anwendbar.[10]

Mangels eines besonderen Durchsetzungsverfahrens steht dem obsiegenden Staat danach zur Durchsetzung der Entscheidung nur das Mittel der Selbsthilfe zur Verfügung, das heißt, er kann diplomatische Pressionen, Retorsionen oder Repressalien einsetzen bzw. Schadensersatzforderungen stellen oder versuchen, auf das Vermögen des unterlegenen Staates zuzugreifen.[11] Eine gewaltsame Durchsetzung der Entscheidung ist hingegen als Verstoß gegen das Gewaltverbot unzulässig.[12]

Für die Entscheidungen der Kammer für Meeresbodenstreitigkeiten bestimmt Art. 39 ISGH-Statut, daß diese in den Hoheitsgebieten der Vertragsstaaten ebenso vollstreckbar sind wie Urteile oder Verfügungen des höchsten Gerichts des Vertragsstaates, in dessen Hoheitsgebiet die Vollstreckung angestrebt wird.[13] Aus der Tatsache, daß eine entsprechende Regelung im Hinblick auf die Urteile des Seegerichtshofs fehlt – und insbesondere die Bestimmung in Art. 296 SRÜ keine vergleichbare Vorschrift enthält – sowie aus den allgemeinen völkerrechtlichen Grundsätzen folgt, daß Urteile der Kammer für Meeresbodenstreitigkeiten nur gegenüber natürlichen und juristischen Personen, nicht aber gegenüber Staaten gemäß Art. 39 ISGH-Statut vollstreckbar sind.[14]

B. Durchsetzung der Entscheidungen im Rahmen der WTO

Das DSU sieht für die WTO-Streiterledigung ein dreistufiges Verfahren zur Durchsetzung von angenommen Panelberichten bzw. Berichten des Rechtsmittelgremiums vor. Dabei

---

Frahm, in: ZaöRV 1976, S. 654 (664 f.); Schachter, in: AJIL 1960, S. 1 (23). Vgl. auch Seidl-Hohenveldern, Völkerrecht, Rn. 1744: „...Eine Erzwingung des Urteils obliegt dem Sicherheitsrat. Sie ist praktisch gegen den Willen der unterliegenden Partei nicht durchführbar".

10 Ranjeva, in: (Dupuy/Vignes) Handbook, Vol. 2, S. 1401; Wasum, Seegerichtshof, S. 105; Gaertner, in: S. D. L. R. 1982 (Vol. 19), S. 577 (583); Oellers-Frahm, in: ZaöRV 1995, S. 457 (462).

11 Zu Einzelheiten Berber, Völkerrecht, Bd. 3, S. 94 ff.; Seidl-Hohenveldern, Völkerrecht, Rn. 1775 ff.; Verdross/Simma, Völkerrecht, § 1334 ff.; Oellers-Frahm, in: ZaöRV 1976, S. 654 (656 ff.).

12 Seidl-Hohenveldern, Völkerrecht, Rn. 1783a ff.; Schröder, in: (Wolfrum) Handbuch, S. 328; Oellers-Frahm, in: ZaöRV 1976, S. 654 (659).

13 Hinzuweisen ist in diesem Zusammenhang auch auf die Vorschrift des Art. 18 (1) (b) Anlage II SRÜ. Danach kann die Internationale Meeresbodenbehörde die Rechte eines Vertragsnehmers suspendieren oder aufheben, wenn der Vertragsnehmer einer endgültigen, für ihn bindenden Entscheidung des Streitbeilegungsorgans nicht nachgekommen ist.

14 Marquardt, Streitbeilegungssystem, S. 221 f., der im übrigen darauf hinweist, daß Vollstrekkungsmaßnahmen gegen ausländische Staaten oder internationale Organisationen nach nationalem Recht an deren Immunität scheitern würden; Wasum, Seegerichtshof, S. 106, die auf eine Zusammenschau der Konventionsbestimmungen abstellt; v. Wedel, in: RIW 1982, S. 634 (639); Berenbrok/Nussbaum, in: RIW 1994, S. 910 (917): „...diese Regelung über die Vollstreckbarkeit kann nach allgemeinen völkerrechtlichen Grundsätzen nicht gegenüber Staaten und ihren Organen zur Anwendung kommen"; a.A. wohl Singh, UNCLOS Dispute Settlement, S. 174 ff.

gilt auch hier, daß der unterlegene Staat nicht direkt zur Umsetzung der Empfehlungen und Entscheidungen gezwungen, sondern lediglich mittelbar Druck auf ihn ausgeübt werden kann. Auf der ersten Stufe wird zunächst durch den DSB die Umsetzung der Empfehlungen und Entscheidungen überwacht (Art. 21 DSU). Erfolgt die Umsetzung nicht innerhalb einer angemessenen Frist, so besteht auf der zweiten Stufe die Möglichkeit, daß die Parteien des Panelverfahrens einvernehmlich eine Entschädigung festlegen, die von der Partei zu leisten ist, die zur Umsetzung nicht in der Lage war. Zweck der Entschädigung ist, den der anderen Partei durch die Nichtumsetzung enstehenden Schaden auszugleichen. Können die Parteien sich nicht auf eine Entschädigung einigen, so besteht schließlich auf der dritten Stufe die Möglichkeit, daß die andere Partei Zugeständnisse oder sonstige Pflichten aussetzt (Art. 22 DSU).

Innerhalb des GATT lag der Schwerpunkt bei der Durchsetzung von Panelberichten auf der Überwachung[15], da aufgrund des Konsensprinzips die Aussetzung von Zugeständnissen nicht gegen den Willen der betroffenen Partei erfolgen konnte. Dementsprechend hat der GATT-Rat nur in einem Fall (im Jahre 1952) eine Vertragspartei ermächtigt, Zugeständnisse gegenüber einer anderen Vertragspartei auszusetzen.[16] Da die Umkehrung des Konsensprinzips auch für die Entscheidungen des DSB über die Aussetzung von Zugeständnissen gilt[17], können im Rahmen der WTO Zugeständnisse nunmehr – anders als beim GATT – auch gegen den Willen der betroffenen Partei ausgesetzt werden. Neben der Überwachung kommt daher dieser Möglichkeit eine zunehmend wichtigere Rolle zu.[18]

I. Überwachung der Umsetzung

Nach Art. 21.3 DSU unterrichtet die Partei des Panelverfahrens, an die sich die Empfehlungen des Panels oder Rechtsmittelgremiums richten, den DSB innerhalb von 30 Tagen nach Annahme des Berichts über seine Absichten hinsichtlich der Umsetzung der Empfehlungen. Die Bestimmung trägt dabei dem Umstand Rechnung, daß die Umsetzung häufig nur im Wege des Gesetzgebungsverfahrens erfolgen kann und daher möglicherweise viel Zeit in Anspruch nimmt.[19] Dementsprechend wird der Streitpartei ein angemesse-

15 Siehe allgemein zur Bedeutung der Überwachung innerhalb des GATT Benedek, Rechtsordnung, S. 294 ff.

16 Der GATT-Rat ermächtigte die Niederlande auf deren Antrag, gegenüber den USA eine Quote für die Einfuhr von Weizenmehl festzulegen. Dies stellt eine Gegenmaßnahme für amerikanische Importbeschränkungen von Milchprodukten dar, die im Widerspruch zu Art. XI GATT standen, vgl. Plank, in: J. Int. Arb.1987, Nr. 4, S. 53 (92).

17 Vgl. Art 22.6 DSU. Zu Einzelheiten siehe unten S. 504.

18 Kuijper, in: JWT 1995, Nr. 6, S. 49 (54); Mora, in: C.J.T.L. 1993, S. 103 (156); siehe allgemein zur Durchsetzung von Panelberichten in der WTO auch Kuijper, in: 91th ASIL Proceedings, S. 282 ff.; Gabler, Streitbeilegungssystem der WTO, S. 57 ff.

19 Vgl. Canal-Forgues/Ostrihansky, in: JWT 1990, Nr. 2, S. 67 (78 f.); siehe auch Kuijper, in: JWT 1995, Nr. 6, S. 49 (60 ff.).

ner Zeitraum eingeräumt, wenn eine sofortige Umsetzung unmöglich ist. Als angemessener Zeitraum gilt[20]:

a) Der von dem betreffenden Mitglied vorgeschlagene Zeitraum, wenn der DSB (und damit auch die andere Partei des Panelverfahrens) diesem zustimmt. Andernfalls
b) ein von den Streitparteien innerhalb von 45 Tagen nach Annahme der Empfehlungen und Entscheidungen gemeinsam vereinbarter Zeitraum.
c) Können die Parteien sich nicht einigen, so wird der Zeitraum durch ein bindendes Schiedsverfahren innerhalb von 90 Tagen nach Annahme des Berichts festgelegt.

Erzielen die Parteien im Falle des lit c.) nicht innerhalb von 10 Tagen eine Einigung über den bzw. die Schiedsrichter, so erfolgt die Ernennung durch den Generaldirektor der WTO nach Rücksprache mit den Parteien innerhalb von 10 Tagen.[21] Als Richtschnur für den oder die Schiedsrichter gilt, daß der angemessene Zeitraum bis zur Umsetzung 15 Monate seit der Annahme des Berichts durch den DSB nicht überschreiten sollte. Unter besonderen Umständen kann aber auch ein längerer oder kürzerer Zeitraum festgelegt werden.[22]

Das erste Schiedsverfahren gemäß Art. 21 (3) (c) DSU wurde im *Alcoholic Beverages Panel* auf Antrag der *USA* am 24. Dezember 1996 eingeleitet. Mangels einer Einigung zwischen den *USA* und *Japan* benannte der Generaldirektor der WTO als Einzelschiedsrichter den Vorsitzenden des Rechtsmittelgremiums, *Lacarte-Muró*. Obwohl nur die *USA* das Schiedsverfahren beantragt hatten, wurde vereinbart, daß auch die *EG* und *Kanada* als Parteien des Panel- und des Rechtsmittelverfahrens das Recht haben sollten, an dem Schiedsverfahren teilzunehmen.[23] Darüber hinaus wurde angesichts der Umstände des Falles eine Verlängerung der in Art. 21 (3) (c) DSU vorgesehenen 90-Tage-Frist, die ab der Annahme des Berichts durch den DSB läuft, um 14 Tage vereinbart. In seinem Schiedsspruch vom 14. Februar 1997, der auf das aus einem schriftlichen und einem mündlichen Teil bestehende Verfahren folgte, hielt der Schiedsrichter die als allgemeine Richtschnur genannte 15-Monats-Frist für die Umsetzung auch in dem konkreten Verfahren für angemessen.[24] Auch im *Bananen-*[25] und im *Hormon*-Panelverfahren[26] hielt der Schiedsrichter im Ergebnis die 15-Monats-Frist für angemessen.

---

20 Art. 21.3 S. 3 DSU.

21 Vgl. Fußnote 12 zu Art. 21.3 (c) DSU.

22 Nach Art. 21.4 DSU darf der Zeitraum zwischen der Einsetzung des Panels durch den DSB und der Entscheidung über den angemessenen Zeitraum 15 Monate nicht überschreiten, sofern die Parteien nichts anderes vereinbaren. In Ausnahmefällen kann dieser Zeitraum bis zu 18 Monate betragen, es sei denn die Parteien kommen überein, daß außergewöhnliche Umstände vorliegen.

23 Japan - Taxes on Alcoholic Beverages, complaints by the European Communities (WT/DS8), Canada (WT/DS10) and the United States (WT/DS11), Arbitrators Report, Rn. 3.

24 Japan - Taxes on Alcoholic Beverages, complaints by the European Communities (WT/DS8), Canada (WT/DS10) and the United States (WT/DS11), Arbitrators Report, Rn. 27.

25 European Communities - Regime for the Importation, Sale and Distribution of Bananas, complaints by Ecuador, Guatemala, Honduras, Mexico and the United States (WT/DS27), Arbitrators Report, Rn. 27

26 European Communities – Measures Affecting Meat and Meat Products, complaint by the United States (WT/DS26) and Canada (WT/DS46), Arbitrators Report.

In den letzten Jahren hat die Frage nach der Angemessenheit der zur Umsetzung eines Panelberichts ergriffenen Maßnahmen im Rahmen des GATT wiederholt zu Streitigkeiten geführt.[27] Diesem Umstand Rechnung tragend, bestimmt nunmehr Art. 21.5 DSU, daß Meinungsverschiedenheiten über die Frage, ob angemessene Maßnahmen zur Umsetzung eines Panelberichts bzw. eines Berichts des Rechtsmittelgremiums ergriffen wurden, ihrerseits im Rahmen eines Panelverfahrens entschieden werden.[28] Gleiches gilt, wenn streitig ist, ob die zur Umsetzung ergriffenen Maßnahmen mit den unter das DSU fallenden Übereinkommen vereinbar sind.[29] Nach Möglichkeit wird die Streitigkeit an das ursprüngliche Panel verwiesen. Der Bericht des Panels zu dieser Frage ist grundsätzlich innerhalb von 90 Tagen an die Mitglieder der WTO zu verteilen.[30]

Während der gemäß Art. 21.3 DSU festgelegten Frist (aber auch darüber hinaus[31]) überwacht der DSB die Umsetzung.[32] Sechs Monate nach Festlegung der Frist wird die Frage der Umsetzung auf die Tagesordnung des DSB gesetzt und bleibt dort so lange, bis die Umsetzung erfolgt ist. Daneben haben die Mitglieder der WTO das Recht, die Frage der Umsetzung jederzeit, also bereits vor Ablauf der Sechs-Monats-Frist, aufzuwerfen. Durch diese ständige Behandlung der Umsetzungsfrage durch den DSB wird erheblicher Druck auf die betroffene Streitpartei ausgeübt. Dieser wird noch dadurch verstärkt, daß die Partei verpflichtet ist, 10 Tage vor jeder Sitzung des DSB, in der die Frage behandelt wird, einen schriftlichen Sachstandsbericht hinsichtlich der Umsetzung der Empfehlungen oder Entscheidungen vorzulegen.

---

27 Vgl. Bradley, in: (Petersmann/Hilf) The New GATT Round, S. 345 ff.; Mora, in: C.J.T.L. 1993, S. 103 (154 f.) m.w.N.

28 Im Hinblick auf die EG-Bananenmarktordnung leitete Ecuador die Durchführung des Panelverfahrens nach Art. 21.5 DSU ein. Das daraufhin eingerichtete Panel stellte fest, daß auch die revidierte Bananenmarktordnung in wesentlichen Teilen nicht WTO-konform war, European Communities - Regime for the Importation, Sale and Distribution of Bananas, complaints by Ecuador, Guatemala, Honduras, Mexico and the United States (WT/DS27/RW/ECU) – Recourse to Art. 21.5 by Ecuador. Die EG verzichteten auf die anschließende Durchführung des Rechtsmittelverfahrens in dieser Sache, Meier, in: EuZW 1999, S. 428 ff.

29 Gemäß Art. 21.8 DSU wird bei der Frage nach der Angemessenheit der Umsetzungsmaßnahmen insbesondere den Belangen von Entwicklungsstaaten Rechnung getragen (vgl. auch Art. 21.2 und 21.7 DSU). Der DSB berücksichtigt insoweit nicht nur das Handelsvolumen, das von den beanstandeten Maßnahmen betroffen ist, sondern auch deren Folgen für die Volkswirtschaft der betroffenen Entwicklungsstaaten; Komuro, in: J. Int. Arb. 1995, Nr. 3, S. 81 (134) nennt als mögliche Maßnahme eine beschleunigte Umsetzung von Empfehlungen und Entscheidungen durch die andere Partei.

30 Zwar kann das Panel diesen Zeitraum überschreiten, es ist dann aber verpflichtet, dem DSB schriftlich die Gründe für die Verzögerung und den Zeitraum mitzuteilen, innerhalb dessen es voraussichtlich seinen Bericht vorlegen wird.

31 Vgl. Art. 22.8 S. 2 DSU.

32 Art. 21.6 DSU.

II. *Entschädigung und Aussetzung von Zugeständnissen*

Sind die Empfehlungen und Entscheidungen nicht innerhalb des angemessenen Zeitraums umgesetzt worden, so kommt eine Entschädigung oder die Aussetzung von Zugeständnissen oder sonstigen Pflichten in Betracht. Im Rahmen der Aussetzung von Zugeständnissen oder sonstigen Pflichten kann die betroffene Partei Konzessionen und Handelsvorteile, die sie der anderen Partei gewährt hat, suspendieren. Art. 22.1 DSU betont, daß es sich hierbei um vorübergehende Maßnahmen handelt, die gegenüber der vollständigen Umsetzung einer Empfehlung keinen Vorrang haben.

Zunächst kann die Partei, an die sich die Empfehlung richtet, mit der bzw. den anderen Parteien wegen der nicht erfolgten Umsetzung einvernehmlich eine Entschädigung festlegen.[33] Die Verhandlungen hierüber können bereits während des für die Umsetzung vorgesehenen Zeitraums aufgenommen werden. Die Entschädigung ist freiwillig und muß, falls sie gewährt wird, mit den unter das DSU fallenden Übereinkommen vereinbar sein.[34] Diese Möglichkeit ist vor allem für kleinere export-orientierte Staaten interessant, die nur in begrenztem Umfang die Möglichkeit haben, durch die Aussetzung von Zugeständnissen gegenüber einer anderen, ihr überlegenen Partei Druck auszuüben.[35]

Gelangen die Parteien nicht innerhalb von 20 Tagen nach Ablauf des für die Umsetzung festgelegten Zeitraums zu einer Einigung über die Entschädigung, so kann jede Partei, die das Panelverfahren angestrengt hat, bei dem DSB beantragen[36], die Anwendung von Zugeständnissen oder sonstigen Pflichten aus den unter das DSU fallenden Übereinkommen gegenüber dem betreffenden Mitglied auszusetzen.[37] Die Entscheidung, welche Zugeständnisse oder sonstigen Pflichten ausgesetzt werden sollen, liegt grundsätzlich bei der antragstellenden Partei. Sie ist dabei aber an bestimmte Grundsätze und Verfahren gebunden. So hat sie zunächst zu versuchen, Zugeständnisse oder sonstige Pflichten hinsichtlich desselben Sektors[38] wie desjenigen auszusetzen, in dem das Panel oder das Rechtsmittelgremium einen Verstoß oder eine sonstige Zunichtemachung oder Schmälerung von Vorteilen festgestellt hat (Art. 22.3 (a) DSU). Ist dies nicht möglich, so

33 Art. 22.2 DSU.

34 Art. 22.1 S. 3 DSU.

35 Canal-Forgues/Ostrihansky, in: JWT 1990, Nr. 2, S. 67 (79).

36 Zum Inhalt des Antrags, der u a. zu begründen ist, siehe Art. 21.3 (e) DSU.

37 Art. 22.2 S. 2 DSU.

38 Nach Art. 22.3 (f) DSU hat der Begriff „Sektor" im Hinblick auf Art. 22.3 DSU folgende Bedeutung:
- in Bezug auf Waren alle Waren;
- in Bezug auf Dienstleistungen einen Hauptsektor der gültigen Liste zur Klassifizierung der Dienstleistungssektoren (In Dokument MTN.GNS/W/120 werden elf Hauptsektoren genannt – Business services; communication services; construction and related engineering services; distribution services; educational services; environmental services; financial services; health related and social services; tourism and travel related services; recreational, cultural and sporting services; and transport services);
- in Bezug auf handelsbezogenene Rechte des geistigen Eigentums alle Kategorien von Rechten des geistigen Eigentums, die unter Teil II, Abschnitte 1 - 7, Teil III oder IV des TRIPs-Übereinkommens fallen.

kann die Partei versuchen, Zugeständnisse oder sonstige Pflichten in anderen Sektoren unter demselben Übereinkommen[39] auszusetzen (sog. „cross-sector retaliation", Art. 22.3 (b) DSU). Nur wenn auch dies nicht möglich ist, können Zugeständnisse oder sonstige Pflichten aus einem anderen unter das DSU fallenden Übereinkommen ausgesetzt werden (sog. „cross-agreement retaliation", Art. 22.3 (c) DSU).[40] Aus dieser Systematik folgt, daß die Aussetzung von Zugeständnissen aus anderen Übereinkommen die Ausnahme bilden soll, um nach Möglichkeit zu verhindern, daß hierdurch unbeteiligte Dritte betroffen werden.[41] Darüber hinaus muß der Umfang der ausgesetzten Zugeständnisse oder sonstigen Pflichten dem Umfang der zunichte gemachten oder geschmälerten Vorteile entsprechen, Art. 22.4 DSU.[42]

Auch bei der Entscheidung über einen Antrag auf Aussetzung gilt das „umgekehrte Konsensprinzip" – der DSB erteilt innerhalb von 30 Tagen nach Ablauf des angemessenen Zeitraums die Genehmigung, sofern er nicht durch Konsens beschließt, den Antrag abzulehnen. Dem aufgrund der „quasi-automatischen" Annahme bestehenden Rechtsschutzbedürfnis der von der Aussetzung betroffenen Partei trägt Art. 22.6 DSU Rechnung. Danach kann sie Einspruch gegen die beantragte Maßnahme einlegen, wobei dieser sich auf den vorgeschlagenen Umfang der auszusetzenden Zugeständnisse beziehen kann oder darauf, daß die in Art. 22.3 DSU festgelegten Grundsätze und Verfahren nicht beachtet wurden.

Die Angelegenheit wird einem Schiedsgericht unterbreitet, dem nach Möglichkeit die Mitglieder des ursprünglichen Panels angehören.[43] Andernfalls werden der oder die

39 Nach Art. 22.3 (g) DSU hat der Begriff „Übereinkommen" im Hinblick auf Art. 22.3 DSU folgende Bedeutung:
- in Bezug auf Waren die in Anlage 1A des WTO-Übereinkommens genannten Übereinkommen in ihrer Gesamtheit sowie die plurilateralen Handelsübereinkommen, soweit die betreffenden Streitparteien Vertragsparteien dieser Übereinkommen sind;
- in Bezug auf Dienstleistungen das GATS;
- in Bezug auf die Recht des geistigen Eigentums das TRIPs-Übereinkommen.

40 Vgl. Art. 22.3 (a) - (c) DSU.

41 Mora, in: C.J.T.L. 1993, S. 103 (156 f.); Jackson, in: (Carbonneau) Resolving Transnational Disputes, S. 39 (67) weist darauf hin, daß die Aussetzung von Zugeständnissen häufig unbeteiligte Dritte trifft. Kritisch zur Möglichkeit von „cross-retaliations" Esser, in: (Friedmann/Mestmäcker) Conflict Resolution, S. 125 (156 ff.); ders., in: ZVglRWiss 91 (1992), S. 365 (371 f.) unter Hinweis darauf, daß diese zu einem unkontrollierten Abtausch von Vergeltungsmaßnahmen führen können und deren Wirksamkeit fragwürdig erscheint.

42 Ausgeschlossen ist die Aussetzung von Zugeständnissen, wenn ein unter das DSU fallendes Übereinkommen eine solche Aussetzung verbietet, Art. 22.5 DSU.

43 Da die EU in der Bananen-Streitigkeit die Entscheidung des Rechtsmittelgremiums vom 1. September 1997 (European Communities - Regime for the Importation, Sale and Distribution of Bananas, complaints by Ecuador, Guatemala, Honduras, Mexico and the United States (WT/DS27/AB/R)) nicht ordnungsgemäß umsetzte, ersuchten die USA am 14. Januar 1999 den DSB nach Art. 22.2 DSU um die Ermächtigung, Sanktionen in Form von 100% Strafzöllen gegen die EU in Höhe von US$ 520 Millionen pro Jahr zu verhängen. Die EU bestritt die Höhe der angeblich durch die WTO-Verstöße entstehenden Schäden und beantragte einen Schiedsspruch nach Art. 22.6 DSU. Mit der Entscheidung vom 9. April 1999 erklärten die Schiedsrichter das Sanktionsvorhaben – das in der Zwischenzeit von den USA einseitig außer

Schiedsrichter vom Generaldirektor der WTO ernannt. Für das Schiedsverfahren ist ein knapper Zeitrahmen vorgesehen. Es muß innerhalb von 60 Tagen nach Ablauf des für die Umsetzung angemessenen Zeitraums abgeschlossen sein, wobei die Aussetzung während der Anhängigkeit des Schiedsverfahrens suspendiert ist.[44] Der knappe Zeitrahmen für das Schiedsverfahren erscheint insbesondere dann problematisch, wenn nicht die ehemaligen Panelmitglieder, die mit dem Streitgegenstand vertraut sind, als Schiedsrichter zur Verfügung stehen.

Der Gegenstand des Schiedsverfahrens wird in Art. 22.7 DSU präzisiert. Danach ist der Inhalt der Zugeständnisse, deren Aussetzung beantragt wird, grundsätzlich nicht Gegenstand des Schiedsverfahrens. Das Schiedsgericht beschränkt seine Prüfung vielmehr darauf, ob der vorgeschlagene Umfang der Aussetzung demjenigen der zunichte gemachten oder geschmälerten Vorteile entspricht.[45] Darüber hinaus kann es prüfen, ob die vorgeschlagene Aussetzung nach dem maßgeblichen unter das DSU fallenden Übereinkommen gestattet ist. Stützt die betroffene Partei ihren Einspruch allerdings auf eine Verletzung der in Art. 21.3 DSU aufgestellten Grundsätze und Verfahren, so prüft das Schiedsgericht diese Behauptung.[46] Insoweit findet also doch eine inhaltliche Prüfung der auszusetzenden Zugeständnisse statt. Stellt das Schiedsgericht eine Verletzung dieser Grundsätze und Verfahren fest, so ist die die Aussetzung beantragende Partei verpflichtet, diese Grundsätze und Verfahren anzuwenden. Die Entscheidung des Schiedsgerichts ist endgültig; die Parteien dürfen kein zweites Schiedsverfahren anstrengen.[47] Im Anschluß an die Entscheidung des Schiedsgerichts erteilt der DSB auf Antrag die Genehmigung für die Aussetzung von Zugeständnissen oder sonstigen Pflichten, sofern der Antrag mit der Entscheidung des Schiedsgerichts vereinbar ist. Auch hier hat der DSB aber die Möglichkeit, den Antrag durch Konsens abzulehnen.

Wie erwähnt, handelt es sich insbesondere bei der Aussetzung von Zugeständnissen oder sonstigen Pflichten um vorübergehende Maßnahmen, Art. 22.1 DSU.[48] Dementsprechend bestimmt Art. 22.8 S. 1 DSU, daß die Aussetzung von Zugeständnissen oder sonstigen Pflichten nur so lange angewendet wird, bis die Maßnahme, die mit dem unter das DSU fallenden Übereinkommen als unvereinbar betrachtet wird, eingestellt worden ist oder das Mitglied, das Empfehlungen oder Entscheidungen umsetzen muß, eine Lösung

---

Kraft gesetzt worden war – für begründet und setzten den Schadensbetrag auf US$ 191,4 Millionen jährlich fest (European Communities - Regime for the Importation, Sale and Distribution of Bananas, complaints by Ecuador, Guatemala, Honduras, Mexico and the United States (WT/DS27/ARB) – Recourse by the European Communities under Art. 22.6 DSU). Dieser Schiedsspruch wurde vom DSB am 13. Mai 1999 angenommen und somit verbindlich. Vgl. zu diesem Verfahren Meier, in: EuZW 1999, S. 428 (431).

44 Art. 22.6 DSU.

45 Art. 22.7 S. 1 DSU.

46 Art. 22.7 S. 3 DSU.

47 Art. 22.7 S. 5 DSU.

48 Inbesondere die unterlegene Partei ist zur Umsetzung verpflichtet; ihr steht diesbezüglich kein Wahlrecht zu, Jackson, in: AJIL 1997, S. 60 (60 f.); siehe dagegen aber Kuijper, in: 91th ASIL Proceedings, S. 282 (284): „I believe that we should go in the direction of accepting compensation and suspension of concessions as full alternatives to compliance, just as is the case in general international law“.

für die Zunichtemachung oder Schmälerung der Vorteile vorlegt, oder eine für alle Seiten zufriedenstellende Lösung gefunden wird.

Die Untersuchung der Art. 21 und 22 DSU zeigt, daß diese Vorschriften detaillierte Regelungen über die Durchsetzung angenommener Panelberichte enthalten. Gelingt deren Umsetzung nicht während des hierfür festgelegten Zeitraums und einigen die Parteien sich nicht auf eine Entschädigung, so hat die beschwerdeführende Partei die Möglichkeit, ihrerseits Zugeständnisse oder sonstige Pflichten auszusetzen. Anders als im Rahmen des GATT hat die hiervon betroffene Partei keine Möglichkeit, dies zu verhindern.

Auch wenn damit grundsätzlich eine wirkungsvolle Möglichkeit zur Durchsetzung der Entscheidungen geschaffen worden ist, so ist zu bedenken, daß ihre Effektivität in der Praxis davon abhängt, ob sich zwei wirtschaftlich ungefähr gleich starke Parteien gegenüberstehen. Dies ergibt sich daraus, daß eine wirtschaftlich schwächere Partei kaum die Möglichkeit hat, durch die Aussetzung von Zugeständnissen Druck auf die andere Partei auszuüben.[49] Es bleibt abzuwarten, ob und wie der im DSU vorgesehene Mechanismus zur Durchsetzung von angenommenen Berichten eines Panels bzw. des Rechtsmittelgremiums zur Anwendung gelangt und sich in der Praxis bewährt.

C. Anerkennung und Vollstreckung von Schiedssprüchen durch staatliche Gerichte

Erfüllt die unterlegene Partei eines Schiedsverfahrens den Schiedsspruch nicht freiwillig, so ist zu der Durchsetzung die Zwangsvollstreckung aus dem Schiedsspruch notwendig. Anders als in der WTO-Streiterledigung, wo die Durchsetzung der Entscheidung systemimmanent erfolgt, bedarf es dabei für die Zwangsvollstreckung der Unterstützung durch die staatlichen Gerichte bzw. Vollstreckungsorgane.

I. ICSID-Schiedsspruch

Im Rahmen des Weltbankübereinkommens liegt hier die Schnittstelle zwischen der autonomen ICSID-Schiedsgerichtsbarkeit, die ihre Grundlage in einem völkerrechtlichen Vertrag findet und von den nationalen Rechtsordnungen losgelöst ist, auf der einen Seite, und dem innerstaatlichen Recht der Mitgliedstaaten auf der anderen. Während es möglich war, die Rechtsmittel gegen einen Schiedsspruch innerhalb des ICSID-Übereinkommens selbst zu regeln, mußte für die Durchsetzung der Entscheidung auf die Unterstützung der staatlichen Gerichte zurückgegriffen werden. Vor diesem Hintergrund verpflichtet Art. 54

49 Mora, in: C.J.T.L. 1993, S. 103 (157 f.); Meier, in: EuZW 1999, S. 428 (431); vgl. auch Benedek, Rechtsordnung, S. 339 ff.: „... Die Rechtsgemeinschaft des GATT kann der benachteiligten Partei nur in der im GATT institutionalisierten Form beistehen, über bloße Überzeugung (persuasion) und Überwachung (surveillance) hinausgehende Möglichkeiten von kollektiven Sanktionen, wie z. B. des Ausschlusses auf Grund von Verletzungen der Ziele oder der Regeln des Abkommens stehen jedoch nicht zur Verfügung ... Auch in den Verhandlungen der Uruguay Runde fanden Vorschläge kollektiver Selbsthilfe keine Unterstützung. Das Streitbeilegungsverfahren vermittelt somit nur begrenzten Rechtsschutz".

(1) ICSID-Übk[50] die Mitgliedstaaten, jeden im Rahmen des Übereinkommens erlassenen Schiedsspruch als bindend anzuerkennen und für die Vollstreckung der darin auferlegten finanziellen Verpflichtungen[51] in seinem Hoheitsgebiet zu sorgen, als handele es sich um ein rechtskräftiges Urteil eines seiner innerstaatlichen Gerichte. Hinsichtlich der Durchsetzung der Entscheidung ist insoweit zwischen der Anerkennung und Vollstreckbarerklärung (sog. *Exequatur*) und den eigentlichen Vollstreckungsmaßnahmen, die auf dieser Grundlage erfolgen, zu unterscheiden.

Im Rahmen der Anerkennung und Vollstreckbarerklärung eines ICSID-Schiedsspruchs findet eine inhaltliche Überprüfung des Schiedsspruchs durch die staatlichen Gerichte nicht statt.[52] Einzige Voraussetzung ist die Vorlage einer vom Generalsekretär des ICSID beglaubigten Abschrift des Schiedsspruchs bei dem zuständigen innerstaatlichen Gericht oder einer anderen von diesem Staat dafür bestimmten amtlichen Stelle.[53] Damit enthält Art. 54 (1) S. 1 ICSID-Übk die am weitesten gehende Regelung über die Anerkennung und Vollstreckbarerklärung, die bisher international für Schiedssprüche vereinbart worden ist; sie geht erheblich über die auch schon recht weitgehende Regelung durch das New Yorker Übereinkommen vom 10. Juni 1958[54] hinaus.[55]

Danach erscheint die Durchsetzung von ICSID-Schiedssprüchen uneingeschränkt möglich. Im Hinblick auf die Durchsetzung eines gegen die staatliche Partei ergangenen Schiedsspruchs unterliegt dies indes der Einschränkung des Art. 55 ICSID-Übk.[56] Danach darf Art. 54 ICSID-Übk nicht so ausgelegt werden, als schaffe er eine Ausnahme von dem in einem Vertragsstaat geltenden Recht über die Immunität dieses Staates oder eines fremden Staates von der Vollstreckung. Zwar kann die staatliche Partei sich danach im Hinblick auf die Anerkennung und Vollstreckbarerklärung der Entscheidung nicht auf ihre staatliche Immunität berufen. Soweit es indes um die Einleitung von Vollstreckungsmaßnahmen aufgrund des Schiedsspruchs geht[57], ist für die Frage, ob der Staat sich auf

50 Zu Art. 54 ICSID-Übk Schreuer, in: ICSID Rev. – FILJ 1999, S. 71 ff.

51 Zwar können Gegenstand eines Schiedsspruchs auch andere Verpflichtungen – etwa die Vornahme bestimmter Handlungen durch eine Partei – sein. Gemäß Art. 54 (1) ICSID-Übk sind allerdings nur Schiedssprüche durchsetzbar, die eine Geldleistung zum Gegenstand haben. Broches, in: ICSID Rev. - FILJ 1987, 287 (316) weist in diesem Zusammenhang zu Recht darauf hin, daß die Durchsetzung eines Schiedsspruchs mit einem anderen Inhalt insbesondere gegenüber einer staatlichen Partei kaum vorstellbar ist. Erfüllt eine Partei ihre Verpflichtungen aus einem Schiedsspruch mit einem anderen Inhalt nicht, so kann sie aus diesem Grund zu Schadensersatz verpflichtet werden. Dieser Schiedsspruch ist dann seinerseits gemäß Art. 54 ICSID-Übk durchsetzbar.

52 Hirsch, ICSID, S. 23; Toope, Mixed International Arbitration, S. 245 f.; Nathan, in: Arbitration 1988, S. 193 (198). Zu den im Rahmen der Verhandlungen über das ICSID-Übk insbesondere von der deutschen Delegation geäußerten Bedenken, eine ordre-public-Kontrolle durch die staatlichen Gerichte auszuschließen, Broches, in: ICSID Rev. - FILJ 1987, 287 (315 f.).

53 Art. 54 (2) ICSID-Übk. Jeder Vertragsstaat teilt dem Generalsekretär des ICSID mit, welches Gericht zuständig oder welche Stelle bestimmt ist, und teilt ihm etwaige Änderungen mit.

54 Siehe hierzu unten S. 513 ff.

55 Bülow/Böckstiegel/Geimer/Schütze - Böckstiegel, Band II, 720·79, Fn. 52.

56 Zu Art. 55 ICSID-Übk Schreuer, in: ICSID Rev. – FILJ 1999, S. 117 ff.

57 Das Vollstreckungsverfahren richtet sich gemäß Art. 54 (3) ICSID-Übk nach den Rechtsvorschriften des Vollstreckungsstaates über die Vollstreckung von Urteilen.

seine Immunität berufen kann, gemäß Art. 55 ICSID-Übk das nationale Recht des Vollstreckungsstaates maßgeblich.[58] Entscheidend ist insoweit, ob dieser Vollstreckungsmaßnahmen gegen sich selbst oder einen anderen Staat zuläßt.

Während nach der Doktrin der absoluten Immunität eine volle und uneingeschränkte Befreiung von der Vollstreckung besteht, stellt die Doktrin der restriktiven Immunität auf die Art der staatlichen Betätigung ab. Sie unterscheidet zwischen Handlungen *iure imperii* und *iure gestionis*, das heißt, zwischen der öffentlichrechtlichen Betätigung des Staates in Ausübung seiner hoheitlichen Gewalt und seinem Auftreten als gleichberechtigter Partner des Einzelnen im Bereich wirtschaftlicher Betätigung des Staates. Die Immunität bleibt

---

58 Das Verhältnis von Anerkennung und Vollstreckbarerklärung gemäß Art. 54 ICSID-Übk zur Vollstreckungsimmunität gemäß Art. 55 ICSID-Übk hat in zwei ICSID-Schiedsverfahren die französischen Gerichte beschäftigt. Im Verfahren S.A.R.L. Benvenuti & Bonfant v. Government of the People's Republic of the Congo (Case No. ARB/77/2), Award of August 8, 1980, ICSID Reports I, S. 330 ff. begehrte B & B die Anerkennung und Vollstreckbarerklärung des ICSID-Schiedsspruchs vom 8. August 1980 vor dem französischen Tribunal de Grande Instance de Paris. Das Gericht erteilte die Vollstreckbarerklärung unter der Einschränkung, daß keine Maßnahmen zur Vollstreckung des Schiedsspruchs ohne vorherige Zustimmung des Gerichts ergriffen werden dürften (RdA 1982, S. 205 f.; englische Übersetzung in ICSID Reports I, S. 369). Die Cour d'Appel de Paris hob diesen einschränkenden Zusatz auf. Sie begründete dies damit, daß die Vollstreckbarerklärung, die B & B beantragt hatte, selbst keine Vollstrekkungsmaßnahme darstelle, sondern lediglich einen vorangehenden Verfahrensschritt. Erst im Rahmen der eigentlichen Vollstreckung stelle sich die Frage der staatlichen Vollstrekkungsimmunität. Indem das erstinstanzliche Gericht im Rahmen der Anerkennung und Vollstreckbarerklärung gemäß Art. 54 (1) ICSID-Übk die Vollstreckung selbst unter den Vorbehalt seiner Zustimmung gestellt habe, habe es daher seine Kompetenzen überschritten („...considérant que l'ordonnance d'exequatur d'une sentence arbitrale ne constitue pas un acte d'exécution mais seulement un acte préalable aux mesures d'exécution; Que le premier Juge, saisi en application de l'article 54 de la Convention de Washington, ne pouvait donc, sans excéder sa compétence, s'immiscer dans la seconde phase, celle de l'exécution, à laquelle se rapporte la question de l'immunité d'exécution des Etats étrangers; Qu'il convient, en conséquence, de supprimer la disposition, critiquée de l'ordonnance ...“; RdA 1982, S. 208 f.; englische Übersetzung in ICSID Reports I, S. 369 ff.). Im Verfahren Société Ouest Africaine des Bétons Industriels v. State of Senegal (Case No. ARB/82/1), Award of February 25, 1988, ICSID Reports II, S. 190 ff. wandte sich die staatliche Partei vor der Cour d'Appel de Paris gegen die Vollstreckbarerklärung des ICSID-Schiedsspruchs vom 25. Februar 1988 durch das Tribunal de Grande Instance de Paris. Die Cour d'Appel hob die Vollstreckbarerklärung auf. Es führte hierzu aus, daß Vollstreckungsmaßnahmen in Frankreich nur gegen solche Vermögenswerte möglich seien, die nicht unter die Vollstreckungsimmunität des Senegal fielen. Da SOABI nicht dargelegt habe, daß insoweit kein Konflikt entstehen könne, verstoße die Vollstreckbarerklärung gegen den internationalen ordre public gemäß Art. 1502 (5) n.c.p.c. (RdA 1990, S. 164 ff., englische Übersetzung in: ICSID Reports II, S. 338 ff.). Die Cour de Cassation hob wiederum die Entscheidung der Cour d'Appel auf. Sie stellte noch einmal klar, daß zwischen Vollstreckbarerklärung und Vollstreckungsmaßnahmen zu differenzieren sei und nur bei letzteren die staatliche Vollstreckungsimmunität relevant werden könne. Die Art. 53 und 54 ICSID-Übk hätten ein autonomes und vereinfachtes Verfahren zur Anerkennung und Vollstreckbarerklärung geschaffen; die diesbezüglichen Vorschriften des n.c.p.c. seien insoweit nicht anwendbar (RdA 1991, S. 637 f.; englische Übersetzung in ICSID Reports II, S. 341 f.).

danach als eine rein funktionelle Immunität auf die hoheitliche Sphäre beschränkt; die privatwirtschaftlichen Tätigkeiten werden dagegen nicht von der staatlichen Vollstreckungsimmunität erfaßt.[59]

Mittlerweile hat sich die Doktrin restriktiver Immunität in den meisten Staaten durchgesetzt.[60] Dies gilt zumindest im Hinblick auf die staatliche Jurisdiktionsimmunität. Geht es indes um die Vollstreckung von Entscheidungen gegen einen Staat, so neigen die Gerichte dazu, auch weiterhin die Doktrin absoluter Immunität anzuwenden.[61] Selbst wenn dies nicht der Fall ist, ist die Abgrenzung, welcher der beiden Sphären ein Gegenstand, in den vollstreckt werden soll, zuzurechnen ist, problematisch.[62] Im Zweifel werden die Gerichte in solchen Fällen den Gegenstand der hoheitlichen Sphäre zurechnen und Vollstreckungsmaßnahmen ablehnen.

Um diese Frage ging es auch im Rahmen der Durchsetzung des ICSID-Schiedsspruchs in *LETCO v. Liberia*. Das Unternehmen *LETCO* versuchte, den gegen *Liberia* ergangenen Schiedsspruch in den *USA* zu vollstrecken, wo seit Inkrafttreten des *Foreign Sovereign Immunities Act* (FSIA)[63] im Jahre 1976 der Grundsatz der restriktiven Immunität gilt. Der United States District Court, Southern District, New York[64] erklärte den Schiedsspruch für vollstreckbar. Der Antrag von *LETCO*, *Liberia* zustehende Tonnage- und Registrierungsgebühren und andere Steuern zu pfänden, wurde hingegen mit der Begründung abgelehnt, daß es sich hierbei nicht um kommerzielles, sondern um hoheitliches Vermögen handele und Vollstreckungsmaßnahmen deshalb ausgeschlossen seien. Daraufhin beantragte *LETCO* bei dem District Court for the District of Columbia, Botschaftskonten *Liberias* zu pfänden. Das Gericht lehnte auch diesen Antrag aus Gründen der Vollstreckungsimmunität ab, die aus dem Wiener Übereinkommen vom 18. April 1961 über diplomatische Beziehungen sowie daraus folge, daß die Voraussetzung des FSIA für die Vollstreckung der Entscheidung gegen *Liberia* nicht vorlägen.[65]

---

59 Dahm/Delbrück/Wolfrum, Völkerrecht Bd. I/1, S. 458 m.w.N.; zu den maßgeblichen Abgrenzungskriterien Ipsen, Völkerrecht, S. 339 ff.; Seidl-Hohenveldern, Völkerrecht, Rn. 1472 ff.; Domke, in: FS Eisemann, S. 45 ff.; Bouchez in: J. Int. Arb. 1991, Nr. 1, S. 81 (84).

60 Seidl-Hohenveldern, Völkerrecht, Rn. 1472: „Heute gewähren nahezu alle Staaten fremden Staaten Immunität nur mehr für deren acta jure imperii, nicht aber für acta jure gestionis"; vgl. die Nachweise bei Dahm/Delbrück/Wolfrum, Völkerrecht Bd. I/1, S. 458 ff.

61 van den Berg, in: (Böckstiegel) Acts of State and Arbitration, S. 41: „...even if a State is deemed to have waived its immunity from jurisdiction..., the immunity from execution is considered absolute by legislation and courts in many States. Thus, the obtaining of a leave for enforcement by a private party on an arbitral award...may be a pyrrhic victory only"; Bernini/van den Berg, in: Contemporary Problems, S. 359 (360 f.); vgl. auch Böckstiegel, State Enterprises, S. 50; Delaume, in: ICSID Rev. FILJ 1993, S. 29 ff.

62 J.F. Lalive, in: FS Rosenne, S. 369 (370); Redfern/Hunter, Arbitration, S. 424.

63 Der FSIA ist abgedruckt in ILM 1976, S. 1388 ff.

64 In the matter of the application of Liberian Eastern Timber Corporation (LETCO) v. The Government of the Republic of Liberia, United States District Court, Southern District, New York, 12 December 1986, ICSID Reports II, S. 383 ff.; zur Anerkennung und Vollstreckung von ICSID-Schiedssprüchen in afrikanischen Staaten, Asouzu, in: Arb. Int. 1999, S. 1 (26 ff.).

65 In the matter of the application of Liberian Eastern Timber Corporation (LETCO) v. The Government of the Republic of Liberia, United States District Court, District of Columbia, 16 April 1987, ICSID Reports II, S. 390 ff.

Die erfolglosen Versuche *LETCOs*, den Schiedsspruch vor amerikanischen Gerichten zu vollstrecken, zeigen, daß die private Partei eines ICSID-Schiedsverfahrens sich im Hinblick auf die Durchsetzung der Entscheidung in einer vergleichsweise ungünstigen Situation befindet.[66] Dieses Problem stellt sich dabei allerdings nicht allein im Hinblick auf ICSID-Schiedssprüche, sondern gilt allgemein für die Schiedsgerichtsbarkeit zwischen einer privaten und einer staatlichen Partei.[67]

Zwar mag es wünschenswert erscheinen, daß im Rahmen des ICSID-Übereinkommens die Möglichkeit ausgeschlossen worden wäre, sich gemäß Art. 55 ICSID-Übereinkommens auf die staatliche Vollstreckungsimmunität zu berufen. Dagegen ist indes zu bedenken, daß die Verfasser des ICSID-Übereinkommens wohl berechtigterweise befürchtet haben, daß dies zahlreiche Staaten davon abhalten würde, dem Übereinkommen beizutreten.[68] Im übrigen sollte die praktsiche Relevanz des Art. 55 ICSID-Übk nicht überbewertet werden. So haben in der Praxis die staatlichen Parteien einen gegen sie ergangenen ICSID-Schiedsspruch in den meisten Fällen freiwillig erfüllt, ohne daß es der Einleitung eines Vollstreckungsverfahrens vor staatlichen Gerichten bedurft hätte.[69]

Ausschlaggebend hierfür waren und sind wohl mehrere Gründe. Zunächst kann der Heimatstaat des Investors seinem Staatsangehörigen diplomatischen Schutz gewähren.[70] Dieses Recht ist zwar während des ICSID-Schiedsverfahrens gemäß Art. 27 ICSID-Übk

66 Vgl. Redfern/Hunter, Arbitration, S. 427: „LETCO must have wondered if there ever was such a thing as the commercial property of a foreign state, or if it was a mere chimera"; van den Berg, in: Arb. Int. 1989, S. 2 (13): „...in practice...a private party, after having put all efforts in an arbitration against a State and having obtained a judgment or leave for enforcement on the award in his favour, finds himself unable to collect the money to which he is entitled under the award".

67 In ihrem Bericht zum ICSID-Übk haben die Executive Directors ausdrücklich erklärt, daß diesbezüglich eine Besserstellung der privaten Partei im Rahmen eines ICSID-Schiedsverfahrens nicht bezweckt sei („The doctrine of sovereign immunity may prevent the forced execution in a State of judgments obtained against foreign States or against the State in which execution is sought. Article 54 requires Contracting States to equate an award rendered pursuant to the Convention with a final judgment of its own courts. It does not require them to go beyond that and to undertake forced execution of awards rendered pursuant to the Convention in cases in which final judgments could not be executed"), IBRD, Report of the Executive Directors, Rn. 43, in: ILM 1965 S. 524 (530). Vgl. allgemein zur staatlichen Vollstrekkungsimmunität im Bereich der Schiedsgerichtsbarkeit Böckstiegel, Rules, S. 117 (147 ff.); Delaume, in: Arb. Int. 1987, S. 28 (34 ff.).

68 Vgl. hierzu Luzzatto, in: RdC 1977-IV, S. 9 (99): „The Convention has not been able, or willing, to make an impact upon such a sensitive area of the law".

69 Vgl. hierzu die Übersicht bei Craig, in: Private Investments Abroad 1993, § 14-51 ff. Im Verfahren S.A.R.L. Benvenuti & Bonfant v. Government of the People's Republic of the Congo (Case No. ARB/77/2) hat der Kongo den Schiedsspruch letztlich vollständig erfüllt (vgl. News from ICSID 1984, Nr. 1, S. 2); Gleiches gilt auch für das Verfahren Société Ouest Africaine des Bétons Industriels v. State of Senegal (Case No. ARB/82/1) (zu beiden Verfahren siehe oben Fn. 58); vgl. auch Delaume, in: Arb. Int. 1987, S. 28 (44): „...the theoretically troublesome issue of immunity from execution, which has been the object of much scholarly discussion and regret, would seem to lose a great deal of practical significance".

70 Delaume, in: AJIL 1983, S. 784 (800);

grundsätzlich ausgeschlossen.[71] Es lebt indes wieder auf, wenn der Investitionsstaat den in der Streitsache erlassenen Schiedsspruch nicht befolgt.[72] Daneben eröffnet Art. 64 ICSID-Übk dem Heimatstaat des Investors im Falle der Nichtbefolgung des Schiedsspruchs durch den Investitionsstaat die Möglichkeit, dem Internationalen Gerichtshof diese Frage in Form einer Streitigkeit über die Auslegung und Anwendung des ICSID-Übereinkommens zu unterbreiten. Ein in zahlreichen Fällen ausschlaggebender Grund für die freiwillige Befolgung des Schiedsspruchs ist im übrigen wohl darin zu sehen, daß die Nichtbefolgung eines ICSID-Schiedsspruchs potentielle Investoren abschrecken wird[73] und daß es insbesondere der Praxis der Weltbank entspricht, die Gewährung von Unterstützung an Entwicklungsländer davon abhängig zu machen, daß letztere gegen sie ergangene ICSID-Schiedssprüche erfüllen.[74]

Eine Möglichkeit, spätere Probleme bei der Durchsetzung eines ICSID-Schiedsspruchs zu vermeiden, besteht darin, in den Investitionsvertrag eine Klausel aufzunehmen[75], daß der Investitionsstaat auf seine Vollstreckungsimmunität verzichtet[76]; freilich wird dies in der Regel nur in den Fällen möglich sein, in denen der Investor sich in einer vergleichsweise starken Verhandlungsposition befindet.[77]

II. WIPO-Schiedsspruch

Wie bei einem ICSID-Schiedsspruch ist Voraussetzung für die Einleitung von Zwangsvollstreckungsmaßnahmen aus einem WIPO-Schiedsspruch dessen Anerkennung und Vollstreckbarerklärung.[78] Während – nach der Sitztheorie – ausschließlich die Gerichte am Ort des Schiedsverfahrens für die Aufhebung des Schiedsspruchs zuständig sind, liegt

71 Siehe hierzu oben S. 158 f.

72 Art.27 (1) a.E. ICSID-Übk.

73 Shihata, in: ICSID Rev. - FILJ 1986, S. 1 (9).

74 Peter, Renegotiation, S. 321

75 Das ICSID sieht hierfür eine Musterklausel vor, die lautet: „The Host State hereby waives any right of sovereign immunity as to it and its property in respect of enforcement and execution of any award rendered by an Arbitral Tribunal constituted pursuant to this agreement", ICSID Model Clauses, Klausel Nr. 15.

76 Bülow/Böckstiegel/Geimer/Schütze - Böckstiegel, Band II, 720·80, Fn. 54; Toope, Mixed International Arbitration, S. 248; Broches, in: ICSID Rev. - FILJ 1987, 287 (333); Delaume, in: AJIL 1983, S. 784 (800); Golsong, in: Int. Lawyer 1984 (Vol. 18), S. 633 (638 f.).

77 Delaume, Law and Practice, § 10.11 (S. 396); ders., in: ICSID Rev. FILJ 1993, S. 29 (50 f.); van den Berg, in: (Böckstiegel) Acts of State and Arbitration, S. 41 (57): „It will be rare, if ever, that a State party agrees to waive its immunity from execution".

78 Zu den unterschiedlichen Funktionen von Anerkennung und Vollstreckbarerklärung Redfern/Hunter, Arbitration, S. 448 f. Neben der Vorbereitung der Vollstreckbarerklärung dient die Anerkennung für sich genommen der Sicherung der Wirkungserstreckung eines Schiedsspruchs und z. B. als Verteidigungsmittel gegenüber einer erneuten Geltendmachung des Streits vor einem staatlichen Gericht in Form einer rechtshindernden Einrede. Gegenstand der Anerkennung sind nur die einzelnen Urteilswirkungen (insb. materielle Rechtskraft und Vollstreckbarkeit), nicht das Urteil als Ganzes; vgl. Labes, Schiedsgerichtsvereinbarungen, S. 104 f.

die Zuständigkeit für die Anerkennung und Vollstreckbarerklärung bei den Gerichten des Staates, in dem die Vollstreckung begehrt wird.[79]

Ebenso wie bei der Frage der Aufhebung von Schiedssprüchen würde auch hier eine umfassende Darstellung und Analyse der unterschiedlichen Regelungen über die Anerkennung und Vollstreckung über den Rahmen der Untersuchung hinausgehen. Im folgenden soll daher ein Überblick über die diesbezüglichen Regelungen gegeben werden, soweit dies notwendig ist, um einen Vergleich mit den Bestimmungen über die Durchsetzung der Entscheidungen in den anderen Streiterledigungsverfahren zu ermöglichen.

Die Darstellung orientiert sich dabei am *New Yorker Übereinkommen vom 10. Juni 1958 über die Anerkennung und Vollstreckung ausländischer Schiedssprüche* (NYÜ)[80], das mittlerweile in 110 Staaten[81] gilt. Auch § 1061 (1) ZPO erklärt das New Yorker Übereinkommen für anwendbar, soweit es um die Anerkennung und Vollstreckung ausländischer Schiedssprüche in Deutschland geht.[82] Die zentrale Bedeutung des Übereinkommens für die Schiedsgerichtsbarkeit[83] erklärt sich daraus, daß es die Vollstreckbarkeit von Schiedssprüchen in allen Vertragsstaaten gewährleistet und die Möglichkeit, einen Schiedsspruch anzugreifen, um die Vollstreckung zu verhindern, auf wenige grundlegende Einwände beschränkt.[84] Auf Grundlage insbesondere[85] dieses Übereinkommens ist die Vollstreckung ausländischer Schiedssprüchen leichter möglich als die ausländischer Gerichtsurteile.[86]

---

79 Nach Art. 62 (e) WIPO SchO kann ein WIPO-Schiedsgericht die Schiedsstelle in Bezug auf Vorfragen zu Rate ziehen, um insbesondere die Vollstreckbarkeit des Schiedsspruchs zu gewährleisten.

80 BGBl. 1961, Teil II, S. 122.

81 Vgl. Fundstellennachweis B zum BGBl., Teil II, S. 389 f., Stand: 31. Dezember 1997; neben diesen 110 Staaten sind dort des weiteren das ehemalige Jugoslawien, die ehemalige Sowjetunion und ehemalige Tschechoslowakei aufgeführt. Das NYÜ ersetzt das Genfer Abkommen zur Vollstreckung ausländischer Schiedssprüche vom 26. September 1927 (RGBl. 1930, Teil II, S. 1067) im Verhältnis zwischen den Staaten, die Vertragsparteien beider Übereinkommen sind. Das gleiche gilt auch für das Verhältnis zwischen dem NYÜ und dem Genfer Protokoll über die Schiedsklauseln im Handelsverkehr vom 24. September 1923 (RGBl. 1925, Teil II, S. 47).

82 Das NYÜ ist für die Bundesrepublik am 29. September 1961 in Kraft getreten (BGBl. 1962, Teil II, S. 121).

83 Vgl. Mustill, in: J. Int. Arb. 1989, Nr. 2, S. 43 (49): „This Convention has been the most successful international instrument in the field of arbitration, and perhaps could lay claim to be the most effective instance of international legislation in the entire history of commercial law".

84 In vielen Ländern sind mittlerweile zahlreiche Urteile zum NYÜ ergangen. Die meisten dieser Entscheidungen werden im Yearbook Commercial Arbitration abgedruckt; siehe auch eingehend zum NYÜ, van den Berg, New York Convention, S. 1 ff. und das Heft ASA Special Series No. 9, August 1996, „The New York Convention of 1958 - A Collection of Reports and Materials Delivered at the ASA Conference held in Zürich on 2 February 1996".

85 Zum sog. Meistbegünstigungsprinzip nach Art. VII (1) NYÜ siehe unten S. 516.

86 Bülow/Böckstiegel/Geimer/Schütze - Bredow, Band II, 714·1 f.; Stumpf/Steinberger, in: RIW 1990, S. 174 (175 f.).

1. *Inländische Schiedssprüche*

Das New Yorker Übereinkommen regelt nur die Anerkennung und Vollstreckung ausländischer, nicht aber auch inländischer Schiedssprüche. Im deutschen Recht richtet sich die Anerkennung inländischer Schiedssprüche vielmehr nach § 1060 (1) ZPO. Obwohl ein Schiedsspruch unter den Parteien die Wirkungen eines rechtskräftigen gerichtlichen Urteils hat[87], ist danach Voraussetzung für die Zwangsvollstreckung, daß der Schiedsspruch durch ein staatliches Gericht für vollstreckbar erklärt wird. Eine Anerkennung inländischer Schiedssprüche ist hingegen nicht vorgesehen.[88] Nach § 1060 (2) ZPO ist der Antrag auf Vollstreckbarkerklärung abzulehnen, wenn einer der – oben dargestellten[89] – Aufhebungsgründe des § 1059 (2) ZPO vorliegt.[90] Das Verfahren für die Vollstreckbarerklärung richtet sich nach den §§ 1062 ff. ZPO.[91]

2. *Ausländische Schiedssprüche*

a. *New Yorker Übereinkommen vom 10. Juni 1958*

Das New Yorker Übereinkommen regelt die Anerkennung und Vollstreckung ausländischer[92] Schiedssprüche grundsätzlich[93] unabhängig davon, ob der Schiedsspruch in einem

---

87 § 1055 ZPO.

88 Hingegen sieht Art. 35 UNCITRAL MG sowohl für inländische als auch für ausländische Schiedssprüche die Anerkennung und Vollstreckbarerklärung vor. Dagegen ist nach niederländischem Recht (§ 1062 f. NZPO) ebenfalls keine Anerkennung vorgesehen, während inländische Schiedssprüche in der Schweiz weder der Anerkennung noch der Vollstreckbarerklärung bedürfen; vgl. Berger, Wirtschaftsschiedsgerichtsbarkeit, S. 516 ff. zu Einzelheiten der Vollstreckung inländischer Schiedssprüche in den Niederlanden, der Schweiz und nach dem UNCITRAL MG.

89 Siehe S. 489 ff.

90 Im Rahmen der Vollstreckbarerklärung ist eine mögliche Präklusion der Aufhebungsgründe zu beachten. So sind gemäß § 1060 (2) ZPO Aufhebungsgründe nicht zu berücksichtigen, soweit im Zeitpunkt der Zustellung des Antrags auf Vollstreckbarerklärung ein auf sie gestützter Aufhebungsantrag rechtskräftig abgewiesen worden ist. Des weiteren sind die in § 1059 (2) Nr. 1 ZPO genannten Aufhebungsgründe, für die kennzeichnend ist, daß sie nicht von Amts wegen berücksichtigt werden, auch dann nicht zu berücksichtigen, wenn die Drei-Monats-Frist des § 1059 (3) ZPO abgelaufen ist, ohne daß der Antragsgegner einen Aufhebungsantrag gestellt hat.

91 Siehe hierzu oben S. 489, Fn. 153.

92 Das NYÜ ist nach seinem Art. I (1) nur auf ausländische Schiedssprüche anwendbar. Hinsichtlich der Frage, wann ein ausländischer Schiedsspruch vorliegt, bestimmt die Vorschrift, daß dies der Fall ist, wenn er in dem Hoheitsgebiet eines anderen Staates als desjenigen ergangen ist, in dem die Anerkennung und Vollstreckung begehrt wird. Nach Art. I (1) S. 2 NYÜ ist das Übereinkommen darüber hinaus auch auf solche Schiedssprüche anzuwenden, die in dem Staat, in dem ihre Anerkennung und Vollstreckung nachgesucht wird, nicht als inländische anzusehen sind. Mit dieser Doppelanknüpfung trägt Art. I (1) NYÜ sowohl der Sitztheorie als auch der verfahrensrechtlichen Theorie Rechnung, vgl. im einzelnen Bülow/Böckstiegel/Geimer/Schütze - Bredow, Band II, 714·7.

Vertragsstaat des New Yorker Übereinkommens erlassen worden ist oder nicht. Die Verpflichtung zur Anerkennung und Vollstreckbarerklärung ergibt sich aus Art. III S. 1 NYÜ. Danach erkennt jeder Vertragsstaat Schiedssprüche als wirksam an und läßt sie nach seinen Verfahrensvorschriften[94] zur Vollstreckung zu, wenn der Schiedsspruch in den Geltungsbereich des Übereinkommens fällt, keine Anerkennungsversagungsgründe vorliegen und bestimmte verfahrensmäßige Voraussetzungen erfüllt sind.

Liegt gemäß Art. IV NYÜ ein Antrag auf Anerkennung und Vollstreckung vor, dem die notwendigen Dokumente beigefügt sind, und fällt der Schiedsspruch in den Anwendungsbereich des New Yorker Übereinkommens, so darf seine Anerkennung und Vollstreckung nur aus den in Art. V NYÜ abschließend aufgezählten Gründen versagt werden. An die Regelung des Art. V NYÜ ist der – vorstehend im Rahmen der Aufhebung von Schiedssprüchen behandelte – § 1059 ZPO im wesentlichen angelehnt.[95] Insoweit kann daher auf die dortige Darstellung[96] verwiesen werden. Auch das NYÜ unterscheidet zwischen Versagungsgründen, die einredeweise geltend zu machen sind (Art. V (1) NYÜ), und solchen, die von Amts wegen berücksichtigt werden müssen (Art. V (2) NYÜ). Nach Art. V (1) NYÜ kann die Anerkennung und Vollstreckung versagt werden, wenn die die Versagung begehrende Partei den Beweis erbringt,

a) daß einer Partei nach dem für sie maßgeblichen Recht[97] die subjektive Schiedsfähigkeit fehlt oder die Schiedsvereinbarung ungültig ist. Die Gültigkeit der Schiedsvereinbarung richtet sich dabei nach dem Recht, dem die Parteien die Schiedsvereinba-

---

93 Nach Art. I (3) NYÜ kann jeder Vertragsstaat einen Gegenseitigkeitsvorbehalt erklären, d.h., das Übereinkommen nur auf solche Schiedssprüche anzuwenden, die in dem Hoheitsgebiet eines anderen Vertragsstaats ergangen sind. Die Bundesrepublik hatte von dieser Möglichkeit Gebrauch gemacht (vgl. BGBl. 1962, Teil II, S. 102). Für Schiedssprüche aus Nichtvertragsstaaten richtete sich die Anerkennung und Vollstreckung nach bisherigem Recht nach § 1044 ZPO a.F. Seit Inkrafttreten des neuen 10. Buchs der ZPO unterfallen nunmehr alle Schiedssprüche diesem Übereinkommen, so daß es einer besonderen Rechtsgrundlage für die Anerkennung und Vollstreckung von Schiedssprüchen, die nicht in einem Mitgliedstaat des NYÜ ergangen sind, nicht mehr bedarf; vgl. auch Schlosser, in: RIW 1994, S. 723 (726).

94 Art. IV NYÜ bestimmt insoweit lediglich, daß der Antragsteller den Schiedsspruch und den Schiedsvertrag in Urschrift oder Abschrift vorlegen muß. Nach Art. IV NYÜ muß der Schiedsspruch legalisiert (beglaubigt), Abschriften müssen beglaubigt sein. Die Legalisieriung oder Beglaubigung der Urschrift des Schiedsspruchs ist die Bestätigung der Unterschrift als die Unterschrift der Schiedsrichter. Die Beglaubigung der Abschrift ist die Bestätigung, daß der Inhalt der Abschrift mit dem Original übereinstimmt, Bülow/Böckstiegel/Geimer/Schütze - Bredow, Band II, 714·21; Schwab/Walter, Schiedsgerichtsbarkeit, S. 508. Das Verfahren für die Anerkennung und Vollstreckbarerklärung ausländischer Schiedssprüche richtet sich in Deutschland, wie das Verfahren für die Vollstreckbarerklärung inländischer Schiedssprüche, nach den §§ 1062 ff. ZPO.

95 § 1059 ZPO basiert auf Art. 34 UNCITRAL MG, der seinerseits im wesentlichen Art. V NYÜ entspricht.

96 Siehe oben S. 489 ff.

97 Im Unterschied zu Art. V (1) (a) NYÜ enthält Art. 34 (2) (a) (i) UNCITRAL MG keinen Hinweis auf das „persönlich maßgebende" Recht, während § 1059 (2) Nr. 2 (a) ZPO diese „halbe Kollisionsregel" (Hußlein-Stich, MG, S. 178) für das deutsche Recht übernommen hat.

rung unterstellt haben und mangels Parteivereinbarung nach dem am Ort des Schiedsverfahrens geltenden Recht;

b) daß ihr Anspruch auf rechtliches Gehör verletzt worden ist, weil sie von der Bestellung des Schiedsrichters oder vom Schiedsverfahren nicht gehörig in Kenntnis gesetzt worden ist oder weil sie aus einem anderen Grund ihre Angriffs- und Verteidigungsmittel nicht hat geltend machen können;

c) daß der Schiedsspruch eine Streitigkeit betrifft, die in der Schiedsabrede nicht erwähnt ist oder nicht unter die Bestimmungen der Schiedsklausel fällt, oder daß er Entscheidungen enthält, die die Grenzen der Schiedsabrede oder der Schiedsklausel überschreiten;

d) daß die Bildung des Schiedsgerichts oder das schiedsrichterliche Verfahren der Vereinbarung der Parteien, mangels einer Parteivereinbarung dem Recht am Ort des Schiedsverfahrens, nicht entsprochen hat;

e) daß der Schiedsspruch für die Parteien noch nicht verbindlich geworden ist oder daß er von einer zuständigen Behörde des Landes, in dem oder nach dessen Recht er ergangen ist (das heißt, in der Regel von den Gerichten am Ort des Schiedsverfahrens), aufgehoben[98] oder in seinen Wirkungen einstweilen gehemmt[99] ist.

Für die Verbindlichkeit des Schiedsspruchs im Sinne des Art. V (1) (e) NYÜ ist es nicht erforderlich, daß er von den Gerichten am Ort des Schiedsverfahrens für vollstreckbar erklärt worden ist.[100] Umstritten ist indes, wie der Zeitpunkt der Verbindlichkeit des Schiedsspruchs zu bestimmen ist. Nach einer Ansicht richtet sich diese Frage nach dem auf das Schiedsverfahren anwendbaren Verfahrensrecht[101], da es den einzelnen Rechtsordnungen überlassen bleiben müsse, das Institut des Schiedsspruchs in seinen Wirksamkeitsvoraussetzungen zu regeln. Danach ist der Schiedsspruch verbindlich, wenn nach dem anwendbaren nationalen Recht die Möglichkeit besteht, ihn für vollstreckbar zu erklären. Die Gegenansicht legt den Begriff der Verbindlichkeit hingegen autonom aus.[102] Für diese Ansicht spricht die andernfalls bestehende Gefahr, daß die grenzüberschreitende

98 Zur Anerkennung und Vollstreckbarerklärung eines Schiedsspruchs, der nach der in Rechtsordnungen des common law geltenden „doctrine of merger" seine selbständige Existenz verliert, wenn er durch ein staatliches Gericht für vollstreckbar erklärt worden ist, Schlosser, Schiedsgerichtsbarkeit, Rn. 788; Schwab/Walter, Schiedsgerichtsbarkeit, S. 502 f.

99 Siehe hierzu Schwab/Walter, Schiedsgerichtsbarkeit, S. 500.

100 BGH ZIP 1988, S. 943 (944 f.). Nach dem Willen der Verfasser des NYÜ sollte dieses im Rahmen des Genfer Abkommens von 1927 noch erforderliche umständliche Verfahren des Doppelexequatur im Rahmen des NYÜ aufgegeben werden, van den Berg, New York Convention, S. 337 m.w.N.; Schwab/Walter, Schiedsgerichtsbarkeit, S. 499; zur Frage des Doppelexequatur eingehend Borges, Doppelexequatur.

101 Schweizer Bundesgericht BGE 108 I b, S. 85 (87 ff.); Schwab/Walter, Schiedsgerichtsbarkeit, S. 499; Walter, in: KTS 1983, S. 664 (666); grds. auch Schlosser, Schiedsgerichtsbarkeit, Rn. 787; siehe auch die Nachweise zur Rechtsprechung bei van den Berg, New York Convention, S. 339 ff.

102 BGH RIW 1984, S. 644 (645); RIW 1990, S. 493 (494); van den Berg, New York Convention, S. 341 ff. m.w.N. zur ausländischen Rechtsprechung S. 343 ff.; Bülow/Böckstiegel/Geimer/Schütze - Bredow, Band II, 714·31; Paulsson, in: RdA 1980, S. 441 (480 ff.); Sanders, in: Int. Lawyer 1979, S. 269 (275).

Vollstreckung eines Schiedsspruchs doch wieder von einem *Doppelexequatur* abhängig gemacht werden kann, wenn der Heimatstaat des Schiedsspruchs dessen Verbindlichkeit an das *Exequatur* knüpft. Verbindlich ist ein Schiedsspruch daher nach dieser Ansicht nur, wenn er in der Sache weder von einem staatlichen Gericht noch einem weiteren Schiedsgericht überprüft bzw. geändert werden kann. Auf die Vollstreckbarkeit oder Aufhebbarkeit des Schiedsspruchs nach dem anwendbaren nationalen Recht kommt es nicht an. Für diese Ansicht spricht auch, daß die Möglichkeit der Aussetzung der Vollstreckung nach Art. VI NYÜ[103] besteht, wenn bei der zuständigen Stelle die Aufhebung des Schiedsspruchs beantragt worden ist.

Zu unterschiedlichen Ergebnissen gelangen beide Ansichten, wenn das anwendbare Recht die Wirkungen des Schiedsspruchs für den Fall suspendiert, daß eine Aufhebungsklage erhoben oder ein ihr entsprechender Rechtsbehelf eingelegt wird. Im Rahmen der Modernisierung der wichtigsten Schiedsgerichtsgesetze wurde auf derartige Regelungen aber verzichtet; an ihrer Stelle wurden vielmehr eigenständige, außerordentliche Rechtsbehelfe im Sinne der Aufhebungsklage nach deutschem Recht bzw. Art. 34 UNCITRAL MG geschaffen, deren bloße Einlegung an der Verbindlichkeit des Schiedsspruchs nichts ändert. In der Praxis kommen daher beide Ansichten fast immer zum gleichen Ergebnis.[104]

Neben den in Art. V (1) NYÜ genannten Gründen für die Versagung der Anerkennung und Vollstreckung, die der Beklagte vorzutragen und zu beweisen hat, enthält Art. V (2) NYÜ zwei von Amts wegen zu berücksichtigende Versagungsgründe. Danach kann der Schiedsspruch aufgehoben werden, wenn

a) der Streitgegenstand nach dem Recht des Landes, in dem die Anerkennung und Vollstreckung begehrt wird, nicht objektiv schiedsfähig ist;
b) die Anerkennung und Vollstreckung des Schiedsspruchs der öffentlichen Ordnung dieses Landes widersprechen würde.

Liegt keiner der genannten Aufhebungsgründe vor, so wird der Schiedsspruch anerkannt und für vollstreckbar erklärt und können auf dieser Grundlage die zur Durchsetzung der Entscheidung erforderlichen Vollstreckungsmaßnahmen eingeleitet werden.

b. Meistbegünstigungsprinzip

Nach Art. VII (1) NYÜ gilt das sog. Meistbegünstigungsprinzip. Danach steht es der die Vollstreckung begehrenden Partei[105] frei, ihren Antrag auf Anerkennung und Vollstreckbarerklärung alternativ zum New Yorker Übereinkommen auf innerstaatliches Recht oder Verträge des Landes, in dem er geltend gemacht wird, zu stützen, wenn diese geringere Anforderungen an die Anerkennung und Vollstreckung stellen als das New Yorker Übereinkommen. Relevant werden kann dies insbesondere im Hinblick auf die vergleichsweise

---

103 Zu Art. VI NYÜ Stein-Jonas - Schlosser, ZPO 7/II, Anhang zu § 1044, Rn. 87; Bülow/Böckstiegel/Geimer/Schütze - Bredow, Band II, 714·35 ff.

104 Schlosser, Schiedsgerichtsbarkeit, Rn. 786 f.

105 Art. VII (1) NYÜ spricht allgemein von den Parteien. Aus dem Charakter der Vorschrift als Meistbegünstigungsklausel folgt aber, daß die Vorschrift nur für die die Vollstreckung begehrende Partei bedeutsam ist, Bülow/Böckstiegel/Geimer/Schütze - Bredow, Band II, 714·38 f.

strengen Anforderungen an die Schriftform der Schiedsvereinbarung in Art. II NYÜ. Enthalten das nationale Recht oder die entsprechenden Verträge des Landes insoweit weniger strenge Anforderungen[106], so kann hiernach eine Anerkennung und Vollstreckung möglich sein, während sie nach dem New Yorker Übereinkommen ausgeschlossen ist.[107] Im Hinblick auf die Anerkennung und Vollstreckbarerklärung von ausländischen Schiedssprüchen in Deutschland ist in diesem Zusammenhang auf das Europäisches Übereinkommen über die internationale Handelsschiedsgerichtsbarkeit vom 21. April 1961 (EuÜ)[108] und die von der Bundesrepublik geschlossenen bilateralen Verträge[109] hinzuweisen.

D. Zusammenfassung

In den verschiedenen Bereichen der internationalen Streiterledigung in Wirtschaftssachen werden verbindliche Entscheidungen in der Praxis sehr häufig freiwillig befolgt. Ist die unterlegene Partei hierzu indes nicht bereit, so hängt die Effektivität eines Streiterledigungsverfahrens davon ab, ob und wie eine Entscheidung gegen ihren Willen durchgesetzt werden kann. Während bei der Durchsetzung gegen natürliche oder juristische Personen ein Rückgriff auf den im innerstaatlichen Recht bestehenden Vollstreckungsapparat möglich ist, wird die Durchsetzung von Entscheidungen gegen einen unterlegenen Staat dadurch erschwert, daß mangels eines Über-/Unterordnungsverhältnisses im Völkerrecht ein solcher Apparat nicht zur Verfügung steht.

Dementsprechend verpflichten sich die Vertragsstaaten des Seerechtsübereinkommens zwar im Falle der Untwerfung unter die Zuständigkeit des Internationalen Seegerichtshofs, dessen Urteile zu befolgen – eine zwangsweise Durchsetzung seiner Entscheidungen gegen den Willen der unterlegenen Partei ist indes nicht vorgesehen. Der obsiegende Staat hat insoweit nur die Möglichkeit, unter Beachtung des Gewaltverbots auf sein Selbsthilferecht zurückzugreifen. Etwas anderes gilt nur für Entscheidungen der Kammer für Meeresbodenstreitigkeiten, die gegen natürliche oder juristische Personen ergehen. Nach Art. 39 ISGH-Statut sind diese Entscheidungen der Kammer ebenso vollstreckbar wie Urteile oder Verfügungen des höchsten Gerichts des Vertragsstaates, in dessen Hoheitsgebiet die Vollstreckung angestrebt wird.

Im Rahmen der WTO-Streiterledigung ist ein – verfahrensinternes – dreistufiges Verfahren vorgesehen, um angenommene Berichte eines Panels bzw. des Rechtsmittel-

---

106 Zur Anerkennung und Vollstreckung ausländischer Schiedssprüche – die am Ort des Schiedsverfahrens durch die staatlichen Gerichte aufgehoben worden sind – in Frankreich und den USA mit der Begründung, daß im nationalen Recht des Anerkennungs- und Vollstreckungsstaates eine Art. V (1) (e) NYÜ entsprechende Regelung fehlt, Schwartz, in: J. Int. Arb. 1997, Nr. 2, S. 125 ff. m.w.N.; Fouchard, in: RdA 1997, S. 329 ff.; Gaillard, in: ICSID Rev. – FILJ 1999, S. 16 ff.; Lastenouse, in: J. Int. Arb. 1999, Nr. 2, S. 23 ff.; Weinacht, in: ZvglRWiss 1999, S. 139 ff.

107 Bülow/Böckstiegel/Geimer/Schütze - Bredow, Band II, 714·38.

108 BGBl. 1964, Teil II, S. 426.

109 Diese sind zusammengestellt bei Bülow/Böckstiegel/Geimer/Schütze, Band II, 736 ff.; Schwab/Walter, Schiedsgerichtsbarkeit, S. 512 ff.

gremiums durchzusetzen. Dabei gilt auch hier, daß der unterlegene Staat nicht direkt zur Umsetzung der Empfehlungen und Entscheidungen gezwungen werden kann, sondern lediglich mittelbar, indem Druck auf ihn ausgeübt wird. Auf der ersten der drei Stufen wird zunächst durch den DSB die Umsetzung der Empfehlungen und Entscheidungen überwacht. Erfolgt die Umsetzung nicht innerhalb einer – gegebenenfalls von einem Schiedsgericht festzulegenden – angemessenen Frist, so besteht auf der zweiten Stufe die Möglichkeit, daß die Parteien des Panelverfahrens einvernehmlich eine Entschädigung seitens der Partei festlegen, die zur Umsetzung nicht in der Lage ist. Kommt zwischen den Parteien keine Einigung über die Entschädigung zustande, so kann die andere Partei als dritte Stufe bei dem DSB beantragen, die Anwendung von Zugeständnissen oder sonstigen Pflichten aus den unter das DSU fallenden Übereinkommen gegenüber dem betreffenden Mitglied – vorübergehend – auszusetzen. Auch hier gilt das umgekehrte Konsensprinzip, das heißt, der DSB erteilt die Genehmigung hierzu, sofern er nicht durch Konsens beschließt, den Antrag abzulehnen.

Dem aufgrund der „quasi-automatischen" Annahme des Antrags bestehenden Rechtsschutzbedürfnis der von der Aussetzung betroffenen Partei wird dadurch Rechnung getragen, daß sie Einspruch gegen die beantragte Maßnahme einlegen kann. Dieser kann sich auf den vorgeschlagenen Umfang der auszusetzenden Zugeständnisse beziehen oder darauf, daß die für die Aussetzung geltenden Grundsätze und Verfahren nicht beachtet wurden. Über den Einspruch entscheidet ein hierfür eingesetztes Schiedsgericht.

Insgesamt stellt das DSU mit diesen Regelungen einen detaillierten Mechanismus für die Durchsetzung angenommener Berichte eines Panels bzw. des Rechtsmittelgremiums bereit. Seine Effektivität hängt allerdings davon ab, daß die Partei, welche die Durchsetzung der Entscheidung oder Empfehlung begehrt, der anderen Partei wirtschaftlich zumindest gleichwertig ist, da eine wirtschaftliche schwächere Partei kaum die Möglichkeit hat, auf die andere Partei den erforderlichen Druck auszuüben.

Im Rahmen eines ICSID-Schiedsverfahrens erfolgt die Durchsetzung – im Gegensatz zu der Überprüfung des Schiedsspruchs im Rahmen des Aufhebungsverfahrens nach Art. 52 ICSID-Übk – nicht verfahrensintern, sondern im Wege der Vollstreckung durch die Gerichte des Staates, in dem die Vollstreckung begehrt wird. Nach Art. 54 ICSID-Übk ist dabei jeder Mitgliedstaat des ICSID-Übereinkommens verpflichtet, jeden im Rahmen des Übereinkommens erlassenen Schiedsspruch als bindend anzuerkennen und für die Vollstreckung der darin auferlegten finanziellen Verpflichtungen zu sorgen, als handele es sich um ein rechtskräftiges Urteil eines seiner innerstaatlichen Gerichte. Diese Verpflichtung besteht unabhängig davon, ob die Vollstreckung gegen die private oder gegen die staatliche Partei des Schiedsverfahrens begehrt wird; für Schiedssprüche gegen den Investor und den Investitionsstaat gelten insoweit also die gleichen Grundsätze.

Soweit es allerdings um die Einleitung von Vollstreckungs*maßnahmen* gegen die staatliche Partei geht, ist Art. 55 ICSID-Übk zu beachten. Nach dieser Vorschrift richtet sich die Frage, ob der von der Vollstreckungsmaßnahme betroffene Staat sich auf seine Vollstreckungsimmunität berufen kann, nach dem nationalen Recht des Staates, in dem die Vollstreckung begehrt wird. Auch wenn sich in den meisten Staaten zumindest hinsichtlich der Jurisdiktionsimmunität die Doktrin der restriktiven Immunität durchgesetzt hat, neigen die Gerichte zahlreicher Staaten doch dazu, auch weiterhin von der Doktrin absoluter Immunität auszugehen, wenn es um die Vollstreckung von Entscheidungen gegen einen Staat geht.

Hinsichtlich dieses letzten Verfahrensschrittes wird das grundsätzlich bestehende Gleichgewicht zwischen den Parteien also zugunsten der staatlichen Partei eines ICSID-Schiedsverfahrens durchbrochen. Dieses Problem stellt sich allerdings nicht nur in einem ICSID-Schiedsverfahren, sondern auch in anderen gemischten Schiedsverfahren zwischen Staaten und Privatpersonen. Auch dort hat die staatliche Partei in gleichem Maße die Möglichkeit, sich auf ihre Vollstreckungsimmunität zu berufen. Festzuhalten ist, daß die Bestimmungen des ICSID-Übereinkommens insgesamt die am weitesten gehende Regelung über die Anerkennung und Vollstreckung enthalten, die bisher international für Schiedssprüche vereinbart worden ist, zumal eine inhaltliche Kontrolle durch die staatlichen Gerichte ausgeschlossen ist.

Die Anerkennung und Vollstreckung eines WIPO-Schiedsspruchs richtet sich nach dem Recht des Staates, in dem diese begehrt werden. In insgesamt 110 Staaten – so auch in Deutschland – ist insoweit vorrangig das *New Yorker Übereinkommen vom 10. Juni 1958 über die Anerkennung und Vollstreckung ausländischer Schiedssprüche* (NYÜ) maßgeblich. Es gewährleistet die Anerkennung und Vollstreckung von Schiedssprüchen in allen Vertragsstaaten und beschränkt die Möglichkeit, einen Schiedsspruch anzugreifen, auf wenige grundlegende Einwände. Ähnlich wie bei der Überprüfung eines Schiedsspruchs durch die Gerichte am Ort des Schiedsverfahrens im Rahmen des Aufhebungsverfahrens nach Art. 1059 ZPO bzw. Art. 34 UNCITRAL MG ist die Kontrolle vorrangig darauf beschränkt sicherzustellen, daß die prozessualen Rechte der Parteien gewahrt worden sind. Eine inhaltliche Überprüfung findet nur dahingehend statt, ob der Inhalt des Schiedsspruchs gegen den *ordre public* verstößt. Das *New Yorker Übereinkommen* stellt damit gleichfalls einen effektiven Mechanismus zur Durchsetzung von Schiedssprüchen zur Verfügung.

Abschließende Betrachtung

Im Rahmen der vorliegenden Arbeit wurden vier „neue“ kontradiktorische, zu einem verbindlichen Ergebnis führende Verfahren der internationalen Streiterledigung in Wirtschaftssachen untersucht und miteinander verglichen, die zur Beilegung von Streitigkeiten in unterschiedlichen Bereichen des internationalen Wirtschaftsverkehrs geschaffen worden sind. Es handelt sich hierbei um das Verfahren vor dem Internationalen Seegerichtshof, das WTO-Panelverfahren sowie das ICSID- und das WIPO-Schiedsverfahren. Während die beiden erstgenannten Verfahren die zwischenstaatliche Streiterledigung betreffen, ist das WIPO-Schiedsverfahren auf die Beilegung von Streitigkeiten zwischen privaten Rechtssubjekten zugeschnitten. Für ICSID-Schiedsverfahren ist hingegen kennzeichnend, daß es sich um ein gemischtes Verfahren, das heißt, um ein Verfahren zwischen einem Staat auf der einen und einem privaten Rechtssubjekt auf der anderen Seite, handelt. Aufgrund ihrer Aktualität bilden diese Verfahren eine geeignete Grundlage für eine Bestandsaufnahme über die gegenwärtigen Auffassungen und Überzeugungen hinsichtlich der Streiterledigung in den unterschiedlichen Bereichen des internationalen Wirtschaftsverkehrs.

Eines der Ziele der Arbeit war es, zu untersuchen, inwieweit diese Verfahren Gemeinsamkeiten aufweisen und ob es aufgrund bestehender Gemeinsamkeiten gerechtfertigt ist, im Bereich des internationalen Wirtschaftsverkehrs die zwischenstaatliche, die gemischte und die private Streiterledigung einheitlich zu betrachten. Die zentrale Frage war dabei, ob verallgemeinernde Schlußfolgerungen für die verbindliche Streiterledigung in internationalen Wirtschaftssachen insgesamt gezogen und gegebenenfalls für einzelne Verfahrensfragen gefundene Lösungen auch auf aus anderen Bereichen stammende Verfahren übertragen werden können, oder ob die Unterschiede zwischen den Verfahren – insbesondere aufgrund der Beteiligung unterschiedlicher Akteure – doch so groß sind, daß dies als ausgeschlossen erscheint.

Die vorliegende Arbeit zeigt, daß bei der Beantwortung dieser Frage zwischen den verschiedenen Phasen eines Streiterledigungsverfahrens zu differenzieren ist. Die Notwendigkeit hierzu ergibt sich daraus, daß als Folge der Doktrin staatlicher Souveränität den Staaten als souveränen Rechtssubjekten gegenüber den privaten Rechtssubjekten eine Sonderstellung zukommt. Dies betrifft namentlich die Unterwerfung unter ein verbindliches Streiterledigungsverfahren einerseits und die Durchsetzung der Entscheidung andererseits, weniger dagegen den eigentlichen Verfahrensablauf.

In Bezug auf die Unterwerfung unter ein Streiterledigungsverfahren gilt, daß ein Verfahren, sei es gegenüber einem anderen Staat oder gegenüber einem privaten Rechtssubjekt, nicht gegen den Willen des jeweiligen Staates eingeleitet und durchgeführt werden kann, da Staaten aufgrund ihrer Souveränität grundsätzlich keinerlei Gerichtsbarkeit unterworfen sind und somit nicht zu der Teilnahme an einem Verfahren gezwungen werden können. Allerdings kann ein Staat sich freiwillig einem Streiterledigungsverfahren unterwerfen. Eine einmal verbindlich abgegebene Erklärung in diesem Sinne hat zur Folge, daß der Staat sich dem Verfahren anschließend nicht mehr entziehen kann.

Dabei sind unterschiedliche Formen der Unterwerfung möglich. Neben einer Unterwerfung in Bezug auf eine konkrete Streitigkeit kann sie etwa in Form eines Beitritts zu einem völkerrechtlichen Übereinkommen, das ein verbindliches Streiterledigungsverfahren vorsieht, erfolgen. Dementsprechend unterwerfen sich die Mitgliedstaaten des Seerechtsübereinkommens – vorbehaltlich der in Art. 297 f. SRÜ normierten, weitreichenden Ausnahmen – den dort vorgesehenen obligatorischen und zu einem verbindlichen Ergebnis führenden Verfahren, während sich die Mitgliedstaaten der World Trade Organization mit ihrem Beitritt grundsätzlich dem WTO-Panelverfahren unterwerfen. Demgegenüber bedarf es für die Unterwerfung unter die ICSID-Schiedsgerichtsbarkeit neben dem Beitritt zum ICSID-Übereinkommen noch einer gesonderten Unterwerfungserklärung des Staates, die zumeist im Rahmen eines Investitionsvertrages mit einem ausländischen Investor erfolgt.

Zwar gilt auch hinsichtlich der Unterwerfung privater Rechtssubjekte unter ein ICSID- oder ein WIPO-Schiedsverfahren, daß dessen Durchführung nur auf der Grundlage einer Parteivereinbarung erfolgen kann. Fehlt es indes an einer solchen Vereinbarung, so ist eine natürliche oder juristische Person – im Gegensatz zu einem souveränen Rechtssubjekt – nicht frei von jeder Gerichtsbarkeit. Vielmehr unterliegt sie der Gerichtsbarkeit der staatlichen Gerichte.

Insoweit besteht also zwischen souveränen und privaten Rechtssubjekten im Falle der Nichtunterwerfung unter ein verbindliches Streiterledigungsverfahren ein erheblicher Unterschied. Für beide gilt jedoch gleichermaßen, daß eine einmal in verbindlicher Form erfolgte Unterwerfung unter ein Streiterledigungsverfahren Bindungswirkung entfaltet, mit der Folge, daß sie sich dem Verfahren nicht mehr einseitig entziehen können.

Hinsichtlich der Einleitung und des Ablaufs der behandelten Streiterledigungsverfahren hat die vorliegende Arbeit gezeigt, daß zwischen den Verfahren dem Grunde nach weitgehende Gemeinsamkeiten bestehen, mögen sie auch in der Ausgestaltung von einzelnen Aspekten nicht unerhebliche Unterschiede aufweisen. So gibt es bei der Konstituierung wesentliche Unterschiede zwischen dem Internationalen Seegerichtshof und der Kammer für Meeresbodenstreitigkeiten als ständigen Spruchkörpern einerseits und einem zur Entscheidung eines Einzelfalls eingerichteten Panel oder Schiedsgericht andererseits. Dies beruht darauf, daß bei der Konstituierung der ersteren die Interessen aller Vertragsstaaten des Seerechtsübereinkommens zu berücksichtigen sind und demzufolge die Parteien einer konkreten Streitigkeit einen geringen Einfluß auf die Zusammensetzung haben. Der Einfluß ist hier beschränkt auf die Benennung eines *Ad-hoc*-Richters bzw. auf die Vereinbarung der Zuständigkeit einer *Ad-hoc*-Kammer, deren Zusammensetzung vom Seegerichtshof mit Zustimmung der Parteien festgelegt wird. Demgegenüber wird den Vorstellungen der Streitparteien bei der Konstituierung eines Panels oder Schiedsgerichts in weitestem Umfang Rechnung getragen.

Unterschiede ergeben sich auch zwischen einem ICSID- und einem WIPO-Schiedsverfahren auf der einen Seite und dem Verfahren vor dem Internationalen Seegerichtshof und einem WTO-Panelverfahren auf der anderen Seite daraus, daß es sich bei erstgenannten um Streiterledigungsverfahren handelt, die für bestimmte Bereiche des internationalen Wirtschaftsrechts unabhängig von materiellrechtlichen Regelungen bereit-gestellt werden. Demgegenüber sind die beiden anderen Verfahren im Zusammenhang mit der Schaffung des Seerechtsübereinkommens bzw. der World Trade Organization zu sehen; sie haben die Funktion, Streitigkeiten über materiellrechtliche Vorschriften dieser völkerrechtlichen Übereinkommen beizulegen.

Da auch andere Vertragsstaaten dieser Übereinkommen ein besonderes Interesse an der Streitigkeit haben können, bestehen für Verfahren vor dem Seegerichtshof und einem WTO-Panelverfahren für Dritte weitergehende Beteiligungsrechte als in den anderen beiden Verfahren. Außerdem ergibt sich ein Unterschied hinsichtlich des anwendbaren Rechts. Während der Seegerichtshof bzw. ein WTO-Panel vorrangig die jeweiligen Übereinkommen anwenden, enthalten das ICSID-Übereinkommen und die WIPO-Schiedsordnung lediglich eine Kollisionsnorm, mittels derer das anwendbare materielle Recht bestimmt wird.

Im übrigen weist das WTO-Panelverfahren zahlreiche Eigenheiten auf, die ihren Ursprung darin haben, daß dieses Verfahren sich aus dem GATT-Panelverfahren entwickelt hat und das eigentliche Verfahren vor dem Panel in ein Rahmenverfahren vor dem Dispute Settlement Body (DSB) der WTO eingebettet ist. Die Eigenheiten zeigen sich etwa bei der Einleitung des Verfahrens, der Durchführung eines Zwischenprüfungsverfahrens und bei der Annahme des Panelberichts durch den DSB. Daneben ist eine Besonderheit der WTO-Streiterledigung die Möglichkeit der Durchführung eines Rechtsmittelverfahrens, innerhalb dessen ein Panelbericht auf Antrag einer Partei durch das ständige Rechtsmittelgremium einer umfassenden rechtlichen Kontrolle und Überprüfung unterzogen wird. Das Rechtsmittelgremium hat dabei die Möglichkeit, den Panelbericht zu bestätigen, aufzuheben oder auch abzuändern und somit auf der Grundlage der tatsächlichen Feststellungen des Panels eigene Schlußfolgerungen zu treffen.

Eine derart weitgehende Überprüfung einer Entscheidung durch einen anderen Spruchkörper ist in keinem anderen der untersuchten Verfahren vorgesehen. Während für Urteile des Seegerichtshofs und der Kammer für Meeresbodenstreitigkeiten keine Kontrolle durch einen anderen Spruchkörper besteht, kann ein ICSID-Schiedsspruch durch ein hierfür einzurichtendes *Ad-hoc*-Komitee überprüft werden. Dabei findet aber nur eine beschränkte Kontrolle des Schiedsspruchs statt; es wird lediglich überprüft, ob die grundlegenden Rechte der Parteien während des Verfahrens beachtet worden sind.

Eine vergleichbare Kontrolle eines WIPO-Schiedsspruchs erfolgt in der Regel gemäß dem am Ort des Schiedsverfahrens geltenden nationalen Recht durch die dortigen staatlichen Gerichte. Die Kontrolle durch die staatlichen Gerichte ist Folge eines wesentlichen Unterschiedes eines privaten WIPO-Schiedsverfahrens gegenüber den anderen untersuchten Verfahren. Als privates Streiterledigungsverfahren „erdet“ ersteres in einer nationalen Rechtsordnung, und zwar nach der Sitztheorie in derjenigen am Ort des Schiedsverfahrens. Das dort geltende zwingende Recht findet im Rahmen des Schiedsverfahrens ergänzend Anwendung; außerdem unterliegen das Schiedsgericht und der Schiedsspruch in engen Grenzen der Kontrolle durch die dortigen staatlichen Gerichte.

Demgegenüber finden die übrigen Verfahren auf der Grundlage eines völkerrechtlichen Vertrages statt und sind autonom gegenüber jedem staatlichen Recht und der staatlichen Gerichtsbarkeit. Dies gilt auch für das ICSID-Schiedsverfahren; die staatlichen Gerichte haben dort lediglich die Funktion, für die Vollstreckung des Schiedsspruchs Sorge zu tragen, ohne daß ihnen etwa eine Kontrollbefugnis zusteht.

Abgesehen von den beschriebenen Unterschieden und Besonderheiten weisen die Verfahren in ihrem Ablauf sehr weit gehende Übereinstimmungen auf. Diese betreffen ihre Struktur, wie auch die Ausgestaltung einzelner Verfahrensfragen. Die Übereinstimmungen sind dabei nicht zuletzt Folge der Tatsache, daß für alle Verfahren – unabhängig von den beteiligten Akteuren – übereinstimmende prozessuale Grundregeln bestehen, deren Beachtung in allen Bereichen der internationalen Streiterledigung als unverzichtbar angesehen wird. Es handelt sich hierbei um die „Verfahrensgrundrechte" des Anspruchs auf rechtliches Gehör und auf Gleichbehandlung der Parteien. Diese Grundsätze gelten für den Ablauf des Verfahrens gleichermaßen in zwischenstaatlichen, gemischten und privaten Streiterledigungsverfahren.

Zwar enthalten die untersuchten Verfahren zu einzelnen Verfahrensfragen unterschiedliche Lösungsansätze. Dies führt indes nicht dazu, daß sie unvergleichbar wären; vielmehr handelt es sich um alternative Lösungswege, die gewählt werden, um möglichst effizient eine gesetzmäßige und gerechte Entscheidung herbeizuführen, die von den Parteien als endgültig akzeptiert und befolgt wird. Da die „Verfahrensgrundrechte" für staatliche und private Verfahrensparteien gleichermaßen gelten, besteht zwischen diesen Parteien innerhalb des Verfahrens Waffengleichheit.

Deshalb ist es hinsichtlich des Ablaufs des Streiterledigungsverfahrens möglich, aus einer einheitlichen Betrachtung verallgemeinernde Schlußfolgerungen für die verbindliche Streiterledigung in internationalen Wirtschaftssachen insgesamt zu ziehen und gegebenenfalls Lösungen, die für einzelne Verfahrensfragen gefunden wurden, auch auf Verfahren zu übertragen, die aus anderen Bereichen stammen.

Was die Durchsetzung einer Entscheidung betrifft, so besteht die beschriebene Waffengleichheit zwischen souveränen und privaten Rechtssubjekten nicht in vollem Umfang. Hier wirkt sich die Doktrin staatlicher Souveränität dahingehend aus, daß die Durchsetzung einer zum Nachteil eines Staates ergangenen Entscheidung gegen dessen Willen zumindest nicht in gleichem Maße möglich ist, wie die Durchsetzung einer gegen eine natürliche oder juristische Person ergangenen Entscheidung.

Dies zeigt sich am deutlichsten bei der Vollstreckung eines ICSID-Schiedsspruchs. Dieser wird von den Gerichten eines Vertragsstaates anerkannt und für vollstreckbar erklärt, ohne daß die Gerichte zu einer inhaltlichen Überprüfung des Schiedsspruchs befugt sind. Soweit es allerdings um die Durchführung von Vollstreckungsmaßnahmen geht, ist das Recht des Vollstreckungsstaates entscheidend für die Frage, ob der Staat, gegen den die Vollstreckung begehrt wird, sich auf seine Vollstreckungsimmunität berufen kann. Zwar gilt in zahlreichen Staaten dem Grunde nach die Doktrin restriktiver Immunität; in Fragen der Vollstreckung eines Schiedsspruchs gegen einen Staat neigen die Gerichte vieler Länder aber gleichwohl nach wie vor dazu, die Einleitung von Vollstreckungsmaßnahmen abzulehnen. Dementsprechend ist ein uneingeschränkter Rückgriff auf den innerstaatlichen Vollstreckungsapparat – wie dies bei einem WIPO-Schiedsspruch möglich ist – bei der Vollstreckung eines ICSID-Schiedsspruchs nur möglich, wenn es um die Vollstreckung gegen den Investor geht. Gegenüber dem Investitionsstaat ist eine uneingeschränkte zwangsweise Durchsetzung der Entscheidung gegen dessen Willen hingegen häufig nicht möglich.

Ganz entsprechend besteht auch – abgesehen von der Selbsthilfe – keine Möglichkeit, ein Urteil des Internationalen Seegerichtshofs zwangsweise gegen einen Staat durchzusetzen (während ein Urteil der Kammer für Meeresbodenstreitigkeiten, das gegen eine natürliche oder juristische Person ergeht, zwangsweise durchgesetzt werden kann). Soweit es um die Durchsetzung eines angenommenen WTO-Panelberichts geht, besteht gleichfalls nicht die Möglichkeit einer zwangsweisen Durchsetzung gegen den Willen des unterlegenen Staates. Zwar hat die obsiegende Partei eines Panelverfahrens die Möglichkeit, im Falle der Nichtumsetzung des Panelberichts Zugeständnisse und sonstige Pflichten auszusetzen. Hierbei handelt es sich indes lediglich um ein – der Selbsthilfe entsprechendes – indirektes Druckmittel; weder der obsiegenden Partei noch der WTO selbst stehen Zwangsmittel zur Durchsetzung der auf dem angenommenen Panelbericht beruhenden Entscheidungen und Empfehlungen des DSB zur Verfügung.

Dies stellt zumindest im Grundsatz einen beachtlichen Unterschied zwischen der Durchsetzung einer gegen ein privates Rechtssubjekt ergangenen verbindlichen Entscheidung und einer Entscheidung, die gegenüber einem souveränen Rechtssubjekt ergeht, dar. Seine Bedeutung darf andererseits auch nicht überbewertet werden, da in den untersuchten Verfahren allgemein die Tendenz erkennbar ist, Urteile, Panelberichte oder Schiedssprüche freiwillig zu befolgen.

Zusammenfassend ist festzuhalten, daß die untersuchten Verfahren trotz der Beteiligung unterschiedlicher Akteure weitgehende Übereinstimmungen aufweisen. Diese betreffen sowohl die Struktur der Verfahren als auch die Ausgestaltung einzelner Verfahrensfragen und zwar besonders stark im Ablauf des eigentlichen Verfahrens. Soweit in einzelnen Punkten Unterschiede bestehen, sind diese zumeist nicht die Folge der Beteiligung unterschiedlicher Akteure; vielmehr handelt es sich oft um zwar unterschiedliche, aber doch gleichartige Wege, um die Rechte der Parteien, insbesondere deren Anspruch auf Gleichbehandlung und Gewährung rechtlichen Gehörs, sicherzustellen. Die Parallele liegt eben darin, daß der Anspruch auf Gleichbehandlung und auf rechtliches Gehör jeweils klare und unbestrittene Grundmaximen sind, die allgemeine Geltung beanspruchen und das gesamte Verfahren prägen. Aus diesen gleichartigen Grundannahmen in allen Verfahrensordnungen ergeben sich in zahlreichen Einzelfragen immer wieder gleiche oder ähnliche Lösungen, die zu Verallgemeinerungen berechtigen.

Dementsprechend kann ein Vergleich mit anderen Streiterledigungsverfahren – unabhängig davon, ob es sich um ein zwischenstaatliches, gemischtes oder privates Verfahren handelt – dazu beitragen, für einzelne Verfahrensfragen in einem konkreten Verfahren sinnvolle Lösungen mit allgemeinerem Geltungsanspruch zu finden. Der Vergleich kann darüber hinaus dazu genutzt werden, die Verfahren in den unterschiedlichen Bereichen der internationalen Streiterledigung in Wirtschaftssachen fortzuentwickeln und im Sinne einer endgültigen und umfassenden Streitbeilegung effektiver zu gestalten.

Textanhang

1. Internationaler Seegerichtshof

A. United Nations Convention on the Law of the Sea (Auszüge)

I. Part XI

SECTION 5. SETTLEMENT OF DISPUTES AND ADVISORY OPINIONS

Article 186 SEABED DISPUTES CHAMBER OF THE INTERNATIONAL TRIBUNAL FOR THE LAW OF THE SEA

The establishment of the Seabed Disputes Chamber and the manner in which it shall exercise its jurisdiction shall be governed by the provisions of this section, of Part XV and of Annex VI.

Article 187 JURISDICTION OF THE SEABED DISPUTES CHAMBER

The Seabed Disputes Chamber shall have jurisdiction under this Part and the Annexes relating thereto in disputes with respect to activities in the Area falling within the following categories:

- (a) disputes between States Parties concerning the interpretation or application of this Part and the Annexes relating thereto;
- (b) disputes between a State Party and the Authority concerning:
  - (i) acts or omissions of the Authority or of a State Party alleged to be in violation of this Part or the Annexes relating thereto or of rules, regulations and procedures of the Authority adopted in accordance therewith; or
  - (ii) acts of the Authority alleged to be in excess of jurisdiction or a misuse of power;
- (c) disputes between parties to a contract, being States Parties, the Authority or the Enterprise, state enterprises and natural or juridical persons referred to in article 153, paragraph 2(b), concerning:
  - (i) the interpretation or application of a relevant contract or a plan of work; or
  - (ii) acts or omissions of a party to the contract relating to activities in the Area and directed to the other party or directly affecting its legitimate interests;
- (d) disputes between the Authority and a prospective contractor who has been sponsored by a State as provided in article 153, paragraph 2(b), and has duly fulfilled the conditions referred to in Annex III, article 4, paragraph 6, and article 13, paragraph 2, concerning the refusal of a contract or a legal issue arising in the negotiation of the contract;
- (e) disputes between the Authority and a State Party, a state enterprise or a natural or juridical person sponsored by a State Party as provided for in article 153, paragraph 2(b), where it is alleged that the Authority has incurred liability as provided in Annex III, article 22;
- (f) any other disputes for which the jurisdiction of the Chamber is specifically provided in this Convention.

Article 188 SUBMISSION OF DISPUTES TO A SPECIAL CHAMBER OF THE INTERNATIONAL TRIBUNAL FOR THE LAW OF THE SEA OR AN AD HOC CHAMBER OF THE SEABED DISPUTES CHAMBER OR TO BINDING COMMERCIAL ARBITRATION

1. Disputes between States Parties referred to in article 187, subparagraph (a), may be submitted:
   - (a) at the request of the parties to the dispute, to a special chamber of the International Tribunal for the Law of the Sea to be formed in accordance with Annex VI, articles 15 and 17; or

(b) at the request of any party to the dispute, to an ad hoc chamber of the Seabed Disputes Chamber to be formed in accordance with Annex VI, article 36.

2. (a) Disputes concerning the interpretation or application of a contract referred to in article 187, subparagraph (c)(i), shall be submitted, at the request of any party to the dispute, to binding commercial arbitration, unless the parties otherwise agree. A commercial arbitral tribunal to which the dispute is submitted shall have no jurisdiction to decide any question of interpretation of this Convention. When the dispute also involves a question of the interpretation of Part XI and the Annexes relating thereto, with respect to activities in the Area, that question shall be referred to the Seabed Disputes Chamber for a ruling.

(b) If, at the commencement of or in the course of such arbitration, the arbitral tribunal determines, either at the request of any party to the dispute or proprio motu, that its decision depends upon a ruling of the Seabed Disputes Chamber, the arbitral tribunal shall refer such question to the Seabed Disputes Chamber for such ruling. The arbitral tribunal shall then proceed to render its award in conformity with the ruling of the Seabed Disputes Chamber.

(c) In the absence of a provision in the contract on the arbitration procedure to be applied in the dispute, the arbitration shall be conducted in accordance with the UNCITRAL Arbitration Rules or such other arbitration rules as may be prescribed in the rules, regulations and procedures of the Authority, unless the parties to the dispute otherwise agree.

Article 189 LIMITATION ON JURISDICTIONWITH REGARD TO DECISIONS OF THE AUTHORITY

The Seabed Disputes Chamber shall have no jurisdiction with regard to the exercise by the Authority of its discretionary powers in accordance with this Part; in no case shall it substitute its discretion for that of the Authority. Without prejudice to article 191, in exercising its jurisdiction pursuant to article 187, the Seabed Disputes Chamber shall not pronounce itself on the question of whether any rules, regulations and procedures of the Authority are in conformity with this Convention, nor declare invalid any such rules, regulations and procedures. Its jurisdiction in this regard shall be confined to deciding claims that the application of any rules, regulations and procedures of the Authority in individual cases would be in conflict with the contractual obligations of the parties to the dispute or their obligations under this Convention, claims concerning excess of jurisdiction or misuse of power, and to claims for damages to be paid or other remedy to be given to the party concerned for the failure of the other party to comply with its contractual obligations or its obligations under this Convention.

Article 190 PARTICIPATION AND APPEARANCE OF SPONSORING STATES PARTIES IN PROCEEDINGS

1. If a natural or juridical person is a party to a dispute referred to in article 187, the sponsoring State shall be given notice thereof and shall have the right to participate in the proceedings by submitting written or oral statements.
2. If an action is brought against a State Party by a natural or juridical person sponsored by another State Party in a dispute referred to in article 187, subparagraph (c), the respondent State may request the State sponsoring that person to appear in the proceedings on behalf of that person. Failing such appearance, the respondent State may arrange to be represented by a juridical person of its nationality.

Article 191 ADVISORY OPINIONS

The Seabed Disputes Chamber shall give advisory opinions at the request of the Assembly or the Council on legal questions arising within the scope of their activities. Such opinions shall be given as a matter of urgency.

II. Part XV. Settlement of Disputes

SECTION 1. GENERAL PROVISIONS

Article 279 OBLIGATION TO SETTLE DISPUTES BY PEACEFUL MEANS

States Parties shall settle any dispute between them concerning the interpretation or application of this Convention by peaceful means in accordance with Article 2, paragraph 3, of the Charter of the United Nations and, to this end, shall seek a solution by the means indicated in Article 33, paragraph 1, of the Charter.

Article 280 SETTLEMENT OF DISPUTES BY ANY PEACEFUL MEANS CHOSEN BY THE PARTIES

Nothing in this Part impairs the right of any States Parties to agree at any time to settle a dispute between them concerning the interpretation or application of this Convention by any peaceful means of their own choice.

Article 281 PROCEDURE WHERE NO SETTLEMENT HAS BEEN REACHED BY THE PARTIES

1. If the States Parties which are parties to a dispute concerning the interpretation or application of this Convention have agreed to seek settlement of the dispute by a peaceful means of their own choice, the procedures provided for in this Part apply only where no settlement has been reached by recourse to such means and the agreement between the parties does not exclude any further procedure.
2. If the parties have also agreed on a time-limit, paragraph 1 applies only upon the expiration of that time-limit.

Article 282 OBLIGATIONS UNDER GENERAL, REGIONAL OR BILATERAL AGREEMENTS

If the States Parties which are parties to a dispute concerning the interpretation or application of this Convention have agreed, through a general, regional or bilateral agreement or otherwise, that such dispute shall, at the request of any party to the dispute, be submitted to a procedure that entails a binding decision, that procedure shall apply in lieu of the procedures provided for in this Part, unless the parties to the dispute otherwise agree.

Article 283 OBLIGATION TO EXCHANGE VIEWS

1. When a dispute arises between States Parties concerning the interpretation or application of this Convention, the parties to the dispute shall proceed expeditiously to an exchange of views regarding its settlement by negotiation or other peaceful means.
2. The parties shall also proceed expeditiously to an exchange of views where a procedure for the settlement of such a dispute has been terminated without a settlement or where a settlement has been reached and the circumstances require consultation regarding the manner of implementing the settlement.

Article 284 CONCILIATION

1. A State Party which is a party to a dispute concerning the interpretation or application of this Convention may invite the other party or parties to submit the dispute to conciliation in accordance with the procedure under Annex V, section 1, or another conciliation procedure.
2. If the invitation is accepted and if the parties agree upon the conciliation procedure to be applied, any party may submit the dispute to that procedure.
3. If the invitation is not accepted or the parties do not agree upon the procedure, the conciliation proceedings shall be deemed to be terminated.
4. Unless the parties otherwise agree, when a dispute has been submitted to conciliation, the proceedings may be terminated only in accordance with the agreed conciliation procedure.

Article 285 APPLICATION OF THIS SECTION TO DISPUTES SUBMITTED PURSUANT TO PART XI

This section applies to any dispute which pursuant to Part XI, section 5, is to be settled in accordance with procedures provided for in this Part. If an entity other than a State Party is a party to such a dispute, this section applies mutatis mutandis.

SECTION 2. COMPULSORY PROCEDURES ENTAILING BINDING DECISIONS

Article 286 APPLICATION OF PROCEDURES UNDER THIS SECTION

Subject to section 3, any dispute concerning the interpretation or application of this Convention shall, where no settlement has been reached by recourse to section 1, be submitted at the request of any party to the dispute to the court or tribunal having jurisdiction under this section.

Article 287 CHOICE OF PROCEDURE

1. When signing, ratifying or acceding to this Convention or at any time thereafter, a State shall be free to choose, by means of a written declaration, one or more of the following means for the settlement of disputes concerning the interpretation or application of this Convention:
   (a) the International Tribunal for the Law of the Sea established in accordance with Annex VI;
   (b) the International Court of Justice;
   (c) an arbitral tribunal constituted in accordance with Annex VII;
   (d) a special arbitral tribunal constituted in accordance with Annex VIII for one or more of the categories of disputes specified therein.
2. A declaration made under paragraph 1 shall not affect or be affected by the obligation of a State Party to accept the jurisdiction of the Seabed Disputes Chamber of the International Tribunal for the Law of the Sea to the extent and in the manner provided for in Part XI, section 5.
3. A State Party, which is a party to a dispute not covered by a declaration in force, shall be deemed to have accepted arbitration in accordance with Annex VII.
4. If the parties to a dispute have accepted the same procedure for the settlement of the dispute, it may be submitted only to that procedure, unless the parties otherwise agree.
5. If the parties to a dispute have not accepted the same procedure for the settlement of the dispute, it may be submitted only to arbitration in accordance with Annex VII, unless the parties otherwise agree.
6. A declaration made under paragraph 1 shall remain in force until three months after notice of revocation has been deposited with the Secretary-General of the United Nations.
7. A new declaration, a notice of revocation or the expiry of a declaration does not in any way affect proceedings pending before a court or tribunal having jurisdiction under this article, unless the parties otherwise agree.
8. Declarations and notices referred to in this article shall be deposited with the Secretary-General of the United Nations, who shall transmit copies thereof to the States Parties.

Article 288 JURISDICTION

1. A court or tribunal referred to in article 287 shall have jurisdiction over any dispute concerning the interpretation or application of this Convention which is submitted to it in accordance with this Part.
2. A court or tribunal referred to in article 287 shall also have jurisdiction over any dispute concerning the interpretation or application of an international agreement related to the purposes of this Convention, which is submitted to it in accordance with the agreement.
3. The Seabed Disputes Chamber of the International Tribunal for the Law of the Sea established in accordance with Annex VI, and any other chamber or arbitral tribunal referred to in Part XI, section 5, shall have jurisdiction in any matter which is submitted to it in accordance therewith.
4. In the event of a dispute as to whether a court or tribunal has jurisdiction, the matter shall be settled by decision of that court or tribunal.

Article 289 EXPERTS

In any dispute involving scientific or technical matters, a court or tribunal exercising jurisdiction under this section may, at the request of a party or proprio motu, select in consultation with the parties no fewer than two scientific or technical experts chosen preferably from the relevant list prepared in accordance with Annex VIII, article 2, to sit with the court or tribunal but without the right to vote.

Article 290 PROVISIONAL MEASURES

1. If a dispute has been duly submitted to a court or tribunal which considers that prima facie it has jurisdiction under this Part or Part XI, section 5, the court or tribunal may prescribe any provisional measures which it considers appropriate under the circumstances to preserve the respective rights of the parties to the dispute or to prevent serious harm to the marine environment, pending the final decision.
2. Provisional measures may be modified or revoked as soon as the circumstances justifying them have changed or ceased to exist.
3. Provisional measures may be prescribed, modified or revoked under this article only at the request of a party to the dispute and after the parties have been given an opportunity to be heard.
4. The court or tribunal shall forthwith give notice to the parties to the dispute, and to such other States Parties as it considers appropriate, of the prescription, modification or revocation of provisional measures.
5. Pending the constitution of an arbitral tribunal to which a dispute is being submitted under this section, any court or tribunal agreed upon by the parties or, failing such agreement within two weeks from the date of the request for provisional measures, the International Tribunal for the Law of the Sea or, with respect to activities in the Area, the Seabed Disputes Chamber, may prescribe, modify or revoke provisional measures in accordance with this article if it considers that prima facie the tribunal which is to be constituted would have jurisdiction and that the urgency of the situation so requires. Once constituted, the tribunal to which the dispute has been submitted may modify, revoke or affirm those provisional measures, acting in conformity with paragraphs 1 to 4.
6. The parties to the dispute shall comply promptly with any provisional measures prescribed under this article.

Article 291 ACCESS

1. All the dispute settlement procedures specified in this Part shall be open to States Parties.
2. The dispute settlement procedures specified in this Part shall be open to entities other than States Parties only as specifically provided for in this Convention.

Article 292 PROMPT RELEASE OF VESSELS AND CREWS

1. Where the authorities of a State Party have detained a vessel flying the flag of another State Party and it is alleged that the detaining State has not complied with the provisions of this Convention for the prompt release of the vessel or its crew upon the posting of a reasonable bond or other financial security, the question of release from detention may be submitted to any court or tribunal agreed upon by the parties or, failing such agreement within 10 days from the time of detention, to a court or tribunal accepted by the detaining State under article 287 or to the International Tribunal for the Law of the Sea, unless the parties otherwise agree.
2. The application for release may be made only by or on behalf of the flag State of the vessel.
3. The court or tribunal shall deal without delay with the application for release and shall deal only with the question of release, without prejudice to the merits of any case before the appropriate domestic forum against the vessel, its owner or its crew. The authorities of the detaining State remain competent to release the vessel or its crew at any time.
4. Upon the posting of the bond or other financial security determined by the court or tribunal, the authorities of the detaining State shall comply promptly with the decision of the court or tribunal concerning the release of the vessel or its crew.

Article 293 APPLICABLE LAW

1. A court or tribunal having jurisdiction under this section shall apply this Convention and other rules of international law not incompatible with this Convention.
2. Paragraph 1 does not prejudice the power of the court or tribunal having jurisdiction under this section to decide a case ex aequo et bono, if the parties so agree.

Article 294 PRELIMINARY PROCEEDINGS

1. A court or tribunal provided for in article 287 to which an application is made in respect of a dispute referred to in article 297 shall determine at the request of a party, or may determine proprio motu, whether the claim constitutes an abuse of legal process or whether prima facie it is well founded. If the court or tribunal determines that the claim constitutes an abuse of legal process or is prima facie unfounded, it shall take no further action in the case.
2. Upon receipt of the application, the court or tribunal shall immediately notify the other party or parties of the application, and shall fix a reasonable time-limit within which they may request it to make a determination in accordance with paragraph 1.
3. Nothing in this article affects the right of any party to a dispute to make preliminary objections in accordance with the applicable rules of procedure.

Article 295 EXHAUSTION OF LOCAL REMEDIES

Any dispute between States Parties concerning the interpretation or application of this Convention may be submitted to the procedures provided for in this section only after local remedies have been exhausted where this is required by international law.

Article 296 FINALITY AND BINDING FORCE OF DECISIONS

1. Any decision rendered by a court or tribunal having jurisdiction under this section shall be final and shall be complied with by all the parties to the dispute.
2. Any such decision shall have no binding force except between the parties and in respect of that particular dispute.

SECTION 3. LIMITATIONS AND EXCEPTIONS TO APPLICABILITY OF SECTION 2

Article 297 LIMITATIONS ON APPLICABILITY OF SECTION 2

1. Disputes concerning the interpretation or application of this Convention with regard to the exercise by a coastal State of its sovereign rights or jurisdiction provided for in this Convention shall be subject to the procedures provided for in section 2 in the following cases:
   (a) when it is alleged that a coastal State has acted in contravention of the provisions of this Convention in regard to the freedoms and rights of navigation, overflight or the laying of submarine cables and pipelines, or in regard to other internationally lawful uses of the sea specified in article 58;
   (b) when it is alleged that a State in exercising the aforementioned freedoms, rights or uses has acted in contravention of this Convention or of laws or regulations adopted by the coastal State in conformity with this Convention and other rules of international law not incompatible with this Convention; or
   (c) when it is alleged that a coastal State has acted in contravention of specified international rules and standards for the protection and preservation of the marine environment which are applicable to the coastal State and which have been established by this Convention or through a competent international organization or diplomatic conference in accordance with this Convention.
2. (a) Disputes concerning the interpretation or application of the provisions of this Convention with regard to marine scientific research shall be settled in accordance with section 2, except that the coastal State shall not be obliged to accept the submission to such settlement of any dispute arising out of:
      (i) he exercise by the coastal State of a right or discretion in accordance with article 246; or
      (ii) a decision by the coastal State to order suspension or cessation of a research project in accordance with article 253.
   (b) A dispute arising from an allegation by the researching State that with respect to a specific project the coastal State is not exercising its rights under articles 246 and 253 in a manner compatible with this Convention shall be submitted, at the request of either party, to conci-

liation under Annex V, section 2, provided that the conciliation commission shall not call in question the exercise by the coastal State of its discretion to designate specific areas as referred to in article 246, paragraph 6, or of its discretion to withhold consent in accordance with article 246, paragraph 5.

3. (a) Disputes concerning the interpretation or application of the provisions of this Convention with regard to fisheries shall be settled in accordance with section 2, except that the coastal State shall not be obliged to accept the submission to such settlement of any dispute relating to its sovereign rights with respect to the living resources in the exclusive economic zone or their exercise, including its discretionary powers for determining the allowable catch, its harvesting capacity, the allocation of surpluses to other States and the terms and conditions established in its conservation and management laws and regulations.
   (b) Where no settlement has been reached by recourse to section 1 of this Part, a dispute shall be submitted to conciliation under Annex V, section 2, at the request of any party to the dispute, when it is alleged that:
      (i) a coastal State has manifestly failed to comply with its obligations to ensure through proper conservation and management measures that the maintenance of the living resources in the exclusive economic zone is not seriously endangered;
      (ii) a coastal State has arbitrarily refused to determine, at the request of another State, the allowable catch and its capacity to harvest living resources with respect to stocks which that other State is interested in fishing; or
      (iii) a coastal State has arbitrarily refused to allocate to any State, under articles 62, 69 and 70 and under the terms and conditions established by the coastal State consistent with this Convention, the whole or part of the surplus it has declared to exist.
   (c) In no case shall the conciliation commission substitute its discretion for that of the coastal State.
   (d) The report of the conciliation commission shall be communicated to the appropriate international organizations.
   (e) In negotiating agreements pursuant to articles 69 and 70, States Parties, unless they otherwise agree, shall include a clause on measures which they shall take in order to minimize the possibility of a disagreement concerning the interpretation or application of the agreement, and on how they should proceed if a disagreement nevertheless arises.

Article 298 OPTIONAL EXCEPTIONS TO APPLICABILITY OF SECTION 2

1. When signing, ratifying or acceding to this Convention or at any time thereafter, a State may, without prejudice to the obligations arising under section 1, declare in writing that it does not accept any one or more of the procedures provided for in section 2 with respect to one or more of the following categories of disputes:
   (a) (i) disputes concerning the interpretation or application of articles 15, 74 and 83 relating to sea boundary delimitations, or those involving historic bays or titles, provided that a State having made such a declaration shall, when such a dispute arises subsequent to the entry into force of this Convention and where no agreement within a reasonable period of time is reached in negotiations between the parties, at the request of any party to the dispute, accept submission of the matter to conciliation under Annex V, section 2; and provided further that any dispute that necessarily involves the concurrent consideration of any unsettled dispute concerning sovereignty or other rights over continental or insular land territory shall be excluded from such submission;
      (ii) after the conciliation commission has presented its report, which shall state the reasons on which it is based, the parties shall negotiate an agreement on the basis of that report; if these negotiations do not result in an agreement, the parties shall, by mutual consent, submit the question to one of the procedures provided for in section 2, unless the parties otherwise agree;

(iii) this subparagraph does not apply to any sea boundary dispute finally settled by an arrangement between the parties, or to any such dispute which is to be settled in accordance with a bilateral or multilateral agreement binding upon those parties;
(b) disputes concerning military activities, including military activities by government vessels and aircraft engaged in non-commercial service, and disputes concerning law enforcement activities in regard to the exercise of sovereign rights or jurisdiction excluded from the jurisdiction of a court or tribunal under article 297, paragraph 2 or 3;
(c) disputes in respect of which the Security Council of the United Nations is exercising the functions assigned to it by the Charter of the United Nations, unless the Security Council decides to remove the matter from its agenda or calls upon the parties to settle it by the means provided for in this Convention.

2. A State Party which has made a declaration under paragraph 1 may at any time withdraw it, or agree to submit a dispute excluded by such declaration to any procedure specified in this Convention.
3. A State Party which has made a declaration under paragraph 1 shall not be entitled to submit any dispute falling within the excepted category of disputes to any procedure in this Convention as against another State Party, without the consent of that party.
4. If one of the States Parties has made a declaration under paragraph 1(a), any other State Party may submit any dispute falling within an excepted category against the declarant party to the procedure specified in such declaration.
5. A new declaration, or the withdrawal of a declaration, does not in any way affect proceedings pending before a court or tribunal in accordance with this article, unless the parties otherwise agree.
6. Declarations and notices of withdrawal of declarations under this article shall be deposited with the Secretary-General of the United Nations, who shall transmit copies thereof to the States Parties.

Article 299 RIGHT OF THE PARTIES TO AGREE UPON A PROCEDURE

1. A dispute excluded under article 297 or excepted by a declaration made under article 298 from the dispute settlement procedures provided for in section 2 may be submitted to such procedures only by agreement of the parties to the dispute.
2. Nothing in this section impairs the right of the parties to the dispute to agree to some other procedure for the settlement of such dispute or to reach an amicable settlement.

III. Annex VI. Statute of the International Tribunal for the Law of the Sea

Article 1 GENERAL PROVISIONS

1. The International Tribunal for the Law of the Sea is constituted and shall function in accordance with the provisions of this Convention and this Statute.
2. The seat of the Tribunal shall be in the Free and Hanseatic City of Hamburg in the Federal Republic of Germany.
3. The Tribunal may sit and exercise its functions elsewhere whenever it considers this desirable.
4. A reference of a dispute to the Tribunal shall be governed by the provisions of Parts XI and XV.

SECTION 1. ORGANIZATION OF THE TRIBUNAL

Article 2 COMPOSITION

1. The Tribunal shall be composed of a body of 21 independent members, elected from among persons enjoying the highest reputation for fairness and integrity and of recognized competence in the field of the law of the sea.
2. In the Tribunal as a whole the representation of the principal legal systems of the world and equitable geographical distribution shall be assured.

Article 3 MEMBERSHIP

1. No two members of the Tribunal may be nationals of the same State. A person who for the purposes of membership in the Tribunal could be regarded as a national of more than one State shall be deemed to be a national of the one in which he ordinarily exercises civil and political rights.
2. There shall be no fewer than three members from each geographical group as established by the General Assembly of the United Nations.

Article 4 NOMINATIONS AND ELECTIONS

1. Each State Party may nominate not more than two persons having the qualifications prescribed in article 2 of this Annex. The members of the Tribunal shall be elected from the list of persons thus nominated.
2. At least three months before the date of the election, the Secretary-General of the United Nations in the case of the first election and the Registrar of the Tribunal in the case of subsequent elections shall address a written invitation to the States Parties to submit their nominations for members of the Tribunal within two months. He shall prepare a list in alphabetical order of all the persons thus nominated, with an indication of the States Parties which have nominated them, and shall submit it to the States Parties before the seventh day of the last month before the date of each election.
3. The first election shall be held within six months of the date of entry into force of this Convention.
4. The members of the Tribunal shall be elected by secret ballot. Elections shall be held at a meeting of the States Parties convened by the Secretary-General of the United Nations in the case of the first election and by a procedure agreed to by the States Parties in the case of subsequent elections. Two thirds of the States Parties shall constitute a quorum at that meeting. The persons elected to the Tribunal shall be those nominees who obtain the largest number of votes and a two-thirds majority of the States Parties present and voting, provided that such majority includes a majority of the States Parties.

Article 5 TERM OF OFFICE

1. The members of the Tribunal shall be elected for nine years and may be re-elected; provided, however, that of the members elected at the first election, the terms of seven members shall expire at the end of three years and the terms of seven more members shall expire at the end of six years.
2. The members of the Tribunal whose terms are to expire at the end of the above-mentioned initial periods of three and six years shall be chosen by lot to be drawn by the Secretary-General of the United Nations immediately after the first election.
3. The members of the Tribunal shall continue to discharge their duties until their places have been filled. Though replaced, they shall finish any proceedings which they may have begun before the date of their replacement.
4. In the case of the resignation of a member of the Tribunal, the letter of resignation shall be addressed to the President of the Tribunal. The place becomes vacant on the receipt of that letter.

Article 6 VACANCIES

1. Vacancies shall be filled by the same method as that laid down for the first election, subject to the following provision: the Registrar shall, within one month of the occurrence of the vacancy, proceed to issue the invitations provided for in article 4 of this Annex, and the date of the election shall be fixed by the President of the Tribunal after consultation with the States Parties.
2. A member of the Tribunal elected to replace a member whose term of office has not expired shall hold office for the remainder of his predecessor's term.

Article 7 INCOMPATIBLE ACTIVITIES

1. No member of the Tribunal may exercise any political or administrative function, or associate actively with or be financially interested in any of the operations of any enterprise concerned

with the exploration for or exploitation of the resources of the sea or the seabed or other commercial use of the sea or the seabed.

2. No member of the Tribunal may act as agent, counsel or advocate in any case.
3. Any doubt on these points shall be resolved by decision of the majority of the other members of the Tribunal present.

Article 8 CONDITIONS RELATING TO PARTICIPATION OF MEMBERS IN A PARTICULAR CASE

1. No member of the Tribunal may participate in the decision of any case in which he has previously taken part as agent, counsel or advocate for one of the parties, or as a member of a national or international court or tribunal, or in any other capacity.
2. If, for some special reason, a member of the Tribunal considers that he should not take part in the decision of a particular case, he shall so inform the President of the Tribunal.
3. If the President considers that for some special reason one of the members of the Tribunal should not sit in a particular case, he shall give him notice accordingly.
4. Any doubt on these points shall be resolved by decision of the majority of the other members of the Tribunal present.

Article 9 CONSEQUENCE OF CEASING TO FULFIL REQUIRED CONDITIONS

If, in the unanimous opinion of the other members of the Tribunal, a member has ceased to fulfil the required conditions, the President of the Tribunal shall declare the seat vacant.

Article 10 PRIVILEGES AND IMMUNITIES

The members of the Tribunal, when engaged on the business of the Tribunal, shall enjoy diplomatic privileges and immunities.

Article 11 SOLEMN DECLARATION BY MEMBERS

Every member of the Tribunal shall, before taking up his duties, make a solemn declaration in open session that he will exercise his powers impartially and conscientiously.

Article 12 PRESIDENT, VICE-PRESIDENT AND REGISTRAR

1. The Tribunal shall elect its President and Vice-President for three years; they may be re-elected.
2. The Tribunal shall appoint its Registrar and may provide for the appointment of such other officers as may be necessary.
3. The President and the Registrar shall reside at the seat of the Tribunal.

Article 13 QUORUM

1. All available members of the Tribunal shall sit; a quorum of 11 elected members shall be required to constitute the Tribunal.
2. Subject to article 17 of this Annex, the Tribunal shall determine which members are available to constitute the Tribunal for the consideration of a particular dispute, having regard to the effective functioning of the chambers as provided for in articles 14 and 15 of this Annex.
3. All disputes and applications submitted to the Tribunal shall be heard and determined by the Tribunal, unless article 14 of this Annex applies, or the parties request that it shall be dealt with in accordance with article 15 of this Annex.

Article 14 SEABED DISPUTES CHAMBER

A Seabed Disputes Chamber shall be established in accordance with the provisions of section 4 of this Annex. Its jurisdiction, powers and functions shall be as provided for in Part XI, section 5.

Article 15 SPECIAL CHAMBERS

1. The Tribunal may form such chambers, composed of three or more of its elected members, as it considers necessary for dealing with particular categories of disputes.
2. The Tribunal shall form a chamber for dealing with a particular dispute submitted to it if the parties so request. The composition of such a chamber shall be determined by the Tribunal with the approval of the parties.
3. With a view to the speedy dispatch of business, the Tribunal shall form annually a chamber composed of five of its elected members which may hear and determine disputes by summary

procedure. Two alternative members shall be selected for the purpose of replacing members who are unable to participate in a particular proceeding.

4. Disputes shall be heard and determined by the chambers provided for in this article if the parties so request.
5. A judgment given by any of the chambers provided for in this article and in article 14 of this Annex shall be considered as rendered by the Tribunal.

Article 16 RULES OF THE TRIBUNAL

The Tribunal shall frame rules for carrying out its functions. In particular it shall lay down rules of procedure.

Article 17 NATIONALITY OF MEMBERS

1. Members of the Tribunal of the nationality of any of the parties to a dispute shall retain their right to participate as members of the Tribunal.
2. If the Tribunal, when hearing a dispute, includes upon the bench a member of the nationality of one of the parties, any other party may choose a person to participate as a member of the Tribunal.
3. If the Tribunal, when hearing a dispute, does not include upon the bench a member of the nationality of the parties, each of those parties may choose a person to participate as a member of the Tribunal.
4. This article applies to the chambers referred to in articles 14 and 15 of this Annex. In such cases, the President, in consultation with the parties, shall request specified members of the Tribunal forming the chamber, as many as necessary, to give place to the members of the Tribunal of the nationality of the parties concerned, and, failing such, or if they are unable to be present, to the members specially chosen by the parties.
5. Should there be several parties in the same interest, they shall, for the purpose of the preceding provisions, be considered as one party only. Any doubt on this point shall be settled by the decision of the Tribunal.
6. Members chosen in accordance with paragraphs 2, 3 and 4 shall fulfil the conditions required by articles 2, 8 and 11 of this Annex. They shall participate in the decision on terms of complete equality with their colleagues.

Article 18 REMUNERATION OF MEMBERS

1. Each elected member of the Tribunal shall receive an annual allowance and, for each day on which he exercises his functions, a special allowance, provided that in any year the total sum payable to any member as special allowance shall not exceed the amount of the annual allowance.
2. The President shall receive a special annual allowance.
3. The Vice-President shall receive a special allowance for each day on which he acts as President.
4. The members chosen under article 17 of this Annex, other than elected members of the Tribunal, shall receive compensation for each day on which they exercise their functions.
5. The salaries, allowances and compensation shall be determined from time to time at meetings of the States Parties, taking into account the workload of the Tribunal. They may not be decreased during the term of office.
6. The salary of the Registrar shall be determined at meetings of the States Parties, on the proposal of the Tribunal.
7. Regulations adopted at meetings of the States Parties shall determine the conditions under which retirement pensions may be given to members of the Tribunal and to the Registrar, and the conditions under which members of the Tribunal and Registrar shall have their travelling expenses refunded.
8. The salaries, allowances, and compensation shall be free of all taxation.

Article 19 EXPENSES OF THE TRIBUNAL

1. The expenses of the Tribunal shall be borne by the States Parties and by the Authority on such terms and in such a manner as shall be decided at meetings of the States Parties.
2. When an entity other than a State Party or the Authority is a party to a case submitted to it, the Tribunal shall fix the amount which that party is to contribute towards the expenses of the Tribunal.

SECTION 2. COMPETENCE

Article 20 ACCESS TO THE TRIBUNAL

1. The Tribunal shall be open to States Parties.
2. The Tribunal shall be open to entities other than States Parties in any case expressly provided for in Part XI or in any case submitted pursuant to any other agreement conferring jurisdiction on the Tribunal which is accepted by all the parties to that case.

Article 21 JURISDICTION

The jurisdiction of the Tribunal comprises all disputes and all applications submitted to it in accordance with this Convention and all matters specifically provided for in any other agreement which confers jurisdiction on the Tribunal.

Article 22 REFERENCE OF DISPUTES SUBJECT TO OTHER AGREEMENTS

If all the parties to a treaty or convention already in force and concerning the subject-matter covered by this Convention so agree, any disputes concerning the interpretation or application of such treaty or convention may, in accordance with such agreement, be submitted to the Tribunal.

Article 23 APPLICABLE LAW

The Tribunal shall decide all disputes and applications in accordance with article 293.

SECTION 3. PROCEDURE

Article 24 INSTITUTION OF PROCEEDINGS

1. Disputes are submitted to the Tribunal, as the case may be, either by notification of a special agreement or by written application, addressed to the Registrar. In either case, the subject of the dispute and the parties shall be indicated.
2. The Registrar shall forthwith notify the special agreement or the application to all concerned.
3. The Registrar shall also notify all States Parties.

Article 25 PROVISIONAL MEASURES

1. In accordance with article 290, the Tribunal and its Seabed Disputes Chamber shall have the power to prescribe provisional measures.
2. If the Tribunal is not in session or a sufficient number of members is not available to constitute a quorum, the provisional measures shall be prescribed by the chamber of summary procedure formed under article 15, paragraph 3, of this Annex. Notwithstanding article 15, paragraph 4, of this Annex, such provisional measures may be adopted at the request of any party to the dispute. They shall be subject to review and revision by the Tribunal.

Article 26 HEARING

1. The hearing shall be under the control of the President or, if he is unable to preside, of the Vice-President. If neither is able to preside, the senior judge present of the Tribunal shall preside.
2. The hearing shall be public, unless the Tribunal decides otherwise or unless the parties demand that the public be not admitted.

Article 27 CONDUCT OF CASE

The Tribunal shall make orders for the conduct of the case, decide the form and time in which each party must conclude its arguments, and make all arrangements connected with the taking of evidence.

Article 28 DEFAULT

When one of the parties does not appear before the Tribunal or fails to defend its case, the other party may request the Tribunal to continue the proceedings and make its decision. Absence of a party or failure of a party to defend its case shall not constitute a bar to the proceedings. Before making its decision, the Tribunal must satisfy itself not only that it has jurisdiction over the dispute, but also that the claim is well founded in fact and law.

Article 29 MAJORITY FOR DECISION

1. All questions shall be decided by a majority of the members of the Tribunal who are present.
2. In the event of an equality of votes, the President or the member of the Tribunal who acts in his place shall have a casting vote.

Article 30 JUDGMENT

1. The judgment shall state the reasons on which it is based.
2. It shall contain the names of the members of the Tribunal who have taken part in the decision.
3. If the judgment does not represent in whole or in part the unanimous opinion of the members of the Tribunal, any member shall be entitled to deliver a separate opinion.
4. The judgment shall be signed by the President and by the Registrar. It shall be read in open court, due notice having been given to the parties to the dispute.

Article 31 REQUEST TO INTERVENE

1. Should a State Party consider that it has an interest of a legal nature which may be affected by the decision in any dispute, it may submit a request to the Tribunal to be permitted to intervene.
2. It shall be for the Tribunal to decide upon this request.
3. If a request to intervene is granted, the decision of the Tribunal in respect of the dispute shall be binding upon the intervening State Party in so far as it relates to matters in respect of which that State Party intervened.

Article 32 RIGHT TO INTERVENE IN CASES OF INTERPRETATION OR APPLICATION

1. Whenever the interpretation or application of this Convention is in question, the Registrar shall notify all States Parties forthwith.
2. Whenever pursuant to article 21 or 22 of this Annex the interpretation or application of an international agreement is in question, the Registrar shall notify all the parties to the agreement.
3. Every party referred to in paragraphs 1 and 2 has the right to intervene in the proceedings; if it uses this right, the interpretation given by the judgment will be equally binding upon it.

Article 33 FINALITY AND BINDING FORCE OF DECISIONS

1. The decision of the Tribunal is final and shall be complied with by all the parties to the dispute.
2. The decision shall have no binding force except between the parties in respect of that particular dispute.
3. In the event of dispute as to the meaning or scope of the decision, the Tribunal shall construe it upon the request of any party.

Article 34 COSTS

Unless otherwise decided by the Tribunal, each party shall bear its own costs.

SECTION 4. SEABED DISPUTES CHAMBER

Article 35 COMPOSITION

1. The Seabed Disputes Chamber referred to in article 14 of this Annex shall be composed of 11 members, selected by a majority of the elected members of the Tribunal from among them.
2. In the selection of the members of the Chamber, the representation of the principal legal systems of the world and equitable geographical distribution shall be assured. The Assembly of the Authority may adopt recommendations of a general nature relating to such representation and distribution.
3. The members of the Chamber shall be selected every three years and may be selected for a second term.

4. The Chamber shall elect its President from among its members, who shall serve for the term for which the Chamber has been selected.
5. If any proceedings are still pending at the end of any three-year period for which the Chamber has been selected, the Chamber shall complete the proceedings in its original composition.
6. If a vacancy occurs in the Chamber, the Tribunal shall select a successor from among its elected members, who shall hold office for the remainder of his predecessor's term.
7. A quorum of seven of the members selected by the Tribunal shall be required to constitute the Chamber.

Article 36 AD HOC CHAMBERS

1. The Seabed Disputes Chamber shall form an ad hoc chamber, composed of three of its members, for dealing with a particular dispute submitted to it in accordance with article 188, paragraph 1(b). The composition of such a chamber shall be determined by the Seabed Disputes Chamber with the approval of the parties.
2. If the parties do not agree on the composition of an ad hoc chamber, each party to the dispute shall appoint one member, and the third member shall be appointed by them in agreement. If they disagree, or if any party fails to make an appointment, the President of the Seabed Disputes Chamber shall promptly make the appointment or appointments from among its members, after consultation with the parties.
3. Members of the ad hoc chamber must not be in the service of, or nationals of, any of the parties to the dispute.

Article 37 ACCESS

The Chamber shall be open to the States Parties, the Authority and the other entities referred to in Part XI, section 5.

Article 38 APPLICABLE LAW

In addition to the provisions of article 293, the Chamber shall apply:

(a) the rules, regulations and procedures of the Authority adopted in accordance with this Convention; and

(b) the terms of contracts concerning activities in the Area in matters relating to those contracts.

Article 39 ENFORCEMENT OF DECISIONS OF THE CHAMBER

The decisions of the Chamber shall be enforceable in the territories of the States Parties in the same manner as judgments or orders of the highest court of the State Party in whose territory the enforcement is sought.

Article 40 APPLICABILITY OF OTHER SECTIONS OF THIS ANNEX

1. The other sections of this Annex which are not incompatible with this section apply to the Chamber.
2. In the exercise of its functions relating to advisory opinions, the Chamber shall be guided by the provisions of this Annex relating to procedure before the Tribunal to the extent to which it recognizes them to be applicable.

SECTION 5. AMENDMENTS

Article 41 AMENDMENTS

1. Amendments to this Annex, other than amendments to section 4, may be adopted only in accordance with article 313 or by consensus at a conference convened in accordance with this Convention.
2. Amendments to section 4 may be adopted only in accordance with article 314.
3. The Tribunal may propose such amendments to this Statute as it may consider necessary, by written communications to the States Parties for their consideration in conformity with paragraphs 1 and 2.

B. Rules of the International Tribunal for the Law of the Sea

(adopted on 28 October 1997)

Preamble

The Tribunal,

Acting pursuant to article 16 of the Statute of the International Tribunal for the Law of the Sea, Annex VI to the United Nations Convention on the Law of the Sea,
Adopts the following Rules of the Tribunal:

PART I.

USE OF TERMS

Article 1
For the purposes of these Rules:
- (a) "Convention" means the United Nations Convention on the Law of the Sea of 10 December 1982, together with the Agreement of 28 July 1994 relating to the implementation of Part XI of the Convention;
- (b) "Statute" means the Statute of the International Tribunal for the Law of the Sea, Annex VI to the Convention;
- (c) "States Parties" has the meaning set out in article 1, paragraph 2, of the Convention and includes, for the purposes of Part XI of the Convention, States and entities which are members of the Authority on a provisional basis in accordance with section 1, paragraph 12, of the Annex to the Agreement relating to the implementation of Part XI;
- (d) "international organization" has the meaning set out in Annex IX, article 1, to the Convention, unless otherwise specified;
- (e) "Member" means an elected judge;
- (f) "judge" means a Member as well as a judge *ad hoc;*
- (g) "judge *ad hoc*" means a person chosen under article 17 of the Statute for the purposes of a particular case;
- (h) "Authority" means the International Seabed Authority;
- (i) "certified copy" means a copy of a document bearing an attestation by or on behalf of the custodian of the original or the party submitting it that it is a true and accurate copy thereof.

PART II.

ORGANIZATION

Section A. The Tribunal

Subsection 1. The Members

Article 2
1. The term of office of Members elected at a triennial election shall begin to run from 1 October following the date of the election.
2. The term of office of a Member elected to replace a Member whose term of office has not expired shall run from the date of the election for the remainder of that term.

Article 3
The Members, in the exercise of their functions, are of equal status, irrespective of age, priority of election or length of service.

Article 4

1. The Members shall, except as provided in paragraphs 3 and 4, take precedence according to the date on which their respective terms of office began.
2. Members whose terms of office began on the same date shall take precedence in relation to one another according to seniority of age.
3. A Member who is re-elected to a new term of office which is continuous with his previous term shall retain his precedence.
4. The President and the Vice-President of the Tribunal, while holding these offices, shall take precedence before the other Members.
5. The Member who, in accordance with the foregoing paragraphs, takes precedence next after the President and the Vice-President of the Tribunal is in these Rules designated the "Senior Member". If that Member is unable to act, the Member who is next after him in precedence and able to act is considered as Senior Member.

Article 5

1. The solemn declaration to be made by every Member in accordance with article 11 of the Statute shall be as follows:

   "I solemnly declare that I will perform my duties and exercise my powers as judge honourably, faithfully, impartially and conscientiously".

2. This declaration shall be made at the first public sitting at which the Member is present. Such sitting shall be held as soon as practicable after his term of office begins and, if necessary, a special sitting shall be held for the purpose.
3. A Member who is re-elected shall make a new declaration only if his new term is not continuous with his previous one.

Article 6

1. In the case of the resignation of a Member, the letter of resignation shall be addressed to the President of the Tribunal. The place becomes vacant on the receipt of the letter.
2. In the case of the resignation of the President of the Tribunal, the letter of resignation shall be addressed to the Vice-President of the Tribunal or, failing him, the Senior Member. The place becomes vacant on the receipt of the letter.

Article 7

In any case in which the application of article 9 of the Statute is under consideration, the Member concerned shall be so informed by the President of the Tribunal or, if the circumstances so require, by the Vice-President of the Tribunal, in a written statement which shall include the grounds therefor and any relevant evidence. He shall subsequently, at a private meeting of the Tribunal specially convened for the purpose, be afforded an opportunity of making a statement, of furnishing any information or explanations he wishes to give and of supplying answers, orally or in writing, to any questions put to him. The Member concerned may be assisted or represented by counsel or any other person of his choice. At a further private meeting, at which the Member concerned shall not be present, the matter shall be discussed; each Member shall state his opinion, and if requested a vote shall be taken.

Subsection 2. Judges ad hoc

Article 8

1. Judges *ad hoc* shall participate in the case in which they sit on terms of complete equality with the other judges.
2. Judges *ad hoc* shall take precedence after the Members and in order of seniority of age.
3. In the case of the resignation of a judge *ad hoc*, the letter of resignation shall be addressed to the President of the Tribunal. The place becomes vacant on the receipt of the letter.

Article 9

1. The solemn declaration to be made by every judge *ad hoc* in accordance with articles 11 and 17 paragraph 6, of the Statute shall be as set out in article 5, paragraph 1, of these Rules.
2. This declaration shall be made at a public sitting in the case in which the judge *ad hoc* is participating.
3. Judges *ad hoc* shall make the declaration in relation to each case in which they are participating.

Subsection 3. President and Vice-President

Article 10

1. The term of office of the President and that of the Vice-President of the Tribunal shall begin to run from the date on which the term of office of the Members elected at a triennial election begins.
2. The elections of the President and the Vice-President of the Tribunal shall be held on that date or shortly thereafter. The former President, if still a Member, shall continue to exercise the functions of President of the Tribunal until the election to this position has taken place.

Article 11

1. If, on the date of the election to the presidency, the former President of the Tribunal is still a Member, he shall conduct the election. If he has ceased to be a Member, or is unable to act, the election shall be conducted by the Member exercising the functions of the presidency.
2. The election shall take place by secret ballot, after the presiding Member has declared the number of affirmative votes necessary for election; there shall be no nominations. The Member obtaining the votes of the majority of the Members composing the Tribunal at the time of the election shall be declared elected and shall enter forthwith upon his functions.
3. The new President of the Tribunal shall conduct the election of the Vice-President of the Tribunal either at the same or at the following meeting. Paragraph 2 applies to this election.

Article 12

1. The President of the Tribunal shall preside at all meetings of the Tribunal. He shall direct the work and supervise the administration of the Tribunal.
2. He shall represent the Tribunal in its relations with States and other entities.

Article 13

1. In the event of a vacancy in the presidency or of the inability of the President of the Tribunal to exercise the functions of the presidency, these shall be exercised by the Vice-President of the Tribunal or, failing him, by the Senior Member.
2. When the President of the Tribunal is precluded by a provision of the Statute or of these Rules either from sitting or from presiding in a particular case, he shall continue to exercise the functions of the presidency for all purposes save in respect of that case.
3. The President of the Tribunal shall take the measures necessary in order to ensure the continuous exercise of the functions of the presidency at the seat of the Tribunal. In the event of his absence, he may, so far as is compatible with the Statute and these Rules, arrange for these functions to be exercised by the Vice-President of the Tribunal or, failing him, by the Senior Member.
4. If the President of the Tribunal decides to resign the presidency, he shall communicate his decision in writing to the Tribunal through the Vice-President of the Tribunal or, failing him, the Senior Member. If the Vice-President of the Tribunal decides to resign the vice-presidency, he shall communicate his decision in writing to the President of the Tribunal.

Article 14

If a vacancy in the presidency or the vice-presidency occurs before the date when the current term is due to expire, the Tribunal shall decide whether or not the vacancy shall be filled during the remainder of the term.

Subsection 4. Experts appointed under article 289 of the Convention

Article 15

1. A request by a party for the selection by the Tribunal of scientific or technical experts under article 289 of the Convention shall, as a general rule, be made not later than the closure of the written proceedings. The Tribunal may consider a later request made prior to the closure of the oral proceedings, if appropriate in the circumstances of the case.
2. When the Tribunal decides to select experts, at the request of a party or *proprio motu*, it shall select such experts upon the proposal of the President of the Tribunal who shall consult the parties before making such a proposal.
3. Experts shall be independent and enjoy the highest reputation for fairness, competence and integrity. An expert in a field mentioned in Annex VIII, article 2, to the Convention shall be chosen preferably from the relevant list prepared in accordance with that Annex.
4. This article applies *mutatis mutandis* to any chamber and its President.
5. Before entering upon their duties, such experts shall make the following solemn declaration at a public sitting:

> *"I solemnly declare that I will perform my duties as an expert honourably, impartially and conscientiously and that I will faithfully observe all the provisions of the Statute and of the Rules of the Tribunal".*

Subsection 5. The composition of the Tribunal for particular cases

Article 16

1. No Member who is a national of a party in a case, a national of a State member of an international organization which is a party in a case or a national of a sponsoring State of an entity other than a State which is a party in a case, shall exercise the functions of the presidency in respect of the case.
2. The Member who is presiding in a case on the date on which the Tribunal meets in accordance with article 68 shall continue to preside in that case until completion of the current phase of the case, notwithstanding the election in the meantime of a new President or Vice-President of the Tribunal. If he should become unable to act, the presidency for the case shall be determined in accordance with article 13 and on the basis of the composition of the Tribunal on the date on which it met in accordance with article 68.

Article 17

Members who have been replaced following the expiration of their terms of office shall continue to sit in a case until the completion of any phase in respect of which the Tribunal met in accordance with article 68.

Article 18

1. Whenever doubt arises on any point in article 8 of the Statute, the President of the Tribunal shall inform the other Members. The Member concerned shall be afforded an opportunity of furnishing any information or explanations.
2. If a party desires to bring to the attention of the Tribunal facts which it considers to be of possible relevance to the application of article 8 of the Statute, but which it believes may not be known to the Tribunal, that party shall communicate confidentially such facts to the President of the Tribunal in writing.

Article 19

1. If a party intends to choose a judge *ad hoc* in a case, it shall notify the Tribunal of its intention as soon as possible. It shall inform the Tribunal of the name, nationality and brief biographical details of the person chosen, preferably at the same time but in any event not later than two months before the time-limit fixed for the filing of the counter-memorial. The judge *ad hoc* may be of a nationality other than that of the party which chooses him.

2. If a party proposes to abstain from choosing a judge *ad hoc*, on condition of a like abstention by the other party, it shall so notify the Tribunal which shall inform the other party. If the other party thereafter gives notice of its intention to choose, or chooses, a judge *ad hoc*, the time-limit for the party which had previously abstained from choosing a judge may be extended up to 30 days by the President of the Tribunal.
3. A copy of any notification relating to the choice of a judge *ad hoc* shall be communicated by the Registrar to the other party, which shall be requested to furnish, within a time-limit not exceeding 30 days to be fixed by the President of the Tribunal, such observations as it may wish to make. If within the said time-limit no objection is raised by the other party, and if none appears to the Tribunal itself, the parties shall be so informed. In the event of any objection or doubt, the matter shall be decided by the Tribunal, if necessary after hearing the parties.
4. A judge *ad hoc* who becomes unable to sit may be replaced.
5. If the Tribunal finds that the reasons for the participation of a judge *ad hoc* no longer exist, that judge shall cease to sit on the bench.

Article 20

1. If the Tribunal finds that two or more parties are in the same interest, and therefore are to be considered as one party only, and that there is no Member of the nationality of any one of these parties upon the bench, the Tribunal shall fix a time-limit within which they may jointly choose a judge *ad hoc*.
2. Should any party among those found by the Tribunal to be in the same interest allege the existence of a separate interest of its own, or put forward any other objection, the matter shall be decided by the Tribunal, if necessary after hearing the parties.

Article 21

1. If a Member having the nationality of one of the parties is or becomes unable to sit in any phase of a case, that party is entitled to choose a judge *ad hoc* within a time-limit to be fixed by the Tribunal, or by the President of the Tribunal if the Tribunal is not sitting.
2. Parties in the same interest shall be deemed not to have a Member of one of their nationalities upon the bench if every Member having one of their nationalities is or becomes unable to sit in any phase of the case.
3. If a Member having the nationality of one of the parties becomes able to sit not later than the closure of the written proceedings in that phase of the case, that Member shall resume the seat on the bench in the case.

Article 22

1. An entity other than a State may choose a judge *ad hoc* only if:
   (a) one of the other parties is a State Party and there is upon the bench a judge of its nationality or, where such party is an international organization, there is upon the bench a judge of the nationality of one of its member States or the State Party has itself chosen a judge *ad hoc*; or
   (b) there is upon the bench a judge of the nationality of the sponsoring State of one of the other parties.
2. However, an international organization or a natural or juridical person or state enterprise is not entitled to choose a judge *ad hoc* if there is upon the bench a judge of the nationality of one of the member States of the international organization or a judge of the nationality of the sponsoring State of such natural or juridical person or state enterprise.
3. Where an international organization is a party to a case and there is upon the bench a judge of the nationality of a member State of the organization, the other party may choose a judge *ad hoc*.
4. Where two or more judges on the bench are nationals of member States of the international organization concerned or of the sponsoring States of a party, the President may, after consulting the parties, request one or more of such judges to withdraw from the bench.

Section B. The Seabed Disputes Chamber

Subsection 1. The members and judges ad hoc

Article 23

The members of the Seabed Disputes Chamber shall be selected following each triennial election to the Tribunal as soon as possible after the term of office of Members elected at such election begins. The term of office of members of the Chamber shall begin to run from the date of their selection. The term of office of members selected at the first selection shall expire on 30 September 1999; the terms of office of members selected at subsequent triennial selections shall expire on 30 September every three years thereafter. Members of the Chamber who remain on the Tribunal after the expiry of their term of office shall continue to serve on the Chamber until the next selection.

Article 24

The President of the Chamber, while holding that office, takes precedence before the other members of the Chamber. The other members take precedence according to their precedence in the Tribunal in the case where the President and Vice-President of the Tribunal are not exercising the functions of those offices.

Article 25

Articles 8 and 9 apply *mutatis mutandis* to the judges *ad hoc* of the Chamber.

Subsection 2. The presidency

Article 26

1. The Chamber shall elect its President by secret ballot and by a majority vote of its members.
2. The President shall preside at all meetings of the Chamber.
3. In the event of a vacancy in the presidency or of the inability of the President of the Chamber to exercise the functions of the presidency, these shall be exercised by the member of the Chamber who is senior in precedence and able to act.
4. In other respects, articles 10 to 14 apply *mutatis mutandis*.

Subsection 3. Ad hoc chambers of the Seabed Disputes Chamber

Article 27

1. Any request for the formation of an *ad hoc* chamber of the Seabed Disputes Chamber in accordance with article 188, paragraph 1 (b), of the Convention shall be made within three months from the date of the institution of proceedings.
2. If, within a time-limit fixed by the President of the Seabed Disputes Chamber, the parties do not agree on the composition of the chamber, the President shall establish time-limits for the parties to make the necessary appointments.

Section C. Special chambers

Article 28

1. The Chamber of Summary Procedure shall be composed of the President and Vice-President of the Tribunal, acting *ex officio*, and three other Members. In addition, two Members shall be selected to act as alternates.
2. The members and alternates of the Chamber shall be selected by the Tribunal upon the proposal of the President of the Tribunal.
3. The selection of members and alternates of the Chamber shall be made as soon as possible after 1 October in each year. The members of the Chamber and the alternates shall enter upon their functions on their selection and serve until 30 September of the following year. Members of the Chamber and alternates who remain on the Tribunal after that date shall continue to serve on the Chamber until the next selection.

4. If a member of the Chamber is unable, for whatever reason, to sit in a given case, that member shall be replaced for the purposes of that case by the senior in precedence of the two alternates.
5. If a member of the Chamber resigns or otherwise ceases to be a member, the place of that member shall be taken by the senior in precedence of the two alternates, who shall thereupon become a full member of the Chamber and be replaced by the selection of another alternate.
6. The quorum for meetings of the Chamber is three members.

Article 29

1. Whenever the Tribunal decides to form a standing special chamber provided for in article 15, paragraph 1, of the Statute, it shall determine the particular category of disputes for which it is formed, the number of its members, the period for which they will serve, the date when they will enter upon their duties and the quorum for meetings.
2. The members of such chamber shall be selected by the Tribunal upon the proposal of the President of the Tribunal from among the Members, having regard to any special knowledge, expertise or previous experience which any of the Members may have in relation to the category of disputes the chamber deals with.
3. The Tribunal may decide to dissolve a standing special chamber. The chamber shall finish any cases pending before it.

Article 30

1. A request for the formation of a special chamber to deal with a particular dispute, as provided for in article 15, paragraph 2, of the Statute, shall be made within two months from the date of the institution of proceedings. Upon receipt of a request made by one party, the President of the Tribunal shall ascertain whether the other party assents.
2. When the parties have agreed, the President of the Tribunal shall ascertain their views regarding the composition of the chamber and shall report to the Tribunal accordingly.
3. The Tribunal shall determine, with the approval of the parties, the Members who are to constitute the chamber. The same procedure shall be followed in filling any vacancy. The Tribunal shall also determine the quorum for meetings of the chamber.
4. Members of a chamber formed under this article who have been replaced, in accordance with article 5 of the Statute, following the expiration of their terms of office, shall continue to sit in all phases of the case, whatever the stage it has then reached.

Article 31

1. If a chamber when formed includes the President of the Tribunal, the President shall preside over the chamber. If it does not include the President but includes the Vice-President, the Vice-President shall preside. In any other event, the chamber shall elect its own President by secret ballot and by a majority of votes of its members. The member who, under this paragraph, presides over the chamber at the time of its formation shall continue to preside so long as he remains a member of that chamber.
2. Subject to paragraph 3, the President of a chamber shall exercise, in relation to cases being dealt with by that chamber and from the time it begins dealing with the case, the functions of the President of the Tribunal in relation to cases before the Tribunal.
3. The President of the Tribunal shall take such steps as may be necessary to give effect to article 17, paragraph 4, of the Statute.
4. If the President of a chamber is prevented from sitting or acting as President of the chamber, the functions of the presidency of the chamber shall be assumed by the member of the chamber who is the senior in precedence and able to act.

Section D. The Registry

Article 32

1. The Tribunal shall elect its Registrar by secret ballot from among candidates nominated by Members. The Registrar shall be elected for a term of seven years and may be re-elected.

2. The President of the Tribunal shall give notice of a vacancy or impending vacancy to Members, either forthwith upon the vacancy arising or, where the vacancy will arise on the expiration of the term of office of the Registrar, not less than three months prior thereto. The President of the Tribunal shall fix a date for the closure of the list of candidates so as to enable nominations and information concerning the candidates to be received in sufficient time.
3. Nominations shall be accompanied by the relevant information concerning the candidates, and in particular information as to age, nationality, present occupation, academic and other qualifications, knowledge of languages and any previous experience in law, and especially the law of the sea, diplomacy or the work of international organizations.
4. The candidate obtaining the votes of the majority of the Members composing the Tribunal at the time of the election shall be declared elected.

Article 33

The Tribunal shall elect a Deputy Registrar; it may also elect an Assistant Registrar. Article 32 applies to their election and terms of office.

Article 34

Before taking up their duties, the Registrar, the Deputy Registrar and the Assistant Registrar shall make the following solemn declaration at a meeting of the Tribunal:

"I solemnly declare that I will perform my duties as Registrar (Deputy Registrar or Assistant Registrar as the case may be) of the International Tribunal for the Law of the Sea in all loyalty, discretion and good conscience and that I will faithfully observe all the provisions of the Statute and of the Rules of the Tribunal".

Article 35

1. The staff of the Registry, other than the Registrar, the Deputy Registrar and the Assistant Registrar, shall be appointed by the Tribunal on proposals submitted by the Registrar. Appointments to such posts as the Tribunal shall determine may, however, be made by the Registrar with the approval of the President of the Tribunal.
2. The paramount consideration in the recruitment and employment of the staff and in the determination of the conditions of service shall be the necessity of securing the highest standards of efficiency, competence and integrity. Due regard shall be paid to the importance of recruiting the staff on as wide a geographical basis as possible.
3. Before taking up their duties, the staff shall make the following solemn declaration before the President of the Tribunal, the Registrar being present:

"I solemnly declare that I will perform my duties as an official of the International Tribunal for the Law of the Sea in all loyalty, discretion and good conscience and that I will faithfully observe all the provisions of the Statute and of the Rules of the Tribunal".

Article 36

1. The Registrar, in the discharge of his functions, shall:
   (a) be the regular channel of communications to and from the Tribunal and in particular shall effect all communications, notifications and transmission of documents required by the Convention, the Statute, these Rules or any other relevant international agreement and ensure that the date of dispatch and receipt thereof may be readily verified;
   (b) keep, under the supervision of the President of the Tribunal, and in such form as may be laid down by the Tribunal, a List of cases, entered and numbered in the order in which the documents instituting proceedings or requesting an advisory opinion are received in the Registry;

(c) keep copies of declarations and notices of revocation or withdrawal thereof deposited with the Secretary-General of the United Nations under articles 287 and 298 of the Convention or Annex IX, article 7, to the Convention;
(d) keep copies of agreements conferring jurisdiction on the Tribunal;
(e) keep notifications received under article 110, paragraph 2;
(f) transmit to the parties certified copies of pleadings and annexes upon receipt thereof in the Registry;
(g) communicate to the Government of the State in which the Tribunal or a chamber is sitting, or is to sit, and any other Governments which may be concerned, the necessary information as to the persons from time to time entitled, under the Statute and the relevant agreements, to privileges, immunities or facilities;
(h) be present in person or represented by the Deputy Registrar, the Assistant Registrar or in their absence by a senior official of the Registry designated by him, at meetings of the Tribunal, and of the chambers, and be responsible for preparing records of such meetings;
(i) make arrangements for such provision or verification of translations and interpretations into the Tribunal's official languages as the Tribunal may require;
(j) sign all judgments, advisory opinions and orders of the Tribunal and the records referred to in subparagraph (h);
(k) be responsible for the reproduction, printing and publication of the Tribunal's judgments, advisory opinions and orders, the pleadings and statements and the minutes of public sittings in cases and of such other documents as the Tribunal may direct to be published;
(l) be responsible for all administrative work and in particular for the accounts and financial administration in accordance with the financial procedures of the Tribunal;
(m) deal with inquiries concerning the Tribunal and its work;
(n) assist in maintaining relations between the Tribunal and the Authority, the International Court of Justice and the other organs of the United Nations, its related agencies, the arbitral and special arbitral tribunals referred to in article 287 of the Convention and international bodies and conferences concerned with the codification and progressive development of international law, in particular the law of the sea;
(o) ensure that information concerning the Tribunal and its activities is accessible to Governments, the highest national courts of justice, professional and learned societies, legal faculties and schools of law and public information media;
(p) have custody of the seals and stamps of the Tribunal, of the archives of the Tribunal and of such other archives as may be entrusted to the Tribunal.

2. The Tribunal may at any time entrust additional functions to the Registrar.
3. In the discharge of his functions the Registrar shall be responsible to the Tribunal.

Article 37

1. The Deputy Registrar shall assist the Registrar, act as Registrar in the latter's absence and, in the event of the office becoming vacant, exercise the functions of Registrar until the office has been filled.
2. If the Registrar, the Deputy Registrar and the Assistant Registrar are unable to carry out the duties of Registrar, the President of the Tribunal shall appoint an official of the Registry to discharge those duties for such time as may be necessary. If the three offices are vacant at the same time, the President, after consulting the Members, shall appoint an official of the Registry to discharge the duties of Registrar pending an election to that office.

Article 38

1. The Registry consists of the Registrar, the Deputy Registrar, the Assistant Registrar and such other staff as required for the efficient discharge of its functions.
2. The Tribunal shall determine the organization of the Registry and shall for this purpose request the Registrar to make proposals.

3. Instructions for the Registry shall be drawn up by the Registrar and approved by the Tribunal.
4. The staff of the Registry shall be subject to Staff Regulations drawn up by the Registrar and approved by the Tribunal.

Article 39

1. The Registrar may resign from office with two months' notice tendered in writing to the President of the Tribunal. The Deputy Registrar and the Assistant Registrar may resign from office with one month's notice tendered in writing to the President of the Tribunal through the Registrar.
2. The Registrar may be removed from office only if, in the opinion of two thirds of the Members, he has either committed a serious breach of his duties or become permanently incapacitated from exercising his functions. Before a decision to remove him is taken under this paragraph, he shall be informed by the President of the Tribunal of the action contemplated, in a written statement which shall include the grounds therefor and any relevant evidence. When the action contemplated concerns permanent incapacity, relevant medical information shall be included. The Registrar shall subsequently, at a private meeting of the Tribunal, be afforded an opportunity of making a statement, of furnishing any information or explanations he wishes to give and of supplying answers, orally or in writing, to any questions put to him. He may be assisted or represented at such meeting by counsel or any other person of his choice.
3. The Deputy Registrar and the Assistant Registrar may be removed from office only on the same grounds and by the same procedure as specified in paragraph 2.

Section E. Internal functioning of the Tribunal

Article 40

The internal judicial practice of the Tribunal shall, subject to the Convention, the Statute and these Rules, be governed by any resolutions on the subject adopted by the Tribunal.

Article 41

1. The quorum specified by article 13, paragraph 1, of the Statute applies to all meetings of the Tribunal. The quorum specified in article 35, paragraph 7, of the Statute applies to all meetings of the Seabed Disputes Chamber. The quorum specified for a special chamber applies to all meetings of that chamber.
2. Members shall hold themselves permanently available to exercise their functions and shall attend all such meetings, unless they are absent on leave as provided for in paragraph 4 or prevented from attending by illness or for other serious reasons duly explained to the President of the Tribunal, who shall inform the Tribunal.
3. Judges *ad hoc* are likewise bound to hold themselves at the disposal of the Tribunal and to attend all meetings held in the case in which they are participating unless they are prevented from attending by illness or for other serious reasons duly explained to the President of the Tribunal, who shall inform the Tribunal. They shall not be taken into account for the calculation of the quorum.
4. The Tribunal shall fix the dates and duration of the judicial vacations and the periods and conditions of leave to be accorded to individual Members, having regard in both cases to the state of the List of cases and to the requirements of its current work.
5. Subject to the same considerations, the Tribunal shall observe the public holidays customary at the place where the Tribunal is sitting.
6. In case of urgency the President of the Tribunal may convene the Tribunal at any time.

Article 42

1. The deliberations of the Tribunal shall take place in private and remain secret. The Tribunal may, however, at any time decide in respect of its deliberations on other than judicial matters to publish or allow publication of any part of them.

2. Only judges and any experts appointed in accordance with article 289 of the Convention take part in the Tribunal's judicial deliberations. The Registrar, or his Deputy, and other members of the staff of the Registry as may be required shall be present. No other person shall be present except by permission of the Tribunal.
3. The records of the Tribunal's judicial deliberations shall contain only the title or nature of the subjects or matters discussed and the results of any vote taken. They shall not contain any details of the discussions nor the views expressed, provided however that any judge is entitled to require that a statement made by him be inserted in the records.

Section F. Official languages

Article 43

The official languages of the Tribunal are English and French.

PART III.

PROCEDURE

Section A. General provisions

Article 44

1. The proceedings consist of two parts: written and oral.
2. The written proceedings shall consist of the communication to the Tribunal and to the parties of memorials, counter-memorials and, if the Tribunal so authorizes, replies and rejoinders, as well as all documents in support.
3 The oral proceedings shall consist of the hearing by the Tribunal of agents, counsel, advocates, witnesses and experts.

Article 45

In every case submitted to the Tribunal, the President shall ascertain the views of the parties with regard to questions of procedure. For this purpose, he may summon the agents of the parties to meet him as soon as possible after their appointment and whenever necessary thereafter, or use other appropriate means of communication.

Article 46

Time-limits for the completion of steps in the proceedings may be fixed by assigning a specified period but shall always indicate definite dates. Such time-limits shall be as short as the character of the case permits.

Article 47

The Tribunal may at any time direct that the proceedings in two or more cases be joined. It may also direct that the written or oral proceedings, including the calling of witnesses, be in common; or the Tribunal may, without effecting any formal joinder, direct common action in any of these respects.

Article 48

The parties may jointly propose particular modifications or additions to the Rules contained in this Part, which may be applied by the Tribunal or by a chamber if the Tribunal or the chamber considers them appropriate in the circumstances of the case.

Article 49

The proceedings before the Tribunal shall be conducted without unnecessary delay or expense.

Article 50

The Tribunal may issue guidelines consistent with these Rules concerning any aspect of its proceedings, including the length, format and presentation of written and oral pleadings and the use of electronic means of communication.

Article 51

All communications to the Tribunal under these Rules shall be addressed to the Registrar unless otherwise stated. Any request made by a party shall likewise be addressed to the Registrar unless made in open court in the course of the oral proceedings.

Article 52

1. All communications to the parties shall be sent to their agents.
2. The communications to a party before it has appointed an agent and to an entity other than a party shall be sent as follows:
   (a) in the case of a State, the Tribunal shall direct all communications to its Government;
   (b) in the case of the International Seabed Authority or the Enterprise, any international organization and any other intergovernmental organization, the Tribunal shall direct all communications to the competent body or executive head of such organization at its headquarters location;
   (c) in the case of State enterprises or natural or juridical persons referred to in article 153, paragraph 2 (b), of the Convention, the Tribunal shall direct all communications through the Government of the sponsoring or certifying State, as the case may be;
   (d) in the case of a group of States, State enterprises or natural or juridical persons referred to in article 153, paragraph 2 (b), of the Convention, the Tribunal shall direct all communications to each member of the group according to subparagraphs (a) and (c) above;
   (e) in the case of other natural or juridical persons, the Tribunal shall direct all communications through the Government of the State in whose territory the communication has to be received.
3. The same provisions apply whenever steps are to be taken to procure evidence on the spot.

Article 53

1. The parties shall be represented by agents.
2. The parties may have the assistance of counsel or advocates before the Tribunal.

Section B. Proceedings before the Tribunal

1. Institution of proceedings

Article 54

1. When proceedings before the Tribunal are instituted by means of an application, the application shall indicate the party making it, the party against which the claim is brought and the subject of the dispute.
2. The application shall specify as far as possible the legal grounds upon which the jurisdiction of the Tribunal is said to be based; it shall also specify the precise nature of the claim, together with a succinct statement of the facts and grounds on which the claim is based.
3. The original of the application shall be signed by the agent of the party submitting it or by the diplomatic representative of that party in the country in which the Tribunal has its seat or by some other duly authorized person. If the application bears the signature of someone other than such diplomatic representative, the signature must be authenticated by the latter or by the competent governmental authority.
4. The Registrar shall forthwith transmit to the respondent a certified copy of the application.
5. When the applicant proposes to found the jurisdiction of the Tribunal upon a consent thereto yet to be given or manifested by the party against which the application is made, the application shall be transmitted to that party. It shall not however be entered in the List of cases, nor any action be taken in the proceedings, unless and until the party against which such application is made consents to the jurisdiction of the Tribunal for the purposes of the case.

Article 55

1. When proceedings are brought before the Tribunal by the notification of a special agreement, the notification may be effected by the parties jointly or by any one or more of them. If the notification is not a joint one, a certified copy of it shall forthwith be communicated by the Registrar to any other party.
2. In each case the notification shall be accompanied by an original or certified copy of the special agreement. The notification shall also, in so far as this is not already apparent from the agreement, indicate the precise subject of the dispute and identify the parties to it.

Article 56

1. Except in the circumstances contemplated by article 54, paragraph 5, all steps on behalf of the parties after proceedings have been instituted shall be taken by agents. Agents shall have an address for service at the seat of the Tribunal or in the capital of the country where the seat is located, to which all communications concerning the case are to be sent.
2. When proceedings are instituted by means of an application, the name of the agent for the applicant shall be stated. The respondent, upon receipt of the certified copy of the application, or as soon as possible thereafter, shall inform the Tribunal of the name of its agent.
3. When proceedings are brought by notification of a special agreement, the party or parties making the notification shall state the name of its agent or the names of their agents, as the case may be. Any other party to the special agreement, upon receiving from the Registrar a certified copy of such notification, or as soon as possible thereafter, shall inform the Tribunal of the name of its agent if it has not already done so.

Article 57

1. Whenever proceedings are instituted on the basis of an agreement other than the Convention, the application or the notification shall be accompanied by a certified copy of the agreement in question.
2. In a dispute to which an international organization is a party, the Tribunal may, at the request of any other party or *proprio motu*, request the international organization to provide, within a reasonable time, information as to which, as between the organization and its member States, has competence in respect of any specific question which has arisen. If the Tribunal considers it necessary, it may suspend the proceedings until it receives such information.

Article 58

In the event of a dispute as to whether the Tribunal has jurisdiction, the matter shall be decided by the Tribunal.

Subsection 2. The written proceedings

Article 59

1. In the light of the views of the parties ascertained by the President of the Tribunal, the Tribunal shall make the necessary orders to determine, *inter alia*, the number and the order of filing of the pleadings and the time-limits within which they must be filed. The time-limits for each pleading shall not exceed six months.
2. The Tribunal may at the request of a party extend any time-limit or decide that any step taken after the expiration of the time-limit fixed therefor shall be considered as valid. It may not do so, however, unless it is satisfied that there is adequate justification for the request. In either case the other party shall be given an opportunity to state its views within a time-limit to be fixed by the Tribunal.
3. If the Tribunal is not sitting, its powers under this article may be exercised by the President of the Tribunal, but without prejudice to any subsequent decision of the Tribunal.

Article 60

1. The pleadings in a case begun by means of an application shall consist, in the following order, of: a memorial by the applicant and a counter-memorial by the respondent.

2. The Tribunal may authorize or direct that there shall be a reply by the applicant and a rejoinder by the respondent if the parties are so agreed or if the Tribunal decides, at the request of a party or *proprio motu*, that these pleadings are necessary.

Article 61

1. In a case begun by the notification of a special agreement, the number and order of the pleadings shall be governed by the provisions of the agreement, unless the Tribunal, after ascertaining the views of the parties, decides otherwise.
2. If the special agreement contains no such provision, and if the parties have not subsequently agreed on the number and order of pleadings, they shall each file a memorial and counter-memorial, within the same time-limits.
3. The Tribunal shall not authorize the presentation of replies and rejoinders unless it finds them to be necessary.

Article 62

1. A memorial shall contain: a statement of the relevant facts, a statement of law and the submissions.
2. A counter-memorial shall contain: an admission or denial of the facts stated in the memorial; any additional facts, if necessary; observations concerning the statement of law in the memorial; a statement of law in answer thereto; and the submissions.
3. A reply and rejoinder shall not merely repeat the parties' contentions, but shall be directed to bringing out the issues that still divide them.
4. Every pleading shall set out the party's submissions at the relevant stage of the case, distinctly from the arguments presented, or shall confirm the submissions previously made.

Article 63

1. There shall be annexed to the original of every pleading certified copies of any relevant documents adduced in support of the contentions contained in the pleading. Parties need not annex or certify copies of documents which have been published and are readily available to the Tribunal and the other party.
2. If only parts of a document are relevant, only such extracts as are necessary for the purpose of the pleading in question or for identifying the document need be annexed. A copy of the whole document shall be filed in the Registry, unless it has been published and is readily available to the Tribunal and the other party.
3. A list of all documents annexed to a pleading shall be furnished at the time the pleading is filed.

Article 64

1. The parties shall submit any pleading or any part of a pleading in one or both of the official languages.
2. A party may use a language other than one of the official languages for its pleadings. A translation into one of the official languages, certified as accurate by the party submitting it, shall be submitted together with the original of each pleading.
3. When a document annexed to a pleading is not in one of the official languages, it shall be accompanied by a translation into one of these languages certified as accurate by the party submitting it. The translation may be confined to part of an annex, or to extracts therefrom, but in this case it must be accompanied by an explanatory note indicating what passages are translated. The Tribunal may, however, require a more extensive or a complete translation to be furnished.
4. When a language other than one of the official languages is chosen by the parties and that language is an official language of the United Nations, the decision of the Tribunal shall, at the request of any party, be translated into that official language of the United Nations at no cost for the parties.

Article 65

1. The original of every pleading shall be signed by the agent and filed in the Registry. It shall be accompanied by a certified copy of the pleading, any document annexed thereto and any trans-

lations, for communication to the other party. It shall also be accompanied by the number of additional copies required by the Registry; further copies may be required should the need arise later.

2. All pleadings shall be dated. When a pleading has to be filed by a certain date, it is the date of receipt of the pleading in the Registry which will be regarded by the Tribunal as the material date.
3. If the Registrar arranges for the reproduction of a pleading at the request of a party, the text must be supplied in sufficient time to enable the pleading to be filed in the Registry before expiration of any time-limit which may apply to it. The reproduction is done under the responsibility of the party in question.
4. The correction of a slip or error in any document which has been filed may be made at any time with the consent of the other party or by leave of the President of the Tribunal. Any correction so effected shall be notified to the other party in the same manner as the pleading to which it relates.

Article 66

A certified copy of every pleading and any document annexed thereto produced by one party shall be communicated by the Registrar to the other party upon receipt.

Article 67

1. Copies of the pleadings and documents annexed thereto shall, as soon as possible after their filing, be made available by the Tribunal to a State or other entity entitled to appear before the Tribunal and which has asked to be furnished with such copies. However, if the party submitting the memorial so requests, the Tribunal shall make the memorial available at the same time as the counter-memorial.
2. Copies of the pleadings and documents annexed thereto shall be made accessible to the public on the opening of the oral proceedings, or earlier if the Tribunal or the President if the Tribunal is not sitting so decides after ascertaining the views of the parties.
3. However, the Tribunal, or the President if the Tribunal is not sitting, may, at the request of a party, and after ascertaining the views of the other party, decide otherwise than as set out in this article.

Subsection 3. Initial deliberations

Article 68

After the closure of the written proceedings and prior to the opening of the oral proceedings, the Tribunal shall meet in private to enable judges to exchange views concerning the written pleadings and the conduct of the case.

Subsection 4. Oral proceedings

Article 69

1. Upon the closure of the written proceedings, the date for the opening of the oral proceedings shall be fixed by the Tribunal. Such date shall fall within a period of six months from the closure of the written proceedings unless the Tribunal is satisfied that there is adequate justification for deciding otherwise. The Tribunal may also decide, when necessary, that the opening or the continuance of the oral proceedings be postponed.
2. When fixing the date for the opening of the oral proceedings or postponing the opening or continuance of such proceedings, the Tribunal shall have regard to:
   (a) the need to hold the hearing without unnecessary delay;
   (b) the priority required by articles 90 and 112;
   (c) any special circumstances, including the urgency of the case or other cases on the List of cases; and
   (d) the views expressed by the parties.

3. When the Tribunal is not sitting, its powers under this article shall be exercised by the President.

Article 70

The Tribunal may, if it considers it desirable, decide pursuant to article 1, paragraph 3, of the Statute that all or part of the further proceedings in a case shall be held at a place other than the seat of the Tribunal. Before so deciding, it shall ascertain the views of the parties.

Article 71

1. After the closure of the written proceedings, no further documents may be submitted to the Tribunal by either party except with the consent of the other party or as provided in paragraph 2. The other party shall be held to have given its consent if it does not lodge an objection to the production of the document within 15 days of receiving it.
2. In the event of objection, the Tribunal, after hearing the parties, may authorize production of the document if it considers production necessary.
3. The party desiring to produce a new document shall file the original or a certified copy thereof, together with the number of copies required by the Registry, which shall be responsible for communicating it to the other party and shall inform the Tribunal.
4. If a new document is produced under paragraph 1 or 2, the other party shall have an opportunity of commenting upon it and of submitting documents in support of its comments.
5. No reference may be made during the oral proceedings to the contents of any document which has not been produced as part of the written proceedings or in accordance with this article, unless the document is part of a publication readily available to the Tribunal and the other party.
6. The application of this article shall not in itself constitute a ground for delaying the opening or the course of the oral proceedings.

Article 72

Without prejudice to the provisions of these Rules concerning the production of documents, each party shall communicate to the Registrar, in sufficient time before the opening of the oral proceedings, information regarding any evidence which it intends to produce or which it intends to request the Tribunal to obtain. This communication shall contain a list of the surnames, first names, nationalities, descriptions and places of residence of the witnesses and experts whom the party intends to call, with indications of the point or points to which their evidence will be directed. A certified copy of the communication shall also be furnished for transmission to the other party.

Article 73

1. The Tribunal shall determine whether the parties should present their arguments before or after the production of the evidence; the parties shall, however, retain the right to comment on the evidence given.
2. The Tribunal, after ascertaining the views of the parties, shall determine the order in which the parties will be heard, the method of handling the evidence and examining any witnesses and experts and the number of counsel and advocates to be heard on behalf of each party.

Article 74

The hearing shall, in accordance with article 26, paragraph 2, of the Statute, be public, unless the Tribunal decides otherwise or unless the parties request that the public be not admitted. Such a decision or request may concern either the whole or part of the hearing, and may be made at any time.

Article 75

1. The oral statements made on behalf of each party shall be as succinct as possible within the limits of what is requisite for the adequate presentation of that party's contentions at the hearing. Accordingly, they shall be directed to the issues that still divide the parties, and shall not go over the whole ground covered by the pleadings or merely repeat the facts and arguments these contain.
2. At the conclusion of the last statement made by a party at the hearing, its agent, without recapitulation of the arguments, shall read that party's final submissions. A copy of the written text of

these, signed by the agent, shall be communicated to the Tribunal and transmitted to the other party.

Article 76

1. The Tribunal may at any time prior to or during the hearing indicate any points or issues which it would like the parties specially to address, or on which it considers that there has been sufficient argument.
2. The Tribunal may, during the hearing, put questions to the agents, counsel and advocates, and may ask them for explanations.
3. Each judge has a similar right to put questions, but before exercising it he should make his intention known to the President of the Tribunal.
4. The agents, counsel and advocates may answer either immediately or within a time-limit fixed by the President of the Tribunal.

Article 77

1. The Tribunal may at any time call upon the parties to produce such evidence or to give such explanations as the Tribunal may consider to be necessay for the elucidation of any aspect of the matter in issue, or may itself seek other information for this purpose.
2. The Tribunal may, if necessary, arrange for the attendance of a witness or expert to give evidence in the proceedings.

Article 78

1. The parties may call any witnesses or experts appearing on the list communicated to the Tribunal pursuant to article 72. If at any time during the hearing a party wishes to call a witness or expert whose name was not included in that list, it shall make a request therefor to the Tribunal and inform the other party, and shall supply the information required by article 72. The witness or expert may be called either if the other party raises no objection or, in the event of objection, if the Tribunal so authorizes after hearing the other party.
2. The Tribunal may, at the request of a party or *proprio motu*, decide that a witness or expert be examined otherwise than before the Tribunal itself. The President of the Tribunal shall take the necessary steps to implement such a decision.

Article 79

Unless on account of special circumstances the Tribunal decides on a different form of words,

(a) every witness shall make the following solemn declaration before giving any evidence:

> *"I solemnly declare upon my honour and conscience that I will speak the truth, the whole truth and nothing but the truth";*

(b) every expert shall make the following solemn declaration before making any statement:

> *"I solemnly declare upon my honour and conscience that I will speak the truth, the whole truth and nothing but the truth, and that my statement will be in accordance with my sincere belief".*

Article 80

Witnesses and experts shall, under the control of the President of the Tribunal, be examined by the agents, counsel or advocates of the parties starting with the party calling the witness or expert. Questions may be put to them by the President of the Tribunal and by the judges. Before testifying, witnesses and experts other than those appointed under article 289 of the Convention shall remain out of court.

Article 81

The Tribunal may at any time decide, at the request of a party or *proprio motu*, to exercise its functions with regard to the obtaining of evidence at a place or locality to which the case relates, subject to such conditions as the Tribunal may decide upon after ascertaining the views of the parties. The necessary arrangements shall be made in accordance with article 52.

Article 82

1. If the Tribunal considers it necessary to arrange for an inquiry or an expert opinion, it shall, after hearing the parties, issue an order to this effect, defining the subject of the inquiry or expert opinion, stating the number and mode of appointment of the persons to hold the inquiry or of the experts and laying down the procedure to be followed. Where appropriate, the Tribunal shall require persons appointed to carry out an inquiry, or to give an expert opinion, to make a solemn declaration.
2. Every report or record of an inquiry and every expert opinion shall be communicated to the parties, which shall be given the opportunity of commenting upon it.

Article 83

Witnesses and experts who appear at the instance of the Tribunal under article 77, paragraph 2, and persons appointed by the Tribunal under article 82, paragraph 1, to carry out an inquiry or to give an expert opinion, shall, where appropriate, be paid out of the funds of the Tribunal.

Article 84

1. The Tribunal may, at any time prior to the closure of the oral proceedings, at the request of a party or *proprio motu,* request an appropriate intergovernmental organization to furnish information relevant to a case before it. The Tribunal, after consulting the chief administrative officer of the organization concerned, shall decide whether such information shall be presented to it orally or in writing and fix the time-limits for its presentation.
2. When such an intergovernmental organization sees fit to furnish, on its own initiative, information relevant to a case before the Tribunal, it shall do so in the form of a memorial to be filed in the Registry before the closure of the written proceedings. The Tribunal may require such information to be supplemented, either orally or in writing, in the form of answers to any questions which it may see fit to formulate, and also authorize the parties to comment, either orally or in writing, on the information thus furnished.
3. Whenever the construction of the constituent instrument of such an intergovernmental organization or of an international convention adopted thereunder is in question in a case before the Tribunal, the Registrar shall, on the instructions of the Tribunal, or of the President if the Tribunal is not sitting, so notify the intergovernmental organization concerned and shall communicate to it copies of all the written proceedings. The Tribunal, or the President if the Tribunal is not sitting, may, as from the date on which the Registrar has communicated copies of the written proceedings and after consulting the chief administrative officer of the intergovernmental organization concerned, fix a time-limit within which the organization may submit to the Tribunal its observations in writing. These observations shall be communicated to the parties and may be discussed by them and by the representative of the said organization during the oral proceedings.
4. In the foregoing paragraphs, "intergovernmental organization" means an intergovernmental organization other than any organization which is a party or intervenes in the case concerned.

Article 85

1. Unless the Tribunal decides otherwise, all speeches and statements made and evidence given at the hearing in one of the official languages of the Tribunal shall be interpreted into the other official language. If they are made or given in any other language, they shall be interpreted into the two official languages of the Tribunal.
2. Whenever a language other than an official language is used, the necessary arrangements for interpretation into one of the official languages shall be made by the party concerned. The Registrar shall make arrangements for the verification of the interpretation provided by a party at the expense of that party. In the case of witnesses or experts who appear at the instance of the Tribunal, arrangements for interpretation shall be made by the Registrar.

3. A party on behalf of which speeches or statements are to be made, or evidence given, in a language which is not one of the official languages of the Tribunal shall so notify the Registrar in sufficient time for the necessary arrangements to be made, including verification.
4. Before entering upon their duties in the case, interpreters provided by a party shall make the following solemn declaration:

"I solemnly declare upon my honour and conscience that my interpretation will be faithful and complete".

Article 86

1. Minutes shall be made of each hearing. For this purpose, a verbatim record shall be made by the Registrar of every hearing, in the official language or languages of the Tribunal used during the hearing. When another language is used, the verbatim record shall be prepared in one of the official languages of the Tribunal.
2. In order to prepare such a verbatim record, the party on behalf of which speeches or statements are made in a language which is not one of the official languages shall supply to the Registry in advance a text thereof in one of the official languages.
3. The transcript of the verbatim record shall be preceded by the names of the judges present, and those of the agents, counsel and advocates of the parties.
4. Copies of the transcript shall be circulated to the judges sitting in the case and to the parties. The latter may, under the supervision of the Tribunal, correct the transcripts of speeches and statements made on their behalf, but in no case may such corrections affect the meaning and scope thereof. The judges may likewise make corrections in the transcript of anything they have said.
5. Witnesses and experts shall be shown that part of the transcript which relates to the evidence given or the statements made by them, and may correct it in like manner as the parties.
6. One certified copy of the corrected transcript, signed by the President of the Tribunal and the Registrar, shall constitute the authentic minutes of the hearing. The minutes of public hearings shall be printed and published by the Tribunal.

Article 87

Any written reply by a party to a question put under article 76 or any evidence or explanation supplied by a party under article 77 received by the Tribunal after the closure of the oral proceedings shall be communicated to the other party, which shall be given the opportunity of commenting upon it. The oral proceedings may be reopened for that purpose, if necessary.

Article 88

1. When, subject to the control of the Tribunal, the agents, counsel and advocates have completed their presentation of the case, the President of the Tribunal shall declare the oral proceedings closed. The agents shall remain at the disposal of the Tribunal.
2. The Tribunal shall withdraw to consider the judgment.

Section C. Incidental proceedings

Subsection 1. Provisional measures

Article 89

1. A party may submit a request for the prescription of provisional measures under article 290, paragraph 1, of the Convention at any time during the course of the proceedings in a dispute submitted to the Tribunal.
2. Pending the constitution of an arbitral tribunal to which a dispute is being submitted, a party may submit a request for the prescription of provisional measures under article 290, paragraph 5, of the Convention:
   (a) at any time if the parties have so agreed;

(b) at any time after two weeks from the notification to the other party of a request for provisional measures if the parties have not agreed that such measures may be prescribed by another court or tribunal.

3. The request shall be in writing and specify the measures requested, the reasons therefor and the possible consequences, if it is not granted, for the preservation of the respective rights of the parties or for the prevention of serious harm to the marine environment.
4. A request for the prescription of provisional measures under article 290, paragraph 5, of the Convention shall also indicate the legal grounds upon which the arbitral tribunal which is to be constituted would have jurisdiction and the urgency of the situation. A certified copy of the notification or of any other document instituting the proceedings before the arbitral tribunal shall be annexed to the request.
5. When a request for provisional measures has been made, the Tribunal may prescribe measures different in whole or in part from those requested and indicate the parties which are to take or to comply with each measure.

Article 90

1. Subject to article 112, paragraph 1, a request for the prescription of provisional measures has priority over all other proceedings before the Tribunal.
2. The Tribunal, or the President if the Tribunal is not sitting, shall fix the earliest possible date for a hearing.
3. The Tribunal shall take into account any observations that may be presented to it by a party before the closure of the hearing.
4. Pending the meeting of the Tribunal, the President of the Tribunal may call upon the parties to act in such a way as will enable any order the Tribunal may make on the request for provisional measures to have its appropriate effects.

Article 91

1. If the President of the Tribunal ascertains that at the date fixed for the hearing referred to in article 90, paragraph 2, a sufficient number of Members will not be available to constitute a quorum, the Chamber of Summary Procedure shall be convened to carry out the functions of the Tribunal with respect to the prescription of provisional measures.
2. The Tribunal shall review or revise provisional measures prescribed by the Chamber of Summary Procedure at the written request of a party within 15 days of the prescription of the measures. The Tribunal may also at any time decide *proprio motu* to review or revise the measures.

Article 92

The rejection of a request for the prescription of provisional measures shall not prevent the party which made it from making a fresh request in the same case based on new facts.

Article 93

A party may request the modification or revocation of provisional measures. The request shall be submitted in writing and shall specify the change in, or disappearance of, the circumstances considered to be relevant. Before taking any decision on the request, the Tribunal shall afford the parties an opportunity of presenting their observations on the subject.

Article 94

Any provisional measures prescribed by the Tribunal or any modification or revocation thereof shall forthwith be notified to the parties and to such other States Parties as the Tribunal considers appropriate in each case.

Article 95

1. Each party shall inform the Tribunal as soon as possible as to its compliance with any provisional measures the Tribunal has prescribed. In particular, each party shall submit an initial report upon the steps it has taken or proposes to take in order to ensure prompt compliance with the measures prescribed.

2. The Tribunal may request further information from the parties on any matter connected with the implementation of any provisional measures it has prescribed.

Subsection 2. Preliminary proceedings

Article 96

1. When an application is made in respect of a dispute referred to in article 297 of the Convention, the Tribunal shall determine at the request of the respondent or may determine *proprio motu*, in accordance with article 294 of the Convention, whether the claim constitutes an abuse of legal process or whether *prima facie* it is well founded.
2. The Registrar, when transmitting an application to the respondent under article 54, paragraph 4, shall notify the respondent of the time-limit fixed by the President of the Tribunal for requesting a determination under article 294 of the Convention.
3. The Tribunal may also decide, within two months from the date of an application, to exercise *proprio motu* its power under article 294, paragraph 1, of the Convention.
4. The request by the respondent for a determination under article 294 of the Convention shall be in writing and shall indicate the grounds for a determination by the Tribunal that:
   (a) the application is made in respect of a dispute referred to in article 297 of the Convention; and
   (b) the claim constitutes an abuse of legal process or is *prima facie* unfounded.
5. Upon receipt of such a request or *proprio motu*, the Tribunal, or the President if the Tribunal is not sitting, shall fix a time-limit not exceeding 60 days within which the parties may present their written observations and submissions. The proceedings on the merits shall be suspended.
6. Unless the Tribunal decides otherwise, the further proceedings shall be oral.
7. The written observations and submissions referred to in paragraph 5, and the statements and evidence presented at the hearings contemplated by paragraph 6, shall be confined to those matters which are relevant to the determination whether the claim constitutes an abuse of legal process or is *prima facie* unfounded, and whether the application is made in respect of a dispute referred to in article 297 of the Convention. The Tribunal may, however, request the parties to argue all questions of law and fact, and to adduce all evidence, bearing on the issue.
8. The Tribunal shall make its determination in the form of a judgment.

Subsction 3. Preliminary objections

Article 97

1. Any objection to the jurisdiction of the Tribunal or to the admissibility of the application, or other objection the decision upon which is requested before any further proceedings on the merits, shall be made in writing within 90 days from the institution of proceedings.
2. The preliminary objection shall set out the facts and the law on which the objection is based, as well as the submissions.
3. Upon receipt by the Registry of a preliminary objection, the proceedings on the merits shall be suspended and the Tribunal, or the President if the Tribunal is not sitting, shall fix a time-limit not exceeding 60 days within which the other party may present its written observations and submissions. It shall fix a further time-limit not exceeding 60 days from the receipt of such observations and submissions within which the objecting party may present its written observations and submissions in reply. Copies of documents in support shall be annexed to such statements and evidence which it is proposed to produce shall be mentioned.
4. Unless the Tribunal decides otherwise, the further proceedings shall be oral.
5. The written observations and submissions referred to in paragraph 3, and the statements and evidence presented at the hearings contemplated by paragraph 4, shall be confined to those matters which are relevant to the objection. Whenever necessary, however, the Tribunal may re-

quest the parties to argue all questions of law and fact, and to adduce all evidence, bearing on the issue.

6. The Tribunal shall give its decision in the form of a judgment, by which it shall uphold the objection or reject it or declare that the objection does not possess, in the circumstances of the case, an exclusively preliminary character. If the Tribunal rejects the objection or declares that it does not possess an exclusively preliminary character, it shall fix time-limits for the further proceedings.
7. The Tribunal shall give effect to any agreement between the parties that an objection submitted under paragraph 1 be heard and determined within the framework of the merits.

Subsection 4. Counter-claims

Article 98

1. A party may present a counter-claim provided that it is directly connected with the subject-matter of the claim of the other party and that it comes within the jurisdiction of the Tribunal.
2. A counter-claim shall be made in the counter-memorial of the party presenting it and shall appear as part of the submissions of that party.
3. In the event of doubt as to the connection between the question presented by way of counter-claim and the subject-matter of the claim of the other party the Tribunal shall, after hearing the parties, decide whether or not the question thus presented shall be joined to the original proceedings.

Subsection 5. Intervention

Article 99

1. An application for permission to intervene under the terms of article 31 of the Statute shall be filed not later than 30 days after the counter-memorial becomes available under article 67, paragraph 1, of these Rules. In exceptional circumstances, an application submitted at a later stage may however be admitted.
2. The application shall be signed in the manner provided for in article 54, paragraph 3, and state the name and address of an agent. It shall specify the case to which it relates and shall set out:
   (a) the interest of a legal nature which the State Party applying to intervene considers may be affected by the decision in that case;
   (b) the precise object of the intervention.
3. Permission to intervene under the terms of article 31 of the Statute may be granted irrespective of the choice made by the applicant under article 287 of the Convention.
4. The application shall contain a list of the documents in support, copies of which documents shall be annexed.

Article 100

1. A State Party or an entity other than a State Party referred to in article 32, paragraphs 1 and 2, of the Statute which desires to avail itself of the right of intervention conferred upon it by article 32, paragraph 3, of the Statute shall file a declaration to that effect. The declaration shall be filed not later than 30 days after the counter-memorial becomes available under article 67, paragraph 1, of these Rules. In exceptional circumstances, a declaration submitted at a later stage may however be admitted.
2. The declaration shall be signed in the manner provided for in article 54, paragraph 3, and state the name and address of an agent. It shall specify the case to which it relates and shall:
   (a) identify the particular provisions of the Convention or of the international agreement the interpretation or application of which the declaring party considers to be in question;
   (b) set out the interpretation or application of those provisions for which it contends;
   (c) list the documents in support, copies of which documents shall be annexed.

Article 101

1. Certified copies of the application for permission to intervene under article 31 of the Statute, or of the declaration of intervention under article 32 of the Statute, shall be communicated forthwith to the parties to the case, which shall be invited to furnish their written observations within a time-limit to be fixed by the Tribunal or by the President if the Tribunal is not sitting.
2. The Registrar shall also transmit copies to: (a) States Parties; (b) any other parties which have to be notified under article 32, paragraph 2, of the Statute; (c) the Secretary-General of the United Nations; (d) the Secretary-General of the Authority when the proceedings are before the Seabed Disputes Chamber.

Article 102

1. The Tribunal shall decide whether an application for permission to intervene under article 31 of the Statute should be granted or whether an intervention under article 32 of the Statute is admissible as a matter of priority unless in view of the circumstances of the case the Tribunal determines otherwise.
2. If, within the time-limit fixed under article 101, an objection is filed to an application for permission to intervene, or to the admissibility of a declaration of intervention, the Tribunal shall hear the State Party or entity other than a State Party seeking to intervene and the parties before deciding.

Article 103

1. If an application for permission to intervene under article 31 of the Statute is granted, the intervening State Party shall be supplied with copies of the pleadings and documents annexed and shall be entitled to submit a written statement within a time-limit to be fixed by the Tribunal. A further time-limit shall be fixed within which the parties may, if they so desire, furnish their written observations on that statement prior to the oral proceedings. If the Tribunal is not sitting, these time-limits shall be fixed by the President.
2. The time-limits fixed according to paragraph 1 shall, so far as possible, coincide with those already fixed for the pleadings in the case.
3. The intervening State Party shall be entitled, in the course of the oral proceedings, to submit its observations with respect to the subject-matter of the intervention.
4. The intervening State Party shall not be entitled to choose a judge *ad hoc* or to object to an agreement to discontinue the proceedings under article 105, paragraph 1.

Article 104

1. If an intervention under article 32 of the Statute is admitted, the intervenor shall be supplied with copies of the pleadings and documents annexed and shall be entitled, within a time-limit to be fixed by the Tribunal, or the President if the Tribunal is not sitting, to submit its written observations on the subject-matter of the intervention.
2. These observations shall be communicated to the parties and to any other State Party or entity other than a State Party admitted to intervene. The intervenor shall be entitled, in the course of the oral proceedings, to submit its observations with respect to the subject-matter of the intervention.
3. The intervenor shall not be entitled to choose a judge *ad hoc* or to object to an agreement to discontinue the proceedings under article 105, paragraph 1.

Subsection 6. Discontinuance

Article 105

1. If at any time before the final judgment on the merits has been delivered the parties, either jointly or separately, notify the Tribunal in writing that they have agreed to discontinue the proceedings, the Tribunal shall make an order recording the discontinuance and directing the Registrar to remove the case from the List of cases.

2. If the parties have agreed to discontinue the proceedings in consequence of having reached a settlement of the dispute and if they so desire, the Tribunal shall record this fact in the order for the removal of the case from the List, or indicate in, or annex to, the order, the terms of the settlement.
3. If the Tribunal is not sitting, any order under this article may be made by the President.

Article 106

1. If, in the course of proceedings instituted by means of an application, the applicant informs the Tribunal in writing that it is not going on with the proceedings, and if, at the date on which this communication is received by the Registry, the respondent has not yet taken any step in the proceedings, the Tribunal shall make an order officially recording the discontinuance of the proceedings and directing the removal of the case from the List of cases. A copy of this order shall be sent by the Registrar to the respondent.
2. If, at the time when the notice of discontinuance is received, the respondent has already taken some step in the proceedings, the Tribunal shall fix a time-limit within which the respondent may state whether it opposes the discontinuance of the proceedings. If no objection is made to the discontinuance before the expiration of the time-limit, acquiescence will be presumed and the Tribunal shall make an order recording the discontinuance of the proceedings and directing the Registrar to remove the case from the List of cases. If objection is made, the proceedings shall continue.
3. If the Tribunal is not sitting, its powers under this article may be exercised by the President.

Section D. Proceedings before special chambers

Article 107

Proceedings before the special chambers mentioned in article 15 of the Statute shall, subject to the provisions of the Convention, the Statute and these Rules relating specifically to the special chambers, be governed by the Rules applicable in contentious cases before the Tribunal.

Article 108

1. When it is desired that a case should be dealt with by one of the chambers which has been formed in accordance with article 15, paragraphs 1 or 3, of the Statute, a request to this effect shall either be made in the document instituting the proceedings or accompany it. Effect shall be given to the request if the parties are in agreement.
2. Upon receipt by the Registry of this request, the President of the Tribunal shall communicate it to the members of the chamber concerned.
3. Effect shall be given to a request that a case be brought before a chamber to be formed in accordance with article 15, paragraph 2, of the Statute as soon as the chamber has been formed in accordance with article 30 of these Rules.
4. The President of the Tribunal shall convene the chamber at the earliest date compatible with the requirements of the procedure.

Article 109

1. Written proceedings in a case before a chamber shall consist of a single pleading by each party. The time-limits concerning the filing of written pleadings shall be fixed by the chamber, or its President if the chamber is not sitting.
2. The chamber may authorize or direct the filing of further pleadings if the parties are so agreed, or if the chamber decides, *proprio motu* or at the request of one of the parties, that such pleadings are necessary.
3. Oral proceedings shall take place unless the parties agree to dispense with them and the chamber consents. Even when no oral proceedings take place, the chamber may call upon the parties to supply information or furnish explanations orally.

Section E. Prompt release of vessels and crews

Article 110

1. An application for the release of a vessel or its crew from detention may be made in accordance with article 292 of the Convention by or on behalf of the flag State of the vessel.
2. A State Party may at any time notify the Tribunal of:
   (a) the State authorities competent to authorize persons to make applications on its behalf under article 292 of the Convention;
   (b) the name and address of any person who is authorized to make an application on its behalf;
   (c) the office designated to receive notice of an application for the release of a vessel or its crew and the most expeditious means for delivery of documents to that office;
   (d) any clarification, modification or withdrawal of such notification.
3. An application on behalf of a flag State shall be accompanied by an authorization under paragraph 2, if such authorization has not been previously submitted to the Tribunal, as well as by documents stating that the person submitting the application is the person named in the authorization. It shall also contain a certification that a copy of the application and all supporting documentation has been delivered to the flag State.

Article 111

1. The application shall contain a succinct statement of the facts and legal grounds upon which the application is based.
2. The statement of facts shall:
   (a) specify the time and place of detention of the vessel and the present location of the vessel and crew, if known;
   (b) contain relevant information concerning the vessel and crew including, where appropriate, the name, flag and the port or place of registration of the vessel and its tonnage, cargo capacity and data relevant to the determination of its value, the name and address of the vessel owner and operator and particulars regarding its crew;
   (c) specify the amount, nature and terms of the bond or other financial security that may have been imposed by the detaining State and the extent to which such requirements have been complied with;
   (d) contain any further information the applicant considers relevant to the determination of the amount of a reasonable bond or other financial security and to any other issue in the proceedings.
3. Supporting documents shall be annexed to the application.
4. A certified copy of the application shall forthwith be transmitted by the Registrar to the detaining State which may submit a statement in response with supporting documents annexed, to be filed no later than 24 hours before the hearing referred to in article 112, paragraph 3.
5. The Tribunal may, at any time, require further information to be provided in a supplementary statement.
6. The further proceedings relating to the application shall be oral.

Article 112

1. The Tribunal shall give priority to applications for release of vessels or crews over all other proceedings before the Tribunal. However, if the Tribunal is seized of an application for release of a vessel or crew and of a request for the prescription of provisional measures, it shall take the necessary measures to ensure that both the application and the request are dealt with without delay.
2. If the applicant has so requested in the application, the application shall be dealt with by the Chamber of Summary Procedure, provided that, within five days of the receipt of notice of the application the detaining State notifies the Tribunal that it concurs with the request.
3. The Tribunal, or the President if the Tribunal is not sitting, shall fix the earliest possible date, but not exceeding ten days from the date of receipt of the application, for a hearing at which

each of the parties shall be accorded, unless otherwise decided, one day to present its evidence and arguments.

4. The decision of the Tribunal shall be in the form of a judgment. The judgment shall be adopted as soon as possible and shall be read at a public sitting of the Tribunal to be held not later than ten days after the closure of the hearing. The parties shall be notified of the date of the sitting.

Article 113

1. The Tribunal shall in its judgment determine in each case in accordance with article 292 of the Convention whether or not the allegation made by the applicant that the detaining State has not complied with a provision of the Convention for the prompt release of the vessel or the crew upon the posting of a reasonable bond or other financial security is well-founded.
2. If the Tribunal decides that the allegation is well-founded, it shall determine the amount, nature and form of the bond or financial security to be posted for the release of the vessel or the crew.
3. The bond or other financial security for the release of the vessel or the crew shall be posted with the detaining State unless the parties agree otherwise. The Tribunal shall give effect to any agreement between the parties as to where and how the bond or other financial security for the release of the vessel or crew should be posted.

Article 114

1. If the bond or other financial security has been posted with the Tribunal, the Registrar shall promptly inform the detaining State thereof.
2. The Registrar shall endorse or transmit the bond or other financial security to the detaining State to the extent that it is required to satisfy the final judgment, award or decision of the competent authority of the detaining State.
3. The bond or other financial security, to the extent that it is not required to satisfy the judgment, award or decision, shall be endorsed or transmitted to the flag State.

Section F. Proceedings in contentious cases before the Seabed Disputes Chamber

Article 115

Proceedings in contentious cases before the Seabed Disputes Chamber and its *ad hoc* chambers shall, subject to the provisions of the Convention, the Statute and these Rules relating specifically to the Seabed Disputes Chamber and its *ad hoc* chambers, be governed by the Rules applicable in contentious cases before the Tribunal.

Article 116

Articles 117 to 121 apply to proceedings in all disputes before the Chamber with the exception of disputes exclusively between States Parties and between States Parties and the Authority.

Article 117

When proceedings before the Chamber are instituted by means of an application, the application shall indicate:

(a) the name of the applicant and, where the applicant is a natural or juridical person, the permanent residence or address or registered office address thereof;
(b) the name of the respondent and, where the respondent is a natural or juridical person, the permanent residence or address or registered office address thereof;
(c) the sponsoring State, in any case where the applicant is a natural or juridical person or a State enterprise;
(d) the sponsoring State of the respondent, in any case where the party against which the claim is brought is a natural or juridical person or State enterprise;
(e) an address for service at the seat of the Tribunal;
(f) the subject of the dispute and the legal grounds on which jurisdiction is said to be based; the precise nature of the claim, together with a statement of the facts and legal grounds on which the claim is based;
(g) the decision or measure sought by the applicant;

(h) the evidence on which the application is founded.

Article 118

1. The application shall be served on the respondent. The application shall also be served on the sponsoring State in any case where the applicant or respondent is a natural or juridical person or a State enterprise.
2. Within two months after service of the application, the respondent shall lodge a defence, stating:
   (a) the name of the respondent and, where the respondent is a natural or juridical person, the permanent residence or address or registered office address thereof;
   (b) an address for service at the seat of the Tribunal;
   (c) the matters in issue between the parties and the facts and legal grounds on which the defence is based;
   (d) the decision or measure sought by the respondent;
   (e) the evidence on which the defence is founded.
3. At the request of the respondent, the President of the Chamber may extend the time-limit referred to in paragraph 2, if satisfied that there is adequate justification for the request.

Article 119

1. Within two months after service of the application in accordance with article 118, paragraph 1, where the respondent is a State Party in a case brought by a natural or juridical person sponsored by another State Party in a dispute referred to in article 187, subparagraph (c), of the Convention, the respondent State may make an application in accordance with article 190, paragraph 2, of the Convention for the sponsoring State of the applicant to appear in the proceedings on behalf of the applicant.
2. Notice of an application under paragraph 1 shall be communicated to the applicant and its sponsoring State. If, within a time-limit fixed by the President of the Chamber, the sponsoring State does not indicate it will appear in the proceedings on behalf of the applicant, the respondent State may designate a juridical person of its nationality to represent it.
3. Within two months after service of the application in accordance with article 118, paragraph 1, on the sponsoring State of a party, such State may give written notice of its intention to submit written or oral statements in accordance with article 190, paragraph 1, of the Convention.
4. Upon receipt of such a notice, the President of the Chamber shall fix the time-limit within which the sponsoring State may submit its written statements. The sponsoring State shall be notified of such time-limit. It shall also be notified of the date of the hearing. The written statements shall be communicated to the parties and to any other sponsoring State of a party.
5. At the request of the respondent or a sponsoring State, the President of the Chamber may extend a time-limit referred to in this article, if satisfied that there is adequate justification for the request.

Article 120

1. When proceedings are brought before the Chamber by the notification of a special agreement, the notification shall indicate:
   (a) the parties to the case and any sponsoring States of the parties;
   (b) the subject of the dispute and the precise nature of the claims of the parties, together with a statement of the facts and legal grounds on which the claims are based;
   (c) the decisions or measures sought by the parties;
   (d) the evidence on which the claims are founded.
2. The notification shall also provide information regarding participation and appearance in the proceedings by sponsoring States Parties in accordance with article 190 of the Convention.

Article 121

1. The Chamber may authorize or direct the filing of further pleadings if the parties are so agreed or the Chamber decides, *proprio motu* or at the request of a party, that these pleadings are necessary.

2. The President of the Chamber shall fix the time-limits within which these pleadings are to be filed.

Article 122

Proceedings by the Council on behalf of the Authority under article 185, paragraph 2, of the Convention shall be instituted by means of an application in accordance with article 162, paragraph 2 (u), of the Convention. The application shall be accompanied by a certified copy of the decision or resolution of the Council upon which it is based and the full records of all discussions within the Authority on the matter.

Article 123

1. When a commercial arbitral tribunal, pursuant to article 188, paragraph 2, of the Convention, refers to the Chamber a question of interpretation of Part XI of the Convention and the annexes relating thereto upon which its decision depends, the document submitting the question to the Chamber shall contain a precise statement of the question and be accompanied by all relevant information and documents.
2. Upon receipt of the document, the President of the Chamber shall fix a time-limit not exceeding three months within which the parties to the proceedings before the arbitral tribunal and the States Parties may submit their written observations on the question. The parties to the proceedings and the States Parties shall be notified of the time-limit. The States Parties shall be informed of the contents of the submission.
3. The President of the Chamber shall fix a date for a hearing if, within one month from the expiration of the time-limit for submitting written observations, a party to the proceedings before the arbitral tribunal or a State Party gives written notice of its intention to submit oral observations.
4. The Chamber shall give its ruling in the form of a judgment.

Section G. Judgments, interpretation and revision

Subsection 1. Judgments

Article 124

1. When the Tribunal has completed its deliberations and adopted its judgment, the parties shall be notified of the date on which it will be read.
2. The judgment shall be read at a public sitting of the Tribunal and shall become binding on the parties on the day of the reading.

Article 125

1. The judgment, which shall state whether it is given by the Tribunal or by a chamber, shall contain:
   (a) the date on which it is read;
   (b) the names of the judges participating in it;
   (c) the names of the parties;
   (d) the names of the agents, counsel and advocates of the parties;
   (e) the names of the experts, if any, appointed under article 289 of the Convention;
   (f) a summary of the proceedings;
   (g) the submissions of the parties;
   (h) a statement of the facts;
   (i) the reasons of law on which it is based;
   (j) the operative provisions of the judgment;
   (k) the decision, if any, in regard to costs;
   (l) the number and names of the judges constituting the majority and those constituting the minority, on each operative provision;
   (m) a statement as to the text of the judgment which is authoritative.

2. Any judge may attach a separate or dissenting opinion to the judgment; a judge may record concurrence or dissent without stating reasons in the form of a declaration. The same applies to orders.
3. One copy of the judgment, signed by the President and by the Registrar and sealed, shall be placed in the archives of the Tribunal and other copies shall be transmitted to each party. Copies shall be sent to: (a) States Parties; (b) the Secretary-General of the United Nations; (c) the Secretary-General of the Authority; (d) in a case submitted under an agreement other than the Convention, the parties to such agreement.

Subsection 2. Requests for the interpretation or of a judgment

Article 126

1. In the event of dispute as to the meaning or scope of a judgment, any party may make a request for its interpretation.
2. A request for the interpretation of a judgment may be made either by an application or by the notification of a special agreement to that effect between the parties; the precise point or points in dispute as to the meaning or scope of the judgement shall be indicated.
3. If the request for interpretation is made by an application, the requesting party's contentions shall be set out therein, and the other party shall be entitled to file written observations thereon within a time-limit fixed by the Tribunal or by the President if the Tribunal is not sitting.
4. Whether the request is made by an application or by notification of a special agreement, the Tribunal may, if necessary, afford the parties the opportunity of furnishing further written or oral explanations.

Article 127

1. A request for revision of a judgment may be made only when it is based upon the discovery of some fact of such a nature as to be a decisive factor, which fact was, when the judgment was given, unknown to the Tribunal and also to the party requesting revision, always provided that such ignorance was not due to negligence. Such request must be made at the latest within six months of the discovery of the new fact and before the lapse of ten years from the date of the judgment.
2. The proceedings for revision shall be opened by a decision of the Tribunal in the form of a judgment expressly recording the existence of the new fact, recognizing that it has such a character as to lay the case open to revision, and declaring the application admissible on this ground.

Article 128

1. A request for the revision of a judgment shall be made by an application containing the particulars necessary to show that the conditions specified in article 127, paragraph 1, are fulfilled. Any document in support of the application shall be annexed to it.
2. The other party shall be entitled to file written observations on the admissibility of the application within a time-limit fixed by the Tribunal or by the President if the Tribunal is not sitting. These observations shall be communicated to the party making the application.
3. The Tribunal, before giving its judgment on the admissibility of the application, may afford the parties a further opportunity of presenting their views thereon.
4. If the Tribunal decides to make the admission of the proceedings in revision conditional on previous compliance with the judgment, it shall make an order accordingly.
5. If the Tribunal finds that the application is admissible it shall fix time-limits for such further proceedings on the merits of the application as, after ascertaining the views of the parties, it considers necessary.

Article 129

1. If the judgment to be revised or to be interpreted was given by the Tribunal, the request for its revision or interpretation shall be dealt with by the Tribunal.

2. If the judgment was given by a chamber, the request for its revision or interpretation shall, if possible, be dealt with by that chamber. If that is not possible, the request shall be dealt with by a chamber composed in conformity with the relevant provisions of the Statute and these Rules. If, according to the Statute and these Rules, the composition of the chamber requires the approval of the parties which cannot be obtained within time-limits fixed by the Tribunal, the request shall be dealt with by the Tribunal.
3. The decision on a request for interpretation or revision of a judgment shall be given in the form of a judgment.

Section H. Advisory proceedings

Article 130

1. In the exercise of its functions relating to advisory opinions, the Seabed Disputes Chamber shall apply this section and be guided, to the extent to which it recognizes them to be applicable, by the provisions of the Statute and of these Rules applicable in contentious cases.
2. The Chamber shall consider whether the request for an advisory opinion relates to a legal question pending between two or more parties. When the Chamber so determines, article 17 of the Statute applies, as well as the provisions of these Rules concerning the application of that article.

Article 131

1. A request for an advisory opinion on a legal question arising within the scope of the activities of the Assembly or the Council of the Authority shall contain a precise statement of the question. It shall be accompanied by all documents likely to throw light upon the question.
2. The documents shall be transmitted to the Chamber at the same time as the request or as soon as possible thereafter in the number of copies required by the Registry.

Article 132

If the request for an advisory opinion states that the question necessitates an urgent answer the Chamber shall take all appropriate steps to accelerate the procedure.

Article 133

1. The Registrar shall forthwith give notice of the request for an advisory opinion to all States Parties.
2. The Chamber, or its President if the Chamber is not sitting, shall identify the intergovernmental organizations which are likely to be able to furnish information on the question. The Registrar shall give notice of the request to such organizations.
3. States Parties and the organizations referred to in paragraph 2 shall be invited to present written statements on the question within a time-limit fixed by the Chamber or its President if the Chamber is not sitting. Such statements shall be communicated to States Parties and organizations which have made written statements. The Chamber, or its President if the Chamber is not sitting, may fix a further time-limit within which such States Parties and organizations may present written statements on the statements made.
4. The Chamber, or its President if the Chamber is not sitting, shall decide whether oral proceedings shall be held and, if so, fix the date for the opening of such proceedings. States Parties and the organizations referred to in paragraph 2 shall be invited to make oral statements at the proceedings.

Article 134

The written statements and documents annexed shall be made accessible to the public as soon as possible after they have been presented to the Chamber.

Article 135

1. When the Chamber has completed its deliberations and adopted its advisory opinion, the opinion shall be read at a public sitting of the Chamber.
2. The advisory opinion shall contain:
   (a) the date on which it is delivered;

(b) the names of the judges participating in it;
(c) the question or questions on which the advisory opinion of the Chamber is requested;
(d) a summary of the proceedings;
(e) a statement of the facts;
(f) the reasons of law on which it is based;
(g) the reply to the question or questions put to the Chamber;
(h) the number and names of the judges constituting the majority and those constituting the minority, on each question put to the Chamber;
(i) a statement as to the text of the opinion which is authoritative.

3. Any judge may attach a separate or dissenting opinion to the advisory opinion of the Chamber; a judge may record concurrence or dissent without stating reasons in the form of a declaration.

Article 136

The Registrar shall inform the Secretary-General of the Authority as to the date and the hour fixed for the public sitting to be held for the reading of the opinion. He shall also inform the States Parties and the intergovernmental organizations immediately concerned.

Article 137

One copy of the advisory opinion, signed by the President and by the Registrar and sealed, shall be placed in the archives of the Tribunal, others shall be sent to the Secretary-General of the Authority and to the Secretary-General of the United Nations. Copies shall be sent to the States Parties and the intergovernmental organizations immediately concerned.

Article 138

1. The Tribunal may give an advisory opinion on a legal question if an international agreement related to the purposes of the Convention specifically provides for the submission to the Tribunal of a request for such an opinion.
2. A request for an advisory opinion shall be transmitted to the Tribunal by whatever body is authorized by or in accordance with the agreement to make the request to the Tribunal.
3. The Tribunal shall apply *mutatis mutandis* articles 130 to 137.

C. Guidelines Concerning the Preparation and Presentation of Cases before the Tribunal

(Issued by the International Tribunal for the Law of the Sea on 28 October 1997)

The Tribunal,
Acting pursuant to article 50 of the Rules of the Tribunal,
Issues the following Guidelines:

WRITTEN PROCEEDINGS

1. Every pleading and its supporting documents should be printed or typewritten or prepared electronically in the format 19 x 26 cm (7 1/2" x 10 1/4"). In addition, parties should present the text of their pleadings in electronic form. The parties should consult the Registry's *Rules for the Preparation of Typed and Printed Texts*.
2. A pleading should be as short as possible.
3. Every pleading should contain a table of contents with a list of documents, including material in electronic or digital form. The table and list should be placed at the beginning of the pleading but before the commencement of Part I.
4. Every pleading and its supporting documents should be arranged, where practicable, in two parts, viz., Part I - memorial or counter-memorial or reply or rejoinder, as the case may be, and Part II - documents in support. The documents should be arranged in the same order as in the ta-

ble of contents. Each document should be given a heading which should be repeated at the top of each page over which the document extends.

5. If the reproduction in large numbers of a particular annex (e.g., a large map) presents technical problems, the matter should be raised with the Registrar at the earliest opportunity, so that appropriate arrangements can be made.
6. Every pleading should be divided into paragraphs, numbered consecutively, each paragraph being confined to a distinct portion of the subject. It should contain at the end of Part I a short summary of the arguments together with the page and paragraph numbers within which such arguments may be found. The name of the other party and the name and address of the agent should be clearly and properly stated.
7. Whenever the contents of any document are to be referred to in a pleading, it will be sufficient if the pleading states the effect thereof as briefly as possible, without setting out the whole document or any part thereof, unless the precise words of such a document or any part thereof are material.
8. A party should in its pleading deal specifically with each allegation of fact in the pleading of the other party of which it does not admit the truth; it will not be sufficient for it to deny generally the facts alleged by the other party.
9. Unless otherwise specified by the Registrar, each party should furnish to the Registry 125 additional copies of its pleading with supporting documents.
10. Upon receipt of a pleading, the Registrar will endorse on it the date of its receipt in the Registry. All pleadings, documents and other communications may be submitted to the Tribunal directly in person or through courier or regular mail. They may also be submitted through facsimile or electronic means in clear form. In determining whether a party has submitted its pleadings, documents or other communications within the time-limits fixed by or under the Rules, the date on which the Tribunal receives them through facsimile or electronically will be regarded as the material date provided they are followed without unreasonable delay by the paper originals thereof.
11. Where a pleading or an application or a declaration does not satisfy the formal requirements of the Rules of the Tribunal, the Registrar will return the same to the party seeking to file it for rectification. Where necessary, the Registrar will consult the President. In determining whether a party has submitted a pleading, etc., within the time-limit fixed by or under the Rules, the time taken by the Registrar to examine whether the pleading satisfies the requirements of the Rules will be excluded.
12. The time-limits fixed in each case for the filing of the pleadings are not to be understood by the parties as authorizations to hold back a pleading until the last possible moment.
13. It is not a strict requirement that the parties print their pleadings, though this remains an option. If independently printed pleadings are submitted, it is requested that all diskettes and films used for that production be made available to the Registry on request in due course, particularly those which have been used to produce maps in colour.

ORAL PROCEEDINGS

14. Each party should submit to the Tribunal, prior to the opening of the oral proceedings, (a) a brief note on the points which in its opinion constitute the issues that still divide the parties; (b) a brief outline of the arguments that it wishes to make in its oral statement; and (c) a list of authorities, including, where appropriate, relevant extracts from such authorities, proposed to be relied upon in its oral statement. None of these materials will be treated as documents or parts of the pleadings.
15. The oral statements should be as succinct as possible and should not repeat the facts and arguments contained in the written pleadings.
16. The parties should keep within the time allotted for the presentation of their oral statements.

17. Unless otherwise decided, the Tribunal sits between 09.00 and 13.00 on all days on which the Tribunal holds oral proceedings.
18. Visual demonstration facilities for display of maps, charts, diagrams, illustrations of texts, etc., which a party intends to exhibit to the Tribunal will at the request of that party be provided by the Registrar upon payment of fees, if any, fixed for that purpose.

ADVISORY PROCEEDINGS

19. These Guidelines apply, *mutatis mutandis*, to advisory proceedings as they apply to contentious proceedings.

D. Resolution to the Internal Judicial Practice

(adopted on 31 October 1997)

The Tribunal,
Acting in accordance with article 40 of the Rules,
Adopts this Resolution.

Article 1 USE OF TERMS

In this Resolution:

(a) "President" means the person presiding over the Tribunal in a particular case;
(b) "Rules" means the Rules of the Tribunal;
(c) references to the "Tribunal" include any chamber of the Tribunal.

Article 2 PREPARATORY DOCUMENTATION

1. After the closure of the written proceedings, each judge may within five weeks prepare a brief written note identifying without further elaboration:
   (a) the principal issues for decision as they emerge from the written pleadings; and
   (b) points, if any, which should be clarified during the oral proceedings.
2. Notes received by the Registry are circulated to the other judges.
3. On the basis of the written pleadings and the judges' notes, the President draws up a working paper containing:
   (a) a summary of the facts and the principal contentions of the parties advanced in their written pleadings; and
   (b) proposals concerning:
      (i) indications to be given, or questions to be put, to the parties in accordance with article 76 of the Rules;
      (ii) evidence or explanations to be requested from the parties in accordance with article 77 of the Rules; and
      (iii) issues which, in the opinion of the President, should be discussed and decided by the Tribunal.
4. The Registrar shall send the working paper to the judges as soon as possible and normally within eight weeks after the closure of the written proceedings.

Article 3 DELIBERATIONS BEFORE THE ORAL PROCEEDINGS

After the circulation of the working paper and before the date fixed for the opening of the oral proceedings, the Tribunal deliberates in private, as provided for in article 68 of the Rules, in order to allow the judges an opportunity to:

(a) exchange views concerning the written pleadings and the conduct of the case;
(b) consider whether to give any indications, or put any questions, to the parties in accordance with article 76 of the Rules;

(c) consider whether to call upon the parties to produce any evidence or to give any explanations in accordance with article 77 of the Rules; and

(d) consider the nature, scope and terms of the questions and issues which will have to be decided by the Tribunal.

Article 4 DELIBERATIONS DURING ORAL PROCEEDINGS

During the course of the oral proceedings, the President may convene brief meetings in order to permit the judges to exchange views concerning the case and to inform each other of possible questions which judges may wish to put to the parties in accordance with article 76 of the Rules.

Article 5 INITIAL DELIBERATIONS AFTER ORAL PROCEEDINGS

1. Unless the Tribunal decides otherwise, the judges have four working days after the closure of the oral proceedings in order to study the arguments presented to the Tribunal in the case. During this time, judges may also summarize their tentative opinions in writing in the form of speaking notes.
2. If the President considers it appropriate in the light of the oral proceedings, a revised list of issues for examination is circulated.
3. During its initial deliberations after the closure of the oral proceedings, the Tribunal reaches conclusions on what are the issues which need to be decided and then hears the tentative opinions of the judges on those issues, as well as on the correct disposal of the case.
4. The Tribunal next deliberates on each issue in turn, addressing also the question of the disposal of the case and the main reasons for the decision to be given.
5. During these deliberations, judges will be called upon by the President in the order in which they signify their wish to speak.
6. The President may seek to establish a majority opinion as it appears then to exist on each issue and on the reasons to be given.
7. Instead of establishing majority opinions at that stage, the Tribunal may decide that every judge should prepare a brief written note, expressing the judge's tentative opinion on the issues and the correct disposal of the case, for circulation to the other judges before a specified date. The Tribunal resumes its deliberations as soon as possible on the basis of the written notes.

Article 6 ESTABLISHMENT OF A DRAFTING COMMITTEE

1. As soon as possible during the deliberations, the Tribunal sets up a Drafting Committee for the case, composed of five judges belonging to the majority as it appears then to exist. Subject to paragraph 2, the members of the Committee are selected on the proposal of the President by an absolute majority of the judges present, taking into account the need to select judges who, from their statements, clearly support the opinion of the majority as it appears then to exist.
2. The President is a member ex officio of the Committee unless the President does not share the opinion of the majority as it appears then to exist, in which case the Vice-President acts instead. If the Vice-President is ineligible for the same reason, all the members of the Committee are selected by the Tribunal.
3. Unless the Tribunal or the members of the Committee decide otherwise, the judge who is senior in precedence among the members of the Committee acts as its chairman.

Article 7 WORK OF THE DRAFTING COMMITTEE

1. The Drafting Committee meets immediately after its establishment in order to prepare a first draft of the judgment, for completion normally within three weeks. To this end, any member of the Committee may send written proposals for its consideration and inclusion in the draft.
2. The Drafting Committee should prepare a draft judgment which not only states the opinion of the majority as it appears then to exist but which may also attract wider support within the Tribunal.
3. The first draft of the judgment shall be distributed to all the judges in the case. Any judge who wishes to offer amendments or comments submits them in writing to the Committee within three weeks from the date of circulation.

4. After the members of the Committee have received the comments, they will normally meet in order to revise the draft, unless they decide a meeting is not required.
5. When the members of the Committee have completed the second draft of the judgment, the Registrar shall circulate copies to all judges.
6. If the President is not a member of the Committee, its chairman keeps the President informed of work on the draft judgment, as well as its terms.

Article 8 DELIBERATIONS ON THE DRAFT JUDGMENT

1. Deliberations on the draft judgment are held as soon as possible after its circulation and in principle not later than three months after the closure of the oral proceedings.
2. The chairman of the Drafting Committee introduces the draft.
3. The draft is examined by the Tribunal in first reading. A judge wishing to modify the draft proposes amendments in writing.
4. At this stage, a judge who, after taking cognizance of the draft judgment, wishes to deliver a separate or dissenting opinion so informs the other judges and puts forward at least an outline of the opinion, making the text available within a time-limit fixed by the Tribunal before the second reading. Such a judge continues to participate in the examination of the draft judgment and cognizance is taken by the Tribunal of such opinions.
5. The Drafting Committee circulates a revised draft judgment for consideration at a second reading, during the course of which the President asks if the judges wish to propose new amendments.
6. Separate or dissenting opinions, which may be individual or collective should be submitted within a time-limit fixed by the Tribunal. They should take account of any changes made to the draft judgment pursuant to paragraphs 4 and 5 and should concentrate on the remaining points of difference with the judgment.

Article 9 VOTING

1. After the Tribunal has completed its second reading of the draft judgment, the President takes the vote in accordance with article 29 of the Statute in order to adopt the judgment. A separate vote is normally taken on each operative provision in the judgment. Any judge may request a separate vote on issues which are separable. Each judge votes by means solely of an affirmative or a negative vote, cast in person and in inverse order of seniority: provided that in exceptional circumstances accepted by the Tribunal an absent judge may vote by appropriate means of communications.
2. A judge who has been absent, because of illness or other reason duly explained to the President, from any part of the hearing or the deliberations may vote provided the Tribunal accepts that the judge has taken a sufficient part in the hearing and the deliberations to be able to reach a judicial determination of all issues of fact and law material to the decision to be given in the case.

Article 10 EXPERTS APPOINTED UNDER ARTICLE 289 OF THE CONVENTION

Experts appointed under article 289 of the Convention for a particular case before the Tribunal shall be sent copies of the written pleadings and other documents in the case in good time before the beginning of the deliberations. They sit with the judges during the oral proceedings and take part in the deliberations in accordance with article 42 of the Rules. They receive the written notes and other documents. They may be consulted by the Drafting Committee, as appropriate.

Article 11 PROCEDURES IN PARTICULAR INSTANCES

1. The Tribunal may decide to vary the procedures and arrangements set out above in a particular case for reasons of urgency or if circumstances so justify.
2. Deliberations concerning applications for provisional measures and applications for the prompt release of a vessel or crew are conducted in accordance with the principles and procedures set out in this Resolution, taking account of the nature and urgency of the case.

3. The Chamber for Summary Procedure deliberates in accordance with the principles and procedures set out in this Resolution, taking account of the summary nature of the proceedings and the urgency of the case.

Article 12 APPLICATION

The foregoing provisions apply whether the proceedings before the Tribunal are contentious or advisory.

Article 13 REVIEW

This Resolution may be reviewed in the light of experience and revised whenever considered appropriate.

2. World Trade Organization

A. Understanding on Rules and Procedures Governing the Settlement of Disputes

Members hereby *agree* as follows:

Article 1 COVERAGE AND APPLICATION

1. The rules and procedures of this Understanding shall apply to disputes brought pursuant to the consultation and dispute settlement provisions of the agreements listed in Appendix 1 to this Understanding (referred to in this Understanding as the "covered agreements"). The rules and procedures of this Understanding shall also apply to consultations and the settlement of disputes between Members concerning their rights and obligations under the provisions of the Agreement Establishing the World Trade Organization (referred to in this Understanding as the "WTO Agreement") and of this Understanding taken in isolation or in combination with any other covered agreement.
2. The rules and procedures of this Understanding shall apply subject to such special or additional rules and procedures on dispute settlement contained in the covered agreements as are identified in Appendix 2 to this Understanding. To the extent that there is a difference between the rules and procedures of this Understanding and the special or additional rules and procedures set forth in Appendix 2, the special or additional rules and procedures in Appendix 2 shall prevail. In disputes involving rules and procedures under more than one covered agreement, if there is a conflict between special or additional rules and procedures of such agreements under review, and where the parties to the dispute cannot agree on rules and procedures within 20 days of the establishment of the panel, the Chairman of the Dispute Settlement Body provided for in paragraph 1 of Article 2 (referred to in this Understanding as the "DSB"), in consultation with the parties to the dispute, shall determine the rules and procedures to be followed within 10 days after a request by either Member. The Chairman shall be guided by the principle that special or additional rules and procedures should be used where possible, and the rules and procedures set out in this Understanding should be used to the extent necessary to avoid conflict.

Article 2 ADMINISTRATION

1. The Dispute Settlement Body is hereby established to administer these rules and procedures and, except as otherwise provided in a covered agreement, the consultation and dispute settlement provisions of the covered agreements. Accordingly, the DSB shall have the authority to establish panels, adopt panel and Appellate Body reports, maintain surveillance of implementation of rulings and recommendations, and authorize suspension of concessions and other obligations under the covered agreements. With respect to disputes arising under a covered agreement which is a Plurilateral Trade Agreement, the term "Member" as used herein shall refer only to those Members that are parties to the relevant Plurilateral Trade Agreement. Where the DSB administers the dispute settlement provisions of a Plurilateral Trade Agreement, only those Members that are parties to that Agreement may participate in decisions or actions taken by the DSB with respect to that dispute.
2. The DSB shall inform the relevant WTO Councils and Committees of any developments in disputes related to provisions of the respective covered agreements.
3. The DSB shall meet as often as necessary to carry out its functions within the time-frames provided in this Understanding.

4. Where the rules and procedures of this Understanding provide for the DSB to take a decision, it shall do so by consensus.[1]

Article 3 General Provisions

1. Members affirm their adherence to the principles for the management of disputes heretofore applied under Articles XXII and XXIII of GATT 1947, and the rules and procedures as further elaborated and modified herein.
2. The dispute settlement system of the WTO is a central element in providing security and predictability to the multilateral trading system. The Members recognize that it serves to preserve the rights and obligations of Members under the covered agreements, and to clarify the existing provisions of those agreements in accordance with customary rules of interpretation of public international law. Recommendations and rulings of the DSB cannot add to or diminish the rights and obligations provided in the covered agreements.
3. The prompt settlement of situations in which a Member considers that any benefits accruing to it directly or indirectly under the covered agreements are being impaired by measures taken by another Member is essential to the effective functioning of the WTO and the maintenance of a proper balance between the rights and obligations of Members.
4. Recommendations or rulings made by the DSB shall be aimed at achieving a satisfactory settlement of the matter in accordance with the rights and obligations under this Understanding and under the covered agreements.
5. All solutions to matters formally raised under the consultation and dispute settlement provisions of the covered agreements, including arbitration awards, shall be consistent with those agreements and shall not nullify or impair benefits accruing to any Member under those agreements, nor impede the attainment of any objective of those agreements.
6. Mutually agreed solutions to matters formally raised under the consultation and dispute settlement provisions of the covered agreements shall be notified to the DSB and the relevant Councils and Committees, where any Member may raise any point relating thereto.
7. Before bringing a case, a Member shall exercise its judgement as to whether action under these procedures would be fruitful. The aim of the dispute settlement mechanism is to secure a positive solution to a dispute. A solution mutually acceptable to the parties to a dispute and consistent with the covered agreements is clearly to be preferred. In the absence of a mutually agreed solution, the first objective of the dispute settlement mechanism is usually to secure the withdrawal of the measures concerned if these are found to be inconsistent with the provisions of any of the covered agreements. The provision of compensation should be resorted to only if the immediate withdrawal of the measure is impracticable and as a temporary measure pending the withdrawal of the measure which is inconsistent with a covered agreement. The last resort which this Understanding provides to the Member invoking the dispute settlement procedures is the possibility of suspending the application of concessions or other obligations under the covered agreements on a discriminatory basis vis-à-vis the other Member, subject to authorization by the DSB of such measures.
8. In cases where there is an infringement of the obligations assumed under a covered agreement, the action is considered *prima facie* to constitute a case of nullification or impairment. This means that there is normally a presumption that a breach of the rules has an adverse impact on other Members parties to that covered agreement, and in such cases, it shall be up to the Member against whom the complaint has been brought to rebut the charge.

---

1 The DSB shall be deemed to have decided by consensus on a matter submitted for its consideration, if no Member, present at the meeting of the DSB when the decision is taken, formally objects to the proposed decision

9. The provisions of this Understanding are without prejudice to the rights of Members to seek authoritative interpretation of provisions of a covered agreement through decision-making under the WTO Agreement or a covered agreement which is a Plurilateral Trade Agreement.
10. It is understood that requests for conciliation and the use of the dispute settlement procedures should not be intended or considered as contentious acts and that, if a dispute arises, all Members will engage in these procedures in good faith in an effort to resolve the dispute. It is also understood that complaints and counter-complaints in regard to distinct matters should not be linked.
11. This Understanding shall be applied only with respect to new requests for consultations under the consultation provisions of the covered agreements made on or after the date of entry into force of the WTO Agreement. With respect to disputes for which the request for consultations was made under GATT 1947 or under any other predecessor agreement to the covered agreements before the date of entry into force of the WTO Agreement, the relevant dispute settlement rules and procedures in effect immediately prior to the date of entry into force of the WTO Agreement shall continue to apply.[2]
12. Notwithstanding paragraph 11, if a complaint based on any of the covered agreements is brought by a developing country Member against a developed country Member, the complaining party shall have the right to invoke, as an alternative to the provisions contained in Articles 4, 5, 6 and 12 of this Understanding, the corresponding provisions of the Decision of 5 April 1966 (BISD 14S/18), except that where the Panel considers that the time-frame provided for in paragraph 7 of that Decision is insufficient to provide its report and with the agreement of the complaining party, that time-frame may be extended. To the extent that there is a difference between the rules and procedures of Articles 4, 5, 6 and 12 and the corresponding rules and procedures of the Decision, the latter shall prevail.

Article 4 CONSULTATIONS

1. Members affirm their resolve to strengthen and improve the effectiveness of the consultation procedures employed by Members.
2. Each Member undertakes to accord sympathetic consideration to and afford adequate opportunity for consultation regarding any representations made by another Member concerning measures affecting the operation of any covered agreement taken within the territory of the former.[3]
3. If a request for consultations is made pursuant to a covered agreement, the Member to which the request is made shall, unless otherwise mutually agreed, reply to the request within 10 days after the date of its receipt and shall enter into consultations in good faith within a period of no more than 30 days after the date of receipt of the request, with a view to reaching a mutually satisfactory solution. If the Member does not respond within 10 days after the date of receipt of the request, or does not enter into consultations within a period of no more than 30 days, or a period otherwise mutually agreed, after the date of receipt of the request, then the Member that requested the holding of consultations may proceed directly to request the establishment of a panel.
4. All such requests for consultations shall be notified to the DSB and the relevant Councils and Committees by the Member which requests consultations. Any request for consultations shall be submitted in writing and shall give the reasons for the request, including identification of the measures at issue and an indication of the legal basis for the complaint.

---

2 This paragraph shall also be applied to disputes on which panel reports have not been adopted or fully implemented.

3 Where the provisions of any other covered agreement concerning measures taken by regional or local governments or authorities within the territory of a Member contain provisions different from the provisions of this paragraph, the provisions of such other covered agreement shall prevail.

5. In the course of consultations in accordance with the provisions of a covered agreement, before resorting to further action under this Understanding, Members should attempt to obtain satisfactory adjustment of the matter.
6. Consultations shall be confidential, and without prejudice to the rights of any Member in any further proceedings.
7. If the consultations fail to settle a dispute within 60 days after the date of receipt of the request for consultations, the complaining party may request the establishment of a panel. The complaining party may request a panel during the 60-day period if the consulting parties jointly consider that consultations have failed to settle the dispute.
8. In cases of urgency, including those which concern perishable goods, Members shall enter into consultations within a period of no more than 10 days after the date of receipt of the request. If the consultations have failed to settle the dispute within a period of 20 days after the date of receipt of the request, the complaining party may request the establishment of a panel.
9. In cases of urgency, including those which concern perishable goods, the parties to the dispute, panels and the Appellate Body shall make every effort to accelerate the proceedings to the greatest extent possible.
10. During consultations Members should give special attention to the particular problems and interests of developing country Members.
11. Whenever a Member other than the consulting Members considers that it has a substantial trade interest in consultations being held pursuant to paragraph 1 of Article XXII of GATT 1994, paragraph 1 of Article XXII of GATS, or the corresponding provisions in other covered agreements[4], such Member may notify the consulting Members and the DSB, within 10 days after the date of the circulation of the request for consultations under said Article, of its desire to be joined in the consultations. Such Member shall be joined in the consultations, provided that the Member to which the request for consultations was addressed agrees that the claim of substantial interest is well-founded. In that event they shall so inform the DSB. If the request to be joined in the consultations is not accepted, the applicant Member shall be free to request consultations under paragraph 1 of Article XXII or paragraph 1 of Article XXIII of GATT 1994, paragraph 1 of Article XXII or paragraph 1 of Article XXIII of GATS, or the corresponding provisions in other covered agreements.

Article 5 GOOD OFFICES, CONCILIATION AND MEDIATION

1. Good offices, conciliation and mediation are procedures that are undertaken voluntarily if the parties to the dispute so agree.
2. Proceedings involving good offices, conciliation and mediation, and in particular positions taken by the parties to the dispute during these proceedings, shall be confidential, and without prejudice to the rights of either party in any further proceedings under these procedures.

---

4 The corresponding consultation provisions in the covered agreements are listed hereunder: Agreement on Agriculture, Article 19; Agreement on the Application of Sanitary and Phytosanitary Measures, paragraph 1 of Article 11; Agreement on Textiles and Clothing, paragraph 4 of Article 8; Agreement on Technical Barriers to Trade, paragraph 1 of Article 14; Agreement on Trade-Related Investment Measures, Article 8; Agreement on Implementation of Article VI of GATT 1994, paragraph 2 of Article 17; Agreement on Implementation of Article VII of GATT 1994, paragraph 2 of Article 19; Agreement on Preshipment Inspection, Article 7; Agreement on Rules of Origin, Article 7; Agreement on Import Licensing Procedures, Article 6; Agreement on Subsidies and Countervailing Measures, Article 30; Agreement on Safeguards, Article 14; Agreement on Trade-Related Aspects of Intellectual Property Rights, Article 64.1; and any corresponding consultation provisions in Plurilateral Trade Agreements as determined by the competent bodies of each Agreement and as notified to the DSB.

3. Good offices, conciliation or mediation may be requested at any time by any party to a dispute. They may begin at any time and be terminated at any time. Once procedures for good offices, conciliation or mediation are terminated, a complaining party may then proceed with a request for the establishment of a panel.
4. When good offices, conciliation or mediation are entered into within 60 days after the date of receipt of a request for consultations, the complaining party must allow a period of 60 days after the date of receipt of the request for consultations before requesting the establishment of a panel. The complaining party may request the establishment of a panel during the 60-day period if the parties to the dispute jointly consider that the good offices, conciliation or mediation process has failed to settle the dispute.
5. If the parties to a dispute agree, procedures for good offices, conciliation or mediation may continue while the panel process proceeds.
6. The Director-General may, acting in an *ex officio* capacity, offer good offices, conciliation or mediation with the view to assisting Members to settle a dispute.

Article 6 ESTABLISHMENT OF PANELS

1. If the complaining party so requests, a panel shall be established at the latest at the DSB meeting following that at which the request first appears as an item on the DSB's agenda, unless at that meeting the DSB decides by consensus not to establish a panel.[5]
2. The request for the establishment of a panel shall be made in writing. It shall indicate whether consultations were held, identify the specific measures at issue and provide a brief summary of the legal basis of the complaint sufficient to present the problem clearly. In case the applicant requests the establishment of a panel with other than standard terms of reference, the written request shall include the proposed text of special terms of reference.

Article 7 TERMS OF REFERENCE OF PANELS

1. Panels shall have the following terms of reference unless the parties to the dispute agree otherwise within 20 days from the establishment of the panel:

   "To examine, in the light of the relevant provisions in (name of the covered agreement(s) cited by the parties to the dispute), the matter referred to the DSB by (name of party) in document ... and to make such findings as will assist the DSB in making the recommendations or in giving the rulings provided for in that/those agreement(s)."

2. Panels shall address the relevant provisions in any covered agreement or agreements cited by the parties to the dispute.
3. In establishing a panel, the DSB may authorize its Chairman to draw up the terms of reference of the panel in consultation with the parties to the dispute, subject to the provisions of paragraph 1. The terms of reference thus drawn up shall be circulated to all Members. If other than standard terms of reference are agreed upon, any Member may raise any point relating thereto in the DSB.

Article 8 COMPOSITION OF PANELS

1. Panels shall be composed of well-qualified governmental and/or non-governmental individuals, including persons who have served on or presented a case to a panel, served as a representative of a Member or of a contracting party to GATT 1947 or as a representative to the Council or Committee of any covered agreement or its predecessor agreement, or in the Secretariat, taught or published on international trade law or policy, or served as a senior trade policy official of a Member.

---

5 If the complaining party so requests, a meeting of the DSB shall be convened for this purpose within 15 days of the request, provided that at least 10 days' advance notice of the meeting is given.

2. Panel members should be selected with a view to ensuring the independence of the members, a sufficiently diverse background and a wide spectrum of experience.
3. Citizens of Members whose governments[6] are parties to the dispute or third parties as defined in paragraph 2 of Article 10 shall not serve on a panel concerned with that dispute, unless the parties to the dispute agree otherwise.
4. To assist in the selection of panelists, the Secretariat shall maintain an indicative list of governmental and non-governmental individuals possessing the qualifications outlined in paragraph 1, from which panelists may be drawn as appropriate. That list shall include the roster of non-governmental panelists established on 30 November 1984 (BISD 31S/9), and other rosters and indicative lists established under any of the covered agreements, and shall retain the names of persons on those rosters and indicative lists at the time of entry into force of the WTO Agreement. Members may periodically suggest names of governmental and non-governmental individuals for inclusion on the indicative list, providing relevant information on their knowledge of international trade and of the sectors or subject matter of the covered agreements, and those names shall be added to the list upon approval by the DSB. For each of the individuals on the list, the list shall indicate specific areas of experience or expertise of the individuals in the sectors or subject matter of the covered agreements.
5. Panels shall be composed of three panelists unless the parties to the dispute agree, within 10 days from the establishment of the panel, to a panel composed of five panelists. Members shall be informed promptly of the composition of the panel.
6. The Secretariat shall propose nominations for the panel to the parties to the dispute. The parties to the dispute shall not oppose nominations except for compelling reasons.
7. If there is no agreement on the panelists within 20 days after the date of the establishment of a panel, at the request of either party, the Director-General, in consultation with the Chairman of the DSB and the Chairman of the relevant Council or Committee, shall determine the composition of the panel by appointing the panelists whom the Director-General considers most appropriate in accordance with any relevant special or additional rules or procedures of the covered agreement or covered agreements which are at issue in the dispute, after consulting with the parties to the dispute. The Chairman of the DSB shall inform the Members of the composition of the panel thus formed no later than 10 days after the date the Chairman receives such a request.
8. Members shall undertake, as a general rule, to permit their officials to serve as panelists.
9. Panelists shall serve in their individual capacities and not as government representatives, nor as representatives of any organization. Members shall therefore not give them instructions nor seek to influence them as individuals with regard to matters before a panel.
10. When a dispute is between a developing country Member and a developed country Member the panel shall, if the developing country Member so requests, include at least one panelist from a developing country Member.
11. Panelists' expenses, including travel and subsistence allowance, shall be met from the WTO budget in accordance with criteria to be adopted by the General Council, based on recommendations of the Committee on Budget, Finance and Administration.

Article 9 PROCEDURES FOR MULTIPLE COMPLAINANTS

1. Where more than one Member requests the establishment of a panel related to the same matter, a single panel may be established to examine these complaints taking into account the rights of all Members concerned. A single panel should be established to examine such complaints whenever feasible.
2. The single panel shall organize its examination and present its findings to the DSB in such a manner that the rights which the parties to the dispute would have enjoyed had separate panels

---

6 In the case where customs unions or common markets are parties to a dispute, this provision applies to citizens of all member countries of the customs unions or common markets.

examined the complaints are in no way impaired. If one of the parties to the dispute so requests, the panel shall submit separate reports on the dispute concerned. The written submissions by each of the complainants shall be made available to the other complainants, and each complainant shall have the right to be present when any one of the other complainants presents its views to the panel.

3. If more than one panel is established to examine the complaints related to the same matter, to the greatest extent possible the same persons shall serve as panelists on each of the separate panels and the timetable for the panel process in such disputes shall be harmonized.

Article 10 THIRD PARTIES

1. The interests of the parties to a dispute and those of other Members under a covered agreement at issue in the dispute shall be fully taken into account during the panel process.
2. Any Member having a substantial interest in a matter before a panel and having notified its interest to the DSB (referred to in this Understanding as a "third party") shall have an opportunity to be heard by the panel and to make written submissions to the panel. These submissions shall also be given to the parties to the dispute and shall be reflected in the panel report.
3. Third parties shall receive the submissions of the parties to the dispute to the first meeting of the panel.
4. If a third party considers that a measure already the subject of a panel proceeding nullifies or impairs benefits accruing to it under any covered agreement, that Member may have recourse to normal dispute settlement procedures under this Understanding. Such a dispute shall be referred to the original panel wherever possible.

Article 11 FUNCTION OF PANELS

The function of panels is to assist the DSB in discharging its responsibilities under this Understanding and the covered agreements. Accordingly, a panel should make an objective assessment of the matter before it, including an objective assessment of the facts of the case and the applicability of and conformity with the relevant covered agreements, and make such other findings as will assist the DSB in making the recommendations or in giving the rulings provided for in the covered agreements. Panels should consult regularly with the parties to the dispute and give them adequate opportunity to develop a mutually satisfactory solution.

Article 12 PANEL PROCEDURES

1. Panels shall follow the Working Procedures in Appendix 3 unless the panel decides otherwise after consulting the parties to the dispute.
2. Panel procedures should provide sufficient flexibility so as to ensure high-quality panel reports, while not unduly delaying the panel process.
3. After consulting the parties to the dispute, the panelists shall, as soon as practicable and whenever possible within one week after the composition and terms of reference of the panel have been agreed upon, fix the timetable for the panel process, taking into account the provisions of paragraph 9 of Article 4, if relevant.
4. In determining the timetable for the panel process, the panel shall provide sufficient time for the parties to the dispute to prepare their submissions.
5. Panels should set precise deadlines for written submissions by the parties and the parties should respect those deadlines.
6. Each party to the dispute shall deposit its written submissions with the Secretariat for immediate transmission to the panel and to the other party or parties to the dispute. The complaining party shall submit its first submission in advance of the responding party's first submission unless the panel decides, in fixing the timetable referred to in paragraph 3 and after consultations with the parties to the dispute, that the parties should submit their first submissions simultaneously. When there are sequential arrangements for the deposit of first submissions, the panel shall establish a firm time-period for receipt of the responding party's submission. Any subsequent written submissions shall be submitted simultaneously.

7. Where the parties to the dispute have failed to develop a mutually satisfactory solution, the panel shall submit its findings in the form of a written report to the DSB. In such cases, the report of a panel shall set out the findings of fact, the applicability of relevant provisions and the basic rationale behind any findings and recommendations that it makes. Where a settlement of the matter among the parties to the dispute has been found, the report of the panel shall be confined to a brief description of the case and to reporting that a solution has been reached.
8. In order to make the procedures more efficient, the period in which the panel shall conduct its examination, from the date that the composition and terms of reference of the panel have been agreed upon until the date the final report is issued to the parties to the dispute, shall, as a general rule, not exceed six months. In cases of urgency, including those relating to perishable goods, the panel shall aim to issue its report to the parties to the dispute within three months.
9. When the panel considers that it cannot issue its report within six months, or within three months in cases of urgency, it shall inform the DSB in writing of the reasons for the delay together with an estimate of the period within which it will issue its report. In no case should the period from the establishment of the panel to the circulation of the report to the Members exceed nine months.
10. In the context of consultations involving a measure taken by a developing country Member, the parties may agree to extend the periods established in paragraphs 7 and 8 of Article 4. If, after the relevant period has elapsed, the consulting parties cannot agree that the consultations have concluded, the Chairman of the DSB shall decide, after consultation with the parties, whether to extend the relevant period and, if so, for how long. In addition, in examining a complaint against a developing country Member, the panel shall accord sufficient time for the developing country Member to prepare and present its argumentation. The provisions of paragraph 1 of Article 20 and paragraph 4 of Article 21 are not affected by any action pursuant to this paragraph.
11. Where one or more of the parties is a developing country Member, the panel's report shall explicitly indicate the form in which account has been taken of relevant provisions on differential and more-favourable treatment for developing country Members that form part of the covered agreements which have been raised by the developing country Member in the course of the dispute settlement procedures.
12. The panel may suspend its work at any time at the request of the complaining party for a period not to exceed 12 months. In the event of such a suspension, the time-frames set out in paragraphs 8 and 9 of this Article, paragraph 1 of Article 20, and paragraph 4 of Article 21 shall be extended by the amount of time that the work was suspended. If the work of the panel has been suspended for more than 12 months, the authority for establishment of the panel shall lapse.

Article 13 RIGHT TO SEEK INFORMATION

1. Each panel shall have the right to seek information and technical advice from any individual or body which it deems appropriate. However, before a panel seeks such information or advice from any individual or body within the jurisdiction of a Member it shall inform the authorities of that Member. A Member should respond promptly and fully to any request by a panel for such information as the panel considers necessary and appropriate. Confidential information which is provided shall not be revealed without formal authorization from the individual, body, or authorities of the Member providing the information.
2. Panels may seek information from any relevant source and may consult experts to obtain their opinion on certain aspects of the matter. With respect to a factual issue concerning a scientific or other technical matter raised by a party to a dispute, a panel may request an advisory report in writing from an expert review group. Rules for the establishment of such a group and its procedures are set forth in Appendix 4.

Article 14 CONFIDENTIALITY

1. Panel deliberations shall be confidential.

2. The reports of panels shall be drafted without the presence of the parties to the dispute in the light of the information provided and the statements made.
3. Opinions expressed in the panel report by individual panelists shall be anonymous.

Article 15 INTERIM REVIEW STAGE

1. Following the consideration of rebuttal submissions and oral arguments, the panel shall issue the descriptive (factual and argument) sections of its draft report to the parties to the dispute. Within a period of time set by the panel, the parties shall submit their comments in writing.
2. Following the expiration of the set period of time for receipt of comments from the parties to the dispute, the panel shall issue an interim report to the parties, including both the descriptive sections and the panel's findings and conclusions. Within a period of time set by the panel, a party may submit a written request for the panel to review precise aspects of the interim report prior to circulation of the final report to the Members. At the request of a party, the panel shall hold a further meeting with the parties on the issues identified in the written comments. If no comments are received from any party within the comment period, the interim report shall be considered the final panel report and circulated promptly to the Members.
3. The findings of the final panel report shall include a discussion of the arguments made at the interim review stage. The interim review stage shall be conducted within the time-period set out in paragraph 8 of Article 12.

Article 16 ADOPTION OF PANEL REPORTS

1. In order to provide sufficient time for the Members to consider panel reports, the reports shall not be considered for adoption by the DSB until 20 days after the date they have been circulated to the Members.
2. Members having objections to a panel report shall give written reasons to explain their objections for circulation at least 10 days prior to the DSB meeting at which the panel report will be considered.
3. The parties to a dispute shall have the right to participate fully in the consideration of the panel report by the DSB, and their views shall be fully recorded.
4. Within 60 days after the date of circulation of a panel report to the Members, the report shall be adopted at a DSB meeting[7] unless a party to the dispute formally notifies the DSB of its decision to appeal or the DSB decides by consensus not to adopt the report. If a party has notified its decision to appeal, the report by the panel shall not be considered for adoption by the DSB until after completion of the appeal. This adoption procedure is without prejudice to the right of Members to express their views on a panel report.

Article 17 APPELLATE REVIEW

STANDING APPELLATE BODY

1. A standing Appellate Body shall be established by the DSB. The Appellate Body shall hear appeals from panel cases. It shall be composed of seven persons, three of whom shall serve on any one case. Persons serving on the Appellate Body shall serve in rotation. Such rotation shall be determined in the working procedures of the Appellate Body.
2. The DSB shall appoint persons to serve on the Appellate Body for a four-year term, and each person may be reappointed once. However, the terms of three of the seven persons appointed immediately after the entry into force of the WTO Agreement shall expire at the end of two years, to be determined by lot. Vacancies shall be filled as they arise. A person appointed to replace a person whose term of office has not expired shall hold office for the remainder of the predecessor's term.

---

7 If a meeting of the DSB is not scheduled within this period at a time that enables the requirements of paragraphs 1 and 4 of Article 16 to be met, a meeting of the DSB shall be held for this purpose.

3. The Appellate Body shall comprise persons of recognized authority, with demonstrated expertise in law, international trade and the subject matter of the covered agreements generally. They shall be unaffiliated with any government. The Appellate Body membership shall be broadly representative of membership in the WTO. All persons serving on the Appellate Body shall be available at all times and on short notice, and shall stay abreast of dispute settlement activities and other relevant activities of the WTO. They shall not participate in the consideration of any disputes that would create a direct or indirect conflict of interest.
4. Only parties to the dispute, not third parties, may appeal a panel report. Third parties which have notified the DSB of a substantial interest in the matter pursuant to paragraph 2 of Article 10 may make written submissions to, and be given an opportunity to be heard by, the Appellate Body.
5. As a general rule, the proceedings shall not exceed 60 days from the date a party to the dispute formally notifies its decision to appeal to the date the Appellate Body circulates its report. In fixing its timetable the Appellate Body shall take into account the provisions of paragraph 9 of Article 4, if relevant. When the Appellate Body considers that it cannot provide its report within 60 days, it shall inform the DSB in writing of the reasons for the delay together with an estimate of the period within which it will submit its report. In no case shall the proceedings exceed 90 days.
6. An appeal shall be limited to issues of law covered in the panel report and legal interpretations developed by the panel.
7. The Appellate Body shall be provided with appropriate administrative and legal support as it requires.
8. The expenses of persons serving on the Appellate Body, including travel and subsistence allowance, shall be met from the WTO budget in accordance with criteria to be adopted by the General Council, based on recommendations of the Committee on Budget, Finance and Administration.

PROCEDURES FOR APPELLATE REVIEW

9. Working procedures shall be drawn up by the Appellate Body in consultation with the Chairman of the DSB and the Director-General, and communicated to the Members for their information.
10. The proceedings of the Appellate Body shall be confidential. The reports of the Appellate Body shall be drafted without the presence of the parties to the dispute and in the light of the information provided and the statements made.
11. Opinions expressed in the Appellate Body report by individuals serving on the Appellate Body shall be anonymous.
12. The Appellate Body shall address each of the issues raised in accordance with paragraph 6 during the appellate proceeding.
13. The Appellate Body may uphold, modify or reverse the legal findings and conclusions of the panel.

ADOPTION OF APPELLATE BODY REPORTS

14. An Appellate Body report shall be adopted by the DSB and unconditionally accepted by the parties to the dispute unless the DSB decides by consensus not to adopt the Appellate Body report within 30 days following its circulation to the Members.[8] This adoption procedure is without prejudice to the right of Members to express their views on an Appellate Body report.

---

8 If a meeting of the DSB is not scheduled during this period, such a meeting of the DSB shall be held for this purpose.

Article 18 COMMUNICATIONS WITH THE PANEL OR APPELLATE BODY

1. There shall be no *ex parte* communications with the panel or Appellate Body concerning matters under consideration by the panel or Appellate Body.
2. Written submissions to the panel or the Appellate Body shall be treated as confidential, but shall be made available to the parties to the dispute. Nothing in this Understanding shall preclude a party to a dispute from disclosing statements of its own positions to the public. Members shall treat as confidential information submitted by another Member to the panel or the Appellate Body which that Member has designated as confidential. A party to a dispute shall also, upon request of a Member, provide a non-confidential summary of the information contained in its written submissions that could be disclosed to the public.

Article 19 PANEL AND APPELLATE BODY RECOMMENDATIONS

1. Where a panel or the Appellate Body concludes that a measure is inconsistent with a covered agreement, it shall recommend that the Member concerned[9] bring the measure into conformity with that agreement.[10] In addition to its recommendations, the panel or Appellate Body may suggest ways in which the Member concerned could implement the recommendations.
2. In accordance with paragraph 2 of Article 3, in their findings and recommendations, the panel and Appellate Body cannot add to or diminish the rights and obligations provided in the covered agreements.

Article 20 TIME-FRAME FOR DSB DECISIONS

Unless otherwise agreed to by the parties to the dispute, the period from the date of establishment of the panel by the DSB until the date the DSB considers the panel or appellate report for adoption shall as a general rule not exceed nine months where the panel report is not appealed or 12 months where the report is appealed. Where either the panel or the Appellate Body has acted, pursuant to paragraph 9 of Article 12 or paragraph 5 of Article 17, to extend the time for providing its report, the additional time taken shall be added to the above periods.

Article 21 SURVEILLANCE OF IMPLEMENTATION OF RECOMMENDATIONS AND RULINGS

1. Prompt compliance with recommendations or rulings of the DSB is essential in order to ensure effective resolution of disputes to the benefit of all Members.
2. Particular attention should be paid to matters affecting the interests of developing country Members with respect to measures which have been subject to dispute settlement.
3. At a DSB meeting held within 30 days[11] after the date of adoption of the panel or Appellate Body report, the Member concerned shall inform the DSB of its intentions in respect of implementation of the recommendations and rulings of the DSB. If it is impracticable to comply immediately with the recommendations and rulings, the Member concerned shall have a reasonable period of time in which to do so. The reasonable period of time shall be:
   (a) the period of time proposed by the Member concerned, provided that such period is approved by the DSB; or, in the absence of such approval,
   (b) a period of time mutually agreed by the parties to the dispute within 45 days after the date of adoption of the recommendations and rulings; or, in the absence of such agreement,

---

9 The "Member concerned" is the party to the dispute to which the panel or Appellate Body recommendations are directed.

10 With respect to recommendations in cases not involving a violation of GATT 1994 or any other covered agreement, see Article 26

11 If a meeting of the DSB is not scheduled during this period, such a meeting of the DSB shall be held for this purpose.

(c) a period of time determined through binding arbitration within 90 days after the date of adoption of the recommendations and rulings.[12] In such arbitration, a guideline for the arbitrator[13] should be that the reasonable period of time to implement panel or Appellate Body recommendations should not exceed 15 months from the date of adoption of a panel or Appellate Body report. However, that time may be shorter or longer, depending upon the particular circumstances.

4. Except where the panel or the Appellate Body has extended, pursuant to paragraph 9 of Article 12 or paragraph 5 of Article 17, the time of providing its report, the period from the date of establishment of the panel by the DSB until the date of determination of the reasonable period of time shall not exceed 15 months unless the parties to the dispute agree otherwise. Where either the panel or the Appellate Body has acted to extend the time of providing its report, the additional time taken shall be added to the 15-month period; provided that unless the parties to the dispute agree that there are exceptional circumstances, the total time shall not exceed 18 months.
5. Where there is disagreement as to the existence or consistency with a covered agreement of measures taken to comply with the recommendations and rulings such dispute shall be decided through recourse to these dispute settlement procedures, including wherever possible resort to the original panel. The panel shall circulate its report within 90 days after the date of referral of the matter to it. When the panel considers that it cannot provide its report within this time frame, it shall inform the DSB in writing of the reasons for the delay together with an estimate of the period within which it will submit its report.
6. The DSB shall keep under surveillance the implementation of adopted recommendations or rulings. The issue of implementation of the recommendations or rulings may be raised at the DSB by any Member at any time following their adoption. Unless the DSB decides otherwise, the issue of implementation of the recommendations or rulings shall be placed on the agenda of the DSB meeting after six months following the date of establishment of the reasonable period of time pursuant to paragraph 3 and shall remain on the DSB's agenda until the issue is resolved. At least 10 days prior to each such DSB meeting, the Member concerned shall provide the DSB with a status report in writing of its progress in the implementation of the recommendations or rulings.
7. If the matter is one which has been raised by a developing country Member, the DSB shall consider what further action it might take which would be appropriate to the circumstances.
8. If the case is one brought by a developing country Member, in considering what appropriate action might be taken, the DSB shall take into account not only the trade coverage of measures complained of, but also their impact on the economy of developing country Members concerned.

Article 22 COMPENSATION AND THE SUSPENSION OF CONCESSIONS

1. Compensation and the suspension of concessions or other obligations are temporary measures available in the event that the recommendations and rulings are not implemented within a reasonable period of time. However, neither compensation nor the suspension of concessions or other obligations is preferred to full implementation of a recommendation to bring a measure into conformity with the covered agreements. Compensation is voluntary and, if granted, shall be consistent with the covered agreements.
2. If the Member concerned fails to bring the measure found to be inconsistent with a covered agreement into compliance therewith or otherwise comply with the recommendations and rulings within the reasonable period of time determined pursuant to paragraph 3 of Article 21, such Member shall, if so requested, and no later than the expiry of the reasonable period of time,

---

12 If the parties cannot agree on an arbitrator within ten days after referring the matter to arbitration, the arbitrator shall be appointed by the Director-General within ten days, after consulting the parties.

13 The expression "arbitrator" shall be interpreted as referring either to an individual or a group.

enter into negotiations with any party having invoked the dispute settlement procedures, with a view to developing mutually acceptable compensation. If no satisfactory compensation has been agreed within 20 days after the date of expiry of the reasonable period of time, any party having invoked the dispute settlement procedures may request authorization from the DSB to suspend the application to the Member concerned of concessions or other obligations under the covered agreements.

3. In considering what concessions or other obligations to suspend, the complaining party shall apply the following principles and procedures:
   (a) the general principle is that the complaining party should first seek to suspend concessions or other obligations with respect to the same sector(s) as that in which the panel or Appellate Body has found a violation or other nullification or impairment;
   (b) if that party considers that it is not practicable or effective to suspend concessions or other obligations with respect to the same sector(s), it may seek to suspend concessions or other obligations in other sectors under the same agreement;
   (c) if that party considers that it is not practicable or effective to suspend concessions or other obligations with respect to other sectors under the same agreement, and that the circumstances are serious enough, it may seek to suspend concessions or other obligations under another covered agreement;
   (d in applying the above principles, that party shall take into account:
      (i) the trade in the sector or under the agreement under which the panel or Appellate Body has found a violation or other nullification or impairment, and the importance of such trade to that party;
      (ii) he broader economic elements related to the nullification or impairment and the broader economic consequences of the suspension of concessions or other obligations;
   (e) if that party decides to request authorization to suspend concessions or other obligations pursuant to subparagraphs (b) or (c), it shall state the reasons therefor in its request. At the same time as the request is forwarded to the DSB, it also shall be forwarded to the relevant Councils and also, in the case of a request pursuant to subparagraph (b), the relevant sectoral bodies;
   (f) for purposes of this paragraph, "sector" means:
      (i) with respect to goods, all goods;
      (ii) with respect to services, a principal sector as identified in the current "Services Sectoral Classification List" which identifies such sectors;[14]
      (iii) with respect to trade-related intellectual property rights, each of the categories of intellectual property rights covered in Section 1, or Section 2, or Section 3, or Section 4, or Section 5, or Section 6, or Section 7 of Part II, or the obligations under Part III, or Part IV of the Agreement on TRIPS;
   (g) for purposes of this paragraph, "agreement" means:
      (i) with respect to goods, the agreements listed in Annex 1A of the WTO Agreement, taken as a whole as well as the Plurilateral Trade Agreements in so far as the relevant parties to the dispute are parties to these agreements;
      (ii) with respect to services, the GATS;
      (iii) with respect to intellectual property rights, the Agreement on TRIPS.

4. The level of the suspension of concessions or other obligations authorized by the DSB shall be equivalent to the level of the nullification or impairment.

5. The DSB shall not authorize suspension of concessions or other obligations if a covered agreement prohibits such suspension.

---

14 The list in document MTN.GNS/W/120 identifies eleven sectors.

6. When the situation described in paragraph 2 occurs, the DSB, upon request, shall grant authorization to suspend concessions or other obligations within 30 days of the expiry of the reasonable period of time unless the DSB decides by consensus to reject the request. However, if the Member concerned objects to the level of suspension proposed, or claims that the principles and procedures set forth in paragraph 3 have not been followed where a complaining party has requested authorization to suspend concessions or other obligations pursuant to paragraph 3(b) or (c), the matter shall be referred to arbitration. Such arbitration shall be carried out by the original panel, if members are available, or by an arbitrator[15] appointed by the Director-General and shall be completed within 60 days after the date of expiry of the reasonable period of time. Concessions or other obligations shall not be suspended during the course of the arbitration.
7. The arbitrator[16] acting pursuant to paragraph 6 shall not examine the nature of the concessions or other obligations to be suspended but shall determine whether the level of such suspension is equivalent to the level of nullification or impairment. The arbitrator may also determine if the proposed suspension of concessions or other obligations is allowed under the covered agreement. However, if the matter referred to arbitration includes a claim that the principles and procedures set forth in paragraph 3 have not been followed, the arbitrator shall examine that claim. In the event the arbitrator determines that those principles and procedures have not been followed, the complaining party shall apply them consistent with paragraph 3. The parties shall accept the arbitrator's decision as final and the parties concerned shall not seek a second arbitration. The DSB shall be informed promptly of the decision of the arbitrator and shall upon request, grant authorization to suspend concessions or other obligations where the request is consistent with the decision of the arbitrator, unless the DSB decides by consensus to reject the request.
8. The suspension of concessions or other obligations shall be temporary and shall only be applied until such time as the measure found to be inconsistent with a covered agreement has been removed, or the Member that must implement recommendations or rulings provides a solution to the nullification or impairment of benefits, or a mutually satisfactory solution is reached. In accordance with paragraph 6 of Article 21, the DSB shall continue to keep under surveillance the implementation of adopted recommendations or rulings, including those cases where compensation has been provided or concessions or other obligations have been suspended but the recommendations to bring a measure into conformity with the covered agreements have not been implemented.
9. The dispute settlement provisions of the covered agreements may be invoked in respect of measures affecting their observance taken by regional or local governments or authorities within the territory of a Member. When the DSB has ruled that a provision of a covered agreement has not been observed, the responsible Member shall take such reasonable measures as may be available to it to ensure its observance. The provisions of the covered agreements and this Understanding relating to compensation and suspension of concessions or other obligations apply in cases where it has not been possible to secure such observance.[17]

Article 23 STRENGTHENING OF THE MULTILATERAL SYSTEM

1. When Members seek the redress of a violation of obligations or other nullification or impairment of benefits under the covered agreements or an impediment to the attainment of any objective of

---

15 The expression "arbitrator" shall be interpreted as referring either to an individual or a group.

16 The expression "arbitrator" shall be interpreted as referring either to an individual or a group or to the members of the original panel when serving in the capacity of arbitrator.

17 Where the provisions of any covered agreement concerning measures taken by regional or local governments or authorities within the territory of a Member contain provisions different from the provisions of this paragraph, the provisions of such covered agreement shall prevail.

the covered agreements, they shall have recourse to, and abide by, the rules and procedures of this Understanding.

2. In such cases, Members shall:
   (a) not make a determination to the effect that a violation has occurred, that benefits have been nullified or impaired or that the attainment of any objective of the covered agreements has been impeded, except through recourse to dispute settlement in accordance with the rules and procedures of this Understanding, and shall make any such determination consistent with the findings contained in the panel or Appellate Body report adopted by the DSB or an arbitration award rendered under this Understanding;
   (b) follow the procedures set forth in Article 21 to determine the reasonable period of time for the Member concerned to implement the recommendations and rulings; and
   (c) follow the procedures set forth in Article 22 to determine the level of suspension of concessions or other obligations and obtain DSB authorization in accordance with those procedures before suspending concessions or other obligations under the covered agreements in response to the failure of the Member concerned to implement the recommendations and rulings within that reasonable period of time.

Article 24 SPECIAL PROCEDURES INVOLVING LEAST-DEVELOPED COUNTRY MEMBERS

1. At all stages of the determination of the causes of a dispute and of dispute settlement procedures involving a least-developed country Member, particular consideration shall be given to the special situation of least-developed country Members. In this regard, Members shall exercise due restraint in raising matters under these procedures involving a least-developed country Member. If nullification or impairment is found to result from a measure taken by a least-developed country Member, complaining parties shall exercise due restraint in asking for compensation or seeking authorization to suspend the application of concessions or other obligations pursuant to these procedures.
2. In dispute settlement cases involving a least-developed country Member, where a satisfactory solution has not been found in the course of consultations the Director-General or the Chairman of the DSB shall, upon request by a least-developed country Member offer their good offices, conciliation and mediation with a view to assisting the parties to settle the dispute, before a request for a panel is made. The Director-General or the Chairman of the DSB, in providing the above assistance, may consult any source which either deems appropriate.

Article 25 ARBITRATION

1. Expeditious arbitration within the WTO as an alternative means of dispute settlement can facilitate the solution of certain disputes that concern issues that are clearly defined by both parties.
2. Except as otherwise provided in this Understanding, resort to arbitration shall be subject to mutual agreement of the parties which shall agree on the procedures to be followed. Agreements to resort to arbitration shall be notified to all Members sufficiently in advance of the actual commencement of the arbitration process.
3. Other Members may become party to an arbitration proceeding only upon the agreement of the parties which have agreed to have recourse to arbitration. The parties to the proceeding shall agree to abide by the arbitration award. Arbitration awards shall be notified to the DSB and the Council or Committee of any relevant agreement where any Member may raise any point relating thereto.
4. Articles 21 and 22 of this Understanding shall apply *mutatis mutandis* to arbitration awards.

Article 26

1. NON-VIOLATION COMPLAINTS OF THE TYPE DESCRIBED IN PARAGRAPH 1(B) OF ARTICLE XXIII OF GATT 1994

   Where the provisions of paragraph 1(b) of Article XXIII of GATT 1994 are applicable to a covered agreement, a panel or the Appellate Body may only make rulings and recommendations where a party to the dispute considers that any benefit accruing to it directly or indirectly under the relevant covered agreement is being nullified or impaired or the attainment of any objective of that Agreement is being impeded as a result of the application by a Member of any measure, whether or not it conflicts with the provisions of that Agreement. Where and to the extent that such party considers and a panel or the Appellate Body determines that a case concerns a measure that does not conflict with the provisions of a covered agreement to which the provisions of paragraph 1(b) of Article XXIII of GATT 1994 are applicable, the procedures in this Understanding shall apply, subject to the following:

(a) the complaining party shall present a detailed justification in support of any complaint relating to a measure which does not conflict with the relevant covered agreement;

(b) where a measure has been found to nullify or impair benefits under, or impede the attainment of objectives, of the relevant covered agreement without violation thereof, there is no obligation to withdraw the measure. However, in such cases, the panel or the Appellate Body shall recommend that the Member concerned make a mutually satisfactory adjustment;

(c) notwithstanding the provisions of Article 21, the arbitration provided for in paragraph 3 of Article 21, upon request of either party, may include a determination of the level of benefits which have been nullified or impaired, and may also suggest ways and means of reaching a mutually satisfactory adjustment; such suggestions shall not be binding upon the parties to the dispute;

(d) notwithstanding the provisions of paragraph 1 of Article 22, compensation may be part of a mutually satisfactory adjustment as final settlement of the dispute.

2. Complaints of the Type Described in Paragraph 1(c) of Article XXIII of GATT 1994
Where the provisions of paragraph 1(c) of Article XXIII of GATT 1994 are applicable to a covered agreement, a panel may only make rulings and recommendations where a party considers that any benefit accruing to it directly or indirectly under the relevant covered agreement is being nullified or impaired or the attainment of any objective of that Agreement is being impeded as a result of the existence of any situation other than those to which the provisions of paragraphs 1(a) and 1(b) of Article XXIII of GATT 1994 are applicable. Where and to the extent that such party considers and a panel determines that the matter is covered by this paragraph, the procedures of this Understanding shall apply only up to and including the point in the proceedings where the panel report has been circulated to the Members. The dispute settlement rules and procedures contained in the Decision of 12 April 1989 (BISD 36S/61-67) shall apply to consideration for adoption, and surveillance and implementation of recommendations and rulings. The following shall also apply:

(a) the complaining party shall present a detailed justification in support of any argument made with respect to issues covered under this paragraph;

(b) in cases involving matters covered by this paragraph, if a panel finds that cases also involve dispute settlement matters other than those covered by this paragraph, the panel shall circulate a report to the DSB addressing any such matters and a separate report on matters falling under this paragraph.

Article 27 Responsibilities of the Secretariat

1. The Secretariat shall have the responsibility of assisting panels, especially on the legal, historical and procedural aspects of the matters dealt with, and of providing secretarial and technical support.
2. While the Secretariat assists Members in respect of dispute settlement at their request, there may also be a need to provide additional legal advice and assistance in respect of dispute settlement to developing country Members. To this end, the Secretariat shall make available a qualified legal expert from the WTO technical cooperation services to any developing country Member which so requests. This expert shall assist the developing country Member in a manner ensuring the continued impartiality of the Secretariat.

3. The Secretariat shall conduct special training courses for interested Members concerning these dispute settlement procedures and practices so as to enable Members' experts to be better informed in this regard.

APPENDIX 1

AGREEMENTS COVERED BY THE UNDERSTANDING

(A) Agreement Establishing the World Trade Organization
(B) Multilateral Trade Agreements
    Annex 1A: Multilateral Agreements on Trade in Goods
    Annex 1B: General Agreement on Trade in Services
    Annex 1C: Agreement on Trade-Related Aspects of Intellectual Property Rights
    Annex 2: Understanding on Rules and Procedures Governing the Settlement of Disputes
(C) Plurilateral Trade Agreements
    Annex 4: Agreement on Trade in Civil Aircraft
    Agreement on Government Procurement
    International Dairy Agreement
    International Bovine Meat Agreement

The applicability of this Understanding to the Plurilateral Trade Agreements shall be subject to the adoption of a decision by the parties to each agreement setting out the terms for the application of the Understanding to the individual agreement, including any special or additional rules or procedures for inclusion in Appendix 2, as notified to the DSB.

APPENDIX 2

SPECIAL OR ADDITIONAL RULES AND PROCEDURES CONTAINED IN THE COVERED AGREEMENTS

Agreement Rules and Procedures

Agreement on the Application of Sanitary
and Phytosanitary Measures 11.2
Agreement on Textiles and Clothing 2.14, 2.21, 4.4, 5.2, 5.4, 5.6, 6.9,
6.10, 6.11, 8.1 through 8.12
Agreement on Technical Barriers to Trade 14.2 through 14.4, Annex 2
Agreement on Implementation of Article VI
of GATT 1994 17.4 through 17.7
Agreement on Implementation of Article VII
of GATT 1994 19.3 through 19.5, Annex II.2(f), 3, 9, 21
Agreement on Subsidies and Countervailing Measures 4.2 through 4.12, 6.6, 7.2 through 7.10, 8.5,
footnote 35, 24.4, 27.7, Annex V
General Agreement on Trade in Services XXII:3, XXIII:3
Annex on Financial Services 4

Annex on Air Transport Services 4
Decision on Certain Dispute Settlement
Procedures for the GATS 1 through 5

The list of rules and procedures in this Appendix includes provisions where only a part of the provision may be relevant in this context.

Any special or additional rules or procedures in the Plurilateral Trade Agreements as determined by the competent bodies of each agreement and as notified to the DSB.

APPENDIX 3

WORKING PROCEDURES

1. In its proceedings the panel shall follow the relevant provisions of this Understanding. In addition, the following working procedures shall apply.
2. The panel shall meet in closed session. The parties to the dispute, and interested parties, shall be present at the meetings only when invited by the panel to appear before it.
3. The deliberations of the panel and the documents submitted to it shall be kept confidential. Nothing in this Understanding shall preclude a party to a dispute from disclosing statements of its own positions to the public. Members shall treat as confidential information submitted by another Member to the panel which that Member has designated as confidential. Where a party to a dispute submits a confidential version of its written submissions to the panel, it shall also, upon request of a Member, provide a non-confidential summary of the information contained in its submissions that could be disclosed to the public.
4. Before the first substantive meeting of the panel with the parties, the parties to the dispute shall transmit to the panel written submissions in which they present the facts of the case and their arguments.
5. At its first substantive meeting with the parties, the panel shall ask the party which has brought the complaint to present its case. Subsequently, and still at the same meeting, the party against which the complaint has been brought shall be asked to present its point of view.
6. All third parties which have notified their interest in the dispute to the DSB shall be invited in writing to present their views during a session of the first substantive meeting of the panel set aside for that purpose. All such third parties may be present during the entirety of this session.
7. Formal rebuttals shall be made at a second substantive meeting of the panel. The party complained against shall have the right to take the floor first to be followed by the complaining party. The parties shall submit, prior to that meeting, written rebuttals to the panel.
8. The panel may at any time put questions to the parties and ask them for explanations either in the course of a meeting with the parties or in writing.
9. The parties to the dispute and any third party invited to present its views in accordance with Article 10 shall make available to the panel a written version of their oral statements.
10. In the interest of full transparency, the presentations, rebuttals and statements referred to in paragraphs 5 to 9 shall be made in the presence of the parties. Moreover, each party's written submissions, including any comments on the descriptive part of the report and responses to questions put by the panel, shall be made available to the other party or parties.
11. Any additional procedures specific to the panel.
12. Proposed timetable for panel work:
    (a) Receipt of first written submissions of the parties:
        (1) complaining Party: _______ 3-6 weeks
        (2) Party complained against: _______ 2-3 weeks

(b) Date, time and place of first substantive meeting with the parties; third party session: _______ 1-2 weeks

(c) Receipt of written rebuttals of the parties: _______ 2-3 weeks

(d) Date, time and place of second substantive meeting with the parties: _______ 1-2 weeks

(e) Issuance of descriptive part of the report to the parties: _______ 2-4 weeks

(f) Receipt of comments by the parties on the descriptive part of the report: _______ 2 weeks

(g) Issuance of the interim report, including the findings and conclusions, to the parties: _______ 2-4 weeks

(h) Deadline for party to request review of part(s) of report: _______ 1 week

(i) Period of review by panel, including possible additional meeting with parties: _______ 2 weeks

(j) Issuance of final report to parties to dispute: _______ 2 weeks

(k) Circulation of the final report to the Members: _______ 3 weeks

The above calendar may be changed in the light of unforeseen developments. Additional meetings with the parties shall be scheduled if required.

APPENDIX 4

EXPERT REVIEW GROUPS

The following rules and procedures shall apply to expert review groups established in accordance with the provisions of paragraph 2 of Article 13.

1. Expert review groups are under the panel's authority. Their terms of reference and detailed working procedures shall be decided by the panel, and they shall report to the panel.
2. Participation in expert review groups shall be restricted to persons of professional standing and experience in the field in question.
3. Citizens of parties to the dispute shall not serve on an expert review group without the joint agreement of the parties to the dispute, except in exceptional circumstances when the panel considers that the need for specialized scientific expertise cannot be fulfilled otherwise. Government officials of parties to the dispute shall not serve on an expert review group. Members of expert review groups shall serve in their individual capacities and not as government representatives, nor as representatives of any organization. Governments or organizations shall therefore not give them instructions with regard to matters before an expert review group.
4. Expert review groups may consult and seek information and technical advice from any source they deem appropriate. Before an expert review group seeks such information or advice from a source within the jurisdiction of a Member, it shall inform the government of that Member. Any Member shall respond promptly and fully to any request by an expert review group for such information as the expert review group considers necessary and appropriate.
5. The parties to a dispute shall have access to all relevant information provided to an expert review group, unless it is of a confidential nature. Confidential information provided to the expert review group shall not be released without formal authorization from the government, organization or person providing the information. Where such information is requested from the expert review group but release of such information by the expert review group is not authorized, a non-confidential summary of the information will be provided by the government, organization or person supplying the information.

6. The expert review group shall submit a draft report to the parties to the dispute with a view to obtaining their comments, and taking them into account, as appropriate, in the final report, which shall also be issued to the parties to the dispute when it is submitted to the panel. The final report of the expert review group shall be advisory only.

DECISION ON THE APPLICATION AND REVIEW OF THE UNDERSTANDING ON RULES AND PROCEDURES GOVERNING THE SETTLEMENT OF DISPUTES

Ministers,

Recalling the Decision of 22 February 1994 that existing rules and procedures of GATT 1947 in the field of dispute settlement shall remain in effect until the date of entry into force of the Agreement Establishing the World Trade Organization,

Invite the relevant Councils and Committees to decide that they shall remain in operation for the purpose of dealing with any dispute for which the request for consultation was made before that date;

Invite the Ministerial Conference to complete a full review of dispute settlement rules and procedures under the World Trade Organization within four years after the entry into force of the Agreement Establishing the World Trade Organization, and to take a decision on the occasion of its first meeting after the completion of the review, whether to continue, modify or terminate such dispute settlement rules and procedures.

B. Working Procedures for Appellate Review

|1| DEFINITIONS In these Working Procedures for Appellate Review,

"appellant"
means any party to the dispute that has filed a Notice of Appeal pursuant to Rule 20 or has filed a submission pursuant to paragraph 1 of Rule 23;
"appellate report"
means an Appellate Body report as described in Article 17 of the *DSU*;
"appellee"
means any party to the dispute that has filed a submission pursuant to Rule 22 or paragraph 3 of Rule 23;
"consensus"
a decision is deemed to be made by consensus if no Member formally objects to it;
"covered agreements"
has the same meaning as "covered agreements" in paragraph 1 of Article 1 of the *DSU*;
"division"
means the three Members who are selected to serve on any one appeal in accordance with paragraph 1 of Article 17 of the *DSU* and paragraph 2 of Rule 6;
"documents"
means the Notice of Appeal and the submissions and other written statements presented by the participants;
"DSB"
means the Dispute Settlement Body established under Article 2 of the *DSU*;
"DSU"
means the *Understanding on Rules and Procedures Governing the Settlement of Disputes* which is Annex 2 to the *WTO Agreement*;
"Member"

means a Member of the Appellate Body who has been appointed by the DSB in accordance with Article 17 of the *DSU*;
"participant"
means any party to the dispute that has filed a Notice of Appeal pursuant to Rule 20 or a submission pursuant to Rule 22 or paragraphs 1 or 3 of Rule 23;
"party to the dispute"
means any WTO Member who was a complaining or defending party in the panel dispute, but does not include a third party;
"proof of service"
means a letter or other written acknowledgement that a document has been delivered, as required, to the parties to the dispute, participants, third parties or third participants, as the case may be;
"Rules"
means these *Working Procedures for Appellate Review;*
"Rules of Conduct"
means the *Rules of Conduct for the Understanding on Rules and Procedures Governing the Settlement of Disputes* as attached in Annex II to these Rules;
"SCM Agreement"
means the *Agreement on Subsidies and Countervailing Measures* which is in Annex 1A to the *WTO Agreement;*
"Secretariat"
means the Appellate Body Secretariat;
"service address"
means the address of the party to the dispute, participant, third party or third participant as generally used in WTO dispute settlement proceedings, unless the party to the dispute, participant, third party or third participant has clearly indicated another address;
"third participant"
means any third party that has filed a submission pursuant to Rule 24;
"third party"
means any WTO Member who has notified the DSB of its substantial interest in the matter before the panel pursuant to paragraph 2 of Article 10 of the *DSU*;
"WTO"
means the World Trade Organization;
"WTO Agreement"
means the *Marrakesh Agreement Establishing the World Trade Organization*, done at Marrakesh, Morocco on 15 April 1994;
"WTO Member"
means any State or separate customs territory possessing full autonomy in the conduct of its external commercial relations that has accepted or acceded to the WTO in accordance with Articles XI, XII or XIV of the *WTO Agreement;* and
"WTO Secretariat"
means the Secretariat of the World Trade Organization.

PART I

MEMBERS

[2] Duties and Responsibilities

(1) A Member shall abide by the terms and conditions of the *DSU*, these Rules and any decisions of the DSB affecting the Appellate Body.

(2) During his/her term, a Member shall not accept any employment nor pursue any professional activity that is inconsistent with his/her duties and responsibilities.

(3) A Member shall exercise his/her office without accepting or seeking instructions from any international, governmental, or non-governmental organization or any private source.

(4) A Member shall be available at all times and on short notice and, to this end, shall keep the Secretariat informed of his/her whereabouts at all times.

|3| Decision-Making

(1) In accordance with paragraph 1 of Article 17 of the *DSU*, decisions relating to an appeal shall be taken solely by the division assigned to that appeal. Other decisions shall be taken by the Appellate Body as a whole.

(2) The Appellate Body and its divisions shall make every effort to take their decisions by consensus. Where, nevertheless, a decision cannot be arrived at by consensus, the matter at issue shall be decided by a majority vote.

|4| Decision-Making

(1) To ensure consistency and coherence in decision-making, and to draw on the individual and collective expertise of the Members, the Members shall convene on a regular basis to discuss matters of policy, practice and procedure.

(2) The Members shall stay abreast of dispute settlement activities and other relevant activities of the WTO and, in particular, each Member shall receive all documents filed in an appeal.

(3) In accordance with the objectives set out in paragraph 1, the division responsible for deciding each appeal shall exchange views with the other Members before the division finalizes the appellate report for circulation to the WTO Members. This paragraph is subject to paragraphs 2 and 3 of Rule 11.

(4) Nothing in these Rules shall be interpreted as interfering with a division's full authority and freedom to hear and decide an appeal assigned to it in accordance with paragraph 1 of Article 17 of the *DSU*.

|5| Chairman

(1) There shall be a Chairman of the Appellate Body who shall be elected by the Members.

(2) The first Chairman of the Appellate Body shall have a term of office of two years. Thereafter, the term of office of the Chairman shall be one year. In order to ensure rotation of the Chairmanship, no Member shall serve as Chairman for more than one term consecutively.

(3) The Chairman shall be responsible for the overall direction of the Appellate Body business, and in particular, his/her responsibilities shall include:
   (a) the supervision of the internal functioning of the Appellate Body; and
   (b) any such other duties as the Members may agree to entrust to him/her.

(4) Where the office of the Chairman becomes vacant due to permanent incapacity as a result of illness or death or by resignation or expiration of his/her term, the Members shall elect a new Chairman who shall serve a full term in accordance with paragraph 2.

(5) In the event of a temporary absence or incapacity of the Chairman, the Appellate Body shall authorize another Member to act as Chairman *ad interim*, and the Member so authorized shall temporarily exercise all the powers, duties and functions of the Chairman until the Chairman is capable of resuming his/her functions.

|6| Divisions

(1) In accordance with paragraph 1 of Article 17 of the *DSU*, a division consisting of three Members shall be established to hear and decide an appeal.

(2) The Members constituting a division shall be selected on the basis of rotation, while taking into account the principles of random selection, unpredictability and opportunity for all Members to serve regardless of their national origin.

(3) A Member selected pursuant to paragraph 2 to serve on a division shall serve on that division, unless:

(i) he/she is excused from that division pursuant to Rules 9 or 10;

(ii) he/she has notified the Chairman and the Presiding Member that he/she is prevented from serving on the division because of illness or other serious reasons pursuant to Rule 12; or

(iii) he/she has notified his/her intentions to resign pursuant to Rule 14.

|7| PRESIDING MEMBER OF THE DIVISION

(1) Each division shall have a Presiding Member, who shall be elected by the Members of that division.

(2) The responsibilities of the Presiding Member shall include:

(a) coordinating the overall conduct of the appeal proceeding;

(b) chairing all oral hearings and meetings related to that appeal; and

(c) coordinating the drafting of the appellate report.

(3) In the event that a Presiding Member becomes incapable of performing his/her duties, the other Members serving on that division and the Member selected as a replacement pursuant to Rule 13 shall elect one of their number to act as the Presiding Member.

|8| RULES OF CONDUCT

(1) On a provisional basis, the Appellate Body adopts those provisions of the *Rules of Conduct for the Understanding on Rules and Procedures Governing the Settlement of Disputes*, attached in Annex II to these Rules, which are applicable to it, until *Rules of Conduct* are approved by the DSB.

(2) Upon approval of *Rules of Conduct* by the DSB, such *Rules of Conduct* shall be directly incorporated and become part of these Rules and shall supersede Annex II.

|9|

(1) Upon the filing of a Notice of Appeal, each Member shall take the steps set out in Article VI:4(b)(i) of Annex II, and a Member may consult with the other Members prior to completing the disclosure form.

(2) Upon the filing of a Notice of Appeal, the professional staff of the Secretariat assigned to that appeal shall take the steps set out in Article VI:4(b)(ii) of Annex II.

(3) Where information has been submitted pursuant to Article VI:4(b)(i) or (ii) of Annex II, the Appellate Body shall consider whether further action is necessary.

(4) As a result of the Appellate Body's consideration of the matter pursuant to paragraph 3, the Member or the professional staff member concerned may continue to be assigned to the division or may be excused from the division.

|10|

(1) Where evidence of a material violation is filed by a participant pursuant to Article VIII of Annex II, such evidence shall be confidential and shall be supported by affidavits made by persons having actual knowledge or a reasonable belief as to the truth of the facts stated.

(2) Any evidence filed pursuant to Article VIII:1 of Annex II shall be filed at the earliest practicable time: that is, forthwith after the participant submitting it knew or reasonably could have known of the facts supporting it. In no case shall such evidence be filed after the appellate report is circulated to the WTO Members.

(3) Where a participant fails to submit such evidence at the earliest practicable time, it shall file an explanation in writing of the reasons why it did not do so earlier, and the Appellate Body may decide to consider or not to consider such evidence, as appropriate.

(4) While taking fully into account paragraph 5 of Article 17 of the *DSU*, where evidence has been filed pursuant to Article VIII of Annex II, an appeal shall be suspended for fifteen days or until the procedure referred to in Article VIII:14-16 of Annex II is completed, whichever is earlier.

(5) As a result of the procedure referred to in Article VIII:14-16 of Annex II, the Appellate Body may decide to dismiss the allegation, to excuse the Member or professional staff member con-

cerned from being assigned to the division or make such other order as it deems necessary in accordance with Article VIII of Annex II.

|11|

(1) A Member who has submitted a disclosure form with information attached pursuant to Article VI:4 (b) (i) or is the subject of evidence of a material violation pursuant to Article VIII:1 of Annex II, shall not participate in any decision taken pursuant to paragraph 4 of Rule 9 or paragraph 5 of Rule 10.

(2) A Member who is excused from a division pursuant to paragraph 4 of Rule 9 or paragraph 5 of Rule 10 shall not take part in the exchange of views conducted in that appeal pursuant to paragraph 3 of Rule 4.

(3) A Member who, had he/she been a Member of a division, would have been excused from that division pursuant to paragraph 4 of Rule 9, shall not take part in the exchange of views conducted in that appeal pursuant to paragraph 3 of Rule 4.

|12| INCAPACITY

(1) A Member who is prevented from serving on a division by illness or for other serious reasons shall give notice and duly explain such reasons to the Chairman and to the Presiding Member.

(2) Upon receiving such notice, the Chairman and the Presiding Member shall forthwith inform the Appellate Body.

|13| REPLACEMENT

Where a Member is unable to serve on a division for a reason set out in paragraph 3 of Rule 6, another Member shall be selected forthwith pursuant to paragraph 2 of Rule 6 to replace the Member originally selected for that division.

|14| RESIGNATION

(1) A Member who intends to resign from his/her office shall notify his/her intentions in writing to the Chairman of the Appellate Body who shall immediately inform the Chairman of the DSB, the Director-General and the other Members of the Appellate Body.

(2) The resignation shall take effect 90 days after the notification has been made pursuant to paragraph 1, unless the DSB, in consultation with the Appellate Body, decides otherwise.

|15| TRANSITION

A person who ceases to be a Member of the Appellate Body may, with the authorization of the Appellate Body and upon notification to the DSB, complete the disposition of any appeal to which that person was assigned while a Member, and that person shall, for that purpose only, be deemed to continue to be a Member of the Appellate Body.

PART II

PROCESS

|16| GENERAL PROVISIONS

(1) In the interests of fairness and orderly procedure in the conduct of an appeal, where a procedural question arises that is not covered by these Rules, a division may adopt an appropriate procedure for the purposes of that appeal only, provided that it is not inconsistent with the *DSU*, the other covered agreements and these Rules. Where such a procedure is adopted, the Division shall immediately notify the participants and third participants in the appeal as well as the other Members of the Appellate Body.

(2) In exceptional circumstances, where strict adherence to a time period set out in these Rules would result in a manifest unfairness, a party to the dispute, a participant, a third party or a third participant may request that a division modify a time period set out in these Rules for the filing of documents or the date set out in the working schedule for the oral hearing. Where such a request is granted by a division, any modification of time shall be notified to the parties to the dispute, participants, third parties and third participants in a revised working schedule.

|17|

(1) Unless the DSB decides otherwise, in computing any time period stipulated in the *DSU* or in the special or additional provisions of the covered agreements, or in these Rules, within which a communication must be made or an action taken by a WTO Member to exercise or preserve its rights, the day from which the time period begins to run shall be excluded and, subject to paragraph 2, the last day of the time-period shall be included.

(2) The DSB Decision on "Expiration of Time-Periods in the *DSU*", WT/DSB/M/7, shall apply to appeals heard by divisions of the Appellate Body.

|18| DOCUMENTS

(1) No document is considered filed with the Appellate Body unless the document is received by the Secretariat within the time period set out for filing in accordance with these Rules.

(2) Except as otherwise provided in these Rules, every document filed by a party to the dispute, a participant, a third party or a third participant shall be served on each of the other parties to the dispute, participants, third parties and third participants in the appeal.

(3) A proof of service on the other parties to the dispute, participants, third parties and third participants shall appear on, or be affixed to, each document filed with the Secretariat under paragraph 1 above.

(4) A document shall be served by the most expeditious means of delivery or communication available, including by:

 (a) delivering a copy of the document to the service address of the party to the dispute, participant, third party or third participant; or

 (b) sending a copy of the document to the service address of the party to the dispute, participant, third party or third participant by facsimile transmission, expedited delivery courier or expedited mail service.

(5) Upon authorization by the division, a participant or a third participant may correct clerical errors in any of its submissions. Such correction shall be made within 3 days of the filing of the original submission and a copy of the revised version shall be filed with the Secretariat and served upon the other participants and third participants.

|19| EX PARTE COMMUNICATIONS

(1) Neither a division nor any of its Members shall meet with or contact one participant or third participant in the absence of the other participants and third participants.

(2) No Member of the division may discuss any aspect of the subject matter of an appeal with any participant or third participant in the absence of the other Members of the division.

(3) A Member who is not assigned to the division hearing the appeal shall not discuss any aspect of the subject matter of the appeal with any participant or third participant.

|20| COMMENCEMENT OF APPEAL

(1) An appeal shall be commenced by notification in writing to the DSB in accordance with paragraph 4 of Article 16 of the *DSU* and simultaneous filing of a Notice of Appeal with the Secretariat.

(2) A Notice of Appeal shall include the following information:

 (a) the title of the panel report under appeal;

 (b) the name of the party to the dispute filing the Notice of Appeal;

 (c) the service address, telephone and facsimile numbers of the party to the dispute; and

 (d) a brief statement of the nature of the appeal, including the allegations of errors in the issues of law covered in the panel report and legal interpretations developed by the panel.

|21| APPELLANT'S SUBMISSION

(1) The appellant shall, within 10 days after the date of the filing of the Notice of Appeal, file with the Secretariat a written submission prepared in accordance with paragraph 2 and serve a copy of the submission on the other parties to the dispute and third parties.

(2) A written submission referred to in paragraph 1 shall
  (a) be dated and signed by the appellant; and
  (b) set out
    (i) a precise statement of the grounds for the appeal, including the specific allegations of errors in the issues of law covered in the panel report and legal interpretations developed by the panel, and the legal arguments in support thereof;
    (ii) a precise statement of the provisions of the covered agreements and other legal sources relied on; and
    (iii) the nature of the decision or ruling sought.

|22| APPELLEE'S SUBMISSION

(1) Any party to the dispute that wishes to respond to allegations raised in an appellant's submission filed pursuant to Rule 21 may, within 25 days after the date of the filing of the Notice of Appeal, file with the Secretariat a written submission prepared in accordance with paragraph 2 and serve a copy of the submission on the appellant, other parties to the dispute and third parties.

(2) A written submission referred to in paragraph 1 shall
  (a) be dated and signed by the appellee; and
  (b) set out
    (i) a precise statement of the grounds for opposing the specific allegations of errors in the issues of law covered in the panel report and legal interpretations developed by the panel raised in the appellant's submission, and the legal arguments in support thereof;
    (ii) an acceptance of, or opposition to, each ground set out in the appellant's submission;
    (iii) a precise statement of the provisions of the covered agreements and other legal sources relied on; and
    (iv) the nature of the decision or ruling sought.

|23| MULTIPLE APPEALS

(1) Within 15 days after the date of the filing of the Notice of Appeal, a party to the dispute other than the original appellant may join in that appeal or appeal on the basis of other alleged errors in the issues of law covered in the panel report and legal interpretations developed by the panel.

(2) Any written submission made pursuant to paragraph 1 shall be in the format required by paragraph 2 of Rule 21.

(3) The appellant, any appellee and any other party to the dispute that wishes to respond to a submission filed pursuant to paragraph 1 may file a written submission within 25 days after the date of the filing of the Notice of Appeal, and any such submission shall be in the format required by paragraph 2 of Rule 22.

(4) This Rule does not preclude a party to the dispute which has not filed a submission under Rule 21 or paragraph 1 of this Rule from exercising its right of appeal pursuant to paragraph 4 of Article 16 of the *DSU*.

(5) Where a party to the dispute which has not filed a submission under Rule 21 or paragraph 1 of this Rule exercises its right to appeal as set out in paragraph 4, a single division shall examine the appeals.

|24| THIRD PARTICIPANTS

Any third party may file a written submission, stating its intention to participate as a third participant in the appeal and containing the grounds and legal arguments in support of its position, within 25 days after the date of the filing of the Notice of Appeal.

[25] TRANSMITTAL OF RECORD

(1) Upon the filing of a Notice of Appeal, the Director-General of the WTO shall transmit forthwith to the Appellate Body the complete record of the panel proceeding.

(2) The complete record of the panel proceeding includes, but is not limited to:

  (i) written submissions, rebuttal submissions, and supporting evidence attached thereto by the parties to the dispute and the third parties;

  (ii) written arguments submitted at the panel meetings with the parties to the dispute and the third parties, the recordings of such panel meetings, and any written answers to questions posed at such panel meetings;

  (iii) the correspondence relating to the panel dispute between the panel or the WTO Secretariat and the parties to the dispute or the third parties; and

  (iv) any other documentation submitted to the panel.

[26] WORKING SCHEDULE

(1) Forthwith after the commencement of an appeal, the division shall draw up an appropriate working schedule for that appeal in accordance with the time periods stipulated in these Rules.

(2) The working schedule shall set forth precise dates for the filing of documents and a timetable for the division's work, including where possible, the date for the oral hearing.

(3) In accordance with paragraph 9 of Article 4 of the *DSU*, in appeals of urgency, including those which concern perishable goods, the Appellate Body shall make every effort to accelerate the appellate proceedings to the greatest extent possible. A division shall take this into account in drawing up its working schedule for that appeal.

(4) The Secretariat shall serve forthwith a copy of the working schedule on the appellant, the parties to the dispute and any third parties.

[27] ORAL HEARING

(1) A division shall hold an oral hearing, which shall be held, as a general rule, 30 days after the date of the filing of the Notice of Appeal.

(2) Where possible in the working schedule or otherwise at the earliest possible date, the Secretariat shall notify all parties to the dispute, participants, third parties and third participants of the date for the oral hearing.

(3) Any third participant who has filed a submission pursuant to Rule 24 may appear to make oral arguments or presentations at the oral hearing.

(4) The Presiding Member may, as necessary, set time-limits for oral arguments and presentations.

[28] WRITTEN RESPONSES

(1) At any time during the appellate proceeding, including, in particular, during the oral hearing, the division may address questions orally or in writing to, or request additional memoranda from, any participant or third participant, and specify the time periods by which written responses or memoranda shall be received.

(2) Any such questions, responses or memoranda shall be made available to the other participants and third participants in the appeal, who shall be given an opportunity to respond.

[29] FAILURE TO APPEAR

Where a participant fails to file a submission within the required time periods or fails to appear at the oral hearing, the division shall, after hearing the views of the participants, issue such order, including dismissal of the appeal, as it deems appropriate.

[30] WITHDRAWAL OF APPEAL

(1) At any time during an appeal, the appellant may withdraw its appeal by notifying the Appellate Body, which shall forthwith notify the DSB.

(2) Where a mutually agreed solution to a dispute which is the subject of an appeal has been notified to the DSB pursuant to paragraph 6 of Article 3 of the *DSU*, it shall be notified to the Appellate Body.

[31] PROHIBITED SUBSIDIES

(1) Subject to Article 4 of the *SCM Agreement*, the general provisions of these Rules shall apply to appeals relating to panel reports concerning prohibited subsidies under Part II of that *Agreement*.

(2) The working schedule for an appeal involving prohibited subsidies under Part II of the *SCM Agreement* shall be as set out in Annex I to these Rules.

[32] ENTRY INTO FORCE AND AMENDMENT

(1) These Rules shall enter into force on 15 February 1996.

(2) The Appellate Body may amend these Rules in compliance with the procedures set forth in paragraph 9 of Article 17 of the *DSU*.

(3) Whenever there is an amendment to the *DSU* or to the special or additional rules and procedures of the covered agreements, the Appellate Body shall examine whether amendments to these Rules are necessary.

ANNEX I

TIMETABLE FOR APPEALS

	General Appeals Day	Prohibited Subsidies Appeals Day
Notice of Appeal[18]	0	0
Appellant's Submission[19]	10	5
Other Appellant(s) Submission(s)[20]	15	7
Appellee(s) Submission(s)[21]	25	12
Third Participant(s) Submission(s)[22]	25	12
Oral Hearing[23]	30	15
Circulation of Appellate Report	60 – 90[24]	30 – 60[25]
DSB Meeting for Adoption	90 – 120[26]	50 – 80[27]

18 Rule 20.

19 Rule 21.

20 Rule 23(1).

21 Rules 22 and 23(3).

22 Rule 24.

23 Rule 27.

24 Article 17:5, DSU.

25 Article 4:9, SCM Agreement.

26 Article 17:14, DSU.

27 Article 4:9, SCM Agreement.

ANNEX II

RULES OF CONDUCT FOR THE UNDERSTANDING ON RULES AND PROCEDURES GOVERNING THE SETTLEMENT OF DISPUTES

I. PREAMBLE Members,

Recalling that on 15 April 1994 in Marrakesh, Ministers welcomed the stronger and clearer legal framework they had adopted for the conduct of international trade, including a more effective and reliable dispute settlement mechanism;

Recognizing the importance of full adherence to the Understanding on Rules and Procedures Governing the Settlement of Disputes ("DSU") and the principles for the management of disputes applied under Articles XXII and XXIII of GATT 1947, as further elaborated and modified by the DSU;

Affirming that the operation of the DSU would be strengthened by rules of conduct designed to maintain the integrity, impartiality and confidentiality of proceedings conducted under the DSU thereby enhancing confidence in the new dispute settlement mechanism;

Hereby establish the following Rules of Conduct.

II. GOVERNING PRINCIPLE

1. Each person covered by these Rules (as defined in paragraph 1 of Section IV below and hereinafter called "covered person") shall be independent and impartial, shall avoid direct or indirect conflicts of interest and shall respect the confidentiality of proceedings of bodies pursuant to the dispute settlement mechanism, so that through the observance of such standards of conduct the integrity and impartiality of that mechanism are preserved. These Rules shall in no way modify the rights and obligations of Members under the DSU nor the rules and procedures therein.

III. OBSERVANCE OF THE GOVERNING PRINCIPLE

1. To ensure the observance of the Governing Principle of these Rules, each covered person is expected (1) to adhere strictly to the provisions of the DSU; (2) to disclose the existence or development of any interest, relationship or matter that that person could reasonably be expected to know and that is likely to affect, or give rise to justifiable doubts as to, that person's independence or impartiality; and (3) to take due care in the performance of their duties to fulfil these expectations, including through avoidance of any direct or indirect conflicts of interest in respect of the subject matter of the proceedings.
2. Pursuant to the Governing Principle, each covered person, shall be independent and impartial, and shall maintain confidentiality. Moreover, such persons shall consider only issues raised in, and necessary to fulfil their responsibilities within, the dispute settlement proceeding and shall not delegate this responsibility to any other person. Such person shall not incur any obligation or accept any benefit that would in anyway interfere with, or which could give rise to, justifiable doubts as to the proper performance of that person's dispute settlement duties.

IV. SCOPE

1. These Rules shall apply, as specified in the text, to each person serving: (a) on a panel; (b) on the Standing Appellate Body; (c) as an arbitrator pursuant to the provisions mentioned in Annex "1a"; or (d) as an expert participating in the dispute settlement mechanism pursuant to the provisions mentioned in Annex "1b". These Rules shall also apply, as specified in this text and the relevant provisions of the Staff Regulations, to those members of the Secretariat called upon to assist the panel in accordance with Article 27.1 of the DSU or to assist in formal arbitration proceedings pursuant to Annex "1a"; to the Chairman of the Textiles Monitoring Body (hereinafter called "TMB") and other members of the TMB Secretariat called upon to assist the TMB in formulating recommendations, findings or observations pursuant to the WTO Agreement on Textiles and Clothing; and to Standing Appellate Body support staff called upon to provide the Standing Appellate Body with administrative or legal support in accordance with Article 17.7 of the DSU (hereinafter "Member of the Secretariat or Standing Appellate Body support staff"), re-

flecting their acceptance of established norms regulating the conduct of such persons as international civil servants and the Governing Principle of these Rules.

2. The application of these Rules shall not in any way impede the Secretariat's discharge of its responsibility to continue to respond to Members' requests for assistance and information.

3. These Rules shall apply to the members of the TMB to the extent prescribed in Section V.

V. TEXTILES MONITORING BODY

1. Members of the TMB shall discharge their functions on an *ad personam* basis, in accordance with the requirement of Article 8.1 of the Agreement on Textiles and Clothing, as further elaborated in the working procedures of the TMB, so as to preserve the integrity and impartiality of its proceedings.[28]

VI. SELF-DISCLOSURE REQUIREMENTS BY COVERED PERSONS

1. (a) Each person requested to serve on a panel, on the Standing Appellate Body, as an arbitrator, or as an expert shall, at the time of the request, receive from the Secretariat these Rules, which include an Illustrative List (Annex 2) of examples of the matters subject to disclosure.
   (b) Any member of the Secretariat described in paragraph IV:1, who may expect to be called upon to assist in a dispute, and Standing Appellate Body support staff, shall be familiar with these Rules.

2. As set out in paragraph VI:4 below, all covered persons described in paragraph VI.1(a) and VI.1(b) shall disclose any information that could reasonably be expected to be known to them at the time which, coming within the scope of the Governing Principle of these Rules, is likely to affect or give rise to justifiable doubts as to their independence or impartiality. These disclosures include the type of information described in the Illustrative List, if relevant.

3. These disclosure requirements shall not extend to the identification of matters whose relevance to the issues to be considered in the proceedings would be insignificant. They shall take into account the need to respect the personal privacy of those to whom these Rules apply and shall not be so administratively burdensome as to make it impracticable for otherwise qualified persons to serve on panels, the Standing Appellate Body, or in other dispute settlement roles.

4. (a) All panelists, arbitrators and experts, prior to confirmation of their appointment, shall complete the form at Annex 3 of these Rules. Such information would be disclosed to the Chair of the Dispute Settlement Body ("DSB") for consideration by the parties to the dispute.
   (b) (i) Persons serving on the Standing Appellate Body who, through rotation, are selected to hear the appeal of a particular panel case, shall review the factual portion of the Panel report and complete the form at Annex 3. Such information would be disclosed to the Standing Appellate Body for its consideration whether the member concerned should hear a particular appeal.
   (ii) Standing Appellate Body support staff shall disclose any relevant matter to the Standing Appellate Body, for its consideration in deciding on the assignment of staff to assist in a particular appeal.
   (c) When considered to assist in a dispute, members of the Secretariat shall disclose to the Director-General of the WTO the information required under paragraph VI:2 of these Rules

---

28 These working procedures, as adopted by the TMB on 26 July 1995 (G/TMB/R/1), currently include, inter alia, the following language in paragraph 1.4: "In discharging their functions in accordance with paragraph 1.1 above, the TMB members and alternates shall undertake not to solicit, accept or act upon instructions from governments, nor to be influenced by any other organisations or undue extraneous factors. They shall disclose to the Chairman any information that they may consider likely to impede their capacity to discharge their functions on an ad personam basis. Should serious doubts arise during the deliberations of the TMB regarding the ability of a TMB member to act on an ad personam basis, they shall be communicated to the Chairman. The Chairman shall deal with the particular matter as necessary".

and any other relevant information required under the Staff Regulations, including the information described in the footnote.[29]

5. During a dispute, each covered person shall also disclose any new information relevant to paragraph VI:2 above at the earliest time they become aware of it.
6. The Chair of the DSB, the Secretariat, parties to the dispute, and other individuals involved in the dispute settlement mechanism shall maintain the confidentiality of any information revealed through this disclosure process, even after the panel process and its enforcement procedures, if any, are completed.

VII. CONFIDENTIALITY

1. Each covered person shall at all times maintain the confidentiality of dispute settlement deliberations and proceedings together with any information identified by a party as confidential. No covered person shall at any time use such information acquired during such deliberations and proceedings to gain personal advantage or advantage for others.
2. During the proceedings, no covered person shall engage in *ex parte* contacts concerning matters under consideration. Subject to paragraph VII:1, no covered person shall make any statements on such proceedings or the issues in dispute in which that person is participating, until the report of the panel or the Standing Appellate Body has been derestricted.

VIII. PROCEDURES CONCERNING SUBSEQUENT DISCLOSURE AND POSSIBLE MATERIAL VIOLATIONS

1. Any party to a dispute, conducted pursuant to the WTO Agreement, who possesses or comes into possession of evidence of a material violation of the obligations of independence, impartiality or confidentiality or the avoidance of direct or indirect conflicts of interest by covered persons which may impair the integrity, impartiality or confidentiality of the dispute settlement mechanism, shall at the earliest possible time and on a confidential basis, submit such evidence to the Chair of the DSB, the Director-General or the Standing Appellate Body, as appropriate according to the respective procedures detailed in paragraphs VIII:5 to VIII:17 below, in a written statement specifying the relevant facts and circumstances. Other Members who possess or come into possession of such evidence, may provide such evidence to the parties to the dispute in the interest of maintaining the integrity and impartiality of the dispute settlement mechanism.
2. When evidence as described in paragraph VIII:1 is based on an alleged failure of a covered person to disclose a relevant interest, relationship or matter, that failure to disclose, as such, shall not be a sufficient ground for disqualification unless there is also evidence of a material violation of the obligations of independence, impartiality, confidentiality or the avoidance of direct or

---

29 Pending adoption of the Staff Regulations, members of the Secretariat shall make disclosures to the Director-General in accordance with the following draft provision to be included in the Staff Regulations:
"When paragraph VI:4(c) of the Rules of Conduct for the DSU is applicable, members of the Secretariat would disclose to the Director-General of the WTO the information required in paragraph VI:2 of those Rules, as well as any information regarding their participation in earlier formal consideration of the specific measure at issue in a dispute under any provisions of the WTO Agreement, including through formal legal advice under Article 27.2 of the DSU, as well as any involvement with the dispute as an official of a WTO Member government or otherwise professionally, before having joined the Secretariat. The Director-General shall consider any such disclosures in deciding on the assignment of members of the Secretariat to assist in a dispute. When the Director-General, in the light of his consideration, including of available Secretariat resources, decides that a potential conflict of interest is not sufficiently material to warrant non-assignment of a particular member of the Secretariat to assist in a dispute, the Director-General shall inform the panel of his decision and of the relevant supporting information."

indirect conflicts of interests and that the integrity, impartiality or confidentiality of the dispute settlement mechanism would be impaired thereby.

3. When such evidence is not provided at the earliest practicable time, the party submitting the evidence shall explain why it did not do so earlier and this explanation shall be taken into account in the procedures initiated in paragraph VIII:1.
4. Following the submission of such evidence to the Chair of the DSB, the Director-General of the WTO or the Standing Appellate Body, as specified below, the procedures outlined in paragraphs VIII:5 to VIII:17 below shall be completed within fifteen working days.

PANELISTS, ARBITRATORS, EXPERTS

5. If the covered person who is the subject of the evidence is a panelist, an arbitrator or an expert, the party shall provide such evidence to the Chair of the DSB.
6. Upon receipt of the evidence referred to in paragraphs VIII:1 and VIII:2, the Chair of the DSB shall forthwith provide the evidence to the person who is the subject of such evidence, for consideration by the latter.
7. If, after having consulted with the person concerned, the matter is not resolved, the Chair of the DSB shall forthwith provide all the evidence, and any additional information from the person concerned, to the parties to the dispute. If the person concerned resigns, the Chair of the DSB shall inform the parties to the dispute and, as the case may be, the panelists, the arbitrator(s) or experts.
8. In all cases, the Chair of the DSB, in consultation with the Director-General and a sufficient number of Chairs of the relevant Council or Councils to provide an odd number, and after having provided a reasonable opportunity for the views of the person concerned and the parties to the dispute to be heard, would decide whether a material violation of these Rules as referred to in paragraphs VIII:1 and VIII:2 above has occurred. Where the parties agree that a material violation of these Rules has occurred, it would be expected that, consistent with maintaining the integrity of the dispute settlement mechanism, the disqualification of the person concerned would be confirmed.
9. The person who is the subject of the evidence shall continue to participate in the consideration of the dispute unless it is decided that a material violation of these Rules has occurred.
10. The Chair of the DSB shall thereafter take the necessary steps for the appointment of the person who is the subject of the evidence to be formally revoked, or excused from the dispute as the case may be, as of that time.

SECRETARIAT

11. If the covered person who is the subject of the evidence is a member of the Secretariat, the party shall only provide the evidence to the Director-General of the WTO, who shall forthwith provide the evidence to the person who is the subject of such evidence and shall further inform the other party or parties to the dispute and the panel.
12. It shall be for the Director-General to take any appropriate action in accordance with the Staff Regulations.[30]

---

30 Pending adoption of the Staff Regulations, the Director-General would act in accordance with the following draft provision for the Staff Regulations: "If paragraph VIII:11 of the Rules of Conduct for the DSU governing the settlement of disputes is invoked, the Director-General shall consult with the person who is the subject of the evidence and the panel and shall, if necessary, take appropriate disciplinary action".

13. The Director-General shall inform the parties to the dispute, the panel and the Chair of the DSB of his decision, together with relevant supporting information.

STANDING APPELLATE BODY

14. If the covered person who is the subject of the evidence is a member of the Standing Appellate Body or of the Standing Appellate Body support staff, the party shall provide the evidence to the other party to the dispute and the evidence shall thereafter be provided to the Standing Appellate Body.
15. Upon receipt of the evidence referred to in paragraphs VIII:1 and VIII:2 above, the Standing Appellate Body shall forthwith provide it to the person who is the subject of such evidence, for consideration by the latter.
16. It shall be for the Standing Appellate Body to take any appropriate action after having provided a reasonable opportunity for the views of the person concerned and the parties to the dispute to be heard.
17. The Standing Appellate Body shall inform the parties to the dispute and the Chair of the DSB of its decision, together with relevant supporting information.

***

18. Following completion of the procedures in paragraphs VIII:5 to VIII:17, if the appointment of a covered person, other than a member of the Standing Appellate Body, is revoked or that person is excused or resigns, the procedures specified in the DSU for initial appointment shall be followed for appointment of a replacement, but the time periods shall be half those specified in the DSU.[31] The member of the Standing Appellate Body who, under that Body's rules, would next be selected through rotation to consider the dispute, would automatically be assigned to the appeal. The panel, members of the Standing Appellate Body hearing the appeal, or the arbitrator, as the case may be, may then decide after consulting with the parties to the dispute, on any necessary modifications to their working procedures or proposed timetable.
19. All covered persons and Members concerned shall resolve matters involving possible material violations of these Rules as expeditiously as possible so as not to delay the completion of proceedings, as provided in the DSU.
20. Except to the extent strictly necessary to carry out this decision, all information concerning possible or actual material violations of these Rules shall be kept confidential.

IX. REVIEW

1. These Rules of Conduct shall be reviewed within two years of their adoption and a decision shall be taken by the DSB as to whether to continue, modify or terminate these Rules.

ANNEX 1a

Arbitrators acting pursuant to the following provisions:
- Articles 21.3(c); 22.6 and 22.7; 26.1(c) and 25 of the DSU;
- Article 8.5 of the Agreement on Subsidies and Countervailing Measures;
- Articles XXI.3 and XXII.3 of the General Agreement on Trade in Services.

---

31 Appropriate adjustments would be made in the case of appointments pursuant to the Agreement on Subsidies and Countervailing Measures.

ANNEX 1b

Experts advising or providing information pursuant to the following provisions:

- Article 13.1; 13.2 of the DSU;
- Article 4.5 of the Agreement on Subsidies and Countervailing Measures;
- Article 11.2 of the Agreement on the Application of Sanitary and Phytosanitary Measures;
- Article 14.2; 14.3 of the Agreement on Technical Barriers to Trade.

ANNEX 2

ILLUSTRATIVE LIST OF INFORMATION TO BE DISCLOSED

This list contains examples of information of the type that a person called upon to serve in a dispute should disclose pursuant to the Rules of Conduct for the Understanding on Rules and Procedures Governing the Settlement of Disputes.

Each covered person, as defined in Section IV:1 of these Rules of Conduct has a continuing duty to disclose the information described in Section VI:2 of these Rules which may include the following:

(a) financial interests (e.g. investments, loans, shares, interests, other debts); business interests (e.g. directorship or other contractual interests); and property interests relevant to the dispute in question;

(b) professional interests (e.g. a past or present relationship with private clients, or any interests the person may have in domestic or international proceedings, and their implications, where these involve issues similar to those addressed in the dispute in question);

(c) other active interests (e.g. active participation in public interest groups or other organisations which may have a declared agenda relevant to the dispute in question);

(d) considered statements of personal opinion on issues relevant to the dispute in question (e.g. publications, public statements);

(e) employment or family interests (e.g. the possibility of any indirect advantage or any likelihood of pressure which could arise from their employer, business associates or immediate family members).

ANNEX 3

Dispute Number: ________

WORLD TRADE ORGANIZATION
DISCLOSURE FORM

I have read the Understanding on Rules and Procedures Governing the Settlement of Disputes (DSU) and the Rules of Conduct for the DSU. I understand my continuing duty, while participating in the dispute settlement mechanism, and until such time as the Dispute Settlement Body (DSB) makes a decision on adoption of a report relating to the proceeding or notes its settlement, to disclose herewith and in future any information likely to affect my independence or impartiality, or which could give rise to justifiable doubts as to the integrity and impartiality of the dispute settlement mechanism; and to respect my obligations regarding the confidentiality of dispute settlement proceedings.

Signed: Dated:

3. ICSID-Schiedsgerichtsbarkeit

A. Convention on the Settlement of Investment Disputes between States and Nationals of other States of 18 March 1965

PREAMBLE

The Contracting States

Considering the need for international cooperation for economic development, and the role of private international investment therein;

Bearing in mind the possibility that from time to time disputes may arise in connection with such investment between Contracting States and nationals of other Contracting States;

Recognizing that while such disputes would usually be subject to national legal processes, international methods of settlement may be appropriate in certain cases;

Attaching particular importance to the availability of facilities for international conciliation or arbitration to which Contracting States and nationals of other Contracting States may submit such disputes if they so desire;

Desiring to establish such facilities under the auspices of the International Bank for Reconstruction and Development;

Recognizing that mutual consent by the parties to submit such disputes to conciliation or to arbitration through such facilities constitutes a binding agreement which requires in particular that due consideration be given to any recommendation of conciliators, and that any arbitral award be complied with; and

Declaring that no Contracting State shall by the mere fact of its ratification, acceptance or approval of this Convention and without its consent be deemed to be under any obligation to submit any particular dispute to conciliation or arbitration,

Have agreed as follows

CHAPTER I - INTERNATIONAL CENTRE FOR SETTLEMENT OF INVESTMENT DISPUTES

SECTION 1 - ESTABLISHMENT AND ORGANIZATION

Article 1

(1) There is hereby established the International Centre for Settlement of Investment Disputes (hereinafter called the Centre).

(2) The purpose of the Centre shall be to provide facilities for conciliation and arbitration of investment disputes between Contracting States and nationals of other Contracting States in accordance with the provisions of this Convention.

Article 2

The seat of the Centre shall be at the principal office of the International Bank for Reconstruction and Development (hereinafter called the Bank). The seat may be moved to another place by decision of the Administrative Council adopted by a majority of two-thirds of its members.

Article 3

The Centre shall have an Administrative Council and a Secretariat and shall maintain a Panel of Conciliators and a Panel of Arbitrators.

SECTION 2 - THE ADMINISTRATIVE COUNCIL

Article 4

(1) The Administrative Council shall be composed of one representative of each Contracting State. An alternate may act as representative in case of his principal's absence from a meeting or inability to act.

(2) In the absence of a contrary designation, each governor and alternate governor of the Bank appointed by a Contracting State shall be ex officio its representative and its alternate respectively.

Article 5

The President of the Bank shall be ex officio Chairman of the Administrative Council (hereinafter called the Chairman) but shall have no vote. During his absence or inability to act and during any vacancy in the office of President of the Bank, the person for the time being acting as President shall act as Chairman of the Administrative Council.

Article 6

(1) Without prejudice to the powers and functions vested in it by other provisions of this Convention, the Administrative Council shall

(a) adopt the administrative and financial regulations of the Centre;

(b) adopt the rules of procedure for the institution of conciliation and arbitration proceedings;

(c) adopt the rules of procedure for conciliation and arbitration proceedings (hereinafter called the Conciliation Rules and the Arbitration Rules);

(d) approve arrangements with the Bank for the use of the Bank's administrative facilities and services;

(e) determine the conditions of service of the Secretary-General and of any Deputy Secretary-General;

(f) adopt the annual budget of revenues and expenditures of the Centre;

(g) approve the annual report on the operation of the Centre. The decisions referred to in sub-paragraphs (a), (b), (c) and (f) above shall be adopted by a majority of two-thirds of the members of the Administrative Council.

(2) The Administrative Council may appoint such committees as it considers necessary.

(3) The Administrative Council shall also exercise such other powers and perform such other functions as it shall determine to be necessary for the implementation of the provisions of this Convention.

Article 7

(1) The Administrative Council shall hold an annual meeting and such other meetings as may be determined by the Council, or convened by the Chairman, or convened by the Secretary-General at the request of not less than five members of the Council.

(2) Each member of the Administrative Council shall have one vote and, except as otherwise herein provided, all matters before the Council shall be decided by a majority of the votes cast.

(3) A quorum for any meeting of the Administrative Council shall be a majority of its members.

(4) The Administrative Council may establish, by a majority of two-thirds of its members, a procedure whereby the Chairman may seek a vote of the Council without convening a meeting of the Council. The vote shall be considered valid only if the majority of the members of the Council cast their votes within the time limit fixed by the said procedure.

Article 8

Members of the Administrative Council and the Chairman shall serve without remuneration from the Centre.

SECTION 3 - THE SECRETARIAT

Article 9

The Secretariat shall consist of a Secretary-General, one or more Deputy Secretaries-General and staff.

Article 10

(1) The Secretary-General and any Deputy Secretary-General shall be elected by the Administrative Council by a majority of two-thirds of its members upon the nomination of the Chairman for a term of service not exceeding six years and shall be eligible for re-election. After consulting the members of the Administrative Council, the Chairman shall propose one or more candidates for each such office.

(2) The offices of Secretary-General and Deputy Secretary-General shall be incompatible with the exercise of any political function. Neither the Secretary-General nor any Deputy Secretary-General may hold any other employment or engage in any other occupation except with the approval of the Administrative Council.

(3) During the Secretary-General's absence or inability to act, and during any vacancy of the office of Secretary-General, the Deputy Secretary-General shall act as Secretary-General. If there shall be more than one Deputy Secretary-General, the Administrative Council shall determine in advance the order in which they shall act as Secretary-General.

Article 11

The Secretary-General shall be the legal representative and the principal officer of the Centre and shall be responsible for its administration, including the appointment of staff, in accordance with the provisions of this Convention and the rules adopted by the Administrative Council. He shall perform the function of registrar and shall have the power to authenticate arbitral awards rendered pursuant to this Convention, and to certify copies thereof.

SECTION 4 - THE PANELS

Article 12

The Panel of Conciliators and the Panel of Arbitrators shall each consist of qualified persons, designated as hereinafter provided, who are willing to serve thereon.

Article 13

(1) Each Contracting State may designate to each Panel four persons who may but need not be its nationals.

(2) The Chairman may designate ten persons to each Panel. The persons so designated to a Panel shall each have a different nationality.

Article 14

(1) Persons designated to serve on the Panels shall be persons of high moral character and recognized competence in the fields of law, commerce, industry or finance, who may be relied upon to exercise independent judgment. Competence in the field of law shall be of particular importance in the case of persons on the Panel of Arbitrators.

(2) The Chairman, in designating persons to serve on the Panels, shall in addition pay due regard to the importance of assuring representation on the Panels of the principal legal systems of the world and of the main forms of economic activity.

Article 15

(1) Panel members shall serve for renewable periods of six years.

(2) In case of death or resignation of a member of a Panel, the authority which designated the member shall have the right to designate another person to serve for the remainder of that member's term.

(3) Panel members shall continue in office until their successors have been designated.

Article 16

(1) A person may serve on both Panels.

(2) If a person shall have been designated to serve on the same Panel by more than one Contracting State, or by one or more Contracting States and the Chairman, he shall be deemed to have been designated by the authority which first designated him or, if one such authority is the State of which he is a national, by that State.

(3) All designations shall be notified to the Secretary-General and shall take effect from the date on which the notification is received.

SECTION 5 - FINANCING THE CENTRE

Article 17

If the expenditure of the Centre cannot be met out of charges for the use of its facilities, or out of other receipts, the excess shall be borne by Contracting States which are members of the Bank in proportion to their respective subscriptions to the capital stock of the Bank, and by Contracting States which are not members of the Bank in accordance with rules adopted by the Administrative Council.

SECTION 6 - STATUS, IMMUNITIES AND PRIVILEGES

Article 18

The Centre shall have full international legal personality. The legal capacity of the Centre shall include the capacity

(a) to contract;

(b) to acquire and dispose of movable and immovable property;

(c) to institute legal proceedings.

Article 19

To enable the Centre to fulfil its functions, it shall enjoy in the territories of each Contracting State the immunities and privileges set forth in this Section.

Article 20

The Centre, its property and assets shall enjoy immunity from all legal process, except when the Centre waives this immunity.

Article 21

The Chairman, the members of the Administrative Council, persons acting as conciliators or arbitrators or members of a Committee appointed pursuant to paragraph (3) of Article 52, and the officers and employees of the Secretariat

(a) shall enjoy immunity from legal process with respect to acts performed by them in the exercise of their functions, except when the Centre waives this immunity;

(b) not being local nationals, shall enjoy the same immunities from immigration restrictions, alien registration requirements and national service obligations, the same facilities as regards exchange restrictions and the same treatment in respect of travelling facilities as are accorded by Contracting States to the representatives, officials and employees of comparable rank of other Contracting States.

Article 22

The provisions of Article 21 shall apply to persons appearing in proceedings under this Convention as parties, agents, counsel, advocates, witnesses or experts; provided, however, that sub-paragraph (b) thereof shall apply only in connection with their travel to and from, and their stay at, the place where the proceedings are held.

Article 23

(1) The archives of the Centre shall be inviolable, wherever they may be.

(2) With regard to its official communications, the Centre shall be accorded by each Contracting State treatment not less favourable than that accorded to other international organizations.

Article 24

(1) The Centre, its assets, property and income, and its operations and transactions authorized by this Convention shall be exempt from all taxation and customs duties. The Centre shall also be exempt from liability for the collection or payment of any taxes or customs duties.

(2) Except in the case of local nationals, no tax shall be levied on or in respect of expense allowances paid by the Centre to the Chairman or members of the Administrative Council, or on or in

respect of salaries, expense allowances or other emoluments paid by the Centre to officials or employees of the Secretariat.

(3) No tax shall be levied on or in respect of fees or expense allowances received by persons acting as conciliators, or arbitrators, or members of a Committee appointed pursuant to paragraph (3) of Article 52, in proceedings under this Convention, if the sole jurisdictional basis for such tax is the location of the Centre or the place where such proceedings are conducted or the place where such fees or allowances are paid.

CHAPTER II - JURISDICTION OF THE CENTRE

Article 25

(1) The jurisdiction of the Centre shall extend to any legal dispute arising directly out of an investment, between a Contracting State (or any constituent subdivision or agency of a Contracting State designated to the Centre by that State) and a national of another Contracting State, which the parties to the dispute consent in writing to submit to the Centre. When the parties have given their consent, no party may withdraw its consent unilaterally.

(2) "National of another Contracting State" means:

(a) any natural person who had the nationality of a Contracting State other than the State party to the dispute on the date on which the parties consented to submit such dispute to conciliation or arbitration as well as on the date on which the request was registered pursuant to paragraph (3) of Article 28 or paragraph (3) of Article 36, but does not include any person who on either date also had the nationality of the Contracting State party to the dispute; and

(b) any juridical person which had the nationality of a Contracting State other than the State party to the dispute on the date on which the parties consented to submit such dispute to conciliation or arbitration and any juridical person which had the nationality of the Contracting State party to the dispute on that date and which, because of foreign control, the parties have agreed should be treated as a national of another Contracting State for the purposes of this Convention.

(3) Consent by a constituent subdivision or agency of a Contracting State shall require the approval of that State unless that State notifies the Centre that no such approval is required.

(4) Any Contracting State may, at the time of ratification, acceptance or approval of this Convention or at any time thereafter, notify the Centre of the class or classes of disputes which it would or would not consider submitting to the jurisdiction of the Centre. The Secretary-General shall forthwith transmit such notification to all Contracting States. Such notification shall not constitute the consent required by paragraph (1).

Article 26

Consent of the parties to arbitration under this Convention shall, unless otherwise stated, be deemed consent to such arbitration to the exclusion of any other remedy. A Contracting State may require the exhaustion of local administrative or judicial remedies as a condition of its consent to arbitration under this Convention.

Article 27

(1) No Contracting State shall give diplomatic protection, or bring an international claim, in respect of a dispute which one of its nationals and another Contracting State shall have consented to submit or shall have submitted to arbitration under this Convention, unless such other Contracting State shall have failed to abide by and comply with the award rendered in such dispute.

(2) Diplomatic protection, for the purposes of paragraph (1), shall not include informal diplomatic exchanges for the sole purpose of facilitating a settlement of the dispute.

CHAPTER III – CONCILIATION

SECTION 1 - REQUEST FOR CONCILIATION

Article 28

(1) Any Contracting State or any national of a Contracting State wishing to institute conciliation proceedings shall address a request to that effect in writing to the Secretary-General who shall send a copy of the request to the other party.

(2) The request shall contain information concerning the issues in dispute, the identity of the parties and their consent to conciliation in accordance with the rules of procedure for the institution of conciliation and arbitrator proceedings.

(3) The Secretary-General shall register the request unless he finds, on the basis of the information contained in the request, that the dispute is manifestly outside the jurisdiction of the Centre. He shall forthwith notify the parties of registration or refusal to register.

SECTION 2 - CONSTITUTION OF THE CONCILIATION COMMISSION

Article 29

(1) The Conciliation Commission (hereinafter called the Commission) shall be constituted as soon as possible after registration of a request pursuant to Article 28.

(2) (a) The Commission shall consist of a sole conciliator or any uneven number of conciliators appointed as the parties shall agree.

(b) Where the parties do not agree upon the number of conciliators and the method of their appointment, the Commission shall consist of three conciliators, one conciliator appointed by each party and the third, who shall be the president of the Commission, appointed by agreement of the parties.

Article 30

If the Commission shall not have been constituted within 90 days after notice of registration of the request has been dispatched by the Secretary-General in accordance with paragraph (3) of Article 28, or such other period as the parties may agree, the Chairman shall, at the request of either party and after consulting both parties as far as possible, appoint the conciliator or conciliators not yet appointed.

Article 31

(1) Conciliators may be appointed from outside the Panel of Conciliators, except in the case of appointments by the Chairman pursuant to Article 30.

(2) Conciliators appointed from outside the Panel of Conciliators shall possess the qualities stated in paragraph (1) of Article 14.

SECTION 3 - CONCILIATION PROCEEDINGS

Article 32

(1) The Commission shall be the judge of its own competence.

(2) Any objection by a party to the dispute that that dispute is not within the jurisdiction of the Centre, or for other reasons is not within the competence of the Commission, shall be considered by the Commission which shall determine whether to deal with it as a preliminary question or to join it to the merits of the dispute.

Article 33

Any conciliation proceeding shall be conducted in accordance with the provisions of this Section and, except as the parties otherwise agree, in accordance with the Conciliation Rules in effect on the date on which the parties consented to conciliation. If any question of procedure arises which is not covered by this Section or the Conciliation Rules or any rules agreed by the parties, the Commission shall decide the question.

Article 34

(1) It shall be the duty of the Commission to clarify the issues in dispute between the parties and to endeavour to bring about agreement between them upon mutually acceptable terms. To that end, the Commission may at any stage of the proceedings and from time to time recommend terms of settlement to the parties. The parties shall cooperate in good faith with the Commission in order to enable the Commission to carry out its functions, and shall give their most serious consideration to its recommendations.

(2) If the parties reach agreement, the Commission shall draw up a report noting the issues in dispute and recording that the parties have reached agreement. If, at any stage of the proceedings, it appears to the Commission that there is no likelihood of agreement between the parties, it shall close the proceedings and shall draw up a report noting the submission of the dispute and recording the failure of the parties to reach agreement. If one party fails to appear or participate in the proceedings, the Commission shall close the proceedings and shall draw up a report noting that party's failure to appear or participate.

Article 35

Except as the parties to the dispute shall otherwise agree, neither party to a conciliation proceeding shall be entitled in any other proceeding, whether before arbitrators or in a court of law or otherwise, to invoke or rely on any views expressed or statements or admissions or offers of settlement made by the other party in the conciliation proceedings, or the report or any recommendations made by the Commission.

CHAPTER IV – ARBITRATION

SECTION 1 - REQUEST FOR ARBITRATION

Article 36

(1) Any Contracting State or any national of a Contracting State wishing to institute arbitration proceedings shall address a request to that effect in writing to the Secretary-General who shall send a copy of the request to the other party.

(2) The request shall contain information concerning the issues in dispute, the identity of the parties and their consent to arbitration in accordance with the rules of procedure for the institution of conciliation and arbitration proceedings.

(3) The Secretary-General shall register the request unless he finds, on the basis of the information contained in the request, that the dispute is manifestly outside the jurisdiction of the Centre. He shall forthwith notify the parties of registration or refusal to register.

SECTION 2 - CONSTITUTION OF THE TRIBUNAL

Article 37

(1) The Arbitral Tribunal (hereinafter called the Tribunal) shall be constituted as soon as possible after registration of a request pursuant to Article 36.

(2) (a) The Tribunal shall consist of a sole arbitrator or any uneven number of arbitrators appointed as the parties shall agree.

(b) Where the parties do not agree upon the number of arbitrators and the method of their appointment, the Tribunal shall consist of three arbitrators, one arbitrator appointed by each party and the third, who shall be the president of the Tribunal, appointed by agreement of the parties.

Article 38

If the Tribunal shall not have been constituted within 90 days after notice of registration of the request has been dispatched by the Secretary-General in accordance with paragraph (3) of Article 36, or such other period as the parties may agree, the Chairman shall, at the request of either party and after consulting both parties as far as possible, appoint the arbitrator or arbitrators not yet appointed.

Arbitrators appointed by the Chairman pursuant to this Article shall not be nationals of the Contracting State party to the dispute or of the Contracting State whose national is a party to the dispute.

Article 39

The majority of the arbitrators shall be nationals of States other than the Contracting State party to the dispute and the Contracting State whose national is a party to the dispute; provided, however, that the foregoing provisions of this Article shall not apply if the sole arbitrator or each individual member of the Tribunal has been appointed by agreement of the parties.

Article 40

(1) Arbitrators may be appointed from outside the Panel of Arbitrators, except in the case of appointments by the Chairman pursuant to Article 38.

(2) Arbitrators appointed from outside the Panel of Arbitrators shall possess the qualities stated in paragraph (1) of Article 14.

SECTION 3 - POWERS AND FUNCTIONS OF THE TRIBUNAL

Article 41

(1) The Tribunal shall be the judge of its own competence.

(2) Any objection by a party to the dispute that that dispute is not within the jurisdiction of the Centre, or for other reasons is not within the competence of the Tribunal, shall be considered by the Tribunal which shall determine whether to deal with it as a preliminary question or to join it to the merits of the dispute.

Article 42

(1) The Tribunal shall decide a dispute in accordance with such rules of law as may be agreed by the parties. In the absence of such agreement, the Tribunal shall apply the law of the Contracting State party to the dispute (including its rules on the conflict of laws) and such rules of international law as may be applicable.

(2) The Tribunal may not bring in a finding of non liquet on the ground of silence or obscurity of the law.

(3) The provisions of paragraphs (1) and (2) shall not prejudice the power of the Tribunal to decide a dispute ex aequo et bono if the parties so agree.

Article 43

Except as the parties otherwise agree, the Tribunal may, if it deems it necessary at any stage of the proceedings,

(a) call upon the parties to produce documents or other evidence, and

(b) visit the scene connected with the dispute, and conduct such inquiries there as it may deem appropriate.

Article 44

Any arbitration proceeding shall be conducted in accordance with the provisions of this Section and, except as the parties otherwise agree, in accordance with the Arbitration Rules in effect on the date on which the parties consented to arbitration. If any question of procedure arises which is not covered by this Section or the Arbitration Rules or any rules agreed by the parties, the Tribunal shall decide the question.

Article 45

(1) Failure of a party to appear or to present his case shall not be deemed an admission of the other party's assertions.

(2) If a party fails to appear or to present his case at any stage of the proceedings the other party may request the Tribunal to deal with the questions submitted to it and to render an award. Before rendering an award, the Tribunal shall notify, and grant a period of grace to, the party failing to appear or to present its case, unless it is satisfied that the party does not intend to do so.

Article 46

Except as the parties otherwise agree, the Tribunal shall, if requested by a party, determine any incidental or additional claims or counter-claims arising directly out of the subject-matter of the dispute provided that they are within the scope of the consent of the parties and are otherwise within the jurisdiction of the Centre.

Article 47

Except as the parties otherwise agree, the Tribunal may, if it considers that the circumstances so require, recommend any provisional measures which should be taken to preserve the respective rights of either party.

SECTION 4 - THE AWARD

Article 48

(1) The Tribunal shall decide questions by a majority of the votes of all its members.

(2) The award of the Tribunal shall be in writing and shall be signed by the members of the Tribunal who voted for it.

(3) The award shall deal with every question submitted to the Tribunal, and shall state the reasons upon which it is based.

(4) Any member of the Tribunal may attach his individual opinion to the award, whether he dissents from the majority or not, or a statement of his dissent.

(5) The Centre shall not publish the award without the consent of the parties.

Article 49

(1) The Secretary-General shall promptly dispatch certified copies of the award to the parties. The award shall be deemed to have been rendered on the date on which the certified copies were dispatched.

(2) The Tribunal upon the request of a party made within 45 days after the date on which the award was rendered may after notice to the other party decide any question which it had omitted to decide in the award, and shall rectify any clerical, arithmetical or similar error in the award. Its decision shall become part of the award and shall be notified to the parties in the same manner as the award. The periods of time provided for under paragraph (2) of Article 51 and paragraph (2) of Article 52 shall run from the date on which the decision was rendered.

SECTION 5 - INTERPRETATION, REVISION AND ANNULMENT OF THE AWARD

Article 50

(1) If any dispute shall arise between the parties as to the meaning or scope of an award, either party may request interpretation of the award by an application in writing addressed to the Secretary-General.

(2) The request shall, if possible, be submitted to the Tribunal which rendered the award. If this shall not be possible, a new Tribunal shall be constituted in accordance with Section 2 of this Chapter. The Tribunal may, if it considers that the circumstances so require, stay enforcement of the award pending its decision.

Article 51

(1) Either party may request revision of the award by an application in writing addressed to the Secretary-General on the ground of discovery of some fact of such a nature as decisively to affect the award, provided that when the award was rendered that fact was unknown to the Tribunal and to the applicant and that the applicant's ignorance of that fact was not due to negligence.

(2) The application shall be made within 90 days after the discovery of such fact and in any event within three years after the date on which the award was rendered.

(3) The request shall, if possible, be submitted to the Tribunal which rendered the award. If this shall not be possible, a new Tribunal shall be constituted in accordance with Section 2 of this Chapter.

(4) The Tribunal may, if it considers that the circumstances so require, stay enforcement of the award pending its decision. If the applicant requests a stay of enforcement of the award in his application, enforcement shall be stayed provisionally until the Tribunal rules on such request.

Article 52

(1) Either party may request annulment of the award by an application in writing addressed to the Secretary-General on one or more of the following grounds:
 (a) that the Tribunal was not properly constituted;
 (b) that the Tribunal has manifestly exceeded its powers;
 (c) that there was corruption on the part of a member of the Tribunal;
 (d) that there has been a serious departure from a fundamental rule of procedure; or
 (e) that the award has failed to state the reasons on which it is based.

(2) The application shall be made within 120 days after the date on which the award was rendered except that when annulment is requested on the ground of corruption such application shall be made within 120 days after discovery of the corruption and in any event within three years after the date on which the award was rendered.

(3) On receipt of the request the Chairman shall forthwith appoint from the Panel of Arbitrators an ad hoc Committee of three persons. None of the members of the Committee shall have been a member of the Tribunal which rendered the award, shall be of the same nationality as any such member, shall be a national of the State party to the dispute or of the State whose national is a party to the dispute, shall have been designated to the Panel of Arbitrators by either of those States, or shall have acted as a conciliator in the same dispute. The Committee shall have the authority to annul the award or any part thereof on any of the grounds set forth in paragraph (1).

(4) The provisions of Articles 41-45, 48, 49, 53 and 54, and of Chapters VI and VII shall apply mutatis mutandis to proceedings before the Committee.

(5) The Committee may, if it considers that the Circumstances so require, stay enforcement of the award pending its decision. If the applicant requests a stay of enforcement of the award in his application, enforcement shall be stayed provisionally until the Committee rules on such request.

(6) If the award is annulled the dispute shall, at the request of either party, be submitted to a new Tribunal constituted in accordance with Section 2 of this Chapter.

SECTION 6 - RECOGNITION AND ENFORCEMENT OF THE AWARD

Article 53

(1) The award shall be binding on the parties and shall not be subject to any appeal or to any other remedy except those provided for in this Convention. Each party shall abide by and comply with the terms of the award except to the extent that enforcement shall have been stayed pursuant to the relevant provisions of this Convention.

(2) For the purposes of this Section, "award" shall include any decision interpreting, revising or annulling such award pursuant to Articles 50, 51 or 52.

Article 54

(1) Each Contracting State shall recognize an award rendered pursuant to this Convention as binding and enforce the pecuniary obligations imposed by that award within its territories as if it were a final judgment of a court in that State. A Contracting State with a federal constitution may enforce such an award in or through its federal courts and may provide that such courts shall treat the award as if it were a final judgment of the courts of a constituent state.

(2) A party seeking recognition or enforcement in the territories of a Contracting State shall furnish to a competent court or other authority which such State shall have designated for this purpose a copy of the award certified by the Secretary-General. Each Contracting State shall notify the Secretary-General of the designation of the competent court or other authority for this purpose and of any subsequent change in such designation.

(3) Execution of the award shall be governed by the laws concerning the execution of judgments in force in the State in whose territories such execution is sought.

Article 55

Nothing in Article 54 shall be construed as derogating from the law in force in any Contracting State relating to immunity of that State or of any foreign State from execution.

CHAPTER V - REPLACEMENT AND DISQUALIFICATION OF CONCILIATORS AND ARBITRATORS

Article 56

(1) After a Commission or a Tribunal has been constituted and proceedings have begun, its composition shall remain unchanged; provided, however, that if a conciliator or an arbitrator should die, become incapacitated, or resign, the resulting vacancy shall be filled in accordance with the provisions of Section 2 of Chapter III or Section 2 of Chapter IV.

(2) A member of a Commission or Tribunal shall continue to serve in that capacity notwithstanding that he shall have ceased to be a member of the Panel.

(3) If a conciliator or arbitrator appointed by a party shall have resigned without the consent of the Commission or Tribunal of which he was a member, the Chairman shall appoint a person from the appropriate Panel to fill the resulting vacancy.

Article 57

A party may propose to a Commission or Tribunal the disqualification of any of its members on account of any fact indicating a manifest lack of the qualities required by paragraph (1) of Article 14. A party to arbitration proceedings may, in addition, propose the disqualification of an arbitrator on the ground that he was ineligible for appointment to the Tribunal under Section 2 of Chapter IV.

Article 58

The decision on any proposal to disqualify a conciliator or arbitrator shall be taken by the other members of the Commission or Tribunal as the case may be, provided that where those members are equally divided, or in the case of a proposal to disqualify a sole conciliator or arbitrator, or a majority of the conciliators or arbitrators, the Chairman shall take that decision. If it is decided that the proposal is well-founded the conciliator or arbitrator to whom the decision relates shall be replaced in accordance with the provisions of Section 2 of Chapter III or Section 2 of Chapter IV.

CHAPTER VI - COST OF PROCEEDINGS

Article 59

The charges payable by the parties for the use of the facilities of the Centre shall be determined by the Secretary-General in accordance with the regulations adopted by the Administrative Council.

Article 60

(1) Each Commission and each Tribunal shall determine the fees and expenses of its members within limits established from time to time by the Administrative Council and after consultation with the Secretary-General.

(2) Nothing in paragraph (1) of this Article shall preclude the parties from agreeing in advance with the Commission or Tribunal concerned upon the fees and expenses of its members.

Article 61

(1) In the case of conciliation proceedings the fees and expenses of members of the Commission as well as the charges for the use of the facilities of the Centre, shall be borne equally by the parties. Each party shall bear any other expenses it incurs in connection with the proceedings.

(2) In the case of arbitration proceedings the Tribunal shall, except as the parties otherwise agree, assess the expenses incurred by the parties in connection with the proceedings, and shall decide how and by whom those expenses, the fees and expenses of the members of the Tribunal and the charges for the use of the facilities of the Centre shall be paid. Such decision shall form part of the award.

CHAPTER VII - PLACE OF PROCEEDINGS

Article 62

Conciliation and arbitration proceedings shall be held at the seat of the Centre except as hereinafter provided.

Article 63

Conciliation and arbitration proceedings may be held, if the parties so agree,

(a) at the seat of the Permanent Court of Arbitration or of any other appropriate institution, whether private or public, with which the Centre may make arrangements for that purpose; or

(b) at any other place approved by the Commission or Tribunal after consultation with the Secretary-General.

CHAPTER VIII - DISPUTES BETWEEN CONTRACTING STATES

Article 64

Any dispute arising between Contracting States concerning the interpretation or application of this Convention which is not settled by negotiation shall be referred to the International Court of Justice by the application of any party to such dispute, unless the States concerned agree to another method of settlement.

CHAPTER IX – AMENDMENT

Article 65

Any Contracting State may propose amendment of this Convention. The text of a proposed amendment shall be communicated to the Secretary-General not less than 90 days prior to the meeting of the Administrative Council at which such amendment is to be considered and shall forthwith be transmitted by him to all the members of the Administrative Council.

Article 66

(1) If the Administrative Council shall so decide by a majority of two-thirds of its members, the proposed amendment shall be circulated to all Contracting States for ratification, acceptance or approval. Each amendment shall enter into force 30 days after dispatch by the depositary of this Convention of a notification to Contracting States that all Contracting States have ratified, accepted or approved the amendment.

(2) No amendment shall affect the rights and obligations under this Convention of any Contracting State or of any of its constituent subdivisions or agencies, or of any national of such State arising out of consent to the jurisdiction of the Centre given before the date of entry into force of the amendment.

CHAPTER X - FINAL PROVISIONS

Article 67

This Convention shall be open for signature on behalf of States members of the Bank. It shall also be open for signature on behalf of any other State which is a party to the Statute of the International Court of Justice and which the Administrative Council, by a vote of two-thirds of its members, shall have invited to sign the Convention.

Article 68

(1) This Convention shall be subject to ratification, acceptance or approval by the signatory States in accordance with their respective constitutional procedures.

(2) This Convention shall enter into force 30 days after the date of deposit of the twentieth instrument of ratification, acceptance or approval. It shall enter into force for each State which subsequently deposits its instrument of ratification, acceptance or approval 30 days after the date of such deposit.

Article 69
Each Contracting State shall take such legislative or other measures as may be necessary for making the provisions of this Convention effective in its territories.
Article 70
This Convention shall apply to all territories for whose international relations a Contracting State is responsible, except those which are excluded by such State by written notice to the depositary of this Convention either at the time of ratification, acceptance or approval or subsequently.
Article 71
Any Contracting State may denounce this Convention by written notice to the depositary of this Convention. The denunciation shall take effect six months after receipt of such notice.
Article 72
Notice by a Contracting State pursuant to Articles 70 or 71 shall not affect the rights or obligations under this Convention of that State or of any of its constituent subdivisions or agencies or of any national of that State arising out of consent to the jurisdiction of the Centre given by one of them before such notice was received by the depositary.
Article 73
Instruments of ratification, acceptance or approval of this Convention and of amendments thereto shall be deposited with the Bank which shall act as the depositary of this Convention. The depositary shall transmit certified copies of this Convention to States members of the Bank and to any other State invited to sign the Convention.
Article 74
The depositary shall register this Convention with the Secretariat of the United Nations in accordance with Article 102 of the Charter of the United Nations and the Regulations thereunder adopted by the General Assembly.
Article 75
The depositary shall notify all signatory States of the following:
(a) signatures in accordance with Article 67;
(b) deposits of instruments of ratification, acceptance and approval in accordance with Article 73;
(c) the date on which this Convention enters into force in accordance with Article 68;
(d) exclusions from territorial application pursuant to Article 70;
(e) the date on which any amendment of this Convention enters into force, in accordance with Article 66; and
(f) denunciations in accordance with Article 71.

DONE at Washington in the English, French and Spanish languages, all three texts being equally authentic, in a single copy which shall remain deposited in the archives of the International Bank for Reconstruction and Development, which has indicated by its signature below its agreement to fulfil the functions with which it is charged under this Convention.

B. Rules of Procedure for the Institution of Conciliation and Arbitration Proceedings (Institution Rules)

Rule 1 THE REQUEST
(1) Any Contracting State or any national of a Contracting State wishing to institute conciliation or arbitration proceedings under the Convention shall address a request to that effect in writing to the Secretary-General at the seat of the Centre. The request shall indicate whether it relates to a conciliation or an arbitration proceeding. It shall be drawn up in an official language of the Centre, shall be dated,and shall be signed by the requesting party. (2) The request may be made jointly by the parties to the dispute.

Rule 2 CONTENTS OF THE REQUEST

(1) The request shall:

(a) designate precisely each party to the dispute and state the address of each;

(b) state, if one of the parties is a constituent subdivision or agency of a Contracting State, that is has been designated to the Centre by that State pursuant to Article 25(1) of the Convention;

(c) indicate the date of consent and the instruments in which it is recorded, including, if one party is a constituent subdivision or agency of a Contracting State, similar data on the approval of such consent by that State unless it had notified the Centre that no such approval is required;

(d) indicate with respect to the party that is a national of a Contracting State:

(i) its nationality on the date of consent; and

(ii) if the party is a natural person:

(A) his nationality on the date of the request; and

(B) that he did not have the nationality of the Contracting State party to the dispute either on the date of consent or on the date of the request; or

(iii) if the party is a juridical person which on the date of consent had the nationality of the Contracting State party to the dispute, the agreement of the parties that it should be treated as a national of another Contracting State for the purposes of the Convention, and

(e) contain information concerning the issues in dispute indicating that there is between the parties, a legal dispute arising directly out of an investment.

(2) The information required by sub-paragraphs (l)(c) and (l)(d)(iii) shall be supported by documentation.

(3) "Date of consent" means the date on which the parties to the dispute consented in writing to submit it to the Centre; if both parties did not act on the same day, it means the date on which the second party acted.

Rule 3 OPTIONAL INFORMATION IN THE REQUEST

The request may in addition set forth any provisions agreed by the parties regarding the number of conciliators or arbitrators and the method of their appointment, as well as any other provisions agreed concerning the settlement of the dispute.

Rule 4 COPIES OF THE REQUEST

(1) The request shall be accompanied by five additional signed copies. The Secretary-General may require such further copies as he may deem necessary.

(2) Any documentation submitted with the request shall conform to the requirements of Administrative and Financial Regulation 30.

Rule 5 ACKNOWLEDGMENT OF THE REQUEST

(1) On receiving a request the Secretary-General shall:

(a) send an acknowledgment to the requesting party;

(b) take no other action with respect to the request until he has received payment of the prescribed fee.

(2) As soon as he has received the fee for lodging the request, the Secretary-General shall transmit a copy of the request and of the accompanying documentation to the other party.

Rule 6 REGISTRATION OF THE REQUEST

(1) The Secretary-General shall, subject to Rule 5(1)(b), as soon as possible, either:

(a) register the request in the Conciliation or the Arbitration Register and on the same day notify the parties of the registration; or

(b) if he finds, on the basis of the information contained in the request, that the dispute is manifestly outside the jurisdiction of the Centre, notify the parties of his refusal to register the request and of the reasons therefor.

(2) A proceeding under the Convention shall be deemed to have been instituted on the date of the registration of the request.

Rule 7 NOTICE OF REGISTRATION

The notice of registration of a request shall:

(a) record that the request is registered and indicate the date of the registration and of the dispatch of that notice;

(b) notify each party that all communications and notices in connection with the proceeding will be sent to the address stated in the request, unless another address is indicated to the Centre;

(c) unless such information has already been provided, invite the parties to communicate to the Secretary-General any provisions agreed by them regarding the number and the method of appointment of the conciliators or arbitrators;

(d) invite the parties to proceed, as soon as possible, to constitute a Conciliation Commission in accordance with Articles 29 to 31 of the Convention, or an Arbitral Tribunal in accordance with Articles 37 to 40; and

(e) be accompanied by a list of the members of the Panel of Conciliators or of Arbitrators of the Centre.

Rule 8 WITHDRAWAL OF THE REQUEST

The requesting party may, by written notice to the Secretary-General, withdraw the request before it has been registered. The Secretary-General shall promptly notify the other party, unless, pursuant to Rule 5(1)(b), the request had not been transmitted to it.

Rule 9 FINAL PROVISIONS

(1) The texts of these Rules in each official language of the Centre shall be equally authentic.

(2) These Rules may be cited as the "Institution Rules" of the Centre.

C. Rules of Procedure for Arbitration Proceedings (Arbitration Rules)

CHAPTER I - ESTABLISHMENT OF THE TRIBUNAL

Rule 1 GENERAL OBLIGATIONS

(1) Upon notification of the registration of the request for arbitration, the parties shall, with all possible dispatch, proceed to constitute a Tribunal, with due regard to Section 2 of Chapter IV of the Convention.

(2) Unless such information is provided in the request, the parties shall communicate to the Secretary-General as soon as possible any provisions agreed by them regarding the number of arbitrators and the method of their appointment.

(3) Except if each member of the Tribunal is appointed by agreement of the parties, nationals of the State party to the dispute or of the State whose national is a party to the dispute may be appointed by a party only if appointment by the other party to the dispute of the same number of arbitrators of either of these nationalities would not result in a majority of arbitrators of these nationalities.

(4) No person who had previously acted as a conciliator or arbitrator in any proceeding for the settlement of the dispute may be appointed as a member of the Tribunal.

Rule 2 METHOD OF CONSTITUTING THE TRIBUNAL IN THE ABSENCE OF PREVIOUS AGREEMENT

(1) If the parties, at the time of the registration of the request for arbitration, have not agreed upon the number of arbitrators and the method of their appointment, they shall, unless they agree otherwise, follow the following procedure:

(a) the requesting party shall, within 10 days after the registration of the request, propose to the other party the appointment of a sole arbitrator or of a specified uneven number of arbitrators and specify the method proposed for their appointment;

(b) within 20 days after receipt of the proposals made by the requesting party, the other party shall:
   (i) accept such proposals; or
   (ii) make other proposals regarding the number of arbitrators and the method of their appointment;

(c) within 20 days after receipt of the reply containing any such other proposals, the requesting party shall notify the other party whether it accepts or rejects such proposals.

(2) The communications provided for in paragraph (1) shall be made or promptly confirmed in writing and shall either be transmitted through the Secretary-General or directly between the parties with a copy to the Secretary-General. The parties shall promptly notify the Secretary-General of the contents of any agreement reached.

(3) At any time 60 days after the registration of the request, if no agreement on another procedure is reached, either party may inform the Secretary-General that it chooses the formula provided for in Article 37(2)(b) of the Convention. The Secretary-General shall thereupon promptly inform the other party that the Tribunal is to be constituted in accordance with that Article.

Rule 3 APPOINTMENT OF ARBITRATORS TO A TRIBUNAL CONSTITUTED IN ACCORDANCE WITH CONVENTION ARTICLE 37(2)(B)

(1) If the Tribunal is to be constituted in accordance with Article 37(2)(b) of the Convention:

(a) either party shall in a communication to the other party:
   (i) name two persons, identifying one of them, who shall not have the same nationality as nor be a national of either party, as the arbitrator appointed by it, and the other as the arbitrator proposed to be the President of the Tribunal; and
   (ii) invite the other party to concur in the appointment of the arbitrator proposed to be he President of the Tribunal and to appoint another arbitrator;

(b) promptly upon receipt of this communication the other party shall, in its reply:
   (i) name a person as the arbitrator appointed by it, who shall not have the same nationality as nor be a national of either party; and
   (ii) concur in the appointment of the arbitrator proposed to be the President of the Tribunal or name another person as the arbitrator proposed to be President;

(c) promptly upon receipt of the reply containing such a proposal, the initiating party shall notify the other party whether it concurs in the appointment of the arbitrator proposed by that party to be the President of the Tribunal.

(2) The communications provided for in this Rule shall be made or promptly confirmed in writing and shall either be transmitted through the Secretary-General or directly between the parties with a copy to the Secretary-General.

Rule 4 APPOINTMENT OF ARBITRATORS BY THE CHAIRMAN OF THE ADMINISTRATIVE COUNCIL

(1) If the Tribunal is not constituted within 90 days after the dispatch by the Secretary-General of the notice of registration, or such other period as the parties may agree, either party may, through the Secretary-General, address to the Chairman of the Administrative Council a request in writing to appoint the arbitrator or arbitrators not yet appointed and to designate an arbitrator to be the President of the Tribunal.

(2) The provision of paragraph (1) shall apply mutatis mutandis in the event that the parties have agreed that the arbitrators shall elect the President of the Tribunal and they fail to do so.

(3) The Secretary-General shall forthwith send a copy of the request to the other party.

(4) The Chairman shall, with due regard to Articles 38 and 40 (1) of the Convention, and after consulting both parties as far as possible, comply with that request within 30 days after its receipt.

(5) The Secretary-General shall promptly notify the parties of any appointment or designation made by the Chairman.

Rule 5 Acceptance of Appointments

(1) The party or parties concerned shall notify the Secretary-General of the appointment of each arbitrator and indicate the method of his appointment.

(2) As soon as the Secretary-General has been informed by a party or the Chairman of the Administrative Council of the appointment of an arbitrator, he shall seek an acceptance from the appointee.

(3) If an arbitrator fails to accept his appointment within 15 days, the Secretary-General shall promptly notify the parties, and if appropriate the Chairman, and invite them to proceed to the appointment of another arbitrator in accordance with the method followed for the previous appointment.

Rule 6 Constitution of the Tribunal

(1) The Tribunal shall be deemed to be constituted and the proceeding to have begun on the date the Secretary-General notifies the parties that all the arbitrators have accepted their appointment.

(2) Before or at the first session of the Tribunal, each arbitrator shall sign a declaration in the following form: "To the best of my knowledge there is no reason why I should not serve on the Arbitral Tribunal constituted by the International Centre for Settlement of Investment Disputes with respect to a dispute between .... and .... "I shall keep confidential all information coming to my knowledge as a result of my participation in this proceeding, as well as the contents of any award made by the Tribunal. "I shall judge fairly as between the parties, according to the applicable law, and shall not accept any instruction or compensation with regard to the proceeding from any source except as provided in the Convention on the Settlement of Investment Disputes and in the Regulations and Rules made pursuant thereto. "A statement of my past and present professional, business and other relationships (if any) with the parties is attached hereto." Any arbitrator failing to sign a declaration by the end of the first session of the Tribunal shall be deemed to have resigned.

Rule 7 Replacement of Arbitrators

At any time before the Tribunal is constituted, each party may replace any arbitrator appointed by it and the parties may by common consent agree to replace any arbitrator. The procedure of such replacement shall be in accordance with Rules 1, 5 and 6.

Rule 8 Incapacity or Resignation of Arbitrators

(1) If an arbitrator becomes incapacitated or unable to perform the duties of his office, the procedure in respect of the disqualification of arbitrators set forth in Rule 9 shall apply.

(2) An arbitrator may resign by submitting his resignation to the other members of the Tribunal and the Secretary-General. If the arbitrator was appointed by one of the parties, the Tribunal shall promptly consider the reasons for his resignation and decide whether it consents thereto. The Tribunal shall promptly notify the Secretary-General of its decision.

Rule 9 Disqualification of Arbitrators

(1) A party proposing the disqualification of an arbitrator pursuant to Article 57 of the Convention shall promptly, and in any event before the proceeding is declared closed, file its proposal with the Secretary-General, stating its reasons therefor.

(2) The Secretary-General shall forthwith:

   (a) transmit the proposal to the members of the Tribunal and, if it relates to a sole arbitrator or to a majority of the members of the Tribunal, to the Chairman of the Administrative Council; and

   (b) notify the other party of the proposal.

(3) The arbitrator to whom the proposal relates may, without delay, furnish explanations to the Tribunal or the Chairman, as the case may be.

(4) Unless the proposal relates to a majority of the members of the Tribunal, the other members shall promptly consider and vote on the proposal in the absence of the arbitrator concerned. If those members are equally divided, they shall, through the Secretary-General, promptly notify

the Chairman of the proposal, of any explanation furnished by the arbitrator concerned and of their failure to reach a decision.

(5) Whenever the Chairman has to decide on a proposal to disqualify an arbitrator, he shall take that decision within 30 days after he has received the proposal.

(6) The proceeding shall be suspended until a decision has been taken on the proposal.

Rule 10 PROCEDURE DURING A VACANCY ON THE TRIBUNAL

(1) The Secretary-General shall forthwith notify the parties and, if necessary, the Chairman of the Administrative Council of the disqualification, death, incapacity or resignation of an arbitrator and of the consent, if any, of the Tribunal to a resignation.

(2) Upon the notification by the Secretary-General of a vacancy on the Tribunal, the proceeding shall be or remain suspended until the vacancy has been filled.

Rule 11 FILLING VACANCIES ON THE TRIBUNAL

(1) Except as provided in paragraph (2), a vacancy resulting from the disqualification, death, incapacity or resignation of an arbitrator shall be promptly filled by the same method by which his appointment had been made.

(2) In addition to filling vacancies relating to arbitrators appointed by him, the Chairman of the Administrative Council shall appoint a person from the Panel of Arbitrators:

(a) to fill a vacancy caused by the resignation, without the consent of the Tribunal, of an arbitrator appointed by a party; or

(b) at the request of either party, to fill any other vacancy, if no new appointment is made and accepted within 30 days of the notification of the vacancy by the Secretary-General.

(3) The procedure for filling a vacancy shall be in accordance with Rules 1, 4(4), 4(5), 5 and, mutatis mutandis, 6(2).

Rule 12 RESUMPTION OF PROCEEDING AFTER FILLING A VACANCY

As soon as a vacancy on the Tribunal has been filled, the proceeding shall continue from the point it had reached at the time the vacancy occurred. The newly appointed arbitrator may, however, require that the oral procedure be recommenced, if this had already been started.

CHAPTER II - WORKING OF THE TRIBUNAL

Rule 13 SESSIONS OF THE TRIBUNAL

(1) The Tribunal shall hold its first session within 60 days after its constitution or such other period as the parties may agree. The dates of that session shall be fixed by the President of the Tribunal after consultation with its members and the Secretary-General. If upon its constitution the Tribunal has no President because the parties have agreed that the President shall be elected by its members, the Secretary-General shall fix the dates of that session. In both cases, the parties shall be consulted as far as possible.

(2) The dates of subsequent sessions shall be determined by the Tribunal, after consultation with the Secretary-General and with the parties as far as possible.

(3) The Tribunal shall meet at the seat of the Centre or at such other place as may have been agreed by the parties in accordance with Article 63 of the Convention. If the parties agree that the proceeding shall be held at a place other than the Centre or an institution with which the Centre has made the necessary arrangements, they shall consult with the Secretary-General and request the approval of the Tribunal. Failing such approval, the Tribunal shall meet at the seat of the Centre.

(4) The Secretary-General shall notify the members of the Tribunal and the parties of the dates and place of the sessions of the Tribunal in good time.

Rule 14 SITTINGS OF THE TRIBUNAL

(1) The President of the Tribunal shall conduct its hearings and preside at its deliberations.

(2) Except as the parties otherwise agree, the presence of a majority of the members of the Tribunal shall be required at its sittings.

(3) The President of the Tribunal shall fix the date and hour of its sittings.

Rule 15 DELIBERATIONS OF THE TRIBUNAL

(1) The deliberations of the Tribunal shall take place in private and remain secret.

(2) Only members of the Tribunal shall take part in its deliberations. No other person shall be admitted unless the Tribunal decides otherwise.

Rule 16 DECISIONS OF THE TRIBUNAL

(1) Decisions of the Tribunal shall be taken by a majority of the votes of all its members. Abstention shall count as a negative vote.

(2) Except as otherwise provided by these Rules or decided by the Tribunal, it may take any decision by correspondence among its members, provided that all of them are consulted. Decisions so taken shall be certified by the President of the Tribunal.

Rule 17 INCAPACITY OF THE PRESIDENT

If at any time the President of the Tribunal should be unable to act, his functions shall be performed by one of the other members of the Tribunal, acting in the order in which the Secretary-General had received the notice of their acceptance of their appointment to the Tribunal.

Rule 18 REPRESENTATION OF THE PARTIES

(1) Each party may be represented or assisted by agents, counsel or advocates whose names and authority shall be notified by that party to the Secretary-General, who shall promptly inform the Tribunal and the other party.

(2) For the purposes of these Rules, the expression "party" includes, where the context so admits, an agent, counsel or advocate authorized to represent that party.

CHAPTER III - GENERAL PROCEDURAL PROVISIONS

Rule 19 PROCEDURAL ORDERS

The Tribunal shall make the orders required for the conduct of the proceeding.

Rule 20 PRELIMINARY PROCEDURAL CONSULTATION

(1) As early as possible after the constitution of a Tribunal, its President shall endeavor to ascertain the views of the parties regarding questions of procedure. For this purpose he may request the parties to meet him. He shall, in particular, seek their views on the following matters:

(a) the number of members of the Tribunal required to constitute a quorum at its sittings;

(b) the language or languages to be used in the proceeding;

(c) the number and sequence of the pleadings and the time limits within which they are to be filed;

(d) the number of copies desired by each party of instruments filed by the other;

(e) dispensing with the written or the oral procedure;

(f) the manner in which the cost of the proceeding is to be apportioned; and

(g) the manner in which the record of the hearings shall be kept.

(2) In the conduct of the proceeding the Tribunal shall apply any agreement between the parties on procedural matters, except as otherwise provided in the Convention or the Administrative and Financial Regulations.

Rule 21 PRE-HEARING CONFERENCE

(1) At the request of the Secretary-General or at the discretion of the President of the Tribunal, a pre-hearing conference between the Tribunal and the parties may be held to arrange for an exchange of information and the stipulation of uncontested facts in order to expedite the proceeding.

(2) At the request of the parties, a pre-hearing conference between the Tribunal and the parties, duly represented by their authorized representatives, may be held to consider the issues in dispute with a view to reaching an amicable settlement.

Rule 22 PROCEDURAL LANGUAGES

(1) The parties may agree on the use of one or two languages to be used in the proceeding, provided, that, if they agree on any language that is not an official language of the Centre, the Tribunal, after consultation with the Secretary-General, gives its approval. If the parties do not agree on any such procedural language, each of them may select one of the official languages (i.e. English, French and Spanish) for this purpose.

(2) If two procedural languages are selected by the parties, any instruments may be filed in either language. Either language may be used at the hearings, subject, if the Tribunal so requires, to translation and interpretation. The orders and the award of the Tribunal shall be rendered and the record kept in both procedural languages, both versions being equally authentic.

Rule 23 COPIES OF INSTRUMENTS

Except as otherwise provided by the Tribunal after consultation with the parties and the Secretary-General, every request, pleading, application, written observation, supporting documentation, if any, or other instrument shall be filed in the form of a signed original accompanied by the following number of additional copies:

(a) before the number of members of the Tribunal has been determined: five;

(b) after the number of members of the Tribunal has been determined: two more than the number of its members.

Rule 24 SUPPORTING DOCUMENTATION

Supporting documentation shall ordinarily be filed together with the instrument to which it relates, and in any case within the time limit fixed for the filing of such instrument.

Rule 25 CORRECTION OF ERRORS

An accidental error in any instrument or supporting document may, with the consent of the other party or by leave of the Tribunal, be corrected at any time before the award is rendered.

Rule 26 TIME LIMITS

(1) Where required, time limits shall be fixed by the Tribunal by assigning dates for the completion of the various steps in the proceeding. The Tribunal may delegate this power to its President.

(2) The Tribunal may extend any time limit that it has fixed. If the Tribunal is not in session, this power shall be exercised by its President.

(3) Any step taken after expiration of the applicable time limit shall be disregarded unless the Tribunal, in special circumstances and after giving the other party an opportunity of stating its views, decides otherwise.

Rule 27 WAIVER

A party which knows or should have known that a provision of the Administrative and Financial Regulations, of these Rules, of any other rules or agreement applicable to the proceeding, or of an order of the Tribunal has not been complied with and which fails to state promptly its objections thereto, shall be deemed - subject to Article 45 of the Convention - to have waived its right to object.

Rule 28 COST OF PROCEEDING

(1) Without prejudice to the final decision on the payment of the cost of the proceeding, the Tribunal may, unless otherwise agreed by the parties, decide:

(a) at any stage of the proceeding, the portion which each party shall pay, pursuant to Administrative and Financial Regulation 14, of the fees and expenses of the Tribunal and the charges for the use of the facilities of the Centre;

(b) with respect to any part of the proceeding, that the related costs (as determined by the Secretary-General) shall be borne entirely or in a particular share by one of the parties.

(2) Promptly after the closure of the proceeding, each party shall submit to the Tribunal a statement of costs reasonably incurred or borne by it in the proceeding and the Secretary-General shall submit to the Tribunal an account of all amounts paid by each party to the Centre and of all costs incurred by the Centre for the proceeding. The Tribunal may, before the award has been

rendered, request the parties and the Secretary-General to provide additional information concerning the cost of the proceeding.

CHAPTER IV - WRITTEN AND ORAL PROCEDURES

Rule 29 NORMAL PROCEDURES

Except if the parties otherwise agree, the proceeding shall comprise two distinct phases: a written procedure followed by an oral one.

Rule 30 TRANSMISSION OF THE REQUEST

As soon as the Tribunal is constituted, the Secretary-General shall transmit to each member a copy of the request by which the proceeding was initiated, of the supporting documentation, of the notice of registration and of any communication received from either party in response thereto.

Rule 31 THE WRITTEN PROCEDURE

(1) In addition to the request for arbitration, the written procedure shall consist of the following pleadings, filed within time limits set by the Tribunal:
   (a) a memorial by the requesting party;
   (b) a counter-memorial by the other party;and, if the parties so agree or the Tribunal deems it necessary:
   (c) a reply by the requesting party; and
   (d) a rejoinder by the other party.

(2) If the request was made jointly, each party shall, within the same time limit determined by the Tribunal, file its memorial and, if the parties so agree or the Tribunal deems it necessary, its reply; however, the parties may instead agree that one of them shall, for the purposes of paragraph (1), be considered as the requesting party.

(3) A memorial shall contain: a statement of the relevant facts; a statement of law; and the submissions. A counter-memorial, reply or rejoinder shall contain an admission or denial of the facts stated in the last previous pleading; any additional facts, if necessary; observations concerning the statement of law in the last previous pleading; a statement of law in answer thereto; and the submissions.

Rule 32 THE ORAL PROCEDURE

(1) The oral procedure shall consist of the hearing by the Tribunal of the parties, their agents, counsel and advocates, and of witnesses and experts.

(2) The Tribunal shall decide, with the consent of the parties, which other persons besides the parties, their agents, counsel and advocates, witnesses and experts during their testimony, and officers of the Tribunal may attend the hearings.

(3) The members of the Tribunal may, during the hearings, put questions to the parties, their agents, counsel and advocates, and ask them for explanations.

Rule 33 MARSHALLING OF EVIDENCE

Without prejudice to the rules concerning the production of documents, each party shall, within time limits fixed by the Tribunal, communicate to the Secretary-General, for transmission to the Tribunal and the other party, precise information regarding the evidence which it intends to produce and that which it intends to request the Tribunal to call for, together with an indication of the points to which such evidence will be directed.

Rule 34 EVIDENCE: GENERAL PRINCIPLES

(1) The Tribunal shall be the judge of the admissibility of any evidence adduced and of its probative value.

(2) The Tribunal may, if it deems it necessary at any stage of the proceeding:
   (a) call upon the parties to produce documents, witnesses and experts; and
   (b) visit any place connected with the dispute or conduct inquiries there.

(3) The parties shall cooperate with the Tribunal in the production of the evidence and in the other measures provided for in paragraph (2). The Tribunal shall take formal note of the failure of a

party to comply with its obligations under this paragraph and of any reasons given for such failure.

(4) Expenses incurred in producing evidence and in taking other measures in accordance with paragraph (2) shall be deemed to constitute part of the expenses incurred by the parties within the meaning of Article 61(2) of the Convention.

Rule 35 EXAMINATION OF WITNESSES AND EXPERTS

(1) Witnesses and experts shall be examined before the Tribunal by the parties under the control of its President. Questions may also be put to them by any member of the Tribunal.

(2) Each witness shall make the following declaration before giving his evidence: "I solemnly declare upon my honour and conscience that I shall speak the truth, the whole truth and nothing but the truth."

(3) Each expert shall make the following declaration before making his statement: "I solemnly declare upon my honour and conscience that my statement will be in accordance with my sincere belief."

Rule 36 WITNESSES AND EXPERTS: SPECIAL RULES

Notwithstanding Rule 35 the Tribunal may:

(a) admit evidence given by a witness or expert in a written deposition; and

(b) with the consent of both parties, arrange for the examination of a witness or expert otherwise than before the Tribunal itself. The Tribunal shall define the subject of the examination, the time limit, the procedure to be followed and other particulars. The parties may participate in the examination.

Rule 37 VISITS AND INQUIRIES

If the Tribunal considers it necessary to visit any place connected with the dispute or to conduct an inquiry there, it shall make an order to this effect. The order shall define the scope of the visit or the subject of the inquiry, the time limit, the procedure to be followed and other particulars. The parties may participate in any visit or inquiry.

Rule 38 CLOSURE OF THE PROCEEDING

(1) When the presentation of the case by the parties is completed, the proceeding shall be declared closed.

(2) Exceptionally, the Tribunal may, before the award has been rendered, reopen the proceeding on the ground that new evidence is forthcoming of such a nature as to constitute a decisive factor, or that there is a vital need for clarification on certain specific points.

CHAPTER V - PARTICULAR PROCEDURES

Rule 39 PROVISIONAL MEASURES

(1) At any time during the proceeding a party may request that provisional measures for the presentation of its rights be recommended by the Tribunal. The request shall specify the rights to be preserved, the measures the recommendation of which is requested, and the circumstances that require such measures.

(2) The Tribunal shall give priority to the consideration of a request made pursuant to paragraph (1).

(3) The Tribunal may also recommend provisional measures on its own initiative or recommend measures other than those specified in a request. It may at any time modify or revoke its recommendations.

(4) The Tribunal shall only recommend provisional measures, or modify or revoke its recommendations, after giving each party an opportunity of presenting its observations.

(5) Nothing in this Rule shall prevent the parties, provided that they have so stipulated in the agreement recording their consent, from requesting any judicial or other authority to order provisional measures, prior to the institution of the proceeding, or during the proceeding, for the preservation of their respective rights and interests.

Rule 40 ANCILLARY CLAIMS

(1) Except as the parties otherwise agree, a party may present an incidental or additional claim or counter-claim arising directly out of the subject-matter of the dispute, provided that such ancillary claim is within the scope of the consent of the parties and is otherwise within the jurisdiction of the Centre.

(2) An incidental or additional claim shall be presented not later than in the reply and a counter-claim no later than in the counter- memorial, unless the Tribunal, upon justification by the party presenting the ancillary claim and upon considering any objection of the other party, authorizes the presentation of the claim at a later stage in the proceeding.

(3) The Tribunal shall fix a time limit within which the party against which an ancillary claim is presented may file its observations thereon.

Rule 41 OBJECTIONS TO JURISDICTION

(1) Any objection that the dispute or any ancillary claim is not within the jurisdiction of the Centre or, for other reasons is not within the competence of the Tribunal shall be made as early as possible. A party shall file the objection with the Secretary-General no later than the expiration of the time limit fixed for the filing of the counter-memorial, or, if the objection relates to an ancillary claim, for the filing of the rejoinder - unless the facts on which the objection is based are unknown to the party at that time.

(2) The Tribunal may on its own initiative consider, at any stage of the proceeding, whether the dispute or any ancillary claim before it is within the jurisdiction of the Centre and within its own competence.

(3) Upon the formal raising of an objection relating to the dispute, the proceeding on the merits shall be suspended. The President of the Tribunal, after consultation with its other members, shall fix a time limit within which the parties may file observations on the objection.

(4) The Tribunal shall decide whether or not the further procedures relating to the objection shall be oral. It may deal with the objection as a preliminary question or join it to the merits of the dispute. If the Tribunal overrules the objection or joins it to the merits, it shall once more fix time limits for the further procedures.

(5) If the Tribunal decides that the dispute is not within the jurisdiction of the Centre or not within its own competence, it shall render an award to that effect.

Rule 42 DEFAULT

(1) If a party (in this Rule called the "defaulting party") fails to appear or to present its case at any stage of the proceeding, the other party may, at any time prior to the discontinuance of the proceeding, request the Tribunal to deal with the questions submitted to it and to render an award.

(2) The Tribunal shall promptly notify the defaulting party of such a request. Unless it is satisfied that that party does not intend to appear or to present its case in the proceeding, it shall, at the same time, grant a period of grace and to this end:

   (a) if that party had failed to file a pleading or any other instrument within the time limit fixed therefor, fix a new time limit for its filing; or

   (b) if that party had failed to appear or present its case at a hearing, fix a new date for the hearing. The period of grace shall not, without the consent of the other party, exceed 60 days.

(3) After the expiration of the period of grace or when, in accordance with paragraph (2), no such period is granted, the Tribunal shall resume the consideration of the dispute. Failure of the defaulting party to appear or to present its case shall not be deemed an admission of the assertions made by the other party.

(4) The Tribunal shall examine the jurisdiction of the Centre and its own competence in the dispute and, if it is satisfied, decide whether the submissions made are well-founded in fact and in law. To this end, it may, at any stage of the proceeding, call on the party appearing to file observations, produce evidence or submit oral explanations.

Rule 43 SETTLEMENT AND DISCONTINUANCE

(1) If, before the award is rendered, the parties agree on a settlement of the dispute or otherwise to discontinue the proceeding, the Tribunal, or the Secretary-General if the Tribunal has not yet been constituted, shall, at their written request, in an order take note of the discontinuance of the proceeding.

(2) If the parties file with the Secretary-General the full and signed text of their settlement and in writing request the Tribunal to embody such settlement in an award, the Tribunal may record the settlement in the form of its award.

Rule 44 DISCONTINUANCE AT REQUEST OF A PARTY

If a party requests the discontinuance of the proceeding, the Tribunal, or the Secretary-General if the Tribunal has not yet been constituted, shall in an order fix a time limit within which the other party may state whether it opposes the discontinuance. If no objection is made in writing within the time limit, the other party shall be deemed to have acquiesced in the discontinuance and the Tribunal, or if appropriate the Secretary-General, shall in an order take note of the discontinuance of the proceeding. If objection is made, the proceeding shall continue.

Rule 45 DISCONTINUANCE FOR FAILURE OF PARTIES TO ACT

If the parties fail to take any steps in the proceeding during six consecutive months or such period as they may agree with the approval of the Tribunal, or of the Secretary-General if the Tribunal has not yet been constituted, they shall be deemed to have discontinued the proceeding and the Tribunal, or if appropriate the Secretary-General, shall, after notice to the parties, in an order take note of the discontinuance.

CHAPTER VI - THE AWARD

Rule 46 - PREPARATION OF THE AWARD

The award (including any individual or dissenting opinion) shall be drawn up and signed within 60 days after the closure of the proceeding. The Tribunal may, however, extend this period by a further 30 days if it would otherwise be unable to draw up the award.

Rule 47 THE AWARD

(1) The award shall be in writing and shall contain:
   (a) a precise designation of each party;
   (b) a statement that the Tribunal was established under the Convention, and a description of the method of its constitution;
   (c) the name of each member of the Tribunal, and an identification of the appointing authority of each;
   (d) the names of the agents, counsel and advocates of the parties;
   (e) the dates and place of the sittings of the Tribunal;
   (f) a summary of the proceeding;
   (g) a statement of the facts as found by the Tribunal;
   (h) the submissions of the parties;
   (i) the decision of the Tribunal on every question submitted to it, together with the reasons upon which the decision is based; and
   (j) any decision of the Tribunal regarding the cost of the proceeding.

(2) The award shall be signed by the members of the Tribunal who voted for it; the date of each signature shall be indicated.

(3) Any member of the Tribunal may attach his individual opinion to the award, whether he dissents from the majority or not, or a statement of his dissent.

Rule 48 RENDERING OF THE AWARD

(1) Upon signature by the last arbitrator to sign, the Secretary-General shall promptly:
   (a) authenticate the original text of the award and deposit it in the archives of the Centre, together with any individual opinions and statements of dissent; and

(b) dispatch a certified copy of the award (including individual opinions and statements of dissent) to each party, indicating the date of dispatch on the original text and on all copies.

(2) The award shall be deemed to have been rendered on the date on which the certified copies were dispatched.

(3) The Secretary-General shall, upon request, make available to a party additional certified copies of the award.

(4) The Centre shall not publish the award without consent of the parties. The Centre may, however, include in its publications excerpts of the legal rules applied by the Tribunal.

Rule 49 SUPPLEMENTARY DECISIONS AND RECTIFICATION

(1) Within 45 days after the date on which the award was rendered, either party may request, pursuant to Article 49(2) of the Convention, a supplementary decision on, or the rectification of, the award. Such a request shall be addressed in writing to the Secretary-General. The request shall:

(a) identify the award to which it relates;

(b) indicate the date of the request;

(c) state in detail:

(i) any question which, in the opinion of the requesting party, the Tribunal omitted to decide in the award; and

(ii) any error in the award which the requesting party seeks to have rectified; and

(d) be accompanied by a fee for lodging the request.

(2) Upon receipt of the request and of the lodging fee, the Secretary-General shall forthwith:

(a) register the request;

(b) notify the parties of the registration;

(c) transmit to the other party a copy of the request and of any accompanying documentation; and

(d) transmit to each member of the Tribunal a copy of the notice of registration, together with a copy of the request and of any accompanying documentation.

(3) The President of the Tribunal shall consult the members on whether it is necessary for the Tribunal to meet in order to consider the request. The Tribunal shall fix a time limit for the parties to file their observations on the request and shall determine the procedure for its consideration.

(4) Rules 46-48 shall apply, mutatis mutandis, to any decision of the Tribunal pursuant to this Rule.

(5) If a request is received by the Secretary-General more than 45 days after the award was rendered, he shall refuse to register the request and so inform forthwith the requesting party.

CHAPTER VII - INTERPRETATION, REVISION AND ANNULMENT OF THE AWARD

Rule 50 THE APPLICATION

(1) An application for the interpretation, revision or annulment of an award shall be addressed in writing to the Secretary-General and shall:

(a) identify the award to which it relates;

(b) indicate the date of the application;

(c) state in detail:

(i) in an application for interpretation, the precise points in dispute;

(ii) in an application for revision, pursuant to Article 51(1) of the Convention, the change sought in the award, the discovery of some fact of such a nature as decisively to affect the award, and evidence that when the award was rendered that fact was unknown to the Tribunal and to the applicant, and that the applicant's ignorance of that fact was not due to negligence;

(iii) in an application for annulment, pursuant to Article 52(1) of the Convention, the grounds on which it is based. These grounds are limited to the following: that the Tribunal was not properly constituted; that the Tribunal has manifestly exceeded its powers; that there was corruption on the part of a member of the Tribunal; that there has been a serious departure from a fundamental rule of procedure; that the award has failed to state the reasons on which it is based;

(d) be accompanied by the payment of a fee for lodging the application.

(2) Without prejudice to the provisions of paragraph (3), upon receiving an application and the lodging fee, the Secretary-General shall forthwith:

(a) register the application;

(b) notify the parties of the registration; and

(c) transmit to the other party a copy of the application and of any accompanying documentation.

(3) The Secretary-General shall refuse to register an application for:

(a) revision, if, in accordance with Article 51(2) of the Convention, it is not made within 90 days after the discovery of the new fact and in any event within three years after the date on which the award was rendered (or any subsequent decision or correction);

(b) annulment, if, in accordance with Article 52(2) of the Convention, it is not made:

(i) within 120 days after the date on which the award was rendered (or any subsequent decision or correction) if the application is based on any of the following grounds: the Tribunal was not properly constituted; the Tribunal has manifestly exceeded its powers; there has been a serious departure from a fundamental rule of procedure; the award has failed to state the reasons on which it is based;

(ii) in the case of corruption on the part of a member of the Tribunal, within 120 days after discovery thereof, and in any event within three years after the date on which the award was rendered (or any subsequent decision or correction).

(4) If the Secretary-General refuses to register an application for revision, or annulment, he shall forthwith notify the requesting party of his refusal.

Rule 51 INTERPRETATION OR REVISION: FURTHER PROCEDURES

(1) Upon registration of an application for the interpretation or revision of an award, the Secretary-General shall forthwith:

(a) transmit to each member of the original Tribunal a copy of the notice of registration, together with a copy of the application and of any accompanying documentation; and

(b) request each member of the Tribunal to inform him within a specified time limit whether that member is willing to take part in the consideration of the application.

(2) If all members of the Tribunal express their willingness to take part in the consideration of the application, the Secretary-General shall so notify the members of the Tribunal and the parties. Upon dispatch of these notices the Tribunal shall be deemed to be reconstituted.

(3) If the Tribunal cannot be constituted in accordance with paragraph (2), the Secretary-General shall so notify the parties and invite them to proceed, as soon as possible, to constitute a new Tribunal, including the same number of arbitrators, and appointed by the same method, as the original one.

Rule 52 ANNULMENT: FURTHER PROCEDURES

(1) Upon registration of an application for the annulment of an award, the Secretary-General shall forthwith request the Chairman of the Administrative Council to appoint an ad hoc Committee in accordance with Article 52(3) of the Convention.

(2) The Committee shall be deemed to be constituted on the date the Secretary-General notifies the parties that all members have accepted their appointment. Before or at the first session of the Committee, each member shall sign a declaration conforming to that set forth in Rule 6(2).

Rule 53 RULES OF PROCEDURE

The provisions of these Rules shall apply mutatis mutandis to any procedure relating to the interpretation, revision or annulment of an award and to the decision of the Tribunal or Committee.

Rule 54 STAY OF ENFORCEMENT OF THE AWARD

(1) The party applying for the interpretation, revision or annulment of an award may in its application, and either party may at any time before the final disposition of the application, request a stay in the enforcement of part or all of the award to which the application relates. The Tribunal or Committee shall give priority to the consideration of such a request.

(2) If an application for the revision or annulment of an award contains a request for a stay of its enforcement, the Secretary-General shall, together with the notice of registration, inform both parties of the provisional stay of the award. As soon as the Tribunal or Committee is constituted it shall, if either party requests, rule within 30 days on whether such stay should be continued; unless it decides to continue the stay, it shall automatically be terminated.

(3) If a stay of enforcement has been granted pursuant to paragraph (1) or continued pursuant to paragraph (2), the Tribunal or Committee may at any time modify or terminate the stay at the request of either party. All stays shall automatically terminate on the date on which a final decision is rendered on the application, except that a Committee granting the partial annulment of an award may order the temporary stay of enforcement of the unannulled portion in order to give either party an opportunity to request any new Tribunal constituted pursuant to Article 52(6) of the Convention to grant a stay pursuant to Rule 55(3).

(4) A request pursuant to paragraph (1), (2) (second sentence) or (3) shall specify the circumstances that require the stay or its modification or termination. A request shall only be granted after the Tribunal or Committee has given each party an opportunity of presenting its observations.

(5) The Secretary-General shall promptly notify both parties of the stay of enforcement of any award and of the modification or termination of such a stay, which shall become effective on the date on which he dispatches such notification.

Rule 55 RESUBMISSION OF DISPUTE AFTER AN ANNULMENT

(1) If a Committee annuls part or all of an award, either party may request the resubmission of the dispute to a new Tribunal. Such a request shall be addressed in writing to the Secretary-General and shall:
   (a) identify the award to which it relates;
   (b) indicate the date of the request;
   (c) explain in detail what aspect of the dispute is to be submitted to the Tribunal; and
   (d) be accompanied by a fee for lodging the request.

(2) Upon receipt of the request and of the lodging fee, the Secretary-General shall forthwith:
   (a) register it in the Arbitration Register;
   (b) notify both parties of the registration;
   (c) transmit to the other party a copy of the request and of any accompanying documentation; and
   (d) invite the parties to proceed, as soon as possible, to constitute a new Tribunal, including the same number of arbitrators, and appointed by the same method, as the original one.

(3) If the original award had only been annulled in part, the new Tribunal shall not reconsider any portion of the award not so annulled. It may, however, in accordance with the procedures set forth in Rule 54, stay or continue to stay the enforcement of the unannulled portion of the award until the date its own award is rendered.

(4) Except as otherwise provided in paragraphs (1) - (3), these Rules shall apply to a proceeding on a resubmitted dispute in the same manner as if such dispute had been submitted pursuant to the Institution Rules.

CHAPTER VIII - GENERAL PROVISIONS

Rule 56 FINAL PROVISIONS

(1) The texts of these Rules in each official language of the Centre shall be equally authentic.

(2) These Rules may be cited as the "Arbitration Rules" of the Centre.

4. WIPO-Schiedsgerichtsbarkeit

WIPO Arbitration Rules
(adopted 1 October 1994)

I. GENERAL PROVISIONS

Abbreviated Expressions

Article 1

In these Rules:

"Arbitration Agreement" means an agreement by the parties to submit to arbitration all or certain disputes which have arisen or which may arise between them; an Arbitration Agreement may be in the form of an arbitration clause in a contract or in the form of a separate contract;

"Claimant" means the party initiating an arbitration;

"Respondent" means the party against which the arbitration is initiated, as named in the Request for Arbitration;

"Tribunal" includes a sole arbitrator or all the arbitrators where more than one is appointed;

"WIPO" means the World Intellectual Property Organization;

"Center" means the WIPO Arbitration Center, a unit of the International Bureau of WIPO;

Words used in the singular include the plural and vice versa, as the context may require.

Scope of Application of Rules

Article 2

Where an Arbitration Agreement provides for arbitration under the WIPO Arbitration Rules, these Rules shall be deemed to form part of that Arbitration Agreement and the dispute shall be settled in accordance with these Rules, as in effect on the date of the commencement of the arbitration, unless the parties have agreed otherwise.

Article 3

(a) These Rules shall govern the arbitration, except that, where any of these Rules is in conflict with a provision of the law applicable to the arbitration from which the parties cannot derogate, that provision shall prevail.

(b) The law applicable to the arbitration shall be determined in accordance with Article 59(b).

Notices, Periods of Time

Article 4

(a) Any notice or other communication that may or is required to be given under these Rules shall be in writing and shall be delivered by expedited postal or courier service, or transmitted by telex, telefax or other means of telecommunication that provide a record thereof.

(b) A party's last known residence or place of business shall be a valid address for the purpose of any notice or other communication in the absence of any notification of a change by that party. Communications may in any event be addressed to a party in the manner stipulated or, failing such a stipulation, according to the practice followed in the course of the dealings between the parties.

(c) For the purpose of determining the date of commencement of a time limit, a notice or other communication shall be deemed to have been received on the day it is delivered or, in the case of telecommunications, transmitted in accordance with paragraphs (a) and (b) of this Article.

(d) For the purpose of determining compliance with a time limit, a notice or other communication shall be deemed to have been sent, made or transmitted if it is dispatched, in accordance with paragraphs (a) and (b) of this Article, prior to or on the day of the expiration of the time limit.

(e) For the purpose of calculating a period of time under these Rules, such period shall begin to run on the day following the day when a notice or other communication is received. If the last day of such period is an official holiday or a non-business day at the residence or place of business of the addressee, the period is extended until the first business day which follows. Official holidays or non-business days occurring during the running of the period of time are included in calculating the period.
(f) The parties may agree to reduce or extend the periods of time referred to in Articles 11, 15(b), 16(b), 17(b), 17(c), 18(b), 19(b)(iii), 41(a) and 42(a).
(g) The Center may, at the request of a party or on its own motion, extend the periods of time referred to in Articles 11, 15(b), 16(b), 17(b), 17(c), 18(b), 19(b)(iii), 67(d), 68(e) and 70(e).

Documents Required to Be Submitted to the Center

Article 5

(a) Until the notification by the Center of the establishment of the Tribunal, any written statement, notice or other communication required or allowed under Articles 6 to 36 shall be submitted by a party to the Center and a copy thereof shall at the same time be transmitted by that party to the other party.
(b) Any written statement, notice or other communication so sent to the Center shall be sent in a number of copies equal to the number required to provide one copy for each envisaged arbitrator and one for the Center.
(c) After the notification by the Center of the establishment of the Tribunal, any written statements, notices or other communications shall be submitted by a party directly to the Tribunal and a copy thereof shall at the same time be supplied by that party to the other party.
(d) The Tribunal shall send to the Center a copy of each order or other decision that it makes.

II. COMMENCEMENT OF THE ARBITRATION

Request for Arbitration

Article 6

The Claimant shall transmit the Request for Arbitration to the Center and to the Respondent.

Article 7

The date of commencement of the arbitration shall be the date on which the Request for Arbitration is received by the Center.

Article 8

The Center shall inform the Claimant and the Respondent of the receipt by it of the Request for Arbitration and of the date of the commencement of the arbitration.

Article 9

The Request for Arbitration shall contain:

(i) a demand that the dispute be referred to arbitration under the WIPO Arbitration Rules;
(ii) the names, addresses and telephone, telex, telefax or other communication references of the parties and of the representative of the Claimant;
(iii) a copy of the Arbitration Agreement and, if applicable, any separate choice-of-law clause;
(iv) a brief description of the nature and circumstances of the dispute, including an indication of the rights and property involved and the nature of any technology involved;
(v) a statement of the relief sought and an indication, to the extent possible, of any amount claimed;
(vi) any appointment that is required by, or observations that the Claimant considers useful in connection with, Articles 14 to 20.

Article 10

The Request for Arbitration may also be accompanied by the Statement of Claim referred to in Article 41.

Answer to the Request

Article 11

Within 30 days from the date on which the Respondent receives the Request for Arbitration from the Claimant, the Respondent shall address to the Center and to the Claimant an Answer to the Request which shall contain comments on any of the elements in the Request for Arbitration and may include indications of any counterclaim or setoff.

Article 12

If the Claimant has filed a Statement of Claim with the Request for Arbitration pursuant to Article 10, the Answer to the Request may also be accompanied by the Statement of Defense referred to in Article 42.

Representation

Article 13

(a) The parties may be represented by persons of their choice, irrespective of, in particular, nationality or professional qualification. The names, addresses and telephone, telex, telefax or other communication references of representatives shall be communicated to the Center, the other party and, after its establishment, the Tribunal.

(b) Each party shall ensure that its representatives have sufficient time available to enable the arbitration to proceed expeditiously.

(c) The parties may also be assisted by persons of their choice.

III. COMPOSITION AND ESTABLISHMENT OF THE TRIBUNAL

Number of Arbitrators

Article 14

(a) The Tribunal shall consist of such number of arbitrators as has been agreed by the parties.

(b) Where the parties have not agreed on the number of arbitrators, the Tribunal shall consist of a sole arbitrator, except where the Center in its discretion determines that, in view of all the circumstances of the case, a Tribunal composed of three members is appropriate.

Appointment Pursuant to Procedure Agreed Upon by the Parties

Article 15

(a) If the parties have agreed on a procedure of appointing the arbitrator or arbitrators other than as envisaged in Articles 16 to 20, that procedure shall be followed.

(b) If the Tribunal has not been established pursuant to such procedure within the period of time agreed upon by the parties or, in the absence of such an agreed period of time, within 45 days after the commencement of the arbitration, the Tribunal shall be established or completed, as the case may be, in accordance with Article 19.

Appointment of a Sole Arbitrator

Article 16

(a) Where a sole arbitrator is to be appointed and the parties have not agreed on a procedure of appointment, the sole arbitrator shall be appointed jointly by the parties.

(b) If the appointment of the sole arbitrator is not made within the period of time agreed upon by the parties or, in the absence of such an agreed period of time, within 30 days after the commencement of the arbitration, the sole arbitrator shall be appointed in accordance with Article 19.

Appointment of Three Arbitrators

Article 17

(a) Where three arbitrators are to be appointed and the parties have not agreed upon a procedure of appointment, the arbitrators shall be appointed in accordance with this Article.

(b) The Claimant shall appoint an arbitrator in its Request for Arbitration. The Respondent shall appoint an arbitrator within 30 days from the date on which it receives the Request for Arbitration. The two arbitrators thus appointed shall, within 20 days after the appointment of the second arbitrator, appoint a third arbitrator, who shall be the presiding arbitrator.

(c) Notwithstanding paragraph (b), where three arbitrators are to be appointed as a result of the exercise of the discretion of the Center under Article 14(b), the Claimant shall, by notice to the Center and to the Respondent, appoint an arbitrator within 15 days after the receipt by it of notification by the Center that the Tribunal is to be composed of three arbitrators. The Respondent shall appoint an arbitrator within 30 days after the receipt by it of the said notification. The two arbitrators thus appointed shall, within 20 days after the appointment of the second arbitrator, appoint a third arbitrator, who shall be the presiding arbitrator.

(d) If the appointment of any arbitrator is not made within the applicable period of time referred to in the preceding paragraphs, that arbitrator shall be appointed in accordance with Article 19.

Appointment of Three Arbitrators in Case of Multiple Claimants or Respondents

Article 18

(a) Where
  (i) three arbitrators are to be appointed,
  (ii) the parties have not agreed on a procedure of appointment, and
  (iii) the Request for Arbitration names more than one Claimant,

the Claimants shall make a joint appointment of an arbitrator in their Request for Arbitration. The appointment of the second arbitrator and the presiding arbitrator shall, subject to paragraph (b) of this Article, take place in accordance with Article 17(b), (c) or (d), as the case may be.

(b) Where
  (i) three arbitrators are to be appointed,
  (ii) the parties have not agreed on a procedure of appointment, and
  (iii) the Request for Arbitration names more than one Respondent,

the Respondents shall jointly appoint an arbitrator. If, for whatever reason, the Respondents do not make a joint appointment of an arbitrator within 30 days after receiving the Request for Arbitration, any appointment of the arbitrator previously made by the Claimant or Claimants shall be considered void and two arbitrators shall be appointed by the Center. The two arbitrators thus appointed shall, within 30 days after the appointment of the second arbitrator, appoint a third arbitrator, who shall be the presiding arbitrator.

(c) Where
  (i) three arbitrators are to be appointed,
  (ii) the parties have agreed upon a procedure of appointment, and
  (iii) the Request for Arbitration names more than one Claimant or more than one Respondent,

paragraphs (a) and (b) of this Article shall, notwithstanding Article 15(a), apply irrespective of any contractual provisions in the Arbitration Agreement with respect to the procedure of appointment, unless those provisions have expressly excluded the application of this Article.

Default Appointment

Article 19

(a) If a party has failed to appoint an arbitrator as required under Articles 15, 17 or 18, the Center shall, in lieu of that party, forthwith make the appointment.

(b) If the sole or presiding arbitrator has not been appointed as required under Articles 15, 16, 17 or 18, the appointment shall take place in accordance with the following procedure:
   (i) The Center shall send to each party an identical list of candidates. The list shall comprise the names of at least three candidates in alphabetical order. The list shall include or be accompanied by a brief statement of each candidate's qualifications. If the parties have agreed on any particular qualifications, the list shall contain only the names of candidates that satisfy those qualifications.
   (ii) Each party shall have the right to delete the name of any candidate or candidates to whose appointment it objects and shall number any remaining candidates in order of preference.
   (iii) Each party shall return the marked list to the Center within 20 days after the date on which the list is received by it. Any party failing to return a marked list within that period of time shall be deemed to have assented to all candidates appearing on the list.
   (iv) As soon as possible after receipt by it of the lists from the parties, or failing this, after the expiration of the period of time specified in the previous sub-paragraph, the Center shall, taking into account the preferences and objections expressed by the parties, invite a person from the list to be the sole or presiding arbitrator.
   (v) If the lists which have been returned do not show a person who is acceptable as arbitrator to both parties, the Center shall be authorized to appoint the sole or presiding arbitrator. The Center shall similarly be authorized to do so if a person is not able or does not wish to accept the Center's invitation to be the sole or presiding arbitrator, or if there appear to be other reasons precluding that person from being the sole or presiding arbitrator, and there does not remain on the lists a person who is acceptable as arbitrator to both parties.
(c) Notwithstanding the provisions of paragraph (b), the Center shall be authorized to appoint the sole or presiding arbitrator if it determines in its discretion that the procedure described in that paragraph is not appropriate for the case.

Nationality of Arbitrators

Article 20

(a) An agreement of the parties concerning the nationality of arbitrators shall be respected.
(b) If the parties have not agreed on the nationality of the sole or presiding arbitrator, such arbitrator shall, in the absence of special circumstances such as the need to appoint a person having particular qualifications, be a national of a country other than the countries of the parties.

Communication Between Parties and Candidates for Appointment as Arbitrator

Article 21

No party or anyone acting on its behalf shall have any ex parte communication with any candidate for appointment as arbitrator except to discuss the candidate's qualifications, availability or independence in relation to the parties.

Impartiality and Independence

Article 22

(a) Each arbitrator shall be impartial and independent.
(b) Each prospective arbitrator shall, before accepting appointment, disclose to the parties, the Center and any other arbitrator who has already been appointed any circumstances that might give rise to justifiable doubt as to the arbitrator's impartiality or independence, or confirm in writing that no such circumstances exist.
(c) If, at any stage during the arbitration, new circumstances arise that might give rise to justifiable doubt as to any arbitrator's impartiality or independence, the arbitrator shall promptly disclose such circumstances to the parties, the Center and the other arbitrators.

Availability, Acceptance and Notification

Article 23

(a) Each arbitrator shall, by accepting appointment, be deemed to have undertaken to make available sufficient time to enable the arbitration to be conducted and completed expeditiously.

(b) Each prospective arbitrator shall accept appointment in writing and shall communicate such acceptance to the Center.

(c) The Center shall notify the parties of the establishment of the Tribunal.

Challenge of Arbitrators

Article 24

(a) Any arbitrator may be challenged by a party if circumstances exist that give rise to justifiable doubt as to the arbitrator's impartiality or independence.

(b) A party may challenge an arbitrator whom it has appointed or in whose appointment it concurred only for reasons of which it becomes aware after the appointment has been made.

Article 25

A party challenging an arbitrator shall send notice to the Center, the Tribunal and the other party, stating the reasons for the challenge, within 15 days after being notified of that arbitrator's appointment or after becoming aware of the circumstances that it considers give rise to justifiable doubt as to that arbitrator's impartiality or independence.

Article 26

When an arbitrator has been challenged by a party, the other party shall have the right to respond to the challenge and shall, if it exercises this right, send, within 15 days after receipt of the notice referred to in Article 25, a copy of its response to the Center, the party making the challenge and the arbitrators.

Article 27

The Tribunal may, in its discretion, suspend or continue the arbitral proceedings during the pendency of the challenge.

Article 28

The other party may agree to the challenge or the arbitrator may voluntarily withdraw. In either case, the arbitrator shall be replaced without any implication that the grounds for the challenge are valid.

Article 29

If the other party does not agree to the challenge and the challenged arbitrator does not withdraw, the decision on the challenge shall be made by the Center in accordance with its internal procedures. Such a decision is of an administrative nature and shall be final. The Center shall not be required to state reasons for its decision.

Release from Appointment

Article 30

At the arbitrator's own request, an arbitrator may be released from appointment as arbitrator either with the consent of the parties or by the Center.

Article 31

Irrespective of any request by the arbitrator, the parties may jointly release the arbitrator from appointment as arbitrator. The parties shall promptly notify the Center of such release.

Article 32

At the request of a party or on its own motion, the Center may release an arbitrator from appointment as arbitrator if the arbitrator has become de jure or de facto unable to fulfill, or fails to fulfill, the duties of an arbitrator. In such a case, the parties shall be offered the opportunity to express their views thereon and the provisions of Articles 26 to 29 shall apply mutatis mutandis.

Replacement of an Arbitrator

Article 33

(a) Whenever necessary, a substitute arbitrator shall be appointed pursuant to the procedure provided for in Articles 15 to 19 that was applicable to the appointment of the arbitrator being replaced.

(b) In the event that an arbitrator appointed by a party has either been successfully challenged on grounds which were known or should have been known to that party at the time of appointment, or has been released from appointment as arbitrator in accordance with Article 32, the Center shall have the discretion not to permit that party to make a new appointment. If it chooses to exercise this discretion, the Center shall make the substitute appointment.

(c) Pending the replacement, the arbitral proceedings shall be suspended, unless otherwise agreed by the parties.

Article 34

Whenever a substitute arbitrator is appointed, the Tribunal shall, having regard to any observations of the parties, determine in its sole discretion whether all or part of any prior hearings are to be repeated.

Truncated Tribunal

Article 35

(a) If an arbitrator on a three-person Tribunal, though duly notified and without good cause, fails to participate in the work of the Tribunal, the two other arbitrators shall, unless a party has made an application under Article 32, have the power in their sole discretion to continue the arbitration and to make any award, order or other decision, notwithstanding the failure of the third arbitrator to participate. In determining whether to continue the arbitration or to render any award, order or other decision without the participation of an arbitrator, the two other arbitrators shall take into account the stage of the arbitration, the reason, if any, expressed by the third arbitrator for such non-participation, and such other matters as they consider appropriate in the circumstances of the case.

(b) In the event that the two other arbitrators determine not to continue the arbitration without the participation of a third arbitrator, the Center shall, on proof satisfactory to it of the failure of the arbitrator to participate in the work of the Tribunal, declare the office vacant, and a substitute arbitrator shall be appointed by the Center in the exercise of the discretion defined in Article 33, unless the parties agree otherwise.

Pleas as to the Jurisdiction of the Tribunal

Article 36

(a) The Tribunal shall have the power to hear and determine objections to its own jurisdiction, including any objections with respect to form, existence, validity or scope of the Arbitration Agreement examined pursuant to Article 59(b).

(b) The Tribunal shall have the power to determine the existence or validity of any contract of which the Arbitration Agreement forms part or to which it relates.

(c) A plea that the Tribunal does not have jurisdiction shall be raised not later than in the Statement of Defense or, with respect to a counterclaim or a setoff, the Statement of Defense thereto, failing which any such plea shall be barred in the subsequent arbitral proceedings or before any court. A plea that the Tribunal is exceeding the scope of its authority shall be raised as soon as the matter alleged to be beyond the scope of its authority is raised during the arbitral proceedings. The Tribunal may, in either case, admit a later plea if it considers the delay justified.

(d) The Tribunal may rule on a plea referred to in paragraph (c) as a preliminary question or, in its sole discretion, decide on such a plea in the final award.

(e) A plea that the Tribunal lacks jurisdiction shall not preclude the Center from administering the arbitration.

IV. CONDUCT OF THE ARBITRATION

Transmission of the File to the Tribunal

Article 37

The Center shall transmit the file to each arbitrator as soon as the arbitrator is appointed.

General Powers of the Tribunal

Article 38

(a) Subject to Article 3, the Tribunal may conduct the arbitration in such manner as it considers appropriate.
(b) In all cases, the Tribunal shall ensure that the parties are treated with equality and that each party is given a fair opportunity to present its case.
(c) The Tribunal shall ensure that the arbitral procedure takes place with due expedition. It may, at the request of a party or on its own motion, extend in exceptional cases a period of time fixed by these Rules, by itself or agreed to by the parties. In urgent cases, such an extension may be granted by the presiding arbitrator alone.

Place of Arbitration

Article 39

(a) Unless otherwise agreed by the parties, the place of arbitration shall be decided by the Center, taking into consideration any observations of the parties and the circumstances of the arbitration.
(b) The Tribunal may, after consultation with the parties, conduct hearings at any place that it considers appropriate. It may deliberate wherever it deems appropriate.
(c) The award shall be deemed to have been made at the place of arbitration.

Language of Arbitration

Article 40

(a) Unless otherwise agreed by the parties, the language of the arbitration shall be the language of the Arbitration Agreement, subject to the power of the Tribunal to determine otherwise, having regard to any observations of the parties and the circumstances of the arbitration.
(b) The Tribunal may order that any documents submitted in languages other than the language of arbitration be accompanied by a translation in whole or in part into the language of arbitration.

Statement of Claim

Article 41

(a) Unless the Statement of Claim accompanied the Request for Arbitration, the Claimant shall, within 30 days after receipt of notification from the Center of the establishment of the Tribunal, communicate its Statement of Claim to the Respondent and to the Tribunal.
(b) The Statement of Claim shall contain a comprehensive statement of the facts and legal arguments supporting the claim, including a statement of the relief sought.
(c) The Statement of Claim shall, to as large an extent as possible, be accompanied by the documentary evidence upon which the Claimant relies, together with a schedule of such documents. Where the documentary evidence is especially voluminous, the Claimant may add a reference to further documents it is prepared to submit.

Statement of Defense

Article 42

(a) The Respondent shall, within 30 days after receipt of the Statement of Claim or within 30 days after receipt of notification from the Center of the establishment of the Tribunal, whichever occurs later, communicate its Statement of Defense to the Claimant and to the Tribunal.

(b) The Statement of Defense shall reply to the particulars of the Statement of Claim required pursuant to Article 41(b). The Statement of Defense shall be accompanied by the corresponding documentary evidence described in Article 41(c).

(c) Any counterclaim or setoff by the Respondent shall be made or asserted in the Statement of Defense or, in exceptional circumstances, at a later stage in the arbitral proceedings if so determined by the Tribunal. Any such counterclaim or setoff shall contain the same particulars as those specified in Article 41(b) and (c).

Further Written Statements

Article 43

(a) In the event that a counterclaim or setoff has been made or asserted, the Claimant shall reply to the particulars thereof. Article 42(a) and (b) shall apply mutatis mutandis to such reply.

(b) The Tribunal may, in its discretion, allow or require further written statements.

Amendments to Claims or Defense

Article 44

Subject to any contrary agreement by the parties, a party may amend or supplement its claim, counterclaim, defense or setoff during the course of the arbitral proceedings, unless the Tribunal considers it inappropriate to allow such amendment having regard to its nature or the delay in making it and to the provisions of Article 38(b) and (c).

Communication Between Parties and Tribunal

Article 45 Except as otherwise provided in these Rules or permitted by the Tribunal, no party or anyone acting on its behalf may have any ex parte communication with any arbitrator with respect to any matter of substance relating to the arbitration, it being understood that nothing in this paragraph shall prohibit ex parte communications which concern matters of a purely organizational nature, such as the physical facilities, place, date or time of the hearings.

Interim Measures of Protection; Security for Claims and Costs

Article 46

(a) At the request of a party, the Tribunal may issue any provisional orders or take other interim measures it deems necessary, including injunctions and measures for the conservation of goods which form part of the subject matter in dispute, such as an order for their deposit with a third person or for the sale of perishable goods. The Tribunal may make the granting of such measures subject to appropriate security being furnished by the requesting party.

(b) At the request of a party, the Tribunal may, if it considers it to be required by exceptional circumstances, order the other party to provide security, in a form to be determined by the Tribunal, for the claim or counterclaim, as well as for costs referred to in Article 72.

(c) Measures and orders contemplated under this Article may take the form of an interim award.

(d) A request addressed by a party to a judicial authority for interim measures or for security for the claim or counterclaim, or for the implementation of any such measures or orders granted by the Tribunal, shall not be deemed incompatible with the Arbitration Agreement, or deemed to be a waiver of that Agreement.

Preparatory Conference

Article 47

The Tribunal may, in general following the submission of the Statement of Defense, conduct a preparatory conference with the parties for the purpose of organizing and scheduling the subsequent proceedings.

Evidence

Article 48

(a) The Tribunal shall determine the admissibility, relevance, materiality and weight of evidence.

(b) At any time during the arbitration, the Tribunal may, at the request of a party or on its own motion, order a party to produce such documents or other evidence as it considers necessary or appropriate and may order a party to make available to the Tribunal or to an expert appointed by it or to the other party any property in its possession or control for inspection or testing.

Experiments

Article 49

(a) A party may give notice to the Tribunal and to the other party at any reasonable time before a hearing that specified experiments have been conducted on which it intends to rely. The notice shall specify the purpose of the experiment, a summary of the experiment, the method employed, the results and the conclusion. The other party may by notice to the Tribunal request that any or all such experiments be repeated in its presence. If the Tribunal considers such request justified, it shall determine the timetable for the repetition of the experiments.

(b) For the purposes of this Article, "experiments" shall include tests or other processes of verification.

Site Visits

Article 50

The Tribunal may, at the request of a party or on its own motion, inspect or require the inspection of any site, property, machinery, facility, production line, model, film, material, product or process as it deems appropriate. A party may request such an inspection at any reasonable time prior to any hearing, and the Tribunal, if it grants such a request, shall determine the timing and arrangements for the inspection.

Agreed Primers and Models

Article 51

The Tribunal may, where the parties so agree, determine that they shall jointly provide:

(i) a technical primer setting out the background of the scientific, technical or other specialized information necessary to fully understand the matters in issue; and

(ii) models, drawings or other materials that the Tribunal or the parties require for reference purposes at any hearing.

Disclosure of Trade Secrets and Other Confidential Information

Article 52

(a) For the purposes of this Article, confidential information shall mean any information, regardless of the medium in which it is expressed, which is

(i) in the possession of a party,

(ii) not accessible to the public,

(iii) of commercial, financial or industrial significance, and

(iv) treated as confidential by the party possessing it.

(b) A party invoking the confidentiality of any information it wishes or is required to submit in the arbitration, including to an expert appointed by the Tribunal, shall make an application to have the information classified as confidential by notice to the Tribunal, with a copy to the other party. Without disclosing the substance of the information, the party shall give in the notice the reasons for which it considers the information confidential.
(c) The Tribunal shall determine whether the information is to be classified as confidential and of such a nature that the absence of special measures of protection in the proceedings would be likely to cause serious harm to the party invoking its confidentiality. If the Tribunal so determines, it shall decide under which conditions and to whom the confidential information may in part or in whole be disclosed and shall require any person to whom the confidential information is to be disclosed to sign an appropriate confidentiality undertaking.
(d) In exceptional circumstances, in lieu of itself determining whether the information is to be classified as confidential and of such nature that the absence of special measures of protection in the proceedings would be likely to cause serious harm to the party invoking its confidentiality, the Tribunal may, at the request of a party or on its own motion and after consultation with the parties, designate a confidentiality advisor who will determine whether the information is to be so classified, and, if so, decide under which conditions and to whom it may in part or in whole be disclosed. Any such confidentiality advisor shall be required to sign an appropriate confidentiality undertaking.
(e) The Tribunal may also, at the request of a party or on its own motion, appoint the confidentiality advisor as an expert in accordance with Article 55 in order to report to it, on the basis of the confidential information, on specific issues designated by the Tribunal without disclosing the confidential information either to the party from whom the confidential information does not originate or to the Tribunal.

Hearings

Article 53

(a) If either party so requests, the Tribunal shall hold a hearing for the presentation of evidence by witnesses, including expert witnesses, or for oral argument or for both. In the absence of a request, the Tribunal shall decide whether to hold such a hearing or hearings. If no hearings are held, the proceedings shall be conducted on the basis of documents and other materials alone.
(b) In the event of a hearing, the Tribunal shall give the parties adequate advance notice of the date, time and place thereof.
(c) Unless the parties agree otherwise, all hearings shall be in private.
(d) The Tribunal shall determine whether and, if so, in what form a record shall be made of any hearing.

Witnesses

Article 54

(a) Before any hearing, the Tribunal may require either party to give notice of the identity of witnesses it wishes to call, as well as of the subject matter of their testimony and its relevance to the issues.
(b) The Tribunal has discretion, on the grounds of redundance and irrelevance, to limit or refuse the appearance of any witness, whether witness of fact or expert witness.
(c) Any witness who gives oral evidence may be questioned, under the control of the Tribunal, by each of the parties. The Tribunal may put questions at any stage of the examination of the witnesses.
(d) The testimony of witnesses may, either at the choice of a party or as directed by the Tribunal, be submitted in written form, whether by way of signed statements, sworn affidavits or otherwise,

in which case the Tribunal may make the admissibility of the testimony conditional upon the witnesses being made available for oral testimony.

(e) A party shall be responsible for the practical arrangements, cost and availability of any witness it calls.

(f) The Tribunal shall determine whether any witness shall retire during any part of the proceedings, particularly during the testimony of other witnesses.

Experts Appointed by the Tribunal

Article 55

(a) The Tribunal may, after consultation with the parties, appoint one or more independent experts to report to it on specific issues designated by the Tribunal. A copy of the expert's terms of reference, established by the Tribunal, having regard to any observations of the parties, shall be communicated to the parties. Any such expert shall be required to sign an appropriate confidentiality undertaking.

(b) Subject to Article 52, upon receipt of the expert's report, the Tribunal shall communicate a copy of the report to the parties, which shall be given the opportunity to express, in writing, their opinion on the report. A party may, subject to Article 52, examine any document on which the expert has relied in such a report.

(c) At the request of a party, the parties shall be given the opportunity to question the expert at a hearing. At this hearing, the parties may present expert witnesses to testify on the points at issue.

(d) The opinion of any expert on the issue or issues submitted to the expert shall be subject to the Tribunal's power of assessment of those issues in the context of all the circumstances of the case, unless the parties have agreed that the expert's determination shall be conclusive in respect of any specific issue.

Default

Article 56

(a) If the Claimant, without showing good cause, fails to submit its Statement of Claim in accordance with Article 41, the Tribunal shall terminate the proceedings.

(b) If the Respondent, without showing good cause, fails to submit its Statement of Defense in accordance with Article 42, the Tribunal may nevertheless proceed with the arbitration and make the award.

(c) The Tribunal may also proceed with the arbitration and make the award if a party, without showing good cause, fails to avail itself of the opportunity to present its case within the period of time determined by the Tribunal.

(d) If a party, without showing good cause, fails to comply with any provision of, or requirement under, these Rules or any direction given by the Tribunal, the Tribunal may draw the inferences therefrom that it considers appropriate.

Closure of Proceedings

Article 57

(a) The Tribunal shall declare the proceedings closed when it is satisfied that the parties have had adequate opportunity to present submissions and evidence.

(b) The Tribunal may, if it considers it necessary owing to exceptional circumstances, decide, on its own motion or upon application of a party, to reopen the proceedings it declared to be closed at any time before the award is made.

Waiver

Article 58

A party which knows that any provision of, or requirement under, these Rules, or any direction given by the Tribunal, has not been complied with, and yet proceeds with the arbitration without promptly recording an objection to such non-compliance, shall be deemed to have waived its right to object.

V. AWARDS AND OTHER DECISIONS

Laws Applicable to the Substance of the Dispute, the Arbitration and the Arbitration Agreement

Article 59

(a) The Tribunal shall decide the substance of the dispute in accordance with the law or rules of law chosen by the parties. Any designation of the law of a given State shall be construed, unless otherwise expressed, as directly referring to the substantive law of that State and not to its conflict of laws rules. Failing a choice by the parties, the Tribunal shall apply the law or rules of law that it determines to be appropriate. In all cases, the Tribunal shall decide having due regard to the terms of any relevant contract and taking into account applicable trade usages. The Tribunal may decide as amiable compositeur or ex aequo et bono only if the parties have expressly authorized it to do so.

(b) The law applicable to the arbitration shall be the arbitration law of the place of arbitration, unless the parties have expressly agreed on the application of another arbitration law and such agreement is permitted by the law of the place of arbitration.

(c) An Arbitration Agreement shall be regarded as effective if it conforms to the requirements concerning form, existence, validity and scope of either the law or rules of law applicable in accordance with paragraph (a), or the law applicable in accordance with paragraph (b).

Currency and Interest

Article 60

(a) Monetary amounts in the award may be expressed in any currency.

(b) The Tribunal may award simple or compound interest to be paid by a party on any sum awarded against that party. It shall be free to determine the interest at such rates as it considers to be appropriate, without being bound by legal rates of interest, and shall be free to determine the period for which the interest shall be paid.

Decision-Making

Article 61

Unless the parties have agreed otherwise, where there is more than one arbitrator, any award, order or other decision of the Tribunal shall be made by a majority. In the absence of a majority, the presiding arbitrator shall make the award, order or other decision as if acting as sole arbitrator.

Form and Notification of Awards

Article 62

(a) The Tribunal may make preliminary, interim, interlocutory, partial or final awards.

(b) The award shall be in writing and shall state the date on which it was made, as well as the place of arbitration in accordance with Article 39(a).

(c) The award shall state the reasons on which it is based, unless the parties have agreed that no reasons should be stated and the law applicable to the arbitration does not require the statement of such reasons.

(d) The award shall be signed by the arbitrator or arbitrators. The signature of the award by a majority of the arbitrators, or, in the case of Article 61, second sentence, by the presiding arbitrator, shall be sufficient. Where an arbitrator fails to sign, the award shall state the reason for the absence of the signature.

(e) The Tribunal may consult the Center with regard to matters of form, particularly to ensure the enforceability of the award.

(f) The award shall be communicated by the Tribunal to the Center in a number of originals sufficient to provide one for each party, the arbitrator or arbitrators and the Center. The Center shall formally communicate an original of the award to each party and the arbitrator or arbitrators.

(g) At the request of a party, the Center shall provide it, at cost, with a copy of the award certified by the Center. A copy so certified shall be deemed to comply with the requirements of Article IV(1)(a) of the Convention on the Recognition and Enforcement of Foreign Arbitral Awards, New York, June 10, 1958.

Time Period for Delivery of the Final Award

Article 63

(a) The arbitration should, wherever reasonably possible, be heard and the proceedings declared closed within not more than nine months after either the delivery of the Statement of Defense or the establishment of the Tribunal, whichever event occurs later. The final award should, wherever reasonably possible, be made within three months thereafter.

(b) If the proceedings are not declared closed within the period of time specified in paragraph (a), the Tribunal shall send the Center a status report on the arbitration, with a copy to each party. It shall send a further status report to the Center, and a copy to each party, at the end of each ensuing period of three months during which the proceedings have not been declared closed.

(c) If the final award is not made within three months after the closure of the proceedings, the Tribunal shall send the Center a written explanation for the delay, with a copy to each party. It shall send a further explanation, and a copy to each party, at the end of each ensuing period of one month until the final award is made.

Effect of Award

Article 64

(a) By agreeing to arbitration under these Rules, the parties undertake to carry out the award without delay, and waive their right to any form of appeal or recourse to a court of law or other judicial authority, insofar as such waiver may validly be made under the applicable law.

(b) The award shall be effective and binding on the parties as from the date it is communicated by the Center pursuant to Article 62(f), second sentence.

Settlement or Other Grounds for Termination

Article 65

(a) The Tribunal may suggest that the parties explore settlement at such times as the Tribunal may deem appropriate.

(b) If, before the award is made, the parties agree on a settlement of the dispute, the Tribunal shall terminate the arbitration and, if requested jointly by the parties, record the settlement in the form of a consent award. The Tribunal shall not be obliged to give reasons for such an award.

(c) If, before the award is made, the continuation of the arbitration becomes unnecessary or impossible for any reason not mentioned in paragraph (b), the Tribunal shall inform the parties of its intention to terminate the arbitration. The Tribunal shall have the power to issue such an order terminating the arbitration, unless a party raises justifiable grounds for objection within a period of time to be determined by the Tribunal.

(d) The consent award or the order for termination of the arbitration shall be signed by the arbitrator or arbitrators in accordance with Article 62(d) and shall be communicated by the Tribunal to the Center in a number of originals sufficient to provide one for each party, the arbitrator or arbitrators and the Center. The Center shall formally communicate an original of the consent award or the order for termination to each party and the arbitrator or arbitrators.

Correction of the Award and Additional Award

Article 66

(a) Within 30 days after receipt of the award, a party may, by notice to the Tribunal, with a copy to the Center and the other party, request the Tribunal to correct in the award any clerical, typographical or computational errors. If the Tribunal considers the request to be justified, it shall make the correction within 30 days after receipt of the request. Any correction, which shall take the form of a separate memorandum, signed by the Tribunal in accordance with Article 62(d), shall become part of the award.

(b) The Tribunal may correct any error of the type referred to in paragraph (a) on its own initiative within 30 days after the date of the award.

(c) A party may, within 30 days after receipt of the award, by notice to the Tribunal, with a copy to the Center and the other party, request the Tribunal to make an additional award as to claims presented in the arbitral proceedings but not dealt with in the award. Before deciding on the request, the Tribunal shall give the parties an opportunity to be heard. If the Tribunal considers the request to be justified, it shall, wherever reasonably possible, make the additional award within 60 days of receipt of the request.

VI. FEES AND COSTS

Fees of the Center

Article 67

(a) The Request for Arbitration shall be subject to the payment to the Center of a registration fee, which shall belong to the International Bureau of WIPO. The amount of the registration fee shall be fixed in the Schedule of Fees applicable on the date on which the Request for Arbitration is received by the Center.

(b) The registration fee shall not be refundable.

(c) No action shall be taken by the Center on a Request for Arbitration until the registration fee has been paid.

(d) If a Claimant fails, within 15 days after a second reminder in writing from the Center, to pay the registration fee, it shall be deemed to have withdrawn its Request for Arbitration.

Article 68

(a) An administration fee, which shall belong to the International Bureau of WIPO, shall be payable by the Claimant to the Center within 30 days after the commencement of the arbitration. The Center shall notify the Claimant of the amount of the administration fee as soon as possible after receipt of the Request for Arbitration.

(b) In the case of a counterclaim, an administration fee shall also be payable by the Respondent to the Center within 30 days after the date on which the counterclaim referred to in Article 42(c) is made. The Center shall notify the Respondent of the amount of the administration fee as soon as possible after receipt of notification of the counterclaim.

(c) The amount of the administration fee shall be calculated in accordance with the Schedule of Fees applicable on the date of commencement of the arbitration.

(d) Where a claim or counterclaim is increased, the amount of the administration fee may be increased in accordance with the Schedule of Fees applicable under paragraph (c), and the increased amount shall be payable by the Claimant or the Respondent, as the case may be.

(e) If a party fails, within 15 days after a second reminder in writing from the Center, to pay any administration fee due, it shall be deemed to have withdrawn its claim or counterclaim, or its increase in claim or counterclaim, as the case may be.

(f) The Tribunal shall, in a timely manner, inform the Center of the amount of the claim and any counterclaim, as well as any increase thereof.

Fees of the Arbitrators

Article 69

(a) The amount and currency of the fees of the arbitrators and the modalities and timing of their payment shall be fixed, in accordance with the provisions of this Article, by the Center, after consultation with the arbitrators and the parties.

(b) The amount of the fees of the arbitrators shall, unless the parties and arbitrators agree otherwise, be determined within the range of minimum and maximum fees set out in the Schedule of Fees applicable on the date of the commencement of the arbitration, taking into account the estimated time needed by the arbitrators for conducting the arbitration, the amount in dispute, the complexity of the subject matter of the dispute, the urgency of the case and any other relevant circumstances of the case.

Deposits

Article 70

(a) Upon receipt of notification from the Center of the establishment of the Tribunal, the Claimant and the Respondent shall each deposit an equal amount as an advance for the costs of arbitration referred to in Article 71. The amount of the deposit shall be determined by the Center.

(b) In the course of the arbitration, the Center may require that the parties make supplementary deposits.

(c) If the required deposits are not paid in full within 30 days after receipt of the corresponding notification, the Center shall so inform the parties in order that one or other of them may make the required payment.

(d) Where the amount of the counterclaim greatly exceeds the amount of the claim or involves the examination of significantly different matters, or where it otherwise appears appropriate in the circumstances, the Center in its discretion may establish two separate deposits on account of claim and counterclaim. If separate deposits are established, the totality of the deposit on account of claim shall be paid by the Claimant and the totality of the deposit on account of counterclaim shall be paid by the Respondent.

(e) If a party fails, within 15 days after a second reminder in writing from the Center, to pay the required deposit, it shall be deemed to have withdrawn the relevant claim or counterclaim.

(f) After the award has been made, the Center shall, in accordance with the award, render an accounting to the parties of the deposits received and return any unexpended balance to the parties or require the payment of any amount owing from the parties.

Award of Costs of Arbitration

Article 71

(a) In its award, the Tribunal shall fix the costs of arbitration, which shall consist of:
   (i) the arbitrators' fees,
   (ii) the properly incurred travel, communication and other expenses of the arbitrators,
   (iii) the costs of expert advice and such other assistance required by the Tribunal pursuant to these Rules, and
   (iv) such other expenses as are necessary for the conduct of the arbitration proceedings, such as the cost of meeting and hearing facilities.

(b) The aforementioned costs shall, as far as possible, be debited from the deposits required under Article 70.

(c) The Tribunal shall, subject to any agreement of the parties, apportion the costs of arbitration and the registration and administration fees of the Center between the parties in the light of all the circumstances and the outcome of the arbitration.

Award of Costs Incurred by a Party

Article 72

In its award, the Tribunal may, subject to any contrary agreement by the parties and in the light of all the circumstances and the outcome of the arbitration, order a party to pay the whole or part of reasonable expenses incurred by the other party in presenting its case, including those incurred for legal representatives and witnesses.

VII. CONFIDENTIALITY

Confidentiality of the Existence of the Arbitration

Article 73

(a) Except to the extent necessary in connection with a court challenge to the arbitration or an action for enforcement of an award, no information concerning the existence of an arbitration may be unilaterally disclosed by a party to any third party unless it is required to do so by law or by a competent regulatory body, and then only
  (i) by disclosing no more than what is legally required, and
  (ii) by furnishing to the Tribunal and to the other party, if the disclosure takes place during the arbitration, or to the other party alone, if the disclosure takes place after the termination of the arbitration, details of the disclosure and an explanation of the reason for it.

(b) Notwithstanding paragraph (a), a party may disclose to a third party the names of the parties to the arbitration and the relief requested for the purpose of satisfying any obligation of good faith or candor owed to that third party.

Confidentiality of Disclosures Made During the Arbitration

Article 74

(a) In addition to any specific measures that may be available under Article 52, any documentary or other evidence given by a party or a witness in the arbitration shall be treated as confidential and, to the extent that such evidence describes information that is not in the public domain, shall not be used or disclosed to any third party by a party whose access to that information arises exclusively as a result of its participation in the arbitration for any purpose without the consent of the parties or order of a court having jurisdiction.

(b) For the purposes of this Article, a witness called by a party shall not be considered to be a third party. To the extent that a witness is given access to evidence or other information obtained in the arbitration in order to prepare the witness's testimony, the party calling such witness shall be responsible for the maintenance by the witness of the same degree of confidentiality as that required of the party.

Confidentiality of the Award

Article 75

The award shall be treated as confidential by the parties and may only be disclosed to a third party if and to the extent that
  (i) the parties consent, or
  (ii) it falls into the public domain as a result of an action before a national court or other competent authority, or
  (iii) it must be disclosed in order to comply with a legal requirement imposed on a party or in order to establish or protect a party's legal rights against a third party.

Maintenance of Confidentiality by the Center and Arbitrator

Article 76

(a) Unless the parties agree otherwise, the Center and the arbitrator shall maintain the confidentiality of the arbitration, the award and, to the extent that they describe information that is not in the public domain, any documentary or other evidence disclosed during the arbitration, except to the extent necessary in connection with a court action relating to the award, or as otherwise required by law.

(b) Notwithstanding paragraph (a), the Center may include information concerning the arbitration in any aggregate statistical data that it publishes concerning its activities, provided that such information does not enable the parties or the particular circumstances of the dispute to be identified.

VIII. MISCELLANEOUS

Exclusion of Liability

Article 77

Except in respect of deliberate wrongdoing, the arbitrator or arbitrators, WIPO and the Center shall not be liable to a party for any act or omission in connection with the arbitration.

Waiver of Defamation

Article 78

The parties and, by acceptance of appointment, the arbitrator agree that any statements or comments, whether written or oral, made or used by them or their representatives in preparation for or in the course of the arbitration shall not be relied upon to found or maintain any action for defamation, libel, slander or any related complaint, and this Article may be pleaded as a bar to any such action.

SCHEDULE OF FEES

(All amounts are in United States dollars)

FEES OF THE CENTER

I. Registration Fee (Article 67, WIPO Arbitration Rules)

Amount of Claim	**Registration Fee**
Up to $1,000,000	$1,000
$1,000,001 to $10,000,000	$2,000
Over $10,000,000	$3,000

Notes

1. Where the amount of the claim is not specified at the time of submitting the Request for Arbitration, a registration fee of $1,000 shall be payable, subject to adjustment when the Statement of Claim is filed.
2. Where a claim is not for a monetary amount, a registration fee of $1,000 shall be payable, subject to adjustment. The adjustment shall be made by reference to the registration fee that the Center, upon examination of the Request for Arbitration or the Statement of Claim, determines to be appropriate in the circumstances.
3. The amount of claims expressed in currencies other than United States dollars shall, for the purposes of calculating the registration fee, be converted to amounts expressed in United States

dollars on the basis of the official United Nations exchange rate prevailing on the date of submission of the Request for Arbitration.

II. Administration Fee (Article 68, WIPO Arbitration Rules)

Amount of Claim or Counter-Claim	Administration Fee
Up to $100,000	$1,000
$100,001 to $1,000,000	$1,000 + 0.40% (of the amount above $100,000)
$1,000,001 to $5,000,000	$4,600 + 0.20% (of the amount above $1,000,000)
$5,000,001 to $20,000,000	$12,600 + 0.10% (of the amount above $5,000,000)
Over $20,000,000	$27,600 + 0.05% (of the amount above $20,000,000 up to a maximum administration fee of $35,000)

Notes

1. Where a claim or counterclaim is not for a monetary amount, the Center shall determine an appropriate administration fee.
2. For the purpose of calculating the administration fee, the percentage figures are applied to each successive part of the amount of claim or counterclaim. For example, if the amount of claim is $5,000,000, the administration fee would be calculated as follows:

$100,000		$1,000
$900,000 (difference between $100,000 and $1,000,000)	0.40%	$3,600
$4,000,000 (difference between $1,000,000 and $5,000,000)	0.20%	$8,000
$5,000,000		$12,600

3. The maximum administration fee payable is $35,000.
4. The amounts of claims or counterclaims expressed in currencies other than United States dollars shall, for the purposes of calculating the administration fee, be converted to amounts expressed in United States dollars on the basis of the official United Nations exchange rate prevailing on the date of submission of the claim or of the counterclaim, respectively.

ARBITRATOR'S FEES

Notes

1. For the purpose of calculating the amount of claims, the value of any counterclaim is added to the amount of the claim.
2. For the purpose of calculating the minimum and maximum amounts of the arbitrators' fees, the percentage figures are applied to each successive part of the whole amount of claims. For example, if the amount of claim is $1,500,000, the minimum fees for a sole arbitrator would be calculated as follows:

$100,000		$2,000
$400,000 (difference between $100,000 and $500,000)	2.00%	$8,000
$500,000 (difference between $500,000 and $1,000,000)	1.50%	$7,500
$500,000 (difference between $1,000,000 and $1,500,000)	1.00%	$5,000
$1,500,000		$22,500

3. Where a claim or counterclaim is not for a monetary amount, the Center shall, in consultation with the arbitrators and the parties, determine an appropriate value for the claim or counterclaim for the purpose of determining the arbitrators' fees.
4. The amounts of claims or counterclaims expressed in currencies other than United States dollars shall, for the purpose of determining the arbitrators' fees, be converted to amounts expressed in United States dollars on the basis of the official United Nations exchange rate prevailing on the date of submission of the claim or of the counterclaim, respectively.
5. The amounts and percentage figures specified in the Table for a three-person Tribunal represent the total fees payable to such a Tribunal, and not the fees payable to each arbitrator. Such fees shall be distributed between the three persons in accordance with the unanimous decision of those three persons. In the absence of such a decision, the distribution shall be 40 per cent for the presiding arbitrator, and 30 per cent for each of the other two arbitrators.
6. Where, by the agreement of the parties, a number of arbitrators other than one or three is appointed to a Tribunal, the scale of minimum and maximum fees for the Tribunal in question shall be determined by the Center. That scale shall be so determined by multiplying the scale for a sole arbitrator by the number of arbitrators reduced by a factor that takes account of the sharing of work and responsibility among the arbitrators.

Schriftenreihe der August Maria Berges Stiftung für Arbitrales Recht

Herausgegeben von Dr. Hubertus W. Labes

Band 1 August Maria Berges – Ausgewählte Schriften zum Schiedsrecht. Herausgegeben von der August Maria Berges Stiftung für Arbitrales Recht. 1998

Band 2 Iris Koch: Außergerichtliche Streitbeilegung im japanischen Wirtschaftsverkehr unter besonderer Berücksichtigung der Schiedsgerichtsbarkeit. 2000.

Band 3 Hans-Claudius Scheef: Der einstweilige Rechtsschutz und die Stellung der Schiedsrichter bei dem Abschluß von Schiedsvergleichen nach dem deutschen und englischen Schiedsverfahrensrecht. Eine rechtsvergleichende Untersuchung. 2000.

Band 4 Dominik Lentz: Die internationale Wirtschaftsschiedsgerichtsbarkeit in der Russischen Föderation. Darstellung und Analyse anhand der Praxis des internationalen Handelsschiedsgerichts bei der Handels- und Industriekammer der Russischen Föderation. 2000.

Band 5 Torsten Lörcher: Neue Verfahren der internationalen Streiterledigung in Wirtschaftssachen. Verfahren vor dem Internationalen Seegerichtshof, WTO-Panelverfahren, ICSID-und WIPO-Schiedsverfahren. 2001.

Band 6 Julia Tief: Discovery und Informationspflichten der Parteien in der Internationalen Schiedsgerichtsbarkeit. Ein deutsch-amerikanischer Vergleich. 2000.

Band 7 Richard Happ: Schiedsverfahren zwischen Staaten und Investoren nach Artikel 26 Energiechartavertrag. Eine Studie zum Wandel der Streitbeilegung im Investitionsschutzrecht unter den Bedingungen einer globalen Weltwirtschaft. 2000.

Bernd von Hoffmann / Myong-Chan Hwang (eds.)

Developments in Land Law

Reports and Discussions of a German-Korean Symposium held in Berlin and Trier on July 21-24, 1997

Frankfurt/M., Berlin, Bern, New York, Paris, Wien, 1999. VIII, 282 pp.
Comparative and International Law Studies.
Edited by Bernd von Hoffmann and Erik Jayme. Vol. 50
ISBN 3-631-34659-X · pb. DM 89.–*
US-ISBN 0-8204-4322-0

In the context of German reunification one of the most important political decisions which had to be taken was the question how to reprivatize the land having been nationalized during the communist rule. At first the principle "restitution before compensation" was laid down which later on was replaced by the principle "investment before restitution, restitution before compensation" due to the difficulties to attract investors to the new Lands. The first part of the reports collected in this book deals with the legal implementation of those principles in Germany and the question if the experiences gained thereby can be used for a necessary land reform after a future Korean reunification. The second part compares classical topics such as land taxation, land law and land planning law in Germany and Korea. Finally an outlook on international trends in land law is taken.

Contents: Developments in Land Law: Land Reform after Reunification · Land Price and Taxation · Sale of Land · Land Register · Land Use and Planning · International Perspectives